LINGUAGENS FORMAIS

CB127584

CONSELHO EDITORIAL
André Luiz V. da Costa e Silva
Cecilia Consolo
Dijon De Moraes
Jarbas Vargas Nascimento
Luís Augusto Barbosa Cortez
Marco Aurélio Cremasco
Rogerio Lerner

Blucher

LINGUAGENS FORMAIS
Teoria e conceitos

Marcus Vinicius Midena Ramos
João José Neto
Italo Santiago Vega

Linguagens formais: teoria e conceitos
© 2023 Marcus Vinicius Midena Ramos, João José Neto e Italo Santiago Vega
Editora Edgard Blücher Ltda.

Publisher Edgard Blücher
Editores Eduardo Blücher e Jonatas Eliakim
Coordenação editorial Andressa Lira
Produção editorial Ariana Corrêa
Diagramação Marcus Vinicius Midena Ramos
Revisão de texto Maurício Katayama
Capa Laércio Flenic
Imagem da capa iStockphoto

Editora Blucher
Rua Pedroso Alvarenga, 1245, 4° andar
CEP 04531-934 – São Paulo – SP – Brasil
Tel.: 55 11 3078-5366
contato@blucher.com.br
www.blucher.com.br

Segundo o Novo Acordo Ortográfico, conforme 6. ed. do *Vocabulário Ortográfico da Língua Portuguesa*, Academia Brasileira de Letras, julho de 2021. É proibida a reprodução total ou parcial por quaisquer meios sem autorização escrita da editora. Todos os direitos reservados pela Editora Edgard Blücher Ltda.

Dados Internacionais de Catalogação na Publicação (CIP)
Angélica Ilacqua CRB-8/7057

Ramos, Marcus Vinicius Midena
Linguagens formais : teoria e conceitos / Marcus Vinicius Midena Ramos, João José Neto, Italo Santiago Vega. - São Paulo : Blucher, 2023.
608 p.: il.

Bibliografia
ISBN 978-65-5506-716-3

1. Engenharia da computação 2. Matemática - Processamento de dados 3. Teoria dos autômatos 4. Linguagens formais I. Título II. José Neto, João III. Vega, Italo Santiago

CDD 004
23-3483

Índice para catálogo sistemático: 1. Engenharia da computação

Ao Leo.

Marcus Vinícius Midena Ramos

À minha mãe.

João José Neto

Aos meus pais, à minha irmã e à minha amiga e companheira de todos os dias.

Italo Santiago Vega

Agradecimentos

Aos meus pais, Vinícius e Elizabeth, pelo apoio e incentivo de todos os momentos.

À Escola Politécnica, pela oportunidade que tive de ministrar a disciplina "Linguagens Formais e Autômatos" em 1992. Na ocasião constatei a inexistência de livros em português que pudessem servir de apoio para a disciplina e, como consequência, produzi um material que foi revisto e expandido diversas vezes ao longo dos anos seguintes, até resultar na presente publicação.

Marcus Vinícius Midena Ramos

À Escola Politécnica, pelo ambiente favorável que me proporcionou para a concretização deste projeto.

Aos amigos e alunos, pelo persistente incentivo e pelas colaborações recebidas ao longo de muitos anos.

Aos familiares, pelo apoio e paciência.

A Deus, por tudo.

João José Neto

Agradeço aos meus grandes amigos João José Neto e Marcus Vinícius Midena Ramos pela paciência, estímulo e compreensão. O seu apoio foi primordial para a conclusão dos trabalhos.

Aos meus familiares também agradeço, principalmente pela cobertura física e psicológica ao longo da escrita desta obra.

Italo Santiago Vega

À Profa. Dra. Laís do Nascimento Salvador, pelo rico convívio técnico e humano que nos proporcionou durante os meses de sua participação neste projeto, em um momento particularmente decisivo para seu remate, através de seu ânimo e incentivo permanentes, e por valiosas colaborações técnicas.

Marcus, João e Italo

Prefácio

O presente livro, obra cuidadosamente produzida como fruto de diversos anos de trabalho dos autores, corresponde a uma compilação aprimorada do material por eles utilizado e extensivamente testado em disciplinas de graduação e de pós-graduação ministradas na Escola Politécnica da Universidade de São Paulo, na Universidade Federal do Vale do São Francisco e em outras instituições de ensino superior, de Engenharia Elétrica com ênfase em Sistemas Digitais, de Engenharia de Computação e de bacharelado em Ciência da Computação.

O material aqui apresentado tem como finalidade principal servir como texto fundamental de estudo sobre a teoria das linguagens formais e das correspondentes máquinas computacionais tradicionais.

Seu público-alvo é, portanto, o aluno de ciências exatas, cursando as disciplinas de fundamentos da computação que constituem a estrutura teórico-conceitual de sua particular área de interesse.

Não é difícil notar em alguns cursos de computação uma tendência relativamente recente que se manifesta por meio de perigosos desvios curriculares que, em nome de questionamentos quanto à utilidade imediata de temas ligados às bases da área, reduzem drasticamente a atenção do curso a matérias de formação centradas nos fundamentos matemáticos da computação.

Isso acarretaria para o aluno uma formação precária e deformada, pois, carente de alicerces conceituais da área em que atuará no dia a dia, o aluno se vê cercado por uma infinidade de métodos e técnicas aparentemente desconexos, a serem mecanicamente aplicados, sem que se dê conta da estreita relação que guardariam entre si.

O conhecimento e o domínio de disciplinas teóricas, embora possam ser considerados por muitas correntes como desnecessários, cada vez mais se confirmam como indispensáveis para a formação de profissionais competentes.

Com a intenção de dar aos professores melhores condições para que não se perca essa riqueza proporcionada pelos fundamentos computacionais na formação dos alunos, optamos por redigir este livro de tal forma que, sem perda de rigor ou de conteúdo, mas com substancial redução da dificuldade formal, seja possível apresentar a matéria do seu conteúdo de uma forma muito mais leve e suave do que se encontra na maioria das publicações congêneres disponíveis no mercado.

Para tanto, no presente livro procurou-se oferecer ao leitor diversas características muito desejáveis e pouco encontradas na literatura técnica atualmente comercializada em língua vernácula.

Assim, uma combinação muito cuidadosa de teoria e prática permeia todo o material, eliminando a aridez encontrada na maioria dos textos similares, porém sem cair no extremo de valorizar excessivamente a parte prática em detrimento da teórica.

Como exemplo, a apresentação dos teoremas neste livro colocará sua ênfase principal nas hipóteses em que eles se aplicam e nos resultados deles auferidos, sendo a natureza das correspondentes demonstrações, sempre que conveniente, preferencialmente algorítmica em vez de algébrica, para facilitar o entendimento e a assimilação dos aspectos práticos da aplicação dos teoremas em questão.

O emprego de demonstrações formais, excessivamente detalhistas, longas e abstratas foi, portanto, evitado, sendo elas substituídas pelo uso de provas elaboradas no estilo construtivo, com a finalidade de, em muitos casos, utilizar o método empregado nessas provas também como roteiro para a construção de programas que implementam no computador o mesmo processo utilizado para provar os teoremas.

Com a finalidade de reduzir a aura de mistério historicamente cultivada em torno de diversos assuntos que, embora importantes, têm sido sistematicamente evitados na maioria das obras disponíveis no mercado, foi incluída neste livro uma grande quantidade de informações correspondentes, de esclarecimentos e de detalhes, nem sempre triviais, da teoria que costumam ser sumariamente omitidos ou deixados para o leitor resolver.

Um grande número de exemplos e de exercícios resolvidos complementa bem a teoria, auxiliando o leitor em seu aprendizado, sem procurar ocupar a posição dos assuntos conceituais dos quais derivam.

É comum fazer-se uso de experimentos apoiados em simuladores gráficos que permitem ao aluno construir e observar o comportamento dos dispositivos suportados pelas ferramentas em questão. Um exemplo típico é a ferramenta JFLAP (http://www.jflap.org/).

Completando, uma vasta gama de comentários explicativos detalhados interpreta a maioria dos pontos teóricos em que o leitor típico costuma ter suas maiores dificuldades de compreensão.

O estudo de linguagens formais e autômatos compreende os aspectos teóricos ligados à classificação e à formalização das linguagens estruturadas em frases — sejam elas naturais, de programação ou outras —, bem como a análise de suas propriedades e de seus respectivos modelos de implementação.

Linguagens formais e autômatos constituem a base teórica da computação, com influência direta sobre várias outras disciplinas, em particular as de projeto de linguagens de programação, construção de compiladores e reconhecimento de linguagens naturais, servindo ainda como base para matérias como projeto de sistemas digitais, circuitos lógicos, fundamentos de sistemas de comunicação etc.

Este livro está organizado em três partes: na primeira (Capítulos 1 e 2) são apresentados os fundamentos matemáticos e os conceitos básicos necessários ao estudo de linguagens formais e autômatos. A segunda parte (Capítulos 3, 4, 5, 6 e 7, exceto as Seções 4.17 e 5.10) compreende a teoria clássica de linguagens formais e autômatos, sendo desenvolvida em uma escala de complexidade crescente das várias classes de linguagens consideradas e abrangendo, para cada uma delas, tópicos como gramáticas, reconhecedores e propriedades. A terceira parte (Seções 4.17 e 5.10) discute modelos teóricos alternativos de implementação para linguagens formais, e seu material constitui resultado de pesquisa original.

O livro foi elaborado para ser usado como texto de referência em disciplinas de linguagens formais e autômatos (e afins) em cursos de graduação e pós-graduação na área de computação. Esse foco compreende a primeira e segunda partes do livro, sendo que o Capítulo 1 poderá ser omitido caso o estudante já tenha tido contato com os assuntos da matemática discreta.

A terceira parte auxilia a ampliar as fronteiras da teoria clássica pela inclusão de dispositivos formais adicionais que apresentem vantagens quer do ponto de vista de formalização, quer do de desempenho, em relação àqueles mais clássicos, usualmente estudados na teoria.

Todas as linguagens (formais) podem ser vistas como conjuntos — finitos ou infinitos — de sentenças de comprimento finito. A formalização das linguagens consiste na utilização de métodos matemáticos, portanto rigorosos, para a obtenção de definições completas e precisas da estrutura das sentenças. Os conceitos e as ferramentas matemáticas básicas utilizadas no desenvolvimento desses assuntos são apresentados no Capítulo 1.

As linguagens finitas, ou seja, aquelas formadas por um conjunto finito de sentenças, podem ser formalizadas pela simples enumeração das sentenças que as compõem. Se a quantidade de sentenças for pequena, o problema torna-se trivial.

Dificuldades práticas surgem, no entanto, no caso da maioria das linguagens de maior interesse, pois elas costumam ser formadas por uma quantidade infinita de sentenças ou, ao menos, por uma quantidade finita porém exageradamente grande de sentenças. Em ambos os casos, a definição de tais linguagens por meio de enumerações torna-se inviável, e isso motiva a busca de representações compactas para a sua formalização.

Definições finitas para linguagens infinitas podem ser encontradas em duas classes fundamentais de dispositivos formais: os de geração de sentenças, conhecidos como gramáticas, e os de aceitação de sentenças, conhecidos como reconhecedores. O Capítulo 2 apresenta e formaliza os conceitos básicos gerais de linguagens, gramáticas e reconhecedores.

Grande parte do estudo de linguagens formais e autômatos adota para as linguagens uma classificação que leva em conta o seu grau de complexidade. Tal classificação foi elaborada por Noam Chomsky no final da década de 1950. Conhecida como Hierarquia de Chomsky, ela é apresentada também no Capítulo 2.

Os capítulos seguintes são dedicados ao estudo das quatro diferentes classes de linguagens definidas na Hierarquia de Chomsky: as linguagens regulares, analisadas no Capítulo 3, as linguagens livres de contexto, no Capítulo 4, as sensíveis ao contexto, no Capítulo 5, e as recursivamente enumeráveis, no Capítulo 7. A classe das linguagens recursivas, originalmente não incluída na Hierarquia de Chomsky, porém relevante para uma compreensão mais abrangente do assunto, é analisada no Capítulo 6.

Para cada uma dessas classes de linguagens individualmente consideradas, serão estudados aspectos de conceituação e de formalização gramatical, suas propriedades mais importantes, e questões ligadas à correspondente classe de reconhecedores.

De uma forma geral, serão discutidos, em cada um desses capítulos, as características estruturais típicas da classe de linguagens considerada, a sua formalização gramatical e as respectivas formas normais mais importantes (se aplicáveis), o dispositivo de reconhecimento associado e a equivalência das metalinguagens (cognitivas e generativas) apresentadas. Na sequência, discutir-se-á a relação da presente classe de linguagens com a classe de linguagens imediatamente mais restrita (conforme o capítulo imediatamente anterior), e a existência de linguagens que não pertencem à classe considerada, servindo dessa forma como introdução para a discussão da classe de linguagens imediatamente mais abrangente (conforme o capítulo imediatamente posterior). Para encerrar, serão estudadas as principais propriedades da presente classe de linguagens, englobando questões decidíveis e propriedades de fechamento. No Capítulo 4, sobre linguagens livres de contexto, serão ainda caracterizadas as subclasses das linguagens livres de contexto determinísticas e das linguagens livres de contexto não ambíguas, particularmente relevantes no campo da especificação e da implementação de processadores para linguagens de programação.

Essa abordagem confere ao texto um caráter didático importante, na medida em que permite que o leitor identifique e assimile, passo a passo, e em uma sequência de complexidade crescente, as classes de linguagens mais importantes e, especialmente, as relações que existem entre elas.

As Seções 4.17 e 5.10 apresentam, respectivamente, duas interessantes variantes do modelo de implementação para linguagens livres de contexto (Seção 4.17) e linguagens sensíveis ao contexto (Seção 5.10). Trata-se do autômato de pilha estruturado, um formalismo muito conveniente para a representação e implementação de linguagens regulares e livres de contexto, e do autômato adaptativo, que estende o anterior, conferindo-lhe a capacidade de representar e formalizar dependências de contexto, tornando-o assim adequado para a representação de linguagens de alta complexidade, inclusive as recursivamente enumeráveis.

O Capítulo 8 oferece, finalmente, uma retrospectiva panorâmica de todo o material apresentado neste livro, sob a ótica da teoria da computação, incluindo uma breve introdução ao assunto complexidade.

Ao final de cada capítulo, um conjunto de exercícios propostos auxilia o leitor a fixar os conceitos e a materializar sua aplicação prática, enriquecendo assim a formação obtida pela leitura.

Esta obra é baseada no livro publicado em 2009 ([1]), que obteve a segunda colocação no Prêmio Jabuti do ano de 2010, na categoria Ciências Exatas, Tecnologia e Informática. Revista e ampliada, ela incorpora todas as correções publicadas em uma extensa errata que vinha sendo mantida no sítio do livro (http://www.marcusramos.com.br/univasf/linguagensformais), além de várias outras (agradecimentos especiais ao Prof. Dr. César Alberto Bravo Pariente por suas observações). O material adicional, publicado neste mesmo endereço, também foi incorporado nesta nova obra, na sua totalidade. Se a errata informa correções de diversos tipos (ortográficas, gramaticais e conceituais) que devem ser feitas no livro, o material adicional registra explicações adicionais (texto, exemplos, figuras etc) que ajudam a esclarecer melhor diversos tópicos nele abordados. Adicionalmente, esta obra contempla uma ampla revisão do conteúdo de diversas seções, assim como a incorporação de novas seções.

Com tudo isso, o número de páginas do livro original cresceu bastante e foi necessário dividi-lo em dois novos volumes. Como resultado, todas as seções de modelagem e implementação foram devidamente revisadas, atualizadas, corrigidas onde cabível e expandidas, dando origem a um volume separado. Assim, o presente volume trata da teoria e dos conceitos e um segundo, publicado em 2021 ([2]), traz 601 exercícios resolvidos sobre a matéria. Um terceiro volume, planejado para o futuro, conterá toda a parte de modelagem (em UML) e implementação (em Python). Esperamos, dessa forma, estar oferecendo um conjunto de textos ainda mais útil e didático para todos os que desejam estudar e aprender este sempre fascinante assunto.

Temos certeza de que esta obra irá contribuir significativamente para a desmistificação de muitos tópicos da teoria da computação tradicionalmente considerados complexos ou até mesmo inatingíveis, dando-lhes uma interpretação prática e laboratorial, portanto computacionalmente executável, mostrando assim não apenas o significado de cada um desses tópicos, mas apontando também o caminho a seguir para utilizá-los no dia a dia, sem receio e com conhecimento de causa.

Desejamos aos professores que tirem o melhor proveito deste trabalho em suas aulas, e pedimos que nos ajudem a aprimorá-lo informando-nos das inevitáveis imprecisões ou incorreções que vierem a encontrar na obra, e sugerindo melhorias para as próximas edições.

Aos alunos e profissionais que utilizarem nosso livro em seus estudos, solicitamos que nos indiquem as dificuldades encontradas no seu uso, para que possamos cada vez mais aperfeiçoar a didática e manter disponível um texto útil e eficaz para o aprendizado de tão importante matéria.

Os autores
Junho de 2023

Conteúdo

Capítulo 1

Elementos de matemática discreta

As **linguagens formais** (ou linguagens estruturadas em frases) podem ser vistas como conjuntos. Consequentemente, muito da teoria e dos principais resultados da área de linguagens formais está baseado na ainda mais fundamental teoria dos conjuntos da matemática discreta. A teoria dos conjuntos é relativamente extensa, e dela serão apresentados neste capítulo apenas os tópicos, conceitos e definições que se mostram mais importantes para a fundamentação e o estudo dos capítulos seguintes.

Além disso, relações e funções são de especial importância para descrever as relações entre os objetos de estudo, e por isso são assuntos contemplados neste capítulo.

Da mesma forma, é preciso conhecer um pouco de lógica e de prova de teoremas para poder compreender o significado dos enunciados e as estratégias de provas usadas no texto.

Completam a relação de tópicos da matemática discreta que são relevantes para linguagens formais e autômatos conceitos básicos de grafos e árvores.

1.1 Conjuntos

Um **conjunto** é uma coleção de elementos em que não são consideradas ocorrências múltiplas deles nem há relação de ordem entre eles.

Exemplo 1.1 A inclusão do elemento $\diamondsuit$ no conjunto $\{\clubsuit, \diamondsuit, \heartsuit, \spadesuit\}$ resulta no próprio conjunto $\{\clubsuit, \diamondsuit, \heartsuit, \spadesuit\}$, pois ele já faz parte do conjunto e, portanto, não deve ser considerado novamente. Por outro lado, o conjunto $\{\clubsuit, \diamondsuit, \heartsuit, \spadesuit\}$ é igual ao conjunto $\{\diamondsuit, \clubsuit, \spadesuit, \heartsuit\}$, uma vez que não existe relação de ordem entre os elementos que os compõem. $\star$

Alguns conjuntos podem ser especificados através da simples **enumeração** de todos os seus elementos, denotados entre chaves e separados por vírgulas.

Exemplo 1.2 O conjunto formado pelos elementos $0, 1, 2, 3$ é representado por $\{0, 1, 2, 3\}$. O conjunto $\{a, b, c, d, e, f\}$ é formado pelas seis primeiras letras do alfabeto romano. O conjunto $\{01, 231, 33, 21323\}$ contém os elementos $01, 231, 33$ e 21323. $\star$

Conjuntos podem ser referenciados através de nomes, arbitrariamente escolhidos.

Exemplo 1.3 $X = \{0, 1, 2, 3\}$, $Y = \{a, b, c, d, e, f\}$. Assim, os nomes X e Y passam a denotar os conjuntos correspondentes. $\star$

O número de elementos contido em um conjunto A é denotado por $|A|$.

Exemplo 1.4 No Exemplo 1.3, $|X| = 4$, $|Y| = 6$. $\star$

Os símbolos $\in$ e $\notin$ servem para denotar se um determinado elemento **pertence** ou **não pertence** a um conjunto, respectivamente.

Exemplo 1.5 No Exemplo 1.3, $0 \in X$, $5 \notin X$, $2 \notin Y$, $b \notin X$, $c \in Y$, $h \notin Y$. ⋆

Conjuntos podem conter um número finito ou infinito de elementos. No primeiro caso, o conjunto pode ser denotado enumerando-se (relacionando-se explicitamente) todos os elementos que o compõem, como foi feito para os conjuntos X e Y do Exemplo 1.3, que são **conjuntos finitos**.

Conjuntos infinitos podem ser denotados através da especificação (formal ou informal) de regras ou propriedades que devem ser satisfeitas por todos os seus elementos, possibilitando assim a sua identificação precisa e completa a partir de uma especificação finita.

Exemplo 1.6 $P = \{x \mid x \text{ é um número primo}\}$, $Q = \{y \mid \exists n \text{ inteiro tal que } y = n^2\}$. O primeiro exemplo deve ser lido da seguinte forma: "P é o conjunto formado pelos elementos x, tal que x é um número primo". Em outras palavras, P é o conjunto, infinito, formado por todos os números primos: $\{2,3,5,7,11,13,17...\}$. O conjunto Q, também infinito, é formado por todos os números que correspondem ao quadrado de algum número inteiro: $\{0,1,4,9,16...\}$. ⋆

Quando um conjunto é especificado a partir de regras, o símbolo "|" deve ser lido como "tal que", e serve para introduzir as condições que devem ser satisfeitas pelos membros do conjunto, que assim tornam-se conhecidos.

O conjunto que não contém nenhum elemento recebe o nome de **conjunto vazio**. O conjunto vazio é denotado por $\emptyset$ ou ainda por $\{\}$. Assim, $\{\} = \emptyset$. Por definição, $|\emptyset| = 0$.

Dois conjuntos são ditos **idênticos**, ou simplesmente **iguais**, se eles contêm exatamente os mesmos elementos. A igualdade de dois conjuntos é denotada através do símbolo "=".

Exemplo 1.7 Considere $Z = \{a,b\}$ e $W = \{b,a\}$. Então, $Z = W$. ⋆

A teoria de conjuntos apresentada nesta seção é um resumo da chamada Teoria Ingênua de Conjuntos (do inglês *Naïve Set Theory*) elaborada por Georg Cantor no final do século XIX. Tal teoria, apesar de simples, permite enunciar alguns paradoxos, entre os quais o mais famoso é o Paradoxo de Russell, proposto por Bertrand Russell em 1901, e que envolve apenas os conceitos de formação de conjunto e de pertencimento:

> Seja S o conjunto formado por todos os conjuntos que não são elementos de si mesmos, e considere a pergunta: "S é elemento de si mesmo?"

Para tentar responder a essa pergunta, pode-se considerar duas situações distintas. Na primeira, supõe-se que S seja um elemento de si mesmo. Então, de acordo com a definição, S não deveria fazer parte de S, uma vez que S contém apenas conjuntos que não são elementos de si mesmos. Por outro lado, pode-se supor o caso contrário, ou seja, que S não seja um elemento de si mesmo. Então, pela definição, S se qualifica como um elemento de si mesmo. Portanto, qualquer que seja o caso que se considere, temos uma contradição. Logo, a hipótese é falsa e não existe um conjunto S com tal característica.

A fim de evitar a formulação de paradoxos como esse, foram desenvolvidas teorias de conjuntos alternativas, como é o caso da Teoria de Tipos do próprio Russell e também a Teoria Axiomática de Zermelo, que posteriormente serviu de base para a Teoria Axiomática de Zermelo-Fraenkel com o Axioma da Escolha (ZFC). Essa última é considerada um dos principais fundamentos da matemática moderna.

Um conjunto A é dito "**contido** em um conjunto B", condição esta denotada através do símbolo "$\subseteq$", se todo elemento de A for também elemento de B. Neste caso diz-se, equivalentemente, que "A é um **subconjunto** de B" ou, ainda, que "B **contém** A". Os conjuntos $\emptyset$ e A são, por definição, subconjuntos de qualquer conjunto A. Note que $\emptyset \subseteq \emptyset$.

Exemplo 1.8 Para os conjuntos $A = \{b, c, d\}$, $B = \{a, b, c, d, e\}$ e $C = \{e, a, d, b, c\}$ tem-se que $A \subseteq B$ e $B \subseteq C$. Portanto, pode-se dizer que A está contido em B e em C, que A é subconjunto de B e de C, que C contém A e B e, ainda, que B e C são subconjuntos um do outro ou que estão contidos um no outro. B e C, por outro lado, não estão contidos em A. ⋆

Dois conjuntos M e N são iguais se e somente se $M \subseteq N$ e $N \subseteq M$, e tal igualdade é denotada por $M = N$. A **desigualdade** de dois conjuntos é expressa através do símbolo "$\neq$", ocorrendo, portanto, quando no máximo apenas uma das duas condições $M \subseteq N$ e $N \subseteq M$ for verdadeira.

Exemplo 1.9 No Exemplo 1.8, $A \subseteq B$, porém $A \neq B$. Como $B \subseteq C$ e $C \subseteq B$, então $B = C$. ⋆

Se $M \subseteq N$ e $M \neq N$, diz-se que M é um **subconjunto próprio** de N. O símbolo $\subset$ denota essa condição: $M \subset N$. O conjunto $\emptyset$ é subconjunto próprio de qualquer conjunto, exceto do próprio conjunto $\emptyset$.

Exemplo 1.10 No Exemplo 1.8, A é subconjunto próprio de B, porém B não é subconjunto próprio de C. Logo, $A \subset B$. ⋆

Algumas operações importantes sobre conjuntos são apresentadas a seguir.

Conjunto potência ou "powerset"

Denotado por 2^A, onde A é um conjunto. Essa operação é utilizada para designar o conjunto formado por todos os possíveis subconjuntos de A:

$$2^A = \{B \mid B \subseteq A\}$$

Para conjuntos A finitos, $|2^A| = 2^{|A|}$. Note que $2^{\emptyset} = \{\emptyset\}$.

Exemplo 1.11 Para $A = \{0, 1, 2\}$, temos $2^A = \{\emptyset, \{0\}, \{1\}, \{2\}, \{0, 1\}, \{0, 2\}, \{1, 2\}, \{0, 1, 2\}\}$. Além disso, $|A| = 3$ e $|2^A| = 2^3 = 8$. ⋆

União

A união de dois conjuntos A e B corresponde ao conjunto formado por todos os elementos contidos em cada um dos dois conjuntos A e B. Elementos repetidos em ambos os conjuntos são considerados uma única vez no conjunto união:

$$A \cup B = \{x \mid x \in A \text{ ou } x \in B\}$$

Trata-se de uma operação associativa, ou seja, uma operação para a qual vale a propriedade:

$$(A \cup B) \cup C = A \cup (B \cup C)$$

A generalização da operação de união é denotada da seguinte forma:

$$\bigcup_{i=0}^{n} A_i = A_0 \cup A_1 \cup A_2 \cup \ldots \cup A_n$$

A operação de união é também comutativa, ou seja:

$$A \cup B = B \cup A$$

para quaisquer conjuntos A e B.

O conjunto vazio $\emptyset$ é o **elemento neutro** da operação de união. Para todo conjunto A, $A \cup \emptyset = A$.

Exemplo 1.12 $\{a,b\} \cup \{c,d\} = \{a,b,c,d\}$. $\{a,b,c\} \cup \{c,d\} = \{a,b,c,d\}$. $\{a,b,c,d\} \cup \emptyset = \{a,b,c,d\}$. ★

Intersecção

Define-se a intersecção de dois conjuntos A e B como sendo a coleção de todos os elementos comuns aos dois conjuntos:

$$A \cap B = \{x \mid x \in A \text{ e } x \in B\}$$

Também em decorrência da associatividade dessa operação, a sua generalização é denotada de forma similar ao caso da união:

$$\bigcap_{i=0}^{n} A_i = A_0 \cap A_1 \cap A_2 \cap \ldots \cap A_n$$

Da mesma forma que a união, a operação de intersecção é também comutativa:

$$A \cap B = B \cap A$$

para quaisquer conjuntos A e B.

A intersecção de qualquer conjunto com o conjunto vazio produz como resultado o próprio conjunto vazio, ou seja, $A \cap \emptyset = \emptyset$. O conjunto vazio, nesse caso, é denominado **aniquilador** da operação de intersecção.

Exemplo 1.13 $\{a,b,c\} \cap \{c,d\} = \{c\}$. $\{a,b,c,d\} \cap \{c,d\} = \{c,d\}$. $\{a,b\} \cap \{c,d\} = \emptyset$. $\{a,b,c,d\} \cap \emptyset = \emptyset$. ★

Dois conjuntos A e B são ditos **disjuntos** se $A \cap B = \emptyset$.

Exemplo 1.14 Os conjuntos $\{a,b,c\}$ e $\{c,d\}$ não são disjuntos, pois $\{a,b,c\} \cap \{c,d\} = \{c\} \neq \{\}$. Os conjuntos $\{a,b\}$ e $\{c,d\}$ são disjuntos, pois $\{a,b\} \cap \{c,d\} = \emptyset$. ★

Diferença

Define-se a diferença entre dois conjuntos A e B (nesta ordem) como sendo o conjunto formado por todos os elementos de A não pertencentes ao conjunto B. Denota-se esse conjunto como:

$$A - B = \{x \mid x \in A \text{ e } x \notin B\}$$

Exemplo 1.15 $\{a,b,c\} - \{c,d\} = \{a,b\}$. $\{a,b\} - \{a,b,c\} = \emptyset$. $\{a,b,c\} - \{d,e\} = \{a,b,c\}$. $\{c,d\} - \{a,b,c\} = \{d\}$. $\{a,b,c\} - \{a,b\} = \{c\}$. $\{d,e\} - \{a,b,c\} = \{d,e\}$. ★

Essa operação não é associativa (no caso geral, $A - (B - C) \neq (A - B) - C$) nem comutativa (no caso geral, $A - B \neq B - A$).

Exemplo 1.16 Sejam $X = \{a,b,c\}, Y = \{a,b\}$ e $Z = \{a\}$. Então, $X - (Y - Z) \neq (X - Y) - Z$. De fato, $X - (Y - Z) = \{a,c\}$ e $(X - Y) - Z = \{c\}$. Por outro lado, $X - Y \neq Y - X$. De fato, $X - Y = \{c\}$ e $Y - X = \emptyset$. ★

Note, no entanto, que se $A = B = C$, então a operação se torna comutativa (produzindo sempre $\emptyset$ como resultado), mas continua sendo não associativa.

Complementação

Define-se a complementação de um conjunto A em relação ao conjunto B, $A \subseteq B$, como sendo o conjunto de todos os elementos de B que não pertencem a A. Denota-se esse conjunto como:

$$\overline{A}_B = B - A$$

Muitas vezes essa operação é definida para um conjunto A em relação a um outro conjunto B subentendido e, nesse caso, escreve-se simplesmente:

$$\overline{A} = B - A$$

Diz-se, nesse caso, que o conjunto subentendido é o conjunto universo da operação. O resultado da operação é conhecido simplesmente como **complemento** de A.

Exemplo 1.17 Sejam $A = \{a,b,c\}$, $B = \{a,b,c,d\}$ e $C = \{d,c,a,b\}$. Então, $\overline{A}_B = \{d\}$ e $\overline{B}_C = \emptyset$. Sendo $D = \{a,b,c,d,e\}$ o conjunto universo, $\overline{A} = \{d,e\}$, $\overline{B} = \overline{C} = \{e\}$ e $\overline{D} = \emptyset$. ⋆

Produto cartesiano

O produto cartesiano de dois conjuntos é o conjunto formado por todos os pares ordenados (a,b), em que a é um elemento de A, e b um elemento de B:

$$A \times B = \{(a,b) \mid a \in A \text{ e } b \in B\}$$

Um **par ordenado** é uma representação de dois elementos separados por vírgula e delimitados por parênteses, como em (a,b). Tal representação implica uma relação de ordem em que o elemento a é anterior ao elemento b. Consequentemente, se $a \neq b$, então $(a,b) \neq (b,a)$.

Se A e B são conjuntos finitos, então $|A \times B| = |A| * |B|$. Para todo conjunto A, $A \times \emptyset = \emptyset$.

A generalização dessa operação é denotada:

$$A_1 \times A_2 \times ... \times A_n = \{(a_1, a_2, ..., a_n) \mid a_i \in A_i \text{ para } 1 \leqslant i \leqslant n\}$$

Exemplo 1.18 Sejam $A = \{a,b,c\}$ e $B = \{0,1\}$. Então $A \times B = \{(a,0),(a,1),(b,0),(b,1),(c,0),(c,1)\}$ e $|A \times B| = |A| * |B| = 3 * 2 = 6$. ⋆

Essa operação não é associativa (no caso geral, $A \times (B \times C) \neq (A \times B) \times C$) nem comutativa (no caso geral, $A \times B \neq B \times A$).

Exemplo 1.19 Considere novamente o Exemplo 1.18 e suponha $C = \{\diamondsuit\}$. Estruturalmente, é fácil perceber que $A \times (B \times C) \neq (A \times B) \times C$. De fato, $(a,(0,\diamondsuit)) \in A \times (B \times C)$ e $(a,(0,\diamondsuit)) \notin (A \times B) \times C$. Por outro lado, $((a,0),\diamondsuit) \in (A \times B) \times C$ e $((a,0),\diamondsuit) \notin A \times (B \times C)$. No que se refere à comutatividade, basta perceber que $B \times A = \{(0,a),(0,b),(0,c),(1,a),(1,b),(1,c)\}$ e, portanto, $A \times B \neq B \times A$. ⋆

Finalmente, observe que, se $A = B = C$, então a operação se torna comutativa mas continua não associativa. De fato, $A \times (A \times A) \neq (A \times A) \times A \neq A \times A \times A$.

Partição

Define-se **partição** de um conjunto A como sendo qualquer coleção formada por n subconjuntos não vazios de A, $n \geqslant 1$, tal que:

$$A = \bigcup_{i=0}^{n} A_i \quad \text{e} \quad \bigcup_{i=0}^{n} \left(\bigcup_{j=0}^{n, j \neq i} A_i \cap A_j \right) = \emptyset$$

ou seja, a união das partes (os conjuntos A_i) deve formar o todo (o conjunto A) e, além disso, a intersecção entre quaisquer duas partes consideradas (A_i e A_j) é sempre vazia.

Exemplo 1.20 Seja $A = \{a,b,c,d\}$. Então, $\{\{a,b\},\{c,d\}\}$ é uma partição de A. Da mesma forma, o conjunto $\{\{a\},\{b\},\{c\},\{d\}\}$, bem como $\{\{a,b,c,d\}\}$, entre vários outros. ⋆

A seguir serão apresentados quatro importantes resultados acerca de conjuntos, os dois primeiros conhecidos como **Leis de De Morgan**, os quais serão úteis na demonstração de outros teoremas mais adiante no texto.

Teorema 1.1 (Leis de De Morgan) "Sejam A e B dois conjuntos quaisquer. Então $A \cap B = \overline{\overline{A} \cup \overline{B}}$ e $A \cup B = \overline{\overline{A} \cap \overline{B}}$."

A prova algébrica da primeira lei ($A \cap B = \overline{\overline{A} \cup \overline{B}}$, ou representação da intersecção por meio da complementação e da união) procede da seguinte forma:

- Deve-se provar que $x \in A \cap B \Rightarrow x \in \overline{\overline{A} \cup \overline{B}}$; e também
- Deve-se provar que $x \in \overline{\overline{A} \cup \overline{B}} \Rightarrow x \in A \cap B$.

Para o primeiro caso, temos que se $x \in A \cap B$, então $x \in A$ e $x \in B$. Logo, $x \notin \overline{A}$ e $x \notin \overline{B}$. Portanto, $x \notin \overline{A} \cup \overline{B}$. Consequentemente, $x \in \overline{\overline{A} \cup \overline{B}}$. Para o segundo caso, temos que se $x \in \overline{\overline{A} \cup \overline{B}}$, então $x \notin \overline{A} \cup \overline{B}$. Portanto, (i) $x \notin \overline{A}$ e (ii) $x \notin \overline{B}$. Então, $x \in A$ e $x \in B$. Logo, $x \in A \cap B$.

Para facilitar o entendimento desta prova, basta analisar o Diagrama de Venn da Figura 1.1. Da esquerda para a direita, as áreas hachuradas dos diagramas representam, respectivamente, $\overline{A}, \overline{B}, \overline{A} \cup \overline{B}$ e $\overline{\overline{A} \cup \overline{B}}$.

A prova algébrica da segunda lei ($A \cup B = \overline{\overline{A} \cap \overline{B}}$, ou representação da união por meio da complementação e da intersecção) procede da seguinte forma:

- Deve-se provar que $x \in A \cup B \Rightarrow x \in \overline{\overline{A} \cap \overline{B}}$; e também
- Deve-se provar que $x \in \overline{\overline{A} \cap \overline{B}} \Rightarrow x \in A \cup B$.

Para o primeiro caso, temos que se $x \in A \cup B$, então (i) $x \in A$ e $x \in B$, ou (ii) $x \in A$ e $x \notin B$, ou (iii) $x \notin A$ e $x \in B$. Em outras palavras, (i) $x \notin \overline{A}$ e $x \notin \overline{B}$, ou (ii) $x \notin \overline{A}$ e $x \in \overline{B}$, ou (iii) $x \in \overline{A}$ e $x \notin \overline{B}$. Em qualquer caso, $x \notin \overline{A} \cap \overline{B}$. Logo, $x \in \overline{\overline{A} \cap \overline{B}}$. Para o segundo caso, temos que se $x \in \overline{\overline{A} \cap \overline{B}}$, então $x \notin \overline{A} \cap \overline{B}$. Portanto, (i) $x \notin \overline{A}$, ou (ii) $x \notin \overline{B}$, ou (iii) os dois casos anteriores acontecem simultaneamente. Se (i) for verdade, então conclui-se que $x \in A$. Se (ii) for verdade, conclui-se que $x \in B$. Se (iii) for verdade, conclui-se que os dois casos anteriores são verdadeiros. Em qualquer situação, temos que $x \in A \cup B$.

Para facilitar o entendimento desta prova, basta analisar o Diagrama de Venn da Figura 1.2. Da esquerda para a direita, as áreas hachuradas dos diagramas representam, respectivamente, $\overline{A}, \overline{B}, \overline{A} \cap \overline{B}$ e $\overline{\overline{A} \cap \overline{B}}$. □

Exemplo 1.21 Suponha $X = \{a,b\}, Y = \{b,c\}$ e considere $Z = \{a,b,c\}$. Então, $X \cup Y = \overline{(\overline{X}_Z \cap \overline{Y}_Z)}_Z = \overline{(\{c\} \cap \{a\})}_Z = \overline{\emptyset}_Z = \{a,b,c\}$. Por outro lado, $X \cap Y = \overline{(\overline{X}_Z \cup \overline{Y}_Z)}_Z = \overline{(\{c\} \cup \{a\})}_Z = \overline{\{a,c\}}_Z = \{b\}$. ⋆

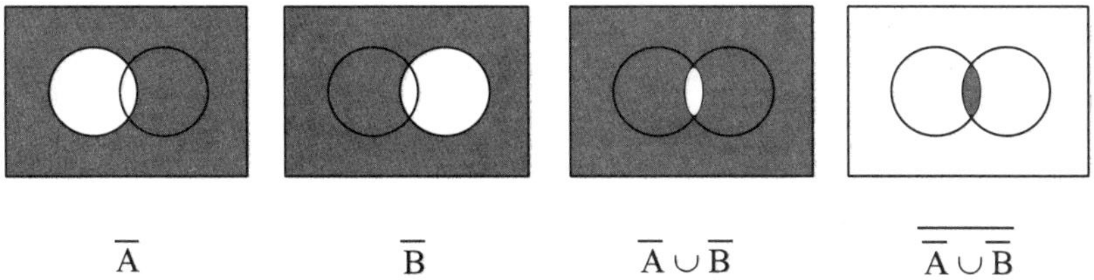

Figura 1.1 Demonstração da Lei de De Morgan para intersecção de conjuntos.

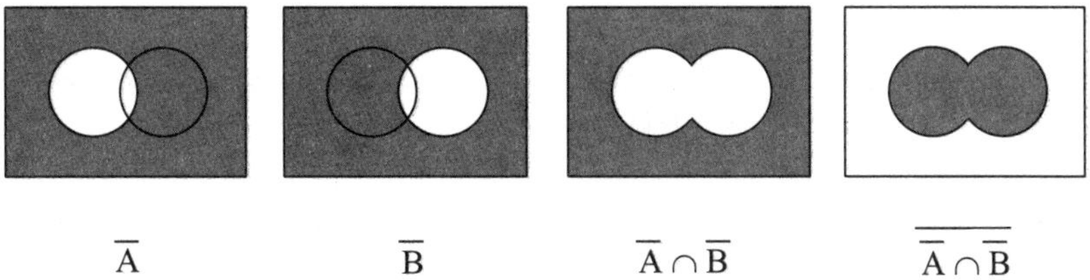

Figura 1.2 Demonstração da Lei de De Morgan para união de conjuntos.

Teorema 1.2 (Igualdade de conjuntos) "Sejam A e B dois conjuntos quaisquer. Então $A = B \Leftrightarrow (A \cap \overline{B}) \cup (\overline{A} \cap B) = \emptyset$."

($\Rightarrow$) Se $A = B$, então $(A \cap \overline{B}) \cup (\overline{A} \cap B) = (A \cap \overline{A}) \cup (\overline{A} \cap A) = \emptyset \cup \emptyset = \emptyset$.
($\Leftarrow$) Se $(A \cap \overline{B}) \cup (\overline{A} \cap B) = \emptyset$, então as duas condições seguintes devem ser simultaneamente satisfeitas:

1. $(A \cap \overline{B}) = \emptyset$;
2. $(\overline{A} \cap B) = \emptyset$.

Considere-se a condição (1) e, além disso, $A \subseteq C$ e $B \subseteq C$, de forma que $\overline{A} = \overline{A}_C$ e $\overline{B} = \overline{B}_C$. Então, existem apenas três possibilidades para representar a relação entre A e B:

i $A \neq B$ e $A \cap B \neq \emptyset$. Logo, $A \cap \overline{B} \neq \emptyset$;
ii $A \neq B$ e $A \cap B = \emptyset$. Logo, $A \cap \overline{B} \neq \emptyset$;
iii $A = B$. Logo, $A \cap \overline{B} = \emptyset$.

No caso da relação (ii), é possível ainda supor que $A = \emptyset$ e $B \neq \emptyset$. Se isso acontecer, então temos que $A \cap \overline{B} = \emptyset$, configurando assim uma possibilidade alternativa para satisfazer a condição (1). No entanto, se isso for verdadeiro, então a condição (2) não poderá ser satisfeita, pois $\overline{A} \cap B \neq \emptyset$. O mesmo raciocínio pode ser aplicado para a condição (2), se $A \neq \emptyset$ e $B = \emptyset$.

Portanto, a única relação possível entre A e B que satisfaz à condição (1) é a relação (iii). Da mesma forma, pode-se facilmente mostrar que (iii) também é a única relação que satisfaz à condição (2), e isso completa a demonstração do teorema. □

Teorema 1.3 (Subconjuntos) "Sejam A e B dois conjuntos quaisquer. Então $A \subseteq B \Leftrightarrow \overline{B} \cap A = \emptyset$."

($\Rightarrow$) Se $A \subseteq B$, então $\forall x \in A, x \in B$. Logo, $\forall x \in A, x \notin \overline{B}$. Portanto, $\overline{B} \cap A = \emptyset$.
($\Leftarrow$) Se $\overline{B} \cap A = \emptyset$, então A e $\overline{B}$ são disjuntos. Logo, $\forall x, (x \in A \wedge x \notin \overline{B}) \vee (x \notin A \wedge x \in \overline{B}) \vee (x \notin A \wedge x \notin \overline{B})$. Ou seja, $\forall x, (x \in A \wedge x \in B) \vee (x \notin A \wedge x \notin B) \vee (x \notin A \wedge x \in B)$. Claramente, portanto, $A \subseteq B$ (veja Figura 1.3).

De outra forma, dados dois conjuntos A e B quaisquer, então todas as possibilidades de relacionamento entre esses conjuntos estão relacionadas a seguir:

1. $A \cap B = \emptyset$, ou
2. $A \cap B \neq \emptyset$, logo:
   a) $A = B$, ou
   b) $A \neq B$, logo:
      i. $A \subset B$, ou
      ii. $B \subset A$, ou
      iii. $A \not\subset B \wedge B \not\subset A \wedge A \cap B \neq \emptyset$

Não é difícil perceber que a condição $\overline{B} \cap A = \emptyset$ é verificada apenas nos casos $A = B$ e $A \subset B$. Em todos os demais, $\overline{B} \cap A \neq \emptyset$. Logo, $A \subseteq B$.

O presente teorema permite representar a relação "subconjunto" por meio das operações de complementação e intersecção. A Figura 1.3 ilustra os passos dessa demonstração.

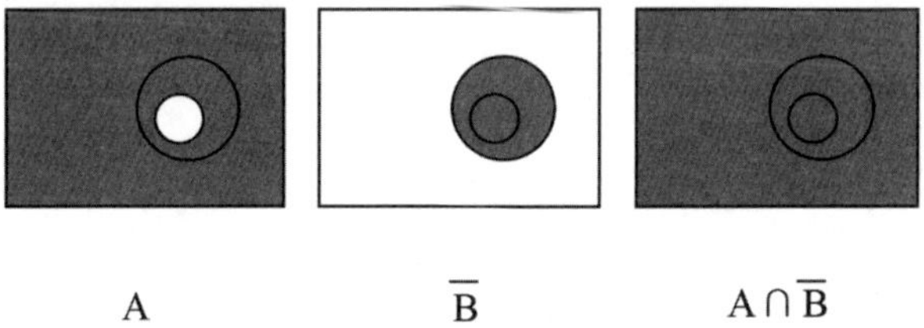

Figura 1.3 Demonstração de $A \subseteq B \Leftrightarrow \overline{B} \cap A = \emptyset$.

□

A menos de ressalva em contrário, ao longo deste texto os nomes de conjuntos serão representados por intermédio das letras maiúsculas do alfabeto romano (A, B, X, Y etc.). Elementos de um conjunto são usualmente denotados através das letras minúsculas do mesmo alfabeto (a, b, c etc.).

Os seguintes conjuntos serão utilizados no restante deste livro:

- $\mathbb{N}$, representando os números naturais $\{0, 1, 2, 3, ...\}$;
- $\mathbb{Z}$, representando os números inteiros $\{..., -3, -2, -1, 0, 1, 2, 3, ...\}$;
- $\mathbb{Z}_+$, representando os números inteiros positivos $\{1, 2, 3, ...\}$;
- $\mathbb{Z}_-$, representando os números inteiros negativos $\{..., -3, -2, -1\}$;
- $\mathbb{R}$, representando os números reais;
- $\mathbb{Q}$, representando os números racionais.

Diz-se que um conjunto é **fechado em relação a uma operação** se da aplicação dessa operação a quaisquer membros desse conjunto resultarem sempre elementos que também são membros do mesmo conjunto.

Exemplo 1.22 Considere-se o conjunto $X = \{x \in \mathbb{R} \mid x \geqslant 0\}$ e a operação unária $\sqrt{}$ (raiz quadrada). Qualquer que seja o elemento $x \in X$ considerado, $\sqrt{x}$ é sempre um elemento de X. Portanto, o conjunto X é fechado em relação à operação $\sqrt{}$.

Por outro lado, não se pode dizer o mesmo do conjunto $\mathbb{R}$, uma vez que a operação raiz quadrada não é definida para números negativos. Logo, o conjunto $\mathbb{R}$ não é fechado em relação à operação $\sqrt{}$. ⋆

Exemplo 1.23 Considerem-se os conjuntos dos números inteiros $\mathbb{Z}$, dos números naturais $\mathbb{N}$ e as operações binárias de soma e subtração. Então, as seguintes afirmativas são verdadeiras:

- O conjunto $\mathbb{Z}$ é fechado em relação à operação de soma. De fato, da soma de quaisquer dois elementos de $\mathbb{Z}$ resulta sempre um elemento que também pertence ao conjunto $\mathbb{Z}$.
- O conjunto $\mathbb{Z}$ é fechado em relação à operação de subtração, pois da subtração de quaisquer dois elementos de $\mathbb{Z}$ resulta sempre um elemento que também pertence ao conjunto $\mathbb{Z}$.
- O conjunto $\mathbb{N}$ não é fechado em relação à operação de subtração: nem toda subtração de dois elementos arbitrários de $\mathbb{N}$ fornece como resultado um elemento que também pertença ao conjunto $\mathbb{N}$. Assim, por exemplo, se $1 \in \mathbb{N}$ e $2 \in \mathbb{N}$, $2-1=1 \in \mathbb{N}$, mas $1-2=-1 \notin \mathbb{N}$.
- O conjunto $\mathbb{N}$ é fechado em relação à operação de soma.

★

1.2 Relações

Uma **relação** R sobre dois conjuntos A e B é definida como um subconjunto de $A \times B$.

Relações representam abstrações de conceitos matemáticos fundamentais, por exemplo, as operações aritméticas, lógicas e relacionais, além de constituírem a base teórica para o estudo sistemático das funções. O conjunto de todas as relações definíveis sobre $A \times B$ é dado por $2^{A \times B}$.

Exemplo 1.24 A relação $R_1 = \{(a,b) \mid a,b \in \mathbb{N} \text{ e } a > b\}$, sobre $\mathbb{N} \times \mathbb{N}$, contém, entre infinitos outros, os elementos $(2,1),(7,4)$ e $(9,3)$. A relação $R_2 = \{(x,y,z) \mid x,y,z \in \mathbb{Z} \text{ e } x^2 = y^2 + z^2\}$, sobre $\mathbb{Z} \times \mathbb{Z} \times \mathbb{Z}$, contém os elementos $(0,0,0)$, $(2,2,0)$, $(2,0,-2)$, $(5,4,3)$, $(-10,8,-6)$ etc. ★

Uma relação R aplicada sobre um elemento a de um conjunto A e outro elemento b de um conjunto B pode ser denotada, em notação infixa, por aRb. Se $(a,b) \in R$, diz-se, de forma abreviada, que aRb.

Os conjuntos A e B recebem, respectivamente, os nomes **domínio** e **codomínio** (ou **contradomínio**) da relação R. Por envolver dois conjuntos, essa relação é dita **binária** e seus elementos recebem a designação de **pares ordenados**. Relações binárias sobre um mesmo conjunto A representam subconjuntos de $A \times A$.

Exemplo 1.25 Considere-se a relação binária "$\neq$" sobre o conjunto dos números inteiros. Essa relação se define como o conjunto dos pares ordenados tais que suas duas componentes são diferentes. Alguns dos elementos do conjunto definido por essa relação são $(1,3),(-5,0),(8,-2)$ etc. Utilizando a notação introduzida, os elementos citados, pertencentes a essa relação, são denotados por $1 \neq 3$, $-5 \neq 0$ e $8 \neq -2$, coincidindo, portanto, com a representação tradicional da relação.

Notar que $(1,1),(0,0)$ e $(-5,-5)$ são exemplos de pares ordenados que não satisfazem a essa relação binária, pois suas duas componentes coincidem. ★

O conceito de relação pode ser generalizado para mais de dois conjuntos, consistindo, sempre, em subconjuntos definidos sobre o produto cartesiano dos conjuntos participantes da relação. A relação, nesse caso, é dita uma relação "n-ária", e corresponde a um subconjunto do produto cartesiano dos conjuntos envolvidos. Sejam n conjuntos $A_1, A_2, ..., A_n$. Os elementos pertencentes ao conjunto definido por uma relação n-ária sobre $A_1, A_2, ..., A_n$ são, portanto, elementos de $A_1 \times A_2 \times ... \times A_n$, e têm a seguinte forma:

$$(a_1, a_2, a_3, ..., a_n)$$

onde $a_1 \in A_1, a_2 \in A_2, ..., a_n \in A_n$.

Tais elementos são denominados **ênuplas ordenadas**. Em casos particulares, como para $n = 2, 3, 4, 5$ etc., as ênuplas recebem nomes especiais, geralmente os ordinais de n: pares, triplas, quádruplas, quíntuplas etc. Quando n é grande, usa-se em geral o nome "n-tupla ordenada". Por exemplo, $(a_1, a_2, ..., a_{10})$ é considerada uma décupla (ou uma 10-tupla) ordenada.

Uma relação binária R sobre um conjunto A é dita:

- **reflexiva**: se $aRa, \forall a \in A$;
- **simétrica**: se aRb implica $bRa, \forall a, b \in A$;
- **transitiva**: se aRb e bRc implicam $aRc, \forall a, b, c \in A$;

sendo que a, b, c não precisam ser necessariamente distintos.

Exemplo 1.26 A relação "maior ou igual" ($\geq$) definida sobre o conjunto dos números naturais $\mathbb{N}$ é reflexiva, pois $\forall a \in \mathbb{N}, a \geq a$. Já a relação "diferente" ($\neq$) definida sobre o conjunto dos números naturais $\mathbb{N}$ não é reflexiva, pois não é verdade que para $a \in \mathbb{N}, a \neq a$. ⋆

Exemplo 1.27 A relação "diferente" ($\neq$) definida sobre o conjunto dos números naturais $\mathbb{N}$ é simétrica, pois $\forall a, b \in \mathbb{N}, a \neq b \Rightarrow b \neq a$. Já a relação "maior ou igual" ($\geq$) definida sobre o conjunto dos números naturais $\mathbb{N}$ não é simétrica, pois $a \geq b$ não implica necessariamente $b \geq a$. ⋆

Exemplo 1.28 A relação "menor ou igual" ($\leq$) definida sobre o conjunto dos números naturais $\mathbb{N}$ é transitiva, pois $\forall a, b, c \in \mathbb{N}, (a \leq b) \wedge (b \leq c) \Rightarrow a \leq c$. Já a relação "diferente" ($\neq$) definida sobre o conjunto dos números naturais $\mathbb{N}$ não é transitiva, pois $(a \neq b) \wedge (b \neq a)$ não implica $a \neq a$ (notar que neste caso $c = a$). ⋆

Exemplo 1.29 A relação binária "identidade" (=) definida sobre o conjunto dos números inteiros $\mathbb{Z}$ como o conjunto de todos os pares ordenados para os quais as duas componentes são idênticas. Ela é reflexiva, pois $a = a, \forall a \in \mathbb{Z}$; é simétrica, pois $a = b$ implica $b = a, \forall a, b \in \mathbb{Z}$; e transitiva, uma vez que $a = b$ e $b = c$ implica $a = c, \forall a, b, c \in \mathbb{Z}$. Alguns elementos do conjunto definido por essa relação são $(4, 4), (0, 0), (-7, -7)$ etc. Notar que pares ordenados, como $(1, -3), (0, 5)$ e $(7, 9)$, não pertencem a essa relação. ⋆

Exemplo 1.30 A relação binária "maior" ($>$), definida como o conjunto dos pares ordenados cujas primeiras componentes tenham valor maior que as segundas componentes, aplicada sobre o mesmo conjunto $\mathbb{Z}$, revela-se não reflexiva, pois não é verdade que $a > a, \forall a \in \mathbb{Z}$; não simétrica, já que $a > b$ não implica $b > a, \forall a$ e $b \in \mathbb{Z}$; porém ela é transitiva, uma vez que $a > b$ e $b > c$ implica $a > c, \forall a, b, c \in \mathbb{Z}$. ⋆

Uma relação que seja simultaneamente reflexiva, simétrica e transitiva é denominada relação de equivalência. Se R é uma **relação de equivalência** sobre um conjunto A, então R estabelece uma partição do conjunto A.

Suponha-se que R seja uma relação de equivalência sobre A, e $A_i, i \geqslant 0$, uma partição de A induzida por R. Então, valem as seguintes propriedades:

- $(a, b) \in R$ se e somente se $\forall i, j, (a \in A_i \wedge b \in A_j) \Rightarrow (i = j)$;
- $(a, b) \notin R$ se e somente se $\forall i, j, (a \in A_i \wedge b \in A_j) \Rightarrow (i \neq j)$.

Teorema 1.4 (Relação binária e partição) "Seja R uma relação binária reflexiva, simétrica e transitiva sobre um conjunto A. Então existe uma partição $P_0, P_1, ..., P_n$ de A tal que (i) se aRb, então $a, b \in P_i$, para algum $0 \leqslant i \leqslant n$; (ii) se $(a, b) \notin R$, então $a \in P_i$ e $b \in P_j$, com $i \neq j$; (iii) todo a pertence a um único conjunto P_i e (iv) a união de todos $P_0, P_1, ..., P_n$ resulta em A."

Para cada $a \in A$, considere o conjunto $classe(a) = \{b \mid aRb\}$. Tais conjuntos recebem o nome de classes de equivalência.

- Primeira parte (i):
Considere que $(a,b) \in R$, ou seja, aRb. Desejamos provar que $classe(a) = classe(b)$, ou seja, que a e b pertencem ao mesmo conjunto. Para isso, vamos primeiro provar que todo elemento de $classe(a)$ é também elemento de $classe(b)$. Em seguida, provaremos o contrário, ou seja, que todo elemento de $classe(b)$ é também elemento de $classe(a)$.
Considere um elemento c qualquer, $c \in classe(a)$. Portanto, aRc. Por outro lado, como R é simétrica, segue que bRa. Como ela também é transitiva (pois bRa e aRc), segue que bRc, ou seja, que $c \in class(b)$. Portanto, todo elemento de $classe(a)$ também é elemento de $classe(b)$. Considere agora $c \in classe(b)$. Então, bRc. Pela transitividade de R, temos que aRc (pois aRb e bRc). Logo, $c \in class(a)$ e todo elemento de $classe(b)$ também é elemento de $classe(a)$. Segue que $class(a) = class(b)$ e, portanto, que a e b pertencem à mesma classe de equivalência pois, pela reflexividade, $a \in class(a)$ e $b \in classe(b)$.
- Segunda parte (ii):
Considere que $(a,b) \notin R$ e suponha que exista um elemento c tal que $c \in class(a)$ e $c \in class(b)$. Logo, aRc e bRc. Pela simetria, temos que cRb e, pela transitividade (aRc e cRb), podemos assumir que aRb. Mas aRb contradiz a hipótese de que $(a,b) \notin R$. Logo, a hipótese é falsa e não pode existir tal c. Ou seja, $class(a) \cap class(b) = \emptyset$ e a e b pertencem à classes de equivalência distintas.
- Terceira parte (iii):
Como aRa, segue que $a \in class(a)$. Logo, todo elemento a pertence a alguma classe de equivalência. Para provar que essa classe é única, suponha que $a \in c_1$ e $a \in c_2$, com $c_1 \neq c_2$. Conforme o resultado anterior (de que os elementos que satisfazem uma relação devem pertencer ao mesmo conjunto), isso implicaria na falsidade de aRa (onde o primeiro a pertenceria à c_1 e o segundo a pertenceria à c_2), uma vez se trata de elementos de classes distintas (c_1 e c_2). Mas isso contradiz aRa, logo a hipótese é falsa e a não pode pertencer a duas classes diferentes.
- Quarta parte (iv):
Como todo elemento de A pertence a uma única classe de equivalência, a união de tais classes resulta em A.

□

Exemplo 1.31 Considere-se o conjunto $\mathbb{Z}$ dos números inteiros e a relação binária:

$$\begin{aligned} Q &: \{(a,b) \in \mathbb{Z} \times \mathbb{Z} \mid a^2 = b^2\} \\ Q &= \{(0,0),(1,1),(1,-1),(-1,1),(-1,-1)...(n,n),(n,-n),(-n,n),(-n,-n)...\} \end{aligned}$$

É fácil verificar que Q é reflexiva, simétrica e transitiva. Logo, é uma relação de equivalência. Q induz à partição $\{A_0, A_1, ...\}$ de $\mathbb{Z}$, onde:

$$\begin{aligned} A_0 &= \{0\} \\ A_1 &= \{1,-1\} \\ A_2 &= \{2,-2\} \\ &\dots \\ A_n &= \{n,-n\} \\ &\dots \end{aligned}$$

Quaisquer que sejam os números $a, b \in \mathbb{Z}$ considerados, se $(a,b) \in Q$, então a e b pertencem necessariamente ao mesmo conjunto A_i, para algum valor de $i \geqslant 0$. Se $(a,b) \notin Q$, a e b pertencerão sempre a conjuntos distintos dessa partição de $\mathbb{Z}$. ⋆

1.3 Funções

Uma **função** é um mapeamento que associa elementos de um conjunto denominado **domínio** a elementos de um outro conjunto, chamado **codomínio** ou **contradomínio**. Essa associação deve ser tal que cada elemento do domínio esteja associado a no máximo um elemento do conjunto codomínio.

Formalmente, uma função entre um conjunto A (domínio) e um conjunto B (codomínio) é definida como uma relação R entre esses conjuntos, de modo que:

$$\forall (a,b),(a,c) \in R, b = c$$

Portanto, o termo "função" refere-se um tipo particular de relação, em que cada elemento do domínio está associado a, no máximo, um único elemento do codomínio. Em outras palavras, toda função é uma relação, mas nem toda relação é uma função.

Denota-se uma função f entre dois conjuntos X e Y por:

$$f : X \to Y$$

Exemplo 1.32 Considere-se f_1 e f_2 definidas abaixo:

$$\begin{aligned} f_1 &= \{(1,5),(2,3),(4,5),(8,1),(7,3)\} \\ f_2 &= \{(6,7),(9,0),(6,3),(4,3),(3,1)\} \end{aligned}$$

A relação f_1 é aderente à definição de função, ao passo que f_2 é uma relação mas não uma função, devido à presença simultânea dos pares $(6,7)$ e $(6,3)$, que associam o mesmo elemento 6 do domínio a dois elementos distintos do codomínio (7 e 3). As Figuras 1.4 e 1.5 ilustram, respectivamente, as relações f_1 e f_2. ⋆

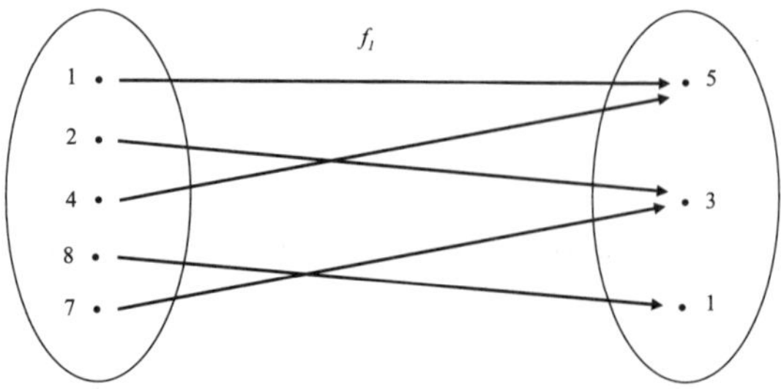

Figura 1.4 Relação que é também função.

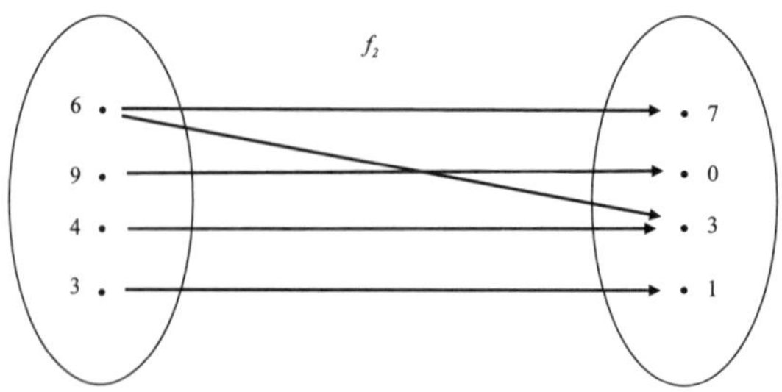

Figura 1.5 Relação que não é função.

A associação estabelecida pela função f entre um elemento x do conjunto domínio X com um elemento y do conjunto codomínio Y é denotada por $f(x) = y$. De maneira equivalente, diz-se que $(x,y) \in f$.

O **conjunto imagem** de f, denotado por I_f, é o conjunto formado por todos os elementos do codomínio Y que estejam em correspondência com elementos de X, ou seja, $I_f \subseteq Y$. Formalmente,

$$I_f = \{y \in Y \mid y = f(x)\}$$

O elemento x é denominado **argumento** da função f, e y é denominado **imagem** de x pela **aplicação** de f. Funções com múltiplos argumentos são definidas como um mapeamento em que o conjunto domínio corresponde ao produto cartesiano de múltiplos conjuntos:

$$f : X_1 \times X_2 \times ... \times X_n \to Y$$

Funções com um, dois ou três argumentos são, respectivamente, denominadas funções unárias, binárias ou ternárias, e assim por diante.

Diz-se também que uma função que associa pares ordenados sobre um conjunto X, ou seja, elementos de X^2 com elementos do próprio conjunto X, é uma **função (operação) binária** sobre X.

Exemplo 1.33 Considere $f_1 : \mathbb{N} \to \mathbb{N}, f_1 = \{y \in \mathbb{N} \mid y = x^3, x \in \mathbb{N}\}$. A função f_1 é unária, pois associa cada elemento de $\mathbb{N}$ ao seu cubo. Portanto, $f_1 : \mathbb{N} \to \mathbb{N}$. Alguns dos infinitos elementos do conjunto definido por f_1 são: $(1,1), (2,8), (3,27)$ etc. Denota-se $f_1(2) = 8$, ou ainda $(2,8) \in f_1$. ⋆

Exemplo 1.34 Seja $f_2 : \mathbb{Z} \times \mathbb{Z} \to \mathbb{Z}, f_2 = \{z \in \mathbb{Z} \mid z = x + y; x, y \in \mathbb{Z}\}$. A função binária f_2 define a operação (função) de adição sobre o conjunto dos números inteiros $\mathbb{Z}$, sendo elementos de f_2 : $((1,2),3), ((-3,7),4), ((0,5),5)$ etc. Escreve-se $f_2(-3,7) = 4$, ou ainda $((-3,7),4) \in f_2$. ⋆

Uma função se diz uma **função total** (denotada pelo símbolo "$\to$") quando especifica associações para todos os elementos do conjunto domínio, sem exceção. Formalmente:

$$\forall x \in X, \exists y \in Y \mid y = f(x)$$

Exemplo 1.35 A Figura 1.6 ilustra o conceito de função total. Notar que todos os elementos de X têm correspondência com algum elemento de Y. ⋆

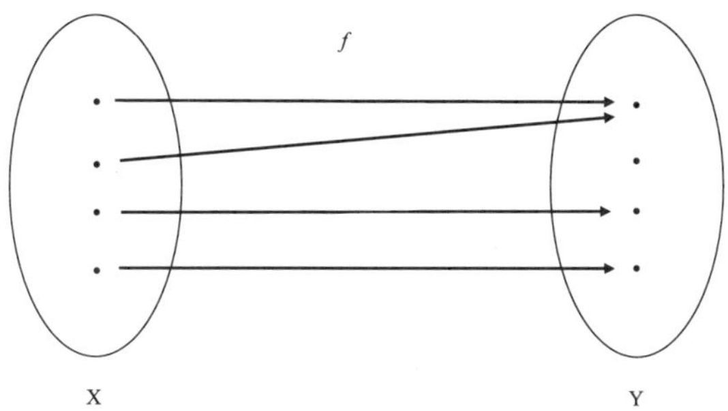

Figura 1.6 Função total.

Exemplo 1.36 Sejam $X = \{0,1,2\}$ e $Y = \{a,b,c\}$, respectivamente, o conjunto domínio e o conjunto codomínio da função $f_1 = \{(0,a),(1,b),(2,a)\}$. A função $f_1 : X \to Y$ é total, pois todos os elementos do conjunto domínio estão em correspondência com algum elemento do conjunto codomínio. Nesse caso, o conjunto imagem de f_1 é $\{a,b\}$. ⋆

Quando uma função não é definida para todos os elementos de seu domínio, ela recebe a denominação de **função parcial** (denotada pelo símbolo "$\nrightarrow$"). Formalmente:

$$\exists x \in X \mid f(x) \text{ não é definida}$$

Exemplo 1.37 A Figura 1.7 ilustra o conceito de função parcial. Notar a existência de um elemento de X sem correspondente em Y. ⋆

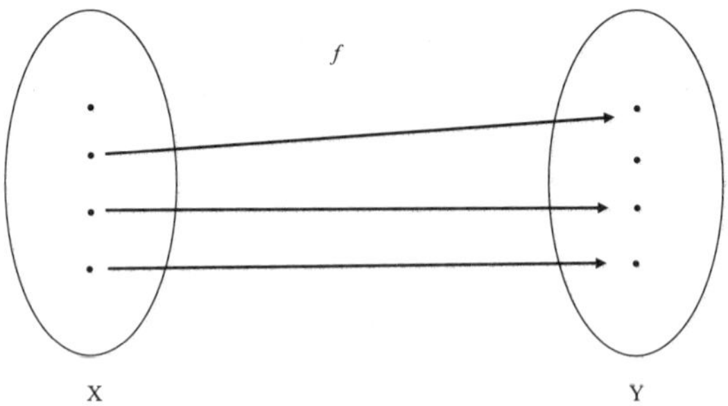

Figura 1.7 Função parcial.

Exemplo 1.38 Seja $X = \{0,1,2\}, Y = \{a,b,c\}$ e $f_2 = \{(0,b),(2,b)\}$. A função $f_2 : X \nrightarrow Y$ é parcial, pois não há associação do elemento "1" pertencente ao conjunto domínio a qualquer elemento do conjunto codomínio. O conjunto imagem para essa função é $\{b\}$. ⋆

Diz-se que uma função é **um-para-um**, ou simplesmente uma função **injetora**, quando elementos distintos do domínio X estiverem associados a elementos distintos do codomínio Y, ou seja, quando não houver quaisquer dois elementos distintos do conjunto domínio associados ao mesmo elemento do conjunto imagem:

$$\forall x_1, x_2 \in X, x_1 \neq x_2 \Rightarrow f(x_1) \neq f(x_2)$$

De maneira equivalente, uma função é dita **injetora** se cada elemento do conjunto codomínio estiver associado a, no máximo, um elemento do conjunto domínio.

As Figuras 1.6 e 1.7 representam funções que são, respectivamente, não injetora e injetora.

Exemplo 1.39 Seja $X = \{0,1,2\}, Y = \{a,b,c\}$ e $f_3 = \{(0,c),(1,b)\}$. A função $f_3 : X \rightarrow Y$ é injetora, pois não existe um mesmo elemento de Y associado a mais de um elemento de X. Por outro lado, a função f_2, definida no Exemplo 1.38, é parcial mas não injetora, pois o elemento b de seu conjunto imagem está simultaneamente associado aos elementos 0 e 2 do conjunto domínio. ⋆

Uma função f é dita **sobrejetora** se todos os elementos do conjunto codomínio estiverem associados a elementos do conjunto domínio, ou seja, se I_f, o conjunto imagem de f, for igual ao conjunto codomínio de f:

$$\forall y \in Y, \exists x \in X \mid y = f(x)$$

Dito de outra forma, uma função é sobrejetora se todo elemento do conjunto codomínio estiver associado a pelo menos um elemento do conjunto domínio.

Exemplo 1.40 As funções das Figuras 1.6 e 1.7 não são sobrejetoras. A Figura 1.8 ilustra uma função sobrejetora. Não há elemento de Y que não corresponda a algum elemento de X. ⋆

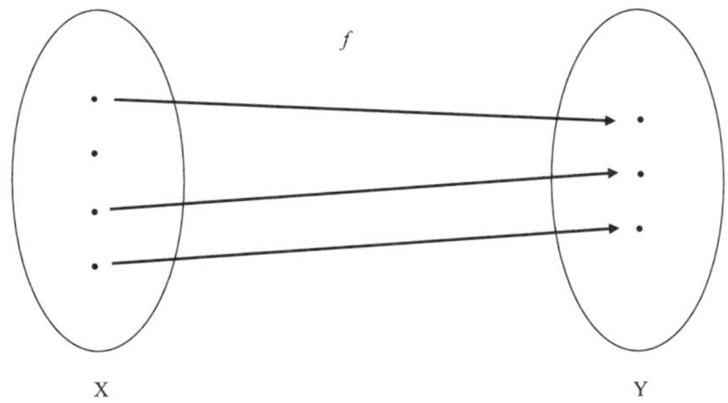

Figura 1.8 Função sobrejetora.

Exemplo 1.41 Seja $X = \{0,1,2\}, Y = \{a,b,c\}$ e $f_4 = \{(0,c),(1,b),(2,a)\}$. A função $f_4 : X \to Y$ é sobrejetora, pois $Y = I_f = \{a,b,c\}$. Em adição, pode-se observar que f_4 é simultaneamente uma função total, injetora e sobrejetora, e também que as funções f_1 (Exemplo 1.36), f_2 (Exemplo 1.38) e f_3 (Exemplo 1.39) anteriormente definidas não são sobrejetoras. ⋆

Uma função que seja simultaneamente total, injetora e sobrejetora recebe a denominação de função **bijetora**.

Exemplo 1.42 As funções das Figuras 1.6, 1.7 e 1.8 não são bijetoras. Em particular, a da Figura 1.6 é total, não injetora e não sobrejetora; a da Figura 1.7 é parcial, injetora e não sobrejetora; e a da Figura 1.8 é parcial, injetora e sobrejetora. A Figura 1.9 ilustra uma função bijetora. Há uma correspondência biunívoca entre os elementos de X e os de Y. ⋆

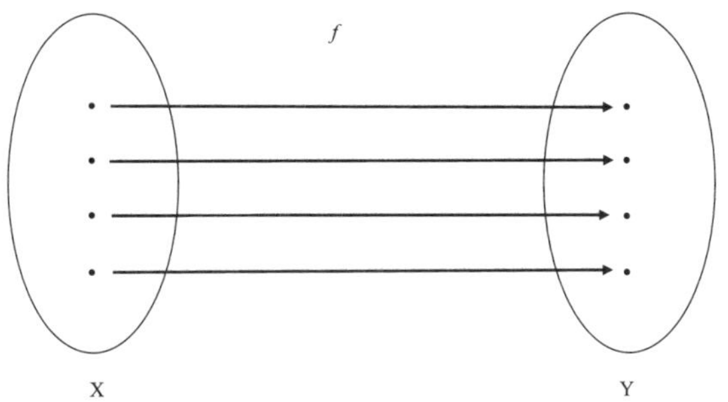

Figura 1.9 Função bijetora.

Exemplo 1.43 Seja $f_5 = \{(0,a),(1,b),(2,c)\}$. A função $f_5 : X \to Y$, assim como a função f_4 definida no Exemplo 1.41, é bijetora. As funções f_1 (Exemplo 1.36), f_2 (Exemplo 1.38) e f_3 (Exemplo 1.39) não são bijetoras. ⋆

Exemplo 1.44 Considerem-se as funções adição, sobre o conjunto dos números naturais, divisão, sobre o conjunto dos números reais, e raiz quadrada, sobre o conjunto dos números inteiros:

- $+ : \mathbb{N} \times \mathbb{N} \to \mathbb{N}$. Ela não é injetora, pois a soma de dois números naturais quaisquer pode corresponder à soma de outros números naturais distintos (por exemplo, ((3,4),7) e ((5,2),7)). É sobrejetora, pois todo número natural pode ser expresso como a soma de dois outros números naturais. É total, pois a cada par de números naturais sempre corresponde um outro número natural.
- $/ : \mathbb{R} \times \mathbb{R} \to \mathbb{R}$. Não é injetora, pois existem vários casos em que a divisão de dois números reais corresponde ao mesmo número real (por exemplo, os casos ((10.0,2.5),4.0) e

((20.0,5.0),4.0)). É sobrejetora, pois todos os números reais podem ser expressos como a divisão de dois outros números reais (por exemplo, todos os casos ((x,1.0),x)). Não é total, pois a divisão não é definida quando o denominador é zero (por exemplo, ((1,0),?)).[1]

- $\sqrt{}: \mathbb{Z} \to \mathbb{Z}$. É injetora, pois não é possível que dois números inteiros diferentes tenham a mesma raiz inteira ((4,2), (9,3) e (3,?)). Não é sobrejetora, pois nem todo número inteiro corresponde à raiz quadrada de algum outro número inteiro (por exemplo, (?,-3). Não é total, pois a operação raiz quadrada não é definida para números inteiros negativos (por exemplo, (-2,?)).

A Tabela 1.1 resume esses resultados. ⋆

Tabela 1.1 Propriedades das funções $+, /$ e $\sqrt{}$

	Injetora?	Sobrejetora?	Total?
$+: \mathbb{N} \times \mathbb{N} \to \mathbb{N}$	Não	Sim	Sim
$/: \mathbb{R} \times \mathbb{R} \to \mathbb{R}$	Não	Sim	Não
$\sqrt{}: \mathbb{Z} \to \mathbb{Z}$	Sim	Não	Não

A igualdade de funções pode ser definida a partir de duas perspectivas distintas. A perspectiva **extensional** determina que duas funções são iguais se elas produzem os mesmos resultados para as mesmas entradas, independente da forma como as saídas são geradas. A perspectiva **intencional** determina que duas funções são iguais se elas produzem os mesmos resultados para as mesmas entradas da mesma forma. A matemática costuma adotar a perspectiva extensional, já a computação costuma adotar a perspectiva intencional.

Considere, por exemplo, duas funções f (recursiva) e g (iterativa) que produzem o fatorial de um número natural. Do ponto de vista da matemática (extensional) as funções são idênticas. Do ponto de vista da computação (intencional) elas são distintas, já que produzem as suas saídas de forma diferente (f é recursiva e g é iterativa). Por isso, é sempre bom considerar que tipo de perspectiva está sendo considerada para se determinar a igualdade de funções.

1.4 Grafos

Um **grafo** é um par ordenado (V,A), em que V denota o conjunto de **vértices** (ou nós) do grafo e A denota uma relação binária sobre V, através da qual são especificados os **arcos** do grafo. Os arcos indicam associações entre os vértices do grafo. Dois vértices $v_i, v_j \in V$ tais que $(v_i, v_j) \in A$ são ditos vértices **adjacentes**.

A estrutura de um grafo pode ser mais bem entendida com o auxílio de uma representação gráfica. Nesse caso, os nós são denotados por círculos e os arcos por linhas que unem pares de vértices.

Exemplo 1.45 Sejam G_1, V_1 e A_1 conforme a seguir:

$$\begin{aligned} G_1 &= (V_1, A_1) \\ V_1 &= \{0,1,2,3\} \end{aligned}$$

[1] O símbolo "." é usado em substituição ao símbolo ",", na representação de números reais neste exemplo, para evitar ambiguidade de interpretação com a vírgula que separa os elementos de um par ordenado.

$$A_1 = \{(0,1),(0,2),(0,3),(1,3),(2,3)\}$$

O grafo G_1 possui quatro vértices, respectivamente numerados de 0 a 3, e cinco arcos, que conectam pares de vértices, conforme especificado em A_1. Graficamente, G_1 pode ser ilustrado conforme a Figura 1.10. ⋆

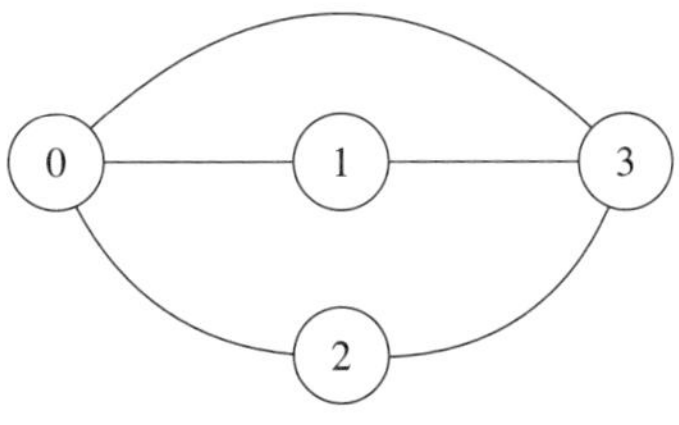

Figura 1.10 Grafo não orientado G_1.

Diz-se que um grafo é **orientado** quando os pares da relação binária A sobre V forem ordenados, ou seja, quando houver relação de ordem entre os elementos que formam os pares $(v_i, v_j) \in A$. Caso contrário, diz-se que o grafo é **não orientado**.

Na prática, costuma-se convencionar que v_i **precede** v_j no par $(v_i, v_j) \in A$. Nesse caso, v_i é denominado **predecessor** de v_j. Por outro lado, v_j **sucede** v_i nesse mesmo par, e por isso é denominado **sucessor** de v_i. Diz-se também que o arco (v_i, v_j) **emerge** do vértice v_i (ou ainda "se inicia no", "parte do") e **atinge** o vértice v_j (ou "termina no", "chega ao", "alcança").

Grafos orientados empregam, em sua representação, setas associadas aos arcos, denotando, através do sentido dos arcos do grafo, a relação de ordem existente entre os nós unidos pelo arco em questão. A omissão das setas, em grafos não orientados, equivale a considerar que todos os arcos representam conexões bidirecionais.

Exemplo 1.46 No Exemplo 1.45 o grafo G_1 é representado como um grafo não orientado. Considerando-se desta vez o grafo G_1 como sendo um grafo orientado, e sem alterar qualquer aspecto de sua definição formal, ele poderia ser representado graficamente conforme a Figura 1.11. ⋆

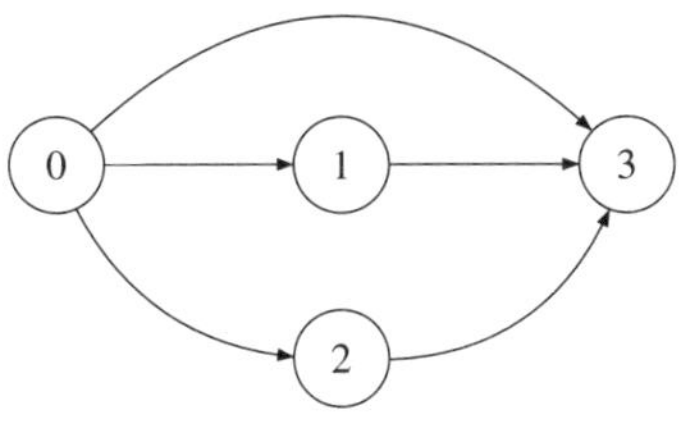

Figura 1.11 Grafo orientado G_1.

Um grafo orientado é dito **ordenado** quando houver uma relação de ordem pré-convencionada sobre todos os arcos que emergem dos diversos vértices do grafo. Essa relação de ordem tem por objetivo estabelecer uma sequência entre os diversos arcos que partem de um mesmo vértice, e não costuma ser definida explicitamente, uma vez que conjuntos não incorporam o conceito de sequência.

Quando se deseja ordenar os arcos que emergem de cada vértice, é comum que se leve em conta como referência a sequência em que os arcos comparecem na representação algébrica da função A. Eventualmente pode-se considerar uma sequência diferente, desde que devidamente explicitada na representação do grafo.

Exemplo 1.47 Sejam:

$$\begin{aligned} G_2 &= (V_2, A_2) \\ V_2 &= \{a, b, c, d\} \\ A_2 &= \{(a,b), (b,a), (a,c), (a,d), (c,b), (d,c), (c,d)\} \end{aligned}$$

Suponha-se, para efeito didático, que A_2 fosse constituída de uma sequência de pares ordenados (e não de um conjunto de pares ordenados), redigida de maneira análoga à representação do conjunto, porém sem as chaves:

$$(a,b), (b,a), (a,c), (a,d), (c,b), (d,c), (c,d)$$

Suponha-se, ainda, que um mesmo par ordenado não figure mais de uma vez na mesma sequência, e que exista uma relação de ordem implícita entre os pares ordenados, de tal forma que $(a,b) < (b,a) < (a,c) < ... < (c,d)$. Isso facilita a percepção de uma relação de ordem definida para os arcos de G_2, conforme mostrado a seguir:

- Vértice a: inicialmente (a,b), depois (a,c) e por último (a,d)
- Vértice b: apenas (b,a)
- Vértice c: primeiro (c,b) depois (c,d)
- Vértice d: apenas (d,c)

Essa ordenação pode ser representada graficamente numerando-se os arcos do grafo, indicando-se assim a ordenação relativa dos arcos que partem de um mesmo vértice: ⋆

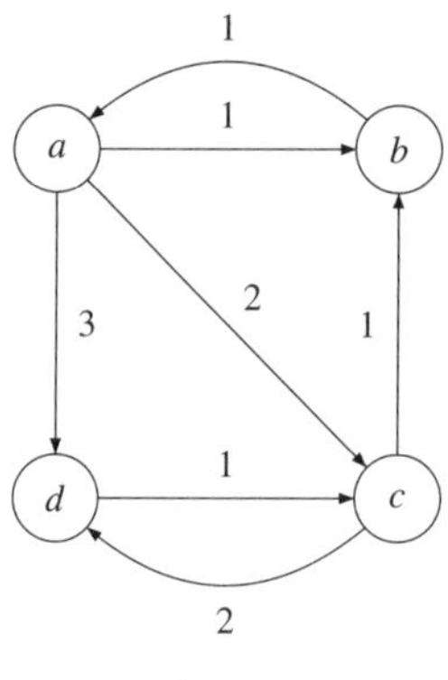

Figura 1.12 Grafo ordenado G_2.

Três importantes conceitos estão relacionados a grafos orientados, sejam eles ordenados ou não. O número N_S de **ramificações de saída** (ou *fan-out*) de um dado vértice de um grafo orientado indica a quantidade de arcos que partem dele. De modo similar, o número N_E de **ramificações de entrada** (ou *fan-in*) de um determinado vértice refere-se à quantidade de arcos do grafo que possuem o vértice em questão como destino. Vértices com $N_E = 0$ são denominados **vértices-base** ou **vértices-raiz**, e vértices com $N_S = 0$ são denominados **vértices-folha**.

Um **caminho** entre dois arcos, respectivamente denominados arcos **inicial** e **final**, em um grafo, é uma sequência ordenada de arcos, de tal forma que o vértice predecessor de cada arco, à exceção do arco inicial, corresponde ao vértice sucessor do arco imediatamente anterior na sequência ordenada.

O **comprimento** de um caminho é o número de arcos que o formam. Por definição, um caminho de comprimento zero é aquele que inicia e termina no mesmo vértice sem percorrer nenhum arco.

Um caminho é denominado **ciclo** se o vértice predecessor do primeiro arco coincidir com o vértice sucessor do último arco que o define. Grafos orientados que possuem pelo menos um ciclo são ditos grafos **cíclicos**. Caso contrário, são denominados grafos **acíclicos**.

Exemplo 1.48 Para o grafo G_2 da Figura 1.12 (Exemplo 1.47):

$$N_S(a) = 3, N_S(b) = 1, N_S(c) = 2, N_S(d) = 1$$
$$N_E(a) = 1, N_E(b) = 2, N_E(c) = 2, N_E(d) = 2$$

A sequência $(a,c)(c,b)$ constitui um caminho, pois o vértice predecessor do segundo arco (c em (c,b)) é idêntico ao vértice sucessor do arco anterior (c em (a,c)), e seu comprimento é 2. A sequência $(a,d)(c,d)(d,c)$ não constitui um caminho, pois o vértice predecessor do segundo arco ((c)) é diferente do vértice sucessor do arco anterior ((d)). O grafo G_2 é do tipo cíclico, pois é possível identificar inúmeros ciclos, dentre os quais $(a,b)(b,a)$ ou $(a,d)(d,c)(c,d)(d,c)(c,b)(b,a)$. ⋆

Muitas vezes pode ser útil associar aos vértices de um grafo, aos arcos de um grafo ou, eventualmente, a ambos rótulos que representem informação adicional para a sua interpretação. Nesses casos, diz-se que o grafo é **rotulado**. Conforme o caso, caracteriza-se a rotulação de vértices ou então a rotulação de arcos do grafo.

Uma **rotulação de vértices** é definida como sendo uma função f_V que associa os elementos de V a elementos de um conjunto R_V, denominado alfabeto de rotulação de vértices. De modo análogo, uma **rotulação de arcos** é realizada através de uma função f_A que associa elementos de A a elementos de um conjunto R_A, denominado alfabeto de rotulação de arcos.

Exemplo 1.49 Sejam:

$$\begin{aligned} G_3 &= (V_3, A_3) \\ V_3 &= \{0,1,2\} \\ A_3 &= \{(0,1),(1,2),(0,2)\} \end{aligned}$$

Uma possível rotulação simultânea de vértices e arcos em G_3 seria:

- $f_V = \{(0,\Phi),(1,\Gamma),(2,\Psi)\}$, com $R_V = \{\Phi,\Gamma,\Psi\}$
- $f_A = \{((0,1),\phi),((1,2),\gamma),((0,2),\psi)\}$, com $R_A = \{\phi,\gamma,\psi\}$

Esquematicamente, essa rotulação pode ser representada conforme mostra a Figura 1.13. ⋆

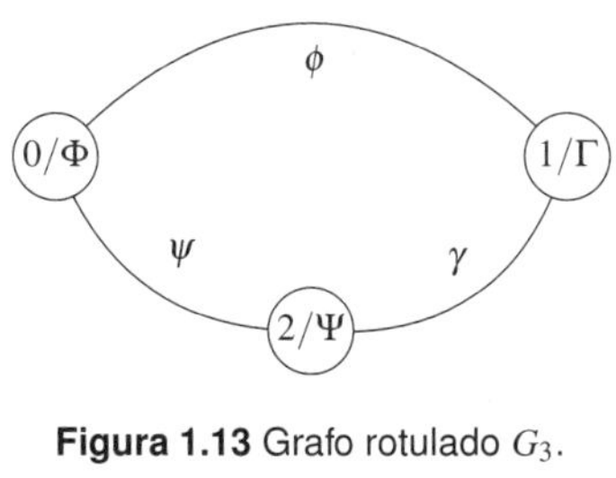

Figura 1.13 Grafo rotulado G_3.

Quanto à sua natureza, os grafos podem ser classificados em grafos orientados ou grafos não orientados, e também em grafos rotulados ou grafos não rotulados. Os grafos orientados podem ainda ser classificados em grafos ordenados ou grafos não ordenados, e ainda como grafos cíclicos ou grafos acíclicos:

- Grafos
  - *Orientação:*
    - Orientados
      - *Ordenação:*
        - Ordenados
        - Não ordenados
      - *Ciclos:*
        - Cíclicos
        - Acíclicos
    - Não orientados
  - *Rotulação:*
    - Rotulados
    - Não rotulados

1.5 Árvores

São especialmente importantes, no estudo das linguagens formais, e muito aplicados na prática, para a análise e construção de compiladores, os grafos acíclicos orientados e as árvores. Estas, por sua vez, constituem um caso particular dos grafos acíclicos orientados ordenados.

Uma árvore ordenada, ou simplesmente uma **árvore**, é um grafo acíclico orientado e ordenado que possui as seguintes características adicionais:

- Há apenas um vértice r tal que $N_E(r) = 0$. Esse vértice diferenciado é denominado **raiz** da árvore.
- Todos os demais vértices possuem $N_E = 1$.
- Para cada vértice há sempre um único caminho que o liga à raiz da árvore.

Para vértices a e b que fazem parte de um mesmo caminho em uma árvore, diz-se que a é **ancestral** de b se for possível atingir b a partir de a. Nesse caso, b é dito **descendente** de a. Quando entre a e b não houver nenhum vértice intermediário, diz-se que a e b são adjacentes. Nessa situação, diz-se ainda que o vértice a é ancestral direto, ou **pai**, do vértice b, e que este é descendente direto, ou **filho**, do vértice a. O ancestral mínimo comum de dois vértices a e b corresponde ao (único) antecessor de ambos que seja também descendente de todos os antecessores comuns de a e b.

Vértices tais que $N_S = 0$ são denominados **folhas** da árvore. Os demais são denominados **vértices internos**. Inclui-se, por essa definição, entre os vértices internos de uma árvore, o vértice-raiz dessa árvore.

A **profundidade** de um vértice em uma árvore é o comprimento do caminho iniciado em sua raiz, e que termina no referido vértice. A profundidade de uma árvore (também conhecida como **altura** da árvore) é definida como sendo a maior dentre as profundidades de seus vértices.

A **fronteira** de uma árvore é a sequência formada pelos rótulos dos vértices-folha, quando são colhidos de cima para baixo e da esquerda para a direita.

Árvores costumam ser representadas esquematicamente com a raiz na parte superior da figura e com os arcos e demais vértices "crescendo" para baixo. Normalmente, as representações esquemáticas das árvores não incorporam indicações sobre a orientação e a ordenação dos arcos, as quais neste caso se tornam implícitas, podendo ser inferidas a partir da própria figura, de acordo com as seguintes convenções, usualmente adotadas: todos os arcos "apontam" para baixo e são implicitamente ordenados da esquerda para a direita.

Uma árvore é dita **binária** se cada vértice-pai possuir no máximo dois vértices-filho. Árvores binárias são casos particulares de árvores gerais e são úteis na demonstração de certos teoremas.

Exemplo 1.50 Considere-se a árvore da Figura 1.14. Neste exemplo, o vértice V_1 é ancestral direto (pai) de V_{11}. Este, por sua vez é descendente direto (filho) de V_1. O vértice "Raiz" é ancestral de V_{00} e o vértice V_{01} é descendente de "Raiz". "Raiz" é também o mínimo ancestral comum dos vértices V_{00} e V_{11}, que, por sua vez, são folhas dessa árvore e apresentam profundidade igual a 2. V_0 e V_1 são vértices internos, e possuem profundidade 1. A profundidade (ou altura) desta árvore é igual a 2. A fronteira desta árvore é a sequência $V_{00}V_{01}V_{10}V_{11}$. ⋆

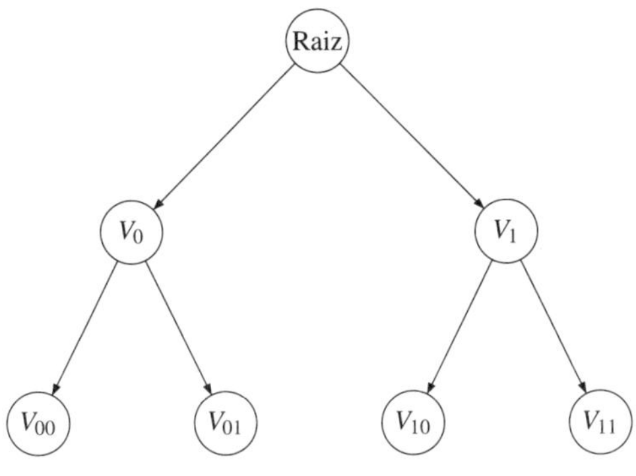

Figura 1.14 Árvore para o Exemplo 1.50.

1.6 Lógica formal

Considerada por alguns como os fundamentos da matemática e por outros como um ramo da matemática propriamente dita, a **lógica formal** se ocupa da representação e validação de argumentações (ou **proposições**). A lógica formal se apresenta de diversas formas, como a lógica proposicional (cujas sentenças são constituídas apenas por variáveis agrupadas em torno de um conjunto pequeno de conectivos) e a lógica de predicados (também conhecida como lógica de primeira ordem), que estende a lógica proposicional com o uso dos quantificadores universal e existencial, além de predicados (funções aplicadas sobre os objetos do enunciado em questão e que produzem valores lógicos como resultado).

O estudo de linguagens formais, assim como da computação, da matemática e de qualquer teoria, de uma forma geral, envolve uma coleção (geralmente restrita) de definições e uma coleção (geralmente extensa) de propriedades que são verificadas por essas definições. A Teoria das Linguagens Formais, por exemplo, é praticamente toda construída em torno de uma única definição: a definição de gramática. A partir dessa definição, existem dezenas de propriedades que podem ser enunciadas e provadas.

O enunciado de uma propriedade é uma afirmação de que aquela propriedade é válida num contexto de determinadas premissas. Todo enunciado precisa ser provado para ser aceito como verdadeiro, e a prova pode ou não ser trivial. Quando a prova não é trivial, isso caracteriza o que se chama de **teorema**. Um **lema** é um enunciado cuja prova é, normalmente, um pouco menos complexa do que a prova de um teorema. Geralmente os lemas são auxiliares na prova de teoremas. Um **corolário** é um enunciado que deriva, de forma trivial, de um teorema ou lema provado anteriormente.

Diferentes técnicas podem ser usadas para se obter a prova de que uma propriedade é válida (ver Seção 1.7). Na presente seção, estudamos a linguagem que é usada para escrever tais enunciados (inicialmente a lógica proposicional e depois a lógica de predicados). O objetivo aqui não é fazer um estudo aprofundado do assunto (para isso, recomenda-se [3]), mas apenas introduzir a notação e a terminologia que serão usadas no restante do texto.

Uma lógica é necessária, portanto, para escrever o enunciado de teoremas e lemas de forma concisa, precisa e não ambígua. Nesse caso, tais enunciados ou propriedades são chamados de **proposições**. A lógica de predicados é uma das mais usadas para essa finalidade, por causa de várias das suas características, como simplicidade, expressividade e uso geral, além de ser uma escolha natural para a expressão de proposições gerais, semelhante à que usamos no nosso dia a dia. Assim, o objetivo desta seção é introduzir a sintaxe e a semântica da lógica de predicados, mostrando como é possível construir e interpretar proposições (sentenças) dessa linguagem.

A **lógica proposicional** é uma lógica mais simples do que a **lógica de predicados** e será apresentada antes, como uma preparação para esta última. Uma proposição dessa lógica é uma fórmula que usa variáveis e conectivos lógicos, sendo o emprego deles regido por uma gramática bastante simples (ver Seção 2.3).

$$
\begin{array}{rcl}
\text{fórmula} & ::= & \text{variável} \\
& | & \bot \\
& | & \top \\
& | & (\text{fórmula} \wedge \text{fórmula}) \\
& | & (\text{fórmula} \vee \text{fórmula}) \\
& | & (\text{fórmula} \Rightarrow \text{fórmula}) \\
& | & (\text{fórmula} \Leftrightarrow \text{fórmula}) \\
& | & (\neg\ \text{fórmula}) \\
\text{variável} & ::= & a \mid b \mid c \mid \ldots
\end{array}
$$

Os conectivos lógicos são os seguintes:

- $\wedge$: Conjunção (“e”);
- $\vee$: Disjunção (“ou”);
- $\Rightarrow$: Implicação (“se-então”);
- $\Leftrightarrow$: Bi-implicação ($(a \Leftrightarrow b) \equiv (a \Rightarrow b) \wedge (b \Rightarrow a)$) (“se-e-somente-se”);
- $\neg$: Negação ($\neg\ a \equiv a \Rightarrow \bot$) (“não”); eventualmente, um traço na parte de cima de uma fórmula é usado para representar a negação dela ($\neg x \equiv \overline{x}$).

A lógica proposicional também utiliza os seguintes símbolos que representam, respectivamente, a proposição falsa e a proposição verdadeira:

- $\bot$: Falso;
- $\top$: Verdadeiro ($\top \equiv \bot \Rightarrow \bot$).

Se não existem dúvidas sobre a sintaxe de uma proposição, o mesmo não se pode dizer acerca do seu significado. A semântica associada aos conectivos, e às fórmulas de uma maneira geral, não é única. Na sequência, apresentaremos duas das interpretações mais comuns: Tarski e BHK.

A interpreptação tradicional (devida a Tarski) associa cada variável a um possível valor (Falso ou Verdadeiro), e procede com a inferência do valor lógico da fórmula completa por meio da aplicação das **tabelas-verdade** dos conectivos. As Tabelas 1.2 até 1.6 a seguir apresentam a tabela-verdade para cada um dos conectivos.

Tabela 1.2 Tabela-verdade para a Conjunção

p	q	$p \wedge q$
F	F	F
F	V	F
V	F	F
V	V	V

Tabela 1.3 Tabela-verdade para a Disjunção

p	q	$p \vee q$
F	F	F
F	V	V
V	F	V
V	V	V

Tabela 1.4 Tabela-verdade para a Implicação

p	q	$p \Rightarrow q$
F	F	V
F	V	V
V	F	F
V	V	V

Na interpretação de Tarski, por exemplo, se a é verdadeiro e b é verdadeiro, então $a \wedge b$ também é verdadeiro.

Em geral, uma fórmula da lógica proposicional é considerada verdadeira quando todas as combinação de valores atribuídos aos seus argumentos (variáveis) resultam em verdadeiro após avaliação feita com o uso das tabelas-verdade dos seus respectivos conectivos.

Exemplo 1.51 A fórmula $a \wedge b \Leftrightarrow b \wedge a$ (que expressa a comutatividade da conjunção $\wedge$) pode ser provada verdadeira considerando-se todas as possibilidades de valores que podem ser atribuídos tanto à variável a quanto à variável b, conforme a Tabela 1.7. ⋆

Exemplo 1.52 São exemplos de fórmulas da lógica proposicional:

- $(a \Rightarrow (b \Rightarrow c)) \Rightarrow (b \Rightarrow (a \Rightarrow c))$
- $(a \wedge b) \Rightarrow (b \wedge a)$
- $(a \vee (a \wedge b)) \Rightarrow a$
- $(a \Rightarrow b) \Rightarrow (\neg b \Rightarrow \neg a)$

⋆

Tabela 1.5 Tabela-verdade para a Bi-implicação

p	q	$p \Leftrightarrow q$
F	F	V
F	V	F
V	F	F
V	V	V

Tabela 1.6 Tabela-verdade para a Negação

p	q	$p \Leftrightarrow q$
F	F	V
F	V	F
V	F	F
V	V	V

Tabela 1.7 Prova de $a \wedge b \Leftrightarrow b \wedge a$

a	b	$a \wedge b$	$b \wedge a$	$a \wedge b \Leftrightarrow b \wedge a$
$\top$	$\top$	$\top$	$\top$	$\top$
$\top$	$\bot$	$\bot$	$\bot$	$\top$
$\bot$	$\top$	$\bot$	$\bot$	$\top$
$\bot$	$\bot$	$\bot$	$\bot$	$\top$

Uma proposição que é verdadeira para qualquer interpretação (ou atribuição de valores às suas variáveis, na interpretação de Tarski) é denominada uma **tautologia**. Naturalmente, o nosso objetivo é provar que todos os enunciados (expressos como proposições que representam teoremas e lemas) sejam tautologias, para assim formar uma teoria.

Uma interpretação diferente considera que uma fórmula é verdadeira apenas se for possível apresentar uma prova disso (na interpretação BHK). Por exemplo, $a \wedge b$ seria considerada verdadeira, na interpretação BHK, apenas se for possível apresentar provas de que tanto a quando b são verdadeiros. Essa interpretação, usada em conjunto com a chamada **lógica construtiva** (ou intuicionística) (na qual a lei do terceiro excluído — $\forall x, x \vee \overline{x}$ — e suas variações não são consideradas) é a base de muitos provadores de teoremas (ou assistentes de provas), como são chamados os programas de computador que auxiliam na prova de teoremas. A lógica que faz uso da lei do terceiro excluído (ou se suas variantes) é chamada de **lógica clássica**.

Quando a lógica proposicional é estendida com **quantificadores** e também com **predicados**, ela passa a se chamar **lógica de predicados**. Ela é definida por meio da seguinte gramática:

$$
\begin{array}{lcl}
\text{fórmula} & ::= & \text{variável} \\
 & | & \bot \\
 & | & \top \\
 & | & \text{pred\_nome (arg\_list)}
\end{array}
$$

$$
\begin{array}{ll}
| & (\text{fórmula} \wedge \text{fórmula}) \\
| & (\text{fórmula} \vee \text{fórmula}) \\
| & (\text{fórmula} \Rightarrow \text{fórmula}) \\
| & (\text{fórmula} \Leftrightarrow \text{fórmula}) \\
| & (\neg\ \text{fórmula}) \\
| & (\forall\ \text{variável} .\ \text{fórmula}) \\
| & (\exists\ \text{variável} .\ \text{fórmula})
\end{array}
$$

$$
\begin{array}{rcl}
\text{pred\_nome} & ::= & P_0 \mid P_1 \mid P_2 \mid \ldots \\
\text{arg\_list} & ::= & \text{termo} \mid \text{arg\_list} \text{ , termo} \\
\text{termo} & ::= & \text{fun\_nome (arg\_list)} \mid \text{variável} \mid \text{constante} \\
\text{fun\_nome} & ::= & f_0 \mid f_1 \mid f_2 \mid \ldots \\
\text{variável} & ::= & a \mid b \mid c \mid \ldots \\
\text{constante} & ::= & c_0 \mid c_1 \mid c_2 \mid \ldots
\end{array}
$$

Os quantificadores:

- $\forall$: Universal ("para todo");
- $\exists$: Existencial ("existe").

são peças-chave na caracterização da lógica de predicados, uma vez que eles possibilitam o raciocínio sobre coleções de elementos. O quantificador universal, por exemplo, é usado para fazer asserções sobre uma coleção (eventualmente infinita) de valores. Por exemplo, $\forall x . x + 0 = x$. O quantificador existencial, por outro lado, é útil quando se deseja mostrar que alguma propriedade é válida para algum valor de uma variável, entre uma coleção (geralmente maior) de valores possíveis. Por exemplo, $\exists y . y^2 = 4$.

A introdução desses quantificadores cria as noções de variáveis "ligadas" e variáveis "livres". Em geral, uma variável ligada é uma variável que está no "escopo" de um nome imediatamente à direita de algum quantificador. Uma variável livre, por sua vez, é uma variável que não é ligada. Por exemplo, x é ligado em $\forall x . x + 0 = x$ e y é livre em $\forall x . (x = y) \Rightarrow (y = x)$. As noções de escopo, variável livre e variável ligada, assim como métodos para determiná-los, podem ser encontrados em qualquer livro introdutório de lógica.

Um **predicado** é uma função que recebe um certo número de argumentos e retorna uma proposição (cujo valor pode ser falso ou verdadeiro). Predicados são usados para definir as propriedades que são compartilhadas por objetos de uma mesma natureza. Por exemplo, o predicado *primo n* pode ser usado para estabelecer que *n* é um número primo, como em *primo 5*. Naturalmente, existem muitos outros números primos, e a cada um deles corresponde uma proposição que pode ser obtida a partir desse predicado (*primo 2*, *primo 3* etc). Um predicado, também chamado de "proposição parametrizada", representa, portanto, uma família de proposições.

Na gramática apresentada, "variável" representa variáveis lógicas, "pred_nome" representa diferentes nomes de predicados e "arg_list" representa uma lista of argumentos (também chamados de "termos") que são usados na chamada de funções ou na formação de predicados. Um termo pode conter chamadas de função aninhadas, assim como variáveis e constantes, representados respectivamente por "variavel" e "constante".

Exemplo 1.53 São exemplos de fórmulas da lógica de predicados:

- $\forall ab.(a \wedge b) \Rightarrow (b \wedge a)$
- $\forall x.x \neq 0 \Rightarrow \exists y.x * y = 1$
- $\forall x.R(x,x) \Rightarrow \forall x.\exists y.R(x,y)$
- $\forall x.R(f(x),g(f(x)) \Rightarrow \forall x.\exists y.R(f(x),y)$

⋆

Tendo visto a lógica proposicional e também a lógica de predicados, já é possível ler e escrever os enunciados redigidos nessas linguagens e, portanto, entender o significado de proposições que representam lemas e teoremas. O próximo passo é construir as provas deles, e para isso a Seção 1.7 apresenta algumas técnicas. Aqueles que desejarem ir além deverão estudar a Dedução Natural, o Cálculo Lambda e a Teoria das Provas.

1.7 Teoremas e demonstrações

Linguagens formais e autômatos constituem sistemas matemáticos formais, nos quais inúmeras propriedades, em geral formuladas como **teoremas**, podem ser inferidas a partir de verdades previamente conhecidas ou admitidas por hipótese, por intermédio de raciocínios lógicos expressos como **demonstrações**. Tais propriedades sintetizam grande parte dos resultados mais importantes da teoria na área e são fundamentais para o aprendizado e a aplicação do conhecimento adquirido.

A demonstração de teoremas sobre um dado conjunto geralmente exige a prova formal de que uma certa propriedade é satisfeita por todos os membros desse conjunto. Quando se trata de conjuntos com uma quantidade reduzida de elementos, é possível realizar demonstrações particulares para cada elemento individual desse conjunto (que às vezes se reduzem a simples verificações), garantindo assim que a propriedade seja válida para todos os elementos do conjunto.

Há, no entanto, uma óbvia dificuldade prática na aplicação dessa técnica para conjuntos finitos com cardinalidades elevadas. Além disso, esse método exaustivo de demonstração evidentemente não se aplica a conjuntos infinitos.

Para tais casos, devem-se buscar formas alternativas que permitam verificar, segundo critérios de economia e de factibilidade, a validade de proposições efetuadas acerca do sistema formal em estudo. Dentre as técnicas mais largamente empregadas para tal finalidade destacam-se as demonstrações por indução matemática e as provas por contradição, estas também conhecidas por demonstrações por redução ao absurdo. Além destas, serão também apresentadas as técnicas de prova por contraposição (contrapositiva), por construção (prova direta), por análise de casos e por contraexemplos. Antes, porém, faremos uma apresentação das principais técnicas de provas usadas quando os respectivos enunciados envolvem apenas conjuntos.

Provas envolvendo conjuntos

Nestes casos, geralmente deve-se provar que dois conjuntos A e B quaisquer, construídos de forma diferentes, são iguais ou então que um é subconjunto do outro. Para a igualdade ($A = B$), deve-se:

- Provar que todo elemento de A é também elemento de B (ou seja, $x \in A \Rightarrow x \in B$).

- Provar que todo elemento de B é também elemento de A (ou seja, $x \in B \Rightarrow x \in A$).

Para provar que um conjunto é subconjunto de outro ($A \subseteq B$), basta o primeiro item acima. Para provar que um conjunto é subconjunto próprio de outro ($A \subset B$), é necessário:

- Provar que todo elemento de A é também elemento de B.
- Provar que existe (pelo menos um) elemento de B que não é elemento de A.

Exemplo 1.54 Deseja-se provar que $(A \cap A) = A$, para qualquer conjunto A. Então:

- Suponha que $x \in A \cap A$. Logo, $x \in A$ e $x \in A$, ou seja, $x \in A$.
- Suponha que $x \in A$. Então $x \in A$ e $x \in A$ e, além disso, $x \in (A \cap A)$.

Em ambos os casos, a conclusão é verdadeira e isso encerra a prova. ⋆

Exemplo 1.55 Deseja-se provar que $(A \cap B) \subseteq B$, para quaisquer conjuntos A e B. Então:

- Considere $x \in A \cap B$. Logo, $x \in A$ e $x \in B$, ou seja, $x \in B$.
- Considere $x \in B$. Então $x \in A$ ou $x \notin A$. No primeiro caso, $x \in (A \cap B)$. No segundo, $x \notin (A \cap B)$.

Portanto, a relação de inclusão própria só é verificada se existir $x \in B$ tal que $x \notin A$. ⋆

Indução matemática

O princípio da **indução matemática** foi estabelecido com o intuito de permitir a generalização de uma propriedade P para um conjunto infinito de elementos X. Informalmente, indução é definida como uma "operação mental que consiste em se estabelecer uma verdade universal ou proposição geral com base no conhecimento de certo número de dados singulares ou de proposições de menor generalidade" (*Novo Dicionário Aurélio da Língua Portuguesa*).

Formalmente, o princípio da indução é estabelecido da seguinte forma:

- Inicialmente, elege-se um elemento ou subconjunto de elementos destacados de X, denominado **base da indução**, e demonstra-se que a propriedade P é válida neste caso particular. Geralmente, essa parte da prova é trivial.
- Admite-se, em seguida, que a propriedade seja válida para subconjuntos finitos de X que contenham o elemento utilizado para demonstrar a base da indução. Essa etapa é conhecida como **hipótese indutiva**, e é formulada, de maneira recorrente, nos próprios termos da propriedade que se deseja demonstrar.
- A seguir, confinado no fato de que, de maneira recorrente, a hipótese indutiva é verdadeira, demonstra-se que, se P é válida para um determinado elemento ou subconjunto de X, então P continuará sendo válida quando se acrescenta mais um elemento ao conjunto X (ou seja, P é válida para subconjuntos sucessivamente mais abrangentes de X). Essa etapa recebe a denominação de **passo indutivo**, e realiza a generalização da propriedade proposta.

Exemplo 1.56 Deseja-se provar que a propriedade $P_0(n) : 1 + 2^n < 3^n, \forall n \geqslant 2$ é válida para todos os números naturais maiores que 1.

- Base da indução:
  - $n = 2$;
  - $P_0(2) = 1 + 2^2 = 5 < 9$. Portanto, P_0 é válida para $n = 2$.
- Hipótese indutiva:

- $P_0(k)$ é válida para $k \geqslant 2$, ou seja, $1+2^k < 3^k, k \geqslant 2$.

- Passo indutivo:
  - $P_0(k)$ implica $P_0(k+1), k \geqslant 2$;
  - Prova:
    * Pela hipótese indutiva: $P_0(k) = 1+2^k < 3^k, k \geqslant 2$;
    * Multiplicando-se ambos os membros da desigualdade por $2 : 2+2^{k+1} < 2*3^k$;
    * Subtraindo-se 1 de ambos os membros da desigualdade: $1+2^{k+1} < 2*3^k-1$;
    * Como $2x-1 < 3x, \forall x \geqslant 1$ (como $2x = 2x$ e, por hipótese, $x \geqslant 1$, segue que $2x-1 < 2x+x$, ou seja, $2x-1 < 3x$), então $1+2^{k+1} < 2*3^k-1 < 3*3^k = 3^{k+1}$;
    * Portanto, $1+2^{k+1} < 3^{k+1} = P_0(k+1)$, ou seja, $P_0(n), \forall n \geqslant 2$.

A título de complementação deste exemplo, pode-se demonstrar, também por indução, que a propriedade $P_1(n) : 2n-1 < 3n, \forall n \geqslant 1$, empregada na demonstração acima, é verificada no intervalo especificado. Na prática, a necessidade de se demonstrar passos ou hipóteses intermediárias em geral varia, conforme seja ou não intuitivo aceitar as afirmações apresentadas.

- Base da indução:
  - $n = 1$;
  - $P_1(1) = 2*1-1 = 1 < 3$.
- Hipótese indutiva:
  - $P_1(k)$ é válida para $k \geqslant 1$, ou seja, $2k-1 < 3k, \forall k \geqslant 1$.
- Passo indutivo:
  - $P_1(k)$ implica $P_1(k+1), k \geqslant 1$;
  - Prova:
    * Pela hipótese indutiva: $P_1(k) = 2k-1 < 3k, k \geqslant 1$;
    * Somando-se 2 a ambos os membros da desigualdade: $2k+1 < 3k+2$;
    * Como $3x < 3x+1, \forall x \geqslant 1$;
    * Então $2k+1 < 3k+2 < 3k+3$, ou seja, $2k+1 < 3k+3$;
    * Logo, $2(k+1)-1 < 3(k+1) = P_1(k+1)$, ou $P_1(n), \forall n \geqslant 1$.

⋆

Exemplo 1.57 Demonstrar, por indução, que $P_2(n) : \sum_{i=0}^{n} i = \frac{n(n+1)}{2}$.

- Base da indução:
  - $n = 0$;
  - $P_2(0) : \sum_{i=0}^{0} i = \frac{0(0+1)}{2} = 0$.
- Hipótese indutiva:
  - $P_2(k) : \sum_{i=0}^{k} i = \frac{k(k+1)}{2}, k \geqslant 0$.
- Passo indutivo:

- $P_2(k)$ implica $P_2(k+1), k \geqslant 0$;
- Prova:

  * Pela hipótese indutiva, $\sum_{i=0}^{k} i = \frac{k(k+1)}{2}, k \geqslant 0$;
  * Somando-se (k+1) a ambos os membros da igualdade: $\sum_{i=0}^{k} i + (k+1) = \sum_{i=0}^{k+1} i = \frac{k(k+1)}{2} + (k+1)$;
  * Desmembrando: $\frac{k(k+1)}{2} + (k+1) = \frac{k^2+k+2k+2}{2} = \frac{k^2+3k+2}{2}$;
  * Fatorando: $\frac{k^2+3k+2}{2} = \frac{(k+1)(k+2)}{2} = \frac{(k+1)((k+1)+1)}{2}$;
  * Logo, $\sum_{i=0}^{k+1} i = \frac{(k+1)((k+1)+1)}{2} = P_2(k+1)$.

★

Exemplo 1.58 Demonstrar, por indução, que $P_3(n) = \sum_{i=0}^{n} i^3 = \left(\sum_{i=0}^{n} i\right)^2, \forall n \geqslant 0$.

- Base da indução:
  - $n = 0$;
  - $\sum_{i=0}^{0} i^3 = \left(\sum_{i=0}^{0} i\right)^2 = 0$.
- Hipótese indutiva:
  - $\sum_{i=0}^{k} i^3 = \left(\sum_{i=0}^{k} i\right)^2, \forall k \geqslant 0$.
- Passo indutivo:
  - $P_3(k)$ implica $P_3(k+1), k \geqslant 0$;
  - Prova:
    * Pela hipótese indutiva, $\sum_{i=0}^{k} i^3 = \left(\sum_{i=0}^{k} i\right)^2, \forall k \geqslant 0$;
    * Somando-se $(k+1)^3$ a ambos os membros da igualdade, $\sum_{i=0}^{k} i^3 + (k+1)^3 = \left(\sum_{i=0}^{k} i\right)^2 + (k+1)^3 = \sum_{i=0}^{k+1} i^3$;
    * De acordo com o exemplo anterior, $\sum_{i=0}^{n} i = \frac{n(n+1)}{2}, \forall n \geqslant 0$;
    * Logo, $\left(\sum_{i=0}^{k} i\right)^2 + (k+1)^3 = \left(\frac{k(k+1)}{2}\right)^2 + (k+1)^3$;
    * Desmembrando: $\left(\frac{k(k+1)}{2}\right)^2 + (k+1)^3 = \frac{k^2(k+1)^2}{4} + (k+1)(k+1)^2$;
    * Fatorando: $\frac{k^2(k+1)^2}{4} + (k+1)(k+1)^2 = (k+1)^2 \frac{k^2+4k+4}{4}$;

* Fatorando novamente:
$(k+1)^2\frac{k^2+4k+4}{4} = (k+1)^2\left(\frac{k+2}{2}\right)^2 = \left((k+1)\left(\frac{k+2}{2}\right)\right)^2$;
* Como $\left((k+1)\left(\frac{k+2}{2}\right)\right)^2 = \left((k+1)\left(\frac{(k+1)+1}{2}\right)\right)^2 = \left(\sum_{i=0}^{k+1} i\right)^2$;
* Então $\sum_{i=0}^{k} i^3 + (k+1)^3 = \sum_{i=0}^{k+1} i^3 = \left(\sum_{i=0}^{k+1} i\right)^2 = P_3(k+1)$.

⋆

Os Exemplos 1.56, 1.57 e 1.58 demonstram a validade de proposições sobre subconjuntos dos números naturais. Na prática, no entanto, proposições sobre outros tipos de conjuntos, e não apenas $\mathbb{N}$, podem ser formuladas, mantendo-se a aplicabilidade integral dos princípios e das técnicas ilustradas nos exemplos.

Construção

Uma prova por **construção** (também conhecida como prova **direta** ou prova **dedutiva**) é uma prova em que a conclusão é obtida diretamente a partir das hipóteses, por meio de manipulações variadas. Nesses casos, a proposição geralmente se apresenta na forma de uma implicação "se H então C", com uma hipótese que deve ser assumida (H) e uma conclusão que se deseja provar (C). Usando o simbolo $\Rightarrow$ para representar a implicação lógica, podemos escrever $H \Rightarrow C$. Técnicas de reescrita (por exemplo, se $x = y$ e $y = z$, então pode-se inferir que $x = z$) e de simplificação (por exemplo, $x = y + 6/2$ torna-se $x = y + 3$) são bastante usadas neste método, assim como o enunciado de outros lemas e teoremas já provados.

Se $A \Rightarrow B$, diz-se que A é a **condição suficiente** (já que basta a validade de A para garantir a validade de B) e que B é a **condição necessária** (já que a validade de B é observada sempre que a validade de A for verificada). A prova de uma bi-implicação ($A \Leftrightarrow B$) corresponde à prova de duas implicações, $A \Rightarrow B$ e $B \Rightarrow A$. Neste caso, diz-se que a primeira prova corresponde à prova da **condição necessária** e que a segunda prova corresponde à prova da **condição suficiente**.

Na lógica clássica, é possível expressar a implicação por meio da disjunção e da negação: $((A \Rightarrow B) \equiv (B \vee \neg A))$.

Exemplo 1.59 Deseja-se provar que a soma de dois números pares é também um número par. A prova, neste caso, será por construção. O enunciado, aqui, pode ser expresso como $\forall m, n, (m \text{ é par }) \wedge (n \text{ é par }) \Rightarrow (m+n) \text{ é par }$.

- Hipótese (H): sejam m e n dois números pares.
- Definição de número par: então, $m = 2 * x$ e $n = 2 * y$, para algum x e y inteiros.
- Manipulação: logo, $m + n = 2 * x + 2 * y = 2 * (x + y)$.
- Conclusão (C): ou seja, $m + n$ é também um número par, pois é múltiplo de 2.

⋆

Contraposição

Eventualmente é mais fácil provar uma proposição por meio da sua **contrapositiva**. A contrapositiva (na lógica clássica) de uma proposição do tipo "se H então C" ($H \Rightarrow C$) corresponde à proposição "se não C então não H" ($\overline{C} \Rightarrow \overline{H}$). Como se pode verificar, as tabelas-verdade das duas proposições são idênticas. Portanto, a prova de que a contrapositiva é verdadeira pode ser usada como prova de que a proposição original também é verdadeira.

Exemplo 1.60 Deseja-se provar que, se a soma de dois números é par, então os dois são pares ou os dois são impares. Em outras palavras, $(m+n)$ é par $\Rightarrow (m$ é par $\wedge n$ é par $) \vee (m$ é ímpar $\wedge n$ é impar $)$. A contrapositiva, neste caso, pode ser representada como:

$$\overline{(m \text{ é par } \wedge n \text{ é par }) \vee (m \text{ é ímpar } \wedge n \text{ é ímpar })} \Rightarrow \overline{(m+n) \text{ é par}}$$

ou ainda:

$$\overline{m \text{ é par } \wedge n \text{ é par}} \wedge \overline{m \text{ é ímpar } \wedge n \text{ é ímpar}} \Rightarrow \overline{(m+n) \text{ é par}}$$

ou ainda:

$$(m \text{ é ímpar } \vee n \text{ é ímpar }) \wedge (m \text{ é par } \vee n \text{ é par }) \Rightarrow \overline{(m+n) \text{ é par}}$$

ou ainda:

$$(m \text{ é ímpar } \vee n \text{ é ímpar }) \wedge (m \text{ é par } \vee n \text{ é par }) \Rightarrow (m+n) \text{ é ímpar}$$

Como um número não pode ser simultaneamente par e ímpar, segue que existem apenas duas possibilidades para a hipótese ser verdadeira:

- m é ímpar e n e par, ou
- m é par e n e ímpar.

No primeiro caso, temos que $m = 2*x+1$ e $n = 2*y$. Logo, $m+n = 2*x+1+2*y = 2*(x+y)+1$, portanto ímpar. No segundo caso, temos que $m = 2*x$ e $n = 2*y+1$. Logo, $m+n = 2*x+2*y+1 = 2*(x+y)+1$, portanto ímpar também. ⋆

Exemplo 1.61 Repetiremos, agora, a demonstração do teorema do Exemplo 1.59, usando a técnica contrapositiva. Deseja-se provar, por contraposição, que a soma de dois números pares é também um número par. A contrapositiva, neste caso, é a proposição "se um número não é par, então ele não pode ser a soma de dois números pares". Essa contrapositiva pode ser expressa como $\overline{(m+n) \text{ é par}} \Rightarrow \overline{m \text{ é par } \wedge n \text{ é par}}$, ou ainda $(m+n)$ é ímpar $\Rightarrow m$ é ímpar $\vee n$ é ímpar .

- Hipótese (H): $m+n$ é ímpar.
- Definição de número ímpar: então, $m+n = 2*x+1$, para algum x inteiro.
- Definição de número par: logo, $2*x$ é um número par.
- Teorema anterior: conforme o Exemplo 1.60, $2*x$ deve ser a soma de dois números pares ou de dois números ímpares. Suponha que estes números sejam p e q e, portanto, $2*x = p+q$.
- Consequência: $(p = 2*z+1$ e $q = 2*w+1)$ ou $(p = 2*z$ e $q = 2*w)$.
- Manipulação: $m+n = 2*x+1 = p+q+1$.
- Conclusão: no primeiro caso, temos que $m+n = 2*z+1+2*w+1 = 2*(z+w+1)$ que é par; no segundo caso, temos que $m+n = 2*z+2*w = 2*(z+w)$ que é par também, e isso conclui a prova.

⋆

Contradição

Uma outra técnica bastante popular utilizada na demonstração de teoremas (na lógica clássica) é a demonstração por contradição.

A essência da técnica da demonstração por **contradição** (ou **redução ao absurdo**) consiste em adotar como base da demonstração a negação da hipótese formulada e, através de manipulações lógicas, mostrar que a negação dessa hipótese conduz a um paradoxo, muitas vezes correspondente à sua própria contradição. Dessa forma, a hipótese negada não pode ser considerada verdadeira, devendo, portanto, ser considerada falsa, e, consequentemente, a hipótese original deve ser considerada verdadeira.

Exemplo 1.62 Deseja-se provar, por redução ao absurdo, que $\sqrt{2}$ não pode ser expressa como um número racional, ou seja, como fração cujo numerador e denominador, respectivamente p e q, são números inteiros (conforme [4]). Admitindo-se a hipótese como verdadeira (negação da hipótese original), então:

$$\sqrt{2} = \frac{p}{q}$$

Pode-se considerar, sem perda de generalidade, que p e q não possuem fatores comuns. Caso haja fatores comuns, simplifica-se a fração antes de iniciar o procedimento. Elevando-se ambos os lados da igualdade ao quadrado, obtém-se:

$$2 = \frac{p^2}{q^2}, \text{ ou } p^2 = 2q^2$$

Portanto, p^2 e, consequentemente, p são números pares. Substituindo-se p por $2m$ na equação acima, temos:

$$(2m)^2 = 2q^2, \text{ ou } q^2 = 2m^2$$

Isso mostra que q^2 e, portanto, q também são números pares. Ora, se p e q são pares, isso contradiz a hipótese original de que entre eles não haveria fatores comuns. Dessa forma, a hipótese não pode ser verdadeira, concluindo-se que a raiz quadrada de 2 não pode ser um número racional. ⋆

Análise de casos

Uma prova por **análise de casos** é uma prova que é dividida em um número finito de casos, os quais devem todos ser provados individualmente a fim de garantir a validade da proposição original. Trata-se, pois, de garantir que a proposição é verdadeira em qualquer cenário considerado, os quais envolvem, normalmente, todos os possíveis valores para as suas variáveis.

Exemplo 1.63 Conside a contrapositiva do Exemplo 1.61, $(m+n)$ é ímpar $\Rightarrow m$ é ímpar $\vee\, n$ é ímpar . Só existem quatro casos para serem analisados:

- m é par e n é par;
  Neste caso, $m+n$ é par;
- m é par e n é ímpar;
  Aqui, $m+n$ é ímpar;
- m é ímpar e n é par;
  Também aqui, $m+n$ é ímpar;
- m é ímpar e n é ímpar;
  Neste caso, $m+n$ é par.

Logo, os únicos casos em que $(m+n)$ é ímpar são (i) quando m é par e n é ímpar, ou (ii) quando m é ímpar e n é par, e isso conclui a prova. ⋆

Exemplo 1.64 Deseja-se provar a comutatividade da conjunção: $\forall p, \forall q, p \wedge q = q \wedge p$. Numa análise de casos, consideram-se todos os possíveis valores para as variáveis p e q ("F" para Falso e "V" para Verdadeiro), como no Exemplo 1.51. ⋆

Exemplos e contraexemplos

Quando o enunciado da proposição envolve a prova da existência de um objeto, uma técnica de prova que pode ser usada é justamente demonstrar a existência de um objeto com as propriedades exigidas (para atestar a validade da proposição). Caso a proposição estabeleça a inexistência de tal objeto, a prova da sua existência serve para demonstrar a falsidade da proposição.

Exemplo 1.65 Sejam $A = \{1,2,3\}$ e $B = \{3,4,5\}$. Deseja-se provar que existe um elemento que pertence aos dois conjuntos simultaneamente. A prova, neste caso, envolve a menção ao elemento 3. De fato, $3 \in A$ e $3 \in B$, e isso valida a proposição. ⋆

Exemplo 1.66 Sejam $A = \{1,2,3\}$ e $B = \{3,4,5\}$. Deseja-se provar que não existe um elemento que pertence aos dois conjuntos simultaneamente. A prova, neste caso, envolve também a menção ao elemento 3. De fato, $3 \in A$ e $3 \in B$, e isso invalida a proposição. ⋆

1.8 Conjuntos enumeráveis

Quando se estudam os conjuntos, frequentemente torna-se necessário compará-los entre si em relação à quantidade de elementos neles contidos, ou seja, à sua **cardinalidade**.

A cardinalidade de um conjunto é uma medida da quantidade de elementos contidos nele, ou seja, da grandeza que intuitivamente é conhecida como "tamanho" do conjunto.

Trata-se de um conceito de fácil compreensão quando referente a conjuntos finitos. Nesse caso, diz-se que dois conjuntos A e B têm a mesma cardinalidade se eles possuírem a mesma quantidade de elementos, ou seja, $|A| = |B|$. Se A possuir mais elementos que B, escreve-se $|A| > |B|$.

A cardinalidade de um conjunto finito é, portanto, simplesmente o número natural que informa a quantidade de elementos que compõem esse conjunto. Quando se trata de conjuntos finitos, tais resultados são intuitivos e, até certo ponto, óbvios. Por exemplo, se X for um subconjunto próprio de Y, então ter-se-á sempre $|X| < |Y|$.

Exemplo 1.67 Considerem-se os conjuntos finitos $A = \{a,b,c,d\}$ e $B = \{0,1,2,3,4,5\}$. Então, $|A| = 4, |B| = 6$ e $|A| < |B|$. ⋆

De que forma seria, por outro lado, possível comparar o "tamanho" de dois conjuntos infinitos? Assim como no caso dos conjuntos finitos, dois conjuntos infinitos também podem possuir a mesma cardinalidade, bastando para isso que seja possível identificar uma correspondência biunívoca entre os elementos de ambos os conjuntos.

Formalmente, diz-se que dois conjuntos A e B quaisquer, finitos ou infinitos, possuem a mesma cardinalidade, ou seja, $|A| = |B|$, se for possível definir entre eles uma função bijetora.

Exemplo 1.68 Sejam $A = \{a,b,c\}$ e $B = \{7,3,6\}$. Neste exemplo, A e B possuem a mesma cardinalidade, pois $|A| = |B| = 3$. Note-se que é possível definir uma função bijetora de A para B: $\{(a,7), (b,3), (c,6)\}$. Naturalmente, muitas outras funções bijetoras também podem ser definidas entre esses dois conjuntos. ⋆

Exemplo 1.69 Sejam $A = \{a \mid a \text{ é ímpar}, 1 \leqslant a \leqslant 100\}$ e $B = \{b \mid b \text{ é par}, 1 \leqslant b \leqslant 100\}$. A e B são conjuntos finitos que possuem a mesma cardinalidade, pois a função $f(a) = a+1$ é bijetora, mapeando os elementos do conjunto A nos elementos do conjunto B. Neste caso, $|A| = |B| = 50$. ⋆

Exemplo 1.70 Considere-se o conjunto dos números inteiros $\mathbb{Z}$ e o subconjunto de $\mathbb{Z}$ composto apenas pelos números ímpares. Trata-se, naturalmente, de dois conjuntos infinitos, sendo o segundo um subconjunto próprio do primeiro. Porém, de acordo com a definição, embora isso pareça paradoxal, os dois conjuntos possuem a mesma cardinalidade, já que a função bijetora $2*i+1$, onde $i \in \mathbb{Z}$, mapeia univocamente cada elemento de $\mathbb{Z}$ em um único elemento do conjunto dos números ímpares. ⋆

Do Exemplo 1.70 pode-se observar facilmente que, diferentemente do que ocorre com conjuntos finitos, é possível, para conjuntos infinitos, definir subconjuntos próprios com a mesma cardinalidade do conjunto original.

Caso não seja possível identificar pelo menos uma função bijetora entre dois conjuntos A e B quaisquer, é ainda possível que se constate a existência de uma função total e injetora de A para B. Neste caso, diz-se que $|A| \leqslant |B|$. Se, além disso, for possível provar a inexistência de uma função bijetora de A para B, então $|A| < |B|$.

Diz-se que um conjunto é **enumerável**, ou simplesmente **contável**, se ele possuir um número finito de elementos, ou então, no caso de ser infinito, se ele possuir a mesma cardinalidade que o conjunto dos números naturais $\mathbb{N}$. Conjuntos infinitos X tais que $|X| \neq |\mathbb{N}|$ são ditos **não enumeráveis** ou **não contáveis**.

O conceito de conjuntos enumeráveis está diretamente relacionado ao conceito intuitivo de "sequencialização" dos elementos de um conjunto, com o objetivo de permitir a sua contagem. Na prática, a operação de contagem de elementos de um conjunto pode ser definida como o estabelecimento de uma correspondência única (função bijetora) entre o conjunto dos números naturais e o conjunto cujos elementos se pretenda contar.

A sequencialização é uma operação que visa estabelecer uma relação de ordem entre os elementos de um conjunto (efetuar a sua ordenação) para permitir a associação unívoca de cada um de seus elementos com os correspondentes elementos de $\mathbb{N}$.

Exemplo 1.71 O conjunto dos números inteiros $\mathbb{Z}$ é um exemplo de conjunto infinito enumerável. A ordenação apresentada na Tabela 1.8 ilustra uma sequencialização que permite associar os elementos de $\mathbb{Z}$ com os de $\mathbb{N}$. Essa associação também pode ser representada por meio da função:

$$f(n) = (-1)^{n+1} * \frac{n + (n \bmod 2)}{2}$$

⋆

Tabela 1.8 Bijeção entre $\mathbb{N}$ e $\mathbb{Z}$

$\mathbb{Z}$	0	1	-1	2	-2	3	-3	...
$\mathbb{N}$	0	1	2	3	4	5	6	...

Exemplo 1.72 O conjunto formado pelos pares ordenados $(x,y) \in \mathbb{N} \times \mathbb{N}$, com $x > y$, também constitui um exemplo de conjunto infinito enumerável. Isso pode ser percebido com o auxílio da Tabela 1.9, em que um arranjo bidimensional permite visualizar a sequencialização desses pares, de modo que seja possível estabelecer a sua associação com os elementos de $\mathbb{N}$.

A associação com $\mathbb{N}$ pode ser feita imaginando-se uma linha que percorra todos os elementos dessa matriz a partir do canto superior esquerdo, conforme a sequência geométrica mostrada na Tabela 1.9. Desse modo, a seguinte sequência de pares é obtida:

$$(1,0),(2,0),(3,0),(2,1),(3,1),(4,0),(5,0),(4,1),(3,2)...$$

Tal sequência pode ser facilmente colocada em correspondência com os elementos de $\mathbb{N}$, conforme ilustrado na Tabela 1.10. Técnica semelhante pode ser usada para demonstrar que o conjunto $\mathbb{N} \times \mathbb{N}$ e o conjunto $\mathbb{Q}$ dos números racionais também são enumeráveis. Neste último caso, em particular, basta considerar o elemento $(x,y) \in \mathbb{N} \times \mathbb{N}$ como uma representação da fração x/y (a fim de evitar o denominador zero, a primeira coluna do arranjo deve ser omitida). ⋆

Exemplo 1.73 O conjunto $\mathbb{R}$, composto pelos números reais, constitui um exemplo de conjunto infinito não enumerável, uma vez que, como demonstrado a seguir, $|\mathbb{R}| \neq |\mathbb{N}|$. Para efetuar essa demonstração, será considerado o seguinte subconjunto de $\mathbb{R}$:

$$S = \{x \in \mathbb{R} \mid 0 < x < 1\}$$

O gráfico da Figura 1.15 ilustra o comportamento da função $f(x)$ no intervalo 0 a 1. Como se pode perceber, ela efetua um espalhamento do seu domínio de forma a mapear os elementos dele em elementos de $\mathbb{R}$.

Tabela 1.9 $\{(x,y) \in \mathbb{N} \times \mathbb{N} \mid x > y\}$ é um conjunto enumerável

(0,0)	(0,1)	(0,2)	(0,3)	(0,4)	(0,5)	...
(1,0)	(1,1)	(1,2)	(1,3)	(1,4)	(1,5)	...
(2,0)	(2,1)	(2,2)	(2,3)	(2,4)	(2,5)	...
(3,0)	(3,1)	(3,2)	(3,3)	(3,4)	(3,5)	...
(4,0)	(4,1)	(4,2)	(4,3)	(4,4)	(4,5)	...
(5,0)	(5,1)	(5,2)	(5,3)	(5,4)	(5,5)	...
⋮	⋮	⋮	⋮	⋮	⋮	

Tabela 1.10 Bijeção entre $\mathbb{N}$ e $\mathbb{N} \times \mathbb{N}$

$\mathbb{Z} \times \mathbb{Z}$	(1,0)	(2,0)	(3,0)	(2,1)	...
$\mathbb{N}$	0	1	2	3	...

A prova de que $\mathbb{R}$ é não enumerável é efetuada em dois passos: inicialmente demonstra-se que S possui a mesma cardinalidade que $\mathbb{R}$, e a seguir demonstra-se que S é um conjunto não enumerável. O fato de que $|S| = |\mathbb{R}|$ pode ser constatado pela existência da função bijetora f, apresentada a seguir, a qual permite associar univocamente elementos de S com elementos de $\mathbb{R}$:

$$f(x) = \begin{cases} \dfrac{1}{2x} - 1, & 0 < x < 0,5 \\ \dfrac{1}{2(x-1)} + 1, & 0,5 \leqslant x < 1 \end{cases}$$

A prova de que S é um conjunto não enumerável é feita por contradição, ou seja, mostrando-se que, qualquer que seja a sequencialização proposta para os elementos de S, sempre será possível identificar um novo elemento de S que não pertence à sequência apresentada. Desse modo, a hipótese original de que S é um conjunto enumerável deve ser considerada inválida.

Admita-se que exista uma sequencialização de S de tal modo que seja possível associar cada elemento desse conjunto univocamente a elementos de $\mathbb{N}$. Assim, seria obtida uma associação do tipo ilustrado pela Tabela 1.11.

Suponha-se, sem perda de generalidade, que todos os elementos de S sejam denotados através de representações com um número infinito de casas de decimais significativas. Assim, por exemplo, em vez de escrever $0,1$, adota-se a representação equivalente:

$$0,0999999999999999999999...$$

Se cada elemento $\mathbb{R}_i \in S$ pode ser escrito como sendo uma sequência infinita do tipo:

$$0, d_{i_0} d_{i_1} d_{i_2} d_{i_3} ... d_{i_n} ...$$

então a construção do novo elemento:

$$0, x_0 x_1 x_2 x_3 ... x_n ..., x_j \neq d_{j_j}, x_j \neq 0$$

é suficiente para provar que ele não pertence à sequência originalmente proposta, uma vez que esse novo elemento difere em pelo menos uma casa decimal de cada um dos elementos inicialmente considerados, sendo, portanto, diferente de todos eles. Sejam:

$$\mathbb{R}_0 \quad = \quad 0, \underbrace{d_{0_0}} d_{0_1} d_{0_2} d_{0_3} ... d_{0_n} ...$$

$$
\begin{aligned}
\mathbb{R}_1 &= 0, d_{1_0} \underbrace{d_{1_1}} d_{1_2} d_{1_3} ... d_{1_n} ... \\
\mathbb{R}_2 &= 0, d_{2_0} d_{2_1} \underbrace{d_{2_2}} d_{2_3} ... d_{2_n} ... \\
\mathbb{R}_3 &= 0, d_{3_0} d_{3_1} d_{3_2} \underbrace{d_{3_3}} ... d_{3_n} ... \\
... &= ...
\end{aligned}
$$

Então, escolhe-se $0,x_0x_1x_2x_3...x_n...$ com $x_0 \neq d_{0_0}$, $x_1 \neq d_{1_1}$, $x_2 \neq d_{2_2}$, $x_3 \neq d_{3_3}$ etc. Logo, S não é enumerável e, consequentemente, $\mathbb{R}$ também não. ⋆

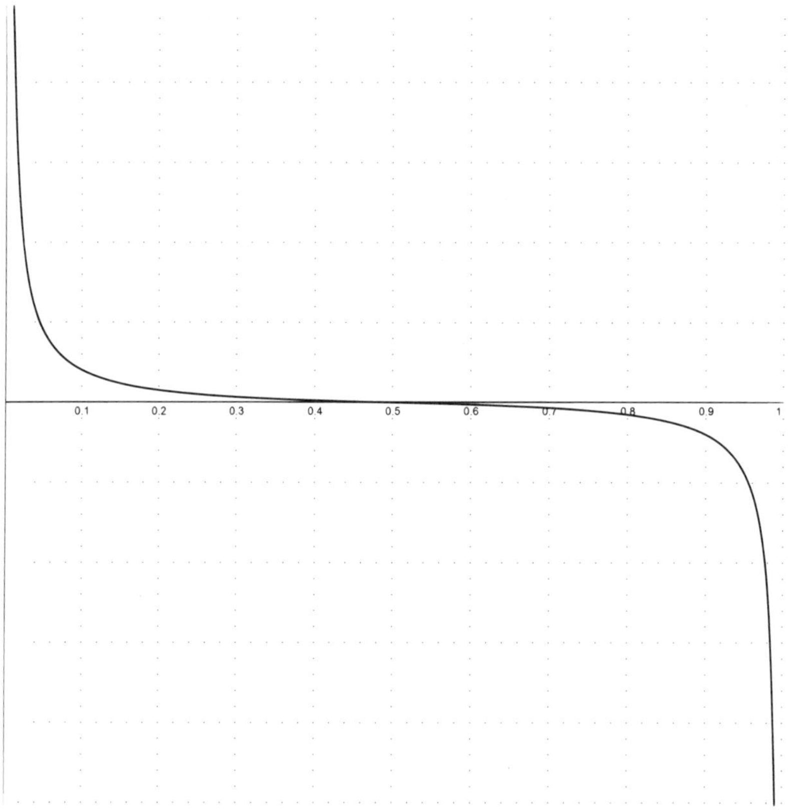

Figura 1.15 Comportamento de $f(x)$.

Tabela 1.11 Bijeção hipotética entre $\mathbb{N}$ e S

S	$\mathbb{R}_0$	$\mathbb{R}_1$	$\mathbb{R}_2$	$\mathbb{R}_3$	...
$\mathbb{N}$	0	1	2	3	...

Como está mostrado no Exemplo 1.73, nem todos os conjuntos infinitos possuem a mesma cardinalidade. Assim, apesar de $\mathbb{N}$ e $\mathbb{R}$ possuírem uma quantidade infinita de elementos, é intuitivo que $\mathbb{R}$ possui uma quantidade muito maior de elementos que $\mathbb{N}$, ou seja, $|\mathbb{R}| > |\mathbb{N}|$, impedindo que seja estabelecida uma função bijetora entre ambos.

Esses são alguns dos resultados da Teoria dos Números Transfinitos ([5]), desenvolvida no final do século XIX pelo matemático russo Georg Cantor (1845-1918), de acordo com a qual os **números transfinitos** representam quantidades não finitas ordenadas de forma crescente. Tais quantidades são representadas por $\aleph_0, \aleph_1, ..., \aleph_n, ...,$[2] de tal forma que $\aleph_{i-1} < \aleph_i < \aleph_{i+1}$, para $i \geqslant 1$. Além disso, $\aleph_0 = |\mathbb{N}|$.

Outros exemplos de conjuntos infinitos enumeráveis são o conjunto dos números racionais e o conjunto de todas as cadeias que podem ser formadas pela concatenação de símbolos de um conjunto finito Σ. Já o conjunto formado por todos os subconjuntos de $\mathbb{N}$, ou seja, o conjunto $2^{\mathbb{N}}$, é não enumerável.

Formalmente, um conjunto X é dito **infinito** se for possível identificar um subconjunto próprio de X, por exemplo, Y, tal que $|X| = |Y|$.

Exemplo 1.74 No Exemplo 1.73, o fato de que $S \subset \mathbb{R}$ e $|S| = |\mathbb{R}|$ é suficiente para garantir que $\mathbb{R}$ é um conjunto infinito. ⋆

Exemplo 1.75 Considere-se o conjunto dos números naturais $\mathbb{N}$. Deseja-se demonstrar que $\mathbb{N}$ é infinito com o auxílio do subconjunto próprio $\mathbb{N} - \{0\}$. Não é difícil perceber que esses dois conjuntos possuem a mesma cardinalidade, uma vez que a função $n + 1, n \in \mathbb{N}$ mapeia univocamente cada elemento de $\mathbb{N}$ em elementos do subconjunto próprio $\mathbb{N} - \{0\} : 0 \to 1, 1 \to 2, 2 \to 3, 3 \to 4, 4 \to 5, 5 \to 6, 6 \to 7...$

Assim, apesar de $\mathbb{N} - \{0\}$ possuir um elemento a menos que $\mathbb{N}$, na verdade ambos possuem a mesma cardinalidade, o que confirma $\mathbb{N}$ como conjunto infinito. ⋆

A seguir serão apresentados e demonstrados alguns dos principais resultados teóricos sobre conjuntos enumeráveis e não enumeráveis. Antes do primeiro teorema, no entanto, será apresentado o Método Diagonal de Cantor.

Método Diagonal de Cantor

O Método Diagonal de Cantor foi publicado por Georg Cantor em 1891 e é bastante utilizado até os dias de hoje. Ele mostra como obter um conjunto diferente de todos os conjuntos de uma dada coleção de conjuntos, seja ela finita ou infinita. Cada um dos conjuntos dessa coleção, por sua vez, pode conter um número finito ou infinito de elementos. O número de elementos usados para caracterizar tais conjuntos também pode ser finito ou infinito.

Entre algumas aplicações do Método, pode-se citar a prova de que $|2^A| > |A|$, para qualquer conjunto A, (Teorema 1.5) e a prova de que a linguagem L_D não é recursivamente enumerável (Teorema 7.16).

O uso do Método é ilustrado por meio de uma matriz com linhas e colunas. Cada coluna representa um certo elemento (podem existir infinitas colunas). Cada linha representa um conjunto criado com esses elementos (se a quantidade de colunas for infinita, podem existir infinitos conjuntos). O cruzamento de uma linha com uma coluna é marcado para indicar se aquele elemento pertence (1) ou não pertence (0) ao respectivo conjunto.

O Método utiliza a diagonal principal dessa matriz, denominada "vetor característico", e, em seguida, a sua complementação (0s se torman 1s e vice-versa). Essa diagonal complementada é então considerada como um conjunto de elementos e, conforme se pode perceber, tal conjunto é diferente de todos os demais conjuntos presentes nas linhas da matriz, uma vez que difere de cada um deles por pelo menos um elemento. O novo conjunto assim construído é então usado para fazer a prova em questão.

[2] $\aleph$ (aleph) é a primeira letra do alfabeto hebraico.

Exemplo 1.76 Suponha que os elementos são números naturais (cada coluna representa, portanto, um número natural). Cada linha representa um subconjunto dos números naturais. Quaisquer que sejam os conjuntos considerados nas linhas, a complementação da diagonal principal produz um novo subconjunto desses mesmos elementos que difere de todos os considerados nas linhas da matriz (Tabela 1.12).

Tabela 1.12 Método Diagonal de Cantor

	0	1	2	3	4	...
S_0	1	1	1	0	1	...
S_1	1	1	0	0	1	...
S_2	1	0	0	1	0	...
S_3	0	1	1	1	0	...
S_4	0	0	1	0	0	...
...	...	...	...	...	...	...

Na Tabela 1.12, prenchida com 0s e 1s de forma aleatória, temos:

- $S_0 = \{0,1,2,4,...\}$.
- $S_1 = \{0,1,4,...\}$.
- $S_2 = \{0,3,...\}$.
- $S_3 = \{1,2,3,...\}$.
- $S_4 = \{2,...\}$.
- Diagonal principal: 11010....
- Diagonal principal complementada: 00101....
- Conjunto obtido pela diagonal principal complementada: $X = \{2,4,...\}$.
- $X \neq S_i, i \geqslant 0$.

Ou seja, o conjunto X, obtido pela complementação da diagonal principal, é diferente de todos os conjuntos S_i, em todas as linhas. ⋆

Teorema 1.5 (Teorema de Cantor) "Seja A um conjunto qualquer. Então $|2^A| > |A|$."

Constata-se com facilidade a existência de pelo menos uma função f, que associa cada elemento $x \in A$ com um elemento $f(x) \in 2^A$, e que seja injetora e total (no caso, $f(x) = \{x\}$). Logo, é possível concluir que $|A| \leqslant |2^A|$. Para provar que $|A| < |2^A|$, é suficiente mostrar que não existe função bijetora entre A e 2^A. Suponha-se que exista tal bijeção, como ilustrado a seguir, onde S_i representa algum subconjunto de A:

Tabela 1.13 Função f para o Teorema 1.5

$$\begin{array}{rcccccc} A: & x_0 & x_1 & x_2 & x_3 & x_4 & \cdots \\ f: & \downarrow & \downarrow & \downarrow & \downarrow & \downarrow & \\ 2^A: & S_0 & S_1 & S_2 & S_3 & S_4 & \cdots \end{array}$$

Nesse caso, pode-se afirmar que todo e qualquer elemento $x \in A$ está associado a um elemento distinto $f(x) \in 2^A$. Considere-se agora o seguinte subconjunto de A (obtido pela complementação da diagonal principal, conforme o Método Diagonal de Cantor):

$$S = \{x \in A \mid x \notin f(x)\}$$

O conjunto S é formado por todos os x_i que não são elementos do conjunto $f(x_i) = S_i$ correspondente (ou seja, todos os elementos $x_i \in A$ tais que os elementos e_{ii} da matriz, obtidos pelo cruzamento da coluna i com a coluna i, estejam preenchidos com 0).

De acordo com a hipótese formulada (de que existe uma bijeção entre os conjuntos), é esperado que $S = f(x_i)$ para algum $x_i \in A$. Tal conclusão, se verdadeira, acarretaria as seguintes consequências, de forma exclusiva:

- Se $x_i \in S$, e como $S = f(x_i)$, por hipótese, então $x_i \notin S$, o que constitui uma contradição.
- Se $x_i \notin S$, e como $S = \{x \in A \mid x \notin f(x)\}$, por definição, então $x_i \in S$, o que também é uma contradição.

Qualquer que seja o caso, resulta uma contradição. Logo, a hipótese inicialmente formulada é falsa e disso conclui-se não existir qualquer bijeção entre A e 2^A. Portanto, $|A| < |2^A|$.

Outra forma de concluir a prova consiste em perceber que o conjunto S é diferente de todos os conjuntos S_i da matriz (dos quais difere em pelo menos um elemento em cada). Logo, não existe a suposta bijeção entre A e 2^A. □

O Teorema 1.5 demonstra que conjuntos infinitos de cardinalidades sucessivamente maiores podem ser obtidos pela aplicação sucessiva da operação conjunto-potência. Considere os conjuntos $A, B = 2^A, C = 2^B, D = 2^C$ etc. Então, $|A| < |B| < |C| < |D| < ...$

Exemplo 1.77 O Teorema 1.5 pode ser usado para provar que $|\mathbb{N}| < |2^{\mathbb{N}}|$. É fácil notar que existe uma função injetora e total entre $\mathbb{N}$ e $2^{\mathbb{N}}$ (por exemplo, $f(0) = \{0\}, f(1) = \{1\}$ etc). Suponha agora que existe uma bijeção entre $\mathbb{N}$ e $2^{\mathbb{N}}$ (Tabela 1.14):

Tabela 1.14 Função f para o Exemplo 1.77

$\mathbb{N}$:	0	1	2	3	4	$\cdots$
f:	$\downarrow$	$\downarrow$	$\downarrow$	$\downarrow$	$\downarrow$	
$2^{\mathbb{N}}$:	S_0	S_1	S_2	S_3	S_4	$\cdots$

Considere o conjunto $S = \{x \in \mathbb{N} \mid x \notin f(x)\}$ (o conjunto S corresponde ao complemento da diagonal principal conforme o Método Diagonal de Cantor). Neste caso, temos que $S \neq S_i, \forall i \geq 0$, e, portanto, não pode existir bijeção entre $\mathbb{N}$ e $2^{\mathbb{N}}$. ⋆

De acordo com a teoria de Cantor, $\mathbb{N}$ é o conjunto que possui a menor cardinalidade entre todos os conjuntos infinitos, a qual é denotada por $\aleph_0$, o primeiro número da sua série transfinita. Conforme o Exemplo 1.77, $|\mathbb{N}| < |2^{\mathbb{N}}|$. Por outro lado, conforme foi visto anteriormente, $|\mathbb{N}| < |\mathbb{R}|$, o que sugere a questão: "será que $|\mathbb{R}| = |2^{\mathbb{N}}|$?". De fato, esse resultado pode ser provado como sendo verdadeiro (ver [6]).

Por outro lado, não se sabe da existência de algum conjunto X tal que $\aleph_0 < |X| < |\mathbb{R}|$ (ou, o que é equivalente, $\aleph_0 < |X| < |2^{\mathbb{N}}|$). Ou seja, não se sabe se existe algum conjunto infinito com cardinalidade estritamente maior que a do conjunto dos números naturais e estritamente menor que o conjunto dos números reais. A **Hipótese do Contínuo** (ver [6]) considera que não existe tal conjunto e, portanto, que $|\mathbb{R}| = \aleph_1$ (logo $|2^{\mathbb{N}}| = \aleph_1$).

Teorema 1.6 (**$|B|, B \subseteq A, |A| = \aleph_0$**) "Sejam A e B dois conjuntos, $B \subseteq A$. Se $|A| = \aleph_0$, então $|B| \leqslant \aleph_0$."

Se $|A| = \aleph_0$, então existe uma função bijetora entre o conjunto dos números naturais $\mathbb{N}$ e o conjunto A (e vice-versa). Logo, existe uma função injetora e total f_1 que associa elementos

Tabela 1.15 Função f_1 para o Teorema 1.6

A:	a_0	a_1	a_2	$\cdots$	a_n	$\cdots$
f_1:	$\downarrow$	$\downarrow$	$\downarrow$		$\downarrow$	
$\mathbb{N}$:	0	1	2	$\cdots$	n	$\cdots$

de A e $\mathbb{N}$, conforme a Tabela 1.15. Se B é subconjunto de A, é possível associar cada elemento de B ao mesmo elemento de A através de uma função injetora e total f_2, conforme a Tabela 1.16. A composição das funções f_1 e f_2, ilustrada na Tabela 1.17, mostra que

Tabela 1.16 Função f_2 para o Teorema 1.6

B:	–	a_1	–	$\cdots$	a_n	$\cdots$
f_2:		$\downarrow$			$\downarrow$	
A:	a_0	a_1	a_2	$\cdots$	a_n	$\cdots$

existe uma função injetora e total de B para $\mathbb{N}$. Logo, $|B| \leqslant |\mathbb{N}|$, ou seja, $|B| \leqslant \aleph_0$. Em outras

Tabela 1.17 Composição de f_1 com f_2 para o Teorema 1.6

B:	–	a_1	–	$\ldots$	a_n	$\ldots$
f_2:		$\downarrow$			$\downarrow$	
A:	a_0	a_1	a_2	$\ldots$	a_n	$\ldots$
f_1:	$\downarrow$	$\downarrow$	$\downarrow$		$\downarrow$	
$\mathbb{N}$:	0	1	2	$\ldots$	n	$\ldots$

palavras, qualquer subconjunto (finito ou infinito) de um conjunto enumerável é também um conjunto enumerável. □

Exemplo 1.78 Sabe-se que $\mathbb{Z}_+ \subseteq \mathbb{Z}$. Como $|\mathbb{Z}| = \aleph_0$, segue que $|\mathbb{Z}_+| = \aleph_0$. Por outro lado, $\{0,1,2,3\} \subseteq \mathbb{Z}$. Como $|\{0,1,2,3\}| = 4$, segue que $4 < \aleph_0$. ⋆

Teorema 1.7 ($|A \cup B|, |A| = \aleph_0, |B| = \aleph_0$) "Sejam A e B dois conjuntos quaisquer. Se $|A| = \aleph_0$ e $|B| = \aleph_0$, então $|A \cup B| = \aleph_0$."

Se A e B são conjuntos enumeráveis (finitos ou infinitos), então seus elementos podem ser ordenados da seguinte forma:

$$\begin{array}{ll} A: & a_0, a_1, a_2, a_3, a_4, \ldots a_{n-1}, a_n, a_{n+1} \cdots \\ B: & b_0, b_1, b_2, b_3, b_4, \ldots b_{n-1}, b_n, b_{n+1} \cdots \end{array}$$

A enumeração dos elementos de $A \cup B$ pode ser feita através do seguinte procedimento:

$$A \cup B : a_0, b_0, a_1, b_1, a_2, b_2, \ldots a_{n-1}, b_{n-1}, a_n, b_n, a_{n+1}, b_{n+1}, \ldots$$

Portanto, $A \cup B$ é enumerável e $|A \cup B| = \aleph_0$. Em outras palavras, a união de dois conjuntos enumeráveis é sempre um conjunto enumerável. □

Exemplo 1.79 Como $|\mathbb{Z}_+| = \aleph_0$ e $|\mathbb{Z}_-| = \aleph_0$, segue que $\mathbb{Z} = \mathbb{Z}_- \cup \mathbb{Z}_+$ e, portanto, $|\mathbb{Z}| = \aleph_0$. ⋆

Teorema 1.8 ($|A \cap B|, |A| = \aleph_0, |B| = \aleph_0$) "Sejam A e B dois conjuntos quaisquer. Se $|A| = \aleph_0$ e $|B| = \aleph_0$, então $|A \cap B| \leq \aleph_0$."

Se $A \subseteq B$, então $A \cap B = A$ e $|A \cap B| = |A| = \aleph_0$ por hipótese. Se, por outro lado, $B \subseteq A$, então $A \cap B = B$ e $|A \cap B| = |B| = \aleph_0$ por hipótese. Finalmente, se nenhuma dessas duas condições for verdadeira, então $(A \cap B) \subseteq A$ e, pelo Teorema 1.6, $|A \cap B| \leq \aleph_0$. Portanto, em qualquer caso que se considere, $|A \cap B| \leq \aleph_0$. □

Exemplo 1.80 Como $|\mathbb{Z}_+| = \aleph_0$ e $|\mathbb{Z}_-| = \aleph_0$, segue que $\mathbb{Z}_- \cap \mathbb{Z}_+ = \emptyset$, com $|\emptyset| = 0$ e, portanto, $0 < \aleph_0$. Por outro lado, seja $I = \{x \in \mathbb{Z} \mid x \text{ é ímpar}\}$. Como $|\mathbb{N}| = \aleph_0$ e $|I| = \aleph_0$, temos que $\mathbb{N} \cap I = \{x \in \mathbb{N} \mid x \text{ é ímpar}\}$ e $|\mathbb{N} \cap I| = \aleph_0$. ⋆

Teorema 1.9 ($|A - B|, B \subseteq A, |A| = \aleph_1, |B| = \aleph_0$) "Sejam A e B dois conjuntos, $B \subseteq A$. Se $|A| = \aleph_1$ e $|B| = \aleph_0$, então $|A - B| = \aleph_1$."

Suponha que $|A - B| = \aleph_0$. Então, de acordo com o Teorema 1.7, $|(A - B) \cup B| = \aleph_0$. No entanto, $(A - B) \cup B = A$ e, pela hipótese, $|A| = \aleph_1$. Portanto, $|A - B| \neq \aleph_0$. Por outro lado, como $A - B \subseteq A$, segue que $|A - B| \leqslant |A|$, ou seja, $|A - B| \leqslant \aleph_1$. Como $|A - B| \neq \aleph_0$, conclui-se que $|A - B| = \aleph_1$. □

O Teorema 1.10, apresentado a seguir, é uma versão modificada do Teorema 1.9.

Teorema 1.10 ($|A - B|, B \subseteq A, A$ é não enumerável e B é enumerável) "Sejam A e B dois conjuntos, $B \subseteq A$. Se A é não enumerável e B é enumerável, então $A - B$ é não enumerável."

Suponha que $A - B$ seja enumerável. Então, de acordo com o Teorema 1.7, $(A - B) \cup B$ é enumerável. No entanto, $(A - B) \cup B = A$ e, pela hipótese, A é não enumerável. Há, portanto, uma contradição, e disso resulta que $A - B$ é não enumerável. □

Exemplo 1.81 É sabido que $\mathbb{R}$ é não enumerável (ver Exemplo 1.73). Por outro lado, conforme o Exemplo 1.72, temos que $\mathbb{Q}$ é enumerável. Logo, o resultado acima (Teorema 1.10) prova que o conjunto dos números irracionais ($\mathbb{R} - \mathbb{Q}$) é não enumerável. ⋆

1.9 Exercícios

Conjuntos

1. Identifique, nas línguas portuguesa e inglesa, os conjuntos de letras, de palavras, de sentenças. Classifique-os em finitos ou infinitos. Estude as suas intersecções e uniões, indicando alguns dos elementos que pertencem a tais conjuntos, se existirem.
2. Para o conjunto $A = \{\emptyset, a, \{a\}\}$, calcule o conjunto potência $B = 2^A$, e então obtenha $A \times B, A \cup B$ e $A \cap B$.
3. Quais das expressões seguintes são verdadeiras?
   a) $\emptyset \subseteq \emptyset$
   b) $\emptyset \in \emptyset$
   c) $\emptyset \in \{\}$
   d) $\emptyset \in \{\emptyset\}$
   e) $\emptyset = \emptyset \cap \emptyset$
   f) $\{\emptyset\} \cap \emptyset = \emptyset$
   g) $\{\emptyset\} \cup \emptyset = \emptyset$
   h) $\{\emptyset\} - \emptyset = \emptyset$
4. Calcular os seguintes conjuntos:
   a) $(\{\} \cup \{a,b\} \cup \{\{a,b\}\}) - \{a,b\}$
   b) $2^{\{\}}$
   c) $\{a,b,c\} - (\{a\} \cup \{\{b,c\}\})$
   d) $2^{\{a,b,c\}} - 2^{\{a,c\}} - 2^{\{b\}}$
5. Provar as propriedades distributivas da operação de união em relação à de intersecção e da operação de intersecção em relação à de união de conjuntos.
6. Considere $A = \{m\}$ e $B = \{x, y\}$. Determine:
   a) $2^A \times 2^A$;
   b) 2^{2^A};

c) $B \times (A \times B)$;
d) $(B \times A) \times B$;
e) $2^{A \times B}$.

7. Determine $2^{\Sigma \times \Gamma}$ e $\Gamma \times (\Sigma \times \Gamma)$, para:
   a) $\Sigma = \{a\}$ e $\Gamma = \{b,c\}$;
   b) $\Sigma = \{a,b\}$ e $\Gamma = \{c\}$;
   c) $\Sigma = \{a,b\}$ e $\Gamma = \{c,d\}$.
8. Considere $\Sigma = \{0,1\}, \Gamma = \{a,b,c\}$. Determine:
   a) Σ^*
   b) 2^{Γ}
   c) $\Sigma \times \Gamma$
   d) $\Sigma\Gamma$
9. Considere os conjuntos $A = \{\triangle, \square\}$, $B = \{1\}$ e $C = \{\alpha, \beta\}$, e determine:
   a) $C \times 2^{A \times B}$;
   b) $(A \cup 2^C) \times B$.
10. Considere os conjuntos $N = \{S,X\}$ e $\Sigma = \{a,b\}$, e determine:
    a) $\Sigma \times \Sigma$;
    b) $2^{\Sigma \times \Sigma}$;
    c) $2^{\Sigma} \times \Sigma$;
    d) $(N \times N) \times \Sigma$;
    e) $N \times (\Sigma \times \Sigma)$;
    f) $2^N \times 2^N$;
    g) N^2;
    h) $\Sigma^2 \times N$;
    i) $2^{\Sigma \times N}$;
    j) $\Sigma^3 N^2$.
11. Repita o Exercício 10 considerando:
    a) $N = \{S,X,Y\}$ e $\Sigma = \{a\}$;
    b) $N = \{S\}$ e $\Sigma = \{a,b,c\}$;
12. Considere $A = \{0,1,2\}, B = \{x,y\}, C = \{\#\}$ e calcule:
    a) $A \times B$
    b) $C \times B$
    c) $(A \times B) \times (C \times B)$
    d) 2^A
    e) 2^B
    f) 2^C
    g) $2^{(B \times C)}$
    h) $2^{(B \times C)} \times 2^A$
    i) $2^{(2^C)}$
    j) $2^{(2^C \times 2^B)}$
    k) $2^B \times 2^C$
    l) $(A \times B) \times 2^C$
    m) $A \times (B \times C)$
    n) $2^{(A \times B)} \times C$
    o) $2^{(2^{(B \times C)})}$
    p) $B \times 2^C$
    q) $2^{A \times (B \times C)}$
    r) $2^{(C \times 2^B)}$
    s) $2^A \times (2^B \times 2^C)$
    t) $(2^A \times 2^B) \times C$
    u) $B^2 C^3$
    v) 2^{B^2}
    w) $B^2 A \times C$
13. Seja A um conjunto qualquer. Determine:
    a) $2^{\emptyset}$
    b) $A \cup \emptyset$
    c) $A \cap \emptyset$
    d) $A - \emptyset$
    e) $\emptyset - A$
    f) $\overline{\emptyset}_A$
    g) $\overline{A}_{\emptyset}$
    h) $A \times \emptyset$

Relações

14. Para a relação $\{(a,b), (a,a), (b,a), (b,b), (b,c), (c,b), (c,c)\}$, qual é a sua relação inversa? Qual é o grafo que representa cada uma das duas relações?
15. Considere as operações relacionais apresentadas a seguir. Indique, para cada operação, se ela pode ser classificada como reflexiva, simétrica ou transitiva:
    a) $\neq$, sobre $\mathbb{N} \times \mathbb{N}$
    b) $\leqslant$, sobre $\mathbb{N} \times \mathbb{N}$
    c) $=$, sobre $\mathbb{N} \times \mathbb{N}$
    d) $>$, sobre $\mathbb{N} \times \mathbb{N}$
    e) $\subseteq$, sobre $2^{\mathbb{N}} \times 2^{\mathbb{N}}$
    f) $\supset$, sobre $2^{\mathbb{N}} \times 2^{\mathbb{N}}$

Funções

16. Descreva, sucintamente, a diferença entre os seguintes pares de conceitos:
    a) Produto cartesiano e concatenação
    b) Produto cartesiano e relação
    c) Relação e função
17. Quais são os atributos de uma função que permitem designá-la como sendo bijetora? Explique detalhadamente a caracterização de cada um desses atributos.
18. Conforme o modelo do Exemplo 1.44, identifique funções com características que permitam o preenchimento da tabela (I=Injetora, S=Sobrejetora, T=Total):

	I?	S?	T?
	Não	Não	Não
	Não	Não	Sim
$/ : \mathbb{R} \times \mathbb{R} \to \mathbb{R}$	Não	Sim	Não
$+ : \mathbb{N} \times \mathbb{N} \to \mathbb{N}$	Não	Sim	Sim
$\sqrt{} : \mathbb{Z} \to \mathbb{Z}$	Sim	Não	Não
	Sim	Não	Sim
	Sim	Sim	Não
	Sim	Sim	Sim

Grafos e árvores

19. Defina formalmente o que vem a ser um grafo.
20. O que significa dizer que um grafo é orientado, rotulado, ordenado ou cíclico?
21. Grafos não orientados podem eventualmente ser ordenados e/ou cíclicos? Justifique sua resposta.
22. Defina formalmente as particularidades que caracterizam um dado grafo como sendo uma árvore.

Teoremas e demonstrações

23. Provar, por indução, os seguintes resultados:
    a) A somatória dos n primeiros números ímpares positivos resulta no quadrado de n.
    b) O produto de n pela média dos extremos de uma progressão aritmética simples com n termos corresponde à soma de todos esses n termos.
    c) $\forall n \geqslant 0, (n-1)n^2(n+1)$ é sempre divisível por 3.
    d) $\sum_{i=0}^{n} 2^i = 2^{n+1} - 1, n \geqslant 0$.
    e) $n! \geqslant 2^n, n \geqslant 4$.

Conjuntos enumeráveis

24. Responda às perguntas:
    a) O que é cardinalidade de um conjunto?
    b) O que é um conjunto enumerável (contável)?
    c) Formalmente, como é definido o conceito de conjunto infinito?
    d) Como podem ser comparadas as cardinalidades de dois conjuntos infinitos?
    e) Em que casos se pode afirmar que dois conjuntos quaisquer possuem a mesma cardinalidade?
25. Qual a importância do conceito de bijeção na definição de conjuntos enumeráveis?
26. Para um conjunto Σ finito não vazio, Σ^* é enumerável? Justifique sua resposta.
27. Considere o conjunto dos números naturais maiores ou iguais a cinco ($\{5, 6, 7, 8, ...\}$):
    a) Prove que esse conjunto é infinito.
    b) Prove que esse conjunto é enumerável.
28. Prove que o conjunto dos números naturais múltiplos de 10 ($\{0, 10, 20, ...\}$) é um conjunto infinito.
29. Para os conjuntos seguintes, apresente, para os que forem enumeráveis, uma bijeção com os números naturais, ou então mostre que esta não existe:
    a) conjunto dos inteiros;
    b) conjunto dos reais positivos;
    c) conjunto dos múltiplos de 3;
    d) conjunto dos pontos do espaço tridimensional cujas coordenadas cartesianas são inteiras;
    e) conjunto dos pontos de um plano;
    f) conjunto dos pontos de intersecção das retas de uma malha plana bidimensional ortogonal cujas retas paralelas vizinhas distam 3 cm entre si;
    g) conjunto dos pontos da superfície de um cubo;
    h) conjunto dos números racionais;
    i) conjunto dos números complexos com componentes inteiras;
    j) conjunto dos números primos;
    k) subconjunto dos números naturais cuja representação decimal termine com um dígito que é primo;
    l) conjunto diferença entre o conjunto dos números reais positivos e o conjunto dos números naturais.

Capítulo 2

Conceitos básicos de linguagens

Este capítulo apresenta e discute os principais conceitos básicos associados ao estudo de linguagens, como é o caso dos símbolos, das cadeias e das linguagens propriamente ditas, assim como dos métodos empregados para a formalização das linguagens, como é o caso das gramáticas e dos reconhecedores (por meio dos autômatos).

A noção de conjunto, introduzida no capítulo anterior, é utilizada para definir duas novas noções fundamentais: alfabetos (conjuntos finitos e não vazios cujos elementos são símbolos) e linguagens (conjuntos finitos ou infinitos cujos elementos são cadeias construídas com os símbolos de um alfabeto).

Símbolos podem ser agrupados na forma de um conjunto, caso em que ele recebe o nome de alfabeto. Conjuntos, por outro lado, podem ser formados por elementos de outra natureza, e não apenas por símbolos. É o caso, por exemplo, de conjuntos cujos elementos são cadeias (sequências finitas de símbolos), que neste caso recebem o nome de linguagem, e conjuntos cujos elementos também são conjuntos, e que podem representar, por exemplo, conjuntos (também chamados de classes) de linguagens.

As gramáticas possuem grande importância na análise e na especificação formal da sintaxe de linguagens, principalmente das linguagens de programação, ao passo que os reconhecedores definem modelos que servem como base para a construção de analisadores léxicos e sintáticos nos compiladores e interpretadores de tais linguagens. Na prática, o estudo sistemático das linguagens formais e dos autômatos viabilizou o desenvolvimento de técnicas eficientes para a utilização econômica das linguagens de programação, originando-se em seu estudo grande parte do interesse que recai sobre os assuntos ligados a esse tema.

O capítulo se encerra com a apresentação da Hierarquia de Chomsky, usualmente empregada na classificação hierárquica das linguagens conforme seu grau de complexidade, e em torno da qual se costuma desenvolver boa parte da teoria das linguagens formais e autômatos. Tomando-se como base essa hierarquia, são efetuadas considerações preliminares sobre as propriedades e sobre a caracterização formal de cada uma das classes de linguagens por ela definidas.

2.1 Símbolos e cadeias

Os **símbolos**,[1] também denominados **palavras** ou **átomos**, são representações gráficas, indivisíveis, empregadas na construção de **cadeias**. Estas são formadas através da justaposição de um número finito de símbolos, obtidos de algum conjunto finito não vazio, denominado **alfabeto**. Um alfabeto é, portanto, um conjunto cujos elementos são símbolos usados na construção de cadeias.

[1]Na literatura em inglês são conhecidos como *tokens*.

Cada símbolo é considerado como uma unidade atômica, não importando a sua particular representação visual. São exemplos de símbolos: $a, abc, begin, if, 5, 1024, 2.017e4$. Perceba-se que não há uma definição formal para "símbolo". Deve-se intuir o seu significado como entidade abstrata, e dessa forma aceitá-lo como base para a teoria que será desenvolvida. Pode-se dizer que se trata de um conceito primitivo.

Exemplo 2.1 Suponha que a e b sejam símbolos. Então, $\{a,b\}$ é um alfabeto e *aaabbb* e *babab* são exemplos de cadeias sobre esse alfabeto. ⋆

Ao longo deste texto será adotada a seguinte convenção para denotar símbolos, cadeias e alfabetos:

- Símbolos: letras minúsculas do início do alfabeto romano: $(a,b,c...)$.
- Cadeias: letras minúsculas do final do alfabeto romano $(r,s,x,w...)$, ou letras minúsculas do alfabeto grego $(\alpha,\beta,\gamma...)$.
- Alfabetos: letras maiúsculas do alfabeto grego $(\Sigma,\Gamma,\Delta...)$.

Exemplo 2.2 Como exemplo de alfabeto podemos mencionar o conjunto Σ dos dígitos hexadecimais, em que cada elemento (dígito) desse conjunto corresponde a um determinado símbolo:

$$\Sigma = \{0,1,2,3,4,5,6,7,8,9,a,b,c,d,e,f\}$$

Naturalmente, as cadeias que podem ser construídas a partir dos símbolos desse alfabeto correspondem aos numerais hexadecimais: $123, a0b56, fe5dc, b, abc, 55efff...$ ⋆

O **comprimento** de uma cadeia é um número natural que designa a quantidade de símbolos que a compõem. O comprimento de uma cadeia α é denotado por $|\alpha|$.

Exemplo 2.3 Considerem-se as cadeias $\alpha = 1, \beta = 469, \chi = ble60, \phi = df$. Então, $|\alpha| = 1, |\beta| = 3, |\chi| = 5$ e $|\phi| = 2$, também construídas sobre o alfabeto Σ do Exemplo 2.2. ⋆

Dá-se o nome de **cadeia elementar** (ou **unitária**) a qualquer cadeia formada por um único símbolo, como é o caso da cadeia α do Exemplo 2.3. Naturalmente, toda cadeia unitária tem comprimento 1.

Um outro importante exemplo de alfabeto corresponde ao conjunto dos símbolos definidos em algum dicionário da língua portuguesa. Note que, diferentemente do alfabeto Σ anteriormente considerado, em que todos os símbolos eram compostos de um único caractere, os símbolos deste novo alfabeto são construídos a partir da concatenação de um número variável de caracteres (no caso, as letras do alfabeto romano). Para o presente estudo, embora representados com diversos caracteres, tais símbolos são considerados indivisíveis, e as correspondentes cadeias elementares apresentam, por essa razão, comprimento unitário quando consideradas no contexto da língua portuguesa.

Considerando-se ainda que tal alfabeto é suficientemente extenso para conter as conjugações de todos os verbos, as formas flexionadas de todos os adjetivos, substantivos etc., enfim, todas as palavras possíveis de serem empregadas em nosso idioma, então a cadeia *"Exemplo de uma cadeia no novo alfabeto"* deverá ser considerada uma cadeia válida, construída a partir dos símbolos desse alfabeto, e o seu comprimento é igual a 7. Note que esse alfabeto da língua portuguesa, apesar de extenso, é finito, e também que é possível construir uma quantidade infinita de cadeias de comprimento finito com os símbolos dele. Observe-se que, entre estas, há cadeias que na língua portuguesa não fazem sentido. Por exemplo, *"cadeia uma exemplo errado o"*. As demais são empregadas nas diversas formas de comunicação humana.

O conceito de **cadeia vazia** é especialmente importante na teoria das linguagens formais. Denota-se por ε a cadeia formada por uma quantidade nula de símbolos, isto é, a cadeia que não contém nenhum símbolo. Formalmente, $|\varepsilon| = 0$.

Duas cadeias, sejam elas elementares ou não, podem ser anexadas, formando uma só cadeia, através da operação de **concatenação**. Essa operação fornece como resultado uma nova cadeia, formada pela justaposição ordenada dos símbolos que compõem os seus operandos separadamente. Observe-se que a operação de concatenação entre uma cadeia e um símbolo é realizada através da concatenação da cadeia em questão com a cadeia elementar correspondente ao símbolo. Denota-se a concatenação de duas cadeias α e β como $\alpha \cdot \beta$ ou, simplesmente, $\alpha\beta$.

Exemplo 2.4 Considere o alfabeto $\Sigma = \{a,b,c,d\}$, e as cadeias $\alpha = abc$, $\beta = dbaca$ e $\sigma = a$. A concatenação da cadeia α com a cadeia β é assim obtida: $\alpha \cdot \beta = \alpha\beta = abcdbaca$, e $|\alpha\beta| = |\alpha| + |\beta| = 3 + 5 = 8$. Da mesma forma, obtém-se a concatenação de β com α: $\beta \cdot \alpha = \beta\alpha = dbacaabc$, e, $|\beta\alpha| = |\beta| + |\alpha| = 5 + 3 = 8$. Note-se que, neste exemplo, $\alpha\beta \neq \beta\alpha$. A concatenação da cadeia α com a cadeia elementar σ é dada por: $\alpha \cdot \sigma = \alpha\sigma = abca$, e $|\alpha\sigma| = |\alpha| + |\sigma| = 3 + 1 = 4$. Finalmente, a concatenação da cadeia elementar σ com a cadeia β é obtida como: $\sigma \cdot \beta = \sigma\beta = adbaca$, e $|\sigma\beta| = |\sigma| + |\beta| = 1 + 5 = 6$. ⋆

Como se pode perceber, a operação de concatenação, embora associativa, não é comutativa. Dadas três cadeias α, β, γ quaisquer, pode-se sempre afirmar que $(\alpha\beta)\gamma = \alpha(\beta\gamma)$.

Por outro lado, dependendo dos particulares α e β considerados, pode ser que ou $\alpha\beta \neq \beta\alpha$ ou $\alpha\beta = \beta\alpha$ (por exemplo, se α e/ou β forem cadeias vazias ou, ainda, se $\alpha = \beta$).

No caso da cadeia vazia ε (elemento neutro em relação ao operador de concatenação) são válidas as seguintes relações:

1. $\alpha\varepsilon = \varepsilon\alpha = \alpha$
2. $|\alpha\varepsilon| = |\varepsilon\alpha| = |\alpha|$

Diz-se que uma cadeia α é um **prefixo** de outra cadeia β se for possível escrever β como $\alpha\gamma$. A cadeia α é dita **sufixo** de β se β puder ser escrita como $\gamma\alpha$. Em ambos os casos, admite-se a possibilidade de $\gamma = \varepsilon$. Nos casos em que $\gamma \neq \varepsilon$, diz-se que α é, respectivamente, **prefixo próprio** ou **sufixo próprio** da cadeia β. Note que a cadeia vazia ε pode ser considerada simultaneamente prefixo ou sufixo de qualquer cadeia.

Exemplo 2.5 Considere a cadeia *abc*. As cadeias ε, *a*, *ab* e *abc* são prefixos dela. As cadeias ε, *a*, *ab* são prefixos próprios dela, mas a cadeia *abc* não. As cadeias ε, *c*, *bc* e *abc* são sufixos dela. As cadeias ε, *c*, *bc* são sufixos próprios dela, mas a cadeia *abc* não. ⋆

Dadas quatro cadeias α, β, γ e δ, uma cadeia α é chamada **subcadeia** de uma cadeia β sempre que $\beta = \gamma\alpha\delta$. Note-se que, se γ ou δ ou ambos forem vazios, a definição também se aplica. Note-se também que prefixos e sufixos são casos particulares de subcadeias.

Exemplo 2.6 Considere a cadeia *abc*. As cadeias ε, *a*, *b*, *c*, *ab*, *bc* e *abc* são subcadeias dela. A cadeia *ac* não é subcadeia de *abc*. ⋆

Uma cadeia α é dita o **reverso** de uma cadeia β, denotando-se o fato por $\alpha = \beta^R$, se α contiver os mesmos símbolos que β, porém justapostos no sentido inverso, ou seja:

$$\text{se } \alpha = \sigma_1\sigma_2...\sigma_{n-1}\sigma_n \text{ então } \beta = \sigma_n\sigma_{n-1}...\sigma_2\sigma_1$$

Por definição, $\varepsilon^R = \varepsilon$.

Exemplo 2.7 Considerem-se as cadeias $\alpha = 123abc$ e $\beta = d$. Então, $\alpha^R = cba321$ e $\beta^R = d$. ⋆

Finalmente, convenciona-se que σ^i representa a cadeia formada por "i" símbolos σ concatenados. Por definição, $\sigma^0 = \varepsilon$.

Exemplo 2.8 Considere-se o símbolo a. Então: $a^0 = \varepsilon$; $a^1 = a$; $a^2 = aa$; $a^3 = aaa$; etc. ⋆

2.2 Linguagens

Uma **linguagem formal** é um conjunto, finito ou infinito, de cadeias de comprimento finito, formadas pela concatenação de símbolos de um alfabeto finito e não vazio. Uma linguagem formal é, portanto, um conjunto onde os elementos dele são cadeias construídas sobre um alfabeto. Note que uma linguagem pode ser vazia (ou seja, pode não conter nenhuma cadeia) ou ainda pode conter a cadeia vazia como um dos seus elementos.

Além das operações previamente definidas para conjuntos, como união, diferença, intersecção etc., outras operações, como a concatenação e os fechamentos, também são fundamentais para a definição e o estudo das linguagens formais. Essas novas operações, definidas a seguir, derivam diretamente da operação de concatenação de cadeias introduzida na seção anterior.

Antes de apresentá-las, convém notar a distinção que há entre os seguintes conceitos:

- cadeia vazia ε;
- conjunto vazio $\emptyset$;
- conjunto que contém apenas a cadeia vazia $\{\varepsilon\}$;
- conjunto que contém apenas o conjunto vazio $\{\emptyset\}$.

O primeiro deles, ε, denota a cadeia vazia, ou seja, uma cadeia de comprimento zero, ao passo que os demais são casos particulares de conjuntos: $\emptyset$ denota uma linguagem vazia, ou seja, uma linguagem que não contém nenhuma cadeia, $\{\varepsilon\}$ denota uma linguagem que contém uma única cadeia (a cadeia vazia), e $\{\emptyset\}$ denota um conjunto que contém um único elemento, o conjunto vazio. Observe-se que $|\varepsilon| = |\emptyset| = 0$ e $|\{\varepsilon\}| = |\{\emptyset\}| = 1$.

Note-se a diferença conceitual que há entre alfabetos, linguagens e cadeias. Alfabetos são conjuntos, finitos e não vazios, de símbolos, através de cuja concatenação são obtidas as **cadeias**. Linguagens, por sua vez, são conjuntos, finitos (eventualmente vazios) ou infinitos, de cadeias. Uma cadeia é também denominada **sentença** de uma linguagem, ou simplesmente sentença, no caso de ela pertencer à linguagem em questão. Linguagens são, portanto, coleções de sentenças sobre um dado alfabeto.

A Figura 2.1 ilustra a relação entre os conceitos de símbolo, alfabeto, cadeia e linguagem.

As várias leituras contidas na Figura 2.1 são: "símbolo é elemento de alfabeto"; "alfabeto é conjunto de símbolos"; "símbolo é item de cadeia"; "cadeia é sequência de símbolos"; "cadeia é elemento de linguagem" e "linguagem é conjunto de cadeias".

Outra maneira de associar significados aos termos "símbolo", "alfabeto", "cadeia" e "linguagem" é apresentada na Figura 2.2, que também ilustra o conceito de "sentença".

A Figura 2.2 facilita o entendimento das relações entre os conceitos: (i) um conjunto de símbolos forma um alfabeto, (ii) a partir de um alfabeto (finito) formam-se (infinitas) cadeias; (iii) determinadas cadeias são escolhidas para fazer parte de uma linguagem; (iv) uma linguagem é um conjunto de cadeias, que por isso são também denominadas sentenças.

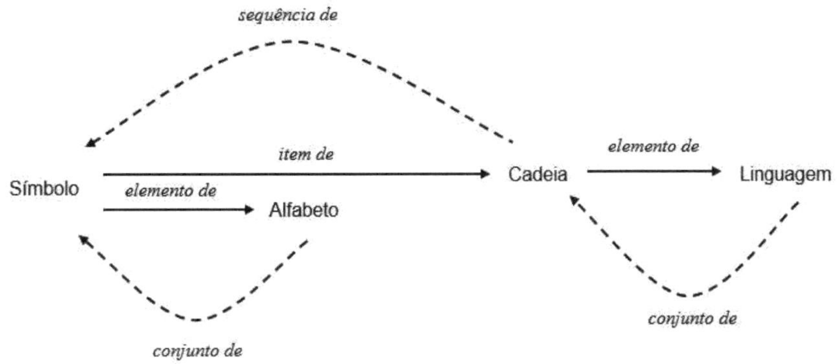

Figura 2.1 Símbolo, alfabeto, cadeia e linguagem.

Exemplo 2.9 O símbolo a é elemento do alfabeto $\{a\}$ e também um item da cadeia aaa, que por sua vez é elemento da linguagem $\{aaa\}$. Por outro lado, a linguagem $\{aaa\}$ é um conjunto que contém a cadeia aaa, a cadeia aaa é uma sequência de símbolos a e o alfabeto $\{a\}$ contém o símbolo a. A Figura 2.3 ilustra esses conceitos, conforme a Figura 2.1. ⋆

Exemplo 2.10 A Figura 2.4 ilustra uma aplicação dos conceitos da Figura 2.2 ao alfabeto $\{a,b\}$. A linguagem apresentada é, naturalmente, apenas uma das inúmeras que podem ser criadas a partir desse alfabeto. ⋆

Diz-se que uma linguagem L, definida sobre um alfabeto Σ, simplesmente **observa** uma propriedade p se todas as sentenças de L exibem p. Diz-se que L, definida sobre Σ, **satisfaz** a propriedade p se todas as sentenças de L exibem p e, além disso, L for a maior linguagem que se pode definir sobre Σ com tal propriedade. Em outras palavras, se L contiver **todas** as cadeias sobre Σ que possuem a propriedade p. O interesse maior, naturalmente, recai sobre as linguagens que satisfazem uma certa propriedade (ou conjunto de propriedades) ao invés daquelas que apenas observam a propriedade.

Exemplo 2.11 Considere o alfabeto $\Sigma = \{a,b,c\}$ e a propriedade p "iniciar com o símbolo a". Então:

- A linguagem $L_0 = \{ab, abc, accbb\}$ **observa** p;
- A linguagem L_1 = cadeias sobre Σ que iniciam com a e terminam com a **observa** p;
- A linguagem L_2 = cadeias sobre Σ que iniciam com a e possuem comprimento par **observa** p;
- A linguagem L_3 = cadeias sobre Σ que iniciam com a e contém a subcadeia abc **observa** p;
- A linguagem L_4 = cadeias sobre Σ que iniciam com a **satisfaz** p.

⋆

Além das operações sobre conjuntos definidas na Seção 1.1, apresentamos a seguir mais algumas operações que serão úteis ao longo do restante do texto. Tais operações são definidas a partir (i) da noção básica de linguagem enquanto conjunto de cadeias e também (ii) da operação de concatenação de cadeias.

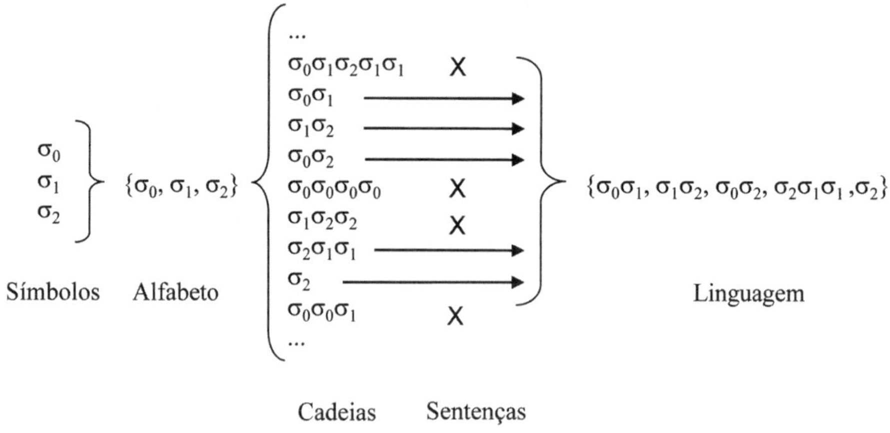

Figura 2.2 Símbolo, alfabeto, cadeia, sentença e linguagem.

Concatenação

A **concatenação** de duas linguagens X e Y, denotada por $X \cdot Y$ ou simplesmente XY, corresponde a um conjunto Z formado pela coleção de todas as cadeias que possam ser obtidas pela concatenação de cadeias $x \in X$ com cadeias $y \in Y$, nessa ordem. Formalmente,

$$Z = X \cdot Y = XY = \{xy \mid x \in X \text{ e } y \in Y\}$$

Notar que essa operação é associativa, pois $X \cdot (Y \cdot Z) = (X \cdot Y) \cdot Z$, mas não é comutativa, uma vez que nem sempre $X \cdot Y = Y \cdot X$. Além disso, $\{\varepsilon\}$ é o elemento neutro da operação de concatenação, pois $X \cdot \{\varepsilon\} = \{\varepsilon\} \cdot X = X$, e $\emptyset$ é o aniquilador dessa operação, pois $X \cdot \emptyset = \emptyset \cdot X = \emptyset$.

Exemplo 2.12 Seja $X = \{aa, bbb, ccc\}$ e $Y = \{00, 11\}$. Então, $Z = X \cdot Y = \{aa00,\ bbb00,\ ccc00,\ aa11,\ bbb11,\ ccc11\}$. Observar, neste caso, que $X \cdot Y \neq Y \cdot Z$. ⋆

A concatenação $\Sigma\Sigma$, que gera cadeias de comprimento 2 formadas sobre um alfabeto Σ, é também representada por Σ^2. Analogamente, a concatenação $\Sigma\Sigma\Sigma$, que gera cadeias de comprimento 3 sobre o alfabeto Σ, é representada como Σ^3, e assim sucessivamente. Generalizando-se:

$$\Sigma^i = \Sigma\Sigma^{i-1}, i > 0$$

Por definição, $\Sigma^0 = \{\varepsilon\}$

Exemplo 2.13 Considere-se $\Sigma = \{a, b, c\}$. Então,

- $\Sigma^0 = \{\varepsilon\}$
- $\Sigma^1 = \{a, b, c\}$
- $\Sigma^2 = \{aa, ab, ac, ba, bb, bc, ca, cb, cc\}$
- $\Sigma^3 = \{aaa, aab, aac, aba, abb, abc, ..., ccc\}$

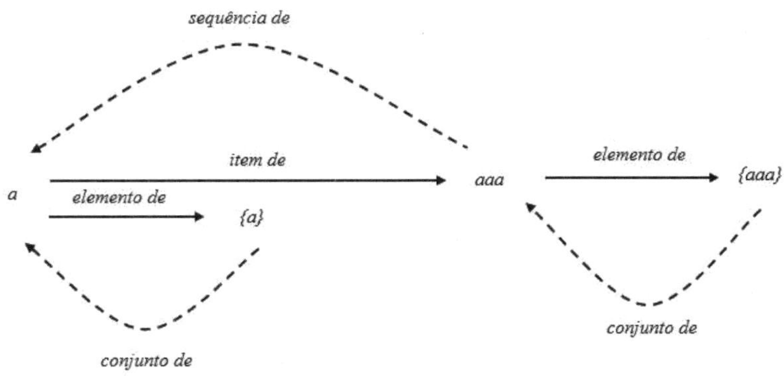

Figura 2.3 $a, \{a\}, aaa, \{aaa\}$.

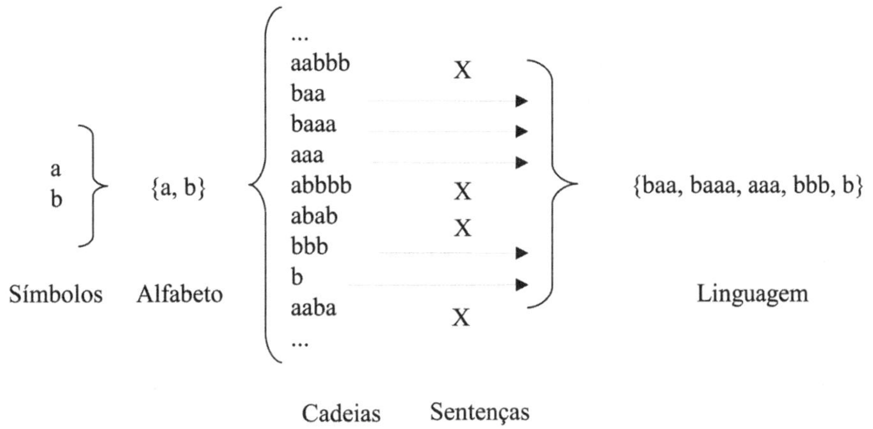

Figura 2.4 Símbolos a e b, cadeias, sentenças e linguagem.

- etc.

⋆

Fechamento reflexivo e transitivo

O **fechamento reflexivo e transitivo** (às vezes chamado **fechamento recursivo e transitivo** ou simplesmente **fecho de Kleene**) de um alfabeto Σ é definido como o conjunto (infinito) que contém todas as possíveis cadeias que podem ser construídas sobre o alfabeto dado, incluindo a cadeia vazia. Esse conjunto, denotado por Σ^*, contém, naturalmente, todas as cadeias que podem ser definidas sobre o alfabeto Σ. Formalmente, o fechamento reflexivo e transitivo de um conjunto Σ é definido como:

$$\Sigma^* = \Sigma^0 \cup \Sigma^1 \cup \Sigma^2 \cup \Sigma^3 \cup \ldots = \bigcup_{i=0}^{\infty} \Sigma^i$$

Em outras palavras, o fechamento reflexivo e transitivo de um alfabeto é a união de todos os conjuntos que representam as possíveis cadeias de comprimentos zero, um, dois, três, e assim por diante, ou seja, é a coleção de todas as cadeias, de qualquer comprimento, que possam ser formadas por concatenação a partir dos símbolos do alfabeto.

Exemplo 2.14 Seja $\Sigma_1 = \{a\}$. Então, $\Sigma_1^* = \{\varepsilon, a, aa, aaa, aaaa, aaaaa, ...\}$. Seja $\Sigma_2 = \{a, b\}$. Então, $\Sigma_2^* = \{\varepsilon, a, b, aa, ab, ba, bb, aaa, aab, ...\}$. ⋆

A definição de uma linguagem pode, portanto, ser formulada de maneira mais rigorosa com o auxílio da operação de fechamento reflexivo e transitivo: sendo uma linguagem qualquer coleção de cadeias sobre um determinado alfabeto Σ, e como Σ^* contém todas as possíveis cadeias sobre Σ, então toda e qualquer linguagem L sobre um alfabeto Σ sempre poderá ser definida como sendo um subconjunto de Σ^*, ou seja, $L \subseteq \Sigma^*$.

Diz-se que a **maior** linguagem que se pode definir sobre um alfabeto Σ, observando-se um conjunto qualquer P de propriedades, corresponde ao conjunto de **todas** as cadeias $w \in \Sigma^*$ tais que w satisfaz simultaneamente a **todas** as propriedades $p_i \in P$.

De uma forma geral, sempre que for feita uma referência a uma determinada linguagem L definida a partir de um certo conjunto de propriedades P, estará implícita (a menos de ressalva em contrário) a condição de que se trata da maior linguagem definida sobre Σ cujas cadeias observam o conjunto de propriedades P. Ou seja, L satisfaz P.

Um caso particular importante a se considerar é a linguagem cujo conjunto P de propriedades seja o menos restritivo possível, considerando toda e qualquer cadeia de qualquer comprimento (finito) como sendo válida. Assim, a maior linguagem dentre todas as que podem ser definidas sobre um alfabeto Σ qualquer é $L = \Sigma^*$ (note-se, neste caso, que a única propriedade a ser satisfeita pelas cadeias de L é que elas "sejam definidas sobre Σ", ou seja, obtidas a partir da simples justaposição de símbolos de Σ). Qualquer outra linguagem definida sobre esse mesmo alfabeto corresponderá obrigatoriamente a um subconjunto (normalmente próprio) de Σ^*.

Por outro lado, a **menor** linguagem que pode ser definida sobre um alfabeto Σ qualquer é $\emptyset$, ou seja, a linguagem vazia ou a linguagem composta por zero sentenças.

Finalmente, como o conjunto de todos os subconjuntos possíveis de serem obtidos a partir de Σ^* é 2^{Σ^*}, tem-se que 2^{Σ^*} representa o conjunto de **todas** as linguagens que podem ser definidas sobre o alfabeto Σ.

Em resumo:

- $\emptyset$ é o conjunto constituído por zero cadeias e corresponde à menor linguagem que se pode definir sobre um alfabeto Σ qualquer;
- Σ^* é o conjunto de todas as cadeias possíveis de serem construídas sobre Σ e corresponde à maior de todas as linguagens que pode ser definida sobre Σ;
- 2^{Σ^*} é o conjunto de todos os subconjuntos possíveis de serem obtidos a partir de Σ^*, e corresponde ao conjunto formado por todas as possíveis linguagens que podem ser definidas sobre Σ. Observe-se que $\emptyset \in 2^{\Sigma^*}$, e também que $\Sigma^* \in 2^{\Sigma^*}$.

Exemplo 2.15 Seja $\Sigma = \{a,b,c\}$ e P o conjunto formado pela única propriedade "todas as cadeias são iniciadas com o símbolo a". Então:

- A linguagem $L_0 = \emptyset$ é a menor linguagem que pode ser definida sobre Σ.
- A linguagem $L_1 = \{a, ab, ac, abc, acb\}$ é finita e observa P.
- A linguagem $L_2 = \{a\}\{a\}^*\{b\}^*\{c\}^*$ é infinita e observa P.

- A linguagem $L_3 = \{a\}\{a,b,c\}^*$ é infinita, observa P e, dentre todas as que observam P, trata-se da maior linguagem, pois não existe nenhuma outra cadeia em Σ^* que observe P e não pertença a L_3; logo, L_3 satisfaz P.
- $L_0 \subseteq \Sigma^*$, $L_1 \subseteq \Sigma^*$, $L_2 \subseteq \Sigma^*$, $L_3 \subseteq \Sigma^*$.
- $L_0 \in 2^{\Sigma^*}$, $L_1 \in 2^{\Sigma^*}$, $L_2 \in 2^{\Sigma^*}$, $L_3 \in 2^{\Sigma^*}$.
- Além de L_0, L_1, L_2 e L_3, existem inúmeras outras linguagens que podem ser definidas sobre Σ.

⋆

Fechamento transitivo

O **fechamento transitivo** (às vezes chamado **fecho positivo**) de um alfabeto Σ, denotado por Σ^+, é definido de maneira análoga ao fechamento reflexivo e transitivo, diferindo deste apenas por não incluir o conjunto Σ^0:

$$\Sigma^+ = \Sigma^1 \cup \Sigma^2 \cup \Sigma^3 \cup \ldots = \bigcup_{i=1}^{\infty} \Sigma^i$$

Exemplo 2.16 Seja $\Sigma_1 = \{a\}$. Então, $\Sigma_1^+ = \{a, aa, aaa, aaaa, aaaaa, \ldots\}$. Seja $\Sigma_2 = \{a, b\}$. Então, $\Sigma_2^+ = \{a, b, aa, ab, ba, bb, aaa, aab, \ldots\}$. ⋆

Como se pode perceber, se Σ é um alfabeto então os resultados apresentados a seguir são verdadeiros. Convém lembrar que um alfabeto é composto apenas por símbolos e, portanto, não pode conter a cadeia vazia ε, que faz parte apenas de linguagens.

- $\Sigma^* = \Sigma^+ \cup \{\varepsilon\}$ e
- $\Sigma^+ = \Sigma^* - \{\varepsilon\}$.

No caso geral, no entanto, podemos supor uma certa linguagem qualquer X e, neste caso:

- $X^* = X^+ \cup \{\varepsilon\}$ é sempre verdadeiro, porém
- $X^+ = X^* - \{\varepsilon\}$ só será verdadeiro nos casos em que X não contiver a cadeia vazia ε; caso contrário, então $\varepsilon \in X^+$ e $X^+ \neq X^* - \{\varepsilon\}$.

Em resumo, se X é uma linguagem, então existem duas possibilidades:

- Se $\varepsilon \notin X$, então $X^* = X^+ \cup \{\varepsilon\}$ e $X^+ = X^* - \{\varepsilon\}$.
- Se $\varepsilon \in X$, então $X^* = X^+$;

Exemplo 2.17 Seja $\Sigma = \{n, (,), +, *, -, /\}$. Então:

- $\Sigma^* = \{\varepsilon, n, n+n, -n), */, n()), n-(n*n), \ldots\}$
- $\Sigma^+ = \{n, n+n, -n), */, n()), n-(n*n), \ldots\}$
- $\Sigma^+ = \Sigma^* - \{\varepsilon\}$

⋆

Exemplo 2.18 Seja $X = \{\varepsilon, aa, bb\}$. Então:

- $X^* = \{\varepsilon, aa, bb, aaaa, aabb, bbaa, bbbb, \ldots\}$
- $X^+ = \{\varepsilon, aa, bb, aaaa, aabb, bbaa, bbbb, \ldots\}$
- $X^+ \neq X^* - \{\varepsilon\}$, ou seja $X^+ = X^*$, pois $\varepsilon \in X$

No entanto, se $X = \{aa, bb\}$, então:

- $X^* = \{\varepsilon, aa, bb, aaaa, aabb, bbaa, bbbb, ...\}$
- $X^+ = \{aa, bb, aaaa, aabb, bbaa, bbbb, ...\}$
- $X^+ = X^* - \{\varepsilon\}$, pois $\varepsilon \notin X$

⋆

Reversão

Diz-se que uma linguagem L_1 é o **reverso** de uma linguagem L_2, denotando-se o fato por $L_1 = L_2^R$ (ou $L_2 = L_1^R$), quando as sentenças de L_1 corresponderem ao reverso das sentenças de L_2. Formalmente:

$$L_1 = L_2^R = \{x^R \mid x \in L_2\}$$

Exemplo 2.19 Seja $L_2 = \{\varepsilon, a, ab, abc\}$. Então, $L_1 = L_2^R = \{\varepsilon, a, ba, cba\}$. ⋆

Complementação

A **complementação** de uma linguagem X definida sobre um alfabeto Σ é definida como:

$$\overline{X} = \Sigma^* - X$$

A operação de complementação foi introduzida na Seção 1.1 para um conjunto A qualquer em relação ao conjunto B qualquer, desde que $A \subseteq B$. A diferença, aqui, é que a operação de complementação está sendo definida em relação ao fechamento reflexivo e transitivo do alfabeto sobre o qual a linguagem é definida.

Exemplo 2.20 Seja $L = \{w \in \Sigma^* \mid w \text{ inicia com } a\}$, com $\Sigma = \{a, b, c\}$. Então, $\overline{L} = \{w \in \Sigma^* \mid w \text{ não inicia com } a\}$. ⋆

Quociente

Define-se o **quociente** de uma linguagem L_1 por uma outra linguagem L_2, denotado por L_1/L_2, como sendo a linguagem:

$$L_1/L_2 = \{x \mid xy \in L_1 \text{ e } y \in L_2\}$$

Exemplo 2.21 Considerem-se as linguagens:

$$\begin{aligned}
L_1 &= \{a^i b \mid i \geqslant 0\} \\
L_2 &= \{a^i b c^i \mid i \geqslant 0\} \\
L_3 &= \{b\} \\
L_4 &= \{a^i b \mid i \geqslant 1\} \\
L_5 &= \{b c^i \mid i \geqslant 0\} \\
L_6 &= \{c^i b \mid i \geqslant 0\} \\
L_7 &= \{a^i \mid i \geqslant 0\}
\end{aligned}$$

Então, são verdadeiras as seguintes relações:

- $L_1/L_3 = L_7$:
  $L_1 = \{b, ab, aab, aaab...\}$
  $L_3 = \{b\}$
  Para cada uma das cadeias pertencentes a L_1, é possível identificar o (único) membro de L_3 como sufixo dos membros de L_1. Logo, através da remoção desse sufixo b, de todas as cadeias de L_1, o conjunto resultante será L_7.
- $L_1/L_4 = L_7$:
  $L_1 = \{b, ab, aab, aaab...\}$
  $L_4 = \{ab, aab, aaab...\}$
  Nenhuma das cadeias pertencentes a L_4 pode ser considerada sufixo de $b \in L_1$. Por outro lado, $ab \in L_4$ é sufixo de $ab \in L_1$, de $aab \in L_1$ etc., resultando que $\varepsilon, a, aa...$ pertencem ao quociente de L_1 por L_4. O mesmo ocorre com as cadeias $aab, aaab...$ pertencentes a L_4, sem, no entanto, modificar o resultado da operação.
- $L_5/L_7 = \emptyset$
  $L_5 = \{b, bc, bcc, bccc...\}$
  $L_7 = \{ab, aab, aaab...\}$
  Como nenhuma cadeia de L_5 contém o símbolo a (presente em todas as cadeias de L_7), conclui-se não ser possível representar nenhuma cadeia de L_5 através da concatenação de um prefixo com uma cadeia de L_7.
- $L_2/L_6 = L_7$
  $L_2 = \{b, ab, bc, abc, aab, bcc, aabc, abcc, aabcc...\}$
  $L_6 = \{b, cb, ccb, cccb...\}$
  Como nenhum dos elementos de L_6 tem o símbolo c como sufixo, todas as cadeias pertencentes a L_2 que terminam com o símbolo c não possuem sufixo em L_6. No entanto, todas as cadeias de L_2 compostas apenas por símbolos a e b possuem a cadeia $b \in L_6$ como sufixo. Removido de tais cadeias esse sufixo, restam as cadeias formadas por zero ou mais símbolos a, ou seja, a linguagem L_7.
- $L_2/L_1 = L_7$
  $L_2 = \{b, ab, bc, abc, aab, bcc, aabc, abcc, aabcc...\}$
  $L_1 = \{b, ab, aab, aaab...\}$
  Nenhuma das cadeias da linguagem L_2 que termina com o símbolo c possui sufixo em L_1, uma vez que nenhuma das cadeias dessa linguagem termina com o símbolo c. Por outro lado, todas as cadeias de L_2 compostas apenas pelos símbolos a e b possuem como sufixo em L_1 as cadeias de mesmo formato, porém com uma quantidade menor ou igual de símbolos a (por exemplo, $aab \in L_2$ possui como sufixo as cadeias b, ab, aab), resultando que o quociente é formado por cadeias com uma quantidade maior ou igual a zero de símbolos a (no exemplo, aa, a, ε).
- $L_5/L_2 = \{\varepsilon\}$
  $L_5 = \{b, bc, bcc, bccc...\}$
  $L_2 = \{b, ab, bc, abc, aab, bcc, aabc, abcc, aabcc...\}$
  Não é difícil perceber, neste caso, que para a cadeia $b \in L_5$, $b \in L_2$ é o único sufixo da mesma em L_2 e, portanto, $\varepsilon \in L_5/L_2$. O mesmo raciocínio vale para a cadeia $bc \in L_5$, e assim por diante. Logo, o quociente corresponde à linguagem formada pela única cadeia ε.

★

Homomorfismo

Uma **substituição** é uma função que mapeia os elementos de um alfabeto Σ_1 em linguagens sobre um alfabeto Σ_2. Formalmente:

$$s : \Sigma_1 \rightarrow 2^{\Sigma_2^*}$$

Diz-se que uma substituição é um **homomorfismo** se $2^{\Sigma_2^*}$ contiver apenas um elemento para cada $\sigma \in \Sigma_1$. Neste caso, costuma-se considerar os elementos do conjunto imagem como simples cadeias, e não como conjuntos compostos por um único elemento:

$$h : \Sigma_1 \rightarrow \Sigma_2^*$$

Assim, um homomorfismo é uma função que mapeia cada símbolo de um alfabeto Σ_1 em uma cadeia única contida em uma linguagem Σ_2^*.

Substituições permitem a especificação de transliterações de linguagens, nas quais os símbolos do alfabeto da linguagem original por cadeias de símbolos de um novo alfabeto.

O domínio de uma substituição pode ser estendido para Σ_1^* da seguinte forma:

- $s(\varepsilon) = \varepsilon$
- $s(a\alpha) = s(a)s(\alpha), a \in \Sigma_1, \alpha \in \Sigma_1^*$

Em outras palavras, uma substituição é um mapeamento que preserva a ordem dos componentes das sentenças. Assim, a substituição de uma linguagem L é definida como:

$$s(L) = \{y \mid y = s(x) \text{ para } x \in L\}$$

Exemplo 2.22 Considere-se a linguagem $L = \{a^i b^i c^i \mid i \geqslant 1\}$ e a substituição s sobre $\Sigma = \{x, y, z\}$:

- $s(a) = \{x\}$;
- $s(b) = \{y, yy\}$;
- $s(c) = \{z, zz, zzz\}$.

A aplicação de s em L define a linguagem $s(L) = \{x^i y^j z^k \mid i \geqslant 1, i \leqslant j \leqslant 2i, i \leqslant k \leqslant 3i\}$.

A título de ilustração, serão apresentadas a seguir todas as transliterações possíveis para a cadeia abc obtidas através da substituição s acima definida:

$$s(abc) = \{xyz, xyzz, xyzzz, xyyz, xyyzzz\}$$

Note-se que, neste exemplo, $s(abc) = s(a)s(b)s(c)$, onde:

$s(a)$ pode ser substituído apenas por x
$s(b)$ pode ser substituído por y ou yy
$s(c)$ pode ser substituído por z, zz ou zzz

O conjunto $s(abc)$ é obtido a partir de todas as combinações possíveis de substituições para os símbolos a, b e c na cadeia abc conforme s. ⋆

Exemplo 2.23 Considere-se agora a mesma linguagem L do Exemplo 2.22 e o homomorfismo h sobre o respectivo alfabeto Σ:

- $h(a) = x$;
- $h(b) = x$;
- $h(c) = z$.

A linguagem definida por esse homomorfismo é $h(L) = \{x^{2i} z^i \mid i \geqslant 1\}$. ⋆

Nos casos em que h é um homomorfismo, diz-se que $h(L)$ é a **imagem homomórfica** de L. A **imagem homomórfica inversa** de uma cadeia y é definida através de um **homomorfismo inverso** h^{-1}:

$$h^{-1}(y) = \{x \mid y = h(x)\}$$

Observe-se que a imagem homomórfica inversa de uma cadeia é definida como um conjunto de cadeias, e não como uma cadeia única, uma vez que a função h não é necessariamente injetora. A imagem homomórfica inversa de uma linguagem L é definida como:

$$h^{-1}(L) = \{x \mid h(x) \in L\}$$

Exemplo 2.24 Ainda no Exemplo 2.3, a imagem homomórfica inversa de $h(L)$ pode ser definida através do homomorfismo inverso h^{-1}:

- $h^{-1}(x) = \{a,b\}$;
- $h^{-1}(z) = \{c\}$

Pelo fato de a função h originalmente adotada não ser usualmente injetora, obtém-se:

$$h^{-1}(h(L)) = \{(a \mid b)^{2i}c^i \mid i \geqslant 1\}$$

e, portanto, $h^{-1}(h(L)) \neq L$. ⋆

Isomorfismo

Um homomorfismo é denominado **isomorfismo** sempre que a função h for injetora. Neste caso, $h(L)$ é denominada **imagem isomórfica** de L. Isomorfismos viabilizam a definição de imagens homomórficas inversas através de funções injetoras denominadas **isomorfismos inversos**. Neste caso, a linguagem $h^{-1}(L)$ é denominada **imagem isomórfica inversa** de L.

Exemplo 2.25 Considere-se a linguagem $L_1 = \{a^ib^i \mid i \geqslant 1\}$ sobre o alfabeto $\Sigma_1 = \{a,b\}$ e o isomorfismo j, definido sobre $\Sigma_2 = \{c,d\}$:

- $j(a) = c$;
- $j(b) = dd$.

Neste caso, a imagem isomórfica de L_1, ou seja, a linguagem L_2, resultante da aplicação do isomorfismo j sobre o alfabeto da linguagem L_1, é a seguinte:

$$L_2 = \{c^id^{2i} \mid i \geqslant 1\}$$

A imagem isomórfica inversa de L_2, ou seja, a linguagem L_1, pode ser obtida a partir do isomorfismo inverso:

- $j^{-1}(c) = a$;
- $j^{-1}(dd) = b$.

Observe, neste caso, que $j^{-1}(j(L_1)) = L_1$. ⋆

Isomorfismos e isomorfismos inversos são muito úteis, pois permitem mudar de Σ_1 para Σ_2 o domínio na resolução de problemas, visando com isso facilitar a sua resolução no domínio Σ_2. Por se tratar de um mapeamento feito através de uma função injetora, torna-se sempre possível retornar ao domínio original Σ_1, preservando-se a associação unívoca entre os elementos dos domínios considerados.

Exemplo 2.26 Considere-se $L = \mathbb{N}$ e o isomorfismo j, sobre $\Sigma = \{0,1\}$:

- $j(0) = 0000$
- $j(1) = 0001$
- $j(2) = 0010$

- $j(3) = 0011$
- $j(4) = 0100$
- $j(5) = 0101$
- $j(6) = 0110$
- $j(7) = 0111$
- $j(8) = 1000$
- $j(9) = 1001$

$j(L)$ mapeia os números naturais na representação equivalente em BCD (*Binary Coded Decimal*). O isomorfismo inverso j^{-1}, abaixo, permite retornar ao domínio dos números naturais:

- $j^{-1}(0000) = 0$
- $j^{-1}(0001) = 1$
- $j^{-1}(0010) = 2$
- $j^{-1}(0011) = 3$
- $j^{-1}(0100) = 4$
- $j^{-1}(0101) = 5$
- $j^{-1}(0110) = 6$
- $j^{-1}(0111) = 7$
- $j^{-1}(1000) = 8$
- $j^{-1}(1001) = 9$

★

Diz-se que uma linguagem exibe a propriedade do **prefixo (sufixo) próprio** sempre que não houver nenhuma cadeia a ela pertencente que seja prefixo (sufixo) próprio de outra cadeia dessa mesma linguagem. Formalmente:

- Prefixo próprio: não existe $\alpha \in L \mid \beta \neq \varepsilon$ e $\alpha\beta \in L$
- Sufixo próprio: não existe $\alpha \in L \mid \beta \neq \varepsilon$ e $\beta\alpha \in L$

Exemplo 2.27 Considere as seguintes linguagens:

$$\begin{aligned} L_1 &= \{a^i b^i \mid i \geqslant 1\} = \{ab, aabb, aaabbb, ...\} \\ L_2 &= \{ab^i \mid i \geqslant 1\} = \{ab, abb, abbb, abbbb, ...\} \end{aligned}$$

Neste exemplo, a linguagem L_1 exibe a propriedade do prefixo próprio, ao passo que a linguagem L_2 não a exibe. A propriedade do sufixo próprio é exibida por ambas as linguagens. ★

Conforme já mencionado, o conjunto 2^{Σ^*} contém todas as possíveis linguagens que podem ser definidas sobre o alfabeto Σ. Na prática, as linguagens de interesse costumam ser definidas como um subconjunto próprio de Σ^*, para um dado alfabeto Σ.

Exemplo 2.28 Considere-se o alfabeto $\Sigma_1 = \{n, (,), +, *, -, /\}$. Uma linguagem L_1, passível de ser definida sobre o alfabeto Σ_1, e que corresponde a um subconjunto próprio de Σ_1^*, é aquela em que as cadeias se assemelham, do ponto vista estrutural, às cadeias que representam expressões aritméticas bem-formadas em muitas linguagens populares de programação de alto nível.

Algumas das cadeias que fazem parte de L_1, de acordo com esse critério são n, $n+n$, $(n*n)$ e $n*(n/(n+n+n))$. Portanto, $L_1 = \{n, n+n, (n*n), n*(n/(n+n+n)), ...\} \subset \Sigma_1^*$. São exemplos de cadeias pertencentes a $\Sigma_1^* - L_1$: $n++$, $nn*$, $(n*n)))$, $n*-(n(+n+/))$ e ε. ★

As linguagens de interesse prático, como é o caso das linguagens de programação, normalmente correspondem a um subconjunto próprio do fechamento reflexivo e transitivo do alfabeto sobre o qual as suas cadeias são construídas. Assim, tornam-se necessários métodos e notações que permitam, dentro do conjunto fechamento, identificar as cadeias que efetivamente pertencem à linguagem que estiver sendo definida, descartando-se as demais.

Um outro aspecto importante, referente à definição rigorosa das linguagens formais, diz respeito ao fato de que, em sua maioria, as linguagens de interesse contêm, se não uma quantidade infinita, ao menos um número finito porém muito grande de cadeias.

Por esses dois motivos, há um interesse muito grande em relação a métodos que permitam especificar linguagens, sejam elas finitas ou não, através de representações finitas. Por outro lado, nem todas as linguagens podem ser representadas por meio de uma especificação finita. Apesar do reduzido interesse prático que recai sobre tais linguagens, é possível comprovar a existência de linguagens para as quais é impossível se obter uma representação finita.

Neste texto serão considerados três métodos dentre os mais empregados para a representação finita de linguagens:

1. **Gramáticas**: correspondem a especificações finitas de dispositivos de geração de cadeias. Um dispositivo desse tipo deve ser capaz de gerar toda e qualquer cadeia pertencente à linguagem definida pela gramática, e nada mais. Assim, as cadeias não pertencentes à linguagem não devem poder ser geradas pela gramática em questão. Essa forma de especificação é aplicável para linguagens finitas e infinitas.
2. **Reconhecedores**: correspondem a especificações finitas de dispositivos de aceitação de cadeias. Um dispositivo desse tipo deverá aceitar toda e qualquer cadeia pertencente à linguagem por ele definido, e rejeitar todas as cadeias não pertencentes à linguagem. O método é aplicável para a especificação formal de linguagens finitas e infinitas.
3. **Enumerações**: relacionam, de forma explícita e exaustiva, todas as cadeias pertencentes à particular linguagem a ser especificada. Toda e qualquer cadeia pertencente à linguagem deve constar desta relação. As cadeias não pertencentes à linguagem não fazem parte dessa relação. Aplicam-se apenas para a especificação de linguagens finitas e preferencialmente não muito extensas.

Na prática, as gramáticas e os reconhecedores, além de oferecerem uma grande concisão na representação de linguagens de cardinalidade elevada, também podem ser empregados na definição de linguagens infinitas, ao contrário das enumerações. Em contraste com o que ocorre com as enumerações, as gramáticas e os reconhecedores geralmente possibilitam uma percepção melhor da estrutura sintática inerente às sentenças das linguagens por eles definidas.

Diz-se que uma gramática é **equivalente** a um reconhecedor se as duas seguintes condições forem simultaneamente verificadas (lembrar que os formalismos devem definir todas as sentenças da linguagem desejada, e nenhuma outra cadeia):

1. Toda cadeia gerada pela gramática é também aceita pelo reconhecedor.
2. Toda cadeia aceita pelo reconhecedor é também gerada pela gramática.

Exemplo 2.29 Considerem-se a gramática G e o reconhecedor M, respectivamente definidos através das linguagens gerada e aceita:

- $G \mid L_1(G) = \{\alpha \in \{a,b\}^* \mid$ o primeiro símbolo de α é "a"$\}$
- $M \mid L_2(M) = \{\beta \in \{a,b\}^* \mid$ o primeiro símbolo de β é "a" e o último símbolo é "b"$\}$

Portanto:

- $L_1 = \{a, aa, ab, aaa, aab, aba, abb, aaa...\}$
- $L_2 = \{ab, aab, abb, aaab, aabb, abab, abbb...\}$

É fácil perceber que a condição (2) acima é verificada, mas a condição (1) não. Por exemplo, a cadeia $ab \in L_2$ e $ab \in L_1$. Por outro lado, a cadeia $aba \in L_1$, porém $aba \notin L_2$. Logo, $L_2 \subset L_1$ e não se pode dizer que G e M sejam equivalentes. ⋆

Conforme discutido mais adiante, as gramáticas e os reconhecedores são formas duais de representação de linguagens, ou seja, para cada gramática é possível obter um reconhecedor que aceite a linguagem correspondente e vice-versa. À particular notação utilizada para representar uma linguagem, seja através de gramáticas ou de reconhecedores, dá-se o nome de **metalinguagem**.

As Seções 2.3 e 2.5 discutem mais detalhadamente os conceitos fundamentais e as notações gerais empregadas na formalização e no estudo de gramáticas e reconhecedores. A Seção 2.7 é dedicada ao estudo da classificação de linguagens e gramáticas, estabelecido por **Noam Chomsky**, um dos primeiros estudiosos e formuladores da teoria das linguagens formais. Nos capítulos que seguem, os aspectos de equivalência entre gramáticas e reconhecedores serão aprofundados, considerando cada classe particular de linguagens, de acordo com essa classificação.

Para finalizar a presente seção, deve-se mencionar que as linguagens apresentam duas componentes básicas: sintaxe e semântica. A **sintaxe** de uma linguagem refere-se à sua apresentação visual, à forma, à estrutura de suas cadeias, e não leva em consideração qualquer informação sobre o significado associado a elas. O significado que se atribui a uma cadeia, ou conjunto de cadeias de uma mesma linguagem, deriva do significado que se atribui às construções da linguagem, ou seja, decorre diretamente da sua **semântica**.

Sintaxe e semântica constituem tópicos que se complementam, sendo de muito interesse e grande aplicação em computação. O presente texto trata, porém, apenas dos aspectos referentes à formalização da estrutura das linguagens, bem como do estudo de suas propriedades sintáticas. Devido à sua complexidade, muito maior que a da sintaxe, o estudo da semântica formal das linguagens está bem menos desenvolvido. No entanto, consideráveis progressos teóricos e práticos vêm sendo obtidos nas duas últimas décadas em semântica formal, configurando tema de estudos avançados na área das linguagens formais ([7], [8]). No entanto, o tema escapa ao escopo deste texto.

2.3 Gramáticas

Também conhecidas como **dispositivos generativos**, **dispositivos de síntese**, ou ainda dispositivos de geração de cadeias, as **gramáticas** constituem sistemas formais baseados em regras de substituição, através dos quais é possível sintetizar, de forma exaustiva, o conjunto das cadeias que compõem uma determinada linguagem.

Para ilustrar esse conceito, nada melhor do que a própria noção intuitiva, adquirida à época do ensino fundamental, do significado do termo "gramática": o livro através do qual são aprendidas as regras que indicam como falar e escrever corretamente um idioma.

Como se sabe, as regras assim definidas especificam combinações válidas dos símbolos que compõem o alfabeto — os diversos verbos, substantivos, adjetivos, advérbios, pronomes, artigos etc. —, e isso é feito com o auxílio de entidades abstratas denominadas classes sintáticas: sujeito, predicado etc. Assim, por exemplo, a frase "O menino atravessou a rua distraidamente" é considerada correta, do ponto de vista gramatical, pois ela obedece a uma das inúmeras regras de formação de frases, baseada no padrão sujeito + predicado + complemento.

De acordo com tais regras, um sujeito pode ser composto por um *artigo* (**"O"**) seguido de um *substantivo* (**"menino"**), o *predicado* pode conter um *verbo* (**"atravessou"**) e um correspondente *objeto direto* (**"a rua"**), e o *complemento* pode modificar a ação (**"distraidamente"**). O *objeto direto*, por sua vez, pode seguir o mesmo padrão estrutural do *sujeito*: *artigo* (**"a"**) seguido de *substantivo* (**"rua"**).

Naturalmente, o conjunto das regras que formam uma "gramática" deve ser suficiente para permitir a elaboração de qualquer frase ou discurso corretamente construído em um determinado idioma, e não deve permitir a construção de qualquer cadeia que não pertença à linguagem. Convém notar, no exemplo do parágrafo acima, que os termos em *itálico* correspondem às denominadas classes sintáticas do português, e os termos em **negrito**, aos símbolos que efetivamente fazem parte do seu alfabeto.

Assim como ocorre no caso das linguagens naturais, as linguagens formais também podem ser especificadas através de "gramáticas" a elas associadas. No caso das gramáticas das linguagens formais, que constituem o objeto deste estudo, a analogia com as "gramáticas" das linguagens naturais é muito grande. Trata-se, as primeiras, de conjuntos de regras que, quando aplicadas de forma recorrente, possibilitam a geração de todas as cadeias pertencentes a uma determinada linguagem.

Diferentemente das gramáticas das linguagens naturais, que são descritas por intermédio de linguagens também naturais (muitas vezes a mesma que está sendo descrita pela gramática), as gramáticas das linguagens formais são descritas utilizando notações matemáticas rigorosas que visam, entre outros objetivos, evitar dúvidas na sua interpretação. Tais notações recebem a denominação de **metalinguagens** — linguagens que são empregadas para definir outras linguagens.

Formalmente, uma gramática G pode ser definida como sendo uma quádrupla:[2]

$$G = (V, \Sigma, P, S)$$

onde:

- V é o **vocabulário** da gramática; corresponde a um conjunto (finito e não vazio) de símbolos; tas símbolos são classificados em **terminais** ou **não terminais**.
- Σ é o conjunto (finito e não vazio) dos símbolos **terminais** da gramática; também denominado **alfabeto**.
- P é o conjunto (finito e não vazio) de **produções** ou **regras de substituição** da gramática.
- S é a **raiz** (ou **símbolo inicial**) da gramática, $S \in V - \Sigma$.

Adicionalmente, define-se $N = V - \Sigma$ como sendo o conjunto dos símbolos **não terminais** da gramática. Σ corresponde ao conjunto dos símbolos que podem ser justapostos para compor as sentenças da linguagem que se está definindo, e N corresponde ao conjunto dos símbolos intermediários (classes sintáticas) utilizados na estruturação e na geração de sentenças, sem, no entanto, fazer parte delas (note que S é obrigatoriamente um símbolo

[2]Dependendo da preferência dos autores, as gramáticas podem ser definidas de outras maneiras, modificando-se a ordem dos componentes, ou explicitando/implicitando determinados conceitos. Ao ler textos sobre este assunto, é importante verificar antes qual foi a notação adotada pelo autor, para que se possa interpretá-la corretamente.

não terminal, pois $S \in N$). Σ, N e P são conjuntos finitos e não vazios. P é o conjunto das produções gramaticais, que obedecem à forma geral:

$$\alpha \rightarrow \beta, \quad \text{com } \alpha \in V^*NV^* \text{ e } \beta \in V^*$$

Em outras palavras, α é uma cadeia qualquer constituída por elementos de V, contendo pelo menos um símbolo não terminal, e β é uma cadeia qualquer, eventualmente vazia, de elementos de V.

De fato, "$\rightarrow$" é uma relação sobre os conjuntos V^*NV^* e V^*, uma vez que:

$$P = \{(\alpha, \beta) \mid (\alpha, \beta) \in V^*NV^* \times V^*\}$$

ou seja, P é um subconjunto de $V^*NV^* \times V^*$.

Exemplo 2.30 Seja $G_1 = (V_1, \Sigma_1, P_1, S_1)$, com:

$$\begin{aligned} V_1 &= \{0,1,2,3,S_1,A\} \\ \Sigma_1 &= \{0,1,2,3\} \\ P_1 &= \{S_1 \rightarrow 0S_133, S_1 \rightarrow A, A \rightarrow 12, A \rightarrow \varepsilon\} \end{aligned}$$

É fácil verificar que G_1 está formulada de acordo com as regras gerais acima enunciadas para a especificação de gramáticas. Em particular:

- $N_1 = V_1 - \Sigma_1 = \{S_1, A\}$;
- V_1, Σ_1, N_1 e P_1 são finitos e não vazios;
- $S \in N_1$;
- $S_1 \in V^*NV^*, A \in V^*NV^*, 0S_133 \in V^*, A \in V^*, 12 \in V^*$ e $\varepsilon \in V^*$.

Além disso, todos os símbolos não terminais utilizados no lado direito das regras estão definidos por meio de regras. ⋆

Exemplo 2.31 A seguir são apresentados alguns casos de gramáticas malformadas. $G_2 = (\{\}, \{0, 1, 2, 3\}, P_2, S_2)$ está malformada pois $\{0,1,2,3\} \not\subset \{\}$. $G_3 = (\{0,1,2,3,X,Y\}, \{0,1,2,3\}, P_3, S_3)$ está malformada pois $S_3 \notin N_3 = \{X,Y\}$. $G_4 = (\{0,1,2,3,S_4,A\}, \{0,1,2,3\}, \{3 \rightarrow 0S_433\}, S_4)$ está malformada pois $3 \notin V_4^*N_4V_4^*$. $G_5 = (\{0,1,2,3,S_5,A\}, \{0,1,2,3\}, \{S_5A \rightarrow S_5B\}, S_5)$ está malformada pois $S_5B \notin V_5^*$. Vários outros exemplos poderiam ser construídos para ilustrar o caso de gramáticas malformadas. ⋆

Denomina-se **forma sentencial** qualquer cadeia obtida pela aplicação recorrente das seguintes regras de substituição:

1. S (a raiz da gramática) é por definição uma forma sentencial.
2. Seja $\alpha\rho\beta$ uma forma sentencial, com α e β cadeias quaisquer de terminais e/ou não terminais da gramática, e seja $\rho \rightarrow \gamma$ uma produção da gramática. Nessas condições, a aplicação dessa produção à forma sentencial, substituindo a ocorrência de ρ por γ, produz uma nova forma sentencial $\alpha\gamma\beta$.

Denota-se a substituição acima definida, também conhecida como **derivação direta**, por:

$$\alpha\rho\beta \Rightarrow_G \alpha\gamma\beta$$

O índice "G" designa o fato de que a produção aplicada, no caso $\rho \rightarrow \gamma$, pertence ao conjunto de produções que define a gramática G. Nos casos em que a gramática em questão puder ser facilmente identificada, admite-se a eliminação de referências explícitas a ela. Note-se a distinção gráfica e de significado que se faz entre o símbolo empregado na denotação das produções da gramática ($\rightarrow$) e o símbolo utilizado na denotação das derivações ($\Rightarrow$).

Uma sequência de zero ou mais derivações diretas, por exemplo, $\alpha \Rightarrow \beta \Rightarrow ... \Rightarrow \mu$, é chamada simplesmente **derivação**, e pode ser abreviada como $\alpha \Rightarrow^* \mu$.

Derivações em que ocorre a aplicação de pelo menos uma produção são denominadas **derivações não triviais**, e são denotadas por $\alpha \Rightarrow^+ \mu$.

Se, pela aplicação de uma derivação não trivial à raiz S de uma gramática, for possível obter uma cadeia w formada exclusivamente de símbolos terminais, diz-se que w, além de ser uma forma sentencial, é também uma **sentença**, e denota-se a sua derivação por:

$$S \Rightarrow^+ w$$

Gramáticas são sistemas formais baseados na substituição, em uma forma sentencial, de uma cadeia, coincidente com o lado esquerdo de uma regra de produção, pela cadeia correspondente ao lado direito da mesma regra, visando com isso, ao final de uma sequência de substituições, a obtenção de uma cadeia sobre Σ. O processo de substituição tem início sempre a partir da raiz S da gramática, e é finalizado assim que for obtida uma forma sentencial isenta de símbolos não terminais, isto é, assim que se obtiver uma sentença (note, neste caso, que a forma sentencial corrente não contém nenhuma subcadeia correspondente ao lado esquerdo de qualquer regra da gramática; isso ocorre pois todas as regras da gramática devem possuir pelo menos um símbolo não terminal do lado esquerdo).

Exemplo 2.32 Considere-se a gramática G_1, definida no Exemplo 2.30.

- S_1 é por definição uma forma sentencial;
- $0S_133$ é uma forma sentencial, pois $S_1 \Rightarrow 0S_133$;
- $S_1 \Rightarrow 0S_133$ é uma derivação direta;
- $00S_13333$ e $00A3333$ são formas sentenciais, pois $0S_133 \Rightarrow 00S_13333 \Rightarrow 00A3333$ através das produções $S_1 \rightarrow 0S_133$ e $S_1 \rightarrow A$, aplicadas nesta ordem;
- $S_1 \Rightarrow^+ 00A3333$ e $S_1 \Rightarrow^+ 0S_133$ são exemplos de derivações não triviais;
- $00S_13333 \Rightarrow^* 00S_13333$ e $0S_133 \Rightarrow^* 00A3333$ são exemplos de derivações;
- 12 e 00123333 são exemplos de sentenças, pois ambas são formadas exclusivamente por símbolos terminais e $S_1 \Rightarrow A \Rightarrow 12$, ou seja, $S_1 \Rightarrow^+ 12$, e $S_1 \Rightarrow 0S_133 \Rightarrow 00S_13333 \Rightarrow 00A3333 \Rightarrow 00123333$, ou seja, $S_1 \Rightarrow^+ 00123333$.

$\star$

Ao conjunto de todas as sentenças w geradas por uma gramática G dá-se o nome de **linguagem definida pela gramática** G, ou simplesmente $L(G)$. Portanto, $L(G) \subseteq \Sigma^*$ ou simplesmente $L(G) \in 2^{\Sigma^*}$. Formalmente,

$$L(G) = \{w \in \Sigma^* \mid S \Rightarrow^+ w\}$$

Exemplo 2.33 Pela inspeção das produções da gramática G_1 do Exemplo 2.30, pode-se concluir que:

$$L_1 = L(G_1) = \{0^m1^n2^n3^{2m} \mid m \geqslant 0 \text{ e } (n = 0 \text{ ou } n = 1)\}$$

São exemplos de sentenças pertencentes a L_1 : $\varepsilon, 12, 033, 01233, 003333, 00123333$ etc. $\star$

Como se pode perceber, diferentes sequências de produções aplicadas à (única) raiz da gramática possibilitam a geração das diferentes (em geral, infinitas) sentenças da linguagem.

Por outro lado, muitas vezes há mais de uma alternativa de substituição para um mesmo trecho de uma forma sentencial, ou, ainda, pode haver mais de um trecho em uma mesma forma sentencial que pode ser objeto de substituição pelo lado direito de alguma produção. Assim, a identificação correta das sentenças de uma dada linguagem deve ser feita levando-se em conta a possibilidade de ocorrência de todos esses fatores durante o processo de síntese de cadeias.

A completa identificação da linguagem gerada por uma determinada gramática é uma tarefa que exige abstração e alguma prática na manipulação das produções. Algumas gramáticas, como é o caso de G_1, podem ser analisadas sem dificuldade. Contudo, na prática, podem ocorrer gramáticas consideravelmente mais complexas. Observe-se, a título de ilustração, o caso da gramática G_2 apresentada no Exemplo 2.34.

Exemplo 2.34 Considere $G_2 = (V_2, \Sigma_2, P_2, S)$, com:

$$\begin{aligned} V_2 &= \{a,b,c,S,B,C\} \\ \Sigma_2 &= \{a,b,c\} \\ P_2 &= \{S \to aSBC, S \to abC, CB \to BC, bB \to bb, bC \to bc, cC \to cc\} \end{aligned}$$

A linguagem gerada por G_2 é $\{a^n b^n c^n | n \geqslant 1\}$. De fato, a sequência de derivações iniciada com a regra $S \to abC$ conduz à geração da sentença abc ($S \Rightarrow abC \Rightarrow abc$). Por outro lado, sequências iniciadas com a aplicação repetida i vezes da regra $S \to aSBC$ conduzem à geração da seguinte forma sentencial subsequente:

$$S \Rightarrow^i a^i S(BC)^i$$

A posterior aplicação da regra $S \to abC$ faz com que:

$$a^i S(BC)^i \Rightarrow a^i abC(BC)^i = a^{i+1} b(CB)^i C$$

Através da aplicação sucessiva da regra $CB \to BC$, obtém-se agora:

$$a^{i+1} b(CB)^i C \Rightarrow^* a^{i+1} bB^i C^i C = a^{i+1} bB^i C^{i+1}$$

Finalmente, a aplicação i vezes da regra $bB \to bb$ faz com que todos os símbolos B sejam substituídos por símbolos b:

$$a^{i+1} bB^i C^{i+1} \Rightarrow^i a^{i+1} bb^i C^{i+1} = a^{i+1} b^{i+1} C^{i+1}$$

A aplicação, uma única vez, da regra $bC \to bc$ substitui o primeiro símbolo da cadeia de símbolos C pelo símbolo c:

$$a^{i+1} b^{i+1} C^{i+1} \Rightarrow a^{i+1} b^{i+1} cC^i$$

Para terminar, a aplicação i vezes da regra $cC \to cc$ substitui todos os demais símbolos C por símbolos c:

$$a^{i+1} b^{i+1} cC^i \Rightarrow^i a^{i+1} b^{i+1} cc^i = a^{i+1} b^{i+1} c^{i+1}$$

A forma sentencial:

$$a^{i+1} b^{i+1} c^{i+1}$$

gera, portanto, as sentenças *aabbcc*, *aaabbbccc* etc. A sentença *aabbcc*, por exemplo, é derivada da seguinte forma nessa gramática:

$$S \Rightarrow aSBC \Rightarrow aabCBC \Rightarrow aabBCC \Rightarrow aabbCC \Rightarrow aabbbcC \Rightarrow aabbcc$$

pela aplicação, respectivamente, das produções:

$$S \to aSBC, S \to abC, CB \to BC, bB \to bb, bC \to bc \text{ e } cC \to cc$$

⋆

É possível definir uma mesma linguagem através de duas ou mais gramáticas distintas. Quando isso ocorre, diz-se que as gramáticas que definem a linguagem em questão são sintaticamente equivalentes ou, simplesmente, **equivalentes** uma à outra.

Exemplo 2.35 As gramáticas G_3 e G_4 a seguir definidas são equivalentes:

$$
\begin{aligned}
G_3 &= (\{a,b,S\},\{a,b\},\{S \rightarrow aS, S \rightarrow a, S \rightarrow bS, S \rightarrow b, S \rightarrow aSb\}, S) \\
G_4 &= (\{a,b,S,X\},\{a,b\},\{S \rightarrow XS, S \rightarrow X, X \rightarrow a, X \rightarrow b\}, S)
\end{aligned}
$$

Uma rápida análise de G_3 e G_4 permite concluir que $L_3(G_3) = L_4(G_4) = \{a,b\}^+$. ⋆

Gramáticas podem suscitar alguns problemas importantes, entre os quais destacamos:

- Determinar se uma cadeia pode ou não ser gerada por uma gramática (em outras palavras: determinar se uma cadeia qualquer é sentença da linguagem gerada pela gramática).
- Expressar em termos informais a linguagem gerada por uma gramática.
- Construir uma gramática que gera determinada linguagem.

O primeiro problema recebe o nome de **análise sintática**, e ele é mais facilmente equacionado por meio dos reconhecedores (veja Seção 2.5). Além disso, esse problema necessita de uma teoria especial (não discutida neste texto) a fim de que as análises possam acontecer sempre de forma determinística (e, portanto, mais eficiente), o que é desejável. Para os demais problemas, não há receita ou teoria aplicáveis. Eles recebem o nome de, respectivamente, análise e síntese gramatical, e só podem ser resolvidos por meio da prática e da experiência pessoal com gramáticas e linguagens.

São muitas as notações (metalinguagens) utilizadas na definição gramatical das linguagens formais e de programação. Nos exemplos acima, bem como na maior parte do presente texto, utiliza-se a **notação algébrica**. No entanto, diversas outras metalinguagens são largamente empregadas para representar dispositivos generativos. A escolha de uma ou outra metalinguagem varia de acordo com o tipo da linguagem que estiver sendo definida, com o uso que se pretenda fazer de tal representação formal e com as próprias preferências pessoais de quem a estiver elaborando.

À exceção da notação algébrica, empregada para representar diversos tipos de linguagens e utilizada com especial ênfase no estudo teórico das propriedades das linguagens formais, outras notações, por exemplo, as expressões regulares, o BNF (*Backus-Naur form* ou notação de Backus-Naur), a notação de Wirth (ou expressões regulares estendidas) e os diagramas de sintaxe (também conhecidos como diagramas ferroviários), são bastante populares e amplamente utilizadas na definição de linguagens de programação de alto nível.

2.4 Linguagens, gramáticas e conjuntos

Linguagens são conjuntos. Conjuntos que formam linguagens são coleções de cadeias construídas sobre um alfabeto, por exemplo, através de gramáticas. A fim de explicitar e facilitar o entendimento de linguagens vistas como conjuntos, é conveniente considerar-se uma coleção finita de linguagens distintas, todas infinitas, definidas sobre um mesmo alfabeto qualquer. Analisando-se as respectivas gramáticas, sugere-se que o leitor procure compreender de que modo as linguagens foram definidas e, principalmente, verifique a relação que existe entre elas.

É interessante verificar:

- Estas linguagens possuem elementos (sentenças) em comum?
- Qual é a sua intersecção?
- Alguma dessas linguagens é subconjunto de outra?
- Superconjunto?
- Subconjunto próprio?

São inúmeras as possibilidades. O importante é desenvolver a percepção de que linguagens são conjuntos. Isso facilitará o estudo de novas operações sobre linguagens, e também de suas propriedades.

Exemplo 2.36 A gramática $G_0 = (\{a,b,S\},\{a,b\},\{S \to aS, S \to bS, S \to \varepsilon\},S)$ é tal que $L_0 = L(G_0) = \Sigma^*$.

Substituindo a regra $S \to \varepsilon$ pelas regras $S \to a$ e $S \to b$, em G, obtém-se uma nova gramática $G_1 = (\{a,b,S\},\{a,b\},\{S \to aS, S \to bS, S \to a, S \to b\},S)$, de tal forma que agora $L_1 = L(G_1) = \Sigma^+$.

A linguagem L_2, formada por cadeias sobre $\Sigma = \{a,b\}$, de tal modo que todas elas sejam iniciadas pelo símbolo a, é gerada pela gramática $G_2 = (\{a,b,S,X\},\{a,b\},\{S \to aX, X \to aX, X \to bX, X \to \varepsilon\},S)$. São exemplos de cadeias pertencentes a L_2 : a, abb, $abaaa$, $aabbbba$, aaa etc.

Por outro lado, considere-se a linguagem L_3, composta por cadeias sobre $\Sigma = \{a,b\}$, de tal forma que todas elas sejam iniciadas com o símbolo a e terminadas com o símbolo b. Uma possível gramática que gera L_3 é $G_3 = (\{a,b,S,X\},\{a,b\},\{S \to aX, X \to aX, X \to bX, X \to b\},S)$. Perceba a sutil diferença que existe entre G_2 e G_3.

Em seguida, considere-se a linguagem L_4, que compreende todas as cadeias sobre $\Sigma = \{a,b\}$ que possuam exatamente dois símbolos b (nem mais, nem menos). São exemplos: bb, bab, abb, $aaaaabaab$ etc. L_4 é gerada pela gramática $G_4 = (\{a,b,S,X\},\{a,b\},\{S \to XbXbX, X \to aX, X \to \varepsilon\},S)$.

Finalmente, a linguagem L_5 é definida pelas cadeias sobre $\Sigma = \{a,b\}$, de tal forma que todas elas sejam iniciadas com o símbolo b e contenham um único símbolo b. São exemplos $b, ba, baa, baaa$ etc. A linguagem L_5 é gerada por $G_5 = (\{a,b,S,X\},\{a,b\},\{S \to bX, X \to aX, X \to \varepsilon\},S)$.

Esquematicamente, a relação entre as linguagens L_0, L_1, L_2, L_3, L_4 e L_5 pode ser observada na Figura 2.5 (é bom ter em mente que linguagens são conjuntos).

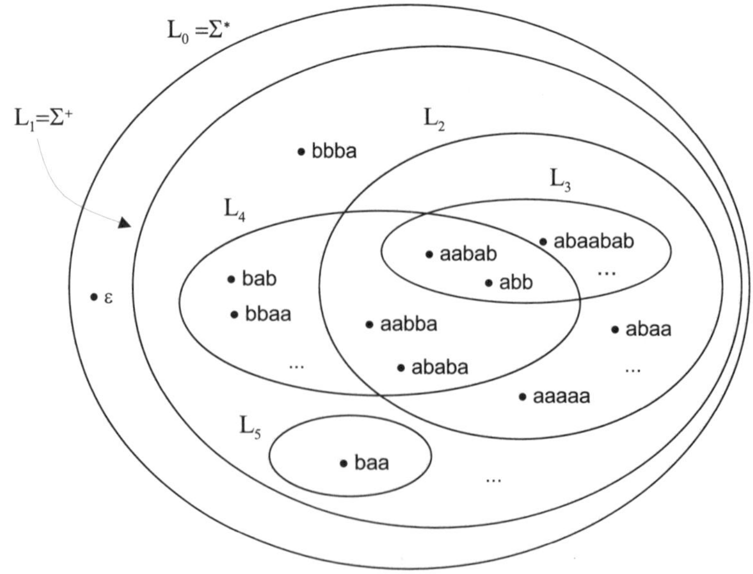

Figura 2.5 As linguagens do Exemplo 2.36 como conjuntos.

Observe-se a relação de inclusão própria entre as linguagens estudadas. A cadeia ε ilustra a inclusão própria de L_1 em L. A cadeia *bbba*, de L_2 em L_1. Através da cadeia *abaa*, exemplifica-se a inclusão própria de L_3 em L_2. Sobre L_4 pode-se apenas dizer que está incluída propriamente em L_1.

A cadeia *abb* pertence simultaneamente às linguagens L_0, L_1, L_2, L_3 e L_4. A cadeia *abaabab* pertence a L_0, L_1, L_2 e L_3 apenas. A cadeia *ababa*, somente às linguagens L_0, L_1, L_2 e L_4, e assim por diante.

Cumpre, novamente, notar que:

- A **maior linguagem** que pode ser definida sobre $\{a,b\}$ é $\{a,b\}^*$, que, neste caso, corresponde a L_0.
- O conjunto de **todas as linguagens** que podem ser definidas sobre $\{a,b\}$ é dado por $2^{\{a,b\}^*}$. Assim, L_0, L_1, L_2, L_3, L_4 e L_5 pertencem, todas, a $2^{\{a,b\}^*}$. Em outras palavras, cada uma dessas linguagens é um elemento de $2^{\{a,b\}^*}$, que por sua vez é um conjunto infinito.

⋆

2.5 Autômatos e reconhecedores

Conhecidos também como **dispositivos cognitivos**, **dispositivos de análise**, **dispositivos de aceitação** ou **aceitadores sintáticos**, os **reconhecedores** são sistemas formais capazes de aceitar todas as sentenças que pertençam a uma determinada linguagem, rejeitando todas as demais. Por esse motivo, constituem uma forma alternativa às gramáticas para a representação finita de linguagens.

Um **autômato**, por outro lado, é o dispositivo subjacente a um reconhecedor. Autômatos são compostos por fita de entrada, memória auxiliar e controle finito. Assim, um reconhecedor é uma aplicação de um autômato, usado na identificação do pertencimento (ou não) de uma cadeia à uma linguagem. Outro tipo importante de dispositivo que utiliza autômatos como modelo subjacente são os transdutores finitos (veja Seção 3.7). Apesar de os termos autômato e reconhecedor serem, muitas vezes, usados como sinônimos, cabe lembrar que isso não é verdade no caso geral e que existem linguagens para as quais não é possível obter um reconhecedor (como é o caso das linguagens não recursivas). A partir do Capítulo 3 (inclusive) e até o Capítulo 6 (inclusive), os termos "autômato" e "reconhecedor" serão usados de forma indistinta, denotando sempre o reconhecedor que possui o autômato como dispositivo subjacente. Apenas no Capítulo 7, quando o texto se referir à linguagens não recursivas (ou estritamente recursivamente enumeráveis), o termo "reconhecedor" não será usado, sendo empregado o termo "autômato" (ou Máquina de Turing com fita ilimitada) no seu lugar.

Diferentemente das gramáticas, para as quais é possível definir e empregar uma notação formal adequada para todas as classes de linguagens (notação algébrica vista na Seção 2.3), os autômatos, ao contrário, são mais convenientemente estudados se forem utilizadas notações (metalinguagens) diversas, cada qual apropriada para a correspondente classe de linguagens, de acordo com a classificação apresentada adiante, na Seção 2.7.

Não obstante, é possível estudar genericamente os autômatos do ponto de vista conceitual, sem entrar nos pormenores de sua formalização, uma vez que todos eles constituem instâncias de um modelo conceitual único. Assim, no presente texto, os aspectos de notação são considerados apenas no contexto do estudo de cada tipo de linguagem, sem prejuízo para o entendimento do modelo geral a seguir apresentado.

Os autômatos (no caso, reconhecedores) — esboçados em sua forma geral na Figura 2.6 — apresentam quatro componentes fundamentais: uma memória (fita) contendo o texto de entrada, um cursor, que indica o próximo elemento da fita a ser processado, uma máquina de estados finitos, sem memória, e uma memória auxiliar opcional.

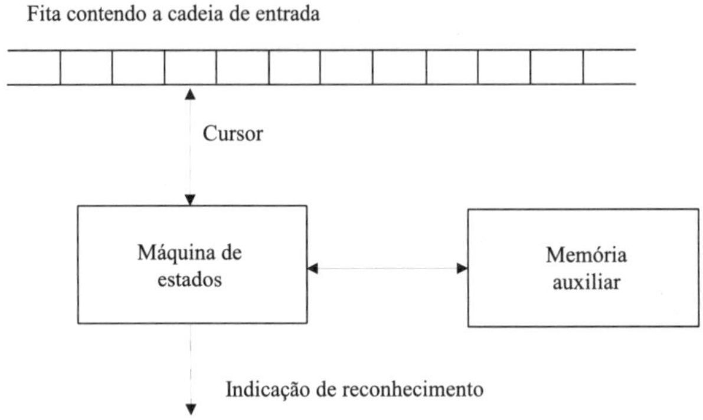

Figura 2.6 Organização de um reconhecedor genérico.

A **fita de entrada** contém a cadeia a ser analisada. Ela é dividida em células, e cada célula pode conter um único símbolo da cadeia de entrada, pertencente ao **alfabeto de entrada**. A cadeia de entrada é disposta da esquerda para a direita, sendo o seu primeiro símbolo colocado na posição mais à esquerda da fita.

Dependendo do tipo de autômato considerado, a fita (ou o conjunto de fitas) de entrada pode apresentar comprimento finito ou infinito. Neste último caso, a fita pode ter ou não limitação à esquerda e/ou à direita. A cadeia de entrada registrada na fita de entrada pode estar delimitada por símbolos especiais, não pertencentes ao alfabeto de entrada, à sua esquerda e/ou à sua direita, porém isso não é obrigatório.

A leitura dos símbolos gravados na fita de entrada é feita através de um cabeçote de acesso, normalmente denominado **cursor**, o qual sempre aponta o próximo símbolo da cadeia a ser processado. Os movimentos do cursor são controlados pela máquina de estados, e podem, dependendo do tipo de autômato, ser unidirecionais (podendo deslocar-se para um lado apenas, tipicamente para a direita) ou bidirecionais (podendo deslocar-se para a esquerda e para a direita). Determinados tipos de autômato utilizam o cursor não apenas para ler os símbolos da fita de entrada, mas também para escrever sobre a fita, substituindo símbolos nela presentes por outros, de acordo com comandos determinados pela máquina de estados.

A **máquina de estados** funciona como um controlador central do autômato, e contém uma coleção finita de **estados**, responsáveis pelo registro de informações colhidas no passado, mas consideradas relevantes para decisões futuras, e **transições**, que promovem as mudanças de estado da máquina em sincronismo com as operações efetuadas através do cursor sobre a fita de entrada. Além disso, a máquina de estados finitos pode utilizar uma memória auxiliar para armazenar e consultar outras informações, também coletadas ao longo do processamento, que sejam eventualmente necessárias à completa análise da cadeia de entrada.

A **memória auxiliar** é opcional, e torna-se necessária apenas em autômatos usados para linguagens que apresentam uma certa complexidade. Normalmente, ela assume a forma de uma estrutura de dados de baixa complexidade, por exemplo, uma pilha (no caso da análise de linguagens livres de contexto). As informações registradas na memória auxiliar são codificadas com base em um **alfabeto de memória**, e todas as operações de manipulação da memória auxiliar (leitura e escrita) fazem referência apenas aos símbolos que compõem esse alfabeto. Os elementos dessa memória são referenciados através de um **cursor auxiliar** que, eventualmente, poderá coincidir com o próprio cursor da fita de entrada. Seu tamanho não é obrigatoriamente limitado e, por definição, seu conteúdo pode ser consultado e modificado.

O diagrama abaixo resume os componentes de um autômato genérico e as diversas formas como cada um deles pode se apresentar:

- Autômato
  - Máquina de Estados { Finita
  - Fita de entrada { Limitada / Não limitada
  - Cursor da fita de entrada
    - Leitura apenas / Leitura e escrita
    - Direita apenas / Direita e esquerda
  - Memória auxiliar { Limitada / Não limitada
  - Cursor da memória auxiliar { Leitura e escrita

A operação de um autômato baseia-se em uma sequência de movimentos que o conduzem de uma configuração inicial única para alguma configuração de parada, indicativa do sucesso ou do fracasso da tentativa de reconhecimento da cadeia de entrada. A tentativa é bem-sucedida se a configuração de parada é final e malsucedida se ela é não final. Eventualmente, o autômato pode entrar em "loop" infinito com a cadeia de entrada e não parar em nenhuma configuração.

Cada **configuração** de um autômato é caracterizada pela quádrupla:

1. Estado.
2. Conteúdo da fita de entrada.
3. Posição do cursor.
4. Conteúdo da memória auxiliar.

A **configuração inicial** de um autômato é definida como sendo aquela em que as seguintes condições são verificadas:

1. Estado: inicial, único para cada autômato.
2. Conteúdo da fita de entrada: com a cadeia completa a ser analisada.
3. Posição do cursor: apontando para o símbolo mais à esquerda da cadeia.
4. Conteúdo da memória auxiliar: inicial, predefinido e único.

A **configuração final** de um autômato é aquela na qual as seguintes condições são obedecidas:

1. Estado: algum dos estados finais, que não são necessariamente únicos no autômato.
2. Conteúdo da fita de entrada: inalterado ou alterado, em relação à configuração inicial, conforme o tipo de autômato.
3. Posição do cursor: apontando para a direita do último símbolo da cadeia de entrada ou apontando para qualquer posição da fita, conforme o tipo de autômato.
4. Conteúdo da memória auxiliar: final e predefinido, não necessariamente único ou idêntico ao da configuração inicial, ou apenas indefinido.

A especificação de uma possibilidade de **movimentação** entre uma configuração e outra é denominada **transição**. A movimentação do autômato da configuração corrente para uma configuração seguinte é feita, portanto, levando-se em conta todas as transições passíveis de serem aplicadas pelo autômato à configuração corrente. Uma transição mapeia triplas formadas por:

- estado corrente;
- símbolo correntemente apontado pelo cursor da fita de entrada;
- símbolo correntemente apontado pelo cursor da memória auxiliar;

em triplas formadas por:

- próximo estado;
- símbolo que substituirá o símbolo correntemente apontado pelo cursor da fita de entrada e o sentido do deslocamento do cursor;
- símbolo que substituirá o símbolo correntemente apontado pelo cursor da memória auxiliar.

A identificação das transições passíveis de serem aplicadas a uma determinada configuração é determinada pela máquina de estados. Ela também é responsável, na ocasião da aplicação de uma transição, pelo deslocamento do cursor, acompanhado de uma eventual substituição do símbolo lido na fita de entrada, e também pela eventual modificação do conteúdo da memória auxiliar.

Não se devem confundir os conceitos de movimentação e de transição, uma vez que o simples fato de o autômato exibir várias transições que sejam aplicáveis a uma dada configuração não implica que haja obrigatoriamente mais de uma possibilidade de movimentação em tal configuração.

Essa multiplicidade de possibilidades ocorrerá apenas se houver mais de uma transição, associada ao mesmo estado, que faça referência ao mesmo símbolo de entrada e ao mesmo conteúdo da memória auxiliar. **Transições em vazio**, ou seja, transições que permitem a movimentação do autômato sem levar em conta os símbolos da cadeia de entrada, também constituem possibilidades adicionais de movimentação se estiverem associadas a outras transições (vazias ou não vazias) em uma mesma configuração.

Deve-se notar, neste ponto, a analogia que existe entre certas noções de gramáticas e autômatos, em particular as noções de forma sentencial e configuração, derivação e movimentação e regra e transição. Em uma gramática, a passagem de uma forma sentencial para a seguinte (derivação) é feita por meio do uso de regras gramaticais. Nos autômatos, a passagem de uma configuração para a seguinte (movimentação) é feita por meio da aplicação de transições.

Diz-se que um autômato **aceita** uma cadeia se lhe for possível atingir alguma configuração final a partir de sua configuração inicial única, através de movimentos executados sobre tal cadeia. Diz-se que o autômato **rejeita** a cadeia se este parar numa configuração não final. A maneira como tais configurações sucedem umas às outras durante o reconhecimento (ou aceitação) da cadeia de entrada define uma característica fundamental dos autômatos, conforme explicado a seguir.

É possível que ocorram, durante o reconhecimento de uma cadeia de entrada, configurações para as quais se apresentem nenhuma, apenas uma ou eventualmente diversas possibilidades distintas de movimentação.

No caso de haver uma única possibilidade de movimentação, diz-se que a transição efetuada é determinística, dado que não existem outras opções de evolução para o autômato em tal configuração. Quando todos os movimentos passíveis de serem executados por um autômato forem movimentos determinísticos, independentemente de qual seja a cadeia de entrada, e só neste caso, diz-se que o autômato é **determinístico**.

No caso de haver mais de uma alternativa de movimentação em uma ou mais configurações do autômato (independentemente da cadeia de entrada), todas as possibilidades devem ser consideradas legítimas, e o autômato deverá optar, sucessiva e aleatoriamente, por todas as alternativas apresentadas, uma de cada vez, até que uma das duas seguintes condições seja satisfeita:

1. uma configuração final seja atingida; ou
2. esgotadas todas as possibilidades, nenhuma configuração final possa ser atingida.

Um autômato com tal característica é denominado **não determinístico**. Uma cadeia de entrada é aceita por ele se pelo menos uma das múltiplas sequências de movimentações realizadas pelo autômato for capaz de conduzi-lo a alguma configuração final, partindo de sua configuração inicial única. Diz-se que o autômato rejeita a cadeia de entrada quando, esgotadas todas as sequências de movimentação possíveis, ele não puder atingir uma configuração final qualquer.

Do ponto de vista conceitual, o não determinismo de um autômato pode ser entendido a partir do modelo de paralelismo que é inerente à sua operação. De acordo com esse modelo, sempre que o autômato se depara com mais de uma possibilidade de movimentação, considera-se que múltiplas instâncias dele são criadas (em número igual à quantidade de movimentações distintas previstas pela função de transição, a partir da configuração corrente), cada qual herdando da instância anterior a configuração corrente do autômato (estado, situação da cadeia de entrada e situação da memória auxiliar), porém evoluindo para configurações distintas. Dessa forma, todas as possibilidades são consideradas.

Fazendo-se uma analogia com o modelo de implementação baseado em programação, o modelo paralelo de operação corresponde à criação de múltiplos "threads" de execução, cada qual sendo responsável pela verificação de uma sequência possível de movimentações. Autômatos determinísticos, por um lado, podem ser facilmente abstraídos a partir do modelo sequencial, não paralelo de computação, uma vez que não existe a necessidade de se considerarem vários "threads". Por outro lado, como se pode intuir, a criação de modelos de execução para autômatos não determinísticos em máquinas estritamente sequenciais não é direta, requerendo do programador e/ou do ambiente de execução artifícios que viabilizem o modelo paralelo de computação.

Quando não há alternativas de movimentação a partir da configuração corrente do autômato, constata-se um impasse, caracterizando a impossibilidade de prosseguimento da operação de reconhecimento. Se o autômato for determinístico, isso será interpretado como sucesso do reconhecimento se e apenas se for atingida alguma configuração de aceitação (configuração final), sendo constatado um fracasso na operação de reconhecimento nos demais casos.

Caso o autômato seja do tipo não determinístico, tal impasse indicará apenas que a particular sequência de movimentações em andamento ("thread") não conduziu ao reconhecimento da sentença. Diz-se que a cadeia é aceita por um autômato não determinístico se pelo menos um "thread" for capaz de conduzi-lo até impasse em uma configuração final. Caso todas as sequências ("threads") conduzam a impasses em configurações não finais, diz-se que o autômato rejeita a cadeia de entrada.

Seja o autômato determinístico ou não determinístico, a linguagem por ele aceita corresponde ao conjunto de todas as cadeias que ele é capaz de **aceitar**. Um autômato é dito um reconhecedor se, além de **aceitar** as cadeias da linguagem, ele for capaz também de **rejeitar** todas as demais.

Do ponto de vista prático, existe um interesse muito maior nos autômatos determinísticos, visto que sua operação não exige repetidas pesquisas exaustivas em árvores de alternativas. Tal fato possibilita a construção de autômatos eficientes, constituindo uma opção muito atraente para várias aplicações, como é o caso do projeto da lógica de controladores finitos, ou de compiladores para linguagens de programação de alto nível.

Os conceitos acima apresentados podem ser formalizados representando-se os autômatos como dispositivos cujas configurações são definidas como elementos do produto cartesiano:

$$Q \times (\Sigma^* \times \Sigma^*) \times \Gamma^*$$

onde:

- Q é o conjunto de estados do controle finito;
- Σ é o alfabeto de entrada do autômato;
- Γ é o alfabeto de sua memória auxiliar.

Dessa forma, as **configurações** de um autômato genérico podem ser representadas como triplas $(q,(\alpha,\beta),\gamma)$, onde $q \in Q, (\alpha,\beta) \in \Sigma^* \times \Sigma^*$ e $\gamma \in \Gamma^*$.

Para cada configuração assim representada, o termo q designa o estado específico assumido pela máquina de estados, o termo γ representa o conteúdo completo da memória auxiliar, e o par ordenado (α,β) indica ao mesmo tempo o conteúdo completo da fita de entrada e a posição do cursor sobre ela, da seguinte forma:

- α representa o conteúdo da fita à **esquerda** do cursor;
- β representa o conteúdo da fita à **direita** do cursor, incluindo o símbolo apontado pelo cursor, na configuração considerada.

Interpreta-se α como a parte da fita já analisada pelo autômato, e β a parte ainda a analisar. Assim, por exemplo, se $\beta = \sigma\mu$, com $\sigma \in \Sigma$ e $\mu \in \Sigma^*$, então σ é o símbolo apontado pelo cursor nessa configuração, e μ corresponde à cadeia situada à sua direita.

As transições de um autômato podem ser representadas como funções totais δ que mapeiam configurações correntes em novas configurações:

$$\delta : Q \times (\Sigma^* \times \Sigma^*) \times \Gamma^* \to 2^{Q \times (\Sigma^* \times \Sigma^*) \times \Gamma^*}$$

Como normalmente o cursor permite o acesso a apenas um símbolo da fita de entrada de cada vez (aquele apontado pelo cursor em cada configuração), a função δ costuma ser simplificada para:

$$\delta : Q \times (\Sigma \cup \{\varepsilon\}) \times \Gamma^* \to 2^{Q \times (\Sigma^* \times \Sigma^*) \times \Gamma^*}$$

Além disso, é usual que a consulta ao conteúdo da memória auxiliar seja feita levando-se em consideração apenas um símbolo do alfabeto Γ de cada vez (o critério de escolha do símbolo a ser consultado depende do tipo de autômato e da forma como a memória auxiliar está organizada). Assim, a função δ sofre uma nova simplificação:

$$\delta : Q \times (\Sigma \cup \{\varepsilon\}) \times \Gamma \to 2^{Q \times (\Sigma^* \times \Sigma^*) \times \Gamma^*}$$

Ainda por uma questão de praticidade, em vez de se especificar os elementos de $\Sigma^* \times \Sigma^*$ e Γ^* que deverão substituir integralmente a cadeia de entrada e o conteúdo da memória auxiliar após a execução da respectiva transição pelo autômato, costuma-se especificar apenas o efeito que tal transição produz sobre a configuração corrente.

No caso da cadeia de entrada, especifica-se apenas o novo símbolo que substituirá o símbolo recém-lido, bem como o sentido de deslocamento do cursor (para a esquerda ou para a direita) após ser efetuada essa substituição. No caso da memória auxiliar, especifica-se uma cadeia, que deverá substituir o símbolo consultado pela transição executada. Para tanto, a função δ assume a sua nova e definitiva forma:

$$\delta : Q \times (\Sigma \cup \{\varepsilon\}) \times \Gamma \rightarrow 2^{Q \times ((\Sigma \cup \{\varepsilon\}) \times \{E,D,\varepsilon\}) \times \Gamma^*}$$

$\{E,D,\varepsilon\}$ é um conjunto cujos elementos indicam as possibilidades de sentido de deslocamento do cursor após a consulta do símbolo corrente na cadeia de entrada pelo autômato. E indica deslocamento para a esquerda, D para a direita e ε ausência de movimento do cursor.

A **função de transição** especifica um conjunto de possibilidades de movimentação, podendo, em cada uma, produzir os seguintes efeitos sobre a configuração corrente do autômato:

1. Mudança no estado corrente de q_i para q_j com $q_i, q_j \in Q$.
2. Alteração da cadeia de entrada a partir da consulta do símbolo corrente $\sigma_1 \in \Sigma$ e de sua subsequente substituição por um novo elemento $\sigma_2 \in \Sigma$.
3. Eventual modificação da cadeia de entrada sem que haja consulta do símbolo corrente (caso $\{\varepsilon\}$ no domínio de δ); por outro lado, é também possível que não haja modificação da cadeia de entrada como resultado da aplicação da transição (caso $\{\varepsilon\}$ no contradomínio de δ).
4. Eventual deslocamento do cursor da fita de entrada para a direita ou para a esquerda, após a aplicação da transição; no caso ε em $\{E,D,\varepsilon\}$, o cursor permanece na posição original, sem se deslocar.
5. Alteração do conteúdo da memória auxiliar, a partir da consulta de um símbolo $\gamma_1 \in \Gamma$ e de sua subsequente substituição por uma cadeia $\gamma_2 \in \Gamma^*$.
6. Deslocamento do cursor da memória auxiliar, de forma compatível com a maneira como a mesma estiver estruturada. Exemplo: tipicamente, para memória auxiliar estruturada como pilha, o cursor se move de forma compatível com as operações de movimentação das pilhas, ou seja, realizando operações de "*push*" e "*pop*".

Notar, adicionalmente, que:

- É possível associar uma mesma configuração corrente a mais de uma nova configuração seguinte (uma possível forma de não determinismo).
- É possível haver configurações χ tais que $\delta(\chi) = \emptyset$. Trata-se de configurações para as quais não foram definidas possibilidades de movimentação (nessas configurações o autômato para por falta de opções para prosseguir as operações de reconhecimento).

A **movimentação** de um autômato, de uma dada configuração para a configuração seguinte, por meio da aplicação de uma transição, é denotada através do símbolo "$\vdash$":

$$\vdash: Q \times (\Sigma^* \times \Sigma^*) \times \Gamma^* \rightarrow Q \times (\Sigma^* \times \Sigma^*) \times \Gamma^*$$

Denota-se uma determinada movimentação do autômato como:

$$(q_i, (\alpha, \beta), \gamma) \vdash (q_j, (\phi, \nu), \eta)$$

O símbolo "$\vdash$" denota, portanto, uma relação binária sobre o conjunto das configurações $Q \times (\Sigma^* \times \Sigma^*) \times \Gamma^*$ de cada autômato.

Exemplo 2.37 Considere-se o seguinte autômato, parcialmente definido:

$$Q = \{q_0, q_1\}; \Sigma = \{0, 1\}; \Gamma = \{A, B\}, \text{ com:}$$

1. $\delta(q_0, 0, A) = \{(q_1, (0, D), AA)\}$
2. $\delta(q_0, 0, B) = \{(q_1, (0, D), \varepsilon)\}$
3. $\delta(q_1, \varepsilon, A) = \{(q_1, (0, D), BA)\}$
4. $\delta(q_1, 1, B) = \{(q_1, (1, E), AB)\}$
5. $\delta(q_1, 0, A) = \{(q_0, (0, E), B)\}$

Supondo que a cadeia de entrada seja 0110, que o conteúdo corrente da memória auxiliar seja A e que o cursor de leitura esteja apontando para o símbolo mais à esquerda da cadeia de entrada, a seguinte sequência de movimentos poderia fazer parte do reconhecimento de tal cadeia:

$$\begin{array}{llllll}
(q_0, (\varepsilon, 0110), A) & \vdash & (q_1, (0, 110), AA) & \vdash & (q_1, (00, 10), BAA) & \vdash \\
(q_1, (0, 010), ABAA) & \vdash & (q_0, (\varepsilon, 0010), BBAA) & \vdash & (q_1, (0, 010), BAA) &
\end{array}$$

Tais movimentos correspondem, respectivamente, à aplicação das transições 1, 3, 4, 5 e 2, nesta ordem. Naturalmente, outros movimentos poderiam ter sido executados partindo-se da mesma configuração inicial. Por exemplo, a transição 5 poderia ter sido executada na configuração em que se faz uso da transição 3 e vice-versa. Neste caso, uma nova sequência de movimentações seria obtida, correspondendo à aplicação das transições 1, 5, 2, 3 e 4, nesta ordem:

$$\begin{array}{llllll}
(q_0, (\varepsilon, 0110), A) & \vdash & (q_1, (0, 110), AA) & \vdash & (q_0, (\varepsilon, 0110), BA) & \vdash \\
(q_1, (0, 110), A) & \vdash & (q_1, (00, 10), BA) & \vdash & (q_1, (0, 010), ABA) &
\end{array}$$

$\star$

Um autômato é considerado não determinístico se e apenas se pelo menos uma das condições abaixo, referentes à definição da função δ, for verificada. Caso contrário, ele será determinístico:

- $\exists q \in Q, \sigma \in \Sigma, \gamma \in \Gamma$ tal que $|\delta(q, \sigma, \gamma)| \geqslant 2$;
- $\exists q \in Q, \gamma \in \Gamma$ tal que $|\delta(q, \varepsilon, \gamma)| \geqslant 2$;
- $\exists q \in Q, \sigma \in \Sigma, \gamma \in \Gamma$ tal que, simultaneamente, $|\delta(q, \sigma, \gamma)| \geqslant 1$ e $|\delta(q, \varepsilon, \gamma)| \geqslant 1$.

A verificação de qualquer das condições acima implica a necessidade de o autômato optar, a partir de uma dada configuração corrente, por uma dentre uma coleção de novas configurações possíveis, caracterizando dessa maneira o não determinismo de sua operação.

No primeiro caso, o não determinismo é identificado pela existência de mais de uma possibilidade de movimentação a partir de uma dada configuração corrente, possibilidades estas que são expressas em termos das indicações de um estado corrente, de um símbolo do alfabeto de entrada e de um símbolo da memória auxiliar; no segundo caso, pela existência de mais de uma possibilidade de movimentação a partir de uma dada configuração corrente, possibilidades estas expressas apenas em função do estado corrente e do símbolo do alfabeto da memória auxiliar (sem referências ao alfabeto de entrada); finalmente, no terceiro caso, pela coexistência, em um dada configuração corrente, de possibilidades de movimentação com ou sem referências a símbolos do alfabeto de entrada (pelo menos uma de cada tipo).

Note-se, portanto, que uma transição (ou especificação de uma possibilidade de movimentação) possui caráter estático, ou seja, ela está associada a uma descrição estática do comportamento de um autômato. Transições descrevem movimentações potenciais, as quais só se concretizam, durante a operação do autômato, ao serem habilitadas pelas configurações assumidas por ele.

Por outro lado, as movimentações possuem um caráter dinâmico e são consequências diretas da aplicação de transições sobre as configurações sucessivamente assumidas pelo autômato. Observado por esse prisma, um autômato pode ser considerado não determinístico se exibir pelo menos uma configuração que possa evoluir, conforme as especificações de suas transições, para mais de uma possível configuração. Caso contrário, ele será dito determinístico.

Exemplo 2.38 Considere-se um autômato cuja configuração corrente seja:

$$(q_1,(\alpha,\sigma_1\mu),\gamma_1\gamma), \quad q_1 \in Q, \sigma_1 \in \Sigma, \alpha,\mu \in \Sigma^*, \gamma_1 \in \Gamma, \gamma \in \Gamma^*$$

σ_1 e γ_1 correspondem, respectivamente, aos símbolos correntemente referenciados pelos cursores da fita de entrada e da memória auxiliar. Seja δ uma função que especifique, entre outras, a seguinte transição:

$$\delta(q_1,\sigma_1,\gamma_1) = \{(q_2,(\sigma_2,D),\gamma_2)\}, \quad \sigma_2 \in \Sigma^*, \gamma_2 \in \Gamma^*$$

Suponha-se, ainda, que esta seja a única transição aplicável à configuração corrente. Neste caso, a movimentação do autômato da configuração corrente para a seguinte, pela aplicação dessa transição, é determinística e representada por:

1. $(q_1,(\alpha,\sigma_1\mu),\gamma_1\gamma) \vdash (q_2,(\alpha\sigma_2,\mu),\gamma_2\gamma)$

Suponha-se, agora, a função de transição modificada como segue:

$$\delta(q_1,\sigma_1,\gamma_1) = \{(q_2,(\sigma_2,D),\gamma_2),(q_3,(\sigma_3,D),\gamma_3)\}$$

Nesta situação, haveria não apenas uma, mas duas movimentações possíveis a partir da configuração corrente:

1. $(q_1,(\alpha,\sigma_1\mu),\gamma_1\gamma) \vdash (q_2,(\alpha\sigma_2,\mu),\gamma_2\gamma)$, ou
2. $(q_1,(\alpha,\sigma_1\mu),\gamma_1\gamma) \vdash (q_3,(\alpha\sigma_3,\mu),\gamma_3\gamma)$

Isso basta, neste exemplo, para constatar o caráter não determinístico desse autômato.

Finalmente, suponha-se que a função δ seja novamente modificada, incorporando, em adição à definição anterior, o elemento:

$$\delta(q_1,\varepsilon,\gamma_1) = \{(q_4,(\varepsilon,\varepsilon),\gamma_4)\}$$

Isso caracteriza a coexistência de uma transição em vazio com duas transições não vazias, todas aplicáveis a uma mesma configuração. Como consequência, a quantidade de alternativas de movimentação do autômato, na configuração original, cresceria de duas para três:

1. $(q_1,(\alpha,\sigma_1\mu),\gamma_1\gamma) \vdash (q_2,(\alpha\sigma_2,\mu),\gamma_2\gamma)$
2. $(q_1,(\alpha,\sigma_1\mu),\gamma_1\gamma) \vdash (q_3,(\alpha\sigma_3,\mu),\gamma_3\gamma)$
3. $(q_1,(\alpha,\sigma_1\mu),\gamma_1\gamma) \vdash (q_4,(\alpha,\sigma_1\mu),\gamma_4\gamma)$

⋆

Autômatos determinísticos costumam ter suas transições definidas através de uma versão simplificada e particularizada da função δ genérica, visando com isso explicitar a associação unívoca entre cada uma de suas configurações com uma única configuração seguinte, conforme mostrado a seguir:

$$\delta : Q \times (\Sigma \cup \{\varepsilon\}) \times \Gamma \to Q \times (\Sigma \times \{E,D\}) \times \Gamma^*$$

Transições em vazio, em autômatos determinísticos, são admitidas apenas em configurações para as quais não existam outras possibilidades de movimentação, vazias ou não vazias, visando, dessa maneira, preservar o caráter determinístico da escolha da transição a ser aplicada.

A **configuração inicial** de um autômato costuma ser expressa como:

$$(q_0, (\varepsilon, w), \gamma_0)$$

- $q_0 \in Q$ é o estado inicial;
- $w \in \Sigma^*$ é a cadeia de entrada a ser analisada;
- $\gamma_0 \in \Gamma^*$ é o conteúdo inicial da memória auxiliar;

Definindo-se $Q_F \subseteq Q$ como sendo o conjunto dos estados finais do autômato, e $\Gamma_F \subseteq \Gamma^*$ como o conjunto dos conteúdos possíveis da memória auxiliar, convencionados como sendo finais, as **configurações finais** de um autômato podem ser caracterizadas como:

$$(q_F, (\alpha, \beta), \gamma_F)$$

- $q_F \in Q_F$
- $\gamma_F \in \Gamma_F$
- Em particular, para os autômatos estudados nos Capítulos 3 e 4, $\alpha = w$ e $\beta = \varepsilon$, ou seja, a cadeia de entrada deve necessariamente ser esgotada e a cadeia de entrada deve permanecer inalterada. Para os autômatos dos Capítulos 5, 6 e 7, α e β são quaisquer, indicando com isso que o cursor pode ser deixado em qualquer posição da fita e, também, que o conteúdo original da mesma não precisa ser necessariamente preservado ao término do processamento.

A linguagem L **aceita** por um autômato M, definida como o conjunto de cadeias capaz de movimentá-lo desde a sua configuração inicial até alguma configuração final, pode, portanto, ser definida formalmente como:

$$L(M) = \{w \in \Sigma^* \mid (q_0, (\varepsilon, w), \gamma_0) \vdash^* (q_F, (\alpha, \beta), \gamma_F)\}$$

Note-se que "$\vdash^*$" denota novamente o fechamento reflexivo e transitivo da relação "$\vdash$", ou seja, a movimentação do autômato ao longo de zero ou mais configurações sucessivas.

A linguagem L **definida** por um reconhecedor M corresponde às cadeias aceitas pelo autômato subjacente, desde que ele seja capaz de rejeitar todas as demais.

É possível definir uma mesma linguagem através de dois ou mais reconhecedores distintos. Quando isso ocorre, diz-se que os reconhecedores que definem a linguagem em questão são sintaticamente equivalentes ou, simplesmente, **equivalentes** um ao outro.

Exemplo 2.39 Sejam M_1 e M_2 dois reconhecedores distintos. Se todas as cadeias aceitas por M_1 forem também aceitas por M_2, então $L(M_1) \subseteq L(M_2)$. Se todas as cadeias aceitas por M_2 forem também aceitas por M_1, então $L(M_2) \subseteq L(M_1)$. Se ambas as condições forem verificadas simultaneamente, então $L(M_1) = L(M_2)$. ⋆

Assim como no caso das gramáticas (ver Seção 2.3), reconhecedores podem suscitar alguns problemas importantes, entre os quais destacamos:

- Determinar se uma cadeia pode ou não ser aceita por um reconhecedor (em outras palavras: determinar se uma cadeia qualquer é sentença da linguagem aceita por um reconhecedor).

- Expressar em termos informais a linguagem aceita por um reconhecedor.
- Construir um reconhecedor que aceita determinada linguagem.

As considerações feitas naquela seção acerca desses problemas também são aplicáveis ao presente caso.

O modelo genérico de autômato apresentado nesta seção é adequado para as especializações que são discutidas nos capítulos seguintes, conforme a classe de linguagens que se esteja considerando (autômatos finitos no Capítulo 3, autômatos de pilha no Capítulo 4, Máquinas de Turing com fita limitada no Capítulo 5 e Máquinas de Turing sem limitação de fita nos Capítulos 6 e 7). Tais autômatos especializados são utilizados no desenvolvimento teórico da matéria, incluindo a demonstração de teoremas e também de diversas propriedades importantes para cada uma dessas classes de linguagens.

Quando, no entanto, se consideram modelos de implementação para tais autômatos, em particular quando se trata de modelos de simulação por *software*, muitas vezes é conveniente acrescentar à sua especificação extensões que costumam facilitar a realização de tais modelos.

Entre as extensões mais comuns, é usual encontrar-se a inserção de delimitadores especiais em torno da cadeia de entrada (símbolos BOF e EOF, *b*egin-of-file e *e*nd-of-file, respectivamente indicativos de início e fim da cadeia de entrada), e também o desmembramento da caracterização da configuração do autômato em termos da caracterização da configuração de cada uma das suas partes (da máquina de estados, da cadeia de entrada e da memória auxiliar).

Tais extensões não apresentam qualquer prejuízo ao modelo ou aos resultados teóricos apresentados, e constituem, como mencionado, mera conveniência de representação conforme a tecnologia de implementação adotada.

No caso particular da classe de autômatos estudados nos Capítulos 5, 6 e 7, o modelo teórico (Máquina de Turing) também faz uso dos delimitadores BOF e EOF. Nesses casos, a definição de configuração inicial estabelece que o cursor de acesso deve apontar inicialmente para o símbolo imediatamente à direita do BOF, símbolo esse que, por isso, corresponde ao segundo símbolo da cadeia de entrada (da esquerda para a direita) e ao primeiro símbolo a ser analisado de fato.

2.6 Gramáticas e autômatos

Gramáticas e autômatos são dispositvos de representação de linguagens. Conforme apresentado nos capítulos seguintes, toda linguagem que pode ser representada por uma gramática pode também ser representada por meio de um autômato, e vice-versa. Trata-se, portanto, de dispositivos duais.

Gramáticas e autômatos são utlizados em contextos diferentes. No entanto, eles possuem muitas similaridades (tanto na sua definição quanto na sua operação), conforme resumido na Tabela 2.1.

De fato, o processo de **derivação** de uma sentença em uma gramática corresponde ao processo de **movimentação** no autômato equivalente. A derivação, que implica a passagem de uma **forma sentencial** para a seguinte por meio do uso de uma **regra de produção**, equivale, no autômato, à passagem de uma **configuração** para a seguinte por meio do uso de uma **regra de transição**.

Por outro lado, uma gramática considera como forma sentencial inicial o seu **símbolo inicial** (ou raiz), ao passo que em um autômato a configuração inicial é definida pelo **estado**

Tabela 2.1 Gramáticas x Autômatos

Gramática	Autômato
Símbolo incial (S)	Estado inicial (q_0)
Símbolos não terminais (N)	Estados (Q)
Forma sentencial	Configuração
Derivação ($\Rightarrow$)	Movimentação ($\vdash$)
Regra de produção ($\rightarrow$)	Regra de transição (δ)

inicial, a cadeia a ser analisada e o conteúdo inicial da memória auxiliar, se esta existir. Via de regra, especialmente no caso dos autômatos fintos, é possível estabelecer uma relação direta entre os **símbolos não terminais** da gramática e os **estados** do autômato equivalente.

Se o não determinismo é uma característica que pode ou não fazer parte da definição de um autômato, na gramática não existe esta noção. Sempre que uma derivação precisar ser feita, a possibilidade de uso de duas ou mais regras de produção distintas em uma certa forma sentencial é considerada sem nenhuma designação especial. Já no caso dos autômatos, a possibilidade de se movimentar, a partir de uma certa configuração corrente, para duas ou mais configurações seguintes recebe o nome de **não determinismo**.

Exemplo 2.40 Sejam $G = (V, \Sigma, P, S)$ uma gramática e M um reconhecedor com estado inical q_0. Suponha que eles sejam equivalentes, ou seja, $L(G) = L(M) = L$. Suponha ainda que $w \in L$. Então:

$$\underbrace{S}_{\substack{\text{forma sentencial}\\ \text{inicial}}} \quad \Rightarrow \quad \underbrace{\ldots}_{\text{forma sentencial}} \quad \Rightarrow^* \quad \underbrace{\ldots}_{\text{forma sentencial}} \quad \Rightarrow \quad \underbrace{w}_{\substack{\text{forma sentencial}\\ \text{e}\\ \text{sentença}}}$$

$$\underbrace{(q_0, w, \ldots, \ldots)}_{\substack{\text{configuração}\\ \text{inicial}}} \quad \vdash \quad \underbrace{(\ldots, \ldots, \ldots, \ldots)}_{\text{configuração}} \quad \vdash^* \quad \underbrace{(\ldots, \ldots, \ldots, \ldots)}_{\text{configuração}} \quad \vdash \quad \underbrace{(\ldots, \ldots, \ldots, \ldots)}_{\substack{\text{configuração}\\ \text{final}}}$$

No primeiro caso está representada a síntese da sentença w pela gramática G. S é a forma sentencial inicial e após o uso de cada regra de produção obtém-se uma nova forma sentencial, até que ela seja w. Neste caso, diz-se que a cadeia w foi gerada pela gramática G e que ela é uma sentença da linguagem definida por G.

No segundo caso está representada a análise da cadeia w pelo reconhecedor M. A configuração inicial é formada (entre outros elementos) por q_0 e pela cadeia w a ser analisada. O uso das regras de transição produz novas configurações, até que uma configuração final seja atingida. Neste caso, diz-se que a cadeia w foi aceita pelo reconhecedor M e que ela é uma sentença da linguagem definida por M.

$\star$

2.7 Hierarquia de Chomsky

O estudo sistemático das linguagens formais teve um forte impulso no final da década de 1950, quando o linguista Noam Chomsky publicou dois artigos ([9] e [10]) apresentando o resultado de suas pesquisas relativas à classificação hierárquica das linguagens. Até então, a teoria dos autômatos se apresentava razoavelmente evoluída, porém a das linguagens formais ainda não se havia, de fato, estabelecido como disciplina.

A partir da publicação dos referidos artigos, houve uma significativa concentração de pesquisas na área das linguagens formais, e a teoria resultante, juntamente com a teoria dos autômatos, teve a oportunidade de se consolidar definitivamente, a partir do final da década de 1960, como uma disciplina coesa e fundamental para as áreas de engenharia e de ciência da computação.

Como teórico e estudioso das linguagens naturais, Chomsky se dedicava à pesquisa de modelos que permitissem a formalização de tais linguagens. Ainda hoje esse objetivo parece um tanto ambicioso, porém o trabalho de Chomsky logo chamou a atenção de especialistas de outras áreas, em particular os da área de computação, que viam, para suas teorias, grande aplicabilidade para a formalização e o estudo sistemático de linguagens artificiais, especialmente as de programação.

A prática confirmou a intuição dos especialistas. A classificação das linguagens, por ele proposta, conhecida como **Hierarquia de Chomsky**, tem como principal mérito agrupar as linguagens em **classes**, de tal forma que elas possam ser hierarquizadas de acordo com a sua complexidade relativa. Como resultado, é possível antecipar as propriedades fundamentais exibidas por uma determinada linguagem, ou mesmo vislumbrar os modelos de implementação mais adequados à sua realização, conforme a classe a que pertença. Uma classe de linguagens é, portanto, um conjunto (normalmente infinito) de linguagens que compartilham as mesmas propriedades.

Assim, o interesse prático pela Hierarquia de Chomsky se deve especialmente ao fato de ela viabilizar a escolha da forma mais econômica para a realização dos reconhecedores das linguagens, de acordo com a classe a que elas pertençam nessa hierarquia, evitando-se, portanto, o uso de formalismos mais complexos que o necessário, e o emprego de reconhecedores desnecessariamente ineficientes para as linguagens de menor complexidade. De um ponto de vista estritamente de engenharia, a Hierarquia de Chomsky permite determinar e selecionar o modelo de implementação (no que diz respeito apenas ao reconhecedor sintático) de menor custo para cada linguagem considerada.

A Hierarquia de Chomsky define quatro classes distintas de linguagens, denominadas tipos 0, 1, 2 e 3, as quais são geradas por gramáticas particularizadas em relação ao caso geral anteriormente apresentado, por intermédio de restrições que são aplicadas ao formato das produções $\alpha \rightarrow \beta$.

Dá-se o nome de **gramática linear à direita** àquela cujas produções obedeçam todas às seguintes condições:

- $\alpha \in N$
- $\beta \in \Sigma, \beta \in N, \beta \in \Sigma N$, ou $\beta = \varepsilon$, de forma não exclusiva.

Exemplo 2.41 A gramática $G_1 = (\{0,1,2,3,S,A\},\{0,1,2,3\},\{S \rightarrow 0S, S \rightarrow 1S, S \rightarrow A, A \rightarrow 2, A \rightarrow 3\}, S)$ é linear à direita. ★

Gramática linear à esquerda é aquela em que todas as produções exibem as seguintes características:

- $\alpha \in N$
- $\beta \in \Sigma, \beta \in N, \beta \in N\Sigma$, ou $\beta = \varepsilon$, de forma não exclusiva.

Exemplo 2.42 A gramática $G_2 = (\{0,1,2,3,S,A\},\{0,1,2,3\},\{S \rightarrow S2, S \rightarrow S3, S \rightarrow A, A \rightarrow 1, A \rightarrow 0\}, S)$ é linear à esquerda. ★

Gramáticas lineares à esquerda ou à direita, também conhecidas como **gramáticas regulares** ou do **tipo 3**, geram linguagens denominadas **regulares**, ou simplesmente do **tipo 3**. As linguagens regulares constituem a classe de linguagens mais simples dentro da Hierarquia de Chomsky, a qual prossegue com linguagens de complexidade crescente até as linguagens mais gerais, do tipo 0.

Uma gramática é dita **livre de contexto**, ou do **tipo 2**, se as suas produções possuírem apenas um símbolo não terminal em seu lado esquerdo, e uma combinação qualquer de símbolos terminais e não terminais no lado direito. Gramáticas desse tipo geram linguagens denominadas **livres de contexto**, ou do **tipo 2**. Formalmente:

- $\alpha \in N$
- $\beta \in V^*$

Exemplo 2.43 A gramática $G_3 = (\{0,1,S\},\{0,1\},\{S \to 0S1, S \to \varepsilon\},S)$ é livre de contexto. ⋆

Deve-se notar que toda gramática do tipo 3 também se enquadra na definição de gramática do tipo 2, constituindo um caso particular deste último. Logo, é correto dizer que toda gramática do tipo 3 é também uma gramática do tipo 2. Por outro lado, nem toda gramática do tipo 2 pode ser caracterizada também como gramática do tipo 3. Existe, portanto, uma relação de inclusão própria entre o conjunto das gramáticas do tipo 3 e o conjunto das gramáticas do tipo 2.

Exemplo 2.44 As gramáticas G_1 e G_2 são simultaneamente regulares e livres de contexto. A gramática G_3 é livre de contexto, porém não é regular. ⋆

Consequentemente, é correto dizer que todas as linguagens do tipo 3 (aquelas geradas por gramáticas do tipo 3) também são do tipo 2, uma vez que as gramáticas do tipo 3 são, por definição, do tipo 2. Na prática, no entanto, costuma-se designar o tipo de uma linguagem conforme o tipo da gramática mais simples que a gera. Conforme discutido nos capítulos seguintes, nem toda linguagem do tipo 2 pode ser caracterizada, inversamente, como sendo do tipo 3. Isso significa que existem linguagens do tipo 2 para as quais não é possível obter uma gramática do tipo 3. Logo, as linguagens do tipo 3 constituem um subconjunto próprio das linguagens do tipo 2.

As gramáticas do **tipo 1**, também conhecidas como **sensíveis ao contexto**, constituem a classe seguinte de gramáticas na Hierarquia de Chomsky. A caracterização das gramáticas sensíveis ao contexto decorre da restrição, imposta ao formato das produções, de que o comprimento da cadeia do lado direito de cada produção seja no mínimo igual ao comprimento da cadeia do lado esquerdo, não havendo, portanto, possibilidade de redução do comprimento das formas sentenciais quando da realização de derivações em gramáticas deste tipo:

- $\alpha \in V^*NV^*$
- $\beta \in V^*$
- $|\beta| \geqslant |\alpha|$

Note-se que a definição de gramáticas sensíveis ao contexto não permite, *a priori*, que as respectivas linguagens por elas geradas incluam a cadeia vazia, justamente devido ao fato de que $|\beta| \geqslant |\alpha|$. No entanto, é comum (ver [11]) se considerar L uma linguagem **sensível ao contexto**, ou simplesmente do **tipo 1**, mesmo que $\varepsilon \in L$, se $L - \{\varepsilon\}$ puder ser gerada por uma gramática sensível ao contexto. Em outras palavras, linguagens sensíveis ao contexto são aquelas que são geradas por gramáticas sensíveis ao contexto, com a eventual incorporação da cadeia vazia.

Exemplo 2.45 A gramática $G_4 = (\{a,b,c,S,X,Y\}, \{a,b,c\}, \{S \to aXb, S \to aXa, Xa \to bc, Xb \to cb\}, S)$ é sensível ao contexto. ⋆

Nem toda gramática do tipo 2 pode ser considerada uma gramática do tipo 1. De fato, gramáticas do tipo 2 permitem a geração da cadeia vazia, ao passo que gramáticas do tipo 1 não preveem essa possibilidade. Nem toda gramática do tipo 1, no entanto, pode ser considerada uma gramática do tipo 2. Em particular, aquelas que apresentam produções cujo lado esquerdo seja composto por cadeias de dois ou mais símbolos.

Exemplo 2.46 As gramáticas lineares G_1 e G_2 são também sensíveis ao contexto. A gramática livre de contexto G_3, no entanto, não é sensível ao contexto, devido à presença da produção $S \to \varepsilon$. ⋆

Por outro lado, é possível provar, como veremos nos próximos capítulos, que toda linguagem livre de contexto é também uma linguagem sensível ao contexto. O contrário, porém, não é verdadeiro, pois existem linguagens sensíveis ao contexto, inclusive linguagens que não contêm a cadeia vazia, que não podem ser geradas por gramáticas livres de contexto, quaisquer que sejam estas. Logo, existe uma relação de inclusão própria entre as linguagens livres de contexto e as linguagens sensíveis ao contexto.

As gramáticas pertencentes à última classe definida pela Hierarquia de Chomsky recebem a denominação de **irrestritas**, ou do **tipo 0**. Como o próprio nome sugere, trata-se de gramáticas sobre as quais não é imposta nenhuma restrição quanto ao formato de suas produções, exceto pelo fato de que o lado esquerdo delas deva sempre conter pelo menos um símbolo não terminal:

- $\alpha \in V^*NV^*$.
- $\beta \in V^*$.
- Não se exige a validade de qualquer relação restritiva entre $|\beta|$ e $|\alpha|$.

Exemplo 2.47 A gramática $G_5 = (\{a,b,c,S,X,Y\}, \{a,b,c\}, \{S \to aXb, S \to aXa, Xa \to c, Xb \to c, X \to \varepsilon\}, S)$ é irrestrita, porém não é sensível ao contexto, devido à presença das produções $Xa \to c, Xb \to c$ e $S \to \varepsilon$. As gramáticas G_1, G_2, G_3 e G_4 são todas irrestritas. ⋆

Diferentemente do que ocorre com as gramáticas sensíveis ao contexto, as formas sentenciais obtidas pela aplicação das regras de uma gramática irrestrita não possuem comprimento necessariamente crescente: elas podem aumentar ou diminuir de comprimento, conforme as produções que forem aplicadas.

Às linguagens geradas por gramáticas do tipo 0 dá-se o nome de **recursivamente enumeráveis**, **irrestritas** ou, ainda, do **tipo 0**. Como se pode perceber pela definição, toda gramática do tipo 1 também é uma gramática do tipo 0, porém o contrário não é verdadeiro. Em particular, aquelas que possuem produções em que $|\beta| < |\alpha|$.

Logo, toda linguagem sensível ao contexto pode também ser considerada uma linguagem irrestrita. Demonstra-se, por outro lado, que existem linguagens irrestritas que não podem ser geradas por qualquer gramática sensível ao contexto. Portanto, as linguagens sensíveis ao contexto constituem subconjunto próprio das linguagens irrestritas.

Resumidamente, a Hierarquia de Chomsky original estabelece que:

1. Toda linguagem do tipo $i, 0 \leqslant i \leqslant 3$ é gerada por uma gramática do tipo i.
2. A classe das linguagens do tipo $i, 1 \leqslant i \leqslant 3$ está incluída propriamente na classe das linguagens $i-1$. Consequentemente, toda linguagem do tipo $i, 1 \leqslant i \leqslant 3$ é também uma linguagem do tipo $i-1$.

Conforme o trabalho original de Chomsky, no caso das linguagens do tipo 2 (livres de contexto), as regras acima são válidas apenas para linguagens que não contêm a cadeia vazia. Como esse texto considera L do tipo 1 se e apenas se $L - \{\varepsilon\}$ for gerada por alguma gramática do tipo 1, então as regras acima são sempre verdadeiras, sem qualquer restrição.

Exceto por esse detalhe, a hierarquia de inclusão própria das linguagens definida por Chomsky pode ser representada graficamente através da Figura 2.7.

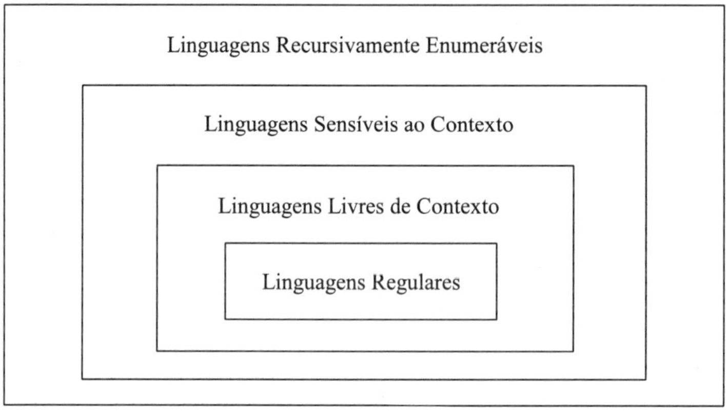

Figura 2.7 Hierarquia de Chomsky.

A relação entre as gramáticas dos tipos 0, 1, 2 e 3 pode ser resumida da seguinte forma:

- Toda gramática do tipo 3 (regular) é também do tipo 2 (livre de contexto).
- Nem toda gramática do tipo 2 é também do tipo 1 (sensível ao contexto). São do tipo 1 apenas aquelas que não possuem produções $\alpha \rightarrow \beta$ em que $\beta = \varepsilon$.
- Toda gramática do tipo 1 é também do tipo 0 (irrestrita).

Os critérios que levaram Chomsky a classificar as linguagens em quatro classes diferentes foram baseados nos seguintes aspectos (os quais, na verdade, estão intimamente relacionados um ao outro). Em todos os casos a seguir, constatam-se semelhanças para linguagens pertencentes a uma mesma classe e diferenças para linguagens pertencentes a classes diferentes:

1. O conjunto das propriedades exibidas pela linguagem.
2. As características estruturais mais significativas exibidas pela linguagem.
3. O modelo de reconhecedor mais simples necessário ao seu reconhecimento.

Do ponto de vista estrutural, as linguagens estritamente livres de contexto, ou seja, as livres de contexto que não podem ser geradas por gramáticas lineares à esquerda ou à direita, distinguem-se das linguagens regulares por exibirem características de **aninhamento**, como é o caso da estruturação em blocos e comandos, ou ainda do uso de parênteses em expressões aritméticas nas linguagens de programação tradicionais. Gramáticas livres de contexto possibilitam a formalização gramatical de tais aninhamentos, ao passo que gramáticas regulares não oferecem tal possibilidade.

As linguagens estritamente sensíveis ao contexto, ou seja, as sensíveis ao contexto que não podem ser geradas por gramáticas livres de contexto, distinguem-se das linguagens livres de contexto por conterem sentenças as quais, por sua vez, exibem construções, ou conjuntos de símbolos, cuja validade é vinculada à presença de construções "associadas" em regiões distintas da mesma cadeia. Tais vinculações (por exemplo, aquelas que existem entre a declaração e o uso de variáveis) são características de linguagens do tipo 1, e recebem a designação de **sensibilidade** ou **dependência** de contexto.

As linguagens estritamente irrestritas, ou seja, as irrestritas que não podem ser geradas por gramáticas sensíveis ao contexto, distinguem-se das linguagens sensíveis ao contexto por apresentarem características de **indecidibilidade** que lhes são particulares: demonstra-se, por exemplo, nos próximos capítulos, que não há solução para o problema genérico de se decidir se uma cadeia qualquer pertence ou não à linguagem gerada por uma gramática quando esta for do tipo 0. No entanto, o mesmo problema, quando aplicado a gramáticas do tipo 1, pode sempre ser resolvido.

Do ponto de vista analítico, verifica-se que cada classe de linguagens mencionada demanda, de acordo com sua complexidade, classes de reconhecedores progressivamente mais poderosos, porém sempre aderentes ao modelo genérico anteriormente apresentado. Por outro lado, é possível demonstrar formalmente a equipotência das várias classes de linguagens com os correspondentes modelos específicos de reconhecedores e gramáticas, caracterizando cada modelo como sendo necessário e suficiente para a análise ou síntese de linguagens pertencentes a cada classe.

Naturalmente, sempre será possível reconhecer linguagens de tipo i com reconhecedores apropriados para linguagens do tipo $i-1, 1 \leqslant i \leqslant 3$. No entanto, para efeitos práticos, o custo e a complexidade exibida pelos modelos mais complexos não justificam a sua utilização, dada a sensível redução de complexidade observada quando se adotam modelos equivalentes mais simples.

São quatro as particularizações do modelo geral de reconhecedor que serão estudadas em detalhes nos próximos capítulos: os autômatos finitos, os autômatos de pilha, as Máquinas de Turing com limitação de memória e, finalmente, as Máquinas de Turing sem limitação de memória. Neste último caso, se a linguagem for não recursiva, então não é possível falar em reconhecedor, mas apenas em autômato que aceita a linguagem em questão.

A associação das quatro classes de linguagens definidas pela Hierarquia de Chomsky com os respectivos modelos de autômato necessários ao seu reconhecimento está resumida na Tabela 2.2.

Tabela 2.2 Linguagens, gramáticas e reconhecedores

Tipo	Classe de linguagens	Modelo de gramática	Modelo de reconhecedor
0	Recursivamente enumeráveis	Irrestrita	Máquina de Turing com fita ilimitada
1	Sensíveis ao contexto	Sensível ao contexto	Máquina de Turing com fita limitada
2	Livres de contexto	Livre de contexto	Autômato de pilha
3	Regulares	Linear (direita ou esquerda)	Autômato finito

As propriedades, as características estruturais e também os modelos de reconhecimento mais adequados para cada uma das classes de linguagens definidas pela Hierarquia de Chomsky serão estudados em detalhes nos capítulos seguintes.

Entre as principais propriedades das classes de linguagens que são estudadas neste texto, atenção especial é dedicada às propriedades de fechamento e às questões decidíveis que são válidas para cada classe. Diz-se que uma classe de linguagens é **fechada** em relação a uma operação se o resultado da aplicação da operação produzir uma linguagem pertencente à mesma classe (trata-se do mesmo conceito estudado anteriormente na Seção 1.1, para fechamento de conjuntos em relação a uma operação). Caso contrário, diz-se que ela não é fechada em relação à operação em questão. Por outro lado, diz-se que uma questão é **decidível** para uma classe de linguagens sempre que for possível encontrar um algoritmo que produza respostas (SIM ou NÃO) para toda e qualquer instância do referido problema, envolvendo quaisquer linguagens da classe considerada, sem nunca entrar em "loop" infinito.

2.8 Exercícios

Símbolos e cadeias

1. Definir indutivamente as seguintes operações:
   a) Concatenação de cadeias de símbolos.
   b) Reversão de cadeias de símbolos.
   c) Decomposição de uma cadeia de símbolos em todas as suas subcadeias.
   d) Obtenção do conjunto de todas as subcadeias unitárias de uma dada cadeia de símbolos.

Linguagens

2. Defina o que você entende por linguagem. Cite três maneiras distintas através das quais se podem definir linguagens, mencionando as características, principais aplicações, vantagens e desvantagens de cada método.
3. O que significa definir formalmente uma linguagem? Apresente pelo menos dois motivos que justifiquem a importância de se definir linguagens formalmente.
4. O que significa dizer que uma linguagem é definida por enumeração? Por que as enumerações são pouco utilizadas na definição formal de linguagens? Que alternativas se apresentam para contornar a dificuldade no emprego das enumerações?
5. Conceitue e dê exemplos:
   a) Símbolo.
   b) Alfabeto.
   c) Cadeia.
   d) Linguagem.
   e) Sentença.
   f) Gramática.
   g) Reconhecedor.
6. Considere o alfabeto $\Sigma = \{a, ab, abc\}$. Dê os seguintes exemplos sobre Σ:
   a) Símbolo.
   b) Cadeia qualquer.
   c) Cadeia de comprimento 2.
   d) Cadeia de comprimento 4.
   e) Linguagem finita.
   f) Linguagem infinita (descrita de forma finita).
7. Usando os símbolos $\boxdot, \boxplus, \boxminus$ e $\boxtimes$, apresente:
   a) Um exemplo de alfabeto.
   b) Um exemplo de cadeia.
   c) Um exemplo de linguagem finita.
   d) Um exemplo de linguagem infinita.
8. Determine os casos em que:
   a) Uma linguagem L coincide com $L^* - \{\varepsilon\}$.
   b) Uma linguagem L não coincide com $L^* - \{\varepsilon\}$.
   c) Uma linguagem L faz com que L^+ coincida com $L^* - \{\varepsilon\}$.
   d) Uma linguagem L faz com que L^+ não coincida com $L^* - \{\varepsilon\}$.
   e) Uma linguagem L faz com que L^* coincida com $L^+ \cup \{\varepsilon\}$.
   f) Uma linguagem L faz com que L^* não coincida com $L^+ \cup \{\varepsilon\}$.
9. Apresente uma linguagem L sobre $\{a, b\}$ que coincida com L^R.
10. Seja Σ um alfabeto qualquer. Defina, utilizando operações sobre conjuntos:
    a) A menor linguagem sobre Σ.

b) A maior linguagem sobre Σ.

c) A maior linguagem sobre Σ que não inclua sentenças de comprimento menor ou igual a 3.

d) O conjunto de todas as linguagens que podem ser definidas sobre Σ.

e) O conjunto de todas as linguagens não vazias que podem ser definidas sobre Σ.

11. Seja $L \neq \emptyset$ uma linguagem tal que $L - \{\varepsilon\}$ exibe a propriedade do sufixo próprio. Para essa linguagem, determine:

a) $(L - \{\varepsilon\})/(L - \{\varepsilon\})$. Justifique sua resposta.

b) $(L \cup \{\varepsilon\})/(L \cup \{\varepsilon\})$. Justifique sua resposta.

12. Seja Σ um alfabeto, $A \subseteq \Sigma, B \subseteq \Sigma, A \cap B = \emptyset$. Utilizando apenas as operações de fechamento, união e concatenação sobre Σ, A e B, defina as maiores linguagens sobre Σ cujas sentenças α satisfaçam aos seguintes requisitos:

a) α contém no mínimo um símbolo do conjunto A.

b) α contém pelo menos um símbolo de A como prefixo e pelo menos dois símbolos de B como sufixo.

c) α contém exatamente três símbolos de A, porém α pode conter qualquer quantidade de outros símbolos.

d) α contém exatamente um símbolo de A e um símbolo de B, sendo o símbolo de B justaposto imediatamente após o símbolo de A. Nenhum outro símbolo de A ou B comparece em α, embora possa conter um número arbitrário de outros símbolos quaisquer.

13. Conceitue, em termos de linguagens e cadeias, as seguintes representações:

a) $\{\}$.

b) $\{\varepsilon\}$.

c) ε.

d) "ε".

e) $\emptyset$.

f) $\{\emptyset\}$.

g) "$\emptyset$".

h) "".

i) $\{\emptyset$, $\{\}$, "ε", ε, "", $\{\emptyset\}$, $\{\varepsilon\}$, $\{$"ε"$\}$, "$\emptyset$", $\{$"$\emptyset$"$\}\}$.

14. Descreva, sucintamente, a diferença entre os seguintes pares de conceitos:

a) Substituição e homomorfismo.

b) Homomorfismo e isomorfismo.

15. Demonstre que não existe $w \in \{a,b\}^*$ tal que $aw = wb$.

16. Se $w \in \{a,b\}^*$ e $abw = wab$, demonstre que $w = (ab)^n, n \geqslant 0$.

Gramáticas

17. Verifique se cada uma das gramáticas abaixo relacionadas está bem formada, justificando suas respostas.

a) $(\{S,0,1\},\{0,1\},\{S \to 01, S \to 0S1\},X)$;

b) $(\{S,0,1\},\{\},\{S \to 01, S \to 0S1\},S)$;

c) $(\{S,0,1\},\{0,1\},\{\},S)$;

d) $(\{S,0,1\},\{0,1\},\{X \to 01, X \to 0S1\},X)$;

e) $(\{S,0,1\},\{0,1\},\{X \to 01, X \to 0S1\},S)$;

f) $(\{S,0,1\},\{S,0,1\},\{S \to 01, S \to 0S1\},S)$;

g) $(\{S,0,1\},\{2,3\},\{S \to 01, S \to 0S1\},S)$;

h) $(\{S,0,1\},\{0,1\},\{S \to 23, S \to 2S3\},S)$;

i) $(\{S,0,1\},\{0,1\},\{S \to 01, 01 \to 10\},S)$;

j) $(\{S,0,1\},\{0,1\},\{S \to 00, \varepsilon \to 11\},S)$;

k) $(\{S,0,1\},\{0,1\},\{S \to 01, S \to 0S1\},S)$;

l) $(\{S,0,1\},\{0,1\},\{S \to 0S, S \to 1S, S \to 0, S \to 1\},S)$;

m) $(\{S,0,1\},\{0,1\},\{S \to SS, S \to 0, S \to 1, S \to 0S0, S \to 1S1\},S)$.

18. Verifique se cada uma das gramáticas abaixo relacionadas está bem formada, justificando suas respostas.

a) $(\{0,1\},\{S,0,1\},\{S \to 01, S \to 0S1\},S)$;

b) $(\{\},\{0,1\},\{S \to 01, S \to 0S1\},S)$;

c) $(\{0,1\},\{S,0,1\},\{S \to 01, S \to 0S1\},S)$;

d) $(\{S,0\},\{1\},\{S \to 01, S \to 0S1\},S)$;

e) $(\{S,0,1,2,3\},\{2,3\},\{S \to 0, S \to 1, 0 \to 12, 1 \to 03, 0 \to 3, 1 \to 2\},S)$;

f) $(\{0,1,S\},\{S\},\{0 \to S0, 0 \to 1, 1 \to SS\},0)$.

19. Considere a gramática $G = (\{S,X,Y,a,b,c\}$, $\{a,b,c\}$, $\{S \to XY$, $X \to aXcc$, $X \to b$, $Y \to Yc$, $Y \to \varepsilon\}$, $S)$:

a) Essa gramática está corretamente construída? Justifique sua resposta.

b) $L(G)$ é finita ou infinita? Justifique sua resposta.

c) Verifique se as cadeias $aabccccc$ e $aaabccccc$ são geradas por essa gramática. Em caso afirmativo, mostre a sequência de derivações correspondente. Em caso negativo, justifique sua resposta.

d) Descreva, com suas próprias palavras, e da forma mais concisa e objetiva possível, a linguagem $L(G)$.

20. Considere a gramática $G = (\{S,X,Y,a,b,c\}, \{a,b,c\}, \{S \to aXc, X \to aXc, X \to Yb, Y \to bY, Y \to b\}, S)$:
    a) Obtenha uma sentença qualquer de comprimento no mínimo igual a oito, mostrando todos os passos da sua derivação.
    b) Verifique se a cadeia *aaabbbccc* pertence à linguagem gerada por essa gramática. Justifique sua resposta.
    c) Descreva em português, da forma mais precisa possível, a linguagem gerada por essa gramática.
21. Construa gramáticas para as seguintes linguagens:
    a) $\{x \in \{a,b\}^* \mid x$ apresenta simultaneamente *aabb* e *bbaa* como subcadeias$\}$.
    b) $\{x \in \{a,b\}^* \mid x$ não apresenta nem *aaa* nem *bbb* como subcadeias$\}$.
22. Dadas as regras gramaticais seguintes, identificar a linguagem por elas descrita (S é a raiz da gramática): $\{S \to SaS, S \to SbS, S \to c\}$.
23. Defina, de maneira informal e com suas próprias palavras, as linguagens geradas pelas seguintes gramáticas:
    a) $G = (\{S,L,(,),;,a\},\{(,),;,a\},P,S)$
    $P = \{S \to (L), S \to a, L \to L;S, L \to S\}$
    b) $G = (\{S,a,b,c\},\{a,b,c,\},P,S)$
    $P = \{S \to SaS, S \to SbS, S \to c\}$
24. Descreva, através de uma gramática, a linguagem dos números decimais em notação científica (números com ou sem sinal, com parte inteira e/ou decimal, com ou sem expoente, o qual, se existir, pode ser também com ou sem sinal).
25. Descreva uma gramática para a linguagem das expressões aritméticas simples, formadas por operandos x, operadores "$+$" e "$*$", e parênteses para agrupar subexpressões.
26. Construa uma gramática G que gere a linguagem formada pelas cadeias, sobre o alfabeto $\Sigma = \{a,+,-,/,*\}$, que representem expressões aritméticas na notação RPN (polonesa reversa, ou pós-fixada). Expressões RPN são definidas recursivamente da seguinte forma:
    a) a é por definição uma expressão RPN;
    b) se X e Y são duas expressões RPN, então também são expressões RPN:
        i. $XY+$
        ii. $XY-$
        iii. $XY/$
        iv. $XY*$

    São exemplos de sentenças dessa linguagem:
    - a
    - $aa*$
    - $aaa+/$
    - $aa*a+aa/-$

    Obtenha uma derivação para cada uma dessas sentenças na sua gramática.
27. Defina uma gramática G que gere a linguagem composta pelas cadeias sobre o alfabeto $\Sigma = \{a,b,c,d\}$, de tal forma que $L(G) = \{wdw^R \mid w \in \{a,b,c\}\}$.
28. Defina formalmente, através de gramáticas, as seguintes linguagens:
    a) conjunto vazio;
    b) conjunto contendo apenas a cadeia vazia;
    c) conjunto contendo todas as cadeias sobre $\{a,b,c,d\}$, incluindo ε.
29. Considere a definição formal de gramáticas $G = (V,T,P,S)$. A relação "$\to$", empregada na especificação das regras de substituição do conjunto P, pode ser denotada como uma relação sobre conjuntos. Como poderia ser feita uma definição formal dessa relação?
30. Defina:
    a) Gramática.
    b) Símbolo terminal.
    c) Símbolo não terminal.
    d) Derivação.
    e) Forma sentencial.
    f) Sentença.
    g) Linguagem gerada por uma gramática.
31. Defina formalmente, através de gramáticas, as seguintes linguagens:
    a) Todas as sentenças de comprimento ímpar sobre o alfabeto $\{a,b\}$ em que o primeiro símbolo de cada sentença coincida com o símbolo situado no centro da mesma sentença. Exemplos: $bba, babba, aabaabb$ etc.
    b) Todas as sentenças de comprimento par sobre o alfabeto $\{a,b,c,d\}$ em que haja simetria entre os símbolos da metade inicial de cada sentença com os da segunda metade da mesma sentença. Exemplos: $aa, abcddcba, cbbc$.
    c) Todas as sentenças de comprimento qualquer, sobre o alfabeto $\{a,b,c,d\}$, que sejam simétricas.

Linguagens, gramáticas e conjuntos

32. Considere o alfabeto $\Sigma = \{a,b\}$. Proponha gramáticas diferentes G_1 e G_2 que gerem linguagens sobre esse alfabeto, de tal forma que:

- $G_1 \neq G_2$;
- $L_1(G_1)$ e $L_2(G_2)$ sejam infinitas.

e, adicionalmente:

a) $L_1 \cap L_2 = \emptyset$;
b) $L_1 \subset L_2$ e $L_1 \neq L_2$;
c) $L_1 = \Sigma^* - L_2$;
d) $L_1 = L_2 = \Sigma^*$;
e) $L_1 \cap L_2 = (ab)^*$;
f) $L_1 - L_2 = \{a, ab, b\}$;
g) $L_1 \cup L_2 = \Sigma^*$ e $L_1 \cap L_2 = \emptyset$.

33. Considere o alfabeto $\{a,b,c\}$. Defina, através de gramáticas, linguagens infinitas L_1, L_2, L_3, L_4, L_5 e L_6 que se relacionem conforme especificado abaixo. Construa uma figura, similar à Figura 2.5, que represente, na forma de conjuntos, a relação entre essas linguagens.
   a) L_1 qualquer;
   b) $L_2 \mid (L_2 \subseteq L_1)$;
   c) $L_3 \mid (L_3 \subseteq L_1) \wedge (L_3 \neq L_2) \wedge (L_2 \cap L_3 \neq \emptyset)$;
   d) $L_4 \mid (L_4 \subseteq L_1) \wedge (L_4 \cap L_2 \neq \emptyset) \wedge (L_4 \cap L_3 \neq \emptyset)$;
   e) $L_5 \mid (\exists w \in L_2 \mid w \in L_5) \wedge (\exists w \in L_4 \mid w \in L_5)$;
   f) $L_6 \mid (L_3 \subseteq L_6) \wedge (\exists w \in L_5 \mid w \in L_6)$.
34. Considere o alfabeto $\{a,b,c\}$. Proponha quatro linguagens infinitas e diferentes entre si, $L_i \subseteq \Sigma^*, 1 \leqslant i \leqslant 4$, tais que todas as seguintes condições sejam verificadas simultaneamente:
   - L_1 qualquer;
   - $L_2 \mid (L_2 \subset L_1)$;
   - $L_3 \mid (L_3 \cap L_2 \neq \emptyset) \wedge (L_3 \cap (\Sigma^* - L_1) \neq \emptyset) \wedge (L_3 \not\supseteq L_1)$;
   - $L_4 \mid (L_4 \cap L_1 = \emptyset) \wedge (L_4 \cap L_3 = \emptyset)$.

   Pede-se:
   a) Descrever L_1, L_2, L_3 e L_4 informalmente.
   b) Desenhar um diagrama mostrando a relação de inclusão que há entre essas quatro linguagens.
   c) Apresentar pelo menos uma cadeia $w \in \Sigma^*$ que ilustre cada um dos seguintes casos:
      i. $w \notin L_1, w \notin L_3, w \notin L_4$;
      ii. $w \in L_1, w \notin L_2, w \notin L_3$;
      iii. $w \in L_1, w \notin L_2, w \in L_3$;
      iv. $w \notin L_1, w \in L_3$;
      v. $w \in L_2, w \in L_3$;
      vi. $w \in L_4$.
35. Sejam L_1 e L_2 duas linguagens quaisquer. Prove:
   a) $(L_1 \cup L_2)^* = (L_1^* L_2^*)^*$;
   b) $L_1(L_2 L_1)^* = (L_1 L_2)^* L_1$;
   c) $L_1^* \cup L_2^* \subseteq (L_1 \cup L_2)^*$;
   d) $(L_1 \cap L_2)^* \subseteq L_1^* \cap L_2^*$.
36. Sejam L_1 e L_2 duas linguagens quaisquer. Prove:
   a) $(L^2)^* \subseteq (L^*)^2$;
   b) $(L^*)^2 \nsubseteq (L^2)^*$.
37. Seja L uma linguagem qualquer. Prove:
   a) $LL^R \cup L^R L \neq \Sigma^*$;
   b) $L\overline{L} \cup \overline{L}L \neq \Sigma^*$.
38. Seja L uma linguagem qualquer. Prove que $(\overline{L})^R = \overline{(L^R)}$.

Reconhecedores

39. Traduza, de forma clara e concisa, o significado das seguintes afirmações:
   a) "As gramáticas G_1 e G_2 são equivalentes".
   b) "A gramática G e o autômato M são equivalentes".
   c) "Os autômatos M_1 e M_2 são equivalentes".
40. Seja G uma gramática e M um reconhecedor. O que se pode afirmar a respeito da relação entre $L(G)$ e $L(M)$, se:
   a) Toda cadeia gerada por G é aceita por M?
   b) Toda cadeia aceita por M é gerada por G?
   c) Algumas cadeias geradas por G são aceitas por M?
   d) Nenhuma das cadeias geradas por G é aceita por M?
   e) Nenhuma das cadeias aceitas por M é gerada por G?
   f) Não existe nenhuma cadeia que seja simultaneamente gerada por G e aceita por M?
41. Considere G_1 e G_2 duas gramáticas quaisquer, e M_1 e M_2 dois reconhecedores quaisquer. Em que circunstâncias se diz que:
   a) G_1 e G_2 definem a mesma linguagem?
   b) G_1 e G_2 definem linguagens complementares?
   c) M_1 e M_2 definem a mesma linguagem?
   d) M_1 e M_2 definem linguagens diferentes?
   e) M_1 define uma linguagem que é um subconjunto próprio da linguagem definida por M_2?
   f) G_1 e M_1 definem a mesma linguagem?
   g) G_1 e M_1 definem linguagens disjuntas?
42. Do ponto de vista prático, quais são as principais aplicações:
   a) Das gramáticas?
   b) Dos reconhecedores?

c) Das linguagens?

43. Responda às perguntas:
    a) Quais são os quatro componentes básicos de um reconhecedor?
    b) Como se caracteriza a configuração de um reconhecedor?
    c) Qual a diferença entre uma transição e uma movimentação em um reconhecedor?
    d) O que difere um reconhecedor determinístico de um outro não determinístico?
    e) Do ponto de vista prático, quais as implicações dessas diferenças?
    f) Como se caracteriza formalmente a linguagem definida por um reconhecedor?
44. Formalmente, como são representados os seguintes componentes de um reconhecedor genérico?
    a) Configuração inicial.
    b) Configuração final.
    c) Função de transição.
    d) Linguagem definida pelo reconhecedor.
45. Considere um reconhecedor cuja função de transição δ contenha os seguintes elementos:

$$\begin{aligned}\delta \supseteq \{ & (q_0,(\alpha,\sigma\beta),\gamma_0) \to (q_1,(\alpha,\beta),\gamma_1), \\ & (q_1,(\alpha,\sigma\beta),\gamma_0) \to (q_1,(\alpha,\beta),\gamma_1), \\ & (q_0,(\alpha,\sigma\beta),\gamma_0) \to (q_2,(\alpha,\beta),\gamma_1)\}\end{aligned}$$

com $q_0,q_1,q_2 \in Q, \gamma_0,\gamma_1 \in \Gamma^*, \alpha,\beta \in \Sigma^*, \sigma \in \Sigma$.
    a) Pode-se afirmar que o reconhecedor seja não determinístico?
    b) E se $\delta = \delta - \{(q_0,(\alpha,\sigma\beta),\gamma_0) \to (q_1,(\alpha,\beta),\gamma_1)\}$?

    Justifique suas respostas.
46. Responda às perguntas:
    a) O que são transições em vazio?
    b) A presença de transições em vazio torna os reconhecedores necessariamente não determinísticos? Justifique.
47. Um reconhecedor atinge um impasse, ou seja, ele não consegue evoluir para uma nova configuração. Pode-se, neste caso, dizer que a cadeia de entrada foi rejeitada pelo reconhecedor? Justifique sua resposta.
48. Em que condições é possível dizer que um impasse caracteriza a aceitação da cadeia de entrada em um autômato? E quanto à caracterização da rejeição?

Hierarquia de Chomsky

49. Responda às perguntas:
    a) Em que consiste a Hierarquia de Chomsky?
    b) Quais são as classes de gramáticas por ela definidas?
    c) Identifique as diferenças entre os diversos tipos de gramáticas definidas por Chomsky.
    d) Quais são as classes de linguagens por ela representadas?
    e) Quais são as características que distinguem entre si as linguagens geradas pelas gramáticas definidas pela Hierarquia de Chomsky?
    f) Discorra sobre a hierarquia de inclusão própria das classes de gramáticas na Hierarquia de Chomsky.
    g) Discorra sobre a hierarquia de inclusão própria das classes de linguagens na Hierarquia de Chomsky.
    h) Qual a importância prática da Hierarquia de Chomsky para a implementação de linguagens artificiais?
50. Considere a gramática $G = (\{S,a,b\}, \{a,b\}, P, S)$, com $P = \{S \to aSa, S \to bSb, aS \to bS, S \to aS, S \to bS, S \to a, S \to b\}$. Na Hierarquia de Chomsky, qual é:
    a) O tipo mais restrito, respectivamente, de G e de $L(G)$? Justifique sua resposta.
    b) É possível obter G' do tipo 3 tal que $L(G') = L(G)$? Em caso afirmativo, apresente uma gramática G' que sustente o seu argumento. Em caso negativo, justifique sua resposta.
    c) Se for acrescentada à gramática G a produção $S \to c, c \in \Sigma$, como são afetados os tipos (mais restritos) de G e de $L(G)$? Justifique sua resposta.
51. Considere a gramática $G = (\{S,a\}, \{a\}, P, S)$, com $P = \{S \to SS, S \to a\}$.
    a) Qual o tipo mais restrito, respectivamente, de G e de $L(G)$? Justifique sua resposta.
    b) É possível obter G' do tipo 3 tal que $L(G') = L(G)$? Em caso afirmativo, apresente uma gramática G' que sustente o seu argumento. Em caso negativo, justifique sua resposta.
52. Considere a gramática $G = (V,\Sigma,P,PGM)$, com $N = \{PGM, DCL, CMD\}$, $\Sigma = \{pgm, dcl, cmd, begin, end, id,$ ";", "."$\}$ e $P = \{$

PGM $\rightarrow$ *pgm id ; DCL begin CMD end .*,
DCL $\rightarrow$ *dcl ;* | *dcl ; DCL*,
CMD $\rightarrow$ *cmd ;* | *cmd ; CMD*}

Mostrar que a cadeia *pgm id ; dcl ; dcl ; begin cmd ; cmd ; cmd ; end .* é uma sentença da linguagem definida, apresentando para isso uma sequência adequada de derivações. Exemplifique, ainda utilizando a gramática e a sentença acima, os conceitos de derivação, derivação não trivial e derivação direta.

a) Qual o tipo (mais restrito) da gramática G?

b) E quanto ao tipo (mais restrito) da linguagem definida pela referida gramática?

c) É possível obter uma gramática do tipo 3 que defina a mesma linguagem definida por tal gramática? Justifique sua resposta, apresentando uma solução, se for o caso.

53. Determine o tipo mais restrito de cada uma das gramáticas abaixo relacionadas, conforme a classificação proposta por Chomsky:
    a) $(\{S,0,1\},\{0,1\},\{S \rightarrow 01, S \rightarrow 0S1\},S)$
    b) $(\{S,0,1\},\{0,1\},\{S \rightarrow 01, S \rightarrow S01\},S)$
    c) $(\{S,0,1\},\{0,1\},\{S \rightarrow \varepsilon, S \rightarrow 0S1\},S)$
    d) $(\{S,0,1\}, \{0,1\}, \{S \rightarrow 0S1, 0S1 \rightarrow 1S0\}, S)$

    Justifique suas respostas.

54. Para cada uma das gramáticas apresentadas no Exercício 53, determinar o tipo mais restrito das linguagens por elas geradas. Justifique suas respostas.

Exercícios de programação

55. Construa um programa de computador que aceite como entrada uma cadeia que represente uma gramática $G = (V, \Sigma, P, S)$ qualquer, e determine se ela está bem formada. Verifique os seguintes itens:
    a) Se não existem nomes duplicados em V.
    b) Se não existem nomes duplicados em Σ.
    c) Se $\forall \sigma \in \Sigma, \sigma \in V$.
    d) Se cada um dos símbolos terminais está sendo usado em pelo menos uma regra de P.
    e) Se cada um dos símbolos não terminais está sendo usado em pelo menos uma regra de P.
    f) Se não existem símbolos sendo usados em P que não façam parte de V.
    g) Se $S \in N$.
    h) Se as regras de formação abaixo são observadas.

    A gramática de entrada deverá ser representada na forma de uma cadeia pertencente ao conjunto regular definido sobre o alfabeto $\{A,B,C,...,X,Y,Z,a,b,c,...,x,y,z,-,>,\$\}$: *<Regra>*(−*<Regra>*)*$ onde:

<Regra>	$\rightarrow$	*<Lado-esquerdo>* > *<Lado-direito>*
<Lado-esquerdo>	$\rightarrow$	*<Cadeia>* *<Não terminal>* *<Cadeia>*
<Lado-direito>	$\rightarrow$	*<Cadeia>*
<Cadeia>	$\rightarrow$	*<Não terminal>* *<Cadeia>* | *<Terminal>* *<Cadeia>* | ε
<Não terminal>	$\rightarrow$	$A \mid B \mid ... \mid Y \mid Z$
<Terminal>	$\rightarrow$	$a \mid b \mid ... \mid y \mid z$

    Portanto, letras maiúsculas (A até Z) representam símbolos não terminais e letras minúsculas (a até z) representam símbolos terminais. O primeiro símbolo não terminal referenciado na cadeia de entrada será considerado a raiz da gramática. Cada sequência do tipo *<Lado-esquerdo>* > *<Lado-direito>* representa uma regra da gramática. A cadeia $\alpha_1 > \beta_1 - \alpha_2 > \beta_2 - \alpha_3 > \beta_3 - ... - \alpha_n > \beta_n\$$ representa uma gramática com n regras, onde α_i é uma cadeia não vazia qualquer sobre o conjunto $\{A,...,Z,a,...,z\}$, contendo pelo menos um símbolo do conjunto $\{A,...,Z\}$, e β_i é uma cadeia qualquer (incluindo a cadeia vazia) sobre o conjunto $\{A,...,Z,a,...,z\}$. O símbolo ">" é usado para separar o lado esquerdo do lado direito da mesma regra, o símbolo "−" é usado para separar regras consecutivas e o símbolo "$" indica o fim da sequência de regras e, portanto, o fim da gramática. Por exemplo, a cadeia $S > aSa - S > bSb - S > c - S > \$$ representa a gramática $G = (\{S,a,b,c\}, \{a,b,c\}, P, S)$, com $P = \{S \rightarrow aSa, S \rightarrow bSb, S \rightarrow c, S \rightarrow \varepsilon\}$. O programa deverá informar ao usuário se a gramática está bem formada ou não. Neste último caso, deverá informar com clareza acerca das inconsistências encontradas.

56. Com base no programa desenvolvido no Exercício 55, obtenha um novo programa que

aceite como entrada uma gramática G qualquer e, opcionalmente, um número i, $0 \leqslant i \leqslant 3$. Três opções deverão então ser fornecidas ao usuário:

a) Determinar o tipo mais restrito de G, conforme a classificação de Chomsky (caso o número i não tenha sido informado).
b) Verificar se G é do tipo i.
c) Verificar se o tipo mais restrito de G é i.

O programa deverá então efetuar a análise solicitada, informando ao usuário com clareza sobre a natureza de eventuais inconsistências encontradas.

57. Dada uma gramática G qualquer (especificada conforme a notação usada no Exercício 55), construa um programa que simule derivações de cadeias em G. O simulador deve partir da raiz da gramática e, para cada forma sentencial obtida, apresentá-la na tela, e informar o usuário sobre:

a) Quais produções de G podem ser aplicadas à forma sentencial corrente, e em quais posições.
b) Solicitar ao usuário que selecione uma alternativa dentre as apresentadas.

Na sequência, o simulador deverá obter a forma sentencial seguinte, pela aplicação da produção escolhida na posição indicada, apresentar o resultado na tela, e reiniciar o ciclo, apresentando as novas possibilidades de substituição. Caso se obtenha uma sentença, o programa deverá parar, indicando o término do processo de derivação. A partir da raiz, as formas sentenciais obtidas deverão estar listadas e ordenadas na tela, para conferência do usuário.

58. Construa uma versão modificada do programa obtido no Exercício 57, de tal forma que o próprio programa faça a escolha, aleatória, da produção a ser aplicada em cada forma sentencial, aplicando-a em seguida. Estipule o número total de iterações que o programa possa executar, e determine quantas e quais sentenças são geradas em cada execução do programa, nessas condições. Experimente aumentar ou diminuir o número total de iterações permitidas ao programa.

Capítulo 3

Linguagens regulares

Neste capítulo serão estudadas as linguagens regulares e as diversas formas através das quais elas podem ser geradas ou reconhecidas:

- Gramáticas regulares.
- Conjuntos regulares (mais usualmente representados através das expressões regulares).
- Autômatos finitos.

Em primeiro lugar, serão apresentados cada um desses formalismos. Depois, será mostrada a equivalência entre eles quanto à classe de linguagens que são capazes de representar — as linguagens regulares —, e serão apresentados também algoritmos que permitem efetuar a obtenção de uma representação a partir de cada uma das outras.

Especial ênfase será dedicada ao estudo dos autômatos finitos: serão introduzidas as notações e os conceitos, sempre relacionando esse tipo de reconhecedor ao modelo geral, apresentado no capítulo anterior. Também será apresentada uma introdução aos transdutores finitos.

Posteriormente, serão consideradas as propriedades exibidas pelas linguagens do tipo 3 em suas diversas representações. Em particular, o "Pumping Lemma" das linguagens regulares, muito útil na demonstração de que certas linguagens não são regulares, e também para demonstrar diversos outros importantes teoremas relativos às linguagens dessa classe. Outra fundamental propriedade refere-se à existência de um autômato mínimo (e único) para cada linguagem regular considerada, o qual pode ser obtido conforme o método prático apresentado.

Em seguida, serão analisadas algumas valiosas operações que preservam a regularidade das linguagens do tipo 3, e que, por esse motivo, também são úteis para determinar a categoria de Chomsky a que uma linguagem possa pertencer.

Finalmente, serão apresentadas e demonstradas, no último item deste capítulo, algumas questões decidíveis referentes à classe das linguagens regulares.

3.1 Gramáticas regulares

As **gramáticas lineares à direita** foram apresentadas anteriormente, na Seção 2.7. Trata-se de gramáticas cujas regras $\alpha \rightarrow \beta$ atendem exclusivamente às seguintes condições:

- $\alpha \in N$;
- $\beta \in (\Sigma \cup \{\varepsilon\})(N \cup \{\varepsilon\})$.

Exemplo 3.1 A gramática do Exemplo 2.41 é linear à direita. Da mesma forma, a gramática apresentada a seguir também é linear à direita.

$$\begin{aligned} V &= \{S, X, Y, a, b\} \\ \Sigma &= \{a, b\} \\ P &= \{S \to aS, S \to bS, S \to bX, X \to bY, Y \to b\} \end{aligned}$$

Note que todas as regras contêm exatamente um símbolo não terminal do lado esquerdo e, além disso, que o lado direito de todas as regras é uma cadeia do conjunto $(\Sigma \cup \{\varepsilon\})(N \cup \{\varepsilon\})$ A linguagem gerada por essa gramática compreende todas as cadeias sobre o alfabeto $\{a, b\}$ que terminam com *bbb*. ⋆

As **gramáticas lineares à esquerda**, por sua vez, possuem regras $\alpha \to \beta$ em que as seguintes condições são observadas em todas elas:

- $\alpha \in N$;
- $\beta \in (N \cup \{\varepsilon\})(\Sigma \cup \{\varepsilon\})$.

Exemplo 3.2 A gramática do Exemplo 2.42 é linear à esquerda. Da mesma forma, a gramática apresentada a seguir também é linear à esquerda.

$$\begin{aligned} V &= \{S, X, Y, Z, a, b\} \\ \Sigma &= \{a, b\} \\ P &= \{S \to Xb, X \to Yb, Y \to Zb, Z \to Za, Z \to Zb, Z \to \varepsilon\} \end{aligned}$$

Note que todas as regras contêm exatamente um símbolo não terminal do lado esquerdo e, além disso, que o lado direito de todas as regras é uma cadeia do conjunto $(N \cup \{\varepsilon\})(\Sigma \cup \{\varepsilon\})$ A linguagem gerada por esta gramática é a mesma do exemplo anterior, ou seja, compreende todas as cadeias sobre o alfabeto $\{a, b\}$ que terminam com *bbb*. ⋆

Sejam lineares à direita ou lineares à esquerda, o lado esquerdo das regras das gramáticas regulares é sempre um único símbolo não terminal. Já o lado direito das regras de tais gramáticas é sempre formado por no máximo dois símbolos (terminal e não terminal, se direita, ou não terminal terminal, se esquerda). O lado direito pode ainda ser formado por apenas um único símbolo terminal, um único símbolo não terminal ou ainda a cadeia vazia.

Exemplo 3.3 A gramática apresentada a seguir não é linear à direita nem linear à esquerda:

$$\begin{aligned} V &= \{S, X, Y, Z, a, b\} \\ \Sigma &= \{a, b\} \\ P &= \{S \to Xb, X \to Yb, Y \to Zb, Z \to aZ, Z \to bZ, Z \to \varepsilon\} \end{aligned}$$

Note que todas as regras contêm exatamente um símbolo não terminal do lado esquerdo. No entanto, as três primeiras regras colocam o símbolo não terminal do lado esquerdo, ao passo que as duas seguintes o colocam do lado direito. A última regra é válida tanto num tipo de gramática quanto no outro. A linguagem gerada por essa gramática é a mesma do exemplo anterior, ou seja, compreende todas as cadeias sobre o alfabeto $\{a, b\}$ que terminam com *bbb*. ⋆

Alguns autores consideram as seguintes extensões na definição das regras $\alpha \to \beta$ de gramáticas lineares à direita e à esquerda:

- $\alpha \in N$;
- $\beta \in \Sigma^*(N \cup \{\varepsilon\})$ se linear à direita, ou
  $\beta \in (N \cup \{\varepsilon\})\Sigma^*$ se linear à esquerda.

Nessas extensões, admite-se uma quantidade qualquer de símbolos terminais no lado direito das produções gramaticais, e não no máximo um, como foi estabelecido na definição original. Tais extensões em nada alteram a classe de linguagens representáveis por esses tipos de gramáticas, constituindo o seu uso mera conveniência. O Teorema 3.1 traz a demonstração dessa equivalência.

Demonstra-se que as gramáticas lineares à esquerda ou à direita geram exatamente a mesma classe de linguagens. Portanto, é indiferente o emprego de uma ou outra dessas duas variantes de gramática, já que ambas possuem a mesma capacidade de representação de linguagens.

Por esse motivo, as gramáticas lineares à direita ou à esquerda são também denominadas **gramáticas regulares**. Esse termo serve para designar ambos os tipos de gramática linear. As linguagens geradas por gramáticas regulares recebem o nome de **linguagens regulares**. O Teorema 3.2 estabelece a equivalência entre gramáticas lineares, à direita e à esquerda.

Quando uma gramática linear à direita possui no máximo um único símbolo terminal do lado direito das suas regras, ela recebe a denominação de **gramática linear à direita unitária**. Independentemente da quantidade de símbolos terminais do lado direito, a gramática recebe a denominação de **gramática linear à direita não unitária**. Dessa maneira, toda gramática linear à direita unitária é também uma gramática linear à direita não unitária, mas o contrário nem sempre é verdadeiro. O mesmo vale para **gramática linear à esquerda unitária** e **gramática linear à esquerda não unitária**.

O termo **gramática linear à direita** (ou **gramática linear à esquerda**) denota gramáticas de qualquer um dos dois tipos (unitária ou não unitária). Uma **gramática regular** é, portanto, uma **gramática linear à direita (GLD)** ou uma **gramática linear à esquerda (GLE)**.

Uma **gramática linear** (não necessariamente à esquerda ou à direita) é uma gramática que possui no máximo um único símbolo não terminal do lado direito das suas regras. Assim, gramáticas lineares à esquerda ou à direita são casos particulares de gramáticas lineares: toda gramática linear à esquerda ou à direita é também uma gramática linear, porém o inverso nem sempre é verdadeiro. A linguagem gerada por uma gramática linear é chamada de **linguagem linear**, e esta não é necessariamente uma linguagem regular.

Exemplo 3.4 A gramática linear apresentada a seguir gera uma linguagem linear que é livre de contexto e não regular ($a^k b^k$ com $k \geq 0$), conforme será visto mais adiante:

$$\begin{array}{lll} S & \rightarrow & aSb \\ S & \rightarrow & \varepsilon \end{array}$$

⋆

Logo, toda linguagem regular é também linear, porém nem toda linguagem linear é regular. Passamos agora ao teorema que estabelece a equivalência entre as gramáticas lineares à direita e as gramáticas lineares à esquerda.

Teorema 3.1 (GLD não unitária $\Rightarrow$ unitária) "Se G_1 é uma gramática composta apenas de produções do tipo $\alpha \rightarrow \beta$, $\alpha \in N$, $\beta \in \Sigma^*(N \cup \{\varepsilon\})$, então existe uma gramática equivalente G_2 composta apenas de produções do tipo $\alpha \rightarrow \beta, \alpha \in N, \beta \in (\Sigma \cup \{\varepsilon\})(N \cup \{\varepsilon\})$."

G_2 pode ser obtida a partir de G_1 pelo Algoritmo 3.1, o qual substitui as regras $\alpha \rightarrow \beta, \beta \in \Sigma^* N$, por um conjunto equivalente de novas regras $\alpha' \rightarrow \beta', \beta' \in (\Sigma \cup \{\varepsilon\})(N \cup \{\varepsilon\})$.

Algoritmo 3.1 (GLD não unitária ⇒ unitária) *"Substituição das produções de uma gramática linear à direita, na forma* $\alpha \rightarrow \beta$, $\beta \in \Sigma^*(N \cup \{\varepsilon\})$, *por conjuntos de produções equivalentes, na forma* $\alpha \rightarrow \beta$, $\beta \in (\Sigma \cup \{\varepsilon\})(N \cup \{\varepsilon\})$."

- *Entrada: uma gramática linear à direita* $G_1 = (V_1, \Sigma, P_1, S_1)$, *cujas produções são da forma* $\alpha \rightarrow \beta, \beta \in \Sigma^*(N \cup \{\varepsilon\})$.
- *Saída: uma gramática linear à direita* $G_2 = (V_2, \Sigma, P_2, S_2)$, *tal que* $L(G_2) = L(G_1)$ *e cujas produções são todas da forma* $\alpha \rightarrow \beta, \beta \in (\Sigma \cup \{\varepsilon\})(N \cup \{\varepsilon\})$.
- *Método:*
  1. $N_2 \leftarrow N_1$;
  2. $P_2 \leftarrow \emptyset$;
  3. *Para cada* $\alpha \rightarrow \beta \in P_1, \beta = \sigma_1 ... \sigma_n K$, *com* $K \in N \cup \{\varepsilon\}$ *e* $n \geqslant 0$, *faça:*
     - *Se* $\beta = \varepsilon$, $\beta \in \Sigma$, $\beta \in N$, *ou* $\beta \in \Sigma N$, *então* $P_2 \leftarrow P_2 \cup \{\alpha \rightarrow \beta\}$
     - *Se* $|\beta| \geqslant 2$ *e* $\beta \in \Sigma^*$, *ou seja, se* $\beta \in \Sigma\Sigma\Sigma^*$, *então:*
       * $N_2 \leftarrow N_2 \cup \{Y_1, Y_2, ..., Y_{n-1}\}$
       * $P_2 \leftarrow P_2 \cup \{\alpha \rightarrow \sigma_1 Y_1,\ Y_1 \rightarrow \sigma_2 Y_2\ , ..., Y_{n-2} \rightarrow \sigma_{n-1}$ Y_{n-1},
         $Y_{n-1} \rightarrow \sigma_n\}$
     - *Se* $|\beta| \geqslant 3$ *e* $\beta \in \Sigma^* N$, *ou seja, se* $\beta \in \Sigma\Sigma\Sigma^* N$, *então:*
       * $N_2 \leftarrow N_2 \cup \{X_1, X_2, ..., X_{n-1}\}$
       * $P_2 \leftarrow P_2 \cup \{\alpha \rightarrow \sigma_1 X_1, X_1 \rightarrow \sigma_2 X_2, ..., X_{n-2} \rightarrow \sigma_{n-1} X_{n-1}$,
         $X_{n-1} \rightarrow \sigma_n K\}$

○

Algoritmo semelhante pode ser facilmente desenvolvido para o caso das gramáticas lineares à esquerda não unitárias, de forma a obter uma gramática equivalente cujas regras sejam do tipo $\alpha \rightarrow \beta, \alpha \in N, \beta \in (N \cup \{\varepsilon\})(\Sigma \cup \{\varepsilon\})$. □

Exemplo 3.5 Considere-se a gramática G_1:

$$\begin{aligned} S_1 &\rightarrow abcdP \\ P &\rightarrow efP \\ P &\rightarrow Q \\ Q &\rightarrow g \end{aligned}$$

A aplicação do Algoritmo 3.1 resulta na gramática G_2:

$$\begin{aligned} S_2 &\rightarrow aP_1 \\ P_1 &\rightarrow bP_2 \\ P_2 &\rightarrow cP_3 \\ P_3 &\rightarrow dP \\ P &\rightarrow eP_4 \\ P_4 &\rightarrow fP \\ P &\rightarrow Q \\ Q &\rightarrow g \end{aligned}$$

A título de ilustração, considerem-se as derivações da sentença $abcdefg$, respectivamente, em G_1 e G_2:

- $S_1 \stackrel{G_1}{\Rightarrow} abcdP \stackrel{G_1}{\Rightarrow} abcdefP \stackrel{G_1}{\Rightarrow} abcdefQ \stackrel{G_1}{\Rightarrow} abcdefg$
- $S_2 \stackrel{G_2}{\Rightarrow} aP_1 \stackrel{G_2}{\Rightarrow} abP_2 \stackrel{G_2}{\Rightarrow} abcP_3 \stackrel{G_2}{\Rightarrow} abcdP \stackrel{G_2}{\Rightarrow} abcdeP_4 \stackrel{G_2}{\Rightarrow} abcdefP \stackrel{G_2}{\Rightarrow} abcdefQ \stackrel{G_2}{\Rightarrow} abcdefg$

⋆

Teorema 3.2 (GLD ⇔ GLE) "Se G_1 é uma gramática linear à direita unitária, então existe uma gramática linear à esquerda unitária G_2 tal que $L(G_1) = L(G_2)$, e vice-versa."

O Algoritmo 3.2 mostra como se pode mapear as regras de uma GLD G_1 nas regras de uma GLE G_2, de tal forma que $L(G_2) = L(G_1)$. O mesmo algoritmo pode ser usado, no sentido inverso, para mapear as regras de uma GLE G_2 nas regras de uma GLD G_1, de tal forma que $L(G_1) = L(G_2)$.

Algoritmo 3.2 (GLD ⇒ GLE) *"Obtenção de uma GLE que gera a mesma linguagem que uma GLD"*

- *Entrada: uma GLD unitária $G_1 = (V, \Sigma, P, S)$; é importante que S não compareça do lado direito de nenhuma regra do conjunto P (veja observação v a seguir).*[1]
- *Saída: uma GLE unitária $G_2 = (V, \Sigma, P', S)$ tal que $L(G_2) = L(G_1)$.*
- *Método: o conjunto de regras de G_2 (P') é obtido a partir do conjunto de regras de G_1 (P), conforme o mapeamento da Tabela 3.1.*

Tabela 3.1 Mapeamento de GLD em GLE para L e vice-versa

GLD	GLE	Observação
$S \rightarrow \mu$	$S \rightarrow \mu$	*i)*
$S \rightarrow \mu A$	$A \rightarrow \mu$	*ii)*
$A \rightarrow \mu$	$S \rightarrow A\mu$	*iii)*
$A \rightarrow \mu B$	$B \rightarrow A\mu$	*iv)*

Qualquer que seja o caso, S é a raiz da gramática, $\mu \in \Sigma^*$, $A \in N - \{S\}$ e $B \in N - \{S\}$, onde N é o conjunto de símbolos não terminais e Σ é o conjunto de terminais.
Observações:

- *i) Se a raiz da GLD gera uma sentença (μ) diretamente por meio de uma regra, a mesma regra deve existir na GLE correspondente.*
- *ii) Os primeiros símbolos gerados pela GLD (μ) precisam ser os últimos a serem gerados pela GLE correspondente.*
- *iii) Os últimos símbolos gerados pela GLD (μ) precisam ser os primeiros a serem gerados pela GLE correspondente.*
- *iv) Geração dos símbolos intermediários.*
- *v) Caso contrário, não seria possível gerar os demais símbolos da sentença (pelo caso ii, $S \rightarrow \mu A$ da GLD se transformaria na regra $S \rightarrow \mu S$ da mesma GLD e produziria a regra $S \rightarrow \mu$ na GLE correspondente).*
- *vi) Conforme mostrado a seguir, os símbolos não terminais são usados na ordem inversa na GLD e na GLE.*

○

Se, na GLD, as sentenças são construídas da esquerda para a direita, na GLE elas serão construídas no sentido oposto, ou seja, da direita para a esquerda. Só muda, portanto,

[1] Se esse for o caso, pode-se criar um novo símbolo não terminal Z, para ser usado como nova raiz da gramática, e adicionar a regra $Z \rightarrow S$ a ela.

o sentido em que as sentenças são geradas. Vejamos como são geradas as sentenças em uma GLD G_1:

$$
\begin{array}{rl}
S & \underbrace{\Rightarrow}_{S\rightarrow\mu_n A_1} \\
\mu_n A_1 & \underbrace{\Rightarrow}_{A_1\rightarrow\mu_{n-1}A_2} \\
\mu_n\mu_{n-1}A_2 & \underbrace{\Rightarrow}_{A_2\rightarrow\mu_{n-2}A_3} \\
\mu_n\mu_{n-1}\mu_{n-2}A_3 & \underbrace{\Rightarrow}_{A_3\rightarrow\mu_{n-3}A_4} \\
\mu_n\mu_{n-1}\mu_{n-2}\mu_{n-3}A_4 & \underbrace{\Rightarrow}_{...} \\
\mu_n\mu_{n-1}\mu_{n-2}\mu_{n-3}...\mu_4A_{n-3} & \underbrace{\Rightarrow}_{A_{n-3}\rightarrow\mu_3A_{n-2}} \\
\mu_n\mu_{n-1}\mu_{n-2}\mu_{n-3}...\mu_4\mu_3A_{n-2} & \underbrace{\Rightarrow}_{A_{n-2}\rightarrow\mu_2A_{n-1}} \\
\mu_n\mu_{n-1}\mu_{n-2}\mu_{n-3}...\mu_4\mu_3\mu_2A_{n-1} & \underbrace{\Rightarrow}_{A_{n-1}\rightarrow\mu_1} \\
\mu_n\mu_{n-1}\mu_{n-2}\mu_{n-3}...\mu_4\mu_3\mu_2\mu_1 &
\end{array}
$$

A constatação de que as regras da GLD G_1 usadas acima são mapeadas em regras de uma GLE G_2 (conforme a Tabela 3.1) mostra que $L(G_1) \subseteq L(G_2)$:

$$
\begin{array}{rl}
S & \underbrace{\Rightarrow}_{S\rightarrow A_{n-1}\mu_1} \\
A_{n-1}\mu_1 & \underbrace{\Rightarrow}_{A_{n-1}\rightarrow A_{n-2}\mu_2} \\
A_{n-2}\mu_2\mu_1 & \underbrace{\Rightarrow}_{A_{n-2}\rightarrow A_{n-3}\mu_3} \\
A_{n-3}\mu_3\mu_2\mu_1 & \underbrace{\Rightarrow}_{A_{n-3}\rightarrow A_{n-4}\mu_4} \\
A_{n-4}\mu_4\mu_3\mu_2\mu_1 & \underbrace{\Rightarrow}_{...} \\
A_3\mu_{n-3}...\mu_4\mu_3\mu_2\mu_1 & \underbrace{\Rightarrow}_{A_3\rightarrow A_2\mu_{n-2}} \\
A_2\mu_{n-2}\mu_{n-3}...\mu_4\mu_3\mu_2\mu_1 & \underbrace{\Rightarrow}_{A_2\rightarrow A_1\mu_{n-1}} \\
A_1\mu_{n-1}\mu_{n-2}\mu_{n-3}...\mu_4\mu_3\mu_2\mu_1 & \underbrace{\Rightarrow}_{A_1\rightarrow\mu_n} \\
\mu_n\mu_{n-1}\mu_{n-2}\mu_{n-3}...\mu_4\mu_3\mu_2\mu_1 &
\end{array}
$$

Em seguida, é necessário provar que toda sentença gerada pela GLE G_2 (obtida a partir de uma GLD G_1 conforme a Tabela 3.1) é também gerada por G_1. Isso garante que $L(G_2) \subseteq L(G_1)$ e, portanto, que $L(G_1) = L(G_2)$. De fato, toda derivação na GLE G_2 tem o seguinte formato:

$$
\begin{array}{rl}
S & \underbrace{\Rightarrow}_{S\rightarrow A_1\mu_1}
\end{array}
$$

$$
\begin{array}{rl}
A_1\mu_1 & \underbrace{\Rightarrow}_{A_1\to A_2\mu_2} \\
A_2\mu_2\mu_1 & \underbrace{\Rightarrow}_{A_2\to A_3\mu_3} \\
A_3\mu_3\mu_2\mu_1 & \underbrace{\Rightarrow}_{A_3\to A_4\mu_4} \\
A_4\mu_4\mu_3\mu_2\mu_1 & \underbrace{\Rightarrow}_{\ldots} \\
A_{n-3}\mu_{n-3}\ldots\mu_4\mu_3\mu_2\mu_1 & \underbrace{\Rightarrow}_{A_{n-3}\to A_{n-2}\mu_{n-2}} \\
A_{n-2}\mu_{n-2}\mu_{n-3}\ldots\mu_4\mu_3\mu_2\mu_1 & \underbrace{\Rightarrow}_{A_{n-2}\to A_{n-1}\mu_{n-1}} \\
A_{n-1}\mu_{n-1}\mu_{n-2}\mu_{n-3}\ldots\mu_4\mu_3\mu_2\mu_1 & \underbrace{\Rightarrow}_{A_{n-1}\to \mu_n} \\
\mu_n\mu_{n-1}\mu_{n-2}\mu_{n-3}\ldots\mu_4\mu_3\mu_2\mu_1 &
\end{array}
$$

A Tabela 3.1 permite inferir as regras da GLD G_1 correspondente, as quais resultam na seguinte derivação:

$$
\begin{array}{rl}
S & \underbrace{\Rightarrow}_{S\to \mu_n A_{n-1}} \\
\mu_n A_{n-1} & \underbrace{\Rightarrow}_{A_{n-1}\to \mu_{n-1}A_{n-2}} \\
\mu_n\mu_{n-1}A_{n-2} & \underbrace{\Rightarrow}_{A_{n-2}\to \mu_{n-2}A_{n-3}} \\
\mu_n\mu_{n-1}\mu_{n-2}A_{n-3} & \underbrace{\Rightarrow}_{A_{n-3}\to \mu_{n-3}A_{n-4}} \\
\mu_n\mu_{n-1}\mu_{n-2}\mu_{n-3}A_{n-4} & \underbrace{\Rightarrow}_{\ldots} \\
\mu_n\mu_{n-1}\mu_{n-2}\mu_{n-3}\ldots\mu_4 A_3 & \underbrace{\Rightarrow}_{A_3\to \mu_3 A_2} \\
\mu_n\mu_{n-1}\mu_{n-2}\mu_{n-3}\ldots\mu_4\mu_3 A_2 & \underbrace{\Rightarrow}_{A_2\to \mu_2 A_1} \\
\mu_n\mu_{n-1}\mu_{n-2}\mu_{n-3}\ldots\mu_4\mu_3\mu_2 A_1 & \underbrace{\Rightarrow}_{A_1\to \mu_1} \\
\mu_n\mu_{n-1}\mu_{n-2}\mu_{n-3}\ldots\mu_4\mu_3\mu_2\mu_1 &
\end{array}
$$

Como resultado final, temos que $L(G_2) \subseteq L(G_1)$ e, portanto, que $L(G_1) = L(G_2)$. A prova de que toda GLE pode ser mapeada numa GLD equivalente é feita de maneira similar e será omitida aqui. □

Exemplo 3.6 Considere a gramática linear à direita G_1 definida a seguir:

$$
\begin{array}{rcll}
S & \to & aX & (3.1) \\
X & \to & bX & (3.2) \\
X & \to & bY & (3.3) \\
Y & \to & cY & (3.4) \\
Y & \to & \varepsilon & (3.5)
\end{array}
$$

A gramática G_1 gera uma linguagem sobre o alfabeto $\{a,b,c\}$ tal que as suas sentenças (i) iniciam com um único a; (ii) continuam com um ou mais b e (iii) terminam com zero ou mais c. Pelo Algoritmo 3.2, obtemos a gramática linear à esquerda G_2:

$$X \rightarrow a \tag{3.6}$$
$$X \rightarrow Xb \tag{3.7}$$
$$Y \rightarrow Xb \tag{3.8}$$
$$Y \rightarrow Yc \tag{3.9}$$
$$S \rightarrow Y \tag{3.10}$$

Note que a regra 3.6 é obtida a partir da 3.1, a regra 3.7 é obtida a partir da 3.2 e assim por diante. Observe ainda que $L(G_2) = L(G_1)$. ⋆

Exemplo 3.7 Considere a gramática linear à esquerda G_1 definida a seguir:

$$S \rightarrow Y \tag{3.11}$$
$$Y \rightarrow Yc \tag{3.12}$$
$$Y \rightarrow X \tag{3.13}$$
$$X \rightarrow Xb \tag{3.14}$$
$$X \rightarrow ab \tag{3.15}$$

Observe que a linguagem desse exemplo ($L(G_1)$) é a mesma do Exemplo 3.6. Pelo Algoritmo 3.2, obtemos a gramática linear à direita G_2:

$$Y \rightarrow \varepsilon \tag{3.16}$$
$$Y \rightarrow cY \tag{3.17}$$
$$X \rightarrow Y \tag{3.18}$$
$$X \rightarrow bX \tag{3.19}$$
$$S \rightarrow abX \tag{3.20}$$

Note que a regra 3.16 é obtida a partir da 3.11, a regra 3.17 é obtida a partir da 3.12 e assim por diante. Observe ainda que $L(G_2) = L(G_1)$. ⋆

Teorema 3.3 (Linguagem reversa com transformação de GLD em GLE) "Se G' é uma gramática linear à direita, então existe uma gramática linear à esquerda G'' tal que $L(G'') = L^R(G')$."

A obtenção de uma GLE G'' a partir de uma GLD G' pode ser feita de acordo com o Algoritmo 3.3. Para isso, é suficiente reverter o lado direito das regras de G'.

Algoritmo 3.3 (Linguagem reversa, GLD/GLE) *"Obtenção de uma GLE que gera L^R a partir de uma GLD que gera L."*

- *Entrada: uma gramática linear à direita $G' = (V,\Sigma,P',S)$.*
- *Saída: uma gramática linear à esquerda $G'' = (V,\Sigma,P'',S)$, tal que $L(G'') = L^R(G')$.*
- *Método: o conjunto de regras de G'' (P'') é obtido a partir do conjunto de regras de G' (P'), conforme o mapeamento da Tabela 3.2.*

○

Com G'' assim construída, é possível demonstrar que $L(G'') = L^R(G')$. Note que G'' é, por construção, linear à esquerda. De maneira similar, é possível obter um algoritmo que constrói uma GLD G'' a partir de uma GLE G' tal que $L(G'') = L^R(G')$. □

Tabela 3.2 Mapeamento de GLD em GLE para L^R

GLD	GLE
$S \to \mu$	$S \to \mu^R$
$S \to \mu A$	$S \to A\mu^R$
$A \to \mu$	$A \to \mu^R$
$A \to \mu B$	$A \to B\mu^R$

Teorema 3.4 (Linguagem reversa com transformação de GLD em GLD) "Se G' é uma gramática linear à direita, então existe uma gramática linear à direita G'' tal que $L(G'') = L^R(G')$."

A obtenção de uma GLD G'' a partir de uma GLD G' é uma decorrência dos resultados anteriores, como mostra o Algoritmo 3.4.

Algoritmo 3.4 (Linguagem reversa, GLD/GLD) *"Obtenção de uma GLD que gera L^R a partir de uma GLD que gera L."*

- *Entrada: uma gramática linear à direita $G' = (V, \Sigma, P', S)$; é importante que S não compareça do lado direito das regras de G'.*
- *Saída: uma gramática linear à direita $G'' = (V, \Sigma, P'', S)$, tal que $L(G'') = L^R(G')$.*
- *Método: o conjunto de regras de G'' (P'') é obtido a partir do conjunto de regras de G' (P'), conforme o mapeamento da Tabela 3.3.*

Tabela 3.3 Mapeamento de GLD em GLD para L^R

GLD	GLD
$S \to \mu$	$S \to \mu^R$
$S \to \mu A$	$A \to \mu^R$
$A \to \mu$	$S \to \mu^R A$
$A \to \mu B$	$B \to \mu^R A$

○

Na prática, o Algoritmo 3.4 (e a Tabela 3.3) incorpora as seguintes ações, que também podem ser executadas de forma independente:

1. Obtenção de uma GLE G_E a partir da GLD G' conforme o Algoritmo 3.2 (neste caso, $L(G_E) = L(G')$).
2. Obtenção de uma GLD G'' a partir da GLE G_E conforme o Algoritmo 3.3 (neste caso, $L(G'') = L^R(G_E) = L^R(G')$).

O mapeamento da GLD que gera L em outra GLD que gera L^R pode, portanto, ser feito de forma direta, num único passo, ou então em dois passos com a obtenção de uma GLE intermediária. □

Exemplo 3.8 Considere a gramática linear à direita G' definida a seguir:

$$S \to aS$$
$$S \to bS$$
$$S \to P$$

$$\begin{array}{lcl} P & \rightarrow & cQ \\ Q & \rightarrow & cR \\ R & \rightarrow & dR \\ R & \rightarrow & d \end{array}$$

$L(G')$ corresponde ao conjunto das cadeias w sobre $\{a,b,c,d\}$ tais que (i) w começa com zero ou mais símbolos a ou b; (ii) w continua com exatamente dois símbolos c e (iii) w termina com um ou mais símbolos d.

Inicialmente, é necessário incluir a regra $Z \rightarrow S$, onde Z é a nova raiz de G', a fim de eliminar a raiz do lado direito das regras:

$$\begin{array}{lcl} Z & \rightarrow & S \\ S & \rightarrow & aS \\ S & \rightarrow & bS \\ S & \rightarrow & P \\ P & \rightarrow & cQ \\ Q & \rightarrow & cR \\ R & \rightarrow & dR \\ R & \rightarrow & d \end{array}$$

Uma gramática linear à esquerda G_E, tal que $L(G_E) = L(G')$, pode ser obtida pela aplicação do Algoritmo 3.2:

$$\begin{array}{lcl} S & \rightarrow & \varepsilon \\ S & \rightarrow & Sa \\ S & \rightarrow & Sb \\ P & \rightarrow & S \\ Q & \rightarrow & Pc \\ R & \rightarrow & Qc \\ R & \rightarrow & Rd \\ Z & \rightarrow & Rd \end{array}$$

A título de ilustração, considerem-se as derivações da sentença $abaccdd$, respectivamente, em G' e G_E:

- $S \stackrel{G'}{\Rightarrow} aS \stackrel{G'}{\Rightarrow} abS \stackrel{G'}{\Rightarrow} abaS \stackrel{G'}{\Rightarrow} abaP \stackrel{G'}{\Rightarrow} abacQ \stackrel{G'}{\Rightarrow} abaccR \stackrel{G'}{\Rightarrow} abaccdR \stackrel{G'}{\Rightarrow} abaccdd$
- $Z \stackrel{G_E}{\Rightarrow} Rd \stackrel{G_E}{\Rightarrow} Rdd \stackrel{G_E}{\Rightarrow} Qcdd \stackrel{G_E}{\Rightarrow} Pccdd \stackrel{G_E}{\Rightarrow} Sccdd \stackrel{G_E}{\Rightarrow} Saccdd \stackrel{G_E}{\Rightarrow} Sbaccd \stackrel{G_E}{\Rightarrow} Sabaccdd \stackrel{G_E}{\Rightarrow} abaccdd$

Uma gramática linear à direita G'', tal que $L(G'') = L^R(G_E)$, pode ser obtida pela aplicação do Algoritmo 3.3:

$$\begin{array}{lcl} S & \rightarrow & \varepsilon \\ S & \rightarrow & aS \\ S & \rightarrow & bS \\ P & \rightarrow & S \\ Q & \rightarrow & cP \\ R & \rightarrow & cQ \\ R & \rightarrow & dR \\ Z & \rightarrow & dR \end{array}$$

Logo, $L(G'') = L^R(G')$ é tal que (i) w começa com um ou mais símbolos d; (ii) w continua com exatamente dois símbolos c e (iii) w termina com zero ou mais símbolos a ou b. Note que G' e G'' são ambas lineares à direita e, além disso, $L(G'') = L^R(G')$. ⋆

Exemplo 3.9 Considere a gramática linear à direita G' definida a seguir:

$$\begin{array}{lcl} S & \rightarrow & aS \\ S & \rightarrow & X \\ X & \rightarrow & bX \\ X & \rightarrow & Y \\ Y & \rightarrow & cY \\ Y & \rightarrow & \varepsilon \end{array}$$

$L(G')$ corresponde ao conjunto das cadeias w sobre $\{a,b,c\}$ tais que (i) w começa com zero ou mais símbolos a; (ii) w continua com zero ou mais símbolos b e (iii) w termina com zero ou mais símbolos c.

Inicialmente, é necessário incluir a regra $Z \rightarrow S$, onde Z é a nova raiz de G', a fim de eliminar a raiz do lado direito das regras:

$$\begin{array}{lcl} Z & \rightarrow & S \\ S & \rightarrow & aS \\ S & \rightarrow & X \\ X & \rightarrow & bX \\ X & \rightarrow & Y \\ Y & \rightarrow & cY \\ Y & \rightarrow & \varepsilon \end{array}$$

Uma gramática linear à esquerda G_E, tal que $L(G_E) = L(G')$, pode ser obtida pela aplicação do Algoritmo 3.2:

$$\begin{array}{lcl} S & \rightarrow & \varepsilon \\ S & \rightarrow & Sa \\ X & \rightarrow & S \\ X & \rightarrow & Xb \\ Y & \rightarrow & X \\ Y & \rightarrow & Yc \\ Z & \rightarrow & Y \end{array}$$

Uma gramática linear à direita G'', tal que $L(G'') = L^R(G_E)$, pode ser obtida pela aplicação do Algoritmo 3.3:

$$\begin{array}{lcl} S & \rightarrow & \varepsilon \\ S & \rightarrow & aS \\ X & \rightarrow & S \\ X & \rightarrow & bX \\ Y & \rightarrow & X \\ Y & \rightarrow & cY \\ Z & \rightarrow & Y \end{array}$$

Logo, $L(G'') = L^R(G')$ é tal que (i) w começa com zero ou mais símbolos c; (ii) w continua com zero ou mais símbolos b; (iii) w termina com zero ou mais símbolos a.

Note que G' e G'' são ambas lineares à direita e, além disso, $L(G'') = L^R(G')$. Note, ainda, que G'' pode ser obtida diretamente a partir de G' (com a nova raiz Z) pela aplicação do Algoritmo 3.4. ⋆

3.2 Conjuntos e expressões regulares

Conjuntos e expressões regulares são notações alternativas utilizadas para representar a classe de linguagens mais simples que se conhece: a classe das linguagens regulares, a mais restrita dentro da Hierarquia de Chomsky.

Conjuntos regulares sobre um alfabeto finito Σ são linguagens definidas recursivamente da seguinte forma:

1. $\emptyset$ é um conjunto regular sobre Σ e representa o conjunto vazio;
2. $\{\varepsilon\}$ é um conjunto regular sobre Σ e representa o conjunto formado pela cadeia vazia;
3. $\{\sigma\}, \forall \sigma \in \Sigma$, é um conjunto regular sobre Σ e representa o conjunto formado pela cadeia unitária σ;

Se X e Y são conjuntos regulares sobre Σ, então também são conjuntos regulares sobre Σ:

4. (X), que representa a linguagem X;
5. $X \cup Y$, que representa a união das linguagens X e Y;
6. $X \cdot Y$, também denotado XY, que representa a concatenação das linguagens X e Y;
7. X^*, que representa o fechamento reflexivo e transitivo da linguagem X.

Diz-se que um determinado subconjunto de Σ^* é um conjunto regular se ele puder ser formulado através do uso combinado dessas regras (com três casos-base, parênteses e três operações apenas: união, concatenação e fechamento).

Exemplo 3.10 Seja $L = \{0\}^*\{1\}^*$ sobre $\Sigma = \{0,1\}$. A linguagem L é formada por sentenças em que a concatenação de um número arbitrário de símbolos "0" (incluindo nenhum) se concatena com a concatenação de um número também arbitrário de símbolos "1" (incluindo nenhum):

$$L = \{\varepsilon, 0, 1, 00, 01, 11, ...\}$$

Considerem-se as linguagens sobre Σ, a seguir discriminadas:

$$\begin{aligned} L_1 &= \{0\} \\ L_2 &= \{1\} \\ L_3 &= \{0\}^* \\ L_4 &= \{1\}^* \\ L_5 &= \{0\}^*\{1\}^* \end{aligned}$$

Os conjuntos L_1 e L_2 são conjuntos regulares sobre Σ, por definição. L_3 e L_4 são obtidos a partir de L_1 e L_2, respectivamente, pela aplicação da operação fechamento reflexivo e transitivo, ou seja, $L_3 = L_1^*$ e $L_4 = L_2^*$. Por sua vez, o conjunto $L_5 = L$ pode ser expresso pela concatenação dos conjuntos L_3 e L_4, isto é, $L_5 = L_3 L_4$. Dessa maneira, demonstra-se que $L = \{0\}^*\{1\}^*$ é um conjunto regular sobre $\{0,1\}$. ⋆

Exemplo 3.11 A linguagem N formada pelos números naturais decimais é um conjunto regular sobre o alfabeto dos algarismos arábicos e pode ser representada através do conjunto regular $N = \{0, 1, 2, 3, 4, 5, 6, 7, 8, 9\}\ \{0, 1, 2, 3, 4, 5, 6, 7, 8, 9\}^*$. Se $D = \{0, 1, 2, 3, 4, 5, 6, 7, 8, 9\}$, então $N = DD^*$.

O conjunto R dos números reais decimais sem sinal é um conjunto regular sobre $D \cup \{.\}$, e pode ser representado por $R = DD^*\{.\}D^* \cup D^*\{.\}DD^*$. Observe-se que essa definição inclui números iniciando ou terminando com o caractere "." (por exemplo, .315 ou 47.), porém exclui da linguagem a cadeia ".".

O conjunto P dos números em ponto flutuante com expoente (denotado por "E") e sinal opcional ("+" ou "−") pode ser representado por $P = \{+,-,\varepsilon\}(DD^*\{.\}D^* \cup D^*\{.\}DD^*)\{E\}\{+,-,\varepsilon\}DD^*$.

Assim, por exemplo, $27 \in N, 915.4 \in R$ e $-211.56E+3 \in P$. Deve-se notar, conforme as definições para N, R e P acima, que $N \cap R = \emptyset$, $N \cap P = \emptyset$, $R \subset P$ e $R \neq P$.

Cabe observar, na definição do conjunto regular N acima, que ele inclui cadeias com zeros à esquerda, o que não é habitual. Por exemplo, as cadeias 1, 01, 001, 0001, 0, 00, 000 e 0000 são elementos de N. Para evitar isso, é possível mudar a definição para $N = D_1D^* \cup \{0\}$ onde $D_1 = \{1,2,3,4,5,6,7,8,9\}$.

Da mesma forma, o conjunto R também inclui cadeias com zeros à esquerda e zeros à direita, como é o caso de 0.5, 00.5, 000.5, 0.50, 0.500 e 0.5000. Para evitar isso, pode-se mudar a definição do conjunto, resultando em: $R = (N\{.\}(D^*D_1 \cup \{0,\varepsilon\})) \cup ((N \cup \{\varepsilon\})\{.\}(D^*D_1 \cup \{0\}))$.

Note que essa definição ainda permite várias representações para o zero: "0.", ".0" e "0.0", todas consideradas válidas. Finalmente, o conjunto regular P apresentado a seguir inclui os números naturais, os números reais e torna o expoente opcional $P = \{+,-,\varepsilon\}(N\{.\}(D^*D_1 \cup \{0,\varepsilon\}) \cup (N \cup \{\varepsilon\})\{.\}(D^*D_1 \cup \{0\}) \cup N)(\{E\}\{+,-,\varepsilon\}N \cup \{\varepsilon\})$.

Conforme as novas definições para N, R e P, são válidas as relações $N \cap R = \emptyset$, $N \subset P$, $N \neq P$, R$\subset P$ e $R \neq P$. ⋆

A definição de conjuntos regulares envolve a aplicação de três operações já estudadas para os conjuntos: união, concatenação e fechamento reflexivo e transitivo. No caso do fechamento, no entanto, cabem algumas observações adicionais válidas para o caso em que o seu operando seja não apenas um alfabeto, conforme anteriormente mencionado, mas eventualmente uma linguagem, como ocorre na definição acima.

Seja L uma linguagem qualquer, e considerem-se as novas linguagens L^* e L^+ obtidas pela aplicação, respectivamente, das operações de fechamento reflexivo e transitivo e do fechamento transitivo sobre L. Neste caso, deve-se observar que, diferentemente do que ocorre com os alfabetos, as seguintes identidades são verdadeiras:

- $L^+ = L^*$ se $\varepsilon \in L$
- $L^+ = L^* - \{\varepsilon\}$ se $\varepsilon \notin L$

Como alternativa para a representação dos conjuntos regulares, visando obter maior concisão e facilidade de manipulação, Kleene desenvolveu, na década 1950, a notação das **expressões regulares** ([12]). Da mesma forma como ocorre para os conjuntos regulares, as expressões regulares sobre um alfabeto Σ podem também ser definidas recursivamente como segue:

1. $\emptyset$ é uma expressão regular e denota o conjunto regular $\emptyset$.
2. ε é uma expressão regular e denota o conjunto regular $\{\varepsilon\}$.
3. Cada $\sigma, \sigma \in \Sigma$, é uma expressão regular e denota o conjunto regular $\{\sigma\}, \sigma \in \Sigma$.

Se x e y são expressões regulares sobre Σ que denotam, respectivamente, os conjuntos regulares X e Y, então:

4. (x)

5. $x \mid y$ ou $x + y$
6. $x \cdot y$ ou xy
7. x^*

também são expressões regulares e denotam, respectivamente, os conjuntos regulares $X, X \cup Y, XY$ e X^*. Note-se a eliminação, nas expressões regulares, do uso dos símbolos "{" e "}", bem como a substituição do símbolo de união ("∪") por um símbolo "+" ou "|" (a critério de cada autor).

Exemplo 3.12 Para determinar se $\varepsilon \mid ab \mid (cd)^*e$ é uma expressão regular bem formada, basta verificar se as sete regras anteriores (e apenas elas) foram aplicadas a partir dos seus componentes básicos:

- ε é uma expressão regular (regra 2);
- a, b, c, d e e são expressões regulares (regra 3);
- ab é uma expressão regular (regra 6);
- cd é uma expressão regular (regra 6);
- (cd) é uma expressão regular (regra 4);
- $(cd)^*$ é uma expressão regular (regra 7);
- $(cd)^*e$ é uma expressão regular (regra 6);
- $\varepsilon \mid ab$ é uma expressão regular (regra 5);
- $\varepsilon \mid ab \mid (cd)^*e$ é uma expressão regular (regra 5).

A expressão regular $\varepsilon \mid ab \mid (cd)^*$ representa a linguagem $\{\varepsilon, ab, cde, cdcde, cdcdcde, ...\}$. ⋆

Visando tornar ainda mais cômoda a utilização das expressões regulares, admite-se a eliminação dos pares de parênteses envolvendo subexpressões que contenham sequências exclusivas de operadores, de união ou de concatenação, uma vez que se trata de operações associativas. Além disso, são designadas precedências distintas para as três operações, reduzindo ainda mais a necessidade de emprego de parênteses nas expressões regulares. A Tabela 3.4 resume esses aspectos.

Tabela 3.4 Precedência dos operadores nas expressões regulares

Precedência	**Operador**	**Representação**
Mais alta	Fechamento	x^*
Intermediária	Concatenação	$x \cdot y$ ou xy
Mais baixa	União	$x \mid y$ ou $x + y$

Os parênteses são empregados para modificar localmente a precedência ou a associatividade predefinida dos operadores, assim como ocorre nas expressões aritméticas tradicionais da matemática.

Exemplo 3.13 A expressão regular $(ab \mid c^*) = ((ab) \mid c^*) = ((ab) \mid (c^*))$ representa o conjunto $\{ab, \varepsilon, c, cc, ccc...\}$. A expressão regular $a(b \mid c)^*$ representa o conjunto $\{a, ab, ac, abc, abb, acc, ...\}$. Finalmente, $(ab \mid c)^*$ representa o conjunto $\{\varepsilon, ab, c, abc, cab, abab, cc, ...\}$. ⋆

Uma abreviação muito comum consiste na substituição da expressão regular xx^* por x^+, denotando com isso o conjunto regular correspondente ao fechamento transitivo de X (que é composto por todas as cadeias de comprimento maior ou igual a 1 que podem ser construídas sobre o conjunto X).

Exemplo 3.14 Considerem-se o alfabeto $\Sigma = \{a,b,c,d\}$ e os dois subconjuntos $A = \{a\}, B = \{b,c\}$. A seguir são apresentadas diferentes linguagens sobre Σ, definidas através da notação dos conjuntos e das expresões regulares:

- Sentenças que possuem no mínimo um símbolo a:
  $\Sigma^*A\Sigma^*$ ou $(a \mid b \mid c \mid d)^*a(a \mid b \mid c \mid d)^*$
- Sentenças que possuem exatamente dois símbolos a:
  $(\Sigma-A)^*A(\Sigma-A)^*A(\Sigma-A)^*$ ou $(b \mid c \mid d)^*a(b \mid c \mid d)^*a(b \mid c \mid d)^*$
- Sentenças que possuem um número par de símbolos a:
  $((\Sigma-A)^*A(\Sigma-A)^*A(\Sigma-A)^*)^*$ ou $((b \mid c \mid d)^*a(b \mid c \mid d)^*a(b \mid c \mid d)^*)^*$
- Sentenças que são iniciadas com o símbolo a e terminam com o símbolo b ou c:
  $A\Sigma^*B$ ou $a(a \mid b \mid c \mid d)^*(b \mid c)$
- Sentenças contendo apenas os símbolos a,b,c, com no mínimo um símbolo:
  $(A \cup B)^+$ ou $(a \mid b \mid c)^+$
- Sentenças formadas por símbolos do alfabeto $\{a,b,c,d\}$ contendo uma (e somente uma) subcadeia constituída por um símbolo do conjunto A e dois (e somente dois) do conjunto B, nesta ordem:
  $((\Sigma-A)-B)^*ABB((\Sigma-A)-B)^*$ ou $d^*a(b \mid c)(b \mid c)d^*$

⋆

Exemplo 3.15 Utilizando-se a notação das expressões regulares, a linguagem $L = \{0\}^*\{1\}^*$ pode ser reescrita como $((0)^*(1)^*)$ ou, simplesmente, 0^*1^*. Para um ou mais símbolos 1, a expressão correspondente seria 0^*11^*. Note-se que $0^*11^* = 0^*1^*1 = 0^*1^+$. ⋆

Exemplo 3.16 As expressões regulares $a \mid aaaa^*$ e $(aa)^*a(aaa)^*$, apesar de diferentes, representam a mesma linguagem: o conjunto das cadeias formadas pelo símbolo a cujo comprimento seja diferente de 0 e diferente de 2. ⋆

As principais leis algébricas das expressões regulares são apresentadas a seguir. Sejam α, β e γ três expressões regulares quaisquer. Então:

- Associatividade:
  - da união: $(\alpha \mid \beta) \mid \gamma = \alpha \mid (\beta \mid \gamma) = \alpha \mid \beta \mid \gamma$
  - da concatenação: $(\alpha\beta)\gamma = \alpha(\beta\gamma) = \alpha\beta\gamma$
- Comutatividade:
  - da união: $\alpha \mid \beta = \beta \mid \alpha$
  - da concatenação: Não se aplica.
- Elemento neutro:
  - da união: $\alpha \mid \emptyset = \emptyset \mid \alpha = \alpha$
  - da concatenação: $\alpha\varepsilon = \varepsilon\alpha = \alpha$
- Distributividade da concatenação sobre a união:
  - à esquerda: $\alpha(\beta \mid \gamma) = \alpha\beta \mid \alpha\gamma$
  - à direita: $(\beta \mid \gamma)\alpha = \beta\alpha \mid \gamma\alpha$

Exemplo 3.17 Suponha que a, b e c sejam três símbolos e, portanto, três expressões regulares. Então:

- Associatividade:

  - $(a \mid b) \mid c = a \mid (b \mid c) = a \mid b \mid c$
  - $(ab)c = a(bc) = abc$

- Comutatividade:
  - $a \mid b = b \mid a$
- Elemento neutro:
  - $a \mid \emptyset = \emptyset \mid a = a$
  - $a\varepsilon = \varepsilon a = a$
- Distributividade:
  - $a(b \mid c) = ab \mid ac$
  - $(a \mid b)c = ac \mid bc$

⋆

Algumas outras relações de identidade válidas para as expressões regulares, as quais podem ser demonstradas sem dificuldade, são relacionadas a seguir. Sejam x e y duas expressões regulares quaisquer. Então:

- $\emptyset^* = \varepsilon$
- $x\emptyset = \emptyset x = \emptyset$
- $\varepsilon\emptyset = \emptyset\varepsilon = \emptyset$
- $x^* = x \mid x^*$
- $(x^*)^* = x^*$
- $x \mid x = x$
- $(xy)^*x = x(yx)^*$

Por se tratar de uma notação concisa, que dispensa o uso da notação dos conjuntos e o emprego de símbolos não terminais para a definição de linguagens, mas que, ao mesmo tempo, permite a plena representação dos conjuntos regulares, as expressões regulares são bastante utilizadas em áreas que abrangem desde a especificação de linguagens de programação e de comandos, entre outras, até a entrada de dados em editores de texto, programas de busca, análise de padrões etc.

As linguagens regulares foram definidas no capítulo anterior como a classe das linguagens geradas por gramáticas lineares, à esquerda ou à direita. Na presente seção foram apresentados os conjuntos regulares e uma notação muito utilizada para a sua representação, as expressões regulares.

3.3 Autômatos finitos

Da mesma forma como ocorre com as expressões regulares e com as gramáticas lineares à direita, os **autômatos finitos** também possibilitam a formalização das linguagens regulares, ou seja, das linguagens do tipo 3. No entanto, diferentemente daquelas notações, que constituem dispositivos de geração de sentenças, os autômatos finitos são dispositivos de aceitação de sentenças e constituem um caso particular do modelo geral de reconhecedores apresentado no Capítulo 2.

A seguir serão introduzidas as notações, as convenções, as características de operação e algumas variantes mais comuns dos autômatos finitos. A seção seguinte mostra que a classe de linguagens por eles aceita coincide exatamente com a classe das linguagens definidas pelos conjuntos regulares e também pelas gramáticas lineares à direita.

Os autômatos finitos podem ser determinísticos ou não determinísticos, apresentando ou não transições em vazio. Conforme analisado mais adiante, a eventual presença de não determinismos e/ou de transições em vazio não altera a classe de linguagens aceita pelos autômatos finitos. Por motivos estritamente didáticos, serão introduzidos inicialmente os autômatos finitos determinísticos, sendo feitas extensões posteriores para contemplar a existência de não determinismos e de transições em vazio.

Os autômatos finitos correspondem à instância mais simples do modelo geral de reconhecedores apresentado na Seção 2.5. As suas principais particularidades em relação ao modelo geral são:

1. Inexistência de memória auxiliar.
2. Utilização do cursor da fita de entrada apenas para leitura de símbolos, não havendo operações de escrita sobre a fita.
3. Movimentação do cursor de leitura em apenas um sentido, da esquerda para a direita.
4. A fita de entrada possui comprimento limitado, suficiente apenas para acomodar a cadeia a ser analisada.

Os autômatos finitos podem ser representados em notação algébrica ou através de diagramas de transição de estados, introduzidos a seguir, mais adequados à sua visualização.

Autômatos finitos determinísticos

Algebricamente, um autômato finito determinístico M pode ser definido como uma quíntupla:

$$M = (Q, \Sigma, \delta, q_0, F)$$

- Q é um conjunto finito de estados.
- Σ é um alfabeto (finito e não vazio) de entrada.
- δ é uma função de transição, $\delta : Q \times \Sigma \rightarrow Q$.
- q_0 é o estado inicial, $q_0 \in Q$.
- F é um conjunto de estados finais, $F \subseteq Q$.

A máquina de estados de um autômato finito, também denominada **controle finito**, é definida pelo conjunto de estados Q e pela função de transição δ, que associa pares ordenados do tipo *(estado corrente, entrada corrente)* com um novo estado a ser assumido pelo autômato quando da aplicação da transição.

Deve-se notar que a função de transição δ pode ser, no caso dos autômatos finitos determinísticos, uma função total, ou seja, uma função que é definida para todos os elementos de $Q \times \Sigma$, ou ainda uma função parcial. Se total, isso implica a especificação de transições com cada um dos possíveis símbolos de entrada $\sigma \in \Sigma$ para cada um dos possíveis estados $q \in Q$ do autômato finito. Assim, se $|\Sigma| = m$ e $|Q| = n$, então o autômato finito determinístico possuirá exatamente $m * n$ transições distintas.

As transições de um autômato finito podem ser denotadas através de expressões do tipo $(p, \sigma) \rightarrow q$, com $p, q \in Q, \sigma \in \Sigma$. Alternativamente, pode-se explicitar a função δ, representando uma transição na forma $\delta(p, \sigma) = q$.

A utilização do termo "determinístico" para designar esse tipo de autômato finito decorre do fato de que, enquanto houver símbolos na fita de entrada, será sempre possível determinar o estado seguinte a ser assumido pelo autômato, o qual será único em todas as situações. Se um autômato finito é determinístico, então cada combinação de estado corrente e símbolo de entrada admite no máximo um único próximo estado possível. De forma equivalente, cada configuração desse autômato admite no máximo uma única próxima configuração possível.

Em certos casos, especialmente na demonstração de alguns teoremas, torna-se conveniente estender o domínio da função δ para Σ^*, em vez de apenas Σ, conforme indicado a seguir:

- $\delta(q, \varepsilon) = q$;
- $\delta(q, \sigma x) = \delta(\delta(q, \sigma), x), x \in \Sigma^*, \sigma \in \Sigma$.

Ao longo deste texto, a definição considerada para a função δ deverá variar conforme o contexto em que estiver sendo empregada.

A **configuração** de um autômato finito é definida pelo seu estado corrente e pela parte da cadeia de entrada ainda não analisada (incluindo o símbolo apontado pelo cursor). A **configuração inicial** de um autômato finito é aquela em que o estado corrente é q_0 (estado inicial) e o cursor de leitura se encontra posicionado sobre o símbolo mais à esquerda da cadeia de entrada. Uma **configuração final** é aquela em que o cursor aponta para a posição imediatamente além do último símbolo da cadeia (indicando com isso já ter ocorrido a leitura do último símbolo da cadeia de entrada), e o estado corrente pertence ao conjunto F de estados finais, especificado para o autômato. Note que ambas as condições devem ser simultaneamente verificadas para permitir a caracterização de uma configuração como sendo, respectivamente, inicial ou final.

O autômato finito opera efetuando uma série de movimentos que o conduzem através dos seus estados a partir da configuração inicial. Pela inspeção do estado corrente e também do símbolo apontado pelo cursor, determina-se o próximo estado a ser atingido pelo autômato e avança-se o cursor de leitura uma célula para a direita. Esse processo é repetido seguidas vezes até que na fita de entrada não haja mais símbolos a serem lidos.

Quando ocorre o esgotamento da cadeia de entrada, deve-se analisar o tipo do estado corrente do autômato. Se for um estado final, diz-se que o autômato **reconheceu**, ou **aceitou**, a cadeia de entrada; se for um estado não final, diz-se que a cadeia de entrada foi **rejeitada** pelo autômato — logo, a cadeia analisada não pertence à linguagem por ele definida.

Quando definidos através de funções de transição totais, os correspondentes autômatos finitos determinísticos sempre percorrem integralmente toda e qualquer cadeia de entrada (sobre Σ) que lhes forem apresentadas para análise. Nesses casos, portanto, a configuração final definida para um autômato finito é sempre satisfeita no que se refere ao esgotamento da cadeia de entrada, restando apenas a análise do tipo do estado atingido em tal configuração (final ou não final) para se determinar, respectivamente, a aceitação ou a rejeição da cadeia de entrada.

Em outras palavras, autômatos finitos determinísticos com função de transição total sempre esgotam a cadeia de entrada. Nesses casos, para determinar se ela foi aceita basta verificar se o estado de parada do autômato é um estado final. Caso a função de transição seja parcial, nem sempre a cadeia de entrada é esgotada. Nesses casos, para saber se a configuração de parada é final é necessário verificar se a cadeia foi esgotada e também se o estado é final. Naturalmente, autômatos determinísticos com função de transição parcial conseguem rejeitar a cadeia de entrada mais cedo, caso ela não pertença à linguagem definida pelo autômato.

Tais conceitos podem ser formalizados denotando-se a configuração de um autômato finito como um par $(q,y) \in Q \times \Sigma^*$, em que q representa o estado corrente e y a parte da cadeia de entrada ainda não analisada. A configuração inicial, com vistas ao reconhecimento de uma cadeia x, é representada como (q_0,x), e a configuração final como $(q_i,\varepsilon), q_i \in F$.

A movimentação de um autômato de uma configuração para a configuração seguinte é denotada através do símbolo "$\vdash$", que representa uma relação entre configurações sucessivas do autômato:

$$\vdash: Q \times \Sigma^* \to Q \times \Sigma^*$$

Portanto, a movimentação do autômato de uma configuração para a seguinte é denotada por:

$$(q_i,\sigma\beta) \vdash (q_j,\beta), \text{ com } q_i,q_j \in Q, \sigma \in \Sigma, \beta \in \Sigma^*, \delta(q_i,\sigma) = q_j$$

A linguagem L definida por um autômato finito M é o conjunto de todas as cadeias w sobre o alfabeto Σ que levam M da sua configuração inicial para alguma configuração final através da aplicação sucessiva de transições definidas pela função δ. Denota-se como:

$$L(M) = \{w \in \Sigma^* \mid (q_0,w) \vdash^* (q_F,\varepsilon), q_F \in F\}$$

Alternativamente, conforme a extensão introduzida para a função δ, pode-se denotar o mesmo processo assim:

$$L(M) = \{w \in \Sigma^* \mid \delta(q_0,w) \in F\}$$

Diagramas de transição de estados são grafos orientados não ordenados, rotulados nos vértices com os nomes dos estados e nos arcos com os símbolos do alfabeto de entrada do autômato finito. Trata-se de uma representação gráfica equivalente à notação algébrica, oferecendo, porém, uma melhor visualização do autômato. Nessa representação, círculos representam os estados, e arcos as transições. O estado inicial é identificado por um arco cuja extremidade inicial não é ligada a nenhum outro estado. Os estados finais são representados por círculos duplos concêntricos.

Exemplo 3.18 Seja M um autômato finito determinístico, com função de transição total, definido abaixo. Sua representação algébrica é $M = (Q,\Sigma,\delta,q_0,F)$, onde:

$$\begin{aligned}
Q &= \{q_0,q_1,q_2,q_3\} \\
\Sigma &= \{0,1,2\} \\
\delta &= \{(q_0,0) \to q_0, (q_0,1) \to q_1, (q_0,2) \to q_3, \\
&\quad (q_1,0) \to q_3, (q_1,1) \to q_1, (q_1,2) \to q_2, \\
&\quad (q_2,0) \to q_3, (q_2,1) \to q_3, (q_2,2) \to q_2, \\
&\quad (q_3,0) \to q_3, (q_3,1) \to q_3, (q_3,2) \to q_3\} \\
F &= \{q_1,q_2\}
\end{aligned}$$

A Figura 3.1 mostra o diagrama de transição de estados para esse autômato. A linguagem aceita por esse autômato finito é formada pelo conjunto de sentenças x que o levam da configuração inicial (q_0,x) até a configuração final (q_1,ε) ou (q_2,ε). A inspeção cuidadosa desse autômato finito revela que as sentenças por ele aceitas contêm, nesta ordem, uma sequência de símbolos "0" (incluindo nenhum), seguida de uma sequência de símbolos "1" (no mínimo um) e, finalmente, de uma sequência de símbolos "2" (incluindo nenhum). Na notação das expressões regulares, $L(M) = 0^*1^+2^*$.

As seguintes identidades, por exemplo, são verdadeiras:

- $\delta(q_0,00001) = q_1$

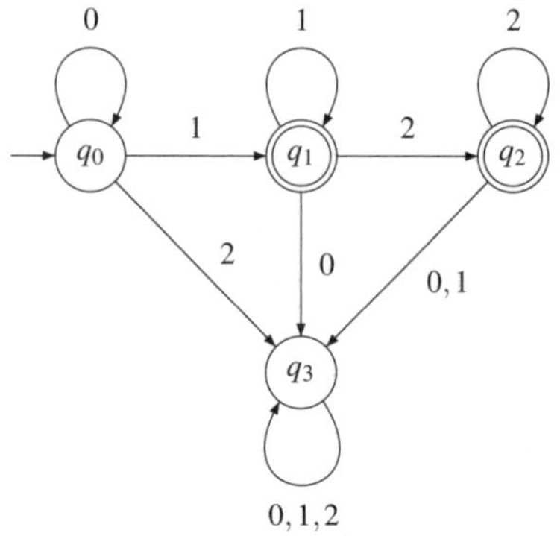

Figura 3.1 Autômato finito determinístico com função de transição total.

- $\delta(q_0, 0122) = q_2$
- $\delta(q_1, 12) = q_2$
- $\delta(q_2, 222) = q_2$

Esquematicamente, a configuração inicial para o reconhecimento de uma cadeia de entrada, por exemplo, a cadeia 0011222, pode ser representada conforme a figura a seguir:

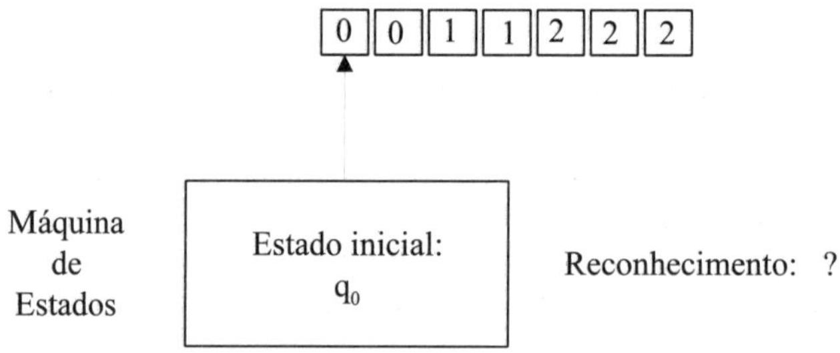

Figura 3.2 Configuração inicial.

A sucessão de movimentos efetuados pelo autômato finito com essa cadeia é apresentada a seguir:

- $(q_0, 0011222) \vdash (q_0, 011222) \vdash (q_0, 11222) \vdash (q_1, 1222) \vdash (q_1, 222) \vdash (q_2, 22) \vdash (q_2, 2) \vdash (q_2, \varepsilon)$

Portanto, $(q_0, 0011222) \vdash^* (q_2, \varepsilon)$ e $0011222 \in L(M)$. Esquematicamente, a configuração final do autômato após o reconhecimento da cadeia de entrada 0011222 pode ser representada conforme a figura a seguir:

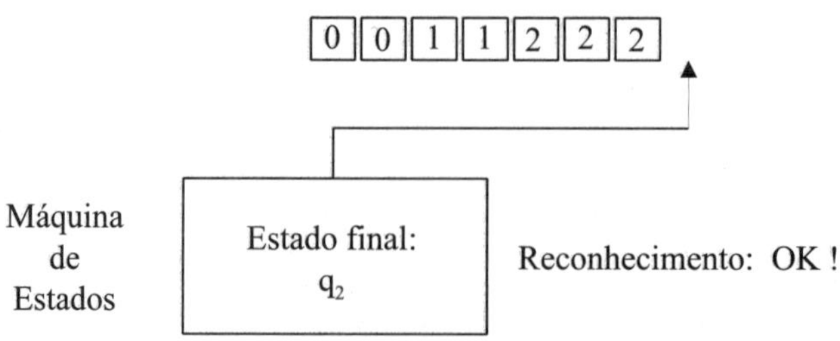

Figura 3.3 Configuração final.

Analisa-se a seguir o comportamento desse autômato em relação à cadeia de entrada 0022:

- $(q_0, 0022) \vdash (q_0, 022) \vdash (q_0, 22) \vdash (q_3, 2) \vdash (q_3, \varepsilon)$

Após a sequência de movimentos acima, chega-se à configuração (q_3, ε), em que ocorre o esgotamento da cadeia de entrada. Como não se trata de uma configuração final, pois $q_3 \notin F$, conclui-se que a cadeia 0022 não pertence à linguagem aceita por M. ⋆

Exemplo 3.19 O autômato finito determinístico da Figura 3.4 possui função de transição parcial, uma vez que ela não é definida para os seguintes elementos de $Q \times \Sigma$: $(q_0, 2)$, $(q_1, 0)$, $(q_2, 1)$ e $(q_2, 0)$. Note-

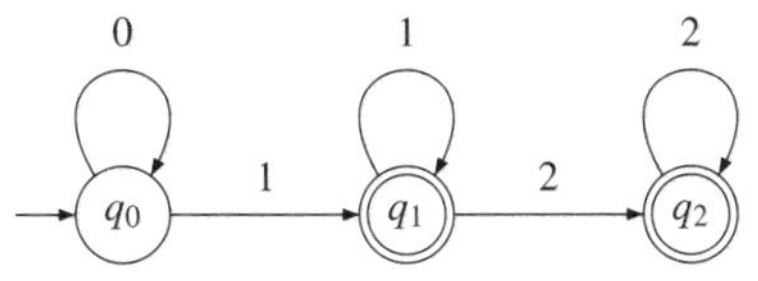

Figura 3.4 Autômato finito determinístico com função de transição parcial.

se que os autômatos das Figuras 3.1 e 3.4 definem a mesma linguagem. Os movimentos executados pelo autômato da Figura 3.4 com as cadeias 0011222 e 0022 são apresentados a seguir:

- $(q_0, 0011222) \vdash (q_0, 011222) \vdash (q_0, 11222) \vdash (q_1, 1222) \vdash (q_1, 222) \vdash (q_2, 22) \vdash (q_2, 2) \vdash (q_2, \varepsilon)$
- $(q_0, 0022) \vdash (q_0, 022) \vdash (q_0, 22)$

No primeiro caso, a cadeia 0011222 é completamente esgotada e o autômato para em um estado final. Logo, 0011222 é aceita pelo autômato. No segundo caso, a cadeia de entrada é apenas parcialmente consumida, e o autômato para no estado q_o, não final. Logo, a cadeia 0022 é rejeitada. ⋆

Os estados de um autômato finito podem ser entendidos como memórias de informações passadas, referentes ao trecho da cadeia de entrada já analisada, as quais são relevantes, de alguma forma, para o reconhecimento final das cadeias que lhe são submetidas. O Exemplo 3.20 ilustra esse aspecto.

Exemplo 3.20 O autômato da Figura 3.5 aceita a linguagem formada por cadeias sobre o alfabeto $\{a, b, c\}$ em que as quantidades de símbolos a, b e c, consideradas isoladamente, são ímpares. São exemplos de sentenças dessa linguagem: *abc*, *cba*, *aaabc*, *ccabaac*, *abbbc*, *bcccbbabb* etc. De fato, uma análise cuidadosa dos estados *PPP*, *IPP*, *IIP*, *III*, *PIP*, *PII*, *PPI* e *IPI* revela que cada um deles mantém uma memória distinta sobre a quantidade de símbolos a, b e c consumidos até cada configuração. Por exemplo:

- O estado *PPP* memoriza o consumo prévio de uma quantidade par de símbolos a, par de símbolos b e par de símbolos c.
- O estado *IPP* memoriza o consumo prévio de uma quantidade ímpar de símbolos a, par de símbolos b e par de símbolos c.
- O estado *IIP* memoriza o consumo prévio de uma quantidade par de símbolos a, ímpar de símbolos b e par de símbolos c.
- O estado *III* memoriza o consumo prévio de uma quantidade ímpar de símbolos a, ímpar de símbolos b e ímpar de símbolos c.

Os nomes que identificam os estados sugerem a função que cada um desempenha no autômato. O estado *IPI* (abreviação de Ímpar(a)/Par(b)/Ímpar(c)), por exemplo, é usado para registrar a ocorrência prévia de uma quantidade ímpar de símbolos a, par de símbolos b e ímpar de símbolos c. Consideração semelhante vale para o estado *III* (Ímpar(a)/Ímpar(b)/Ímpar(c)) e todos os demais.

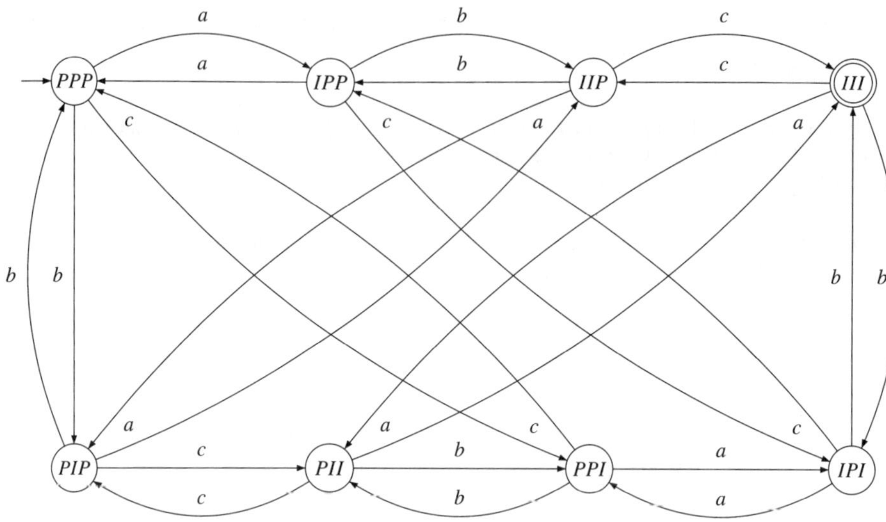

Figura 3.5 Autômato finito que aceita a linguagem $\{w \in \{a,b,c\}^* \mid$ as quantidades de a, b e c são ímpares$\}$.

As transições do autômato são compatíveis com essa interpretação. Assim, por exemplo, se o estado corrente é PPP e um novo símbolo a é encontrado na cadeia de entrada, o autômato evolui para o estado IPP, mantendo corretamente, portanto, o registro das quantidades de símbolos que precisam ser contabilizadas — nesse caso, uma quantidade ímpar de símbolos a e uma quantidade (ainda) par de símbolos b e de símbolos c. Considerações semelhantes podem ser efetuadas para as transições envolvendo os demais pares de estados.

Observe-se também a forma como a linguagem reconhecida pelo autômato sofre alteração conforme o estado final III seja substituído por cada um dos demais estados ou conjuntos deles. Por exemplo, se o estado III deixar de ser final e o estado PPP passar a ser final, o autômato passará a reconhecer a linguagem formada pelas cadeias com uma quantidade par de símbolos a, par de símbolos b e par de símbolos c. Se os estados III e PPP forem simultanamente finais, pertencerão à linguagem as cadeias com quantidades ímpares — ou pares — dos símbolos a, b e c, de forma exclusiva. ⋆

Autômatos finitos não determinísticos

Apesar do elevado interesse prático que recai sobre os autômatos finitos determinísticos, uma vez que eles servem como base para a construção de programas extremamente eficientes, do ponto de vista teórico há também um interesse muito grande pelos autômatos finitos não determinísticos, devido à maior facilidade com que eles permitem a demonstração de certos teoremas. Do ponto de vista prático, os autômatos finitos não determinísticos são, muitas vezes, mais intuitivos do que os correspondentes autômatos finitos determinísticos, o que os torna, geralmente, mais adequados para a análise e especificação de linguagens regulares.

Um **autômato finito não determinístico**, sem transições em vazio, difere dos autômatos finitos determinísticos pelo fato de o codomínio da função de transição δ ser 2^Q e não simplesmente Q:

$$\delta : Q \times \Sigma \rightarrow 2^Q$$

Como consequência, os autômatos finitos não determinísticos generalizam o modelo dos autômatos finitos determinísticos através das seguintes extensões:

- Introduz-se o impasse em configurações não finais.

Como $\emptyset \in 2^Q$, é possível não especificar transições para certas combinações de estado corrente e próximo símbolo de entrada.

Note-se que um autômato finito determinístico com função de transição total sempre esgota a cadeia de entrada. Ao contrário, um autômato finito não determinístico pode ter função de transição total e ainda assim não esgotar a cadeia de entrada (para isso, basta fazer $\delta(q,\sigma) = \emptyset$).

- Introduz-se o não determinismo, no sentido literal da palavra.

  Nos casos em que $|(\delta(q,\sigma))| \geqslant 2$, haverá mais de uma possibilidade de movimentação para o autômato finito não determinístico na configuração corrente.

Devido principalmente à segunda condição é que autômatos desse tipo recebem a designação de não determinísticos: havendo pelo menos uma configuração em que, para uma mesma combinação de estado corrente e símbolo de entrada, exista mais de uma alternativa de escolha do próximo estado, torna-se necessário efetuar uma opção entre elas, para permitir o prosseguimento do reconhecimento.

Note-se que esse tipo de situação nunca ocorre com os autômatos finitos determinísticos. Note-se ainda que, de acordo com a nova definição para a função δ, torna-se possível também caracterizar autômatos finitos determinísticos como casos particulares dos não determinísticos, em que cada elemento da imagem da função δ possui exatamente um único estado.

Diz-se que um autômato finito não determinístico **aceita** uma cadeia de entrada quando houver alguma sequência de movimentos que o leve da configuração inicial para uma configuração final. Diferentemente do autômato finito determinístico, em que essa sequência, se existir, é única para cada cadeia de entrada, no caso do autômato finito não determinístico é possível que exista mais de uma sequência que satisfaça a essa condição para uma dada cadeia de entrada. Sempre que o autômato finito não determinístico se deparar com mais de uma possibilidade de movimentação, é feita a escolha (arbitrária) de uma das alternativas; em caso de insucesso no reconhecimento, deve-se considerar sucessivamente cada uma das demais alternativas ainda não consideradas, até o seu esgotamento; persistindo o insucesso, e esgotadas as alternativas, diz-se que o autômato **rejeita** a cadeia. A Tabela 3.5 resume esses critérios.

Tabela 3.5 Aceitação e rejeição de cadeias em autômatos finitos

	Dada uma cadeia de entrada, ele:	*Aceita a cadeia de entrada se:*	*Rejeita a cadeia de entrada se:*
Autômato finito determinístico	Executa uma única sequência de movimentos.	Para em uma configuração final.	Para em uma configuração não final.
Autômato finito não determinístico	Pode executar várias sequências distintas de movimentos.	Para em uma configuração final em pelo menos uma sequência.	Para em configurações não finais em todas as sequências.

É importante notar que, diferentemente do que ocorre com os autômatos finitos determinísticos com função de transição total, não necessariamente os autômatos finitos não determinísticos esgotam completamente a cadeia de entrada que lhes é oferecida para análise, mesmo que a sua função de transição seja total.

A impossibilidade de movimentação do autômato em determinadas configurações caracteriza um impasse e pode ocorrer não apenas em função do esgotamento da cadeia de entrada, como nos autômatos finitos determinísticos, mas também pela possibilidade de inexistência de transições que permitam a evolução a partir da configuração corrente devido às características da função δ. Assim, a condição que determina a aceitação de uma cadeia em um autômato finito não determinístico deve sempre ser analisada em sua totalidade: estado final associado ao esgotamento da cadeia de entrada (lembrar que esta última condição sempre é verificada no caso dos autômatos finitos determinísticos cuja função de transição seja total).

Um autômato é dito não determinístico se a sua função de transição possui como contradomínio o conjunto 2^Q. Para que a sua operação, no entanto, seja considerada efetivamente não determinística, é necessário que ele possua pelo menos uma configuração com duas ou mais possibilidades de movimentação distintas (veja Exemplo 3.21). Por outro lado, todo autômato determinístico é um caso particular de um autômato não determinístico — uma vez que todo $q \in Q$ também pode ser representado como $\{q\} \in 2^Q$ —, mas o contrário não é verdadeiro. Logo, é possível especificar autômatos não determinísticos que possuem um comportamento determinístico (veja Exemplo 3.22).

Exemplo 3.21 Seja $M = (Q, \Sigma, \delta, q_0, F)$ um autômato finito não determinístico:

$$\begin{aligned}
Q &= \{q_0, q_1, q_2\} \\
\Sigma &= \{a, b, c\} \\
\delta &= \{(q_0, a) \to \{q_1, q_2\}, (q_1, b) \to \{q_1, q_2\}, (q_2, c) \to \{q_2\}\} \\
F &= \{q_1, q_2\}
\end{aligned}$$

M é claramente não determinístico, uma vez que $\delta : Q \times \Sigma \to 2^Q$. Além disso, deve-se notar que M possui duas possibilidades de movimentação na configuração (q_0, a) — ele pode evoluir tanto para o estado q_1 quanto para o estado q_2 — e também duas na configuração (q_1, b) — ele pode ir para o estado q_1 ou então para o estado q_2. Diz-se que M exibe um **comportamento não determinístico** nessas duas configurações. Bastaria um único comportamento não determinístico para o autômato ser considerado efetivamente não determinístico. Notar que, no caso da configuração (q_2, c), existe uma única possibilidade de movimentação (para o estado q_2) e, portanto, na mesma M se comporta de forma determinística.

O diagrama de transição de estados para esse autômato, que reconhece a linguagem $ab^* \mid ab^*bc^* \mid ac^*$, ou simplesmente ab^*c^*, é apresentado na Figura 3.6.

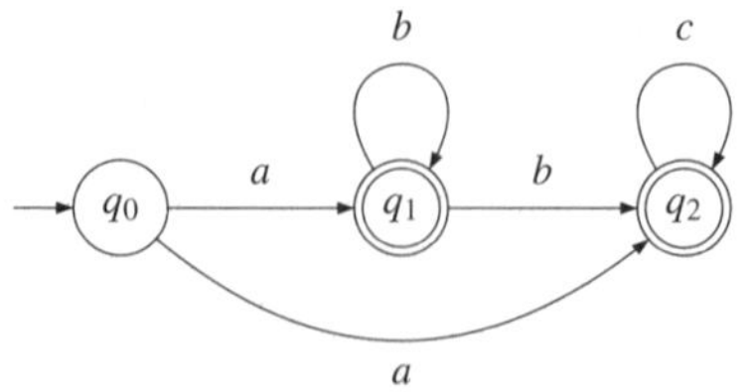

Figura 3.6 Autômato não determinístico com comportamento não determinístico.

Considere-se a cadeia $abbccc$ e faça-se uma simulação da operação do autômato a partir de sua configuração inicial: $(q_0, abbccc) \vdash (q_2, bbccc)$. Nessa sequência, a escolha do ramo inferior, em resposta ao símbolo de entrada a, conduz o autômato a um impasse, pois não há possibilidade de movimentação em q_2 com o símbolo b. Deve-se, então, tentar a segunda alternativa de movimentação em q_0:

$$(q_0, abbccc) \vdash (q_1, bbccc) \vdash (q_2, bccc)$$

Apesar do avanço no reconhecimento, novo impasse é atingido no estado q_2 como consequência da escolha efetuada em q_1 para a transição usando o símbolo b. Como não restam outras alternativas em q_0, deve-se considerar a segunda alternativa de movimentação em q_1:

$$(q_0, abbccc) \vdash (q_1, bbccc) \vdash (q_1, bccc)$$

Admitindo-se que a opção inicial de movimentação em q_1 em resposta ao símbolo b seja novamente q_2, a seguinte sequência de movimentos conduz finalmente o autômato à sua configuração final (que, neste caso, é única):

$$(q_1, bccc) \vdash (q_2, ccc) \vdash (q_2, cc) \vdash (q_2, c) \vdash (q_2, \varepsilon)$$

Seja agora a cadeia aab. Como se pode perceber, não há nenhuma sequência de movimentos, mesmo considerando-se as duas alternativas para a transição usando a em q_0, que conduza o autômato à sua configuração final. Em um caso, o impasse é atingido no estado q_1 em decorrência do símbolo a; no outro ele ocorre em q_2, também provocado por a. Como não há mais opções decorrentes de não determinismos a serem consideradas, conclui-se que essa cadeia não pertence à linguagem definida pelo autômato. ⋆

Exemplo 3.22 O autômato da Figura 3.7 (que aceita a mesma linguagem ab^*c^* do Exemplo 3.21) pode ser representado algebricamente tanto de forma determinística:

$$\begin{aligned} Q &= \{q_0, q_1, q_2\} \\ \Sigma &= \{a, b, c\} \\ \delta &= \{(q_0, a) \rightarrow q_1, (q_1, b) \rightarrow q_1, (q_1, c) \rightarrow q_2, (q_2, c) \rightarrow q_2\} \\ F &= \{q_1, q_2\} \end{aligned}$$

quanto de forma não determinística:

$$\begin{aligned} Q &= \{q_0, q_1, q_2\} \\ \Sigma &= \{a, b, c\} \\ \delta &= \{(q_0, a) \rightarrow \{q_1\}, (q_1, b) \rightarrow \{q_1\}, (q_1, c) \rightarrow \{q_2\}, (q_2, c) \rightarrow \{q_2\}\} \\ F &= \{q_1, q_2\} \end{aligned}$$

Notar que a representação não determinística acima corresponde a um autômato cujo comportamento é efetivamente determinístico (uma vez que em cada configuração existe uma única possibilidade de movimentação). Ainda é importante notar que o diagrama de transição de estados (Figura 3.7) é o mesmo tanto para a representação algébrica determinística quanto para a representação algébrica não determinística. ⋆

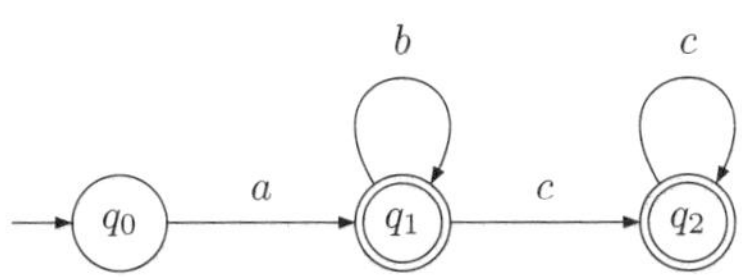

Figura 3.7 Autômato não determinístico com comportamento determinístico.

Apesar de não constituir regra geral, os autômatos finitos não determinísticos, em certos casos, podem mostrar-se mais simples de serem analisados do que as correspondentes versões determinísticas. O Exemplo 3.23 ilustra uma situação desse tipo.

Exemplo 3.23 Os autômatos das Figuras 3.8 e 3.9 reconhecem a linguagem $(a \mid b \mid c \mid d)^* abcd(a \mid b \mid c \mid d)^*$.

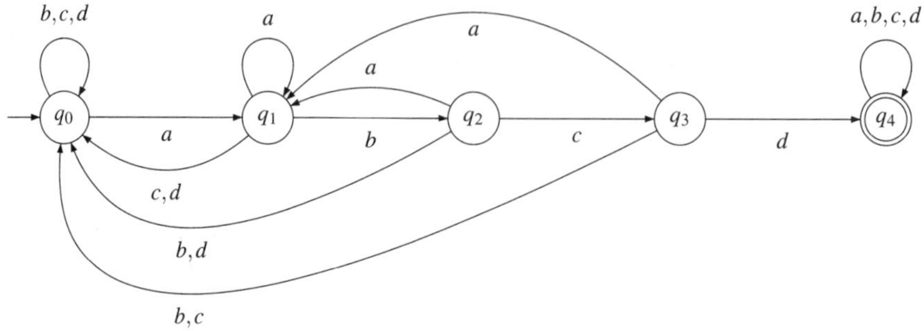

Figura 3.8 Autômato finito determinístico que reconhece a linguagem formada pelas cadeias que contêm a subcadeia *abcd*.

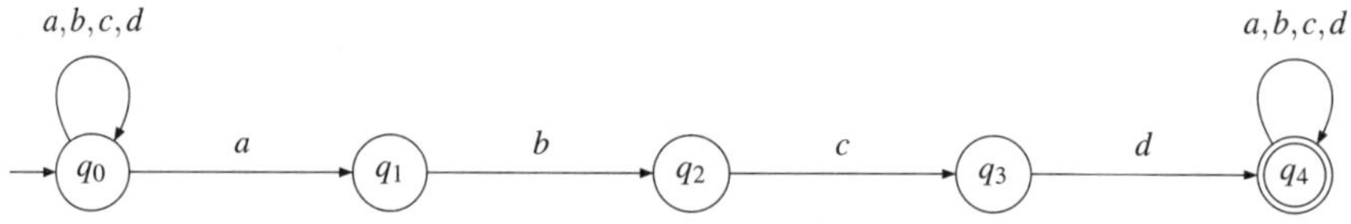

Figura 3.9 Autômato finito não determinístico que reconhece a linguagem formada pelas cadeias que contêm a subcadeia *abcd*.

Nesse caso é evidente a maior facilidade de interpretação da topologia exibida pela versão não determinística (Figura 3.9), quando comparada com a da versão determinística equivalente (Figura 3.8).

⋆

Os autômatos não determinísticos operam pela busca exaustiva de sequências que possibilitem o reconhecimento das cadeias que lhes são apresentadas. Do ponto de vista teórico, admite-se que, toda vez em que houver mais de uma possibilidade de movimentação, o autômato finito não determinístico se "desdobra" na quantidade correspondente de instâncias paralelas, cada qual prosseguindo à análise de forma autônoma, a partir da configuração corrente, e através de opções distintas de movimentação. Desse modo, a aceitação (ou rejeição) da sentença por um autômato finito não determinístico deve ser analisada em função das últimas configurações atingidas por todas as suas instâncias; se pelo menos uma delas tiver atingido uma configuração final, a cadeia terá sido aceita; caso contrário, será rejeitada.

Do ponto de vista prático, no entanto, não é econômico realizar o modelo teórico de operação paralela, acima apresentado, em máquinas sequenciais. Em vez disso, autômatos finitos não determinísticos costumam ser implementados, dentro do modelo sequencial de processamento, através de mecanismos de busca exaustiva e de *"backtracking"*, percorrendo-se todos os possíveis caminhos que os conduzam (ou não) a configurações finais. Por esse motivo, os autômatos finitos não determinísticos não costumam ter muito interesse prático, uma vez que suas realizações podem tornar-se antieconômicas dentro desse modelo de implementação. Por outro lado, arquiteturas paralelas, em que cada processador percorre uma sequência distinta de movimentações, possibilitam a obtenção de implementações bastante eficientes para autômatos finitos não determinísticos.

A seguir é mostrada a equivalência entre os autômatos finitos não determinísticos e os determinísticos, no que diz respeito à classe de linguagens que eles são capazes de reconhecer. A **equivalência**, ou **equipotência**, de tais classes de autômato constitui um dos mais importantes resultados da teoria dos autômatos finitos, sem paralelo para a maioria dos demais modelos de reconhecedores anteriormente mencionados, uma vez que garante ser sempre possível a aceitação de toda e qualquer linguagem regular através de um autômato determinístico.

Antes, porém, é preciso introduzir a **notação tabular** para a representação de autômatos finitos. De acordo com essa notação, cada linha da tabela representa um estado distinto q do autômato, e cada coluna é associada a um elemento distinto σ de seu alfabeto de entrada. As células correspondentes à intersecção de cada linha com cada coluna são preenchidas com o elemento (conjunto) de 2^Q determinado por $\delta(q,\sigma)$.

Exemplo 3.24 Considere-se novamente o autômato finito não determinístico M do Exemplo 3.21 cujo diagrama de estados é apresentado na Figura 3.6. A representação tabular de M é apresentada na Tabela 3.6. ⋆

Tabela 3.6 Notação tabular para o autômato finito não determinístico M da Figura 3.6

	δ	a	b	c
$\rightarrow$	q_0	$\{q_1,q_2\}$		
$\leftarrow$	q_1		$\{q_1,q_2\}$	
$\leftarrow$	q_2			$\{q_2\}$

Na notação tabular, como se pode perceber, o estado inicial é indicado através do símbolo "$\rightarrow$", ao passo que os estados finais são indicados por "$\leftarrow$". O símbolo "$\leftrightarrow$" indica um estado que seja simultaneamente inicial e final.

Na prática, a eliminação de não determinismos em um autômato finito serve ao propósito de melhorar o seu desempenho, especialmente quando a cadeia de entrada não faz parte da linguagem aceita pelo autômato. Na versão determinística, a cadeia é rejeitada assim que o símbolo inesperado é encontrado. Na versão não determinística, a cadeia será rejeitada apenas após a análise dela em todos os caminhos possíveis, o que pode consumir um tempo excessivo (especialmente se os caminhos forem testados um de cada vez, num modelo de implementação sequencial).

Teorema 3.5 (Eliminação de não determinismos) "Seja L a linguagem aceita por um autômato finito não determinístico sem transições em vazio. Então é possível definir um autômato finito determinístico que aceita L."

A equivalência dos autômatos finitos não determinísticos sem transições em vazio com os autômatos finitos determinísticos é mostrada através de um algoritmo que permite a construção de autômatos do segundo tipo a partir de autômatos do primeiro tipo, quaisquer que sejam eles.

O mecanismo de mapeamento é baseado na substituição de todas as transições não determinísticas do autômato finito não determinístico original por transições determinísticas para novos estados criados no novo autômato construído. A fim de garantir a equivalência das linguagens aceitas pelos dois autômatos, deve-se copiar, para cada um desses novos estados do autômato finito determinístico resultante, todas as transições que partem de estados que seriam atingidos pelas transições não determinísticas do autômato finito não determinístico original.

Em outras palavras, para cada transição não determinística distinta presente no autômato original, o algoritmo cria um novo estado e a substitui por uma transição determinística para esse novo estado, copiando as transições dos estados que seriam atingidos pela realização da transição não determinística. Como desse processo pode resultar a introdução de novos não determinismos, torna-se necessário aplicá-lo de forma iterativa até a completa eliminação dos não determinismos. A Figura 3.10 ilustra essas ideias. Suponha-se um autô-

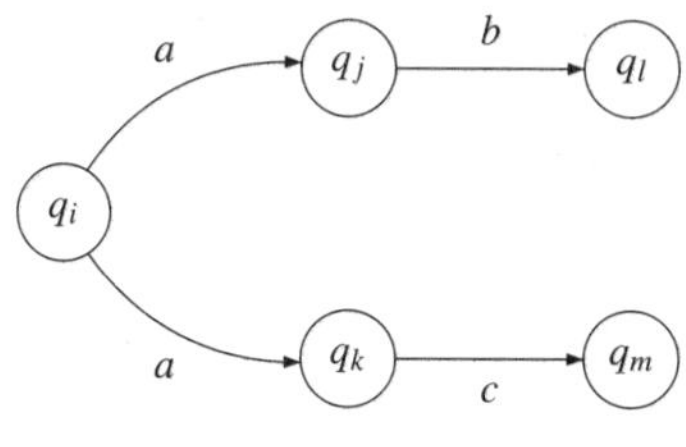

Figura 3.10 Situação não determinística original.

mato qualquer que apresente, como parte de sua especificação, uma transição não determinística $\delta(q_i,a) = \{q_j,q_k\}$. Ao criar um novo estado q_jq_k e substituir as transições anteriores por uma única e nova transição determinística $\delta(q_i,a) = q_jq_k$, consegue-se fazer com que o autômato modificado aceite a mesma linguagem que o original, sem, no entanto, apresentar comportamento não determinístico. De fato, neste exemplo, em ambas as versões os estados atingidos pelas cadeias ab e ac são os mesmos: respectivamente q_l e q_m. A Figura 3.11 ilustra o autômato modificado. Fica claro também que se pelo menos um dos estados, q_j

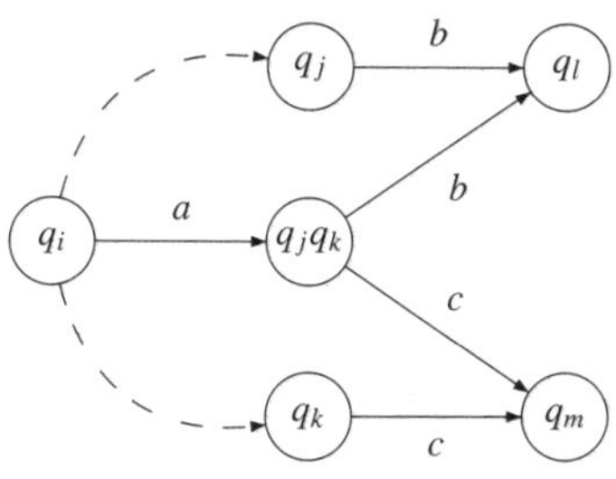

Figura 3.11 Situação determinística equivalente à da Figura 3.10.

ou q_k, for um estado final, o mesmo deverá acontecer com o estado q_jq_k, já que em ambas as versões a cadeia a deve ser aceita pelo autômato. Por outro lado, caso haja coincidência entre os símbolos b e c, um novo não determinismo será introduzido no estado q_jq_k. Daí a necessidade de se repetir o procedimento, removendo a cada iteração todos os novos não determinismos que venham a ser introduzidos.

Seja $M_1 = (Q_1,\Sigma,\delta_1,q_{01},F_1)$ o autômato finito não determinístico originalmente considerado e $M_2 = (Q_2,\Sigma,\delta_2,q_{02},F_2)$ o autômato finito determinístico correspondente que se deseja obter. A obtenção de M_2 a partir de M_1 pode ser efetuada através do Algoritmo 3.5.

Algoritmo 3.5 (Eliminação de não determinismos) *"Obtenção de um autômato finito determinístico M_2 a partir de um autômato finito não determinístico M_1."*

- *Entrada: um autômato não determinístico $M_1 = (Q_1,\Sigma,\delta_1,q_{01},F_1)$, com $\delta_1 : Q_1 \times \Sigma \rightarrow 2^{Q_1}$.*
- *Saída: um autômato determinístico $M_2 = (Q_2,\Sigma,\delta_2,q_{02},F_2)$, com $\delta_2 : Q_2 \times \Sigma \rightarrow Q_2$, tal que $L(M_2) = L(M_1)$.*
- *Método:*

1. *$Q_2 \leftarrow \emptyset$;*
2. *$\forall i \geqslant 0$, se $q_{1i} \in Q_1$ então $Q_2 \leftarrow Q_2 \cup \{q_{2i}\}$;*
3. *$F_2 \leftarrow \emptyset$;*
4. *$\forall i \geqslant 0$, se $q_{1i} \in F_1$ então $F_2 \leftarrow F_2 \cup \{q_{2i}\}$;*
5. *$\delta_2 \leftarrow \emptyset$;*
6. *$\forall q_{1i} \in Q_1, \sigma \in \Sigma$, se $\delta_1(q_{1i}, \sigma) = \{q_{11}, ..., q_{1n}\}, n \geqslant 1$ então $\delta_2(q_{2i}, \sigma) = \{q_{21}, ..., q_{2n}\}$;*
7. *Substituir todos os elementos $\{q_{2i}\}$ de δ_2 por q_{2i};*
8. *Enquanto houver transições não determinísticas em δ_2, faça:*
    a) *Selecione uma transição não determinística qualquer $\delta_2(q, \sigma)$, e considere $\delta_2(q, \sigma) = \{q_{21}, ..., q_{2i}, ..., q_{2n}\}, n \geqslant 2$.*
    b) *Acrescente um novo estado $q_{21}...q_{2i}...q_{2n}$ à tabela de transição de estados (nesta notação, os estados do conjunto são concatenados formando uma cadeia, em que os índices dos estados estão organizados em ordem crescente, ou em qualquer outra ordem conveniente); se $q_{2i} = q_{2i1}...q_{2im}$, considerar a ordenação de todos os estados obtidos pela substituição de q_{2i} por $q_{2i1}...q_{2im}$ em $q_{21}...q_{2i}...q_{2n}$.*
    c) *Substitua, na tabela, todas as referências a $\{q_{21}, ..., q_{2n}\}$ por $q_{21}...q_{2n}$.*
    d) *Para cada $\sigma \in \Sigma$, faça:*
        i. *$\delta_2(q_{21}...q_{2n}, \sigma) \leftarrow \emptyset$;*
        ii. *Para cada estado $q_{2j} \in \{q_{21}, ..., q_{2n}\}$, faça:*
            A. *$\delta_2(q_{21}...q_{2n}, \sigma) \leftarrow \delta_2(q_{21}...q_{2n}, \sigma) \cup \delta_2(q_{2j}, \sigma)$;*
            B. *Se $q_{2j} \in F_2$, então $F_2 \leftarrow F_2 \cup \{q_{21}...q_{2n}\}$.*

○

É importante observar:

- Cada estado novo criado em M_2 representa um conjunto distinto de estados de M_1; logo, o número máximo de estados que M_2 pode possuir é $2^n - 1$, onde n é o número de estados de M_1. Ou seja, $|Q_2| \leqslant 2^{|Q_1|} - 1$, pois o conjunto vazio não representa nenhum conjunto de estados; como a quantidade de estados que podem ser criados é finita, segue que o metodo apresentado a seguir sempre termina (ele é de fato um algoritmo).
- Eventualmente, pode acontecer de os estados sucessores de um não determinismo de M_1 se tornarem inacessíveis em M_2, ou seja, estados que não podem ser alcançados desde o estado inicial de M_2 e que por isso não contribuem em nada com a linguagem aceita por ele; este é o caso, por exemplo, dos estados q_j e q_k da Figura 3.11. Mais adiante será visto um algoritmo para identificar e remover de forma sistemática tais estados.

□

Exemplo 3.25 Considere-se uma vez mais o autômato não determinístico M do Exemplo 3.21, representado na Figura 3.6 e na Tabela 3.6. A aplicação do Algoritmo 3.5 a M conduz à obtenção do autômato da Tabela 3.7.

Observe-se, inicialmente, a criação de um novo estado, denominado q_1q_2, em decorrência da presença do não determinismo $\{q_1, q_2\}$ na tabela de transição de estados original. As células desse novo estado, ou seja, suas transições, são preenchidas de acordo com o seguinte critério: como $\delta(q_0, a) =$

Tabela 3.7 Autômato determinístico equivalente ao autômato M da Tabela 3.6

	δ'	a	b	c
$\rightarrow$	q_0	q_1q_2		
$\leftarrow$	q_1		q_1q_2	
$\leftarrow$	q_2			q_2
$\leftarrow$	q_1q_2		q_1q_2	q_2

$\{q_1,q_2\}$, deve-se considerar todas as transições que partem de q_1 e de q_2, respectivamente, $\delta(q_1,b)$ e $\delta(q_2,c)$. Assim, o conteúdo de $\delta(q_1,b)$ é copiado para $\delta(q_1q_2,b)$ e o conteúdo de $\delta(q_2,c)$ é copiado para $\delta(q_1q_2,c)$. Finalmente, como $\delta(q_2,c)$ é um estado final, o novo estado q_1q_2 também torna-se final.

Note-se ainda que, apesar de o autômato inicial deste exemplo apresentar duas transições não determinísticas ($\delta(q_0,a)$ e $\delta(q_1,b)$), apenas um novo estado foi adicionado (q_1q_2). Isso decorre do fato de que os estados de destino, em ambos os casos, são os mesmos, não havendo necessidade de se memorizar a forma através da qual tais estados foram atingidos.

Como se pode perceber, a eliminação de não determinismos implica a criação de novos estados (Q'), altera a função de transição de estados (δ') e, eventualmente, acrescenta estados finais ao autômato resultante (F'). É comum que, após essa transformação, o autômato finito determinístico resultante contenha estados inacessíveis, ou seja, estados que não podem ser atingidos a partir do estado inicial por nenhum caminho.

A Figura 3.12 mostra o diagrama de estados do autômato determinístico obtido neste exemplo. Deve-se observar que o estado q_1 tornou-se inacessível como resultado da aplicação do método de eliminação de não determinismos. $\star$

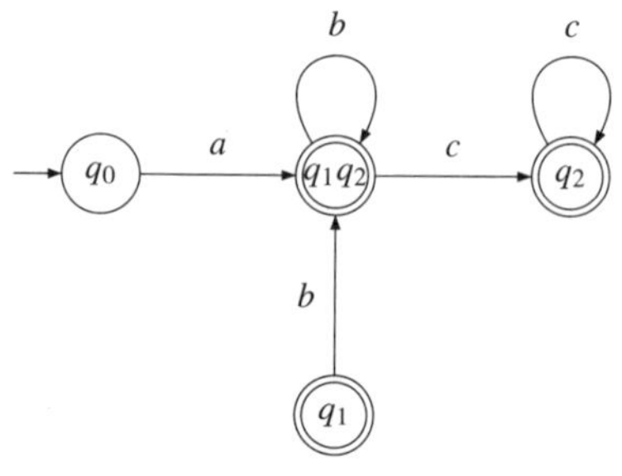

Figura 3.12 Autômato determinístico equivalente ao autômato M da Figura 3.6.

Exemplo 3.26 Considere-se o autômato finito não determinístico da Figura 3.13.

A Tabela 3.8 representa o autômato da Figura 3.13 e os seguintes passos correspondem à aplicação do Algoritmo 3.5:

Tabela 3.8 Eliminação de não determinismos, autômato inicial

	δ	a	b	c
$\rightarrow$	q_0	$\{q_1,q_2\}$		$\{q_3\}$
$\leftarrow$	q_1	$\{q_0\}$	$\{q_0,q_1\}$	
$\leftarrow$	q_2			$\{q_2\}$
	q_3	$\{q_2\}$	$\{q_1\}$	

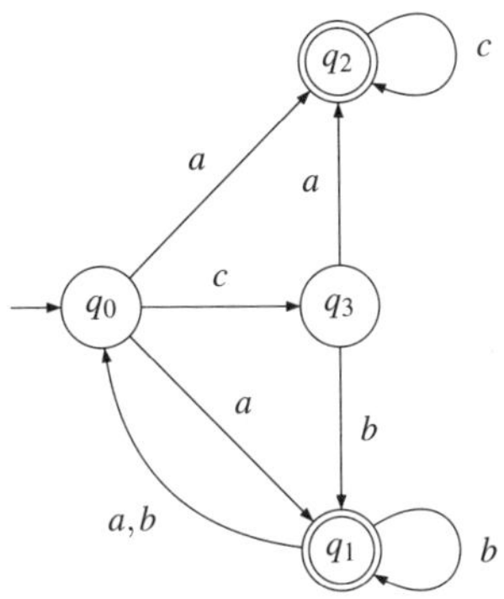

Figura 3.13 Autômato não determinístico do Exemplo 3.26.

- Substituir $\{q_0\}$ por q_0, $\{q_1\}$ por q_1, $\{q_2\}$ por q_2 e $\{q_3\}$ por q_3.

Tabela 3.9 Eliminação de não determinismos, passo 1

	δ	a	b	c
$\rightarrow$	q_0	$\{q_1, q_2\}$		q_3
$\leftarrow$	q_1	q_0	$\{q_0, q_1\}$	
$\leftarrow$	q_2			q_2
	q_3	q_2	q_1	

- Criar um novo estado q_1q_2, substituindo $\{q_1, q_2\}$ na tabela por q_1q_2.

Tabela 3.10 Eliminação de não determinismos, passo 2

	δ	a	b	c
$\rightarrow$	q_0	q_1q_2		q_3
$\leftarrow$	q_1	q_0	$\{q_0, q_1\}$	
$\leftarrow$	q_2			q_2
	q_3	q_2	q_1	
$\leftarrow$	q_1q_2	q_0	$\{q_0, q_1\}$	q_2

- Criar um novo estado q_0q_1, substituindo $\{q_0, q_1\}$ na tabela por q_0q_1.
- Criar um novo estado $q_0q_1q_2$, substituindo $\{q_1q_2, q_0\}$ na tabela por $q_0q_1q_2$.
- Criar um novo estado q_2q_3, substituindo $\{q_2, q_3\}$ na tabela por q_2q_3.

A Figura 3.14 apresenta o diagrama de estados do autômato determinístico obtido. ⋆

Os estados criados de acordo com o Algoritmo 3.5 têm como função reproduzir o comportamento do autômato não determinístico original no novo autômato determinístico, considerando-se todas as transições possíveis de serem executadas em cada um dos estados que são destinos de uma mesma transição não determinística do autômato original.

Se, por exemplo, $\delta(q_i, \sigma) = \{q_j, q_k, q_m\}$, o estado $q_jq_kq_m$ do autômato determinístico atenderá ao propósito de permitir que o novo autômato se movimente, a partir deste estado,

Tabela 3.11 Eliminação de não determinismos, passo 3

	δ	a	b	c
$\rightarrow$	q_0	q_1q_2		q_3
$\leftarrow$	q_1	q_0	q_0q_1	
$\leftarrow$	q_2			q_2
	q_3	q_2	q_1	
$\leftarrow$	q_1q_2	q_0	q_0q_1	q_2
$\leftarrow$	q_0q_1	$\{q_1q_2, q_0\}$	q_0q_1	q_3

Tabela 3.12 Eliminação de não determinismos, passo 4

	δ	a	b	c
$\rightarrow$	q_0	q_1q_2		q_3
$\leftarrow$	q_1	q_0	q_0q_1	
$\leftarrow$	q_2			q_2
	q_3	q_2	q_1	
$\leftarrow$	q_1q_2	q_0	q_0q_1	q_2
$\leftarrow$	q_0q_1	$q_0q_1q_2$	q_0q_1	q_3
$\leftarrow$	$q_0q_1q_2$	$q_0q_1q_2$	q_0q_1	$\{q_2, q_3\}$

com transições similares às originalmente presentes em cada um dos estados q_j, q_k e q_m do autômato não determinístico.

Dessa forma, o surgimento de novos estados no autômato determinístico é limitado pela quantidade de combinações distintas que podem ser feitas entre os estados do autômato não determinístico original. Se $M_1 = (Q_1, \Sigma, \delta_1, q_0, F_1)$ é o autômato original não determinístico, e $M_2 = (Q_2, \Sigma, \delta_2, q_0, F_2)$ é o autômato determinístico equivalente, então $|Q_2| \leqslant 2^{|Q_1|} - 1$, uma vez que toda combinação de estados deverá conter pelo menos um estado do autômato original.

Exemplo 3.27 A eliminação dos não determinismos do autômato finito representado na Tabela 3.14 resulta no autômato determinístico da Tabela 3.15.

Tabela 3.13 Eliminação de não determinismos, autômato final

	δ	a	b	c
$\rightarrow$	q_0	q_1q_2		q_3
$\leftarrow$	q_1	q_0	q_0q_1	
$\leftarrow$	q_2			q_2
	q_3	q_2	q_1	
$\leftarrow$	q_1q_2	q_0	q_0q_1	q_2
$\leftarrow$	q_0q_1	$q_0q_1q_2$	q_0q_1	q_3
$\leftarrow$	$q_0q_1q_2$	$q_0q_1q_2$	q_0q_1	q_2q_3
$\leftarrow$	q_2q_3	q_2	q_1	q_2

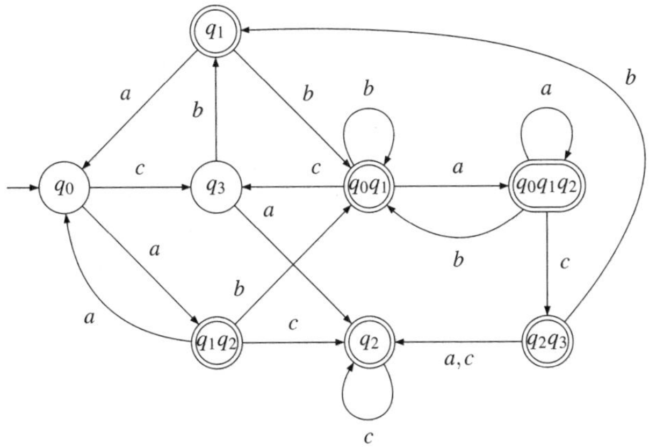

Figura 3.14 Autômato determinístico equivalente ao da Figura 3.13.

Como se pode perceber, $Q_1 = \{q_0, q_1, q_2\}$ e $Q_2 = \{q_0, q_1, q_2, q_0q_1, q_0q_2, q_1q_2, q_0q_1q_2\}$. Além disso, $|Q_1| = 3$ e $|Q_2| = 2^3 - 1 = 7$. Trata-se, portanto, de um autômato determinístico no qual todas as combinações possíveis dos estados do autômato original não determinístico estão consideradas. ⋆

Tabela 3.14 Autômato finito não determinístico do Exemplo 3.27

	δ	a	b
$\rightarrow$	q_0	$\{q_1, q_2\}$	
$\leftarrow$	q_1		
	q_2	$\{q_0, q_2\}$	$\{q_0, q_1\}$

Tabela 3.15 Autômato finito determinístico equivalente ao da Tabela 3.14

	δ	a	b
$\rightarrow$	q_0	q_1q_2	
$\leftarrow$	q_1		
	q_2	q_0q_2	q_0q_1
$\leftarrow$	q_1q_2	q_0q_2	q_0q_1
$\leftarrow$	q_0q_1	q_1q_2	
	q_0q_2	$q_0q_1q_2$	q_0q_1
$\leftarrow$	$q_0q_1q_2$	$q_0q_1q_2$	q_0q_1

Note-se que nem sempre a eliminação de não determinismos de um autômato finito faz surgir tantos novos estados, como acontece no Exemplo 3.27. Na prática, costumam surgir alguns estados novos, mas não todos os possíveis, e também alguns dos estados antigos eventualmente tornam-se inacessíveis, podendo ser eliminados, de forma que, tipicamente, há um aumento do número de estados, mas em geral esse número não costuma atingir esse limite extremo.

Como conclusão da apresentação do Teorema 3.5, e com base no Algoritmo 3.5, deve-se acrescentar que é possível garantir, no caso geral, a existência de um autômato finito determinístico equivalente a qualquer autômato finito não determinístico fornecido.

Dessa maneira, o fato de um autômato finito ser não determinístico não o torna mais poderoso quanto à classe de linguagens que é capaz de reconhecer, quando comparado com os autômatos finitos determinísticos. Por se tratar este último de um modelo de reconhecimento que permite gerar implementações extremamente eficientes, conclui-se ser sempre possível a obtenção de modelos com tais características, independentemente da forma como o autômato se manifesta originalmente quanto ao seu determinismo.

Por outro lado, a existência de autômatos não determinísticos que sejam equivalentes a autômatos determinísticos é imediata, pois a incorporação de não determinismos pode ser feita trivialmente, sem alterar a linguagem aceita pelo autômato: basta, por exemplo, incorporar um caminho adicional alternativo que aceite qualquer sequência de símbolos, a partir de qualquer estado, iniciada por um símbolo que já seja consumido a partir daquele estado, sem, no entanto, permitir que alguma configuração final seja atingida (veja o Exemplo 3.28). Uma outra forma é notar que todo autômato finito determinístico é um caso particular de um autômato finito não determinístico (veja o Exemplo 3.22). Isso prova que sempre existe um autômato finito não determinístico equivalente a outro determinístico (no caso, o próprio).

Exemplo 3.28 Considere-se M, o autômato determinístico da Figura 3.15. O acréscimo de um único

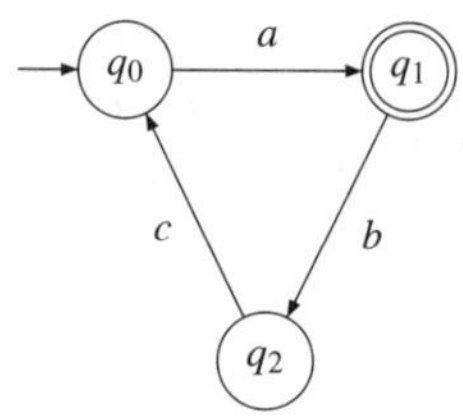

Figura 3.15 Autômato M determinístico que aceita $a(bca)^*$.

novo estado q_3 e da transição $\delta(q_2, c) = q_3$ já seria suficiente para tornar M não-determinístico, sem no entanto alterar a linguagem por ele aceita ($a(bca)^*$). Naturalmente, inúmeros autômatos podem ser construídos dessa maneira. A Figura 3.16 apresenta um exemplo. ⋆

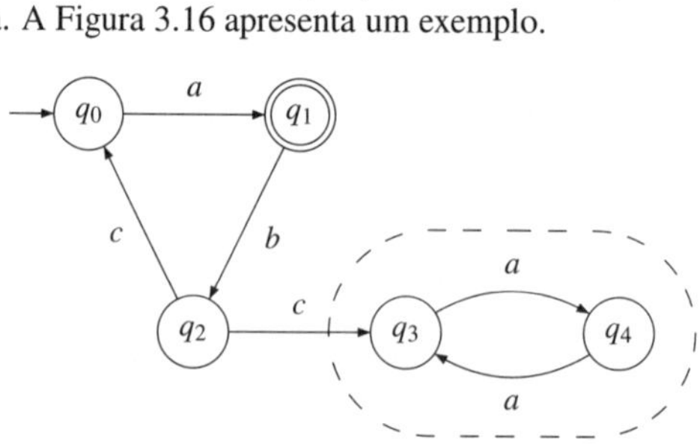

Figura 3.16 Autômato não determinístico equivalente ao autômato da Figura 3.15.

Autômatos finitos não determinísticos com transições em vazio

Autômatos finitos não determinísticos que apresentam **transições em vazio** são aqueles que admitem transições de um estado para outro com ε, além das transições normais, que utilizam os símbolos do alfabeto de entrada. Transições em vazio podem ser executadas sem que seja necessário consultar o símbolo corrente da fita de entrada, e sua execução nem sequer causa o deslocamento do cursor de leitura. Com a introdução de transições em vazio, a função de transição para autômatos finitos não determinísticos passa a ter seu domínio alterado para:

$$\delta : Q \times (\Sigma \cup \{\varepsilon\}) \rightarrow 2^Q$$

Quando um autômato transita em vazio, isso significa que ele muda de estado sem consultar a cadeia de entrada. Sempre que ocorrer a coexistência entre alguma transição em vazio e outras transições (vazias ou não) com origem em um mesmo estado, isso acarreta a necessidade de uma escolha arbitrária da transição a ser aplicada na respectiva configuração, e isso, por sua vez, caracteriza a manifestação de um não determinismo.

Exemplo 3.29 Seja $M = (Q, \Sigma, \delta, q_0, F)$ um autômato finito com transições em vazio.

$$\begin{aligned} Q &= \{q_0, q_1\} \\ \Sigma &= \{a, b\} \\ \delta &= \{(q_0, a) \rightarrow \{q_0\}, (q_0, \varepsilon) \rightarrow \{q_1\}, (q_1, b) \rightarrow \{q_1\}\} \\ F &= \{q_1\} \end{aligned}$$

A linguagem aceita por esse autômato é a^*b^*, conforme pode ser deduzido a partir do diagrama de estados da Figura 3.17.

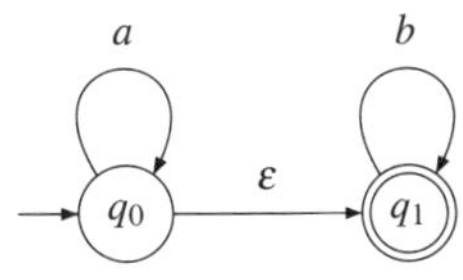

Figura 3.17 Autômato com transição em vazio.

Tomando-se a cadeia de entrada ab como exemplo, as duas sequências de movimentação possíveis a partir da configuração inicial seriam:

1. $(q_0, ab) \vdash (q_0, b) \vdash (q_1, b) \vdash (q_1, \varepsilon)$ (sucesso)
2. $(q_0, ab) \vdash (q_1, ab)$ (impasse)

No segundo caso, o impasse ocorre devido à aplicação da transição $(q_0, \varepsilon) \rightarrow q_1$ logo ao início do reconhecimento, antes de ser efetuada a leitura do símbolo a. No primeiro caso, ocorre a aceitação da sentença, pois a utilização da transição em vazio foi efetuada em um ponto favorável pelo autômato, ou seja, entre a utilização dos símbolos a e b da cadeia de entrada. ⋆

Assim como ocorre no no caso dos autômatos determinísticos e não determinísticos, alguns autômatos finitos com transições em vazio se mostram mais simples de serem analisados do que as correspondentes versões isentas de transições em vazio. O Exemplo 3.30 ilustra uma situação desse tipo.

Exemplo 3.30 Os autômatos das Figuras 3.18 e 3.19 reconhecem a linguagem $a^*b^*c^*a^*$.

Nesse caso é evidente a maior facilidade de interpretação da topologia exibida pela versão com transições em vazio (Figura 3.19), quando comparada com a da versão isenta de transições em vazio (e determinística) equivalente (Figura 3.18). ⋆

Apesar de constituir uma generalização da definição dos autômatos finitos não determinísticos (basta comparar as respectivas funções de transição: $Q \times \Sigma \rightarrow 2^Q$ *versus* $Q \times (\Sigma \cup \{\varepsilon\}) \rightarrow 2^Q$), é possível demonstrar que a incorporação de transições em vazio ao autômato em

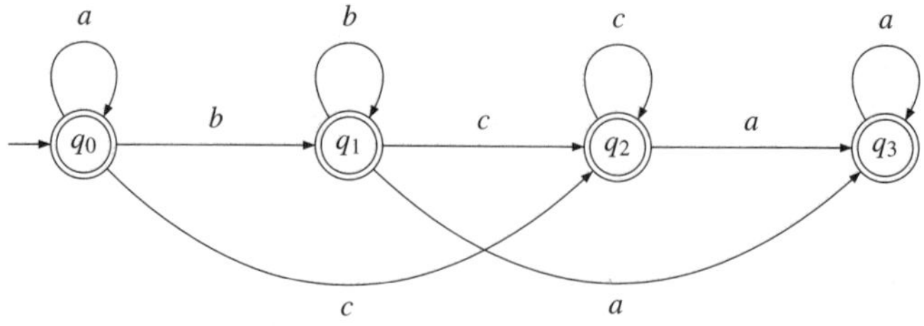

Figura 3.18 Autômato finito isento de transições em vazio que reconhece a linguagem $a^*b^*c^*a^*$.

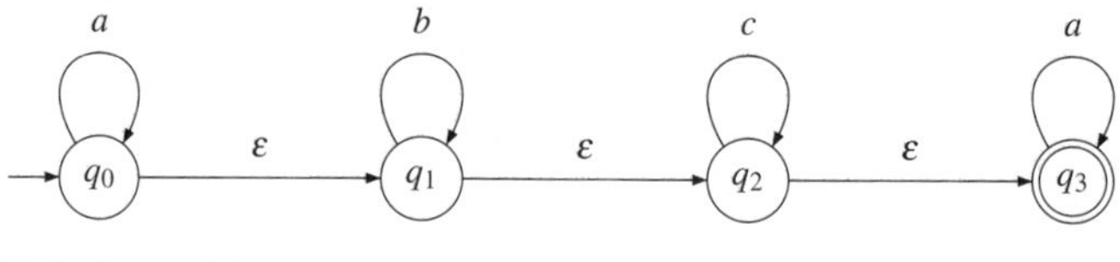

Figura 3.19 Autômato finito com transições em vazio que reconhece a linguagem $a^*b^*c^*a^*$.

nada aumenta o seu poder de reconhecimento. Em outras palavras, toda e qualquer linguagem que seja aceita por um autômato finito não determinístico que apresente transições em vazio pode também ser aceita por um autômato equivalente, sem transições em vazio.

A equivalência dessas duas classes de autômatos é desenvolvida a partir da discussão de um algoritmo que possibilita a conversão sistemática de autômatos finitos quaisquer em uma versão equivalente, porém isenta de transições em vazio.

Na prática, a eliminação de transições em vazio em um autômato finito serve ao propósito de melhorar o seu desempenho, uma vez que impede a mudança de estado sem consumo de símbolo da cadeia de entrada, o que pode melhorar o tempo de análise dela.

Serão apresentados dois algoritmos para essa finalidade. O primeiro, mais simples e intuitivo, aceita como entrada qualquer autômato finito que não possua ciclos de transições em vazio. O segundo, mais robusto, aceita qualquer tipo de autômato finito como entrada.

Teorema 3.6 (Eliminação de transições em vazio) "Autômatos finitos com transições em vazio aceitam linguagens que são aceitas por autômatos finitos isentos de transições em vazio."

Sejam $M = (Q, \Sigma, \delta, q_0, F)$ um autômato finito contendo transições em vazio, representado em notação tabular, e $N = (Q, \Sigma, \delta', q_0, F')$ o autômato finito sem transições em vazio correspondente que a partir dele se deseja obter. A obtenção de N a partir de M pode ser efetuada através dos Algoritmos 3.6 ou 3.9.

O mecanismo de mapeamento é baseado na eliminação sistemática das transições em vazio do autômato original, substituindo-as por transições não vazias de modo que o autômato resultante aceite as mesmas cadeias que o autômato original.

Se o autômato original possui uma transição em vazio de um estado q_i para um estado q_j, e se do estado q_j existem transições para, por exemplo, os estados q_k e q_l, respectivamente com os símbolos a e b, então o autômato modificado deverá adicionar transições de q_i para q_k com o símbolo a e de q_i para q_l com o símbolo b. Dessa maneira, o conjunto de cadeias que são processadas a partir do estado q_i permanece o mesmo em ambos os casos. Se q_j for um estado final, então q_i deverá ser tornado final, a fim de permitir a aceitação das cadeias que conduzem o autômato resultante a uma configuração final nesse estado. As Figuras 3.20 e 3.21 ilustram essa ideia.

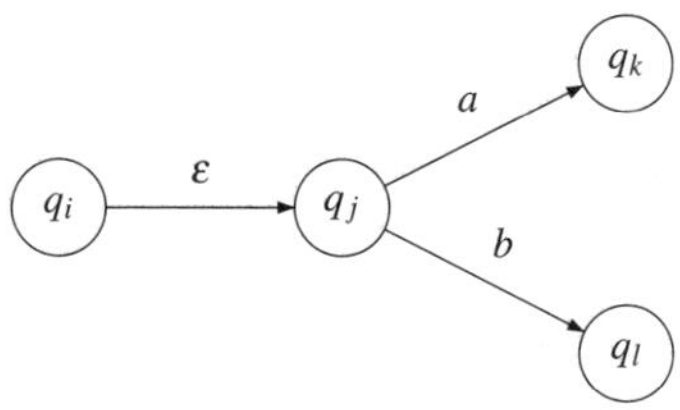

Figura 3.20 Situação com transição em vazio original.

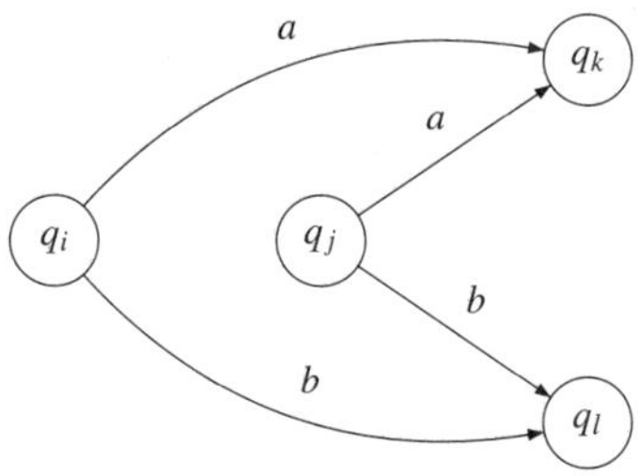

Figura 3.21 Situação sem transição em vazio equivalente à da Figura 3.20.

Algoritmo 3.6 (Eliminação de transições em vazio, versão 1) *"Obtenção de um autômato finito N, sem transições em vazio, a partir de um autômato finito M, com transições em vazio."*

- *Entrada: um autômato finito com transições em vazio M, porém isento de ciclos formados por transições em vazio.*
- *Saída: um autômato finito sem transições em vazio N, tal que* $L(N) = L(M)$.
- *Método:*
  1. *Eliminação das transições em vazio*
     Considere-se um estado qualquer $q_i \in Q$. *Se houver uma transição em vazio de* q_i *para* q_j, *deve-se eliminá-la, copiando-se para a linha que representa o estado* q_i *todas as transições que partem dos estados* q_j *para os quais é feita a transição em vazio.*
     Esse procedimento corresponde, em notação tabular, à realização de uma fusão ("merge") entre a linha do estado q_i *que contém a transição em vazio para o estado-destino* q_j *e a própria linha do estado* q_j, *armazenando-se o resultado novamente na linha correspondente ao estado* q_i.
     Havendo mais de uma transição em vazio indicadas, deve-se repetir cumulativamente o procedimento para todas elas.
     Se $\delta(q_i, \varepsilon) \in F$, *então* $F' \leftarrow F' \cup \{q_i\}$, *sendo que inicialmente* $F' \leftarrow F$.
  2. *Iteração*
     Repetir o passo anterior para os demais estados do autômato, até que todos eles tenham sido considerados (ou seja, até que a última linha tenha sido atingida).
     Nos casos em que houver transições em vazio para estados que, por sua vez também transitam em vazio para outros estados, será necessário iterar o procedimento várias vezes sobre a tabela, até que todas as transições em vazio tenham sido eliminadas.

O Algoritmo 3.6 funciona através da substituição de transições em vazio por cópias das transições que partem dos estados que seriam atingidos pelas transições em vazio. As únicas mudanças do autômato dizem respeito à função de transição δ', que se torna definida para alguns elementos do domínio de δ anteriormente indefinidos (δ', na notação tabular, torna-se menos esparsa), e ao conjunto de estados finais F', que eventualmente se amplia se existirem caminhos formados exclusivamente por transições em vazio que interligam estados finais a outros estados do autômato (veja Exemplo 3.31).

Conforme mencionado anteriormente, o Algoritmo 3.6 pode não produzir o resultado desejado caso o autômato M possua um ou mais ciclos de transições em vazio. Um detalhamento dessa questão, no entanto, revela a condição exata em que o algoritmo falha (note-se que a simples existência de ciclos formados por transições em vazio não é condição suficiente para caracterizar a situação em que o algoritmo deixa de produzir o resultado desejado):

1. M possui pelo menos um ciclo formado formado por transições em vazio.
2. Existe em M pelo menos um estado q_i, não pertencente ao ciclo, um estado q_j, pertencente ao ciclo, e um caminho formado por transições em vazio que tem q_i como origem e q_j como destino.

Num caso como esse, se a escolha da transição a ser eliminada recair sobre uma transição pertencente ao caminho que conduz de q_i até q_j, antes de se eliminar pelo menos uma das transições pertencente ao ciclo, ela trará como consequência o ressurgimento recorrente da transição original e a consequente impossibilidade de se alcançar o objetivo inicial. As Figuras 3.22 até 3.25 ilustram a situação.

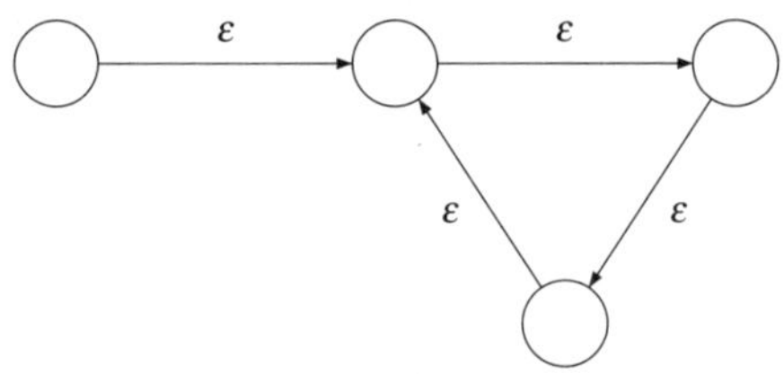

Figura 3.22 Tentativa de eliminação da transição em vazio externa ao ciclo, passo 1.

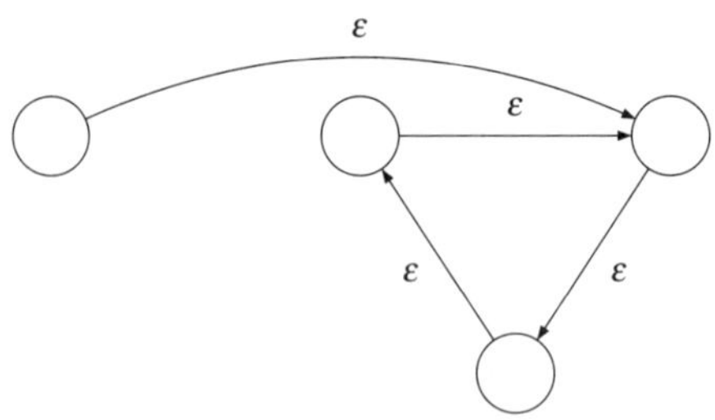

Figura 3.23 Tentativa de eliminação da transição em vazio externa ao ciclo, passo 2.

Para evitar que isso aconteça, uma possível solução seria eliminar inicialmente alguma transição pertencente ao ciclo, para apenas depois considerar as demais transições do ciclo e as do caminho entre q_i e q_j, não importando a ordem em que isso for feito. As Figuras 3.26 até 3.28 ilustram a situação.

Essa solução, no entanto, exige que se determine antecipadamente se M possui ciclos formados por transições em vazio, para apenas depois determinar a ordem em que a eliminação das suas transições em vazio poderá acontecer. Uma outra solução, que independe

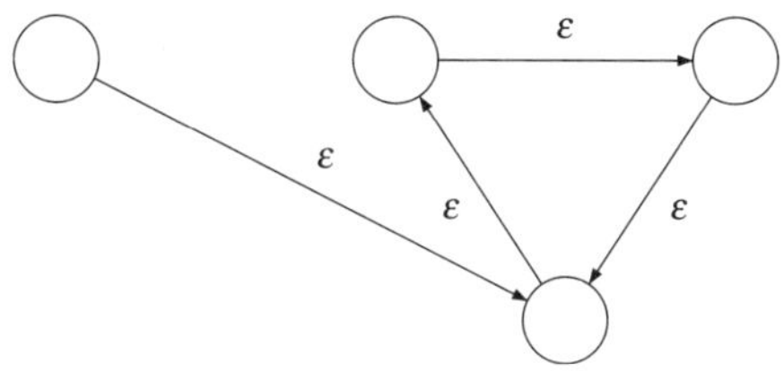

Figura 3.24 Tentativa de eliminação da transição em vazio externa ao ciclo, passo 3.

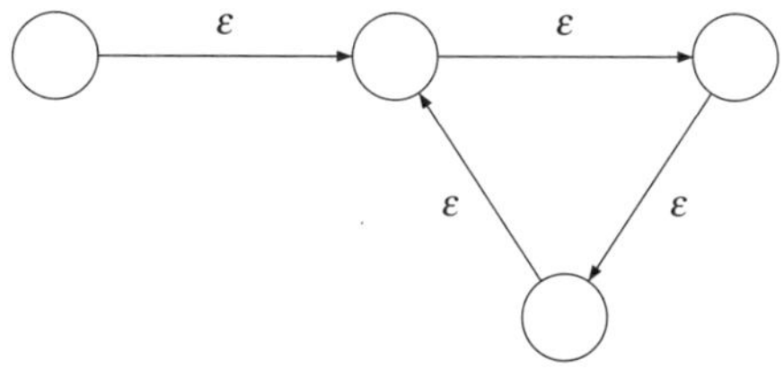

Figura 3.25 Tentativa de eliminação da transição em vazio externa ao ciclo, passo 4.

desse tipo de análise e, portanto, se configura geral, será apresentada mais adiante (veja Exemplo 3.32).

A seguir, é apresentado um algoritmo alternativo para a eliminação de transições em vazio da especificação de um autômato finito. Diferentemente do anterior, esse algoritmo não exige a manipulação da tabela que representa o autômato. É possível demonstrar que, apesar de não serem obrigatoriamente iguais, os autômatos obtidos pela aplicação dos dois métodos são equivalentes (no sentido de reconhecerem exatamente a mesma linguagem).

Inicialmente, são apresentadas duas novas definições: o Fechamento-ε de um estado e a função de transição estendida Δ.

A função **Fechamento-**ε: $Q \rightarrow 2^Q$ é definida de forma indutiva e pode ser calculada conforme o Algoritmo 3.7.

Algoritmo 3.7 (Fechamento-ε) *"Cálculo do Fechamento-ε de um estado q_i."*

- *Entrada: um autômato finito $M = (Q, \Sigma, \delta, Q_0, F)$ e um estado $q_i \in Q$.*
- *Saída: Fechamento-$\varepsilon(q_i)$.*
- *Método:*
  1. *Fechamento-$\varepsilon(q_i) \leftarrow \{q_i\}$.*
  2. *Fechamento-$\varepsilon(q_i) \leftarrow$ Fechamento-$\varepsilon(q_i) \cup \delta(q_i, \varepsilon)$.*
  3. *$\forall q_j \in \delta(q_i, \varepsilon)$, Fechamento-$\varepsilon(q_i) \leftarrow$ Fechamento-$\varepsilon(q_i) \cup$ Fechamento-$\varepsilon(q_j)$.*

○

A função Fechamento-$\varepsilon(q_i)$ corresponde ao conjunto de estados que podem ser atingidos a partir do estado q_i pela aplicação exclusiva de transições em vazio (veja Exemplo 3.33).

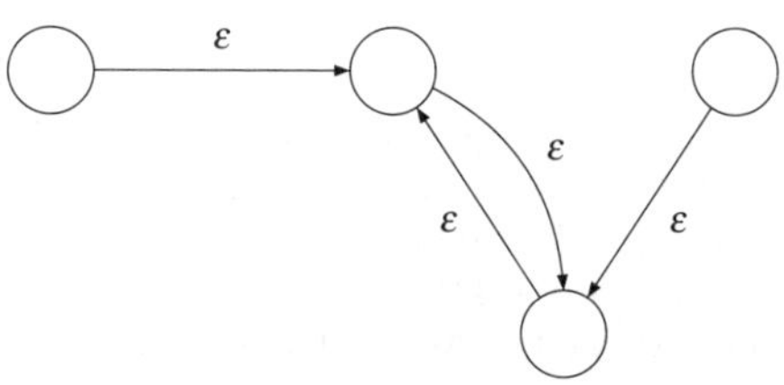

Figura 3.26 Eliminação da transição em vazio pertencente ao ciclo, passo 1.

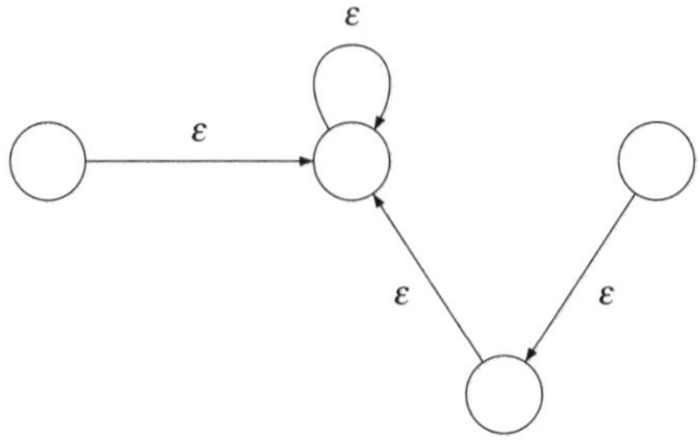

Figura 3.27 Eliminação da transição em vazio pertencente ao ciclo, passo 2.

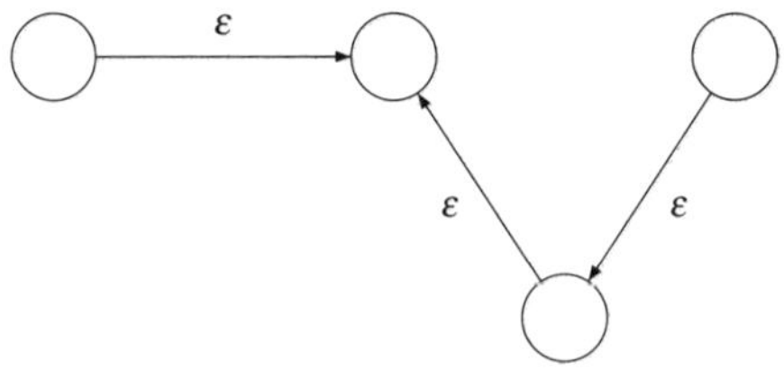

Figura 3.28 Eliminação da transição em vazio pertencente ao ciclo, passo 3.

A **função de transição estendida** Δ: $Q \times \Sigma^* \rightarrow 2^Q$ também é definida de forma indutiva, conforme o Algoritmo 3.8 (veja o Exemplo 3.34).

Algoritmo 3.8 (Função de transição estendida Δ***)*** *"Cálculo da função de transição estendida* Δ*."*

- *Entrada: um autômato finito* $M = (Q, \Sigma, \delta, Q_0, F)$*, um estado* $q_i \in Q$ *e uma cadeia* $\alpha \in \Sigma^*$.
- *Saída:* $\Delta(q_i, \alpha)$.
- *Método:*
    1. $\Delta(q_i, \varepsilon) \leftarrow$ *Fechamento-*$\varepsilon(q_i)$*;*
    2. $\Delta(q_i, \gamma\sigma) \leftarrow \bigcup_k$ *Fechamento-*$\varepsilon(q_k)$*, com* $q_j \in \Delta(q_i, \gamma)$, $q_k \in \delta(q_j, \sigma)$, $\gamma \in \Sigma^*$, $\sigma \in \Sigma$.

○

Considere-se $\alpha \in \Sigma^*$. Se $\alpha = \varepsilon$, então $\Delta(q_i, \alpha)$ corresponde ao conjunto dos estados que podem ser alcançados a partir de q_i pelo uso exclusivo de transições em vazio. Se, no entanto, $\alpha \neq \varepsilon$, $\Delta(q_i, \alpha)$ deve ser interpretado como sendo o conjunto dos estados que podem ser atingidos a partir do estado q_i, considerando-se todas as possibilidades de movimentação em vazio que o autômato oferece. Note-se que todos os símbolos de α deverão ser consumidos nessa operação.

Um caso particular da função Δ é especialmente interessante: aquele em que a cadeia α contém um único símbolo σ: $\Delta(q_i, \sigma), q_i \in Q, \sigma \in \Sigma$. Nesse caso, $\Delta(q_i, \sigma)$ corresponde ao conjunto dos estados que podem ser atingidos após o consumo de σ, considerando-se todas as possibilidades de transições em vazio que podem ocorrer antes e depois do consumo dele: ε ... $\varepsilon\sigma$, $\sigma\varepsilon$ ... ε, ε...$\varepsilon\sigma\varepsilon$...$\varepsilon$ ou simplesmente σ. Esse aspecto pode ser mais bem compreendido com o auxílio da Figura 3.29, que apresenta a especificação parcial de um autômato contendo transições em vazio. As seguintes relações são verdadeiras:

- $\Delta(q_i, a) = \{q_j, q_l, q_k, q_m\}$, pois:

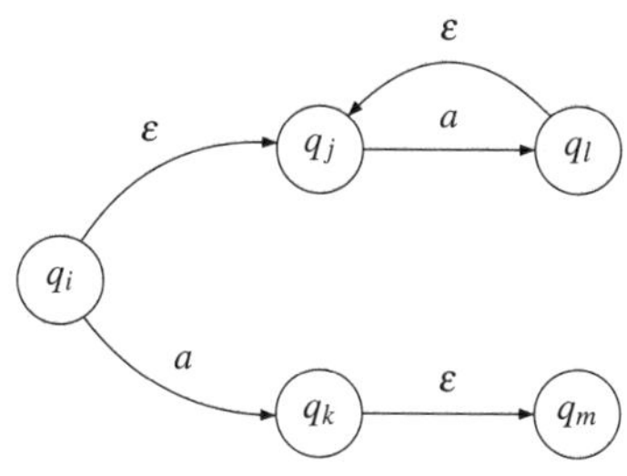

Figura 3.29 Autômato original, com transições em vazio.

- $(q_i,a) \Rightarrow (q_j,a) \Rightarrow (q_l,\varepsilon)$
- $(q_i,a) \Rightarrow (q_j,a) \Rightarrow (q_l,\varepsilon) \Rightarrow (q_j,\varepsilon)$
- $(q_i,a) \Rightarrow (q_k,\varepsilon)$
- $(q_i,a) \Rightarrow (q_k,\varepsilon) \Rightarrow (q_m,\varepsilon)$

• $\Delta(q_j,a) = \{q_j,q_l\}$, pois:

- $(q_j,a) \Rightarrow (q_l,\varepsilon)$
- $(q_j,a) \Rightarrow (q_l,\varepsilon) \Rightarrow (q_j,\varepsilon)$

• $\Delta(q_l,a) = \{q_j,q_l\}$, pois:

- $(q_l,a) \Rightarrow (q_j,a) \Rightarrow (q_l,\varepsilon)$
- $(q_l,a) \Rightarrow (q_j,a) \Rightarrow (q_l,\varepsilon) \Rightarrow (q_j,\varepsilon)$

• $\Delta(q_k,a) = \emptyset$
• $\Delta(q_m,a) = \emptyset$

A Figura 3.30 apresenta uma versão modificada desse mesmo trecho do autômato, tendo a função de transição original δ sido substituída pela nova função de transição Δ, acima calculada (veja Exemplo 3.35).

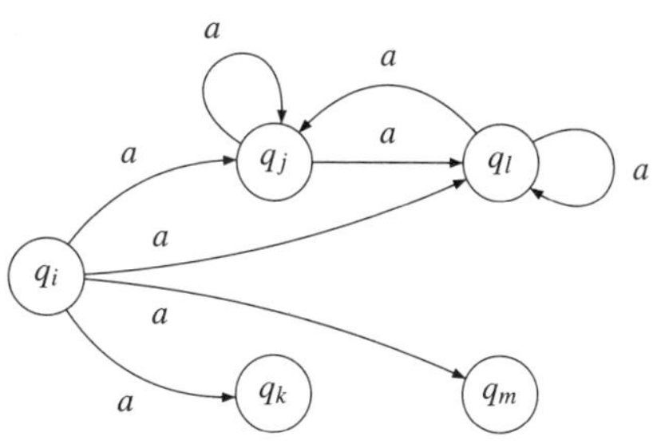

Figura 3.30 Autômato equivalente ao da Figura 3.29, eliminadas todas as transições em vazio.

A linguagem L aceita por um autômato finito M definido através da função de transição Δ pode ser, portanto, representada também como:

$$L(M) = \{w \in \Sigma^* \mid \Delta(q_0,w) \cap F \neq \emptyset\}$$

O Teorema 3.6, que estabelece a equivalência dos autômatos finitos com e sem transições em vazio, está demonstrado novamente a seguir, usando dessa vez como argumento o Algoritmo 3.9, que sintetiza a segunda técnica estudada. O teorema complementar, acerca da existência de autômatos com transições em vazio que sejam equivalentes a autômatos sem transições em vazio, dispensa demonstração, pois a adição de transições em vazio pode ser feita com facilidade, sem alterar a linguagem aceita pelo autômato.

Sejam $M_1 = (Q_1, \Sigma, \delta_1, q_{10}, F_1)$ um autômato finito contendo transições em vazio e Δ_1 a função de transição estendida que o caracteriza. O autômato $M_2 = (Q_2, \Sigma, \delta_2, q_{20}, F_2)$, construído de acordo com os passos do Algoritmo 3.9, é tal que $L(M_2) = L(M_1)$.

Algoritmo 3.9 (Eliminação de transições em vazio, versão 2) *"Eliminação de transições em vazio usando a função de transição estendida Δ."*

- *Entrada: um autômato finito $M_1 = (Q_1, \Sigma, \delta_1, q_{10}, F_1)$, com transições em vazio.*
- *Saída: um autômato finito $M_2 = (Q_2, \Sigma, \delta_2, q_{20}, F_2)$, sem transições em vazio, e tal que $L(M_2) = L(M_1)$.*
- *Método:*
  1. $Q_2 \leftarrow \emptyset$;
  2. $\forall i \geqslant 0$, *se* $q_{1i} \in Q_1$ *então* $Q_2 \leftarrow Q_2 \cup \{q_{2i}\}$;
  3. $F_2 \leftarrow \emptyset$;
  4. $\forall i \geqslant 0$, *se* $q_{1i} \in F_1$ *então* $F_2 \leftarrow F_2 \cup \{q_{2i}\}$;
  5. *Se Fechamento-*$\varepsilon(q_{10}) \cap F_1 \neq \emptyset$, *então* $F_2 \leftarrow F_2 \cup \{q_{20}\}$;
  6. $\delta_2 \leftarrow \emptyset$;
  7. $\forall q_{1i} \in Q_1, \sigma_m \in \Sigma$, *se* $\Delta_1(q_{1i}, \sigma_m) = \{q_{1m}, q_{1n}, ..., q_{1p}\}$, *então* $\delta_2 \leftarrow \delta_2 \cup \{(q_{2i}, \sigma_m) \rightarrow \{q_{2m}, q_{2n}, ..., q_{2p}\}\}$.

○

A definição da função δ_2 a partir da função Δ_1 faz com que as transições em vazio de M_1 sejam substituídas por transições não vazias em M_2, de tal forma que todos os estados possíveis de serem atingidos pela ação de transições que consumam algum símbolo em M_1 sejam os mesmos quando as transições ocorrem em M_2. Assim, M_2 simula M_1.

Por outro lado, a eliminação das transições em vazio de M_1 pode provocar um efeito colateral indesejado em M_2: caso a cadeia vazia pertença à linguagem aceita por M_1, ela não será aceita por M_2. Se a cadeia vazia é aceita por M_1, então uma das duas situações é verdadeira: (i) q_{01} é estado final; ou (ii) Fechamento-$\varepsilon(q_{01}) \cap F_1 \neq \emptyset$.

Se $q_{01} \in F_1$, então $q_{02} \in F_2$ e $\varepsilon \in L(M_2)$, logo $L(M_1) = L(M_2)$. Se, no entanto, $q_{01} \notin F_1$, então q_{02} deverá ser acrescentado ao conjunto de estados finais de M_2, a fim de que a cadeia vazia possa ser aceita por M_2 também. Se $\varepsilon \notin L(M_1)$, não há nada a fazer. Em outras palavras: se houver um caminho formado apenas por transições vazias entre q_{01} e algum estado final de M_1, q_{02} deverá ser tornado também um estado final em M_2 (veja Exemplo 3.36). □

Exemplo 3.31 Considere-se o autômato finito M do Exemplo 3.29, representado na Tabela 3.16.

Tabela 3.16 Autômato original apresentando transições em vazio

	δ	a	b	ε
$\rightarrow$	q_0	q_0		q_1
$\leftarrow$	q_1		q_1	

Como há uma transição em vazio de q_0 para q_1, deve-se copiar as transições de q_1 para q_0 ($\delta(q_1, b)$ apenas, neste caso) e, além disso, considerar q_0 como estado final, uma vez que q_1 é estado final. A Tabela 3.17 representa a função de transição δ'.

O diagrama de estados do autômato finito correspondente, sem transições em vazio, é apresentado na Figura 3.31. ⋆

Tabela 3.17 Autômato equivalente ao da Tabela 3.16, porém isento de transições em vazio

	δ'	a	b
$\leftrightarrow$	q_0	q_0	q_1
$\leftarrow$	q_1		q_1

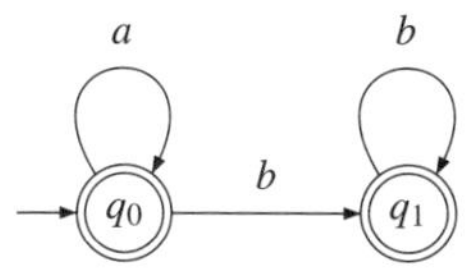

Figura 3.31 Autômato equivalente ao da Tabela 3.17, eliminadas as transições em vazio.

Exemplo 3.32 Como exemplo, considere o autômato da Figura 3.32 Nesse caso, qualquer tentativa de eliminar as transições em vazio que vão de q_0 para q_1, de q_1 para q_2, ou mesmo de q_3 para q_2, sem antes eliminar os respectivos ciclos formados por transições em vazio que são atingidos, respectivamente, a partir dos estados q_0, q_1 e q_3, resultará em insucesso, com a iteração infinita dos passos do algoritmo. Essas soluções não funcionam pois, nelas, os estados de origem dos caminhos formados por transições em vazio (q_0, q_1 e q_3) não fazem parte do ciclo em questão.

Uma solução, nesse caso, seria eliminar inicialmente a transição em vazio que vai de q_2 para q_1 e depois as demais, em qualquer ordem. Ou, ainda, a que vai de q_2 para q_3, seguida das demais. Esses casos funcionam pois o estado de origem do caminho formado por transições em vazio (q_2) é também parte do ciclo que é atingido pelo caminho. ⋆

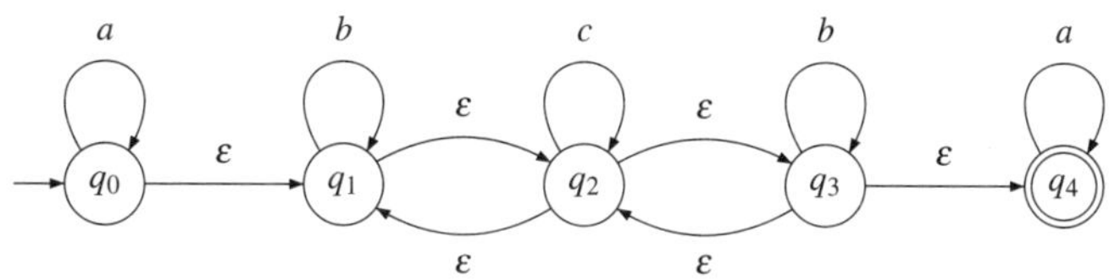

Figura 3.32 Autômato finito com ciclos de transições em vazio do Exemplo 3.32.

Exemplo 3.33 Considere-se o autômato da Figura 3.33.

De acordo com a definição:

- Fechamento-$\varepsilon(q_0) = \{q_0, q_1, q_2\}$
- Fechamento-$\varepsilon(q_1) = \{q_1, q_2\}$
- Fechamento-$\varepsilon(q_2) = \{q_1, q_2\}$

⋆

Exemplo 3.34 Considerando-se o autômato do Exemplo 3.33:

- O cálculo de $\Delta(q_0, a)$ corresponde a:
  $\Delta(q_0, \varepsilon) =$ Fechamento-$\varepsilon(q_0) = \{q_0, q_1, q_2\}$
  $\delta(q_0, a) = \{q_0\}$
  $\delta(q_1, a) = \emptyset$
  $\delta(q_2, a) = \emptyset$
  Fechamento-$\varepsilon(q_0) \cup \emptyset \cup \emptyset =$ Fechamento-$\varepsilon(q_0) = \{q_0, q_1, q_2\}$
  Logo, $\Delta(q_0, a) = \{q_0, q_1, q_2\}$.
- O cálculo de $\Delta(q_0, ab)$ corresponde a:

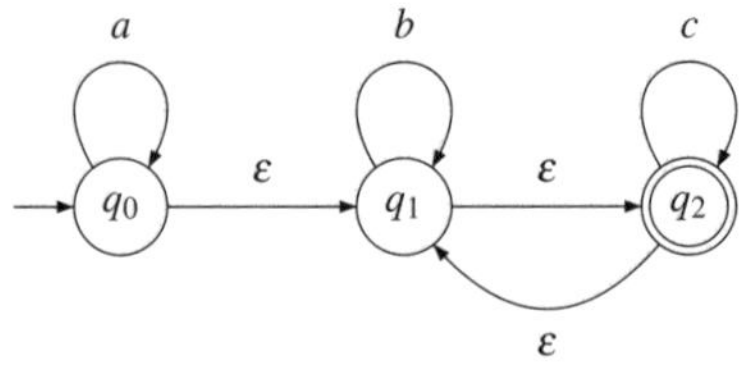

Figura 3.33 Autômato com transições em vazio.

$\Delta(q_0, \varepsilon) = \text{Fechamento-}\varepsilon(q_0) = \{q_0, q_1, q_2\}$
$\delta(q_0, a) = \{q_0\}$
$\delta(q_1, a) = \emptyset$
$\delta(q_2, a) = \emptyset$
$\text{Fechamento-}\varepsilon(q_0) \cup \emptyset \cup \emptyset = \{q_0, q_1, q_2\}$
$\delta(q_0, b) = \emptyset$
$\delta(q_1, b) = \{q_1\}$
$\delta(q_2, b) = \emptyset$
$\emptyset \cup \text{Fechamento-}\varepsilon(q_1) \cup \emptyset = \{q_1, q_2\}$
Logo, $\Delta(q_0, ab) = \{q_1, q_2\}$.

★

Exemplo 3.35 Dando sequência ao Exemplo 3.34, apresenta-se a seguir o valor da função Δ para cada elemento do conjunto $Q \times \Sigma$. Em cada caso, são indicadas as várias possibilidades de movimentação que o autômato possui a partir de $q \in Q$ no reconhecimento da cadeia $\sigma \in \Sigma$, e que são consideradas no cálculo da função Δ:

- $\Delta(q_0, a) = \{q_0, q_1, q_2\}$
  - $(q_0, a) \vdash (q_0, \varepsilon)$
  - $(q_0, a) \vdash (q_0, \varepsilon) \vdash (q_1, \varepsilon)$
  - $(q_0, a) \vdash (q_0, \varepsilon) \vdash (q_1, \varepsilon) \vdash (q_2, \varepsilon)$
  - $(q_0, a) \vdash (q_0, \varepsilon) \vdash (q_1, \varepsilon) \vdash (q_2, \varepsilon) \vdash (q_1, \varepsilon)$
  - $(q_0, a) \vdash (q_0, \varepsilon) \vdash (q_1, \varepsilon) \vdash (q_2, \varepsilon) \vdash (q_1, \varepsilon) \vdash (q_2, \varepsilon)$
  - etc.
- $\Delta(q_1, a) = \emptyset$
  - O símbolo a não pode ser consumido a partir do estado q_1
- $\Delta(q_2, a) = \emptyset$
  - O símbolo a não pode ser consumido a partir do estado q_2
- $\Delta(q_0, b) = \{q_1, q_2\}$
  - $(q_0, b) \vdash (q_1, b) \vdash (q_1, \varepsilon)$
  - $(q_0, b) \vdash (q_1, b) \vdash (q_1, \varepsilon) \vdash (q_2, \varepsilon)$
  - $(q_0, b) \vdash (q_1, b) \vdash (q_1, \varepsilon) \vdash (q_2, \varepsilon) \vdash (q_1, \varepsilon)$
  - etc.
- $\Delta(q_1, b) = \{q_1, q_2\}$
  - $(q_1, b) \vdash (q_1, \varepsilon)$
  - $(q_1, b) \vdash (q_1, \varepsilon) \vdash (q_2, \varepsilon)$
  - $(q_1, b) \vdash (q_1, \varepsilon) \vdash (q_2, \varepsilon) \vdash (q_1, \varepsilon)$
  - $(q_1, b) \vdash (q_1, \varepsilon) \vdash (q_2, \varepsilon) \vdash (q_1, \varepsilon) \vdash (q_2, \varepsilon)$

- etc.

- $\Delta(q_2, b) = \{q_1, q_2\}$
  - $(q_2, b) \vdash (q_1, b) \vdash (q_1, \varepsilon)$
  - $(q_2, b) \vdash (q_1, b) \vdash (q_1, \varepsilon) \vdash (q_2, \varepsilon)$
  - $(q_2, b) \vdash (q_1, b) \vdash (q_2, b) \vdash (q_1, b) \vdash (q_1, \varepsilon)$
  - $(q_2, b) \vdash (q_1, b) \vdash (q_2, b) \vdash (q_1, b) \vdash (q_1, \varepsilon) \vdash (q_2, \varepsilon)$
  - etc.

- $\Delta(q_0, c) = \{q_1, q_2\}$
  - $(q_0, c) \vdash (q_1, c) \vdash (q_2, c) \vdash (q_2, \varepsilon)$
  - $(q_0, c) \vdash (q_1, c) \vdash (q_2, c) \vdash (q_2, \varepsilon) \vdash (q_1, \varepsilon)$
  - $(q_0, c) \vdash (q_1, c) \vdash (q_2, c) \vdash (q_2, \varepsilon) \vdash (q_1, \varepsilon) \vdash (q_2, \varepsilon)$
  - etc.

- $\Delta(q_1, c) = \{q_1, q_2\}$
  - $(q_1, c) \vdash (q_2, c) \vdash (q_2, \varepsilon)$
  - $(q_1, c) \vdash (q_2, c) \vdash (q_2, \varepsilon) \vdash (q_1, \varepsilon)$
  - $(q_1, c) \vdash (q_2, c) \vdash (q_1, c) \vdash (q_2, c) \vdash (q_2, \varepsilon)$
  - $(q_1, c) \vdash (q_2, c) \vdash (q_1, c) \vdash (q_2, c) \vdash (q_2, \varepsilon) \vdash (q_1, \varepsilon)$
  - etc.

- $\Delta(q_2, c) = \{q_1, q_2\}$
  - $(q_2, c) \vdash (q_2, \varepsilon)$
  - $(q_2, c) \vdash (q_2, \varepsilon) \vdash (q_1, \varepsilon)$
  - $(q_2, c) \vdash (q_2, \varepsilon) \vdash (q_1, \varepsilon) \vdash (q_2, \varepsilon)$
  - $(q_2, c) \vdash (q_1, c) \vdash (q_2, c) \vdash (q_2, \varepsilon)$
  - $(q_2, c) \vdash (q_1, c) \vdash (q_2, c) \vdash (q_1, c) \vdash (q_2, c) \vdash (q_2, \varepsilon)$
  - etc.

⋆

Exemplo 3.36 A eliminação de transições em vazio no autômato do Exemplo 3.35 dá origem ao autômato da Tabela 3.18.

Tabela 3.18 Autômato equivalente ao do Exemplo 3.35, eliminadas as suas transições em vazio

	δ_2	a	b	c
$\leftrightarrow$	q_{20}	$\{q_{20}, q_{21}, q_{22}\}$	$\{q_{21}, q_{22}\}$	$\{q_{21}, q_{22}\}$
	q_{21}	$\emptyset$	$\{q_{21}, q_{22}\}$	$\{q_{21}, q_{22}\}$
$\leftarrow$	q_{22}	$\emptyset$	$\{q_{21}, q_{22}\}$	$\{q_{21}, q_{22}\}$

Como $q_{12} \in$ Fechamento-$\varepsilon(q_{10})$, então q_{20} torna-se um estado final no novo autômato cujas transições em vazio foram eliminadas. A Figura 3.34 representa o autômato da Tabela 3.18 na forma de um diagrama de estados. ⋆

Os modelos de autômato finito considerados até o presente momento foram:

1. Determinístico sem transições em vazio, com $\delta : Q \times \Sigma \to Q$.
2. Não determinístico sem transições em vazio, com $\delta : Q \times \Sigma \to 2^Q$.

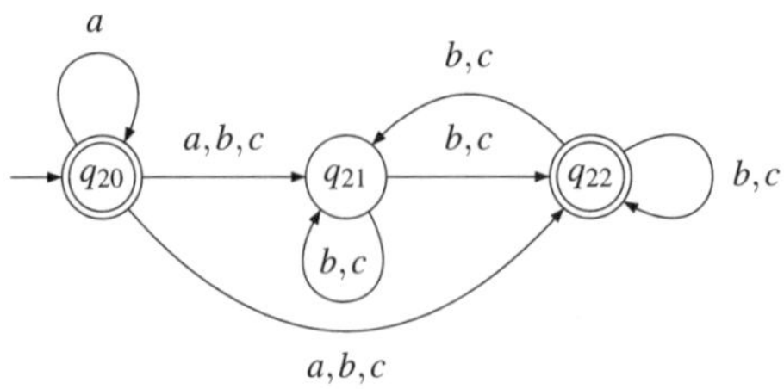

Figura 3.34 Autômato equivalente ao do Exemplo 3.35, eliminadas as suas transições em vazio.

3. Não determinístico com transições em vazio, com $\delta : Q \times (\Sigma \cup \{\varepsilon\}) \rightarrow 2^Q$.

Para completar o quadro de possibilidades, define-se o modelo de autômato finito determinístico com transições em vazio:

4. Determinístico com transições em vazio, com $\delta : Q \times (\Sigma \cup \{\varepsilon\}) \rightarrow Q$.

Considerados todos os casos, cumpre retomar a discussão sobre o conceito de "não determinismo" e a relação dele com a forma através da qual são definidas as funções de transição dos autômatos finitos.

Se, por um lado, os autômatos dos modelos (2) e (3) são ditos não determinísticos, isso não significa que, em casos particulares, sua operação não possa ocorrer de forma determinística (ver Exemplo 3.37). Por outro lado, os autômatos do modelo (4), apesar de denominados determinísticos, podem perfeitamente exibir um comportamento não determinístico durante sua operação (ver Exemplo 3.38). Os autômatos do modelo (1), por sua vez, exibem sempre um comportamento determinístico.

Exemplo 3.37 Seja $M_1 = (\{q_0, q_1, q_2\}, \{a, b\}, \delta, q_0, \{q_2\})$ um autômato finito não determinístico cuja função de transição δ é definida como:

$$\begin{aligned} \delta(q_0, a) &= \{q_0\} \\ \delta(q_0, b) &= \{q_1\} \\ \delta(q_1, \varepsilon) &= \{q_2\} \end{aligned}$$

Qualquer que seja a configuração corrente (q_i, α) considerada, existe sempre, no máximo, uma única transição de M_1 que pode ser aplicada e, portanto, no máximo, uma única próxima configuração possível. Logo, a operação de M_1 é sempre determinística. ⋆

Exemplo 3.38 Seja $M_2 = (\{q_0, q_1\}, \{a, b\}, \delta, q_0, \{q_1\})$ um autômato finito não determinístico cuja função de transição δ é definida como:

$$\begin{aligned} \delta(q_0, a) &= q_0 \\ \delta(q_0, b) &= q_0 \\ \delta(q_0, \varepsilon) &= q_1 \end{aligned}$$

Considere-se a cadeia de entrada a. As seguintes sequências de movimentações são válidas em M_2:

- $(q_0, a) \vdash (q_0, \varepsilon)$
- $(q_0, a) \vdash (q_1, a)$

Logo, a operação de M_2 é, nesse caso, não determinística. ⋆

Como mostram os Exemplos 3.37 e 3.38, o que efetivamente determina o comportamento que um autômato exibe durante a sua operação (se determinístico ou não) não é o formato genérico da função de transição adotada, mas as especificidades de sua própria definição.

Assim, um autômato não determinístico do modelo (2) pode operar de forma determinística se $\nexists q \in Q, \sigma \in \Sigma$, tal que $|\delta(q,\sigma)| \geqslant 2$.

Um autômato não determinístico do modelo (3) pode operar de forma determinística se:

- $\nexists q \in Q, \sigma \in \Sigma$, tal que $|\delta(q,\sigma)| \geqslant 2$, e
- $\nexists q \in Q$, tal que $|\delta(q,\varepsilon)| \geqslant 2$, e
- $\nexists q \in Q, \sigma \in \Sigma$, tal que $|\delta(q,\sigma)| \geqslant 1$ e $|\delta(q,\varepsilon)| \geqslant 1$.

Um autômato determinístico do modelo (4), por sua vez, pode operar de forma não determinística, se $\exists q \in Q, \sigma \in \Sigma$ tal que $\delta(q,\sigma)$ e $\delta(q,\varepsilon)$ são definidas.

Portanto, o (não) determinismo de um autômato transcende o formato geral de sua função de transição δ, dependendo, efetivamente, das características específicas dessa mesma função. A única exceção são os autômatos do modelo (1), cuja operação é sempre determinística, independentemente de como seja definida a função de transição.

Estados inacessíveis e inúteis

Nem todos os estados de um autômato necessariamente contribuem para a definição da linguagem por ele aceita. Estados inacessíveis e estados inúteis são os mais importantes representantes dessa categoria de estados, os primeiros porque não podem ser alcançados a partir do estado inicial do autômato, e os demais porque não levam a nenhum dos estados finais. Na Figura 3.35, q_1 é um estado inacessível e q_2 um estado inútil.

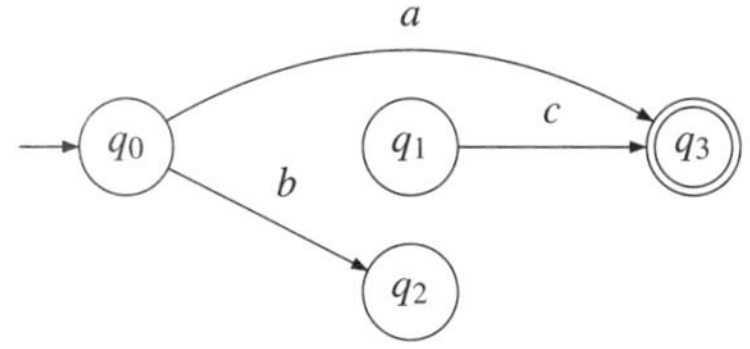

Figura 3.35 Ilustração dos conceitos de estado inacessível (q_1) e de estado inútil (q_2).

Por se tratar de estados sem relevância, no que se refere à linguagem que se está definindo, é geralmente desejável que eles sejam simplesmente eliminados do autômato, possibilitando assim sua simplificação.

Na prática, a eliminação de estados inacessíveis e inúteis em um autômato finito serve ao propósito de melhorar a sua implementação, seja na forma de um programa de computador, seja na forma de um circuito. No primeiro caso, economiza-se memória e no segundo economiza-se espaço e consumo de energia. Em qualquer caso, melhora-se a legibilidade e a análise da liguagem aceita pelo autômato em questão.

Estados inacessíveis são aqueles para os quais não existe no autômato qualquer caminho, formado por transições válidas, que permita atingi-los a partir do estado inicial do autômato. Eles podem ocorrer, por exemplo, como consequência direta da aplicação dos métodos anteriormente propostos para a eliminação de não determinismos e/ou da remoção de transições em vazio. O método a seguir apresentado permite a identificação e a eliminação sistemática de estados inacessíveis eventualmente presentes em um autômato M qualquer. Observe-se que o estado inicial de um autômato é sempre acessível, fato este que será explorado como base do raciocínio indutivo implícito no algoritmo proposto.

Seja $M = (Q_1, \Sigma, \delta_1, q_{10}, F_1)$ um autômato finito qualquer. Formalmente, um estado $q_{1i} \in Q_1$ é dito "inacessível" quando não existir caminho, formado por transições válidas, que conduza o autômato do seu estado inicial q_{10} até o estado q_{1i}. Em outras palavras, não existe $\alpha \in \Sigma^*$ tal que $\delta(q_{10}, \alpha) = q_{1i}$. Caso contrário, o estado q_{1i} é dito "acessível".

Estados inacessíveis não contribuem para a definição da linguagem aceita por M, podendo ser sistematicamente identificados e eliminados do conjunto de estados, sem prejuízo para a linguagem aceita pelo autômato. O Algoritmo 3.10, a seguir esboçado, permite construir um autômato finito $N = (Q_2, \Sigma, \delta_2, q_{20}, F_2)$ isento de estados inacessíveis, tal que $L(N) = L(M)$.

Teorema 3.7 (Eliminação de estados inacessíveis) "Seja L a linguagem aceita por um autômato com estados inacessíveis. Então é possível definir um autômato finito sem estados inacessíveis que aceita L."

Conforme os Algoritmos 3.10 ou 3.11.

Algoritmo 3.10 (Eliminação de estados inacessíveis, versão 1) *"Obtenção de um autômato sem estados inacessíveis equivalente a outro com estados inacessíveis."*

- *Entrada: um autômato finito* $M = (Q_1, \Sigma, \delta_1, q_{10}, F_1)$.
- *Saída: um autômato finito* $N = (Q_2, \Sigma, \delta_2, q_{20}, F_2)$, *isento de estados inacessíveis, e tal que* $L(N) = L(M)$.
- *Método:*
    1. $Q_{20} \leftarrow \{q_{20}\}$;
    2. $i \leftarrow 1$;
    3. $Q_{2i} \leftarrow Q_{2(i-1)} \cup \{q_{2k} \mid q_{1k} \in Q_1$ *e* $\delta_1(p, \sigma) = q_{1k}, p \in Q_{2(i-1)}, \sigma \in (\Sigma \cup \{\varepsilon\})\}$;
    4. *Se* $Q_{2i} \neq Q_{2(i-1)}$, *então* $i \leftarrow i+1$ *e desviar para (3); caso contrário,* $Q_2 \leftarrow Q_{2i}$;
    5. $F_2 \leftarrow \{q_{2k} \in Q_2 \mid q_{1k} \in F_1\}$;
    6. $\delta_2 \leftarrow \{(q_{2i}, \sigma) \rightarrow q_{2j} \mid (q_{1i}, \sigma) \rightarrow q_{1j} \in \delta_1$ *e* $q_{2i}, q_{2j} \in Q_2\}$.

○

Considere-se a função de transição δ representada na forma tabular. Acrescentem-se duas novas colunas à tabela: a primeira, denominada "acessível", com a função de marcar os estados acessíveis, e a segunda, denominada "considerado", cuja função é indicar que o correspondente estado já foi levado em conta pelo método. O Algoritmo 3.11 apresenta um método prático que sistematiza a identificação de estados inacessíveis.

Algoritmo 3.11 (Eliminação de estados inacessíveis, versão 2) *"Obtenção de um autômato sem estados inacessíveis equivalente a outro com estados inacessíveis."*

- *Entrada: um autômato finito* $M = (Q_1, \Sigma, \delta_1, q_{10}, F_1)$, *representado na notação tabular.*
- *Saída: um autômato finito* $N = (Q_2, \Sigma, \delta_2, q_{20}, F_2)$, *isento de estados inacessíveis, e tal que* $L(N) = L(M)$.
- *Método:*
    1. *Considere-se a linha correspondente ao estado inicial de M. Marque-se esse estado como "acessível" na coluna apropriada.*

2. *Para cada célula dessa linha da tabela que contiver o nome de algum estado, marcar tal estado, na linha correspondente, como "acessível". Por último, marque-se o estado corrente como "considerado".*
3. *Escolha-se arbitrariamente qualquer outro estado que tenha sido previamente marcado como "acessível", mas que ainda não esteja marcado como "considerado". Repitam-se os passos (2) e (3) até que não mais existam na tabela estados acessíveis, porém não considerados.*
4. *N é definido a partir de M eliminando-se todos os estados inacessíveis (ou seja, aqueles que não foram marcados como acessíveis pelo algoritmo), bem como todas as transições que deles partem ou a eles chegam.*

○

□

Exemplo 3.39 Seja $M = (Q, \Sigma, \delta, q_0, F)$, representado através da Tabela 3.19.

Tabela 3.19 Autômato original com estados inacessíveis

	δ	a	b	c	d	e	f	g
$\rightarrow$	q_0	q_0	q_4	q_3				
	q_1	q_4			q_1			
$\leftarrow$	q_2		q_4			q_1		
	q_3					q_4		
	q_4				q_3		q_5	
$\leftarrow$	q_5			q_0				q_5

Iniciando o procedimento:

- Marca-se q_0 como acessível

Tabela 3.20 Autômato original com estados inacessíveis, q_0 acessível

	δ	a	b	c	d	e	f	g	Acessível	Considerado
$\rightarrow$	q_0	q_0	q_4	q_3					$\checkmark$	
	q_1	q_4			q_1					
$\leftarrow$	q_2		q_4			q_1				
	q_3					q_4				
	q_4				q_3		q_5			
$\leftarrow$	q_5			q_0				q_5		

Tratando o (único) estado acessível ainda não considerado q_0 (o qual referencia q_0, q_4 e q_3):

- q_0 já estava marcado como "acessível"
- q_4 é marcado como "acessível"
- q_3 também é marcado como "acessível"
- Ao final, q_0 é marcado como "considerado"

Tratando (arbitrariamente) o estado acessível não considerado q_3 (o qual referencia q_4):

Tabela 3.21 Autômato original com estados inacessíveis, q_0 considerado

	δ	a	b	c	d	e	f	g	Acessível	Considerado
$\rightarrow$	q_0	q_0	q_4	q_3					✓	✓
	q_1	q_4			q_1					
$\leftarrow$	q_2		q_4			q_1				
	q_3					q_4			✓	
	q_4				q_3		q_5		✓	
$\leftarrow$	q_5			q_0				q_5		

- q_4 já estava marcado como "acessível"
- Ao final, q_3 é marcado como "considerado"

Tabela 3.22 Autômato original com estados inacessíveis, q_3 considerado

	δ	a	b	c	d	e	f	g	Acessível	Considerado
$\rightarrow$	q_0	q_0	q_4	q_3					✓	✓
	q_1	q_4			q_1					
$\leftarrow$	q_2		q_4			q_1				
	q_3					q_4			✓	✓
	q_4				q_3		q_5		✓	
$\leftarrow$	q_5			q_0				q_5		

Tratando o (único) estado acessível não considerado q_4 (o qual referencia q_3 e q_5):

- q_3 já estava marcado como "acessível"
- q_5 é marcado como "acessível"
- Ao final, q_4 é marcado como "considerado"

Tabela 3.23 Autômato original com estados inacessíveis, q_4 considerado

	δ	a	b	c	d	e	f	g	Acessível	Considerado
$\rightarrow$	q_0	q_0	q_4	q_3					✓	✓
	q_1	q_4			q_1					
$\leftarrow$	q_2		q_4			q_1				
	q_3					q_4			✓	✓
	q_4				q_3		q_5		✓	✓
$\leftarrow$	q_5			q_0				q_5	✓	

Tratando o (único) estado acessível não considerado q_5 (o qual referencia q_0 e q_5):

- q_0 já estava marcado como "acessível"
- q_5 também já estava marcado como "acessível"
- Ao final, q_5 é marcado como "considerado"

Tabela 3.24 Autômato original com estados inacessíveis, q_5 considerado

	δ	a	b	c	d	e	f	g	Acessível	Considerado
$\rightarrow$	q_0	q_0	q_4	q_3					$\checkmark$	$\checkmark$
	q_1	q_4			q_1					
$\leftarrow$	q_2		q_4			q_1				
	q_3					q_4			$\checkmark$	$\checkmark$
	q_4				q_3		q_5		$\checkmark$	$\checkmark$
$\leftarrow$	q_5			q_0				q_5	$\checkmark$	$\checkmark$

Nada mais havendo para fazer, o algoritmo se encerra descartando as duas colunas auxiliares e as linhas correspondentes aos estados q_1 e q_2, que permaneceram sem a marca "acessível" até o final. Resulta o autômato da Tabela 3.25. ⋆

Tabela 3.25 Autômato equivalente ao da Tabela 3.19, eliminados os estados inacessíveis

	δ	a	b	c	d	e	f	g
$\rightarrow$	q_0	q_0	q_4	q_3				
	q_3					q_4		
	q_4				q_3		q_5	
$\leftarrow$	q_5			q_0				q_5

Estados inúteis são estados que, apesar de poderem ser alcançados a partir do estado inicial do autômato, não conduzem a nenhum de seus estados finais. Logo, eles em nada contribuem para a aceitação de sentenças da linguagem definida pelo autômato, podendo, portanto, ser removidos sem qualquer prejuízo para a linguagem reconhecida.

Estados inúteis podem ser sistematicamente identificados e eliminados, usando-se para isso o Algoritmo 3.12. A base de indução usada no algoritmo de eliminação de estados inúteis será o conjunto dos estados finais do autômato, que, por definição, são sempre úteis (todo estado final reconhece pelo menos uma cadeia, a cadeia vazia). Naturalmente, se não houver estados finais no autômato, todos os seus estados podem ser declarados inúteis, e a linguagem por ele definida será vazia.

Seja $M = (Q_1, \Sigma, \delta_1, q_{10}, F_1)$ o autômato original e $N = (Q_2, \Sigma, \delta_2, q_{20}, F_2)$ o autômato que se deseja obter. O Algoritmo 3.12 permite a obtenção sistemática de N a partir de M.

Teorema 3.8 (Eliminação de estados inúteis) "Seja L a linguagem aceita por um autômato com estados inúteis. Então é possível definir um autômato finito sem estados inúteis que aceita L."

Conforme os Algoritmos 3.12 ou 3.13.

Algoritmo 3.12 (Eliminação de estados inúteis, versão 1) *"Obtenção de um autômato sem estados inúteis equivalente a outro com estados inúteis, porém sem estados inacessíveis."*

- *Entrada: um autômato finito* $M = (Q_1, \Sigma, \delta_1, q_{10}, F_1)$.
- *Saída: um autômato finito* $N = (Q_2, \Sigma, \delta_2, q_{20}, F_2)$, *isento de estados inúteis, e tal que* $L(N) = L(M)$.
- *Método:*

1. $Q_{20} \leftarrow \{q_{2i} \mid q_{1i} \in F_1\}$;
2. $i \leftarrow 1$;
3. $Q_{2i} \leftarrow Q_{2(i-1)} \cup \{q_{2k} \mid q_{1k} \in Q_1 \text{ e } \delta_1(q_{1k}, \sigma) = q, q \in Q_{i-1}, \sigma \in (\Sigma \cup \{\varepsilon\})\}$;
4. *Se* $Q_{2i} \neq Q_{2(i-1)}$, *então* $i \leftarrow i+1$ *e desviar para (3); caso contrário,* $Q_2 \leftarrow Q_{2i}$;
5. $F_2 \leftarrow \{q_{2k} \in Q_2 \mid q_{1k} \in F_1\}$;
6. $\delta_2 \leftarrow \{(q_{2i}, \sigma) \rightarrow q_{2j} \mid (q_{1i}, \sigma) \rightarrow q_{1j} \in \delta_1 \text{ e } q_{2i}, q_{2j} \in Q_2\}$.

○

A aplicação desse algoritmo pode ser sistematizada de forma semelhante à que foi elaborada para o algoritmo de eliminação de estados inacessíveis. Basta representar a função de transição δ na forma tabular e acrescentar duas novas colunas à tabela: a primeira, denominada "útil", e a segunda, denominada "considerado", e executar os passos do Algoritmo 3.13.

Algoritmo 3.13 (Eliminação de estados inúteis, versão 2) *"Método prático para obtenção de um autômato sem estados inúteis equivalente a outro com estados inúteis, porém sem estados inacessíveis."*

- *Entrada: um autômato finito* $M = (Q_1, \Sigma, \delta_1, q_{10}, F_1)$, *representado na notação tabular.*
- *Saída: um autômato finito* $N = (Q_2, \Sigma, \delta_2, q_{20}, F_2)$, *isento de estados inúteis, e tal que* $L(N) = L(M)$.
- *Método:*
  1. *Considerem-se as linhas correspondentes aos estados finais de M. Marquem-se elas como úteis, na coluna apropriada.*
  2. *Selecione-se um estado qualquer marcado como "útil", porém ainda não marcado como "considerado". Inspecionem-se todos os demais estados do autômato, identificando quais deles permitem transitar para o estado selecionado. Marquem-se todos como úteis. Marque-se finalmente o estado selecionado como "considerado".*
  3. *Repita-se o passo (2) até que não reste mais nenhum estado marcado como "útil", mas ainda não como "considerado".*
  4. *O autômato N é definido a partir de M eliminando-se-lhe todos os estados inúteis, bem como todas as transições que deles partem ou a eles chegam.*

○

□

Exemplo 3.40 Considere-se o autômato da Figura 3.36, em que todos os estados são acessíveis, mas nem todos são úteis. Conforme o Algoritmo 3.12, obtém-se:

- $Q_0 = \{q_4\}$
- $Q_1 = \{q_3\} \cup \{q_4\}$
- $Q_2 = \{q_0\} \cup \{q_3, q_4\}$
- $Q_3 = Q_2$

Logo, os estados q_1 e q_2 desse autômato são inúteis e podem ser removidos sem prejuízo para a linguagem por ele definida. O autômato resultante está representado na Figura 3.37.

Na notação tabular, obtém-se o seguinte resultado, descrito em suas etapas intermediárias. Inicia-se estendendo a tabela de transição com as colunas "útil" e "considerado", e marcando como úteis todos os estados finais (no caso, apenas q_4):

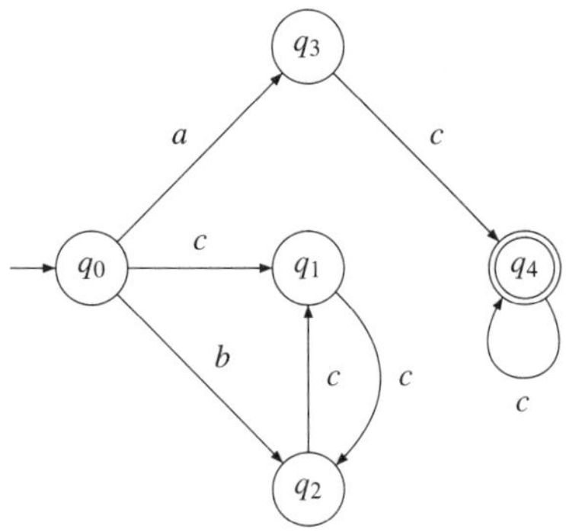

Figura 3.36 Autômato contendo estados inúteis.

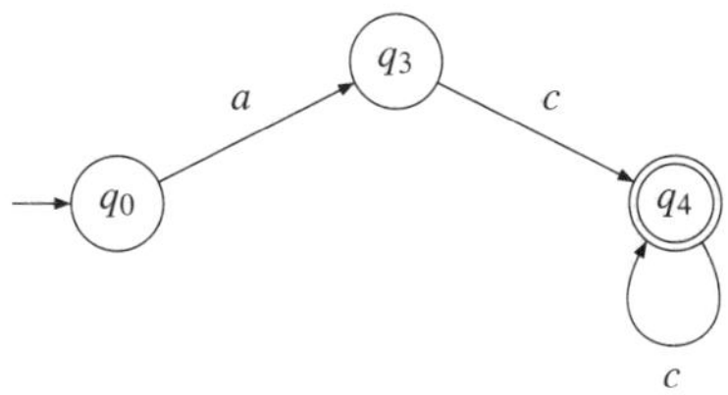

Figura 3.37 Autômato da Figura 3.36 após a remoção dos estados inúteis.

- Marca-se como útil o estado q_4 (final)

Tabela 3.26 Autômato da Figura 3.36, estado q_4 útil

	δ	a	b	c	Útil	Considerado
$\rightarrow$	q_0	q_3	q_2	q_1		
	q_1			q_2		
	q_2			q_1		
	q_3			q_4		
$\leftarrow$	q_4			q_4	✓	

Seleciona-se a linha correspondente ao único estado útil (caso houvesse mais de um, poder-se-ia escolher arbitrariamente dentre eles). Verifica-se por inspeção que q_4 é referenciado por q_4 e q_3. Assim, marca-se q_3 como útil, e q_4 já está marcado. Pode-se então marcar q_4 como considerado.

- As duas únicas referências a q_4 estão nos estados q_3 e q_4.
- Marca-se q_3 como útil.
- q_4 já estava marcado.
- Ao final, marca-se q_4 como considerado.

Seleciona-se em seguida q_3, o único estado útil não considerado:

- A única referência a q_3 está no estado q_0.
- Marca-se q_0 como útil.
- Ao final, marca-se q_3 como considerado.

Tabela 3.27 Autômato da Figura 3.36, estado q_4 considerado

	δ	a	b	c	Útil	Considerado
$\rightarrow$	q_0	q_3	q_2	q_1		
	q_1			q_2		
	q_2			q_1		
	q_3			q_4	✓	
$\leftarrow$	q_4			q_4	✓	✓

Tabela 3.28 Autômato da Figura 3.36, estado q_0 útil

	δ	a	b	c	Útil	Considerado
$\rightarrow$	q_0	q_3	q_2	q_1	✓	
	q_1			q_2		
	q_2			q_1		
	q_3			q_4	✓	✓
$\leftarrow$	q_4			q_4	✓	✓

Seleciona-se q_0, o único estado útil não considerado. Como q_0 não é referenciado por nenhum outro estado, nenhum novo estado útil foi encontrado. Marca-se q_0 como considerado e, não havendo estados úteis não considerados na tabela, o algoritmo se encerra: q_1 e q_2 são estados inúteis (Tabela 3.29).

Tabela 3.29 Autômato da Figura 3.36, estado q_0 considerado

	δ	a	b	c	Útil	Considerado
$\rightarrow$	q_0	q_3	q_2	q_1	✓	✓
	q_1			q_2		
	q_2			q_1		
	q_3			q_4	✓	✓
$\leftarrow$	q_4			q_4	✓	✓

O autômato resultante, sem as colunas auxiliares e sem os estados inúteis, é apresentado na Tabela 3.30. Note-se que as transições $\delta(q_0,b) = q_2$ e $\delta(q_0,c) = q_1$ também foram removidas. ⋆

Tendo visto os algoritmos de eliminação de transições em vazio, de eliminação de não determinismos e de eliminação de estados inacessíveis e inúteis, cumpre responder às questões:

1. Dado um autômato finito qualquer, será possível obter uma versão determinística, isenta de transições em vazio e estados inacessíveis ou inúteis, aplicando-se uma só vez cada um dos algoritmos descritos?
2. Em caso afirmativo, em qual sequência devem eles ser aplicados?

Para responder a essas questões, observamos inicialmente que estados inacessíveis e inúteis podem ser eliminados em qualquer ordem, com uma única aplicação de cada algoritmo.

Tabela 3.30 Autômato equivalente ao da Figura 3.36, estados inúteis eliminados

	δ	a	b	c
$\rightarrow$	q_0	q_3		
	q_3			q_4
$\leftarrow$	q_4			q_4

Teorema 3.9 (Ordem de eliminação de estados inacesíveis e inúteis) "A eliminação de estados inacessíveis e inúteis em um autômato finito pode ser feita em qualquer ordem, com uma única aplicação de cada algoritmo."

Basta notar que:

- Aplicação do algoritmo de eliminação de estados inacessíveis seguido da aplicação do algoritmo de eliminação de estados inúteis:
  - A aplicação do primeiro algoritmo produz um autômato isento de estados inacessíveis, mas que ainda pode conter estados inúteis.
  - A aplicação do segundo algoritmo produz um autômato isento de estados inúteis. A única possibilidade para a caracterização de novos estados inacessíveis no autômato, anteriormente inexistentes, ocorre quando estes são sucessores de um estado acessível e inútil eliminado pelo algoritmo. Mas, neste caso, eles são também inúteis e são também eliminados pelo segundo algoritmo; logo, todos os estados que permanecem após a aplicação do segundo algoritmo são acessíveis e úteis.
- Aplicação do algoritmo de eliminação de estados inúteis seguido da aplicação do algoritmo de eliminação de estados inacessíveis:
  - A aplicação do primeiro algoritmo produz um autômato isento de estados inúteis, mas que ainda pode conter estados inacessíveis.
  - A aplicação do segundo algoritmo produz um autômato isento de estados inacessíveis. A única possibilidade para a caracterização de novos estados inúteis no autômato ocorre quando estes são antecessores de um estado inacessível e útil eliminado pelo algoritmo. Mas, neste caso, eles são também inacessíveis e são também eliminados pelo segundo algoritmo; logo, todos os estados que permanecem após a aplicação do segundo algoritmo são acessíveis e úteis.

□

Em seguida, afirmamos que a simplificação de um autômato finito, por meio da eliminação de transições em vazio, de não determinismos e de estados inacessíveis e inúteis, pode ser feita com uma única aplicação dos respectivos algoritmos, nesta ordem (exceto para estados inacessíveis e inúteis, que podem ser eliminados em qualquer ordem):

Teorema 3.10 (Simplificação de um autômato finito) "A eliminação de transições em vazio, não determinismos e de estados inacessíveis e inúteis em um autômato finito pode ser feita nesta ordem, com uma única aplicação de cada algoritmo."

Basta notar que:

- A eliminação de transições em vazio:

  - *Pode introduzir* não determinismos.
  - *Pode fazer surgir* estados inacessíveis ou inúteis.

- A eliminação de não determinismos:
  - *Pode fazer surgir* estados inacessíveis ou inúteis.
  - *Não introduz* transições em vazio.

- A eliminação de estados inacessíveis ou inúteis:
  - *Não faz surgir* não determinismos.
  - *Não introduz* transições em vazio.
  - Pode ser feita em *qualquer* ordem.

□

Logo, é fácil provar que a resposta para as questões inicialmente propostas é "sim", bastando para isso aplicar os algoritmos na seguinte sequência:

1. Eliminação de transições em vazio, se houver.
2. Eliminação dos não determinismos restantes, caso haja algum.
3. Eliminação de estados inacessíveis e inúteis (em qualquer ordem), caso existam.

Qualquer outra ordem na aplicação desses três passos poderá, dependendo do autômato que estiver sendo manipulado, acarretar a necessidade de se aplicar um mesmo algoritmo mais de uma vez. Por exemplo, a eliminação de não determinismos seguida da eliminação de transições em vazio pode fazer com que o autômato se torne novamente não determinístico, exigindo, portanto, uma nova aplicação do algoritmo usado anteriormente.

De acordo com as definições previamente apresentadas, é fácil perceber que os autômatos finitos determinísticos isentos de transições em vazio constituem casos particulares do modelo mais geral, os autômatos finitos não determinísticos com transições em vazio. No entanto, apesar de se tratar de um modelo conceitualmente mais simples, pode-se demonstrar que a todo autômato finito não determinístico que apresente transições em vazio corresponde um outro autômato finito determinístico que aceita a mesma linguagem.

Desse modo, não determinismos e transições em vazio não contribuem em nada para aumentar o poder dos autômatos finitos quanto a uma eventual ampliação da classe de linguagens por eles reconhecida. Por esse motivo, nos demais capítulos, serão referenciados apenas os autômatos finitos, de uma forma geral, sem preocupações com a existência de eventuais não determinismos, transições em vazio, estados inacessíveis ou estados inúteis.

Exemplo 3.41 Considere-se um autômato finito M, conforme a Tabela 3.31, que apresenta transições em vazio e não determinismo (consequência, no caso, das transições em vazio existentes). A obtenção

Tabela 3.31 Autômato original com transições em vazio

	δ	a	b	c	d	e	ε
$\rightarrow$	q_0		q_1		q_1		q_2
	q_1	q_3			q_1		q_4
	q_2		q_2		q_3		
	q_3	q_4		q_3			
$\leftarrow$	q_4		q_2			q_4	q_0

de um autômato equivalente, porém sem transições em vazio e determinístico, é feita de acordo com os seguintes passos:

1. *Eliminação de transições em vazio*
   Seleciona-se arbitrariamente uma linha da tabela que descreva o comportamento do autômato em um estado do qual parta alguma transição em vazio. Há três estados nessas condições: q_0, q_1 e q_4, dos quais partem transições em vazio para q_2, q_4 e q_0, respectivamente. Escolhendo arbitrariamente q_0 para remover a transição em vazio correspondente, verifica-se que essa transição referencia o estado q_2. Assim, copiam-se todas as transições referenciadas por q_2 nas células da tabela correspondentes, relativas ao estado q_0, e elimina-se a transição em vazio $(q_0, \varepsilon) \rightarrow q_2$.

   - Seleciona-se a linha q_0.
   - Copiam-se transições para q_2 e q_3 no estado q_0, obtendo-se os conjuntos de estados-destino $\{q_1, q_2\}$ e $\{q_1, q_3\}$, respectivamente, no estado q_0.
   - Ao final, elimina-se a transição em vazio $(q_0, \varepsilon) \rightarrow q_2$.

   O resultado é apresentado na Tabela 3.32.

   Tabela 3.32 Eliminação de $(q_0, \varepsilon) \rightarrow q_2$

	δ	a	b	c	d	e	ε
$\rightarrow$	q_0		$\{q_1, q_2\}$		$\{q_1, q_3\}$		
	q_1	q_3			q_1		q_4
	q_2		q_2		q_3		
	q_3	q_4		q_3			
$\leftarrow$	q_4		q_2			q_4	q_0

   Seleciona-se arbitrariamente q_1 dentre q_1 e q_4, que fazem referência em vazio aos estados q_4 e q_0, respectivamente. Observa-se que q_1 faz referência a q_4, e, portanto, os estados referenciados por q_4 serão copiados nas células correspondentes de q_1, conforme a Tabela 3.33.

   Tabela 3.33 Eliminação de $(q_1, \varepsilon) \rightarrow q_4$

	δ	a	b	c	d	e	ε
$\rightarrow$	q_0		$\{q_1, q_2\}$		$\{q_1, q_3\}$		
$\leftarrow$	q_1	q_3	q_2		q_1	q_4	q_0
	q_2		q_2		q_3		
	q_3	q_4		q_3			
$\leftarrow$	q_4		q_2			q_4	q_0

   Note-se que q_1 recebe também de q_4 o atributo de estado final. Na tabela resultante, apesar de ser eliminada a transição em vazio $(q_1, \varepsilon) \rightarrow q_4$, o estado q_1 recebeu uma nova transição em vazio $(q_1, \varepsilon) \rightarrow q_0$ e, por essa razão, q_1 deve incorporar agora também os estados referenciados por q_0, como mostra a Tabela 3.34.
   Resta a transição em vazio $(q_4, \varepsilon) \rightarrow q_0$, que é eliminada analogamente, como mostra a Tabela 3.35.
   Resulta finalmente o autômato não determinístico da Tabela 3.36.
2. *Eliminação de não determinismos*

Tabela 3.34 Eliminação de $(q_1, \varepsilon) \to q_0$

	δ	a	b	c	d	e	ε
$\to$	q_0		$\{q_1, q_2\}$		$\{q_1, q_3\}$		
$\leftarrow$	q_1	q_3	$\{q_1, q_2\}$		$\{q_1, q_3\}$	q_4	
	q_2		q_2		q_3		
	q_3	q_4		q_3			
$\leftarrow$	q_4		q_2			q_4	q_0

Tabela 3.35 Eliminação de $(q_4, \varepsilon) \to q_0$

	δ	a	b	c	d	e	ε
$\to$	q_0		$\{q_1, q_2\}$		$\{q_1, q_3\}$		
$\leftarrow$	q_1	q_3	$\{q_1, q_2\}$		$\{q_1, q_3\}$	q_4	
	q_2		q_2		q_3		
	q_3	q_4		q_3			
$\leftarrow$	q_4		$\{q_1, q_2\}$		$\{q_1, q_3\}$	q_4	

Através da inspeção da função de transição, torna-se evidente a necessidade de criação imediata de dois novos estados: um representando o conjunto $\{q_1, q_2\}$ e outro representando o conjunto $\{q_1, q_3\}$. Após a incorporação desses novos estados ao autômato, bem como das transições que partem de cada um dos estados individualmente considerados, obtém-se o autômato da Tabela 3.37.

Ao efetuar a combinação das transições que emergem de q_1 e q_3, deve-se observar o surgimento de um novo não determinismo anteriormente inexistente no autômato. Ele corresponde a uma transição não determinística para q_3 ou q_4, quando a entrada é a, e pode ser eliminada através da criação de um novo estado $\{q_3, q_4\}$, conforme a Tabela 3.38.

3. *Estados renomeados*

   Renomeando-se os estados, a fim de aumentar a legibilidade da Tabela 3.38, obtém-se a Tabela 3.39.

4. *Eliminação de estados inacessíveis*

   Através da marcação dos estados acessíveis e considerados, obtém-se a Tabela 3.40 ou, simplesmente, a Tabela 3.41.

Observe-se que o autômato resultante não possui estados inúteis, sendo, portanto, desnecessária a aplicação do algoritmo de eliminação de estados inúteis. ⋆

Tabela 3.36 Autômato equivalente ao da Tabela 3.31, eliminadas as transições em vazio

	δ	a	b	c	d	e
$\to$	q_0		$\{q_1, q_2\}$		$\{q_1, q_3\}$	
$\leftarrow$	q_1	q_3	$\{q_1, q_2\}$		$\{q_1, q_3\}$	q_4
	q_2		q_2		q_3	
	q_3	q_4		q_3		
$\leftarrow$	q_4		$\{q_1, q_2\}$		$\{q_1, q_3\}$	q_4

Tabela 3.37 Autômato isento de não determinismos, versão inicial

	δ	a	b	c	d	e
$\rightarrow$	q_0		$\{q_1,q_2\}$		$\{q_1,q_3\}$	
$\leftarrow$	q_1	q_3	$\{q_1,q_2\}$		$\{q_1,q_3\}$	q_4
	q_2		q_2		q_3	
	q_3	q_4		q_3		
$\leftarrow$	q_4		$\{q_1,q_2\}$		$\{q_1,q_3\}$	q_4
$\leftarrow$	$\{q_1,q_2\}$	q_3	$\{q_1,q_2\}$		$\{q_1,q_3\}$	q_4
$\leftarrow$	$\{q_1,q_3\}$	$\{q_3,q_4\}$	$\{q_1,q_2\}$	q_3	$\{q_1,q_3\}$	q_4

Tabela 3.38 Autômato isento de não determinismos, versão final

	δ	a	b	c	d	e
$\rightarrow$	q_0		q_1q_2		q_1q_3	
$\leftarrow$	q_1	q_3	q_1q_2		q_1q_3	q_4
	q_2		q_2		q_3	
	q_3	q_4		q_3		
$\leftarrow$	q_4		q_1q_2		q_1q_3	q_4
$\leftarrow$	q_1q_2	q_3	q_1q_2		q_1q_3	q_4
$\leftarrow$	q_1q_3	q_3q_4	q_1q_2	q_3	q_1q_3	q_4
$\leftarrow$	q_3q_4	q_4	q_1q_2	q_3	q_1q_3	q_4

Um importante aspecto de extensão que costuma ser considerado no estudo dos autômatos finitos diz respeito à possibilidade de movimentação do cursor de leitura em ambos os sentidos, em contraste com a movimentação em um só sentido, mais frequentemente adotada na literatura sobre o assunto.

Os autômatos finitos, por definição, efetuam a leitura de símbolos na fita de entrada em apenas um sentido (normalmente da esquerda para a direita). A questão que surge é: se fosse permitido aos autômatos finitos deslocar o cursor de leitura em ambos os sentidos, será que isso os tornaria mais potentes, aptos a reconhecer uma classe de linguagens mais complexa que a das linguagens regulares? A resposta é negativa: é possível demonstrar (ver [13]) que

Tabela 3.39 Autômato da Tabela 3.38, com estados renomeados

	δ	a	b	c	d	e
$\rightarrow$	q_0		q_5		q_6	
$\leftarrow$	q_1	q_3	q_5		q_6	q_4
	q_2		q_2		q_3	
	q_3	q_4		q_3		
$\leftarrow$	q_4		q_5		q_6	q_4
$\leftarrow$	q_5	q_3	q_5		q_6	q_4
$\leftarrow$	q_6	q_7	q_5	q_3	q_6	q_4
$\leftarrow$	q_7	q_4	q_5	q_3	q_6	q_4

Tabela 3.40 Autômato da Tabela 3.39, logo após a execução do algoritmo de eliminação de estados inacessíveis

	δ	a	b	c	d	e	Acessível	Considerado
$\rightarrow$	q_0		q_5		q_6		√	√
$\leftarrow$	q_1	q_3	q_5		q_6	q_4		
	q_2		q_2		q_3			
	q_3	q_4		q_3			√	√
$\leftarrow$	q_4		q_5		q_6	q_4	√	√
$\leftarrow$	q_5	q_3	q_5		q_6	q_4	√	√
$\leftarrow$	q_6	q_7	q_5	q_3	q_6	q_4	√	√
$\leftarrow$	q_7	q_4	q_5	q_3	q_6	q_4	√	√

Tabela 3.41 Autômato final obtido pela eliminação de transições em vazio, não determinismos e estados inacessíveis

	δ	a	b	c	d	e
$\rightarrow$	q_0		q_5		q_6	
	q_3	q_4		q_3		
$\leftarrow$	q_4		q_5		q_6	q_4
$\leftarrow$	q_5	q_3	q_5		q_6	q_4
$\leftarrow$	q_6	q_7	q_5	q_3	q_6	q_4
$\leftarrow$	q_7	q_4	q_5	q_3	q_6	q_4

a classe de linguagens reconhecida pelos autômatos finitos de "duplo sentido" é exatamente a mesma que é aceita pelos de sentido único, ou seja, as linguagens do tipo 3.

Para finalizar esta seção, algumas considerações sobre a importância prática dos autômatos finitos. Conforme mencionado anteriormente, as linguagens regulares são muito utilizadas na especificação de linguagens de programação e como linguagens para a especificação de dados em ambientes interativos, como editores de texto e linguagens de comando. Os autômatos finitos representam, nesse caso, os modelos de implementação para tais linguagens, sendo largamente empregados em compiladores e outras ferramentas de apoio ao desenvolvimento de programas e ao processamento de dados.

A profusão e a importância dos resultados teóricos existentes, referentes a essa classe de reconhecedores, tornam-nos especialmente atraentes em aplicações práticas, uma vez que eles permitem a obtenção de programas muito eficientes e compactos, e ao mesmo tempo adequadamente estruturados e autodocumentados. Devido a essas características interessantes, diversas ferramentas têm sido desenvolvidas para a geração automática de programas e/ou de circuitos sequenciais que realizam abstrações representadas pelos autômatos finitos, obtidos a partir de notações como as expressões regulares. Essas ferramentas vêm sendo cada vez mais utilizadas por profissionais de computação, tornando seu trabalho mais abrangente, simples, rápido e confiável.

3.4 Gramáticas regulares e conjuntos regulares

As linguagens regulares foram definidas no Capítulo 2 como sendo aquelas geradas por gramáticas lineares, em particular as gramáticas lineares à direita. Inicialmente foi apresentada a definição dos conjuntos regulares, tendo sido também definidas as expressões regulares, que constituem uma notação mais cômoda para a representação de tais conjuntos. Em seguida foram caracterizados os autômatos finitos como mecanismos de reconhecimento para os conjuntos regulares.

O objetivo das Seções 3.4 a 3.6 é discutir e demonstrar a plena equivalência, no que diz respeito à classe de linguagens que são capazes de representar, dos diversos tipos de formalismos até aqui estudados: os conjuntos (expressões) regulares, as gramáticas lineares à direita e os autômatos finitos.

Na presente seção é mostrada a equivalência entre as linguagens caracterizadas pelos conjuntos regulares e as geradas pelas gramáticas lineares à direita, ou seja, prova-se que toda e qualquer linguagem gerada por alguma gramática linear é um conjunto regular, e também, inversamente, que todo e qualquer conjunto regular pode ser expresso através de uma gramática linear.

Para efeitos práticos, estudam-se aqui apenas as gramáticas lineares à direita, porém os mesmos resultados se aplicam e podem ser deduzidos igualmente para as gramáticas lineares à esquerda. O termo **linguagem linear à direita (esquerda)** será empregado para denotar linguagens geradas por gramáticas lineares à direita (esquerda).

A Figura 3.38 destaca as equivalências estudadas nesta seção.

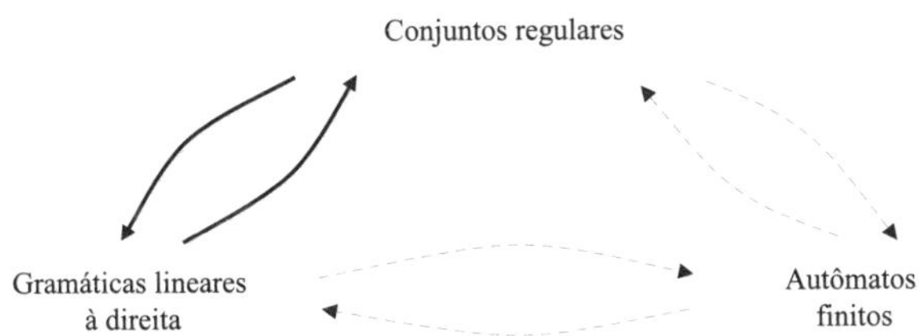

Figura 3.38 Equivalência dos formalismos — parte 1.

Teorema 3.11 (Conjuntos regulares $\Rightarrow$ gramáticas lineares à direita) "Todo conjunto regular é gerado por uma gramática linear à direita."

Deseja-se demonstrar que todo e qualquer conjunto regular define uma linguagem que também pode ser gerada por uma gramática linear à direita.

Por definição, $\emptyset, \{\varepsilon\}, \{\sigma\}, \sigma \in \Sigma$, onde Σ é um alfabeto (conjunto finito e não vazio), são conjuntos regulares. Da mesma forma, $X \cup Y, XY$ e X^*, com X e Y conjuntos regulares, também são conjuntos regulares. A equivalência de tais conjuntos regulares com as correspondentes gramáticas lineares à direita que os geram é mostrada a seguir:

- $\emptyset$ é uma linguagem linear à direita, pois:
  $G = (\{S\} \cup \Sigma, \Sigma, \{S \rightarrow S\}, S)$ é tal que $L(G) = \emptyset$
- $\{\varepsilon\}$ é uma linguagem linear à direita, pois:
  $G = (\{S\} \cup \Sigma, \Sigma, \{S \rightarrow \varepsilon\}, S)$ é tal que $L(G) = \{\varepsilon\}$
- $\{\sigma\}$ é uma linguagem linear à direita, pois:
  $G = (\{\sigma, S\}, \{\sigma\}, \{S \rightarrow \sigma\}, S)$ é tal que $L(G) = \{\sigma\}$

Suponha-se agora que X e Y sejam dois conjuntos regulares, gerados por gramáticas lineares à direita. É válido, nesse caso, admitir que X e Y sejam gerados pelas gramáticas G_x e G_y:

$$\begin{aligned} X &= L(G_x), G_x = (\Sigma_x \cup N_x, \Sigma_x, P_x, S_x) \\ Y &= L(G_y), G_y = (\Sigma_y \cup N_y, \Sigma_y, P_y, S_y) \end{aligned}$$

Admita-se ainda, sem perda de generalidade, que $N_x \cap N_y = \emptyset$. Caso isso não seja verdadeiro, podem-se renomear os não terminais, de modo que essa condição seja satisfeita. Nessa situação, a aplicação das operações de união, concatenação e fechamento reflexivo sobre X e Y gera novas linguagens lineares à direita, as quais podem ser representadas, com base em G_x e G_y, da seguinte forma:

- $Z = X \cup Y$ é uma linguagem linear à direita, pois:
  $G_z = (\Sigma_x \cup \Sigma_y \cup N_x \cup N_y \cup \{S_z\}, \Sigma_x \cup \Sigma_y, P_x \cup P_y \cup \{S_z \to S_x, S_z \to S_y\}, S_z)$ é tal que $L(G_z) = X \cup Y$.
- $Z = XY$ é uma linguagem linear à direita, pois:
  $G_z = (\Sigma_x \cup \Sigma_y \cup N_x \cup N_y, \Sigma_x \cup \Sigma_y, P_y \cup P_z, S_x)$, sendo P_z obtido pela aplicação das regras:

  a) Se $A \to \sigma B \in P_x$, então $A \to \sigma B \in P_z$
  b) Se $A \to B \in P_x$, então $A \to B \in P_z$
  c) Se $A \to \sigma \in P_x$, então $A \to \sigma S_y \in P_z$
  d) Se $A \to \varepsilon \in P_x$, então $A \to S_y \in P_z$

  é tal que $L(G_z) = XY$.
- $Z = X^*$ é uma linguagem linear à direita, pois:
  $G_z = (\Sigma_x \cup N_x \cup \{S_z\}, \Sigma_x, \{S_z \to S_x, S_z \to \varepsilon\} \cup P_z, S_z)$, sendo P_z obtido pela aplicação das regras:

  a) Se $A \to \sigma B \in P_x$, então $A \to \sigma B \in P_z$
  b) Se $A \to B \in P_x$, então $A \to B \in P_z$
  c) Se $A \to \sigma \in P_x$, então $A \to \sigma S_z \in P_z$
  d) Se $A \to \varepsilon \in P_x$, então $A \to S_z \in P_z$

  é tal que $L(G_z) = X^*$.

□

Essas regras relacionadas podem ser entendidas da seguinte forma: a união de duas linguagens lineares à direita é representada através de uma gramática em que uma nova raiz e duas novas produções são introduzidas, sendo que cada alternativa de substituição para a nova raiz conduz à geração das sentenças de um ou do outro conjunto original; a concatenação é obtida fazendo-se com que, ao término da derivação de sentenças pertencentes ao primeiro conjunto, seja ativado o não terminal que representa a raiz da gramática do segundo conjunto, possibilitando a justaposição da cadeia já formada com aquela que será gerada pela segunda gramática; finalmente, o fechamento reflexivo e transitivo é representado, em termos gramaticais, de maneira similar ao caso anterior: ao término de uma derivação, reativa-se o não terminal que representa a raiz da gramática, de tal forma que seja permitida a concatenação de novas sentenças geradas pela mesma gramática (note-se a necessidade da produção que gera a cadeia vazia a partir da raiz).

Exemplo 3.42 Considere-se o alfabeto $\Sigma = \{0,1,2\}$. Os conjuntos regulares $L_0 = \{0\}, L_1 = \{1\}, L_2 = \{2\}$ são definidos, respectivamente, pelas gramáticas:

- $G_0 = (\{0, S_0\}, \{0\}, \{S_0 \to 0\}, S_0)$
- $G_1 = (\{1, S_1\}, \{1\}, \{S_1 \to 1\}, S_1)$
- $G_2 = (\{2, S_2\}, \{2\}, \{S_2 \to 2\}, S_2)$

Através da aplicação das regras correspondentes ao fechamento reflexivo e transitivo, obtêm-se, a partir de G_0 e G_1, novas gramáticas G_3 e G_4 representando, respectivamente, os conjuntos $\{0\}^*$ e $\{1\}^*$:

- $G_3 = (\{0, S_0, S_3\}, \{0\}, \{S_3 \to S_0, S_3 \to \varepsilon, S_0 \to 0S_3\}, S_3)$
- $G_4 = (\{1, S_1, S_4\}, \{1\}, \{S_4 \to S_1, S_4 \to \varepsilon, S_1 \to 1S_4\}, S_4)$

Da concatenação dos conjuntos $\{0\}^*$ e $\{1\}^*$ resulta o conjunto regular $\{0\}^*\{1\}^*$, representado através da gramática linear à direita G_5:

- $G_5 = (\{0, 1, S_0, S_1, S_3, S_4\}, \{0, 1\}, P_5, S_3)$
  $P_5 = \{\underbrace{S_3 \to S_0, S_3 \to S_4, S_0 \to 0S_3}_{G_3}, \underbrace{S_4 \to S_1, S_4 \to \varepsilon, S_1 \to 1S_4}_{G_4}\}$

Finalmente, a linguagem obtida pela união de $L(G_5)$ com $L(G_2)$ pode ser representada pela gramática linear G_6:

- $G_6 = (\{0, 1, 2, S_0, S_1, S_2, S_3, S_4, S_6\}, \{0, 1, 2\}, P_6, S_6)$
  $P_6 = \{S_6 \to S_2, S_6 \to S_3, \underbrace{S_2 \to 2}_{G_2},$
  $\underbrace{S_3 \to S_0, S_3 \to S_4, S_0 \to 0S_3, S_4 \to S_1, S_4 \to \varepsilon, S_1 \to 1S_4}_{G_5}\}$

Portanto, $L(G_6) = \{0\}^*\{1\}^* \cup \{2\}$. ⋆

Por se tratar de um método canônico de manipulação, a gramática resultante, como consequência da aplicação da técnica exposta, nem sempre corresponderá, necessariamente, a uma versão muito concisa ou intuitiva, devendo-se efetuar em seguida as simplificações julgadas necessárias.

Exemplo 3.43 A gramática G_6 do Exemplo 3.42 poderia ser simplificada, mantendo-se a linguagem original e reduzindo-se a quantidade de símbolos não terminais e o número de produções. Uma possibilidade seria:

- $G_6 = (\{0, 1, 2, S, A, B\}, \{0, 1, 2\}, P_6, S)$
  $P_6 = \{\underbrace{S \to 2}_{\{2\}}, \underbrace{S \to A, A \to 0A}_{\{0\}^*}, \underbrace{A \to B}_{\{0\}^*\{1\}^*}, \underbrace{B \to 1B, B \to \varepsilon}_{\{1\}^*}\}$

⋆

Teorema 3.12 (Conjuntos regulares $\Leftarrow$ gramáticas lineares à direita) "Toda gramática linear à direita gera um conjunto regular."

Mostra-se agora a proposição inversa, ou seja, que toda e qualquer linguagem gerada por uma gramática linear à direita constitui um conjunto regular. Para tanto, deve-se lembrar que gramáticas lineares à direita se caracterizam por apresentarem apenas produções com os formatos seguintes:

- $X_i \to \sigma X_j$
- $X_i \to X_j$

- $X_i \rightarrow \sigma$
- $X_i \rightarrow \varepsilon$

com $\sigma \in \Sigma$ e $X_i, X_j \in N$.

O Algoritmo 3.14, a seguir apresentado, permite a obtenção, de forma sistemática, de uma expressão que representa o conjunto regular definido por uma gramática linear à direita fornecida como entrada.

Inicialmente, a representação algébrica da gramática deve ser modificada, para permitir a representação explícita dos conjuntos denotados pelos seus símbolos não terminais:

- $X_i \rightarrow \sigma X_j$ torna-se $X_i = \{\sigma\}X_j$
- $X_i \rightarrow X_j$ torna-se $X_i = \{\varepsilon\}X_j$
- $X_i \rightarrow \sigma$ torna-se $X_i = \{\sigma\}$
- $X_i \rightarrow \varepsilon$ torna-se $X_i = \{\varepsilon\}$

Note-se, no primeiro caso, que a expressão $\{\sigma\}X_j$ denota a concatenação da cadeia elementar σ com os elementos do conjunto X_j, disso resultando o conjunto X_i. Tal interpretação é compatível, portanto, com o significado atribuído à produção algébrica correspondente. Considerações semelhantes valem nos demais casos. Uma vez efetuada essa conversão de notação, devem-se agrupar todas as alternativas de substituição para um mesmo símbolo não terminal X_i, utilizando para isso o operador de união.

Como resultado, obtém-se um **sistema de equações regulares**, em que cada equação corresponde a uma diferente variável (não terminal) da gramática original. A solução desse sistema de m variáveis e m equações fornece as expressões que definem os conjuntos regulares representados pelos diversos símbolos não terminais. Em particular, o conjunto regular associado ao não terminal raiz da gramática define a linguagem por ela descrita. Nesse sistema, cada equação possui o seguinte formato geral:

$$X_i = A_{i1}X_1 \cup A_{i2}X_2 \cup \ldots \cup A_{im}X_m \cup B_{i1} \cup B_{i2} \cup \ldots B_{ik}$$

onde:

- $A_{ij} = \{\sigma_{ij}\}$ se $X_i \rightarrow \sigma_{ij}X_j \in P, \sigma_{ij} \in (\Sigma \cup \{\varepsilon\})$, ou $A_{ij} = \emptyset$ em caso contrário;
- $B_{ij} = \{\sigma_{ij}\}$ se $X_i \rightarrow \sigma_{ij} \in P, \sigma_{ij} \in (\Sigma \cup \{\varepsilon\})$.

O sistema de equações propriamente dito assume então a forma genérica:

$$\begin{array}{lcl} X_1 & = & A_{11}X_1 \cup A_{12}X_2 \cup \ldots \cup A_{1m}X_m \cup B_{11} \cup B_{12} \cup \ldots B_{1p} \\ X_2 & = & A_{21}X_1 \cup A_{22}X_2 \cup \ldots \cup A_{2m}X_m \cup B_{21} \cup B_{22} \cup \ldots B_{2q} \\ \ldots & & \ldots \\ X_m & = & A_{m1}X_1 \cup A_{m2}X_2 \cup \ldots \cup A_{mm}X_m \cup B_{m1} \cup B_{m2} \cup \ldots B_{mr} \end{array}$$

Observe-se que cada equação assim obtida pode conter referências a todos os símbolos não terminais da gramática (X_1 a X_m) bem como a termos constantes (B_{ij}), em quantidade variável conforme a equação.

A seguir, coloca-se em evidência o símbolo não terminal X_i definido em cada equação. Isso, e o agrupamento de todos os termos que não dependem de X_i, pela aplicação da propriedade associativa da união dos conjuntos, altera a representação da equação para:

$$X_i = A_{ii}X_i \cup (A_i \cup B_i)$$

onde:

- $A_i = \cup A_{ij}X_j, 1 \leqslant j \leqslant m, j \neq i$
- $B_i = B_{i1} \cup B_{i2} \cup \ldots B_{ik}$

Fazendo-se $C_i = A_i \cup B_i$, são obtidas expressões do tipo:

$$X_i = A_{ii}X_i \cup C_i$$

onde C_i representa todos os termos da i-ésima equação que não contêm referências diretas ao símbolo não terminal X_i, e A_{ii} representa o conjunto de todas as cadeias sobre Σ que prefixam X_i na equação em que esse não terminal é definido.

É possível demonstrar, por indução, que equações com o formato genérico $X_i = A_{ii}X_i \cup C_i$ possuem, como solução geral, o conjunto:

$$X_i = A_{ii}^*C_i$$

Nessa expressão, não existem ocorrências do símbolo X_i. De fato, substituindo-se X_i por $A_{ii}^*C_i$ na segunda ocorrência desse símbolo em $X_i = A_{ii}X_i \cup C_i$, obtém-se a identidade:

$$X_i = A_{ii}X_i \cup C_i = A_{ii}(A_{ii}^*C_i) \cup C_i = A_{ii}^+C_i \cup C_i = A_{ii}^*C_i$$

Teorema 3.13 (Solução de $X = AX \cup C$) "A equação regular $X = AX \cup C$ tem como solução geral o conjunto regular $X = A^*C$."

Partindo-se de $X = AX \cup C$, pode-se levantar o conjunto de valores da variável X que satisfazem a essa igualdade. Há dois caminhos possíveis:

1. $X = C$, que é uma solução trivial, obtida pela simples inspeção de $X = AX \cup C$;
2. $X = AX$, que deve ser assim interpretada: "para obter um novo valor de X, utiliza-se algum valor já conhecido, e concatene-se-lhe um A à esquerda". Aplicando-se essa interpretação à solução obtida em (1), tem-se: $X = AC$, que passa a ser uma nova solução conhecida. Aplicando-se outra vez essa interpretação à solução $X = AC$, obtém-se $X = AAC$, e assim por diante. Note-se que dessa forma foi obtida uma sequência de soluções progressivamente mais longas, partindo-se da solução trivial, através da concatenação de elementos A à esquerda. Generalizando-se, tem-se a forma $X = A^*C$ como solução geral da equação $X = AX \cup C$.

□

Uma vez obtido o sistema de equações regulares no formato $X_i = A_{ii}^*C_i$, a solução dele é dada pelo Algoritmo 3.14.

Algoritmo 3.14 (Equações regulares) *"Resolução de um sistema de equações regulares."*

- *Entrada: Uma série de equações regulares sobre variáveis $X_i, 1 \leqslant i \leqslant m$, cujos coeficientes A_{ij} são conjuntos regulares sobre um alfabeto Σ.*
- *Saída: Uma série de conjuntos regulares γ_i sobre Σ, de tal forma que $X_i = \gamma_i$.*
- *Método:*
  1. *$i \leftarrow 1$;*
  2. *Se $i = m$, então desviar para (4). Caso contrário, considerar a i-ésima equação na forma $X_i = A_{ii}X_i \cup C_i$ e substituir todas as ocorrências de X_i por $A_{ii}^*C_i$ nas equações referentes às variáveis $X_j, (i+1) \leqslant j \leqslant m$;*
  3. *$i \leftarrow i+1$ e desviar para (2);*
  4. *Se $i = 0$, então FIM. Caso contrário, $X_i \leftarrow \gamma_i = A_{ii}^*C_i$ e substituir todas as ocorrências de X_i pelo conjunto γ_i nas equações referentes às variáveis $X_j, 1 \leqslant j \leqslant (i-1)$.*
  5. *$i \leftarrow i-1$ e desviar para (4).*

○

□

Esse algoritmo opera em dois passos. No primeiro, em que as equações são percorridas em ordem crescente de índices, eliminam-se, de cada equação relativa a uma variável X_i distinta, todas as referências às demais variáveis $X_j, j < i$. Assim, obtém-se um novo conjunto de equações em que, para cada variável X_i do lado esquerdo da equação, existem referências apenas a variáveis $X_j, j \geqslant i$, ou então a elementos de Σ, do lado direito. Note-se, em particular, que a m-ésima equação contém apenas referências a elementos de Σ à própria variável X_m.

No passo seguinte do algoritmo, efetuado na ordem decrescente dos índices das equações, são eliminadas todas as referências às variáveis do sistema, as quais são substituídas, a partir da m-ésima equação, por conjuntos regulares definidos exclusivamente sobre Σ. Ao término da execução do algoritmo, são obtidos, dessa maneira, conjuntos regulares sobre Σ, que definem a linguagem gerada pelas diversas variáveis do sistema de equações (correspondentes aos símbolos não terminais da gramática original). Devido ao fato de terem sido empregadas apenas operações que preservam a regularidade dos conjuntos manipulados, é fácil demonstrar que os conjuntos γ_i são regulares, o que mostra, intuitivamente, que toda e qualquer gramática linear à direita gera uma linguagem regular.

As Tabelas 3.42 a 3.50, apresentadas a seguir, ilustram a operação do Algoritmo 3.14. Cada tabela representa o mesmo sistema de equações, em momentos diferentes do seu processamento. Em todos os casos, elas representam um sistema com m equações e m variáveis, com uma equação em cada linha. Assim, a primeira linha representa a primeira equação (da variável X_1) , a segunda linha a segunda equação (da variável X_2) e assim por diante. Dentro de cada célula, o número i que varia de 1 a m indica que a equação em questão pode conter referência para a variável correspondente (X_i). Dessa forma, na condição inicial do sistema, cada equação pode conter referências a todas as demais variáveis do sistema. Na medida em que o passo 2 do algoritmo é executado, no entanto, vão sendo eliminadas referências às variáveis das equações seguintes. No final do passo 2, a última equação (da variável X_m) refere-se apenas à própria variável que está sendo definida. Terminado o movimento descendente, tem início o movimento ascendente representado pelo passo 4 do algoritmo. Na primeira passagem, ele resolve a última equação, por aplicação do Teorema 3.13, e substitui o valor da variável X_m em todas as anteriores. Dessa forma, todas as equações vão sendo resolvidas de forma a não conter referências a nenhuma variável. Na última passagem do passo 4, todas as variáveis do sistema estão representadas por equações regulares que não contêm variáveis.

Em resumo: ao término do passo 2 todas as equações que possuem a variável X_i do lado esquerdo possuem apenas variáveis X_j, com $j \geqslant i$, do lado direito (além de símbolos terminais); ao término do passo 4 todas as equações que possuem a variável X_i do lado esquerdo possuem um conjunto regular do lado direito, sem a presença de qualquer variável, e que, portanto, representa a linguagem gerada pela variável X_i. Se X_1 é a raiz da gramática, então o conjunto regular correspondente representa a linguagem gerada pela gramática.

Exemplo 3.44 Considere-se a gramática linear à direita G_0:

$$
\begin{aligned}
G_0 &= (\{a,b,c,d,X_0,X_1,X_2\},\{a,b,c,d\},P_0,X_0) \\
P_0 &= \{X_0 \to aX_0, X_0 \to aX_1, X_0 \to b, \\
&\quad X_1 \to bX_1, X_1 \to cX_1, X_1 \to cX_2, X_1 \to d, \\
&\quad X_2 \to aX_0, X_2 \to bX_1, X_2 \to cX_2, X_2 \to c, X_2 \to d\}
\end{aligned}
$$

Convertendo-se as produções algébricas para a notação de conjuntos, obtém-se:

Tabela 3.42 Situação inicial

1	2	3	4	...	$m-3$	$m-2$	$m-1$	m
1	2	3	4	...	$m-3$	$m-2$	$m-1$	m
1	2	3	4	...	$m-3$	$m-2$	$m-1$	m
1	2	3	4	...	$m-3$	$m-2$	$m-1$	m
				...				
1	2	3	4	...	$m-3$	$m-2$	$m-1$	m
1	2	3	4	...	$m-3$	$m-2$	$m-1$	m
1	2	3	4	...	$m-3$	$m-2$	$m-1$	m
1	2	3	4	...	$m-3$	$m-2$	$m-1$	m

Tabela 3.43 Passo 2, linha 1

1	2	3	4	...	$m-3$	$m-2$	$m-1$	m
	2	3	4	...	$m-3$	$m-2$	$m-1$	m
	2	3	4	...	$m-3$	$m-2$	$m-1$	m
	2	3	4	...	$m-3$	$m-2$	$m-1$	m
				...				
	2	3	4	...	$m-3$	$m-2$	$m-1$	m
	2	3	4	...	$m-3$	$m-2$	$m-1$	m
	2	3	4	...	$m-3$	$m-2$	$m-1$	m
	2	3	4	...	$m-3$	$m-2$	$m-1$	m

- $X_0 = \{a\}X_0, X_0 = \{a\}X_1, X_0 = \{b\}$,
- $X_1 = \{b\}X_1, X_1 = \{c\}X_1, X_1 = \{c\}X_2, X_1 = \{d\}$,
- $X_2 = \{a\}X_0, X_2 = \{b\}X_1, X_2 = \{c\}X_2, X_2 = \{c\}, X_2 = \{d\}$

Do agrupamento das alternativas de substituição de cada símbolo não terminal resulta o sistema de equações seguinte:

- $X_0 = \{a\}X_0 \cup \{a\}X_1 \cup \{b\}$
- $X_1 = \{b\}X_1 \cup \{c\}X_1 \cup \{c\}X_2 \cup \{d\}$
- $X_2 = \{a\}X_0 \cup \{b\}X_1 \cup \{c\}X_2 \cup \{c\} \cup \{d\}$

Colocando-se em evidência os símbolos não terminais definidos em cada equação, o novo sistema toma o seguinte aspecto:

- $X_0 = \{a\}X_0 \cup (\{a\}X_1 \cup \{b\}) = A_{00}X_0 \cup C_0$
- $X_1 = \{b,c\}X_1 \cup (\{c\}X_2 \cup \{d\}) = A_{11}X_1 \cup C_1$
- $X_2 = \{c\}X_2 \cup (\{a\}X_0 \cup \{b\}X_1 \cup \{c,d\}) = A_{22}X_2 \cup C_2$

com:

- $A_{00} = \{a\}, A_0 = \{a\}X_1, B_0 = \{b\}$
- $A_{11} = \{b,c\}, A_1 = \{c\}X_2, B_1 = \{d\}$
- $A_{22} = \{c\}, A_2 = \{a\}X_0 \cup \{b\}X_1, B_2 = \{c,d\}$

e:

- $C_0 = A_0 \cup B_0 = \{a\}X_1 \cup \{b\}$

Tabela 3.44 Passo 2, linha 2

1	2	3	4	...	$m-3$	$m-2$	$m-1$	m
	2	3	4	...	$m-3$	$m-2$	$m-1$	m
		3	4	...	$m-3$	$m-2$	$m-1$	m
		3	4	...	$m-3$	$m-2$	$m-1$	m
				...				
		3	4	...	$m-3$	$m-2$	$m-1$	m
		3	4	...	$m-3$	$m-2$	$m-1$	m
		3	4	...	$m-3$	$m-2$	$m-1$	m
		3	4	...	$m-3$	$m-2$	$m-1$	m

Tabela 3.45 Passo 2, linha 3

1	2	3	4	...	$m-3$	$m-2$	$m-1$	m
	2	3	4	...	$m-3$	$m-2$	$m-1$	m
		3	4	...	$m-3$	$m-2$	$m-1$	m
			4	...	$m-3$	$m-2$	$m-1$	m
				...				
			4	...	$m-3$	$m-2$	$m-1$	m
			4	...	$m-3$	$m-2$	$m-1$	m
			4	...	$m-3$	$m-2$	$m-1$	m
			4	...	$m-3$	$m-2$	$m-1$	m

- $C_1 = A_1 \cup B_1 = \{c\}X_2 \cup \{d\}$
- $C_2 = A_2 \cup B_2 = (\{a\}X_0 \cup \{b\}X_1) \cup \{c,d\}$

Eliminando-se as referências aos símbolos não terminais $X_i, 0 \leqslant i \leqslant 2$, nas equações em que os mesmos são definidos, resulta:

- $X_0 = \{a\}^*(\{a\}X_1 \cup \{b\})$
- $X_1 = \{b,c\}^*(\{c\}X_2 \cup \{d\})$
- $X_2 = \{c\}^*(\{a\}X_0 \cup \{b\}X_1 \cup \{c,d\})$

A aplicação do algoritmo de cálculo dos conjuntos regulares definidos pelos símbolos não terminais da gramática é feita conforme apresentado a seguir.

- Passos 1 e 2 do algoritmo, primeira passagem:

$$\begin{aligned}
X_0 &= \{a\}^*(\{a\}X_1 \cup \{b\}) \text{ e substituição nas equações de } X_1 \text{ e } X_2: \\
X_0 &= \{a\}^*(\{a\}X_1 \cup \{b\}) \\
X_1 &= \{b,c\}X_1 \cup (\{c\}X_2 \cup \{d\}) \\
X_2 &= \{c\}X_2 \cup (\{a\}(\{a\}^*(\{a\}X_1 \cup \{b\})) \cup \{b\}X_1 \cup \{c,d\}) \\
&= \{c\}X_2 \cup (\{a\}(\{a\}^*\{a\}X_1 \cup \{a\}^*\{b\}) \cup \{b\}X_1 \cup \{c,d\}) \\
&= \{c\}X_2 \cup (\{a\}\{a\}^*\{a\}X_1 \cup \{a\}\{a\} * \{b\} \cup \{b\}X_1 \cup \{c,d\}) \\
&= \{c\}X_2 \cup \{a\}\{a\}^*\{a\}X_1 \cup \{a\}\{a\}^*\{b\} \cup \{b\}X_1 \cup \{c,d\} \\
&= \{c\}X_2 \cup \{a\}\{a\}^+X_1 \cup \{a\}^+\{b\} \cup \{b\}X_1 \cup \{c,d\} \\
&= \{c\}X_2 \cup (\{a\}\{a\}^+ \cup \{b\})X_1 \cup (\{a\}^+\{b\} \cup \{c,d\})
\end{aligned}$$

Tabela 3.46 Passo 2, linha $m-1$

1	2	3	4	...	$m-3$	$m-2$	$m-1$	m
	2	3	4	...	$m-3$	$m-2$	$m-1$	m
		3	4	...	$m-3$	$m-2$	$m-1$	m
			4	...	$m-3$	$m-2$	$m-1$	m
				...				
					$m-3$	$m-2$	$m-1$	m
						$m-2$	$m-1$	m
							$m-1$	m
								m

Tabela 3.47 Passo 4, linha m

1	2	3	4	...	$m-3$	$m-2$	$m-1$	
	2	3	4	...	$m-3$	$m-2$	$m-1$	
		3	4	...	$m-3$	$m-2$	$m-1$	
			4	...	$m-3$	$m-2$	$m-1$	
				...				
					$m-3$	$m-2$	$m-1$	
						$m-2$	$m-1$	
							$m-1$	

- Passos 1 e 2 do algoritmo, segunda passagem:

$$
\begin{aligned}
X_1 &= \{b,c\}^*(\{c\}X_2 \cup \{d\}) \text{ e substituição na equação de } X_2: \\
X_0 &= \{a\}^*(\{a\}X_1 \cup \{b\}) \\
X_1 &= \{b,c\}^*(\{c\}X_2 \cup \{d\}) \\
X_2 &= \{c\}X_2 \cup (\{a\}\{a\}^+ \cup \{b\})(\{b,c\}^*(\{c\}X_2 \cup \{d\})) \cup \{a\}^+\{b\} \cup \{c,d\}) \\
&= \{c\}X_2 \cup (\{a\}\{a\}^+ \cup \{b\})(\{b,c\}^*\{c\}X_2 \cup \{b,c\}^*\{d\}) \cup \{a\}^+\{b\} \cup \{c,d\} \\
&= \{c\}X_2 \cup (\{a\}\{a\}^+ \cup \{b\})\{b,c\}^*\{c\}X_2 \cup (\{a\}\{a\}^+ \cup \{b\})\{b,c\}^*\{d\} \cup \\
&\quad \{a\}^+\{b\} \cup \{c,d\} \\
&= \{c\}X_2 \cup (\{a\}\{a\}^+ \cup \{b\})\{b,c\}^*\{c\}X_2 \cup \{a\}\{a\}^+\{b,c\}^*\{d\} \cup \\
&\quad \{b\}\{b,c\}^*\{d\} \cup \{a\}^+\{b\} \cup \{c,d\} \\
&= (\{c\} \cup (\{a\}\{a\}^+ \cup \{b\})\{b,c\}^*\{c\})X_2 \cup \{a\}\{a\}^+\{b,c\}^*\{d\} \cup \\
&\quad \{b\}\{b,c\}^*\{d\} \cup \{a\}^+\{b\} \cup \{c,d\}
\end{aligned}
$$

- Passos 1 e 2 do algoritmo, terceira passagem:

$$
\begin{aligned}
X_2 &= A_{22}^*C_2, \text{ com}: \\
A_{22} &= (\{c\} \cup (\{a\}\{a\}^+ \cup \{b\})\{b,c\}^*\{c\}) \\
C_2 &= \{a\}\{a\}^+\{b,c\}^*\{d\} \cup \{b\}\{b,c\}^*\{d\} \cup \{a\}^+\{b\} \cup \{c,d\}
\end{aligned}
$$

- Passos 4 e 5 do algoritmo, primeira passagem:
Substituição de X_2 por $A_{22}^*C_2$ nas equações de X_0 e X_1:

$$X_0 = \{a\}^*(\{a\}X_1 \cup \{b\})$$

Tabela 3.48 Passo 4, linha $m-1$

1	2	3	4	...	$m-3$	$m-2$		
	2	3	4	...	$m-3$	$m-2$		
		3	4	...	$m-3$	$m-2$		
			4	...	$m-3$	$m-2$		
				...				
					$m-3$	$m-2$		
						$m-2$		

Tabela 3.49 Passo 4, linha $m-2$

1	2	3	4	...	$m-3$			
	2	3	4	...	$m-3$			
		3	4	...	$m-3$			
			4	...	$m-3$			
				...				
					$m-3$			

$$\begin{aligned} X_1 &= \{b,c\}^*(\{c\}(A_{22}^*C_2)\cup\{d\}) = \{b,c\}^*\{c\}A_{22}^*C_2\cup\{b,c\}^*\{d\} \\ X_2 &= A_{22}^*C_2 \end{aligned}$$

- Passos 4 e 5 do algoritmo, segunda passagem:
  Substituição de X_1 por $\{b,c\}^*\{c\}A_{22}^*C_2\cup\{b,c\}^*\{d\}$ na equação de X_0:

$$\begin{aligned} X_0 &= \{a\}^*(\{a\}(\{b,c\}^*\{c\}A_{22}^*C_2\cup\{b,c\}^*\{d\})\cup\{b\}) \\ &= \{a\}^*(\{a\}\{b,c\}^*\{c\}A_{22}^*C_2\cup\{a\}\{b,c\}^*\{d\}\cup\{b\}) \\ &= \{a\}^*\{a\}\{b,c\}^*\{c\}A_{22}^*C_2\cup\{a\}^*\{a\}\{b,c\}^*\{d\}\cup\{a\}^*\{b\} \\ X_1 &= \{b,c\}^*\{c\}A_{22}^*C_2\cup\{b,c\}^*\{d\} \\ X_2 &= A_{22}^*C_2 \end{aligned}$$

Portanto, o conjunto regular definido por G_0 é $\Omega_0\Omega_1\cup\Omega_3\cup\Omega_4$, com:

$$\begin{aligned} \Omega_0 &= \{a\}^*\{a\}\{b,c\}^*\{c\}(\{c\}\cup(\{a\}\{a\}^+\cup\{b\})\{b,c\}^*\{c\})^* \\ \Omega_1 &= \{a\}\{a\}^+\{b,c\}^*\{d\}\cup\{b\}\{b,c\}^*\{d\}\cup\{a\}^+\{b\}\cup\{c,d\} \\ \Omega_3 &= \{a\}^*\{a\}\{b,c\}^*\{d\} \\ \Omega_4 &= \{a\}^*\{b\} \end{aligned}$$

★

Exemplo 3.45 Seja G_1 uma gramática linear à direita:

$$G_1 = (\{0,1,2,X_1,X_2,X_3\},\{0,1,2\},P_1,X_1)$$

Tabela 3.50 Passo 4, linha 1

				...				

$$\begin{aligned} P_1 &= \{X_1 \to 0X_1, X_1 \to X_2, \\ &\quad X_2 \to 1X_2, X_2 \to 1X_3, \\ &\quad X_3 \to 2X_3, X_3 \to 22\} \end{aligned}$$

Efetuando-se a mudança de notação e agrupando-se as alternativas, obtemos o sistema de equações:

$$\begin{aligned} X_1 &= \{0\}X_1 \cup \{\varepsilon\}X_2 \\ X_2 &= \{1\}X_2 \cup \{1\}X_3 \\ X_3 &= \{2\}X_3 \cup \{22\} \end{aligned}$$

Pelo fato de esta gramática não conter referências à variável (não terminal) X_1 nas equações de X_2 e X_3, nem tampouco referências à variável X_2 na equação da variável X_3, torna-se prático em primeiro lugar resolver diretamente a equação referente à variável X_3:

$$X_3 = \{2\}^*\{22\}$$

A seguir, substituem-se por essa expressão todas as ocorrências da variável X_3 nas equações anteriores. O sistema de equações torna-se então:

$$\begin{aligned} X_1 &= \{0\}X_1 \cup \{\varepsilon\}X_2 \\ X_2 &= \{1\}X_2 \cup \{1\}\{2\}^*\{22\} \\ X_3 &= \{2\}^*\{22\} \end{aligned}$$

De forma análoga, obtém-se $X_2 = \{1\}^*\{1\}\{2\}^*\{22\}$ e efetua-se a substituição dessa expressão em todas as ocorrências da variável X_2 nas equações anteriores, que então se tornam:

$$\begin{aligned} X_1 &= \{0\}X_1 \cup \{\varepsilon\}\{1\}^*\{1\}\{2\}^*\{22\} \\ X_2 &= \{1\}^*\{1\}\{2\}^*\{22\} \\ X_3 &= \{2\}^*\{22\} \end{aligned}$$

Finalmente, obtém-se $X_1 = \{0\}^*\{1\}^*\{1\}\{2\}^*\{22\}$, que representa também o conjunto regular definido pela gramática linear à direita G_1. Resulta:

$$\begin{aligned} X_1 &= \{0\}^*\{1\}^*\{1\}\{2\}^*\{22\} \\ X_2 &= \{1\}^*\{1\}\{2\}^*\{22\} \\ X_3 &= \{2\}^*\{22\} \end{aligned}$$

★

Exemplo 3.46 Seja G_2 uma gramática linear à direita:

$$\begin{aligned} G_2 &= (\{\sigma_0,\sigma_1,\sigma_2,A_0,A_1,A_2\},\{\sigma_0,\sigma_1\sigma_2\},P_2,A_0) \\ P2 &= \{A_0 \to \sigma_0 A_1, A_0 \to \mu_0, \\ &\quad A_1 \to \sigma_1 A_2, A_1 \to \mu_1, \\ &\quad A_2 \to \sigma_2 A_0, A_2 \to \mu_2\} \end{aligned}$$

Através de manipulações, obtém-se o sistema:

$$\begin{aligned} A_0 &= \{\sigma_0\}A_1 \cup \{\mu_0\} \\ A_1 &= \{\sigma_1\}A_2 \cup \{\mu_1\} \\ A_2 &= \{\sigma_2\}A_0 \cup \{\mu_2\} \end{aligned}$$

Substituindo-se todas as ocorrências de A_0 nas demais equações por $\{\sigma_0\}A_1 \cup \{\mu_0\}$:

$$\begin{aligned} A_0 &= \{\sigma_0\}A_1 \cup \{\mu_0\} \\ A_1 &= \{\sigma_1\}A_2 \cup \{\mu_1\} \\ A_2 &= \{\sigma_2\}(\{\sigma_0\}A_1 \cup \{\mu_0\}) \cup \{\mu_2\} \end{aligned}$$

Substituindo-se todas as ocorrências de A_1 nas demais equações por $\{\sigma_1\}A_2 \cup \{\mu_1\}$:

$$\begin{aligned} A_0 &= \{\sigma_0\}A_1 \cup \{\mu_0\} \\ A_1 &= \{\sigma_1\}A_2 \cup \{\mu_1\} \\ A_2 &= \{\sigma_2\}(\{\sigma_0\}(\{\sigma_1\}A_2 \cup \{\mu_1\}) \cup \{\mu_0\}) \cup \{\mu_2\} \end{aligned}$$

Reescrevendo-se a equação referente à variável A_2, tem-se:

$$\begin{aligned} A_2 &= \{\sigma_2\sigma_0\sigma_1\}A_2 \cup \{\sigma_2\sigma_0\mu_1, \sigma_2\mu_0, \mu_2\} \\ &= \{\sigma_2\sigma_0\sigma_1\}^*\{\sigma_2\sigma_0\mu_1, \sigma_2\mu_0, \mu_2\} \end{aligned}$$

Substituindo-se essa expressão na equação referente à variável A_1, tem-se:

$$A_1 = \{\sigma_1\}\{\sigma_2\sigma_0\sigma_1\}^*\{\sigma_2\sigma_0\mu_1, \sigma_2\mu_0, \mu_2\} \cup \{\mu_1\}$$

Finalmente, substituindo-se essa expressão na equação referente à variável A_0, vem:

$$\begin{aligned} A_0 &= \{\sigma_0\}(\{\sigma_1\}\{\sigma_2\sigma_0\sigma_1\}^*\{\sigma_2\sigma_0\mu_1, \sigma_2\mu_0, \mu_2\} \cup \mu_1\}) \cup \{\mu_0\} \\ &= \{\sigma_0\sigma_1\}\{\sigma_2\sigma_0\sigma_1\}^*\{\sigma_2\sigma_0\mu_1, \sigma_2\mu_0, \mu_2\} \cup \sigma_0\mu_1\} \cup \{\mu_0\} \end{aligned}$$

⋆

Exemplo 3.47 Seja G_3 uma gramática linear à direita:

$$\begin{aligned} G_3 &= (\{0,1,2,S,A\},\{0,1,2\},P_3,S) \\ P_3 &= \{S \to 0A, S \to 1, A \to 0S, A \to 2\} \end{aligned}$$

Os passos seguintes levam à caracterização do conjunto regular definido por G_3:

$$\begin{aligned} S &= \{0\}A \cup \{1\} \\ A &= \{0\}S \cup \{2\} \end{aligned}$$

Substituindo-se a definição de S na equação de A, vem:

$$A = \{0\}(\{0\}A \cup \{1\}) \cup \{2\}$$

$$
\begin{aligned}
&= \{00\}A \cup \{01\} \cup \{2\} \\
&= \{00\}^*\{01,2\}
\end{aligned}
$$

Substituindo-se todas as ocorrências de A pela expressão acima na equação de S, tem-se:

$$
\begin{aligned}
S &= \{0\}(\{00\}^*\{01,2\}) \cup \{1\} \\
&= \{0\}\{00\}^*\{01,2\} \cup \{1\} \\
&= \{00\}^*\{02,1\}
\end{aligned}
$$

⋆

3.5 Gramáticas regulares e autômatos finitos

Dando sequência ao conteúdo cuja discussão foi iniciada na Seção 3.4, é mostrada a seguir a equivalência entre as gramáticas lineares à direita e os autômatos finitos, no que diz respeito à classe de linguagens que tais dispositivos são capazes de definir.

As equivalências discutidas nesta seção estão representadas com destaque na Figura 3.39.

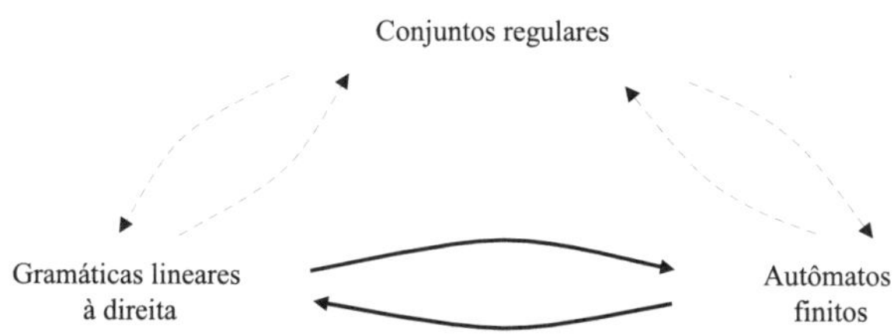

Figura 3.39 Equivalência dos formalismos — parte 2.

Teorema 3.14 (Gramáticas lineares à direita $\Rightarrow$ autômatos finitos) "Seja G uma gramática linear à direita. Então é possível definir um autômato finito M de tal modo que $L(G) = L(M)$."

Considere-se $G = (V, \Sigma, P, S)$. As produções de P são do tipo:

1. $X \rightarrow aY$
2. $X \rightarrow Y$
3. $X \rightarrow a$
4. $X \rightarrow \varepsilon$

com $X, Y \in N$, $a \in \Sigma$.

Seja $M = (Q, \Sigma, \delta, q_0, F)$ o autômato que se deseja obter. O Algoritmo 3.15 mostra como construir M (não determinístico, com transições em vazio) a partir de G:

Algoritmo 3.15 (Gramática $\Rightarrow$ autômato) *"Construção de um autômato finito a partir de uma gramática linear à direita."*

- *Entrada: uma gramática linear à direita G.*
- *Saída: um autômato finito M tal que $L(M) = L(G)$.*
- *Método:*

1. *Conjunto de estados:*
Cada estado de M corresponde a um dos símbolos não terminais de G. A esse conjunto acrescenta-se um novo símbolo (estado) $Z \notin N$*, ou seja,* $Q = N \cup \{Z\}$*. O estado inicial de M é S, a raiz da gramática. O estado final de M é Z, o novo estado acrescentado.*
2. *Alfabeto de entrada:*
O alfabeto de entrada Σ *de M é o mesmo alfabeto* Σ *de G.*
3. *Função de transição:*
$\delta \leftarrow \emptyset$;
Para cada regra de produção em P da gramática G, e conforme seu tipo:
   a) *Se* $X \rightarrow aY$ *então* $\delta \leftarrow \delta \cup \{(X,a) \rightarrow Y\}$.
   b) *Se* $X \rightarrow Y$ *então* $\delta \leftarrow \delta \cup \{(X,\varepsilon) \rightarrow Y\}$.
   c) *Se* $X \rightarrow a$ *então* $\delta \leftarrow \delta \cup \{(X,a) \rightarrow Z\}$.
   d) *Se* $X \rightarrow \varepsilon$ *então* $\delta \leftarrow \delta \cup \{(X,\varepsilon) \rightarrow Z\}$.

○

Note-se que, pela aplicação do Algoritmo 3.15, $|Q| = |N| + 1$ e $|\delta| = |P|$. □

O algoritmo acima apresentado pode ser mais bem compreendido considerando-se que não apenas a raiz S da gramática, mas também cada não terminal X dessa gramática gera, por si só, uma linguagem:

$$L(X) = \{\alpha \in \Sigma^* \mid X \Rightarrow^* \alpha\}$$

Assim, por exemplo, produções do tipo $X \rightarrow aY$ podem ser interpretadas como "a linguagem gerada pelo não terminal X corresponde ao símbolo a concatenado à linguagem gerada pelo não terminal Y". Situação semelhante ocorre com os autômatos finitos: não apenas o estado inicial, mas qualquer estado X também define uma linguagem:

$$L(X) = \{\alpha \in \Sigma^* \mid (X,\alpha) \vdash^* (Y,\varepsilon), Y \in F\}$$

Dessa maneira, ao transformar símbolos não terminais em estados, a produção correspondente $(S,a) \rightarrow Y$ adota o significado "a linguagem aceita pelo estado X corresponde ao símbolo a seguido da linguagem aceita pelo estado Y", o que sugere a validade do algoritmo proposto quando da aplicação desse raciocínio à raiz da gramática, transformada em estado inicial do autômato correspondente, bem como para quaisquer outros não terminais e respectivos estados.

Novamente, cabe frisar que todas as linguagens assim definidas a partir dos diversos não terminais da gramática são linguagens geradas por gramáticas lineares à direita (definidas por subconjuntos do conjunto de produções P original).

Exemplo 3.48 Seja G uma gramática linear à direita:

$$\begin{aligned} G &= (V,\Sigma,P,S) \\ V &= \{a,b,c,S,K,L\} \\ \Sigma &= \{a,b,c\} \\ P &= \{S \rightarrow a, S \rightarrow aK, K \rightarrow bK, K \rightarrow L, L \rightarrow cL, L \rightarrow \varepsilon\} \end{aligned}$$

Aplicando-se o algoritmo de conversão a G, obtém-se o autômato da Tabela 3.51.

O autômato finito completo M assim especificado é apresentado na Figura 3.40. Note-se que $L(G) = L(M) = ab^*c^*$.

$$M = (Q,\Sigma,\delta,S,F)$$

Tabela 3.51 Mapeamento das produções da gramática G para as regras de transição do autômato M

P	δ
$S \to a$	$\delta(S,a) = Z$
$S \to aK$	$\delta(S,a) = K$
$K \to bK$	$\delta(K,b) = K$
$K \to L$	$\delta(K,\varepsilon) = L$
$L \to cL$	$\delta(L,c) = L$
$L \to \varepsilon$	$\delta(L,\varepsilon) = Z$

$$\begin{aligned} Q &= \{S,K,L,Z\} \\ \Sigma &= \{a,b,c\} \\ \delta &= \{(S,a) \to Z, (S,a) \to K, (K,b) \to K, (K,\varepsilon) \to L, (L,c) \to L, (L,\varepsilon) \to Z\} \\ F &= \{Z\} \end{aligned}$$

Considere-se a sentença *abbcc*, e as correspondentes sequências de derivações em G e de movimenta-

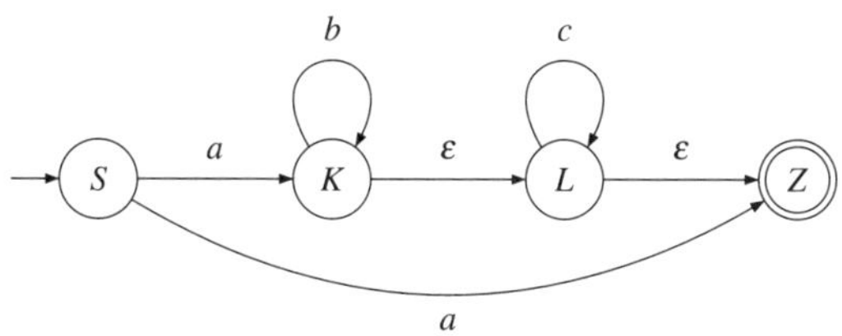

Figura 3.40 Autômato resultante do mapeamento mostrado na Tabela 3.51.

ções em M:

- $S \Rightarrow aK \Rightarrow abK \Rightarrow abbK \Rightarrow abbL \Rightarrow abbcL \Rightarrow abbccL \Rightarrow abbcc$
- $(S,abbcc) \vdash (K,bbcc) \vdash (K,bcc) \vdash (K,cc) \vdash (L,cc) \vdash (L,c) \vdash (L,\varepsilon) \vdash (Z,\varepsilon)$

Comparando-se as formas sentenciais geradas por G com as configurações assumidas por M, é fácil perceber que há uma relação direta entre elas, expressa na ideia anteriormente exposta de que a linguagem gerada por um certo símbolo não terminal de G corresponde à linguagem reconhecida pelo respectivo estado de M. Note-se, em particular, que o número de formas sentenciais geradas por G é igual ao número de configurações assumidas por M no reconhecimento da mesma cadeia de entrada (no caso, oito formas sentenciais e oito configurações). $\star$

Teorema 3.15 (Gramáticas lineares à direita $\Leftarrow$ autômatos finitos) "Seja M um autômato finito qualquer. Então é possível definir uma gramática linear à direita G, de tal modo que $L(M) = L(G)$."

Considere-se $M = (Q, \Sigma, \delta, q_0, F)$ um autômato finito genérico, não determinístico e com transições em vazio. O Algoritmo 3.16 mostra como construir uma gramática linear à direita $G = (V, \Sigma, P, S)$ a partir de M.

Algoritmo 3.16 (Gramática $\Leftarrow$ autômato) *"Construção de uma gramática linear à direita a partir de um autômato finito."*

- *Entrada: um autômato finito M.*
- *Saída: uma gramática linear à direita G tal que $L(G) = L(M)$.*

- *Método:*
  1. *Definição do conjunto de símbolos não terminais:* *Os símbolos não terminais de G correspondem aos estados de M. A raiz da gramática é* q_0.
  2. *Alfabeto de entrada:* *O alfabeto* Σ *de G é o próprio alfabeto de entrada* Σ *de M.*
  3. *Produções:*
     $P \leftarrow \emptyset$;
     Para cada elemento de δ *da máquina M, e conforme o tipo das transições de M:*
     a) *Se* $\delta(X,a) = Y$, *então* $P \leftarrow P \cup \{X \rightarrow aY\}$.
     b) *Se* $\delta(X,\varepsilon) = Y$, *então* $P \leftarrow P \cup \{X \rightarrow Y\}$.
     Para cada elemento de Q da máquina M:
     a) *Se* $X \in F$, *então* $P \leftarrow P \cup \{X \rightarrow \varepsilon\}$.

○

Note-se que, pela aplicação do Algoritmo 3.16, $|N| = |Q|$ e $|P| = |\delta| + |F|$. O funcionamento desse algoritmo de mapeamento é simples e pode ser compreendido através de considerações similares às efetuadas no Teorema 3.14. □

Exemplo 3.49 Seja M representado na Figura 3.41.

$$\begin{aligned} M &= (Q, \Sigma, \delta, q_0, F) \\ Q &= \{q_0, q_1, q_2\} \\ \Sigma &= \{a, b, c\} \\ \delta &= \{(q_0, a) \rightarrow q_1, (q_1, b) \rightarrow q_1, (q_1, c) \rightarrow q_2, (q_1, \varepsilon) \rightarrow q_2, (q_2, c) \rightarrow q_2\} \\ F &= \{q_2\} \end{aligned}$$

Aplicando-se o algoritmo de conversão à máquina M, obtém-se a gramática linear à direita G apresen-

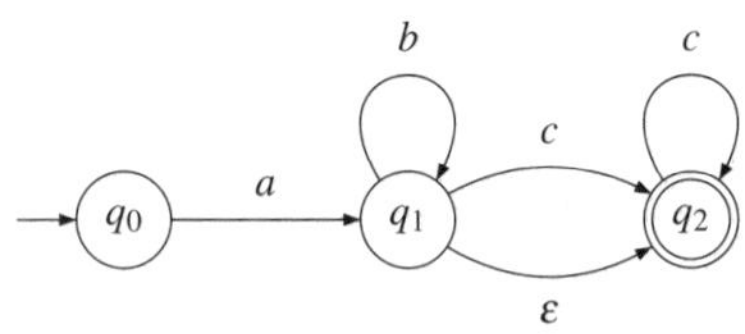

Figura 3.41 Autômato original M do Exemplo 3.49.

tada na Tabela 3.52, cujo conjunto de produções P corresponde à segunda coluna da mesma. Note que $L(M) = L(G) = ab^*c^*$.

$$\begin{aligned} G &= (V, \Sigma, P, q_0) \\ V &= \{a, b, c, q_0, q_1, q_2\} \\ \Sigma &= \{a, b, c\} \end{aligned}$$

Considere-se a cadeia *abbbc*, e as correspondentes sequências de movimentações em M e de derivações em G:

- $(q_0, abbbc) \vdash (q_1, bbbc) \vdash (q_1, bbc) \vdash (q_1, bc) \vdash (q_1, c) \vdash (q_2, \varepsilon)$
- $q_0 \Rightarrow aq_1 \Rightarrow abq_1 \Rightarrow abbq_1 \Rightarrow abbbq_1 \Rightarrow abbbcq_2 \Rightarrow abbbc$

Tabela 3.52 Gramática G equivalente ao autômato M da Figura 3.41

δ	P
$\delta(q_0, a) = q_1$	$q_0 \rightarrow aq_1$
$\delta(q_1, b) = q_1$	$q_1 \rightarrow bq_1$
$\delta(q_1, c) = q_2$	$q_1 \rightarrow cq_2$
$\delta(q_1, \varepsilon) = q_2$	$q_1 \rightarrow q_2$
$\delta(q_2, c) = q_2$	$q_2 \rightarrow cq_2$
Q	P
$q_2 \in F$	$q_2 \rightarrow \varepsilon$

Em particular, a cadeia *abbbc* possui mais de uma sequência de movimentações que conduzem à sua aceitação em M. Tal fato implica a existência de uma outra sequência de derivações que é capaz de gerar essa cadeia em G, como pode ser percebido a seguir:

- $(q_0, abbbc) \vdash (q_1, bbbc) \vdash (q_1, bbc) \vdash (q_1, bc) \vdash (q_1, c) \vdash (q_2, c) \vdash (q_2, \varepsilon)$
- $q_0 \Rightarrow aq_1 \Rightarrow abq_1 \Rightarrow abbq_1 \Rightarrow abbbq_1 \Rightarrow abbbq_2 \Rightarrow abbbcq_2 \Rightarrow abbbc$

Assim como no caso do Exemplo 3.48, a comparação entre as configurações assumidas por M e as formas sentenciais geradas por G revela que há uma relação direta entre elas, expressa na mesma ideia de que a linguagem reconhecida por um certo estado de M corresponde à linguagem gerada pelo respectivo símbolo não terminal de G. Note-se, em particular, que o número de formas sentenciais obtidas por G na geração da cadeia é igual ao número de configurações assumidas por M no reconhecimento da mesma cadeia, porém acrescido de um (no primeiro caso seis configurações e sete formas sentenciais, e no segundo caso sete configurações e oito formas sentenciais). ⋆

3.6 Conjuntos regulares e autômatos finitos

A presente seção examina a equivalência entre as gramáticas lineares à direita e os autômatos finitos, quando considerados como alternativas para a representação de linguagens regulares. Tais equivalências estão representadas com destaque na Figura 3.42.

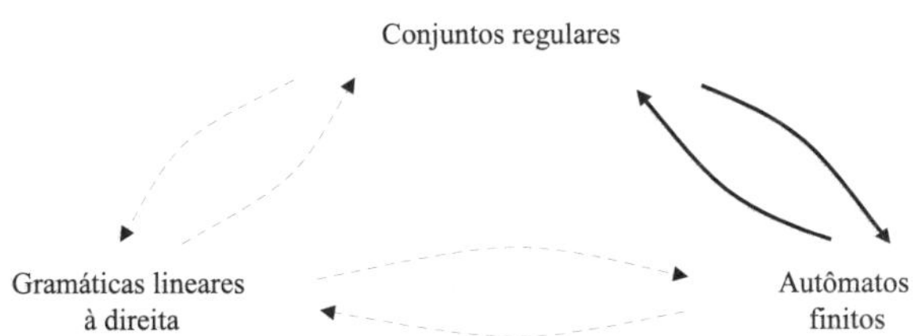

Figura 3.42 Equivalência dos formalismos — parte 3.

Apresenta-se, em seguida, um algoritmo que permite a construção sistemática de autômatos finitos não determinísticos diretamente a partir de expressões regulares quaisquer.

Teorema 3.16 (Expressões regulares $\Rightarrow$ autômatos finitos) "Seja r uma expressão regular sobre o alfabeto Σ. Então existe um autômato finito M que aceita a linguagem definida por r."

O autômato finito não determinístico que aceita a linguagem definida por r pode ser obtido através da aplicação do Algoritmo 3.17, que especifica as regras de mapeamento parciais que abrangem casos triviais de sentenças (itens 1, 2 e 3) e cada um dos operadores de união (4), concatenação (5) e fechamento (6), conforme a própria definição das expressões regulares.

Algoritmo 3.17 (Expressão regular $\Rightarrow$ autômato) *"Obtenção de um autômato finito a partir de uma expressão regular."*

- *Entrada: uma expressão regular r sobre um alfabeto Σ.*
- *Saída: um autômato finito M tal que $L(M) = r$.*
- *Método:*

  1. $r = \varepsilon$
     r é aceita por M representado na Figura 3.43.

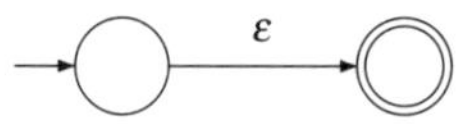

Figura 3.43 Autômato M que aceita ε.

  2. $r = \emptyset$
     r é aceita por M representado na Figura 3.44.

Figura 3.44 Autômato M que aceita $\emptyset$.

  3. $r = \sigma, \sigma \in \Sigma$
     r é aceita por M representado na Figura 3.45.

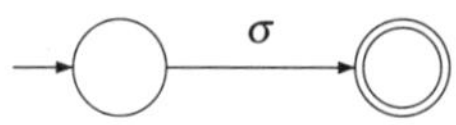

Figura 3.45 Autômato M que aceita σ.

  4. $r = r_1 \mid r_2$
     Suponha-se que as linguagens geradas por r_1 sejam aceitas, respectivamente, por autômatos finitos M_1 e M_2 com um único estado final cada (se esse não for o caso, eles podem ser facilmente modificados para satisfazer essa condição). Sejam q_{01}, q_{02}, q_{F1} e q_{F2}, respectivamente, os estados inicial de M_1, inicial de M_2, final de M_1 e final de M_2. Na Figura 3.46, as linhas tracejadas denotam os autômatos M_1 e M_2. Para não sobrecarregar as figuras, os demais estados desses autômatos não estão representados.
     r é aceita por M representado na Figura 3.46. As cadeias aceitas por M correspondem àquelas que são aceitas por M_1 e também àquelas que são aceitas por M_2. Logo, $L(M) = L(M_1) \cup L(M_2)$.
  5. $r = r_1 r_2$
     Suponha-se que as linguagens geradas por r_1 sejam aceitas, respectivamente, por autômatos finitos M_1 e M_2 com um único estado final cada (se esse não for o caso, eles podem ser facilmente modificados para satisfazer essa condição). Sejam q_{01}, q_{02}, q_{F1} e q_{F2}, respectivamente, os estados inicial de M_1, inicial de M_2, final de M_1 e final de M_2. Na Fi-

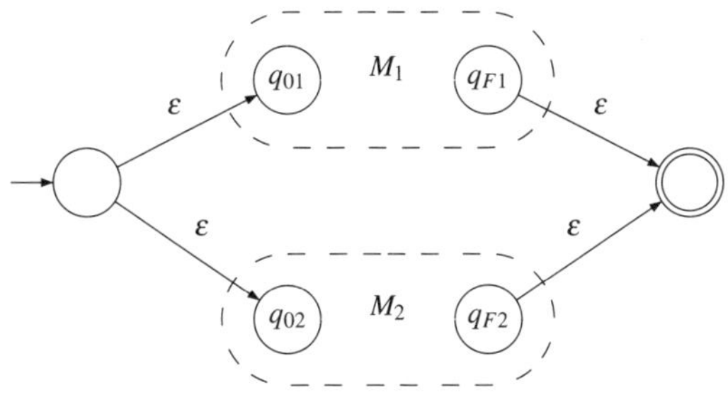

Figura 3.46 Autômato M que aceita $r_1 \mid r_2$.

gura 3.47, as linhas tracejadas denotam os autômatos M_1 e M_2. Para não sobrecarregar as figuras, os demais estados desses autômatos não estão representados.

r é aceita por M representado na Figura 3.47. As cadeias aceitas por

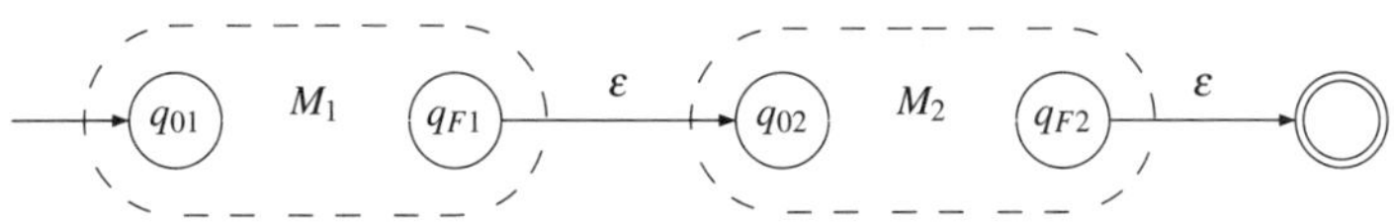

Figura 3.47 Autômato M que aceita $r_1 r_2$.

M correspondem àquelas cujos prefixos sejam cadeias aceitas por M_1 e cujos sufixos sejam cadeias que sejam aceitas por M_2. Logo, $L(M) = L(M_1)L(M_2)$.

6. $r = r_1^*$

Suponha-se que a linguagem gerada por r_1 seja aceita por um autômato finito M_1 com um único estado final (se esse não for o caso, ele pode ser facilmente modificado para satisfazer essa condição). Sejam q_{01} e q_{F1}, respectivamente, os estados inicial e final de M_1. Na Figura 3.48, a linha tracejada denota o autômato M_1. Para não sobrecarregar a figura, os demais estados desse autômato não estão representados.

r é aceita por M representado na Figura 3.48. M aceita a cadeia vazia

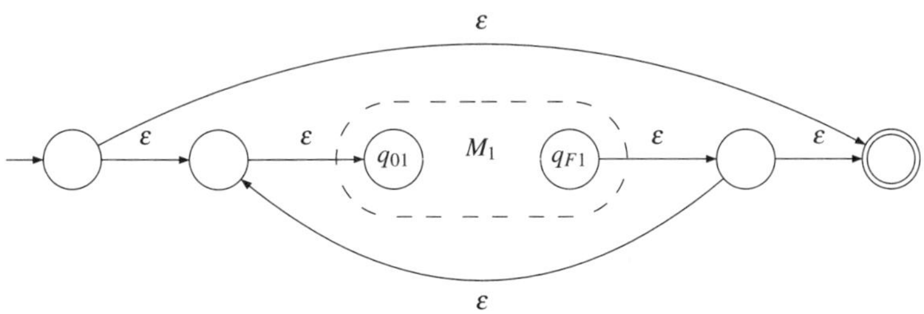

Figura 3.48 Autômato M que aceita r_1^*.

e também a concatenação, em número arbitrário de vezes, de quaisquer cadeias que são aceitas por M_1. Logo, $L(M) = L(M_1)^*$.

Observe-se, em todos os casos, que o autômato M obtido possui sempre um único estado final, o qual é distinto do estado inicial. Adicionalmente, valem as seguintes regras para os autômatos M_1 e M_2 representados nos casos (4), (5) e (6):

- *Os estados originalmente finais desses autômatos tornam-se não finais na composição do autômato M.*
- *Convenciona-se que a entrada deles é pelo lado esquerdo e a saída pelo lado direito das respectivas figuras.*

∘

□

Exemplo 3.50 Considere-se a expressão regular $ab^* \mid c$. É possível identificar, nessa expressão, as seguintes linguagens triviais: $L_1 = a, L_2 = b, L_3 = c$. Portanto, $L_1 = L(M_1)$, com M_1 representado na Figura 3.49. $L_2 = L(M_2)$, com M_2 representado na Figura 3.50. $L_3 = L(M_3)$, com M_3 representado

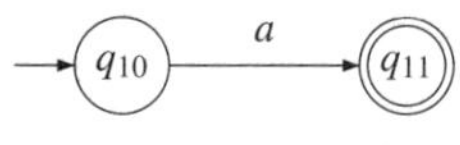

Figura 3.49 Autômato que aceita a.

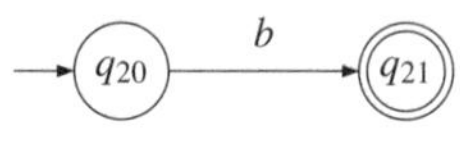

Figura 3.50 Autômato que aceita b.

na Figura 3.51. Seja $L_4 = b^* = L_2^*$. Então, $L_4 = L(M_4)$, com M_4 representado na Figura 3.52. $L_5 =$

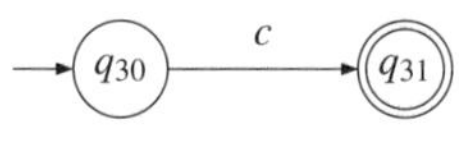

Figura 3.51 Autômato que aceita c.

$ab^* = L_1 L_4$. Então, $L_5 = L(M_5)$, com M_5 representado na Figura 3.53. Finalmente, $L_6 = ab^* \mid c = L_5 \cup L_3 = L(M_6)$, com M_6 representado na Figura 3.54. Como se pode observar, o autômato assim construído apresenta uma quantidade desnecessariamente grande de estados, além de diversas transições em vazio. Esse fenômeno, comum quando se aplicam métodos canônicos de construção de autômatos, pode ser contornado através da aplicação dos algoritmos de eliminação de transições em vazio e de estados inacessíveis, além da aplicação de algoritmos de minimização, assunto da Seção 3.8. O autômato da Figura 3.55 corresponde a uma versão equivalente, porém mais compacta, ao autômato M_6 anteriormente obtido. ⋆

É comum se considerar uma simplificação do autômato M apresentado na Figura 3.48, no qual, ao invés de quatro novos estados, são criados apenas dois novos estados, como ilustrado na Figura 3.56. O esquema da Figura 3.48 preserva a função de transição do autômato M_1 inalterada na composição do autômato M. O esquema da Figura 3.56, por outro lado, exige o acréscimo de uma transição em vazio do (então) estado final q_{F1} para o (então) estado inicial q_{01}, modificando a função de transição original de M_1. Os resultados, no entanto, são equivalentes em ambos os casos.

Exemplo 3.51 O autômato da Figura 3.57 reconhece a linguagem gerada pela expressão regular a^*b^*. ⋆

Um **grafo de expressões** é uma máquina de estados na qual as transições entre os estados são rotuladas por expressões regulares construídas sobre um mesmo alfabeto Σ. Formalmente:

$$N = (Q, \Sigma, \delta', q_0, F)$$

em que:

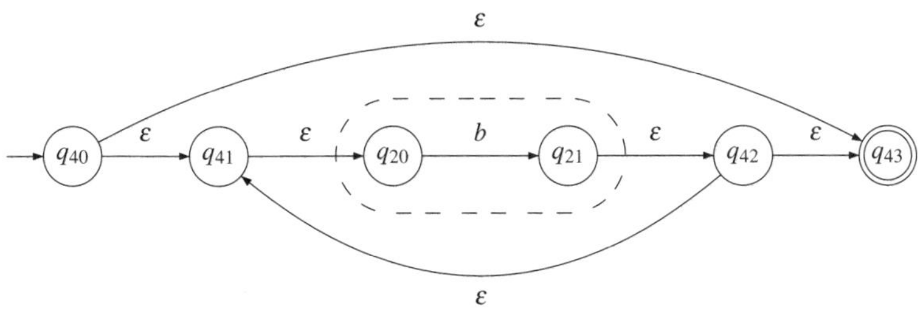

Figura 3.52 Autômato que aceita b^*.

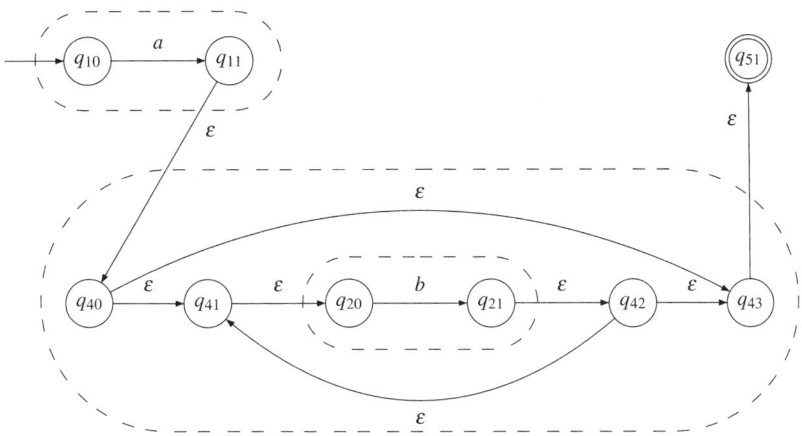

Figura 3.53 Autômato que aceita ab^*.

- Q, Σ, q_0 e F são definidos como no caso dos autômatos finitos;
- $\delta' : Q \times ER_\Sigma \to 2^Q$, onde ER_Σ representa o conjunto de todas as expressões regulares que podem ser definidas sobre o alfabeto Σ.

Note-se que todo autômato finito é, por definição, um caso particular de um grafo de expressões em que as expressões regulares entre os estados são reduzidas aos casos elementares σ, ε e $\emptyset$.

De forma similar ao caso do autômato finito, define-se a linguagem aceita por um grafo de expressões como sendo aquela que é gerada pela união de todas as expressões regulares que podem ser obtidas pela concatenação das expressões regulares que rotulam algum caminho entre o estado inicial e algum estado final do grafo.

A obtenção sistemática de uma expressão regular que gera linguagem aceita por um autômato finito pode ser feita através de um método que elimina, um a um, todos os estados do autômato que não sejam o inicial ou o final. Como decorrência da eliminação desses estados, as transições originais são substituídas por expressões regulares que preservam a linguagem aceita pelo dispositivo, e o correspondente autômato torna-se, finalmente, um grafo de expressões com apenas dois estados.

Teorema 3.17 (Expressões regulares $\Leftarrow$ autômatos finitos) "Seja M um autômato finito. Então existe uma expressão regular r que gera a linguagem aceita por M."

A expressão regular que gera a linguagem aceita por M pode ser obtida através da aplicação do Algoritmo 3.18, que especifica as regras de mapeamento de M em uma série de grafos de expressões com quantidades sucssivamente menores de estados. Ao se atingir um

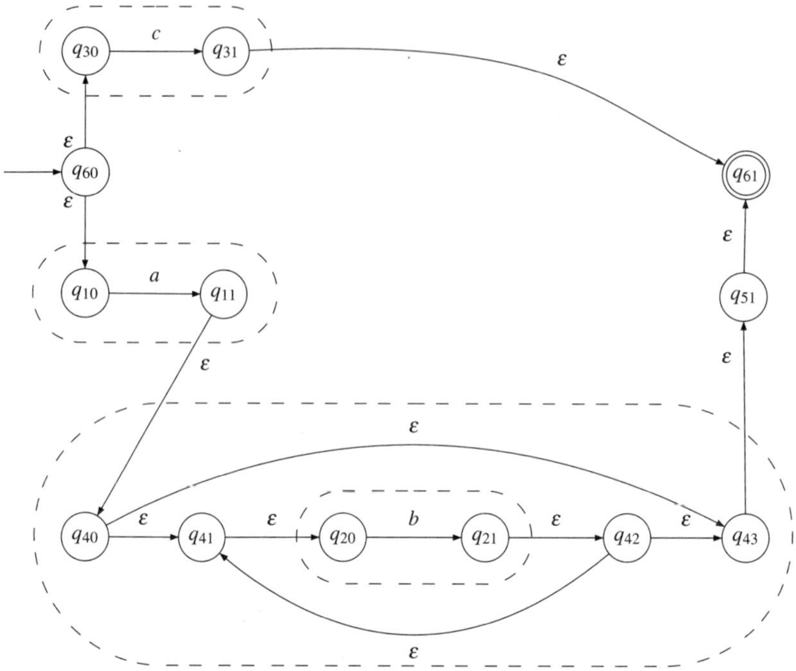

Figura 3.54 Autômato que aceita $ab^* \mid c$.

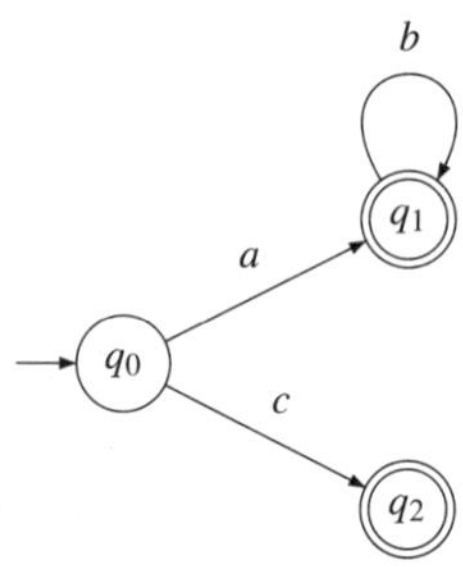

Figura 3.55 Outro autômato que aceita $ab^* \mid c$.

grafo com apenas dois estados, a expressão regular correspondente à linguagem aceita pelo autômato original pode ser inferida trivialmente.

O algoritmo apresentado a seguir permite a eliminação sistemática dos estados que não sejam finais ou inicial de um autômato qualquer (que pode ter formato arbitrário, podendo incluir não determinismos e transições em vazio). À medida que esses estados vão sendo eliminados, criam-se novas transições na forma de expressões regulares e o autômato torna-se um grafo de expressões.

A Figura 3.58 representa a contextualização de um estado x a ser eliminado em um grafo de expressões. Ela ilustra todas as situações que podem ocorrer quando se consideram os estados predecessores e os estados sucessores de x, assim como as transições entre x e esses estados. Considera-se, genericamente, que o estado x possui m estados que são apenas predecessores (identificados por p_1 até p_m), n estados que são apenas sucessores (q_1 até q_n) e k estados que são simultaneamente predecessores e sucessores. O estado x possui, portanto:

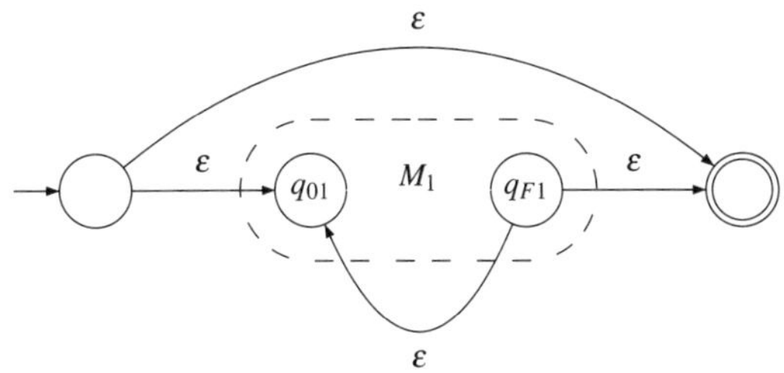

Figura 3.56 Autômato alternativo que aceita r_1^*.

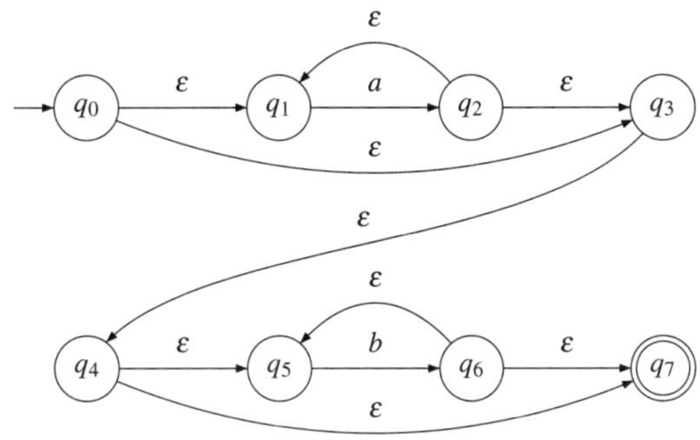

Figura 3.57 Autômato que reconhece a^*b^*.

- $m+k$ estados predecessores;
- $n+k$ estados sucessores.

Os rótulos das transições são representados por nomes que identificam o estado de origem e o estado de destino da mesma. Assim, por exemplo, a transição epx_1 tem como origem o estado p_1 e como destino o estado x, e a transição exq_n tem como origem o estado x e como destino o estado q_n. A transição exx tem como origem e destino o estado x.

As transições do grafo de expresões são inicialmente rotuladas da mesma forma que as transições do autômato finito correspondente, ou seja, com os símbolos do alfabeto Σ (para as transições com consumo de símbolo), e com o símbolo ε (para as transições em vazio).

A eliminação de um estado x em um grafo de expressões (assim como das transições que têm o estado x como origem ou como destino) é feita de forma que seja garantido que a linguagem aceita pelo autômato original não sofra alterações.

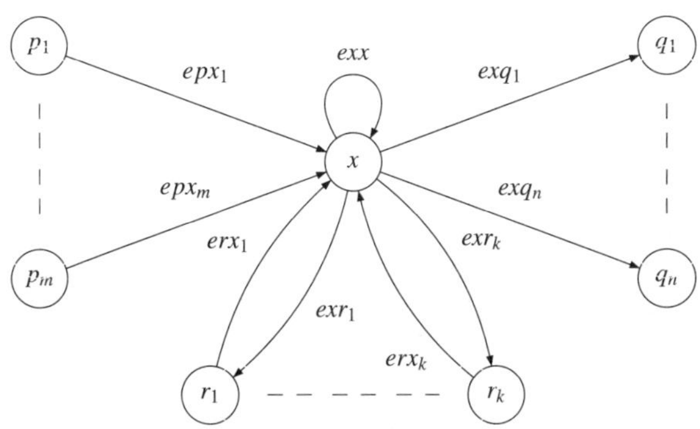

Figura 3.58 Contextualização de um estado x a ser eliminado.

Algoritmo 3.18 (Expressão regular $\Leftarrow$ autômato) *"Obtenção de uma expressão regular a partir de um autômato finito."*

- *Entrada: um autômato finito* $M = (Q, \Sigma, \delta, q_0, F)$.
- *Saída: uma expressão regular* r *tal que* $r = L(M)$.
- *Método:*
  1. *Se* $|F| > 1$, *obter* $M' = (Q', \Sigma, \delta', q_0, F')$ *tal que* $L(M') = L(M)$ *e* $|F'| = 1$:
     a) $Q' \leftarrow Q \cup \{q_F\}$;
     b) $\delta' \leftarrow \delta \cup \{(q_i, \varepsilon) \rightarrow q_F) \mid q_i \in F\}$;
     c) $F' \leftarrow \{q_F\}$;

     Caso contrário, renomear o estado final como q_F *e considerar* $M' = M$.
  2. *Para cada um dos estados* $x \in (Q' - \{q_0, q_F\})$, *fazer:*
     a) *Identificar os estados predecessores e sucessores associados ao estado x, bem como as respectivas transições associadas, da forma como foi apresentado anteriormente, na Figura 3.58.*
     b) *Para* $1 \leqslant i \leqslant m$, *fazer:*
        i. *Para* $1 \leqslant j \leqslant n$, *fazer* $\delta' \leftarrow \delta' \cup \{(p_i, epx_iexx^*exq_j) \rightarrow q_j\}$.
        ii. *Para* $1 \leqslant j \leqslant k$, *fazer* $\delta' \leftarrow \delta' \cup \{(p_i, epx_iexx^*exr_j) \rightarrow r_j\}$.
     c) *Para* $1 \leqslant i \leqslant k$, *fazer:*
        i. *Para* $1 \leqslant j \leqslant n$, *fazer* $\delta' \leftarrow \delta' \cup \{(r_i, erx_iexx^*exq_j) \rightarrow q_j\}$.
        ii. *Para* $1 \leqslant j \leqslant k$, *fazer* $\delta' \leftarrow \delta' \cup \{(r_i, erx_iexx^*exr_j) \rightarrow r_j\}$.
     d) $\forall q \in Q'$ *e* $r \in$ *conjunto das expressões regulares sobre* Σ:
        i. $\delta' \leftarrow \delta' - \{(q, r) \rightarrow x\}$.
        ii. $\delta' \leftarrow \delta' - \{(x, r) \rightarrow q\}$.
        iii. $Q' \leftarrow Q' - \{x\}$.

○

As novas transições geradas através desse processo são expressões regulares sobre o alfabeto Σ do autômato original, e englobam as operações de concatenação e fechamento reflexivo e transitivo. Caso existam duas ou mais transições entre um mesmo estado de origem um mesmo estado de destino, essas deverão ser substituídas pela expressão regular que representa a união das expressões originais, conforme indicado na figura 3.59. O

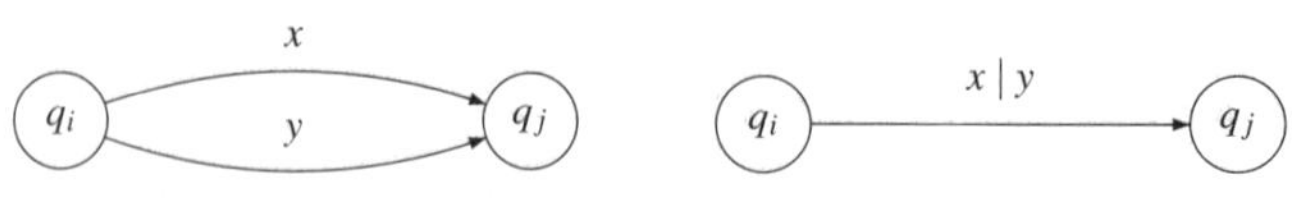

Figura 3.59 Combinação de transições com os mesmos estados de origem e de destino.

processo de eliminação de estados prossegue até que todos os estados, exceto o inicial (q_0) e o final (q_F), tenham sido eliminados. Nessas condições, o autômato resultante terá apenas dois estados e no máximo quatro transições, conforme a Figura 3.60. A inspeção da Figura 3.60 permite inferir imediatamente a expressão regular que representa a linguagem aceita pelo grafo de expressões e, consequentemente, a linguagem aceita pelo autômato finito original: $x^*yz^*(wx^*yz^*)^*$. □

Exemplo 3.52 O autômato da Figura 3.61 reconhece a linguagem:

$$L = \{w \in \{a, b, c\}^* \mid w \text{ não contém a subcadeia } abc\}$$

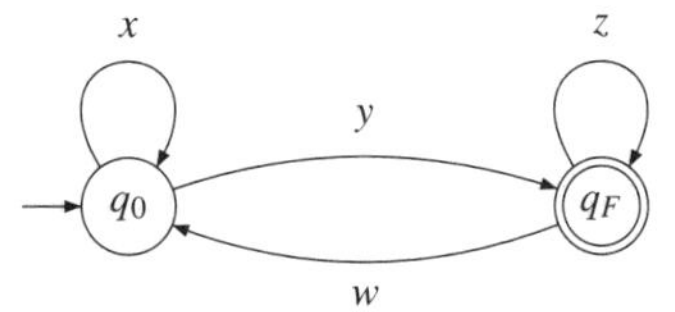

Figura 3.60 Autômato com dois estados que aceita a linguagem $x^*yz^*(wx^*yz^*)^*$.

A construção de uma expressão regular que gera a linguagem aceita por M inicia-se com a obtenção

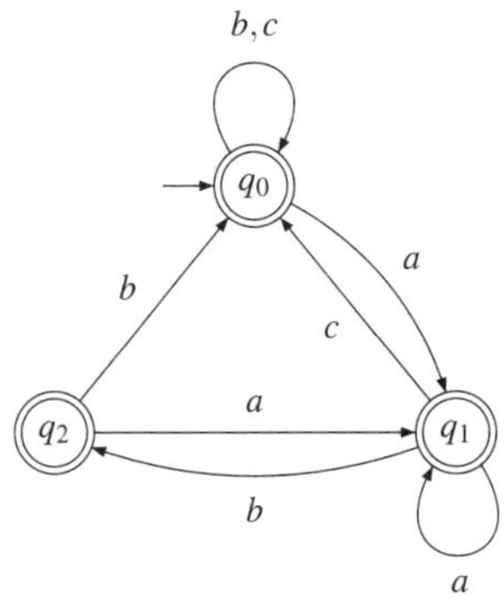

Figura 3.61 Autômato com múltiplos estados finais.

de um autômato equivalente, com um único estado final, conforme o Algoritmo 3.18. O resultado é apresentado na Figura 3.62.

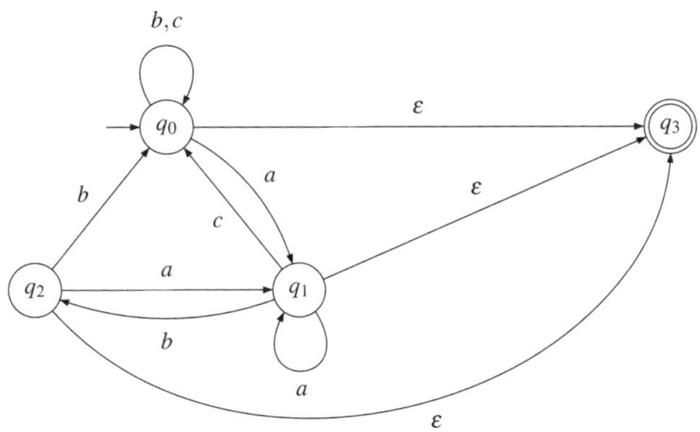

Figura 3.62 Autômato equivalente com um único estado final.

A eliminação do estado q_2 resulta no grafo de expressões da Figura 3.63. Note-se que q_2 não possui estados que sejam apenas predecessores, q_0 e q_3 são apenas sucessores de q_2 e q_1 é simultâneamente predecessor e sucessor de q_2. Note-se, ainda, que não há transição de q_2 para o próprio q_2. Assim, a eliminação de q_2 implica a inclusão de transições de q_1 para q_1 (com *ba*), de q_1 para q_0 (com *bb*) e de q_1 para q_3 (com *b*).

A eliminação do estado q_1 resulta no grafo de expressões da Figura 3.64. Note-se que q_1 não possui estados que sejam apenas predecessores, q_3 é apenas sucessor de q_1 e q_0 é simultaneamente predecessor e sucessor de q_1. Note-se, ainda, que há transição de q_1 para o próprio q_1 (com $a \mid ba$). Assim, a eliminação de q_1 implica a inclusão de transições de q_0 para q_0 (com $a(a \mid ba)^*(c \mid bb)$) e de q_0 para q_3 (com $a(a \mid ba)^*(\varepsilon \mid b)$).

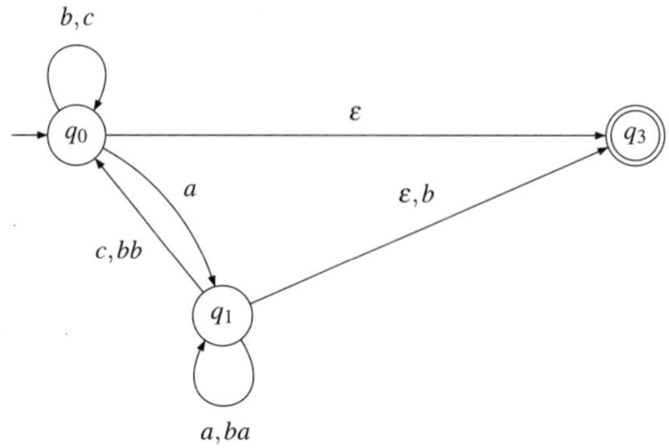

Figura 3.63 Grafo de expressões equivalente, após a eliminação do estado q_2.

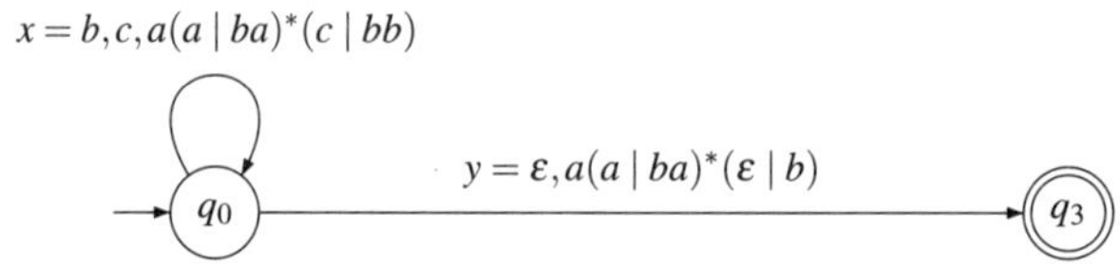

Figura 3.64 Grafo de expressões equivalente, após a eliminação dos estados q_2 e q_1.

A análise da Figura 3.64 permite, finalmente, inferir a expressão regular que representa a linguagem aceita pelo autômato da Figura 3.61:

$$(\underbrace{b \mid c \mid a(a \mid ba)^*(c \mid bb)}_{\text{Referente à transição } \delta(q_0,x)=q_0})^*(\underbrace{\varepsilon \mid a(a \mid ba)^*(\varepsilon \mid b)}_{\text{Referente à transição } \delta(q_0,y)=q_3})$$

As Figuras 3.65 e 3.66 representam, respectivamente, os grafos de expressão intermediários correspondentes caso a ordem de eliminação dos estados seja invertida (isto é, primeiro o estado q_1 e depois o estado q_2).

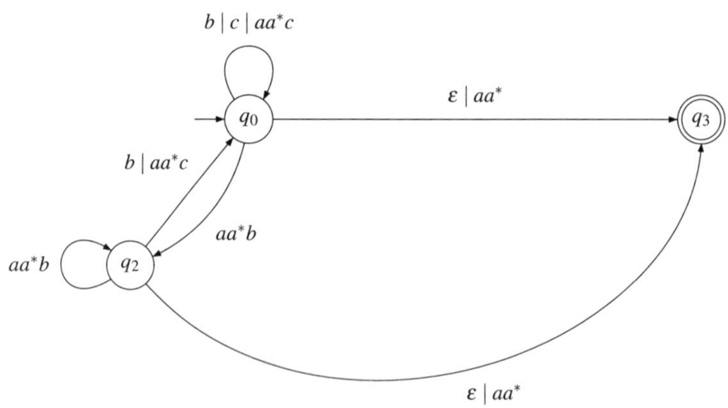

Figura 3.65 Grafo de expressões equivalente, após a eliminação do estado q_1.

O resultado obtido é uma expressão regular equivalente porém diferente da anterior:

$$\underbrace{(b \mid c \mid aa^*c \mid aa^*b(aa^*b)^*(b \mid aa^*c))}_{\text{Referente à transição } \delta(q_0,x)=q_0}{}^*(\underbrace{\varepsilon \mid aa^* \mid aa^*b(aa^*b)^*(\varepsilon \mid aa^*)}_{\text{Referente à transição } \delta(q_0,y)=q_3})$$

★

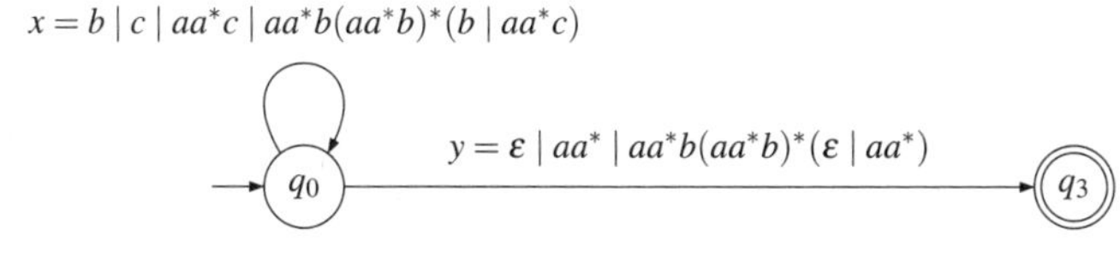

Figura 3.66 Grafo de expressões equivalente, após a eliminação dos estados q_1 e q_2.

Os resultados apresentados até este ponto são suficientes para estabelecer intuitivamente a equivalência completa dos conjuntos (expressões) regulares com as gramáticas lineares à direita e também com os autômatos finitos, no que se refere à classe de linguagens que tais dispositivos são capazes de representar.

A Figura 3.67 apresenta um resumo que oferece uma visão abrangente das várias possibilidades de conversão direta entre os diversos formalismos estudados para representar as linguagens regulares, conforme discutido nas Seções 3.1 a 3.6.

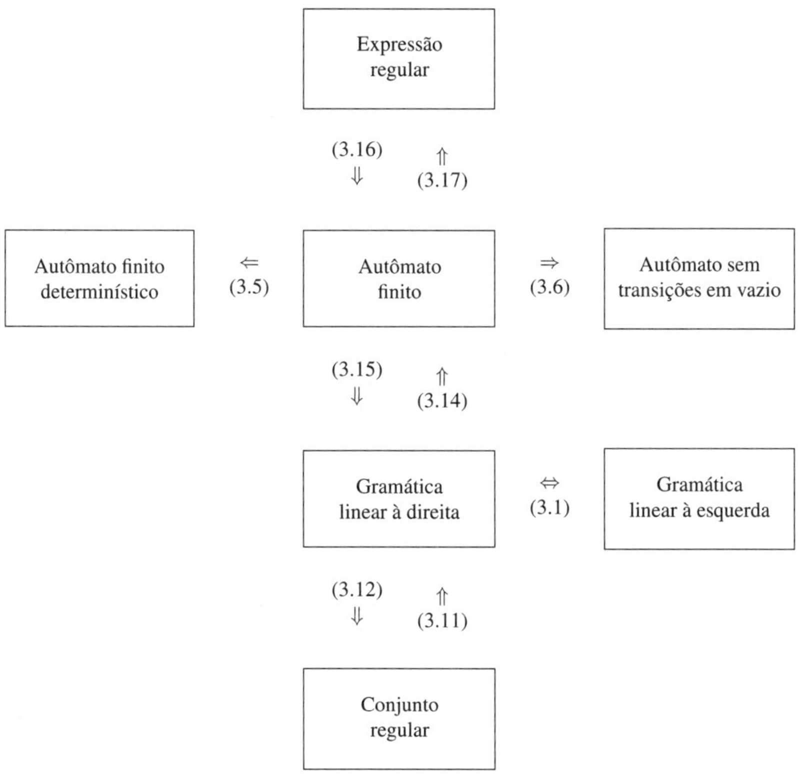

Figura 3.67 Visão geral da equivalência dos formalismos e respectivos teoremas.

3.7 Transdutores finitos

Estudadas as definições, notações e conceitos fundamentais associados aos autômatos finitos, analisam-se a seguir algumas importantes extensões dessa classe de autômatos.

Inicialmente, considerem-se os denominados **transdutores finitos**. Os autômatos finitos, como foi visto, são dispositivos cuja principal aplicação são os reconhecedores e, como tal, são muito pobres quanto às suas informações de saída: a única por eles emitida é a da aceitação ou rejeição da cadeia analisada. Com o intuito de ampliar a aplicabilidade dos autômatos finitos, foram definidas extensões que associam, a cada sentença de entrada, uma correspondente cadeia de saída sobre um segundo alfabeto, eventualmente distinto do alfabeto de entrada.

Além de definirem a linguagem de entrada associada ao autômato finito subjacente, os transdutores definem uma segunda linguagem, denominada **linguagem de saída**, denotada por $L(T)$, correspondente ao conjunto das sentenças sobre Δ que são geradas quando do reconhecimento de sentenças pertencentes a $L(M)$, onde M é o autômato finito em que o transdutor é baseado.

Todo transdutor finito corresponde, portanto, à realização de uma **função de mapeamento** f. Essa função associa cada cadeia aceita pelo autômato subjacente com uma cadeia gerada pelo transdutor. Se $x \in L(M)$, então $f(x) \in L(T)$. Note que $f(x)$ (uma cadeia gerada pelo transdutor) é definida apenas para o caso em que x é uma cadeia aceita pelo autômato finito subjacente. Formalmente:

$$L(T) = \{f(x) \mid x \in L(M)\}$$

A associação de símbolos de um alfabeto de saída com a movimentação do autômato finito no reconhecimento de uma sentença pode ser feita de duas formas distintas: a partir da sequência de estados percorridos ou das transições de que se compõe o autômato finito no qual se baseia o transdutor em questão. O primeiro caso caracteriza as denominadas Máquinas de Moore, e o segundo as chamadas Máquinas de Mealy.

Formalmente, um transdutor finito do tipo **Máquina de Moore** é definido como sendo uma sétupla $T_{Moore} = (Q, \Sigma, \Delta, \delta, \lambda, q_0, F)$ sobre um autômato finito $M = (Q, \Sigma, \delta, q_0, F)$, em que Δ é o **alfabeto de saída** do transdutor e $\lambda : Q \to \Delta$ é a **função de transdução**[2] de T.

Na notação dos Diagramas de Estados, cada estado do autômato finito é rotulado com a identificação do símbolo do alfabeto de saída que deve ser gerado toda vez que o estado for atingido.

Alguns autores consideram $\lambda : Q \to \Delta^*$ ao invés de $\lambda : Q \to \Delta$. Trata-se de uma flexibilização na definição da função de transdução, de forma a permitir a geração de uma cadeia ao invés de um único símbolo em cada aplicação dela. De qualquer forma, é fácil perceber que transdutores que adotam a primeira definição podem ser mapeados em transdutores equivalentes baseados na segunda definição (que é a definição original). O Exemplo 3.53, apresentado a seguir, adota essa definição alternativa.

Exemplo 3.53 Seja T um transdutor finito do tipo Máquina de Moore, com $\lambda : Q \to \Delta^*$:

$$\begin{aligned}
T &= (Q, \Sigma, \Delta, \delta, \lambda, q_0, F) \\
Q &= \{q_0, q_1\} \\
\Sigma &= \{a, b, c\} \\
\Delta &= \{1\} \\
\delta &= \{(q_0, a) \to q_1, (q_1, b) \to q_1, (q_1, c) \to q_0\} \\
\lambda &= \{q_0 \to 1, q_1 \to \varepsilon\} \\
F &= \{q_1\}
\end{aligned}$$

O grafo correspondente a esse transdutor é apresentado na Figura 3.68.

[2] Alternativamente, alguns autores preferem adotar $\lambda : Q \to \Delta^*$.

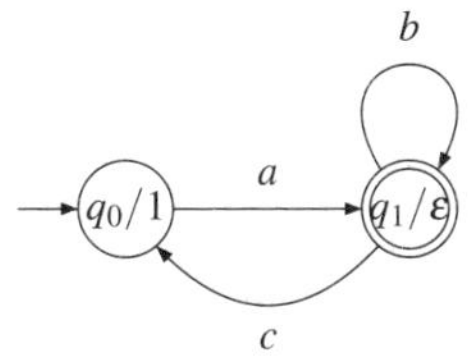

Figura 3.68 Transdutor do tipo Máquina de Moore.

A linguagem aceita por esse transdutor é $ab^*(cab^*)^*$, ou seja, uma sequência de uma ou mais cadeias ab^* separadas pelo símbolo c. A função de transição λ, neste caso, faz com que o transdutor emita o símbolo "1" toda vez que estiver iniciando o reconhecimento de uma nova cadeia com o formato ab^*. Assim, T funciona como um contador do número de subcadeias ab^* presentes na cadeia de entrada. Como exemplo, a Tabela 3.53 apresenta um conjunto de cadeias que são respectivamente aceitas e geradas por T.

Tabela 3.53 Sentenças aceitas e cadeias geradas pelo transdutor do tipo Máquina de Moore T

Sentença aceita	Cadeia Gerada
abbcabbbcab	111
abbbcab	11
acacaca	1111
a	1

Observe, neste exemplo, que (suponha que M seja o autômato finito subjacente de T):

- $L(M) = ab^*(cab^*)^*$;
- $L(T) = 1^+$;
- f produz a contagem em unário da quantidade de símbolos a encontrados na cadeia de entrada.

★

Um transdutor finito do tipo **Máquina de Mealy**, por sua vez, é definido como sendo uma sétupla $T_{Mealy} = (Q, \Sigma, \Delta, \delta, \lambda, q_0, F)$ sobre um autômato finito $M = (Q, \Sigma, \delta, q_0, F)$, em que Δ é o **alfabeto de saída** do transdutor e $\lambda : Q \times \Sigma \rightarrow \Delta$ é a **função de transdução**[3] de T.

No caso das Máquinas de Mealy, associam-se os símbolos do alfabeto de saída às transições, e não aos estados, como ocorre com as Máquinas de Moore (o domínio da função λ se altera para $Q \times \Sigma$).

Assim como no caso das Máquinas de Mealy, e pelos mesmos motivos, alguns autores consideram $\lambda : Q \times \Sigma \rightarrow \Delta^*$ ao invés de $\lambda : Q \times \Sigma \rightarrow \Delta$. Do mesmo modo, é fácil perceber que transdutores que adotam a primeira definição podem ser mapeados em transdutores equivalentes baseados na segunda definição (que é a definição original). O Exemplo 3.54, apresentado a seguir, adota essa definição alternativa.

Exemplo 3.54 Seja T um transdutor finito do tipo Máquina de Mealy:

$$
\begin{aligned}
T &= (Q, \Sigma, \Delta, \delta, \lambda, q_0, F) \\
Q &= \{q_0, q_1\} \\
\Sigma &= \{a, b, c\} \\
\Delta &= \{a, b, c\}
\end{aligned}
$$

[3] Alguns autores adotam $\lambda : Q \times \Sigma \rightarrow \Delta^*$.

$$\begin{aligned} \delta &= \{(q_0,a) \to q_1, (q_1,b) \to q_1, (q_1,c) \to q_0\} \\ \lambda &= \{(q_0,a) \to ab, (q_1,b) \to \varepsilon, (q_1,c) \to c\} \\ F &= \{q_1\} \end{aligned}$$

O grafo correspondente é apresentado na Figura 3.69.

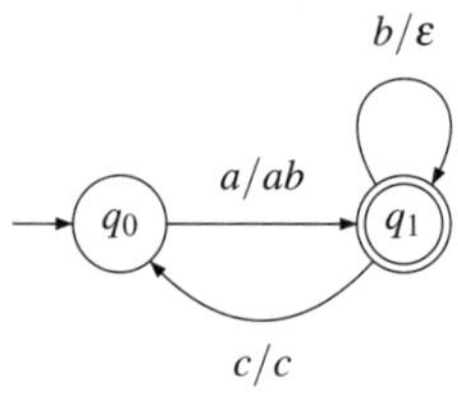

Figura 3.69 Transdutor do tipo Máquina de Mealy.

Como se pode notar, o autômato finito que serve de base para esse transdutor é o mesmo do exemplo anterior. Assim, a linguagem aceita por ambos os transdutores é a mesma. No entanto, o transdutor deste exemplo mapeia as subcadeias ab^* aceitas pelo autômato finito em cadeias do tipo ab, mantendo o símbolo c como separador na sentença de saída. Observe que a função de transdução λ foi definida, neste caso, sobre Δ^* (devido à utilização da cadeia ε). A Tabela 3.54 apresenta alguns exemplos de cadeias respectivamente aceitas e geradas por T.

Tabela 3.54 Sentenças aceitas e cadeias geradas pelo transdutor do tipo Máquina de Mealy T

Sentença aceita	Cadeia Gerada
abbcabbbcab	*abcabcab*
abbbcab	*abcab*
acacaca	*abcabcabcab*
a	*ab*

Observe, neste exemplo, que (suponha que M seja o autômato finito subjacente de T):

- $L(M) = ab^*(cab^*)^*$;
- $L(T) = ab(cab)^*$;
- f produz cadeias em que cada elemento de b^* depois do símbolo a é transformado em b; o restante é mantido.

⋆

Apesar de se tratar de dois modelos distintos de transdutores finitos, pode-se demonstrar a plena equivalência de ambos: toda e qualquer Máquina de Moore pode ser simulada por uma Máquina de Mealy e vice-versa. Dessa maneira, portanto, a opção por um ou outro tipo de máquina pode ser feita levando-se em conta exclusivamente a conveniência de manipulação e a facilidade de representação obtidas conforme o caso em questão.

Teorema 3.18 (Equivalência dos transdutores) "Toda Máquina de Mealy pode ser simulada por uma Máquina de Moore, e vice-versa."

A obtenção de uma Máquina de Mealy a partir de uma Máquina de Moore pode ser feita por intermédio do Algoritmo 3.19. O contrário pode ser obtido por meio do Algoritmo 3.20. Esses algoritmos adotam a definição original da função de transdução em ambos os casos (ou seja, $\lambda : Q \to \Delta$ para Máquina de Moore e $\lambda : Q \times \Sigma \to \Delta$ para Máquina de Mealy).

Algoritmo 3.19 (Máquina de Moore $\Rightarrow$ Máquina de Mealy) *"Obtenção de uma Máquina de Mealy que seja equivalente a uma Máquina de Moore dada."*

- *Entrada: uma Máquina de Moore* $T_{Mo} = (Q, \Sigma, \Delta, \delta, \lambda, q_0, F)$.
- *Saída: uma Máquina de Mealy* $T_{Me} = (Q, \Sigma, \Delta, \delta, \lambda', q_0, F)$.
- *Método:*
  1. $\lambda' \rightarrow \emptyset$;
  2. *Para cada* $\delta(q_i, \sigma_i) = q_j$ *e para cada* $\lambda(q_j) = \sigma_j$ *faça* $\lambda' \leftarrow \lambda' \cup \{(q_i, \sigma_i) \rightarrow \sigma_j\}$;

○

Este é o caso mais simples de conversão pois o único componente do transdutor que sofre modificação é a função de transdução λ. Para obter λ', basta fazer com que os símbolos que são emitidos em cada estado da Máquina de Moore sejam emitidos na transição da Máquina de Mealy que possui este mesmo estado como destino. Os demais componentes não se alteram. Graficamente, isto pode ser percebido pela inspeção das Figuras 3.70 e 3.71.

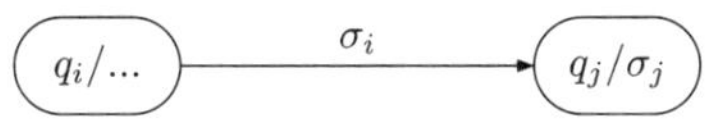

Figura 3.70 Transdução na Máquina de Moore.

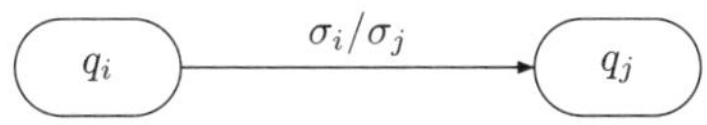

Figura 3.71 Transdução equivalente na Máquina de Mealy.

Algoritmo 3.20 (Máquina de Mealy $\Rightarrow$ Máquina de Moore) *"Obtenção de uma Máquina de Moore que seja equivalente a uma Máquina de Mealy dada."*

- *Entrada: uma Máquina de Mealy* $T_{Me} = (Q, \Sigma, \Delta, \delta, \lambda, q_0, F)$.
- *Saída: uma Máquina de Moore* $T_{Mo} = (Q', \Sigma, \Delta, \delta', \lambda', q'_0, F')$.
- *Método:*
  1. $Q' \leftarrow \emptyset$;
  2. $\lambda' \leftarrow \emptyset$;
  3. *Para todo* $q_j \in Q$:
     - *Se o estado* q_j *não é sucessor de nenhum outro estado, então:*
       * $Q' \leftarrow Q' \cup \{q_j\}$;
       * $\lambda' \leftarrow \lambda' \cup \{q_j \rightarrow \varepsilon\}$;
     - *Se todas as transições que possuem* q_j *como estado sucessor geram a mesma saída* σ_j, *então:*
       * $Q' \leftarrow Q' \cup \{q_j\}$;
       * $\lambda' \leftarrow \lambda' \cup \{q_j \rightarrow \sigma_j\}$;
     - *Se todas as transições que possuem* q_j *como estado sucessor geram duas ou mais saídas diferentes (por exemplo* $\sigma_1, ..., \sigma_n$*), então:*
       * $Q' \leftarrow Q' \cup \{(q_j, \sigma_1), ..., (q_j, \sigma_n)\}$;
       * $\lambda' \leftarrow \lambda' \cup \{(q_j, \sigma_1) \rightarrow \sigma_1, ..., (q_j, \sigma_n) \rightarrow \sigma_n\}$;
  4. $\delta' \leftarrow \emptyset$;
  5. *Para todo* $q_i \in Q'$:

- *Se* $\delta(q_i, \sigma_m) = q_j$ *e* $\lambda(q_i, \sigma_m) = \sigma_j$ *então* $\delta' \leftarrow \delta' \cup \{ (q_i, \sigma_m) \rightarrow (q_j, \sigma_j)\}$;

6. *Para todo* $(q_i, \sigma_i) \in Q'$:
   - *Se* $\delta(q_i, \sigma_m) = q_j$ *e* $\lambda(q_i, \sigma_m) = \sigma_j$ *então* $\delta' \leftarrow \delta' \cup \{ ((q_i, \sigma_i), \sigma_m) \rightarrow (q_j, \sigma_j)\}$;
7. $q_0' \leftarrow q_0$ *se* q_0 *não é sucessor de nenhum outro estado; caso contrário,* $q_0' \leftarrow (q_0, \sigma_i)$ *para qualquer* $\sigma_i \in \Sigma$;
8. $F' \leftarrow \{(q_f, \sigma_i) \mid q_f \in F\}$;

○

O ponto-chave para o entendimento deste algoritmo é a criação de estados na Máquina de Moore. Cada estado da Máquina de Mealy poderá dar origem a um ou mais estados na Máquina de Moore correspondente, dependendo da quantidade de saídas diferentes que são geradas pelas transições que têm como destino o estado em questão. Assim, os estados da Máquina de Moore devem representar não apenas o estado original da Máquina de Mealy correspondente, mas também as possíveis saídas que são geradas imediatamente antes de se alcançar esse estado. Graficamente, isso pode ser percebido pela inspeção das Figuras 3.72 e 3.73.

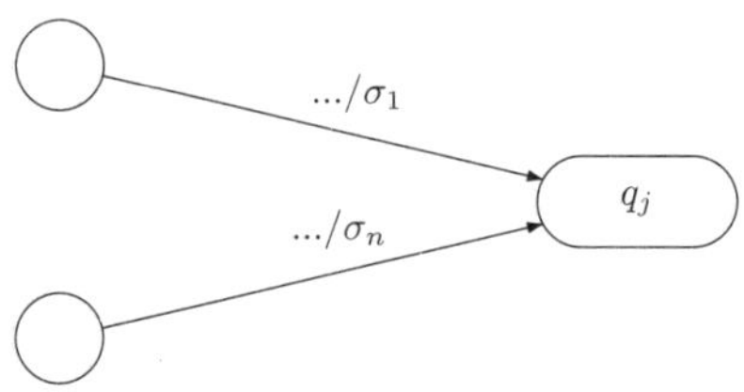

Figura 3.72 Transdução na Máquina de Mealy.

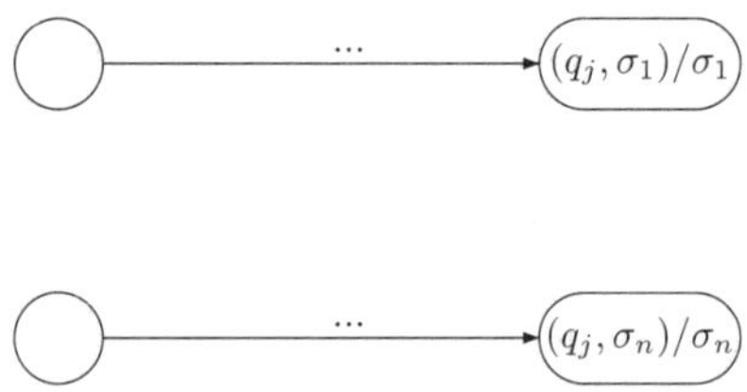

Figura 3.73 Transdução equivalente na Máquina de Moore.

Feito isso, basta transcrever as transições da Máquina de Mealy para a Máquina de Moore, respeitando o papel e o significado de cada estado novo criado. O passo 3 define o conjunto Q' de estados da Máquina de Moore bem como a sua função de transdução λ'. As transições da Máquina de Moore são definidas nos passos 5 (para os estados do tipo q_i) e 6 (para os estados do tipo (q_i, σ_i)).

Do ponto de vista da obtenção de Máquinas de Mealy a partir de Máquinas de Moore (Algoritmo 3.19), cumpre notar que, no caso geral, Máquinas de Moore geram cadeias com um símbolo a mais do que as correspondentes Máquinas de Mealy. Isso só não ocorre se a Máquina de Moore não gerar nenhum símbolo no seu estado inicial. Caso contrário, se $\sigma\alpha$ é uma cadeia gerada por uma Máquina de Moore, então é possível apenas construir uma Máquina de Mealy que gera α.

Do ponto de vista da obtenção de Máquinas de Moore a partir de Máquinas de Mealy (Algoritmo 3.20), cumpre observar que a coincidência das cadeias geradas acontece apenas se, na Máquina de Mealy, o estado inicial não for sucessor de nenhum outro estado. Caso contrário, a cadeia α gerada pela Máquina de Mealy corresponderá à cadeia $\sigma\alpha$ na Máquina de Moore associada. □

Exemplo 3.55 Considere a Máquina de Moore da Figura 3.74. Ela aceita a linguagem $(a|b)^+$ e gera a mesma linguagem, porém com símbolos trocados (a no lugar de b e vice-versa). Por exemplo, a cadeia de entrada *abbb* gera a cadeia de saída *baaa*. A aplicação do Algoritmo 3.19 na Máquina de Moore da Figura 3.74 resulta na Máquina de Mealy da Figura 3.75.

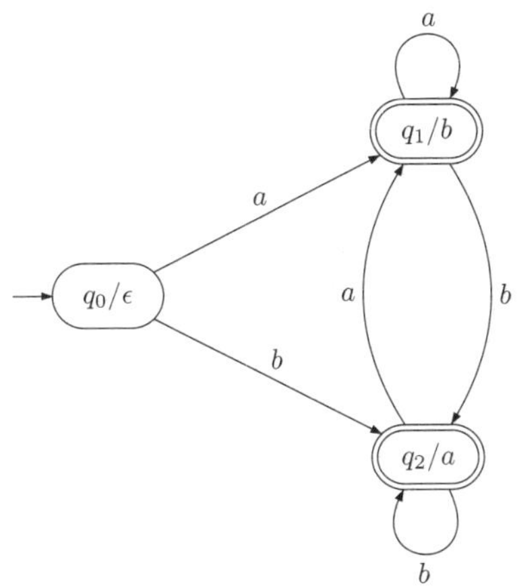

Figura 3.74 Máquina de Moore.

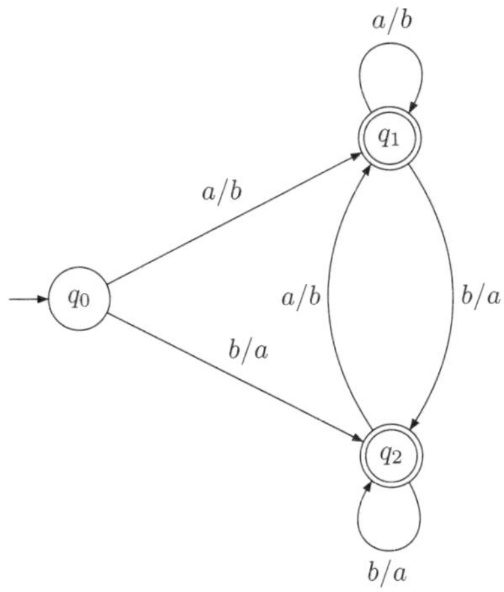

Figura 3.75 Máquina de Mealy equivalente à Máquina de Moore da Figura 3.74.

⋆

Exemplo 3.56 Considere a Máquina de Mealy da Figura 3.76. Ela aceita a linguagem $(a|b)(a|b)^+$, ou seja, cadeias de comprimento maior ou igual a 2 sobre o alfabeto $\{a,b\}$. A linguagem de saída, neste caso, é a mesma da entrada exceto que os dois primeiros símbolos, sejam eles quais forem, são substituídos por *aa*. Por exemplo, a cadeia de entrada *abbb* gera a cadeia de saída *aabb*. A aplicação do Algoritmo 3.20 na Máquina de Mealy da Figura 3.76 resulta na Máquina de Moore da Figura 3.77.

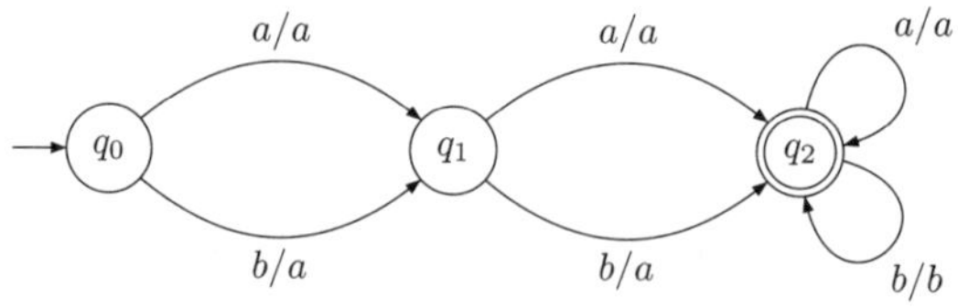

Figura 3.76 Máquina de Mealy.

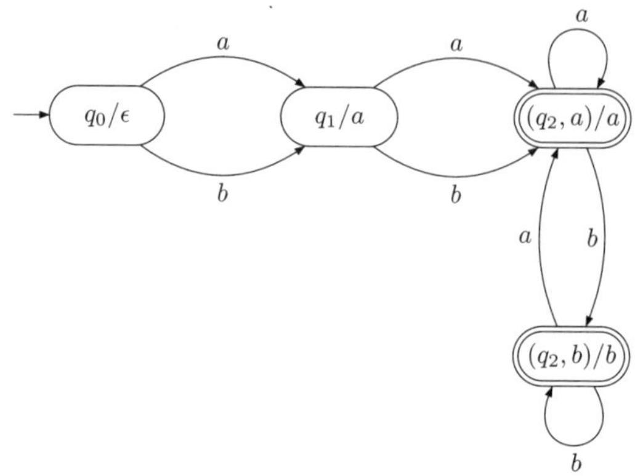

Figura 3.77 Máquina de Moore equivalente à Máquina de Mealy da Figura 3.76.

Observe que os estados q_0 e q_1 da Máquina de Mealy aparecem da mesma forma na Máquina de Moore, mas que o estado q_2 da Máquina de Mealy deu origem a dois novos estados na Máquina de Moore correspondente: (q_2,a) e (q_2,b). ⋆

Exemplo 3.57 Este exemplo é livre e não considera a aplicação dos algoritmos apresentados anteriormente. Considere-se a linguagem $L_1 = xx^*(-xx^*)^*$, definida sobre o alfabeto $\{x, -\}$. Considere-se também a linguagem L_2, definida sobre o alfabeto de saída $\{x,y,\#\}$, de tal forma que as cadeias de L_2 reproduzem na saída as cadeias de L_1, com as seguintes modificações:

- As subcadeias de entrada xx^* que contiverem três ou menos símbolos x devem ser reproduzidas de forma idêntica na saída (com um, dois ou três símbolos x);
- As subcadeias de entrada xx^* que contiverem quatro ou mais símbolos x devem ser reproduzidas na saída como $xxxy$;
- Todos os símbolos "-" da cadeia entrada devem ser substituídos pelo símbolo "#" na cadeia de saída.

A Tabela 3.55 apresenta exemplos de cadeias de entrada e correspondentes cadeias de saída.

Tabela 3.55 Sentenças aceitas e cadeias geradas pelos transdutores do Exemplo 3.57

Sentença aceita	Cadeia Gerada
$x-x$	$x\#x$
$xxx-xxxx$	$xxx\#xxxy$
$xxxxxx-xxx-xx$	$xxxy\#xxx\#xx$
$x-xx-xxx-xxxx-xxxxx$	$x\#xx\#xxx\#xxxy\#xxxy$

Os transdutores finitos das Figuras 3.78 e 3.79 — respectivamente Máquina de Mealy e Máquina de Moore — são equivalentes, pois possuem autômatos subjacentes que reconhecem a mesma linguagem L_1 (apesar de serem diferentes) e geram a mesma linguagem L_2, conforme as especificações acima.

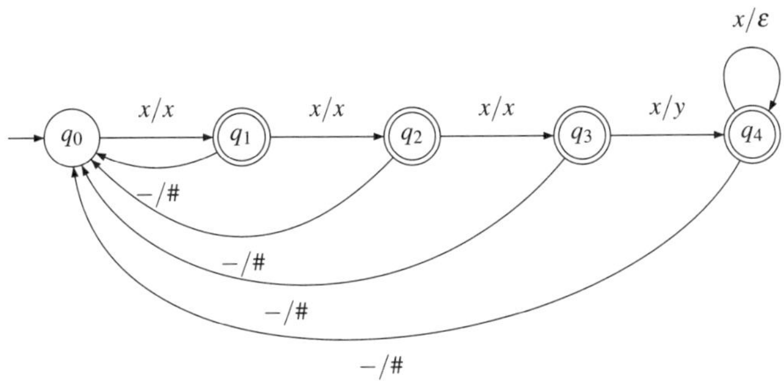

Figura 3.78 Transdutor do tipo Máquina de Mealy do Exemplo 3.57.

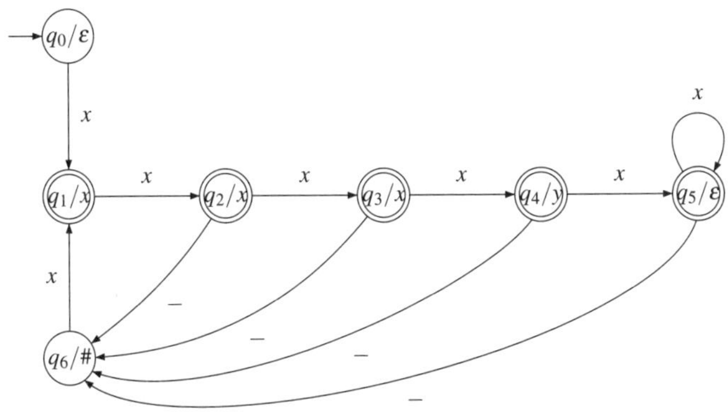

Figura 3.79 Transdutor do tipo Máquina de Moore equivalente ao transdutor do tipo Máquina de Mealy da Figura 3.78.

⋆

Demonstra-se que a classe de linguagens que pode ser gerada por um transdutor finito corresponde exatamente à classe de linguagens que pode ser reconhecida pelo autômato finito em que ele se baseia: a classe das linguagens regulares.

Teorema 3.19 (A linguagem de saída de um transdutor finito é regular) "A linguagem de saída de um transdutor finito, Mealy ou Moore, é sempre regular."

Se o transdutor for do tipo Moore, deve-se obter um equivalente do tipo Mealy (conforme Algoritmo 3.19). Em seguida, é suficiente trocar as entradas pelas saídas, em todas as transições, e manipular o transdutor como se fosse um grafo de expressões regulares (conforme o Algoritmo 3.18). No final, a expressão regular obtida é a representação da linguagem gerada pelo transdutor, que é consequentemente regular. □

Transdutores finitos T são geralmente dispositivos determinísticos (ou seja, baseados em autômatos finitos determinísticos M). É possível, do ponto de vista teórico, considerar transdutores não determinísticos, porém este não costuma ser o caso. O motivo é que uma mesma cadeia de entrada poderia implicar a geração de cadeias de saída distintas em T, o que não é desejável na maioria das situações. Isso poderia ocorrer caso a cadeia de entrada possua sequências distintas de movimentação que levem à configurações finais em M.

3.8 Minimização de autômatos finitos

Um importante resultado da teoria dos autômatos refere-se à equivalência da classe dos autômatos finitos determinísticos com a dos não determinísticos, ou seja, não determinismos em autômatos finitos em nada contribuem para ampliar a classe de linguagens por eles reconhecíveis. Conforme mostrado anteriormente, é sempre possível transformar autômatos finitos não determinísticos que contenham transições em vazio em outros equivalentes, determinísticos, isentos de tais transições.

Nesta seção é apresentado talvez o mais importante resultado teórico conhecido para a classe das linguagens regulares: o da existência de autômatos finitos determinísticos, mínimos e únicos, que reconhecem os respectivos conjuntos regulares. Em outras palavras, pode-se provar que cada conjunto regular é reconhecido por um autômato finito **mínimo** e **único**. O termo "mínimo" é empregado para designar um autômato finito que tenha o número mínimo possível de estados. O termo "único" indica que não existe outro autômato diferente do mínimo com o mesmo número de estados e que aceite a mesma linguagem (exceto por mudança nos nomes dos estados).

A importância desse resultado decorre de uma série de fatores. Em primeiro lugar, porque foi demonstrado que ele é válido apenas para a classe das linguagens definidas por autômatos finitos, não havendo correspondente para outras classes de linguagens; em segundo lugar, porque ele extrapola o interesse puramente teórico, despertando muito interesse prático, já que possibilita a construção de reconhecedores sintáticos extremamente compactos e eficientes; em terceiro lugar, porque é possível automatizar a minimização de autômatos finitos, ou seja, existe um algoritmo que é capaz de transformar qualquer autômato finito em uma versão equivalente mínima; e, finalmente, em quarto lugar, porque o autômato finito mínimo é único para cada linguagem regular, e isso possibilita a elaboração de novos métodos no estudo de linguagens formais, por exemplo, a demonstração da equivalência de duas linguagens através da redução dos correspondentes autômatos finitos às suas versões equivalentes mínimas.

Dois estados A e B de um autômato finito são ditos equivalentes se, em última instância, o conjunto de cadeias aceitas em cada um deles for o mesmo. Considere-se a **linguagem aceita a partir de um estado** X como sendo definida da seguinte forma:

$$L(X) = \{w \in \Sigma^* \mid (X, w) \vdash^* (q_F, \varepsilon), q_F \in F\}$$

Logo, é fácil perceber que $A \equiv B$ se e somente se $L(A) = L(B)$.[4] Esse resultado pode simplificar a verificação da equivalência de estados para os quais a determinação da linguagem aceita em cada um deles seja uma tarefa simples de ser feita (por inspeção visual ou pela aplicação de um método qualquer).

Exemplo 3.58 Considere-se o autômato da Figura 3.80. Uma rápida inspeção visual permite concluir que:

- $L(q_0) = (a \mid b)c^*(a \mid b)$

[4]A linguagem aceita por um estado X de um autômato finito M corresponde à linguagem que M aceita se X for considerado como estado inicial de M.

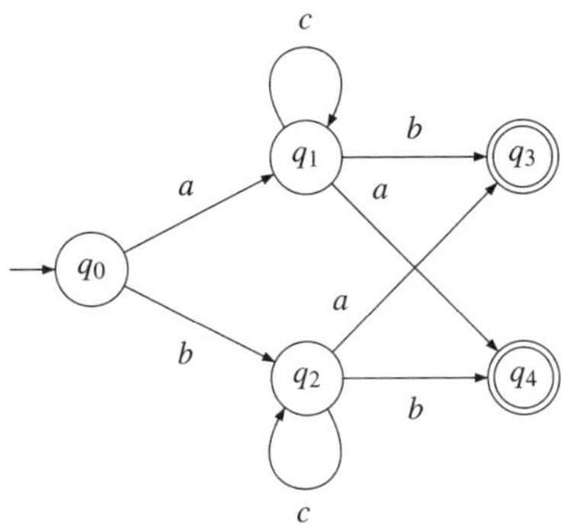

Figura 3.80 Autômato original do Exemplo 3.58.

- $L(q_1) = c^*(a \mid b)$
- $L(q_2) = c^*(a \mid b)$
- $L(q_3) = \varepsilon$
- $L(q_4) = \varepsilon$

Portanto, como $L(q_1) = L(q_2)$ e $L(q_3) = L(q_4)$, então $q_1 \equiv q_2$ e $q_3 \equiv q_4$, e a versão mínima corresponde à apresentada na Figura 3.81. ⋆

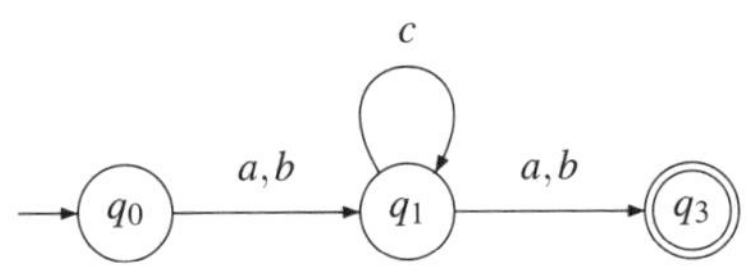

Figura 3.81 Autômato mínimo equivalente ao da Figura 3.80.

Os métodos apresentados a seguir têm como objetivo analisar os estados de um autômato finito, colocando todos os que sejam equivalentes entre si numa mesma classe de equivalência. Depois, são criados tantos estados quantas sejam as classes de equivalência encontradas. Alternativamente, pode-se também escolher um estado qualquer como representante da respectiva classe de equivalência.

Portanto, minimizar um autômato significa encontrar um autômato equivalente no qual não existam estados equivalentes (ou seja, em que a linguagem aceita por cada estado seja única, isto é, diferente das linguagens aceitas pelos demais estados).

Nesta seção são apresentados dois métodos para a minimização de autômatos finitos (Algoritmo 3.22 e Algoritmo 3.23).

O primeiro método parte da hipótese de que o autômato a ser minimizado é determinístico e isento de transições em vazio, estados inacessíveis e estados inúteis. Dado um autômato finito qualquer, a aplicação dos algoritmos apresentados na Seção 3.3 permite a sua transformação em autômatos equivalentes com essas características. Uma vez preparado, o autômato finito terá as suas classes de equivalência identificadas. Em seguida, ele será reduzido à sua versão mínima através da fusão dos estados equivalentes (aqueles que pertencem à mesma classe de equivalência).

O princípio desse método consiste em efetuar o particionamento sistemático do conjunto de estados do autômato em grupos de estados sucessivamente mais abrangentes, até que cada grupo contenha o maior número de estados possível, o que caracteriza a respectiva **classe de equivalência**. Uma vez esgotado o processo, ou seja, quando não mais for possível modificar os grupos construídos, escolhe-se um representante único para cada classe, descartando-se os demais estados da mesma classe, uma vez que se trata de estados equivalentes.

A seguir serão apresentadas algumas definições e os métodos que permitem efetuar a identificação sistemática das classes de equivalência de um autômato finito determinístico M, bem como a construção do autômato finito mínimo equivalente M' a partir de M.

Considerem-se $M = (Q, \Sigma, \delta, q_0, F)$, um autômato finito determinístico, e dois de seus estados, $q_1, q_2 \in Q$. Diz-se que a cadeia $x \in \Sigma^*$ **distingue** q_1 de q_2 se $(q_1, x) \vdash^* (q_3, \varepsilon), (q_2, x) \vdash^* (q_4, \varepsilon)$ e, de forma exclusiva, ou $q_3 \in F$ ou então $q_4 \in F$. Em outras palavras, uma cadeia x distingue q_1 de q_2, quando, para ser integralmente consumida a partir de cada um desses dois estados, ela conduzir o autômato a um estado final em apenas um desses casos.

Dois estados q_1 e q_2 são ditos ***k*-indistinguíveis** (denotado por $q_1 \overset{k}{\equiv} q_2$) se e apenas se não houver cadeia $x, |x| \leqslant k$, que permita distinguir q_1 de q_2. Finalmente, q_1 e q_2 são ditos **indistinguíveis**, ou **equivalentes** (denotado por $q_1 \equiv q_2$), se e apenas se eles forem k-indistinguíveis para todo $k \geqslant 0$.

Observe-se que, de acordo com a definição, para qualquer par de estados $q_i, q_j \in Q$, valem as duas seguintes condições:

1. $q_i \overset{0}{\equiv} q_j$ se e apenas se ou $q_i, q_j \in F$, ou então $q_i, q_j \in (Q - F)$, e
2. $q_i \overset{k}{\equiv} q_j$ se e apenas se $q_i \overset{k-1}{\equiv} q_j$ e $\delta(q_i, \sigma) \overset{k-1}{\equiv} \delta(q_j, \sigma), \forall \sigma \in \Sigma$.

A relação "$\equiv$" possibilita o agrupamento dos estados de um autômato finito M através da obtenção das denominadas classes de equivalência, em que os estados pertencentes a cada classe são todos equivalentes (indistinguíveis) entre si. Uma vez agrupados os estados equivalentes, basta escolher um único representante para cada classe, substituir por este todas as referências aos demais estados da mesma classe, e eliminar todos estes, garantindo-se assim a total ausência de redundâncias de estados da versão final de M.

No entanto, a identificação de pares de estados indistinguíveis requer, conforme visto acima, a indistinguibilidade para cadeias de comprimento qualquer. Naturalmente, a verificação exaustiva da equivalência de estados para cadeias de comprimento arbitrário é um sério limitante para a elaboração de um algoritmo que possa automatizar essa operação. Por tal motivo, o Teorema 3.20 é fundamental como base para permitir a realização prática do método de minimização de estados pela identificação das classes de equivalência.

Teorema 3.20 (Estados equivalentes) "Seja $M = (Q, \Sigma, \delta, q_0, F)$ um autômato finito com n estados, determinístico, isento de transições em vazio, estados inacessíveis e estados inúteis e considere dois estados quaisquer $q_1, q_2 \in Q$. Então, $q_1 \equiv q_2$ se e apenas se $q_1 \overset{n-2}{\equiv} q_2$."

Esse teorema afirma que, para se garantir a equivalência de dois estados em um autômato finito com n estados, é suficiente garantir a sua $(n-2)$-indistinguibilidade, ou seja, não há necessidade de se considerar cadeias de comprimento maior que $n-2$.

A demonstração da condição suficiente é trivial, uma vez que, por definição, se um par de estados é k_1-indistinguível, isso implica que ele é também k_2-indistinguível, $k_2 \leqslant k_1$.

A demonstração da condição necessária, ou seja, a $(n-2)$-indistinguibilidade implica indistinguibilidade total, é trivial também no caso em que os n estados do autômato finito são todos estados finais ou mesmo não finais. Considere-se, portanto, o caso mais geral em que há tanto estados finais como estados não finais em M.

De acordo com o critério $\overset{0}{\equiv}$, o conjunto Q pode ser particionado inicialmente em dois grandes subconjuntos: o primeiro, formado por todos os estados finais (F), e o segundo, por todos os estados não-finais $(Q-F)$. Trata-se, portanto, do primeiro de uma série de sucessivos refinamentos com o objetivo de determinar as classes de equivalência de estados no autômato M.

Executa-se em seguida, para cada um dos dois subconjuntos obtidos através de $\overset{0}{\equiv}$, o seu refinamento (particionamento) através de relações $\overset{i}{\equiv}, i = 1,2,3$ etc. Como M possui n estados, o maior subconjunto de Q criado através de $\overset{0}{\equiv}$ contém no máximo $n-1$ estados. Admitindo-se o pior caso, ou seja, que cada um desses estados constitua individualmente uma classe de equivalência distinta das demais, então haverá no máximo mais $n-2$ refinamentos sucessivos de $\overset{0}{\equiv}$ gerando conjuntos de classes de equivalência, distintas umas das outras.

Para completar a demonstração do teorema, basta provar, conforme descrito a seguir, que cada um desses $n-2$ particionamentos distintos sucessivos (no máximo) refere-se ao uso correspondente de cadeias de comprimento $1,2,...,n-2$, para efetuar o teste de distinguibilidade do par de estados. Consequentemente, não há possibilidade de ocorrer um novo particionamento distinto dos anteriores para cadeias de comprimento x se os particionamentos obtidos para cadeias de comprimento $x-1$ e $x-2$ se mostrarem idênticos. Dito ainda de outra maneira, se um certo particionamento feito sobre cadeias de comprimento x ainda não representa as classes de equivalência de M, então um novo particionamento deve necessariamente existir quando cadeias de comprimento $x+1$ forem consideradas.

Para provar essa afirmação, considere-se o conjunto de todas as classes de equivalência de M que satisfazem simultaneamente às relações $\overset{k}{\equiv}$ e $\overset{k+1}{\equiv}$. Não é difícil perceber, nesse caso, que essas mesmas classes de equivalência satisfazem a $\overset{k+2}{\equiv}, \overset{k+3}{\equiv}$ e assim sucessivamente.

Considere-se, por exemplo, uma situação hipotética em que (i) a relação $\overset{k}{\equiv}$ particiona um certo conjunto Q em três subconjuntos Q_0, Q_1 e Q_2; (ii) a relação $\overset{k+1}{\equiv}$ preserva o particionamento da relação $\overset{k}{\equiv}$ inalterado; e, finalmente, a relação $\overset{k+2}{\equiv}$ produz uma partição diferente, por exemplo, Q_0, R, S e Q_2, com $Q_1 = R \cup S$:

$$\begin{array}{lcl} \overset{k}{\equiv} & : & Q_0, Q_1, Q_2 \\ \overset{k+1}{\equiv} & : & Q_0, Q_1, Q_2 \\ \overset{k+2}{\equiv} & : & Q_0, R, S, Q_2 \end{array}$$

onde Q_0, Q_1, Q_2, R e S são conjuntos de estados, $Q = Q_0 \cup Q_1 \cup Q_2$, $Q_1 = R \cup S$ e $R \cap S = \emptyset$.

Admitindo-se, por hipótese, que Q_1 seja particionado em duas novas classes de equivalência R e S, isso significa que existe $q_i, q_j \in Q_1$, de modo que:

$$q_i \overset{k+2}{\not\equiv} q_j$$

Ora, para que isso fosse verdade, seria necessário, de acordo com a definição, que:

1. $q_i \overset{k+1}{\not\equiv} q_j$, ou
2. $\delta(q_i, \sigma) \overset{k+1}{\not\equiv} \delta(q_j, \sigma)$.

A condição (1) é falsa, pois, de acordo com a hipótese original, q_i e q_j pertencem ao conjunto Q_1, logo $q_i \overset{k+1}{\equiv} q_j$. A condição (2) também é falsa, pois, se $q_i \overset{k+1}{\equiv} q_j$, então $\delta(q_i, \sigma) \overset{k}{\equiv} \delta(q_j, \sigma)$. Como, por hipótese, as partições produzidas pelas relações $\overset{k}{\equiv}$ e $\overset{k+1}{\equiv}$ são idênticas, então $\delta(q_i, \sigma) \overset{k+1}{\equiv} \delta(q_j, \sigma)$.

Fica, portanto, demonstrado por contradição que, na hipótese de serem obtidos dois conjuntos idênticos de classes de equivalência para k e $k+1$, não haverá mais necessidade de se analisar a equivalência de tais classes para valores maiores do que k. Fica também demonstrado que, para um autômato finito com n estados, haverá no máximo $n-1$ conjuntos distintos de classes de equivalência ($\overset{0}{\equiv}$ e os demais $n-2$), cada qual respectivamente associado a cadeias de comprimento 0 até $n-2$, não havendo, portanto, necessidade de se examinar a equivalência de tais classes para cadeias de comprimento superior a $n-2$. □

A seguir apresenta-se o Algoritmo 3.21, que permite efetuar o particionamento sistemático do conjunto Q de estados de um autômato finito, produzindo como resultado as classes de equivalências mais amplas existentes em Q.

Algoritmo 3.21 (Classes de equivalência) *"Determinação das classes de equivalência existentes no conjunto Q de estados de um autômato finito."*

- *Entrada: um autômato finito $M = (Q, \Sigma, \delta, q_0, F)$, determinístico, isento de transições em vazio, estados inacessíveis e estados inúteis.*
- *Saída: uma partição $Q_0, Q_1, ..., Q_n$ do conjunto Q de estados, de tal forma que seus elementos correspondem às mais amplas classes de equivalências de estados existentes em Q.*
- *Método:*
  1. *Divide-se o conjunto original Q de estados de M nos dois subconjuntos que compõem a sua partição inicial: o primeiro, composto por todos os estados finais, e o outro, por todos os estados não finais de Q. Tal ação se justifica facilmente, já que um estado final, qualquer que seja ele, é sempre distinguível de um estado não final, qualquer que seja ele (condição válida apenas para autômatos isentos de transições em vazio): a cadeia ε, aceita por um estado final e não aceita por um estado não final, distingue um do outro. Essa partição inicial corresponde, portanto, ao resultado da aplicação da relação $\overset{0}{\equiv}$ ao conjunto Q.*
  2. *Para cada um dos conjuntos obtidos em (1), refiná-los em novas partições, segundo o critério:*

     Dois estados A e B de um mesmo subconjunto Q_i, obtido de uma partição prévia do conjunto Q de estados, são equivalentes se e somente se:
     - *a) A e B aceitam o mesmo conjunto S de entradas, $S \subseteq \Sigma$; e*
     - *b) para cada uma dessas entradas $\sigma \in S$:*
       - *$\delta(A, \sigma) = \delta(B, \sigma)$, ou*
       - *$\delta(A, \sigma) \neq \delta(B, \sigma)$, mas $\delta(A, \sigma)$ e $\delta(B, \sigma)$ são equivalentes.*

     Caso contrário, eles não são equivalentes e devem, portanto, ensejar uma partição de Q_i.

○

Note-se, no Algoritmo 3.21, que a definição da equivalência entre dois estados A e B quaisquer é elaborada, inicialmente, a partir da identificação das entradas aceitas em cada um desses estados e, posteriormente, a partir da análise dos estados que são atingidos quando se transita com cada uma dessas entradas em A e B — se os estados atingidos são idênticos ou equivalentes. As Figuras 3.82, 3.83 e 3.84 ilustram tais situações para os estados A e B de um autômato que aceita duas entradas diferentes σ_1 e σ_2.

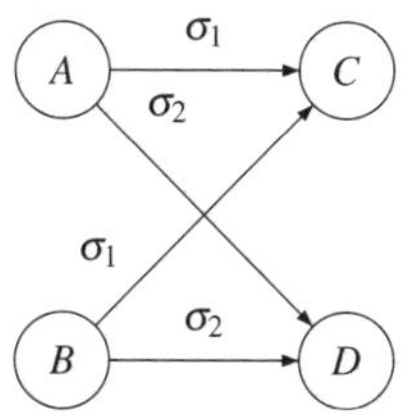

Figura 3.82 Transições com as mesmas entradas para estados idênticos.

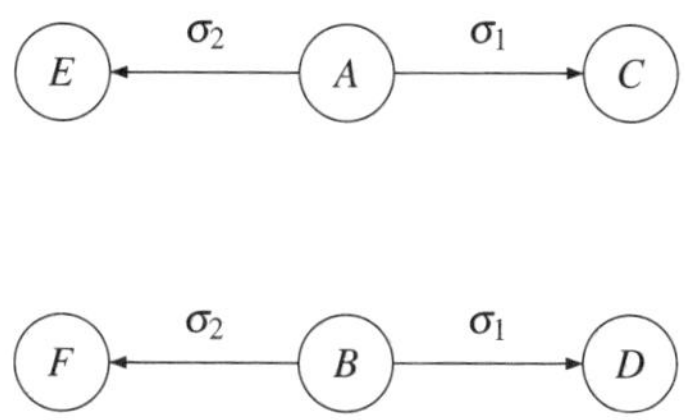

Figura 3.83 Transições com as mesmas entradas para estados equivalentes.

Exemplo 3.59 Considere-se o autômato da Tabela 3.56, similar ao autômato do Exemplo 3.60.

Através da aplicação do algoritmo de eliminação de estados inacessíveis (Algoritmo 3.11), obtém-se um novo autômato pela exclusão do estado q_5. Pela aplicação do algoritmo de eliminação de estados inúteis (Algoritmo 3.13), obtém-se um novo autômato sem o estado q_6.

Procede-se então à determinação das classes de equivalência partindo-se do conjunto de estados $Q = \{q_0, q_1, q_2, q_3, q_4\}$, pela aplicação do Algoritmo 3.21. A partição inicial de Q é:

- Estados finais $= \{q_2, q_4\}$
- Estados não finais $= \{q_0, q_1, q_3\}$

a) O conjunto $\{q_2, q_4\}$ constitui uma classe de equivalência, pois q_2 e q_4 aceitam as mesmas entradas (nenhuma, neste caso).
b) O conjunto $\{q_0, q_1, q_3\}$ pode ser particionado em $\{q_0\}$ e $\{q_1, q_3\}$, pois seus elementos transitam com entradas diferentes: q_0 transita com $\{a, b\}$ e q_1 e q_3 transitam com $\{c, d, e\}$.
c) $\{q_1, q_3\}$ constitui uma classe de equivalência, pois ambos os estados transitam com as mesmas entradas (no caso, $\{c, d, e\}$) e, além disso:

    - $\delta(q_1, c) = q_3$ e $\delta(q_3, c) = q_1$;
    - $\delta(q_1, d) = q_1$ e $\delta(q_3, d) = q_3$;
    - $\delta(q_1, e) = q_2$ e $\delta(q_1, e) = q_4$, sendo que, conforme (a), q_2 e q_4 são equivalentes.

O autômato resultante deste exemplo é idêntico ao obtido no Exemplo 3.60 (Figura 3.86). ⋆

O método funciona pelo refinamento sucessivo dos conjuntos de estados indistinguíveis para valores crescentes do comprimento das cadeias analisadas. No entanto, a aplicação desse

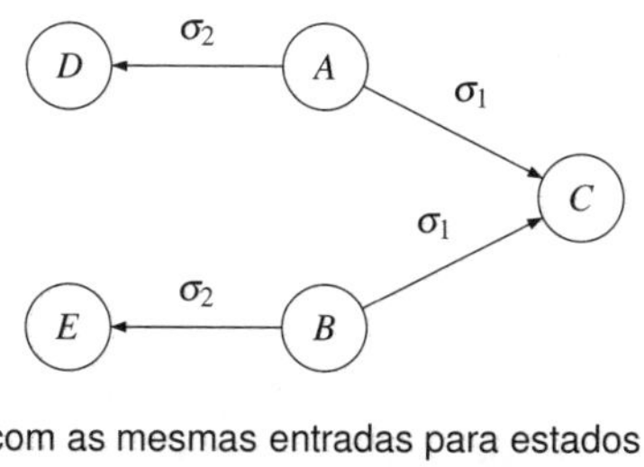

Figura 3.84 Transições com as mesmas entradas para estados idênticos e equivalentes.

Tabela 3.56 Autômato original do Exemplo 3.59

	δ	a	b	c	d	e
$\rightarrow$	q_0	q_1	q_3			
	q_1			q_3	q_1	q_2
$\leftarrow$	q_2		q_6			
	q_3			q_1	q_3	q_4
$\leftarrow$	q_4					
	q_5	q_4				
	q_6					

método é um pouco trabalhosa, uma vez que exige a verificação cuidadosa da equivalência para cadeias de comprimento k entre quaisquer dois estados. Note-se, por exemplo, que o simples fato de um estado A aceitar como entrada um subconjunto das entradas aceitas por um estado B não necessariamente implica a distinguibilidade entre ambos, uma vez que as entradas não aceitas em A podem eventualmente não conduzir a estados finais.

Tendo em vista esse importante resultado, pode-se retornar ao objetivo inicial desta seção e apresentar o teorema e o algoritmo que tratam da minimização do número de estados de um autômato finito.

Teorema 3.21 (Autômato mínimo) "Seja $M = (Q, \Sigma, \delta, q_0, F)$ um autômato finito. Então, existe um autômato finito $M' = (Q', \Sigma, \delta', q_0, F')$ que possui o menor número possível de estados, tal que $L(M) = L(M')$. Além disso, M' é único."

A obtenção do autômato finito mínimo M' equivalente a M pode ser feita com base no Algoritmo 3.22, que determina as classes de equivalência de M.

As classes de equivalência são denotadas através do nome de um estado de M (qualquer, já que todos são equivalentes), circundado por colchetes, como em $[q]$. A demonstração de que M' é mínimo, e também único, pode ser encontrada em [13].

Algoritmo 3.22 (Autômato mínimo, versão 1) *"Autômato mínimo, versão 1."*

- *Entrada: um autômato finito $M = (Q, \Sigma, \delta, q_0, F)$, determinístico, isento de transições em vazio, estados inacessíveis e estados inúteis.*
- *Saída: um autômato finito $M' = (Q', \Sigma, \delta', q'_0, F')$, tal que $L(M') = L(M)$ e M' não contenha qualquer par de estados equivalentes.*
- *Método:*
  1. *Construir as partições produzidas pelas relações de equivalência $\stackrel{0}{\equiv}$, $\stackrel{1}{\equiv}$, ..., $\stackrel{k}{\equiv}$, $\stackrel{k+1}{\equiv}$, até que, para algum valor de k, as partições produzidas pelas relações $\stackrel{k}{\equiv}$ e $\stackrel{k+1}{\equiv}$ sejam idênticas.*
  2. *Construir M' tal que:*
     - *Q': o conjunto das classes de equivalência $[q]$ determinadas no passo (1);*
     - *$\delta' \leftarrow \emptyset$;*
     - *$\delta' \leftarrow \{([q], \sigma) \rightarrow [r] \mid (q, \sigma) \rightarrow r \in \delta\}$;*
     - *q'_0: $[q_0]$, ou seja, o estado correspondente à classe de equivalência que contém $q_0 \in Q$;*
     - *F': $\{[q] \mid q \in F\}$, ou seja, os estados correspondentes às classes de equivalência que contêm algum $q \in F$.*

○

Com o intuito de tornar mais simples a identificação das classes de equivalência em autômatos finitos, apresenta-se a seguir um método alternativo, porém equipotente ao método original.

Esse outro método opera em dois passos. No primeiro, eliminam-se do autômato as transições em vazio, os não determinismos e os estados inacessíveis. Além disso, a função de transição deve ser tornada total. Estados inúteis não precisam ser eliminados. Os motivos para essas exigências e liberdades são explicados mais adiante. No segundo passo criam-se classes de equivalência com base no critério da coincidência do conjunto de entradas aceitas pelos possíveis pares de estados considerados.

O método descrito pode ser enunciado na forma do Algoritmo 3.23, uma alternativa simples e prática para a minimização de autômatos finitos. Como o algoritmo é baseado na análise exaustiva de todos os possíveis pares de estados de um autômato M, torna-se conveniente representar tais pares na forma de uma matriz, considerada apenas da diagonal principal (inclusive) para cima, uma vez que, para efeito de análise da equivalência de estados, o par (q_i, q_j) e o par (q_j, q_i), com $i \neq j$, são idênticos.

Seja, portanto, M um autômato finito com $n+1$ estados. A Tabela 3.57 mostra uma forma de representar todos os possíveis pares de estados de M, sem repetição de pares e sem repetição de estados dentro de um mesmo par.

Tabela 3.57 Representação dos pares de estados de um autômato M com $n+1$ estados

	q_1	q_2	...	q_{n-1}	q_n
q_0	(q_0, q_1)	(q_0, q_2)	...	(q_0, q_{n-1})	(q_0, q_n)
q_1		(q_1, q_2)	...	(q_1, q_{n-1})	(q_1, q_n)
...				...	...
q_{n-2}				(q_{n-2}, q_{n-1})	(q_{n-2}, q_n)
q_{n-1}					(q_{n-1}, q_n)

Adicionalmente, a notação $(q_i, q_j) \stackrel{\sigma}{\to} (q_m, q_n)$ é usada para indicar que as duas seguintes condições são simultaneamente verificadas por M:

1. $\delta(q_i, \sigma) = q_m$, e
2. $\delta(q_j, \sigma) = q_n$.

Algoritmo 3.23 (Autômato mínimo, versão 2) *"Autômato mínimo, versão 2."*

- *Entrada: Um autômato finito M sem transições em vazio, determinístico, com função de transição total,*[5] *isento de estados inacessíveis*[6] *e cujos pares de estados estão representados conforme a Tabela 3.57.*
- *Saída: Uma partição do conjunto de estados Q de M, correspondente às maiores classes de equivalência encontradas em M.*
- *Método:*
    1. *Marcar, na tabela, todos os pares do tipo $(q_a, q_b), q_a \in F, q_b \in (Q - F)$, ou vice-versa, como não equivalentes ("$\not\equiv$").*
    2. *Para cada um dos pares de estados restantes (q_a, q_b) (escolhidos arbitrariamente), fazer:*

[5] Estas três condições permitem que quaisquer dois estados possam ser comparados para qualquer entrada.

[6] Esta condição evita que um estado inacessível seja agrupado com outros acessíveis e, portanto, se torne um representante da respectiva classe de equivalência.

- *Se para toda entrada σ aceita por q_a e q_b:*
  * *Se $\delta(q_a,\sigma) = \delta(q_b,\sigma)$, ou*
  * *Se $\delta(q_a,\sigma) \neq \delta(q_b,\sigma)$, mas $\delta(q_a,\sigma)$ e $\delta(q_b,\sigma)$ forem equivalentes.*

  Então marcar o par (q_a,q_b), na tabela, como equivalente ("$\equiv$"); caso contrário, marcar o par como não equivalente ("$\not\equiv$"); em seguida, deve-se verificar se existem pares cuja relação de equivalência esteja na dependência do resultado obtido e, em caso afirmativo, marcar os respectivos pares na tabela de forma correspondente.

  Caso não seja possível concluir pela equivalência (ou não) de um par de estados, prosseguir com a análise de outros pares, deixando o par corrente na dependência dos resultados que forem obtidos para os demais pares.

3. *Marcar os pares restantes, se houver, como equivalentes ("$\equiv$").*
4. *A inspeção dos pares marcados indica as classes de equivalência obtidas.*

○

Observe-se, neste algoritmo, que a exigência de que a função de transição δ seja total dispensa a verificação de que os estados de cada par considerado aceitem exatamente as mesmas entradas. Observe-se também que, se houver um ciclo de pares para cujos membros a decisão dependa sempre da de outro par, esses pares devem todos pertencer à mesma classe de equivalência, pois não são distinguíveis em nenhuma instância.

Finalmente, cumpre notar que uma forma conveniente de registrar e de manipular a dependência de um par em relação a outros, cuja relação de equivalência ainda não foi estabelecida, e também de concluir, posteriormente, pela equivalência de um par a partir da verificação da equivalência de um outro par, é através do uso de listas ligadas, em que o primeiro elemento da lista representa o par em relação ao qual os demais apresentam dependências. Essa estrutura de dados mostra-se particularmente conveniente na realização, em forma de programa de computador, do referido algoritmo. □

Exemplo 3.60 Considere-se o Algoritmo 3.22 e o autômato finito determinístico, sem transições em vazio, sem estados inacessíveis e sem estados inúteis da Figura 3.85.

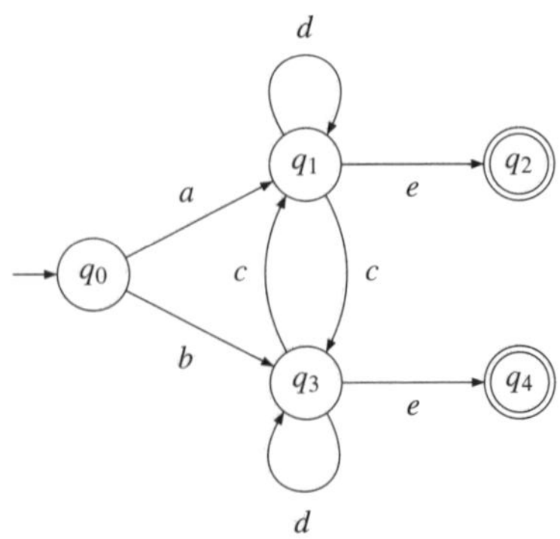

Figura 3.85 Autômato finito original para o Exemplo 3.60.

As sucessivas partições do conjunto de estados Q, produzidas pelas relações $\stackrel{k}{\equiv}, k = 0, 1, 2$, são as seguintes:

$$\begin{aligned}\stackrel{0}{\equiv} &: \{q_0, q_1, q_3\}, \{q_2, q_4\}\\ \stackrel{1}{\equiv} &: \{q_0\}, \{q_1, q_3\}, \{q_2, q_4\}\\ \stackrel{2}{\equiv} &: \{q_0\}, \{q_1, q_3\}, \{q_2, q_4\}\end{aligned}$$

Logo, $Q' = \{[q_0], [q_1], [q_2]\}$ e o autômato resultante é apresentado na Figura 3.86.

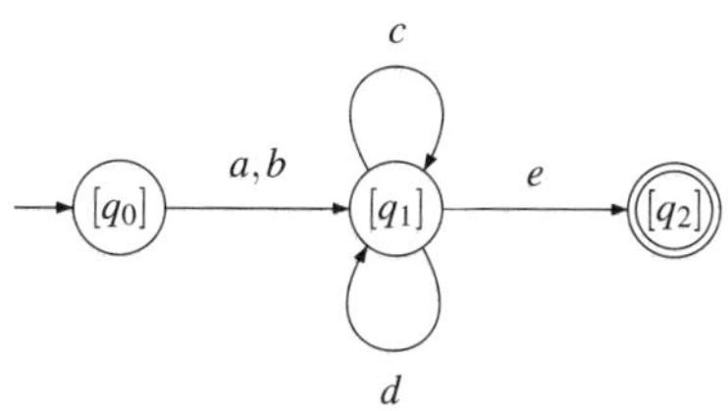

Figura 3.86 Autômato finito mínimo equivalente ao da Figura 3.85.

★

Exemplo 3.61 Considere-se o Algoritmo 3.23 e o autômato finito determinístico, sem transições em vazio, sem estados inacessíveis e com a função de transição total da Tabela 3.58.

Tabela 3.58 Autômato original do Exemplo 3.61

	δ	a	b
$\rightarrow$	q_0	q_1	q_6
	q_1	q_2	q_3
$\leftarrow$	q_2	q_2	q_3
	q_3	q_4	q_2
$\leftarrow$	q_4	q_2	q_3
	q_6	q_4	q_4

A Tabela 3.59 representa todos os possíveis pares de estados desse autômato, e também indica a partição inicial de seu conjunto de estados (finais x não finais).

Tabela 3.59 Partição inicial dos estados do autômato da Tabela 3.58

	q_1	q_2	q_3	q_4	q_6
q_0		$\not\equiv$		$\not\equiv$	
q_1	-	$\not\equiv$		$\not\equiv$	
q_2	-	-	$\not\equiv$		$\not\equiv$
q_3	-	-	-	$\not\equiv$	
q_4	-	-	-	-	$\not\equiv$

Passa-se, então, a considerar cada um dos pares não marcados dessa tabela (escolhidos arbitrariamente).[7]

- $(q_0, q_1) \xrightarrow{a} (q_1, q_2) \not\equiv$
  Como q_1 e q_2 não são equivalentes (ver Tabela 3.59), marca-se o par (q_0, q_1) como "$\not\equiv$" e torna-se desnecessária a análise das transições desses estados com a entrada b.
- $(q_0, q_3) \xrightarrow{a} (q_1, q_4) \not\equiv$
  Similar ao item acima. O par (q_0, q_3) é marcado como "$\not\equiv$".
- $(q_1, q_3) \xrightarrow{a} (q_2, q_4)$?
  $(q_1, q_3) \xrightarrow{b} (q_3, q_2) \not\equiv$
  Apesar de ainda não se dispor de nenhuma informação sobre o par (q_2, q_4), o par (q_3, q_2) já foi determinado como sendo não equivalente (ver Tabela 3.59). Logo, marca-se o par (q_1, q_3) como "$\not\equiv$".
- $(q_0, q_6) \xrightarrow{a} (q_1, q_4) \not\equiv$
  Como q_1 e q_4 não são equivalentes (ver Tabela 3.59), marca-se o par (q_0, q_6) como "$\not\equiv$" e torna-se desnecessária a análise das transições desses estados com a entrada b.
- $(q_1, q_6) \xrightarrow{a} (q_2, q_4)$?
  $(q_1, q_6) \xrightarrow{b} (q_3, q_4) \not\equiv$
  Apesar de ainda não se dispor de nenhuma informação sobre o par (q_2, q_4), o par (q_3, q_4) já foi determinado como sendo não equivalente (ver Tabela 3.59). Logo, marca-se o par (q_1, q_6) como "$\not\equiv$".
- $(q_3, q_6) \xrightarrow{a} (q_4, q_4) \equiv$
  $(q_3, q_6) \xrightarrow{b} (q_2, q_4)$?
  Neste caso, q_3 e q_6 transitam para o mesmo estado q_4 com a entrada a. Por outro lado, ainda não se dispõe de nenhuma informação sobre o par (q_2, q_4). Assim, a equivalência do par (q_3, q_6) fica condicionada à verificação da equivalência do par (q_2, q_4). O par (q_3, q_6) não recebe nenhuma marcação neste momento.
- $(q_2, q_4) \xrightarrow{a} (q_2, q_2) \equiv$
  $(q_2, q_4) \xrightarrow{b} (q_3, q_3) \equiv$
  Os estados q_2 e q_4 transitam com as mesmas entradas para estados idênticos (com a entrada a para q_2 e com a entrada b para q_3). Logo, esses estados são equivalentes e o par recebe a marcação "$\equiv$" na tabela. Além disso, conclui-se que o par (q_3, q_6) (ver item acima) é equivalente, e ele deve ser marcado como "$\equiv$".

Ao término do algoritmo, a Tabela 3.60 resume o resultado da análise.

Tabela 3.60 Resultado final da análise da equivalência de estados para o autômato da Tabela 3.58

	q_1	q_2	q_3	q_4	q_6
q_0	$\not\equiv$	$\not\equiv$	$\not\equiv$	$\not\equiv$	$\not\equiv$
q_1	-	$\not\equiv$	$\not\equiv$	$\not\equiv$	$\not\equiv$
q_2	-	-	$\not\equiv$	$\equiv$	$\not\equiv$
q_3	-	-	-	$\not\equiv$	$\equiv$
q_4	-	-	-	-	$\not\equiv$

As classes de equivalência desse autômato são, portanto, $\{q_0\}, \{q_1\}, \{q_2, q_4\}$ e $\{q_3, q_6\}$. O autômato resultante (ver Tabela 3.61) possui quatro estados, denominados respectivamente $[q_0]$, $[q_1]$, $[q_2, q_4]$ e $[q_3, q_6]$, e corresponde à versão mínima do autômato da Tabela 3.58.

[7] Com base nas informações já processadas sobre cada par de estados, o símbolo "$\equiv$" indica equivalência, "$\not\equiv$" indica não equivalência, e "?" indica indefinição e dependência.

Tabela 3.61 Autômato mínimo equivalente ao da Tabela 3.58

	δ'	a	b
$\rightarrow$	$[q_0]$	$[q_1]$	$[q_3, q_6]$
	$[q_1]$	$[q_2, q_4]$	$[q_3, q_6]$
$\leftarrow$	$[q_2, q_4]$	$[q_2, q_4]$	$[q_3, q_6]$
	$[q_3, q_6]$	$[q_2, q_4]$	$[q_2, q_4]$

$\star$

Note-se, no Algoritmo 3.23, a exigência de que o autômato a ser minimizado possua função de transição δ total. Tal exigência visa unicamente a garantir que todos os pares de estados, quaisquer que sejam os estados considerados, possam sempre ser comparados em relação a todas as entradas.

No entanto, ao tornar total a função de transição de algum autômato cuja função de transição seja parcial, isso normalmente implica a incorporação de um estado inútil ao autômato, o qual acaba sendo agrupado com outros estados inúteis eventualmente existentes no autômato original e preservado na versão mínima correspondente.

Assim, o autômato mínimo obtido é tal que a função de transição é total e, além disso, é isento de estados equivalentes. Entretanto, é possível que ele contenha um estado inútil, especialmente se a função de transição original não era total. Eventualmente, a eliminação de estados inúteis em um autômato minimizado de acordo com o Algoritmo 3.23 pode resultar em um autômato com um número ainda menor de estados, porém cuja função de transição seja parcial. Isso não significa que o autômato inicialmente obtido não seja o mínimo, mas apenas que ele é o autômato mínimo com função de transição total e sem estados equivalentes.

A diferença, portanto, entre um autômato mínimo obtido pela aplicação do Algoritmo 3.23 e um autômato mínimo equivalente, isento de estados inúteis, é de no máximo um estado.

O Teorema 3.21 apresenta dois resultados fundamentais para as linguagens regulares, conforme descrito a seguir. Dada uma linguagem regular L qualquer, então:

1. Existe um autômato finito mínimo que aceita L. Em outras palavras, não existe nenhum outro autômato, com um número inferior de estados, que aceite L.
2. O autômato finito mínimo que aceita L é único. Isso significa que não existem dois autômatos finitos com o mesmo número de estados, porém com funções de transição distintas, que aceitam a linguagem L.

A existência e unicidade de um autômato finito mínimo para toda e qualquer linguagem regular L permite, entre outros resultados, estabelecer critérios para determinar se um conjunto de linguagens regulares representa a mesma linguagem: basta obter as versões mínimas dos autômatos finitos que reconhecem cada uma dessas linguagens, e verificar se são todos iguais. Em caso afirmativo, as linguagens são todas idênticas. Caso contrário, não são todas idênticas.

3.9 Linguagens que não são regulares

No Capítulo 2 foi mencionado que as linguagens regulares, ou do tipo 3, constituiriam um subconjunto próprio das linguagens livres de contexto, ou do tipo 2. Para verificar a veracidade dessa proposição, é necessário antes demonstrar a existência de linguagens que não são regulares.

Uma das formas mais usuais para se provar que determinadas linguagens não são regulares é através da utilização do "Pumping Lemma", a seguir apresentado. Em linhas gerais, o "Pumping Lemma"[8] estabelece uma propriedade que é sempre verdadeira para toda e qualquer linguagem regular. Caso a linguagem considerada não exiba tal propriedade, pode-se concluir imediatamente que ela não é regular.

Teorema 3.22 ("Pumping Lemma" para linguagens regulares) "Seja L um conjunto regular qualquer. Então existe uma constante n, dependente apenas de L, tal que, para quaisquer sentenças $w \in L$, com $|w| \geqslant n$, w pode ser subdividida em três subcadeias x, y e z, de tal forma que $w = xyz, 1 \leqslant |y|, |xy| \leqslant n$, ou seja, $1 \leqslant |y| \leqslant n$, e, além disso, $xy^iz \in L, \forall i \geqslant 0$."

O presente resultado é válido de forma indistinta tanto para linguagens regulares finitas quanto para linguagens regulares infinitas. A demonstração que segue é aplicável para o caso das linguagens regulares infinitas. Para as linguagens regulares finitas, basta considerar como valor para n qualquer valor maior do que o comprimento da maior sentença de L. Então, a propriedade é válida de forma trivial pois não existem sentenças com comprimento maior do que n em L.

O reconhecimento de qualquer cadeia $w \in L$, com $|w| \geqslant n$, sendo L aceita por um autômato finito M determinístico e sem transições em vazio com n estados, ocorre percorrendo-se pelo menos dois estados idênticos entre as $n+1$ configurações assumidas por M durante o reconhecimento dos primeiros n símbolos de w.

Seja $w = a_1a_2...a_m, |w| = m, m \geqslant n$. A sequência a seguir ilustra a evolução da configuração do autômato M no reconhecimento de w:

$$q_0 \xrightarrow{a_1} q_1 \xrightarrow{a_2} q_2 \xrightarrow{a_3} q_3 ... \xrightarrow{a_{n-1}} q_{n-1} \xrightarrow{a_n} q_n \xrightarrow{a_{n+1}} q_{n+1} ... \xrightarrow{a_{m-1}} q_{m-1} \xrightarrow{a_m} q_m$$

onde $q_0...q_m$ são os estados sucessivamente percorridos por M (não necessariamente distintos entre si).

Considerando-se os $n+1$ estados inicialmente percorridos por M $(q_0, q_1...q_n)$, é fato que pelo menos dois desses estados devem ser idênticos. Existem então duas possibilidades extremas a serem consideradas, no que diz respeito à localização desses estados idênticos na sequência:

1. A distância entre eles é a menor possível: $(q_i, a_k...a_m) \vdash (q_j, a_{k+1}...a_m), q_i = q_j, j \leqslant n$.
2. A distância entre eles é a maior possível: $(q_0, a_1...a_m) \vdash^* (q_n, a_{n+1}...a_m), q_0 = q_n$.

Reescrevendo-se w como xyz, em que x corresponde à parte da cadeia de entrada que leva M à primeira ocorrência de um estado repetido na seqüência, e y corresponde à parte da cadeia que leva M à sua segunda ocorrência, tem-se que:

- $|y| \geqslant 1$;
- $|xy| \leqslant n$;
- Portanto, $1 \leqslant |y| \leqslant n$, pois $|y| \leqslant |xy|$.

Caso haja, entre os $n+1$ estados inicialmente percorridos pelo autômato, três ou mais ocorrências de um mesmo estado, permanecem válidos os limites superior (n) e inferior (1) previamente determinados para o comprimento da cadeia y.

Como se pode perceber, o fato de a subcadeia y levar o autômato de um estado q_i, anterior ao seu reconhecimento, para o mesmo estado $q_j = q_i$, posterior ao seu reconhecimento, caracteriza como um ciclo o caminho percorrido pelos estados de M, com os símbolos de y.

[8] Referido por alguns autores em português como "Lema do Bombeamento".

Pelo fato de se tratar de um ciclo, repetições arbitrárias dele conduzem ao reconhecimento de sentenças também pertencentes à linguagem definida pelo autômato. Dessa forma, todas as sentenças do tipo xy^iz, com $i \geqslant 0$, pertencem necessariamente a $L(M)$.

O “Pumping Lemma” se baseia no fato de que cadeias com uma certa quantidade mínima de símbolos não podem ser reconhecidas por autômatos finitos sem que haja repetição de configurações. Por esse motivo, a “limitação” da quantidade de estados é explorada para demonstrar a existência de ciclos, e estes, por sua vez, para demonstrar que outras sentenças devem necessariamente pertencer à linguagem.

O “Pumping Lemma” das linguagens regulares estabelece a propriedade de que, dada uma sentença de comprimento mínimo n pertencente a essa linguagem, é sempre possível identificar, na subcadeia formada pelos seus n primeiros símbolos, uma nova subcadeia cujo comprimento está entre 1 e n, de tal modo que repetições arbitrárias dela geram sentenças que também pertencem à linguagem definida.

Assim, a constante n corresponde ao número de estados do autômato finito (determinístico e sem transições em vazio) utilizado para definir a linguagem regular. No entanto, como é sabido, uma mesma linguagem regular pode ser definida por autômatos finitos distintos, os quais podem possuir, eventualmente, um número de estados também distintos.

Suponha-se L uma linguagem regular e infinita que seja aceita por dois autômatos finitos distintos M_1 e M_2, $M_1 = (Q_1, \Sigma, \delta_1, q_{01}, F_1)$ e $M_2 = (Q_2, \Sigma, \delta_2, q_{02}, F_2)$. Sejam $n_1 = |Q_1|$ e $n_2 = |Q_2|$, e suponha-se $n_1 > n_2$. Se $w \in L$ e $|w| \geqslant n_1$, então é claro que $|w| \geqslant n_2$ e w pode ser escolhida para verificar o “Pumping Lemma” em M_2. Por outro lado, se $|w| \geqslant n_2$, como L é infinita, então é fato que existe uma outra cadeia $z \in L$, $|z| \geqslant n_1$, que pode ser usada para verificar o “Pumping Lemma” em M_1. Logo, é indiferente a escolha de M_1 ou M_2 e, consequentemente, de n_1 ou n_2, para demonstrar a validade do “Pumping Lemma” para a linguagem L.

Por outro lado, é natural que se questione a existência de um valor para a constante n que independa do autômato analisado, e que possa, portanto, ser considerado como inerente à linguagem. Considerando-se a existência de um autômato finito mínimo que reconhece uma dada linguagem regular L (ver Seção 3.8), é natural que se considere o número de estados do correspondente autômato finito como o valor n inerente à linguagem L.

Observe-se que, embora o teorema prove a existência da constante n, a sua aplicação em casos práticos não exige que se determine o valor dessa constante. □

Exemplo 3.62 Considere-se um autômato finito M com cinco estados distintos, e suponha-se que M efetue a análise de uma cadeia $p \in L(M), |p| = 5$. Claramente, M deverá percorrer seis estados durante o reconhecimento da cadeia. Não obstante, como M apresenta apenas cinco estados distintos, é evidente que pelo menos dois (eventualmente mais) dos estados assumidos por M durante o reconhecimento de p são idênticos. Considere-se agora uma cadeia $q \in L(M), |q| = 20$. Da mesma forma, analisando-se os seis primeiros estados percorridos por M, constata-se que obrigatoriamente haverá pelo menos dois estados repetidos entre eles, correspondentes ao reconhecimento dos cinco primeiros símbolos de q. ⋆

Exemplo 3.63 Seja $M = (\{q_0, q_1\}, \{a, b\}, \delta, q_0, F)$ um autômato finito sem transições em vazio. Se $ab \in L(M)$, então a sequência de configurações assumidas por M durante a análise dessa cadeia deve, necessariamente, corresponder a alguma das seguintes possibilidades:

1. $(q_0, ab) \vdash (q_0, b) \vdash (q_0, \varepsilon)$
2. $(q_0, ab) \vdash (q_0, b) \vdash (q_1, \varepsilon)$
3. $(q_0, ab) \vdash (q_1, b) \vdash (q_0, \varepsilon)$
4. $(q_0, ab) \vdash (q_1, b) \vdash (q_1, \varepsilon)$

Considerando-se os demais elementos de M desconhecidos, pode-se apenas especular sobre a real sequência que corresponde à aceitação da cadeia ab por M. De qualquer forma, as seguintes conclusões são válidas:

1. Se $(q_0, ab) \vdash (q_0, b) \vdash (q_0, \varepsilon)$, então existem três possibilidades:

a) $x = \varepsilon, y = ab, z = \varepsilon$
(supondo que o ciclo ocorre entre a primeira e a terceira ocorrências de q_0);
b) $x = a, y = b, z = \varepsilon$
(supondo que o ciclo ocorre entre a segunda e a terceira ocorrências de q_0);
c) $x = \varepsilon, y = a, z = b$
(supondo que o ciclo ocorre entre a primeira e a segunda ocorrências de q_0).

2. Se $(q_0, ab) \vdash (q_0, b) \vdash (q_1, \varepsilon)$, então: $x = \varepsilon, y = a, z = b$.
3. Se $(q_0, ab) \vdash (q_1, b) \vdash (q_0, \varepsilon)$, então: $x = \varepsilon, y = ab, z = \varepsilon$.
4. Se $(q_0, ab) \vdash (q_1, b) \vdash (q_1, \varepsilon)$, então: $x = a, y = b, z = \varepsilon$.

Portanto, qualquer que seja o caso, é sempre possível identificar, na cadeia ab, cujo comprimento coincide com o número de estados do autômato que a aceita, uma subcadeia y, de comprimento maior ou igual a 1 e menor ou igual a 2, que provoca um ciclo na sequência de movimentações executada pelo autômato. ⋆

Exemplo 3.64 Considere-se o autômato da Figura 3.87.

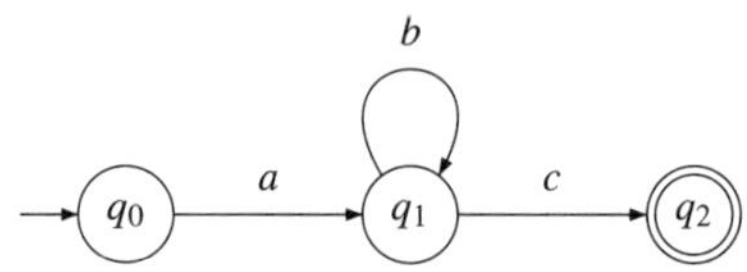

Figura 3.87 Aplicação do "Pumping Lemma" ao autômato finito que aceita ab^*c.

A aplicação das propriedades enunciadas através do "Pumping Lemma" a este autômato podem ser verificadas através do uso de cadeias de comprimento maior ou igual a 3, uma vez que ele possui três estados:

- Considere-se a cadeia $w = abc, |w| = 3$. Então, w pode ser reescrito como $xyz, |xy| \leqslant 3, 1 \leqslant |y| \leqslant 3$ e, finalmente, $xy^iz \in L, \forall i \geqslant 0$. Nesse caso, deve-se escolher $x = a, y = b, z = c$. Assim, $xz = ac, xyyz = abbc, xyyyz = abbbc$ etc. são todas cadeias que pertencem a L.
- Considere-se a cadeia $w = abbbc, |w| = 5$. Então, w pode ser reescrito como $xyz, |xy| \leqslant 3, 1 \leqslant |y| \leqslant 3$ e, finalmente, $xy^iz \in L, \forall i \geqslant 0$. Nesse caso podem-se fazer três escolhas distintas de subdivisão da cadeia w, todas em conformidade com os critérios do "Pumping Lemma":

  - $x = a, y = b, z = bbc$. As cadeias $(a)(b)^*(bbc)$ estão contidas em L.
  - $x = a, y = bb, z = bc$. As cadeias $(a)(bb)^*(bc)$ estão contidas em L.
  - $x = ab, y = b, z = bc$. As cadeias $(ab)(b)^*(bc)$ estão contidas em L.

  Nem todas as subdivisões de uma cadeia w geram cadeias que produzem cadeias que pertencem à linguagem. Note-se, em particular, no exemplo acima, que seria possível relacionar, entre as subdivisões possíveis da cadeia de comprimento 5, as seguintes alternativas:

  i) $x = \varepsilon, y = a, z = bbbc$;
  ii) $x = \varepsilon, y = ab, z = bbc$;
  iii) $x = \varepsilon, y = abb, z = bc$.

Em todos esses casos, xy^iz gera cadeias que não pertencem a L. Qualquer que seja a cadeia escolhida, o "Pumping Lemma" garante apenas que, se ela possuir comprimento mínimo, então ao menos uma subdivisão xyz dela será possível de ser feita, de modo que todas as cadeias xy^iz também pertençam à linguagem. ⋆

A principal aplicação do "Pumping Lemma" consiste na demonstração da existência de linguagens não regulares. Outras aplicações importantes podem ser encontradas na demonstração de certas questões decidíveis da classe das linguagens regulares.

A demonstração de que uma dada linguagem não é regular pode ser feita por contradição, da seguinte forma:

1. Admite-se inicialmente, por hipótese, que a linguagem sob análise seja regular.
2. Através de manipulações, demonstra-se que a linguagem não exibe as propriedades descritas pelo "Pumping Lemma".
3. Conclui-se, por contradição, que a hipótese não é verdadeira, e, portanto, que a linguagem não é regular.

Na prática, a aplicação do método se inicia com a escolha de uma sentença da linguagem que possua o comprimento mínimo exigido pelo "Pumping Lemma". Como normalmente o valor de n não é conhecido, admite-se n como parâmetro do problema, e expressa-se a sentença escolhida em função de n. Na prática, a determinação do valor numérico de n é desnecessária, bastando o conhecimento teórico da sua existência. A seguir, através de manipulações da sentença selecionada, busca-se identificar outras cadeias dela derivadas conforme as premissas do "Pumping Lemma", mas que violem a definição da linguagem. Havendo sucesso nesse passo, conclui-se que o "Pumping Lemma" das linguagens regulares não é válido para a linguagem considerada e, portanto, que tal linguagem não é regular.

De forma resumida, o "Pumping Lemma" apresenta-se como:

$$(\forall L \mid P(L))\ (\exists\, n)\ \mid\ (\forall\, w \mid P(w))\ (\exists\, x,y,z \mid P(x,y,z))$$

Assim, a forma correta de contestar a sua validade para L é: (i) supor que L é regular; (ii) supor que o "Pumping Lemma" se aplica; (iii) supor que existe n; (iv) mostrar que existe pelo menos uma cadeia w que satisfaz as propriedades $P(w)$; (v) mostrar que, para a cadeia w escolhida, não existem x,y e z tais que $P(x,y,z)$. Ou seja, é necessário apresentar uma cadeia para a qual *todas* as subdivisões consideradas produzam cadeias não pertencentes à linguagem. Dessa maneira, contesta-se a ideia de que existe *pelo menos* uma subdivisão que produz cadeias pertencentes à linguagem. Cabe notar:

- $P(L)$: L é regular;
- $P(w)$: $w \in L \wedge |w| \geq n$;
- $P(x,y,z)$: $|xy| \leq n \wedge |y| \geq 1 \wedge \forall i,\ xy^iz \in L$.

Nem sempre a cadeia w escolhida será suficiente para o uso que se pretende fazer do "Pumping Lemma". Da mesma forma, nem sempre o valor de i será adequado para mostrar a produção de cadeias que não pertencem a L. Nesses casos, será necessário usar uma outra cadeia ou outro valor de i para se conseguir provar que L não é regular. Note ainda que, no caso geral, os valores de n, x, y e z não são conhecidos, mas ainda assim é possível inferir propriedades importantes da cadeia y que são usadas para provar a não regularidade de L.

O "Pumping Lemma" não se aplica aos casos em que se deseja demonstrar que uma determinada linguagem é regular. Para que isso fosse uma possibilidade concreta, seria necessário mostrar que, para toda e qualquer sentença da linguagem (xyz), toda e qualquer outra sentença obtida a partir dela, através da aplicação do "Pumping Lemma" (xy^iz), também pertence à mesma linguagem. Na prática isso é inviável, uma vez que:

- As linguagens que exibem maior interesse são infinitas (linguagens finitas são trivialmente regulares).[9]

[9]Linguagens trivialmente regulares são reconhecidas por autômatos finitos isentos de ciclos, e, portanto, a eles o "Pumping Lemma" não se aplica, já que exprime uma propriedade periódica da linguagem, e em linguagens

- A quantidade de cadeias geradas a partir de cada sentença considerada é infinita.

Além disso, existem linguagens que não são regulares mas ainda assim satisfazem o "Pumping Lemma" para as linguagens regulares (mais informações podem ser encontradas em [14]). Portanto, o conjunto das linguagens que satisfazem o "Pumping Lemma" é um superconjunto da classe das linguagens regulares e isso justifica o fato de ele só poder ser usado na prova de que uma linguagem não é regular.

A demonstração de que uma linguagem é regular é normalmente feita através da apresentação de uma enumeração, de uma expressão regular, de um autômato finito ou de uma gramática regular que represente a linguagem.

Exemplo 3.65 Considere $L = \{a^k b^k \mid k \geqslant 0\}$, a mesma linguagem linear do Exemplo 3.4. Supondo que L seja uma linguagem regular, tome-se a sentença $a^n b^n$, onde n é a constante definida pelo "Pumping Lemma". Essa sentença pertence a L e possui comprimento $2 * n$, portanto maior ou igual a n. De acordo com o "Lemma", essa sentença pode ser decomposta em três subcadeias x, y e z, tais que $xyz = a^n b^n, |xy| \leqslant n, |y| \geqslant 1$.

Logo, $y = a^i, 1 \leqslant i \leqslant n$, e xyz pode ser reescrito como $a^{n-i} a^i b^n$. No entanto, nenhuma das seguintes cadeias pertence a L:

1. $xy^0 z = a^{n-i} b^n$
2. $xyyz = a^{n-i} a^i a^i b^n = a^{n+i} b^n$

uma vez que as ocorrências do símbolo a estão desbalanceadas em relação às ocorrências dos símbolos b. Logo, L não é regular.

Deve-se notar que n, x, y e z são desconhecidos (o que costuma sempre acontecer neste tipo de prova). Ainda assim, é possível provar que L não é regular. Isso é feito inferindo-se propriedades importantes da cadeia y (nesse exemplo ela é composta por pelo menos um símbolo a e apenas por as), o que é suficiente para mostrar que não existe uma subdivisão de w que satisfaça as propriedades do "Pumping Lemma". Logo, L não é regular.

Intuitivamente, pode-se perceber que L não é regular pois não é possível obter uma gramática regular que a gere (tampouco expressão regular ou autômato finito). Uma evental expressão regular seria $\varepsilon \mid ab \mid aabb \mid aaabbb \mid \ldots$ No entanto, o balanceamento de termos (as de um lado e bs do outro, em quantidades relacionadas) não pode ser representado pela união, pela concatenação ou fechamento reflexivo e transitivo, ou qualquer combinação dessas operações. Um hipotético autômato finito para L seria conforme a Figura 3.88, porém com uma quantidade infinita de estados. Em ambos os casos, deve-se observar a impossibilidade de se obter uma expressão regular finita, um autômato finito e, consequentemente, uma gramática regular que represente L.

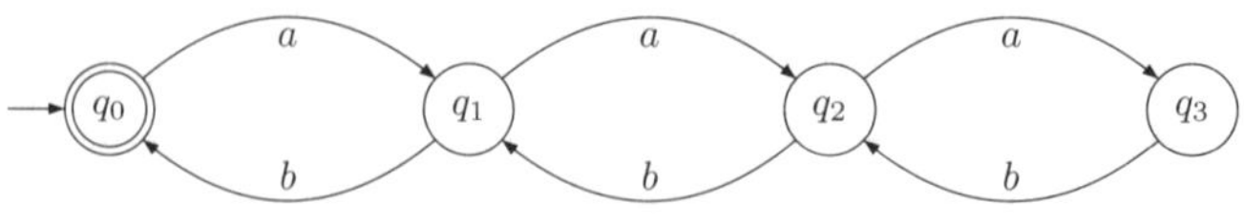

Figura 3.88 Esboço parcial de suposto autômato finito para $a^k b^k$.

⋆

Exemplo 3.66 Seja $L = \{0^k 1 0^k \mid k \geqslant 1\}$ e suponha que L seja regular. Então, o "Pumping Lemma" se aplica, porém derivando uma contradição como demonstrado a seguir.

Uma prova mais tradicional, similar à do Exemplo 3.65, pode ser feita considerando-se, por exemplo, a cadeia $w = 0^n 1 0^n$, cujo comprimento é $2 * n + 1$ e, portanto, maior ou igual a n. Então, não

finitas não se podem detectar periodicidades. Em outras palavras, nas cadeias xyz, $y = \varepsilon$, e isso contraria a hipótese do "Pumping Lemma".

é difícil perceber que y é formado apenas por 0s (pelo menos um) e que, neste caso, o bombeamento de y (para qualquer valor de i diferente de 1) produz cadeias que não pertencem a L.

Uma prova alternativa (um pouco mais trabalhosa), no entanto, também pode ser feita considerando-se uma sentença w de comprimento suficientemente longo pertencente à linguagem, e levando-se em conta apenas as várias possibilidades de formação para a subcadeia y. Neste caso, y pode assumir uma das cinco formas seguintes:

1. $y = 1$
2. $y \in 0^+$
3. $y \in 0^+1$
4. $y \in 10^+$
5. $y \in 0^+10^+$

Se $y = 1$ (primeiro caso), então $xy^0z \notin L$, pois faltará o símbolo "1", obrigatório em todas as sentenças de L. Se $y \in 0^+$ (segundo caso), então $xyyz \notin L$, pois haverá quantidades diferentes do símbolo "0" antes e após o símbolo "1" na sentença. Se $y \in 0^+1, y \in 10^+$ (terceiro e quarto casos) ou, ainda, $y \in 0^+10^+$ (quinto caso), então $xyyz \notin L$, uma vez que $xyyz$ terá mais que um único símbolo "1". Portanto, todas as possibilidades para a subcadeia y produzem cadeias que não pertencem a L, o que produz uma contradição. Logo, a hipótese é falsa e L não é uma linguagem regular, visto que não atende ao "Pumping Lemma". ⋆

Exemplo 3.67 Considere-se a linguagem $L = \{a^{k*k} \mid k \in \mathbb{Z}_+\}$. De acordo com essa definição, as sentenças de L são sequências formadas por símbolos a de comprimento 1, 4, 9, 16 etc. Seja n a constante de L e considere-se a sentença a^{n*n}.

Essa cadeia pode ser reescrita como xyz, em que $1 \leqslant |y| \leqslant n$. Pelo "Pumping Lemma", se $xyz \in L$, então $xyyz \in L$. Considerando a sentença $xyyz$, tem-se que $|xyyz| = |xyz| + |y|$, ou seja, $n^2 < |xyyz| \leqslant n^2 + n$ (pois $|xyz| = n^2$ e $1 \leq |y| \leq n$). Por outro lado, $n^2 + n < (n+1)^2$, portanto, $n^2 < |xyyz| < (n+1)^2$. Ora, isso contraria a hipótese de que o comprimento de todas as sentenças dessa linguagem corresponde ao quadrado de algum número inteiro positivo, uma vez que não existe $i \in \mathbb{Z}_+$ tal que $n^2 < i^2 < (n+1)^2, \forall n \in \mathbb{Z}_+$. Fica assim demonstrado, por contradição, que L não é uma linguagem regular. ⋆

Exemplo 3.68 Seja $L = \{a^k b^k c^k \mid k \geqslant 1\}$. Supondo que L seja uma linguagem regular, tome-se a sentença $a^n b^n c^n$, onde n é a constante definida pelo "Pumping Lemma". Claramente essa sentença pertence a L. Mas, de acordo com o "Lemma", essa sentença pode ser decomposta em três subcadeias x, y e z, tais que $xyz = a^n b^n c^n, |xy| \leqslant n, |y| \geqslant 1$.

Logo, $y = a^i, 1 \leqslant i \leqslant n$, e xyz pode ser reescrito como $a^{n-i}a^i b^n c^n$. No entanto, nenhuma das seguintes cadeias pertence a L:

1. $xy^0z = a^{n-i}b^n c^n$
2. $xyyz = a^{n-i}a^i a^i b^n c^n = a^{n+i}b^n c^n$

uma vez que as ocorrências do símbolo a estão desbalanceadas em relação às dos símbolos b e c. Logo, L não é regular. Observe-se a semelhança da presente demonstração com a que foi efetuada para a linguagem $a^k b^k$ no Exemplo 3.65. ⋆

Exemplo 3.69 Considere-se $L = \{a^k \mid k \geqslant 1 \text{ é um número primo}\}$. Admitindo-se que L seja uma linguagem regular, tome-se a sentença a^m, onde m é o primeiro número primo superior à constante n definida pelo "Pumping Lemma". Logo, $m > n$. De acordo com o "Lemma", como $|a^m| = m \geqslant n$, essa sentença pode ser decomposta em três subcadeias x, y e z, com $xyz = a^m, |xy| \leqslant n, |y| \geqslant 1$.

Além disso, $xy^iz \in L, \forall i \geqslant 0$. Em particular, pode-se fazer $i = m+1$. Logo, de acordo com o "Lemma", a cadeia $xy^{m+1}z$ deveria pertencer a L. No entanto, $|xy^{m+1}z| = |xyzy^m| = |xyz| + |y^m|$. Como $|xyz| = m$ e $|y^m| = m * |y|$, então $|xy^{m+1}z| = m + m * |y| = m * (1 + |y|)$.

Esse resultado mostra que o comprimento de $xy^{m+1}z$, ou seja, $m * (1 + |y|)$, não é um número primo, uma vez que:

- Ele é divisível por m, pois $\frac{m*(1+|y|)}{m} = (1+|y|)$;
- $m \neq 1$, pois $n \geqslant 1$ e $m > n$;
- $m \neq m*(1+|y|)$, pois, de acordo com o "Pumping Lemma", $|y| \geqslant 1$.

Logo, L não é regular. ⋆

3.10 Propriedades de fechamento

Conforme definido na Seção 1.2, diz-se que uma determinada classe de linguagens é fechada em relação a uma operação se da aplicação da operação a quaisquer linguagens dessa classe resultar sempre uma linguagem que também pertença à classe em questão.

O estudo de uma classe de linguagens do ponto de vista das operações em relação às quais ela é fechada é muito importante, uma vez que auxilia, na prática, na determinação da classe de linguagens a que uma certa linguagem possa ou não pertencer.

A seguir são apresentadas, na forma de teoremas, as principais propriedades de fechamento para as linguagens regulares. Entre elas, as mais usadas:

- união;
- concatenação;
- fechamento reflexivo e transitivo;
- complementação;
- intersecção;
- diferença;
- reversão.

Teorema 3.23 (Fecho na união, concatenação e fecho) "A classe das linguagens regulares é fechada em relação às operações de união, concatenação e fechamento reflexivo e transitivo."

Imediata, a partir da definição dos conjuntos regulares. □

Exemplo 3.70 Sejam $X = \{a\}\{b\}^*$ e $Y = \{a\}^*\{b\}$. Então, $X \cup Y = \{a\}^*\{b\}^*$, $X \cdot Y = \{a\}\{b\}^*\{a\}^*\{b\}$ e $X^* = (\{a\}\{b\}^*)^*$, todas regulares. ⋆

Teorema 3.24 (Fecho na complementação) "A classe das linguagens regulares é fechada em relação à operação de complementação."

Seja $L(M)$ a linguagem aceita por um autômato finito determinístico $M = (Q, \Delta, \delta, q_0, F)$, e considere-se $\Delta \subseteq \Sigma$. Como se pode perceber pela Figura 3.89, $\Sigma^* - L = (\Sigma^* - \Delta^*) \cup (\Delta^* - L(M))$.

$\Sigma^* - \Delta^*$ contém as sentenças que possuem pelo menos um elemento de $\Sigma - \Delta$. A linguagem $\Sigma^* - \Delta^*$, de acordo com a sua interpretação (conjunto de "sentenças que possuem pelo menos um elemento de $\Sigma - \Delta$"), pode ser reescrita como:

$$\Sigma^* - \Delta^* = \Sigma^*(\Sigma - \Delta)\Sigma^*$$

Portanto, como decorrência do fechamento das linguagens regulares sobre as operações de fechamento reflexivo e transitivo e de concatenação, é possível afirmar que $\Sigma^* - \Delta^*$ é regular.

Por outro lado, $\Delta^* - L(M)$ corresponde ao conjunto das cadeias sobre Δ rejeitadas por M. A linguagem $\Delta^* - L(M)$ é aceita pelo autômato obtido pelo Algoritmo 3.24 e, portanto, é regular.

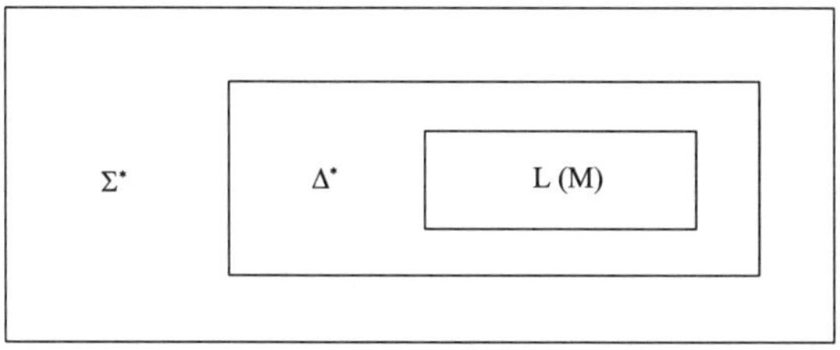

Figura 3.89 Representação de Σ^*, Δ^* e $L(M)$.

Finalmente, $(\Sigma^* - \Delta^*) \cup (\Delta^* - L(M))$ é também uma linguagem regular, uma vez que $(\Sigma^* - \Delta^*)$ e $(\Delta^* - L(M))$ são regulares e, portanto, fechadas em relação à operação de união.

Algoritmo 3.24 (Autômato finito para complementação) *"Construção de um autômato finito que aceita a complementação de uma linguagem regular."*

- *Entrada: um autômato finito determinístico, sem transições em vazio e com função de transição total* $M = (Q, \Delta, \delta, q_0, F)$.
- *Saída: um autômato finito* $M' = (Q, \Sigma, \Delta, q_0, F')$ *tal que* $L(M') = \overline{L(M)}$.
- *Método:*
    1. $F' = Q - F$.

○

Note, no Algoritmo 3.24, que os estados finais de M tornam-se não finais em M' e vice-versa. Assim, se $x \in L(M)$, ou seja, se $\delta(q_0, x) \in F$, então $x \notin L(M')$, uma vez que $\delta(q_0, x) \notin (Q - F)$. Logo, conclui-se que, se L é linguagem regular, então $\Delta^* - L(M)$ é também uma linguagem regular, uma vez que ela é aceita pelo autômato finito M'. □

Exemplo 3.71 Considere-se M o autômato finito determinístico da Figura 3.90, $L(M) = (ab \mid c)d^*e^*$.

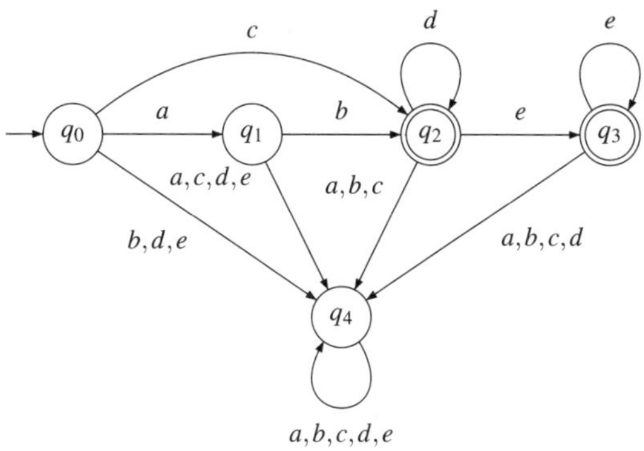

Figura 3.90 Autômato finito que aceita L.

Através do método apresentado na demonstração do Teorema 3.24 obtém-se M', representado na Figura 3.91, de modo que $L(M') = \overline{L(M)}$, com $\Sigma = \Delta = \{a, b, c, d, e\}$.

⋆

Observe-se que é fundamental, para a demonstração desse teorema, a garantia de que a linguagem L seja sempre definida através de um autômato finito determinístico e com função de transição δ total. Assim, qualquer que seja a cadeia de entrada, ela será sempre completamente consumida por M e, em consequência, a aceitação ou rejeição dela por M dependerá

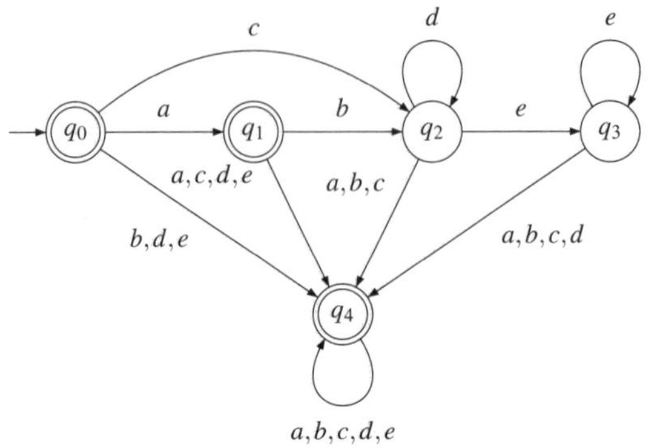

Figura 3.91 Autômato finito que aceita $\overline{L}$ (ver Figura 3.90).

apenas do tipo do último estado assumido por M (final ou não final). Ao trocar estados finais por não finais e vice-versa em M', todas as cadeias de entrada sempre serão também completamente consumidas por M' e, por fim, as cadeias aceitas por M (ou seja, as que o conduzem a um estado final) serão rejeitadas por M' (por o conduzirem a um estado não final) e vice-versa.

Caso essa providência não tivesse sido tomada, certas cadeias de entrada poderiam não ser completamente esgotadas, e, nessa situação, a simples inversão de estados seria insuficiente para garantir que M' aceitasse o complemento da linguagem aceita por M. Suponha-se, por exemplo, que M rejeite uma cadeia em um estado final sem esgotá-la. Neste caso, M' iria também rejeitá-la, uma vez que o estado não final de M teria se convertido em final de M', porém a cadeia de entrada não teria sido esgotada. O correto, no entanto, seria que M' aceitasse essa cadeia, como se pode notar através do Exemplo 3.72.

Exemplo 3.72 O autômato finito não determinístico da Figura 3.92 aceita a linguagem ab^*.

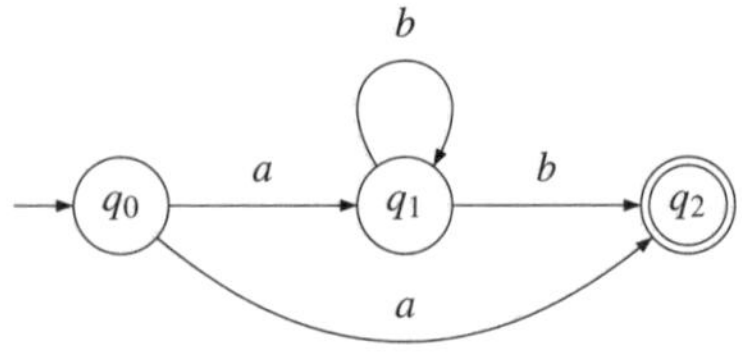

Figura 3.92 Autômato finito M que aceita $L = ab^*$.

Caso o método fosse aplicado a esse autômato, na forma em que ele se encontra, o resultado corresponderia ao apresentado na Figura 3.93.

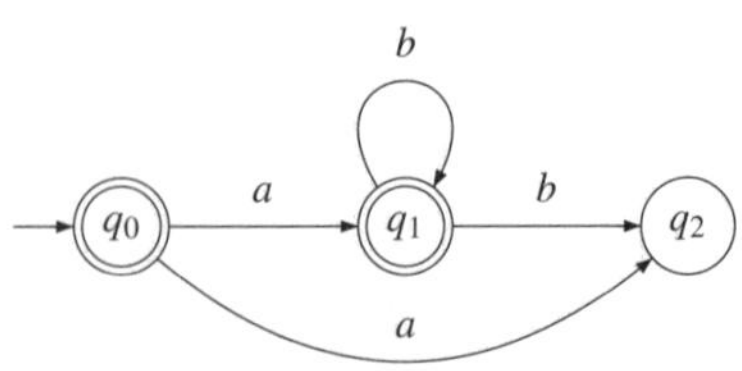

Figura 3.93 Autômato finito M' que aceita $L' = ab^*$.

Como se pode perceber, $L'(M') = ab^* = L(M)$ e, portanto, frustra-se o objetivo de obter um autômato que aceite o complemento de L. Tal resultado decorre da não observância da exigência de se eliminar, *a priori*, os não -determinismos de M, além do fato de que δ não é uma função total. ⋆

Teorema 3.25 (Fecho na intersecção) "A classe das linguagens regulares é fechada em relação à operação de intersecção."

Considere-se a linguagem L_1 sobre Σ_1, e L_2 sobre Σ_2, sendo $\Sigma_1, \Sigma_2 \subseteq \Sigma$. Então, considerando-se as complementações em relação a Σ, a seguinte relação é verdadeira (Lei de De Morgan, ver Teorema 1.1):

$$L_1 \cap L_2 = \overline{\overline{L_1} \cup \overline{L_2}}$$

Portanto, a regularidade da linguagem resultante da intersecção de duas outras linguagens regulares depende da preservação da regularidade pelas operações de união e complemento. Como esse fato já foi constatado nos Teoremas 3.23 e 3.24, é possível afirmar, com base no presente teorema, que $L_1 \cap L_2$ será necessariamente uma linguagem regular.

Adicionalmente, o Algoritmo 3.25 mostra como obter um autômato finito que aceita a interseção das linguagens aceitas por outros dois autômatos finitos.

Algoritmo 3.25 (Autômato finito para intersecção) *"Construção de um autômato finito que aceita a intersecção de duas linguagens regulares."*

- *Entrada: dois autômatos finitos determinísticos, sem transições em vazio e com função de transição total* $M_1 = (Q_1, \Sigma, \delta_1, q_{11}, F_1)$ *e* $M_2 = (Q_2, \Sigma, \delta_2, q_{21}, F_2)$.
- *Saída: um autômato finito* $M = (Q, \Sigma, \delta, q_0, F)$ *tal que* $L(M) = L(M_1) \cap L(M_2)$.
- *Método:*
  1. $Q = Q_1 \times Q_2$;
  2. $F = F_1 \times F_2$;
  3. $q_0 = (q_{11}, q_{21})$;
  4. $\delta \leftarrow \emptyset$;
  5. *Para todo* $q_{1i} \in Q_1$, $q_{2j} \in Q_2$ *e* $\sigma \in \Sigma$ *faça:*
     $\delta \leftarrow \delta \cup \{((q_{1i}, q_{2j}), \sigma) \rightarrow (\delta_1(q_{1i}, \sigma), \delta_2(q_{2j}, \sigma))\}$.

○

O autômato M construído conforme o Algoritmo 3.25 é tal que ele reproduz as movimentações tanto de M_1 quanto de M_2. Cada estado de M representa, de forma simultânea, um estado de M_1 e também um estado de M_2 (daí a ideia de fazer $Q = Q_1 \times Q_2$) e existe liberdade total de movimentação (a função de transição δ é obtida de forma a reproduzir os movimentos tanto de M_1 quanto de M_2). No entanto, M alcança um estado final apenas se tanto M_1 quanto M_2 puderem alcançar um estado final (por isso a ideia de fazer $F = F_1 \times F_2$). Assim, M aceita apenas as cadeias que são aceitas tanto por M_1 quanto por M_2. Logo, M aceita $L(M_1) \cap L(M_2)$.

□

Exemplo 3.73 Sejam $L_1 = ab^*c^*$ e $L_2 = a^*b^*c$. Então, $L_1 \cap L_2 = ab^*c$, que também é regular. ⋆

Exemplo 3.74 Sejam L_1 e L_2 as linguagens representadas, respectivamente, pela expressões regulares a^*b^* e b^*a^*, e aceitas, respectivamente, pelos autômatos finitos M_1 e M_2 das Figuras 3.94 e 3.95.

Então, a aplicação do Algoritmo 3.25 resulta no autômato da Figura 3.96, que aceita $L_1 \cap L_2 = a^*|b^*$. Note que:

$$\begin{aligned} q_0 &= (q_{11}, q_{21}) \\ Q &= \{(q_{11}, q_{21}), (q_{11}, q_{22}), (q_{11}, q_{23}), \end{aligned}$$

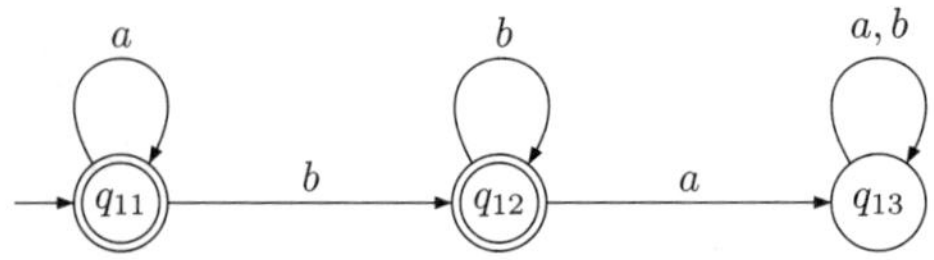

Figura 3.94 Autômato finito M_1 que aceita $L_1 = a^*b^*$.

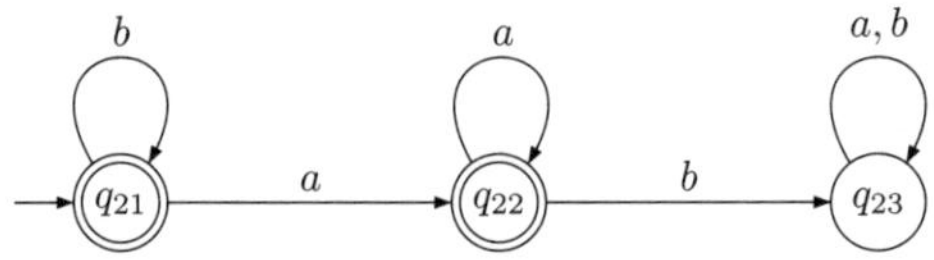

Figura 3.95 Autômato finito M_2 que aceita $L_2 = b^*a^*$.

$$
\begin{aligned}
& (q_{12},q_{21}),(q_{12},q_{22}),(q_{12},q_{23}), \\
& (q_{13},q_{21}),(q_{13},q_{22}),(q_{13},q_{23})\} \\
F \;\; = \;\; & \{(q_{11},q_{21}),(q_{11},q_{22}),(q_{12},q_{21}),(q_{12},q_{22})\}
\end{aligned}
$$

Uma versão deste autômato, isenta de estados inúteis e inacessíveis, é apresentada na Figura 3.97.

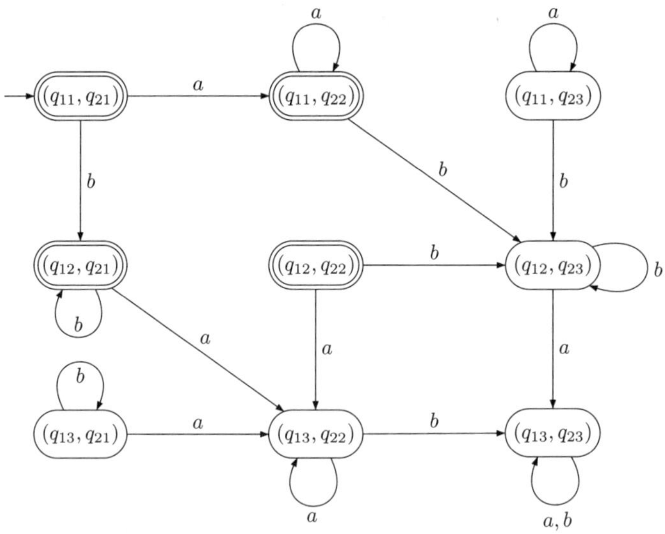

Figura 3.96 Autômato finito completo que aceita $L_1 \cap L_2 = a^*|b^*$.

Como se pode perceber mais claramente nesta figura, a linguagem aceita pelo autômato é $a^*|b^*$, que corresponde à $L_1 \cap L_2$. ⋆

Teorema 3.26 (Fecho na diferença) "A classe das linguagens regulares é fechada em relação à operação de diferença."

Sejam L_1 e L_2 duas linguagens regulares quaisquer. Então, $L_1 - L_2 = L_1 \cap \overline{L_2}$. Logo, como a regularidade é preservada pelas operações de complementação e intersecção (respectivamente, Teoremas 3.24 e 3.25), segue que $L_1 - L_2$ é uma linguagem regular.

Um autômato finito que aceita a linguagem $L_1 - L_2$ pode ser obtido por meio da aplicação combinada dos Algoritmos 3.24 (para complementação) e 3.25 (para intersecção). □

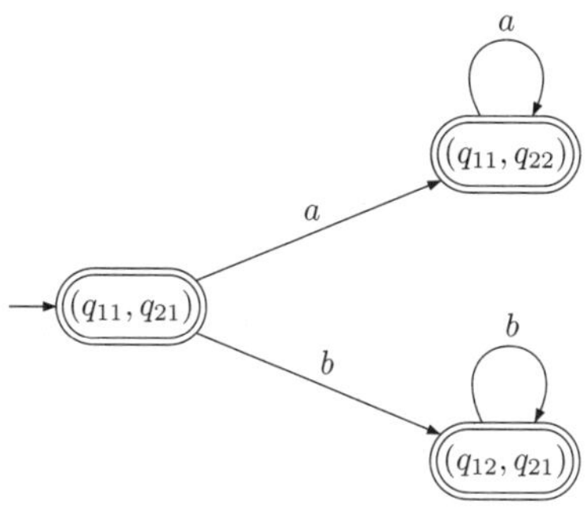

Figura 3.97 Autômato finito sem estados inúteis e inacessíveis que aceita $L_1 \cap L_2 = a^*|b^*$.

Exemplo 3.75 Sejam $L_1 = ab^*$ e $L_2 = a^*b$. Então, $L_1 - L_2 = abbb^* \mid a$, que também é regular. ⋆

Teorema 3.27 (Fecho na reversão) "A classe das linguagens regulares é fechada em relação à operação de reversão de suas sentenças (linguagem reversa)."

Seja $M = (Q, \Sigma, \delta, q_0, F)$ um autômato finito que aceita L. O Algoritmo 3.26 mostra como construir $M' = (Q \cup \{q_0'\}, \Sigma, \delta', q_0', F')$, eventualmente não determinístico, de tal modo que $L(M') = L^R$.

Algoritmo 3.26 (Autômato finito para reversão) *"Construção do autômato finito que aceita o reverso de uma linguagem regular."*

- *Entrada: um autômato finito $M = (Q, \Sigma, \delta, q_0, F)$.*
- *Saída: um autômato finito $M' = (Q \cup \{q_0'\}, \Sigma, \delta', q_0', F')$, tal que $L(M') = L(M)^R$.*
- *Método:*
  1. *Construção de F':*
     a) *Se $\varepsilon \notin L$, então $F' = \{q_0\}$;*
     b) *Se $\varepsilon \in L$, então $F' = \{q_0, q_0'\}$.*
  2. *Construção de δ':*
     c) *Se $\delta(q, \sigma) \in F$, então $\delta'(q_0', \sigma) = q$;*
     d) *Se $\delta(q_a, \sigma) = q_b$, então $\delta'(q_b, \sigma) = q_a$.*

○

Observe que as condições a) e b) são mutuamente exclusivas, e que, no entanto, as condições c) e d) são satisfeitas simultaneamente no caso de transições que conduzem a estados finais. Em outras palavras, se uma transição conduz a um estado final em M, ela dá origem a duas transições em M'.

O algoritmo consiste, na essência, em promover a inversão do sentido das transições de M em M', tomando-se o cuidado de convergir todas as transições que levam a estados finais de M para um único estado inicial em M'. O estado inicial de M torna-se o estado final de M'. É possível demonstrar formalmente (ver [13]) que:

$$(q_0, x) \vdash^* (q_f, \varepsilon) \text{ se e somente se } (q_0', x^R) \vdash^* (q_0, \varepsilon).$$

Em outras palavras, $L(M') = L(M)^R = L^R$.

Uma outra forma de provar esse teorema é por meio da aplicação dos Algoritmos 3.4 (obtenção de uma gramática linear à direita que gera a linguagem reversa) eventualmente seguida pela aplicação do Algoritmo 3.15 (otenção de um autômato finito a partir de uma gramática linear à direita). Em qualquer caso, a linguagem reversa é regular. □

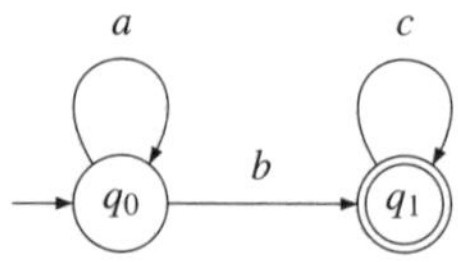

Figura 3.98 Autômato finito que aceita $L = a^*bc^*$.

Exemplo 3.76 Considere a linguagem a^*bc^* aceita por M, conforme a Figura 3.98.

A aplicação do algoritmo descrito conduz à obtenção do autômato M' da Figura 3.99.

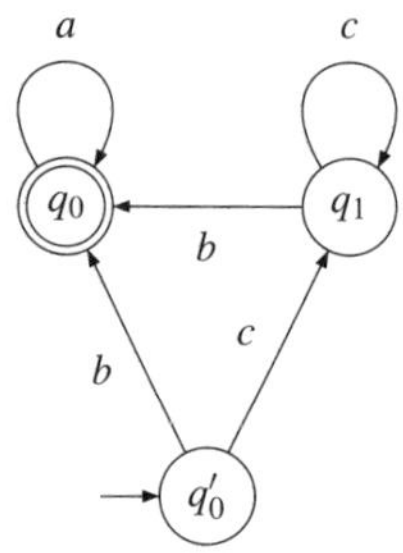

Figura 3.99 Autômato finito que aceita $L^R = (a^*bc^*)^R = c^*ba^*$.

Como se pode observar, $L(M') = ba^* \mid cc^*ba^* = c^*ba^* = L(M)^R$. ⋆

Teorema 3.28 (Fecho na substituição) "A classe das linguagens regulares é fechada em relação à operação de substituição."

Considere-se R uma expressão regular que denota o conjunto regular L sobre Σ, e seja $s : \Sigma \to 2^{\Delta^*}$ uma função de substituição. Para cada $\sigma \in \Sigma$, seja $s(\sigma)$ o conjunto regular determinado pela expressão regular R_σ.

Substituindo-se cada ocorrência em R de $\sigma \in \Sigma$ por R_σ, obtém-se uma nova expressão regular R' em que cada símbolo do alfabeto original é substituído pela correspondente expressão regular. É possível constatar que $R' = s(R)$. A prova pode ser feita através da indução sobre o número de operadores presentes em R (ver [13]), notando que:

1. $s(L_1 \cup L_2) = s(L_1) \cup s(L_2)$
2. $s(L_1L_2) = s(L_1)s(L_2)$
3. $s(L_1^*) = (s(L_1))^*$

□

Exemplo 3.77 Considere-se $L = 0^*(1^* \mid 2^*)$, e a substituição s a seguir definida:

- $s(0) = a \mid b$
- $s(1) = c^*d$
- $s(2) = e$

Então, $s(L) = s(0^*(1^* \mid 2^*)) = s(0^*)s(1^* \mid 2^*) = (s(0))^*(s(1^*) \mid s(2^*)) = (s(0))^*((s(1))^* \mid (s(2))^*) = (a \mid b)^*((c^*d)^* \mid (e)^*)$. ⋆

Teorema 3.29 (Fecho no homomorfismo e homomorfismo inverso) "A classe das linguagens regulares é fechada em relação às operações de homomorfismo e homomorfismo inverso."

O fechamento em relação à operação de homomorfismo é imediato, uma vez que os homomorfismos são casos particulares de substituições.

A prova do fechamento em relação à operação de homomorfismo inverso pode ser baseada na construção de um autômato finito M' que aceita a imagem homomórfica inversa de uma linguagem regular $L = L(M)$ qualquer. A demonstração formal pode ser feita por indução sobre o comprimento das sentenças $x \in h^{-1}(L)$ em seu reconhecimento por M' (ver [13]).

Seja $M = (Q, \Sigma, \delta, q_0, F)$ um autômato finito determinístico que aceite L, e considere-se o homomorfismo $h : \Delta \to \Sigma^*$. Então, o autômato $M' = (Q, \Delta, \delta', q_0, F)$, com $\delta'(q,a) = \delta(q,h(a)), a \in \Delta$, aceita $h^{-1}(L)$, ou seja, $L(M') = h^{-1}(L(M))$. Observe-se que a função de transição δ' especificada para M' simula a operação do autômato M através de transições efetuadas diretamente para os estados que sucedem o reconhecimento das cadeias $h(a)$ em cada estado considerado no autômato M. □

Exemplo 3.78 Seja $L(M) = (ab)^*((cd)^* \mid e^*)$, com M definido conforme a Figura 3.100.

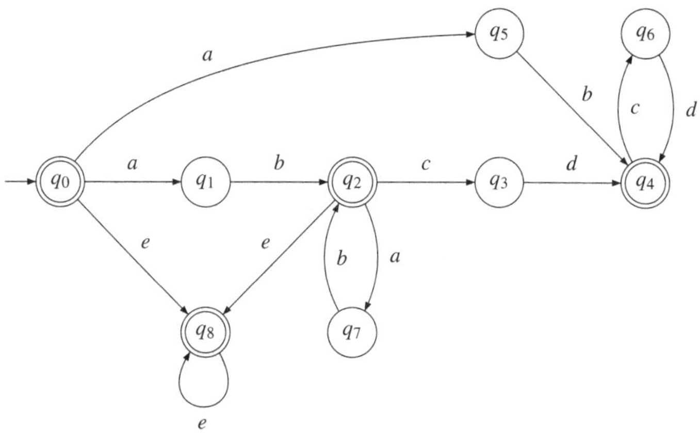

Figura 3.100 Autômato finito que aceita L.

Suponha-se que L tenha sido obtida através do homomorfismo h:

- $h(0) = ab$
- $h(1) = cd$
- $h(2) = e$

O autômato M', que aceita a imagem homomórfica inversa de L, é apresentado na Figura 3.101.

⋆

Teorema 3.30 (Fecho no quociente) "A classe das linguagens regulares é fechada em relação à operação de quociente com linguagens de tipo arbitrário."

Sejam $M = (Q, \Sigma, \delta, q_0, F)$ um autômato finito que aceita L_1 e L_2 uma linguagem qualquer. Pode-se então definir o autômato $M' = (Q, \Sigma, \delta, q_0, F')$, de modo que $\forall q \in Q$:

1. $q \in F'$ se $\exists y \in L_2$, tal que $\delta(q,y) \in F$;
2. $q \notin F'$, caso contrário.

Como se pode perceber, $\delta(q_0,x) \in F'$ se e apenas se existir $y \in L_2$, tal que $\delta(\delta(q_0,x),y) \in F$. Logo, $L(M') = L_1/L_2$ é uma linguagem regular. □

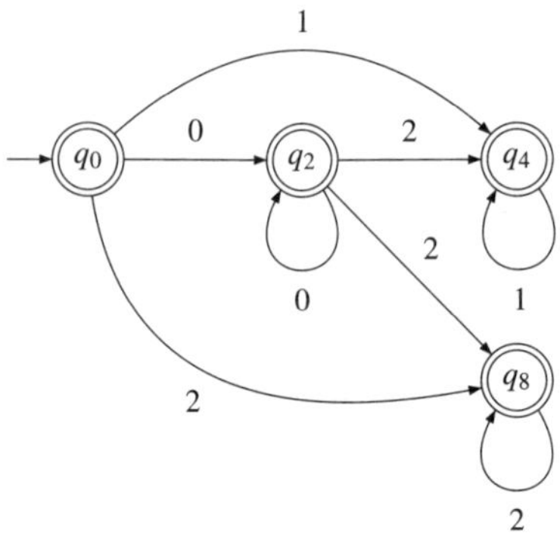

Figura 3.101 Autômato finito que aceita $h^{-1}(L)$.

Exemplo 3.79 Sejam as linguagens $L_1 = a^*b$ e $L_2 = a \mid b$. O autômato finito M da Figura 3.102 aceita L_1.

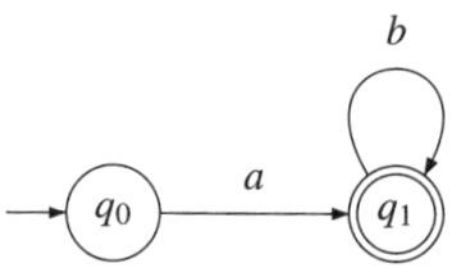

Figura 3.102 Autômato finito que aceita L_1.

A linguagem $L = L_1/L_2 = a^*$ é aceita pelo autômato M' da Figura 3.103.

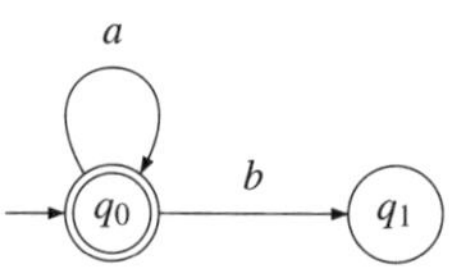

Figura 3.103 Autômato finito que aceita L_1/L_2.

De fato,

1. A linguagem aceita por q_1 em M é ε. Como $\varepsilon \notin L_2$, então $q_1 \notin F'$.
2. A linguagem aceita por q_0 em M é a^*b. Como $a^*b \supset L_2$, então $q_0 \in F'$.

★

Uma das principais aplicações do estudo do fechamento de uma classe de linguagens em relação a um determinado conjunto de operações consiste na possibilidade de se determinar a classe de uma linguagem a partir da sua decomposição em linguagens mais simples, de classe conhecida, e que, combinadas por intermédio de operadores que preservam a classe dessas linguagens mais simples, nos permitem inferir diretamente a classe das linguagens resultantes.

Exemplo 3.80 Considere-se a linguagem $L = \{a^*bc^* \mid$ o comprimento das sentenças é maior ou igual a $3\}$. L é regular?

L pode ser representada como $L_1 \cap L_2$, onde $L_1 = \{a^*bc^*\}$ e $L_2 = (a \mid b \mid c)(a \mid b \mid c)(a \mid b \mid c)(a \mid b \mid c)^*$. Como L_1 e L_2 são regulares (pois estão expressas através de expressões regulares), e a classe das linguagens regulares é fechada em relação à operação de intersecção, então L também é regular. De fato, não é difícil perceber que $L = a^*(aab \mid abc \mid bcc)c^*$. ★

Exemplo 3.81 Seja a linguagem $L = \{w \in \{a,b,c,d\}^* \mid w$ contém a subcadeia "*bb*" e w não contém a subcadeia "*dd*"$\}$. L é regular?

$L = L_1 \cap \overline{L_2}$, onde $L_1 = \{w \in \{a,b,c,d\}^* \mid w$ contém a subcadeia "*bb*"$\}$ e $L_2 = \{w \in \{a,b,c,d\}^* \mid$ w contém a subcadeia "*dd*"$\}$:

- $L_1 = (a \mid b \mid c \mid d)^* bb(a \mid b \mid c \mid d)^*$
- $L_2 = (a \mid b \mid c \mid d)^* dd(a \mid b \mid c \mid d)^*$

Como L_1 e L_2 são regulares, e a classe das linguagens regulares é fechada em relação às operações de complemento e intersecção, segue que L também é regular. ⋆

Exemplo 3.82 Considere-se a linguagem L_1 definida sobre o alfabeto $\{a,b\}$, de tal forma que pertencem a L_1 todas as cadeias que podem ser formadas com os símbolos de seu alfabeto, excetuando-se aquelas que contêm exatamente três símbolos a. L_1 é regular?

Não é difícil perceber que $L_1 = \overline{L_2}$, onde $L_2 = b^*ab^*ab^*ab^*$, ou seja, L_1 corresponde à complementação da linguagem que contém todas as cadeias com exatamente três símbolos a (L_2). Portanto, L_1 é regular. Uma expressão regular que representa L_1 é $b^* \mid b^*ab^* \mid b^*ab^*ab^* \mid b^*ab^*ab^*ab^*a(a \mid b)^*$. ⋆

Exemplo 3.83 Considere-se o alfabeto $\{a,b,c\}$ e a linguagem L definida de tal forma que suas cadeias satisfazem todas às seguintes regras:

1. Possuem a subcadeia *aaa* como prefixo.
2. Possuem comprimento total múltiplo de 4.
3. Possuem quantidade par de símbolos c.
4. Não contêm a subcadeia *bb*.

São exemplos de cadeias pertencentes a L: $aaabcccc, aaabcbca, aaaa, aaaaaaba, aaaacccbaaac$ etc. L é regular? Para responder, basta notar que $L = ((L_1 \cap L_2) \cap L_3) \cap \overline{L_4}$, onde:

- L_1 é gerada por $aaa(a \mid b \mid c)^*$:
  Cadeias que possuem *aaa* como prefixo.
- L_2 é gerada por $((a \mid b \mid c)(a \mid b \mid c)(a \mid b \mid c)(a \mid b \mid c))^*$:
  Cadeias que possuem comprimento total múltiplo de 4.
- L_3 é gerada por $((a \mid b)^* c(a \mid b)^* c(a \mid b)^*)^*$:
  Cadeias que possuem quantidade par de símbolos c.
- L_4 é gerada por $(a \mid b \mid c)^* bb(a \mid b \mid c)^*$:
  Cadeias que contêm a subcadeia *bb*.

Como L_1, L_2, L_3 e L_4 são regulares, e a classe das linguagens regulares é fechada em relação às operações de intersecção e complementação, conclui-se que L é regular. ⋆

Portanto, a demonstração da regularidade de uma linguagem não precisa ficar restrita à especificação de uma expressão regular, de um autômato finito ou, ainda, de uma gramática regular que definam essa linguagem. A partir da identificação do uso de operações que preservam a regularidade de linguagens mais simples na constituição de linguagens mais complexas, essa demonstração pode ser consideravelmente simplificada.

Tendo visto as principais operações em relação às quais a classe das linguagens regulares é fechada, apresentamos a seguir uma operação em relação à qual essa classe não é fechada (Teorema 3.31).

Considere a operação $\bowtie$ (concatenação de cadeias de mesmo comprimento) definida como: sejam L_1 e L_2 duas linguagens quaisquer; então, $L_1 \bowtie L_2 = \{w_1w_2 \mid (w_1 \in L_1) \wedge (w_2 \in L_2) \wedge (|w_1| = |w_2|)\}$.

Exemplo 3.84 Sejam $L_1 = ab^*$ sobre $\Sigma_1 = \{a,b\}$ e $L_2 = cd^*$ sobre $\Sigma_2 = \{c,d\}$. Então, $L_1 \bowtie L_2 = \{ab^icd^i \mid i \geq 0\} = \{ac, abcd, abbcdd, abbbcddd, ...\}$. ★

Teorema 3.31 (Fecho na concatenação de mesmo comprimento) "A classe das linguagens regulares não é fechada em relação à operação de concatenação de cadeias de mesmo comprimento ($\bowtie$)."

Basta apresentar um exemplo. Considere as linguagens L_1 e L_2 do Exemplo 3.84. L_1 e L_2 são regulares pois são representadas por expressões regulares. Na sequência é apresentada a prova de que $L_1 \bowtie L_2$ não é regular.

Seja n a constante do "Pumping Lemma" para as linguagens regulares e considere-se a cadeia $w = ab^ncd^n$. O comprimento de w é $2*n+2$, portanto maior ou igual a n. Além disso, $w = w_1w_2$ com $w_1 = ab^n$, $w_2 = cd^n$, $w_1 \in L_1$, $w_2 \in L_2$ e $|w_1| = |w_2| = n+1$. Logo, $w \in L_1 \bowtie L_2$.

Conforme o "Pumping Lemma", $w = xyz$ com $|xy| \leq n$ e $|y| \geq 1$. Além disso, para todo $i \geq 0$, $xy^iz \in L_1 \bowtie L_2$.

Logo, a subcadeia y contém pelo menos um símbolo e está situada dentro de w_1. Considere $i = 0$ e, portanto, a cadeia $w' = xz$. Claramente, $w' \notin L_1 \bowtie L_2$, pois $w' = w'_1w_2$, com $|w'_1| < |w_2|$. A subcadeia w'_1 pode pertencer a L_1 ou não, mas isso não importa neste caso. Além disso, não existe outra subdivisão possível de w', pois os alfabetos de L_1 e L_2 são diferentes. O "Pumping Lemma" não se aplica e $L_1 \bowtie L_2$ não é regular. □

Foram apresentadas algumas das principais propriedades de fechamento exibidas pelas linguagens regulares. Outras propriedades, com suas respectivas demonstrações, podem ser encontradas em [13], [15] e [16]. Não obstante, outras propriedades estudadas nos capítulos seguintes para as demais classes de linguagens também se aplicam diretamente às linguagens regulares, uma vez que, conforme a Hierarquia de Chomsky, toda linguagem do tipo 3 também é, simultaneamente, uma linguagem do tipo 2, 1 e 0.

3.11 Questões decidíveis

Para cada uma das classes de linguagens consideradas pela Hierarquia de Chomsky, é possível formular uma série de questionamentos de ordem geral sobre as linguagens a elas pertencentes. Por exemplo, pode-se questionar se uma sentença é aceita por um dado reconhecedor, se uma linguagem é igual a outra, se uma linguagem é infinita, se uma linguagem é não vazia etc.

Conforme discutido a seguir, vários desses problemas são muito simples de serem resolvidos quando se trata de linguagens regulares. No entanto, quando se consideram outras classes de linguagens, verifica-se que nem sempre algumas dessas questões podem ser respondidas. Por esse motivo, a classe de problemas considerados a seguir é genericamente denominada de **questões decidíveis**.

É importante notar que não costumam ser considerados, no estudo geral das linguagens formais, os casos particulares, ou seja, os problemas particularizados para uma certa linguagem ou grupo de linguagens, por exemplo: *"A linguagem L, a seguir apresentada, é vazia?"*.

Ao contrário, o interesse recai sobre problemas gerais parametrizados, que podem ser instanciados para uma ou mais linguagens específicas quando de sua aplicação, como, por exemplo: *"É possível descobrir se uma linguagem regular L, qualquer que seja L, é vazia?"*.

Quando se diz que um problema (ou questão) desse tipo é **decidível**, isso significa que ele sempre tem solução, qualquer que seja a sua instância considerada (ou argumentos aplicados). Mais do que isso, cada questão decidível é caracterizada pela existência de um algoritmo que permite resolver o problema geral com garantias de obtenção do resultado — afirmativo ou negativo, dependendo do caso.

As questões apresentadas nesta seção referem-se à classe das linguagens regulares. Questões referentes a outras classes de linguagens serão consideradas nos capítulos correspondentes. Cada questão decidível está apresentada na forma de um teorema, acompanhado de um algoritmo que possibilita a automatização da implementação da solução do problema proposto. Certas questões indecidíveis relevantes, próprias de outras classes de linguagens, são apresentadas na forma de teoremas com a respectiva prova formal (ou informal, conforme o caso) de sua indecidibilidade.

Antes de iniciar, convém fazer algumas considerações sobre os critérios de escolha do tipo de representação de linguagens adotado nas demonstrações seguintes. Analogamente ao que foi feito na Seção 3.10, certos resultados estão mostrados com base em um ou outro tipo de representação — expressões regulares, autômatos finitos ou gramáticas lineares à direita —, dependendo de qual seja mais conveniente em cada caso. A escolha de um ou outro tipo de representação não possui implicação sobre os resultados apresentados, uma vez que elas são equivalentes, sendo sempre possível efetuar a conversão de um tipo para outro mecanicamente, se for o caso.

A classe das linguagens regulares possui uma grande quantidade de questões decidíveis. As principais são:

- A linguagem é não vazia?
- A linguagem é vazia?
- A linguagem é infinita?
- A linguagem é finita?
- A cadeia pertence à linguagem?
- As linguagens são idênticas?
- A linguagem contém todas as cadeias sobre o seu alfabeto?
- Uma linguagem é subconjunto de outra?

Os quatro teoremas iniciais referem-se à questões decidíveis cuja demonstração é baseada nos resultados do "Pumping Lemma" para as linguagens regulares. Nestes, n refere-se à constante do "Pumping Lemma", ou seja, ao número de estados do autômato finito determinístico e sem transições em vazio que aceita a linguagem em questão. Os demais teoremas são apresentados na sequência.

Teorema 3.32 (A linguagem é não vazia?) "Uma linguagem regular L qualquer é não vazia se e somente se existir $w \in L$ tal que $|w| < n$."

A condição necessária ("aceita uma sentença de comprimento inferior a $n \Rightarrow$ linguagem é não vazia") é óbvia e não necessita ser demonstrada.

A condição suficiente ("linguagem é não-vazia $\Rightarrow$ aceita uma sentença de comprimento inferior a n") não é tão óbvia, mas pode ser verificada com auxílio do "Pumping Lemma". Considere-se $w \in L(M), |w| = m$.

Se $m < n$, então nada há para demonstrar, e a hipótese é trivialmente verdadeira.

Se, no entanto, $m \geqslant n$, então w pode ser reescrita como xyz com $xz \in L(M), y \neq \varepsilon, |xz| < m$. Seguem, então, duas possibilidades: $|xz| \geqslant n$ ou $|xz| < n$. Se $|xz| < n$, a hipótese está demonstrada. Se, por outro lado, $|xz| \geqslant n$, pode-se agora considerar $w = xz$ e aplicar o "Pumping Lemma" novamente, desta vez sobre tal cadeia.

Através da iteração deste passo, é possível obter cadeias de comprimentos sucessivamente menores, enquanto o comprimento da cadeia anterior for maior ou igual a n. Assim, é possível demonstrar a existência de uma sentença de comprimento inferior a n, pertencente a L.

Uma outra forma de entender esse resultado é a seguinte: suponha-se que L é não vazia e admita-se, por hipótese, que não exista nenhuma cadeia $w \in L$ tal que $0 \leqslant |w| < n$ (se existir a prova torna-se trivial), e considere-se a cadeia w' como sendo aquela que possui o menor comprimento entre todas as cadeias de L cujo comprimento é maior ou igual a n (se L é não vazia e não há em L, por hipótese, cadeias de comprimento menor que n, então deve haver pelo menos uma cadeia que satisfaça essa condição). Como $|w'| \geqslant n$, então $w' = xyz$, com $1 \leqslant |y| \leqslant n$, $|xz| < |w'|$ e $xz \in L(M)$. Seguem duas possibilidades:

1. Se $|xz| \geqslant n$, isso contradiz a hipótese de que w' seria a cadeia de L com o menor comprimento entre todas as que possuem comprimento maior ou igual a n.
2. Se $|xz| < n$, isso contradiz a hipótese de que não existiria nenhuma cadeia de L com comprimento maior ou igual a 0 e menor que n.

Portanto, em qualquer caso a hipótese é falsa e deve existir pelo menos uma cadeia $w \in L$ tal que $0 \leqslant |w| < n$. □

Teorema 3.33 (A linguagem é vazia?) "Uma linguagem regular L qualquer é vazia se e somente se não existir nenhuma sentença $w \in L$ tal que $|w| < n$."

Decorre diretamente do Teorema 3.32. L é não vazia se e somente se existir pelo menos uma cadeia w, $|w| < n$. Logo, se não existir nenhuma cadeia que satisfaça a essa condição, a linguagem L será vazia. □

Considere-se o autômato finito determinístico e sem transições em vazio que aceita L (se L é regular isso é sempre possível). A condição suficiente do Teorema 3.32 pode também ser compreendida através do seguinte raciocínio: partindo-se do estado inicial, se o autômato aceitar pelo menos uma cadeia, então a linguagem é não vazia. Como o autômato possui n estados, então é necessário que pelo menos um desses estados seja final, e também acessível desde o estado inicial.

Se o estado inicial for simultaneamente final, então a cadeia vazia é aceita e a linguagem aceita pelo autômato é não vazia. Observe-se ainda que $|\varepsilon| < n$, qualquer que seja o valor de n, uma vez que $n \geqslant 1$.

Se o estado inicial não for simultaneamente final, então será necessário atingir pelo menos um dos outros $n-1$ estados do autômato, o qual deve também ser final. Para isso, bastam cadeias de comprimento máximo $n-1$, inclusive, já que cadeias de comprimento maior ou igual a n possuem ciclos (conforme o "Pumping Lemma"), e não modificam o conjunto de estados que são acessíveis a partir do estado considerado. Logo, se nenhuma cadeia de comprimento menor que n for aceita pelo autômato, isso significa que:

- não existem estados finais no autômato; ou
- os estados finais do autômato não são acessíveis desde o estado inicial.

e, portanto, a linguagem por ele aceita é vazia.

Em outras palavras, qualquer estado acessível de um autômato finito com n estados é alcançável por meio de cadeias de comprimento máximo $n-1$. Se algum desses estados for final, então a linguagem aceita é não vazia. Caso contrário, é vazia.

A importância deste teorema se deve ao algoritmo alternativo por ele implicitamente proposto: para determinar se uma linguagem, aceita por um autômato finito com n estados, é não vazia, basta verificar se o autômato aceita alguma sentença de comprimento entre 0 (inclusive) e $n-1$ (inclusive). Como a quantidade de cadeias sobre um alfabeto finito que satisfazem a tal condição é finita (conforme mostrado a seguir), então pode-se demonstrar que o problema proposto pode sempre ser resolvido através da pesquisa exaustiva da aceitação dessas cadeias por M: se pelo menos uma dessas cadeias for aceita, constata-se que a linguagem é não vazia, não sendo necessário testar outras cadeias de comprimento maior. Se nenhuma dessas cadeias for aceita, pode-se concluir que a linguagem é vazia, sem testar quaisquer outras cadeias.

Para um autômato finito com n estados, cujo alfabeto de entrada tenha m símbolos, a quantidade de cadeias que devem ser testadas é dada pela fórmula:

$$\sum_{i=0}^{n-1} m^i$$

pois, conforme pode ser verificado na Tabela 3.62, essa fórmula representa a quantidade total de cadeias distintas cujos comprimentos estão entre 0 (inclusive) e $n-1$ (inclusive), e que podem ser construídas a partir de um alfabeto com m símbolos.

Tabela 3.62 Quantidade de cadeias que podem ser obtidas a partir de um alfabeto com m símbolos, com comprimento entre 0 e $n-1$

Comprimento	Cadeias distintas	Cadeias distintas
0	1	m^0
1	m	m^1
2	$m*m$	m^2
3	$m*m*m$	m^3
...	...	...
$n-1$	$m*m*m*...*m$	m^{n-1}

Exemplo 3.85 Seja L uma linguagem regular sobre o alfabeto $\{a,b,c\}$ e aceita por um autômato finito M com três estados. Então, para determinar se L é não vazia, basta verificar se alguma das seguintes cadeias é aceita por M:

- Comprimento 0 (uma cadeia): ε
- Comprimento 1 (três cadeias): a,b,c
- Comprimento 2 (nove cadeias): $aa,ab,ac,ba,bb,bc,ca,cb,cc$

Se alguma dessas 13 (= 1 + 3 + 9) cadeias for aceita por M, então L será não vazia. Caso contrário, será vazia. ⋆

Teorema 3.34 (A linguagem é infinita?) "Uma linguagem regular L qualquer é infinita se e somente se existir uma sentença $w \in L$ tal que $n \leqslant |w| < 2n$."

A condição "se" (aceita pelo menos uma cadeia $w, n \leqslant |w| < 2n \Rightarrow$ linguagem infinita) pode ser facilmente deduzida através do "Pumping Lemma": como $|w| \geqslant n$, então w pode ser reescrita como xyz, e $xy^iz \in L, \forall i \geqslant 0$. Logo, L é infinita.

A condição "somente se" (linguagem infinita $\Rightarrow$ aceita pelo menos uma cadeia $w, n \leqslant |w| < 2n$) é demonstrada, por contradição, a seguir.

Se L é infinita, então com certeza existem cadeias de comprimento maior ou igual a n (pois a quantidade de cadeias com comprimento menor ou igual a n é finita). Considere-se $w \in L(M), |w| \geqslant n$.

Se $|w| < 2n$, então não há nada a demonstrar e a hipótese é trivialmente verdadeira.

Se $|w| \geqslant 2n$, então, de acordo com o "Pumping Lemma", $w = xyz, |xy| \leqslant n, 1 \leqslant |y| \leqslant n$. Logo, a cadeia xz também pertence a $L, |xz| < |w|, |xz| \geqslant n$ (pois, como $|w| \geqslant 2n$ e, na pior das hipóteses, $|y| = n$, então $|xz| = |w| - |y| \geqslant n$).

Duas possibilidades podem então ocorrer com a cadeia xz: ou $|xz| \geqslant 2n$ ou $|xz| < 2n$.

Se $|xz| < 2n$, então a hipótese é verdadeira e o teorema está demonstrado.

Se $|xz| \geqslant 2n$, pode-se considerar agora $w = xz$ e aplicar o "Pumping Lemma" novamente sobre essa cadeia. Através da iteração deste passo, enquanto o comprimento de w for maior ou igual a $2n$, é possível obter cadeias de comprimentos sucessivamente menores, porém sempre de comprimento maior ou igual a n. Logo, necessariamente existe uma cadeia pertencente à linguagem, de comprimento maior ou igual a n e menor que $2n$, e o teorema está demonstrado.

Assim, se a linguagem for infinita, ela deverá obrigatoriamente conter pelo menos uma cadeia de comprimento entre n (inclusive) e $2n$ (exclusive).

Uma outra forma de entender esse resultado é a seguinte: suponha-se que L é infinita e admita-se, por hipótese, que não exista nenhuma cadeia $w \in L$ tal que $n \leqslant |w| < 2n$ (se existir a prova torna-se trivial), e considere-se a cadeia w' como sendo aquela que possui o menor comprimento entre todas as cadeias de L cujo comprimento é maior ou igual a $2n$ (se L é infinita, então deve haver pelo menos uma cadeia que satisfaça essa condição). Como $|w'| \geqslant n$, então $w' = xyz$, com $1 \leqslant |y| \leqslant n$, $|xz| < |w'|$ e $xz \in L(M)$. Além disso, como $|w'| \geqslant 2n$ e $1 \leqslant |y| \leqslant n$, então $|xz| \geqslant n$. Seguem duas possibilidades:

1. Se $|xz| \geqslant 2n$, isso contradiz a hipótese de que w' seria a cadeia de L com o menor comprimento entre todas as que possuem comprimento maior ou igual a $2n$.
2. Se $|xz| < 2n$, isso contradiz a hipótese de que não existiria nenhuma cadeia de L com comprimento maior ou igual a n e menor que $2n$.

Portanto, em qualquer caso a hipótese é falsa e deve existir pelo menos uma cadeia $w \in L$ tal que $n \leqslant |w| < 2n$. □

Considere-se o autômato finito determinístico e sem transições em vazio que aceita L (se L é regular isso é sempre possível). A condição "somente se" do Teorema 3.34 pode também ser compreendida da seguinte forma: por se tratar de uma linguagem infinita e, portanto, não vazia, o autômato correspondente aceita pelo menos uma cadeia w_0, $0 \leqslant |w_0| < n$ (ver Teorema 3.32).

Por outro lado, como se trata de uma linguagem infinita, então é fato que esse autômato possui pelo menos um ciclo, correspondente à cadeia y, $1 \leqslant |y| \leqslant n$ (conforme o "Pumping Lemma").

Logo, a combinação desses resultados (ou seja, o "bombeamento" da cadeia y na cadeia w_0, resultando em uma nova cadeia cujo comprimento corresponde à soma dos comprimentos mínimos e máximos das outras duas) garante a existência de pelo menos uma cadeia w_1, $1 < |w_1| < 2n - 1$, que é aceita pelo autômato.

Se $|w_1| \geqslant n$, então a condição está provada. Se $|w_1| < n$, pode-se "bombear" y novamente, desta vez em w_1, resultando na cadeia w_2, $2 < |w_2| < 2n - 1$.

A iteração desse passo, enquanto $w_i < n$, garante a existência de uma cadeia w_j, aceita pelo autômato, tal que $n \leqslant |w_j| < 2n - 1$, como se quer demonstrar.

Em outras palavras, a existência de ciclos acessíveis desde o estado inicial garante que o autômato aceita pelo menos uma cadeia w tal que $n \leqslant |w| < 2n - 1$.

A principal aplicação deste teorema se encerra no algoritmo por ele sugerido, o qual permite determinar se a linguagem aceita por um autômato finito com n estados é infinita ou não: basta verificar se o autômato aceita alguma cadeia de comprimento entre n (inclusive) e

$2n-1$ (inclusive). Como a quantidade de cadeias com essa característica é finita, conclui-se ser sempre possível determinar se uma linguagem regular é infinita ou não, bastando para isso analisar, exaustivamente, se alguma dessas cadeias pertence à linguagem definida.

A quantidade de cadeias que devem ser testadas em um autômato com n estados e cujo alfabeto de entrada possui m símbolos é dada pela fórmula:

$$\sum_{i=n}^{2n-1} m^i$$

Exemplo 3.86 Seja L uma linguagem regular sobre o alfabeto $\{a,b\}$ e aceita por um autômato finito M com 2 estados. Então, para saber se L é infinita, basta verificar se alguma das seguintes cadeias é aceita por M:

- Comprimento 2 (quatro cadeias): aa, ab, ba, bb
- Comprimento 3 (oito cadeias): $aaa, aab, aba, abb, baa, bab, bba, bbb$

Se alguma dessas 12 (= 4 + 8) cadeias for aceita por M, então L é infinita. Caso contrário, conclui-se que a linguagem é finita. ⋆

Teorema 3.35 (A linguagem é finita?) " Uma linguagem regular L qualquer é finita se e somente se não existir nenhuma sentença $w \in L$ tal que $n \leqslant |w| < 2n$."

Decorre diretamente do Teorema 3.34. L é infinita se e somente se existir pelo menos uma cadeia w, $n \leqslant |w| < 2n$. Logo, se não existir nenhuma cadeia que satisfaça a essa condição, a linguagem L será finita. Para determinar se, além de ser finita, L é também não vazia, basta verificar se existe alguma cadeia $w \in L$ tal que $|w| < n$ (Teorema 3.32). □

A Tabela 3.63 resume os resultados até aqui obtidos.

Tabela 3.63 Cardinalidade de uma linguagem regular

L é uma linguagem regular e n é a constante do "Pumping Lemma" para L		
$\exists w \in L, \|w\| < n$?	$\exists w \in L, n \leqslant \|w\| < 2n$?	L é ...
Sim	Sim	**Infinita**
Sim	Não	**Finita, não-vazia**
Não	Não	**Finita, vazia**
Não	Sim	N.A. (contradição)

Exemplo 3.87 Seja uma linguagem L_1 sobre o alfabeto $\{a\}$, aceita por um autômato M_1 com três estados. Para determinar se L_1 é vazia, basta verificar se alguma das cadeias pertencentes ao seguinte conjunto é aceita por M_1: $X = \{\varepsilon, a, aa\}$. Para determinar se L_1 é infinita, deve-se verificar as cadeias do conjunto $Y = \{aaa, aaaa, aaaaa\}$.

Seja o autômato M_1, representado na Figura 3.104.

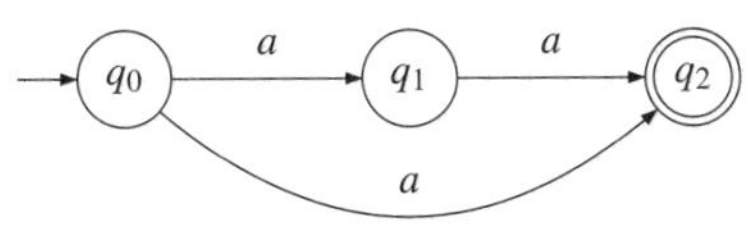

Figura 3.104 Autômato M_1 que aceita $L_1 = \{a, aa\}$, finita e não-vazia.

É fácil perceber, neste caso, que $L_1(M_1) = \{a, aa\}$ é finita e não vazia. De fato, as cadeias a, aa de X são aceitas por M_1. No entanto, nenhuma das cadeias $aaa, aaaa, aaaaa$ de Y são aceitas por M_1.

Suponha-se agora M_2, correspondente ao autômato da Figura 3.105.

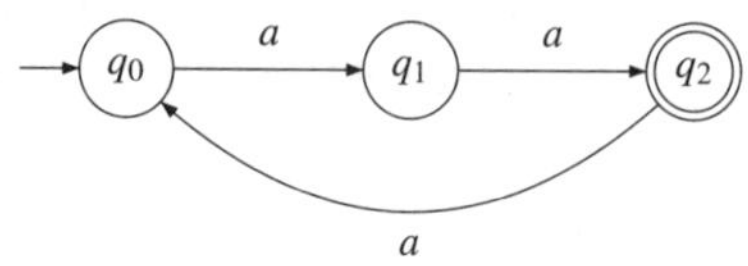

Figura 3.105 Autômato M_2 que aceita $L_2 = aa(aaa)^*$, infinita.

A linguagem $L_2(M_2)$ é, neste caso, $aa(aaa)^*$ e, portanto, infinita. A infinitude de L_2 é comprovada pelo fato de M_2 aceitar a cadeia $aaaaa$ de Y. O fato de M_2 aceitar aa de X indica que L_2 é não vazia.

Por último, considere-se M_3 como sendo o autômato da Figura 3.106.

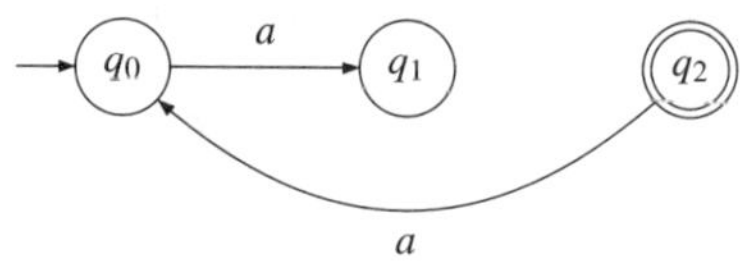

Figura 3.106 Autômato M_3 que aceita $L = \emptyset$, finita e vazia.

Nenhuma das cadeias ε, a, aa de X é aceita por M_3. Logo, como se pode comprovar observando-se a Figura 3.106, L_3 é vazia (e, portanto, finita). ⋆

Teorema 3.36 (A cadeia pertence?) " Seja L uma linguagem regular qualquer sobre $\Delta, \Delta \subseteq \Sigma$, e $\alpha \in \Sigma^*$ uma cadeia qualquer. Então, a questão $\alpha \in L$ é decidível."

Seja $M = (Q, \Delta, \delta, q_0, F)$ tal que $L = L(M)$. O Algoritmo 3.27 mostra como decidir se a cadeia α pertence ou não à linguagem L.

Algoritmo 3.27 (A cadeia pertence?) *"Determina se uma cadeia é sentença da linguagem definida por um autômato finito."*

- *Entrada: um autômato finito $M = (Q, \Delta, \delta, q_0, F), \Delta \subseteq \Sigma$, e uma cadeia $\alpha \in \Sigma^*$.*
- *Saída: Se $\alpha \in L(M)$, SIM; caso contrário, NÃO.*
- *Método:*
    1. *Obter $M' = (Q, \Delta, \delta', q_0, F')$, isento de transições em vazio, tal que $L(M') = L(M)$.*
    2. *Determinar $\delta'(q_0, \alpha)$. Se $\delta'(q_0, \alpha) \in F'$, então SIM; caso contrário, NÃO.*

○

□

O Algoritmo 3.27 garante que qualquer cadeia pode ser analisada em um número finito de passos (ou tempo finito de processamento) em um autômato finito. Para isso, é suficiente garantir que ele seja isento de transições em vazio, o que implica a inexistência de ciclos formados exclusivamente por transições desse tipo, as quais poderiam, eventualmente, provocar um processamento interminável da cadeia de entrada.

Exemplo 3.88 Considere-se o autômato da Figura 3.107, que possui um ciclo formado por transições em vazio.

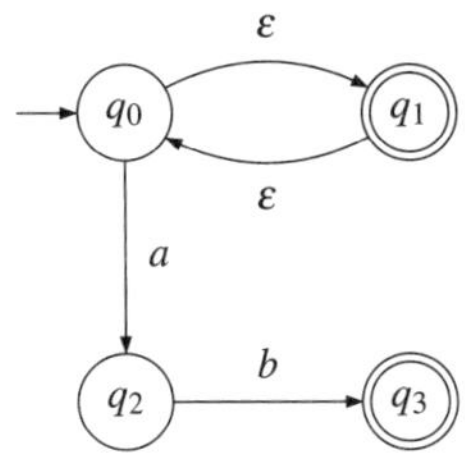

Figura 3.107 Autômato com ciclo de transições em vazio.

Os movimentos executados por esse autômato na análise da cadeia *ba* não permitem que ele pare em qualquer configuração, final ou não final, como mostra a seguinte sequência:

$$(q_0, ba) \vdash (q_1, ba) \vdash (q_0, ba) \vdash (q_1, ba) \vdash (q_0, ba) \vdash (q_1, ba) \vdash \ldots$$

O autômato equivalente, da Figura 3.108, é isento de transições em vazio e, portanto, de ciclos formados por transições em vazio.

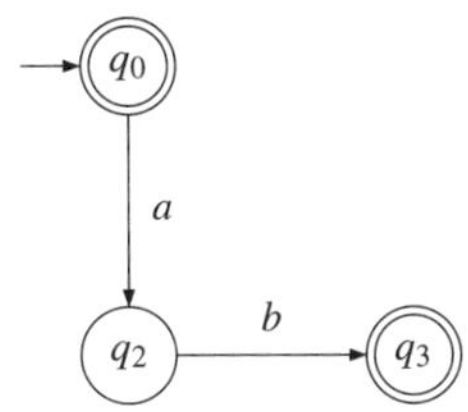

Figura 3.108 Autômato equivalente ao da Figura 3.107, porém isento de ciclos formados por transições em vazio.

Esse autômato atinge a seguinte configuração de parada, para a mesma cadeia *ba* de entrada, após executar zero movimentações: (q_0, ba). Portanto, por não se tratar de uma configuração final, a cadeia *ba* é rejeitada e não pertence à linguagem definida pelos autômatos das Figuras 3.107 e 3.108. ⋆

Teorema 3.37 (As linguagens são idênticas?) " Sejam L_1 e L_2 duas linguagens regulares quaisquer. Então, a questão $L_1 = L_2$ é decidível."

Considerem-se as linguagens $L_1 = L(M_1) \subseteq \Sigma_1^*$ e $L_2 = L(M_2) \subseteq \Sigma_2^*$. A condição $L_1 = L_2$ pode também ser formulada como (ver Teorema 1.2):

$$(L_1 \cap \overline{L_2}) \cup (\overline{L_1} \cap L_2) = \emptyset$$

onde as operações de complementação se referem a qualquer alfabeto Σ tal que $(\Sigma_1 \cup \Sigma_2) \subseteq \Sigma$. Para decidir se $L_1 = L_2$, deve-se executar o Algoritmo 3.28.

Algoritmo 3.28 (As linguagens são idênticas?) *"Determina se as linguagens aceitas por dois autômatos finitos são idênticas."*

- *Entrada: dois autômatos finitos $M_1 = (Q_1, \Sigma_1, \delta_1, q_{01}, F_1)$ e $M_2 = (Q_2, \Sigma_2, \delta_2, q_{02}, F_2)$.*
- *Saída: Se $L(M_1) = L(M_2)$, SIM; caso contrário, NÃO.*
- *Método:*
    1. *Basta construir M_3 tal que $L(M_3) = (L_1 \cap \overline{L_2}) \cup (\overline{L_1} \cap L_2)$. Se $L_3 = \emptyset$, então SIM; caso contrário, NÃO*

○

A construção de M_3 pode ser efetuada diretamente a partir dos algoritmos utilizados na apresentação de resultados anteriores (fechamento dos conjuntos regulares em relação às operações de união, complementação e intersecção, respectivamente Teoremas 3.23, 3.24 e 3.25). Além disso, a questão $L(M_3) = \emptyset$ pode ser decidida em função do Teorema 3.32.

Outra forma de provar este teorema consiste em obter e comparar a versão mínima de M_1 e de M_2. Se elas forem idênticas (uma vez que o autômato mínimo é único, conforme visto na Seção 3.8), então $L(M_1) = L(M_2)$. Caso contrário, as linguagens são diferentes. □

Teorema 3.38 (A linguagem é Σ^*?) " Seja L uma linguagem regular qualquer. Então, a questão $L = \Sigma^*$ é decidível."

Esta questão pode ser decidida pelo Algoritmo 3.29.

Algoritmo 3.29 (A linguagem é Σ^*?) *"Determina se a linguagem aceita por um autômato finito é Σ^*."*

- *Entrada: um autômato finito $M = (Q, \Sigma, \delta, q_0, F)$;*
- *Saída: Se $L(M) = \Sigma^*$, SIM; caso contrário, NÃO;*
- *Método:*
    1. *Basta construir M' tal que $L(M') = \Sigma^* - L(M) = \overline{L(M)}$. Se $L(M') = \emptyset$, então SIM; caso contrário, NÃO.*

○

A validade deste algoritmo e, conseqüentemente, a correção desta demonstração decorrem de resultados anteriormente demonstrados. Outra possibilidade é aplicar o Algoritmo 3.28 para determinar se as linguagens L e Σ^* sãi idênticas. □

Teorema 3.39 (A linguagem é subconjunto?) " Sejam $L_1 \subseteq \Sigma_1^*$ e $L_2 \subseteq \Sigma_2^*$ duas linguagens regulares quaisquer. Então, a questão $L_1 \subseteq L_2$ é decidível."

A condição $L_1 \subseteq L_2$ também pode ser formulada como (ver Teorema 1.3):

$$(\Sigma^* - L_2) \cap L_1 = \overline{L_2} \cap L_1 = \emptyset$$

onde a operação de complementação se refere a um alfabeto Σ tal que $\Sigma_2 \subseteq \Sigma$. Para decidir se $L_1 \subseteq L_2$, basta executar o Algoritmo 3.30.

Algoritmo 3.30 (A linguagem é subconjunto?) *"Determina se a linguagem aceita por um autômato finito é subconjunto da linguagem aceita por outro autômato finito."*

- *Entrada: dois autômatos finitos $M_1 = (Q_1, \Sigma_1, \delta_1, q_{01}, F_1)$ e $M_2 = (Q_2, \Sigma_2, \delta_2, q_{02}, F_2)$;*
- *Saída: Se $L(M_1) \subseteq L(M_2)$, SIM; caso contrário, NÃO;*
- *Método:*
    1. *Basta construir M_3 tal que $L(M_3) = \overline{L(M_2)} \cap L(M_1)$. Se $L_3 = \emptyset$, então SIM; caso contrário, NÃO.*

○

Também neste caso a validade do algoritmo e da demonstração decorrem de resultados anteriormente apresentados. □

3.12 Exercícios

Gramáticas, conjuntos e expressões regulares

1. Cite três formas diferentes através das quais é possível representar formalmente linguagens regulares. Dê exemplos de cada uma dessas formas.
2. Para cada um dos itens apresentados a seguir, determine a resposta correta, preenchendo o espaço com 0, 1, 2, 3 ou ? (caso não seja possível escolher qualquer das alternativas anteriores). Justifique suas respostas.
   a) Se L é uma linguagem finita sobre $\{a\}$, então o tipo mais restrito de L é _______.
   b) Se L é uma linguagem finita sobre $\{a\}$, então o tipo mais geral (no sentido estrito) ao qual L pode pertencer é _______.
   c) Se L é uma linguagem finita sobre $\{a,b\}$, então o tipo mais restrito de L é _______.
   d) Se L é uma linguagem finita sobre $\{a,b\}$, então o tipo mais geral (no sentido estrito) ao qual L pode pertencer é _______.
   e) Se L é uma linguagem infinita sobre $\{a\}$, então o tipo mais restrito de L é _______.
   f) Se L é uma linguagem infinita sobre $\{a\}$, então o tipo mais geral (no sentido estrito) ao qual L pode pertencer é _______.
   g) Se L é uma linguagem infinita sobre $\{a,b\}$, então o tipo mais restrito de L é _______.
   h) Se L é uma linguagem infinita sobre $\{a,b\}$, então o tipo mais geral (no sentido estrito) ao qual L pode pertencer é _______;
3. Considere o alfabeto Σ e uma partição A,B,C de Σ. Utilizando exclusivamente esses conjuntos, e as operações sobre eles, defina formalmente a linguagem:

$$\{w \in \Sigma^* \mid w = \alpha, (\alpha \in A^*C \text{ ou } \alpha \in C^*A) \text{ e } |\alpha| \leqslant 4, \text{ ou } w = \beta, (\beta \notin BB \text{ e } \beta \neq \varepsilon), \text{ ou } w = \gamma, (\gamma \notin A \text{ e } \gamma \notin C, |\gamma| = 1), \text{ ou } w = \delta, |\delta| > 3\}$$

4. Considere a expressão $(a \mid b)^*(c \mid \varepsilon)(a \mid b)^*$ sobre o alfabeto $\{a,b,c\}$.
   a) Ela é regular? Justifique sua resposta.
   b) Dê cinco exemplos de cadeias geradas por essa expressão.
   c) Caso seja regular, apresente uma gramática linear à direita que gere essa linguagem.
5. Construa expressões regulares sobre o alfabeto $\{a,b,c,d\}$ que representem as seguintes linguagens:
   a) Todas as cadeias que contenham entre dois (inclusive) e quatro (inclusive) símbolos a, e somente essas cadeias.
   b) Todas as cadeias que contenham uma quantidade ímpar, porém maior ou igual a três, de símbolos a, e somente essas cadeias.
6. Construa uma expressão regular sobre o alfabeto $\{a,b,c\}$ a qual represente a maior linguagem que satisfaça simultaneamente às seguintes condições:
   a) Cada uma de suas sentenças deve conter exatamente três símbolos a — nem mais, nem menos.
   b) O primeiro e o segundo símbolo a de cada sentença devem estar separados por pelo menos um símbolo, que não seja a.
   c) O segundo e o terceiro símbolo a de cada sentença devem estar separados por uma quantidade par, diferente de zero, de símbolos que não sejam a.
7. Considere a linguagem L como sendo composta por todas as cadeias passíveis de serem construídas sobre o alfabeto $\{a,b\}$, desde que, em cada cadeia, a quantidade de símbolos a seja par e a quantidade de símbolos b seja ímpar. Exemplos: $b, aabbb, bbb, aba, bbbaabbaa$ etc. L é regular? Justifique sua resposta.
8. Considere o afalbeto $\Sigma = \{\square, \triangle\}$. Construa expressões regulares que gerem as seguintes linguagens contendo todas as cadeias $w \in \Sigma^*$, tais que:
   a) $3 \leqslant |w| \leqslant 5$ ou $|w| = 8$.
   b) Se $|w|$ é par, e $w \neq \varepsilon$, então $w = \square\alpha$.
   c) Se $|w|$ é ímpar, então $w = \alpha\triangle$.
   d) Se $|w|$ é par, e $w \neq \varepsilon$, então $w = \square\alpha$; caso contrário, $w = \alpha\triangle$.
   e) Ou $|w|$ é par, ou então $1 \leqslant |w| \leqslant 11$.
   f) Se $|w|$ é par, então $|w|_\square$ é par também.
   g) Se $|w|$ é ímpar, então $|w|_\triangle$ é ímpar também.

h) Se $|w|$ é par, então $|w|_{\square}$ é par também. caso contrário, $|w|_{\triangle}$ é ímpar.
i) Se $|w|$ é par, e $w \neq \varepsilon$, então $|w|_{\square}$ é ímpar.
j) Se $|w|$ é ímpar, então $|w|_{\square}$ é par.

9. Repita o Exercício 8, considerando $\Sigma' = \Sigma \cup \{\circ\}$.
10. Considere as seguintes linguagens, definidas sobre o alfabeto $\{a,b,c\}$:
    - O conjunto de todas as cadeias que possuem exatamente dois símbolos b (nem mais, nem menos), porém não consecutivos (isto é, a subcadeia bb não deve fazer parte de nenhuma sentença da linguagem).
    - O conjunto de todas as cadeias que possuem no máximo três símbolos b, porém não consecutivos (isto é, nem a subcadeia bb nem a subcadeia bbb devem fazer parte de qualquer sentença da linguagem).

    a) Construa uma gramática (qualquer) que defina cada uma dessas linguagens.
    b) Construa uma gramática regular que defina cada uma dessas linguagens;
    c) Construa uma expressão regular que represente cada uma dessas linguagens.
11. Dada a expressão regular $(a \mid b)^*(c \mid \varepsilon)(a \mid b)^*$ sobre o alfabeto $\{a,b,c\}$, construa uma gramática que defina essa linguagem, e enumere todas as sentenças com comprimento 7.
12. Especifique expressões regulares sobre o alfabeto $\{a,b,c\}$ que gerem linguagens cujas cadeias (todas elas) satisfaçam aos seguintes requisitos:
    a) Contenham exatamente dois símbolos a.
    b) Contenham pelo menos dois símbolos b.
    c) Contenham pelo menos dois símbolos c consecutivos.
    d) Contenham no máximo três símbolos c consecutivos.
    e) Contenham uma quantidade par de símbolos a.
    f) Contenham uma quantidade ímpar de símbolos b.
    g) Contenham no mínimo um e no máximo três símbolos a.
    h) Não contenham dois ou mais símbolos a consecutivos.
    i) Contenham uma quantidade par de símbolos a e também uma quantidade ímpar de símbolos b.
    j) Contenham uma quantidade par de símbolos a, ou uma quantidade ímpar de símbolos b, ou ambos.
    k) Contenham ou uma quantidade par de símbolos a ou então uma quantidade ímpar de símbolos b.
13. Especifique expressões regulares sobre o alfabeto $\{a,b,c\}$ que gerem as seguintes linguagens:
    a) Todas as cadeias que começam com o símbolo a e terminam com b, ou então que começam com b e terminam com a.
    b) Todas as cadeias que, quando começam com a, possuem apenas símbolos b ou c à sua direita; quando começam com b, podem ter qualquer símbolo à sua direita, em qualquer quantidade; e, finalmente, quando começam com c, devem necessariamente terminar com um par de símbolos a.
    c) Todas as cadeias que contêm subcadeias de símbolos a de comprimentos ímpar e par (exceto zero) alternadas. Antes e depois de cada uma dessas subcadeias, existe uma sequência arbitrária de símbolos b ou c, mas não a. Exemplos: *abcaacaaabbbaaaaabcc*, *bbbaaacbcbaacaaaaa* e *abaabab*.
    d) Todas as cadeias que contenham uma quantidade de símbolos c que seja sempre múltipla de 3.
14. Considere o alfabeto $\{a,b\}$. Construa uma expressão regular sobre esse alfabeto que represente cada uma das linguagens informalmente descritas a seguir, da forma mais ampla possível. As linguagens são definidas a partir das propriedades exibidas por todas as suas sentenças.
    a) A quantidade total de símbolos nas cadeias é par.
    b) A quantidade total de símbolos nas cadeias é ímpar.
    c) A quantidade de símbolos a é par e a quantidade de símbolos b é par.
    d) A quantidade de símbolos a é ímpar e a quantidade de símbolos b é ímpar.
    e) A quantidade de símbolos a é par e a quantidade de símbolos b é ímpar.
    f) A quantidade de símbolos a é ímpar e a quantidade de símbolos b é par.
    g) A quantidade total de símbolos é múltipla de 3.

h) A quantidade de símbolos *a* é múltipla de 3.
i) Não contém a subcadeia *aaaa*;
j) Não contém as subcadeias *aaaa* e *bb*.
k) Possui a subcadeia *abb* como prefixo.
l) Não possui a subcadeia *abb* como prefixo.
m) Possui a subcadeia *bba* como sufixo.
n) Não possui a subcadeia *bba* como sufixo.
o) Possui a subcadeia *abb* como prefixo e a subcadeia *bba* como sufixo.
p) Possui a subcadeia *abb* como prefixo e não possui a subcadeia *bba* como sufixo.
q) Não possui a subcadeia *abb* como prefixo e possui a subcadeia *bba* como sufixo.
r) Não possui a subcadeia *abb* como prefixo e não possui a subcadeia *bba* como sufixo.

15. Considere o alfabeto $\{a,b\}$. Construa uma expressão regular sobre esse alfabeto que represente cada uma das linguagens informalmente descritas a seguir, da forma mais ampla possível. As linguagens são definidas a partir das propriedades exibidas por todas as suas sentenças.
    a) Contém no mínimo 5 símbolos quaisquer.
    b) Contém no máximo 5 símbolos quaisquer.
    c) Contém exatamente 5 símbolos quaisquer.
    d) Contém no mínimo 5 símbolos quaisquer e no máximo 8 símbolos quaisquer.
    e) Contém no mínimo 5 símbolos *a*.
    f) Contém no máximo 5 símbolos *a*.
    g) Contém exatamente 5 símbolos *a*.
    h) Contém no mínimo 5 símbolos quaisquer e no máximo 8 símbolos *a*.
    i) Contém no mínimo 5 símbolos *a* e também no máximo 8 símbolos *a*.
    j) Contém no mínimo 5 símbolos *a* e no máximo 8 símbolos *b*.
    k) Contém no máximo 3 símbolos *b* justapostos.
    l) Contém no máximo 3 símbolos *b* não justapostos.
    m) Contém a subcadeia *aaaa*.
    n) Contém as subcadeias *aaaa* e *bb*.
16. Repita os Exercícios 14 e 15, porém considerando o alfabeto $\{a,b,c\}$ como base para a elaboração das expressões regulares.
17. Considere cada uma das gramáticas G_i cujos respectivos conjuntos de produções P_i são apresentados a seguir:

$$P_1 \ : \ \{V \to dN\vdash, N \to dN \mid \varepsilon\}$$

$$\begin{aligned} P_2 \ &: \ \{V \to SdN\vdash, S \to + \mid - \mid \varepsilon, \\ &\quad N \to dN \mid \varepsilon\} \\ P_3 \ &: \ \{V \to SR\vdash, S \to + \mid - \mid \varepsilon, \\ &\quad R \to .dN \mid dN.N, N \to dN \mid \varepsilon\} \\ P_4 \ &: \ \{V \to SRE\vdash, S \to + \mid - \mid \varepsilon, \\ &\quad R \to dN.N \mid .dN, E \to eSdN \mid \varepsilon, \\ &\quad N \to dN \mid \varepsilon\} \\ P_5 \ &: \ \{V \to SQE\vdash, S \to + \mid - \mid \varepsilon, \\ &\quad Q \to .dN \mid dNM, M \to .N \mid \varepsilon, \\ &\quad E \to eSdN \mid \varepsilon, N \to dN \mid \varepsilon\} \end{aligned}$$

    a) Descreva $L(G_i), 1 \leqslant i \leqslant 5$, de maneira informal, com suas próprias palavras, e através de exemplos.
    b) Qual a relação que existe entre essas linguagens?
    c) Para cada uma dessas linguagens:
        i. Construa uma expressão regular que a gere.
        ii. Construa uma gramática linear à direita que a gere.
        iii. Construa uma gramática linear à esquerda que a gere.
18. Construa, para a gramática linear à direita apresentada a seguir:

$$\begin{aligned} S &\to aX \mid bY \mid cZ \\ X &\to bS \mid cX \mid d \\ Y &\to bZ \mid aY \mid cS \\ Z &\to cY \mid aZ \mid \varepsilon \end{aligned}$$

    a) As expressões regulares que representam a linguagem definida por cada um de seus símbolos não terminais.
    b) Uma gramática linear à esquerda equivalente.
19. Construa uma expressão regular que defina a linguagem cujas sentenças correspondam aos nomes de arquivos conforme as convenções adotadas no sistema MS-DOS. São exemplos de sentenças válidas nesta linguagem:
    - id
    - $id.$
    - $\backslash id$
    - $id\backslash id.$
    - $\backslash id\backslash id\backslash id.id$

    onde $id \in \{A,...Z\}\{A,...Z,0,...9\}^*$.
20. Expressões regulares e conjuntos regulares são formas diferentes de expressar o mesmo fenômeno.

a) Defina formalmente conjunto regular.
b) Defina formalmente expressão regular.
c) Compare as definições anteriores e determine suas semelhanças e diferenças.

21. Considere $\Sigma = \{a,b,c\}$ e $L_i, i = 1,2,3$, as linguagens formadas por todas as cadeias passíveis de serem construídas sobre Σ, de tal forma que as seguintes regras sejam observadas respectivamente:
    a) L_1: as sentenças começam com a, terminam com dois c consecutivos e apresentam um número par de símbolos b.
    b) L_2: as sentenças começam com b e apresentam um número total de símbolos que é ímpar.
    c) L_3: as sentenças apresentam qualquer quantidade de símbolos, mas não contêm dois (ou mais) símbolos c adjacentes.

    Construa expressões regulares que representem cada uma dessas linguagens.
22. Considere a gramática $G = (\{S,A,k\}, \{k\}, \{S \to AA, A \to SS, S \to k\}, S)$. Justifique suas respostas para as seguintes perguntas:
    a) Qual o comprimento da menor cadeia gerada por G?
    b) As cadeias k^8 e k^{16} pertencem à linguagem $L(G)$?
    c) $L(G)$ é finita ou infinita?
    d) G é regular?
    e) $L(G)$ é regular?
23. Construa expressões regulares R_1 e R_2 sobre o alfabeto $\Sigma = \{a,b\}$, tais que as respectivas linguagens geradas contenham todas aquelas cadeias $w \in \Sigma^*$ que apresentem as seguintes características:
    a) R_1: se w for iniciada com o símbolo a, então w não termina com o símbolo b.
    b) R_2: se w contém a subcadeia aa, então w não contém a subcadeia bb.
24. Sejam L_1 a linguagem gerada pela expressão regular $(a \mid b \mid c)^*(a \mid b)(a \mid b \mid c)^*$ e L_2 a linguagem gerada pela expressão regular $a(a \mid b \mid c)^* \mid b(a \mid b \mid c)^* \mid cc^*(a \mid b)(a \mid b \mid c)^*$. Assinale a alternativa correta, justificando sua resposta:
    ( ) $L_1 \subseteq L_2$.
    ( ) $L_1 \supseteq L_2$.
    ( ) $L_1 \cap L_2 = \emptyset$.
    ( ) $L_1 = L_2$.
    ( ) Nenhuma das alternativas anteriores.
25. Considere a expressão regular $a^*(b \mid c)d^*e$. Obtenha:
    a) Uma gramática linear à direita que gere essa linguagem.
    b) Uma gramática linear à esquerda que gere essa linguagem.
26. Considere a linguagem $L = \{w \in \{a,b,c\}^* \mid$ os símbolos a, caso existam, aparecem apenas entre as três primeiras ou entre as três últimas posições de w, de forma não exclusiva$\}$. Pede-se:
    a) Uma gramática (qualquer) que a gere.
    b) A sequência de derivações, nesta gramática, que conduz à geração das sentenças *abcac* e *caacaba*.
27. Considere a linguagem $L = \{w \in \{a,b,c,d\}^* \mid$ os símbolos a, caso existam, aparecem apenas nas posições ímpares de w. Considera-se o primeiro símbolo de w como sendo ocupante da posição número 1 e assim por diante.$\}$. Pede-se:
    a) Uma gramática linear à direita que gere essa linguagem.
    b) Uma gramática linear à esquerda que gere essa linguagem.
    c) Uma expressão regular que gere essa linguagem.

Autômatos finitos

28. Em que condições se diz que:
    a) Uma cadeia é aceita por um autômato finito determinístico?
    b) Uma cadeia é rejeitada por um autômato finito determinístico?
    c) Uma cadeia é aceita por um autômato finito não determinístico?
    d) Uma cadeia é rejeitada por um autômato finito não determinístico?
29. Responda às perguntas:
    a) Quais são, segundo a Hierarquia de Chomsky, as classes de linguagens representáveis, respectivamente, pelas expressões regulares, pelos autômatos finitos e pelas gramáticas regulares?
    b) Os autômatos finitos não determinísticos e com transições em vazio são capazes de reconhecer classes mais amplas de linguagens do que os autômatos finitos determinísticos e sem transições em vazio? Justifique sua resposta.
    c) Justifique o interesse maior que se verifica na prática sobre os autômatos finitos determinísticos e sem transições em vazio.

30. Conceitue os termos abaixo e exemplifique:
    a) Metalinguagem.
    b) Função de transição de um autômato finito.
    c) Autômato finito determinístico.
    d) Autômato finito não determinístico.
    e) Autômato finito mínimo.
    f) Autômatos finitos equivalentes.
    g) Transição em vazio.
    h) Transição determinística.
    i) Transição não determinística.
    j) Estado inacessível.
    k) Estado inútil.
    l) Estados equivalentes.
    m) Gramática linear à direita.
    n) Gramática linear à esquerda.
    o) Configuração.
    p) Configuração inicial.
    q) Configuração final.
    r) Expressão regular.
    s) Conjunto regular.
    t) Linguagem regular.
31. Com foco nas questões conceituais e sua repercussão na prática:
    a) Descreva, de maneira informal e com exemplos, o algoritmo para eliminação de não determinismos em autômatos finitos.
    b) Faça o mesmo para o algoritmo de eliminação de transições em vazio.
32. Autômatos finitos com transições em vazio necessariamente exibem um comportamento não determinístico durante sua operação? Justifique sua resposta com exemplos.
33. Mostre a sequência de configurações assumidas pelo autômato finito $(\{q_0, q_1, q_2, q_3\}, \{a, b, c, d\}, \{(q0,a) \rightarrow q_1, (q_1,b) \rightarrow q_2, (q_2,c) \rightarrow q_3, (q_3,c) \rightarrow q_3, (q_3,d) \rightarrow q_0\}, q_0, \{q_3\})$ durante a análise das cadeias *abcdabc* e *abdabcd*. Determine se essas cadeias pertencem ou não à linguagem reconhecida pelo autômato.
34. Considere $M = (\{q_0, q_1\}, \{a,b,c\}, \{((q_0,a), q_1), ((q_1,b), q_1), ((q_1,c), q_0)\}, q_0, \{q_1\})$.
    a) Mostre a sequência de movimentos executados por M na análise das cadeias *abbca* e *abaac*.
    b) Indique a configuração inicial e a configuração final em cada caso.
    c) Obtenha uma expressão regular que represente $L(M)$.
35. Considere o conjunto de todos os autômatos finitos genericamente representados por $M_i = (\{q_0,q_1\}, \{a,b,c,d\}, \{(q_0,a) \rightarrow q_1, (q_1,a) \rightarrow q_1, (q_1,b) \rightarrow q_0\}, q_{inicial}, F)$, com $q_{inicial} \in \{q_0,q_1\}$ e $F \in 2^{\{q_0,q_1\}}$. Determine, para todas as combinações distintas de valores possíveis para $q_{inicial}$ e F, a expressão regular correspondente à linguagem aceita pelo respectivo autômato finito. Uma combinação válida é, por exemplo, $q_{inicial} = q_0$ e $F = \{q_0,q_1\}$.
36. Considere o conjunto de todos os autômatos finitos genericamente representados por $M_i = (\{q_0,q_1,q_2\},\{a,b\},\{(q_0,a) \rightarrow q_1,(q_1,a) \rightarrow q_1,(q_1,b) \rightarrow q_2\},q_{inicial},F)$, com $q_{inicial} \in \{q_0, q_1, q_2\}$ e $F \in 2^{\{q_0,q_1,q_2\}}$. Para cada um desses 24 autômatos (considerados três estados iniciais distintos e oito conjuntos de estados finais distintos), construa a expressão regular que representa a linguagem aceita por cada um deles.
37. Considere as linguagens definidas pelas expressões regulares a seguir:
    a) $(ab^*c^*)^* \mid (a^*b^*c)^+$.
    b) $aaa(b \mid c)^* \mid (b \mid c)^*aaa$.
    c) $a^*b \mid ab^*$.

    Para cada uma dessas linguagens, obtenha:
    a) Um autômato finito qualquer que a reconheça.
    b) Um autômato finito que a reconheça e que não contenha não determinismos, transições em vazio, estados inacessíveis nem estados inúteis.
38. Construa um autômato finito determinístico equivalente ao autômato cuja função de transição é:

$$\delta(q_0,a) = \{q_1,q_2\}, \delta(q_1,b) = \{q_1,q_3\},$$
$$\delta(q_2,b) = \{q_1\}, \delta(q_2,c) = \{q_3\},$$
$$\delta(q_3,d) = \{q_3\}, \text{com } F = \{q_3\}.$$

39. Construa um autômato finito determinístico e sem transições em vazio que seja equivalente ao autômato cuja função de transição é:

$$\delta(q_0,a) = \{q_0\}, \delta(q_0,\varepsilon) = \{q_1\},$$
$$\delta(q_1,b) = \{q_1\}, \delta(q_1,\varepsilon) = \{q_2\},$$
$$\delta(q_2,a) = \{q_2\}, \delta(q_2,b) = \{q_2\},$$
$$\delta(q_2,\varepsilon) = \{q_3\}, \text{com } F = \{q_3\}.$$

40. Construa um autômato finito determinístico e sem transições em vazio que seja equivalente ao autômato cuja função de transição é:

$$\delta(q_0,a) = q_0, \delta(q_0,\varepsilon) = q_1, \delta(q_1,b) = q_1,$$
$$\delta(q_1,\varepsilon) = q_2, \delta(q_2,a) = q_2, \delta(q_2,\varepsilon) = q_0,$$
$$\text{com } F = \{q_2\}.$$

41. Obtenha autômatos finitos determinísticos e isentos de transições em vazio que reconheçam cada uma das seguintes linguagens:
    a) $(a^*b^*(a \mid ac^*))^*$;
    b) $a^*b^* \mid b^*a^*$.
42. Considere as linguagens definidas pelas gramáticas $G_i, 1 \leqslant i \leqslant 5$, do Exemplo 17. Para cada uma dessas linguagens:
    a) Construa um autômato finito M_i qualquer que a reconheça.
    b) Construa um autômato finito M_i' determinístico, sem transições em vazio, sem estados inacessíveis e sem estados inúteis, que a reconheça.
43. Construa um autômato finito equivalente ao autômato:

    $(\{q_0,q_1,q_2\}, \{a,b,c\}, \{(q_0,a) \to q_0, (q_0,b) \to q_0, (q_0,c) \to q_0, (q_0,b) \to q_1, (q_0,c) \to q_1, (q_1,b) \to q_1, (q_1,c) \to q_1, (q_1,c) \to q_2, (q_2,c) \to q_2\}, q_0, \{q_2\})$,

    porém isento de não determinismos.
44. Construa um autômato finito equivalente ao autômato:

    $(\{q_0,q_1,q_2\}, \{a,b,c\}, \{(q_0,a) \to q_0, (q_0,\varepsilon) \to q_1, (q_1,b) \to q_1, (q_1,\varepsilon) \to q_1, (q_1,\varepsilon) \to q_2, (q_2,c) \to q_2, (q_2,\varepsilon) \to q_0\}, q_0, \{q_2\})$,

    porém isento de transições em vazio.
45. Construa um autômato finito M_2 equivalente ao autômato:

    $M_1 = (\{q_0,q_1,q_2,q_3\}, \{a,b,c\}, \{(q_0,a) \to q_0, (q_0,\varepsilon) \to q_1, (q_1,b) \to q_1, (q_1,\varepsilon) \to q_2, (q_2,a) \to q_2, (q_2,\varepsilon) \to q_3, (q_3,c) \to q_3\}, q_0, \{q_3\})$,

    porém isento de transições em vazio, assim como de não determinismos e de estados inacessíveis.
46. Considere o autômato finito $M = (Q, \Sigma, \delta, q_0, F)$, com:

$$
\begin{aligned}
Q &= \{q_0,q_1,q_2,q_3,q_4,q_5,q_6,q_7,q_8,q_9\} \\
\Sigma &= \{a,b,c,d,e\} \\
F &= \{q_2,q_3,q_9\} \\
\delta &= \{(q_0,a) \to q_1,(q_0,a) \to q_7, \\
&\quad (q_1,b) \to q_2,(q_1,c) \to q_3, \\
&\quad (q_2,c) \to q_1,(q_2,e) \to q_0, \\
&\quad (q_3,d) \to q_4,(q_4,e) \to q_4, \\
&\quad (q_4,\varepsilon) \to q_5,(q_5,e) \to q_0, \\
&\quad (q_5,a) \to q_6,(q_5,\varepsilon) \to q_0, \\
&\quad (q_6,\varepsilon) \to q_3,(q_6,\varepsilon) \to q_8, \\
&\quad (q_7,b) \to q_8,(q_8,b) \to q_9, \\
&\quad (q_8,c) \to q_9,(q_9,\varepsilon) \to q_8, \\
&\quad (q_9,\varepsilon) \to q_7,(q_9,b) \to q_2\}
\end{aligned}
$$

    a) Construa o diagrama de estados de M.
    b) Determine uma sequência de movimentos que conduza ao reconhecimento da cadeia *abccdac*.
    c) Construa um autômato equivalente a M sem transições em vazio e sem não determinismos.
    d) Construa uma gramática linear à direita G tal que $L(G) = L(M)$.
    e) Considere a função de transição δ do autômato M alterada para $\delta = \delta - \{(q_0,a) \to q_7,(q_1,c) \to q_3\}$. Construa uma expressão regular que represente a linguagem definida por $L(M)$ nesta nova condição.
47. Construa um autômato finito que reconheça todos os **anagramas**[10] da palavra *livro*. São exemplos de anagramas dessa palavra: *orvil*, *vroli*, *ilvro*, *livor*, *liorv*, *livro*, *ilorv*, *vriol*, *vrilo*, *rilov*, *irvol* etc.
48. Faça uma estimativa da quantidade de estados necessários para o reconhecimento das linguagens a seguir definidas. Em seguida, desenhe um gráfico que mostre a forma como a quantidade de estados do autômato varia em função do tamanho da palavra considerada.
    a) Todos os anagramas de uma palavra qualquer de comprimento 3.
    b) Todos os anagramas de uma palavra qualquer de comprimento 5.
    c) Todos os anagramas de uma palavra qualquer de comprimento 7.
    d) Todos os anagramas de uma palavra qualquer de comprimento 9.
49. Responda às perguntas:
    a) Além da notação algébrica, que outras duas notações também são largamente empregadas para representar autômatos finitos?
    b) Quais as principais aplicações de cada uma delas?

[10] Permutação. Cadeia formada pelo livre embaralhamento dos símbolos de uma dada cadeia, sem eliminar ou acrescentar símbolos.

50. Considere o autômato finito $M = (\{q_0, q_1, q_2, q_3\}, \{0,1\}, \delta, q_0, \{q_3\})$, com:

$$\delta = \{(q_0,\varepsilon) \to q_1, (q_0,\varepsilon) \to q_2, (q_1,0) \to q_1, (q_1,1) \to q_3, (q_2,0) \to q_3, (q_2,1) \to q_2\}$$

a) Qual a linguagem que esse autômato finito reconhece?
b) Construa um diagrama de estados para esse autômato.
c) Construa uma tabela de transição de estados para esse autômato.
d) Determine um autômato finito equivalente sem transições em vazio.
e) Construa um autômato finito equivalente sem transições em vazio e sem não determinismos.

51. Considere a linguagem formada pelas sentenças que representam — por extenso e observando as regras de concordância do português, incluindo gênero e número — todos os números entre zero (0) e novecentos e noventa e nove (999). Exemplos:

"vinte e dois"
"trezentos e dezessete"
"seiscentos e dois"
"novecentos e noventa e oito"

a) Essa linguagem é regular. Justifique essa afirmação.
b) Construa um autômato finito que aceite essa linguagem.
c) Construa uma gramática linear à direita que gere essa linguagem.

52. Considere os autômatos abaixo definidos:

- $M_1 = (\{q_1,q_2,q_3,q_4,q_5\}, \{a,b\}, \delta, q_1, \{q_5\})$, com $\delta = \{$

$(q_1,a) \to \{q_2\}, (q_2,a) \to \{q_2\},$
$(q_3,a) \to \{q_4\}, (q_4,a) \to \{q_4\},$
$(q_3,b) \to \{q_3,q_4\}, (q_4,b) \to \{q_2\},$
$(q_2,\varepsilon) \to \{q_3\}, (q_4,\varepsilon) \to \{q_5\}\}$

- $M_2 = (\{q_0,q_1,q_2,q_3,q_4,q_5,q_6\}, \{a,b,c,d,e,f\}, \delta, q_0, \{q_5,q_6\})$, com $\delta = \{$

$(q_0,a) \to \{q_1,q_2\}, (q_0,b) \to \{q_3\},$
$(q_2,b) \to \{q_4\}, (q_0,c) \to \{q_5\},$
$(q_1,c) \to \{q_3\}, (q_2,c) \to \{q_1\},$
$(q_3,d) \to \{q_0,q_5\}, (q_5,e) \to \{q_4\},$
$(q_5,f) \to \{q_6\}, (q_1,\varepsilon) \to \{q_4\},$
$(q_4,\varepsilon) \to \{q_2\}, (q_6,\varepsilon) \to \{q_3\}\}$

- $M_3 = (\{q_0,q_1,q_2,q_3\}, \{a,b,c,d\}, \delta, q_0, \{q_3\})$, com $\delta = \{$

$(q_0,a) \to q_0, (q_0,\varepsilon) \to q_1, (q_1,b) \to q_1,$
$(q_1,\varepsilon) \to q_2, (q_2,c) \to q_2, (q_2,\varepsilon) \to q_3,$
$(q_3,d) \to q_3, (q_3,\varepsilon) \to q_0\}$

Para cada um desses autômatos, determine um outro autômato isento de transições em vazio, determinístico e isento de estados inacessíveis ou inúteis que lhe seja respectivamente equivalente.

53. Responda às perguntas:
a) Em que condições uma expressão regular, um autômato finito e uma gramática linear (à direita ou à esquerda) especificam a mesma linguagem?
b) O que significa e como se define "configuração inicial" e "configuração final" em autômatos finitos?

54. Dado um autômato finito $M = (Q, \Sigma, \delta, q_0, F)$ qualquer e uma cadeia de entrada qualquer, responda às perguntas seguintes, justificando suas respostas:
a) Quantas configurações iniciais, no mínimo e no máximo, esse autômato pode possuir, nessas condições? Quais são elas?
b) Quantas configurações finais, no mínimo e no máximo, esse autômato pode possuir? Quais são elas?

55. Para cada um dos autômatos finitos construídos nos Exercícios 79 e 82 adiante, obtenha:
a) Uma versão equivalente isenta de transições em vazio.
b) Uma versão equivalente isenta de não determinismos.
c) Uma versão equivalente isenta de estados inacessíveis e inúteis.

56. Considere a linguagem $(0^*11^*(2 \mid 3))^+$, sobre o alfabeto $\Sigma = \{0,1,2,3\}$:
a) Construa um autômato finito qualquer que reconheça essa linguagem.
b) Mostre a sequência de movimentações que conduzem esse autômato finito à aceitação da cadeia 01200113.

57. Considere a linguagem $(0^*11^*(2 \mid 3))^*$, sobre o alfabeto $\Sigma = \{0,1,2,3\}$:
a) Construa um autômato finito determinístico (sem transições em vazio e sem não determinismos) e sem estados inacessíveis que reconheça essa linguagem.

b) Mostre a sequência de movimentações que conduzem esse autômato finito à aceitação da cadeia 01200113.

58. Considere o autômato finito $M = (\{q_0\}, \{a\}, \{(q_0,a) \to q_0, (q_0,\varepsilon) \to q_0\}, q_0, \{q_0\})$. Conforme o ponto de vista (da notação ou da operação), é possível considerar M como sendo determinístico ou não determinístico.
   a) Por que M pode ser considerado determinístico?
   b) Por que M pode ser considerado não determinístico?

59. Construa um autômato finito determinístico, sem transições em vazio e sem estados inacessíveis que reconheça a linguagem $(0^*11^*(2 \mid 3))^+$.

60. Justifique o interesse prático por autômatos finitos determinísticos e sem transição em vazio, em vez das correspondentes versões não determinísticas e/ou com transições em vazio.

61. Construa um autômato finito equivalente a $M = (\{q_0, q_1, q_2, q_3, q_4\}, \{a,b,c\}, \delta, q_0, \{q_3\})$, porém isento de transições em vazio:

$$\begin{aligned} \delta = \{ & (q_2,a) \to \{q_2\}, \\ & (q_3,a) \to \{q_4\}, \\ & (q_2,b) \to \{q_3\}, \\ & (q_0,c) \to \{q_4\}, \\ & (q_0,\varepsilon) \to \{q_1\}, \\ & (q_1,\varepsilon) \to \{q_2\}, \\ & (q_4,\varepsilon) \to \{q_3\}\} \end{aligned}$$

62. Construa um autômato finito equivalente a $M = (\{q_0, q_1, q_2, q_3, q_4\}, \{a,b,c,d\}, \delta, q_0, \{q_2\})$, porém isento de não determinismos:

$$\begin{aligned} \delta = \{ & (q_0,a) \to \{q_1,q_2,q_4\}, \\ & (q_1,b) \to \{q_2\}, \\ & (q_4,b) \to \{q_3\}, \\ & (q_2,c) \to \{q_2\}, \\ & (q_2,d) \to \{q_3\}, \\ & (q_3,d) \to \{q_1,q_3\}\} \end{aligned}$$

63. Construa um autômato finito equivalente a $M = (\{q_0, q_1, q_2, q_3, q_4, q_5\}, \{a,b,c\}, \delta, q_0, \{q_3, q_5\})$, porém isento de estados inacessíveis ou inúteis:

$$\begin{aligned} \delta = \{ & (q_0,a) \to \{q_1\}, \\ & (q_5,a) \to \{q_1,q_2\}, \\ & (q_1,b) \to \{q_1,q_2\}, \\ & (q_2,b) \to \{q_2\}, \\ & (q_4,b) \to \{q_5\}, \\ & (q_1,c) \to \{q_3\}, \\ & (q_2,c) \to \{q_3\}, \\ & (q_3,c) \to \{q_3\}\} \end{aligned}$$

64. Para cada um dos autômatos finitos dos Exercícios 61, 62 e 63, construa:
   a) Uma expressão regular que gere a linguagem reconhecida pelo autômato.
   b) Uma gramática linear à direita que gere a linguagem reconhecida pelo autômato.
   c) Uma gramática linear à esquerda que gere a linguagem reconhecida pelo autômato.

65. Qual a linguagem reconhecida por cada um dos seguintes autômatos finitos?
   a) $(\{q_0\},\{a,b\},\{\},q_0,\{q_0\})$
   b) $(\{q_0\},\{a,b\},\{(q_0,a) \to q_0\},q_0,\{q_0\})$
   c) $(\{q_0\},\{a,b\},\{(q_0,\varepsilon) \to q_0\},q_0,\{q_0\})$
   d) $(\{q_0\},\{a,b\},\{\},q_0,\{\})$
   e) $(\{q_0\},\{a,b\},\{(q_0,\varepsilon) \to q_0\},q_0,\{\})$
   f) $(\{q_0\}, \{a,b\}, \{(q_0,a) \to q_0, (q_0,b) \to q_0\}, q_0, \{q_0\})$
   g) $(\{q_0\}, \{a,b\}, \{(q_0,a) \to q_0, (q_0,\varepsilon) \to q_0\}, q_0, \{q_0\})$
   h) $(\{q_0\}, \{a,b\}, \{(q_0,a) \to q_0, (q_0,b) \to q_0, (q_0,\varepsilon) \to q_0\}, q_0, \{q_0\})$

66. Qual a linguagem reconhecida por cada um dos seguintes autômatos finitos?
   a) $(\{q_0,q_1\},\{a\},\{\},q_0,\{q_1\})$
   b) $(\{q_0,q_1\},\{a\},\{\},q_0,\{q_0\})$
   c) $(\{q_0,q_1\},\{a\},\{(q_0,\varepsilon) \to q_1\},q_0,\{q_0\})$
   d) $(\{q_0,q_1\},\{a\},\{(q_0,\varepsilon) \to q_1\},q_0,\{q_1\})$
   e) $(\{q_0,q_1\},\{a\},\{(q_0,\varepsilon) \to q_1\},q_0,\{q_0,q_1\})$
   f) $(\{q_0,q_1\}, \{a\}, \{(q_0,a) \to q_1, (q_1,a) \to q_0\},q_0,\{q_0\})$
   g) $(\{q_0,q_1\}, \{a\}, \{(q_0,a) \to q_1, (q_1,a) \to q_0\}, q_0, \{q_1\})$
   h) $(\{q_0,q_1\}, \{a\}, \{(q_0,\varepsilon) \to q_1, (q_1,a) \to q_0\}, q_0, \{q_0\})$
   i) $(\{q_0,q_1\}, \{a\}, \{(q_0,\varepsilon) \to q_1, (q_1,a) \to q_0\}, q_0, \{q_1\})$
   j) $(\{q_0,q_1\}, \{a\}, \{(q_0,\varepsilon) \to q_1, (q_1,\varepsilon) \to q_0\}, q_0, \{q_0\})$
   k) $(\{q_0,q_1\}, \{a\}, \{(q_0,\varepsilon) \to q_1, (q_1,\varepsilon) \to q_0\}, q_0, \{q_1\})$
   l) $(\{q_0,q_1\}, \{a\}, \{(q_0,a) \to q_0, (q_0,\varepsilon) \to q_1\}, q_0, \{q_0\})$
   m) $(\{q_0,q_1\}, \{a\}, \{(q_0,a) \to q_0, (q_0,\varepsilon) \to q_1\}, q_0, \{q_1\})$

n) $(\{q_0,q_1\}, \{a\}, \{(q_0,a) \rightarrow q_0, (q_0,\varepsilon) \rightarrow q_1\}, q_0, \{q_0,q_1\})$
o) $(\{q_0,q_1\}, \{a\}, \{(q_0,\varepsilon) \rightarrow q_1, (q_1,a) \rightarrow q_1\}, q_0, \{q_0\})$
p) $(\{q_0,q_1\}, \{a\}, \{(q_0,\varepsilon) \rightarrow q_1, (q_1,a) \rightarrow q_1\}, q_0, \{q_1\})$
q) $(\{q_0,q_1\}, \{a\}, \{(q_0,\varepsilon) \rightarrow q_1, (q_1,a) \rightarrow q_1\}, q_0, \{q_0,q_1\})$
r) $(\{q_0,q_1\}, \{a\}, \{(q_0,a) \rightarrow q_0, (q_0,\varepsilon) \rightarrow q_1, (q_1,a) \rightarrow q_1\}, q_0, \{q_0\})$
s) $(\{q_0,q_1\}, \{a\}, \{(q_0,a) \rightarrow q_0, (q_0,\varepsilon) \rightarrow q_1, (q_1,a) \rightarrow q_1\}, q_0, \{q_1\})$
t) $(\{q_0,q_1\}, \{a\}, \{(q_0,a) \rightarrow q_0, (q_0,\varepsilon) \rightarrow q_1, (q_1,a) \rightarrow q_1\}, q_0, \{q_0,q_1\})$
u) $(\{q_0,q_1\}, \{a\}, \{(q_0,a) \rightarrow q_0, (q_0,\varepsilon) \rightarrow q_1, (q_1,a) \rightarrow q_1, (q_1,\varepsilon) \rightarrow q_0\}, q_0, \{q_0\})$
v) $(\{q_0,q_1\}, \{a\}, \{(q_0,a) \rightarrow q_0, (q_0,\varepsilon) \rightarrow q_1, (q_1,a) \rightarrow q_1, (q_1,\varepsilon) \rightarrow q_0\}, q_0, \{q_1\})$

67. Considere a linguagem definida pela expressão regular seguinte, onde *id* representa uma sequência qualquer de letras e dígitos. Exemplo: $c:/testes/teste1.exe$ e $files/myfile$.

$$((c \mid a):) \mid \varepsilon)(/ \mid \varepsilon)(id/)^*(id(.id \mid \varepsilon))$$

Construa um autômato finito que reconheça essa linguagem. Considere *id* como símbolo terminal.

68. Considere a maior linguagem $L \subseteq \{a,b,c\}^*$, tal que suas cadeias satisfazem a todas as seguintes condições simultaneamente:
   - O número de símbolos a na cadeia é par.
   - O número de símbolos b na cadeia é ímpar.
   - O símbolo c ocorre apenas imediatamente antes do símbolo b, e em nenhuma outra situação.

   Construa um autômato finito que aceite essa linguagem.

69. Obtenha um autômato finito (qualquer) que reconheça a linguagem $L = \{w \in \{a,b\}^* \mid w$ contém uma quantidade ímpar de símbolos a e uma quantidade múltipla de 3 de símbolos $b\}$.

70. Considere os conjuntos a seguir especificados, e responda com verdadeiro ("V") ou falso ("F") a cada uma das afirmações seguintes, justificando suas respostas.
   - L_D: o conjunto de todas as linguagens reconhecidas por autômatos finitos determinísticos, sem transições em vazio.
   - L_{DV}: o conjunto de todas as linguagens reconhecidas por autômatos finitos determinísticos, com transições em vazio.
   - L_N: o conjunto de todas as linguagens reconhecidas por autômatos finitos não determinísticos, sem transições em vazio.
   - L_{NV}: o conjunto de todas as linguagens reconhecidas por autômatos finitos não determinísticos, com transições em vazio.

   a) Se $L_1 \in L_D$, então $L_1 \in L_N$.
   b) Se $L_1 \in L_{NV}$, então ou $(L_1 \in L_N)$ ou $(L_1 \in L_{DV})$.
   c) $L_{NV} \cap L_{DV} \cap L_N = \emptyset$.
   d) $L_D = L_N$, porém $L_{DV} \neq L_{NV}$.
   e) $(L_D \cup L_N) = (L_{NV} \cup L_{DV})$.
   f) Se $L_1 \in L_{NV}$, então $L_1 \notin (L_N \cap L_{DV})$.
   g) Se $L_1 \in L_D$ e $L_2 \in L_N$, então $L_1L_2 \in (L_D \cup L_N)$.
   h) $\exists L$ (regular) $\mid L \notin (L_{NV} \cap L_{DV} \cap L_N \cap L_D)$.
   i) $(L_{NV} \cap \overline{L_D}) = \emptyset$.
   j) $(L_D \cup L_{DV} \cup L_{NV}) - L_N = \emptyset$.
   k) Se $L_1 \in L_{DV}$ e $L_2 \in L_{NV}$, então $(L_1 \cap L_2) \in (L_D \cup L_N)$.
   l) Se $L_1 \in L_{DV}$, então $L_1 \notin L_{NV}$.

71. A construção de um autômato finito determinístico M_2 que seja equivalente a outro não determinístico M_1 baseia-se na criação de novos estados e na substituição de transições não determinísticas por outras equivalentes que sejam determinísticas. Se M_1 possui n estados, o autômato M_2 pode apresentar uma quantidade máxima de estados igual a $2^n - 1$. Essa quantidade corresponde ao número de elementos pertencentes ao conjunto 2^n, excetuando-se o conjunto vazio. Para que essa quantidade máxima seja atingida, é necessário, por exemplo, que M_1 apresente pelo menos $2^n - 1 - n$ conjuntos de transições não determinísticas, cada qual envolvendo todos os estados de um mesmo elemento $P_i \in 2^n$, desde que $|P_i| \geqslant 2$. Tais conjuntos de transições podem existir de forma explícita em M_1, ou então surgir durante a construção de M_2. Construa autômatos finitos não determinísticos com 2, 3, 4 e 5 estados, os quais, após a eliminação de seus não determinismos, resultem em autômatos determinísticos com respectivamente 3, 7, 15 e 31 estados.

Equivalência das notações

72. Construa uma gramática qualquer que gere a linguagem representada pela expressão regu-

lar $a^*b^*(aa^*bb^*)^* \mid aaa^*bbb^*$, definida sobre o alfabeto $\{a,b\}$.

73. Dado o conjunto regular $\{a,b\}^+\{c,d\}^*(\{e\}\cup\{f\}\{g\}^*\cup\{k\})\{l\}^+$, obtenha uma gramática linear à direita e uma gramática linear à esquerda que gerem a linguagem definida por esse conjunto.
74. Considere a linguagem sobre $\Sigma = \{0,1,2,3\}$, gerada pela expressão regular $0^*11^*(2 \mid 3)$. Obtenha:
    a) Uma gramática linear à direita (unitária ou não) que gere essa linguagem.
    b) Uma gramática linear à esquerda (unitária ou não) que gere essa linguagem.
75. Considere a linguagem gerada pela expressão regular $a^*(b \mid cd)ef^*$ e construa:
    a) Uma gramática não regular que a gere.
    b) Uma gramática linear unitária à direita que a gere.
    c) Uma gramática linear unitária à esquerda que a gere.
76. Considere a expressão regular $(a \mid b \mid \varepsilon)(aa \mid bb)^*(ab)^*ab$ sobre o alfabeto $\{a,b\}$. Construa:
    a) Uma gramática não regular que a gere.
    b) Uma gramática linear (não unitária) à direita que a gere.
    c) Uma gramática linear (não unitária) à esquerda que a gere.
    d) Uma gramática linear (unitária) à direita que a gere.
    e) Uma gramática linear (unitária) à esquerda que a gere.
77. Considere o alfabeto $\{0,1\}$ e a linguagem formada por cadeias sobre ele, de tal forma que todas começam sempre com a subcadeia 00 ou 11 e terminam sempre em 00 ou 11 também. Exemplos: 0011, 1101011011, 11010100 e 00000.
    a) Construa uma expressão regular para essa linguagem.
    b) Construa um autômato finito que reconheça essa linguagem.
78. Descreva, de forma concisa e com suas próprias palavras, de que forma pode ser feita uma demonstração teórica da equivalência entre as gramáticas lineares à direita e os autômatos finitos, no que se refere à definição formal de linguagens do tipo 3.
79. Considere as expressões regulares apresentadas a seguir:
    - $0^+(12 + 3 + \varepsilon)^*(4(5 + 67)^*(8 + \varepsilon)^*9)^+10$;
    - $0^+12^* + (1^+3^*)^*$;
    - $(ab^+c)^* + dd^+e + ab^*$;
    - $0^+1^*(23+\varepsilon)45^* + 67^+$;
    - $ab^*(cc \mid da^*)(a \mid b)^*$;
    - $xx(y \mid zz^*)w$;
    - $(aa \mid \varepsilon)^*b(cd^*)^*e$;
    - $ab^*(c \mid d) \mid cc^*(ab)^*d \mid bbb^*a$;
    - $(ab^+c)^* \mid dd^+e \mid ab^*$;
    - $a(aa)^*(bb)^*c^*$;
    - $(ab)^*(cab)^*$;
    - $(a \mid b)^*aaa(a \mid b)^*$;
    - $(\backslash + \varepsilon)(id\backslash)^*(id + id. + id.id)$;
    - $(0 \mid 1 \mid 2 \mid ... \mid 9)^+.(0 \mid 1 \mid 2 \mid ... \mid 9)^* \mid .(0 \mid 1 \mid 2 \mid ... \mid 9)^+$;
    - $(a \mid b \mid ... \mid z)((a \mid b \mid ... \mid z) \mid (0 \mid 1 \mid 2 \mid ... \mid 9) \mid \text{“\_”})^*$.

    Para cada uma dessas expressões regulares, construa:
    a) Um autômato finito qualquer que reconheça a linguagem definida pela expressão regular.
    b) Um autômato finito determinístico que reconheça a linguagem definida pela expressão regular.
    c) Uma gramática linear à direita que gere a linguagem definida pela expressão regular.
    d) Uma gramática linear à esquerda que gere a linguagem definida pela expressão regular.
80. Considere o autômato finito:

    $M = (\{q_0,q_1,q_2\}, \{a,b,c\}, \{(q_0,a)\to q_0, (q_0,b)\to q_1, (q_1,b)\to q_1, (q_1,c)\to q_2, (q_2,a)\to q_2, (q_2,c)\to q_0\}, q_0, \{q_1,q_2\})$.

    Construa:
    a) Uma gramática linear unitária à direita que gere $L(M)$.
    b) Um autômato não determinístico que reconheça $L(M)$.
    c) Um autômato com transições em vazio que reconheça $L(M)$.
    d) Um autômato determinístico que reconheça $L(M)$.
81. Considere a gramática linear à direita:

    $G = (\{S,X,Y,a,b,c\},\{a,b,c\},\{S\to abcX, X\to bcX, X\to Y, Y\to\varepsilon, Y\to a, Y\to b, Y\to cS\},S)$.

    Construa:

a) Um autômato finito M determinístico que reconheça essa linguagem.
b) A sequência de derivações de G que conduzem à geração da cadeia *abcbc*.
c) A sequência de movimentações de M que conduzem à aceitação da cadeia *abcbc*.

82. Considere as gramáticas regulares cujos conjuntos de produções são apresentados a seguir:
   - $S \to aX \mid aY, X \to bW \mid bZ, W \to cW \mid c, Z \to dZ \mid d, Y \to e \mid eW$
   - $S \to aB, B \to bB \mid C, C \to cD \mid cC, D \to B \mid d$
   - $S \to aX \mid bbX, X \to cY \mid d \mid S, Y \to eY \mid efX \mid f$
   - $S \to aS \mid bS \mid cX, X \to d \mid S$
   - $S \to 0X \mid 1Y, X \to 0X \mid Y, Y \to 1Y \mid \varepsilon$
   - $S \to aX \mid bY, X \to bX \mid \varepsilon, Y \to aY \mid b \mid X$
   - $S \to aX \mid bX, X \to cS \mid d \mid \varepsilon$
   - $S \to Sa \mid bS \mid c \mid d$
   - $S \to aX \mid b, X \to c \mid \varepsilon, Y \to e \mid dY \mid Z$
   - $S \to aB, B \to bB \mid C, C \to cC \mid cD, D \to d \mid B$
   - $S \to abS \mid X, X \to cY \mid \varepsilon \mid bcd, Y \to bcdX$

   Para cada uma dessas gramáticas, construa:
   a) Uma expressão regular que represente a linguagem definida pela gramática.
   b) Um autômato finito que reconheça a linguagem definida pela gramática.
   c) Uma sequência de derivações que conduza à geração de uma sentença w de comprimento mínimo 10.
   d) Um sequência de movimentos do autômato que conduza ao reconhecimento da cadeia w gerada no item anterior.

83. Considere os autômatos finitos apresentados a seguir:
   - $M_1 = (\{q_0, q_1, q_2\}, \{a, b, c\}, \delta, q_0, \{q_2\})$, com $\delta = \{$

     $(q_0, a) \to q_1, (q_1, b) \to q_2, (q_2, a) \to q_0, (q_2, c) \to q_2\}$

   - $M_2 = (\{q_0, q_1, q_2, q_3\}, \{a, b\}, \delta, q_0, \{q_1, q_2\})$, com $\delta = \{$

     $(q_0, a) \to q_1, (q_0, b) \to q_2, (q_1, \varepsilon) \to q_2, (q_2, \varepsilon) \to q_1, (q_0, \varepsilon) \to q_3, (q_3, a) \to q_0\}$

   - $M_3 = (\{q_1, q_2, q_3, q_4\}, \{a, b\}, \delta, q_1, \{q_4\})$, com $\delta = \{$

     $(q_1, a) \to \{q_2, q_3\}, (q_3, b) \to \{q_3\}, (q_2, \varepsilon) \to \{q_1, q_3\}, (q_3, \varepsilon) \to \{q_4\}\}$

   - $M_4 = (\{q_0, q_1, q_2, q_3, q_4\}, \{a, b, c, d, e, f\}, \delta, q_0, \{q_4\})$, com $\delta = \{$

     $(q_0, a) \to \{q_1\}, (q_0, b) \to \{q_3\}, (q_2, b) \to \{q_4\}, (q_2, c) \to \{q_1\}, (q_4, d) \to \{q_0\}, (q_3, e) \to \{q_4\}, (q_3, f) \to \{q_2\}, (q_1, \varepsilon) \to \{q_4\}, (q_4, \varepsilon) \to \{q_3\}\}$

   Para cada um desses autômatos, construa:
   a) Uma expressão regular que represente a linguagem aceita pelo autômato.
   b) Uma gramática linear à direita que represente a linguagem aceita pelo autômato finito.
   c) Um autômato finito determinístico correspondente.
   d) Uma sequência de movimentos realizada pelo autômato finito ao reconhecer alguma sentença de comprimento mínimo 10.

84. Sejam M_1, M_2 e M_3 autômatos finitos que reconhecem, respectivamente, os conjuntos regulares α, β e γ. Indique, cuidadosamente, todos os passos que devem ser seguidos a fim de se obter um novo autômato M_4, que reconheça o conjunto $(\alpha \mid \beta\gamma)^*$.

85. Construa um autômato finito que aceite a linguagem gerada pela gramática G=$(\{S, X, Y, a, b, c\}, \{a, b, c\}, \{S \to aX \mid \varepsilon, X \to bX \mid bbY \mid c, Y \to Yc \mid cc \mid abc \mid \varepsilon\}, S)$.

86. Construa um autômato finito que aceite a linguagem definida pela expressão regular $(a \mid b \mid \varepsilon)(cd \mid (cef)^* g)hi^* \mid j \mid \varepsilon$, sobre o alfabeto $\{a, b, c, d, e, f, g, h, i, j\}$.

87. Considere a linguagem $L \subseteq \{a, b, c\}^*$ tal que $w \in L$ se e somente se w contém as subcadeias *aaa* e *bbb*:
   a) Obtenha uma gramática que gere essa linguagem.
   b) Obtenha uma expressão regular que gere essa linguagem.
   c) Obtenha um autômato finito que reconheça essa linguagem.

88. Considere a linguagem $L \subseteq \{a, b, c, d\}^*$, definida informalmente como segue. Se $w \in L$, então:
   - Para cada símbolo a presente na cadeia w, deverá existir uma subcadeia *bbb* situada imediatamente à direita dele.
   - Para cada símbolo c presente na cadeia w, a subcadeia formada pelos três símbolos situados imediatamente à direita dele

(se tantos houver) deverá ser diferente de bbb.

São exemplos de sentenças pertencentes a L: $cbb, abbbcabbb, bbabbbcbb$. Pede-se:

a) Um autômato finito que reconheça L.

b) Uma gramática linear à direita que gere L.

Minimização de autômatos finitos

89. Construa um autômato finito mínimo que aceite a linguagem gerada pela expressão regular $ab^*abb^*abbb^* \mid (a^* \mid b^*a)bbb^*$, definida sobre o alfabeto $\{a,b\}$.
90. Obtenha um autômato finito mínimo que reconheça a linguagem L formada pelas cadeias sobre $\{a,b,c\}$ em que a quantidade total de símbolos a seja sempre múltiplo de 3, ou seja, $L = ((b \mid c)^*a(b \mid c)^*a(b \mid c)^*a(b \mid c)^*)^*$.
91. Uma das formas de determinar se dois autômatos finitos aceitam a mesma linguagem consiste em reduzi-los às respectivas versões mínimas e depois compará-las. Por quê?
92. Para cada um dos autômatos finitos construídos nos Exercícios 79 e 82, obtenha a versão mínima equivalente.
93. Determine, para cada uma das linguagens a seguir especificadas, se existe algum autômato finito determinístico e sem transições em vazio com três estados que a aceite. Justifique suas respostas.
    a) ab^*cd, sobre o alfabeto $\{a,b,c,d\}$.
    b) $a^*(b \mid c)d$, sobre o alfabeto $\{a,b,c,d\}$.
    c) $a(bc)^*(ea(bc)^*)^*d$, sobre o alfabeto $\{a, b, c, d, e\}$.
94. Determine, para cada uma das linguagens a seguir especificadas, quantos autômatos finitos determinísticos e sem transições em vazio distintos existem, que possuam apenas dois estados e aceitem a linguagem. Justifique suas respostas.
    a) $a(bc)^*$.
    b) $a(b \mid c)^*$.
    c) $(ab \mid c)^*$.
95. Construa a versão mínima equivalente a cada um dos autômatos finitos apresentados a seguir:

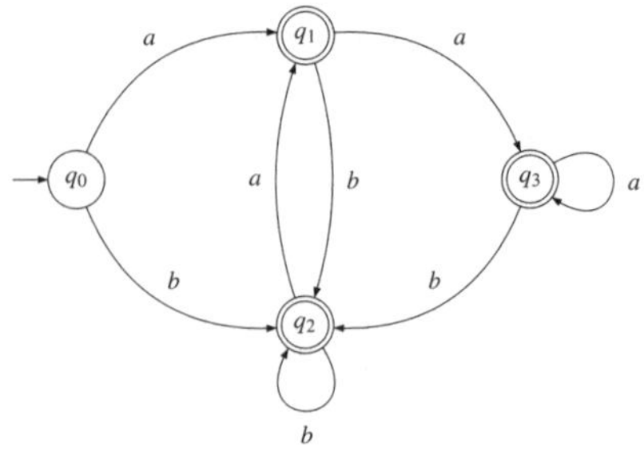

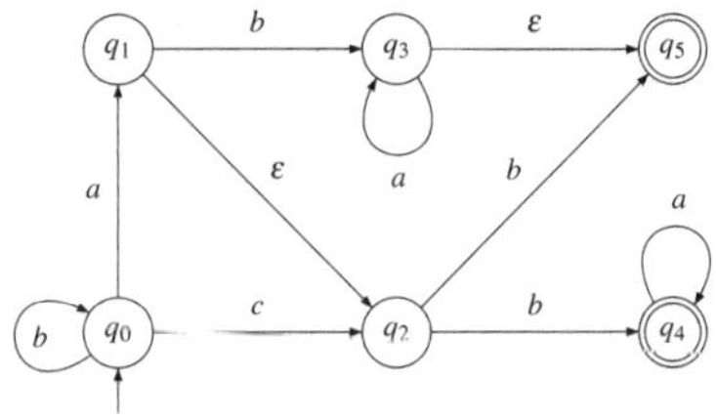

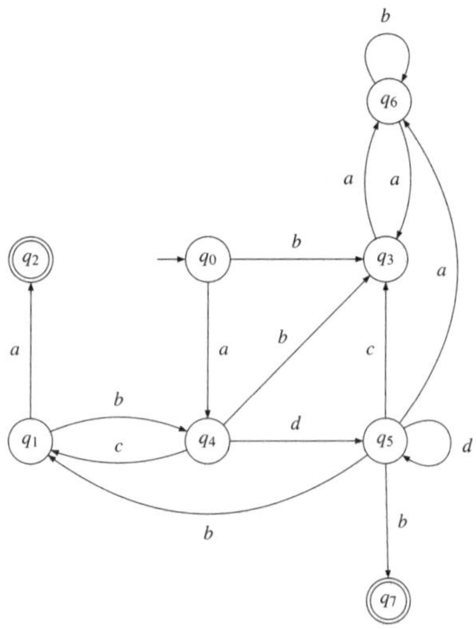

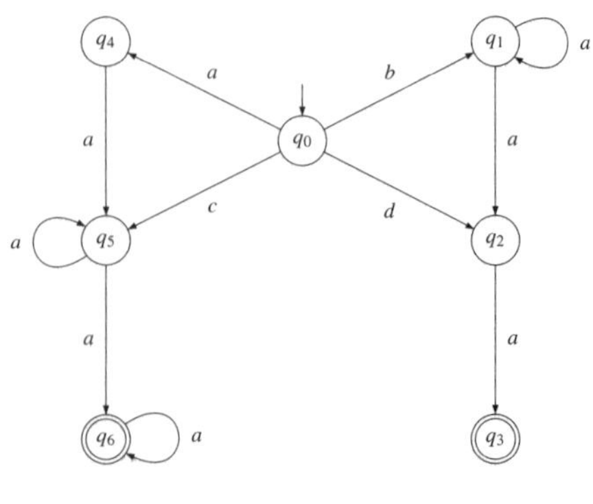

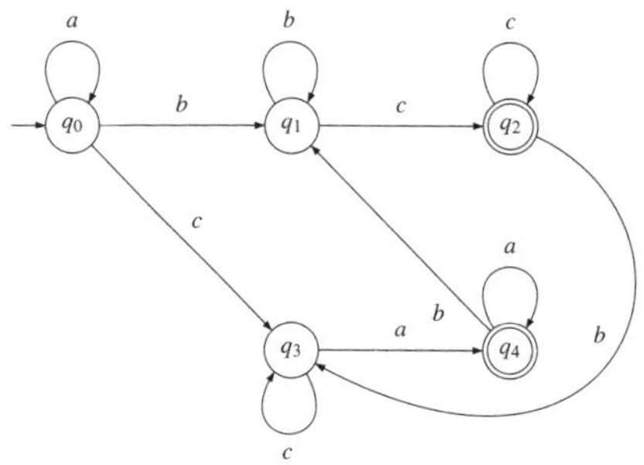

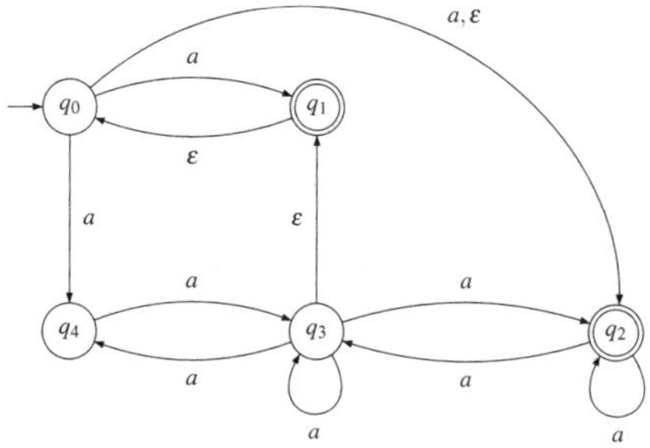

96. Para cada autômato não determinístico do Exercício 95, escolha uma sentença que exercite os não determinismos presentes no autômato, e mostre todas as tentativas que o autômato deve fazer no pior caso para encontrar a sequência de configurações de reconhecimento adequada.
97. Para cada autômato obtido no Exercício 95, construa uma sentença contendo pelo menos um número de símbolos igual ao dobro do número de estados, e determine a seqüência de configurações percorrida ao ser reconhecida tal sentença.
98. Construa um autômato finito mínimo que reconheça a linguagem $ab^*c^* \mid a^*bc^* \mid a^*b^*c$.
99. Considere M um autômato finito qualquer. Deseja-se obter um autômato finito M' equivalente, tal que M' seja isento de não determinismos, de transições em vazio, de estados inacessíveis e inúteis, e também mínimo.
    a) Quais passos (ou algoritmos) devem ser executados?
    b) Em qual ordem esses passos devem ser executados? Por quê?
    c) Implemente o algoritmo proposto em alguma linguagem de programação à sua escolha.
100. O conceito de estados equivalentes pode ser aplicado a estados de autômatos finitos não determinísticos e com transições em vazio? Por quê? Justifique sua resposta.
101. Obtenha um autômato finito mínimo equivalente ao autômato:

$$(\{q_0,q_1,q_2,q_3,q_4,q_5,q_6\}, \{a,b,c\}, \{(q_0,a) \rightarrow q_1, (q_0,\varepsilon) \rightarrow q_5, (q_1,b) \rightarrow q_2, (q_2,c) \rightarrow q_2, (q_2,b) \rightarrow q_3, (q_3,a) \rightarrow q_4, (q_3,\varepsilon) \rightarrow q_1, (q_4,a) \rightarrow q_4, (q_5,\varepsilon) \rightarrow q_6, (q_6,c) \rightarrow q_5, (q_6,b) \rightarrow q_3\}, q_0, \{q_4\}).$$

102. Existe algum autômato finito com apenas 2 (dois) estados que aceite a linguagem gerada pela expressão regular $(a \mid b)^*a(a \mid b)^*a(a \mid b)^*$? Justifique a sua resposta.
103. Quantos autômatos finitos distintos com apenas 3 (três) estados existem (desconsiderando-se estados inúteis e/ou inacessíveis), que sejam capazes de reconhecer a linguagem $a^*(a^*b)^*cd^*$? Assinale a alternativa correta e justifique sua resposta:
    ( ) Zero.
    ( ) Um.
    ( ) Mais de um.
104. Obtenha uma versão mínima do autômato $(\{q_0, q_1, q_2, q_3\}, \{a, b, c\}, \delta, q_0, \{q_0, q_1, q_2, q_3\})$, com

$$\begin{aligned}\delta = \{ & \\ & ((q_0,a),q_0),((q_0,b),q_1),((q_0,c),q_2) \\ & ((q_1,a),q_0),((q_1,b),q_3),((q_1,c),q_2) \\ & ((q_2,a),q_0),((q_2,b),q_1),((q_2,c),q_2) \\ & ((q_3,a),q_0),((q_3,b),q_3),((q_3,c),q_2) \\ \} &\end{aligned}$$

105. Existe algum autômato finito com 3 estados que aceite a linguagem $(aa)^*a(aaa)^*$? Prove a sua resposta.
106. Obtenha autômatos finitos determinísticos e mínimos que reconheçam cada uma das seguintes linguagens:
    a) $((aa)^* \mid (aaa)^*)b^*a^*$.
    b) $a^*b^*a^*b^*$.

Transdutores finitos

107. A expressão regular $R : (((0 \mid ... \mid 9 \mid A \mid ... \mid Z \mid a \mid ... \mid z)^*CR\ LF)^*EOF)^+$ sobre $\Sigma = \{0,...,9,A,...,Z,a,...,z,CR,LF,EOF\}$ representa o formato geral típico de arquivos de dados armazenados em disco criados por editores de texto usuais.
    Nesse formato:

- Um arquivo pode contar zero ou mais linhas.
- Cada linha contém apenas algarismos e letras (maiúsculas e minúsculas).
- Cada linha é terminada pela seqüência *CR LF*.
- O símbolo *EOF* é obrigatório e indica o fim do arquivo.
- Múltiplos arquivos (no mínimo um) podem ser descritos.

a) Defina um autômato finito *M* que aceite a linguagem definida pela expressão regular *R*.

b) Defina formalmente um transdutor finito *T* sobre *M*, de tal forma que:

i. As letras minúsculas da cadeia de entrada sejam convertidas para maiúsculas na cadeia de saída.

ii. As subcadeias *CR LF* sejam transformadas apenas em *LF* na saída (eliminação do *CR* em todas as linhas).

iii. Os símbolos *EOF* sejam removidos entre arquivos consecutivos, sendo mantidos apenas no fim do último arquivo da sequência de entrada.

iv. Os demais símbolos da cadeia de entrada sejam copiados para a cadeia de saída.

Exemplo:

- Cadeia de entrada de T: "*a B 5 d CR LF EOF E f g CR LF EOF*";
- Cadeia de saída de T: "*A B 5 D LF E F G LF EOF*".

108. A expressão regular $(a^+b)^*$ representa uma linguagem cujas sentenças são sequências arbitrárias de um ou mais símbolos *a* terminadas por um símbolo *b*. São exemplos de sentenças dessa linguagem: $\varepsilon, ab, aaababaab$ e *aaaab*. Defina formalmente um transdutor finito que aceite essa linguagem como entrada e gere na saída cadeias sobre $\{-,0,+\}$, da seguinte forma:

Para cada subcadeia $\alpha \in a^+$, se $|\alpha| = 1$, então o símbolo "$-$" é emitido na saída; se $|\alpha| = 2$, o símbolo "0" é emitido na saída; se $|\alpha| \geqslant 3$, o símbolo "$+$" é emitido na saída. Exemplos:

ε	produz	ε
ab	produz	$-$
aaababaab	produz	$+-0$
aaaab	produz	$+$

109. Construa um transdutor finito que aceite como entrada a linguagem dos números em ponto flutuante com duas casas decimais e gere, como saída, sentenças correspondentes à forma falada de tais números, como em uma aplicação de informação de saldo bancário por telefone. Considerar números entre 0,00 e 999,99 e não esquecer de incluir a moeda (reais e centavos) nas cadeias de saída.

Exemplos de transdução:

- R\$350,12: "*O seu saldo em conta corrente é de trezentos e cinquenta reais e doze centavos*".
- R\$0,89: "*O seu saldo em conta corrente é de oitenta e nove centavos*".
- R\$40,05: "*O seu saldo em conta corrente é de quarenta reais e cinco centavos*".
- R\$0,00: "*O seu saldo em conta corrente é de zero reais*".
- R\$15,00: "*O seu saldo em conta corrente é de quinze reais*".

Definir formalmente as linguagens de entrada e saída e o mecanismo de transdução, que poderá ser determinístico ou não.

110. Construa um transdutor finito que aceite como entrada a linguagem $(a^+b)^+$ e mapeie as sentenças dessa linguagem em cadeias pertencentes à linguagem $(a^*c)^+$, conforme os seguintes exemplos:

aabaaabab	é mapeada em	*acaacc*
ababab	é mapeada em	*ccc*
ab	é mapeada em	*c*
aaaaab	é mapeada em	*aaaac*

ou seja, os símbolos "*b*" são substituídos por "*c*" e a quantidade de símbolos "*a*" em uma mesma sequência é reduzida em uma unidade.

111. Especifique um transdutor finito que tenha como entrada a linguagem dos números binários (com qualquer quantidade de dígitos) e gere como saída:

a) A linguagem dos números correspondentes, em unário.

b) A linguagem dos números correspondentes, em octal.

c) A linguagem dos números correspondentes, em hexadecimal.

112. Construa um transdutor finito que aceite como entrada a linguagem dos números inteiros decimais maiores ou iguais a zero, e gere na saída a representação equivalente em BCD

— *Binary Coded Decimal* $(0 \to 0000, 1 \to 0001, \ldots 9 \to 1001)$. Por exemplo, a cadeia de entrada 308 deve gerar na saída a cadeia 001100001000.

113. Construa transdutores finitos que mapeiem elementos do conjunto definido pela expressão regular $(a^+b^+c^+)^+$ em elementos do conjunto do conjunto definido pela expressão regular $(012)^+$, de acordo com as duas situações seguintes:
   a) Primeira situação:
   - Cada sequência de símbolos "*a*" é mapeada em um único símbolo "0".
   - Cada seqüência de símbolos "*c*" é mapeada em dois símbolos "2".
   - Nada mais.

   Exemplos de entradas e correspondentes saídas:

abbccc	produz	022
abcaaabbcccc	produz	022022
abc	produz	022
abcabcabc	produz	022022022

   b) Segunda situação:
   - Cada sequência de símbolos "*a*" é mapeada em um único símbolo "0".
   - Cada sequência de símbolos "*b*" é mapeada em um único símbolo "1".
   - Cada sequência de símbolos "*c*" é mapeada em um único símbolo "2".

   Exemplos de entradas e correspondentes saídas:

abbccc	produz	012
abcaaabbcccc	produz	012012
abc	produz	012
abcabcabc	produz	012012012

   Construa, para cada situação, uma Máquina de Mealy e uma Máquina de Moore que realizem a transdução proposta.

114. Construa um transdutor finito que:
   a) Aceite a linguagem $dd^*(,dd^* \mid \varepsilon)$ sobre o alfabeto $\{d, \text{“,”}\}$, representando números em ponto flutuante com ou sem parte decimal.
   b) Converta as sentenças dessa linguagem para o formato:

   $$(d \mid dd \mid ddd)(.ddd)^*(,d \mid ,dd \mid ,ddd \mid \varepsilon)$$

   ou seja, agrupe os algarismos d de três em três, a partir da vírgula e em direção à esquerda, separando cada grupo de três com o símbolo ".". Além disso, no máximo os três primeiros algarismos depois da vírgula, se tantos houver, devem ser reproduzidos na saída. São exemplos de entradas e respectivas saídas:

   $$\begin{array}{rcl} dddd & \to & d.ddd \\ ddddd,dddd & \to & dd.ddd,ddd \\ ddddddd,d & \to & d.ddd.ddd,d \\ d,ddddddd & \to & d,ddd \end{array}$$

   Sugestão: use um autômato não determinístico.

115. Construa um transdutor finito que converta números em hexadecimal no formato $xx^* - H$, sobre $\{0,1,2,3,4,5,6,7,8,9,a,b,c,d,e,f,-,H\}$, para números correspondentes em binário, no formato $yy^* - B$, sobre $\{0,1,-,B\}$. Zeros à esquerda no número hexadecimal de entrada devem ser desconsiderados. Cada dígito hexadecimal válido deve ser convertido em quatro dígitos binários. São exemplo de transdução:

   $$\begin{array}{rcl} 3a1-H & \Rightarrow & 001110100001-B \\ 0-H & \Rightarrow & 0000-B \\ 000-H & \Rightarrow & 0000-B \\ 0079f0-H & \Rightarrow & 0111100111110000-B \\ 12-H & \Rightarrow & 00010010-B \end{array}$$

116. Considere a linguagem $(x \mid X \mid \sqcup)^+\mathbf{.}$, definida sobre o alfabeto $\{x, X, \sqcup, \mathbf{.}\}$. Alguns exemplos de sentenças pertencentes a essa linguagem são:
   - $x\mathbf{.}$
   - $\sqcup\mathbf{.}$
   - $X\sqcup\sqcup\sqcup\mathbf{.}$
   - $\sqcup\sqcup x\sqcup\sqcup\mathbf{.}$
   - $\sqcup\sqcup xXX\sqcup XxxXx\mathbf{.}$
   - $xXxx\sqcup xx\sqcup\sqcup x\sqcup xXX\sqcup\sqcup\sqcup\mathbf{.}$

   Essa linguagem representa frases em que as palavras são elementos de $(x \mid X)^+$, letras minúsculas e maiúsculas são representadas, respectivamente, pelos símbolos "*x*" e "*X*", cada espaço em branco, usado para separar as palavras, é representado pelo símbolo "$\sqcup$", e o ponto, ao final da frase, é representado pelo símbolo "**.**". Pede-se para construir uma sequência de transdutores (Mealy ou Moore) que, além de aceitarem essa linguagem de entrada, incorporem, cada qual, uma das transduções a seguir especificadas, de forma cumulativa:

a) Remoção do excesso de brancos entre palavras consecutivas, preservando um único espaço entre elas (exemplo: $x\sqcup\sqcup\sqcup xxx. \Rightarrow x\sqcup xxx.$).

b) Remoção de todos os brancos no início da frase, antes da primeira palavra (exemplo: $\sqcup\sqcup\sqcup xxx. \Rightarrow xxx.$).

c) Remoção de todos os brancos no final da frase, depois da última palavra e antes do ponto final (exemplo: $x\sqcup xxxx\sqcup\sqcup. \Rightarrow x\sqcup xxx.$).

d) Substituição da primeira letra da primeira palavra da frase por uma letra maiúscula, convertendo todas as demais para minúscula (exemplo: $xXX\sqcup XxXx. \Rightarrow Xxx\sqcup xxxx.$).

e) Reconhecimento e transdução de uma sequência de frases, ou seja, da linguagem $((x \mid X \mid \sqcup)^+.)^+$, garantindo a existência de exatamente um espaço em branco entre duas frases consecutivas, logo depois do ponto ao final da primeira e imediatamente antes da primeira palavra da frase seguinte (exemplo: $Xx\sqcup xx.Xxx\sqcup x. \Rightarrow Xx\sqcup xx.\sqcup Xxx\sqcup x.$).

f) Remoção de frases vazias, ou seja, constituídas apenas por um espaço em branco e um ponto final (exemplo: $X.\sqcup.\sqcup Xx\sqcup x. \Rightarrow X.\sqcup Xx\sqcup x.$).

117. Considere a linguagem $xx^*(-xx^*)^*$, sobre o alfabeto $\{x,-\}$. Construa um transdutor finito que aceite essa linguagem e gere, na saída, cadeias correspondentes sobre o alfabeto $\{x,y,\#\}$ que reproduzam a cadeia de entrada, mas com as seguintes modificações:

a) As subcadeias de entrada xx^* que contiverem três ou menos símbolos x devem ser reproduzidas de forma idêntica na saída (com três, dois ou um símbolo x respectivamente).

b) As subcadeias de entrada xx^* que contiverem quatro ou mais símbolos x devem ser reproduzidas na saída como $xxxy$.

c) O símbolo "−" da entrada deve ser substituído pelo símbolo "#" na saída.

Exemplos de entradas e correspondentes saídas:

i) $x-x$ gera $x\#x$;

ii) $xxx-xxxx$ gera $xxx\#xxxy$;

iii) $xxxxxx-xxx-xx$ gera $xxxy\#xxx\#xx$;

iv) $x-xx-xxx-xxxx-xxxxx$ gera $x\#xx\#xxx\#xxxy\#xxxy$.

118. Considere a linguagem $\oplus^*(\approx\oplus^*)^*$, definida sobre o alfabeto $\{\oplus,\approx\}$. Construa um transdutor finito (Mealy ou Moore) que, além de aceitar essa linguagem de entrada, gere uma linguagem de saída sobre o mesmo alfabeto da entrada, com as seguintes características:

a) Cada sequência da forma $\oplus^i$, com $i>5$, deve gerar na saída a sequência $\oplus^5$.

b) Cada sequência da forma $\oplus^i$, com $i<3$, deve gerar na saída a sequência $\oplus^3$.

c) Cada sequência da forma $\oplus^i$, com $3\leqslant i\leqslant 5$, deve gerar na saída a sequência $\oplus^i$ correspondente.

d) O símbolo "$\approx$" deve ser repetido na saída.

Exemplos de entradas e correspondentes saídas:

i) ε gera $\oplus\oplus\oplus$;

ii) $\oplus$ gera $\oplus\oplus\oplus$;

iii) $\approx$ gera $\oplus\oplus\oplus\approx\oplus\oplus\oplus$;

iv) $\approx\oplus\approx$ gera $\oplus\oplus\oplus\approx\oplus\oplus\oplus\approx\oplus\oplus\oplus$;

v) $\oplus\oplus\approx\oplus\oplus\oplus\oplus$ gera $\oplus\oplus\oplus\approx\oplus\oplus\oplus\oplus$;

vi) $\oplus\oplus\oplus\approx\oplus\oplus\oplus\oplus\oplus\oplus\approx$ gera $\oplus\oplus\oplus\approx\oplus\oplus\oplus\oplus\oplus\approx\oplus\oplus\oplus$.

119. Construa um transdutor finito (Mealy ou Moore) para a linguagem de entrada $(a \mid b \mid c \mid d)^*$, gerando a linguagem de saída $L\subseteq 1^*$, de tal forma que a quantidade de símbolos "1" na cadeia de saída indique a quantidade de subcadeias da forma bcd^* presentes na cadeia de entrada.

Exemplos de entradas e correspondentes saídas:

i) $abcdacbcddbcacbcd$ gera 1111;

ii) $bcdabcddcaa$ gera 11;

iii) $aaacdb$ gera ε.

120. Demonstrar que a linguagem de saída de um transdutor finito é sempre regular.

121. Demonstrar a equipotência entre as Máquinas de Mealy e as Máquinas de Moore.

122. Considere as linguagens de entrada L_E e de saída L_S definidas a seguir.

- $L_E=\{a,b,c\}^*$;
- $L_S\subseteq\{a,b,c,3,4,5\}^*$.

Obtenha um transdutor finito que efetue o mapeamento de $w\in L_E$ para $w'\in L_S$, de tal forma que w' seja uma representação compacta da cadeia w, conforme o seguinte critério: toda subcadeia presente na cadeia de entrada w que contenha três, quatro ou cinco símbolos repetidos em sequência deverá ser substituída, na cadeia de saída w', pela subcadeia correspondente formada pelo símbolo que se repete e o número 3, 4 ou 5. São exemplos de transdução: $\varepsilon \to \varepsilon$, $a \to a$, $cccc \to c4$, $abca \to abca$, $ccccccccb \to c5c3b$ e $aaaabcaaabb \to a4bca3bb$.

"Pumping lemma" para as linguagens regulares

123. Sobre o "Pumping Lemma" para as linguagens regulares:
 a) O que é?
 b) Qual o seu enunciado?
 c) Quais são as suas hipóteses?
 d) No que se baseia a sua demonstração?
 e) Qual é a sua principal aplicação?
 f) Em quais passos pode ser decomposta essa sua principal aplicação?
124. Considere a linguagem L definida pela gramática:
 $(\{S,B,C,a,b,c\},\{a,b,c\},P,S)$, com:
 $P = \{S \to aS \mid aB, B \to bB \mid C, C \to cC \mid c\}$
 a) Construa um autômato finito sem transições em vazio, sem não determinismos e sem estados inúteis ou inacessíveis que aceite L.
 b) Usando o autômato construído acima, selecione uma sentença de comprimento adequado e mostre que o "Pumping Lemma" das linguagens regulares é verificado para tal sentença.
125. Considere uma linguagem L qualquer. Com base no "Pumping Lemma", que estratégias você usaria para:
 a) Tentar provar que L é regular?
 b) Tentar provar que L não é regular?
126. Prove que as seguintes linguagens não são regulares. Nas expressões abaixo, $|w|_\sigma$ representa o número de ocorrências do símbolo σ na cadeia w.
 a) $\{a^ib^{2i} \mid i \geqslant 1\}$;
 b) $\{wcw^R \mid w \in \{a,b\}^*\}$;
 c) $\{ww^R \mid w \in \{a,b,c\}^*\}$;
 d) $\{w \in \{a,b\}^* \mid |w|_a = |w|_b\}$;
 e) $\{w \in \{a,b\}^* \mid |w|_a \neq |w|_b\}$;
 f) $\{w \in \{a,b,c\}^* \mid |w|_a = |w|_b = |w|_c\}$;
 g) $\{w \in \{a,b,c\}^* \mid |w|_c = 2 * |w|_b = 4 * |w|_a\}$;
 h) $\{w \in \{a,b,c\}^* \mid |w|_a = |w|_b$ e $|w|_b \neq |w|_c\}$.
127. Considere as linguagens a seguir, definidas sobre o alfabeto $\{a,b,c\}$. Elas são regulares? Prove sua resposta.
 a) $a^ib^{i+1}c^{i+2}, i > 0$;
 b) $a^{i+2}b^{i+1}c^i, i > 0$.
128. Por que o "Pumping Lemma" das linguagens regulares não é necessariamente válido para cadeias de comprimento menor que n, onde n é o número de estados do autômato finito mínimo que aceita essa linguagem?
129. Um autômato finito com três estados aceita a cadeia $w = abcabc$. Determine, conforme o "Pumping Lemma", todas as possibilidades distintas para as cadeias x, y e z, tais que $w = xyz$.
130. Responda às perguntas abaixo, considerando que os autômatos citados não possuem estados inacessíveis ou inúteis:
 a) Qual o maior comprimento possível para um ciclo em um autômato finito com n estados ($n \geqslant 1$) que aceita uma cadeia com comprimento $2n$?
 b) Quantas possibilidades distintas de ciclos existem em um autômato finito com n estados ($n \geqslant 1$) que não aceita nenhuma cadeia de comprimento maior ou igual a 2^n?
 c) Quantas possibilidades distintas de ciclos existem em um autômato finito com n estados ($n \geqslant 2$) que aceita uma cadeia de comprimento igual a $n+1$?
131. Considere as linguagens a seguir definidas.
 a) a^*b^*;
 b) $aa(aa)^*$;
 c) $(a \mid b)^*c)^*(a \mid b)^*$;
 d) $\{w \in \{a,b\}^* \mid |w| = k, k \in \mathbb{Z}_+\}$;
 e) $\{xcy \mid x,y \in \{a,b\}^*\}$;
 f) $\{a^ib^ic^i \mid i \geqslant k, k \in \mathbb{Z}_+\}$;
 g) $\{w \in \{a,b,c\}^* \mid k \leqslant |w| \leqslant 2^k, k \in \mathbb{Z}_+\}$.
 Determine, para cada uma dessas linguagens, subconjuntos próprios que não sejam regulares. Prove suas respostas.
132. Prove que as seguintes linguagens não são regulares:
 a) $\{a^ib^jc^k \mid j = max(i,k)\}$;
 b) $\{a^ib^j \mid mdc(i,j) = 1\}$;
 c) $\{a^ib^j \mid (i \neq j) \wedge (i \neq 2j)\}$;
 d) $\{a^ib^jc^k \mid (i \neq j) \vee (j \neq k)\}$;
 e) $\{a^mb^ic^nd^i \mid i \geqslant 1, m \geqslant 0, n \geqslant 0\}$;
 f) $\{a^ib^jc^kd^l \mid (i = k) \vee (j = l)\}$;
 g) $\{w \in \{a,b,c\}^* \mid (|w|_a \leqslant |w|_b) \vee (|w|_a \leqslant |w|_c\})$;

h) $\{w \in \{a,b,c\}^* \mid \exists u,v \in \{a,b,c\}^*$, com $(w = uv) \wedge (|u| = |v|^2)\}$;
i) $\{a^n ww \mid (n \geqslant 0) \wedge (w \in \{a,b\}^*)\}$;
j) $\{xcy \mid (x,y \in \{a,b\}^*) \wedge (x^R$ é uma subcadeia de $y)\}$;
k) $\{xcy \mid (x,y \in \{a,b\}^*) \wedge ((|x| < |y|) \vee (|x| = 2))\}$;
l) $\{xcy \mid (x,y \in \{a,b\}^*) \wedge ((x = y) \vee (|x| \neq 5))\}$;
m) $\{aba^2ba^3ba^4b...a^{n-1}ba^nb \mid n > 1\}$;
n) $\{ab^{i_1}ab^{i_2}...ab^{i_{n-1}}ab^{i_n} \mid (n \geqslant 1) \wedge (i_1,i_2,...,i_n \geqslant 1) \wedge (\exists j, 1 \leqslant j \leqslant n \mid i_j = j)\}$.

133. Considere a linguagem $\{a^m a^i bc^i \mid i \geqslant 1, m \geqslant 0\}$. Escolha uma sentença de comprimento adequado, e mostre que o "Pumping Lemma" é verificado para essa sentença.
134. Prove que o conjunto das expressões regulares que podem ser definidas sobre um certo alfabeto Σ qualquer é não regular.
135. Considere a linguagem gerada pela gramática $(\{S,a,b\},\{a,b\},\{S \to aSbb \mid aaSb \mid \varepsilon\},S)$, e:
    a) Descreva de maneira informal, porém clara e precisa, a linguagem gerada por essa gramática.
    b) Prove que essa linguagem não é regular.
136. Prove que a linguagem $\{w \in \{a,b,c,d\}^*$, tais que $|w|_a + |w|_b = |w|_c + |w|_d\}$ não é regular.
137. Prove que a linguagem $\{w \in \{a,b,c\}^*$, tais que $|w|_a =$ se $(|w|_b > |w|_c)$ então $|w|_b$ senão $|w|_c\}$ não é regular.
138. Considere-se o autômato: $(\{q_0,q_1,q_2,q_3\}, \{a,b,c,d,e\}, \{(q_0,a) \to q_1, (q_1,b) \to q_2, (q_2,b) \to q_1, (q_2,c) \to q_3, (q_3,d) \to q_0, (q_3,e) \to q_0\}, q_0, \{q_3\})$ e responda, justificando suas respostas:
    a) A sentença $w = abc$ satisfaz os requisitos do "Pumping Lemma"? Em caso afirmativo, considere considere $w_1 = w$. Em caso negativo, proponha uma sentença w_1 que satisfaça tais requisitos.
    b) Proponha subcadeias x, y e z, de tal forma que $w_1 = xyz$ e x, y e z satisfaçam os critérios do "Pumping Lemma".
    c) Obtenha as sentenças xz e $xyyz$ correspondentes e verifique se elas satisfazem aos critérios do "Pumping Lemma".
139. Considerem-se as seguintes premissas: (i) linguagem regular é gerada por gramática linear à direita; (ii) gramática linear à direita possui regras da forma $X \to \beta$, com $X \in N$, $\beta \in \Sigma^*(N \cup \{\varepsilon\})$; (iii) linguagem livre de contexto é gerada por gramática livre de contexto; (iv) gramática livre de contexto possui regras da forma $X \to \beta$, com $X \in N$, $\beta \in (\Sigma \cup N)^*$; (v) a linguagem $\{a^ib^i, i \geqslant 0\}$ é gerada pela gramática $(\{S,a,b\},\{a,b\},\{S \to aSb, S \to \varepsilon\},S)$. Com base nessas premissas, e também no "Pumping Lemma" para as linguagens regulares, prove que o conjunto das linguagens regulares constitui um subconjunto próprio do conjunto das linguagens livres de contexto.
140. O autômato $M = (\{q_0,q_1,q_2\}, \{a,b,c\}, \{(q_0,a) \to q_0, (q_0,b) \to q_1, (q_1,c) \to q_2, (q_2,c) \to q_2, (q_2,a) \to q_0\}, q_0, \{q_0,q_2\})$ reconhece uma linguagem infinita e é tal que $a \in L(M)$. Essa sentença pode ser dividida em três partes $x = \varepsilon, y = a, z = \varepsilon$, de forma que as cadeias $xy^iz, i \geqslant 0$, também pertencem a L. Justifique esse fato, uma vez que a sentença escolhida possui comprimento $(|a| = 1)$ inferior ao mínimo exigido pelo Pumping Lemma para as linguagens regulares (no caso do autômato apresentado, $n = 3$).

Propriedades de fechamento

141. Construa um autômato finito que aceite o complemento da linguagem gerada pela expressão regular $a(a \mid b)^*aaa \mid aaa(a \mid b)^*a$, definida sobre o alfabeto $\{a,b\}$.
142. Considere a linguagem sobre $\{a,b,c\}$ em que as sentenças são formadas de tal maneira que o número total de símbolos a em cada uma delas não seja múltiplo simultâneo de 4 e 7. Pergunta-se: essa linguagem é regular? Justifique sua resposta.
143. Seja L a linguagem formada sobre $\Sigma = \{a,b,c,d\}$, de tal forma que suas sentenças começam apenas com a ou b, terminam apenas com c ou d e apresentam um número par de símbolos. Essa linguagem é regular? Justifique.
144. Para cada uma das linguagens a seguir, determine se ela é regular, justificando suas respostas:
    a) Todas as cadeias sobre o alfabeto $\{a,b,c\}$, tais que elas (i) contêm uma quantidade ímpar de símbolos a, (ii) contêm uma quantidade também ímpar de símbolos b, porém (iii) não contêm a subcadeia abc nem a subcadeia cba.
    b) Todas as cadeias sobre o alfabeto $\{a,b,c\}$, tais que elas (i) contêm uma quantidade de símbolos a não superior a

5, (ii) contêm uma quantidade de símbolos b não superior ao dobro do número de símbolos a, e (iii) contêm uma quantidade de símbolos c que seja exatamente o triplo do número de símbolos a.

c) Todas as cadeias sobre o alfabeto $\{a,b\}$, tais que elas contêm uma quantidade ímpar de símbolos a ou uma quantidade de símbolos b que seja múltiplo de 3.

d) Todas as cadeias sobre o alfabeto $\{a\}$, tais que elas contêm uma quantidade ímpar de símbolos, mas cujo comprimento não seja múltiplo de 3.

145. Prove que nem todo subconjunto de uma linguagem regular é também uma linguagem regular.
146. Prove que toda união de linguagens regulares é também uma linguagem regular.
147. Prove que todo fechamento reflexivo e transitivo de uma linguagem regular é também uma linguagem regular.
148. Prove que a classe das linguagens regulares é fechada em relação às operações de união, concatenação e fechamento reflexivo e transitivo, usando para isso apenas a notação das gramáticas lineares à direita. Repita usando apenas autômatos finitos.
149. Considere um autômato finito que reconhece a linguagem L_1 e outro que reconhece a linguagem L_2. Descreva os passos necessários à obtenção de um autômato finito que reconheça $L_4 = L_1L_3L_1$, onde L_3 é o complemento de L_2.
150. Considere as linguagens $L_1 = a^*bcc^*$ e $L_2 = aa^*bc^*$. Obtenha autômatos finitos que reconheçam as linguagens:

 a) $L_3 = L_1 \cap L_2$;

 b) $L_4 = \{a,b,c\}^* - L_1$.
151. A linguagem $\{w \in \{a,b,c\}^* \mid (|w|_a = 3)$ e $(|w|_b \neq 3)$ e $(|w|_c \geqslant 3)\}$ é regular? Justifique sua resposta.
152. Considere $\Sigma = \{a,b,c\}$. Seja $L \in \Sigma^*$ a linguagem formada por todas as cadeias que não contêm a subcadeia *abc*. Prove que essa linguagem é regular.
153. Prove que a linguagem $\{w \in \{a,b,c,d\}^* \mid w$ não contém a subcadeia *abcd* nem a subcadeia $dcba\}$ é regular.
154. Considere a linguagem $L = \{w = a^i(b^j \mid c^k)$, tal que (i) $|w| > 1000$; (ii) $i \neq 3$; (iii) j é múltiplo de 4; (iv) $k \leqslant 500\}$. L é regular? Justifique a sua resposta.

Questões decidíveis

155. Suponha que uma certa linguagem L, definida sobre um alfabeto com dois símbolos, é aceita por um autômato finito A com quatro estados. Digamos que A leve, em média, 10 ms para verificar se uma cadeia de comprimento máximo 10 pertence ou não à linguagem por ele definida. Pergunta-se:

 a) Quanto tempo A leva para determinar se $L = \emptyset$?

 b) Caso $L \neq \emptyset$, quanto tempo A leva para determinar se L é infinita?
156. Considere um programa de computador P cuja função seja aceitar como entrada a especificação de um autômato finito determinístico M e decidir sobre a cardinalidade de $L(M)$. Suponha que o tempo de geração de uma cadeia qualquer $w \in \sigma^*$ por P é de no máximo 2 ms. Considere que o tempo necessário para P simular M e decidir se $w \in L(M)$ não é superior a 10 ms.

 Seja $M = (Q,\Sigma,\delta,q_0,F)$ um autômato finito tal que $\Sigma = \{a,b,c,d\}$ e $Q=\{q_0,q_1,q_2,q_3,q_4\}$. Pede-se:

 a) Qual o tempo máximo que o programa P leva para decidir sobre a cardinalidade de $L(M)$ (ou seja, informar corretamente se ela é vazia, finita não vazia ou infinita)?

 b) Quais são os tempos mínimo e máximo que o programa P leva para diagnosticar, respectivamente:

 - Uma linguagem vazia?
 - Uma linguagem finita e não vazia?
 - Uma linguagem infinita?
157. Considere que a linguagem L, definida sobre o alfabeto $\{a,b,c\}$, seja aceita por um autômato finito M com 3 estados. Determine a quantidade máxima de cadeias de entrada diferentes que devem ser analisadas por M para descobrir se:

 a) L é vazia.

 b) L é finita, porém não vazia.

 c) L é infinita.
158. Considere um autômato finito M com 3 estados, que aceita uma linguagem L sobre o alfabeto $\{a,b\}$, e as hipóteses abaixo formuladas. Determine a natureza da linguagem, conforme as opções: VAZ — vazia; FNV — finita não vazia; INF — infinita; IMP — impossível determinar se VAZ, FNV ou INF, apenas com as hipóteses apresentadas; INC —

existe inconsistência nas hipóteses apresentadas. Justifique suas respostas.

a) M não aceita ε.

b) M não aceita a cadeia *bb* e aceita a cadeia *bab*.

c) M não aceita a cadeia *bb* nem a cadeia *bab*.

d) M não aceita nenhuma cadeia de comprimento 1 ou 2.

e) M não aceita nenhuma cadeia de comprimento 3 ou 4, mas aceita a cadeia *a*.

f) M não aceita nenhuma cadeia de comprimento menor do que 2, mas aceita algumas de comprimento 4 e 5.

g) M não aceita ε nem *aa*, mas em compensação aceita *bb*.

h) M não aceita algumas cadeias de comprimento par.

i) M não aceita nenhuma cadeia de comprimento par.

j) M não aceita nenhuma cadeia que contenha a subcadeia *bb*, exceto as cadeias *bb* e *bba*.

159. Repita o Exercício 158, considerando as seguintes hipóteses:

a) M aceita ε.

b) M aceita apenas ε.

c) M aceita as cadeias *bb* e *bab*.

d) M aceita apenas a cadeia *aab*.

e) M aceita a cadeia *aabbb*.

f) M aceita apenas a cadeia *aa*.

g) M aceita a cadeia *aabbbaabb*.

h) M aceita apenas cadeias de comprimento 2.

i) M aceita apenas cadeias de comprimento 2 e 5.

j) M aceita as cadeias ε e *aa*.

k) M aceita as cadeias ε e *aaa*.

l) M aceita a cadeia *bb* e não aceita a cadeia *bab*.

m) M aceita apenas cadeias de comprimento maior ou igual a 6.

160. Repita o Exercício 158, considerando as seguintes hipóteses:

a) M aceita apenas cadeias de comprimento maior ou igual a 15 e menor ou igual a 20.

b) M aceita ε, porém não aceita nenhuma cadeia de comprimento maior ou igual a 3.

c) M aceita apenas uma cadeia de comprimento 2, porém nenhuma de comprimento 3, 4 ou 5.

d) M aceita apenas uma cadeia de comprimento 3, porém nenhuma de comprimento 4 ou 5.

e) M aceita apenas uma cadeia de comprimento 3, porém nenhuma de comprimento entre 30 e 300.

f) M aceita apenas uma cadeia de comprimento 3, porém nenhuma de comprimento maior que 1.000.

g) M aceita algumas cadeias de comprimento 2 e apenas uma de comprimento 3.

h) M aceita cadeias de comprimento 3 mas não aceita nenhuma cadeia de comprimento maior que 5.

i) M aceita apenas cadeias de comprimento múltiplo de 3, com três ou mais símbolos.

j) M aceita apenas algumas cadeias, cujos comprimentos variam entre 3 e 9.

k) M aceita pelo menos uma cadeia para qualquer comprimento considerado.

l) M aceita ε e nenhuma cadeia de comprimento maior ou igual a 3.

m) M aceita ε e algumas cadeias de comprimento maior ou igual a 6.

n) M aceita todas as cadeias que contenham a subcadeia *aaa*.

161. Considere-se o autômato $M = (\{q_0, q_1, q_2, q_3\}, \{a, b, c\}, \delta, q_0, F)$ e admitam-se as seguintes hipóteses:

a) $L(M)$ é vazia.

b) $L(M)$ é infinita.

c) $L(M)$ é finita e não vazia.

Quais são os números mínimo e máximo de cadeias que devem ser testadas em M, em cada caso, a fim de confirmar cada uma das hipóteses apresentadas?

162. Relacione, uma a uma, todas as cadeias que devem ser testadas em $M = (\{q_0, q_1\}, \{a,b\}, \delta, q_0, F\}$ para determinar se:

a) $L(M)$ é vazia ou não vazia;

b) $L(M)$ é finita ou infinita.

163. Seja $M = (\{q_0, q_1, q_2\}, \{a,b\}, \delta, q_0, F)$. Quantas — e quais — cadeias devem ser testadas em M para determinar se $L(M) \neq \emptyset$? Justifique a sua resposta.

Exercícios de programação

164. Projete e implemente um programa de computador que aceite como entrada uma cadeia que represente uma gramática $G = (V, \Sigma, P, S)$, conforme a especificação abaixo.

Inicialmente, o programa deverá efetuar a consistência da cadeia de entrada, e também de G, verificando se ambas estão corretamente construídas, e informando sobre a presença de eventuais erros. Em seguida, o programa deverá classificar G como:

a) Linear à direita.
b) Linear à esquerda.
c) Outro tipo.

Caso G seja linear à direita, o programa deverá gerar uma gramática equivalente, na qual o lado direito de todas as regras contenha, no máximo, um único símbolo terminal, apresentando o resultado na mesma notação usada na entrada.

A gramática de entrada deverá ser representada na forma de uma cadeia pertencente ao seguinte conjunto regular definido sobre o alfabeto $\{A, B, C, ..., X, Y, Z, a, b, c, ...x, y, z, -, >, \$\}$: *<Regra>*(−*<Regra>*)*\$ onde:

<Regra> → *<Lado-esquerdo>* > *<Lado-direito>*
<Lado-esquerdo> → *<Não-terminal>*
<Lado-direito> → ε | *<Cadeia>* | *<Não-terminal>* | *<Não-terminal>* *<Cadeia>* | *<Cadeia>* *<Não-terminal>*
<Não-Terminal> → $A \mid B \mid C \mid ... \mid X \mid Y \mid Z$
<Terminal> → $a \mid b \mid c \mid ... \mid x \mid y \mid z$
<Cadeia> → *<Cadeia>* *< Terminal>* | *<Terminal>*

Portanto, letras maiúsculas representam símbolos não terminais e letras minúsculas representam símbolos terminais. O primeiro símbolo não terminal referenciado na cadeia de entrada será considerado a raiz da gramática. Cada sequência da forma *<Lado-esquerdo>* > *<Lado-direito>* representa uma regra da gramática. As seguintes cadeias representam gramáticas codificadas dessa forma:

- $S > Sa - S > Sb - S > \$$
  que representa a gramática $(\{S,a,b\}, \{a,b\}, \{S \rightarrow Sa,\ S \rightarrow Sb,\ S \rightarrow \varepsilon\}, S)$ e gera a linguagem $(a \mid b)^*$;
- $S > abcX - X > deX - X > f - X > \$$
  que representa a gramática $(\{S, X, a, b, c, d, e, f\}, \{a, b, c, d, e, f\}, \{S \rightarrow abcX, x \rightarrow deX, X \rightarrow f, X \rightarrow \varepsilon\}, S)$ e gera a linguagem $abc(de)^*(f \mid \varepsilon)$.

165. Projete e implemente um programa de computador que simule um autômato finito determinístico fornecido. Ele deve aceitar como entrada:

- Uma cadeia que descreva um autômato finito $M = (Q, \Sigma, \delta, q_0, F)$, determinístico e sem transições em vazio, conforme a notação apresentada a seguir.
- Uma cadeia $w \in \Sigma^*$, para servir como cadeia de entrada para o autômato.

Como resultado, o programa deve:

a) Verificar a consistência da cadeia de entrada que representa o autômato M a ser simulado, para garantir que ela esteja corretamente construída.
b) Verificar a consistência do autômato M, determinando se ele está corretamente especificado.
c) Em caso afirmativo, determinar se $w \in L(M)$.

O autômato de entrada deverá ser representado na forma de uma cadeia pertencente ao conjunto regular seguinte, definido sobre o alfabeto $\{0,1,2,...7,8,9,a,b,c,d,e,f,-,\$\}$:

<Transição>(−*<Transição>*)*\$

onde:

<Transição> → *<Estado><Entrada>* *<Estado>*
<Estado> → *<Não-final>* | *<Final>*
<Não-final> → 00 | 01 | 02 | 03 | 04 | 05 | 06 | 07 | 08 | 09
<Final> → 10 | 11 | 12 | 13 | 14 | 15 | 16 | 17 | 18 | 19
<Entrada> → $a \mid b \mid c \mid d \mid e \mid f$

Portanto, o autômato de entrada pode possuir no máximo 20 estados, numerados de 00 a 19. Desses, os estados numerados de 00 a 09 serão sempre não finais, e os numerados de 10 a 19, sempre finais. O primeiro estado referenciado na cadeia de entrada será considerado como estado inicial do autômato.

Cada sequência da forma <*Estado*> <*Entrada*> <*Estado*> representa uma transição do autômato (respectivamente, estado corrente, símbolo de entrada e próximo estado). As seguintes cadeias representam autômatos codificados dessa forma:

- 00a15 – 15b15\$,
  que aceita a linguagem ab^*;
- 00a00 – 00b01 – 01c02 – 02d15\$,
  que aceita a linguagem a^*bcd.

166. Proponha uma notação para a representação de transdutores finitos determinísticos do tipo Máquina de Mealy, tomando como base a notação adotada para a representação de autômatos finitos determinísticos no Exercício 165. Considere que o alfabeto de saída seja igual ao alfabeto de entrada. A seguir, projete e construa um programa de computador que aceite a linguagem de entrada especificada pela Máquina de Mealy fornecida na entrada, e apresente na saída a cadeia correspondente à transdução dela.
167. Com base no programa desenvolvido no Exercício 165, projete e implemente um programa de computador que simule um autômato finito não determinístico com transições em vazio. Utilize a mesma codificação para o autômato de entrada adotada no Exercício 165, considerando que a ausência de símbolo de entrada, na especificação da transição, indica transição em vazio. Exemplo: a cadeia 00a15 – 0015 – 15b15\$ representa um autômato que aceita a linguagem $(a \mid \varepsilon)b^*$.
168. Construa um programa que aceite como entrada uma cadeia que representa qualquer autômato finito não determinístico com transições em vazio (conforme definido nos Exercícios 165 e 167), e ofereça as seguintes opções de verificação ao usuário:
    a) Se a função de transição é total.
    b) Se existem estados inacessíveis.
    c) Se existem estados inúteis.
169. Construa um programa que aceite como entrada uma cadeia que representa qualquer autômato finito não determinístico com transições em vazio (conforme definido nos Exercícios 165 e 167), e ofereça as seguintes opções ao usuário:
    a) Obter uma gramática linear à direita que lhe seja equivalente.
    b) Eliminar transições em vazio (no caso de algum estado não final se tornar final, o mesmo deverá ser renomeado de forma compatível com as convenções adotadas).
    c) Eliminar não determinismos (os nomes adotados na criação de novos estados deverão ser compatíveis com as convenções adotadas para estados finais e não finais).
    d) Eliminar estados inacessíveis.
    e) Eliminar estados inúteis.
    f) Tornar total a função de transição.
    g) Minimizar o autômato.
170. Projete e implemente um programa de computador que aceite como entrada a especificação de um autômato finito determinístico (conforme o Exercício 165) e determine se a linguagem aceita por ele é:
    - Vazia.
    - Finita não vazia.
    - Infinita.

    Além disso, o programa deverá informar:
    a) A quantidade de estados que o autômato apresenta.
    b) A quantidade de símbolos do alfabeto de entrada do autômato.
    c) A quantidade máxima de cadeias que devem testadas para verificar se a linguagem aceita pelo autômato é finita.
    d) A quantidade de cadeias efetivamente utilizada para determinar se a linguagem aceita pelo autômato é finita.
    e) Se finita, qual a cadeia que permitiu ao programa chegar a tal conclusão.
    f) A quantidade máxima de cadeias que devem ser testadas para verificar se a linguagem aceita pelo autômato é infinita.
    g) A quantidade de cadeias efetivamente utilizada para determinar se a linguagem aceita pelo autômato é infinita.
    h) Se infinita, qual a cadeia que permitiu ao programa chegar a tal conclusão.
171. O algoritmo apresentado a seguir ilustra uma estratégia alternativa para a geração de autômatos finitos não determinísticos (com n estados) que resultem, após a eliminação de todos os não determinismos, em autômatos determinísticos com a quantidade máxima de estados possível ($2^n - 1$). Diferentemente da estratégia apresentada no Exercício 71, o presente algoritmo provoca o aparecimento de sucessivos novos não determinismos, como decorrência da eliminação de outros anteriores.

    Seja $M = (Q, \Sigma, \delta, q_1, \{q_n\})$ o autômato que se deseja construir, e suponha-se que $|Q| = n$, com os estados nomeados $q_1, q_2, ..., q_n$, e que $|\Sigma| = n(n+1)/2$, com os símbolos do alfabeto de entrada nomeados $\sigma_1, \sigma_2, ..., \sigma_{|\Sigma|}$. A função de transição δ é calculada pelo algoritmo abaixo.

```
CÁLCULO DE δ:

Seja δ uma matriz com n linhas e
1+2+...+(n−1)+n colunas
Para i de 1 até n faça
    δ(q_i, σ_i) ← {q_i}
Para i de 2 até n faça
    p ← n+1
    Para j de 2 até i faça
        Para k de 1 até (j−1) faça
            Se (i = j)
                Então δ(q_i, σ_p) ← {q_k, q_j}
                Senão δ(q_i, σ_p) ← {q_i}
            p ← p+1
```

Projete e implemente um programa de computador que:

a) Aceite o valor de n como entrada.
b) Calcule a função de transição δ conforme o algoritmo acima.
c) Gere um arquivo de texto que contenha uma cadeia que represente o autômato completo, conforme a notação apresentada no Exercício 165.

Em seguida, submeta o arquivo gerado por esse programa ao programa do Exercício 169, observando a quantidade final de estados do novo autômato, após a eliminação dos não determinismos.

Capítulo 4

Linguagens livres de contexto

As linguagens e as gramáticas livres de contexto foram inicialmente concebidas com a intenção de permitir a formalização sintática das linguagens naturais ([13], [16]). Logo se percebeu, no entanto, que as linguagens naturais (inglês, português etc.) são significativamente mais complexas do que a classe de linguagens representáveis através das gramáticas livres de contexto, diminuindo em muito, em consequência, o interesse dos estudiosos das linguagens naturais pelas gramáticas desse tipo.

Por outro lado, as linguagens livres de contexto despertaram um interesse muito grande na comunidade científica ligada à área de computação, que via grandes possibilidades de aplicação dessa classe de linguagens na análise e na formalização de linguagens artificiais, em particular as linguagens de programação.

Vale lembrar que, à época em que isso aconteceu, em meados da década de 1950, a linguagem FORTRAN já havia sido definida, e algumas implementações experimentais estavam sendo utilizadas no desenvolvimento de aplicações. Como a teoria de linguagens ainda principiava o seu desenvolvimento, não surpreende o fato de que a linguagem FORTRAN tenha sido originalmente especificada — e implementada — de maneira quase que totalmente empírica, sem que houvesse, como há hoje, um sólido lastro teórico e conceitual para fundamentar seu projeto.

Por esse motivo, inúmeras dificuldades foram enfrentadas no início do projeto FORTRAN, as quais tiveram como consequência os seguintes "registros de época":

1. Elevada "complexidade aparente" dos problemas de formalização sintática e de construção dos aceitadores sintáticos das linguagens de programação.
2. Arbitrariedade na imposição de restrições nos projetos de linguagens de alto nível, tornando mais difícil sua utilização por parte dos usuários.

Como consequência das limitações teóricas verificadas na época, praticamente inexistiam métodos para a formalização sintática das linguagens de programação e para a construção sistemática de seus reconhecedores. O advento da teoria das linguagens e seu posterior relacionamento com a teoria dos autômatos ocorreram justamente no momento em que a necessidade de métodos e técnicas havia se tornado bastante clara, em função dessa primeira experiência, a fim de possibilitar a evolução das novas áreas de conhecimento emergentes dentro da computação: a das linguagens de programação e a dos compiladores.

Nesse sentido, o papel das gramáticas livres de contexto foi extremamente importante, uma vez que, se de um lado permitiu o desenvolvimento de notações bastante adequadas para a formalização da sintaxe das linguagens artificiais, por outro ensejou o desenvolvimento de técnicas muito eficientes de construção de reconhecedores sintáticos, algumas delas inclusive através de mapeamentos efetuados diretamente a partir das gramáticas das respectivas linguagens.

Assim, as gramáticas livres de contexto contribuíram significativamente para desmitificar a complexidade dos então novos problemas que se apresentavam, simplificando-os consideravelmente. Um exemplo disso foi a definição da notação BNF ([17]), logo após a definição das gramáticas livres de contexto por Chomsky ([9]). A notação BNF (sigla de *Backus-Naur Form*) era também destinada à representação de gramáticas livres de contexto e foi concebida especificamente para uso em linguagens artificiais, em particular em linguagens de programação. Ela foi utilizada pela primeira vez na especificação da linguagem de programação Algol 60 ([18], [19]), tendo seu uso se difundido bastante até os dias de hoje.

Atualmente, graças ao grande desenvolvimento teórico verificado nas últimas décadas, tais problemas, longe de terem se tornado triviais, tiveram bem determinados os limites de sua complexidade, e, como consequência, a diversificação de métodos e resultados teóricos conhecidos permite que eles possam ser tratados de forma rotineira e sistemática no dia a dia do profissional de computação.

Neste capítulo será mostrada a importância das gramáticas livres de contexto na formalização das linguagens de programação de alto nível e serão definidos os conceitos de árvores de derivação, ambiguidade e análise sintática, entre outros. A seguir, serão apresentados e demonstrados alguns importantes resultados referentes à simplificação das gramáticas livres de contexto, à sua representação em formas normais e a análise determinística descendente.

4.1 Gramáticas livres de contexto

As gramáticas livres de contexto podem ser utilizadas, entre outras aplicações, para representar subconjuntos (bastante limitados) de linguagens naturais. Considere o seguinte exemplo:

<frase> → *<sujeito><verbo><complemento>*
<sujeito> → `O homem`
<sujeito> → `A mulher`
<verbo> → `leu`
<verbo> → `escreveu`
<complemento> → `um` *<adjetivo>* `livro`
<adjetivo> → `ótimo`
<adjetivo> → `péssimo`
<adjetivo> → ε

Como se pode perceber, os símbolos não terminais em gramáticas livres de contexto podem ser utilizados para representar classes sintáticas bem definidas, permitindo um elevado grau de intuição e de clareza na interpretação e na estruturação das sentenças pertencentes à linguagem.

Quando utilizadas para representar subconjuntos de linguagens naturais, ou mesmo linguagens "pseudonaturais", por exemplo, as linguagens empregadas em sistemas de consulta a bancos de dados e em diversos outros tipos de interfaces homem-máquina, especialmente nos aplicativos voltados para usuários leigos em computação, as gramáticas livres de contexto desempenham um papel muito importante para os projetistas de tais sistemas, pois permitem a formalização da linguagem de interface, facilitando a construção de seu respectivo reconhecedor.

No entanto, a maior aplicação das gramáticas livres de contexto ocorre na formalização sintática das linguagens de programação de alto nível. Rigorosamente, não se pode dizer que tais linguagens sejam propriamente livres de contexto. Na verdade, a formalização completa de sua sintaxe exigiria dispositivos mais complexos, como é o caso das gramáticas do tipo 1, uma vez que a grande maioria de tais linguagens apresenta dependências de contexto que não podem ser representadas por gramáticas do tipo 2, ou livres de contexto.

Não obstante, a simplicidade das gramáticas livres de contexto as torna muito atraentes para a representação formal, ainda que parcial, da sintaxe de tais linguagens. As gramáticas livres de contexto constituem, pois, uma solução de compromisso em que o rigor da definição sintática é ligeiramente sacrificado em favor do uso de uma notação muito mais intuitiva e fácil de ser manipulada do que as gramáticas do tipo 1. Desse modo, as dependências de contexto costumam ser representadas à parte, em alguma outra notação — eventualmente em linguagem natural — que sirva de complementação à gramática do tipo 2 para a representação das dependências de contexto. As gramáticas formais do tipo 1, devido à sua elevada complexidade de manipulação, não costumam ser utilizadas na prática para representar dependências de contexto em linguagens de programação, nem mesmo de forma parcial.

A característica que torna as gramáticas livres de contexto especialmente adequadas à formalização sintática das linguagens de programação é a sua capacidade de representação de **construções aninhadas**, que são frequentemente encontradas em linguagens dessa categoria. Construções aninhadas costumam ocorrer em linguagens de programação, por exemplo, na construção de expressões aritméticas, em que subexpressões são delimitadas, através do uso de parênteses; na estruturação do fluxo de controle, em que comandos internos são inseridos como parte integrante de outros externos; na estruturação do programa, em que blocos, módulos, procedimentos e funções são empregados para criar diferentes escopos etc.

O **balanceamento de termos** é uma consequência da existência de construções aninhadas. Toda construção aninhada, seja por recursão direta ou recursão indireta, provoca algum tipo de balanceamento de termos, em que os termos em questão são o símbolos (ou termos) que delimitam a construção aninhada. Um exemplo típico disso são os parênteses que delimitam novas ocorrências de expressões dentro de outras expressões.

Conforme definido no Capítulo 2, uma **gramática livre de contexto** é uma quádrupla (V, Σ, P, S) com os seguintes componentes:

- V: conjunto (finito e não vazio) dos símbolos terminais e não terminais; corresponde ao **vocabulário** da gramática;
- Σ: conjunto (finito e não vazio) dos símbolos terminais; corresponde ao **alfabeto** da linguagem definida pela gramática;
- P: conjunto (finito e não vazio) das **regras** (ou **produções**), todas no formato $\alpha \rightarrow \beta$, com $\alpha \in (V - \Sigma)$ e $\beta \in V^*$;
- S: **raiz** (ou **símbolo inicial**) da gramática, $S \in (V - \Sigma)$.

Exemplo 4.1 A linguagem $L = \{a^k b^k \mid k \geqslant 0\}$ do Exemplo 3.4 é não regular, conforme provado no Exemplo 3.65. Por outro lado, trata-se de uma linguagem livre de contexto, uma vez que ela é gerada pela gramática livre de contexto apresentada no próprio Exemplo 3.4. De fato, é possível provar que a linguagem gerada por aquela gramática coincide com L. A prova é feita por indução em i usando a propriedade $P(i)$: $\forall i \geq 1, P(i) = (S \Rightarrow^i w) \Leftrightarrow (w = a^{i-1} b^{i-1})$.

A prova da condição necessária $P_N(i) = (S \Rightarrow^i w) \Rightarrow (w = a^{i-1} b^{i-1})$ é apresentada a seguir.

- Base da indução:
  - $i = 1$.

  - $P_N(1) = (S \Rightarrow \varepsilon)$ pela aplicação direta da regra $S \rightarrow \varepsilon$.
  - $w = a^0b^0 = \varepsilon$.

- Hipótese indutiva:
  - $P_N(i) = (S \Rightarrow^i w) \Rightarrow (w = a^{i-1}b^{i-1})$ é válida para $i \geq 1$.

- Passo de indução:
  - $P_N(i)$ implica $P_N(i+1)$.
  - Prova:
    * $S \Rightarrow^{i+1} aSb \Rightarrow^i w$.
    * Pela hipótese indutiva, $S \Rightarrow^i a^{i-1}b^{i-1}$.
    * Logo, $S \Rightarrow^{i+1} aSb \Rightarrow^i aa^{i-1}b^{i-1}b$, ou seja, $S \Rightarrow^{i+1} a^ib^i$.

A prova da condição suficiente $P_S(i) = (w = a^{i-1}b^{i-1}) \Rightarrow (S \Rightarrow^i w)$ é apresentada a seguir.

- Base da indução:
  - $i = 1$.
  - $w = a^0b^0 = \varepsilon$.
  - $P_S(1) = (S \Rightarrow \varepsilon)$ pela aplicação direta da regra $S \rightarrow \varepsilon$.

- Hipótese indutiva:
  - $P_S(i) = (w = a^{i-1}b^{i-1}) \Rightarrow (S \Rightarrow^i w)$ é válida para $i \geq 1$.

- Passo de indução:
  - $P_S(i)$ implica $P_S(i+1)$.
  - Prova:
    * Pela hipótese indutiva, $(w = a^{i-1}b^{i-1}) \Rightarrow (S \Rightarrow^i w)$.
    * $a^ib^i = a\underbrace{a^{i-1}b^{i-1}}_{w}b$.
    * É possível fazer $S \Rightarrow aSb$ pelo uso da regra $S \rightarrow aSb$.
    * Portanto, $S \Rightarrow aSb \Rightarrow^i a\underbrace{a^{i-1}b^{i-1}}_{w}b$.
    * Logo, $S \Rightarrow aSb \Rightarrow^i a^ib^i$, ou seja, $S \Rightarrow^{i+1} a^ib^i$.

Desta maneira, fica claro que L e a gramática do Exemplo 3.4 são exatamente a mesma linguagem. ⋆

Exemplo 4.2 Seja P o conjunto de regras a seguir e considerem-se Σ, V e S subentendidos.

$$\{E \rightarrow T+E, \tag{4.1}$$
$$E \rightarrow T, \tag{4.2}$$
$$T \rightarrow F*T, \tag{4.3}$$
$$T \rightarrow F, \tag{4.4}$$
$$F \rightarrow (E), \tag{4.5}$$
$$F \rightarrow a\} \tag{4.6}$$

Considere-se a sentença $a+a$. Ela pode ser obtida através da seguinte sequência de derivações:

$E \Rightarrow T+E \Rightarrow F+E \Rightarrow a+E \Rightarrow a+T \Rightarrow a+F \Rightarrow a+a$

correspondente à aplicação das produções $4.1, 4.4, 4.6, 4.2, 4.4, 4.6$, nesta ordem. Considere-se agora a sentença $a*(a+a)$. Ela pode ser obtida através da seguinte sequência de derivações:

$E \Rightarrow T \Rightarrow F * T \Rightarrow a * T \Rightarrow a * F \Rightarrow a * (E) \Rightarrow a * (T + E) \Rightarrow a * (F + E) \Rightarrow a * (a + E) \Rightarrow a * (a + T)$
$\Rightarrow a * (a + F) \Rightarrow a * (a + a)$

correspondente à aplicação das produções 4.2, 4.3, 4.6, 4.4, 4.5, 4.1, 4.4, 4.6, 4.2, 4.4, 4.6, nesta ordem. Note que a derivação da primeira expressão ($E \Rightarrow^* a + a$) comparece na derivação da segunda expressão ($E \Rightarrow^* a * (a + a)$), porém entre parênteses. Isso caracteriza um aninhamento com balanceamento de termos.

Observe-se que a linguagem gerada pela gramática desse exemplo compreende as sentenças que representam expressões aritméticas corretamente formadas sobre o operando a com os operadores "$*$" e "$+$". Subexpressões delimitadas através de parênteses também são admitidas, e podem ser compostas com base nas mesmas regras utilizadas para construir a expressão inicial. Não fazem parte da linguagem definida por essa gramática, por exemplo, cadeias em que não haja plena correspondência do símbolo "(" com seu par ")". Por exemplo, não fazem parte dessa linguagem cadeias nas quais a quantidade de "(" é diferente da quantidade de ")", ou que iniciam com ")". Em outras palavras, trata-se de uma linguagem que admite o aninhamento de expressões através do uso de parênteses como delimitadores, e que contém apenas expressões válidas do ponto de vista do uso dos parênteses. ⋆

O **aninhamento** de construções (ou **balanceamento** de termos) é a característica que distingue as linguagens estritamente do tipo 2 das linguagens do tipo 3: pertencem a uma linguagem estritamente do tipo 2 apenas e tão somente as sentenças em que, para cada ocorrência de um dado delimitador (por exemplo, um "abre-parênteses"), haja em correspondência a ocorrência de um outro, através do qual se forma o par (por exemplo, um "fecha-parênteses"). Além disso, a subcadeia situada entre esse par de delimitadores pode ser gerada através das mesmas regras de formação válidas para a sentença completa, caracterizando dessa maneira o aninhamento de suas construções.

Exemplo 4.3 No Exemplo 4.2, o conjunto de regras:

$$\begin{aligned} E &\rightarrow T \\ T &\rightarrow F \\ F &\rightarrow (E) \end{aligned}$$

mostra que existe uma recursão indireta com o não terminal E que provoca o aninhamento de expressões: $E \Rightarrow^* (E)$. Ou seja, a gramática permite que uma expressão seja usada dentro de outra expressão. Neste caso, o aninhamento de expressões causa o balanceamento dos parênteses: cada "(" do lado esquerdo (antes de uma expressão) é sempre acompanhado por um ")" do lado direito (depois da expressão). ⋆

Note-se que, através de regras de produção livres de contexto, é possível especificar construções mais restritas do que as obteníveis mediante o uso de produções de gramáticas lineares. Assim, com regras livres de contexto é possível caracterizar aninhamentos sintáticos, os quais não podem ser descritos apenas com produções lineares à direita ou à esquerda (ou qualquer combinação delas). Em outras palavras, as gramáticas livres de contexto permitem impor restrições adicionais àquelas que se podem construir em gramáticas regulares, podendo assim caracterizar subconjuntos das linguagens regulares que gozem da propriedade determinada pelos aninhamentos sintáticos. Dessa forma, as gramáticas livres de contexto tornam-se muito úteis para a especificação de linguagens de programação, a maioria das quais exibe aninhamentos sintáticos.

A representação de aninhamentos em gramáticas do tipo 2 decorre de uma propriedade característica das gramáticas deste tipo, denominada self-embedding property. Um não terminal Y é dito self-embedded, ou **autorrecursivo central**, se, a partir dele, for possível derivar alguma forma sentencial em que o não terminal Y ressurja, delimitado por cadeias não vazias de terminais à sua esquerda e à sua direita:

$$Y \Rightarrow^* \alpha Y \beta, \quad \text{com } \alpha, \beta \in \Sigma^+$$

Um não terminal Z é dito simplesmente **autorrecursivo** se, a partir dele, for possível derivar alguma forma sentencial em que Z ressurja, acompanhado de pelo menos uma cadeia não vazia de terminais à sua esquerda ou à sua direita:

$$Z \Rightarrow \alpha Z \beta, \quad \text{com } \alpha, \beta \in \Sigma^*, \alpha\beta \neq \varepsilon$$

Naturalmente, todo não terminal autorrecursivo central é também um não terminal autorrecursivo, mas o contrário não é necessariamente verdadeiro. Se uma gramática livre de contexto G possui pelo menos um não terminal autorrecursivo central, diz-se que G é **autoembutida** (do inglês self-embedded).

Um símbolo não terminal **essencial** é aquele que não pode ser removido da gramática (ou substituído) sob pena de provocar modificações na linguagem sendo definida. Caso contrário, ele é dito **não essencial**.

Uma linguagem L é dita **estritamente livre de contexto**, ou livre de contexto não regular, se ela for livre de contexto e não for regular. Existem várias maneiras de caracterizar linguagens estritamente livres de contexto. Uma delas é por meio da apresentação de uma gramática livre de contexto que gera L e, ao mesmo tempo, de uma prova (por exemplo por meio da aplicação do "Pumping Lemma" para as linguagens regulares) de que L não é regular.

Uma maneira alternativa se dá quando todas as gramáticas que geram L são autoembutidas, ou seja, quando todas elas possuem pelo menos um não terminal **autorrecursivo central**. Isso é o mesmo que afirmar que L é gerada apenas por gramáticas que possuem, necessariamente, pelo menos um símbolo não terminal autorrecursivo central essencial. Ou seja, se todas as gramáticas que geram L são autoembutidas, então qualquer gramática que gera L possui um símbolo não terminal autorrecursivo central essencial. Em outras palavras, L é uma linguagem com característica de aninhamento que a distingue de uma linguagem regular (e é, portanto, estritamente livre de contexto) e que, por isso, precisa ser representada por meio de um símbolo não terminal autorrecursivo central essencial.

Provar que uma linguagem é estritamente livre de contexto desta segunda maneira não é, no entanto, trivial, e a primeira maneira ainda é a mais usada. A segunda maneira serve, principalmente, para nos ajudar a entender como o fato de a linguagem ser livre de contexto e não regular se manifesta nas gramáticas que a geram (especificamente, pela presença de um símbolo não terminal autorrecursivo central essencial em todas elas).

Por outro lado, o simples fato de uma gramática ser autoembutida não garante a não regularidade da linguagem definida por esta gramática: é possível identificar linguagens regulares geradas por gramáticas com não terminais autorrecursivos centrais que, nesses casos, não são essenciais. O Exemplo 4.4 ilustra essa situação.

Exemplo 4.4 A gramática cujas regras constituem o conjunto abaixo é do tipo 2 e possui um não terminal autorrecursivo central (S, em decorrência da produção $S \rightarrow aSa$), podendo, portanto, ser caracterizada como uma gramática autoembutida:

$$\begin{aligned} \{S &\rightarrow aS, \\ S &\rightarrow bS, \\ S &\rightarrow a, \\ S &\rightarrow b, \end{aligned}$$

$$S \rightarrow aSa\}$$

No entanto, a linguagem gerada por essa gramática é $\{a,b\}^+$, ou seja, a linguagem é regular. Na verdade, é fácil observar que essa linguagem também pode ser gerada por um conjunto de regras equivalente, em que a última produção da gramática acima é removida:

$$\begin{aligned}\{S &\rightarrow aS,\\ S &\rightarrow bS,\\ S &\rightarrow a,\\ S &\rightarrow b\}\end{aligned}$$

Tal fato ocorre, neste caso particular, porque a produção $S \rightarrow aSa$ é **não essencial** à gramática, ou seja, a sua inclusão no conjunto P de produções em nada contribui para modificar a linguagem definida pelas demais produções. ⋆

Quando todas as alternativas de substituição para um símbolo não terminal são não essenciais, diz-se que o símbolo em questão é **não essencial**. Se ele for um não terminal autorrecursivo central, diz-se que o não terminal autorrecursivo central é não essencial. Dessa forma, os não terminais autorrecursivos centrais que caracterizam gramáticas autoembutidas podem ou não ser essenciais. Se houver pelo menos um não terminal autorrecursivo central essencial em alguma gramática, a correspondente linguagem é dita **estritamente livre de contexto** (e, consequentemente, todas as gramáticas que geram esta linguagem são autoembutidas). Se todos os não terminais autorrecursivos centrais de uma gramática forem não essenciais, a linguagem por ela definida é regular.

A *s*elf-embedding property exprime a capacidade que têm as gramáticas livres de contexto para representarem aninhamentos sintáticos. Intuitivamente, se $Y \Rightarrow^* \alpha Y \beta$, então, da aplicação sucessiva dessa sequência de derivações, resulta que $\alpha\alpha Y\beta\beta$, $\alpha\alpha\alpha Y\beta\beta\beta$ etc. são formas sentenciais que geram sentenças pertencentes a $L(G)$. Assim, a cada subcadeia α é possível impor a existência de uma outra subcadeia β que estabeleça a correspondência com α. É importante notar, finalmente, que as gramáticas regulares não exibem a *s*elf-embedding property, sendo esta uma propriedade característica das gramáticas livres de contexto não regulares.

Exemplo 4.5 Considere-se a linguagem das expressões aritméticas definida no Exemplo 4.2. Observe-se que $E \Rightarrow T \Rightarrow F \Rightarrow (E)$, ou seja, $E \Rightarrow^* (E)$.

Logo, E é um não terminal autorrecursivo central, e a gramática a que ele pertence é autoembutida. É possível demonstrar que todas as gramáticas que geram essa linguagem são autoembutidas, o que caracteriza a linguagem como não regular. Note-se que, como $E \Rightarrow^* (E)$, a cada abre-parênteses que antecede a subexpressão E corresponde sempre um fecha-parênteses logo após E. Note-se também que todas as sentenças derivadas das formas sentenciais $({}^iE)^i$, $i \geqslant 1$, também pertencem à linguagem definida, sendo obtidas pela aplicação repetida da sequência de derivações apresentada. ⋆

Exemplo 4.6 A linguagem $L_1 \bowtie L_2 = \{ab^icd^i \mid i \geq 0\}$ definida no Exemplo 3.84 é livre de contexto pois ela é gerada pela gramática livre de contexto com as seguintes regras:

$$\begin{aligned}\{S &\rightarrow aX,\\ X &\rightarrow bXd,\\ X &\rightarrow c\}\end{aligned}$$

⋆

Quando se consideram linguagens especificadas através de gramáticas livres de contexto, deve-se também considerar de que forma é feita a aceitação sintática de suas sentenças para fins de compilação e/ou interpretação. Quando se trata de efetuar o reconhecimento de sentenças, o que se busca, na verdade, é localizar uma sequência de produções que, quando aplicada à raiz da gramática, forneça como resultado, através da série correspondente de derivações, a sentença fornecida para análise. Sendo possível completar a derivação, diz-se que a sentença pertence à linguagem; caso contrário, que ela não pertence à linguagem.

No entanto, para cada sentença pertencente à linguagem definida através de uma gramática livre de contexto, é geralmente possível identificar uma grande quantidade de sequências distintas de derivação, resultado de escolhas arbitrárias do particular símbolo não terminal a ser substituído em cada passo da derivação, todas elas resultando na mesma sentença analisada. Na prática, no entanto, costuma-se fixar alguns critérios de derivação de sentenças, para permitir a construção e a operação sistemáticas dos reconhecedores sintáticos (ver Seção 4.4).

4.2 Metalinguagens, BNF e BNF estendida

Como consequência do elevado interesse prático despertado pelas gramáticas livres de contexto, inúmeras notações foram desenvolvidas para facilitar a formalização sintática das linguagens artificiais, permitindo criar definições formais mais legíveis e concisas do que as obtidas usualmente com a notação algébrica.

Tais notações, denominadas **metalinguagens**, permitem a representação de linguagens livres de contexto, sendo equipotentes, portanto, à notação algébrica introduzida na Seção 2.3. A primeira e talvez mais importante delas é a BNF, abreviatura de *B*ackus-Naur Form.

Na notação BNF, os não terminais são representados por textos delimitados pelos metassímbolos “<” e “>”; para distingui-los dos símbolos terminais, o metassímbolo “$\rightarrow$” é substituído por “::=” e, finalmente, todas as alternativas de substituição para um mesmo não terminal são agrupadas, separando-se umas das outras com o metassímbolo “|”. Os terminais são denotados sem delimitadores.

Exemplo 4.7 Em BNF, a gramática que representa expressões aritméticas aninháveis, sobre operandos a, com os operadores adição e multiplicação, anteriormente apresentada no Exemplo 4.2, torna-se:

$$\begin{array}{lcl} <E> & ::= & <T>+<E> \mid <T> \\ <T> & ::= & <F>*<T> \mid <F> \\ <F> & ::= & a \mid (<E>) \end{array}$$

$\star$

Empregada pela primeira vez no início da década de 1960, na publicação que definiu formalmente a linguagem de programação Algol 60 ([18], [19]), a notação BNF se tornou extremamente popular justamente por ter demonstrado na prática, pela primeira vez, a viabilidade de uso de uma notação formal para a representação da sintaxe de uma linguagem de programação, representando um dos primeiros resultados práticos advindos do interesse dos profissionais de computação pelas então recém-descobertas gramáticas livres de contexto.

Embora largamente utilizada ainda hoje, a notação BNF enfrenta atualmente a “concorrência” de outras metalinguagens igualmente importantes, como é o caso de vários de seus dialetos, da Notação de Wirth, dos Diagramas de Sintaxe, das Expressões Regulares Estendidas e de inúmeras outras ([**?**]). Apesar disso, a notação algébrica continuará sendo empregada preferencialmente neste texto por ser a mais adequada ao estudo teórico e conceitual das linguagens formais. Eventualmente, poderá ser empregada a BNF, em exemplos de linguagens de programação.

Expressões regulares foram definidas como uma notação bastante concisa e adequada para a representação de linguagens regulares. Uma importante extensão das expressões regulares são as expressões regulares estendidas, que, em combinação com a BNF, disponibilizam as vantagens do uso de expressões regulares para a classe das linguagens livres de contexto, constituindo assim uma metalinguagem alternativa para a representação delas.

A **BNF estendida** (ou simplesmente **EBNF**), resulta da fusão das definições da BNF (conforme a Seção 4.1) e da expressão regular (conforme a Seção 3.2).

Uma **expressão regular estendida** é, por definição, uma expressão regular que admite como operandos os símbolos não terminais da gramática, em adição aos terminais.

Um conjunto de regras gramaticais representado através da notação **BNF estendida** é um conjunto de expressões regulares estendidas, cada uma delas associada a um símbolo não terminal distinto.

Exemplo 4.8 Considere-se a gramática livre de contexto:

$$G = (\{S, X, Y, Z, a, b, c, d, e, f, g\}, \{a, b, c, d, e, f, g\}, P, S)$$

com P apresentado a seguir, que gera uma linguagem L estritamente livre de contexto.

$$\begin{aligned} P = \{S &\rightarrow XYZ, \\ S &\rightarrow g, \\ X &\rightarrow aX, \\ X &\rightarrow a, \\ Y &\rightarrow Sb, \\ Z &\rightarrow cdZ, \\ Z &\rightarrow eZ, \\ Z &\rightarrow f\} \end{aligned}$$

Transcrito para a BNF, este conjunto de produções resulta:

$$\begin{aligned} <S> &::= <X><Y><Z> \mid g \\ <X> &::= a<X> \mid a \\ <Y> &::= <S>b \\ <Z> &::= cd<Z> \mid e<Z> \mid f \end{aligned}$$

Não é difícil perceber que $<X>$ gera cadeias compostas por um ou mais símbolos a. Então, a regra $<X> ::= a<X> \mid a$ pode ser substituída pela regra $<X> ::= aa^*$. De maneira análoga, a regra $<Z> ::= cd<Z> \mid e<Z> \mid f$ pode ser substituída por $<Z> ::= (cd \mid e)^* f$. Note-se, em ambos os casos, a substituição do uso de símbolo não terminal no lado direito das regras, pelo uso do operador fechamento reflexivo e transitivo ($*$) para representar a repetição de termos. O novo conjunto de regras torna-se, portanto:

$$\begin{aligned} <S> &::= <X><Y><Z> \mid g \\ <X> &::= aa^* \\ <Y> &::= <S>b \\ <Z> &::= (cd \mid e)^* f \end{aligned}$$

A substituição das definições dos símbolos <X>, <Y> e <Z> na regra do símbolo <S> resulta em:

$$<S> \quad ::= \quad aa^*<S>b(cd \mid e)^*f \mid g$$

O lado direito da regra acima ($aa^*<S>b(cd \mid e)^*f \mid g$) é, como se pode perceber, uma expressão regular estendida, pois possui a forma de uma expressão regular, acrescida da referência ao símbolo não terminal <S>. O lado esquerdo e o lado direito, juntamente, constituem uma regra gramatical representada na notação BNF estendida.

A regra acima explicita a presença de um símbolo não terminal autorrecursivo essencial em G (no caso, o símbolo <S>), suficiente para caracterizar L como sendo livre de contexto e não regular. Em termos informais, L pode também ser representada como $(aa^*)^n g(b(cd \mid e)^*f)^n$, com $n \geqslant 0$. ⋆

A principal vantagem decorrente uso da BNF estendida, em comparação com a notação algébrica, ou mesmo com a BNF, resulta da possibilidade de representar a repetição de formas sintáticas sem a necessidade de definições gramaticais recursivas (aquelas em que o símbolo não terminal que estiver sendo definido ressurge, direta ou indiretamente, em formas sentenciais derivadas do mesmo), substituindo-as pela definição de iterações explícitas (através do uso do operador fechamento reflexivo e transitivo). Isso proporciona um entendimento mais fácil da linguagem por ela definida, sendo ainda útil em determinados métodos de construção de reconhecedores sintáticos a partir de gramáticas livres de contexto (ver Seção 4.17).

Note-se, no entanto, que nem sempre uma gramática livre de contexto poderá ser reduzida a uma única regra em BNF estendida, ainda que esta represente uma definição recursiva. De fato, a quantidade mínima de regras a que se pode chegar é igual à quantidade de símbolos não terminais autorrecursivos centrais essenciais que a gramática possui, uma vez que cada um destes é responsável pela incorporação de uma característica distinta de aninhamento sintático à linguagem definida pela gramática, não podendo ser removidos da gramática sem prejuízo da linguagem por ela definida.

Por outro lado, gramáticas livres de contexto que representam linguagens regulares poderão sempre ser manipuladas até a eliminação de todos os símbolos não terminais da gramática, exceto, naturalmente, a raiz, resultando em uma única expressão regular (não estendida) que gera a linguagem definida pela gramática. Dessa maneira, a BNF estendida é um formalismo que une as vantagens das expressões regulares às da BNF, constituindo importante alternativa tanto para a representação de linguagens regulares quanto para a de linguagens livres de contexto.

Diz-se que um símbolo não terminal A de uma gramática livre de contexto G é **recursivo à esquerda** se $A \Rightarrow^* A\alpha$, com $\alpha \in V^*$. Uma gramática é dita **recursiva à esquerda** se ela possuir pelo menos um símbolo não terminal recursivo à esquerda. De maneira análoga, diz-se que um símbolo não terminal A de uma gramática livre de contexto G é **recursivo à direita** se $A \Rightarrow^* \alpha A$, com $\alpha \in V^*$. Uma gramática é dita **recursiva à direita** se ela possuir pelo menos um símbolo não terminal recursivo à direita.

Observe-se que recursões à esquerda podem ocorrer de forma direta — através de produções do tipo $A \rightarrow A\alpha$, $\alpha \in V^*$ — ou indireta — por exemplo, em $A \rightarrow B\alpha$, $B \rightarrow C\beta$ e $C \rightarrow A\gamma$, pois $A \Rightarrow B\alpha \Rightarrow C\beta\alpha \Rightarrow A\gamma\beta\alpha$, ou seja, $A \Rightarrow^* A\phi$, com $\phi = (\gamma\beta\alpha)^*$. Considerações semelhantes são válidas para recursões à direita.

Exemplo 4.9 Considere-se a gramática cujas regras são:

$$\begin{aligned} <S> \quad &::= \quad a<S> \mid b<X> \\ <X> \quad &::= \quad <X>b \mid c<S> \mid <Y>bc \\ <Y> \quad &::= \quad <X>d \mid <Z> \mid e \end{aligned}$$

$$
\begin{aligned}
<Z> &::= <X>f \mid <W> \\
<W> &::= e<W>f \mid g
\end{aligned}
$$

Neste caso, é possível identificar as seguintes situações: o símbolo não terminal $<S>$ é recursivo à direita diretamente (através da regra $<S> ::= a<S>$), e indiretamente (através das regras $<S> ::= b<X>$, $<X> ::= c<S>$). O símbolo não terminal $<X>$, por sua vez, é recursivo à esquerda diretamente (através da regra $<X> ::= <X>b$) e indiretamente (através das regras $<X> ::= <Y>bc$, $<Y> ::= <X>d$, $<Y> ::= <Z>$, $<Z> ::= <X>f$). Note-se que o símbolo $<W>$ não é recursivo à esquerda nem à direita. ⋆

O lado direito de uma regra $A \rightarrow \alpha, \alpha \in V^*$, em uma gramática livre de contexto, é dito **termo independente de** A, se A não for uma subcadeia de α.

Seja G uma gramática livre de contexto, e $A \in N$ um símbolo não terminal de G. Então, as regras de A podem exibir um ou mais dos seguintes formatos gerais (considera-se $\alpha, \beta, \gamma, \mu$, e $\rho \in V^*$, e $\delta \in (V - \{A\})^*$):

- recursão à direita: $A \rightarrow \alpha A$;
- recursão à esquerda: $A \rightarrow A\beta$;
- recursão à esquerda e à direita: $A \rightarrow A\gamma A$;
- recursão central: $A \rightarrow \mu A \rho$;
- termo independente: $A \rightarrow \delta$.

Agrupando-se as regras de mesmo formato, obtém-se:

$$
\begin{aligned}
A \rightarrow\ & \alpha_1 A \mid \alpha_2 A \mid ... \mid \alpha_i A \mid \\
& A\beta_1 \mid A\beta_2 \mid ... \mid A\beta_j \mid \\
& A\gamma_1 A \mid A\gamma_2 A \mid ... \mid A\gamma_k A \mid \\
& \mu_1 A \rho_1 \mid \mu_2 A \rho_2 \mid ... \mid \mu_m A \rho_m \mid \\
& \delta_1 \mid \delta_2 \mid ... \mid \delta_p
\end{aligned}
$$

É possível demonstrar, conforme discussão a seguir, que a fórmula geral que permite representar a linguagem gerada por A, sem, no entanto, fazer uso de recursões à esquerda e/ou à direita, é:

$$
\begin{aligned}
A =\ & \\
& (\alpha_1 \mid ... \mid \alpha_i)^*(\delta_1 \mid ... \mid \delta_p \mid \mu_1 A \rho_1 \mid ... \mid \mu_m A \rho_m)(\beta_1 \mid ... \mid \beta_j)^* \\
& (\\
& (\gamma_1 \mid ... \mid \gamma_k) \\
& (\alpha_1 \mid ... \mid \alpha_i)^*(\delta_1 \mid ... \mid \delta_p \mid \mu_1 A \rho_1 \mid ... \mid \mu_m A \rho_m)(\beta_1 \mid ... \mid \beta_j)^* \\
&)^*
\end{aligned}
$$

As recursões centrais não podem, naturalmente, ser eliminadas na expressão resultante, sob pena de se modificar a linguagem definida por A, no caso das linguagens estritamente livres de contexto. O mesmo vale para o caso de múltiplas recursões em uma mesma regra, que não sejam da forma $A\gamma A$ (por exemplo, como em $A \rightarrow A\sigma_1 A \sigma_2 A \sigma_3 A$).

Se $i = j = k = m = p = 1$, o caso geral reduz-se a:

$$
A \rightarrow \alpha A \mid A\beta \mid A\gamma A \mid \mu A \rho \mid \delta
$$

cuja solução é:

$$A = \alpha^*(\delta \mid \mu A\rho)\beta^*(\gamma\alpha^*(\delta \mid \mu A\rho)\beta^*)^*$$

Nesta fórmula, constatam-se as seguintes relações de causa e efeito (ver Exercício 10 da Seção 4.18):

- As cadeias geradas por A são iniciadas com uma repetição arbitrária do termo α, decorrente das recursões à direita existentes na gramática.
- As cadeias geradas por A são terminadas com uma repetição arbitrária do termo β, decorrente das recursões à esquerda existentes na gramática.
- Os termos independentes (δ) e as recursões centrais ($\mu A\rho$) são preservados no centro das cadeias geradas por A, isto é, à direita dos termos α e à esquerda dos termos β.
- As regras que são simultaneamente recursivas à esquerda e à direita permitem a concatenação de múltiplas cadeias geradas por A, tendo o termo γ como separador entre elas.

Exemplo 4.10 Alguns casos simples, envolvendo apenas recursões à esquerda, à direita, e termos independentes, são apresentados a seguir.

- Se $X \rightarrow aX \mid \varepsilon$, então $X = a^*$.
- Se $X \rightarrow aX \mid b$, então $X = a^*b$.
- Se $X \rightarrow Xb \mid a$, então $X = ab^*$.
- Se $X \rightarrow Xb \mid \varepsilon$, então $X = b^*$.
- Se $X \rightarrow aX \mid bX \mid c$, então $X = (a \mid b)^*c$.
- Se $X \rightarrow Xa \mid Xb \mid c$, então $X = c(a \mid b)^*$.
- Se $X \rightarrow aX \mid b \mid c$, então $X = a^*(b \mid c)$.
- Se $X \rightarrow aX \mid Xb \mid \varepsilon$, então $X = a^*b^*$.
- Se $X \rightarrow aX \mid Xc \mid b$, então $X = a^*bc^*$.
- Se $X \rightarrow aX \mid Xd \mid b \mid c$, então $X = a^*(b \mid c)d^*$.
- Se $X \rightarrow aX \mid bX \mid Xe \mid c \mid d$, então $X = (a \mid b)^*(c \mid d)e^*$.
- Se $X \rightarrow aX \mid bX \mid Xe \mid Xf \mid c \mid d$, então $X = (a \mid b)^*(c \mid d)(e \mid f)^*$.

★

Exemplo 4.11 Os casos abaixo contêm, além de recursões à esquerda, à direita e termos independentes, recursões centrais, regras recursivas simultaneamente à esquerda e à direita, e regras com múltiplas recursões em outros formatos. Note-se que, nos casos em que o valor de X pode ser representado na forma de um termo independente, é utilizada a notação "X=..." para indicar a associação de valor ao símbolo. Nos casos em que isso não é possível, utiliza-se a notação EBNF "<X>::=...".

- Se $X \rightarrow XcX \mid e$, então $X = e(ce)^*$.
- Se $X \rightarrow aX \mid XcX \mid e$, então $X = a^*e(ca^*e)^*$.
- Se $X \rightarrow aX \mid Xb \mid XcX \mid e$, então $X = a^*eb^*(ca^*eb^*)^*$.
- Se $X \rightarrow aX \mid Xc \mid XX \mid b$, então $X = a^*bc^*(a^*bc^*)^*$.
- Se $X \rightarrow aX \mid bX \mid cXd \mid e$,
  então $<X> ::= (a \mid b)^*(c<X>d \mid e)$.
- Se $X \rightarrow aX \mid Xb \mid cXd \mid XeX \mid f$,
  então $<X> ::= a^*fb^*((e \mid c<X>d)a^*fb^*)^*$.
- Se $X \rightarrow aX \mid dX \mid Xd \mid bXcc \mid XbbXc \mid e$,
  então $<X> ::= (a \mid d)^*(e \mid b<X>cc)(d \mid bb<X>c)^*$.

- Se $X \rightarrow aX \mid Xd \mid bXc \mid XeX \mid XXX \mid f$,
  então <X> ::= $a^*(f \mid b$<X>$c)d^*((e \mid$ <X>$)(a^*(f \mid b$<X>$c)d^*))^*$.

⋆

A notação EBNF teve origem em um artigo publicado em 1977 ([20]). Nessa publicação, Wirth questionava a grande diversidade de notações para a representação de sintaxe existente naquela época, e propunha uma nova variante da BNF como alternativa a todas elas. Tal notação viria a ser denominada, posteriormente, **Notação de Wirth**.

Outras extensões foram sendo propostas e incorporadas ao longo do tempo, de tal modo que atualmente existem inúmeros dialetos daquilo que conhecemos como BNF estendida. Uma tentativa de padronização surgiu com a publicação de um padrão internacional ISO em 1996 ([21]).

Entre as principais extensões que foram sendo desenvolvidas e eventualmente incorporadas a algum dialeto da BNF estendida, podem-se destacar:

- O uso dos metassímbolos "[" e "]" para agrupar termos opcionais, dispensando assim o uso do símbolo ε para representar a cadeia vazia (por exemplo, $S \rightarrow aS \mid \varepsilon$ pode ser reescrito como <S> ::= [a<S>]).
- O uso dos metassímbolos "{" e "}" para agrupar termos que se repetem zero ou mais vezes, dispensando assim o uso de recursões explícitas e também o uso de parênteses no agrupamento do termo que se repete (por exemplo, $S \rightarrow aS \mid b$, cuja solução é $S = \{a\}b$).
- O uso do metassímbolo "+" para representar a repetição de um termo uma ou mais vezes (por exemplo, $S \rightarrow aS \mid a$, cuja solução é $S = a^+$).
- O emprego de aspas duplas para delimitar os símbolos terminais da gramática (às vezes também o negrito ou o sublinhado), mantendo-se os símbolos não terminais sem qualquer tipo de destaque nas regras gramaticais (por exemplo, S ::= "a"S, S ::= **a**S, ou ainda S ::= $\underline{a}S$ para denotar $S \rightarrow aS$).
- O emprego do símbolo "=", como alternativa ao de "::=", na separação das partes esquerda (α) e direita (β) das regras de produção gramaticais ($\alpha \rightarrow \beta$).[1]
- O uso do metassímbolo "." para indicar o término de uma regra ($S \rightarrow aX \mid bY$ torna-se <S> ::= a<X> | b<Y>.).

Considerada hoje um dialeto da EBNF, a Notação de Wirth será apresentada no Exercício 3 da Seção 4.18.

4.3 Árvores de derivação

A representação da estrutura de sentenças ou formas sentenciais de linguagens livres de contexto, na forma de árvores bidimensionais, é um recurso muito utilizado, tanto na teoria quanto na prática da implementação de linguagens, uma vez que:

1. Proporciona meios para uma melhor visualização da estrutura das sentenças da linguagem, facilitando a análise delas.

[1] Neste texto, o símbolo "=" é usado para indicar que um símbolo está ligado a um determinado valor. O seu uso no lugar do símbolo "::=", ou mesmo do símbolo "→", é desencorajado, uma vez que estes se empregam na representação de regras gramaticais.

2. Auxilia na demonstração formal de teoremas, na interpretação de certos resultados teóricos e na assimilação de vários conceitos.
3. Facilita a representação interna, nos compiladores e interpretadores, da estrutura das sentenças analisadas, registrando importantes informações estruturais sobre elas, a serem utilizadas em outros estágios do processamento da linguagem.

Formalmente, uma **árvore de derivação** (ou **árvore de sintaxe**) é um sistema de representação de sequências de derivações em uma gramática livre de contexto $G = (V, \Sigma, P, S)$, consistindo em um grafo orientado e ordenado, acíclico, com as seguintes propriedades:

1. Todo vértice é rotulado com um elemento de $V \cup \{\varepsilon\}$.
2. O rótulo da raiz é S.
3. Os rótulos de vértices internos são elementos de $N = V - \Sigma$.
4. Se um vértice tem o rótulo A (com $A \in N$), e $X_1, X_2, \ldots X_n$ são descendentes diretos de A (com $X_i \in V$), ordenados da esquerda para a direita, então $A \rightarrow X_1 X_2 ... X_n$ deve pertencer ao conjunto P de regras.
5. Se um vértice possui o rótulo ε, então este vértice deve ser simultaneamente uma folha e descendente único de seu ancestral direto.

Define-se como **fronteira de uma árvore** a cadeia formada pela concatenação dos símbolos correspondentes aos rótulos dos vértices que são folhas, considerados no sentido da esquerda para a direita, e de cima para baixo. Essa cadeia de símbolos (terminais e/ou não terminais) corresponde à forma sentencial cuja estrutura está sendo representada pela árvore.

Exemplo 4.12 Considere-se a gramática das expressões aritméticas anteriormente apresentada no Exemplo 4.2. A estrutura da sentença $a * (a + a)$, de acordo com essa gramática, pode ser representada pela árvore de derivação da Figura 4.1.

Observe-se, nesta árvore, que a sentença $a * (a + a)$ pode ser obtida pela concatenação dos rótulos dos vértices que são folhas, e corresponde à sentença cuja estrutura está sendo representada pela própria árvore. ⋆

Naturalmente, nem toda árvore necessita ter como raiz S, nem tampouco possuir como fronteira $\alpha \in \Sigma^*$, $S \Rightarrow^* \alpha$. É comum que se considerem subárvores cuja raiz seja um elemento X qualquer, $X \in N$, e a fronteira, uma cadeia $\gamma \in V^*$, tal que $X \Rightarrow^* \gamma$.

Exemplo 4.13 A derivação não trivial $T \Rightarrow^* a^*(E)$, segundo a gramática do Exemplo 4.2, pode ser representada através da subárvore da Figura 4.2.

⋆

A seguir, será apresentado o teorema fundamental das árvores de derivação. Ele estabelece a existência de pelo menos uma árvore de derivação para toda e qualquer cadeia derivável a partir da raiz da gramática, e também que toda e qualquer fronteira de uma árvore corretamente construída sobre uma gramática livre de contexto G corresponde a uma cadeia derivável a partir da raiz de G.

Teorema 4.1 (Árvores $\Leftrightarrow$ derivações) "Seja $G = (V, \Sigma, P, S)$ uma gramática livre de contexto. Então $S \Rightarrow^* \alpha$ se e apenas se existir uma árvore de derivação sobre G com fronteira α."

Por se tratar de um teorema bastante intuitivo, não será apresentada a sua prova formal, que, no entanto, pode ser encontrada em [13]. A importância deste teorema se deve ao fato de que ele "credencia" as árvores de derivação como uma representação válida da estrutura das formas sentenciais geradas por uma gramática. □

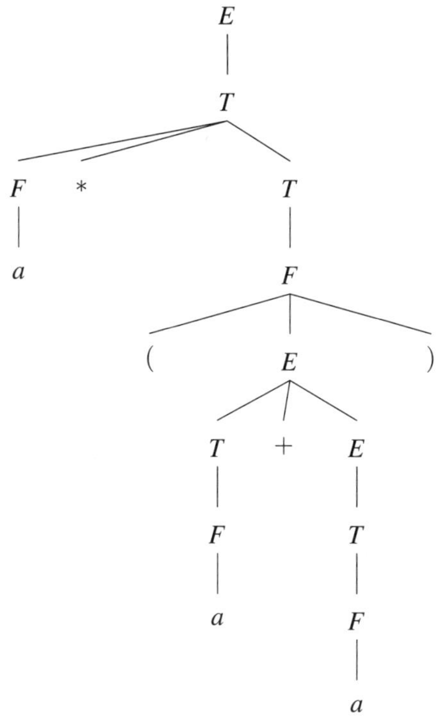

Figura 4.1 Árvore de derivação para $E \Rightarrow^* a*(a+a)$.

Árvores de derivação não contêm informação sobre a particular sequência em que foram aplicadas as produções para a obtenção de uma dada forma sentencial: elas informam apenas **quais** foram as produções aplicadas, mas não **em que ordem**. Assim, para cada árvore de derivação, é possível identificar diversas sequências distintas de derivação que resultem na mesma forma sentencial: basta alterar a ordem em que os não terminais são substituídos em cada passo da derivação.

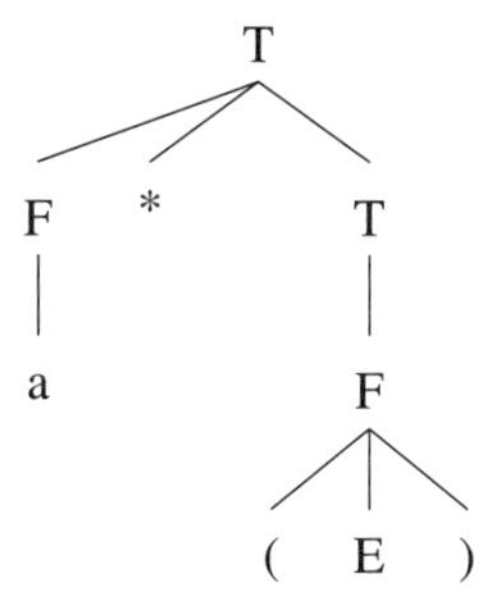

Figura 4.2 Árvore de derivação para $T \Rightarrow^* a*(E)$.

4.4 Ambiguidade

A derivação de uma forma sentencial em uma gramática livre de contexto é uma **derivação mais à esquerda**, quando a substituição de um não terminal pelo lado direito de uma produção que o define é feita substituindo-se sempre o não terminal que ocorre mais à esquerda na cadeia que representa a forma sentencial em questão. De maneira análoga, uma **derivação mais à direita** é aquela em que é sempre o não terminal mais à direita, na forma sentencial, que é substituído pela sua definição.

Exemplo 4.14 Considere-se a gramática do Exemplo 4.5. A seguir são apresentadas duas sequências de derivação para a sentença $a+a$. Na primeira, todas as derivações são mais à esquerda, e na segunda, mais à direita. Note-se que as sequências de produções utilizadas em cada caso são distintas, e também que diversas outras sequências poderiam ser obtidas combinando-se arbitrariamente os não terminais a serem substituídos em cada forma sentencial:

1. Derivações com substituições mais à esquerda apenas:
   $E \Rightarrow T+E \Rightarrow F+E \Rightarrow a+E \Rightarrow a+T \Rightarrow a+F \Rightarrow a+a$
   Produções aplicadas: 4.1, 4.4, 4.6, 4.2, 4.4, 4.6
2. Derivações com substituições mais à direita apenas:
   $E \Rightarrow T+E \Rightarrow T+T \Rightarrow T+F \Rightarrow T+a \Rightarrow F+a \Rightarrow a+a$
   Produções aplicadas: 4.1, 4.2, 4.4, 4.6, 4.4, 4.6
3. Derivações com substituições de diversos tipos:
   $E \Rightarrow T+E \Rightarrow F+E \Rightarrow F+T \Rightarrow a+T \Rightarrow a+F \Rightarrow a+a$
   Produções aplicadas: 4.1, 4.4, 4.2, 4.6, 4.4, 4.6

$\star$

Diz-se que uma gramática livre de contexto é **não ambígua** se, para toda e qualquer cadeia pertencente à linguagem por ela gerada, existir uma única sequência de derivações mais à esquerda ou (o que é equivalente) uma única sequência de derivações mais à direita que a gera.

Diz-se que uma gramática livre de contexto é **ambígua** quando existir pelo menos uma cadeia, pertencente à linguagem por ela gerada, que possua mais de uma sequência distinta de derivações, feitas exclusivamente através de substituições de não terminais mais à esquerda ou mais à direita. Na verdade, a primeira condição implica a segunda e vice-versa, ou seja, se houver mais de uma sequência com substituições mais à esquerda, então haverá também mais de uma com substituições mais à direita, conforme demonstrado no Teorema 4.2.

Teorema 4.2 (Derivações à esquerda $\Leftrightarrow$ derivações à direita) "Se $w \in L(G)$, com G sendo uma gramática livre de contexto, e existindo duas (ou mais) derivações mais à esquerda para w em G, então existem também, correspondentemente, duas (ou mais) derivações mais à direita para w em G."

As gramáticas livres de contexto possuem a propriedade de que as derivações de cada um dos símbolos não terminais presentes em uma mesma forma sentencial podem ser feitas de forma independente umas das outras. Se $S \Rightarrow^* \alpha X \beta \Rightarrow^* \alpha\gamma\beta$, então a derivação $X \Rightarrow \gamma$ independe de α e β.

Considere-se uma gramática livre de contexto G e a sequência de derivações mais à esquerda $S \Rightarrow^* \alpha_1 X \gamma$, com $\alpha_1 \in \Sigma^*, X \in N$, e $\gamma \in V^*$. Considere-se que $X \Rightarrow^* \alpha_2$, com $\alpha_2 \in \Sigma^*$ e $\gamma \Rightarrow^* \alpha_3$, com $\alpha_3 \in \Sigma^*$. Então, $S \Rightarrow^* \alpha_1 X \gamma \Rightarrow^* \alpha_1\alpha_2\alpha_3$ e $\alpha_1\alpha_2\alpha_3 \in L(G)$.

Sejam $X \to \beta_1$ e $X \to \beta_2$ duas produções distintas de G. Então, existem duas derivações à esquerda distintas para a cadeia $\alpha_1\alpha_2\alpha_3$:

- $S \Rightarrow^* \alpha_1 X\gamma \Rightarrow \alpha_1\beta_1\gamma \Rightarrow^* \alpha_1\alpha_2\gamma \Rightarrow^* \alpha_1\alpha_2\alpha_3$
- $S \Rightarrow^* \alpha_1 X\gamma \Rightarrow \alpha_1\beta_2\gamma \Rightarrow^* \alpha_1\alpha_2\gamma \Rightarrow^* \alpha_1\alpha_2\alpha_3$

Se $\alpha_1\alpha_2\alpha_3 \in L(G)$ e $X \Rightarrow^* \alpha_2$, então existe uma sequência de derivações mais à direita $S \Rightarrow^* \mu X\alpha_3$, com $\mu \in V^*$ e, além disso, $\mu \Rightarrow^* \alpha_1$. Portanto, $S \Rightarrow^* \mu X\alpha_3 \Rightarrow^* \mu\alpha_2\alpha_3 \Rightarrow^* \alpha_1\alpha_2\alpha_3$.

Como, por hipótese, $X \Rightarrow \beta_1 \Rightarrow^* \alpha_2$ e $X \Rightarrow \beta_2 \Rightarrow^* \alpha_2$, então existem duas sequências de derivações mais à direita para a cadeia $\alpha_1\alpha_2\alpha_3$:

- $S \Rightarrow^* \mu X\alpha_3 \Rightarrow \mu\beta_1\alpha_3 \Rightarrow^* \mu\alpha_2\alpha_3 \Rightarrow^* \alpha_1\alpha_2\alpha_3$
- $S \Rightarrow^* \mu X\alpha_3 \Rightarrow \mu\beta_2\alpha_3 \Rightarrow^* \mu\alpha_2\alpha_3 \Rightarrow^* \alpha_1\alpha_2\alpha_3$

De maneira análoga, é possível demonstrar que, para cada sequência distinta de derivações mais à direita que gera uma certa cadeia da linguagem, existe uma sequência distinta de derivações mais à esquerda correspondente, que gera a mesma cadeia. □

Exemplo 4.15 A gramática cujo conjunto de regras está a seguir apresentado é equivalente à gramática anteriormente utilizada na definição da linguagem das expressões aritméticas sobre $\{a, +, *, (,)\}$ do Exemplo 4.2. Diferentemente daquela, no entanto, apenas um símbolo não terminal (E) é utilizado:

$$
\begin{aligned}
\{E &\rightarrow E+E,\\
E &\rightarrow E*E,\\
E &\rightarrow a,\\
E &\rightarrow (E)\}
\end{aligned}
$$

Adotando-se o critério das derivações mais à esquerda, pode-se perceber que a sentença $a+a*a$ pode ser derivada ao menos de duas formas distintas:

1. Aplicando-se inicialmente a produção $E \rightarrow E+E$:
   $E \Rightarrow E+E \Rightarrow a+E \Rightarrow a+E*E \Rightarrow a+a*E \Rightarrow a+a*a$
2. Aplicando-se inicialmente a produção $E \rightarrow E*E$:
   $E \Rightarrow E*E \Rightarrow E+E*E \Rightarrow a+E*E \Rightarrow a+a*E \Rightarrow a+a*a$

Como consequência, a gramática acima é ambígua. É possível provar, no entanto, que a gramática do Exemplo 4.2 (com os não terminais E, T e F) admite uma única sequência de derivação para cada sentença pertencente à linguagem. Note-se, em particular, que isso ocorre com a sentença acima considerada. Como conclusão, esta linguagem pode ser indistintamente definida através de uma gramática ambígua ou de uma gramática não ambígua. ⋆

Exemplo 4.16 Considere-se o fragmento de gramática a seguir apresentado, que ilustra um problema típico de determinadas linguagens de programação de alto nível — a ambiguidade na construção de comandos condicionais aninhados.

<prog> → ... *<com>* ...
<com> → *<cond>*
<cond> → `if` *<exp>* `then` *<com>*
<cond> → `if` *<exp>* `then` *<com>* `else` *<com>*
<exp> → ...

Passa-se a analisar a estrutura da seguinte forma sentencial:

`if` *<exp>* `then` `if` *<exp>* then *<com>* `else` *<com>*

Para se determinar uma eventual ambiguidade nessa forma sentencial, escolhe-se inicialmente e fixa-se um critério de substituição de não terminais — por exemplo, as substituições dos não terminais mais à esquerda. Neste caso, é fácil verificar que a forma sentencial acima admite duas sequências distintas de derivação:

1. Primeira alternativa:

$$\begin{aligned}
\langle prog\rangle &\Rightarrow \ldots \langle com\rangle \ldots\\
&\Rightarrow \ldots \langle cond\rangle \ldots\\
&\Rightarrow \ldots \texttt{ if } \langle exp\rangle \texttt{ then } \langle com\rangle \texttt{ else } \langle com\rangle \ldots\\
&\Rightarrow \ldots \texttt{ if } \langle exp\rangle \texttt{ then } \langle cond\rangle \texttt{ else } \langle com\rangle \ldots\\
&\Rightarrow \ldots \texttt{ if } \langle exp\rangle \texttt{ then if } \langle exp\rangle \texttt{ then } \langle com\rangle\\
&\ \texttt{else } \langle com\rangle \ldots
\end{aligned}$$

2. Segunda alternativa:

$$\begin{aligned}
\langle prog\rangle &\Rightarrow \ldots \langle com\rangle \ldots\\
&\Rightarrow \ldots \langle cond\rangle \ldots\\
&\Rightarrow \ldots \texttt{ if } \langle exp\rangle \texttt{ then } \langle com\rangle \ldots\\
&\Rightarrow \ldots \texttt{ if } \langle exp\rangle \texttt{ then } \langle cond\rangle \ldots\\
&\Rightarrow \ldots \texttt{ if } \langle exp\rangle \texttt{ then if } \langle exp\rangle \texttt{ then } \langle com\rangle\\
&\ \texttt{else } \langle com\rangle \ldots
\end{aligned}$$

No primeiro caso, o ramo do "`else`" é considerado como parte integrante do comando condicional mais externo e, no segundo, esse mesmo ramo é considerado como parte do comando condicional mais interno:

$$\underbrace{\texttt{if } \langle exp\rangle \texttt{ then } \underbrace{\texttt{if } \langle exp\rangle \texttt{ then } \langle com\rangle} \texttt{ else } \langle com\rangle}$$

$$\underbrace{\texttt{if } \langle exp\rangle \texttt{ then } \underbrace{\texttt{if } \langle exp\rangle \texttt{ then } \langle com\rangle \texttt{ else } \langle com\rangle}}$$

Assim, a forma sentencial apresentada é ambígua, o que também torna ambígua a gramática. Como se pode verificar facilmente, as mesmas conclusões poderiam também ter sido obtidas caso fossem consideradas apenas substituições mais à direita. ⋆

Na prática, apenas uma interpretação deve ser atribuída para comandos como o apresentado no Exemplo 4.16 em cada possível implementação desta linguagem. No entanto, o que interessa é que a formalização gramatical dessa construção é ambígua, ou seja, ela admite mais de uma interpretação para a sentença em questão, independentemente da implementação considerada.

É certo que o termo "interpretação" denota significado, conteúdo semântico, assuntos que não estão sendo considerados no momento. Mas, como se sabe, o significado de uma sentença costuma estar muito associado à sua estrutura, e por esse motivo a existência de duas ou mais sequências distintas de derivações para uma mesma sentença sugere a eventual existência de uma ambiguidade semântica a partir de uma ambiguidade sintática (ou estrutural) concreta constatada.

Ambiguidades sintáticas (simplesmente ambiguidades, neste texto) constituem geralmente uma característica indesejável das gramáticas de linguagens de programação e das demais linguagens artificiais em geral, uma vez que é comum, em casos como este, que a construção ambígua seja implementada (isto é, seja associada a interpretações semânticas) de formas diversas, dependendo da opção efetuada pelo projetista de cada compilador e/ou interpretador, prejudicando, assim, a portabilidade dos programas de aplicação entre uma implementação e outra.

Normalmente, ambiguidades costumam ser eliminadas através da utilização de construções gramaticais que impeçam a existência de mais de uma sequência de derivações mais à esquerda (e, portanto, também mais à direita) para cada sentença pertencente à linguagem, desde que fixado e observado *a priori*, naturalmente, um critério único para a substituição dos não terminais nas formas sentenciais. Eventualmente, como no Exemplo 4.17 apresentado a seguir, modificações mínimas podem vir a ser introduzidas na linguagem em consequência de tais alterações.

Assim, por exemplo, é comum, em linguagens de programação modernas, a definição de comandos condicionais de maneira semelhante ao a seguir apresentado.

Exemplo 4.17 Seja a seguinte gramática, inspirada na do Exemplo 4.16:

$$\begin{array}{rcl} <prog> & \rightarrow & \ldots <com> \ldots \\ <com> & \rightarrow & <cond> \\ <cond> & \rightarrow & \texttt{if } <exp> \texttt{ then } <com> \texttt{ fi} \\ <cond> & \rightarrow & \texttt{if } <exp> \texttt{ then } <com> \texttt{ else } <com> \texttt{ fi} \\ <exp> & \rightarrow & \ldots \end{array}$$

A associação do "`else`" ao comando condicional mais externo ou mais interno é feita, de acordo com esta nova gramática, respectivamente:

$$\underbrace{\texttt{if } <exp> \texttt{ then } \underbrace{\texttt{if } <exp> \texttt{ then } <com> \texttt{ fi}} \texttt{ else } <com> \texttt{ fi}}$$

ou

$$\underbrace{\texttt{if } <exp> \texttt{ then } \underbrace{\texttt{if } <exp> \texttt{ then } <com> \texttt{ else } <com> \texttt{ fi}} \texttt{ fi}}$$

★

Note-se que, neste caso, sentenças equivalentes à anteriormente apresentada possuem apenas uma sequência de derivações mais à esquerda ou à direita, sendo a gramática, portanto, isenta de ambiguidade.

Normalmente, o termo ambiguidade costuma ser relacionado apenas a sentenças e gramáticas da forma como foi mencionado anteriormente. Diz-se que uma linguagem livre de contexto é **ambígua** se ela puder ser gerada por uma gramática livre de contexto ambígua, e **não ambígua** se ela puder ser gerada por uma gramática livre de contexto não ambígua. No entanto, raramente se diz que uma linguagem é ambígua, uma vez que uma mesma linguagem pode ser gerada por inúmeras gramáticas distintas (ambíguas e não ambíguas).

Há, no entanto, casos em que se pode provar, apesar de isso ser, em geral, uma tarefa consideravelmente complexa, que determinadas linguagens são **inerentemente ambíguas**, indicando com isso que toda e qualquer gramática que gera a linguagem em questão deve ser necessariamente ambígua. Em casos como esse, o conceito de ambiguidade pode ser estendido também para caracterizar mais um atributo da linguagem.

Exemplo 4.18 A linguagem $\{a^n b^n c^m d^m \mid n \geqslant 1, m \geqslant 1\} \cup \{a^n b^m c^m d^n \mid n \geqslant 1, m \geqslant 1\}$ é inerentemente ambígua. A demonstração pode ser encontrada em [13]. ★

Exemplo 4.19 A linguagem $\{a^i b^j c^k \mid i = j \text{ ou } j = k\}$ é inerentemente ambígua. A demonstração pode ser encontrada em [11]. ★

Quando se consideram gramáticas livres de contexto, é natural que se questione a relação que existe entre o número de derivações canônicas que podem ser efetuadas para uma certa cadeia de uma linguagem e o número de árvores de derivação distintas que podem ser construídas para representar essa mesma cadeia. Este assunto será tratado no Teorema 4.3.

Teorema 4.3 (Múltiplas derivações $\Leftrightarrow$ múltiplas árvores) "Seja G uma gramática livre de contexto. Para toda cadeia $w \in L(G)$, o número de sequências distintas de derivações mais à esquerda (e, portanto, mais à direita) é igual ao número de árvores de derivação distintas que representam w."

Pode ser encontrada em [13]. Não é difícil, no entanto, intuir que, para cada forma sentencial obtida através de derivações mais à esquerda, a substituição do não terminal mais à esquerda por produções distintas, sejam elas quantas forem, dá origem a uma quantidade idêntica de árvores distintas, as quais são diferenciadas pelos nós que representam os filhos do nó que representa esse não terminal. De forma análoga, o raciocínio inverso também se aplica. □

Por outro lado, quando se consideram gramáticas livres de contexto não ambíguas, a ordem em que são feitas as substituições dos símbolos não terminais nas formas sentenciais é irrelevante do ponto de vista das cadeias que podem ser geradas e das respectivas árvores de derivação. Como mostra o Teorema 4.4, qualquer que seja a ordem de substituição dos não terminais escolhida na geração de uma mesma cadeia, a árvore de derivação será sempre a mesma.

Teorema 4.4 (Múltiplas derivações $\Leftrightarrow$ única árvore) "Seja G uma gramática livre de contexto não ambígua. Para toda cadeia $w \in L(G)$, toda e qualquer sequência de derivações que produz w é representada através da mesma e única árvore de derivação."

Se G é uma gramática livre de contexto não ambígua, então, conforme a definição, toda e qualquer cadeia $w \in L(G)$ possui uma única sequência de derivações mais à esquerda ou mais à direita, mesmo que existam outras sequências não canônicas de derivação para essa mesma cadeia. Conforme o Teorema 4.3, existe uma única árvore de derivação para w. Logo, todas as derivações de w em G são representadas por uma mesma árvore de derivação. □

Conforme a definição, uma gramática livre de contexto não ambígua é aquela para a qual cada cadeia pertencente à linguagem gerada por tal gramática é gerada por uma única sequência de derivações mais à esquerda e por uma única sequência de derivações mais à direita. O Teorema 4.4 estende esse resultado, e estabelece que tais sequências de derivações correspondem a uma mesma árvore de derivação.

Em resumo: cada uma das cadeias pertencentes a uma linguagem gerada por uma gramática livre de contexto não ambígua possui uma única sequência de derivações mais à esquerda, uma única sequência de derivações mais à direita e uma única árvore de derivação.

Esta importante propriedade das linguagens livres de contexto (e, portanto, também das linguagens regulares) permite que se adote uma ordem arbitrária para a aplicação das regras gramaticais na derivação de uma sentença. Tecnologicamente, isso pode ser aproveitado escolhendo-se uma ordem que seja econômica do ponto de vista algorítmico.

A existência de uma única sequência canônica de derivações (uma mais à esquerda e outra mais à direita) para cada sentença de uma linguagem gerada por uma gramática não ambígua é explorada nos algoritmos de construção de reconhecedores sintáticos determinísticos para linguagens livres de contexto, cuja operação consiste exatamente na busca sistemática de tal sequência (e, consequentemente, da correspondente árvore de derivação), se essa sequência existir, para cada cadeia de entrada que lhe seja submetida. Do ponto de vista tecnológico, esse resultado permite a busca da solução de implementação mais barata, conforme a linguagem considerada.

Por outro lado, o Teorema 4.3 permite estender o conceito de gramática livre de contexto ambígua, que passa a ser caracterizado de três formas distintas, porém equivalentes entre si. Diz-se que uma gramática livre de contexto é ambígua se for possível identificar, na linguagem por ela gerada, pelo menos uma cadeia que:

- possa ser derivada por duas ou mais sequências distintas de derivações mais à esquerda; ou
- possa ser derivada por duas ou mais sequências distintas de derivações mais à direita; ou
- possa ser representada por duas ou mais árvores de derivação distintas.

Exemplo 4.20 Considere-se o fragmento de gramática utilizado para ilustrar o problema da ambiguidade em comandos condicionais (Exemplo 4.16). De acordo com essa gramática, a forma sentencial:

`if` <*exp*> `then if` <*exp*> `then` <*com*> `else` <*com*>

pode ser derivada segundo duas sequências distintas de derivações mais à esquerda. Como consequência, existem também duas árvores de derivação distintas que possuem como fronteira essa mesma forma sentencial, conforme mostram as Figuras 4.3 e 4.4.

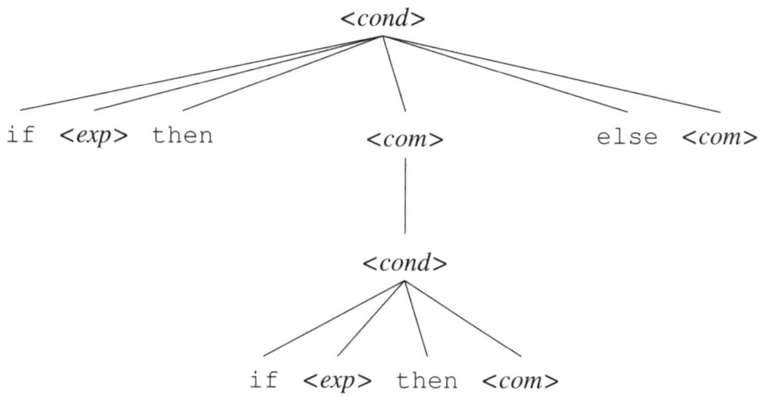

Figura 4.3 Ambiguidade no comando IF: associação interna.

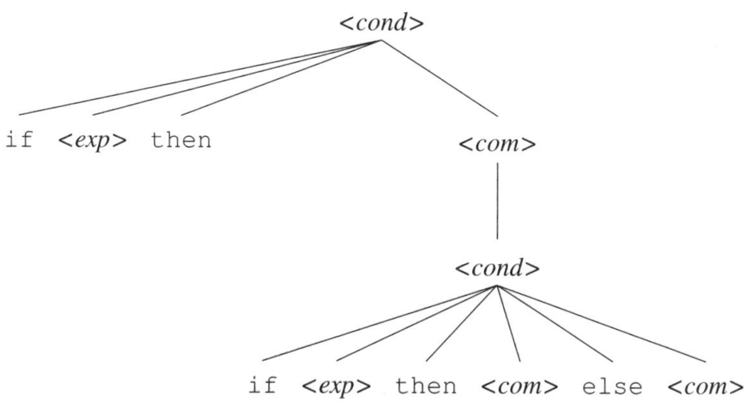

Figura 4.4 Ambiguidade no comando IF: associação externa.

⋆

4.5 Simplificação de gramáticas livres de contexto

Por uma questão de conveniência no estudo das gramáticas livres de contexto, muitas vezes é necessário submetê-las a simplificações que visam torná-las mais apropriadas para a demonstração de teoremas, para a verificação de propriedades, ou simplesmente para facilitar a sua análise.

Tais simplificações consistem em manipulações gramaticais que não afetam a linguagem definida pela gramática original, e são de três tipos (os novos termos serão definidos mais adiante):

1. Eliminação de símbolos inacessíveis e inúteis;.
2. Eliminação de produções em vazio.
3. Eliminação de produções unitárias.

Para cada tipo de transformação será apresentado um algoritmo que mapeia a gramática original em uma outra gramática que exiba uma das propriedades acima enumeradas. Em todos os casos é possível demonstrar formalmente (ver [13]) que a transformação produz o efeito proposto sem alterar a linguagem definida pela gramática original.

Considere-se inicialmente a definição e eliminação de símbolos inacessíveis e inúteis. Dada uma gramática livre de contexto $G = (V, \Sigma, P, S)$, então:

- Diz-se que um símbolo $Y \in V$ — terminal ou não terminal — é **inacessível**, se não for possível derivar qualquer forma sentencial em que se registre alguma ocorrência de Y. Caso contrário, o símbolo é dito **acessível**. Formalmente, símbolos acessíveis Y são aqueles para os quais existem derivações da forma $S \Rightarrow^* \alpha Y \beta$, com $\alpha, \beta \in V^*$. Símbolos inacessíveis, portanto, são aqueles para os quais inexistem derivações com tais características.
- Diz-se que um símbolo Y — não terminal — é **inútil**, se não for possível derivar pelo menos uma cadeia formada exclusivamente por terminais (ou a cadeia vazia) a partir de Y. Caso contrário, o símbolo é dito **útil**. Formalmente, símbolos úteis Y são aqueles para os quais existem derivações da forma $Y \Rightarrow^* \gamma$, com $\gamma \in \Sigma^*$. Símbolos inúteis, portanto, são aqueles para os quais inexistem derivações com tais características. Cumpre notar que símbolos terminais são, por definição, sempre úteis.

Um símbolo Y que seja simultaneamente acessível e útil é, portanto, aquele que satisfaz à condição:

$$S \Rightarrow^* \alpha Y \beta \Rightarrow^* \alpha \gamma \beta, \quad \text{com } \alpha, \beta \in V^*, \gamma \in \Sigma^*$$

Em outras palavras, um símbolo Y é acessível e útil se e somente se:

1. Y está presente em pelo menos uma forma sentencial derivada a partir da raiz da gramática; e
2. Y deriva pelo menos uma cadeia pertencente ao conjunto Σ^* (condição verificada trivialmente pelos símbolos terminais).

A acessibilidade de um símbolo Y garante a existência de pelo menos uma forma sentencial derivável a partir da raiz da gramática em que Y tome parte. A utilidade garante que o símbolo Y gera pelo menos uma cadeia formada exclusivamente por símbolos terminais (ou a cadeia vazia).

Símbolos inacessíveis e inúteis em nada contribuem para a linguagem definida pela gramática livre de contexto em questão. Ainda que o cojunto de cadeias gerado por um símbolo inacessível seja diferente de vazio, a sua inacessibilidade torna-o irrelevante do ponto da vista da linguagem definida pela raiz da gramática. Por outro lado, mesmo se acessíveis, os símbolos inúteis sempre anulam a linguagem gerada por toda e qualquer forma sentencial a que possam pertencer.

Dessa forma, a ideia de se eliminarem símbolos inacessíveis e inúteis apresenta grande interesse, uma vez que permite obter gramáticas mais compactas, normalmente mais legíveis, e nas quais todo e qualquer símbolo contribui efetivamente com a linguagem gerada. Além disso, a inexistência de símbolos inacessíveis e inúteis é pré-requisito para a obtenção de algumas importantes formas normais.

A transformação de uma gramática em outra equivalente, isenta de símbolos inacessíveis e inúteis, pode ser feita em dois passos, através de dois algoritmos distintos: o primeiro algoritmo encarrega-se de eliminar da gramática original os símbolos inúteis; o segundo algoritmo elimina todos os símbolos inacessíveis.

Teorema 4.5 (Símbolos inacessíveis e inúteis — eliminação) "Toda linguagem livre de contexto pode ser gerada por uma gramática livre de contexto em que não há símbolos inacessíveis ou inúteis."

A demonstração deste teorema pode ser realizada tomando-se como base os Algoritmos 4.1 e 4.2 apresentados a seguir. O Algoritmo 4.1 mostra como eliminar os não terminais que não geram cadeias de terminais, bem como as produções em que eles comparecem, preservando em N apenas os símbolos do conjunto $N' = \{Y \in N \mid Y \Rightarrow^* \alpha, \text{ com } \alpha \in \Sigma^*\}$.

Algoritmo 4.1 (Eliminação de símbolos inúteis) *"Eliminação de símbolos inúteis em gramáticas livres de contexto."*

- *Entrada: uma gramática livre de contexto $G = (V, \Sigma, P, S)$, tal que $L(G) \neq \emptyset$.*
- *Saída: uma gramática livre de contexto $G' = (V', \Sigma, P', S)$, tal que $L(G') = L(G)$ e $Y \in N'$ se e apenas se $L(Y) \neq \emptyset$.*
- *Método:*
    1. $N_0 \leftarrow \emptyset$.
    2. $i \leftarrow 1$.
    3. $N_i \leftarrow N_{i-1} \cup \{Y \mid Y \rightarrow \alpha \in P \text{ e } \alpha \in (N_{i-1} \cup \Sigma)^*\}$.
    4. *Se* $N_i \neq N_{i-1}$, *então:*
        - *a)* $i \leftarrow i + 1$.
        - *b) Desviar para (3);*

       Caso contrário:
        - *a)* $N' \leftarrow N_i$.
        - *b)* $P' \leftarrow \{A \rightarrow X_1X_2 \ldots X_n \in P \mid A, X_1, X_2, \ldots, X_n \in (N_i \cup \Sigma)\}$.

○

Observe-se que $N' \subseteq N$ e $P' \subseteq P$. Intuitivamente, este algoritmo funciona incluindo-se seletivamente em um novo conjunto de símbolos não terminais (inicialmente vazio) apenas aqueles não terminais que:

1. derivam diretamente cadeias de símbolos terminais (primeira iteração do passo 2); ou
2. derivam diretamente cadeias que incluem símbolos não terminais, os quais, por sua vez, derivam cadeias de símbolos terminais, direta ou indiretamente.

Além disso, são preservadas em P' apenas as produções de P que fazem referências exclusivas a elementos de Σ e de N', pois as demais mostram-se sem utilidade. Note-se que o Algoritmo 4.1 pode ser usado para se determinar se $L(G) \neq \emptyset$ para uma dada gramática livre de contexto G — basta determinar, ao fim de sua execução, se $S \in N'$. Em caso afirmativo, $L(G) \neq \emptyset$; caso contrário, $L(G) = \emptyset$.

O Algoritmo 4.2, apresentado a seguir, mostra como eliminar os símbolos terminais e não terminais que não fazem parte de qualquer forma sentencial derivável a partir da raiz da gramática, ou seja, $Y \in V'$ se e apenas se $\exists S \Rightarrow^* \alpha Y \beta$, com $\alpha, \beta \in V^*$.

Algoritmo 4.2 (Eliminação de símbolos inacessíveis) *"Eliminação de símbolos inacessíveis em gramáticas livres de contexto."*

- *Entrada: uma gramática livre de contexto $G = (V, \Sigma, P, S)$.*
- *Saída: uma gramática livre de contexto $G' = (V', \Sigma', P', S)$, tal que $L(G') = L(G)$ e $Y \in V'$ se e apenas se $\exists S \Rightarrow^* \alpha Y \beta$, com $\alpha, \beta \in V^*$.*
- *Método:*
  1. $V_0 \leftarrow \{S\}$.
  2. $i \leftarrow 1$.
  3. $V_i \leftarrow V_{i-1} \cup \{X_j \in V, 1 \leqslant j \leqslant n \mid A \rightarrow X_1X_2 \ldots X_n \in P \text{ e } A \in V_{i-1}\}$.
  4. *Se* $V_i \neq V_{i-1}$, *então:*
     a) $i \leftarrow i+1$.
     b) *Desviar para (3).*

     Caso contrário:
     a) $N' \leftarrow V_i \cap N$.
     b) $\Sigma' \leftarrow V_i \cap \Sigma$.
     c) $P' \leftarrow \{A \rightarrow X_1X_2 \ldots X_n \in P \mid A, X_1, X_2 \ldots X_n \in V_i\}$.

○

□

Observe-se a similaridade entre as definições e os algoritmos da presente seção com os da Seção 3.3, sobre autômatos finitos.

De fato, há uma correspondência direta entre os conceitos de símbolo e estado acessível, bem como entre os de símbolo e estado útil. Há, também, uma relação direta entre os algoritmos para a eliminação de símbolos inúteis (Algoritmo 4.1) e a para eliminação de símbolos inacessíveis (Algoritmo 4.2) com os algoritmos para a eliminação dos estados inúteis e inacessíveis em autômatos finitos (respectivamente, Algoritmos 3.12 e 3.10). Trata-se, como se pode perceber, essencialmente dos mesmos conceitos e dos mesmos métodos.

No caso do Algoritmo 4.1, trata-se da identificação sistemática dos símbolos que geram alguma cadeia formada apenas por terminais. No Algoritmo 3.10, trata-se da identificação dos estados que conduzem a algum estado final do autômato. O Algoritmo 4.2 identifica os símbolos que podem ser gerados a partir da raiz S. O Algoritmo 3.12 identifica os estados que podem ser alcançados a partir do estado inicial do autômato.

Note-se também que os Algoritmos 4.1 e 4.2 não apenas eliminam símbolos dos conjuntos N e Σ da gramática original, no caso geral, como também eliminam todas as produções de P que envolvam quaisquer símbolos inacessíveis ou inúteis eliminados.

Símbolos inacessíveis e inúteis podem ser eliminados de uma gramática livre de contexto qualquer aplicando-se-lhes inicialmente o Algoritmo 4.1 e, ao resultado deste, o Algoritmo 4.2, uma única vez cada. A ordem de aplicação dos algoritmos interfere no resultado final obtido, como demonstra o Teorema 4.6.

Teorema 4.6 (Símbolos inúteis e inacessíveis — ordem) "A obtenção de uma gramática livre de contexto equivalente G_A, isenta de símbolos inúteis e inacessíveis, a partir de uma gramática livre de contexto G qualquer, pode ser feita pela aplicação dos Algoritmos 4.1 e 4.2, uma única vez cada, desde que a aplicação ocorra nesta ordem (primeiro símbolos inúteis e depois símbolos inacessíveis)."

De fato, temos que (i) a eliminação de símbolos inúteis pode gerar símbolos inacessíveis, mas o contrário não é verdadeiro, ou seja, (ii) a eliminação de símbolos inacessíveis após a eliminação de símbolos inúteis não torna nenhum símbolo inútil. Logo, a eliminação de símbolos inúteis seguida da eliminação de símbolos inacessíveis garante que a gramática resultante será isenta de ambos os tipos de símbolos com uma única aplicação de cada algoritmo. A aplicação na ordem inversa (ou seja, primeiro a eliminação de símbolos inacessíveis e depois a eliminação de símbolos inúteis) não garante que a gramática resultante seja isenta de ambos os tipos de símbolos. Neste caso, seria necessária uma segunda execução do algoritmo de eliminação de símbolos inacessíveis para garantir o resultado pretendido.

As provas de (i) e (ii) podem ser feitas levando-se em conta que a acessibilidade dos símbolos se propaga, nas regras da gramática, da esquerda para direita, ao passo que a utilidade se propaga no sentido inverso, da direita para a esquerda.

Para provar (i), basta considerar qualquer gramática G com um símbolo útil e acessível Y tal que todas as regras de G em que Y comparece do lado direito contém um símbolo inútil e acessível do lado esquerdo (diferente de Y). Dessa forma, a eliminação dos símbolos inúteis da esquerda implica a eliminação das regras onde eles comparecem, o que, por sua vez, implica a inacessibilidade do símbolo Y. Ou seja, o símbolo acessível Y torna-se inacessível após a eliminação dos símbolos inúteis de G. Naturalmente, Y não deve ser acessível por nenhum outro caminho formado apenas por símbolos úteis. Em outras palavras, trata-se da situação muito particular em que a acessibilidade de um símbolo Y está garantida apenas por meio de caminhos que contêm símbolos inúteis. Logo, a eliminação desses caminhos implica a inacessibilidade de Y.

Para provar (ii), considere que $G = (V, \Sigma, P, S)$ é a gramática original, $G_U = (V_U, \Sigma_U, P_U, S)$ é a gramática obtida a partir de G pela aplicação do Algoritmo 4.1 e $G_A = (V_A, \Sigma_A, P_A, S)$ é a gramática obtida pela aplicação do Algoritmo 4.2 à G_U. Queremos provar que G_U é isenta de símbolos inúteis e também de símbolos inacessíveis. Para tanto, suponha que X seja um símbolo qualquer de G_A, portanto $X \in V_A$. Como os Algoritmos 4.1 e 4.2 apenas eliminam símbolos e regras das respectivas gramáticas de entrada, segue que $X \in V_U$. Portanto, X é um símbolo útil em G_U e um símbolo acessível em G_A. A partir dessas informações, iremos provar que X é também um símbolo útil em G_A. Como resultado, poderemos concluir que todos os símbolos de G_A são acessíveis e úteis, e o Algoritmo 4.2 não gera símbolos inúteis.

Como X é útil em G_U, segue que existe uma cadeia de símbolos terminais w tal que $X \Rightarrow^*_{G_U} w$. Por outro lado, como X é acessível em G_A, segue que existem cadeias α e β tais que $S \Rightarrow^*_{G_A} \alpha X \beta$. Esta última observação, no entanto, permite concluir que todos os símbolos de $\alpha X \beta$ são acessíveis em G_A e, portanto, todos eles também o eram em G_U. Portanto, temos que $S \Rightarrow^*_{G_U} \alpha X \beta$. Como os símbolos de $\alpha X \beta$ aparecem em G_U, segue que todos eles são úteis. Portanto, existem cadeias de terminais w_1 e w_2 tais que $\alpha X \beta \Rightarrow^*_{G_U} w_1 w w_2$. Como todos os símbolos de $\alpha X \beta$ são acessíveis em G_U, segue que todos os demais símbolos utilizados nesta últma derivação são também acessíveis. Logo, todos eles, com as suas respectivas regras, devem pertencer também a G_A. Assim, é possível afirmar que $\alpha X \beta \Rightarrow^*_{G_A} w_1 w w_2$ e temos que X é um símbolo útil em G_A, como queríamos provar.

Para concluir, cumpre provar que a gramática G', obtida por meio da aplicação sucessiva dos Algoritmos 4.1 e 4.2, nesta ordem, a uma gramática original G, é tal que $L(G) = L(G')$. De fato, toda sentença gerada por G é obtida por meio de derivações em que são utilizados apenas símbolos úteis e acessíveis, ou seja, por meio de regras que também pertencem a G'. Assim, toda e qualquer derivação de uma sentença em G é efetuada por meio de regras que também pertencem a G', o que prova que $L(G) \subseteq L(G')$. Por outro lado, os dois algoritmos citados não introduzem novas regras nas gramáticas resultantes, eles apenas eliminam regras que contêm símbolos inúteis e/ou inacessíveis. Ou seja, $L(G') \subseteq L(G)$. Logo, toda sentença gerada por G' é também uma sentença que pode ser gerada por G e temos que $L(G) = L(G')$.

□

Exemplo 4.21 Considere-se $G = (V, \Sigma, P, S)$, com:

$$\begin{aligned} V &= \{S, A, B, C, a, b\} \\ \Sigma &= \{a, b\} \\ P &= \{S \to A \mid B, A \to aB \mid bS \mid b, B \to AB \mid Ba, C \to AS \mid b\} \end{aligned}$$

Aplicando-se o algoritmo de eliminação de não terminais que não geram cadeias de terminais, obtém-se:

$$\begin{aligned} N_0 &= \emptyset \\ N_1 &= \{A, C\} \\ N_2 &= \{A, C, S\} \\ N_3 &= \{A, C, S\} \end{aligned}$$

Logo, $G' = \{V', \Sigma, P', S\}$, com:

$$\begin{aligned} V' &= \{S, A, C, a, b\} \\ P' &= \{S \to A, A \to bS \mid b, C \to AS \mid b\} \end{aligned}$$

Note-se que o não terminal B foi eliminado de N, uma vez que não é possível derivar qualquer cadeia de terminais a partir dele. Aplicando-se a G' o Algoritmo 4.2, para a eliminação de símbolos inacessíveis, obtém-se:

$$\begin{aligned} V_0 &= \{S\} \\ V_1 &= \{S, A\} \\ V_2 &= \{S, A, b\} \\ V_3 &= \{S, A, b\} \end{aligned}$$

e $G'' = \{V'', \Sigma'', P'', S\}$, com:

$$\begin{aligned} V'' &= \{S, A, b\} \\ \Sigma'' &= \{b\} \\ P'' &= \{S \to A, A \to bS \mid b\} \end{aligned}$$

Observe-se a eliminação dos símbolos C e a de V'', uma vez que eles não comparecem em qualquer forma sentencial derivável a partir de S. G'' corresponde, assim, a uma gramática equivalente a G, isenta de símbolos inacessíveis e inúteis, e $L(G) = L(G'') = b^+$. ⋆

Exemplo 4.22 Considere a gramática com as seguintes regras:

$$\begin{aligned} S &\to W \mid X \\ W &\to aW \mid a \\ X &\to YZ \\ Y &\to bY \mid b \\ Z &\to cZ \end{aligned}$$

Consideremos o que acontece quando a aplicação do Algoritmo 4.1 é feita em primeiro lugar. O resultado é:

$$\begin{array}{rcl} S & \rightarrow & W \\ W & \rightarrow & aW \,|\, a \\ Y & \rightarrow & bY \,|\, b \end{array}$$

Em seguida, a aplicação do Algoritmo 4.2 se encarrega da eliminação do símbolo inacessível Y, resultando em:

$$\begin{array}{rcl} S & \rightarrow & W \\ W & \rightarrow & aW \,|\, a \end{array}$$

Dessa forma, com uma única execução de cada um dos algoritmos é possível obter uma gramática equivalente, isenta de símbolos inúteis e inacessíves. Suponhamos agora que o Algoritmo 4.2 seja aplicado em primeiro lugar. O resultado, neste caso, é uma gramática idêntica à original (pois todos os símbolos são acessíveis). Num segundo passo, a eliminação de símbolos inúteis (Z e X) por meio do Algoritmo 4.1 torna o símbolo Y inacessível:

$$\begin{array}{rcl} S & \rightarrow & W \,|\, X \\ W & \rightarrow & aW \,|\, a \\ Y & \rightarrow & bY \,|\, b \end{array}$$

Para resolver essa situação e eliminar Y, uma segunda execução do Algoritmo 4.1 é necessária. Logo, precisamos de duas execuções do Algoritmo 4.1 e uma do Algoritmo 4.2 para chegar no mesmo resultado.

Isso acontece porque o símbolo Y é útil e acessível, porém comparece numa regra ($X \rightarrow YZ$) cujo lado esquerdo (X) é um símbolo inútil (por causa do símbolo Z, que também é inútil) e acessível. Ou seja, a acessibilidade de Y é garantida apenas por um caminho que passa por um símbolo inútil. Logo, a eliminação do símbolo inútil Z implica a eliminação da regra $X \rightarrow YZ$, o que, por sua vez, implica a inacessibilidade de Y (apesar de ele ser útil). As regras $Y \rightarrow bY \,|\, b$ não devem ser consideradas pois possuem o próprio símbolo Y do lado esquerdo. ⋆

Analisa-se agora a questão da eliminação das produções em vazio. **Produções em vazio** são produções da forma $A \rightarrow \varepsilon$, e a total eliminação de produções desse tipo de uma gramática G naturalmente só é possível se $\varepsilon \notin L(G)$.

A ideia de eliminar produções em vazio de uma gramática livre de contexto vem ao encontro do objetivo de fazer com que todas as formas sentenciais produzidas pela gramática sofram expansão em vez de contração (elas podem manter o seu tamanho caso a gramática contenha regras unitárias, conforme mostrado mais adiante). Dessa maneira, considera-se que a aplicação das regras (em uma gramática isenta de regras vazias) esteja efetivamente contribuindo para a geração de alguma sentença.

Teorema 4.7 (Eliminação de produções em vazio) "Toda linguagem livre de contexto que não contém a cadeia vazia pode ser gerada por uma gramática livre de contexto em que não há produções em vazio."

O Algoritmo 4.3 mostra como transformar uma gramática G em outra equivalente G', isenta de produções em vazio. Se $\varepsilon \in L(G)$, então serão criadas uma nova raiz e duas novas regras (uma unitária e outa vazia), de modo que $L(G') = L(G)$. O objetivo desses acréscimos é garantir que a raiz da gramática não compareça do lado direito de nenhuma regra e, consequentemente, que as formas sentenciais da nova gramática não sofram qualquer tipo de contração, exceto pela aplicação da regra inicial.

Algoritmo 4.3 (Eliminação de produções em vazio) *"Eliminação de produções em vazio em gramáticas livres de contexto."*

- *Entrada: uma gramática livre de contexto* $G = (V, \Sigma, P, S)$.
- *Saída: uma gramática livre de contexto* $G' = (N' \cup \Sigma, \Sigma, P', S')$, *tal que* $L(G') = L(G)$ *e*
  - *i) se* $\varepsilon \notin L(G)$, *então não há produções em vazio em* G'; *ou*
  - *ii) se* $\varepsilon \in L(G)$, *então a única produção em vazio em* G' *é* $S' \to \varepsilon$, *onde* S' *é a raiz de* G' *e* S' *não aparece no lado direito de nenhuma produção.*
- *Método:*
  1. $E_0 \leftarrow \{A \mid A \to \varepsilon \in P\}$.
  2. $i \leftarrow 1$.
  3. $E_i \leftarrow E_{i-1} \cup \{A \mid A \to X_1X_2 \ldots X_n \in P \text{ e } X_1, X_2 \ldots X_n \in E_{i-1}\}$.
  4. *Se* $E_i \neq E_{i-1}$, *então:*
     - *a)* $i \leftarrow i + 1$.
     - *b) Desviar para (3).*

     Caso contrário:
     - *a)* $E \leftarrow E_{i-1}$.
  5. $P' \leftarrow \emptyset$.
  6. $P' \leftarrow \{A \to \beta \in P \mid \beta \neq \varepsilon\}$.
  7. *Considerem-se as produções de* P' *no formato:*

     $$A \to \alpha_0 B_1 \alpha_1 B_2 \alpha_2 \ldots B_k \alpha_k, \text{ com } \alpha_i \in (V - E)^* \text{ e } B_i \in E$$

     A versão final do conjunto P' *é obtida acrescentando-se à sua versão anterior o conjunto das produções obtidas pela substituição dos símbolos* B_i, $1 \leqslant i \leqslant k$ *por* ε, *considerando-se todas as combinações possíveis, sem no entanto gerar a produção* $A \to \varepsilon$.
  8. *Se* $S \in E$, *então:*
     - *a)* $P' \leftarrow P' \cup \{S' \to S \mid \varepsilon\}$.
     - *b)* $N' \leftarrow N \cup \{S'\}$.

     Caso contrário:
     - *a)* $N' \leftarrow N$.
     - *b)* $S' \leftarrow S$.

○

Esse algoritmo implementa um mapeamento do conjunto P no conjunto P', em que as seguintes condições são obedecidas:

1. Produções em vazio $A \to \varepsilon \in P$ são eliminadas.
2. As produções $A \to \alpha \in P$, $\alpha = \sigma_1\sigma_2 \ldots \sigma_n$, $\sigma_i \in V$, em que α contém símbolos não terminais que eventualmente derivam ε, isto é, $\sigma_i \Rightarrow^* \varepsilon$, $1 \leqslant i \leqslant n$, são expandidas para contemplar todos os possíveis casos de eliminação desses não terminais, compensando assim a eliminação das produções em vazio.

Os passos (1), (2), (3) e (4) do algoritmo buscam identificar o subconjunto E dos elementos A de N, $E \subseteq N$, tais que $A \Rightarrow^* \varepsilon$, e em muito se assemelham aos Algoritmos 4.1 e 4.2 anteriormente apresentados. Os passos (5), (6) e (7) realizam o mapeamento acima descrito, eliminando as produções em vazio e eventualmente expandindo as demais produções.

Observe-se que o fato de cada produção de P ser considerada no formato genérico:

$$A \to \alpha_0 B_1 \alpha_1 B_2 \alpha_2 \ldots B_k \alpha_k$$

visa isolar exatamente os não terminais B_i, tais que $B_i \Rightarrow^* \varepsilon$. A seguir são geradas, a partir de cada produção deste tipo, $2^k - 1$ (no máximo) novas produções distintas, cada qual correspondente a uma particular combinação de não terminais B_i substituídos por ε.

Por fim, note-se que, se $S \in E$, isso indica que $\varepsilon \in L(G)$. Assim, para que $L(G') = L(G)$, um novo símbolo não terminal S' e a produção $S' \rightarrow \varepsilon$ são introduzidos em G' no passo (8). □

Exemplo 4.23 Suponha $X \rightarrow Y\sigma Z$, com $X,Y,Z \in N$, $Y,Z \in E$ e $\sigma \in \Sigma$. Então, esta regra dá origem às seguintes novas regras:

$$\begin{array}{lcl} X & \rightarrow & \sigma Z \\ X & \rightarrow & Y\sigma \\ X & \rightarrow & \sigma \end{array}$$

Suponha agora $X \rightarrow YZ$, com $X,Y,Z \in N$ e $Y,Z \in E$. Então, essa regra dá origem às seguintes novas regras:

$$\begin{array}{lcl} X & \rightarrow & Z \\ X & \rightarrow & Y \end{array}$$

Note que, em nenhum caso, a regra $X \rightarrow \varepsilon$ é gerada. ⋆

Exemplo 4.24 Seja uma gramática $G = (V, \Sigma, P, S)$, com:

$$\begin{array}{lcl} V & = & \{S,A,B,C,a,b\} \\ \Sigma & = & \{a,b\} \\ P & = & \{ \\ & & S \rightarrow ABC, \\ & & A \rightarrow BB \mid \varepsilon, \\ & & B \rightarrow CC \mid a, \\ & & C \rightarrow AA \mid b \\ & & \} \end{array}$$

Inicialmente, o conjunto P' é formado pelas seguintes produções não vazias de P:

$$\begin{array}{lcl} S & \rightarrow & ABC \\ A & \rightarrow & BB \\ B & \rightarrow & CC \mid a \\ C & \rightarrow & AA \mid b \end{array}$$

Por outro lado, temos que $E_0 = \{A\}$. Em seguida, observamos que $E_1 = \{C,A\}$, $E_2 = \{B,C,A\}$, $E_3 = \{S,B,C,A\}$ e $E_4 = \{S,B,C,A\}$. Portanto, $E = \{S,B,C,A\}$. Então, as seguintes novas produções são geradas a partir das produções de P e incorporadas a P':

- $S \rightarrow ABC = S \rightarrow \varepsilon B_1 \varepsilon B_2 \varepsilon B_3 \varepsilon$, com $B_1 = A$, $B_2 = B$ e $B_3 = C$:
  - $S \rightarrow A$
  - $S \rightarrow B$
  - $S \rightarrow C$
  - $S \rightarrow AB$
  - $S \rightarrow AC$
  - $S \rightarrow BC$

- $A \to BB = A \to \varepsilon B_1 \varepsilon B_2 \varepsilon$, com $B_1 = B, B_2 = B$:
  - $A \to B$
- $B \to CC = B \to \varepsilon B_1 \varepsilon B_2 \varepsilon$, com $B_1 = C, B_2 = C$:
  - $B \to C$
- $C \to AA = C \to \varepsilon B_1 \varepsilon B_2 \varepsilon$, com $B_1 = A, B_2 = A$:
  - $C \to A$

Em consequência, o conjunto de produções P' torna-se:

$$\begin{array}{lcl} S & \to & ABC \mid A \mid B \mid C \mid AB \mid AC \mid BC \\ A & \to & BB \mid B \\ B & \to & CC \mid C \mid a \\ C & \to & AA \mid A \mid b \end{array}$$

Finalmente, pelo fato de que $S \in E$, segue que as produções $S' \to S \mid \varepsilon$ devem ainda ser incorporadas a P', resultando assim em $G' = (V \cup \{S'\}, \Sigma, P', S')$, com:

$$\begin{array}{lcl} V' & = & \{S', S, A, B, C, a, b\} \\ P' & = & \{ \\ & & S' \to S \mid \varepsilon, \\ & & S \to ABC \mid A \mid B \mid C \mid AB \mid AC \mid BC, \\ & & A \to BB \mid B, \\ & & B \to CC \mid C \mid a, \\ & & C \to AA \mid A \mid b \\ & & \} \end{array}$$

★

Exemplo 4.25 Considere-se a gramática $G = (V, \Sigma, P, S)$, com

$$\begin{array}{lcl} V & = & \{S, B, C\} \\ \Sigma & = & \{a, b, c, d\} \\ P & = & \{S \to aBC, B \to bB \mid \varepsilon, C \to cCc \mid d \mid \varepsilon\} \end{array}$$

Nesse caso, $E = \{B, C\}$. Portanto, P' se torna:

$$\begin{array}{lcl} \{B & \to & bB \mid b, \\ C & \to & cCc \mid cc \mid d, \\ S & \to & aBC \mid aB \mid aC \mid a\} \end{array}$$

Como $\varepsilon \notin L(G)$, então $G' = (V, \Sigma, P', S)$. ★

O último caso de simplificação de gramáticas livres de contexto refere-se à eliminação de produções unitárias. **Produções unitárias** são produções da forma $A \to B$, em que A e B são não terminais, e costumam ser descartadas das gramáticas livres de contexto porque nada acrescentam às formas sentenciais às quais são aplicadas, constituindo mera renomeação de símbolos (no caso, de A para B).

Teorema 4.8 (Eliminação de produções unitárias) "Toda linguagem livre de contexto pode ser gerada por uma gramática livre de contexto isenta de produções unitárias."

O Algoritmo 4.4 mostra como transformar gramáticas livres de contexto arbitrárias em outras equivalentes sem produções unitárias.

Algoritmo 4.4 (Eliminação de produções unitárias) *"Eliminação de produções unitárias em gramáticas livres de contexto."*

- *Entrada: uma gramática livre de contexto* $G = (V, \Sigma, P, S)$.
- *Saída: uma gramática livre de contexto* $G' = (V, \Sigma, P', S)$*, tal que* $L(G') = L(G)$ *e* G' *não contém produções unitárias.*
- *Método:*
  1. *Para cada* $A \in N$*, constrói-se* N_A *tal que* $N_A = \{B \in N \mid A \Rightarrow^* B\}^2$ *da seguinte forma:*
     a) $N_0 \leftarrow \{A\}$.
     b) $i \leftarrow 1$.
     c) $N_i \leftarrow N_{i-1} \cup \{C \mid B \rightarrow C \in P \text{ e } B \in N_{i-1}\}$.
     d) *Se* $N_i \neq N_{i-1}$*, então:*
        i. $i \leftarrow i + 1$.
        ii. *Desviar para (1.c).*

        Caso contrário:
        i. $N_A \leftarrow N_{i-1}$.
  2. $P' \leftarrow \{A \rightarrow \alpha \in P \mid \alpha \notin N\}$.
  3. *Para todo* $B \in N_A$*, se* $B \rightarrow \alpha \in P$*, e* $\alpha \notin N$*, então* $P' \leftarrow P' \cup \{A \rightarrow \alpha\}$.

○

O funcionamento desse algoritmo baseia-se inicialmente na identificação e na associação de subconjuntos de N a cada não terminal X da gramática, sendo que cada elemento Y desse subconjunto satisfaz à condição $X \Rightarrow^* Y$. Esses subconjuntos são construídos no passo (1) do algoritmo.

Observe-se que a condição $X \Rightarrow^* Y$ refere-se apenas a derivações efetuadas exclusivamente através do emprego de produções unitárias. Em alguns casos, é possível que tal condição seja satisfeita através do emprego de produções não unitárias, isto é, $X \Rightarrow^* \alpha \Rightarrow^* Y, |\alpha| > 1$, como ilustrado no Exemplo 4.26.

Exemplo 4.26 Considere-se a gramática G:

$$
\begin{aligned}
G &= (\{S, X, Y, a\}, \{a\}, P, S) \\
P &= \{S \rightarrow XY, \\
&\quad X \rightarrow a, \\
&\quad Y \rightarrow \varepsilon\}
\end{aligned}
$$

A derivação $S \Rightarrow XY \Rightarrow X$, ou simplesmente $S \Rightarrow^* X$, é feita sem o uso de regras unitárias. ⋆

Para evitar situações como a do Exemplo 4.26, é suficiente garantir que a gramática em questão não possua regras em vazio ou, alternativamente, desconsiderar derivações que façam uso delas no cálculo dos conjuntos N_A (passo (1) do Algoritmo 4.4).

O conjunto P' é construído nos passos (2) e (3). Ele é obtido pela eliminação de todas as produções unitárias de P, preservando-se as demais e criando novas produções do tipo

[2]Devem-se considerar apenas as derivações que são obtidas pela aplicação exclusiva de regras unitárias.

$X \Rightarrow^* \alpha$, onde $Y \in N_X$ e $Y \rightarrow \alpha \in P$. Isso implica "abreviar" uma sequência de derivações, substituindo cada derivação que utilize produções unitárias pela derivação — utilizando as novas produções — que produz o efeito final pretendido. □

Exemplo 4.27 Considere-se $G = (V, \Sigma, P, S)$, com o conjunto de regras P seguinte:

$$\begin{array}{lcl} \{S & \rightarrow & A \mid B \mid C, \\ A & \rightarrow & aaAa \mid B \mid \varepsilon, \\ B & \rightarrow & bBb \mid b \mid C, \\ C & \rightarrow & cC \mid \varepsilon\} \end{array}$$

Aplicando-se o Algoritmo 4.4, obtém-se:

$$\begin{array}{lcl} N_S & = & \{S, A, B, C\} \\ N_A & = & \{A, B, C\} \\ N_B & = & \{B, C\} \\ N_C & = & \{C\} \end{array}$$

Assim, $G' = (V, \Sigma, P', S)$, e P' torna-se:

$$\begin{array}{lcl} \{S & \rightarrow & aaAa \mid \varepsilon \mid bBb \mid b \mid cC, \\ A & \rightarrow & aaAa \mid \varepsilon \mid bBb \mid b \mid cC, \\ B & \rightarrow & bBb \mid b \mid cC \mid \varepsilon, \\ C & \rightarrow & cC \mid \varepsilon\} \end{array}$$

A título de ilustração, considere-se a derivação da sentença *aabba*. Tomando-se como base a gramática G, a sequência de derivações dessa sentença é:

$$S \Rightarrow A \Rightarrow aaAa \Rightarrow aaBa \Rightarrow aabBba \Rightarrow aabCba \Rightarrow aabba$$

ao passo que, tomando-se como base a gramática modificada G', a sequência de derivação dessa sentença se torna:

$$S \Rightarrow aaAa \Rightarrow aabBba \Rightarrow aabba$$

(note-se como a eliminação de produções unitárias "abrevia" a derivação da sentença). ⋆

Teorema 4.9 (Ordem de eliminação de regras vazias e unitárias) "A obtenção de uma gramática livre de contexto equivalente G_3, isenta de símbolos inúteis e inacessíveis, a partir de uma gramática livre de contexto G_1 qualquer, pode ser feita pela aplicação dos Algoritmos 4.3 e 4.4, uma única vez cada, desde que a aplicação ocorra nesta ordem (primeiro regras vazias e depois regras unitárias)."

De fato, uma simples inspeção dos Algoritmos 4.3 e 4.4 revela que (i) a eliminação de regras vazias pode gerar regras unitárias, mas o contrário não é verdadeiro, ou seja, (ii) a eliminação de regras unitárias não gera regras vazias. Logo, a eliminação de regras vazias seguida da eliminação de regras unitárias garante que a gramática resultante será isenta de ambos os tipos de regras com uma única aplicação de cada algoritmo. A aplicação na ordem inversa (ou seja, primeiro a eliminação de regras unitárias e depois a eliminação de regras vazias) não garante que a gramática resultante seja isenta de ambos os tipos de símbolos. Nesse caso, seria necessário uma segunda execução do algoritmo de eliminação de regras unitárias para garantir o resultado pretendido.

Os resultados vistos até o momento indicam que a eliminação de símbolos inúteis deve preceder a eliminação de símbolos inacessíveis, e também que a eliminação de regras vazias deve preceder a eliminação de regras unitárias. Resta analisar se os símbolos devem ser eliminados antes das regras, ou se as regras devem ser eliminadas antes do símbolos.

Por um lado, é importante notar que a eliminação de símbolos inúteis e inacessíveis não introduz novas regras na gramática (ao contrário, pode haver no máximo uma redução do conjunto de regras original). Portanto, não há risco de serem introduzidas novas regras vazias ou unitárias na gramática como resultado da aplicação dos algoritmos de eliminação de símbolos inúteis e inacessíveis.

Por outro lado, a eliminação de regras vazias e unitárias, em particular a eliminação de regras unitárias, pode introduzir novos símbolos inacessíveis na gramática original, conforme mostrado a seguir. Tal fato sugere, portanto, que a eliminação de regras deva preceder a eliminação de símbolos (conforme enunciado do Teorema 4.10, apresentado mais adiante).

□

A seguir, ilustramos o fato de que a aplicação do algoritmo de eliminação de regras unitárias pode introduzir símbolos inacessíveis não existentes na gramática original.

Exemplo 4.28 Considere a gramática a seguir (isenta de símbolos inacessíveis) com as seguintes regras:

$$\begin{array}{rcl} S & \rightarrow & X \\ X & \rightarrow & a \mid b \end{array}$$

A aplicação do algoritmos de eliminação de regras unitárias gera como resultado:

$$\begin{array}{rcl} S & \rightarrow & a \mid b \\ X & \rightarrow & a \mid b \end{array}$$

Como é fácil perceber, a gramática resultante possui o símbolo inacessível X. Logo, fica claro que, no caso geral, a aplicação do algoritmo de eliminação de regras unitárias pode introduzir novos símbolos inacessíveis que inexistiam na gramática original. ⋆

Teorema 4.10 (Ordem de eliminação de símbolos e regras) "A obtenção de uma gramática livre de contexto equivalente G_3, isenta de regras vazias e regras unitárias, e também de símbolos inúteis e inacessíveis, a partir de uma gramática livre de contexto G_1 qualquer, pode ser feita pela aplicação dos Algoritmos 4.3 (regras vazias), 4.4 (regras unitárias), 4.1 (símbolos inúteis) e 4.2 (símbolos inacessíveis), uma única vez cada, nesta ordem."

Uma demonstração formal desse teorema exigiria a prova prévia dos seguintes teoremas auxiliares:

- De que o Algoritmo 4.3 produz uma gramática equivalente isenta de regras vazias.
- De que o Algoritmo 4.4 produz uma gramática equivalente isenta de regras unitárias e não introduz regras vazias.
- De que o Algoritmo 4.1 produz uma gramática equivalente isenta de símbolos inúteis e não introduz regras vazias nem regras unitárias.
- De que o Algoritmo 4.2 produz uma gramática equivalente isenta de símbolos inacessíveis e não introduz símbolos inúteis nem regras vazias ou unitárias.

Tais demonstrações, no entanto, estão fora do escopo deste texto, mas podem ser justificadas com base nos argumentos informais apresentados anteriormente. Sendo assim, a ordem sugerida para a realização de todas as etapas de simplificação de gramáticas livres de contexto é:

1. Eliminação de regras vazias.
2. Eliminação de regras unitárias.

3. Eliminação de símbolos inúteis.
4. Eliminação de símbolos inacessíveis.

□

Diz-se que uma gramática livre de contexto isenta de produções em vazio é **acíclica** se e somente se não existir $A \in N$, tal que $A \Rightarrow^* A$. Caso contrário, diz-se que a gramática é **cíclica**. O Algoritmo 4.4 pode ser facilmente adaptado para detectar ciclos em gramáticas livres de contexto isentas de produções em vazio, conforme apresentado no Algoritmo 4.5.

Algoritmo 4.5 (Detecção de ciclos) *"Detecção de ciclos em gramáticas livres de contexto isentas de produções em vazio."*

- *Entrada: uma gramática livre de contexto isenta de produções em vazio* $G = (V, \Sigma, P, S)$.
- *Saída: SIM, se G for cíclica. NÃO, se G for acíclica.*
- *Método:*
    1. *Para cada* $A \in N$, *constrói-se* N_A *tal que* $N_A = \{B \in N \mid A \Rightarrow^* B\}$ *da seguinte forma:*
        a) $N_0 \leftarrow \{B \mid A \rightarrow B \in P \text{ e } B \neq A\}$.
        b) $i \leftarrow 1$.
        c) $N_i \leftarrow N_{i-1} \cup \{C \mid B \rightarrow C \in P \text{ e } B \in N_{i-1}\}$.
        d) *Se* $N_i \neq N_{i-1}$, *então:*
            i. $i \leftarrow i + 1$.
            ii. *Desviar para (1.c).*
           Caso contrário:
            i. $N_A \leftarrow N_{i-1}$.
    2. *Se* $\forall A \in N$, $A \notin N_A$, *então NÃO; caso contrário, SIM.*

○

4.6 Formas normais para gramáticas livres de contexto

Como se sabe, as gramáticas livres de contexto se caracterizam por apresentar produções p que seguem a forma geral $A \rightarrow \alpha$, $A \in N$, $\alpha \in V^*$. Conforme foi estudado na Seção 4.5, tais gramáticas podem sofrer simplificações — traduzidas, em alguns casos, em restrições impostas ao formato admitido para as produções $p \in P$ — que visam torná-las mais concisas, sem, no entanto, alterar a linguagem por elas definida.

Por outro lado, certos teoremas que serão apresentados no restante deste capítulo, como é, por exemplo, o caso daquele que estabelece a equivalência das gramáticas do tipo 2 com a classe de linguagens reconhecida pelos autômatos de pilha (Teorema 4.15), podem ser mais facilmente demonstrados considerando-se que as gramáticas livres de contexto estejam normalizadas em relação a algum padrão notacional.

Uma gramática é dita **normalizada** em relação a um certo padrão quando todas as suas produções seguem as restrições impostas pelo padrão em questão. É comum designar tais padrões como **formas normais**. Nesta seção serão definidas duas das formas normais mais importantes para as gramáticas livres de contexto: a Forma Normal de Chomsky e a Forma Normal de Greibach. Especial atenção será dedicada ao estudo de algoritmos que permitem o mapeamento de gramáticas do tipo 2 quaisquer em gramáticas equivalentes, aderentes a uma ou outra dessas formas normais. Mostrar-se-á que toda e qualquer gramática do tipo 2 corresponde a gramáticas equivalentes, expressas em ambas as formas normais.

As duas formas normais que são apresentadas a seguir (Chomsky e Greibach) são incapazes de gerar a cadeia vazia ε (uma vez que, conforme a sua definição, elas não contêm regras vazias). Portanto, a fim de garantir que a linguagem gerada pela gramática original e pela gramática normalizada coincidam, é feito um relaxamento na definição dessas formas normais: é admitida, em caso de necessidade, como única regra vazia, a regra $S \rightarrow \varepsilon$, onde S é a raiz da gramática normalizada.

Diz-se que uma gramática $G = (V, \Sigma, P, S)$ do tipo 2 obedece à **Forma Normal de Chomsky** ([10]) se todas as produções $p \in P$ forem de uma das duas formas seguintes:

1. $A \rightarrow BC$, ou
2. $A \rightarrow a$

com A, B, $C \in N$ e $a \in \Sigma$. Se $\varepsilon \in L(G)$, então admite-se $S \rightarrow \varepsilon$ como única produção em que ε comparece do lado direito.

Teorema 4.11 (Forma Normal de Chomsky) "Toda linguagem livre de contexto L pode ser gerada por uma gramática livre de contexto na Forma Normal de Chomsky."

Seja G uma gramática livre de contexto qualquer que gera L. Sem perda de generalidade, considere-se que G não apresenta produções unitárias, símbolos inúteis nem produções em vazio — exceto $S \rightarrow \varepsilon$, se $\varepsilon \in L(G)$. É possível demonstrar formalmente (ver [13]) que o mapeamento de G em G', a gramática equivalente na Forma Normal de Chomsky, pode ser efetuado através do Algoritmo 4.6.

Algoritmo 4.6 (Forma Normal de Chomsky) *"Obtenção de uma gramática livre de contexto na Forma Normal de Chomsky."*

- *Entrada: uma gramática livre de contexto $G = (V, \Sigma, P, S)$ isenta de produções unitárias, símbolos inúteis e produções em vazio (exceto $S \rightarrow \varepsilon$, se for o caso).*
- *Saída: uma gramática livre de contexto $G' = (V', \Sigma, P', S)$, na Forma Normal de Chomsky, tal que $L(G) = L(G')$.*
- *Método:*
  1. *Desconsiderar a regra $S \rightarrow \varepsilon$ caso ela faça parte de G.*
  2. *$P' \leftarrow \emptyset$.*
  3. *$N' \leftarrow N$.*
  4. *Se $A \rightarrow BC \in P$, com $A, B, C \in N$, então $A \rightarrow BC \in P'$.*
  5. *Se $A \rightarrow \sigma \in P$, com $A \in N, \sigma \in \Sigma$, então $A \rightarrow \sigma \in P'$.*
  6. *Para cada produção $p \in P$ da forma:*

     $$A \rightarrow X_1 X_2, \ldots, X_n, \text{ com } n \geqslant 2$$

     se $X_i \in \Sigma$, então criam-se novos não terminais Y_i e produções $Y_i \rightarrow X_i$ substituindo-se as ocorrências de X_i por Y_i em p. Acrescentam-se os novos não terminais Y_i a N' e as novas produções a P'.
  7. *Para cada produção da forma:*

     $$A \rightarrow X_1 X_2, \ldots, X_n, \text{ com } n > 2 \text{ e } X_i \in N, \text{ com } 1 \leqslant i \leqslant n$$

     gerada no passo (6), criar um novo conjunto de não terminais Z_i e de produções da forma:

     $$\{A \rightarrow X_1 Z_1,$$

$$\begin{aligned} Z_1 &\rightarrow X_2Z_2, \\ &\ldots \\ Z_{n-2} &\rightarrow X_{n-1}X_n\} \end{aligned}$$

acrescentando-os, respectivamente, aos conjuntos N' e P'.

8. *Acrescentar a regra $S \rightarrow \varepsilon$ a G' caso $\varepsilon \in L(G)$.*

○

Trata-se, como se pode perceber, de um algoritmo bastante intuitivo. Inicialmente, todas as produções de P que originalmente já se encontram na Forma Normal de Chomsky são transferidas para P'. No passo (6), as produções com mais de um símbolo do lado direito são transformadas em produções contendo apenas símbolos não terminais, devendo-se criar um novo símbolo não terminal e uma nova produção para cada símbolo terminal a ser eliminado. Finalmente, no passo (7), cada produção neste formato é desmembrada em $n-1$ novas produções, cada qual com apenas dois símbolos não terminais do lado direito e, portanto, aderente à Forma Normal de Chomsky. □

Exemplo 4.29 Considere-se a gramática $G = (V, \Sigma, P, S)$ com $N = \{E, T, F\}$ e o conjunto de produções P apresentado a seguir:

$$\begin{aligned} \{E &\rightarrow E+T \mid T, \\ T &\rightarrow T*F \mid F, \\ F &\rightarrow (E) \mid a\} \end{aligned}$$

Eliminando-se as produções unitárias:

$$\begin{aligned} \{E &\rightarrow E+T \mid T*F \mid (E) \mid a \\ T &\rightarrow T*F \mid (E) \mid a \\ F &\rightarrow (E) \mid a \end{aligned}$$

Da aplicação do Algoritmo 4.6 resulta $G' = (V', \Sigma, P', S)$, com:

$$\begin{aligned} N' &= \{E, T, F, X_0, X_1, X_2, X_3, W_0, W_1, W_2\} \\ P' &= \{E \rightarrow EW_0 \mid TW_1 \mid X_2W_2 \mid a, \\ &\quad W_0 \rightarrow X_0T, \\ &\quad W_1 \rightarrow X_1F, \\ &\quad W_2 \rightarrow EX_3, \\ &\quad T \rightarrow TW_1 \mid X_2W_2 \mid a, \\ &\quad F \rightarrow X_2W_2 \mid a, \\ &\quad X_0 \rightarrow +, \\ &\quad X_1 \rightarrow *, \\ &\quad X_2 \rightarrow (, \\ &\quad X_3 \rightarrow)\} \end{aligned}$$

★

Diz-se que uma gramática livre de contexto $G = (V, \Sigma, P, S)$ obedece à **Forma Normal de Greibach** ([22]) se todas as suas produções $p \in P$ forem da forma:

$$A \rightarrow \sigma\alpha, \sigma \in \Sigma, \alpha \in N^*$$

Se $\varepsilon \in L(G)$, então admite-se $S \rightarrow \varepsilon$ como única produção em que ε comparece do lado direito. Como pré-requisito antes de apresentarmos o teorema que mostra como converter gramáticas livres de contexto quaisquer em equivalentes na Forma Normal de Greibach, será necessário apresentar um algoritmo que permita eliminar recursões à esquerda em gramáticas livres de contexto quaisquer.

Eliminar recursões à esquerda de uma gramática livre de contexto $G = (V, \Sigma, P, S)$ significa obter $G' = (V', \Sigma, P', S)$, de modo que $L(G) = L(G')$ e nenhum $A \in N'$ seja recursivo à esquerda. A eliminação de recursões à esquerda em gramáticas livres de contexto pode ser feita através do Algoritmo 4.7, cuja ideia básica consiste em transformar G, com não terminais ordenados arbitrariamente, em G', de modo que $X_i \rightarrow X_j\alpha$ pertence a P' se e apenas se $j > i$.

Sem perda de generalidade, admite-se que a gramática G de entrada seja isenta de produções unitárias, símbolos inúteis e produções em vazio.

Algoritmo 4.7 (Recursões à esquerda) *"Eliminação de recursões à esquerda em gramáticas livres de contexto."*

- *Entrada: uma gramática livre de contexto $G = (V, \Sigma, P, S)$ isenta de produções unitárias, símbolos inúteis e produções em vazio (exceto $S \rightarrow \varepsilon$, se for o caso).*
- *Saída: uma gramática livre de contexto $G' = (V', \Sigma, P', S)$ sem recursões à esquerda e tal que $L(G) = L(G')$.*
- *Método:*
  1. *Desconsiderar a regra $S \rightarrow \varepsilon$ caso a mesma faça parte de G.*
  2. *Considerar os elementos de N ordenados segundo um critério arbitrário, $X_1, X_2, \ldots, X_p$.*
  3. $N' \leftarrow N$.
  4. $P' \leftarrow \emptyset$.
  5. $i \leftarrow 1$.
  6. *Considerar todas as alternativas de substituição para X_i agrupadas na forma:*
  $$X_i \rightarrow X_i\mu_1 \mid \ldots \mid X_i\mu_g \mid \phi_1 \mid \ldots \mid \phi_h$$
  ou simplesmente (se não houver recursão à esquerda direta):
  $$X_i \rightarrow \phi_1 \mid \ldots \mid \phi_h$$
  em que todos os ϕ_k, $1 \leqslant k \leqslant h$, começam com símbolos (terminais ou não terminais) diferentes de X_i.
  7. *Se $\phi_k = X_j\gamma$, com $j < i$, substituir X_j pelas suas alternativas conforme as produções em que X_j comparece do lado esquerdo. Ou seja, se $X_j \rightarrow \delta_1 \mid \ldots \mid \delta_r$, fazer $\phi_k \rightarrow \delta_1\gamma \mid \ldots \mid \delta_r\gamma$. Repetir este passo até que $\forall k, 1 \leqslant k \leqslant h$, se $\phi_k = X_j\gamma$, então $j \geqslant i$.*
  8. *Neste passo, todas as alternativas de substituição para X_i podem ser reagrupadas na forma:*
  $$X_i \rightarrow X_i\alpha_1 \mid \ldots \mid X_i\alpha_m \mid \beta_1 \mid \ldots \mid \beta_n$$
  ou simplesmente (se não houver recursão à esquerda direta):
  $$X_i \rightarrow \beta_1 \mid \ldots \mid \beta_n$$
  em que todos os $\beta_k, 1 \leqslant k \leqslant n$, iniciam com $\sigma \in \Sigma$ ou $X_j \in N$, com $j > i$.

9. *Caso haja alguma recursão à esquerda direta em X_i, introduzir um novo não terminal X_i' e criar as produções abaixo em substituição às acima agrupadas:*

$$\begin{array}{lll} X_i & \rightarrow & \beta_1 \mid \ldots \mid \beta_n \mid \beta_1 X_i' \mid \ldots \mid \beta_n X_i' \\ X_i' & \rightarrow & \alpha_1 \mid \ldots \mid \alpha_m \mid \alpha_1 X_i' \mid \ldots \mid \alpha_m X_i' \end{array}$$

Fazer $N' \leftarrow N' \cup \{X_i'\}$ e acrescentar os dois conjuntos de produções acima a P'.

10. *Se $i \neq p$:*
    a) $i \leftarrow i+1$.
    b) *Desviar para (6).*
11. *Acrescentar a regra $S \rightarrow \varepsilon$ à G' caso $\varepsilon \in L(G)$.*

○

Partindo de uma ordenação arbitrária dos não terminais da gramática, o funcionamento deste algoritmo baseia-se na realização de substituições sucessivas de não terminais de "ordem inferior" que comparecem como símbolo inicial de alternativas de substituição de não terminais de "ordem superior" pelas suas respectivas definições, e posterior eliminação de recursões à esquerda diretas. Dada a ordenação X_1, X_2, ..., X_p, o Algoritmo 4.7 iterage sobre esses símbolos não terminais executando, para cada um deles, e nesta ordem, os passos (6), (7) , (8) e (9).

O passo (6) tem como objetivo apenas reunir todas as regras do mesmo não terminal X_i.

O passo (7) tem como objetivo substituir, se for o caso, o primeiro não terminal de ordem inferior de cada regra ϕ por outro de mesma ordem ou superior. Dessa maneira, todas as alternativas de substituição de X_i começam com um terminal ou um não terminal de ordem igual ou superior. Ao término da execução deste passo, todas as alternativas de substituição do não terminal X_i (se houver recursão à esquerda direta) possuem necessariamente a forma:

$$X_i \rightarrow X_i\alpha_1 \mid \ldots \mid X_i\alpha_m \mid \beta_1 \mid \ldots \mid \beta_n$$

em que todos os β iniciam com símbolos terminais ou não terminais X_j, com $j \geq i$.

No passo (8) as regras de X_i são novamente agrupadas, evidenciando as recursões diretas à esquerda (se houver) e os demais termos (que agora iniciam apenas com terminais ou não terminais de ordem superior). Notar que, como G não possui regras unitárias, então todos os α são diferentes de ε. Além disso, como G não possui regras vazias, todos os β também são diferentes de ε.

O passo (9) visa eliminar recursões à esquerda diretas nas produções de X_i. Assim, após a aplicação desse passo, todas as produções de X_i iniciam-se exclusivamente com símbolos terminais ou não terminais de ordem $j > i$. Repetindo-se os passos (6), (7), (8) e (9) sucessivamente para $i = 1, 2, \ldots, p$, obtém-se G' isenta de recursões à esquerda.

Em resumo: o passo (6) agrupa todas as regras de Xi; o passo (7) efetua substituições, garantindo que todas as regras de X_i iniciam com terminal ou não terminal de ordem igual ou superior; o passo (8) faz um novo reagrupamento, isolando as recursões à esquerda diretas, e o passo (9) garante que todas as regras de X_i iniciam com terminal ou não terminal de ordem estritamente superior.

O caso em que $i = 1$, após o passo (9), é trivial pois as exigências são sempre imediatamente satisfeitas (todas as alternativas de substituição de X_1 iniciam sempre com um terminal ou um não terminal de ordem superior (X_2, X_3 etc).

Assim, após o passo (9), todas as regras de X_2 iniciam com terminais ou X_3, X_4 etc e assim por diante.

No caso geral, se $i > 1$, e $\beta_k = X_j\gamma$, com $j < i$, então a substituição de X_j pelas suas respectivas produções, e assim sucessivamente, até um máximo de $i - j$ vezes, resulta sempre em $\beta_k = X_s\gamma$, $s \geqslant i$. Posteriormente, a eliminação das recursões à esquerda diretas garante que $s > i$.

Note-se, como consequência da aplicação desse algoritmo, que todas as produções de X_p $(i = p)$ se iniciam exclusivamente com símbolos terminais.

Quanto aos novos símbolos não terminais X_i' criados pela aplicação do referido método, pode-se, com segurança, atribuir a eles os índices mais baixos nessa relação de ordem, situando-os antes dos demais símbolos X_i e com qualquer relação mútua de ordem (por exemplo, $X_1' < \ldots < X_q' < X_1 < \ldots < X_p$) . Isso pode ser feito uma vez que, por construção, todas as produções de X_i' são iniciadas exclusivamente com $\sigma \in \Sigma$ ou $X_i \in N$.

Para finalizar, observe-se que a introdução dos não terminais X_i', e suas respectivas produções, no passo (9) não prejudica a intenção de eliminação das recursões à esquerda. Isso se deve aos seguintes motivos:

1. Como $\beta_j \neq \varepsilon$, $1 \leqslant j \leqslant n$, pois não se admitem produções em vazio em G, X_i' nunca poderá comparecer como símbolo inicial de $\beta_j X_i'$ — alternativas de substituição de X_i —, prevenindo dessa maneira a eventualidade de introdução de recursões indiretas à esquerda.
2. Como $\alpha_j \neq \varepsilon$, $1 \leqslant j \leqslant m$, pois por hipótese não se admitem produções unitárias em G, X_i' nunca poderá comparecer como símbolo inicial de $\alpha_j X_i'$ — alternativas de substituição de X_i' —, prevenindo dessa maneira a eventualidade de introdução de recursões diretas à esquerda.

Exemplo 4.30 Considere-se a gramática $G = (V, \Sigma, P, S)$ com $N = \{E, T, F\}$, sendo P o conjunto apresentado a seguir:

$$\begin{aligned} \{E &\rightarrow E+T \mid T, \\ T &\rightarrow T*F \mid F, \\ F &\rightarrow (E) \mid a\} \end{aligned}$$

Considere-se a ordenação $E < T < F$ para os não terminais de G. A aplicação do Algoritmo 4.7 resulta na gramática G' com o seguinte conjunto de produções:

$$\begin{aligned} \{E &\rightarrow T \mid TE', \\ E' &\rightarrow +T \mid +TE', \\ T &\rightarrow F \mid FT', \\ T' &\rightarrow *F \mid *FT', \\ F &\rightarrow (E) \mid a\} \end{aligned}$$

★

Exemplo 4.31 Considere-se o conjunto a seguir de regras de uma gramática G, e a ordenação de seus não terminais $X_1 < X_2 < X_3 < X_4$:

$$\begin{aligned} \{X_1 &\rightarrow X_2X_3 \mid a, \\ X_2 &\rightarrow X_3X_2 \mid X_2b \mid b, \\ X_3 &\rightarrow X_4X_1 \mid c, \end{aligned}$$

$$X_4 \rightarrow X_1X_3 \mid X_3e \mid d\}$$

As produções de X_1 claramente satisfazem aos requisitos dos passos (6) a (9) do Algoritmo 4.7. As produções de X_2 satisfazem ao passo (6) a (8), porém não ao passo (9). Assim, elas são substituídas por:

$$\begin{aligned} X_2 &\rightarrow X_3X_2 \mid b \mid X_3X_2X_2' \mid bX_2' \\ X_2' &\rightarrow bX_2' \mid b \end{aligned}$$

Também as produções do não terminal X_3 satisfazem às exigências dos passos (6) a (9), mas o mesmo não ocorre com as produções de X_4, mais especificamente com a produção $X_4 \rightarrow X_1X_3$, que deve ser alterada conforme o determinado pelo passo (7). Substituindo-se X_1 pela sua definição, obtém-se:

$$X_4 \rightarrow X_2X_3X_3 \mid aX_3 \mid X_3e \mid d$$

Prosseguindo, substitui-se X_2 pela sua definição, obtendo-se:

$$X_4 \rightarrow X_3X_2X_3X_3 \mid bX_3X_3 \mid X_3X_2X_2'X_3X_3 \mid bX_2'X_3X_3 \mid aX_3 \mid X_3e \mid d$$

Finalmente, o passo (7) é completado substituindo-se X_3 pela sua definição, obtendo-se:

$$\begin{aligned} X_4 \rightarrow\ & X_4X_1X_2X_3X_3 \mid cX_2X_3X_3 \mid bX_3X_3 \mid X_4X_1X_2X_2'X_3X_3 \mid \\ & cX_2X_2'X_3X_3 \mid bX_2'X_3X_3 \mid aX_3 \mid X_4X_1e \mid ce \mid d \end{aligned}$$

Prosseguindo com a aplicação do passo (9) às produções de X_4, obtém-se:

$$\begin{aligned} X_4 \rightarrow\ & cX_2X_3X_3 \mid bX_3X_3 \mid cX_2X_2'X_3X_3 \mid bX_2'X_3X_3 \mid aX_3 \mid ce \mid d \mid cX_2X_3X_3X_4' \mid \\ & bX_3X_3X_4' \mid cX_2X_2'X_3X_3X_4' \mid bX_2'X_3X_3X_4' \mid aX_3X_4' \mid ceX_4' \mid dX_4' \\ X_4' \rightarrow\ & X_1X_2X_3X_3 \mid X_1X_2X_2'X_3X_3 \mid X_1e \mid X_1X_2X_3X_3X_4' \mid X_1X_2X_2'X_3X_3X_4' \mid \\ & X_1eX_4' \end{aligned}$$

Como resultado final da aplicação do algoritmo de eliminação de recursões à esquerda em G, obtém-se G', cujas produções formam o conjunto seguinte:

$$\begin{aligned} \{X_1 &\rightarrow X_2X_3 \mid a, \\ X_2 &\rightarrow X_3X_2 \mid b \mid X_3X_2X_2' \mid bX_2', \\ X_2' &\rightarrow bX_2' \mid b, \\ X_3 &\rightarrow X_4X_1 \mid c, \\ X_4 &\rightarrow cX_2X_3X_3 \mid bX_3X_3 \mid cX_2X_2'X_3X_3 \mid bX_2'X_3X_3 \mid aX_3 \mid ce \mid d \mid cX_2X_3X_3X_4' \mid \\ & \quad bX_3X_3X_4' \mid cX_2X_2'X_3X_3X_4' \mid bX_2'X_3X_3X_4' \mid aX_3X_4' \mid ceX_4' \mid dX_4', \\ X_4' &\rightarrow X_1X_2X_3X_3 \mid X_1X_2X_2'X_3X_3 \mid X_1e \mid X_1X_2X_3X_3X_4' \mid X_1X_2X_2'X_3X_3X_4' \mid \\ & \quad X_1eX_4'\} \end{aligned}$$

Note-se que, em G', todas as produções referentes a cada não terminal $X_i \in N'$ se iniciam, conforme o esperado, com $\sigma \in \Sigma$, ou $X_j \in N$, $j > i$. Note-se ainda que todas as produções de X_4 são iniciadas exclusivamente com $\sigma \in \Sigma$. ⋆

Exemplo 4.32 A gramática apresentada a seguir contém regras vazias e gera a linguagem $(b \mid \varepsilon)(ab)^*$ (cadeias com as e bs alternados e que terminam sempre com b, além de inclur a cadeia vazia):

$$\begin{aligned} S &\rightarrow Xb \mid \varepsilon \\ X &\rightarrow Sa \mid \varepsilon \end{aligned}$$

A eliminação de regras vazias resulta em:

$$\begin{aligned} S' &\rightarrow S \mid \varepsilon \\ S &\rightarrow Xb \mid b \\ X &\rightarrow Sa \mid a \end{aligned}$$

Eliminando a regra unitária obtemos:

$$\begin{aligned} S' &\rightarrow Xb \mid b \mid \varepsilon \\ S &\rightarrow Xb \mid b \\ X &\rightarrow Sa \mid a \end{aligned}$$

Desconsiderando a regra vazia obtemos:

$$\begin{aligned} S' &\rightarrow Xb \mid b \\ S &\rightarrow Xb \mid b \\ X &\rightarrow Sa \mid a \end{aligned}$$

Considerando a ordenação $S' < S < X$ e substituindo S pela sua definição na regra $X \rightarrow Sa$ obtemos:

$$\begin{aligned} S' &\rightarrow Xb \mid b \\ X &\rightarrow Xba \mid ba \mid a \end{aligned}$$

A manipulação das regras de X resulta em:

$$\begin{aligned} S' &\rightarrow Xb \mid b \\ X &\rightarrow ba \mid a \mid baX' \mid aX' \\ X' &\rightarrow baX' \mid ba \end{aligned}$$

Finamente, a reincorporação da regra $S' \rightarrow \varepsilon$ resulta em:

$$\begin{aligned} S' &\rightarrow Xb \mid b \mid \varepsilon \\ X &\rightarrow ba \mid a \mid baX' \mid aX' \\ X' &\rightarrow baX' \mid ba \end{aligned}$$

Note que esta última gramática é equivalente à primeira e não possui recursões à esquerda, nem diretas nem indiretas (o que acontecia com a gramática original). ⋆

Tendo visto que toda gramática livre de contexto pode ser transformada em uma gramática equivalente, isenta de recursões à esquerda, pode-se passar finalmente ao algoritmo/teorema que possibilita a normalização em relação à Forma Normal de Greibach.

Teorema 4.12 (Forma Normal de Greibach) "Toda linguagem livre de contexto L pode ser gerada por uma gramática livre de contexto na Forma Normal de Greibach."

Pode ser desenvolvida a partir do Algoritmo 4.8, que permite a conversão de uma gramática livre de contexto qualquer em outra equivalente na Forma Normal de Greibach.

Algoritmo 4.8 (Forma Normal de Greibach) *"Obtenção de uma gramática livre de contexto na Forma Normal de Greibach."*

- *Entrada: uma gramática livre de contexto $G = (V, \Sigma, P, S)$ isenta de produções unitárias, símbolos inacessíveis, símbolos inúteis, produções em vazio (exceto $S \rightarrow \varepsilon$, se for o caso) e recursões à esquerda, tal que $L = L(G)$.*

- *Saída: uma gramática livre de contexto* $G' = (V', \Sigma, P', S)$ *na Forma Normal de Greibach, tal que* $L(G) = L(G')$.
- *Método:*
  1. *Desconsiderar a regra* $S \rightarrow \varepsilon$ *caso ela faça parte de G.*
  2. *Considerar uma ordenação dos símbolos* $X_i \in N$*, tal que, se* $X_i \rightarrow X_j\alpha, X_j \in N$ *e* $\alpha \in V^*$*, então* $j > i$*. Seja, portanto,* $X_1 < X_2 < \ldots < X_p$.
  3. $N' \leftarrow N$.
  4. $P' \leftarrow \{X_p \rightarrow \beta \mid X_p \rightarrow \beta \in P\}$.
  5. $i \leftarrow p - 1$.
  6. *Se* $i = 0$*, então desviar para (7). Caso contrário:*
     a) *Considerar todas as produções de* X_i *iniciadas com* X_j, $j > i$. *Substituir* X_j *pela sua definição e repita-se este passo até que todas as alternativas de substituição para* X_i *sejam iniciadas apenas com símbolos terminais.*
     b) $i \leftarrow i - 1$.
     c) *Desviar para (6).*
  7. *Para cada produção da forma:*

$$X_i \rightarrow \sigma A_2 \ldots A_k, \text{ com } \sigma \in \Sigma, A_j \in V, 2 \leqslant j \leqslant k$$

     Se $A_j \in \Sigma$*, substituir* A_j *por um novo não terminal* A'_j *e faça-se* $N' \leftarrow N \cup \{A'_j\}$*, obtendo-se assim* $X_i \rightarrow \sigma B_2 B_3 \ldots B_k$*, com* $B_j \in \{A_j, A'_j\}, 2 \leqslant j \leqslant k$*. Incluir em* P' *todas as produções assim obtidas.*
  8. *Para cada novo símbolo não terminal* A'_j *introduzido no passo anterior, criar uma nova produção* $A'_j \rightarrow A_j$ *e fazer* $P' \leftarrow P \cup \{A'_j \rightarrow A_j\}$.
  9. *Acrescentar a regra* $S \rightarrow \varepsilon$ *à* G' *caso* $\varepsilon \in L(G)$.

○

Com relação ao passo (2), note-se que a condição de que G seja não recursiva à esquerda garante que seja sempre possível estabelecer uma relação de ordem entre os elementos de N. Em particular, pode-se utilizar a própria relação de ordem obtida da aplicação do algoritmo de eliminação de recursões à esquerda. Observe-se, no passo (4), que β inicia necessariamente com um símbolo terminal.

No passo (6), cada produção de cada não terminal X_i é processada através de substituições sucessivas até que ela se inicie exclusivamente com símbolos terminais. Como há p não terminais em N, a obtenção dessa condição para $X_i \in N$, $1 \leqslant i \leqslant p$, exigirá no máximo $p - i$ substituições sucessivas. Ao término desse passo, todas as alternativas de substituição para X_i serão do tipo $\sigma\alpha$, $\sigma \in \Sigma$ e $\alpha \in V^*$.

Finalmente, para fazer com que α pertença ao conjunto N^*, conforme exigido pela Forma Normal de Greibach, basta criar novos símbolos não terminais e substituí-los pelos respectivos símbolos terminais, onde quer que estes apareçam em $\alpha \in V^*$ — passo (7). Naturalmente, novas produções também devem ser incorporadas a P' — passo (8). □

Exemplo 4.33 Retornando ao Exemplo 4.30, anteriormente apresentado:

$$\begin{aligned}
\{E &\rightarrow T \mid TE', \\
E' &\rightarrow +T \mid +TE', \\
T &\rightarrow F \mid FT', \\
T' &\rightarrow *F \mid *FT', \\
F &\rightarrow (E) \mid a\}
\end{aligned}$$

Considerando-se a relação de ordem $E' < T' < E < T < F$, obtém-se:

$$\begin{array}{lcl}
F & \rightarrow & (E) \mid a \\
T & \rightarrow & (E) \mid a \mid (E)T' \mid aT' \\
E & \rightarrow & (E) \mid a \mid (E)T' \mid aT' \mid (E)E' \mid aE' \mid (E)T'E' \mid aT'E' \\
T' & \rightarrow & *F \mid *FT' \\
E' & \rightarrow & +T \mid +TE'
\end{array}$$

Para finalizar, basta criar o não terminal $)'$ e introduzir a produção $)' \rightarrow)$. A gramática resultante será:

$$\begin{array}{lcl}
\{F & \rightarrow & (E)' \mid a, \\
T & \rightarrow & (E)' \mid a \mid (E)'T' \mid aT', \\
E & \rightarrow & (E)' \mid a \mid (E)'T' \mid aT' \mid (E)'E' \mid aE' \mid (E)'T'E' \mid aT'E', \\
T' & \rightarrow & *F \mid *FT', \\
E' & \rightarrow & +T \mid +TE', \\
)' & \rightarrow &)\}
\end{array}$$

★

Exemplo 4.34 No que se refere ao Exemplo 4.31, a obtenção da correspondente Forma Normal de Greibach, com base na relação de ordem $X_2' < X_4' < X_1 < X_2 < X_3 < X_4$, passa, inicialmente, pela substituição da definição de X_4 em X_3, de X_3 em X_2, de X_2 em X_1 e, finalmente, de X_1 em X_4'. À exceção deste último passo, omitido para não estender demais o exemplo, o resultado é apresentado a seguir. Observe-se ainda a criação do novo símbolo não terminal "e'", com todas as ocorrências do símbolo "e" substituídas por "e'", e a adição ao conjunto de produções da regra $e' \rightarrow e$.

$$\begin{array}{lcl}
\{X_1 & \rightarrow & cX_2X_3X_3X_1X_2X_3 \mid bX_3X_3X_1X_2X_3 \mid cX_2X_2'X_3X_3X_1X_2X_3 \mid \\
& & bX_2'X_3X_3X_1X_2X_3 \mid aX_3X_1X_2X3 \mid ce'X_1X_2X_3 \mid dX_1X_2X_3 \mid \\
& & cX_2'X_3X_3X_4'X_1X_2X_3 \mid bX_3X_3X_4'X_1X_2X_3 \mid cX_2X_2'X_3X_3X_4'X_1X_2X_3 \mid \\
& & bX_2'X_3X_3X_4'X_1X_2X_3 \mid aX_3X_4'X_1X_2X_3 \mid ce'X_4'X_1X_2X_3 \mid \\
& & dX_4'X_1X_2X_3 \mid cX_2X_3 \mid cX_2X_3X_3X_1X_2X_2'X_3 \mid bX_3X_3X_1X_2X_2'X_3 \mid \\
& & cX_2X_2'X_3X_3X_1X_2X_2'X_3 \mid bX_2'X_3X_3X_1X_2X_2'X_3 \mid aX_3X_1X_2X_2'X_3 \mid \\
& & ce'X_1X_2X_2'X_3 \mid dX_1X_2X_2'X_3 \mid cX_2X_3X_3X_4'X_1X_2X_2'X_3 \mid \\
& & bX_3X_3X_4'X_1X_2X_2'X_3 \mid cX_2X_2'X_3X_3X_4'X_1X_2X_2'X_3 \mid \\
& & bX_2'X_3X_3X_4'X_1X_2X_2'X_3 \mid aX_3X_4'X_1X_2X_2'X_3 \mid ce'X_4'X_1X_2X_2'X_3 \mid \\
& & dX_4'X_1X_2X_2'X_3 \mid cX_2X_2'X_3 \mid bX_2'X_3 \mid bX_3 \mid a, \\
X_2 & \rightarrow & cX_2X_3X_3X_1X_2 \mid bX_3X_3X_1X_2 \mid cX_2X_2'X_3X_3X_1X_2 \mid \\
& & bX_2'X_3X_3X_1X_2 \mid aX_3X_1X_2 \mid ce'X_1X_2 \mid dX_1X_2 \mid \\
& & cX_2X_3X_3X_4'X_1X_2 \mid bX_3X_3X_4'X_1X_2 \mid cX_2X_2'X_3X_3X_4'X_1X_2 \mid \\
& & bX_2'X_3X_3X_4'X_1X_2 \mid aX_3X_4'X_1X_2 \mid ce'X_4'X_1X_2 \mid dX_4'X_1X_2 \mid cX_2 \mid \\
& & cX_2X_3X_3X_1X_2X_2' \mid bX_3X_3X_1X_2X_2' \mid cX_2X_2'X_3X_3X_1X_2X_2' \mid \\
& & bX_2'X_3X_3X_1X_2X_2' \mid aX_3X_1X_2X_2' \mid ce'X_1X_2X_2' \mid dX_1X_2X_2' \mid \\
& & cX_2X_3X_3X_4'X_1X_2X_2' \mid bX_3X_3X_4'X_1X_2X_2' \mid cX_2X_2'X_3X_3X_4'X_1X_2X_2' \mid \\
& & bX_2'X_3X_3X_4'X_1X_2X_2' \mid aX_3X_4'X_1X_2X_2' \mid ce'X_4'X_1X_2X_2' \mid \\
& & dX_4'X_1X_2X_2' \mid cX_2X_2' \mid bX_2' \mid b, \\
X_2' & \rightarrow & bX_2' \mid b,
\end{array}$$

$$
\begin{aligned}
X_3 &\rightarrow cX_2X_3X_3X_1 \mid bX_3X_3X_1 \mid cX_2X_2'X_3X_3X_1 \mid bX_2'X_3X_3X_1 \mid aX_3X_1 \mid \\
&\quad ce'X_1 \mid dX_1 \mid cX_2X_3X_3X_4'X_1 \mid bX_3X_3X_4'X_1 \mid cX_2X_2'X_3X_3X_4'X_1 \mid \\
&\quad bX_2'X_3X_3X_4'X_1 \mid aX_3X_4'X_1 \mid ce'X_4'X_1 \mid dX_4'X_1 \mid c, \\
X_4 &\rightarrow cX_2X_3X_3 \mid bX_3X_3 \mid cX_2X_2'X_3X_3 \mid bX_2'X_3X_3 \mid aX_3 \mid ce' \mid d \mid \\
&\quad cX_2X_3X_3X_4' \mid bX_3X_3X_4' \mid cX_2X_2'X_3X_3X_4' \mid \\
&\quad bX_2'X_3X_3X_4' \mid aX_3X_4' \mid ce'X_4' \mid dX_4', \\
X_4' &\rightarrow X_1X_2X_3X_3 \mid X_1X_2X_2'X_3X_3 \mid X_1e' \mid X_1X_2X_3X_3X_4' \mid X_1X_2X_2'X_3X_3X_4' \mid X_1e'X_4', \\
e' &\rightarrow e\}
\end{aligned}
$$

★

Exemplo 4.35 Dando continuidade ao Exemplo 4.32 (a seguir), obtemos agora uma gramática equivalente na Forma Normal de Greibach.

$$
\begin{aligned}
S' &\rightarrow Xb \mid b \mid \varepsilon \\
X &\rightarrow ba \mid a \mid baX' \mid aX' \\
X' &\rightarrow baX' \mid ba
\end{aligned}
$$

As regras de X' e X já se encontram na Forma Normal de Greibach. Em seguida, é suficiente substituir X pela sua definição na regra $S' \rightarrow Xb$, resultando em:

$$
\begin{aligned}
S' &\rightarrow bab \mid ab \mid baX'b \mid aX'b \mid b \mid \varepsilon \\
X' &\rightarrow baX' \mid ba
\end{aligned}
$$

Finalmente, basta criar novos símbolos não terminais e as respectivas regras, fazendo as devidas substituições na gramática:

$$
\begin{aligned}
S' &\rightarrow bAB \mid aB \mid bAX'B \mid aX'B \mid b \mid \varepsilon \\
X' &\rightarrow bAX' \mid bA \\
A &\rightarrow a \\
B &\rightarrow b
\end{aligned}
$$

★

Exemplo 4.36 Considere a gramática:

$$
\begin{aligned}
S &\rightarrow aX \\
X &\rightarrow XaXbX \mid c
\end{aligned}
$$

Da aplicação do Algoritmo 4.7 resulta a seguinte gramática, isenta de recursões à esquerda:

$$
\begin{aligned}
X' &\rightarrow aXbXX' \mid aXbX \\
S &\rightarrow aX \\
X &\rightarrow cX' \mid c
\end{aligned}
$$

Da aplicação do Algoritmo 4.8 resulta a seguinte gramática, na Forma Normal de Greibach:

$$
\begin{aligned}
X' &\rightarrow aXBXX' \mid aXBX \\
S &\rightarrow aX \\
X &\rightarrow cX' \mid c \\
B &\rightarrow b
\end{aligned}
$$

★

Exemplo 4.37 Considere a gramática:

$$\begin{aligned} S &\rightarrow X \\ X &\rightarrow XXX \mid a \end{aligned}$$

Da eliminação de regras unitárias resulta:

$$\begin{aligned} S &\rightarrow XXX \mid a \\ X &\rightarrow XXX \mid a \end{aligned}$$

Da aplicação do Algoritmo 4.7 resulta a seguinte gramática, isenta de recursões à esquerda:

$$\begin{aligned} X' &\rightarrow XXX' \mid XX \\ S &\rightarrow XXX \mid a \\ X &\rightarrow aX' \mid a \end{aligned}$$

Da aplicação do Algoritmo 4.8 resulta a seguinte gramática, na Forma Normal de Greibach:

$$\begin{aligned} X' &\rightarrow aX'XX' \mid aXX' \mid aX'X \mid aX \\ S &\rightarrow aX'XX \mid aXX \mid a \\ X &\rightarrow aX' \mid a \end{aligned}$$

⋆

4.7 Autômatos de pilha

Nesta seção serão apresentados os conceitos básicos ligados à representação e à interpretação dos autômatos de pilha, sendo o principal a definição de dois modelos de aceitação distintos, um baseado em estados finais e outro em pilha vazia.

A seguir, é mostrada a equivalência da classe de linguagens aceita pelos autômatos de pilha com critério de aceitação baseado em estados finais, com a classe de linguagens aceita pelos autômatos de pilha cujo critério é baseado em pilha vazia, evidenciando assim a equipotência dos modelos.

A equivalência da classe de linguagens aceita pelos autômatos de pilha com a classe de linguagens gerada por gramáticas do tipo 2 — as linguagens livres de contexto — será discutida na Seção 4.9. Por último, serão efetuadas algumas considerações sobre a aplicação e a importância prática da teoria dos autômatos de pilha para o profissional de computação.

Os **autômatos de pilha** constituem a segunda instância, em uma escala de complexidade crescente, do modelo genérico de reconhecedor introduzido na Seção 2.5, prestando-se ao reconhecimento de linguagens livres de contexto. Diferentemente dos autômatos finitos, que não se utilizam da memória auxiliar prevista no modelo genérico, os autômatos de pilha têm o seu poder de reconhecimento estendido, quando comparado ao dos autômatos finitos, justamente pela disponibilidade e pela utilização de uma memória auxiliar organizada na forma de uma pilha.

A pilha de um autômato de pilha pode ser entendida como uma estrutura de dados, de capacidade ilimitada, na qual a máquina de estados é capaz de armazenar, consultar e remover símbolos de um alfabeto próprio, denominado **alfabeto de pilha**, segundo a convenção usual para estruturas desse tipo (LIFO — *l*ast-in-first-out). Quanto aos seus demais componentes e características, o autômato de pilha se assemelha ao autômato finito anteriormente estudado.

Formalmente, um autômato de pilha pode ser definido como uma sétupla M:

$$M = (Q, \Sigma, \Gamma, \delta, q_0, Z_0, F)$$

onde:

Q	é um conjunto finito de estados;
Σ	é um alfabeto (finito e não vazio) de entrada;
Γ	é um alfabeto (finito e não vazio) de pilha;
δ	é uma função de transição $Q \times (\Sigma \cup \{\varepsilon\}) \times \Gamma \to 2^{Q \times \Gamma^*}$;
q_0	é o estado inicial de M, $q_0 \in Q$;
Z_0	é o símbolo inicial da pilha, $Z_0 \in \Gamma$;
F	é o conjunto de estados finais de M, $F \subseteq Q$.

Dos sete elementos que compõem esse sistema formal, apenas três merecem explicação adicional — δ, Γ e Z_0 —, uma vez que os demais estão em correspondência direta com o que já foi estudado para o caso dos autômatos finitos.

Note-se, inicialmente, a presença de um alfabeto de pilha Γ e de um símbolo inicial de pilha Z_0. O alfabeto de pilha especifica os símbolos que podem ser armazenados na pilha. Por convenção, um desses símbolos, denotado Z_0, representa o conteúdo inicial da pilha toda vez que o autômato de pilha principia o reconhecimento de uma nova sentença. Ao longo de sua operação, elementos de Γ são acrescentados e/ou removidos da pilha, e seu conteúdo total pode ser interpretado, em um dado instante, como sendo um elemento de Γ^*. Por convenção, cadeias de Γ que representam o conteúdo da pilha em um determinado instante são interpretadas considerando-se os símbolos mais à esquerda da cadeia no topo da pilha, e os símbolos mais à direita da cadeia no fundo da pilha.

Observe-se que, a partir do formato geral apresentado acima para a função de transição δ em autômatos de pilha não determinísticos e com transições em vazio, é possível extrair os seguintes casos particulares, equivalentes aos estudados do Capítulo 3, para os autômatos finitos:

- Autômato de pilha determinístico sem transições em vazio:
  $\delta : Q \times \Sigma \times \Gamma \to Q \times \Gamma^*$
- Autômato de pilha determinístico com transições em vazio:
  $\delta : Q \times (\Sigma \cup \{\varepsilon\}) \times \Gamma \to Q \times \Gamma^*$
- Autômato de pilha não determinístico sem transições em vazio:
  $Q \times \Sigma \times \Gamma \to 2^{Q \times \Gamma^*}$
- Autômato de pilha não determinístico com transições em vazio:
  $Q \times (\Sigma \cup \{\varepsilon\}) \times \Gamma \to 2^{Q \times \Gamma^*}$

Diferentemente do Capítulo 3, em que os modelos de autômato finito foram considerados em escala crescente de complexidade, os autômatos de pilha serão considerados, no presente capítulo, a partir de seu modelo mais geral, ficando para o leitor a tarefa de interpretar e eventualmente utilizar, onde adequado, os modelos mais restritos previamente relacionados, sem que isso implique a perda de validade dos conceitos e dos resultados a seguir apresentados.

Exemplo 4.38 Considere-se $\Gamma = \{\gamma_1, \gamma_2, \gamma_3, \gamma_4\}$. A cadeia $\gamma_2\gamma_1\gamma_4\gamma_4$, por exemplo, representa o conteúdo da pilha conforme ilustrado na Figura 4.5. Note-se que γ_2 se encontra no topo da pilha e que γ_4 se encontra no fundo dela:

★

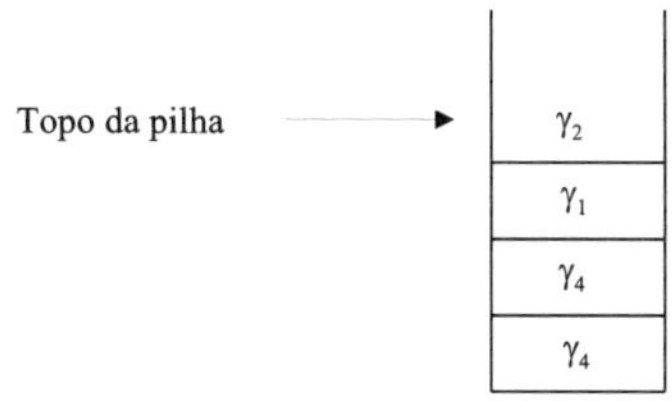

Figura 4.5 Pilha com ponteiro de topo.

Os dispositivos que fazem uso de pilha costumam definir a forma de operação dela como uma das seguintes possibilidades:

- **Pilha "stack"**: além das operações de empilhamento e desempilhamento de elementos no topo da pilha ("push" e "pop"), permite que os demais elementos da mesma sejam endereçados diretamente, somente para consulta;
- **Pilha "pushdown"**: permite o acesso apenas ao elemento armazenado no topo da pilha, através das operações de empilhamento e desempilhamento ("push" e "pop"). Não permite o endereçamento dos demais elementos da pilha.

A definição de autômato de pilha neste texto considera que a sua memória auxiliar seja uma pilha "pushdown".

A **configuração de um autômato de pilha** é definida pelo seu estado corrente, pela parte da cadeia de entrada ainda não analisada e pelo conteúdo da pilha. A **configuração inicial de um autômato de pilha** é aquela em que o autômato se encontra no estado inicial q_0, o cursor se encontra posicionado sob a célula mais à esquerda na fita de entrada e o conteúdo da pilha é Z_0. Algebricamente, a configuração de um autômato de pilha pode ser representada como uma tripla $(q, \alpha, \gamma) \in Q \times \Sigma^* \times \Gamma^*$.

A configuração inicial para o reconhecimento de uma cadeia w é representada como (q_0, w, Z_0).

As possibilidades de movimentação de um autômato de pilha em uma dada configuração são determinadas a partir de três informações: o seu estado corrente, o próximo símbolo presente na cadeia de entrada e o símbolo armazenado no topo da pilha. Observe-se, pela definição da função δ, a possibilidade de movimentações em vazio, sem consumo de símbolos da fita de entrada, e também a possibilidade de serem especificadas transições não determinísticas. Note-se também a obrigatoriedade, imposta por essa formulação, de se consultar o símbolo presente no topo da pilha em toda e qualquer transição efetuada pelo autômato.

Após a aplicação de uma transição, o cursor de leitura sofre um deslocamento de uma posição para a direita, e o símbolo presente no topo da pilha é removido, sendo substituído pela cadeia de símbolos especificada no lado direito da transição. No caso de transições em vazio, em que não há consulta de símbolo na fita de entrada, a posição do cursor permanece inalterada após a sua aplicação.

Desejando-se efetuar alguma transição de forma independente do conteúdo do topo da pilha, torna-se necessário especificar para cada elemento do alfabeto de pilha uma transição que efetue o mesmo tratamento do símbolo de entrada, removendo e reinserindo o mesmo símbolo da pilha, simulando assim uma transição independente do conteúdo da pilha.

Para cada tripla (q, σ, γ) pertencente ao domínio da função δ, o elemento $\delta(q, \sigma, \gamma)$ pode conter zero, um ou mais elementos de $Q \times \Gamma^*$. Considere-se inicialmente o caso em que $\sigma \neq \varepsilon$. Havendo zero elementos em $\delta(q, \sigma, \gamma)$, isso indica que não há possibilidade de movimentação a partir da configuração considerada. Havendo um único elemento, isso significa que há apenas uma possibilidade de movimentação e, portanto, a transição é determinística. Quando todas as transições de um autômato de pilha são determinísticas, diz-se que ele é **determinístico**.

Nos casos em que há mais de um elemento em $\delta(q, \sigma, \gamma)$, isso significa que há mais de uma opção de movimentação a partir desta configuração, e então a transição é dita não determinística. Havendo pelo menos uma transição não determinística, diz-se que o autômato de pilha é **não determinístico**.

Autômatos de pilha não determinísticos e com transições em vazio apresentam um comportamento dinâmico determinístico quando as duas seguintes condições forem simultaneamente verificadas:

1. $\forall q \in Q$, $\gamma \in \Gamma$, se $|(\delta, q, \varepsilon, \gamma)| \geqslant 1$, então $|\delta(q, \sigma, \gamma)| = 0$, $\forall \sigma \in \Sigma$;
2. $\forall q \in Q$, $\gamma \in \Gamma$, $\sigma \in \Sigma \cup \{\varepsilon\}, |\delta(q, \sigma, \gamma))| \leqslant 1$.

A primeira condição estabelece que não deve existir, para uma mesma combinação de estado corrente e símbolo no topo da pilha, a opção de escolha entre uma movimentação com consumo de símbolo na cadeia de entrada e outra sem consumo de símbolo (transição em vazio). A segunda condição estabelece que, para cada configuração, seja ela qual for, não deve haver mais de uma opção distinta de movimentação.

Surge, neste ponto, um aspecto de grande relevância para o estudo dos autômatos de pilha e das linguagens livres de contexto. Diferentemente do que foi visto para o caso dos autômatos finitos, no que se refere à equivalência dos modelos determinístico e não determinístico quanto à classe de linguagens que são capazes de reconhecer, os autômatos de pilha não apresentam correspondente equivalência. Conforme será visto mais adiante, os autômatos de pilha determinísticos são capazes de reconhecer apenas um subconjunto das linguagens livres de contexto. Por esse motivo, exceto por ressalvas em sentido contrário, os autômatos de pilha mencionados daqui em diante serão não determinísticos.

A movimentação de um autômato de pilha de uma configuração para a configuração seguinte é denotada pelo símbolo "$\vdash$", que representa a relação:

$$\vdash: Q \times \Sigma^* \times \Gamma^* \to Q \times \Sigma^* \times \Gamma^*$$

Estando o autômato de pilha em uma configuração $(q_i, \sigma\alpha, \phi\gamma)$, com $q_i \in Q$, $\sigma \in \Sigma$, $\alpha \in \Sigma^*$, $\phi \in \Gamma$ e $\gamma \in \Gamma^*$, sua movimentação a partir dessa configuração para a seguinte, como decorrência da aplicação de uma transição $\delta(q_i, \sigma, \phi) = (q_j, \eta)$, com $\eta \in \Gamma^*$, é representada por:

$$(q_i, \sigma\alpha, \phi\gamma) \vdash (q_j, \alpha, \eta\gamma)$$

A aplicação de transições em vazio, em que não há consumo de símbolo, é representada de maneira similar através de:

$$(q_i, \alpha, \phi\gamma) \vdash (q_j, \alpha, \eta\gamma)$$

Da mesma forma que no caso dos autômatos finitos, a aplicação de zero ou mais transições entre duas configurações quaisquer é representada através do símbolo $\vdash^*$, e a aplicação de no mínimo uma transição, por intermédio do símbolo $\vdash^+$.

A **configuração final de um autômato de pilha** costuma ser caracterizada de duas maneiras distintas, porém equivalentes. Na primeira delas, exige-se o esgotamento da cadeia de entrada e também que o autômato esteja num estado final, impossibilitado de continuar se movimentando. Nessa caracterização, o conteúdo final da pilha é irrelevante. Na segunda caracterização, exige-se o esgotamento da cadeia de entrada e também que a pilha tenha sido completamente esvaziada, não importando que o estado atingido seja final ou não final. Notar que, neste caso, o autômato fica impossibilitado de continuar se movimentando (veja observação no fim desta seção).

Dependendo do tipo de definição adotada para caracterizar a configuração final de um autômato de pilha, é possível definir, também de duas maneiras distintas, a linguagem aceita pelo dispositivo.

A linguagem aceita por um autômato de pilha M, com base no **critério de estado final**, denotada $L(M)$, é definida como:

$$L(M) = \{w \in \Sigma^* \mid (q_0, w, Z_0) \vdash^* (q, \varepsilon, \gamma), q \in F, \gamma \in \Gamma^*\}$$

Naturalmente, autômatos que adotam o critério "estado final" devem possuir $F \neq \emptyset$. Caso contrário, $L(M) = \emptyset$.

Analogamente, a linguagem aceita por um autômato de pilha M, com base no **critério de pilha vazia**, denotada $V(M)$, é definida como:

$$V(M) = \{w \in \Sigma^* \mid (q_0, w, Z_0) \vdash^* (q, \varepsilon, \varepsilon), q \in Q\}$$

É comum, quando se adota o critério "pilha vazia", fazer também $F = \emptyset$. De fato, não há necessidade de se especificar estados finais, uma vez que eles não têm papel nenhum na caracterização de configurações finais nesse critério. Ainda assim, essa decisão é opcional e não faz diferença do ponto de vista da linguagem aceita pelo autômato.

Assim como no caso dos autômatos finitos, convém lembrar que uma dada cadeia w é aceita por um autômato de pilha se e apenas se o autômato for capaz de atingir uma configuração final, conforme o critério estabelecido para o reconhecedor, a partir de sua configuração inicial. No caso de autômatos de pilha determinísticos, a sequência de movimentos que os conduzem de uma configuração a outra, se existir, deve ser única. Sendo possível atingir alguma configuração final, diz-se que a cadeia pertence à linguagem definida pelo autômato. Caso contrário, que ela não pertence à linguagem aceita pelo autômato de pilha.

Autômatos de pilha não determinísticos, ao contrário, necessitam, no pior caso, percorrer exaustivamente todas as sequências possíveis de configurações, tendo a cadeia de entrada w como referência, até que seja possível concluir pela sua aceitação ou rejeição. O simples fato de não se conseguir atingir uma configuração final ao término de uma série de movimentações só poderá ser considerado como indicativo da rejeição da cadeia de entrada se não houver novas sequências de configurações a serem experimentadas.

Com o intuito de facilitar a leitura do texto no restante deste capítulo, as transições de um autômato de pilha serão denotadas como:

$$(q_i, \sigma, X) \rightarrow (q_j, \gamma)$$

indicando, com isso, o par ordenado $((q_i, \sigma, X), (q_j, \gamma))$ pertencente à função δ ou, simplesmente, $\delta(q_i, \sigma, X) = (q_j, \gamma)$.

Convém, neste ponto, introduzir uma extensão na notação dos Diagramas de Estado estudados para o caso dos autômatos finitos, com o intuito de permitir a representação gráfica também dos autômatos de pilha. Diferentemente dos Diagramas de Estado definidos para os autômatos finitos, os arcos entre dois estados p e q são rotulados com cadeias da forma:

$$(\sigma, Z)/\gamma, \text{ com } \sigma \in \Sigma, Z \in \Gamma \text{ e } \gamma \in \Gamma^*$$

para cada produção $\delta(p, \sigma, Z) = (q, \gamma)$.

Exemplo 4.39 Seja M_0 o autômato de pilha determinístico apresentado abaixo e ilustrado por meio do Diagrama de Estados da Figura 4.6, cujo critério de aceitação de sentenças é baseado no esvaziamento da pilha.

$$
\begin{aligned}
Q &= \{q_0, q_1\} \\
\Sigma &= \{a, b\} \\
\Gamma &= \{Z_0, X\} \\
\delta &= \{(q_0, a, Z_0) \rightarrow \{(q_0, X)\}, \\
&\quad (q_0, a, X) \rightarrow \{(q_0, XX)\}, \\
&\quad (q_0, b, X) \rightarrow \{(q_1, \varepsilon)\}, \\
&\quad (q_1, b, X) \rightarrow \{(q_1, \varepsilon)\}, \\
&\quad (q_0, \varepsilon, Z_0) \rightarrow \{(q_0, \varepsilon)\}\} \\
F &= \emptyset
\end{aligned}
$$

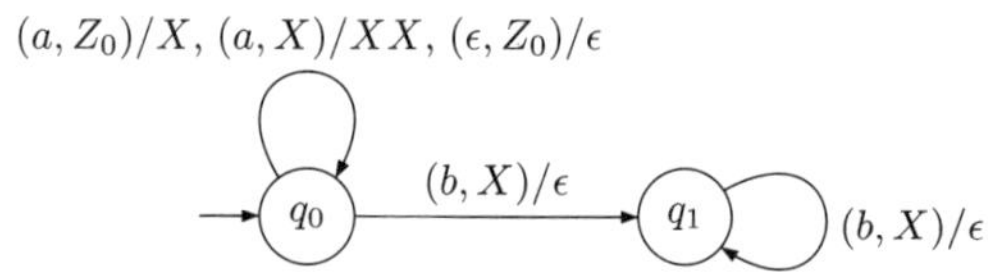

Figura 4.6 Autômato de pilha M_0 para $a^n b^n$ com $n \geq 0$.

Esse autômato aceita a linguagem que foi definida no Exemplo 3.4, que foi provada ser não regular no Exemplo 3.65 e que foi provada ser livre de contexto no Exemplo 4.1. Trata-se de uma linguagem livre de contexto e não regular clássica, que ilustra as características estruturais mais importantes dessa classe de linguagens e serve inclusive como base para a definição de linguagens similares, como as que são apresentadas nos exemplos seguintes.

Essencialmente, M_0 opera empilhando tantos X quantos sejam os as que ele encontra na cadeia de entrada. Em seguida, ele desempilha um X para cada b encontrado na cadeia de entrada. Dessa forma, o critério de aceitação por pilha vazia garante que os bs ocorrem depois dos as e, além disso, que a quantidade de as é igual à quantidade de bs.

- Cadeias aceitas por M_0:
  - ε: $(q_0, \varepsilon, Z_0) \vdash (q_0, \varepsilon, \varepsilon)$
  - ab: $(q_0, ab, Z_0) \vdash (q_0, b, X) \vdash (q_1, \varepsilon, \varepsilon)$
  - $aabb$: $(q_0, aabb, Z_0) \vdash (q_0, abb, X) \vdash (q_0, bb, XX) \vdash (q_1, b, X) \vdash (q_1, \varepsilon, \varepsilon)$
- Cadeias rejeitadas por M_0:
  - ba: (q_0, ba, Z_0)
  - abb: $(q_0, abb, Z_0) \vdash (q_0, bb, X) \vdash (q_1, b, \varepsilon)$
  - aba: $(q_0, aba, Z_0) \vdash (q_0, ba, X) \vdash (q_1, a, \varepsilon)$
  - aab: $(q_0, aab, Z_0) \vdash (q_0, ab, X) \vdash (q_0, b, XX) \vdash (q_1, \varepsilon, X)$

⋆

Exemplo 4.40 Seja M_1 o autômato de pilha determinístico apresentado a seguir e ilustrado na Figura 4.7, cujo critério de aceitação de sentenças é baseado no esvaziamento da pilha.

$$
\begin{aligned}
Q &= \{q_0, q_1\} \\
\Sigma &= \{a, b, c\}
\end{aligned}
$$

$$
\begin{aligned}
\Gamma &= \{Z_0, C\} \\
\delta &= \{(q_0, a, Z_0) \to \{(q_0, CCZ_0)\}, \\
&\quad (q_0, a, C) \to \{(q_0, CCC)\}, \\
&\quad (q_0, b, Z_0) \to \{(q_1, Z_0)\}, \\
&\quad (q_0, b, C) \to \{(q_1, C)\}, \\
&\quad (q_1, c, C) \to \{(q_1, \varepsilon)\}, \\
&\quad (q_1, \varepsilon, Z_0) \to \{(q_1, \varepsilon)\}\} \\
F &= \emptyset
\end{aligned}
$$

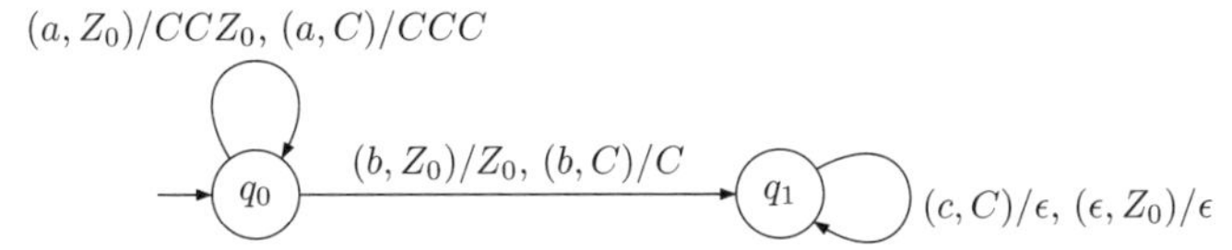

Figura 4.7 Autômato de pilha M_1 para $a^i bc^{2i}$ com $i \geq 0$.

Deve-se notar, em primeiro lugar, que o determinismo desse autômato decorre do fato de que a função δ exibe no máximo um elemento para cada combinação possível de estado, símbolo de entrada e símbolo no topo da pilha, e também porque inexistem transições em vazio que se refiram a pares de estado e símbolo no topo da pilha considerados nas transições não vazias: note-se que a única transição em vazio desse autômato ocorre no estado q_1, com um símbolo do alfabeto de pilha (Z_0) diferente do utilizado na transição não vazia desse mesmo estado (C).

A linguagem definida por M_1 é:

$$V_1(M_1) = \{w \in \Sigma^* \mid (q_0, w, Z_0) \vdash^* (q, \varepsilon, \varepsilon), q \in Q\}$$

Inspecione-se agora as produções desse autômato com o intuito de determinar a linguagem por ele aceita. Partindo-se do estado inicial, os únicos símbolos de entrada admitidos são a e b. Para cada símbolo a consumido na entrada, a pilha é acrescida da cadeia CC em seu topo, preservando-se o restante de seu conteúdo. Ao ocorrer uma transição com o símbolo de entrada b, há apenas uma mudança de estado, não havendo qualquer alteração no conteúdo da pilha. Nesse novo estado, note-se que são especificadas apenas transições envolvendo o símbolo de entrada c. Para cada c consumido, um símbolo C é retirado do topo da pilha, até que reste apenas o símbolo inicial da pilha, o qual é removido através de uma transição em vazio.

Observe-se que o conjunto de produções assim formulado impõe que as sentenças aceitas pelo autômato sejam construídas de modo tal que, para cada símbolo a previamente consumido no início da cadeia, dois símbolos c sejam necessariamente colocados em correspondência com ele no final da cadeia de entrada. Note-se ainda que a sequência de símbolos a é separada da sequência de símbolos c por exatamente um símbolo b. Observe-se que o papel desempenhado pela pilha, neste caso, consiste em manter a “memória” da quantidade de símbolos a que foram localizados no início da cadeia, possibilitando o reconhecimento futuro da correspondente quantidade de símbolos c ao término da cadeia de entrada.

Como consequência, o conjunto de sentenças capazes de conduzir esse autômato a configurações finais, com base no critério de pilha vazia, e, portanto, a linguagem por ele definida, é o seguinte:

$$V_1(M_1) = \{a^i bc^{2i} \mid i \geqslant 0\}$$

Considerem-se algumas sentenças dessa linguagem e a correspondente sequência de movimentos executada pelo autômato durante o seu reconhecimento:

1. Sentença: b
   Movimentos: $(q_0, b, Z_0) \vdash (q_1, \varepsilon, Z_0) \vdash (q_1, \varepsilon, \varepsilon)$
2. Sentença: $abcc$
   Movimentos: $(q_0, abcc, Z_0) \vdash (q_0, bcc, CCZ_0) \vdash (q_1, cc, CCZ_0) \vdash (q_1, c, CZ_0) \vdash (q_1, \varepsilon, Z_0) \vdash (q_1, \varepsilon, \varepsilon)$
3. Sentença: $aabcccc$
   Movimentos: $(q_0, aabcccc, Z_0) \vdash (q_0, abcccc, CCZ_0) \vdash (q_0, bcccc, CCCCZ_0) \vdash (q_1, cccc, CCCCZ_0) \vdash (q_1, ccc, CCCZ_0) \vdash (q_1, cc, CCZ_0) \vdash (q_1, c, CZ_0) \vdash (q_1, \varepsilon, Z_0) \vdash (q_1, \varepsilon, \varepsilon)$

Tome-se agora como exemplo duas sentenças que não pertencem à linguagem definida por esse autômato, e as correspondentes sequências de configurações:

1. Sentença: $abccc$
   Movimentos: $(q_0, abccc, Z_0) \vdash (q_0, bccc, CCZ_0) \vdash (q_1, ccc, CCZ_0) \vdash (q_1, cc, CZ_0) \vdash (q_1, c, Z_0)$
2. Sentença: $aabccc$
   Movimentos: $(q_0, aabccc, Z_0) \vdash (q_0, abccc, CCZ_0) \vdash (q_0, bccc, CCCCZ_0) \vdash (q_1, ccc, CCCCZ_0) \vdash (q_1, cc, CCCZ_0) \vdash (q_1, c, CCZ_0) \vdash (q_1, \varepsilon, CZ_0)$

No primeiro caso, a sentença $abccc$ contém símbolos c em excesso, e por esse motivo ela é rejeitada ao ser atingida a configuração (q_1, c, Z_0). No segundo caso, a sentença $aabccc$ apresenta quantidade insuficiente de símbolos c, e devido a isso ela é rejeitada na configuração (q_1, ε, CZ_0). Observe-se que ambas as configurações não admitem evolução, conforme a especificação da função δ, e além disso elas também não são configurações finais do autômato.

Diferentemente do Exemplo 4.39, em que Z_0 é removido da pilha logo no início da análise da cadeia de entrada, neste caso Z_0 permanece na pilha durante toda a operação do autômato, sendo removido apenas no fim da análise. A detecção de Z_0, juntamente com o esgotamento da cadeia de entrada, caracteriza uma configuração final em potencial, e, portanto, Z_0 é retirado da pilha neste momento a fim de esvaziá-la e assim caracterizar uma configuração final. Ambas as estratégias são válidas desde que adequadas à estratégia de reconhecimento adotada. ⋆

Exemplo 4.41 O autômato M_2, ilustrado na Figura 4.8, com critério de aceitação baseado no esvaziamento da pilha, reconhece a linguagem:

$$V_2(M_2) = \{a^{2i}bc^i \mid i \geqslant 0\}$$

Se $i = 0$, então a pilha é esvaziada na transição $\delta(q_0, b, Z_0) = (q_0, \varepsilon)$ e a cadeia b é aceita. Caso contrário, os símbolos a da cadeia de entrada são consumidos aos pares e, para cada par consumido, um novo símbolo X é inserido no topo da pilha. Após o reconhecimento do símbolo b, entre os estados q_2 e q_3, são consumidos os símbolos c, na razão de um símbolo c para cada par de símbolos a previamente identificado. A configuração final será atingida apenas se a quantidade de símbolos c corresponder à metade da quantidade de símbolos a (que é par). ⋆

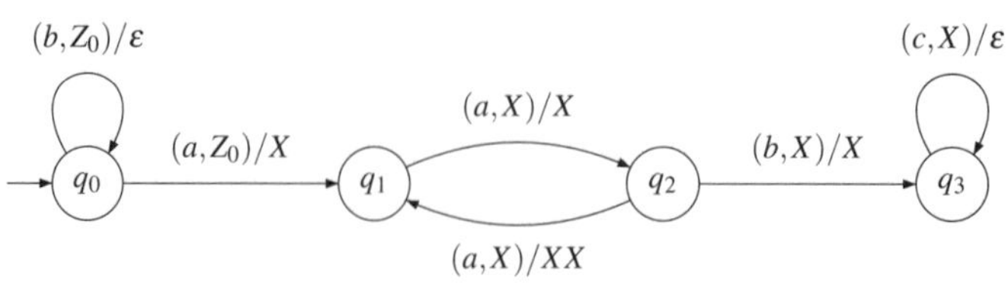

Figura 4.8 Autômato de pilha do Exemplo 4.41.

Exemplo 4.42 Considere-se o autômato de pilha não determinístico M_3 apresentado a seguir, cujo critério de aceitação de sentenças é baseado em estado final.

$$\begin{aligned}
Q &= \{q_0, q_1, q_2, q_3, q_4\} \\
\Sigma &= \{a, c\} \\
\Gamma &= \{Z_0, C\} \\
\delta &= \{(q_0, a, Z_0) \rightarrow \{(q_1, CCZ_0), (q_2, CZ_0)\}, \\
&\quad (q_1, a, C) \rightarrow \{(q_1, CCC)\}, \\
&\quad (q_1, c, C) \rightarrow \{(q_3, \varepsilon)\}, \\
&\quad (q_2, a, C) \rightarrow \{(q_2, CC)\}, \\
&\quad (q_2, c, C) \rightarrow \{(q_3, \varepsilon)\}, \\
&\quad (q_3, c, C) \rightarrow \{(q_3, \varepsilon)\}, \\
&\quad (q_3, \varepsilon, Z_0) \rightarrow \{(q_4, Z_0)\}\} \\
F &= \{q_4\}
\end{aligned}$$

O não determinismo desse autômato decorre do fato de que, na configuração inicial, existem duas possibilidades de movimentação quando o símbolo presente na cadeia de entrada for a. O fato de o critério de aceitação ser baseado em estado final não tem qualquer vínculo com o não determinismo desse autômato, tendo sido introduzido apenas com o intuito de ilustrar a aplicação do critério. Conforme mostrado nos Teoremas 4.13 e 4.14, o critério de aceitação pode ser facilmente alterado sem prejuízo da linguagem sendo definida. Não obstante, o não determinismo é essencial para a aceitação da linguagem definida por esse autômato.

A linguagem definida por M_3 é:

$$L_3(M_3) = \{w \in \Sigma^* \mid (q_0, w, Z_0) \vdash^* (q_4, \varepsilon, \varepsilon)\}$$

A Figura 4.9 ilustra o Diagrama de Estados para o autômato M_3. A determinação da linguagem aceita

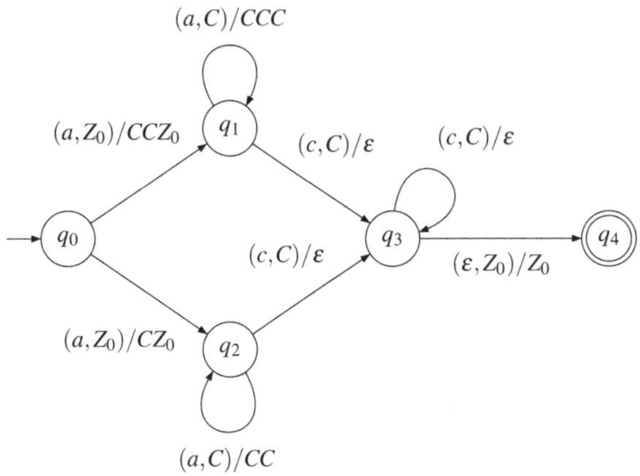

Figura 4.9 Autômato de pilha do Exemplo 4.42.

por esse autômato pode ser feita analisando-se separadamente a linguagem aceita a partir de cada um dos dois ramos em que o reconhecimento se subdivide após o não determinismo inicial.

Para tanto, basta notar que o ramo superior desse autômato (estados q_0 e q_1) acrescenta dois símbolos "C" à pilha para cada símbolo "a" localizado na cadeia de entrada. O ramo inferior (estados q_0 e q_2), por sua vez, acrescenta apenas um símbolo "C" à pilha para cada símbolo "a" consumido. Daí para a frente, apenas símbolos "c" da cadeia de entrada serão considerados. Para cada "c" consumido, note-se que exatamente um símbolo "*C*" é removido da pilha. Finalmente, no estado q_3, caso todos os símbolos "*C*" da pilha já tenham sido eliminados, é possível transitar em vazio para o estado final q_4.

Como conclusão, tem-se que a configuração final será atingida apenas para os casos de cadeias em que a quantidade de símbolos "*c*" seja igual à quantidade de símbolos "*a*" que a antecede, ou então exatamente igual ao dobro da quantidade de símbolos "*a*". Formalmente,

$$L_3(M_3) = \{a^i c^j \mid i \geqslant 1 \text{ e } (j = i \text{ ou } j = 2i)\}$$

Observe-se que não há, *a priori*, como o autômato "descobrir" se ele deve estabelecer a correspondência de cada "*a*" encontrado com apenas um ou então dois "*c*" subsequentes. Por esse motivo, o não determinismo inicial oferece duas alternativas, cada qual associada a uma hipótese sobre a estrutura da cadeia a ser analisada. Havendo fracasso no reconhecimento iniciado por uma das alternativas, deve-se tentar a outra. Persistindo o fracasso, pode-se então dizer que a cadeia não pertence à linguagem definida.

A operação desse autômato é exemplificada a seguir através do reconhecimento das seguintes sentenças:

1. Sentença: *aacc*
   Movimentos: $(q_0, aacc, Z_0) \vdash (q_2, acc, CZ_0) \vdash (q_2, cc, CCZ_0) \vdash (q_3, c, CZ_0) \vdash (q_3, \varepsilon, Z_0) \vdash (q_4, \varepsilon, Z_0)$
2. Sentença: *aacccc*
   Movimentos: $(q_0, aacccc, Z_0) \vdash (q_1, acccc, CCZ_0) \vdash (q_1, cccc, CCCCZ_0) \vdash (q_3, ccc, CCCZ_0) \vdash (q_3, cc, CCZ_0) \vdash (q_3, c, CZ_0) \vdash (q_3, \varepsilon, Z_0) \vdash (q_4, \varepsilon, Z_0)$

Note-se que o reconhecimento, em ambos os casos, pôde ser bem-sucedido já na primeira sequência de movimentos, uma vez que a escolha da transição a ser aplicada na configuração inicial foi corretamente "adivinhada" nas duas situações. No entanto, a escolha da transição a ser aplicada na configuração inicial do primeiro caso poderia ter sido diferente da apresentada, e neste caso ocorreria o seguinte:

1. Sentença: *aacc*
   Movimentos: $(q_0, aacc, Z_0) \vdash (q1, acc, CCZ_0) \vdash (q_1, cc, CCCCZ_0) \vdash (q_3, c, CCCZ_0) \vdash (q_3, \varepsilon, CCZ_0)$

Como se pode perceber, atinge-se neste caso uma configuração não final, em que não há possibilidade de evolução. Como consequência, por se tratar de um autômato não determinístico, dever-se-ia retornar à configuração inicial e efetuar outra sequência de movimentações, adotando-se a segunda alternativa, em lugar da primeira, para o caso da transição não determinística (ou seja, exatamente o caso correto apresentado anteriormente).

Esquematicamente, as várias sequências de configurações que podem ser percorridas em decorrência da existência de transições não determinísticas podem ser representadas graficamente na forma de uma árvore, conforme ilustrado na Figura 4.10.

Considere-se, agora, o caso de uma cadeia — *aac* — que não pertença à linguagem definida por esse autômato. Conforme ilustrado na Figura 4.11, a rejeição dessa cadeia ocorre apenas após o fracasso do reconhecimento em todas as sequências possíveis de movimentação (duas, para este autômato):

Diferentemente dos Exemplos 4.39, 4.40 e 4.41, cujos autômatos de pilha utilizam o critério "pilha vazia", o autômato deste exemplo utiliza o critério "estado final". Ainda assim, note-se a utilização da pilha para garantir o balanceamento dos *a*s com os *c*s. A transição para o estado final q_4 ocorre apenas depois da exposição de Z_0 no topo da pilha, o que garante um balanceamento correto. Assim, a análise pode ser encerrada com a transição para um estado final. A aceitação por "estado final" neste caso é, de certa forma, um pouco artificial, mas serve para ilustrar como ela pode acontecer. ⋆

Cumpre ainda notar que, de acordo com a definição, os autômatos de pilha são capazes de efetuar movimentos independentemente da existência de símbolos na fita de entrada, através das chamadas transições em vazio, ao passo que o esvaziamento da pilha necessaria-

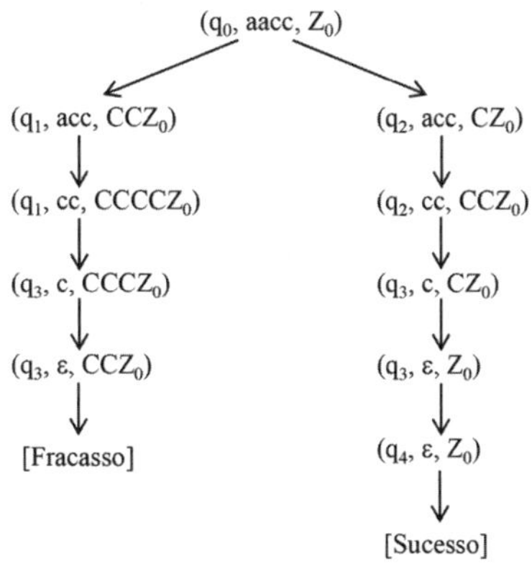

Figura 4.10 Aceitação em autômato de pilha não determinístico do Exemplo 4.42.

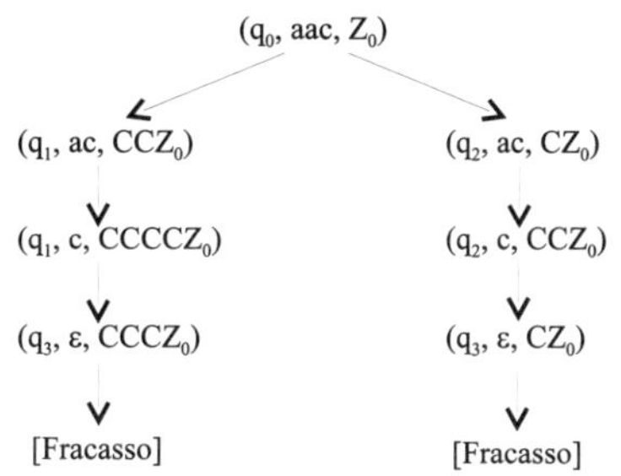

Figura 4.11 Rejeição em autômato de pilha não determinístico do Exemplo 4.42.

mente impede qualquer possibilidade de movimentação futura. Esses dois fatos são utilizados na Seção 4.8 para demonstrar a equivalência dos critérios de aceitação por estado final e por pilha vazia.

Para finalizar, é importante observar que todo autômato finito pode ser simulado por algum autômato de pilha. Ou seja, se L é a linguagem aceita por um autômato finito A, então sempre existe um autômato de pilha P que aceita L.

O autômato de pilha P em questão pode usar o critério de aceitação baseado em estado final ou pilha vazia. No primeiro caso, é suficiente ler e inserir o mesmo símbiolo na pilha (geralmente Z_0) a cada transição. No segundo caso, basta proceder da mesma forma, porém removendo o símbolo inical da pilha Z_0 ao término do reconhecimento.

Exemplo 4.43 Considere a linguagem regular $(a \mid b \mid c)^*$. As Figuras 4.12, 4.13 e 4.14 ilustram, respectivamente, um autômato finito, um autômato de pilha com critério de aceitação baseado em estado final e um autômato de pilha com critério de aceitação baseado em pilha vazia. Todos aceitam a linguagem $(a \mid b \mid c)^*$. ⋆

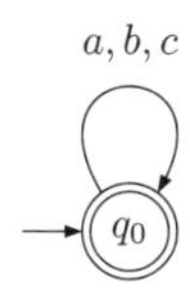

Figura 4.12 Autômato finito que aceita $(a \mid b \mid c)^*$.

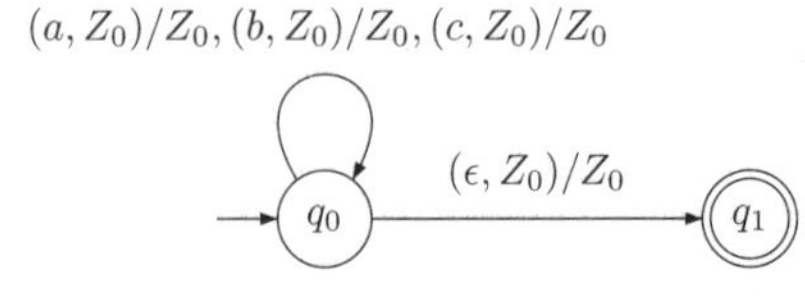

Figura 4.13 Autômato de pilha com critério de aceitação baseado em estado final que aceita $(a \mid b \mid c)^*$.

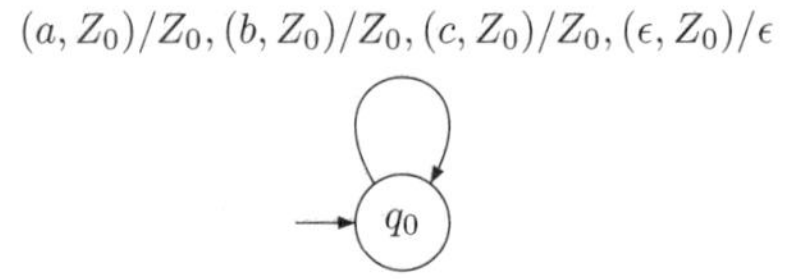

Figura 4.14 Autômato de pilha com critério de aceitação baseado em pilha vazia que aceita $(a \mid b \mid c)^*$.

4.8 Critérios de aceitação

A classe de linguagens aceita por autômatos de pilha não-determinísticos com critério de aceitação baseado em estado final é idêntica à classe de linguagens aceita por autômatos de pilha não-determinísticos com critério de aceitação baseado em pilha vazia. Tais resultados são apresentados nos Teoremas 4.13 e 4.14.

A importância desse resultado deve-se à liberdade de escolha que ele oferece quando se pretende demonstrar algum teorema relativo aos autômatos de pilha e às linguagens livres de contexto, podendo-se optar indistintamente entre um e outro critério de aceitação, sem prejuízo para a sua generalização.

Em particular, esse resultado será empregado na Seção 4.9 na demonstração da equivalência entre a classe de linguagens aceita pelos autômatos de pilha e a classe das linguagens livres de contexto. Naquele caso, a opção pelo critério de aceitação baseado no esvaziamento da pilha permite uma simplificação significativa da demonstração.

Teorema 4.13 (Estado final $\Rightarrow$ pilha vazia) "Seja M um autômato de pilha não determinístico com critério de aceitação baseado em estado final. Então, é possível definir um autômato de pilha não determinístico M' com critério de aceitação baseado em pilha vazia, de modo que $L(M) = V(M')$."

O Algorimo 4.9 apresenta um método para se efetuar tal conversão.

Algoritmo 4.9 (Estado final $\Rightarrow$ pilha vazia) *"Obtenção de um autômato de pilha baseado em critério de aceitação de pilha vazia a partir de outro baseado em critério de estado final."*

- *Entrada: um autômato de pilha não determinístico $M = (Q, \Sigma, \Gamma, \delta, q_0, Z_0, F)$, com critério de aceitação baseado em estado final.*
- *Saída: um autômato de pilha não determinístico $M' = (Q', \Sigma, \Gamma', \delta', q_0', Z_0', \emptyset)$, com critério de aceitação baseado em pilha vazia.*
- *Método:*
    1. $Q' \leftarrow Q \cup \{q_v, q_0'\}$ *(supondo-se, sem perda de generalidade, que $Q \cap \{q_v, q_0'\} = \emptyset$).*
    2. $\Gamma' \leftarrow \Gamma \cup \{Z_0'\}$ *(supondo-se, sem perda de generalidade, que $\Gamma \cap \{Z_0'\} = \emptyset$).*
    3. *Função de transição δ':*
        a) $\delta' \leftarrow \emptyset$;

$$\begin{array}{ll} b) & \delta'(q'_0,\varepsilon,Z'_0) \leftarrow \{(q_0,Z_0Z'_0)\}; \\ c) & \delta'(q,\sigma,\phi) \leftarrow \delta(q,\sigma,\phi), \quad \forall q \in Q, \phi \in \Gamma, \sigma \in (\Sigma \cup \{\varepsilon\}); \\ d) & \delta'(q,\varepsilon,\phi) \leftarrow \delta'(q,\varepsilon,\phi) \cup \{(q_v,\varepsilon)\}, \quad \forall q \in F, \phi \in (\Gamma \cup \{Z'_0\}); \\ e) & \delta'(q_v,\varepsilon,\phi) \leftarrow \{(q_v,\varepsilon)\}, \quad \forall \phi \in (\Gamma \cup \{Z'_0\}). \end{array}$$

○

O princípio básico que justifica a formulação acima apresentada consiste em fazer M' simular M e fazer com que as sentenças que levam M a atingir um estado final levem M' a esvaziar a sua pilha. Dessa maneira, se M atingir uma configuração final, M' também a atingirá.

No entanto, alguns cuidados especiais devem ser tomados para garantir que não haja sentenças simultaneamente aceitas por M' e rejeitadas por M. Observe que M' possui dois estados a mais que M, e também um elemento a mais no alfabeto de pilha. O símbolo Z_0, que é o símbolo inicial de pilha em M, é inserido na pilha através da transição descrita no passo (3.b) do algoritmo. O estado inicial q'_0 foi criado especialmente para permitir a inserção de Z_0 no fundo da pilha logo ao início do reconhecimento. Depois disso, as transições descritas no passo (3.c) fazem com que M' simule o comportamento de M. Note-se que Z'_0, o símbolo inicial de pilha em M', permanece intacto no fundo da pilha até que seja atingido algum estado final de M.

A intenção de se manter Z'_0 no fundo da pilha ao longo do reconhecimento é dupla. Por um lado, visa garantir que, na eventualidade de M atingir um estado não final com a sua pilha vazia, não haverá risco de a correspondente cadeia ser aceita por M' (obviamente, ela é rejeitada por M). Por outro lado, quando M atinge um estado final, visa garantir que sempre haverá pelo menos um símbolo na pilha, permitindo assim a transição de M' para o estado final q_v, o que é feito através das transições do passo (3.d) — é preciso lembrar que autômatos de pilha dependem da presença de símbolos no topo da pilha para poderem evoluir em sua configuração.

No estado q_v a pilha é esvaziada, por meio das transições do passo (3.d), sem consumir símbolos da fita de entrada. Assim, toda e qualquer cadeia que seja totalmente consumida por M, fazendo com que ele atinja um estado final — ou seja, toda e qualquer cadeia aceita por M —, fará com que M' atinja o estado q_v, também com a cadeia de entrada esgotada, porém com a pilha vazia — ou seja, será aceita por M'. Logo, M e M' aceitam a mesma linguagem. □

Exemplo 4.44 Considere-se o autômato de pilha M:

$$\begin{array}{rcl} Q & = & \{q_0,q_1,q_2\} \\ \Sigma & = & \{a,b,c\} \\ \Gamma & = & \{Z_0,A,B\} \\ \delta & = & \{(q_0,a,Z_0) \to \{(q_0,AZ_0)\},(q_1,a,A) \to \{(q_1,\varepsilon)\}, \\ & & (q_0,a,A) \to \{(q_0,AA)\},(q_1,b,B) \to \{(q_1,\varepsilon)\}, \\ & & (q_0,a,B) \to \{(q_0,AB)\},(q_1,\varepsilon,Z_0) \to \{(q_2,\varepsilon)\}, \\ & & (q_0,b,Z_0) \to \{(q_0,BZ_0)\},(q_0,b,A) \to \{(q_0,BA)\}, \\ & & (q_0,b,B) \to \{(q_0,BB)\},(q_0,c,Z_0) \to \{(q_2,\varepsilon)\}, \\ & & (q_0,c,A) \to \{(q_1,A)\},(q_0,c,B) \to \{(q_1,B)\}\} \\ F & = & \{q_2\} \end{array}$$

A Figura 4.15 ilustra M na notação dos Diagramas de Estados. A linguagem definida por ele é $\{\alpha c \alpha^R \mid \alpha \in \{a,b\}^*\}$. Aplicando-se o algoritmo de conversão do critério de aceitação, obtém-se o seguinte autômato M' equivalente, com aceitação baseada no esvaziamento da pilha:

$$M' = (Q',\Sigma,\Gamma',\delta',q'_0,Z'_0,\emptyset)$$

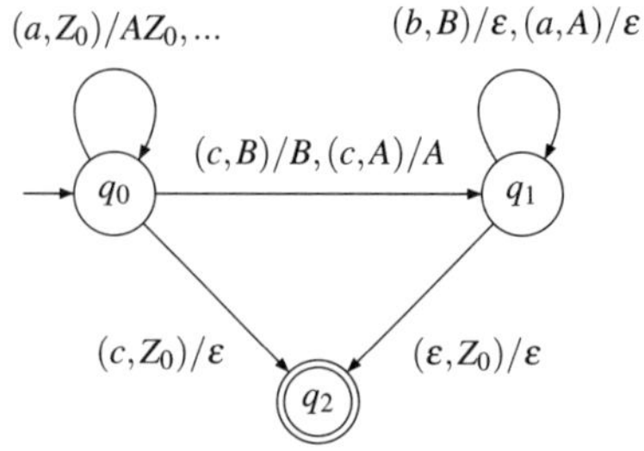

Figura 4.15 Autômato M com critério de aceitação de estado final.

$$
\begin{aligned}
Q' &= \{q_0,q_1,q_2,q_v,q_0'\}\\
\Gamma' &= \{Z_0,A,B,Z_0'\}\\
\delta' &= \{(q_0,a,Z_0) \to \{(q_0,AZ_0)\},(q_1,a,A) \to \{(q_1,\varepsilon)\},\\
&\quad (q_0,a,A) \to \{(q_0,AA)\},(q_1,b,B) \to \{(q_1,\varepsilon)\},\\
&\quad (q_0,a,B) \to \{(q_0,AB)\},(q_1,\varepsilon,Z_0) \to \{(q_2,\varepsilon)\},\\
&\quad (q_0,b,Z_0) \to \{(q_0,BZ_0)\},(q_0,b,A) \to \{(q_0,BA)\},\\
&\quad (q_0,b,B) \to \{(q_0,BB)\},(q_0,c,Z_0) \to \{(q_2,\varepsilon)\},\\
&\quad (q_0,c,A) \to \{(q_1,A)\},(q_0,c,B) \to \{(q_1,B)\},\\
&\quad (q_0',\varepsilon,Z_0') \to \{(q_0,Z_0Z_0')\},\\
&\quad (q_2,\varepsilon,Z_0') \to \{(q_v,\varepsilon)\},\\
&\quad (q_2,\varepsilon,Z_0) \to \{(q_v,\varepsilon)\},\\
&\quad (q_2,\varepsilon,A) \to \{(q_v,\varepsilon)\},\\
&\quad (q_2,\varepsilon,B) \to \{(q_v,\varepsilon)\},\\
&\quad (q_v,\varepsilon,Z_0') \to \{(q_v,\varepsilon)\},\\
&\quad (q_v,\varepsilon,Z_0) \to \{(q_v,\varepsilon)\},\\
&\quad (q_v,\varepsilon,A) \to \{(q_v,\varepsilon)\},\\
&\quad (q_v,\varepsilon,B) \to \{(q_v,\varepsilon)\}\}
\end{aligned}
$$

$\star$

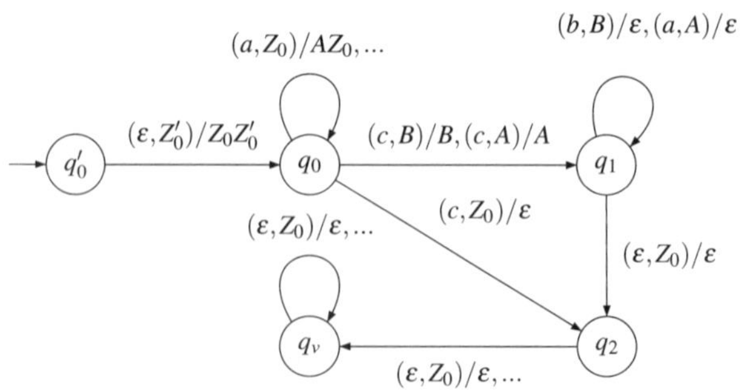

Figura 4.16 Autômato M' equivalente com critério de aceitação de pilha vazia.

Teorema 4.14 (Estado final $\Leftarrow$ pilha vazia) "Seja M um autômato de pilha não determinístico com critério de aceitação baseado em pilha vazia. Então, é possível definir um autômato de pilha não determinístico M' com critério de aceitação baseado em estado final, de modo que $V(M) = L(M')$."

O Algorimo 4.10 apresenta um método para se efetuar tal conversão.

Algoritmo 4.10 (Estado final $\Leftarrow$ pilha vazia) *"Obtenção de um autômato de pilha baseado em critério de aceitação de estado final a partir de outro baseado em critério de pilha vazia."*

- *Entrada: um autômato de pilha não determinístico* $M = (Q, \Sigma, \Gamma, \delta, q_0, Z_0, \emptyset)$, *com critério de aceitação baseado em pilha vazia.*
- *Saída: um autômato de pilha não determinístico* $M' = (Q', \Sigma, \Gamma', \delta', q'_0, Z'_0, F)$, *com critério de aceitação baseado em estado final.*
- *Método:*
  1. $Q' \leftarrow Q \cup \{q_f, q'_0\}$ *(supondo-se, sem perda de generalidade, que* $Q \cap \{q_f, q'_0\} = \emptyset$*).*
  2. $\Gamma' \leftarrow \Gamma \cup \{Z'_0\}$ *(supondo-se, sem perda de generalidade, que* $\Gamma \cap \{Z'_0\} = \emptyset$*).*
  3. $F \leftarrow \{q_f\}$.
  4. *Função de transição* δ'*:*
     a) $\delta' \leftarrow \emptyset$;
     b) $\delta'(q'_0, \varepsilon, Z'_0) \leftarrow \{(q_0, Z_0 Z'_0)\}$;
     c) $\delta'(q, \sigma, \phi) \leftarrow \delta(q, \sigma, \phi), \quad \forall q \in Q, \phi \in \Gamma, \sigma \in (\Sigma \cup \{\varepsilon\})$;
     d) $\delta'(q, \varepsilon, Z'_0) \leftarrow \{(q_f, \varepsilon)\}, \quad \forall q \in Q$.

○

Assim como no caso anterior, o objetivo é construir M' capaz de simular o comportamento de M. Além disso, sempre que M esvaziar a sua pilha, o objetivo é fazer com que M' transite para um estado final. Dessa maneira, as sentenças que conduzem M a uma configuração final causarão o mesmo efeito sobre M'.

A fim de detectar o esvaziamento da pilha em M, M' exibe, inserido no fundo de sua pilha, logo ao início do reconhecimento, um novo símbolo de pilha Z'_0. A transição criada no passso (3.b) do algoritmo tem por objetivo inserir na pilha, acima de Z'_0, o símbolo de pilha inicial de M, permitindo que as transições do passo (3.c) reproduzam o comportamento de M sobre M'.

Finalmente, estando M' em qualquer estado, a simples presença de Z'_0 no topo da pilha é informação suficiente para caracterizar o esvaziamento da pilha em M, causando a transição de M' para o estado final q_f. Dessa forma, como se pode perceber intuitivamente, cada configuração final em M tem a sua configuração correspondente em M', e ambos os autômatos de pilha aceitam, portanto, a mesma linguagem. □

Exemplo 4.45 Considere o autômato de pilha da Figura 4.17, cujo critério de aceitação é baseado em pilha vazia. A linguagem aceita por esse autômato é constituída pelas sentenças sobre $\{a, b\}$ que contêm a mesma quantidade de símbolos a e b e, além disso, cuja quantidade acumulada de símbolos a seja sempre maior que a quantidade de símbolos b, contando-se os símbolos que formam a sentença, da esquerda para a direita. Exemplos de cadeias aceitas são *aaababbb*, *ab* e *abaababb*. Exemplos de cadeias não aceitas são *a*, *ba*, *aaabb* e *abbbbaaa*.

Aplicando-se o Algoritmo 4.10 de conversão do critério de aceitação, obtém-se um novo autômato que reconhece a mesma linguagem e cujo critério é baseado em estado final (Figura 4.18). ⋆

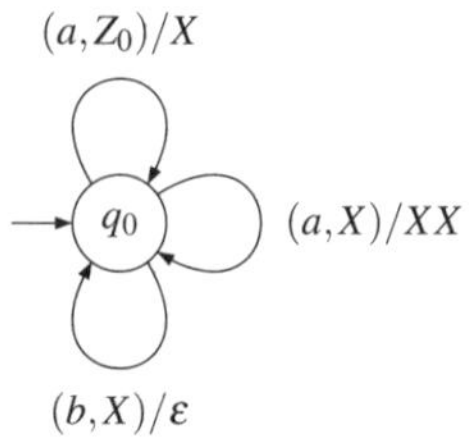

Figura 4.17 Autômato M com critério de aceitação de pilha vazia.

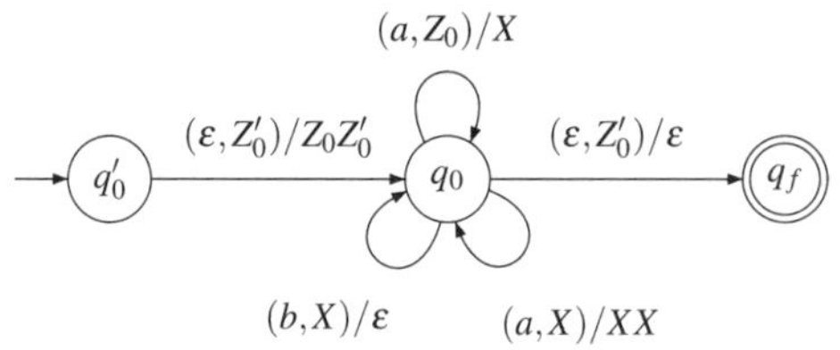

Figura 4.18 Autômato M' equivalente com critério de aceitação de estado final.

4.9 Gramáticas livres de contexto e autômatos de pilha

Apresentar-se-á aqui o resultado teórico que estabelece a equivalência da classe de linguagens aceita pelos autômatos de pilha não determinísticos com a classe de linguagens geradas pelas gramáticas do tipo 2 — as linguagens livres de contexto gerais.

Essa apresentação é feita em duas partes. Inicialmente, mostra-se que para qualquer gramática livre de contexto é possível definir um autômato de pilha não determinístico que reconhece exatamente a mesma linguagem gerada pela gramática. A seguir, é apresentado o resultado inverso, ou seja, de que toda e qualquer linguagem aceita por um autômato de pilha não determinístico pode ser gerada por uma gramática livre de contexto.

Teorema 4.15 (Gramática $\Rightarrow$ autômato de pilha) "Seja G uma gramática livre de contexto. Então é possível definir um autômato de pilha não determinístico M, com critério de aceitação baseado em pilha vazia, de modo que $V(M) = L(G)$."

Considere-se $G = (V, \Sigma, P, S)$ na Forma Normal de Greibach, e $\varepsilon \notin L(G)$. O Algoritmo 4.11 mostra como obter o autômato M a partir de G.

Algoritmo 4.11 (Gramática $\Rightarrow$ autômato de pilha, versão 1) *"Obtenção de um autômato de pilha não determinístico a partir de uma gramática livre de contexto na Forma Normal de Greibach."*

- *Entrada: uma gramática livre de contexto $G = (V, \Sigma, P, S)$ na Forma Normal de Greibach, e $\varepsilon \notin L(G)$.*
- *Saída: um autômato de pilha $M = (\{q\}, \Sigma, N, \delta, q, S, \emptyset)$, com critério de aceitação de pilha vazia, tal que $V(M) = L(G)$.*
- *Método:*
    1. *Função de transição:*
        a) $\delta \leftarrow \emptyset$;
        b) $\delta(q, \sigma, A) = \{(q, \gamma) \mid A \rightarrow \sigma\gamma \in P\}, \forall A \in N, \sigma \in \Sigma, \gamma \in N^*$.

○

Note-se, no algoritmo acima, que $Q = \{q\}$, $\Gamma = N$, $Z_0 = S$ e $F = \emptyset$. Além disso, que se $\gamma = \varepsilon$, então $\{(q,\varepsilon)\} \subseteq \delta(q,\sigma,A)$.

É possível provar (ver [13]), por indução sobre a quantidade de movimentos realizados pelo autômato assim definido, que:

$$S \Rightarrow^* x$$

se e somente se

$$(q,x,S) \vdash^* (q,\varepsilon,\varepsilon)$$

Em outras palavras, se existe uma sequência de derivações em G que gera uma cadeia x, então existe uma sequência de movimentações em M que reconhece x, e vice-versa. Portanto, G e M definem a mesma linguagem. □

Observe-se, no caso geral, que os autômatos construídos conforme o algoritmo 4.11 são não determinísticos, uma vez que a simples presença de produções do tipo $A \to \sigma\gamma_1$ e $A \to \sigma\gamma_2$, em P, com $\gamma_1 \neq \gamma_2$, propicia a existência de mais de uma movimentação possível a partir da configuração $(q, \sigma z, A\beta)$:

$$(q,\sigma z,A\beta) \vdash (q,z,\gamma_1\beta) \quad \text{ou} \quad (q,\sigma z,A\beta) \vdash (q,z,\gamma_2\beta)$$

O Algoritmo 4.11 produz, como se pode perceber, um autômato de pilha que possui um único estado. A sua definição é idealizada com o intuito de permitir o reconhecimento de sentenças através de movimentos que simulem a sequência de derivações mais à esquerda que seriam efetuadas pela gramática correspondente na geração das mesmas sentenças.

De acordo com essa definição, quando lido no sentido do topo para o fundo, o conteúdo da pilha é composto, em qualquer instante, por uma sequência de símbolos não terminais, tornados elementos do alfabeto de pilha do autômato. Mantidos nessa ordem, eles representam os símbolos não terminais que ainda necessitariam sofrer substituição na correspondente forma sentencial que seria obtida através de derivações mais à esquerda na gramática fornecida. Por sua vez, as cadeias formadas pelos símbolos terminais que compõem o prefixo das formas sentenciais obtidas a partir de derivações mais à esquerda, em vez de serem mantidas na pilha, correspondem sempre à sequência de símbolos que formam a porção já lida da fita de entrada.

Devido à própria organização em pilha (o primeiro elemento a entrar é o último a sair), o símbolo no topo da pilha representa sempre o próximo símbolo não terminal a sofrer substituição em uma sequência de derivações mais à esquerda, de acordo com a gramática correspondente. Como a gramática se encontra na Forma Normal de Greibach, todas as produções são do tipo $A \to \sigma\gamma$, com $\sigma \in \Sigma$ e $\gamma \in N^*$. Assim, a substituição do símbolo A, presente no topo da pilha, por γ ocorre apenas no caso em que o próximo símbolo na cadeia de entrada for σ. Nos casos em que isso não ocorre, não haverá tal possibilidade de movimentação, e a cadeia será rejeitada, pois a pilha não estará vazia. Ao avançar o cursor de leitura e modificar o conteúdo da pilha, o autômato de pilha simula exatamente a sequência de movimentos que seriam executados pela aplicação da gramática correspondente através de derivações mais à esquerda.

Exemplo 4.46 Tome-se como exemplo a sentença $x \in L(G)$, e considere-se, em um dado momento da derivação mais à esquerda de x através de G, a forma sentencial $yA\beta$ com $y \in \Sigma$, $A \in N$ e $\beta \in N^*$. Seja $A \to \sigma\gamma$ a próxima produção a ser aplicada:

$$S \Rightarrow^* yA\beta \Rightarrow^* y\sigma\gamma\beta \Rightarrow^* y\sigma z$$

com $x = y\sigma z$.

Neste caso, o comportamento do autômato de pilha pode ser representado, em cada uma dessas quatro fases, através das figuras apresentadas a seguir, que ilustram as seguintes sequências de movimentos:

$$(q,x,S) \vdash^* (q,\sigma z,A\beta) \vdash (q,z,\gamma\beta) \vdash^* (q,\varepsilon,\varepsilon)$$

Examinem-se, pois, as figuras que ilustram essas configurações. Na configuração inicial, a pilha contém apenas S e o cursor aponta para o primeiro símbolo da cadeia de entrada x:

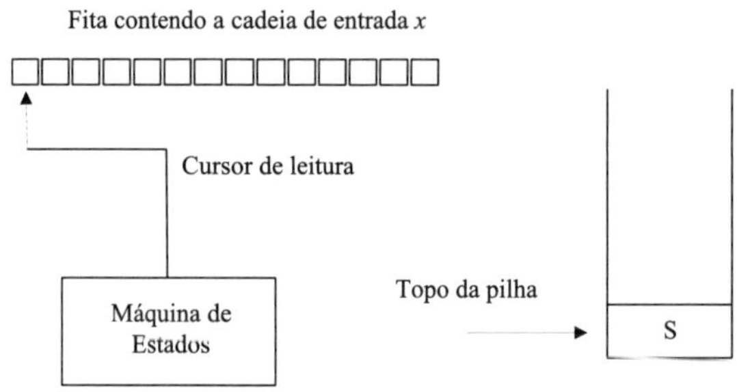

Figura 4.19 Autômato de pilha do Exemplo 4.46: configuração inicial.

Após alguns movimentos, a parte já consumida da cadeia de entrada é y, o símbolo no topo da pilha é A, o restante da pilha é β, e o próximo símbolo na cadeia de entrada é σ:

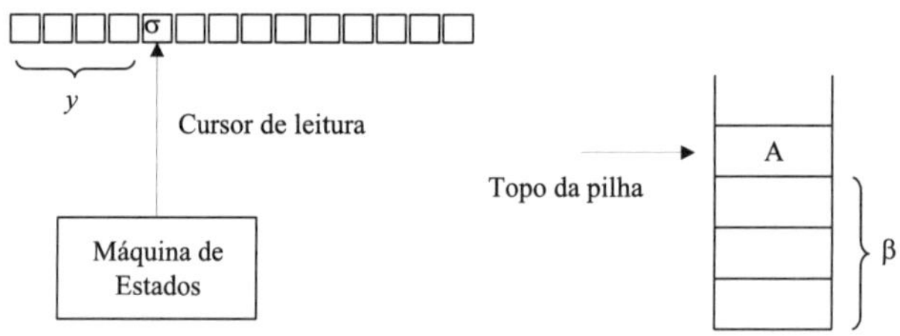

Figura 4.20 Autômato de pilha do Exemplo 4.46: antes da aplicação de uma regra.

Imediatamente após a aplicação da produção $A \rightarrow \sigma\gamma$, a parte consumida da cadeia de entrada torna-se $y\sigma$ e o conteúdo da pilha é modificado para $\gamma\beta$:

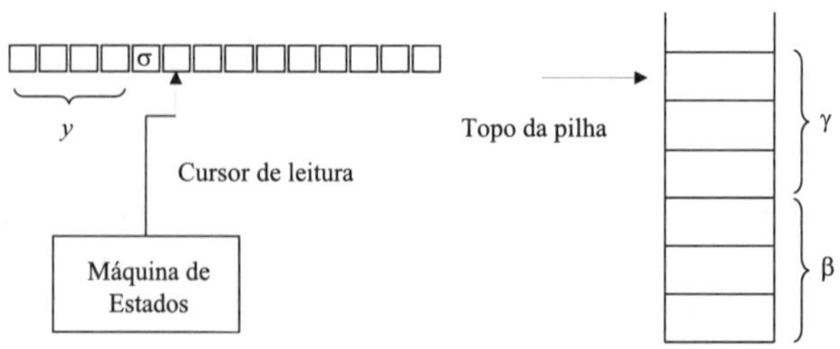

Figura 4.21 Autômato de pilha do Exemplo 4.46: depois da aplicação de uma regra.

Finalmente, ao término da leitura da cadeia x, a parte consumida da cadeia de entrada torna-se exatamente x e a pilha é esvaziada por completo, caracterizando, portanto, a configuração de aceitação do autômato:

★

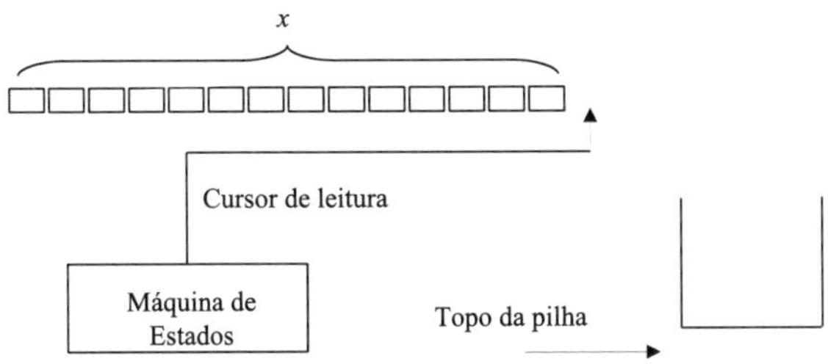

Figura 4.22 Autômato de pilha do Exemplo 4.46: configuração final.

Exemplo 4.47 Considere-se a linguagem das expressões aritméticas na notação infixa, cuja gramática na Forma Normal de Greibach foi obtida no Exemplo 4.32. Os não terminais T', E' e $)'$ foram renomeados para Y, Z e X, respectivamente:

$$\begin{array}{lll} \{F & \rightarrow & (EX \mid a, \\ T & \rightarrow & (EX \mid a \mid (EXY \mid aY, \\ E & \rightarrow & (EX \mid a \mid (EXY \mid aY \mid (EXZ \mid aZ \mid (EXYZ \mid aYZ, \\ Y & \rightarrow & *F \mid *FY, \\ Z & \rightarrow & +T \mid +TZ, \\ X & \rightarrow &)\} \end{array}$$

Aplicando-se o Algoritmo 4.11, obtém-se o autômato de pilha não determinístico cuja função de transição é apresentada a seguir:

$$\begin{array}{lll} \{(q,(,F) & \rightarrow & \{(q,EX)\}, \\ (q,a,F) & \rightarrow & \{(q,\varepsilon)\}, \\ (q,(,T) & \rightarrow & \{(q,EX),(q,EXY)\}, \\ (q,a,T) & \rightarrow & \{(q,\varepsilon),(q,Y)\}, \\ (q,(,E) & \rightarrow & \{(q,EX),(q,EXY),(q,EXZ),(q,EXYZ)\}, \\ (q,a,E) & \rightarrow & \{(q,\varepsilon),(q,Y),(q,Z),(q,YZ)\}, \\ (q,*,Y) & \rightarrow & \{(q,F),(q,FY)\}, \\ (q,+,Z) & \rightarrow & \{(q,T),(q,TZ)\}, \\ (q,),X) & \rightarrow & \{(q,\varepsilon)\}\} \end{array}$$

⋆

Cumpre notar, na demonstração informal do Teorema 4.15, que, como consequência da exigência de que G se apresente na Forma Normal de Greibach, com produções obedecendo exclusivamente ao formato $A \rightarrow \sigma\gamma$, com $\sigma \in \Sigma$, que esta demonstração não se aplica ao caso das linguagens livres de contexto que incluam a cadeia vazia. A fim de generalizar o resultado desse teorema, deve-se introduzir uma pequena modificação para contemplar o caso de linguagens livres de contexto que incluam a cadeia vazia. A modificação em questão consiste na introdução de um novo estado q_0 em M, renomeando-se o estado q para q_1. Duas novas transições devem também ser acrescentadas:

$$\delta(q_0,\varepsilon,S) = \{(q_0,\varepsilon),(q_1,S)\}$$

A transição $\delta(q_0,\varepsilon,S) = \{(q_0,\varepsilon)\}$ permite que o autômato remova S da pilha sem consumir símbolos da cadeia de entrada, possibilitando, portanto, o reconhecimento de ε. A transição $\delta(q_0, \varepsilon, S) = \{(q_1, S)\}$ preserva o conteúdo da pilha, conduzindo o autômato ao estado convencional utilizado para o reconhecimento de $L - \{\varepsilon\}$.

Observe-se que a simples inclusão da transição $\delta(q, \varepsilon, S) = \{(q, \varepsilon)\}$ na máquina M anteriormente definida não é solução para o problema apresentado, uma vez que permite a remoção do símbolo S em outras configurações que não apenas a inicial, podendo causar alteração na linguagem L originalmente definida. Na verdade, a inclusão de um estado adicional simula a existência de uma nova raiz para a gramática-base, impedindo que a remoção de S ocorra em outras configurações que não a inicial, além de possibilitar o reconhecimento da cadeia vazia se esta pertencer à linguagem definida por G.

Exemplo 4.48 Considere-se a gramática G definida pelo seguinte conjunto de produções:

$$\begin{aligned} \{S &\rightarrow aSBS, \\ S &\rightarrow aB, \\ B &\rightarrow b\} \end{aligned}$$

A linguagem definida por esta gramática, $L(G)$, é aceita por um autômato M que tenha a seguinte função de transição:

$$\begin{aligned} \delta(q, a, S) &= \{(q, SBS), (q, B)\} \\ \delta(q, b, B) &= \{(q, \varepsilon)\} \end{aligned}$$

A menor e a segunda menor sentenças pertencentes a $L(G)$ são, respectivamente:

- $S \Rightarrow aB \Rightarrow ab$
- $S \Rightarrow aSBS \Rightarrow aaBBS \Rightarrow^* aabbS \Rightarrow^* aabbab$

Logo, $L(G) = \{ab, aabbab, \ldots\}$. Considerando-se a linguagem $L' = L \cup \{\varepsilon\}$, pode-se imediatamente observar que a mera inclusão da produção $S \rightarrow \varepsilon$ em G não produziria o efeito desejado, que é o de permitir a geração de L', uma vez que ela incluiria a geração, por exemplo, da cadeia *aabb*, originariamente não pertencente a L. Por esse mesmo motivo, a transição:

$$\delta(q, \varepsilon, S) = \{(q, \varepsilon)\}$$

não produziria o efeito desejado, que é o de permitir o reconhecimento de $L \cup \{\varepsilon\}$ a partir do autômato-base M. Para isso, é preciso acrescentar o estado adicional, tornando a função δ de transição do autômato M:

$$\begin{aligned} \delta(q_0, \varepsilon, S) &= \{(q_0, \varepsilon), (q_1, S)\} \\ \delta(q_1, a, S) &= \{(q_1, SBS), (q_1, B)\} \\ \delta(q_1, b, B) &= \{(q_1, \varepsilon)\} \end{aligned}$$

Note a correspondência do conjunto de produções assim definido com a gramática G' abaixo apresentada, $L' = L'(G')$:

$$\begin{aligned} Z &\rightarrow S \\ Z &\rightarrow \varepsilon \\ S &\rightarrow aSBS \\ S &\rightarrow aB \\ B &\rightarrow b \end{aligned}$$

⋆

Naturalmente, dada uma gramática G em que S é a raiz, sendo que S garantidamente não comparece no lado direito de nenhuma produção, então torna-se desnecessário acrescentar um estado adicional, se o objetivo de sua inclusão for exclusivamente o de permitir o reconhecimento da cadeia vazia em adição à linguagem original. Em casos particulares como esse, a transição:

$$\delta(q,\varepsilon,S) = \{(q,\varepsilon)\}$$

produz o efeito desejado, podendo ser incluída em M sem que haja risco de se alterar a linguagem definida pelo autômato.

Uma forma alternativa de se especificar um autômato de pilha M que reconheça exatamente a mesma linguagem definida por uma gramática livre de contexto qualquer, não necessariamente na Forma Normal de Greibach, e eventualmente incluindo a cadeia vazia, pode também ser obtida através do Algoritmo 4.12, a seguir apresentado.

Algoritmo 4.12 (Gramática $\Rightarrow$ autômato de pilha, versão 2) *"Obtenção de um autômato de pilha não determinístico a partir de uma gramática livre de contexto qualquer."*

- *Entrada: uma gramática livre de contexto* $G = (V,\Sigma,P,S)$.
- *Saída: um autômato de pilha não determinístico* $M = (\{q\},\Sigma,V,\delta,q,S,\emptyset)$ *com critério de aceitação de pilha vazia, tal que* $V(M) = L(G)$.
- *Método:*
    1. *Função de transição:*
        a) $\delta \leftarrow \emptyset$;
        b) $\delta(q,\varepsilon,A) = \{(q,\gamma) \mid A \rightarrow \gamma \in P\}, \forall A \in N, \gamma \in V^*$;
        c) $\delta(q,\sigma,\sigma) = \{(q,\varepsilon)\}, \forall \sigma \in \Sigma$.

○

Observe-se, neste caso, que o alfabeto de pilha é o próprio vocabulário V da gramática, e não apenas o conjunto dos não terminais N como no caso anterior. Autômatos construídos segundo esse critério operam através da repetida substituição dos símbolos não terminais no topo da pilha, sem consumo de símbolos da fita de entrada, até que surja um símbolo terminal do topo da pilha. Nessa configuração, a sua remoção é condicionada à presença do mesmo símbolo na posição de leitura correntemente apontada pelo cursor da fita de entrada.

Assim como no caso anterior, autômatos construídos segundo este critério também simulam a sequência de derivações mais à esquerda que seria feita pela gramática correspondente na geração da mesma sentença. Note-se que:

1. Pelo primeiro método, a escolha da produção a ser aplicada depende do não terminal no presente topo da pilha e também do próximo símbolo de entrada. Não determinismos, neste caso, ocorrem apenas quando há mais de uma alternativa de substituição para um mesmo símbolo não terminal começando com o mesmo símbolo terminal:

    - $A \rightarrow \sigma\gamma_1$ e $A \rightarrow \sigma\gamma_2$ geram $\delta(q,\sigma,A) = \{(q,\gamma_1),(q,\gamma_2)\}$

    Por outro lado, regras iniciadas com símbolos distintos não geram não determinismo:

    - $A \rightarrow \sigma_1\gamma_1$ gera $\delta(q,\sigma_1,A) = \{(q,\sigma_1\gamma_1)\}$
    - $A \rightarrow \sigma_2\gamma_2$ gera $\delta(q,\sigma_2,A) = \{(q,\sigma_2\gamma_2)\}$

2. Pelo segundo método, a escolha da produção a ser aplicada depende apenas do não terminal presente no topo da pilha. Dessa forma, o conjunto de opções de substituição para um mesmo símbolo não terminal é geralmente maior do que no primeiro caso:

   - $A \rightarrow \sigma\gamma_1$ e $A \rightarrow \sigma\gamma_2$ geram $\delta(q,\varepsilon,A) = \{(q,\sigma\gamma_1),(q,\sigma\gamma_2)\}$

   Essa situação se repete caso as regras se iniciem com símbolos distintos:

   - $A \rightarrow \sigma_1\gamma_1$ e $A \rightarrow \sigma_2\gamma_2$ geram $\delta(q,\varepsilon,A) = \{(q,\sigma_1\gamma_1),(q,\sigma_2\gamma_2)\}$

Constata-se, dessa maneira, que o segundo método gera um não determinismo para regras que iniciam com símbolos diferentes, o que não ocorre no primeiro método. Assim, o segundo método tende a apresentar mais situações não determinísticas do que o primeiro, dando a este uma certa vantagem quanto à potencial eficiência do reconhecimento.

Irrelevante do ponto de vista teórico, a questão da escolha de um ou outro método para a obtenção de autômatos de pilha a partir de gramáticas livres de contexto apresenta um certo interesse quando se trata da realização física de reconhecedores sintáticos eficientes para linguagens livres de contexto quaisquer, uma vez que o primeiro método possibilita, no caso geral, a construção de autômatos não determinísticos mais eficientes do que os obtidos através da aplicação do segundo método, em decorrência da limitação na quantidade de movimentos considerados válidos em cada configuração.

Na prática, no entanto, o maior interesse recai sobre os autômatos de pilha determinísticos. Porém, conforme será visto na Seção 4.11, a classe de linguagens por eles reconhecida é apenas um subconjunto das linguagens livres de contexto. Linguagens livres de contexto genéricas só podem ser reconhecidas através de autômatos de pilha não determinísticos, e por esse motivo o primeiro método é mais interessante do ponto de vista de engenharia, quando se trata da realização física de tais reconhecedores.

Exemplo 4.49 Considere-se a gramática das expressões aritméticas utilizada no Exemplo 4.32, empregada originalmente como base para a obtenção da gramática equivalente na Forma Normal de Greibach. No conjunto de produções abaixo, os não terminais E' e T' foram respectivamente renomeados para Z e Y.

$$\begin{aligned}
\{E &\rightarrow T \mid TZ, \\
T &\rightarrow F \mid FY, \\
F &\rightarrow (E) \mid a, \\
Y &\rightarrow *F \mid *FY, \\
Z &\rightarrow +T \mid +TZ\}
\end{aligned}$$

Aplicando-se o método alternativo (Algoritmo 4.12), obtém-se o autômato de pilha não determinístico cuja função de transição δ é:

$$\begin{aligned}
\{(q,\varepsilon,E) &\rightarrow \{(q,T),(q,TZ)\}, \\
(q,\varepsilon,T) &\rightarrow \{(q,F),(q,FY)\}, \\
(q,\varepsilon,F) &\rightarrow \{(q,(E)),(q,a)\}, \\
(q,\varepsilon,Y) &\rightarrow \{(q,*F),(q,*FY)\}, \\
(q,\varepsilon,Z) &\rightarrow \{(q,+T),(q,+TZ)\}, \\
(q,a,a) &\rightarrow \{(q,\varepsilon)\}, \\
(q,(,() &\rightarrow \{(q,\varepsilon)\},
\end{aligned}$$

$$\begin{aligned}(q,),)) &\rightarrow \{(q,\varepsilon)\},\\(q,+,+) &\rightarrow \{(q,\varepsilon)\},\\(q,*,*) &\rightarrow \{(q,\varepsilon)\}\}\end{aligned}$$

$\star$

Exemplo 4.50 Considere a gramática abaixo, que gera a linguagem do Exemplo 4.49 e que não foi convertida para a Forma Normal de Greibach.

$$\begin{aligned}\{E &\rightarrow T \mid T+E,\\T &\rightarrow F \mid F*T,\\F &\rightarrow (E) \mid a\}\end{aligned}$$

A aplicação do Algoritmo 4.12 resulta no autômato de pilha não determinístico cuja função de transição δ é:

$$\begin{aligned}\{(q,\varepsilon,E) &\rightarrow \{(q,T),(q,T+E)\},\\(q,\varepsilon,T) &\rightarrow \{(q,F),(q,F*T)\},\\(q,\varepsilon,F) &\rightarrow \{(q,(E)),(q,a)\},\\(q,a,a) &\rightarrow \{(q,\varepsilon)\},\\(q,(,() &\rightarrow \{(q,\varepsilon)\},\\(q,),)) &\rightarrow \{(q,\varepsilon)\},\\(q,+,+) &\rightarrow \{(q,\varepsilon)\},\\(q,*,*) &\rightarrow \{(q,\varepsilon)\}\}\end{aligned}$$

Entre as várias possibilidades de movimentação que esse autômato possui para a cadeia de entrada $a+a*a$, e que simulam derivações mais à esquerda na gramática, a sequência a seguir conduz o autômato à aceitação dela:

$(q,a+a*a,E) \Rightarrow (q,a+a*a,T+E) \Rightarrow (q,a+a*a,F+E) \Rightarrow (q,a+a*a,a+E) \Rightarrow (q,+a*a,+E) \Rightarrow (q,a*a,E) \Rightarrow (q,a*a,T) \Rightarrow (q,a*a,F*T) \Rightarrow (q,a*a,a*T) \Rightarrow (q,*a,*T) \Rightarrow (q,a,T) \Rightarrow (q,a,F) \Rightarrow (q,a,a) \Rightarrow (q,\varepsilon,\varepsilon)$ $\star$

Será examinada a seguir a equivalência entre os autômatos de pilha e as gramáticas do tipo 2, no que se refere à classe de linguagens que ambos os dispositivos são capazes de definir.

Teorema 4.16 (Gramática $\Leftarrow$ autômato de pilha) "Seja M um autômato de pilha com critério de aceitação de pilha vazia. Então é possível definir uma gramática livre de contexto G, de modo que $L(G) = V(M)$."

Seja $M = (Q,\Sigma,\Gamma,\delta,q_0,Z_0,\emptyset)$. A gramática $G = (V,\Sigma,P,S)$, tal que $L(G) = V(M)$, pode ser obtida pela aplicação do Algoritmo 4.13.

Algoritmo 4.13 (Gramática $\Leftarrow$ autômato de pilha) *"Obtenção de uma gramática livre de contexto a partir de um autômato de pilha."*

- *Entrada: um autômato de pilha $M = (Q,\Sigma,\Gamma,\delta,q_0,Z_0,\emptyset)$ com critério de aceitação de pilha vazia.*
- *Saída: uma gramática livre de contexto $G = (V,\Sigma,P,S)$, tal que $L(G) = V(M)$.*
- *Método:*
  1. $N \leftarrow \{[q_i Z q_k] \mid q_i, q_k \in Q \text{ e } Z \in \Gamma\} \cup \{S\}$;

2. $P \leftarrow \emptyset$;
3. $\forall q, q_1 \in Q, \sigma \in \Sigma \cup \{\varepsilon\}, Z, Z_1, \ldots, Z_k \in \Gamma$, *se* $\{(q_1, Z_1 \ldots Z_k)\} \subseteq \delta(q, \sigma, Z)$, $k \geqslant 0$, *então:*

   $P \leftarrow P \cup \{[qZq_{k+1}] \rightarrow \sigma[q_1Z_1q_2][q_2Z_2q_3]\ldots[q_kZ_kq_{k+1}]\}$

   para toda e qualquer sequência de estados $q_2, q_3, \ldots, q_k, q_{k+1}$ *que possa ser obtida a partir de* Q *(repetições são permitidas);*
4. $P \leftarrow P \cup \{S \rightarrow [q_0Z_0q]\}, \forall q \in Q$.

○

É possível demonstrar formalmente (ver [13]), por indução sobre a quantidade de derivações efetuadas através de G, que a gramática assim definida gera exatamente a mesma linguagem aceita pelo autômato, ou seja:

$$(q_0, x, Z_0) \vdash^* (q, \varepsilon, \varepsilon) \quad \text{se e somente se} \quad S \Rightarrow^* x$$

Para que se possa intuir o significado do método apresentado, deve-se inicialmente notar que os símbolos não terminais $[q_iZq_k]$ criados na construção de G têm por objetivo representar o conjunto das sentenças α que são aceitas entre as duas configurações sugeridas pelo nome atribuído ao não terminal:

$$(q_i, \alpha\beta, Z\mu) \vdash^* (q_k, \beta, \mu)$$

Assim, q_i e Z devem ser interpretados como uma determinada configuração do autômato, e q_k o estado que ele atinge após a realização de uma série de movimentos, ao término dos quais o símbolo Z é removido da pilha. Em outras palavras, é possível demonstrar que:

$$[q_iZq_k] \Rightarrow^* w \quad \text{se e somente se} \quad (q_i, w, Z) \vdash^* (q_k, \varepsilon, \varepsilon)$$

O conjunto das cadeias α que permitem ao autômato transitar de uma para outra configuração constitui uma linguagem, podendo ser representada como:

$$L([q_iZq_k]) = \{\alpha \in \Sigma^* \mid [q_iZq_k] \rightarrow \alpha\}$$

Consequentemente, como a linguagem aceita pelo autômato é formada pelo conjunto das cadeias que o levam desde a configuração inicial única até uma configuração final, não necessariamente única, tem-se que esta linguagem pode ser formalizada, do ponto de vista gramatical, como:

$$L(G) = \bigcup_{q_i \in Q} L([q_0Z_0q_i])$$

Observe-se que derivações mais à esquerda em G simulam os movimentos de M ao longo de suas diversas configurações. Para justificar a necessidade de incorporação da informação de estado à definição dos não terminais de G, considere-se inicialmente $N = \Gamma$, ou seja, suponha-se que os não terminais de G correspondem aos elementos do alfabeto de pilha de M e, além disso, que as produções de G sejam definidas de maneira simplificada, com base exclusivamente no alfabeto de pilha e nas diversas substituições possíveis para elementos no topo da pilha, dispensando-se a informação dos estados em sua definição.

Essa simplificação possibilitaria a aplicação incondicional de produções do tipo $A \rightarrow \sigma\gamma$ em qualquer forma sentencial, obtida a partir de G, em que A estivesse presente.

Claramente, não é essa a informação que o autômato traz, uma vez que a substituição de A por $\sigma\gamma$ é possível apenas em algumas situações ou estados: aqueles para os quais $\{(r, \gamma)\} \subseteq \delta(q, \sigma, A)$. Dessa forma, a caracterização de um não terminal deveria necessariamente levar em conta a informação do estado (ou grupo de estados) no qual a substituição em questão pode ser feita. Caso contrário, corre-se o risco de alterar a linguagem definida pela gramática, tornando-a diferente da linguagem aceita pelo autômato em questão.

Em outras palavras, note-se que a presença de um não terminal A em uma forma sentencial gerada a partir de derivações mais à esquerda em G:

$$S \Rightarrow^* \alpha A\beta, \quad \text{com } \alpha \in \Sigma^*, \beta \in V^*$$

deveria corresponder, em M, ao caso em que A é o símbolo presente no topo da pilha e σ, o primeiro símbolo terminal derivável a partir de $A\beta$, ou seja, $A\beta \stackrel{*}{\Rightarrow} \sigma\mu$. A substituição de A por $\sigma\gamma$ nessa forma sentencial, para uma produção $A \to \sigma\gamma$ da gramática, deve ser admitida como alternativa de substituição válida se e apenas se a transição:

$$\{(q_j, \gamma)\} \subseteq \delta(q_i, \sigma, A)$$

constituir alternativa de movimentação a partir da configuração $(q_i, \sigma\mu, A)$:

$$(q_0, \alpha\sigma, Z_0) \vdash^* (q_i, \sigma, A\nu) \vdash (q_j, \mu, \gamma\mu)$$

Caso a informação de estado não esteja incorporada à definição dos não terminais de G, conforme discutido, corre-se o risco de admitir a aplicação das produções de G em formas sentenciais sem qualquer correspondência com as configurações de M. Justamente para evitar essa situação, e visando estabelecer a plena equivalência entre as formas sentenciais de G e as configurações de M, é que a informação de estado deve ser agregada a cada símbolo $A \in N$, conforme originalmente proposto.

Assim, definem-se os símbolos não terminais de G como:

$$[q_i A r], \quad \text{com } q_i, r \in Q, A \in \Gamma$$

Supondo-se que $\{(r, \gamma)\} \subseteq \delta(q_i, \sigma, A)$, garante-se que a produção $A \to \sigma\gamma$ seja empregada apenas naquelas formas sentenciais geradas por G em que o não terminal $[q_i A r]$ estiver presente, não se manifestando nunca como alternativa de substituição para os demais não terminais $[q_k A r]$, $k \neq i$, caso $\{(r, \gamma)\}$ não esteja contido em $\delta(q_k, \sigma, A)$.

Tendo-se analisado o significado atribuído aos não terminais definidos para G, a interpretação dos critérios de construção do conjunto de produções torna-se mais fácil: cada produção de G representa a evolução do correspondente autômato ao longo de uma série de configurações, série esta que se inicia com o consumo de um símbolo da cadeia de entrada (ou nenhum, se a transição for em vazio), e termina com a remoção de todos os símbolos armazenados na pilha como consequência da aplicação dessa transição. Dessa forma, as produções definidas para S representam todas as possíveis sequências de movimentações que levam M da configuração inicial até uma de suas várias possíveis configurações finais — adotando-se o critério de aceitação por esvaziamento da pilha. □

Como efeito colateral da aplicação do método apresentado, é frequente a obtenção de gramáticas com elevada quantidade de símbolos não terminais e produções inúteis. Apesar de a aplicação dos métodos anteriormente estudados possibilitar a eliminação sistemática de tais elementos inúteis, é possível limitar a sua proliferação desde o início, restringindo-se a aplicação do Algoritmo 4.13 apenas aos novos símbolos não terminais que surgem em cada passo.

O Exemplo 4.51 ilustra a aplicação do Algoritmo 4.13 de duas formas diferentes, porém com o mesmo resultado final.

Exemplo 4.51 Seja $M = (\{q_0, q_1\}, \{a, b\}, \{X, Z_0\}, \delta, q_0, Z_0, \emptyset)$, representado na Figura 4.23. A obtenção de G, tal que $L(G) = V(M)$, tem como ponto de partida as duas produções do conjunto:

$$\{S \quad \to \quad [q_0 Z_0 q_0], \qquad (4.7)$$

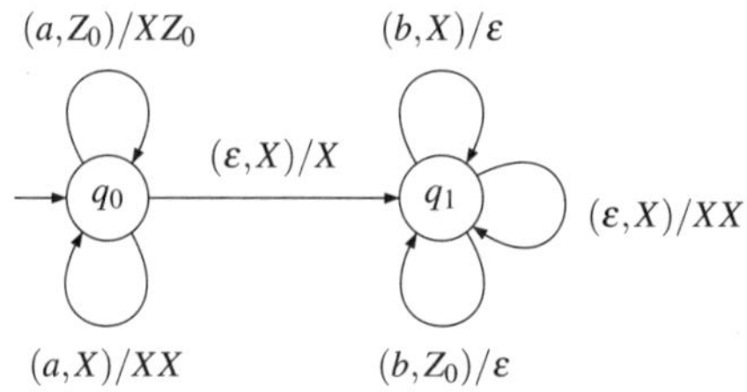

Figura 4.23 Autômato de pilha M do Exemplo 4.51.

$$S \quad \rightarrow \quad [q_0Z_0q_1]\} \tag{4.8}$$

Nesta, e nas páginas seguintes, iremos apresentar duas soluções para o problema de encontrar uma gramática livre de contexto G que gera a mesma linguagem que o autômato de pilha M.

A primeira solução segue o Algoritmo 4.13 e é apresentada a seguir. Nela, consideramos as transições do autômato de forma individual (seis no total) com o objetivo de determinar as regras gramaticais delas derivadas:

- Para $\delta(q_0,a,Z_0) = (q_0,XZ_0)$, considerar $[q_0Z_0\_\_] \rightarrow a[q_0X\_\_][\_\_Z_0\_\_]$ com as listas (q_0,q_0), (q_0,q_1), (q_1,q_0) e (q_1,q_1), gerando:

$$\begin{aligned}[q_0Z_0q_0] &\rightarrow a[q_0Xq_0][q_0Z_0q_0]\\ [q_0Z_0q_1] &\rightarrow a[q_0Xq_0][q_0Z_0q_1]\\ [q_0Z_0q_0] &\rightarrow a[q_0Xq_1][q_1Z_0q_0]\\ [q_0Z_0q_1] &\rightarrow a[q_0Xq_1][q_1Z_0q_1]\end{aligned}$$

- Para $\delta(q_0,a,X) = (q_0,XX)$, considerar $[q_0X\_\_] \rightarrow a[q_0X\_\_][\_\_X\_\_]$ com as listas (q_0,q_0), (q_0,q_1), (q_1,q_0) e (q_1,q_1), gerando:

$$\begin{aligned}[q_0Xq_0] &\rightarrow a[q_0Xq_0][q_0Xq_0]\\ [q_0Xq_1] &\rightarrow a[q_0Xq_0][q_0Xq_1]\\ [q_0Xq_0] &\rightarrow a[q_0Xq_1][q_1Xq_0]\\ [q_0Xq_1] &\rightarrow a[q_0Xq_1][q_1Xq_1]\end{aligned}$$

- Para $\delta(q_0,\varepsilon,X) = (q_1,X)$, considerar $[q_0X\_\_] \rightarrow [q_1X\_\_]$ com as listas (q_0) e (q_1), gerando:

$$\begin{aligned}[q_0Xq_0] &\rightarrow [q_1Xq_0]\\ [q_0Xq_1] &\rightarrow [q_1Xq_1]\end{aligned}$$

- Para $\delta(q_1,b,X) = (q_1,\varepsilon)$:

$$[q_1Xq_1] \rightarrow b$$

- Para $\delta(q_1,\varepsilon,X) = (q_1,XX)$, considerar $[q_1X\_\_] \rightarrow [q_1X\_\_][\_\_X\_\_]$ com as listas (q_0,q_0), (q_0,q_1), (q_1,q_0) e (q_1,q_1), gerando:

$$\begin{aligned}[q_1Xq_0] &\rightarrow [q_1Xq_0][q_0Xq_0]\\ [q_1Xq_1] &\rightarrow [q_1Xq_0][q_0Xq_1]\\ [q_1Xq_0] &\rightarrow [q_1Xq_1][q_1Xq_0]\\ [q_1Xq_1] &\rightarrow [q_1Xq_1][q_1Xq_1]\end{aligned}$$

- Para $\delta(q_1,b,Z_0) = (q_1,\varepsilon)$:

$$[q_1Z_0q_1] \rightarrow b$$

A renomeação dos símbolos não terminais e o agrupamento das regras produz como resultado o conjunto:

$$\begin{array}{lcl} S & \rightarrow & A \mid B \\ A & \rightarrow & aCA \mid aDE \\ B & \rightarrow & aCB \mid aDF \\ C & \rightarrow & aCC \mid aDG \mid G \\ D & \rightarrow & aCD \mid aDH \mid H \\ F & \rightarrow & b \\ G & \rightarrow & GC \mid HG \\ H & \rightarrow & GD \mid b \mid HH \end{array}$$

A eliminação de símbolos inacessíveis e inúteis resulta em:

$$\begin{array}{lcl} S & \rightarrow & B \\ B & \rightarrow & aDF \\ D & \rightarrow & aDH \mid H \\ F & \rightarrow & b \\ H & \rightarrow & b \mid HH \end{array}$$

Finalmente, a gramática pode ser ainda simplificada para:

$$\begin{array}{lcl} S & \rightarrow & aDb \\ D & \rightarrow & aDb^+ \mid b^+ \end{array}$$

ou seja, $L(G) = V(M) = \{a^i b^j \mid i \geqslant 1 \text{ e } j > i\}$.

Apresenta-se agora uma particular sequência de movimentos efetuada por M durante o reconhecimento da sentença *aabbbb*:

$(q_0, aabbbb, Z_0) \vdash (q_0, abbbb, XZ_0) \vdash (q_0, bbbb, XXZ_0) \vdash (q_1, bbbb, XXZ_0) \vdash (q_1, bbb, XZ_0) \vdash (q_1, bbb, XXZ_0) \vdash (q_1, bb, XZ_0) \vdash (q_1, b, Z_0) \vdash (q_1, \varepsilon, \varepsilon)$

A correspondência entre G e M pode ser ilustrada através da análise da sequência de derivações mais à esquerda obtida para essa mesma cadeia *aabbbb*, e de sua comparação com a sequência de movimentos efetuados pelo autômato conforme apresentado acima:

$$\begin{array}{lcl} S & \Rightarrow & [q_0Z_0q_1] \Rightarrow a[q_0Xq_1][q_1Z_0q_1] \Rightarrow aa[q_0Xq_1][q_1Xq_1][q_1Z_0q_1] \Rightarrow \\ & & aa[q_1Xq_1][q_1Xq_1][q_1Z_0q_1] \Rightarrow aab[q_1Xq_1][q_1Z_0q_1] \Rightarrow \\ & & aab[q_1Xq_1][q_1Xq_1][q_1Z_0q_1] \Rightarrow \\ & & aabb[q_1Xq_1][q_1Z_0q_1] \Rightarrow \\ & & aabbb[q_1Z_0q_1] \Rightarrow \\ & & aabbbb \end{array}$$

Observe-se que as formas sentenciais obtidas através de G, neste exemplo, estão diretamente relacionadas às configurações assumidas por M em cada etapa do reconhecimento da cadeia considerada. Note-se, portanto, que G "simula", através de uma sequência de derivações mais à esquerda, a sequência de movimentos que conduz M de sua configuração inicial até uma configuração final.

O resultado apresentado acima segue estritamente o prescrito pelo Algoritmo 4.13, que constrói a gramática a partir da análise das transições do autômato, uma por uma. Como ele é dirigido pelas transições do autômato, gera todas as regras e todos os símbolos não terminais previstos pelo algoritmo, independentementemente de eles serem de fato utilizados ou necessários na gramática final.

Um procedimento alternativo pode ser adotado, procedimento este que é dirigido não pelas transições do autômato, mas sim pelo próprio conjunto de regras que está sendo gradativamente construído, trazendo com isso a vantagem de evitar a geração de regras e símbolos que não sejam relevantes para a gramática resultante. Assim, uma outra forma de se chegar ao mesmo resultado (apesar de a gramática obtida inicialmente ser distinta) é apresentada a seguir.

Nesta solução alternativa, a gramática G é construída passo a passo, a partir da regra inicial (4.7), definindo as produções que apresentam $[q_0Z_0q_0]$ do lado esquerdo. Essas produções decorrem das transições de M que emergem do estado q_0 com o símbolo do alfabeto de pilha Z_0. Como há apenas uma transição que satisfaz a esse requisito,

$$\delta(q_0, a, Z_0) = (q_0, XZ_0)$$

obtém-se por conseguinte o conjunto de produções:

$$\begin{aligned} \{[q_0Z_0q_0] &\rightarrow a[q_0Xq_0][q_0Z_0q_0], & (4.9)\\ [q_0Z_0q_0] &\rightarrow a[q_0Xq_1][q_1Z_0q_0]\} & (4.10) \end{aligned}$$

Como se pode observar, (4.10) contém o símbolo $[q_1Z_0q_0]$, que, de acordo com o que foi convencionado, representa o conjunto de cadeias que conduzem M do estado q_1 ao estado q_0 com o símbolo Z_0. Através da inspeção do diagrama de estados de M, conclui-se não haver caminhos com essa característica, e por esse motivo antecipa-se a impossibilidade de se criarem produções para o não terminal $[q_1Z_0q_0]$. Em outras palavras, a definição de uma produção para esse não terminal dependeria, antes de mais nada, da existência de uma transição que, no estado q_1, estivesse associada ao símbolo Z_0, o que não é verdade para o autômato considerado. Desse modo, descarta-se a produção (4.10). Como consequência, também a produção (4.9) torna-se inútil, pois não há termo independente de $[q_0Z_0q_0]$ que possibilite a resolução da equação representada pela produção.

Prosseguindo com a produção (4.8), considere-se o símbolo $[q_0Z_0q_1]$. As produções a ele associadas também derivam da transição que vincula o símbolo Z_0 ao estado q_0:

$$\delta(q_0, a, Z_0) = (q_0, XZ_0)$$

$$\begin{aligned} \{[q_0Z_0q_1] &\rightarrow a[q_0Xq_0][q_0Z_0q_1], & (4.11)\\ [q_0Z_0q_1] &\rightarrow a[q_0Xq_1][q_1Z_0q_1]\} & (4.12) \end{aligned}$$

A seguir, obtém-se para o símbolo $[q_0Xq_0]$, presente na produção (4.11), o seguinte conjunto de produções, derivado da transição:

$$\delta(q_0, a, X) = (q_0, XX)$$

$$\begin{aligned} \{[q_0Xq_0] &\rightarrow a[q_0Xq_0][q_0Xq_0], & (4.13)\\ [q_0Xq_0] &\rightarrow a[q_0Xq_1][q_1Xq_0]\} & (4.14) \end{aligned}$$

Por motivos similares aos expostos para o caso da produção (4.10), conclui-se que não é possível definir produções para o símbolo $[q_1Xq_0]$, o que implica, como consequência, a inutilidade do símbolo $[q_0Xq_0]$ e das produções (4.14), (4.13) e (4.11).

Prosseguindo com a produção (4.12), definem-se as produções para o símbolo $[q_0Xq_1]$. Nesse caso, elas decorrem das transições:

$$\delta(q_0, a, X) = (q_0, XX) \quad \text{e} \quad \delta(q_0, \varepsilon, X) = (q_1, X)$$

$$\begin{aligned} \{[q_0Xq_1] &\rightarrow a[q_0Xq_0][q_0Xq_1], & (4.15)\\ [q_0Xq_1] &\rightarrow a[q_0Xq_1][q_1Xq_1], & (4.16)\\ [q_0Xq_1] &\rightarrow [q_1Xq_1]\} & (4.17) \end{aligned}$$

Observe-se que as duas primeiras produções são decorrência da primeira transição, ao passo que a terceira provém da segunda transição. Como $[q_0Xq_0]$ é um símbolo inútil, isso acarreta a inutilidade da produção (4.15). Continuando com a produção (4.12), define-se agora a única produção do símbolo $[q_1Z_0q_1]$, e que deriva da transição:

$$\delta(q_1,b,Z_0) = (q_1,\varepsilon)$$

$$[q_1Z_0q_1] \quad \rightarrow \quad b \tag{4.18}$$

Finalmente, para completar a definição dos símbolos não terminais até aqui surgidos, resta obter as produções de $[q_1Xq_1]$, utilizado nas produções (4.16) e (4.17). Note-se que estas decorrem, respectivamente, das transições:

$$\delta(q_1,b,X) = (q_1,\varepsilon) \quad \text{e} \quad \delta(q_1,\varepsilon,X) = (q_1,XX)$$

$$\{[q_1Xq_1] \quad \rightarrow \quad b, \tag{4.19}$$

$$[q_1Xq_1] \quad \rightarrow \quad [q_1Xq_1][q_1Xq_1]\} \tag{4.20}$$

Como resultado, obtém-se o seguinte conjunto de produções:

$$\begin{array}{ll}
(4.8) & \{S \rightarrow [q_0Z_0q_1], \\
(4.12) & [q_0Z_0q_1] \rightarrow a[q_0Xq_1][q_1Z_0q_1], \\
(4.16) & [q_0Xq_1] \rightarrow a[q_0Xq_1][q_1Xq_1], \\
(4.17) & [q_0Xq_1] \rightarrow [q_1Xq_1], \\
(4.18) & [q_1Z_0q_1] \rightarrow b, \\
(4.19) & [q_1Xq_1] \rightarrow b, \\
(4.20) & [q_1Xq_1] \rightarrow [q_1Xq_1][q_1Xq_1]\}
\end{array}$$

Renomeando-se os não terminais, obtém-se:

$$\begin{array}{ll}
(4.8) & \{S \rightarrow A, \\
(4.12) & A \rightarrow aBC, \\
(4.16) & B \rightarrow aBD, \\
(4.17) & B \rightarrow D, \\
(4.18) & C \rightarrow b, \\
(4.19) & D \rightarrow b, \\
(4.20) & D \rightarrow DD\}
\end{array}$$

A gramática pode ser ainda simplificada para:

$$\begin{array}{lll}
S & \rightarrow & aBb \\
B & \rightarrow & aBb^+ \mid b^+
\end{array}$$

ou seja, $L(G) = V(M) = \{a^ib^j \mid i \geqslant 1 \text{ e } j > i\}$. Note-se que, exceto pela mudança de nome de alguns símbolos não terminais, a gramática gerada no segundo procedimento é a mesma que foi gerada no primeiro procedimento.

Retornando à questão da caracterização dos não terminais em G, conforme mencionado anteriormente, a incorporação dos estados na definição deles é necessária para evitar a geração de formas sentenciais inválidas, sendo, portanto, indispensável para garantir a equivalência entre a linguagem aceita e a linguagem gerada.

Esse ponto pode ser mais bem visualizado neste exemplo da seguinte forma: considere-se G' em que $N = \Gamma$ e P é obtido simplesmente analisando-se todas as possíveis substituições de símbolos no topo da pilha e a eventual presença de elementos de Σ na fita de entrada, sem levar em conta a existência dos estados.

Assim, obtém-se o conjunto de produções seguinte:

$$\begin{array}{rl}
\{S \to Z_0, & \\
Z_0 \to aXX, & (\text{de } \delta(q_0, a, Z_0) = (q_0, XZ_0)) \\
X \to aXX, & (\text{de } \delta(q_0, a, X) = (q_0, XX)) \\
X \to X, & (\text{de } \delta(q_0, \varepsilon, X) = (q_1, X)) \\
X \to b, & (\text{de } \delta(q_1, b, X) = (q_1, \varepsilon)) \\
X \to XX, & (\text{de } \delta(q1, \varepsilon, X) = (q_1, XX)) \\
Z_0 \to b\} & (\text{de } \delta(q_1, b, Z_0) = (q_1, \varepsilon))
\end{array}$$

É fácil notar, neste caso, que $L(G) \subset L(G')$. Considere-se, a título de exemplo, a cadeia b. Evidentemente, $b \notin L(G)$, no entanto, em G', tem-se:

$$S \Rightarrow Z_0 \Rightarrow b$$

A razão disso acontecer é que a produção $Z_0 \to b$ é convertida para uma transição de M apenas no estado q_1. Ao ignorar a informação de estado na caracterização dos não terminais de G', a substituição torna-se possível independentemente do estado. Neste exemplo, a derivação $Z_0 \Rightarrow b$ corresponderia à aplicação de uma transição originalmente inexistente no estado q_0. Deixa, portanto, de haver correspondência entre as configurações do reconhecedor e as formas sentenciais da gramática, quando a informação de estado é descartada na caracterização de seus símbolos não terminais. ⋆

4.10 Linguagens livres de contexto e linguagens regulares

As linguagens regulares constituem um subconjunto próprio das linguagens livres de contexto. De fato, é possível demonstrar que toda linguagem regular é também uma linguagem livre de contexto e, por outro lado, que existem linguagens livres de contexto que não são regulares. Esses resultados serão demonstrados, respectivamente, nos Teoremas 4.17 e 4.18 a seguir.

Teorema 4.17 (Regulares $\subseteq$ livres de contexto) "Toda linguagem regular é também uma linguagem livre de contexto."

Considere-se L uma linguagem regular qualquer. Então, por definição, existe uma gramática linear à direita G que define L. As regras de G possuem todas, sem exceção, apenas um símbolo não terminal do lado esquerdo e uma cadeia qualquer pertencente a $(\Sigma \cup \{\varepsilon\})(N \cup \{\varepsilon\})$ do lado direito. Como as gramáticas livres de contexto também exigem um único símbolo não terminal no lado esquerdo das regras, e, além disso, $(\Sigma \cup \{\varepsilon\})(N \cup \{\varepsilon\}) \subset V^*NV^*$, isso implica que toda gramática linear à direita é também uma gramática livre de contexto. Logo, toda linguagem regular é também uma linguagem livre de contexto.

Existem diversas outras formas de se provar esse enunciado. Uma forma alternativa pode ser feita lembrando-se (conforme visto na Seção 4.7) que todo autômato finito pode ser simulado por algum autômato de pilha. Assim, se uma linguagem é regular, então existe um autômato finito que a aceita, e, se existe um autômato finito, existe também um autômato de pilha. Logo, toda linguagem é regular é também livre de contexto. □

Teorema 4.18 (Regulares $\neq$ livres de contexto) "Existem linguagens livres de contexto que não são regulares."

Considere-se, por exemplo, a linguagem $L = \{0^i 1 0^i \mid i \geqslant 1\}$. Conforme demonstrado no Exemplo 3.66, L não é regular, uma vez que não satisfaz ao "Pumping Lemma" das linguagens regulares. No entanto, a gramática $G = (\{S, 0, 1\}, \{0, 1\}, \{S \to 0S0, S \to 010\}, S)$ gera exatamente L. Logo, L é livre de contexto, porém não é regular. De maneira semelhante, pode-se demonstrar a existência de inúmeras outras linguagens com essa mesma característica. □

Conforme definido na Seção 4.1, uma linguagem é dita estritamente livre de contexto se ela for livre de contexto, porém não regular. A característica desse tipo de linguagens é que elas são geradas apenas por gramáticas que possuam pelo menos um símbolo não terminal que seja autorrecursivo central e essencial. Assim, é possível gerar, nas formas sentenciais geradas pela gramática, subcadeias da forma:

$$Y \Rightarrow^* \alpha Y \beta, \quad \text{com } \alpha, \beta \in \Sigma^+$$

as quais são responsáveis pelo balanceamento dos termos α e β nas sentenças da linguagem.

De fato, gramáticas lineares à direita não permitem a definição de símbolos não terminais com essa propriedade. Ao contrário, gramáticas lineares à direita geram apenas formas sentenciais da seguinte forma:

$$Y \Rightarrow^* \alpha Y, \quad \text{com } \alpha \in \Sigma^+$$

em que, obviamente, não há balanceamento de termos nem, portanto, aninhamentos sintáticos. A existência de termos balanceados (ou aninhados) é, por isso, o fator que diferencia uma linguagem estritamente livre de contexto de uma linguagem regular.

Uma linguagem é dita **estritamente livre de contexto** se existir alguma gramática livre de contexto que a gere e não existir nenhuma gramática linear à direita que a gere (ou linear à esquerda ou expressão regular). Da mesma forma, se existir algum autômato de pilha que a aceite e não existir nenhum autômato finito que a aceite.

Para ilustrar melhor a relação que existe entre a classe das linguagens regulares e a classe das linguagens livres de contexto, apresentamos a seguir o Teorema 4.19.

Teorema 4.19 (Concatenação de mesmo comprimento é livre de contexto) "A concatenação de cadeias de mesmo comprimento de duas linguagens regulares quaisquer é sempre livre de contexto."

Sejam L_1 e L_2 duas linguagens regulares quaisquer e a operação de concatenação de cadeias de mesmo comprimento (operação $\bowtie$), definida na Seção 3.10. Então, existem autômatos finitos A_1 e A_2 que aceitam, respectivamente, L_1 e L_2. Também, conforme visto na Seção 4.7, existem autômatos de pilha P_1 e P_2 que aceitam, respectivamente, L_1 e L_2. Aqui, no entanto, P_1 e P_2 serão um pouco diferentes dos vistos anteriormente. O autômato de pilha P, com critério de aceitação pilha vazia, é obtido a partir de P_1 e P_2, conforme descrito a seguir, e é tal que $L(P) = L_1 \bowtie L_2$:

1. P_1 é construído a partir de A_1, porém preservando o símbolo inicial da pilha (Z_0) e inserindo um novo símbolo no topo da pilha (por exemplo X) para cada símbolo lido na entrada.
2. Uma vez aceita a cadeia por P_1, deve-se transitar em vazio para o (antigo) estado inicial P_2.

3. P_2 é construído a partir de A_2, porém removendo um símbolo do topo da pilha (por exemplo X) para cada símbolo lido na entrada.
4. O estado inicial de P é o estado inicial de P_1.
5. Ao término, P_2 deve eliminar o símbolo inicial (Z_0) da sua pilha.

Dessa maneira, P_1 aceita uma cadeia de L_1 e P_2 aceita uma cadeia de L_2. Como a pilha necessita estar vazia para que a cadeia de entrada seja aceita, é importante que ambas as cadeias possuam a mesma quantidade de símbolos. Assim, todos os X inseridos por P_1 serão posteriormente removidos por P_2, que também se encaregará da remoção de Z_0. Como P é um autômato de pilha, segue que $L_1 \bowtie L_2$ é livre de contexto.

Caso as cadeias de L_1 e L_2 possuam comprimentos diferentes, então a concatenação delas será rejeitada por P. O mesmo acontece se a primeira cadeia não pertencer a L_1 ou a segunda não pertencer a L_2.

Cumpre observar, no entanto, que, dependendo de L_1 e L_2, $L_1 \bowtie L_2$ pode ser (i) vazia (e portanto regular); (ii) finita e não vazia (portanto regular); (iii) infinita e regular ou (iv) infinita e estritamente livre de contexto. Portanto, $L_1 \bowtie L_2$ é sempre livre de contexto quando L_1 e L_2 forem regulares. Os exemplos a seguir ilustram estes quatro casos. □

Exemplo 4.52 Sejam L_1 o conjunto das cadeias de comprimento par sobre o alfabeto $\{a\}$ e L_2 o conjunto das cadeias de comprimento ímpar sobre o mesmo alfabeto. Ambas são regulares (respectivamente $(aa)^*$ e $a(aa)^*$) e $L_1 \bowtie L_2 = \emptyset$, vazia e regular. ★

Exemplo 4.53 Sejam L_1 o conjunto das cadeias de comprimento maior ou igual a 3 sobre o alfabeto $\{a\}$ e L_2 o conjunto das cadeias de comprimento menor ou igual a 5 sobre o mesmo alfabeto (respectivamente $aaaa^*$ e $\varepsilon \mid a \mid aa \mid aaa \mid aaaa \mid aaaaa$). Ambas são regulares e $L_1 \bowtie L_2 = \{aaa, aaaa, aaaaa\}$, finita e regular. ★

Exemplo 4.54 Seja L o conjunto de todas as cadeias sobre o alfabeto $\{a\}$. A linguagem é regular (a^*) e $L \bowtie L$ corresponde ao conjunto das cadeias de comprimento par sobre o mesmo alfabeto ($(aa)^*$), sendo, portanto, infinita e regular. ★

Exemplo 4.55 Considere novamente as linguagens regulares L_1 e L_2 do Exemplo 3.84. A Figura 4.24 ilustra os autômatos finitos A_1 e A_2 que aceitam, respectivamente, L_1 e L_2. A Figura 4.25 ilustra o autômato de pilha P, obtido a partir de A_1 e A_2 conforme o Teorema 4.19, que aceita $L_1 \bowtie L_2$. ★

Figura 4.24 Autômatos finitos A_1 e A_2 que aceitam, respectivamente, $L_1 = ab^*$ e $L_2 = cd^*$.

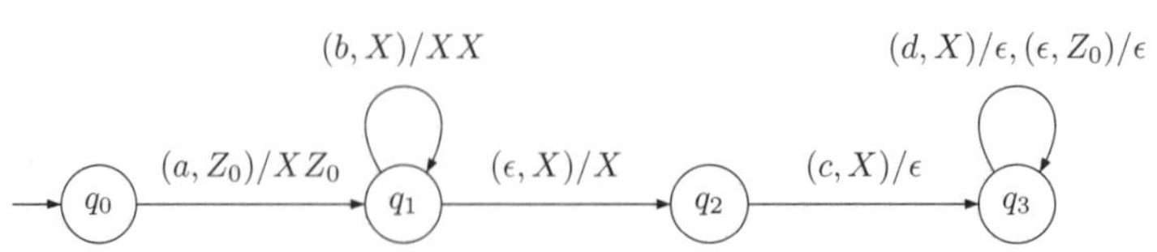

Figura 4.25 Autômato de pilha P que aceita $L_1 \bowtie L_2$.

4.11 Linguagens livres de contexto determinísticas

Diferentemente da classe das linguagens regulares, que podem ser reconhecidas indistintamente por autômatos finitos, determinísticos ou não determinísticos, somente autômatos de pilha não determinísticos são capazes de reconhecer as linguagens livres de contexto, no caso geral.

Essa conclusão, que pode ser provada demonstrando-se a existência de linguagens livres de contexto não reconhecíveis por autômatos de pilha determinísticos, quaisquer que sejam eles, possui uma importante consequência prática, uma vez que os autômatos de pilha não determinísticos são por natureza pouco eficientes, e por isso constituem modelos de implementação pouco atraentes em diversas situações, entre as quais na importante área de construção de compiladores.

Exemplo 4.56 A linguagem $L_1 = \{ww^R \mid w \in \{a,b\}^*\}$ é não determinística, ou seja, é reconhecida apenas por autômatos de pilha não determinísticos. Um exemplo de tal autômato, com critério de aceitação baseado em pilha vazia, é apresentado na Figura 4.26. São exemplos de cadeias aceitas por este autômato *aa* e *abba*, como se pode verificar nos reconhecimentos a seguir:

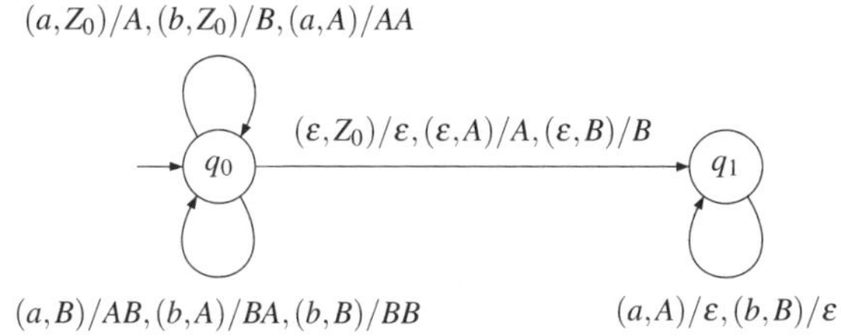

Figura 4.26 Autômato de pilha para a linguagem $\{ww^R \mid w \in \{a,b\}^*\}$.

- $(q_0, aa, Z_0) \vdash (q_0, a, A) \vdash (q_1, a, A) \vdash (q_1, \varepsilon, \varepsilon)$
- $(q_0, abba, Z_0) \vdash (q_0, bba, A) \vdash (q_0, ba, BA) \vdash (q_1, ba, BA) \vdash (q_1, a, A) \vdash (q_1, \varepsilon, \varepsilon)$

Como é fácil observar, a característica não determinística do autômato é fundamental para que ele possa determinar o ponto exato da cadeia de entrada em que termina a subcadeia w e se inicia a subcadeia w^R: apenas uma movimentação em vazio no ponto central da cadeia será capaz de fazer com que o autômato atinja uma configuração final. Tal característica é necessária, uma vez que o autômato, por conta de suas próprias limitações, não tem condições de determinar diretamente o ponto exato em que se inicia a cadeia w^R. ⋆

Assim, apesar do elevado interesse prático exibido pelas linguagens livres de contexto, decorrente da relativa facilidade com que elas podem ser representadas e manipuladas, a dificuldade acima mencionada levou os pesquisadores a um estudo mais aprofundado dessa classe de linguagens, visando fornecer aos projetistas e implementadores de linguagens artificiais subsídios que permitissem o aproveitamento prático das características dessa classe de linguagens, sem, no entanto, sacrificar o desempenho dos respectivos reconhecedores pela presença de eventuais não determinismos.

Como consequência, foi identificada e caracterizada a classe das **linguagens livres de contexto determinísticas**, que se provou ser subconjunto próprio das linguagens livres de contexto genéricas. Por definição, linguagens livres de contexto determinísticas são aquelas que podem ser reconhecidas por autômatos de pilha determinísticos. Em outras palavras, uma linguagem livre de contexto é dita determinística se for possível demonstrar a existência de pelo menos um autômato de pilha determinístico que a reconheça.

A linguagem para a qual se pode provar a inexistência de quaisquer autômatos de pilha determinísticos que a reconheçam, e, simultaneamente, a existência de pelo menos um autômato de pilha não determinístico que a reconheça, é denominada **linguagem livre de contexto não determinística**, e o conjunto de tais linguagens constitui uma classe importante das linguagens livres de contexto gerais.

A classe das linguagens livres de contexto determinísticas, também conhecida como $LR(k)$, apresenta um elevado interesse prático, uma vez que propicia a obtenção de implementações eficientes para todas as linguagens livres de contexto determinísticas. Por outro lado, a restrição que as caracteriza felizmente não cria limitações sérias ao poder de representação de tal classe de linguagens, quando comparado ao das linguagens do tipo 2 genéricas, e como consequência as linguagens $LR(k)$ constituem uma classe de linguagens ainda muito aderente às necessidades práticas de representação sintática formal das linguagens de programação usuais, sendo por esse motivo largamente utilizadas na área de processamento de linguagens artificiais, em especial das linguagens de programação.

Por sua vez, também como parte da classe das linguagens $LR(k)$, é possível identificar uma nova classe de linguagens, constituída na forma de um subconjunto próprio, e que também apresenta elevado interesse prático: trata-se das linguagens $LL(k)$, e a sua caracterização decorre da possibilidade de obtenção de modelos de implementação ainda mais eficientes do que os obtidos para as linguagens $LR(k)$. No entanto, a sua abrangência é menor do que a das linguagens $LR(k)$, e por esse motivo o seu interesse prático é um pouco menor do que as primeiras, sendo, no entanto, bastante útil no caso de linguagens livres de contexto determinísticas com menor grau de sofisticação sintática. Linguagens $LL(k)$ são discutidas em detalhes na Seção 4.12.

A seguir serão apresentadas as definições de gramáticas e de linguagens $LL(k)$ e $LR(k)$. Para maiores detalhes, exemplos, propriedades, algoritmos de verificação gramatical e técnicas de construção de reconhecedores para essas classes de linguagens, recomenda-se a leitura de [15] ou [11].

Suponha-se que $G = (V, \Sigma, P, S)$ seja uma gramática livre de contexto. Então:

- Diz-se que G é uma gramática $LL(k)$ se for possível analisar deterministicamente as cadeias de $L(G)$ da seguinte forma: quaisquer que sejam a cadeia de entrada $w \in L(G)$ e a forma sentencial $\alpha X \beta$, obtida por meio da aplicação exclusiva de derivações mais à esquerda, e tal que $S \Rightarrow^* \alpha X \beta$, com $\alpha \in \Sigma^*$, $X \in N$ e $\beta \in V^*$, se a escolha da produção $X \rightarrow \mu$ puder ser feita de forma unívoca, inspecionando-se no máximo os k primeiros símbolos de γ, onde $\alpha X \beta \Rightarrow \alpha \mu \beta \Rightarrow^* \alpha \gamma$, $\gamma \in \Sigma^*$. A aplicação da produção escolhida faz com que $\alpha X \beta \Rightarrow \alpha \mu \beta$ e, eventualmente, $\alpha \mu \beta \Rightarrow^* w$.
- Diz-se que G é uma gramática $LR(k)$ se for possível analisar deterministicamente as cadeias de $L(G)$ da seguinte forma: quaisquer que sejam a cadeia de entrada $w \in L(G)$ e a forma sentencial $\alpha \mu \beta$, obtida por meio da aplicação exclusiva de reduções[3] mais à esquerda, e tal que $w \Rightarrow^* \alpha \gamma \Rightarrow^* \alpha \mu \beta$, com $\alpha, \mu \in V^*$ e $\beta, \gamma \in \Sigma^*$, se a escolha da produção $X \rightarrow \mu$ puder ser feita de forma unívoca, inspecionando-se no máximo os k primeiros símbolos de β. A aplicação da produção escolhida faz com que $\alpha \mu \beta \Rightarrow \alpha X \beta$ e, eventualmente, $\alpha X \beta \Rightarrow^* S$.

[3] Uma redução corresponde ao inverso de uma derivação, ou seja, à substituição do lado direito de uma produção, em uma forma sentencial, pelo lado esquerdo correspondente. Por exemplo, se $X \rightarrow \mu$ é uma produção, então $\alpha X \beta \Rightarrow \alpha \mu \beta$ denota uma derivação e $\alpha \mu \beta \Rightarrow \alpha X \beta$ denota uma redução. Uma sequência de reduções mais à esquerda corresponde à ordem inversa da sequência de derivações mais à direita que gera a mesma cadeia.

Diz-se que uma **linguagem** é $LL(k)$ se ela for gerada por uma gramática $LL(k)$. Por outro lado, de acordo com a definição, toda gramática $LL(k)$ é, naturalmente, também uma gramática $LL(k+1), LL(k+2)$ etc. Logo, toda linguagem $LL(k)$ é também uma linguagem $LL(k+1), LL(k+2)$ etc. Na prática, no entanto, costuma-se atribuir a uma linguagem o menor valor de k entre todas as gramáticas que a geram. Considerações análogas se aplicam ao caso das gramáticas e das linguagens $LR(k)$.

Do ponto de vista da hierarquia de inclusão própria das linguagens formais, a classe das linguagens $LR(k)$ e a classe das linguagens $LL(k)$ situam-se entre a classe das linguagens regulares e a classe das linguagens livres de contexto genéricas, conforme ilustrado na Figura 4.27.

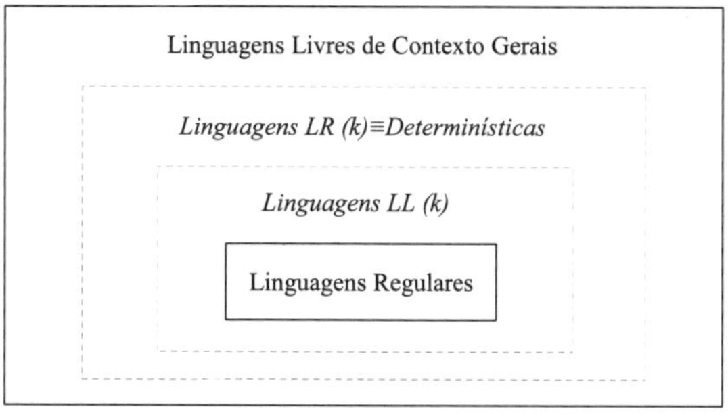

Figura 4.27 As subclasses $LL(k)$ e $LR(k)$.

A demonstração da equivalência entre a classe das linguagens livres de contexto que podem ser reconhecidas deterministicamente e a classe das linguagens $LR(k)$ pode ser encontrada em [23]. A demonstração da existência de um algoritmo para determinar se uma dada gramática é $LR(k)$ para um certo valor de k também pode ser encontrada em [23].

Exemplo 4.57 A linguagem $L_2 = \{a^n b^n c \mid n \geqslant 0\}$ é $LL(1)$, porém não é regular. A não regularidade pode ser demonstrada facilmente pela aplicação do "Pumping Lemma" para as linguagens regulares. A gramática livre de contexto G_2 a seguir gera esta linguagem:

$$
\begin{aligned}
G_2 &= (V, \Sigma, P, S) \\
V &= \{S, X, a, b, c\} \\
\Sigma &= \{a, b, c\} \\
P &= \{S \rightarrow Xc, X \rightarrow aXb \mid \varepsilon\}
\end{aligned}
$$

Quaisquer que sejam a forma sentencial e a cadeia de entrada consideradas, o seguinte critério permite determinar univocamente a produção a ser aplicada:

- Se a forma sentencial corrente for S:
  - Se o terminal corrente for a, escolhe-se a produção $S \rightarrow Xc$.
  - Se o terminal corrente for b, há um erro na cadeia de entrada.
  - Se o terminal corrente for c, escolhe-se a produção $S \rightarrow Xc$.
- Se a forma sentencial corrente for Xc:
  - Se o terminal corrente for a, escolhe-se a produção $X \rightarrow aXb$.
  - Se o terminal corrente for b, há um erro na cadeia de entrada.
  - Se o terminal corrente for c, escolhe-se a produção $X \rightarrow \varepsilon$.
- Se a forma sentencial corrente for $a^i X b^i c, \forall i \geqslant 1$:

- Se o terminal corrente for a, escolhe-se a produção $X \to aXb$.
- Se o terminal corrente for b, escolhe-se a produção $X \to \varepsilon$.
- Se o terminal corrente for c, há um erro na cadeia de entrada.

Logo, G_2 é $LL(1)$ — $LL(k)$ para $k = 1$ — pois, dada uma forma sentencial, basta inspecionar apenas um símbolo da cadeia de entrada para determinar univocamente a regra a ser aplicada. Consequentemente, $L(G_2)$ também é $LL(1)$.

Considerem-se as cadeias $aabbc$ e c. As Tabelas 4.1 e 4.2 ilustram, respectivamente, as sequências de derivações mais à esquerda que refletem a operação de um reconhecedor $LL(1)$ na aceitação delas. Os delimitadores "[" e "]" indicam o símbolo corrente da cadeia de entrada. ⋆

Tabela 4.1 Sequência de derivações mais à esquerda realizada por um reconhecedor $LL(1)$ na análise da cadeia $aabbc$

Forma sentencial	Cadeia de entrada	Produção utilizada
S	$[a]abbc$	$S \to Xc$
Xc	$[a]abbc$	$X \to aXb$
$aXbc$	$[a]abbc$	-
$aXbc$	$a[a]bbc$	$X \to aXb$
$aaXbbc$	$a[a]bbc$	-
$aaXbbc$	$aa[b]bc$	$X \to \varepsilon$
$aabbc$	$aa[b]bc$	-
$aabbc$	$aab[b]c$	-
$aabbc$	$aabb[c]$	-
$aabbc$	$aabbc$	-

Tabela 4.2 Sequência de derivações mais à esquerda realizada por um reconhecedor $LL(1)$ na análise da cadeia c

Forma sentencial	Cadeia de entrada	Produção utilizada
S	$[c]$	$S \to Xc$
Xc	$[c]$	$X \to \varepsilon$
c	$[c]$	-
c	c	-

Exemplo 4.58 Considere-se a linguagem $L_3 = \{x^{2n}y^{2n}e \mid n \geqslant 0\} \cup \{x^{2n+1}y^{2n+1}o \mid n \geqslant 0\}$. A gramática G_3 a seguir gera esta linguagem:

$$\begin{aligned} G_3 &= (V, \Sigma, P, S) \\ V &= \{S, E, O, x, y, e, o\} \\ \Sigma &= \{x, y, e, o\} \\ P &= \{S \to Ee \mid Oo, E \to xOy \mid \varepsilon, O \to xEy\} \end{aligned}$$

Justifica-se que a linguagem não é $LL(k)$ porque, para n genérico, não há um valor de k que seja suficiente para garantir a escolha da produção correta a ser aplicada na gramática, qualquer que seja ela. Fixe-se um valor arbitrário κ para k, ou seja, $k = \kappa$. Basta escolher uma cadeia de entrada em que $2n \geqslant \kappa$ para que não se possa determinar univocamente a produção a ser aplicada. Em outras palavras, qualquer que seja o valor de k selecionado, sempre haverá uma cadeia pertencente à linguagem tal que a quantidade de símbolos x é maior ou igual a k, inviabilizando o reconhecimento dela como sendo pertencente ao conjunto $\{x^{2n}y^{2n}e\}$ ou ao conjunto $\{x^{2n+1}y^{2n+1}o\}$.

Quaisquer que sejam a forma sentencial e a cadeia de entrada consideradas, o seguinte critério permite determinar univocamente a produção a ser aplicada:

- Se a forma sentencial corrente for $x^{2n}y^{2n}e, n \geqslant 0$ ou $x^{2n+1}y^{2n+1}o, n \geqslant 0$:
  - Se o terminal corrente for y, .scolhe-se a produção $E \rightarrow \varepsilon$;
  - Se o terminal corrente for e, escolhe-se a produção $E \rightarrow \varepsilon$.
  - Se o terminal corrente for o, há um erro na cadeia de entrada.
- Se a forma sentencial corrente for $x^{2n}Ey^{2n}e, n \geqslant 0$ ou $x^{2n+1}Ey^{2n+1}o, n \geqslant 0$:
  - Escolhe-se a produção $O \rightarrow xEy$.
- Se a forma sentencial corrente for $x^{2n}Oy^{2n}o, n \geqslant 0$ ou $x^{2n+1}Oy^{2n+1}e, n \geqslant 0$:
  - Escolhe-se a produção $E \rightarrow xOy$.
- Se a forma sentencial corrente for Ee:
  - Escolhe-se a produção $S \rightarrow Ee$.
- Se a forma sentencial corrente for Oo:
  - Escolhe-se a produção $S \rightarrow Oo$.

Logo, G_3 é $LR(1)$, ou seja, $LR(k)$ para $k = 1$, pois, dada uma forma sentencial, basta inspecionar apenas um símbolo da cadeia de entrada para determinar univocamente a regra a ser aplicada. Consequentemente, $L(G_3)$ também é $LR(1)$.

As Tabelas 4.3 e 4.4 ilustram as sequências de reduções mais à esquerda que refletem a operação de um reconhecedor $LR(1)$ na aceitação das cadeias $xxyye$ e $xxxyyyo$, respectivamente. Os delimitadores "[" e "]" indicam o símbolo corrente da cadeia de entrada.

Tabela 4.3 Sequência de reduções mais à esquerda realizada por um reconhecedor $LR(1)$ na análise da cadeia $xxyye$

Forma sentencial	Cadeia de entrada	Produção utilizada
$xxyye$	$[x]xyye$	-
$xxyye$	$x[x]yye$	-
$xxyye$	$xx[y]ye$	$E \rightarrow \varepsilon$
$xxEyye$	$xx[y]ye$	$O \rightarrow xEy$
$xOye$	$xxy[y]e$	$E \rightarrow xOy$
Ee	$xxyy[e]$	$S \rightarrow Ee$
S	$xxyye$	-

⋆

O algoritmo de reconhecimento $LL(k)$ apresentado no Exemplo 4.57 foi elaborado com base nas técnicas descritas na Seção 4.12. O algoritmo de reconhecimento $LR(k)$ apresentado nos Exemplo 4.58 foi elaborado com base em técnicas cuja apresentação e discussão não fazem parte deste livro. O assunto (tanto a análise descendente quanto a análise ascendente), no entanto, é exaustivamente estudado na literatura sobre compiladores e processadores de linguagens. Para mais detalhes, recomenda-se a leitura de [24], [11], [15], [25], [26], [27] ou [28].

Tabela 4.4 Sequência de reduções mais à esquerda realizada por um reconhecedor $LR(1)$ na análise da cadeia $xxxyyyo$

Forma sentencial	Cadeia de entrada	Produção utilizada
$xxxyyyo$	$[x]xxyyyo$	-
$xxxyyyo$	$x[x]xyyyo$	-
$xxxyyyo$	$xx[x]yyyo$	-
$xxxyyyo$	$xxx[y]yyo$	$E \to \varepsilon$
$xxxEyyyo$	$xxx[y]yyo$	$O \to xEy$
$xxOyyo$	$xxxy[y]yo$	$E \to xOy$
$xEyo$	$xxxyy[y]o$	$O \to xEy$
Oo	$xxxyyy[o]$	$S \to Oo$
S	$xxxyyyo$	-

Gramáticas e linguagens livres de contexto são extensivamente empregadas na definição e na implementação de linguagens artificiais, em particular das de programação. Aninhamentos, ou construções sintáticas que se repetem integralmente como partes de si próprias, são muito comuns em linguagens de programação convencionais, manifestando-se geralmente na especificação do fluxo de controle (comandos e blocos aninhados), das abstrações (procedimentos e funções aninhadas), das expressões (através do uso de parênteses aninhados) etc. Tal característica torna o uso das linguagens (e das gramáticas) livres de contexto determinísticas muito atraente, uma vez que elas permitem a obtenção de representações formais e de modelos de implementação que incorporam diretamente, e a um custo relativamente baixo, a especificação e a análise de construções sintáticas aninhadas. Por esse motivo, as linguagens e as gramáticas livres de contexto determinísticas, sejam elas $LR(k)$ ou $LL(k)$, costumam ser empregadas na formalização sintática da maioria das linguagens de programação convencionais. Como consequência, os compiladores dessas linguagens costumam ser construídos com base nos correspondentes autômatos de pilha determinísticos. Tais reconhecedores, que servem como ponto de partida para a construção de analisadores sintáticos, são com frequência usados como núcleos dos compiladores das respectivas linguagens, e a eles são agregados os demais módulos de análise e de geração de código, para completar as funções do compilador.

4.12 Linguagens livres de contexto descendentes

O termo **análise sintática** refere-se à determinação do pertencimento (ou não) de uma cadeia a uma linguagem. O método de análise sintática chamado de determinístico descendente, ou simplesmente descendente, permite que todas as sentenças da linguagem possam ser reconhecidas de forma determinística por meio de derivações mais à esquerda. Isso significa que, mesmo na presença de múltiplas regras para um mesmo símbolo não terminal, é sempre possível determinar uma única regra a ser aplicada (se houver), descartando-se todas as demais.

Para determinar se uma cadeia é ou não uma sentença da linguagem gerada por uma gramática, o analisador sntático deve ser capaz de inferir as regras que foram usadas na derivação dela, e em que ordem.

No caso geral, uma forma sentencial pode conter vários símbolos não terminais, e cada um desses símbolos pode possuir várias alternativas de substituição (regras). Por se tratar de uma gramática livre de contexto, a escolha do não terminal a ser substituído em primeiro lugar é irrelevante. Por esse motivo, costuma-se derivar sempre o não terminal mas à esquerda em cada forma sentencial. Mas, ainda assim, como escolher a regra a ser usada para esse não terminal, caso exista mais de uma? Mesmo que exista apenas uma, como garantir que esta regra pode ser usada?

A escolha não determinística sempre funciona (método da tentativa e erro), mas o tempo de execução do analisador sintático fica muito onerado, especialmente quando a cadeia de entrada contém um erro. Por isso, procuram-se formas que permitam a escolha de no máximo uma única regra a ser aplicada em cada derivação, de modo a garantir uma maior eficiência do analisador sintático.

Conforme definido na Seção 4.11, uma linguagem livre de contexto é dita determinística se for possível obter um autômato de pilha determinístico que a aceite. Mas como verificar se uma linguagem possibilita a construção de um autômato de pilha determinístico que a aceite? Como fazer isso quando a linguagem em questão está representada por meio de uma gramática livre de contexto?

No caso geral, é necessário provar que a gramática é $LR(k)$ para algum valor de k (0,1,2,3,...). Isso pode ser um pouco trabalhoso e é muito mais simples verificar se uma gramática livre de contexto é $LL(k)$ para um dado valor de k (1,2,3,...). Se este for o caso, então a linguagem que é gerada por uma gramática $LL(k)$ é chamada de **linguagem** $LL(k)$, **linguagem livre de contexto determinístca descendente** ou simplesmente de **linguagem livre de contexto descendente**. Diz-se que uma linguagem é $LL(k)$ se existir pelo menos uma gramática $LL(k)$ que a gere.

O termo $LL(k)$ pode se referir, portanto, a uma gramática, a uma linguagem, a uma classe de linguagens ou a uma classe de linguagens. Quando usado para uma gramática, $LL(k)$ denota um atributo (ou propriedade) dela. Em particular, o atributo (ou propriedade) em questão é a possibilidade de permitir que as sentenças da linguagem gerada por esta gramática sejam analisadas de forma determinística descendente com um *lookahead* de no máximo k símbolos. Uma linguagem é dita $LL(k)$ se ela puder ser gerada por pelo menos uma gramática $LL(k)$. Além disso, o termo $LL(k)$ denota também uma classe de linguagens e uma classe de gramáticas com o referido atributo. No caso da análise descendente, pode ainda ser usado para se referir a um único símbolo não terminal que exiba tal propriedade.

O termo **descendente** é usado para indicar que a linguagem é tal que ela permite o reconhecimento das suas sentenças por meio de derivações, partindo da raiz da gramática e prosseguindo em direção à sentença. De forma equivalente, que as árvores de derivação que representam as sentenças da linguagem podem ser construídas de cima para baixo (da raiz em direção às folhas) e da esquerda para a direita.

Um *lookahead* é a quantidade de símbolos que o analisador precisa examinar na cadeia de entrada, a partir do ponto de leitura corrente, para poder fazer a escolha determinística da regra a ser usada. Logo:[4]

- Símbolo não terminal $LL(k)$ — símbolo de uma gramática que pode ser substituído de forma determinística na forma sentencial corrente examinando-se no máximo k símbolos de *lookahead*.
- Gramática $LL(k)$ — GLC que gera uma linguagem que podem ser analisada de forma determinística descendente com no máximo k símbolos de *lookahead*; quando todos os seus símbolos não terminais são $LL(k)$ para algum valor de k.

[4]LLC significa Linguagem Livre de Contexto e GLC sgnifica Gramática Livre de Contexto.

- Linguagem $LL(k)$ — LLC que pode ser analisada de forma determinística descendente com no máximo k símbolos de *lookahead*.
- Classe das gramáticas $LL(k)$ — $\bigcup$ GLCs que geram linguagens que podem ser analisadas de forma determinística descendente com no máximo k símbolos de *lookahead*.
- Classe das linguagens $LL(k)$ — $\bigcup$ LLCs que podem ser analisadas de forma determinística descendente com no máximo k símbolos de *lookahead*.
- GLCs descendentes — $\bigcup_{k=1}^{\infty}$ Gramáticas $LL(k)$.
- LLCs descendentes — $\bigcup_{k=1}^{\infty}$ Linguagens $LL(k)$.

Do ponto de vista gramatical, o não determinismo se manifesta, por exemplo, através da existência de múltiplas regras para um mesmo símbolo não terminal, o que pode implicar a necessidade de uma sucessão de escolhas até que alguma se mostre adequada ao reconhecimento pretendido ou até que todas sejam descartadas (método da tentativa e erro). Tal situação, obviamente, é indesejável do ponto de vista prático, uma vez que acarreta grande ineficiência.

Exemplo 4.59 Suponha uma gramática livre de contexto G tal que X seja um símbolo não terminal e P contenha as seguintes regras:

$$X \rightarrow \alpha_1 \mid \alpha_2 \mid \alpha_3$$

No caso de um reconhecedor não determinístico, todas as alternativas de substituição precisam ser testadas a fim de determinar se a cadeia de entrada pertence ou não pertence à linguagem gerada pela gramática. Então, as seguntes derivações são possíveis e precisariam ser testadas:

$$\dots X \dots \Rightarrow \dots \alpha_1 \dots \Rightarrow \dots$$

$$\dots X \dots \Rightarrow \dots \alpha_2 \dots \Rightarrow \dots$$

$$\dots X \dots \Rightarrow \dots \alpha_3 \dots \Rightarrow \dots$$

Em outras palavras: o analisador deve tentar inicialmente a regra $X \rightarrow \alpha_1$. Se, com ela, for possível derivar a cadeia de entrada, então o reconhecimento termina de forma bem-sucedida. Caso contário, o analisador deve voltar atrás e tentar a regra $X \rightarrow \alpha_2$. Em caso de insucesso, resta apenas a regra $X \rightarrow \alpha_3$ para ser tentada. Em caso de insucesso também com essa regra, então a cadeia deve ser rejeitada.

No caso de um reconhecedor determinístico, no máximo uma regra (entre as três apresentadas) seria a escolhida, uma vez que ela seria a única capaz de permitir a geração da cadeia em questão. As outras duas seriam descartadas a priori:

$$\dots X \dots \Rightarrow \dots \alpha_i \dots \Rightarrow \dots \text{ com } i = 1, 2, \text{ ou } 3$$

Desta maneira, o reconhecedor não determinístico precisaria testar no pior caso três substtuições, ao passo que o reconhecedor determinístico aplicaria no máximo uma regra em todos os casos. Isto ilustra a maior eficiência dos reconhecedores determinísticos em relação aos não determinísticos. ⋆

O restante desta seção tem como objetivo caracterizar formalmente gramáticas (e consequentemente linguagens) $LL(k)$, desenvolvendo um método prático para a verificação desta condição e propiciando o uso de técnicas de mapeamento de GLCs deste tipo em analisadores sintáticos. Antes, no entanto, serão apresentadas algumas definições que serão usadas mais adiante.

Definições

Suponha que $\alpha \rightarrow \beta$ seja uma regra gramatical. Uma **derivação** corresponde à substituição do lado esquerdo (α) pelo lado direito (β) de uma regra gramatical na forma sentencial corrente, dando origem a uma nova forma sentencial (conforme Seção 2.3). Uma **redução** corresponde à substituição do lado direito (β) pelo lado esquerdo (α) de uma regra gramatical na forma corrente, dando origem a uma nova forma sentencial.

Exemplo 4.60 Considere a gramática com o seguinte conjunto de regras:

$$\begin{array}{lcl} S & \rightarrow & XY \\ X & \rightarrow & aX \mid b \\ Y & \rightarrow & cY \mid d \end{array}$$

Considere a forma sentencial $aXcY$. Através da regra $X \rightarrow aX$ é possível fazer a derivação:

$$a\underbrace{X}cY \Rightarrow a\underbrace{aX}cY$$

e também a redução:

$$\underbrace{aX}cY \Rightarrow \underbrace{X}cY$$

Note que tanto a derivação quanto a redução são representadas pelo mesmo símbolo $\Rightarrow$. ⋆

Conforme a Seção 4.4, é possível definir sequências de **derivações mais à esquerda** quando o símbolo não terminal a ser a substituído na forma sentencial corrente for aquele situado mais à esquerda dela. De maneira análoga, é possível também definir sequências de **derivações mais à direita**. Veja exemplos na Seção 4.4.

Quando se trata de reduções, definições similares podem ser feitas. Uma sequência de **reduções mais à esquerda** é aquela na qual todas as reduções são feitas sempre sobre subcadeias que correspondem ao lado direito de regras e estão situadas mais à esquerda na forma sentencial corrente. De forma análoga, é possível também definir sequências de **reduções mais à direita**.

Exemplo 4.61 Consdere novamente a gramática do Exemplo 4.60. Então:

- $S \Rightarrow XY \Rightarrow aXY \Rightarrow abY \Rightarrow abcY \Rightarrow abcd$ é uma sequência de derivações mais à esquerda;
- $S \Rightarrow XY \Rightarrow XcY \Rightarrow Xcd \Rightarrow aXcd \Rightarrow abcd$ é uma sequência de derivações mais à direita;
- $abcd \Rightarrow aXcd \Rightarrow Xcd \Rightarrow XcY \Rightarrow XY \Rightarrow S$ é uma sequência de reduções mais à esquerda;
- $abcd \Rightarrow abcY \Rightarrow abY \Rightarrow aXY \Rightarrow XY \Rightarrow S$ é uma sequência de reduções mais à direita.

⋆

Observar que uma sequência direta de reduções mais à direita corresponde sempre ao inverso de uma sequência direta de derivações mais à esquerda. Da mesma forma, que uma sequência direta de reduções mais à esquerda corresponde sempre ao inverso de uma sequência direta de derivações mais à direita.

A caracterização das gramáticas $LL(k)$ é feita com base nas definições apresentadas a seguir: $first_k(\alpha)$ e $follow_k(\beta)$. Seja $G = (V, \Sigma, P, S)$ uma gramática livre de contexto, $\alpha, \beta \in V^*$ e k um número inteiro, $k \geq 1$. Então:

$$first_k(\alpha) = \{w \in \Sigma^* \mid (\alpha \Rightarrow^* w \text{ e } |w| < k) \text{ ou } (\alpha \Rightarrow^* wx \text{ e } |w| = k \text{ para algum } x)\}$$

- $first_k(\alpha)$ é um conjunto de cadeias de símbolos terminais. Este conjunto é formado por:
  - prefixos de comprimento k de todas as cadeias que podem ser geradas a partir de α pela aplicação das regras de G; e

- todas as cadeias de comprimento menor do que k que podem ser geradas a partir de α pela aplicação das regras de G.

Exemplo 4.62 Considere novamente a gramática do Exemplo 4.60. Então:

- $first_1(aX) = \{a\}$;
- $first_1(b) = \{b\}$;
- $first_1(XY) = \{a,b\}$;
- $first_1(S) = \{a,b\}$;
- $first_2(aX) = \{aa,ab\}$;
- $first_2(b) = \{b\}$;
- $first_2(XY) = \{aa,ab,bc,bd\}$;
- $first_2(S) = \{aa,ab,bc,bd\}$;
- etc.

⋆

Note que $first_k(\alpha)$ não contém a cadeia vazia, pois ε não é um símbolo terminal. Desta maneira, não se calcula $first_k(\varepsilon)$.

$$follow_k(\beta) = \{w \mid (S \Rightarrow^* \alpha\beta\gamma \text{ e } w \in frst_k(\gamma)\}$$

- $follow_k(\beta)$ é um conjunto de cadeias de símbolos terminais. Este conjunto é formado por:
- Cadeias de comprimento igual a k (ou menor, se for o caso) que comparecem imediatamente à direita da cadeia β, consideradas todas as formas sentenciais geradas por G em que β faça parte.

Exemplo 4.63 Considere a gramática:

$$\begin{aligned} S &\rightarrow aXbY\# \\ X &\rightarrow aX \mid a \\ Y &\rightarrow bY \mid b \end{aligned}$$

Então:

- $follow_1(X) = \{b\}$;
- $follow_1(Y) = \{\#\}$.

⋆

Exemplo 4.64 Considere a gramática:

$$\begin{aligned} S &\rightarrow aSXc\# \\ X &\rightarrow bX \mid \varepsilon \end{aligned}$$

Então:

- $follow_1(S) = \{b,c\}$;
- $follow_1(X) = \{c\}$.

⋆

Análise descendente

A análise descendente é feita por meio do uso de derivações mais à esquerda. A árvore de derivação, consequentemente, é construída de cima para baixo (portanto da raiz em direção às folhas, daí o nome deste tipo de análise) e da esquerda para a direta. Veja a Figura 4.28. A classe da linguagens que pode ser analisada desta forma corresponde justamente à classe das linguagens $LL(k)$.

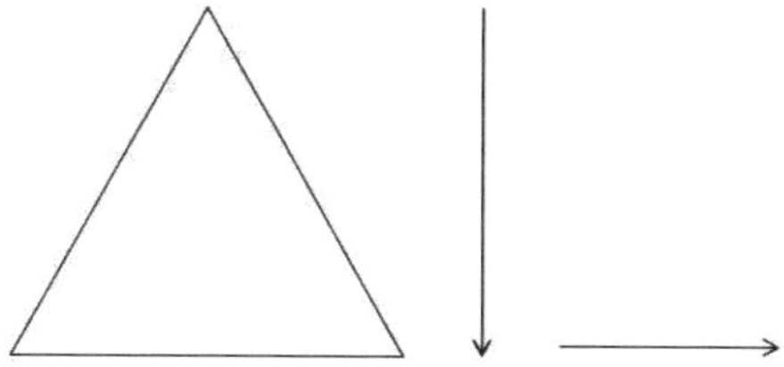

Figura 4.28 Análise descendente de forma geral.

Conforme definido na Seção 4.11, uma gramática é dita $LLk)$ se as sentenças da linguagem gerada por essa gramática puderem sempre ser analisadas de forma determinística por meio do emprego exclusivo de derivações mais à esquerda, com um *lookahead* de no máximo k símbolos.

Suponha, numa certa gramática $G = (V, \Sigma, P, S)$, com $w, x, y \in \Sigma^*, A \in N$ e $\alpha, \beta, \gamma \in V^*$, onde as formas sentenciais são obtidas por meio de derivações mais à esquerda, que:

1. $S \Rightarrow^* wA\alpha \Rightarrow w\beta\alpha \Rightarrow^* wx$, e
2. $S \Rightarrow^* wA\alpha \Rightarrow w\gamma\alpha \Rightarrow^* wy$

Suponha ainda que $first_k(x) = first_k(y)$ implica sempre $\beta = \gamma$. Então, esta gramática é dita $LL(k)$. Em outras palavras, a escolha da derivação para o símbolo não terminal A na forma sentencial $wA\alpha$ é feita de maneira unívoca a partir da análise dos k primeiros símbolos terminais gerados por $A\alpha$. Ou seja, sempre que houver uma única regra na gramática que permita gerar os k primeiros símbolos terminais de x a partir de A na forma sentencial $wA\alpha$. Veja a Figura 4.29.

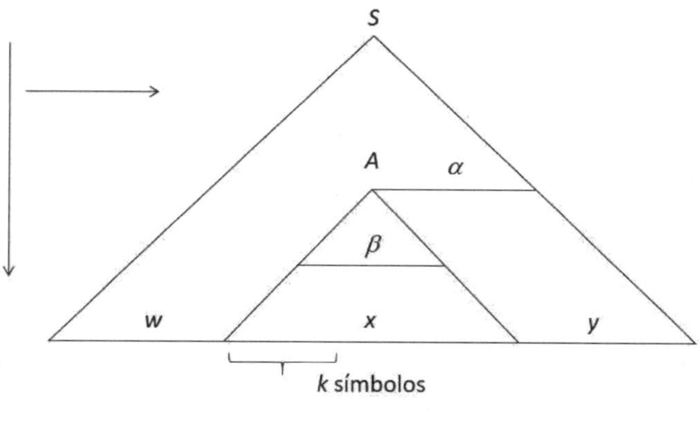

Figura 4.29 Análise descendente em detalhes.

A Figura 4.29 ilustra bem o que acontece durante um reconhecimento determinístico descendente (possibilitado por uma gramática $LL(k)$). Considerando-se o emprego exclusivo de derivações mais à esquerda, a forma sentencial corrente é formada por uma cadeia de terminais (w), o não terminal a ser substituído (A) e o restante da forma sentencial (α), que pode ser composto por terminais e/ou não terminais livremente. A análise então considera todos os prefixos gerados a partir de $A\alpha$ e os k próximos símbolos terminais da entrada para então escolher a regra a ser usada na substituição de A. Sempre que essa escolha resultar em no máximo uma regra, a gramática e, consequentemente, a linguagem são $LL(k)$.

Em outras palavras, suponha que existam n regras para o não terminal A: $A \rightarrow \beta_1 \mid \beta_2 \mid \ldots \mid \beta_n$ (veja Figura 4.30). Suponha ainda que o *lookahead* (ou seja, os k primeiros símbolos de xy) seja μ. Se $\mu \in first_k(\beta_1\alpha)$, então a regra $A \rightarrow \beta_1$ deverá ser usada. Da mesma forma, se $\mu \in first_k(\beta_2\alpha)$, então a regra $A \rightarrow \beta_2$ deverá ser usada, e assim por diante. Caso se $\mu \notin first_k(\beta_i\alpha), 1 \leq i \leq n$, então um erro sintático deverá ser reportado .

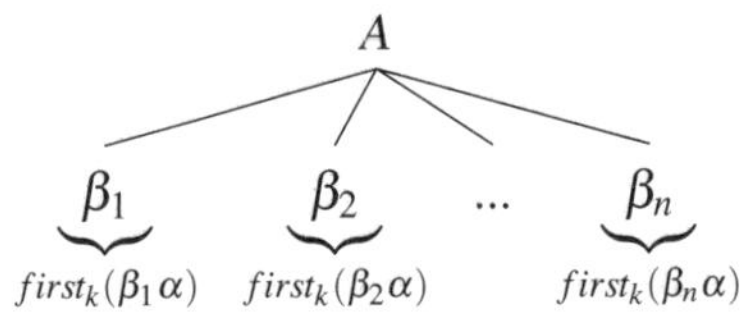

Figura 4.30 As n regras de um símbolo não terminal A.

- Se $\mu \in first_k(\beta_1\alpha)$, então usar $A \rightarrow \beta_1$.
- Se $\mu \in first_k(\beta_2\alpha)$, então usar $A \rightarrow \beta_2$.
- ...
- Se $\mu \in first_k(\beta_n\alpha)$, então usar $A \rightarrow \beta_n$.
- Caso contrário, reportar erro sintático.

Note que a cadeia entrada é lida da esquerda para a direita. Além disso, que são usadas derivações mais à esquerda. O termo $LL(k)$ reflete justamente esses dois fatos: o primeiro L (de *L*eft-to-right) indica que a cadeia de entrada é lida da esquerda para a direita. O segundo L (de *L*eftmost-derivation) indica que são usadas derivações mais à esquerda. Para completar, k representa a quantidade máxima de símbolos que o analisador precisa inspecionar na entrada para garantir que o processo seja sempre determinístico.

A condição $LL(k)$ de uma gramática livre de contexto pode ser traduzida na exigência de que todos os símbolos não terminais da gramática sejam $LL(k)$. Um símbolo não terminal é dito $LL(k)$ se a escolha da regra a ser usada na substituição dele puder sempre ser escolhida de forma determinística com um *lookahead* de no máximo k símbolos. Neste caso, o k da gramática será o maior k entre todos os calculados para os seus não terminais.

Exemplo 4.65 Considere mais uma vez a gramática do Exemplo 4.60 e a sentença $aabccd$. Uma análise determinística descendente desta sentença corresponde à seguinte sequência de derivações:

$$S \Rightarrow XY \Rightarrow aXY \Rightarrow aaXY \Rightarrow aabY \Rightarrow aabcY \Rightarrow aabccY \Rightarrow aabccd$$

As árvores que representam os estágios desta sequência são apresentadas nas Figuras 4.31 até 4.37.

$\star$

Apresentamos a seguir algumas propriedades das gramáticas e linguagens $LL(k)$:

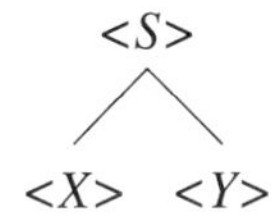

Figura 4.31 Árvore que representa a derivação $S \Rightarrow XY$.

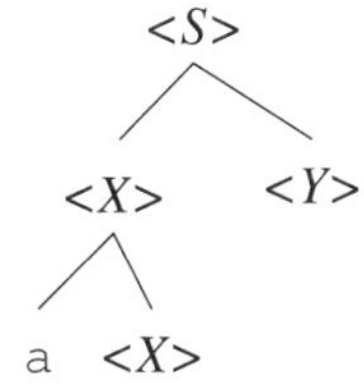

Figura 4.32 Árvore que representa a derivação $S \Rightarrow^* aXY$.

- Uma gramática G é dita $LL(k)$ se as sentenças de $L(G)$ puderem ser analisadas de forma determnística descendente. Para isso, a sentença é lida da esquerda para a direita e são empregadas derivações mais à esquerda.
- Toda linguagem regular é também $LL(k)$.
- Nem toda linguagem $LL(k)$ é também regular.
- Toda linguagem $LL(k)$ é também livre de contexto.
- Nem toda linguagem livre de contexo é também $LL(k)$.
- O conjunto das linguagens $LL(k)$ não é o maior subconjunto das linguagens livre de contexto que pode ser analisado de forma determinística.
- Toda gramática $LL(k)$ é não ambígua.
- O problema de determinar se uma dada gramática G é $LL(k)$ para um dado valor de k é decidível.
- O problema de determinar se uma dada gramática G é $LL(k)$ para algum valor de k é indecidível.
- Se G não é $LL(k)$ para um certo valor de k, então o problema de determinar se existe alguma outra gramática G' tal que $L(G) = L(G')$ e G' seja $LL(k)$ é indecidível.

Do ponto de vista prático, convém que o valor de k seja o menor possível a fim de garantir uma maior eficiência do analisador sintático. Como, no entanto, o problema de determinar se uma gramática livre de contexto é $LL(k)$ para algum valor de k é indecidível e o problema de determinar se G é $LL(k)$ para um dado valor de k é decidível, sugere-se então a seguinte abordagem:

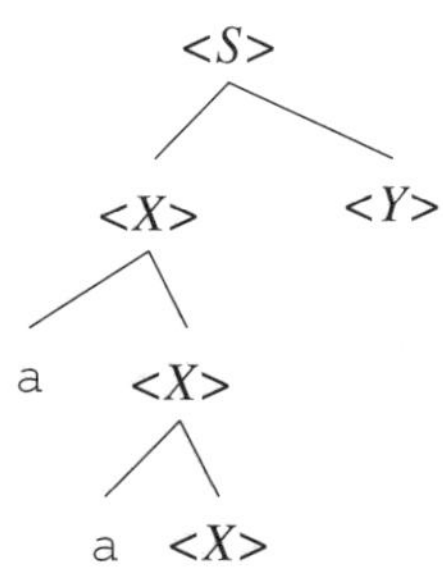

Figura 4.33 Árvore que representa a derivação $S \Rightarrow^* aaXY$.

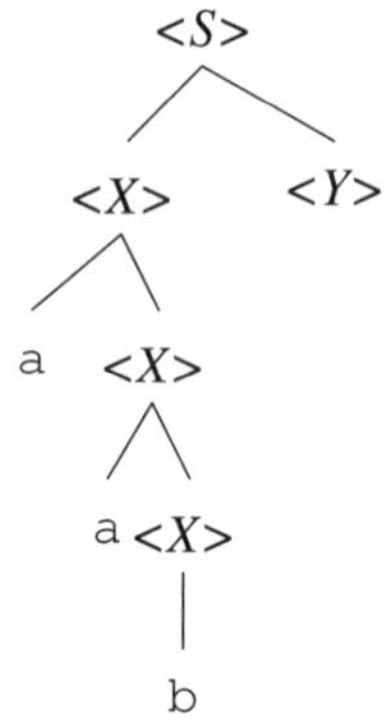

Figura 4.34 Árvore que representa a derivação $S \Rightarrow^* aabY$.

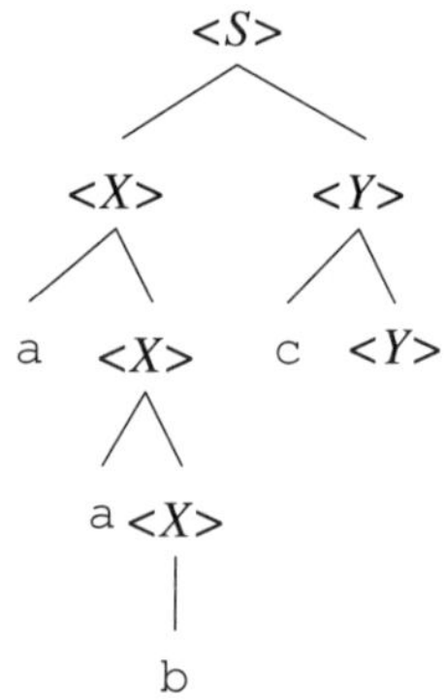

Figura 4.35 Árvore que representa a derivação $S \Rightarrow^* aabcY$.

- Testar se G é $LL(1)$.
- Em caso contrário, testar se G é $LL(2)$.
- Em caso contrário, testar se G é $LL(3)$.
- E assim por diante.

Como existem casos de gramáticas que não são $LL(k)$ para nenhum valor de k, não há garantias de que o processo acima termina.

Mas, afinal, como então verificar se uma certa gramática é ou não é $LL(k)$ para um dado valor de k?

Uso do contexto

A condição $LL(k)$, conforme apresentada anteriormente, requer que a escolha da próxima regra a ser usada na forma sentencial corrente $wA\alpha$ seja feita de maneira unívoca, a partir das seguntes informações:

- o não terminal corrente, A;
- o *lookahead* corrente, $first_k(xy)$, onde $wA\alpha \Rightarrow^* wxy$;
- o contexto corrente, ou seja, o prefixo w e o sufixo α da forma sentencial corrente.

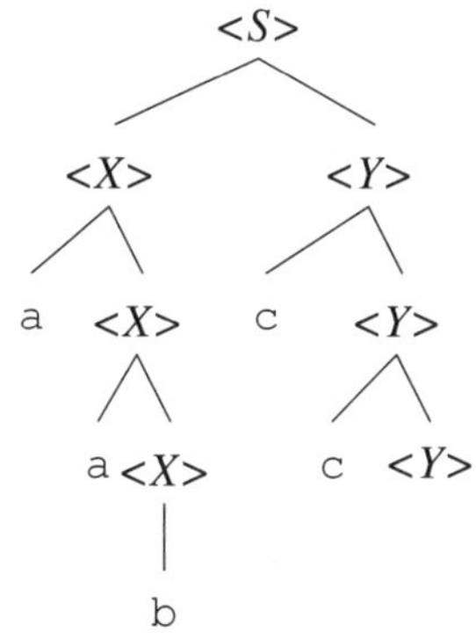

Figura 4.36 Árvore que representa a derivação $S \Rightarrow^* aabccY$.

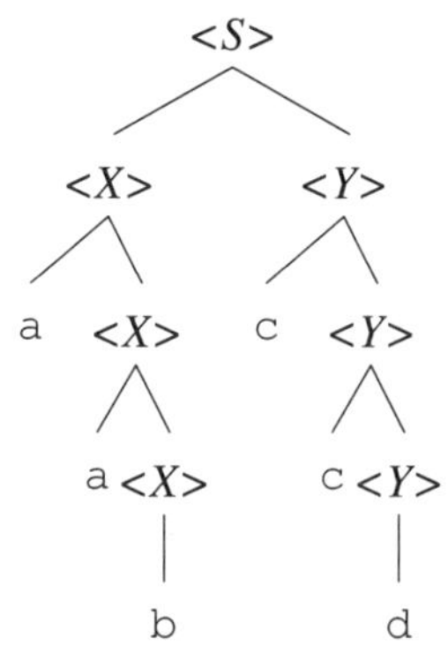

Figura 4.37 Árvore que representa a derivação $S \Rightarrow^* aabccd$.

Portanto, a escolha da regra a ser usada deve, pela definição, levar em conta três informações. Este fato, no entanto, produz o inconveniente de demandar a análise da forma sentencial corrente a fim de determinar w e α. Na prática o que ocorre é uma simplificação deste processo de decisão: a forma sentencial corrente é desconsiderada e a decisão leva em conta apenas o não terminal corrente e o *lookahead*, ou seja, apenas os dois primeiros itens acima.

Os Exemplos 4.66 e 4.67 ilustram, respectivamente, o caso de um símbolo não terminal que satisfaz a condição $LL(3)$ quando a forma sentencial corrente (contexto) é levada em consideração (Exemplos 4.66), mas este mesmo não terminal não é $LL(3)$, nem $LL(4)$, nem $LL(5)$ (e a análise para por aí) quando a forma sentencal é desconsiderada (Exemplo 4.67). Eles mostram que, em certas circunstâncias especiais, o uso da informação de contexto pode fazer com que a condição $LL(k)$ seja satisfeita, ou mesmo que se use um valor de k menor do que o que se usaria caso a forma sentencial fosse desconsiderada.

Exemplo 4.66 Considere a gramática abaixo e o não terminal A:

$$
\begin{aligned}
S &\rightarrow aAaB \mid bAbB \\
A &\rightarrow a \mid ab \\
B &\rightarrow aB \mid a
\end{aligned}
$$

As formas sentenciais em que o não terminal ocorre são duas $aAaB$ e $bAbB$. Vamos considerá-las separadamente, portanto:

- Forma sentencial $aAaB$ ($w = a$ e $\alpha = aB$):
  $k = 1$:
  - Se $A \to a$, então $aAaB \Rightarrow aaaB$ e $first_1(aaB) = \{a\}$.
  - Se $A \to ab$, então $aAaB \Rightarrow aabaB$ e $first_1(abaB) = \{a\}$.
  - Como os conjuntos $first_1$ não são disjuntos, segue que a condição $LL(1)$ não é verificada neste caso.

  $k = 2$:
  - Se $A \to a$, então $aAaB \Rightarrow aaaB$ e $first_2(aaB) = \{aa\}$.
  - Se $A \to ab$, então $aAaB \Rightarrow aabaB$ e $first_a(abaB) = \{ab\}$.
  - Como os conjuntos $first_2$ são disjuntos, segue que a condição $LL(2)$ é verificada neste caso.
- Forma sentencial $bAbB$ ($w = b$ e $\alpha = bB$):
  $k = 1$:
  - Se $A \to a$, então $bAbB \Rightarrow babB$ c $first_1(abB) = \{a\}$.
  - Se $A \to ab$, então $bAbB \Rightarrow babbB$ e $first_1(abbB) = \{a\}$.
  - Como os conjuntos $first_1$ não são disjuntos, segue que a condição $LL(1)$ não é verificada neste caso.

  $k = 2$:
  - Se $A \to a$, então $bAbB \Rightarrow babB$ e $first_2(abB) = \{ab\}$.
  - Se $A \to ab$, então $bAbB \Rightarrow babbB$ e $first_2(abbB) = \{ab\}$.
  - Como os conjuntos $first_2$ não são disjuntos, segue que a condição $LL(2)$ não é verificada neste caso.

  $k = 3$:
  - Se $A \to a$, então $bAbB \Rightarrow babB$ e $first_3(abB) = \{aba\}$.
  - Se $A \to ab$, então $bAbB \Rightarrow babbB$ e $first_2(abbB) = \{abb\}$.
  - Como os conjuntos $first_3$ são disjuntos, segue que a condição $LL(3)$ é verificada neste caso.

Logo, nesta gramática o não terminal A necessita de dois símbolos de *lookahead* se a forma sentencial corrente for $aAaB$ ou três se a forma sentencal corrente for $bAbB$. Portanto, o não terminal A necessita, no pior caso, de três símbolos de *lookahead* e este não terminal satisfaz a condição $LL(3)$ (e não $LL(2)$).

$\star$

Exemplo 4.67 Considere novamente a gramática do Exemplo 4.66 e o não terminal A. Agora investigaremos se este não terminal poderia ser objeto de substituição determinística sem levar em consideração a forma sentencial corrente.

- $k = 1$:
  Regra $A \to a$:
  - $aAaB \Rightarrow aaaB$ e $first_1(aaB) = \{a\}$.
  - $bAbB \Rightarrow babB$ e $first_1(abB) = \{a\}$.
  - Logo, $first_1$ para esta regra é $\{a\}$.

  Regra $A \to ab$:
  - $aAaB \Rightarrow aabaB$ e $first_1(abaB) = \{a\}$.
  - $bAbB \Rightarrow babbB$ e $first_1(abbB) = \{a\}$.
  - Logo, $first_1$ para esta regra é $\{a\}$.

Como os conjuntos $first_1$ não são disjuntos, a condição $LL(1)$ não é verificada neste caso;

- $k = 2$:
  Regra $A \to a$:
  - $aAaB \Rightarrow aaaB$ e $first_2(aaB) = \{aa\}$.
  - $bAbB \Rightarrow babB$ e $first_2(abB) = \{ab\}$.
  - Logo, $first_2$ para esta regra é $\{aa, ab\}$.

  Regra $A \to ab$:
  - $aAaB \Rightarrow aabaB$ e $first_2(abaB) = \{ab\}$.
  - $bAbB \Rightarrow babbB$ e $first_2(abbB) = \{ab\}$.
  - Logo, $first_2$ para esta regra é $\{ab\}$.

  Como os conjuntos $first_2$ não são disjuntos, a condição $LL(2)$ não é verificada neste caso;
- $k = 3$:
  Regra $A \to a$:
  - $aAaB \Rightarrow aaaB$ e $first_3(aaB) = \{aaa\}$.
  - $bAbB \Rightarrow babB$ e $first_3(abB) = \{aba\}$.
  - Logo, $first_3$ para esta regra é $\{aaa, aba\}$.

  Regra $A \to ab$:
  - $aAaB \Rightarrow aabaB$ e $first_3(abaB) = \{aba\}$.
  - $bAbB \Rightarrow babbB$ e $first_3(abbB) = \{abb\}$.
  - Logo, $first_3$ para esta regra é $\{aba, abb\}$.

  Como os conjuntos $first_3$ não são disjuntos, a condição $LL(3)$ não é verificada neste caso;
- $k = 4$:
  Regra $A \to a$:
  - $aAaB \Rightarrow aaaB$ e $first_4(aaB) = \{aaa, aaaa\}$.
  - $bAbB \Rightarrow babB$ e $first_4(abB) = \{aba, abaa\}$.
  - Logo, $first_4$ para esta regra é $\{aaa, aaaa, aba, abaa\}$.

  Regra $A \to ab$:
  - $aAaB \Rightarrow aabaB$ e $first_4(abaB) = \{abaa\}$.
  - $bAbB \Rightarrow babbB$ e $first_4(abbB) = \{abba\}$.
  - Logo, $first_4$ para esta regra é $\{abaa, abba\}$.

  Como os conjuntos $first_4$ não são disjuntos, a condição $LL(4)$ não é verificada neste caso;
- $k = 5$:
  Regra $A \to a$:
  - $aAaB \Rightarrow aaaB$ e $first_5(aaB) = \{aaa, aaaa, aaaaa\}$.
  - $bAbB \Rightarrow babB$ e $first_5(abB) = \{aba, abaa, abaaa\}$.
  - Logo, $first_5$ para esta regra é $\{aaa, aaaa, aaaaa, aba, abaa, abaaa\}$.

  Regra $A \to ab$:
  - $aAaB \Rightarrow aabaB$ e $first_5(abaB) = \{abaa, abaaa\}$.
  - $bAbB \Rightarrow babbB$ e $first_5(abbB) = \{abba, abbaa\}$.
  - Logo, $first_5$ para esta regra é $\{abaa, abaaa, abba, abbaa\}$.

  Como os conjuntos $first_5$ não são disjuntos, a condição $LL(5)$ não é verificada neste caso;

ou seja, se a forma sentencial corrente for desconsiderada, o não terminal A não satisfaz a condição $LL(k)$ para $1 \leq k \leq 5$. Não foram verificados os casos de $k \geq 6$. ⋆

Os Exemplos 4.66 e 4.67 mostram que levar em conta a forma sentencial corrente pode ser positivo em alguns casos, mas gera a necessidade de análise de uma grande quantidade de situações. Quando a forma sentencial é desconsiderada, o trabalho pode ser significativamente simplificado. É o que mostra o Exemplo 4.68.

Exemplo 4.68 Consdere a gramática G abaixo:

$$\begin{array}{rcl} S & \rightarrow & aX \mid bX \\ X & \rightarrow & cX \mid d \end{array}$$

Basta verificar que, independentemente da forma sentencial corrente, a substituição de S por aX ocorre sempre que o *lookahead* for a e a substituição de S por bX ocorre sempre que o *lookahead* for b. Da mesma forma, a substituição de X por cX ocorre sempre que o *lookahead* for a e a substituição de X por d ocorre sempre que o *lookahead* for d. Logo, ambos os não terminais são $LL(1)$ e G é dita $LL(1)$. Note que, neste caso, a informação de contexto não é utlizada.

Uma forma mais longa de se chegar à mesma conclusão seria a seguinte (conforme a linha de raciocínio anterior): o não terminal S aparece numa única forma sentencial (S), logo não há muito o que analisar. Mas o não terminal X aparece numa infinidade de formas sentenciais que podem ser obtidas desde a raiz S, a saber, aX, acX, $accX$, bX, bcX, $bccX$ etc. Em todas estas formas sentenciais, a substituição de X por cX gera cadeias iniciadas por c. Já a substituição de X por d gera cadeias iniciadas com d. Potanto, independentemente da forma sentencial corrente, o *lookahead* c implica o uso da regra $X \rightarrow cX$ e o *lookahead* d o uso da regra $X \rightarrow dX$. ⋆

A partir deste ponto, consideraremos $LL(k)$ as gramáticas que puderem ser analisadas de forma determinística descendente com um *lookahead* máximo de k símbolos, sem levar em conta a forma sentencial (ou o contexto) onde cada substituição é feita. Tal mudança de critério vista tornar o processo de análise mais simples.

Em outras palavras, a condição $LL(k)$, a partir deste ponto, requer que a escolha da próxima regra a ser usada na forma sentencial corrente $wA\alpha$ seja feita de maneira unívoca apenas a partir das seguntes informações:

- o não terminal corrente, A.
- o *lookahead* corrente, $first_k(xy)$, onde $wA\alpha \Rightarrow^* wxy$.

A condição $LL(k)$ pode, então, ser traduzida para um formato mais simples, que pode facilitar a construção do correspondente analisador sintático. Suponha que o conjunto de todas as formas sentenciais em que o símbolo não terminal A aparece sejam representadas como $\alpha_i A \gamma_j$, $1 \leq i \leq m$, $1 \leq j \leq n$. Considerar que existam p alternativas de substituição para A: $A \rightarrow \beta_1 \mid \ldots \mid \beta_p$. Considere:

$$\begin{array}{rcl} X_1 & = & first_k(\beta_1\gamma_1) \cup \ldots \cup first_k(\beta_1\gamma_n) \\ X_2 & = & first_k(\beta_2\gamma_1) \cup \ldots \cup first_k(\beta_2\gamma_n) \\ & \ldots & \\ X_p & = & first_k(\beta_p\gamma_1) \cup \ldots \cup first_k(\beta_p\gamma_n) \end{array}$$

Se $X_i \cap_j = \emptyset$, $1 \leq i, j \leq p$, $i \neq j$, então a forma sentencial é irrelevante para a tomada de decisão relaiva ao não terminal A. Se esta condição for verificada para todos os não terminais da gramática, então ela é $LL(k)$. Suponha que G seja uma gramática livre de contexto com p símbolos não terminais. Então, o conjunto de regras de G pode ser representado como:

$$
\begin{array}{lcl}
N_1 & \to & \gamma_{11} \mid \ldots \mid \gamma_{1m} \\
N_2 & \to & \gamma_{21} \mid \ldots \mid \gamma_{2n} \\
 & \ldots & \\
N_p & \to & \gamma_{p1} \mid \ldots \mid \gamma_{pq}
\end{array}
$$

Para que G seja $LL(k)$, é necessário que as seguintes condições sejam válidas para as regras não vazias:

$$
\begin{array}{rcl}
first_k(\gamma_{1i}) \cap first_k(\gamma_{1j}) & = & \emptyset, \text{ com } 1 \leq i,j \leq m \text{ e } i \neq j \\
first_k(\gamma_{2i}) \cap first_k(\gamma_{3j}) & = & \emptyset, \text{ com } 1 \leq i,j \leq n \text{ e } i \neq j \\
 & \ldots & \\
first_k(\gamma_{pi}) \cap first_k(\gamma_{pj}) & = & \emptyset, \text{ com } 1 \leq i,j \leq p \text{ e } i \neq j
\end{array}
$$

Caso existam regras vazias (ou que possam produzir vazio), $\gamma_{ij} \Rightarrow^* \varepsilon$, então a seguinte condição adicional deve ser verificada:

$$first_k(\gamma_{ir}) \cap follow_k(X_i) = \emptyset, \forall r \neq j$$

Em outras palavras, deve-se garantir que todos os não terminais da gramática sejam $LL(k)$ para algum valor de k. Um não terminal é $LL(k)$ quando suas regras não vazias geram conjuntos de cadeias com prefixos não coincidentes. Caso alguma regra produza a cadeia vaza, deve-se garantir que as cadeias que seguem à direita do não terminal em questão geram prefixos não coincidentes com os prefixos gerados pelas regras não vazias do mesmo não terminal.

Uma segunda formulação, equivalente a esta, é a seguinte:

$$
\begin{array}{rcl}
first_k(\gamma_{1i}) \cdot follow_k(X_1) \cap first_k(\gamma_{1j}) \cdot follow_k(X_1) & = & \emptyset, \text{ com } 1 \leq i,j \leq m \text{ e } i \neq j \\
first_k(\gamma_{2i}) \cdot follow_k(X_2) \cap first_k(\gamma_{2j}) \cdot follow_k(X_2) & = & \emptyset, \text{ com } 1 \leq i,j \leq n \text{ e } i \neq j \\
 & \ldots & \\
first_k(\gamma_{pi}) \cdot follow_k(X_p) \cap first_k(\gamma_{pj}) \cdot follow_k(X_p) & = & \emptyset, \text{ com } 1 \leq i,j \leq q \text{ e } i \neq j
\end{array}
$$

Nesta formulação alternativa, o caso da regra que produz vazio é considerado no caso geral, sem tratamento à parte como na formulação anterior. Nela, para cada não terminal, deve-se garantir que a concatenação de cada regra com as cadeias que seguem à direita dele geram conjuntos de prefixos não coincidentes. Se alguma regra produzir vazio, o presente caso recai no anterior.

Tipos de gramáticas

Após abandonar a forma sentencial como critério de escolha da regra a ser aplicada, convém agora considerar as gramáticas $LL(k)$ em uma escala de complexidade crescente, a fim de facilitar a fixação do conteúdo. A taxonomia e os exemplos apresentados a seguir são de [26]. Para simplificar ainda mais, consideraremos $k = 1$ em todos os casos.

O caso inicial é o das chamadas **gramáticas** $LL(1)$ **simples**. Uma gramática $G = (\Sigma, V, P, S)$ é dita $LL(1)$ simples se todas as suas regras começam com símbolos terminais e, além disso, os conjuntos $first_1$ das regras de um mesmo não terminal são todos disjuntos. Ou seja,

- Não existem regras vazias.
- Todas as regras começam com um símbolo terminal.
- As regras de um mesmo símbolo não terminal iniciam com símbolos terminais distintos.

Algebricamente, se $A \in N$, então:

$$A \rightarrow \sigma_1\alpha_1 \mid \sigma_2\alpha_2 \mid ... \mid \sigma_n\alpha_n$$

com $\sigma_i \in \Sigma, \alpha_i \in V^*$ e $\sigma_i \neq \sigma_j$ para $i \neq j$.

Este caso é ideal e extremamente simples, uma vez que a rápida inspeção das regras da gramática permite determinar se ela é $LL(1)$. Para isso, basta que o conjunto de regras de cada não terminal inicie com terminais distintos.

Exemplo 4.69 A gramática cujas regras são apresentadas abaixo é $LL(1)$ simples:

$$\begin{array}{lcl} S & \rightarrow & aS \mid bA \\ A & \rightarrow & d \mid ccA \end{array}$$

De fato:

- Não terminal S:
  - $first_1(aS) = \{a\}$.
  - $first_1(bA) = \{b\}$.
  - Como $\{a\} \cap \{b\} = \emptyset$, segue que o não terminal S satisfaz à condição $LL(1)$.
- Não terminal A:
  - $first_1(d) = \{d\}$.
  - $first_1(ccA) = \{c\}$.
  - Como $\{d\} \cap \{c\} = \emptyset$, segue que o não terminal A satisfaz à condição $LL(1)$.
- Portanto, esta gramática é $LL(1)$ simples.

Considere a sentença $aabccd$. O reconhecimento determinístico dela acontece da seguinte maneira:

$$S \underset{1}{\Rightarrow} aS \underset{2}{\Rightarrow} aaS \underset{3}{\Rightarrow} aabA \underset{4}{\Rightarrow} aabccA \underset{5}{\Rightarrow} aabc$$

correspondendo à sequência de passos:

1. Não terminal S, *lookahead* a: regra $S \rightarrow aS$
2. Não terminal S, *lookahead* a: regra $S \rightarrow aS$
3. Não terminal S, *lookahead* b: regra $S \rightarrow bA$
4. Não terminal A, *lookahead* c: regra $A \rightarrow ccA$
5. Não terminal A, *lookahead* d: regra $A \rightarrow d$

⋆

O segundo caso corresponde às chamadas **gramáticas** $LL(1)$ **sem regras vazias**. A diferença em relação ao caso anterior é que agora admite-se que as regras iniciem com qualquer tipo de símbolo (terminais ou não terminais) e não apenas com terminais. Ou seja,

- Não existem regras vazias.
- Todas as regras começam com um símbolo terminal ou um símbolo não terminal.
- As regras de um mesmo símbolo não terminal devem possuir conjuntos $first_1$ disjuntos.

Algebricamente, se $A \in N$, então:

$$A \rightarrow \alpha_1 \mid \alpha_2 \mid ... \mid \alpha_n$$

com $\alpha_i \in V^+$ e $first_1(\alpha_i) \cap first_1(\alpha_j) = \emptyset$ para $i \neq j$.

Neste caso intermediário a análise das regras pode ser um pouco mais demorada pois é necessário recorrer à definição dos não terminais para poder determinar o conjunto $first_1$ de cada regra da gramática.

Exemplo 4.70 A gramática cujas regras são apresentadas abaixo é $LL(1)$ sem regras vazias:

$$\begin{array}{lcl} S' & \rightarrow & S\# \\ S & \rightarrow & ABe \\ A & \rightarrow & dB \mid aS \mid c \\ B & \rightarrow & AS \mid b \end{array}$$

De fato:

- Não terminal S':
  - $first_1(S\#) = first_1(ABe\#) = first_1(dBBe\#) \cup first_1(aSBe\#) \cup first_1(cBe\#) = \{d\} \cup \{a\} \cup \{c\} = \{d,a,c\}$.
  - Como temos uma única regra, o conjunto $first_1$ serve apenas para validar a aplicação dela e S' é $LL(1)$.
- Não terminal S:
  - $first_1(ABe) = first_1(dBBe) \cup first_1(aSBe) \cup first_1(cBe) = \{d\} \cup \{a\} \cup \{c\} = \{d,a,c\}$.
  - Como temos uma única regra, o conjunto $first_1$ serve apenas para validar a aplicação dela e S é $LL(1)$.
- Não terminal A:
  - $first_1(dB) = \{d\}$.
  - $first_1(aS) = \{a\}$.
  - $first_1(c) = \{c\}$.
  - Como os conjuntos são disjuntos, seque que o não terminal A satisfaz à condição $LL(1)$.
- Não terminal B:
  - $first_1(AS) = first_1(dBS) \cup first_1(aSS) \cup first_1(cS) = \{d\} \cup \{a\} \cup \{c\} = \{d,a,c\}$.
  - $first_1(b) = \{b\}$.
  - Como $\{d,a,c\} \cap \{b\} = \emptyset$, segue que o não terminal B satisfaz à condição $LL(1)$.
- Portanto, esta gramática é $LL(1)$ sem regras vazias.

Considere a sentença *dccbebe#*. O reconhecimento determinístico dela acontece da seguinte maneira:

$$S' \underset{1}{\Rightarrow} S\# \underset{2}{\Rightarrow} ABe\# \underset{3}{\Rightarrow} dBBe\# \underset{4}{\Rightarrow} dASBe\# \underset{5}{\Rightarrow} dcSBe\# \underset{6}{\Rightarrow}$$

$$dcABeBe\# \underset{7}{\Rightarrow} dccBeBe\# \underset{8}{\Rightarrow} dccbeBe\# \underset{9}{\Rightarrow} dccbebe\#$$

correspondendo à sequência de passos:

1. Não terminal S', *lookahead* d: regra $S' \rightarrow S\#$

2. Não terminal S, *lookahead* d: regra $S \to ABe$
3. Não terminal A, *lookahead* d: regra $A \to dB$
4. Não terminal B, *lookahead* c: regra $B \to AS$
5. Não terminal A, *lookahead* c: regra $A \to c$
6. Não terminal S, *lookahead* c: regra $S \to ABe$
7. Não terminal A, *lookahead* c: regra $A \to c$
8. Não terminal B, *lookahead* b: regra $B \to b$
9. Não terminal B, *lookahead* b: regra $B \to b$

⋆

O terceiro é ultimo caso é o mais geral de todos. A diferença em relação ao caso anterior é que são admitidas regras vazias. Por este motivo, são chamadas de **gramáticas $LL(1)$ com regras vazias**. Aqui o conjunto $follow_1$ desempenha um papel importante pois ele garante que a escolha entre as regras não vazias e a regra vazia de um mesmo símbolo não terminal possa ser feita de forma determinística. Quando o *lookahead* pertencer ao $first_1$ de uma regra não vazia, ela deverá ser usada. Caso o *lookahead* pertença ao $follow_1$ do não terminal em questão, então a regra vazia deverá ser usada. Ou seja,

- Podem existir regras vazias.
- As regras não vazias de um mesmo símbolo não terminal devem possuir conjuntos $first_1$ disjuntos.
- Caso um não terminal produza vazio, então os conjuntos $first_1$ das regras não vazias deste não terminal devem ser disjuntos também em relação ao conjunto $follow_1$ deste não terminal.

Algebricamente, se $A \in N$, então:

$$A \to \alpha_1 \mid \alpha_2 \mid ... \mid \alpha_n$$

com $\alpha_i \in V^+$, e:

$$first_1(\alpha_i \cdot follow_1(A)) \cap first_1(\alpha_j \cdot follow_1(a)) = \emptyset \text{ para } i \neq j$$

ou:

$$first_1(\alpha_i) \cap first_1(\alpha_j) = \emptyset \text{ para } i \neq j$$

e, se $\alpha_i \Rightarrow^* \varepsilon$, então:

$$first_1(\alpha_j) \cap follow_1(A) = \emptyset \text{ para } j \neq i$$

A ocorrência de regras vazias exige um cuidado adicional: torna-se necessário verificar se os conjuntos que iniciam as regras não vazias de um mesmo símbolo não terminal são disjuntos em relação ao cojunto de símbolos terminais que podem comparecer à direita do mesmo. Só assim a escolha da regra a ser usada será determinística.

Exemplo 4.71 A gramática cujas regras são apresentadas abaixo é $LL(1)$ com regras vazias:

$$\begin{array}{lcl} S' & \to & A\# \\ A & \to & iB \leftarrow e \\ B & \to & SB \mid \varepsilon \\ S & \to & [eC] \mid .i \\ C & \to & eC \mid \varepsilon \end{array}$$

De fato:

- Não terminal S':
  - $first_1(A\#) = first_1(iB \leftarrow e\#) = \{i\}$.
  - Como temos uma única regra, o conjunto $first_1$ serve apenas para validar a aplicação dela e S' é $LL(1)$.
- Não terminal A:
  - $first_1(iB \leftarrow e) = \{i\}$.
  - Como temos uma única regra, o conjunto $first_1$ serve apenas para validar a aplicação dela e A é $LL(1)$.
- Não terminal B:
  - $first_1(SB) = first_1([eC]B) \cup first_1(.iB) = \{[\} \cup \{.\} = \{[,.\}$.
  - $follow_1(B) = \{\leftarrow\}$.
  - Como $\{[,.\} \cap \{\leftarrow\} = \emptyset$, seque que o não terminal B satisfaz à condição $LL(1)$.
- Não terminal S:
  - $first_1([eC]) = \{[\}$.
  - $first_1(.i) = \{.\}$.
  - Como $\{[\} \cap \{.\} = \emptyset$, segue que o não terminal S satisfaz à condição $LL(1)$.
- Não terminal C:
  - $first_1(eC) = \{e\}$.
  - $follow_1(C) = \{]\}$.
  - Como $\{e\} \cap \{]\} = \emptyset$, segue que o não terminal C satisfaz à condição $LL(1)$.
- Portanto, esta gramática é $LL(1)$ com regras vazias.

Considere a sentença $i[ee].i \leftarrow e\#$. O reconhecmento determinístico dela acontece da seguinte maneira:

$$S' \underset{1}{\Rightarrow} A\# \underset{2}{\Rightarrow} iB \leftarrow e\# \underset{3}{\Rightarrow} iSB \leftarrow e\# \underset{4}{\Rightarrow} i[eC]B \leftarrow e\# \underset{5}{\Rightarrow} i[eeC]B \leftarrow e\# \underset{6}{\Rightarrow}$$

$$i[ee]B \leftarrow e\# \underset{7}{\Rightarrow} i[ee]SB \leftarrow e\# \underset{8}{\Rightarrow} i[ee].iB \leftarrow e\# \underset{9}{\Rightarrow} i[ee].i \leftarrow e\#$$

correspondendo à sequência de passos:

1. Não terminal S', *lookahead* i: regra $S' \rightarrow A\#$
2. Não terminal A, *lookahead* i: regra $A \rightarrow iB \leftarrow e$
3. Não terminal B, *lookahead* $[$: regra $B \rightarrow SB$
4. Não terminal S, *lookahead* $[$: regra $S \rightarrow [eC]$
5. Não terminal C, *lookahead* e: regra $C \rightarrow eC$
6. Não terminal C, *lookahead* $]$: regra $C \rightarrow \varepsilon$
7. Não terminal B, *lookahead* $.$: regra $B \rightarrow SB$
8. Não terminal S, *lookahead* $.$: regra $S \rightarrow .i$
9. Não terminal B, *lookahead* $\leftarrow$: regra $B \rightarrow \varepsilon$

⋆

Recursão à esquerda

Uma recursão à esquerda em uma gramática livre de contexto ocorre quando esta contém pelo menos uma regra onde o não terminal sendo definido comparece como primeiro símbolo do lado direito da regra:

$$X \rightarrow X\mu$$

onde $\mu \in (V - \{X\})^*$. Gramáticas livres de contexto não são $LL(k)$ para nenhum valor de k — desde que a forma sentencial corrente não seja considerada. Se ela for considerada, então para cada forma sentencial possível existe um *lookahead* que permite fazer a escolha determinística da regra a ser usada. Senão, vejamos. Suponha que G é uma gramática livre contexto com as seguintes regras:

$$\begin{array}{rcl} S & \rightarrow & X\sigma_1 \\ X & \rightarrow & X\sigma_2 \mid \sigma_3 \end{array}$$

com $\sigma_1, \sigma_2, \sigma_3 \in \Sigma$. As formas sentenciais em que X aparece são:

- $X\sigma_1$
- $X\sigma_2\sigma_1$
- $X\sigma_2\sigma_2\sigma_1$
- $X\sigma_2\sigma_2\sigma_2\sigma_1$
- $X\sigma_2\sigma_2\sigma_2\sigma_2\sigma_1$
- etc.

Genericamente, as formas sentenciais assumem o formato $X\sigma_2^n\sigma_1$ supondo que a regra $X \rightarrow X\sigma_2$ tenha sido usada n vezes ($n \geq 0$). Para determinar se esta gramática é $LL(k)$ para algum valor de k, começamos com $k = 1$ e examinamos os conjuntos $first_1$ resultantes quando a regra $X \rightarrow X\sigma_2$ é usada e quando a regra $X \rightarrow \sigma_3$ é usada, em cada forma sentencial.

- Forma sentencial $X\sigma_1$:
  $k = 1$:
  - Regra $X \rightarrow X\sigma_2$, $first_1(X\sigma_2\sigma_1) = \{\sigma_3\}$
  - Regra $X \rightarrow \sigma_3$, $first_1(\sigma_3\sigma_1) = \{\sigma_3\}$
  - $\{\sigma_3\} \cap \{\sigma_3\} \neq \emptyset$

  $k = 2$:
  - Regra $X \rightarrow X\sigma_2$, $first_2(X\sigma_2\sigma_1) = \{\sigma_3\sigma_2\}$
  - Regra $X \rightarrow \sigma_3$, $first_2(\sigma_3\sigma_1) = \{\sigma_3\sigma_1\}$
  - $\{\sigma_3\sigma_2\} \cap \{\sigma_3\sigma_1\} = \emptyset$
- Forma sentencial $X\sigma_2\sigma_1$
  $k = 1$:
  - Regra $X \rightarrow X\sigma_2$, $first_1(X\sigma_2\sigma_2\sigma_1) = \{\sigma_3\}$
  - Regra $X \rightarrow \sigma_3$, $first_1(\sigma_3\sigma_2\sigma_1) = \{\sigma_3\}$
  - $\{\sigma_3\} \cap \{\sigma_3\} \neq \emptyset$

  $k = 2$:
  - Regra $X \rightarrow X\sigma_2$, $first_2(X\sigma_2\sigma_2\sigma_1) = \{\sigma_3\sigma_2\}$
  - Regra $X \rightarrow \sigma_3$, $first_2(\sigma_3\sigma_2\sigma_1) = \{\sigma_3\sigma_2\}$
  - $\{\sigma_3\sigma_2\} \cap \{\sigma_3\sigma_2\} \neq \emptyset$

  $k = 3$:
  - Regra $X \rightarrow X\sigma_2$, $first_3(X\sigma_2\sigma_2\sigma_1) = \{\sigma_3\sigma_2\sigma_2\}$
  - Regra $X \rightarrow \sigma_3$, $first_3(\sigma_3\sigma_2\sigma_1) = \{\sigma_3\sigma_2\sigma_1\}$

- $\{\sigma_3\sigma_2\sigma_2\} \cap \{\sigma_3\sigma_2\sigma_1\} = \emptyset$

- Forma sentencial $X\sigma_2\sigma_2\sigma_1$
  $k = 1$:
  - Regra $X \to X\sigma_2$, $first_1(X\sigma_2\sigma_2\sigma_2\sigma_1) = \{\sigma_3\}$
  - Regra $X \to \sigma_3$, $first_1(\sigma_3\sigma_2\sigma_2\sigma_1) = \{\sigma_3\}$
  - $\{\sigma_3\} \cap \{\sigma_3\} \neq \emptyset$

  $k = 2$:
  - Regra $X \to X\sigma_2$, $first_2(X\sigma_2\sigma_2\sigma_2\sigma_1) = \{\sigma_3\sigma_2\}$
  - Regra $X \to \sigma_3$, $first_2(\sigma_3\sigma_2\sigma_2\sigma_1) = \{\sigma_3\sigma_2\}$
  - $\{\sigma_3\sigma_2\} \cap \{\sigma_3\sigma_2\} \neq \emptyset$

  $k = 3$:
  - Regra $X \to X\sigma_2$, $first_3(X\sigma_2\sigma_2\sigma_2\sigma_1) = \{\sigma_3\sigma_2\sigma_2\}$
  - Regra $X \to \sigma_3$, $first_3(\sigma_3\sigma_2\sigma_2\sigma_1) = \{\sigma_3\sigma_2\sigma_2\}$
  - $\{\sigma_3\sigma_2\sigma_2\} \cap \{\sigma_3\sigma_2\sigma_2\} \neq \emptyset$

  $k = 4$:
  - Regra $X \to X\sigma_2$, $first_4(X\sigma_2\sigma_2\sigma_2\sigma_1) = \{\sigma_3\sigma_2\sigma_2\sigma_2\}$
  - Regra $X \to \sigma_3$, $first_4(\sigma_3\sigma_2\sigma_2\sigma_1) = \{\sigma_3\sigma_2\sigma_2\sigma_1\}$
  - $\{\sigma_3\sigma_2\sigma_2\sigma_2\} \cap \{\sigma_3\sigma_2\sigma_2\sigma_1\} = \emptyset$

- etc.

O que se observa, portanto, é que para a primeira forma sentencial é suficiente examinar dois símbolos de *lookahead* para fazer a escolha determinística da regra a ser usada. Para a segunda, no entanto, são necessários três símbolos. Para a quarta são necessários cinco e assim por diante. Portanto, qualquer que seja o valor de k que se leve em consideração, sempre poderá existir uma forma sentencial para a qual o valor de k escolhido seja insuficiente. Logo, não existe valor de k tal que esta gramática (com recursão à esquerda) seja $LL(k)$.

Em outras palavras, a substituição determinística de X, com uso da regra $X \to X\sigma_2$ ou da regra $X \to \sigma_3$, na forma sentencial genérica $\sigma_3\sigma_2^n\sigma_1$, sempre resultará nas formas sentenciais $X\sigma_2\sigma_2^n\sigma_1$ ou $\sigma_3\sigma_2^n\sigma_1$, cujos conjuntos $first_k$ não são disjuntos (por causa do *lookahead* $\sigma_3\sigma_2^{k-1}$) supondo que $n > k$, o que é sempre possível.

Ainda, se a regra $X \to X\sigma_2$ foi usada n vezes na síntese da cadeia de entrada, então um *lookahead* de $n+2$ símbolos (não menos) é suficiente para fazer a escolha determinística da regra a ser usada na derivação de X. O problema é que o valor de n pode ser qualquer e desta maneira não existe um *lookahead* que seja suficiente para todos os casos. Assim, a gramática que contém recursão à esquerda não é $LL(k)$ para nenhum valor de k.

Observe que, no caso da gramática apresentada, a escolha determinística da regra a ser usada ocorre apenas quando $k = n+2$, por causa do símbolo σ_1 na regra $S \to X\sigma_1$. Caso ele não exista, como no caso da gramática $S \to S\sigma_2 \mid \sigma_3$, a situação é a mesma. Por exemplo, na forma sentencial $S\sigma_2\sigma_2$, a escolha da regra $S \to S\sigma_2$ é feita com o *lookahead* $\{\sigma_3\sigma_2\sigma_2\sigma_2\}$, ao passo que a escolha da regra $S \to \sigma_3$ é feita com o *lookahead* $\{\sigma_3\sigma_2\sigma_2\}$. Ou seja, duas aplicações da regra $S \to S\sigma_2$ na geração da forma sentencial corrente exigem $k = 4$.

Caso, no entanto, o símbolo σ_1 seja substituído por σ_2 na gramática original (ou seja, $S \to X\sigma_2$ e $X \to X\sigma_2 \mid \sigma_3$, então o *lookahead* mínimo necessário passa a ser $n+3$. Se $S \to X\sigma_2\sigma_2$ então exige-se $n+4$, e assim por diante.

Consideremos novamente a gramática G com $P = \{S \to X\sigma_1, X \to X\sigma_2 \mid \sigma_3\}$. Se o *lookahead* da cadeia de entrada for $\mu = \sigma_3\sigma_2^{k-1}$ (portanto com comprimento k), nem sempre a substituição do não terminal X na forma sentencial corrente poderá ser feita de maneira determinística. Em particular, se a forma sentencial corrente for $X\sigma_2^{k-1}$ então μ pertence tanto ao $first_k(X\sigma_2\sigma_2^{k-1})$ quanto ao $first_k(\sigma_3\sigma_2^{k-1})$. Como a forma sentencial corrente não é conhecida (por hipótese), nem sempre será possível fazer a escolha determinística da regra a ser usada e a gramática não é $LL(k)$ para nenhum valor de k.

Por último, cabe uma importante observação: uma gramática não é $LL(k)$ para nenhum valor de k se a forma sentencial corrente for desconsiderada. Caso ela seja levada em consideração, então, conforme mostrado anteriormente, para cada uma delas existe um valor de k que permite fazer a escolha determinística da regra a ser usada. Como normalmente a forma sentencial corrente não é considerada, por este motivo se diz que gramáticas com recursão à esquerda não são $LL(k)$ para nenhum valor de k.

Em todos os casos considerados, portanto, a gramática não é $LL(k)$ para nenhum valor de k (uma vez que a forma sentencal corrente não está mais sendo levada em consideração). Logo, uma forma fácil de verificar que uma gramática não é $LL(k)$ para nenhum valor de k é examinar se ela possui algum (um ou mais) símbolo não terminal com recursão à esquerda em seu conjunto de regras. Caso não possua, existe ainda a possibilidade de a gramática ser $LL(k)$ para algum valor de k, dependendo de outras verificações. Caso possua, definitivamente a gramática não é $LL(k)$ e não é necessário fazer nenhum outro tipo de verificação adicional.

Manipulação gramatical

O analisador sintático será tão mais eficiente quando menor for o valor de k da gramática em questão. Trata-se, portanto, de um objetivo a ser perseguido antes de se proceder à construção do referido analisador.

Caso uma gramática livre de contexto G não seja $LL(k)$ para nenhum valor de k, pode-se tentar obter uma gramática G' equivalente (ou seja, tal que $L(G) = L(G')$) de forma que G' seja $LL(k)$. Além disso, mesmo que G seja $LL(k)$ para algum valor de k, muitas vezes é possível obter uma gramática G' equivalente e que seja $LL(k')$, com $k' < k$. Em ambos os casos o resultado não é garantido, mas sempre vale a pena tentar. Para isso, usam-se três tipos de manipulação gramatical: (i) fatorações à esquerda, (ii) substituições e (iii) eliminação de recursões à esquerda. Uma manipulação gramatical é um tipo de transformação gramatical que preserva a linguagem sendo gerada.

Uma **fatoração à esquerda** é uma mera reescrita de regras de um mesmo símbolo não terminal e que iniciam com o mesmo símbolo (ou símbolos), de modo que a escolha possa ser feita de forma determinística. Genericamente, suponha que α, β, γ e $\omega \in V^*$. Então, as regras $X \to \alpha\beta \mid \alpha\gamma$ podem ser reescritas como $X \to \alpha(\beta \mid \gamma)$. Note que no primeiro caso os conjuntos *first* não são disjuntos, ao passo que no segundo caso deve-se verificar apenas os parênteses.

Exemplo 4.72 Considere a seguinte gramática:

$$\begin{aligned} S &\to aX \mid aY \\ X &\to bbX \mid bbY \\ Y &\to cccX \mid cccd \end{aligned}$$

Na forma como está, esta gramática é $LL(4)$ (o não terminal S exige dois símbolos de *lookahead*, X exige três e Y exige quatro). Ainda assim, é possível obter uma gramática $LL(1)$ equivalente por meio do uso exclusivo de fatorações à esquerda. O resultado segue abaixo:

$$\begin{array}{lcl} S & \to & a(X \mid Y) \\ X & \to & bb(X \mid Y) \\ Y & \to & ccc((X \mid d) \end{array}$$

Cada não terminal tem agora apenas uma regra e, além disso, $first_1(X) = \{b\}$, $first_1(Y) = \{c\}$ e $first_1(d) = \{d\}$. ⋆

Exemplo 4.73 Considere a gramática G abaixo:

$$\begin{array}{lcl} S & \to & aX \mid aY \\ X & \to & b \mid c \\ Y & \to & Ye \mid d \end{array}$$

Esta gramática não é obviamente $LL(k)$ para nenhum valor de k, pois o não terminal Y é recursivo à esquerda. Além disso, a condição $LL(1)$ não é satisfeita para o não terminal S, pois ambas as suas regras começam com o mesmo símbolo a. Vamos, no entanto, tentar obter uma nova gramática que seja equivalente a G e $LL(1)$. Para começar, vamos fazer uma fatoração à esquerda nas regras do não terminal S. O resultado é:

$$\begin{array}{lcl} S & \to & a(X \mid Y) \\ X & \to & b \mid c \\ Y & \to & Ye \mid d \end{array}$$

Agora, há apenas uma regra para o não terminal S. Além disso, como $first_1(X) = \{b, c\}$ e $first_1(Y) = \{d, e\}$, segue que S satisfaz à condição $LL(1)$. ⋆

Uma **substituição** corresponde à troca de um não terminal, no lado direito de uma regra qualquer, pela definição dele. Genericamente, se $X \to \alpha Y \beta$ e $Y \to \gamma \mid \omega$, então pode-se escrever $X \to \alpha(\gamma \mid \omega)\beta$ sem que isto modifique a linguagem sendo gerada. Note que, eventualmente, isto pode levar a uma redução do número de regras gramaticais (no caso de todas as ocorrências de um mesmo não terminal serem substituídas pela respectiva definição).

Exemplo 4.74 Considere a seguinte gramática:

$$\begin{array}{lcl} S & \to & X \mid Y \mid Z \\ X & \to & aX \mid b \\ Y & \to & cY \mid d \\ Z & \to & eZ \mid f \end{array}$$

A eliminação das recursões à direita resulta em:

$$\begin{array}{lcl} S & \to & X \mid Y \mid Z \\ X & \to & a^*b \\ Y & \to & c^*d \\ Z & \to & e^*f \end{array}$$

A substitução de X, Y e Z pelas suas respectivas definições nas regras de S resulta em:

$$S \to a^*b \mid c^*d \mid e^*f$$

A gramática, que já era $LL(1)$, continua sendo $LL(1)$ após a transformação, porém com um número menor de símbolos não terminais e regras. ⋆

Exemplo 4.75 Considere a gramática modificada do Exemplo 4.73. A substituição do não terminal X pela sua definição nas regras de S resulta em:

$$\begin{aligned} S &\rightarrow a(b \mid c \mid Y) \\ Y &\rightarrow Ye \mid d \end{aligned}$$

Note que as regras de X foram eliminadas e que restam apenas os não terminais S e Y. ⋆

O terceiro caso corresponde à **eliminação de recursão à esquerda**. Ele é especalmente importante uma vez que, conforme discutido anteriormente, gramáticas com recursões à esquerda não são $LL(k)$ para nenhum valor de k. Suponha que $X \rightarrow X\alpha \mid X\beta \mid \gamma \mid \omega$ e que α, β, γ e ω não contenham X. Então, a eliminação das duas recursões à esquerda resulta em $X \rightarrow (\gamma \mid \omega)(\alpha \mid \beta)^*$. Naturalmente, os parênteses devem ser verificados. Uma eliminação de recursão à direita pode ser definida de forma análoga.

Exemplo 4.76 Considere a seguinte gramática:

$$\begin{aligned} S &\rightarrow Sb \mid aX \\ X &\rightarrow Xd \mid cY \\ Y &\rightarrow Ye \mid f \end{aligned}$$

Esta gramática não é $LL(k)$ para nenhum valor de k pois ela possui recursões à esquerda. A eliminação das recursões à esquerda resulta em:

$$\begin{aligned} S &\rightarrow aXb^* \\ X &\rightarrow cYd^* \\ Y &\rightarrow fe^* \end{aligned}$$

Com uma única regra para cada símbolo não terminal, esta gramática é agora $LL(1)$. A posterior substituição de Y pela sua definição na regra de X e, depois, a substituição de X pela sua definição da regra de S resulta em:

$$S \rightarrow acfe^*d^*b^*$$

A gramática resultante é ainda $LL(1)$, porém agora com um único símbolo não terminal e uma única regra. ⋆

Exemplo 4.77 Considere a gramática modificada do Exemplo 4.75. Esta gramática possui uma recursão à esquerda em Y e, portanto, não é $LL(k)$ para nenhum valor de k. A opção, neste caso, é tentar eliminar a recursão à esquerda. O resultado se torna:

$$\begin{aligned} S &\rightarrow a(b \mid c \mid Y) \\ Y &\rightarrow de^* \end{aligned}$$

Agora, a substituição de Y nas regras de S resulta em:

$$S \rightarrow a(b \mid c \mid de^*)$$

Note que a regra de Y foi eliminada e que resta agora apenas o não terminal S. Com isto, a gramática resultante é $LL(1)$ e o objetivo de transformar a gramática do Exemplo 4.73 (que não era $LL(k)$ para nenhum valor de k) em $LL(1)$ foi alcançado. Neste caso, S possui uma única regra $a(b \mid c \mid de^*)$ cujo $first_1$ é $\{a\}$. Além disso, existem três regras dentro dos parênteses, cujos conjuntos $first_1$ são, respectivamente, $\{b\}, \{c\}$ e $\{d\}$. ⋆

Cumpre observar que parênteses usados do lado direito de regras se comportam como se fossem não terminais "anônimos". Se $X \rightarrow \alpha(\beta \mid \gamma)\omega$, então este lado direito pode ser reescrito como $\alpha Y \omega$, com $Y \rightarrow \beta \mid \gamma$. Logo, a condição $LL(k)$ deve ser verificada em todos os parênteses além dos não terminais.

Exemplo 4.78 Considere a gramática do Exemplo 4.66. A eliminação da recursão à direita nas regras do não terminal B resulta em $B \rightarrow aa^*$. A substituição do não terminal A pela sua definição nas regras do não terminal S resulta em $S \rightarrow a(a \mid ab)aaa^* \mid b(a \mid ab)baa^*$. A eliminação dos parênteses resulta em $S \rightarrow (aa \mid aab)aaa^* \mid (ba \mid bab)baa^*$ e finalmente em:

$$S \rightarrow aaaaa^* \mid aabaaa^* \mid babaa^* \mid babbaa^*$$

Não é difícil perceber que a gramática resultante é $LL(4)$ (ela não é $LL(1)$, nem $LL(2)$, nem $LL(3)$). De fato:

- $first_4(aaaaa^*) = \{aaaa\}$
- $first_4(aabaaa^*) = \{aaba\}$
- $first_4(babaa^*) = \{baba\}$
- $first_4(babbaa^*) = \{babb\}$

Portanto, é possível obter uma gramática $LL(4)$ equivalente à gramática original do Exemplo 4.66. No entanto, vejamos o que acontece quando uma primeira fatoração à esquerda é feita nesta gramática:

$$S \rightarrow a(aaaa^* \mid abaaa^*) \mid b(abaa^* \mid abbaa^*)$$

depois de uma segunda fatoração:

$$S \rightarrow a(a(aaa^* \mid baaa^*)) \mid b(a(baa^* \mid bbaa^*))$$

e, finalmente, depois de uma terceira fatoração:

$$S \rightarrow a(a(aaa^* \mid baaa^*)) \mid b(a(b(aa^* \mid baa^*)))$$

Como se pode perceber, trata-se de uma gramática $LL(1)$, pois:

- $first_1(a(a(aaa^* \mid baaa^*))) = \{a\}$
- $first_1(b(a(b(aa^* \mid baa^*)))) = \{b\}$

e, além disso:

- $first_1(aaa^*) = \{a\}$
- $first_1(baaa^*) = \{b\}$

e:

- $first_1(aa^*) = \{a\}$
- $first_1(baa^*) = \{b\}$

Neste caso, o uso de três fatorações à esquerda foi capaz de produzir uma gramática equivalente $LL(1)$. ⋆

O uso das técnicas apresentadas (fatoração à esquerda, substituição e eliminação da recursão à esquerda) nem sempre permitem obter uma gramática $LL(k)$ a partir de outra que não seja $LL(k)$, ou mesmo reduzir o valor do k caso a gramática original já seja $LL(k)$ para algum valor de k. Entretanto, elas podem permitir que tais resultados sejam alcançados e, portanto, tentativas neste sentido podem e devem ser feitas (ainda que sem garantias) sempre que houver necessidade.

Exemplo 4.79 Deseja-se provar que a gramática abaixo não é $LL(1)$:

$$\begin{aligned} S &\rightarrow aXe \\ X &\rightarrow bXY \mid c \mid \varepsilon \\ Y &\rightarrow dY \mid c \end{aligned}$$

De fato:

- Não terminal S:
  $first_1(aXe) = \{a\}$
- Não terminal X:
  $first_1(bXY) = \{b\}$
  $first_1(c) = \{c\}$
  $follow_1(X) = \{c, d, e\}$
- Não terminal Y:
  $first_1(dY) = \{d\}$
  $first_1(c) = \{c\}$

Portanto, apesar de S e Y serem $LL(1)$, o não terminal X não é $LL(1)$ (pois $\{c,d,e\} \cap \{c\} \neq \emptyset$). ⋆

Exemplo 4.80 Deseja-se provar que a gramática abaixo é $LL(1)$:

$$\begin{aligned} S' &\rightarrow S\# \\ S &\rightarrow AB \\ A &\rightarrow a \mid \varepsilon \\ B &\rightarrow b \mid \varepsilon \end{aligned}$$

De fato:

- Não terminal S':
  $first_1(S\#) = \{a, b, \#\}$
- Não terminal S:
  $first_1(AB) = \{a, b\}$
  $follow_1(S) = \{\#\}$
- Não terminal A:
  $first_1(a) = \{a\}$
  $follow_1(A) = \{b, \#\}$
- Não terminal B:
  $first_1(b) = \{b\}$
  $follow_1(B) = \{\#\}$

Note que a necessidade de se calcular $follow_1(S)$ decorre do fato de que $AB \Rightarrow^* \varepsilon$. ⋆

Gramáticas $LL(k)$ (e, portanto, linguagens $LL(k)$) são importantes para viabilizar o uso de alguns métodos de construção de analisadores sintáticos determinísticos descendentes (métodos que transformam gramáticas $LL(k)$ em programas de computador que efetuam o reconhecimento de cadeias de entrada), entre os quais se destaca o método conhecido como "Recursivo Descendente". A discussão de tais métodos, no entanto, foge ao escopo deste livro.

4.13 Linguagens livres de contexto não ambíguas

O estudo sistemático das gramáticas e das linguagens livres de contexto, realizado nas décadas de 1960 e 1970, teve como principal finalidade a obtenção de reconhecedores eficientes para classes de linguagens suficientemente abrangentes, de forma a permitir a sua aplicação prática na construção de compiladores para linguagens de programação de alto nível comerciais.

Entre os principais resultados obtidos naquela época, encontra-se uma classificação hierárquica das gramáticas livres de contexto, criada a partir de especializações do modelo geral de gramática livre de contexto apresentado na Seção 4.1. Tais especializações, apresentadas e discutidas em [11] e [29], definem, entre outras, as classes das gramáticas $LL(k)$ e das gramáticas $LR(k)$, discutidas na Seção 4.11, e também a importante classe das gramáticas não ambíguas, conforme ilustrado na Figura 4.38.

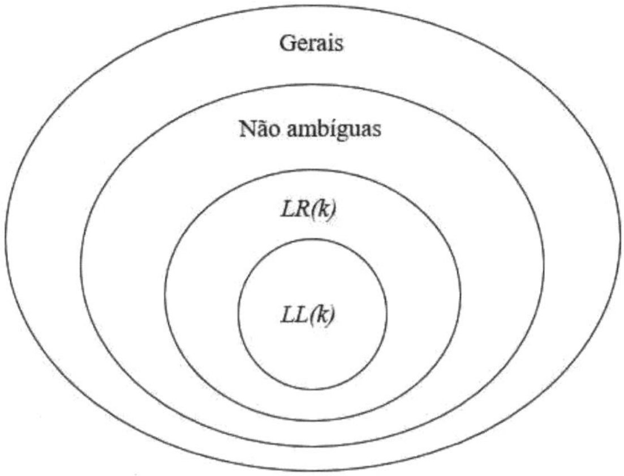

Figura 4.38 Hierarquia das gramáticas livres de contexto.

Conforme mencionado na Seção 4.11, a classe das gramáticas $LR(k)$ corresponde exatamente à classe das linguagens determinísticas. Por outro lado, conforme definido na Seção 4.1, a classe das gramáticas livres de contexto gerais, sobre as quais não se aplica qualquer restrição adicional, corresponde à classe das linguagens livres de contexto gerais. A Figura 4.39 ilustra tais relações.

Conforme discutido em [11], demonstra-se que a relação de inclusão entre as classes de gramáticas representadas na Figura 4.38 é própria. Isso significa que é possível garantir a existência, já verificada na Seção 4.4, de gramáticas livres de contexto que não pertencem à classe das gramáticas livres de contexto não ambíguas — sendo, portanto, ambíguas —, e também de gramáticas livres de contexto que não são $LR(k)$, porém ainda assim são não ambíguas.

Dessa forma, cumpre responder à questão: *"Será possível identificar alguma subclasse das linguagens livres de contexto que esteja em correspondência com a classe das gramáticas livres de contexto não ambíguas?"*.

De fato, toda e qualquer linguagem livre de contexto que não seja inerentemente ambígua (ver Seção 4.4) pode ser gerada por pelo menos uma gramática livre de contexto não ambígua. Portanto, é razoável considerar-se uma classe de linguagens livres de contexto não ambíguas, ou seja, a classe das linguagens livres de contexto que podem ser geradas por pelo menos uma gramática livre de contexto não ambígua.

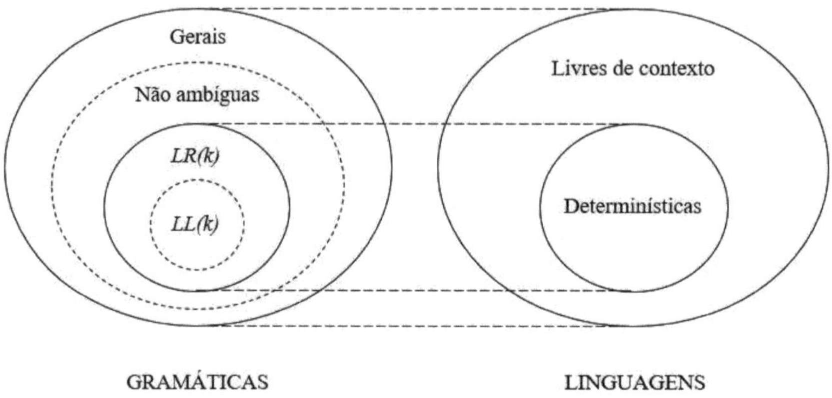

Figura 4.39 Correspondência entre classes de gramáticas e classes de linguagens livres de contexto.

Resta provar que esta classe de linguagens está situada, de forma própria, entre a classe das linguagens livres de contexto determinísticas e a classe das linguagens livres de contexto gerais. Isso é feito pelo Teorema 4.20.

Teorema 4.20 (Linguagens livres de contexto não-ambíguas) "A classe das linguagens livres de contexto não ambíguas está situada, de forma própria, entre a classe das linguagens livres de contexto determinísticas e a classe das linguagens livres de contexto gerais."

Para provar o enunciado é necessário provar que:

1. Toda linguagem livre de contexto determinística é também uma linguagem livre de contexto não ambígua.
2. Existem linguagens livres de contexto não ambíguas que não são determinísticas.
3. Toda linguagem livre de contexto não ambígua é também uma linguagem livre de contexto geral.
4. Existem linguagens livres de contexto gerais que não são não ambíguas.

As provas são apresentadas a seguir:

1. De acordo com a hierarquia de gramáticas apresentada na Figura 4.38, toda gramática livre de contexto $LR(k)$ é também uma gramática livre de contexto não ambígua, o que implica que a classe das linguagens livres de contexto determinísticas está incluída na classe das linguagens livres de contexto não ambíguas.
2. Considere-se a linguagem $\{ww^R \mid w \in \{a,b\}^*\}$, que pode ser gerada pela gramática não ambígua $G = (\{S,a,b,\}, \{a,b\}, \{S \to aSa \mid bSb \mid \varepsilon\}, S)$, mas não pode ser reconhecida por nenhum autômato de pilha determinístico (ver Exemplo 4.56). Trata-se, portanto, de uma linguagem livre de contexto não ambígua, porém não determinística, e a sua existência demonstra que a relação de inclusão entre a classe das linguagens determinísticas e a classe das linguagens não ambíguas é própria.
3. Ainda de acordo com a hierarquia de gramáticas apresentada na Figura 4.38, toda gramática livre de contexto não ambígua é também uma gramática livre de contexto geral, o que implica que a classe das linguagens livres de contexto não ambíguas está incluída na classe das linguagens livres de contexto gerais.
4. As linguagens inerentemente ambíguas, de acordo com a definição apresentada na Seção 4.4, são aquelas para as quais inexistem gramáticas livres de contexto não ambíguas que as definam. Tais linguagens são definidas exclusivamente através

de gramáticas livres de contexto ambíguas. Portanto, existem linguagens livres de contexto gerais que não podem ser consideradas não ambíguas, e a relação de inclusão entre essas duas classes de linguagens também é própria. Um exemplo é a linguagem inerentemente ambígua $\{a^n b^n c^m d^m \mid n \geqslant 1, m \geqslant 1\} \cup \{a^n b^m c^m d^n \mid n \geqslant 1, m \geqslant 1\}$, do Exemplo 4.18.

□

Em outras palavras, a classe das **linguagens livres de contexto não ambíguas** está incluída propriamente na classe das linguagens livres de contexto gerais, e a classe das linguagens livres de contexto que não são não ambíguas corresponde à classe das linguagens livres de contexto que são inerentemente ambíguas. A Figura 4.40 ilustra essas relações.

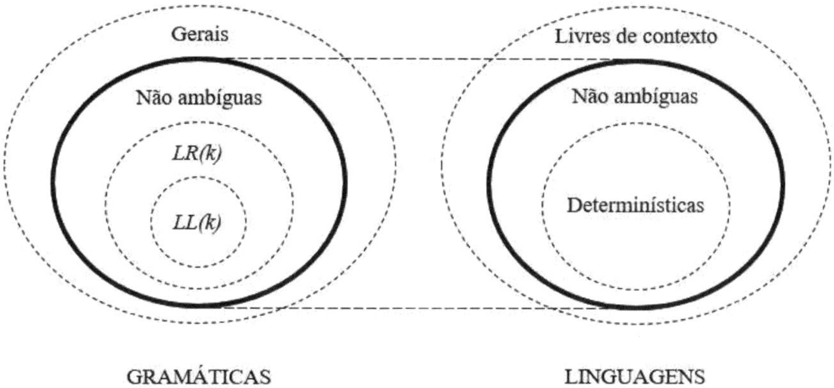

Figura 4.40 A classe das linguagens livres de contexto não ambíguas.

Tal resultado permite chegar às seguintes conclusões adicionais:

- Toda linguagem livre de contexto determinística é também não ambígua, ou seja, se existe um autômato de pilha determinístico que reconhece uma linguagem, então existe também uma gramática livre de contexto não ambígua que a gera. De forma equivalente, pode-se também dizer que toda gramática $LR(k)$ é também não ambígua.
- Nem toda linguagem livre de contexto não ambígua é determinística. Em outras palavras, existem linguagens livres de contexto que podem ser geradas por gramáticas não ambíguas, mas que podem ser reconhecidas apenas através de autômatos de pilha não determinísticos. De outra forma, pode-se também afirmar que certas linguagens livres de contexto podem apenas ser geradas por gramáticas não ambíguas que não são $LR(k)$.
- Toda linguagem inerentemente ambígua é também não determinística. Isso significa que a inexistência de uma gramática não ambígua que gera determinada linguagem implica a inexistência de um autômato de pilha determinístico que reconheça essa mesma linguagem. Implica, também, a inexistênca de uma gramática $LR(k)$ que a gere.

A relação entre a classe das linguagens livres de contexto e as diversas subclasses nela contidas, conforme discutido na Seção 4.11 e também na presente seção, está representada de forma resumida na Figura 4.41.

Figura 4.41 Relação entre as diversas subclasses das linguagens livres de contexto.

A existência de um subconjunto das linguagens livres de contexto que seja simultaneamente não ambíguo e determinístico, e que ainda assim seja suficientemente abrangente para representar uma vasta gama de linguagens de programação de alto nível comerciais, é um dos resultados mais marcantes da teoria das linguagens livres de contexto. Ele serviu de base para a rápida consolidação e avanço tecnológico verificados, nas décadas de 1960 e 1970, nas áreas de especificação de linguagens de programação e de construção de seus processadores (compiladores e interpretadores).

4.14 Linguagens que não são livres de contexto

Como se sabe, as linguagens regulares podem ser definidas através de expressões regulares, gramáticas regulares ou autômatos finitos. Por outro lado, a existência de linguagens não regulares foi provada através do uso do "Pumping Lemma" das linguagens regulares.

De maneira análoga, para provar que uma linguagem é livre de contexto, é suficiente apresentar uma gramática livre de contexto que gere essa linguagem, ou ainda um autômato de pilha que a reconheça. A existência de linguagens que não são livres de contexto pode ser demonstrada com o auxílio do "Pumping Lemma" das linguagens livres de contexto, apresentado a seguir.

O "Pumping Lemma" é uma propriedade que é verificada por todas as linguagens livres de contexto. Ele foi formulado e provado pela primeira vez por Bar-Hillel, Perles e Shamir em 1961 ([30]) e depois publicado novamente por Bar-Hillel em 1964 ([31]).

A importância de um "Pumping Lemma" para as linguagens livres de contexto não se limita à possibilidade de demonstrar a existência de linguagens que não sejam livres de contexto e, portanto, de sugerir a existência de outras classes de linguagens. Ele é usado também na demonstração de algumas propriedades importantes das linguagens livres de contexto.

Teorema 4.21 ("Pumping Lemma" para linguagens livres de contexto) "Seja L uma linguagem livre de contexto qualquer. Então, existe uma constante inteira n, dependente apenas de L, que satisfaz às seguintes condições: (i) $\forall \gamma \in L, |\gamma| \geqslant n, \gamma = uvwxy$; (ii) $|vwx| \leqslant (n-1)*2$; (iii) $|vx| \geqslant 1$; (iv) $\forall i \geqslant 0, uv^iwx^iy \in L$."

Se L é livre de contexto, então $L = L(G)$ com $G = (V, \Sigma, P, S)$ e G é uma gramática livre de contexto na Forma Normal de Chomsky. Portanto, qualquer árvore de derivação que represente uma sentença de L nessa gramática será uma árvore binária.

Por outro lado, árvores binárias de altura i geram sentenças de comprimento máximo 2^{i-1}. A Figura 4.42 ilustra essa relação para os casos i=1, 2 e 3, e facilita a generalização dela.

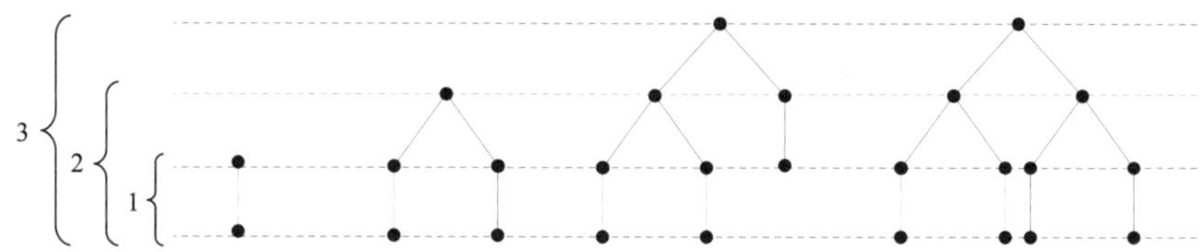

Figura 4.42 Altura e comprimento de sentenças em árvores binárias geradas por gramáticas na Forma Normal de Chomsky.

Através dessa figura, é fácil perceber que árvores de altura 1 geram sentenças de comprimento 1 (portanto $\leqslant 2^0$), árvores de altura 2 geram sentenças de comprimento 2 ($\leqslant 2^1$) e árvores de altura 3 geram sentenças de comprimento 3 ou 4 ($\leqslant 2^2$). No caso geral, árvores com altura i geram sentenças de comprimento menor ou igual a 2^{i-1}.

Em outras palavras, árvores com altura $i+1$ geram sentenças de comprimento máximo 2^i. Logo, se uma sentença tem comprimento mínimo (maior ou igual a) 2^i, então a árvore de derivação correspondente possuirá altura mínima (maior ou igual a) $i+1$. De fato, é necessária uma árvore com altura pelo menos $i+1$ para gerar uma sentença de comprimento 2^i e, além disso, são necessárias árvores com alturas maiores para sentenças ainda mais longas.

Como consequência desse resultado, é possível inferir que, se uma sentença tem comprimento mínimo 2^i, então a árvore de derivação correspondente possuirá altura mínima $i+1$.

Considere-se $k = |N|$, onde N é o conjunto dos símbolos não terminais de G, estando esta expressa na Forma Normal de Chomsky, e faça-se $n = 2^{k-1} + 1$.

Se $\gamma \in L$ e $|\gamma| \geqslant n$, isto é, se $|\gamma| \geqslant 2^{k-1} + 1$, então, diante do resultado anterior, é certo que a altura da árvore de derivação correspondente à sentença γ será maior ou igual a $k+1$ (pois com árvores de altura k é possível apenas gerar cadeias de comprimento máximo 2^{k-1}). Suponha-se que o valor dessa altura seja p (portanto, $p \geqslant k+1$) e considere-se um caminho z qualquer na árvore que possua comprimento p (haverá pelo menos um caminho que satisfaça a essa condição).

Se o caminho selecionado possui comprimento p, então esse caminho é formado de q símbolos, $q \geqslant k+2$. Desses q símbolos, apenas um será terminal (o último símbolo do caminho, aquele que é folha da árvore) e os demais serão necessariamente não terminais.

Ignorando o símbolo terminal e concentrando a atenção nos $q-1$ não terminais, seus antecessores, se $q \geqslant k+2$, então existem r símbolos não terminais nesse caminho, e $r = q-1$, ou seja, $r \geqslant k+1$.

Considerem-se agora apenas os primeiros $k+1$ símbolos não terminais consecutivos que antecedem imediatamente a folha da árvore, ignorando os $r-(k+1)$ símbolos não terminais situados no início do caminho selecionado. O caminho escolhido z pode, portanto, ser considerado como:

$$z = \mu\rho\sigma, \text{ com } \mu \in N^*, |\mu| = r-(k+1), \rho \in N^+, |\rho| = k+1 \text{ e } \sigma \in \Sigma$$

A Figura 4.43 ilustra essa interpretação do caminho z.

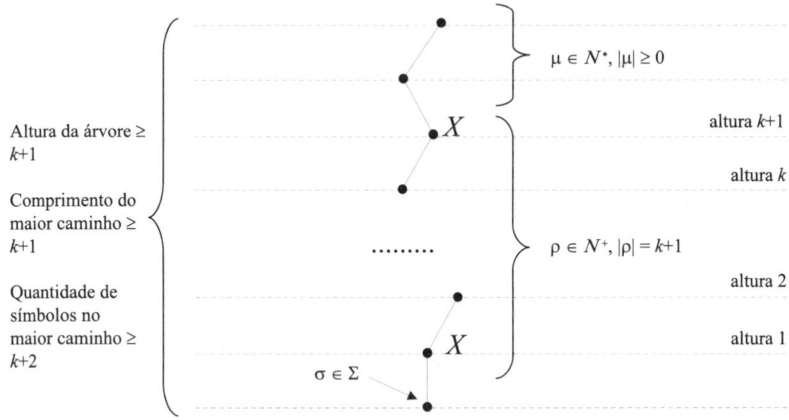

Figura 4.43 Múltiplas ocorrências do símbolo não terminal X no caminho z.

Se ρ contém exatamente $k+1$ símbolos não terminais e a gramática contém apenas k símbolos não terminais distintos, é certo que pelo menos um símbolo não terminal de G aparece mais de uma vez em ρ. Se chamarmos a esse símbolo X, as seguintes considerações poderão ser feitas acerca das posições em que os símbolos X podem aparecer na árvore de derivação:

1. Para o *primeiro* X (aquele que está na posição mais alta da árvore, próxima da raiz):
    - Ele pode ser o primeiro símbolo da cadeia ρ (portanto, estar na altura $k+1$).
    - Ele pode ser o penúltimo símbolo da cadeia ρ (portanto, estar na altura 2), uma vez que o segundo X comparece por último nessa mesma cadeia.
    - Ele pode assumir qualquer posição entre essas duas.
2. Para o *segundo* X (aquele que está na posição mais baixa da árvore, próxima da folha):
    - Ele pode ser o segundo símbolo da cadeia ρ (portanto, estar na altura k), uma vez que o primeiro X comparece antes nessa mesma cadeia.
    - Ele pode ser o último símbolo da cadeia ρ (portanto, na altura 1).
    - Ele pode assumir qualquer posição entre essas duas.

Assim, pode-se concluir:

1. Para o *primeiro* X: se $X \Rightarrow^* \alpha_1, \alpha_1 \in \Sigma^*$, então $2 \leqslant |\alpha_1| \leqslant 2^k$.
2. Para o *segundo* X: se $X \Rightarrow^* \alpha_2, \alpha_2 \in \Sigma^*$, então $1 \leqslant |\alpha_2| \leqslant 2^{k-1}$.

A situação da árvore de derivação da sentença γ pode ser representada como mostra a Figura 4.44 (S representa a raiz de G, e pode, eventualmente, coincidir com o primeiro símbolo da cadeia ρ).

A inspeção dessa árvore nos permite chegar às seguintes conclusões:

- A sentença γ pode ser considerada como sendo composta por cinco partes, $\gamma = uvwxy$.
- Como $w = \alpha_2$, então $1 \leqslant |w| \leqslant 2^{k-1}$.
- Como $vwx = \alpha_1$, então $2 \leqslant |vwx| \leqslant 2^k$. Por outro lado, como $n = 2^{k-1}+1$, segue que $2^k = (n-1)*2$. Logo, $2 \leqslant |vwx| \leqslant (n-1)*2$.

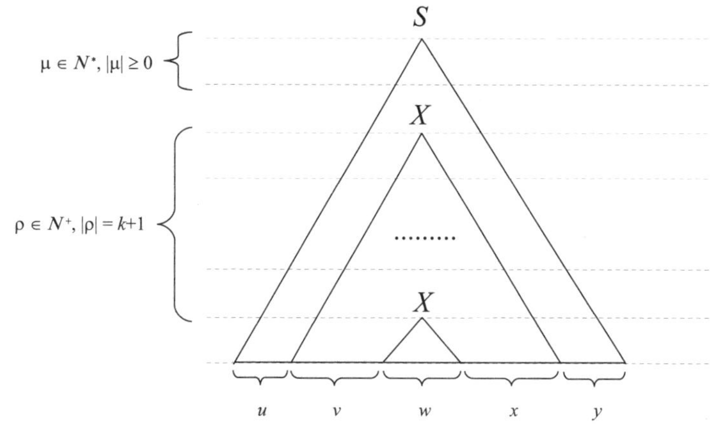

Figura 4.44 Árvore de derivação da cadeia $\gamma = uvwxy$.

- Como $1 \leqslant |w|$ e $2 \leqslant |vwx|$, então $|vx| \geqslant 1$, ou seja, v e x não podem ser ambas vazias.

Além disso, as regras de G permitem a derivação das seguintes formas sentenciais:

- $S \Rightarrow^* uXy$
- $X \Rightarrow^* vXx$
- $X \Rightarrow^* w$

A inspeção dessas formas sentenciais, assim como a análise da árvore mostrada na Figura 4.44, permite concluir que existem outras possibilidades de derivações (ou seja, de construção da árvore) de sentenças em G, as quais produzem sentenças diversas da original γ, e que, por construção, devem necessariamente pertencer à linguagem L.

Por exemplo, é possível imaginar que, em vez de aplicar regras que fazem o primeiro X derivar vXx, é possível aplicar, a essa ocorrência de X, as regras aplicadas ao segundo X, e dessa maneira gerar a sentença uwy no lugar da sentença $uvwxy$. Da mesma forma, seria possível repetir a derivação aplicada ao primeiro X no lugar da derivação feita para o segundo X, e com isso gerar a sentença $uvvwxxy$. Generalizando, todas as sentenças uv^iwx^iy, com $i \geqslant 0$, podem ser derivadas em G, e, portanto, pertencem necessariamente a $L(G)$. A Figura 4.45 mostra graficamente a aplicação dessa ideia.

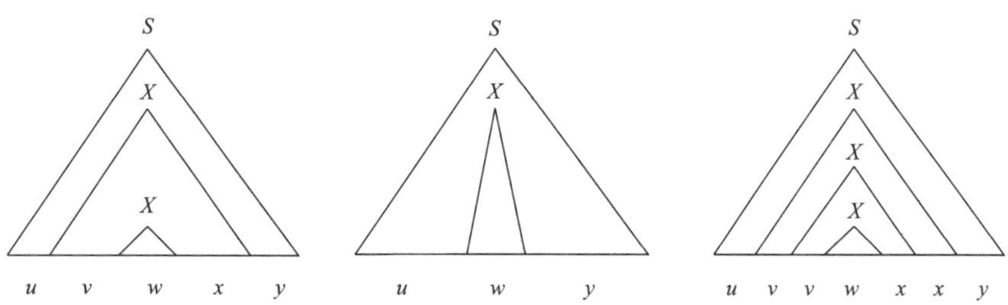

Figura 4.45 Árvores de derivação para as cadeias $uvwxy$, uwy e $uvvwxxy$.

Em termos gramaticais, como $S \Rightarrow^* uXy$, $X \Rightarrow^* vXx$ e $X \Rightarrow^* w$, ou seja, $S \Rightarrow^* uvwxy$, então, necessariamente:

- $S \Rightarrow^* uXy \Rightarrow^* uwy$

- $S \Rightarrow^* uXy \Rightarrow^* uvvwxxy$
- $S \Rightarrow^* uXy \Rightarrow^* uvvvwxxxy$
- ...
- $S \Rightarrow^* uXy \Rightarrow^* uv^iwx^iy, \forall i \geqslant 0$

□

Considerado de maneira informal, este "Pumping Lemma" para linguagens livres de contexto pode ser interpretado da seguinte maneira:

- Sentenças que apresentem um certo comprimento mínimo geram árvores de derivação com uma certa altura mínima.
- Como a quantidade de símbolos não terminais da gramática é limitada, necessariamente deverá haver repetição de símbolos em algum caminho da árvore de derivação correspondente.
- Tal repetição permite a geração de uma quantidade infinita de outras sentenças estruturalmente similares, que devem necessariamente pertencer à linguagem.

O símbolo não terminal X, na demonstração acima, possibilita derivações do tipo $X \Rightarrow^* vXx$ e corresponde ao símbolo que denominamos previamente de autorrecursivo central essencial. A existência de pelo menos um símbolo desse tipo na gramática garante a possibilidade de se gerar uma quantidade infinita de outras sentenças que também pertençam à mesma linguagem.

Se v ou x forem vazios, a linguagem será regular (note-se que o "Pumping Lemma" para linguagens regulares — Teorema 3.22 — é um caso particular do "Pumping Lemma" para linguagens livres de contexto). Se v e x forem simultaneamente diferentes da cadeia vazia, então a linguagem é livre de contexto e não regular, e os termos v e x ocorrerão sempre de forma balanceada nas sentenças da linguagem.

Exemplo 4.81 A linguagem $\{a^iba^i \mid i \geqslant 0\}$ é gerada pela gramática livre de contexto $G = (\{S, X, Y, Z, a, b\}, \{a,b\}, \{S \rightarrow XY \mid b, X \rightarrow ZS, Z \rightarrow a, Y \rightarrow a\}, S)$, que está na Forma Normal de Chomsky e possui $N = \{S,X,Y,Z\}$, $|N| = 4$. De acordo com a demonstração do "Pumping Lemma", a constante n para G é $2^{k-1}+1 = 2^{|N|-1}+1 = 2^{4-1}+1 = 2^3+1 = 8+1 = 9$.

A cadeia $z = a^4ba^4 \in L(G)$ é tal que $|z| \geqslant 9$. Portanto, $z = uvwxy$, com $|vwx| \leqslant n$ e $|vx| \geqslant 1$. A Figura 4.46 apresenta a árvore de derivação correspondente à cadeia z.

A árvore da Figura 4.46 possui altura 9 (portanto maior ou igual a $|N|+1 = 5$) e contém diversos caminhos formados por $|N|+2 = 6$ ou mais símbolos, nos quais é possível isolar os $|N|+1$ últimos símbolos não terminais.

Considere-se o caminho $SXSXSXSXSb$, cujo comprimento é 10, e os 5 últimos símbolos não terminais que o compõem, $SXSXS$. De acordo com o "Pumping Lemma", esse caminho deve conter (e contém) pelo menos um símbolo não terminal repetido: o símbolo S ocorre três vezes e o símbolo X ocorre duas vezes.

Considere-se o símbolo X. A primeira ocorrência dele gera a cadeia $aaba$, ao passo que a segunda ocorrência gera a cadeia ab. Logo:

$$z = \underbrace{aa}_{u}\underbrace{a}_{v}\underbrace{ab}_{w}\underbrace{a}_{x}\underbrace{aaa}_{y}$$

Consequentemente, as cadeias uv^iwx^iy, com $i \geqslant 0$, devem também pertencer à linguagem. De fato, as cadeias uwy e uv^2wx^2y pertencem a $L(G)$:

$$\underbrace{aa}_{u}\underbrace{ab}_{w}\underbrace{aaa}_{y} = a^3ba^3$$

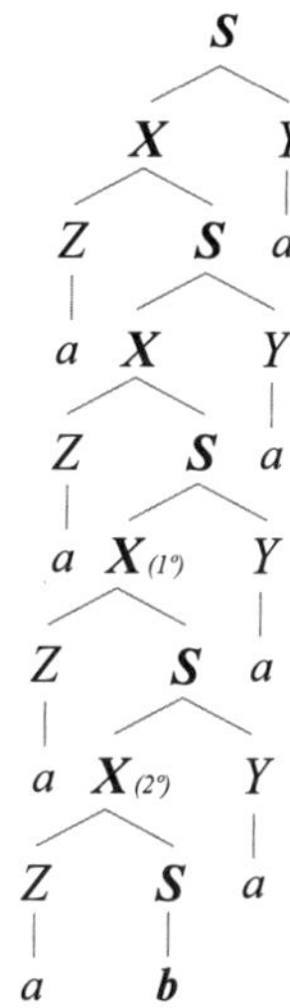

Figura 4.46 Árvore de derivação para a sentença a^4ba^4.

$$\underbrace{aa}_{u}\underbrace{a}_{v}\underbrace{a}_{v}\underbrace{ab}_{w}\underbrace{a}_{x}\underbrace{a}_{x}\underbrace{aaa}_{y}=a^5ba^5$$

A cadeia uwy pode ser obtida substituindo-se as derivações aplicadas ao primeiro símbolo X pelas aplicadas ao segundo símbolo X. A nova sequência de derivações torna-se (ver Figura 4.47):

$$S\Rightarrow^{*} aa\underbrace{X}_{1^o}aaa \Rightarrow aa\underbrace{ab}_{w}aaa=a^3ba^3$$

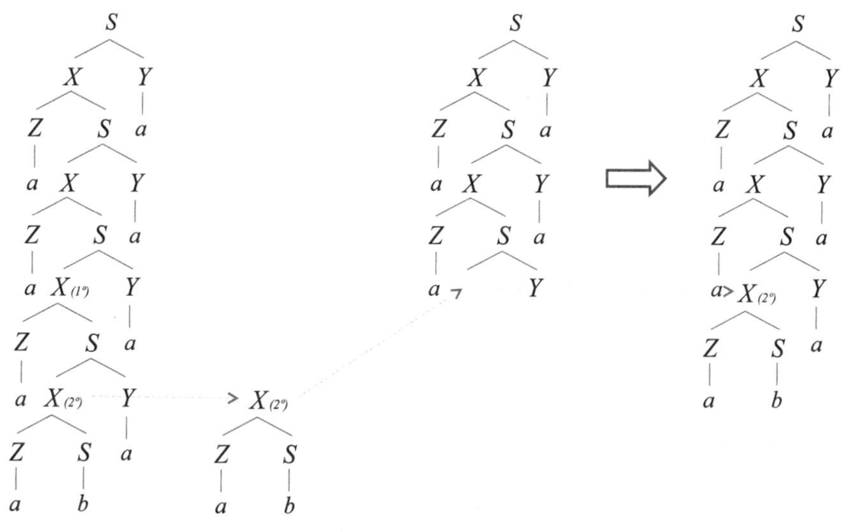

Figura 4.47 Árvore de derivação para a sentença a^3ba^3.

A cadeia uv^2wx^2y pode ser obtida substituindo-se as derivações aplicadas ao segundo símbolo X pelas aplicadas ao primeiro símbolo X. A nova sequência de derivações torna-se (ver Figura 4.48):

$$S \Rightarrow^* aaa\underbrace{X}_{2^o}aaaa \Rightarrow aaa\underbrace{aaba}_{vwx}aaaa = a^5ba^5$$

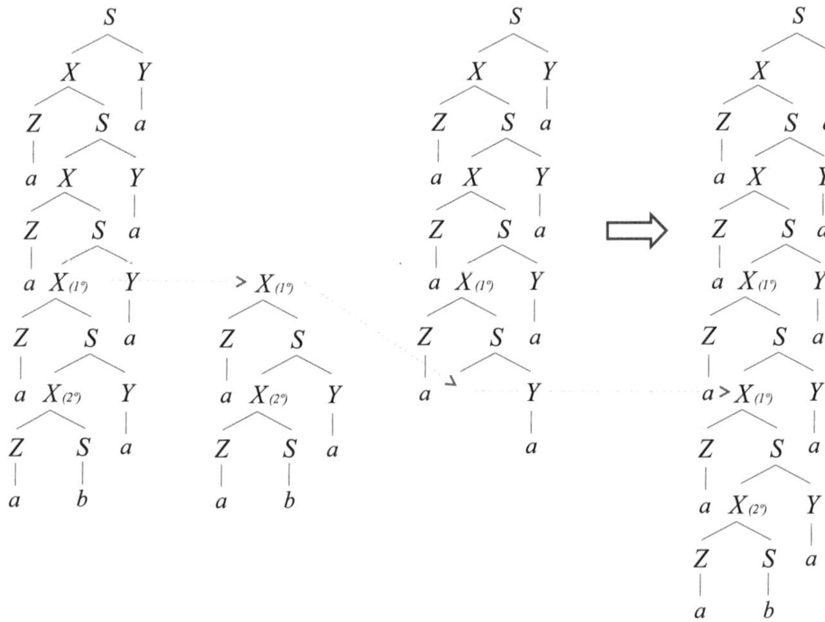

Figura 4.48 Árvore de derivação para a sentença a^5ba^5.

A iteração do último passo (Figura 4.48) possibilita a geração das sentenças uv^iwx^iy, com $i \geqslant 3$.

Resultados similares podem ser obtidos caso seja considerada uma simplificação da gramática G anterior, com a eliminação de um símbolo não terminal e da regra correspondente. A nova gramática é $G' = (\{S,X,Y,a,b\},\{a,b\},\{S \to XY \mid b, X \to YS, Y \to a\},S)$, que está na Forma Normal de Chomsky e possui $N = \{S,X,Y\}$, $|N| = 3$. Neste caso, a constante n para G' é $2^{k-1}+1 = 2^{|N|-1}+1 = 2^{3-1}+1 = 2^2+1 = 4+1 = 5$. Portanto, a cadeia $z = a^2ba^2 \in L(G')$ é tal que $|z| \geqslant 5$. Assim, $z = uvwxy$, com $|vwx| \leqslant n$ e $|vx| \geqslant 1$, e o restante procede da mesma forma. ⋆

Como no caso do "Pumping Lemma" para linguagens regulares, que estabelece uma propriedade inerente a toda e qualquer linguagem regular, o "Pumping Lemma" para linguagens livres de contexto estabelece uma propriedade inerente a toda e qualquer linguagem livre de contexto. De maneira análoga àquele caso, uma de suas principais aplicações é na demonstração da existência de linguagens que não são livres de contexto, conforme mostrarão os exemplos a seguir.

Observe-se que o teorema garante a existência da constante n, mas a aplicação dele não exige que seja determinado o seu valor, como mostram os exemplos seguintes.

Alguns autores adotam $n' = 2^k$ em substituição ao valor $n = 2^{k-1}+1$ adotado neste texto. Suponha $\gamma \in L$, $|\gamma| \geq n'$. Então, como $n' \geq n$, é possível afirmar que $|\gamma| \geq n$. Pelo enunciado do "Pumping Lemma", por outro lado, é possível afirmar que $\gamma = uvwxy$ de tal forma que $|vxy| \leq (n-1)*2$. Mas, como $n = 2^{k-1}+1$, segue que $(n-1)*2 = 2^k = n'$.

Logo, temos que $|vxy| \leq n'$. A vantagem de se utilizar $n' = 2^k$ no lugar de $n = 2^{k-1} + 1$ é que o enunciado do "Pumping Lemma" torna-se uniforme, conforme mostrado a seguir.

Teorema 4.22 ("Pumping Lemma" modificado) "Seja L uma linguagem livre de contexto qualquer. Então, existe uma constante inteira n, dependente apenas de L, que satisfaz às seguintes condições: (i) $\forall \gamma \in L, |\gamma| \geqslant n, \gamma = uvwxy$; (ii) $|vwx| \leqslant n$; (iii) $|vx| \geqslant 1$; (iv) $\forall i \geqslant 0, uv^iwx^iy \in L$."

Essa versão corresponde ao enunciado mais comum do presente teorema, sendo usada na maioria das aplicações, como é o caso dos exemplos seguintes, por causa da sua praticidade ao igualar o comprimento mínimo da sentença γ com o comprimento máximo da cadeia $|vwx|$. Ela, no entanto, desconsidera a possibilidade de utilização de sentenças de comprimento menor que 2^k (especificamente, de comprimento maior ou igual a $2^{k-1} + 1$ e menor que 2^k), o que é feito no enunciado original do Teorema 4.21 e na prova apresentada nesta seção. □

Para concluir, cumpre observar que o "Pumping Lemma" para as linguagens livres de contexto se aplica tanto para linguagens finitas quanto infinitas. Para atestar a validade da proposição para linguagens finitas basta considerar como valor da constante n o sucessor do comprimento da maior sentença de L. Outras opções são utilizar $n = 2^{k-1} + 1$ ou mesmo $n = 2^k$, onde k é o número de símbolos não terminais da gramática na Forma Normal de Chomsky que gera L. Como não existem sentenças em L com comprimento maior ou igual a n, qualquer que seja o caso (conforme explicado a seguir), o teorema é verificado automaticamente. Senão, vejamos:

- Caso 1: n é o sucessor da sentença de maior comprimento de L: trivial, pois a linguagem é finita.
- Caso 2: $n = 2^{k-1} + 1$: basta observar que os caminhos numa árvore de derivação obtida a partir da gramática na Forma Normal de Chomsky podem conter no máximo k símbolos não terminais (pois não deve haver repetição de símbolos não terminais ao longo dele, uma vez que a linguagem é finita); logo, o comprimento desses caminhos é no máximo $k + 1$ e a altura máxima das respectivas árvores é k. Por consequência, o tamanho das maiores sentenças representadas por tais árvores é limitado em 2^{k-1}. Logo, não existem sentenças com comprimento maior ou igual a $2^{k-1} + 1$.
- Caso 3: $n = 2^k$: trivial, levando-se em conta o resultado do item anterior.

Um uso típico do "Pumping Lemma" é na prova de que uma certa linguagem L não é livre de contexto. Para isso, é feito uso da contrapositiva do enunciado do lema: admite-se, por hipótese, que L seja livre de contexto. Em seguida, a aplicação do "Pumping Lemma" (válido para todas as linguagens livres de contexto e, portanto, para L também), conduz a uma contradição. Logo, pode-se concluir que L não é livre de contexto.

Em detalhes, a estratégia para provar que uma linguagem L não é livre de contexto usando o "Pumping Lemma" envolve duas implicações:

- Conforme visto anteriormente, se uma linguagem é livre de contexto, então o "Pumping Lemma" é válido. Em termos de implicação, temos que:

  $$L \text{ é livre de contexto} \Rightarrow \text{"Pumping Lemma" é válido}$$

  a versão contrapositiva desta implicação é:

  $$\text{"Pumping Lemma" não é válido} \Rightarrow L \text{ não é livre de contexto}$$

- Por outro lado, o “Pumping Lemma” afirma que existe um número natural n tal que *para toda sentença* da linguagem com um comprimento maior ou igual a n *existe pelo menos uma* segmentação dela em cinco partes que possui certas propriedades e gera novas sentenças da linguagem:

$$\exists n.\forall \alpha.(\alpha \in L) \wedge (|\alpha| \geqslant n) \Rightarrow \exists u,v,w,x,y...$$

Portanto, a negação do “Pumping Lemma” (implicação do segundo item acima) é obtida provando-se que *existe pelo menos uma* sentença da linguagem que satisfaz os requisitos do “Lemma” (isto é, a hipótese é verdadeira), mas para a qual é possível provar que *não existe nenhuma* segmentação nos termos do “Lemma” (isto é, a conclusão é falsa). Logo, o “Pumping Lemma” não se aplica (é falso). Em seguida, como agora se sabe que a hipótese da primeira implicação (na versão contrapositiva) é verdadeira, segue que a conclusão dessa mesma implicação também é verdadeira e a linguagem em questão não é livre de contexto.

Na sequência são apresentados três exemplos de aplicação do “Pumping Lemma” para as linguagens livres de contexto. Em todos eles, a aplicação é feita com o objetivo de provar que as respectivas linguagens não são livres de contexto, conforme explicado acima.

Exemplo 4.82 A linguagem $L_1 = \{a^k b^k c^k \mid k \geqslant 1\}$ não é livre de contexto. Suponha-se, por hipótese, que L_1 seja livre de contexto. De acordo com o Teorema 4.21 (“Pumping Lemma” para linguagens livres de contexto), existe uma constante inteira n tal que, qualquer que seja a sentença $\gamma \in L_1$, $|\gamma| \geqslant n$, então $\gamma = uvwxy$, $|vwx| \leqslant n$, $|vx| \geqslant 1$ e $uv^i wx^i y \in L_1$.

Seja $\gamma = a^n b^n c^n$. Como $|a^n b^n c^n| = 3 * n$, então está satisfeita a condição $|\gamma| \geqslant n$. Portanto, $\gamma = uvwxy$. Nessa situação, a subcadeia vwx pode assumir um dos seguintes formatos (lembrar que $|vwx| \leqslant n$):

1. vwx contém apenas símbolos “a” (pelo menos um); portanto, vx também contém apenas símbolos a (pelo menos um);
2. vwx contém apenas símbolos “b” (pelo menos um); portanto, vx também contém apenas símbolos b (pelo menos um);
3. vwx contém apenas símbolos “c” (pelo menos um); portanto, vx também contém apenas símbolos c (pelo menos um);
4. vwx contém símbolos “a” (pelo menos um) seguidos de símbolos “b” (pelo menos um); portanto, vx contém pelo menos um símbolo a ou b, porém nenhum símbolo c;
5. vwx contém símbolos “b” (pelo menos um) seguidos de símbolos “c” (pelo menos um); portanto, vx contém pelo menos um símbolo b ou c, porém nenhum símbolo a.

É impossível que a subcadeia vwx contenha simultaneamente símbolos “a”, “b” e “c”, uma vez que, para isso acontecer, seria necessário que o comprimento de vwx fosse no mínimo $n+2$, o que contraria o “Pumping Lemma”.

Passando-se à análise de cada uma dessas possibilidades, considerando o formato assumido pela sentença uwy, isto é, pela sentença $uvwxy$ após a remoção das subcadeias v e x, o que é previsto pelo “Lemma” quando estabelece que todas as sentenças $uv^i wx^i y$ devem pertencer a L_1 (neste caso, faz-se $i = 0$). Lembrar que $|vx| \geqslant 1$:

1. uwy conterá n símbolos “b”, n símbolos “c” e uma quantidade de símbolos “a” menor que n; logo, uwy não pertence a L_1;
2. uwy conterá n símbolos “a”, n símbolos “c” e uma quantidade de símbolos “b” menor que n; logo, uwy não pertence a L_1;
3. uwy conterá n símbolos “a”, n símbolos “b” e uma quantidade de símbolos “c” menor que n; logo, uwy não pertence a L_1;
4. uwy conterá n símbolos “c”, e quantidades de símbolos “a” e de símbolos “b” (pelo menos uma delas) respectivamente menores que n; logo, uwy não pertence a L_1;

5. uwy conterá n símbolos "a", e quantidades de símbolos "b" e de símbolos "c" (pelo menos uma delas) respectivamente menores que n; logo, uwy não pertence a L_1.

Portanto, a sentença $a^n b^n c^n$ contradiz a hipótese inicial, provando que a linguagem L_1 não é livre de contexto. Cumpre observar que, no Exemplo 3.68 da Seção 3.9 ("Pumping Lemma" para as linguagens regulares), esta mesma linguagem foi demonstrada como sendo não regular. ⋆

Exemplo 4.83 A linguagem $L_2 = \{wcw \mid w \in \{a,b\}^+\}$ não é livre de contexto. Essa linguagem sintetiza uma característica bastante comum nas linguagens de programação mais usuais: a necessidade de se usarem identificadores idênticos em partes diferentes de um mesmo programa, por exemplo, na declaração de uma variável e na ocasião de sua utilização posterior.

Suponha-se, por hipótese, que L_2 seja livre de contexto. De acordo com o "Pumping Lemma" para linguagens livres de contexto, existe uma constante inteira n tal que, qualquer que seja a sentença $\gamma \in L_2$, $|\gamma| \geqslant n$, então $\gamma = uvwxy$, $|vwx| \leqslant n$, $|vx| \geqslant 1$ e $uv^i wx^i y \in L_2$.

Considere-se, por exemplo, a sentença $\gamma = a^n b^n c a^n b^n$. Como $|\gamma| = 4*n+1 \geqslant n$, então está satisfeita a condição do "Pumping Lemma" para a escolha da sentença γ. Portanto, $\gamma = uvwxy$ e a subcadeia vwx pode assumir um dos seguintes formatos:

1. vwx contém apenas símbolos a (pelo menos um);
2. vwx contém apenas símbolos b (pelo menos um);
3. vwx contém símbolos a (pelo menos um) seguidos de símbolos b (pelo menos um);
4. vwx se inicia com símbolos b (zero ou mais) e termina com o símbolo c;
5. vwx se inicia com o símbolo c e termina com símbolos a (zero ou mais);
6. vwx se inicia com símbolos b (pelo menos um), continua com um símbolo c e termina com símbolos a (pelo menos um).

De maneira análoga ao que foi mostrado no Exemplo 4.82, passa-se a examinar o formato das cadeias $uv^0wx^0y = uwy$ que são geradas em cada um desses casos:

1. Note, neste caso, que vx contém apenas símbolos a (pelo menos um); ao extrair símbolos a da subcadeia w que antecede o símbolo c, esta resulta diferente da subcadeia w posterior ao c; o mesmo acontece se forem extraídos símbolos a da subcadeia posterior ao símbolo c; logo, uwy não pertence a L_2.
2. Semelhante ao caso anterior; neste caso, vx contém apenas símbolos b (pelo menos um).
3. Aqui, é possível afirmar que a cadeia vx contém apenas símbolos a seguidos de símbolos b (com pelo menos um símbolo); ao remover v e x, simultaneamente, isso modifica exclusivamente a subcadeia anterior ao símbolo c ou a subcadeia posterior ao símbolo c; logo, uwy não pertence a L_2.
4. Como $|vx| \geqslant 1$, vx contém pelo menos um símbolo b ou um símbolo c, que, se removidos da sentença γ, provocam a geração de uma sentença que não pertence a L_2 (seja porque as cadeias w tornam-se diferentes, seja porque o símbolo c que as separa desaparece).
5. Semelhante ao caso anterior.
6. Como $|vx| \geqslant 1$, vx contém pelo menos um símbolo b (da primeira subcadeia w) ou um símbolo c ou, ainda, um símbolo a (da segunda subcadeia w); qualquer que seja o caso, a cadeia resultante uwy não pertence a L_2 (seja porque as cadeias w tornam-se diferentes, seja porque o símbolo c que as separa desaparece).

Pelo exposto, fica claro que a hipótese inicial é falsa e que L_2 não é uma linguagem livre de contexto. ⋆

A escolha da sentença a ser usada é crucial, podendo até mesmo inviabilizar a prova de que uma linguagem não é livre de contexto (ainda que ela de fato não o seja). Para provar esse ponto, veja o Exemplo 4.84.

Exemplo 4.84 Considere novamente a linguagem L_2 do Exemplo 4.83. Desta vez, no entanto, usaremos a sentença $a^n ca^n$ para mostrar que ela não nos permite, por meio do "Pumping Lemma", provar que L_2 não é livre de contexto.

Antes de mais nada, cumpre notar que $a^n ca^n \in L_2$ e, além disso, que $|a^n ca^n| = 2*n+1 \geqslant n$. Portanto, esta é uma sentença que satisfaz os critérios do "Pumping Lemma". Vejamos, a seguir, como a prova falha.

Se $a^n ca^n = uvwxy$, então temos que $1 \leqslant |vwx| \leqslant n$, ou seja:

1. vwx contém apenas símbolos a (pelo menos um);
2. vwx se inicia com símbolos a (zero ou mais) e termina com o símbolo c;
3. vwx se inicia com o símbolo c e termina com símbolos a (zero ou mais);
4. vwx se inicia com símbolos a (pelo menos um), continua com um símbolo c e termina com símbolos a (pelo menos um).

Considere-se agora a cadeia $uv^0wx^0y = uwy$ e os quatro casos anteriores. Então:

1. vx contém apenas símbolos a (pelo menos um) e uwy não pode pertencer à linguagem (sob pena de desbalancear as quantidades de a antes e depois do c).
2. vx contém apenas a, apenas c ou ambos; em qualquer caso, uwy não pode pertencer à linguagem (sob pena de desbalancear as quantidades de a antes e depois do c e/ou eliminar o c que separa as duas subcadeias w).
3. Semelhante ao caso anterior.
4. Como as subcadeias v, w e x não são conhecidas, não é possível descartar a possibilidade de que v e x contenham apenas símbolos a e em quantidades idênticas (e, consequentemente, que o c esteja contido em w). Assim, a cadeia resultante uwy continuaria pertencendo à linguagem.

Os três casos iniciais acima servem para provar que a cadeia resultante uwy não pode pertencer a L_2 (independentemente do que sejam as subcadeias v, w e x). No entanto, o quarto caso não oferece a mesma garantia. Logo, a prova é inconclusiva, pois a sentença originalmente escolhida não foi adequada para contestar todas as possibilidades de segmentação. Por isso, na prova do Exemplo 4.83 é usada a sentença $a^n b^n ca^n b^n$ (e não a sentença $a^n ca^n$). ⋆

Exemplo 4.85 Seguindo a linha do Exemplo 4.84, mostramos a seguir como e onde falha a prova (por meio do "Pumping Lemma") de que a linguagem $L_3 = \{a^k b^k \mid k \geqslant 0\}$ não é livre de contexto. De fato, essa linguagem é gerada pela gramática $(\{S, a, b\}, \{a, b\}, \{S \to aSb, S \to \varepsilon\}, S)$ e, portanto, é livre de contexto. Mas suponha que não sabemos disso e tentamos, mesmo assim, provar que L_3 não é livre de contexto.

Uma escolha natural de sentença é $a^n b^n$ onde n é a constante do "Lemma", pois $|a^n b^n| = 2*n \geqslant n$. Então, $a^n b^n = uvwxy$ e existem três possibilidades para a subcadeia vwx (lembrando que $1 \leqslant |vwx| \leqslant n$):

1. vwx é formado apenas por símbolos a (pelo menos um);
2. vwx é formado apenas por símbolos b (pelo menos um);
3. vwx é formado apenas por símbolos a (pelo menos um) seguidos de símbolos b (pelo menos um).

Portanto, vx é:

1. Formado apenas por símbolos a (pelo menos um).
2. Formado apenas por símbolos b (pelo menos um).
3. Formado apenas por símbolos a, apenas por símbolos b ou por símbolos a seguidos de símbolos b.

Considere agora a cadeia $uv^0wx^0y = uwy$. Nos dois primeiros casos acima, a cadeia resultante sofre um desbalanceamento visível da quantidadede a em relação à quantidade de b e, portanto, não pode pertencer a L_3. Mas, no terceiro e último caso, como não se conhece v, w e x, não é possível garantir que uwy não pertença à linguagem (pertenceria caso v fosse composto apenas por símbolos a, x fosse composto apenas por símbolos b e, além disso, as quantidades de a em v e de b em x fossem idênticas).

Logo, não é possível garantir que todas as segmentações possíveis de $uvwxy$ geram cadeias não pertencentes a L_3, e assim a prova de que ela não é livre de contexto não pode ser finalizada. De fato, como foi provado no início, L_3 é livre de contexto. Daí a impossibilidade de conclusão da prova. ⋆

Exemplo 4.86 A linguagem $L_4 = \{a^k | k \geqslant 1 \text{ é um número primo}\}$ não é livre de contexto. Suponha-se que L_4 seja livre de contexto e considere-se a sentença $\gamma = a^p$, $p \geqslant n+2$, onde p é um número primo e n é o valor da constante definida pelo "Pumping Lemma" para linguagens livres de contexto. Se $\gamma = uvwxy$ pertence a L_4, então, de acordo com o "Lemma", a sentença uwy também deve pertencer. Seja $q = |uwy|$.

O comprimento das sentenças uv^iwx^iy pode ser calculado da seguinte forma: $|uv^iwx^iy| = |uwy| + i * |vx|$. Em particular, o comprimento da sentença $|uv^qwx^qy| = |uwy| + q * |vx| = q + q * |vx| = q * (1 + |vx|)$. Além disso,

- $q = |uwy| = |uvwxy| - |vx|$. Como, pelo "Pumping Lemma", $|vwx| \leqslant n$, segue que $|vx| \leqslant n$. Como $|uvwxy| \geqslant n+2$, segue que $q \geqslant 2$;
- Pelo "Pumping Lemma", $|vx| \geqslant 1$. Logo, $1 + |vx| \geqslant 2$.

Portanto, o comprimento de $|uv^qwx^qy|$ corresponde ao produto de dois números maiores que 1 (ou seja, ele não é primo) e isso prova que L_4 não pode ser livre de contexto.

Vale lembrar que, no Exemplo 3.69 da Seção 3.9 ("Linguagens regulares que não são regulares"), essa mesma linguagem foi demonstrada como sendo não regular. ⋆

O "Pumping Lemma" não pode ser usado para caracterizar a classe das linguagens livres de contexto, uma vez que ele se mostra válido também para certas linguagens que não são livres de contexto. A prova desse resultado (por meio de um contraexemplo) pode ser encontrada em [13]. Em resumo, o "Pumping Lemma" pode ser usado para provar que uma linguagem não é livre de contexto, mas não pode ser usado para provar que ela é livre de contexto.

4.15 Propriedades de fechamento

As linguagens livres de contexto são fechadas em relação às operações de:

- união;
- concatenação;
- fechamento reflexivo e transitivo;
- intersecção com linguagem regular;

Elas não são fechadas em relação às operações de:

- intersecção;
- complementação.

Os teoremas seguintes apresentam as respectivas demonstrações.

Teorema 4.23 (Fecho na união) "As linguagens livres de contexto são fechadas em relação à operação de união."

Sejam L_1 e L_2 duas linguagens livres de contexto quaisquer. Então, $L_1 = L_1(G_1)$ e $L_2 = L_2(G_2)$, G_1 e G_2 sendo duas gramáticas livres de contexto: $G_1 = (V_1, \Sigma_1, P_1, S_1)$ e $G_2 = (V_2, \Sigma_2, P_2, S_2)$. Admita-se que $N_1 \cap N_2 = \emptyset$. Se isso não for verdade, os símbolos não terminais podem ser facilmente renomeados, sem prejuízo para as linguagens que estiverem sendo definidas.

A linguagem $L_3 = L_1 \cup L_2$ é gerada pela gramática G_3, ou seja, $L_3 = L_3(G_3)$, com $G_3 = (V_3, \Sigma_3, P_3, S_3)$, onde:

- $V_3 = V_1 \cup V_2 \cup \{S_3\}$
- $\Sigma_3 = \Sigma_1 \cup \Sigma_2$
- $P_3 = P_1 \cup P_2 \cup \{S_3 \to S_1, S_3 \to S_2\}$

Como, por hipótese e por construção, as regras contidas em P_3 atendem, todas, às condições necessárias para uma gramática ser classificada como livre de contexto, segue que G_3 é livre de contexto e, consequentemente, L_3 é uma linguagem livre de contexto. □

Teorema 4.24 (Fecho na concatenação) "As linguagens livres de contexto são fechadas em relação à operação de concatenação."

Sejam L_1 e L_2 duas linguagens livres de contexto quaisquer. Então, $L_1 = L_1(G_1)$ e $L_2 = L_2(G_2)$, G_1 e G_2 sendo duas gramáticas livres de contexto: $G_1 = (V_1, \Sigma_1, P_1, S_1)$ e $G_2 = (V_2, \Sigma_2, P_2, S_2)$. Admita-se que $N_1 \cap N_2 = \emptyset$. Se isso não for verdade, os símbolos não terminais podem ser facilmente renomeados, sem prejuízo para as linguagens que estiverem sendo definidas.

A linguagem $L_3 = L_1 L_2$ é gerada pela gramática G_3, ou seja, $L_3 = L_3(G_3)$, com $G_3 = (V_3, \Sigma_3, P_3, S_3)$, onde:

- $V_3 = V_1 \cup V_2 \cup \{S_3\}$
- $\Sigma_3 = \Sigma_1 \cup \Sigma_2$
- $P_3 = P_1 \cup P_2 \cup \{S_3 \to S_1 S_2\}$

Como, por hipótese e por construção, as regras contidas em P_3 atendem, todas, às condições necessárias para uma gramática ser classificada como livre de contexto, segue que G_3 é livre de contexto e, consequentemente, L_3 é uma linguagem livre de contexto. □

Teorema 4.25 (Fecho no fecho) "As linguagens livres de contexto são fechadas em relação à operação de fechamento reflexivo e transitivo."

Seja L_1 uma linguagem livre de contexto qualquer. Então, $L_1 = L_1(G_1)$, G_1 sendo uma gramática livre de contexto: $G_1 = (V_1, \Sigma_1, P_1, S_1)$.

A linguagem $L_2 = L_1^*$ é gerada pela gramática G_2, ou seja, $L_2 = L_2(G_2)$, com $G_2 = (V_2, \Sigma_2, P_2, S_2)$, onde:

- $V_2 = V_1 \cup \{S_2\}$
- $\Sigma_2 = \Sigma_1$
- $P_2 = P_1 \cup \{S_2 \to S_1 S_2, S_2 \to \varepsilon\}$

Como, por hipótese e por construção, as regras contidas em P_2 atendem, todas, às condições necessárias para uma gramática ser classificada como livre de contexto, segue que G_2 é livre de contexto e, consequentemente, L_2 é uma linguagem livre de contexto. □

Teorema 4.26 (Intersecção com linguagem regular) "Sejam L_1 e L_2, respectivamente, uma linguagem regular e uma linguagem livre de contexto. Então, $L_1 \cap L_2$ é uma linguagem livre de contexto."

Sejam M_1 um autômato finito determinístico e M_2 um autômato de pilha que reconhecem, respectivamente, as linguagens L_1 e L_2. A linguagem $L_3 = L_1 \cap L_2$ é reconhecida pelo autômato de pilha M_3 construído conforme o Algoritmo 4.14.

Algoritmo 4.14 (Intersecção com linguagem regular) *"Obtenção de um autômato de pilha que reconhece a linguagem correspondente à intersecção de uma linguagem livre de contexto com uma linguagem regular."*

- *Entradas:*
  - *um autômato finito determinístico* $M_1 = (Q_1, \Sigma, \delta_1, q_{01}, F_1)$;
  - *um autômato de pilha* $M_2 = (Q_2, \Sigma, \Gamma, \delta_2, q_{02}, Z_0, F_2)$.
- *Saída: um autômato de pilha* $M_3 = (Q_3, \Sigma, \Gamma, \delta_3, q_{03}, Z_0, F_3)$, *com critério de aceitação de pilha vazia, tal que* $V(M_3) = L(M_1) \cap L(M_2)$.
- *Método:*
  1. $Q_3 = Q_1 \times Q_2$;
  2. $q_{03} = (q_{01}, q_{02})$;
  3. $F_3 = F_1 \times F_2$;
  4. δ_3 *definida como:*
     a) $\delta_3((q_i, q_m), \sigma, X) = \{((q_j, q_n), \gamma)\}$,
        para $\delta_1(q_i, \sigma) = q_j$ *e* $\delta_2(q_m, \sigma, X) = \{(q_n, \gamma)\}$;
     b) $\delta_3((q_i, q_m), \varepsilon, X) = \{((q_i, q_n), \gamma)\}$,
        para $\delta_2(q_m, \varepsilon, X) = \{(q_n, \gamma)\}$.

○

É possível demonstrar (ver [13]), por indução sobre o tamanho das cadeias analisadas pelos autômatos, que $((q_{01}, q_{02}), w, Z_0) \vdash^* ((q_r, q_s), \varepsilon, \varepsilon), (q_r, q_s) \in F_3$, se e somente se $(q_{01}, w) \vdash^* (q_s, \varepsilon), q_s \in F_1$ e $(q_{02}, w, Z_0) \vdash^* (q_r, \varepsilon, \varepsilon)$, $q_r \in F_2$.

Em outras palavras, M_3 aceita w se e apenas se M_1 e M_2 também aceitam w. Se M_1 e/ou M_2 rejeitam w, então M_3 também rejeita w. Logo, L_3 corresponde à intersecção das linguagens L_1 e L_2, e a existência de M_3 prova que L_3 é uma linguagem livre de contexto.

Esse teorema mostra como construir um autômato de pilha M_3 que simula, de maneira simultânea, as configurações que podem ser assumidas por um outro autômato de pilha M_2 e um autômato finito determinístico M_1 no reconhecimento de uma mesma cadeia de entrada.

Assim, os estados de M_3 correspondem ao produto cartesiano $Q_1 \times Q_2$. Se M_3 se encontrar no estado (q_i, q_m), isso significa que, naquela situação, M_1 encontrar-se-á no estado q_i e M_2 no estado q_m, se estivessem operando separadamente no reconhecimento da mesma cadeia de entrada.

Se a entrada σ for aceita simultaneamente no estado q_i de M_1 e no estado q_m de M_2, então uma nova transição é acrescentada em M_3 com o símbolo σ partindo do estado (q_i, q_m) e com destino no estado $(\delta_1(q_i), \delta_2(q_m))$.

Transições sem consumo de símbolo na cadeia de entrada de M_2 — da forma $\delta_2(q_i, \varepsilon, X) = \{(q_j, \gamma)\}$ — podem ser simuladas sem dificuldade em M_3, bastando para isso "preservar" o estado corrente de M_1 em M_3, uma vez que M_1 é, por definição, determinístico, isento de transições em vazio.

Pelo fato de M_1 ser um autômato finito, que não necessita de pilha para operar, esta é manipulada por M_3 de forma a reproduzir a manipulação executada de forma isolada por M_2.

A cadeia de entrada será aceita se M_3 atingir um estado final (composto por estados finais de M_1 e de M_2) com a cadeia de entrada esgotada e com a pilha vazia. Nessa configuração ocorre a aceitação simultânea da cadeia de entrada por M_1 e M_2.

Note-se a semelhança do Algoritmo 4.14 com o Algoritmo 3.25 apresentado anteriormente. Ambos produzem um novo autômato (de pilha ou finito, respectivamente) que aceita a intersecção de duas linguagens, fazendo para isso uso de estratégia similar, baseada na simulação simultânea dos autômatos originais. □

Exemplo 4.87 Sejam $L_1 = (ab^* \mid ba^*)$ e $L_2 = (a^n b^{n+1} \mid b^n a^{n+1})$, respectivamente reconhecidas pelo autômato finito M_1 e pelo autômato de pilha M_2 mostrados nas Figuras 4.49 e 4.50. A linguagem

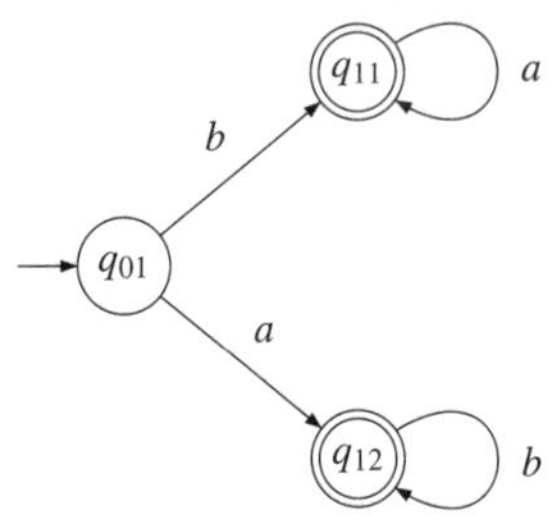

Figura 4.49 Autômato finito que reconhece $L_1 = (ab^* \mid ba^*)$.

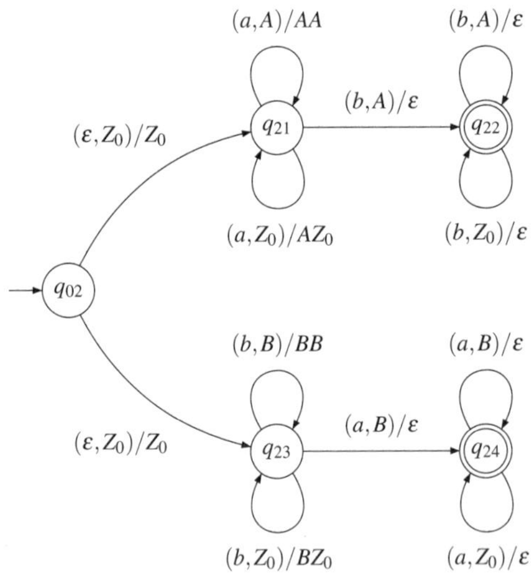

Figura 4.50 Autômato de pilha que reconhece $L_2 = (a^n b^{n+1} \mid b^n a^{n+1})$.

$L_3 = L_1 \cap L_2$ é reconhecida pelo autômato de pilha M_3, construído conforme o Algoritmo 4.14, utilizado na demonstração do Teorema 4.26:

$$\begin{aligned}
Q_3 &= \{(q_{01},q_{02}),(q_{01},q_{21}),(q_{01},q_{22}),(q_{01},q_{23}),(q_{01},q_{24}),\\
&\quad (q_{11},q_{02}),(q_{11},q_{21}),(q_{11},q_{22}),(q_{11},q_{23}),(q_{11},q_{24}),\\
&\quad (q_{12},q_{02}),(q_{12},q_{21}),(q_{12},q_{22}),(q_{12},q_{23}),(q_{12},q_{24})\}\\
F_3 &= \{(q_{11},q_{22}),(q_{11},q_{24}),(q_{12},q_{22}),(q_{12},q_{24})\}\\
\delta_3 &= \{((q_{01},q_{02}),\varepsilon,Z_0) \to ((q_{01},q_{21}),Z_0),\\
&\quad ((q_{01},q_{02}),\varepsilon,Z_0) \to ((q_{01},q_{23}),Z_0),\\
&\quad ((q_{01},q_{21}),a,Z_0) \to ((q_{12},q_{21}),AZ_0),\\
&\quad ((q_{01},q_{21}),a,A) \to ((q_{12},q_{21}),AA),\\
&\quad ((q_{01},q_{21}),b,A) \to ((q_{11},q_{22}),\varepsilon),\\
&\quad ((q_{01},q_{22}),b,Z_0) \to ((q_{11},q_{22}),\varepsilon),
\end{aligned}$$

$$
\begin{aligned}
&((q_{01},q_{22}),b,A) \to ((q_{11},q_{22}),\varepsilon),\\
&((q_{01},q_{23}),a,B) \to ((q_{12},q_{24}),\varepsilon),\\
&((q_{01},q_{23}),b,Z_0) \to ((q_{11},q_{23}),BZ_0),\\
&((q_{01},q_{23}),b,B) \to ((q_{11},q_{23}),BB),\\
&((q_{01},q_{24}),a,Z_0) \to ((q_{12},q_{24}),\varepsilon),\\
&((q_{01},q_{24}),a,B) \to ((q_{12},q_{24}),\varepsilon),\\
&((q_{11},q_{02}),\varepsilon,Z_0) \to ((q_{11},q_{21}),Z_0),\\
&((q_{11},q_{02}),\varepsilon,Z_0) \to ((q_{11},q_{23}),Z_0),\\
&((q_{11},q_{21}),a,Z_0) \to ((q_{11},q_{21}),AZ_0),\\
&((q_{11},q_{21}),a,A) \to ((q_{11},q_{21}),AA),\\
&((q_{11},q_{23}),a,B) \to ((q_{11},q_{24}),\varepsilon),\\
&((q_{11},q_{24}),a,B) \to ((q_{11},q_{24}),\varepsilon),\\
&((q_{11},q_{24}),a,Z_0) \to ((q_{11},q_{24}),\varepsilon),\\
&((q_{12},q_{02}),\varepsilon,Z_0) \to ((q_{12},q_{21}),Z_0),\\
&((q_{12},q_{02}),\varepsilon,Z_0) \to ((q_{12},q_{23}),Z_0),\\
&((q_{12},q_{21}),b,A) \to ((q_{12},q_{22}),\varepsilon),\\
&((q_{12},q_{22}),b,Z_0) \to ((q_{12},q_{22}),\varepsilon),\\
&((q_{12},q_{22}),b,A) \to ((q_{12},q_{22}),\varepsilon),\\
&((q_{12},q_{23}),b,Z_0) \to ((q_{12},q_{24}),BZ_0),\\
&((q_{12},q_{23}),b,B) \to ((q_{12},q_{24}),BB)\}
\end{aligned}
$$

O autômato resultante M_3, excluídos os estados inúteis e inacessíveis, e com os demais estados renomeados, é representado na Figura 4.51. Note-se que a linguagem resultante, além de livre de contexto, é também regular. Por essa razão, o autômato de pilha resultante foi convertido para um autômato finito equivalente. A linguagem reconhecida por M_3 é $(abb \mid baa)$, portanto, livre de contexto, regular e finita.

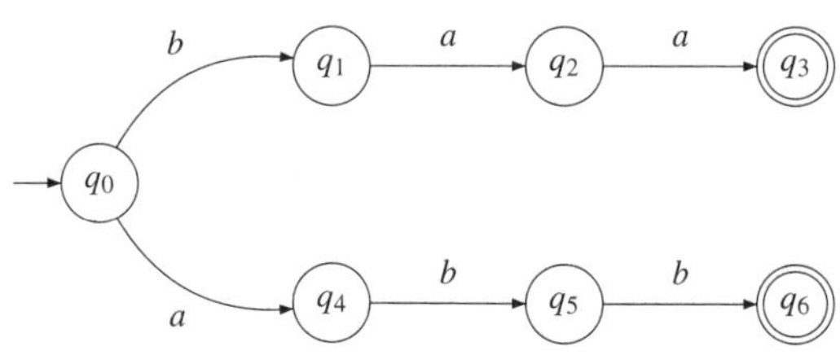

Figura 4.51 Autômato finito que reconhece a intersecção de L_1 com L_2.

Observe-se e compare-se o reconhecimento destas duas sentenças em M_1, M_2 e M_3. Note-se que a configuração final assumida por M_3 compreende as configurações finais assumidas por M_1 e por M_2 para uma mesma cadeia de entrada.

- M_1:
  - $(q_{01},abb) \vdash (q_{12},bb) \vdash (q_{12},b) \vdash (q_{12},\varepsilon)$
  - $(q_{01},baa) \vdash (q_{11},aa) \vdash (q_{11},a) \vdash (q_{11},\varepsilon)$
- M_2:
  - $(q_{02},abb,Z_0) \vdash (q_{21},abb,Z_0) \vdash (q_{21},bb,AZ_0) \vdash (q_{22},b,Z_0) \vdash (q_{22},\varepsilon,\varepsilon)$
  - $(q_{02},baa,Z_0) \vdash (q_{23},baa,Z_0) \vdash (q_{23},aa,BZ_0) \vdash (q_{24},a,Z_0) \vdash (q_{24},\varepsilon,\varepsilon)$

- M_3:

  - $((q_{01},q_{02}),abb,Z_0) \vdash ((q_{01},q_{21}),abb,Z_0) \vdash ((q_{12},q_{21}),bb,AZ_0) \vdash ((q_{12},q_{22}),b,Z_0) \vdash ((q_{12},q_{22}),\varepsilon,\varepsilon)$
  - $((q_{01},q_{02}),baa,Z_0) \vdash ((q_{01},q_{23}),baa,Z_0) \vdash ((q_{11},q_{23}),aa,BZ_0) \vdash ((q_{11},q_{24}),a,Z_0) \vdash ((q_{11},q_{24}),\varepsilon,\varepsilon)$

$\star$

Não obstante o resultado do Teorema 4.26, é possível demonstrar que a intersecção de uma linguagem livre de contexto qualquer com outra linguagem livre de contexto qualquer nem sempre gera uma linguagem livre de contexto. Ou seja, que a classe das linguagens livres de contexto não é fechada em relação à operação de intersecção.

Teorema 4.27 (Fecho na intersecção) "As linguagens livres de contexto não são fechadas em relação à operação de intersecção."

É suficiente, para provar este teorema, que existem pelo menos duas linguagens livres de contexto cuja intersecção gera uma linguagem que não seja livre de contexto.

Considerem-se as linguagens $L_1 = \{a^m b^m c^n \mid m \geqslant 1, n \geqslant 1\}$ e $L_2 = \{a^n b^m c^m \mid m \geqslant 1, n \geqslant 1\}$. É fácil demonstrar que essas linguagens são geradas, respectivamente, pelas gramáticas livres de contexto G_1 e G_2:

$$\begin{aligned} G_1 &= (\{a,b,c,S,X,Y\},\{a,b,c\}, \\ &\quad \{S \to XY, X \to aXb, X \to ab, Y \to cY, Y \to c\}, S) \\ G_2 &= (\{a,b,c,S,X,Y\},\{a,b,c\}, \\ &\quad \{S \to XY, X \to aX, X \to a, Y \to bYc, Y \to bc\}, S) \end{aligned}$$

Por outro lado, a linguagem $L_3 = L_1 \cap L_2 = \{a^m b^m c^m \mid m \geqslant 1\}$ é uma linguagem que não é livre de contexto, conforme ilustrado na aplicação do "Pumping Lemma" para linguagens livres de contexto (ver Exemplo 4.82). □

Teorema 4.28 (Fecho na complementação) "As linguagens livres de contexto não são fechadas em relação à operação de complementação."

Dadas duas linguagens L_1 e L_2 quaisquer, é sabido (Lei de De Morgan, ver Teorema 1.1) que:

$$L_1 \cap L_2 = \overline{\overline{L_1} \cup \overline{L_2}}$$

Nessa igualdade estão envolvidas apenas as operações de intersecção, união e complementação. Sabe-se, conforme demonstração anterior (Teorema 4.23), que as linguagens livres de contexto são fechadas em relação à operação de união. Se elas fossem fechadas também em relação à operação de complemento, deveriam necessariamente ser fechadas em relação à operação de intersecção. Como isso não é verdade (Teorema 4.27), conclui-se que as linguagens livres de contexto não são fechadas em relação à operação de complementação. □

Exemplo 4.88 Considere novamente as linguagens L_1 e L_2 do Teorema 4.27. Em particular, temos que $\overline{L_1}$ e $\overline{L_2}$ são também livres de contexto, conforme mostrado a seguir:

Gramática livre de contexto para $\overline{L_1} = \{a^i b^j c^k \mid i \neq j\}$:

$$\begin{aligned} S &\to XY \\ X &\to aXb \mid A \mid B \end{aligned}$$

$$
\begin{aligned}
Y &\rightarrow cY \mid c \\
A &\rightarrow aA \mid a \\
B &\rightarrow bB \mid b
\end{aligned}
$$

Gramática livre de contexto para $\overline{L_2} = \{a^i b^j c^k \mid j \neq k\}$:

$$
\begin{aligned}
S &\rightarrow XY \\
X &\rightarrow aX \mid a \\
Y &\rightarrow bYc \mid B \mid C \\
B &\rightarrow bB \mid b \\
C &\rightarrow cC \mid c
\end{aligned}
$$

Como a classe das linguagens livres de contexto é fechada em relação à operação de união, segue que $L_3 = \overline{L_1} \cup \overline{L_2}$ também é livre de contexto. No entanto, temos que $\overline{L_3} = \{a^i b^j c^k \mid i = j = k\}$, ou simplesmente $\{a^m b^m c^m \mid m \geqslant 1\}$, que sabidamente não é livre de contexto (ver Exemplo 4.82). Portanto, L_3 é uma linguagem livre de contexto cuja complementação não é livre de contexto. ⋆

Exemplo 4.89 Outra linguagem livre de contexto importante, mas cuja complementação não é livre de contexto, é $L_4 = \{a,b\}^* - \{ww \mid w \in \{a,b\}^*\}$. De fato, $\overline{L_4} = \{ww \mid w \in \{a,b\}^*\}$ não é livre de contexto, o que pode ser provado por meio do "Pumping Lemma" para as linguagens livres de contexto, de maneira similar ao que foi feito no Exemplo 4.83. Resta, portanto, provar que L_4 é livre de contexto, o que é feito por meio de G_4 a seguir:

$$
\begin{aligned}
S &\rightarrow A \mid B \mid AB \mid BA \\
A &\rightarrow a \mid aAa \mid aAb \mid bAb \mid bAa \\
B &\rightarrow b \mid aBa \mid aBb \mid bBb \mid bBa
\end{aligned}
$$

Para provar que G_4 gera L_4, devemos notar inicialmente o seguinte:

- O símbolo não terminal A gera todas as cadeias de comprimento ímpar sobre o alfabeto $\{a,b\}$ com o símbolo a no centro.
- O símbolo não terminal B gera todas as cadeias de comprimento ímpar sobre o alfabeto $\{a,b\}$ com o símbolo b no centro.
- O símbolo não terminal S gera todas as cadeias de comprimento ímpar (por meio de A ou B) e também algumas de comprimento par (por meio da concatenação de duas cadeias de comprimento ímpar, respectivamente AB ou BA).
- Todas as sentenças de $\overline{L_4}$ possuem comprimento par.

Como G_4 gera cadeias de comprimento ímpar, fica claro que estas não podem pertencer a $\overline{L_4}$ e, portanto, pertencem a L_4. Vejamos agora o que acontece com as cadeias de comprimento par geradas por G_4.

Tais cadeias terão o formato $x = yz$, onde $A \Rightarrow^* y$ e $B \Rightarrow^* z$, ou $B \Rightarrow^* y$ e $A \Rightarrow^* z$. Suponha ainda que $|x| = n$, $|y| = m$ e, portanto, $|z| = n - m$. Então:

$$
x = \underbrace{y_1 y_2 \ldots y_{(m+1)/2} \ldots y_{m-1} y_m}_{y} \underbrace{z_{m+1} z_{m+2} \ldots z_{(n-m+1)/2} \ldots z_{n-1} z_n}_{z}
$$

onde $y_{(m+1)/2}$ e $z_{(n-m+1)/2}$ são, respectivamente, os símbolos centrais de y e z. Por construção ($S \Rightarrow AB$ ou $S \Rightarrow BA$), sabemos que:

- $y_{(m+1)/2} \neq z_{(n-m+1)/2}$.
- $y_{(m+1)/2} = x_{(m+1)/2}$.
- $z_{(n-m+1)/2} = x_{(n-m+1)/2+m} = x_{(n-m+1+2m)/2} = x_{(n+m+1)/2}$.

- Logo, temos que $x_{(m+1)/2} \neq x_{(n+m+1)/2}$.

Suponha agora que $x = ww'$, onde $|w| = |w'| = n/2$ (o que é sempre possível, uma vez que o comprimento de x é par). Além disso, como $m > 0$, $n > 0$ (y e z são ambas não vazias) e $m < n$, segue que $(m+1)/2 \leqslant n/2$. Então:

- $x_{(m+1)/2}$ está contido necessariamente em w; e
- $x_{(n+m+1)/2}$ está contido necessariamente em w'.

Portanto, temos que:

- $x_{(m+1)/2} = w_{(m+1)/2}$; e
- $x_{(n+m+1)/2} = w'_{(n+m+1)/2-n/2} = w'_{(m+1)/2}$.

Logo, concluímos que $w_{(m+1)/2} \neq w'_{(m+1)/2}$, ou seja, existe pelo menos uma mesma posição de w e w' que contém símbolos distintos. Assim, w e w' não podem ser idênticos. Em outras palavras, a concatenação de duas cadeias de comprimento ímpar com símbolos centrais distintos garante que o resultado pode ser dividido ao meio na forma de duas cadeias também distintas em pelo menos uma posição.

Portanto, G_4 gera todas as cadeias sobre o alfabeto $\{a,b\}$ tais que (i) elas têm comprimento ímpar, ou (ii) elas têm comprimento par (representadas como ww') e são tais que $w \neq w'$. Logo, $L_4 = L(G_4)$ e L_4 é livre de contexto. A gramática G_4 e a prova apresentada acima são baseadas em [32]. ⋆

4.16 Questões decidíveis e não decidíveis

Assim como acontece com a classe das linguagens regulares, existem diversas questões acerca das linguagens livres de contexto que podem sempre ser decididas, quaisquer que sejam as linguagens envolvidas. Por outro lado, certas questões que são decidíveis para a classe das linguagens regulares não podem ser decididas no caso geral, quando transpostas para a classe das linguagens livres de contexto (por exemplo, a questão $L = \Sigma^*$ é decidível no caso das linguagens regulares, porém não é decidível no caso das linguagens livres de contexto).

As principais questões decidíveis da classe das linguagens livres de contexto são:

- A cadeia pertence à linguagem?
- A linguagem é vazia?
- A linguagem é infinita?
- A linguagem é finita?

Teorema 4.29 (A cadeia pertence?) "Sejam L uma linguagem livre de contexto sobre Σ e α uma cadeia pertencente a Σ^*. Então, a questão "$\alpha \in L$?" é decidível."

Conforme o Algoritmo 4.15.

Algoritmo 4.15 (A cadeia pertence?) *"Determinação da pertinência da cadeia $w \in \Sigma^*$ à linguagem livre de contexto $L \subseteq \Sigma^*$."*

- *Entrada: uma cadeia $w \in \Sigma^*$ e uma linguagem livre de contexto $L \subseteq \Sigma^*$.*
- *Saída: SIM, se $w \in \Sigma^*$; NÃO, caso contrário.*
- *Método:*
    1. *Obter uma gramática livre de contexto G tal que $L = L(G)$.*

2. *Se* $w = \varepsilon$, *então:*
   a) *Determinar, conforme o Algoritmo 4.3 (eliminação de produções em vazio em gramáticas livres de contexto), se S (a raiz de G) pertence ao conjunto E; em caso afirmativo, a resposta é SIM; caso contrário, a resposta é NÃO;*
3. *Se* $w \neq \varepsilon$, *então:*
   a) *Obter* G' *na Forma Normal de Greibach (ver Algoritmo 4.8 na Seção 4.6), tal que* $L(G') = L(G) - \{\varepsilon\}$.
   b) *Considerar* $n = |w|$.
   c) *Considerar m como o maior número de produções definido para um não terminal, entre todos os não.terminais de* G'.
   d) *Obter todas as sequências de derivações mais à esquerda que geram formas sentenciais cujo prefixo seja uma cadeia de terminais de comprimento máximo n (existem no máximo* m^n *sequências distintas).*
   e) *Verificar se alguma dessas sequências de derivação corresponde à geração da cadeia w; em caso afirmativo, a resposta é SIM; caso contrário, a resposta é NÃO.*

○

□

Exemplo 4.90 Considere-se a gramática a seguir, já apresentada na Forma Normal de Greibach:

$$
\begin{aligned}
G &= (\{S, B, C, a, b, c\}, \{a, b, c\}, P, S) \\
P &= \{S \to aBC \mid bBC, \\
& \quad B \to bB \mid b, \\
& \quad C \to c\}
\end{aligned}
$$

Considere-se a cadeia $abbc \in L(G)$. Então, $n = 4$ e $m = 2$ (pois existem duas produções para S, duas para B e apenas uma para C) e, conforme o Algoritmo 4.15, existem no máximo $2^4 = 16$ sequências distintas de derivações mais à esquerda que geram como prefixo uma cadeia de terminais de comprimento máximo 4, não havendo necessidade de se inspecionar outras sequências. A Tabela 4.5 relaciona todas as oito sequências que geram cadeias de terminais de comprimento máximo 4.

Tabela 4.5 Derivações mais à esquerda que geram prefixos de comprimento máximo 4

Sequência			ΣV^*		$\Sigma\Sigma V^*$		$\Sigma\Sigma\Sigma V^*$		$\Sigma\Sigma\Sigma\Sigma V^*$
1	S	$\Rightarrow$	aBC	$\Rightarrow$	$abBC$	$\Rightarrow$	$abbBC$	$\Rightarrow$	$abbbBC$
2								$\Rightarrow$	$abbbC$
3						$\Rightarrow$	$abbC$	$\Rightarrow$	$abbc$
4				$\Rightarrow$	abC	$\Rightarrow$	abc		
5		$\Rightarrow$	bBC	$\Rightarrow$	$bbBC$	$\Rightarrow$	$bbbBC$	$\Rightarrow$	$bbbbBC$
6								$\Rightarrow$	$bbbbC$
7						$\Rightarrow$	$bbbC$	$\Rightarrow$	$bbbc$
8				$\Rightarrow$	bbC	$\Rightarrow$	bbc		

Como se pode verificar, a sequência de derivações 3 produz a cadeia *abbc*. Por outro lado, a cadeia *bcbc*, também de comprimento 4, não pertence à linguagem, uma vez que nenhuma das oito sequências da Tabela 4.5 gera o prefixo *bcbc* e, portanto, nenhuma sequência de derivações é capaz de gerar a cadeia *bcbc*. ⋆

O tempo de execução do Algoritmo 4.15 é proporcional a m^n, onde n é o comprimento da cadeia de entrada. Logo, esse tempo varia exponencialmente com o tamanho da cadeia, o que é um resultado considerado ineficiente e, portanto, indesejável do ponto de vista prático. Diversos outros algoritmos, no entanto, apresentam tempos de execução que são proporcionais a n^3 (ou menos), o que implica importantes ganhos de desempenho. Uma discussão sobre tais algoritmos, assim como referências, pode ser encontrada em [13], ou na literatura sobre compiladores, e foge ao escopo da presente publicação.

Por outro lado, conforme o Algoritmo 4.11 (obtenção de um autômato de pilha a partir de uma gramática livre de contexto na Forma Normal de Greibach), é possível construir um autômato de pilha que sempre para, qualquer que seja a cadeia de entrada que lhe seja submetida. De fato, cada movimentação do autômato construído com base naquele algoritmo efetua o consumo de um símbolo da cadeia de entrada. Como o comprimento dessa cadeia é finito, e inexistem ciclos formados por transições em vazio em tal autômato, seu processamento para após um número finito de passos (correspondente ao comprimento da cadeia de entrada), e o mesmo pode ser usado como alternativa para se determinar se uma cadeia qualquer (não vazia) pertence a uma linguagem livre de contexto.

Fica, portanto, demonstrada a existência de autômatos de pilha que sempre param, quaisquer que sejam a linguagem livre de contexto considerada e a cadeia de entrada que lhes sejam submetidas. Essa propriedade é análoga à obtida no Teorema 3.36 (pertinência de uma cadeia a uma linguagem regular), que garante a existência de autômatos finitos que sempre param, quaisquer que sejam a linguagem regular considerada e a cadeia de entrada que lhes seja submetida.

Teorema 4.30 (A linguagem é vazia?) "Seja L uma linguagem livre de contexto. Então, a questão "$L = \emptyset$?" é decidível."

Deseja-se provar que $L = \emptyset$ se e somente se L não contém nenhuma sentença de comprimento menor que n, onde n é a constante definida pelo "Pumping Lemma" para linguagens livres de contexto. Portanto, é necessário provar:

- $(L = \emptyset) \Rightarrow L$ não contém nenhuma sentença de comprimento menor que n, e
- L não contém nenhuma sentença de comprimento menor que $n \Rightarrow (L = \emptyset)$.

A prova da primeira parte é trivial. A prova da segunda parte é feita usando-se a versão contrapositiva da proposição:

$$(L \neq \emptyset) \Rightarrow L \text{ contém uma sentença de comprimento menor que } n$$

Admita-se, por hipótese, que não exista nenhuma cadeia pertencente a L cujo comprimento seja menor do que n (se existir a prova é trivial), e considere-se a cadeia γ como sendo aquela que possui o menor comprimento entre todas as cadeias de L cujo comprimento é maior ou igual a n (se L é não vazia e não há em L, por hipótese, cadeias de comprimento menor que n, então deve haver pelo menos uma cadeia que satisfaça essa condição). Como $|\gamma| \geqslant n$, então (pelo "Pumping Lemma" para as linguagens livres de contexto) $\gamma = uvwxy$, com $|vx| \geqslant 1$. Além disso, $|uwy| < |uvwxy|$, ou seja, $|uwy| < |\gamma|$ e $uwy \in L(M)$. Seguem duas possibilidades:

1. Se $|uwy| \geqslant n$, isso contradiz a hipótese de que γ seria a cadeia de L com o menor comprimento entre todas as que possuem comprimento maior ou igual a n (pois $|uwy| < |\gamma|$).

2. Se $|uwy| < n$, isso contradiz a hipótese de que não existiria nenhuma cadeia de L com comprimento maior ou igual a 0 e menor que n.

Portanto, em qualquer caso a hipótese é falsa e deve existir pelo menos uma cadeia $\gamma \in L$ tal que $0 \leqslant |\gamma| < n$.

Essa demonstração é semelhante à que foi feita no Teorema 3.32 (para determinar se uma linguagem regular é vazia ou não vazia).

Uma maneira alternativa de se verificar se $L = \emptyset$ consiste em obter uma gramática $G = (V, \Sigma, P, S)$, sem símbolos inúteis, que gere L. Se $S \in V$, então L é não vazia. Caso contrário, L é vazia. □

Teorema 4.31 (A linguagem é infinita?) "Seja L uma linguagem livre de contexto. Então, a questão 'L é infinita?' é decidível."

Deseja-se provar que L é infinita se e somente se contiver pelo menos uma sentença de comprimento maior ou igual a n e menor que $2n$, onde n é a constante definida pelo "Pumping Lemma" para linguagens livres de contexto. Portanto, é necessário provar:

- L é infinita $\Rightarrow$ L contém uma sentença de comprimento maior ou igual que n e menor que $2n$, e
- L contém uma sentença de comprimento maior ou igual que n e menor que $2n \Rightarrow L$ é infinita.

A prova da segunda parte é trivial (por aplicação direta do "Pumping Lemma" para as linguagens livres de contexto). A prova da primeira parte também é direta, mas um pouco mais elaborada, como explicado a seguir.

Admita-se, por hipótese, que não exista nenhuma cadeia pertencente a L cujo comprimento seja maior ou igual a n e menor do que $2n$ (se existir a prova é trivial), e considere-se a cadeia γ como sendo aquela que possui o menor comprimento entre todas as cadeias de L cujo comprimento é maior ou igual a $2n$ (se L é infinita, então deve haver pelo menos uma cadeia que satisfaça essa condição). Como $|\gamma| \geqslant n$ (pois $|\gamma| \geqslant 2n$), então (pelo "Pumping Lemma" para as linguagens livres de contexto) $\gamma = uvwxy$, com $|vx| \geqslant 1$. Além disso, $|uwy| < |uvwxy|$, ou seja, $|uwy| < |\gamma|$ e $uwy \in L(M)$. Seguem duas possibilidades:

1. Se $|uwy| \geqslant 2n$, isso contradiz a hipótese de que γ seria a cadeia de L com o menor comprimento entre todas as que possuem comprimento maior ou igual a $2n$.
2. Se $|uwy| < 2n$, isso contradiz a hipótese de que não existiria nenhuma cadeia de L com comprimento maior ou igual a n e menor que $2n$.

Portanto, em qualquer caso a hipótese é falsa e deve existir pelo menos uma cadeia $\gamma \in L$ tal que $n \leqslant |\gamma| < 2n$.

Esda demonstração é semelhante à que foi feita no Teorema 3.34 (para determinar se uma linguagem regular é finita ou infinita).

Uma outra maneira de se determinar se L é infinita consiste em obter uma gramática sem símbolos inúteis que gere L, e depois verificar se existem não terminais X autorrecursivos nela ($X \Rightarrow \alpha X \beta, \alpha\beta \in \Sigma^+$). Caso exista pelo menos um não terminal autorrecursivo (não necessariamente central), então L é infinita. Caso contrário, L é finita. □

Teorema 4.32 (A linguagem é finita?) "Seja L uma linguagem livre de contexto. Então, a questão 'L é finita?' é decidível."

Decorre diretamente do resultado dos teoremas anteriores: se L não é infinita (Teorema 4.31), então L é finita. Se $L = \emptyset$ (Teorema 4.30), então L é finita e vazia, caso contrário é finita e não vazia. □

As seguintes questões acerca das linguagens e das gramáticas livres de contexto (respectivamente L, G, G_1 e G_2 quaisquer) não são decidíveis e não serão demonstradas neste livro:

- G é ambígua?
- L é inerentemente ambígua?
- $L(G)$ é regular?
- $L(G) = \Sigma^*$, onde Σ é o seu alfabeto?
- $L(G_1) = L(G_2)$?
- $L(G_1) \subseteq L(G_2)$?
- $L(G_1) \cap L(G_2) = \emptyset$?
- $L(G_1) \cap L(G_2)$ é livre de contexto?
- $\overline{L(G)}$ é livre de contexto?
- $\overline{L(G)} = \emptyset$?

Note, por exemplo, que o problema de determinar se uma certa linguagem livre de contexto é vazia (ou não vazia) é decidível, ao passo que o problema de determinar se o complemento de uma linguagem livre de contexto é vazia é indecidível. Não se deve, aqui, confundir o complemento de um problema com o complemento de uma linguagem. Aliás, vale a pena lembrar que a classe das linguagens ivres de contexto não é fechada em relação à operação de complementação. Logo, é possível que o complemento de uma linguagem livre de contexto não seja livre de contexto.

Naturalmente, por se tratar de questões não decidíveis, demonstra-se a inexistência de quaisquer algoritmos que solucionem essas questões no caso geral. Tais demonstrações, obtidas por intermédio de reduções (veja Seção 7.10) a partir do *PCP* (Problema da Correspondência de Post), podem ser encontradas em [13].

4.17 Autômatos de pilha estruturados

O formalismo de autômato de pilha apresentado a seguir, denominado **autômato de pilha estruturado**, inspira-se em um modelo clássico, que foi inicialmente proposto em [33], popularizado em [34] e posteriormente formalizado em [35].

O modelo se compõe essencialmente de um conjunto de autômatos, denominados **submáquinas** do autômato de pilha estruturado, a cada um dos quais cabe a tarefa de efetuar o reconhecimento de uma das diferentes classes de subcadeias que compõem uma cadeia de entrada em análise.

Transições podem acontecer entre estados de uma mesma submáquina, sem provocar movimentação na pilha. Tais transições, denominadas **transições internas à submáquina**, podem ocorrer com ou sem consumo de átomos da cadeia de entrada, e com ou sem *l*ookahead.

Além disso, é possível efetuar transições entre estados das submáquinas (até mesmo eventualmente entre estados de uma mesma submáquina), com a movimentação da pilha do autômato. Tais transições se denominam **transições entre submáquinas**.

Ao contrário do que se verifica nos autômatos de pilha convencionais, as transições que fazem uso de pilha nos autômatos de pilha estruturados se restringem a dois tipos básicos apenas, executados entre submáquinas:

- transições que provocam empilhamento, também chamadas **transições de chamada de submáquina**;
- transições que provocam desempilhamento, denominadas **transições de retorno de submáquina**.

Dá-se o nome de **autômato finito subjacente** a uma submáquina ao autômato finito que apresenta a mesma topologia, mas que utiliza, no lugar das transições em vazio de chamada de submáquina, transições idênticas que consomem um símbolo adicional, não pertencente ao alfabeto de entrada, e que represente a submáquina.

A operação das transições entre submáquinas se dá de forma muito similar ao que ocorre em um computador quando se executa uma chamada ou um retorno de sub-rotina em um programa, respectivamente, ocasião essa em que geralmente é utilizada uma pilha como elemento de armazenamento das informações que permitem ao computador executar a sub-rotina e retornar ao ponto correto do programa chamador.

Assim, no computador, um endereço de retorno é empilhado na ocasião da chamada de uma sub-rotina, para ser desempilhado na ocasião do retorno do controle da execução ao correspondente programa chamador.

Correspondentemente, no autômato de pilha estruturado, um **estado de retorno** é memorizado no topo da pilha do autômato na ocasião da execução de uma transição de chamada de submáquina, para que não se perca o estado para onde o autômato deverá transitar (retornar) quando a execução da submáquina estiver terminada.

O uso de tal disciplina de utilização da pilha garante que cada retorno de submáquina promova uma transição para o estado correto da submáquina chamadora a partir do qual este poderá prosseguir em sua tarefa de aceitação da cadeia de entrada.

Com tais componentes no dispositivo reconhecedor, pode-se caracterizar qualquer **situação** do autômato em um determinado instante do reconhecimento como sendo o conteúdo conjunto corrente da *pilha*, do *estado* da *submáquina corrente* e da parte da *cadeia de entrada que ainda não foi analisada* naquele instante do processamento.

Diz-se que o autômato de pilha estruturado **reconhece** uma sentença quando, partindo de uma **situação inicial** — definida como aquela em que toda a cadeia de entrada ainda está para ser analisada, a pilha está vazia e o autômato se encontra em um **estado inicial** predeterminado —, a máquina atinge uma **situação final** — com a pilha vazia, a cadeia de entrada esgotada e o estado corrente sendo um dos chamados **estados finais** preestabelecidos — após efetuar uma sequência de transições, ditada por uma **função de transição**, característica do particular dispositivo.

Nesse esquema, o tratamento dos aninhamentos sintáticos pode ser feito de forma padronizada, através da simples execução de uma transição de chamada de submáquina, seguida de uma execução completa dessa submáquina, e, finalmente, do respectivo retorno à submáquina chamadora, através da execução da adequada transição de retorno de submáquina.

No caso do tratamento de aninhamentos sintáticos múltiplos, as submáquinas correspondentes vão sendo sucessivamente chamadas antes que ocorra a transição de retorno associada à submáquina chamadora do nível anterior, provocando assim um crescimento no conteúdo da pilha.

No caso particular do tratamento de aninhamentos envolvendo múltiplas ocorrências de um mesmo tipo de construção sintática, torna-se necessário ativar recursivamente a correspondente submáquina. Assim, cada instância da ativação de tal submáquina corresponderá à presença de uma instância adicional do respectivo aninhamento sintático no texto de entrada em análise.

Como principal propriedade desse tipo de reconhecedores, é importante destacar a alta eficiência que com eles se pode obter, uma vez que operam essencialmente como autômatos finitos — exceto nas ocasiões de movimentação da pilha, obrigatória apenas ao início e ao final do tratamento de construções sintáticas que exibam potenciais aninhamentos — e, portanto, durante uma substancial parcela do trabalho de reconhecimento da maioria das linguagens usuais de programação.

Considerando-se que, para todos os autômatos finitos subjacentes às várias submáquinas, é sempre possível obter uma versão ótima e, portanto, determinística, conclui-se ser possível, sempre que não houver não determinismos causados pelo conflito entre uma transição de chamada (ou de retorno) de submáquina com outras transições, em todos os casos implementados com tal tipo de aceitador, efetuar o reconhecimento de qualquer sentença da linguagem em tempo proporcional ao comprimento dela, acrescido de outra parcela, proporcional ao número de aninhamentos exibido por tal sentença (que também é proporcional ao comprimento da sentença).

Em uma grande quantidade de casos, é possível evitar conflitos das transições entre submáquinas com outras transições com as quais elas convivem, mediante o emprego de transições equivalentes, porém com *l*ook-ahead explícito dos símbolos que podem ser consumidos a partir do primeiro estado da submáquina referenciada.

Em outros casos, pode haver a necessidade de substituir, na submáquina chamadora, a chamada de submáquina que esteja causando os conflitos com outras transições, pela expansão de uma cópia da submáquina chamada.

Caso tal procedimento não seja suficiente para sanar o conflito, o processo pode ser repetido até que este se resolva, ou que se garanta que a operação do dispositivo seja considerada satisfatória diante das especificações do projeto.

Assim sendo, exceto nos casos restantes, mais raros, em que não seja possível evitar conflitos de transições entre submáquinas com outras transições, com as quais elas devem conviver, a resposta, no tempo, do autômato de pilha estruturado a uma sentença de sua linguagem de entrada será linear.

É necessário frisar, por outro lado, que, ao tentar manter a linearidade do tempo de resposta do autômato, devido a eventuais necessidades de expansão de submáquinas, em vez de manter suas chamadas no corpo do autômato, pode ocorrer um aumento, eventualmente substancial, no número de transições e no número de estados do autômato resultante.

Formalização

Observando-se a notação usada para os autômatos de pilha tradicionais, pode-se notar a dificuldade de registrar de maneira clara a lógica de sua operação.

Isso se deve ao fato de que, nesse tipo de dispositivo, as transições são todas do mesmo tipo, embora algumas desempenhem atividades diferenciadas no reconhecimento sintático.

Além disso, podem ser ainda encontradas transições envolvendo estados nos quais atividades diversas são tratadas, o que reduz drasticamente a sua legibilidade e a compreensão de seu papel no reconhecimento sintático efetuado pelo autômato.

Com a finalidade de tornar mais visíveis as atividades de reconhecimento proporcionadas pelas diversas partes — estados e transições — do autômato, estabeleceu-se uma convenção, através da qual são separadas as transições — e, consequentemente, os estados — que se destinem a resolver aspectos diferentes do reconhecimento sintático, mantendo agrupadas aquelas que colaborem para a resolução de um mesmo problema.

Sugere-se, assim, particionar inicialmente as transições do autômato desejado, recolhendo em cada partição todas as transições que consumam símbolos, e que se refiram ao reconhecimento de uma mesma construção sintática, e excluindo da partição todas as transições referentes ao reconhecimento de outras construções sintáticas.

Convenciona-se também que, quando uma construção sintática depende de outra (ou até mesmo, recursivamente, de si mesma), deverá ela conter transições capazes de guardar em uma pilha informações sobre o ponto da construção sintática envolvente em que se fizer necessário o reconhecimento da sintaxe de que aquela depende, para então ativar a partição do autômato responsável pelo reconhecimento de tal construção sintática.

Adicionalmente, cada uma das partições do autômato, referentes às diversas construções sintáticas, deverá apresentar uma transição especial que, uma vez terminado o reconhecimento da sintaxe a que se refere a partição, utilize a informação previamente guardada na pilha para, a partir dela, prosseguir o reconhecimento, previamente interrompido, da construção sintática envolvente.

Cada uma dessas partições representa uma diferente construção sintática, a qual em geral corresponde, nas gramáticas, à sintaxe representada por um diferente não terminal.

No autômato que estamos esboçando, cada uma dessas partições irá corresponder, respectivamente, ao que se denomina submáquina.

Transições normais, similares às de um autômato finito, não movimentam a pilha do autômato, nem promovem desvios entre partições, mas ocorrem internamente a uma submáquina e se responsabilizam pelo consumo dos símbolos da cadeia de entrada. São também permitidas transições em vazio, internas a uma submáquina.

Para completar, há finalmente as transições especiais, que fazem uso da pilha, e que promovem desvios entre partições.

Existem dois tipos de tais transições especiais: os desvios responsáveis pelas chamadas de submáquinas, que, a partir da submáquina correntemente em uso, ativam alguma das submáquinas do autômato, e os desvios de retorno de submáquina, os quais, após ter a submáquina correntemente em execução completado sua missão no reconhecimento da cadeia de entrada, promovem o retorno à submáquina chamadora, para que esta possa prosseguir o reconhecimento anteriormente interrompido.

As transições de chamada de submáquina forçam a execução das transições da submáquina que for chamada, a partir de um estado diferenciado e único, chamado estado de entrada da submáquina ou, alternativamente, seu estado inicial.

Em seguida, a operação da submáquina deverá transcorrer como se ela fosse um autômato finito, até que, estando em um de seus estados de saída, a submáquina não possa mais aplicar nenhuma de suas transições para consumir o símbolo corrente da cadeia de entrada.

Nesse ponto, uma transição especial de retorno de submáquina é executada para forçar o retorno do controle do autômato à submáquina chamadora, a partir do estado correspondente à informação que foi anteriormente empilhada, quando da ativação da submáquina corrente.

Note-se que esse mecanismo de chamada e de retorno de submáquina é em tudo similar ao mecanismo de chamada e retorno de sub-rotinas em linguagens de programação, sendo que, em vez de empilhar ou desempilhar um endereço de retorno, o autômato empilha ou desempilha um estado de retorno.

Observe-se ainda que, de acordo com a convenção adotada, apenas transições internas consomem símbolos, mas nunca movimentam a pilha, e que as transições de chamada e de retorno de submáquina são sempre executadas em vazio, portanto nunca consomem símbolos.

Note-se também que um estado de onde partem transições de chamada ou de retorno de submáquina constituem uma fonte potencial de não determinismos, uma vez que um ou mais símbolos que o autômato consumiria normalmente, através de transições internas, a partir daquela situação, podem eventualmente ser consumidos pelo autômato após executadas tais transições em vazio.

Isso sugere que seja dada uma atenção especial a esses casos, de forma que sejam evitados tais conflitos.

Uma prática que dá bons resultados em um grande número de casos é a do *l*ook-ahead: testa-se o próximo símbolo a ser consumido pelo autômato, efetuando-se a transição de chamada ou de retorno de submáquina apenas no caso de se ter certeza de que o símbolo em questão será de fato consumido após a execução dessas transições (nos demais casos, não se executam tais transições).

Ao *l*ook-ahead acrescenta-se outra convenção, por motivo de segurança: podendo-se consumir localmente um símbolo, dá-se preferência à transição interna correspondente, em detrimento das transições de chamada ou retorno de submáquina.

Após essas considerações, passa-se a formalizar o autômato de pilha estruturado.

Definição: um autômato de pilha estruturado pode ser representado através de uma óctupla $(Q,A,\Sigma,\Gamma,P,Z_0,q_0,F)$, composta pelos seguintes elementos:

- A: um conjunto finito não vazio de submáquinas a_i, definidas adiante;
- Q: um conjunto finito não vazio de todos os estados $q_{i,j}$ das submáquinas $a_i \in A$;
- Σ: um conjunto finito não vazio de símbolos de entrada σ_k que podem ser consumidos pelas submáquinas $a_i \in A$;
- Γ: um conjunto finito não vazio de símbolos de pilha $\gamma_k = (m,n)$, correspondentes aos estados finais $q_{m,n} \in Q_m$ das diversas submáquinas $a_m \in A$;
- P: um conjunto finito não vazio de regras de transição $p_{i,j}$, com i identificando a submáquina e j, a regra específica;
- $Z_0 \in \Gamma$: marcador de pilha vazia;
- $q_0 \in Q$: estado inicial do autômato, $q_0 \equiv q_{0,0}$;
- $F \subseteq Q$: conjunto não vazio de estados finais do autômato.

Cada uma das submáquinas $a_i \in A$ tem definição muito similar à de um autômato finito, sendo representada por uma quíntupla $a_i = (Q_i,\Sigma_i,P_i,q_{i,0},F_i)$, onde:

- $Q_i \subseteq Q$ é o conjunto dos estados $q_{i,j}$ de a_i;
- $\Sigma_i \subseteq \Sigma$ é o conjunto dos símbolos de entrada σ_k de a_i;
- $P_i \subseteq P$ é o conjunto das regras de transição $p_{i,m}$ de a_i;
- $q_{i,0} \in Q_i$ é o estado de entrada de a_i;
- $F_i \subseteq Q_i$ é o conjunto de estados de saída $q_{i,f}$ de a_i.

Cada uma das regras de transição $p_{i,m} \in P_i$ assume a forma de uma sêxtupla $(\lambda,s,\rho,\lambda',s',\rho')$, mais usualmente denotada na forma de um par de triplas sem vírgulas nem parênteses, separadas por uma seta, indicando a evolução do autômato a partir de uma situação representada pela tripla da esquerda, para aquela indicada pela tripla da direita na regra de transição. Cada regra é rotulada à esquerda pelo identificador $p_{i,m}$ seguido do sinal de dois-pontos (":"):

$$p_{i,m} : \lambda s\rho \rightarrow \lambda' s' \rho'$$

onde:

- $\lambda \in \Gamma^*$: indica a situação da pilha antes da aplicação de $p_{i,m}$;
- $s \in Q$: indica o estado do autômato antes da aplicação de $p_{i,m}$;

- $\rho \in \Sigma^*$: representa a cadeia de entrada a processar, antes da aplicação de $p_{i,m}$;
- $\lambda' \in \Gamma^*$: indica a situação da pilha depois da aplicação de $p_{i,m}$;
- $s' \in Q$: indica o estado do autômato depois da aplicação de $p_{i,m}$;
- $\rho' \in \Sigma^*$: representa a cadeia de entrada restante, depois da aplicação de $p_{i,m}$.

O conjunto Q de estados do autômato é a união de todos os conjuntos Q_i de estados de suas submáquinas a_i. Um estado s qualquer do autômato será sempre, portanto, algum estado $q_{i,m}$ da correspondente submáquina a_i.

Os conjuntos P_i das transições das submáquinas a_i devem ser disjuntos dois a dois, ou seja:

$$P_i \cap P_j = \emptyset, i \neq j$$

e a união de todos eles deve completar o conjunto P, compondo dessa maneira a partição de P a que se fez alusão anteriormente:

$$\bigcup_i (P_i) = P$$

Na denotação das regras de transição, convenciona-se que, se não for explicitado nenhum símbolo específico de entrada em ρ e ρ', ou se não for explicitado qualquer símbolo específico de pilha em λ e λ', subentende-se que a aplicação da regra de transição em questão independe da entrada ou do conteúdo da pilha, respectivamente.

Convenciona-se ainda que, se $\lambda = \lambda'$, não haverá alteração da pilha como resultado da aplicação da transição. Nessa situação, caso λ assuma a forma γg , sendo g uma cadeia não vazia de elementos de Γ, então a aplicação da transição será condicional, sendo ela aplicável apenas se g coincidir, na ocasião, com o conteúdo do topo da pilha. Se g for omitido, então a regra de transição poderá ser aplicada, independentemente da aplicação de testes ao conteúdo do topo da pilha.

Convenções análogas são feitas em relação a ρ e ρ': Caso se tenha $\rho = \rho' = \alpha$, omitindo-se, portanto, a explicitação de símbolos de entrada, isso denotará uma transição em vazio. Se, ao contrário, ρ for da forma $\sigma\alpha$, sendo σ uma cadeia de símbolos de Σ, e $\rho' = \alpha$, então a regra de transição consumirá a cadeia σ sempre que for aplicada. Caso $\rho = \rho' = \sigma\alpha$, tem-se novamente uma regra condicional de transição, que será aplicada apenas se for encontrado um símbolo σ iniciando a cadeia de entrada a ser processada, porém nesse caso σ não será consumida (esse tipo de regra de transição corresponde a uma transição em vazio com *l*ook-ahead do símbolo σ, ou seja, uma transição que testa o símbolo σ apenas para tomar uma decisão, sem, no entanto, consumi-lo).

Nos autômatos de pilha estruturados distinguem-se, dessa maneira, os três seguintes tipos de regras de transição:

- **transições internas**, com consumo de símbolos de entrada σ, ou em vazio ε, quando tanto s como s' pertencem a uma mesma submáquina, ou seja, s e s' se apresentam ambos na forma $s = q_{i,j}$ e $s' = q_{i,k}$, desde que na regra não esteja especificada qualquer movimentação do conteúdo da pilha, ou seja, $\lambda = \lambda'$ sem explicitação do conteúdo do topo da pilha.

  A forma típica dessas transições, com consumo do símbolo σ, é a seguinte:

  $$P_{i,m} : \gamma q_{i,j}\sigma\alpha \rightarrow \gamma q_{i,k}\alpha$$

  Essa transição pode ser reescrita de forma abreviada e mnemônica como segue:

  $$P_{i,m} : q_{i,j}\sigma \rightarrow q_{i,k}$$

A forma típica dessas transições, em vazio, é a seguinte:

$$P_{i,m} : \gamma q_{i,j}\alpha \rightarrow \gamma q_{i,k}\alpha$$

Essa transição pode ser reescrita de forma abreviada e mnemônica como segue:

$$P_{i,m} : q_{i,j}\varepsilon \rightarrow q_{i,k}$$

- **transições de chamada de submáquina**, sempre efetuadas em vazio, quando λ não explicita o conteúdo da pilha, e λ' é da forma $\gamma\phi$, onde $\phi = (m,n)$, para $q_{m,n} \in Q_m$, desde que $s = q_{m,r}$. Neste caso, $q_{m,n}$ indica o estado de retorno dessa transição. O estado-destino s' deverá ser o estado inicial $q_{v,0}$ de alguma submáquina $a_v \in A$.
A forma típica desse tipo de regras de transição é:

$$p_{m,t} : \gamma q_{m,r}\alpha \rightarrow \gamma(m,n)q_{v,0}\alpha$$

Essa transição pode ser reescrita de forma abreviada e mnemônica como segue:

$$p_{m,t} : q_{m,r}a_v \rightarrow EMPILHA \quad q_{m,n}$$

simbolizando uma transição envolvendo a chamada da submáquina a_v originada no estado $q_{m,r}$ e com retorno previsto para o estado $q_{m,n}$.
- **transições de retorno de submáquina**, efetuadas também em vazio, quando existe algum símbolo de pilha explícito em λ, mas λ' não explicita o conteúdo do topo da pilha. Sendo λ da forma $\gamma(m,n)$, é necessário que haja, em correspondência, $s' = q_{m,n}$, referenciando algum estado de retorno, anteriormente salvo na pilha por ocasião da chamada da submáquina corrente, por parte de alguma submáquina a_m, que então estava ativa.
A forma geral desse tipo de regras de transição é a seguinte:

$$p_{m,t} : \gamma(m,n)q_{v,u}\alpha \rightarrow \gamma q_{m,n}\alpha$$

Essa transição pode ser reescrita de forma abreviada e mnemônica como segue:

$$p_{m,t} : q_{v,u}\varepsilon \rightarrow RETORNA$$

Quando se trata da última transição da submáquina principal, a forma geral desse tipo de regras de transição é a seguinte:

$$p_{m,t} : \gamma Z_0 q_{v,u}\alpha \rightarrow \gamma q_{m,n}\alpha$$

Isso caracteriza uma situação de aceitação da cadeia, e pode-se escrever:

$$p_{m,t} : q_{v,u}\varepsilon \rightarrow ACEITA$$

Uma vez definidos todos os componentes do autômato de pilha estruturado, pode-se agora caracterizar sua operação, para o **reconhecimento** de uma cadeia de entrada α_0.

Seja $\Psi \notin \Sigma$ um **marcador de final da cadeia de entrada**, e seja a **situação** t do autômato representada por uma tripla do seguinte tipo:

$$t = (\lambda, q, \rho)$$

onde:

- $\lambda \in \Gamma^*$ representa o conteúdo da pilha;
- $q \in Q$ representa o estado do autômato;
- $\rho \in \Sigma^*$ representa a **parte da cadeia de entrada ainda a ser processada**.

Quando, partindo-se de uma **situação inicial** $t_0 = (Z_0, q_{0,0}, \rho\Psi)$, são aplicadas sucessivas transições, determinadas pelo conjunto das regras de transição do autômato, até que seja atingida uma **situação final**, representada por $t_f = (Z_0, q_{m,n}, \Psi)$, onde $q_{m,n} \in F$, diz-se que o autômato reconheceu a cadeia de entrada ρ.

Denotando-se como $t_i \Rightarrow t_{i+1}$ uma evolução da situação t_i para a situação seguinte t_{i+1}, a cadeia de transições que efetua o reconhecimento descrito pode ser denotada abreviadamente como $t_0 \Rightarrow^* t_f$, omitindo-se as situações intermediárias.

Exemplo 4.91 Autômato de pilha estruturado representando uma linguagem regular

Apresenta-se inicialmente um exemplo trivial de utilização de um autômato de pilha estruturado, para a representação da linguagem regular seguinte:

$$\{w \mid w \text{ é da forma } a^m x b^n, m, n \geqslant 0\}$$

Esse reconhecedor pode ser construído como uma única submáquina não recursiva, que opera sem utilizar-se de transições de chamada ou de retorno de submáquina, conforme descrito a seguir.

Em seu primeiro estado, o autômato executa repetidamente uma transição, consumindo uma sequência arbitrária (eventualmente vazia) de símbolos a, e migra para um segundo estado ao consumir o símbolo x. Nesse novo estado, uma outra transição se incumbe de consumir uma outra sequência arbitrária (eventualmente vazia) de símbolos b, encerrando o procedimento.

É fácil constatar que a máquina proposta reconhece exatamente a linguagem acima.

O autômato de pilha estruturado desejado terá, dessa forma, uma única submáquina a_1, e deverá apresentar-se com o seguinte aspecto:

$$\begin{aligned}
M &= (Q, A, \Sigma, \Gamma, P_S, Z_0, q_0, F), \text{ com :} \\
Q &= \{q_{1,1}, q_{1,2}\} \\
A &= \{a_1\} \\
\Sigma &= \{a, b, x\} \\
\Gamma &= \{Z_0\} \\
q_0 &= q_{1,1} \\
F &= \{q_{1,2}\} \\
P_S &= \{ \\
&\quad p_{1,1} : \lambda q_{1,1} a\alpha \rightarrow \lambda q_{1,1}\alpha, \\
&\quad p_{1,2} : \lambda q_{1,1} x\alpha \rightarrow \lambda q_{1,2}\alpha, \\
&\quad p_{1,3} : \lambda q_{1,2} b\alpha \rightarrow \lambda q_{1,2}\alpha, \\
&\quad p_{1,4} : \lambda Z_0 q_{1,2}\alpha \rightarrow ACEITA\}
\end{aligned}$$

Considerando que a pilha não é utilizada por esse dispositivo, é possível, sem perda de informação, simplificar a notação das regras de transição omitindo-se as alusões à pilha, bem como removendo-se a referência à parte da cadeia de entrada ainda não processada, com a finalidade de realçar a estrutura do autômato, podendo-se, dessa forma, reescrever o conjunto P_S como segue:

$$\begin{aligned}
P_S &= \{ \\
&\quad p_{1,1} : q_{1,1} a \rightarrow q_{1,1}, \\
&\quad p_{1,2} : q_{1,1} x \rightarrow q_{1,2}, \\
&\quad p_{1,3} : q_{1,2} b \rightarrow q_{1,2}\}
\end{aligned}$$

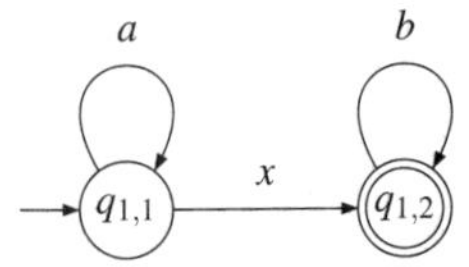

Figura 4.52 Autômato de pilha estruturado que aceita $a^m x b^n$.

⋆

Exemplo 4.92 Autômato de pilha estruturado com uma só submáquina

Apresenta-se a seguir um exemplo simples de utilização dos autômatos de pilha estruturados. Trata-se de um reconhecedor para a conhecida linguagem livre de contexto:

$$\{w \mid w \text{ é da forma } a^n x b^n, n \geqslant 0\}$$

Esse reconhecedor pode ser construído como um autômato de pilha estruturado com uma submáquina única autorrecursiva, que opera de forma indutiva.

Para $n = 0$, é necessário reconhecer a palavra x apenas.

Suponhamos que exista uma submáquina capaz de reconhecer a linguagem S formada pela coleção de todas as cadeias da forma $a^n x b^n, n \leqslant k$ para algum $k > 0$.

Desejando-se reconhecer também uma cadeia da forma $a^{n+1} x b^{n+1}, n \geqslant 0$, pode-se observar que $a^{n+1} x b^{n+1} = a a^n x b^n b, n \geqslant 0$.

Em outras palavras, tal linguagem pode ser reconhecida por uma máquina que aceite a linguagem aSb, e também a linguagem x.

Dispondo-se de tal máquina, pode-se repetir o raciocínio indefinidamente, cobrindo todos os valores naturais de n.

Daí, conclui-se que uma submáquina autorrecursiva que aceite de forma trivial a cadeia x, e que, ao receber um símbolo a, seja ativada recursivamente, antes de consumir este símbolo, para reconhecer uma outra cadeia menor, obtida da cadeia inicialmente apresentada, pela remoção do prefixo a e do sufixo b, e que, depois disso, aceite apenas o sufixo b removido, retornando então à submáquina chamadora, deverá aceitar qualquer cadeia da forma proposta, para qualquer valor natural de n.

Assim sendo, o autômato de pilha estruturado desejado terá uma única submáquina a_1, e deverá apresentar o seguinte aspecto:

$$\begin{array}{rcl}
M & = & (Q, A, \Sigma, \Gamma, P_S, Z_0, q_0, F), \text{ com :} \\
Q & = & \{q_{1,1}, q_{1,2}, q_{1,3}, q_{1,4}\} \\
A & = & \{a_1\} \\
\Sigma & = & \{a, b, x\} \\
\Gamma & = & \{(1,4), Z_0\} \\
q_0 & = & q_{1,1} \\
F & = & \{q_{1,2}\} \\
P_S & = & \{ \\
 & & p_{1,1} : \lambda q_{1,1} x \alpha \rightarrow \lambda q_{1,2} \alpha, \\
 & & p_{1,2} : \lambda q_{1,1} a \alpha \rightarrow \lambda q_{1,3} \alpha, \\
 & & p_{1,3} : \lambda q_{1,4} b \alpha \rightarrow \lambda q_{1,2} \alpha, \\
 & & p_{1,4} : \lambda q_{1,3} \alpha \rightarrow \lambda (1,4) q_{1,1} \alpha, \\
 & & p_{1,5} : \lambda (1,4) q_{1,2} \alpha \rightarrow \lambda q_{1,4} \alpha, \\
 & & p_{1,6} : \lambda Z_0 q_{1,2} \alpha \rightarrow ACEITA\}
\end{array}$$

Simplificando a notação das regras de transição, para realçar a estrutura do autômato, pode-se reescrever o conjunto P_S da seguinte maneira:

$$\begin{aligned} P_S \; = \; \{ & \\ & p_{1,1} : q_{1,1}x \to q_{1,2}, \\ & p_{1,2} : q_{1,1}a \to q_{1,3}, \\ & p_{1,3} : q_{1,4}b \to q_{1,2}, \\ & p_{1,4} : q_{1,3}S \to EMPILHA \quad q_{1,4}, \\ & p_{1,5} : q_{1,4}\varepsilon \to RETORNA\} \end{aligned}$$

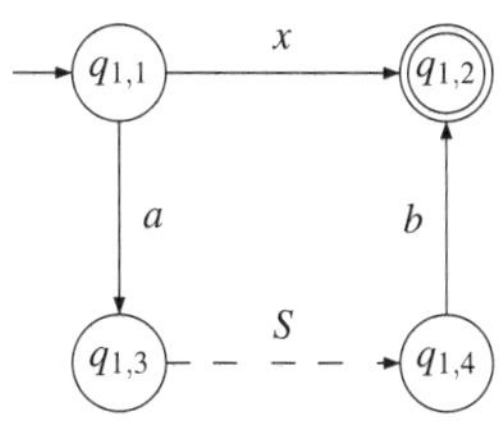

Figura 4.53 Autômato de pilha estruturado que aceita a^nxb^n.

⋆

Exemplo 4.93 Autômato de pilha estruturado com várias submáquinas

Apresentar-se-á a seguir mais um exemplo de utilização dos autômatos de pilha estruturados, o qual, embora também muito simples, apresenta uma estrutura um pouco mais elaborada em virtude de representar uma minilinguagem de programação estruturada em blocos, informalmente descrita a seguir:

Um programa é composto de um único *bloco*.

Um *bloco* se inicia com a palavra reservada **begin** e termina com a palavra reservada **end**, e contém uma sequência de *declarações* de variáveis, separadas por ponto e vírgula, seguida de uma sequência de *comandos*, também separados por ponto e vírgula.

Em cada uma das declarações, um ou mais *identificadores* são listados, separados por vírgulas, e a sequência de declarações é separada da sequência de comandos por um ponto e vírgula.

Todo *comando* pode ser rotulado. Comandos com rótulo exibem, como prefixo, um identificador seguido de dois-pontos, seguidos por um comando propriamente dito.

Um comando propriamente dito pode apresentar-se em cinco formatos: uma *atribuição de valor*, um *comando condicional*, um *comando iterativo*, um *comando de desvio* ou um *bloco*, este construído conforme a definição acima.

Atribuições de valor iniciam-se com um identificador, seguido de um sinal de igualdade, e finalizam-se com uma *expressão*.

Um comando condicional inicia-se com a palavra reservada **if**, seguida de uma comparação entre duas expressões, seguida por uma palavra reservada **then**, seguida de um comando. Opcionalmente, pode apresentar, após esse comando, uma palavra reservada **else** seguida de um outro comando para encerrar o comando condicional.

Um comando iterativo inicia-se com a palavra reservada **while**, seguida de uma comparação entre duas expressões, seguida pela palavra reservada **do**, e termina com um comando.

Um comando de desvio é formado pela palavra reservada **goto** seguida de um identificador.

Uma comparação entre expressões é denotada simplesmente como um par de expressões, separadas por um sinal de comparação (maior, igual ou menor).

Uma expressão é representada, em sua forma mais elementar, como um identificador de variável ou um número inteiro. É considerada também como expressão elementar uma expressão qualquer denotada entre parênteses. Uma sequência de expressões, separadas por sinais de operação aritmética (soma, subtração, multiplicação ou divisão), também é considerada como uma expressão válida.

$$
\begin{aligned}
M &= (Q, A, \Sigma, \Gamma, P_S, Z_0, q_0, F), \text{ com}: \\
Q &= \{q_{1,1}, q_{1,2}, q_{1,3}, q_{1,4}, q_{1,5}, q_{1,6}, q_{1,7}, q_{1,8}, q_{2,1}, q_{2,2}, q_{2,3}, q_{2,4}, q_{2,5}, q_{2,6}, q_{2,7}, q_{2,8}, \\
&\quad q_{2,9}, q_{2,10}, q_{2,11}, q_{2,12}, q_{2,13}, q_{2,14}, q_{2,15}, q_{2,16}, q_{2,17}, q_{2,18}, q_{2,19}, q_{2,20}, q_{3,1}, q_{3,2}, q_{3,3}, q_{3,4}\} \\
A &= \{a_1, a_2, a_3\} \\
\Sigma &= \{\text{begin, end, decl, id, ``,'', ;, :, =, >, <, if , then, else, while, do, goto}, +, -, *, /, \text{num},), (\} \\
\Gamma &= \{(1,6), (2,6), (2,8), (2,10), (2,12), (2,14), (2,16), (2,18), (2,20), (2,21), (3,3), Z_0\} \\
q_0 &= q_{1,1} \\
F &= \{q_{1,8}\} \\
P_S &= P_1 \cup P_2 \cup P_3
\end{aligned}
$$

$$
\begin{aligned}
P_1 = \{ & \\
& p_{1,1} : \lambda q_{1,1} \text{ begin } \alpha \to \lambda q_{1,2}\alpha \\
& p_{1,2} : \lambda q_{1,1} \text{ decl } \alpha \to \lambda q_{1,3}\alpha \\
& p_{1,3} : \lambda q_{1,3} \text{ id } \alpha \to \lambda q_{1,4}\alpha \\
& p_{1,4} : \lambda q_{1,4} \text{ , } \alpha \to \lambda q_{1,3}\alpha \\
& p_{1,5} : \lambda q_{1,4} \text{ ; } \alpha \to \lambda q_{1,5}\alpha \\
& p_{1,6} : \lambda q_{1,5} \text{ decl } \alpha \to \lambda q_{1,3}\alpha \\
& p_{1,7} : \lambda q_{1,5}\alpha \to \lambda (1,6) q_{2,1}\alpha \\
& p_{1,8} : \lambda q_{1,6} \text{ end } \alpha \to \lambda q_{1,8}\alpha \\
& p_{1,9} : \lambda q_{1,6} \text{ ; } \alpha \to \lambda q_{1,7}\alpha \\
& p_{1,10} : \lambda q_{1,7}\alpha \to \lambda (1,6) q_{2,1}\alpha \\
& p_{1,11} : \lambda (2,21) q_{1,8}\alpha \to \lambda q_{2,21}\alpha \\
& p_{1,12} : \lambda Z_0 q_{1,8}\alpha \to \text{sentença reconhecida}\}
\end{aligned}
$$

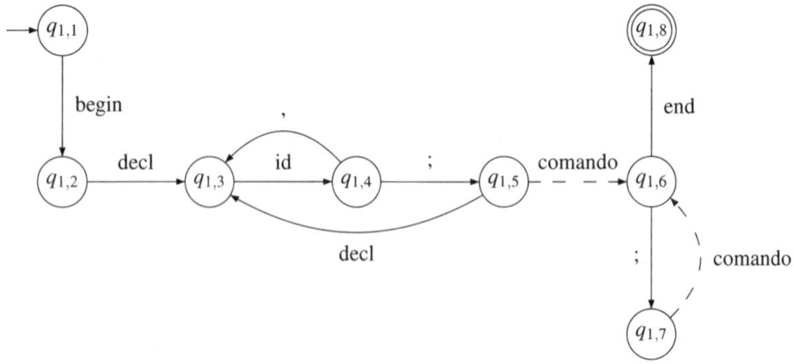

Figura 4.54 Autômato de pilha estruturado a_1.

$$
\begin{aligned}
P_2 = \{ & \\
& p_{2,1} : \lambda q_{2,1} \text{ id } \alpha \to \lambda q_{2,2}\alpha \\
& p_{2,2} : \lambda q_{2,2} : \alpha \to \lambda q_{2,1}\alpha
\end{aligned}
$$

$p_{2,3} : \lambda q_{2,2} = \alpha \rightarrow \lambda q_{2,3}\alpha$

$p_{2,4} : \lambda q_{2,3}\alpha \rightarrow \lambda(2,4)q_{3,1}\alpha$

$p_{2,5} : \lambda q_{2,1}\ \text{if}\ \alpha \rightarrow \lambda q_{2,5}\alpha$

$p_{2,6} : \lambda q_{2,5}\alpha \rightarrow \lambda(2,6)q_{3,1}\alpha$

$p_{2,7} : \lambda q_{2,6} > \alpha \rightarrow \lambda q_{2,7}\alpha$

$p_{2,8} : \lambda q_{2,6} = \alpha \rightarrow \lambda q_{2,7}\alpha$

$p_{2,9} : \lambda q_{2,6} < \alpha \rightarrow \lambda q_{2,7}\alpha$

$p_{2,10} : \lambda q_{2,7}\alpha \rightarrow \lambda(2,8)q_{3,1}\alpha$

$p_{2,11} : \lambda q_{2,8}\ \text{then}\ \alpha \rightarrow \lambda q_{2,9}\alpha$

$p_{2,12} : \lambda q_{2,9}\alpha \rightarrow \lambda(2,10)q_{2,1}\alpha$

$p_{2,13} : \lambda q_{2,10}\ \text{else}\ \alpha \rightarrow \lambda q_{2,11}\alpha$

$p_{2,14} : \lambda q_{2,11}\alpha \rightarrow \lambda(2,12)q_{2,1}\alpha$

$p_{2,15} : \lambda q_{2,1}\ \text{while}\ \alpha \rightarrow \lambda q_{2,13}\alpha$

$p_{2,16} : \lambda q_{2,13}\alpha \rightarrow \lambda(2,14)q_{3,1}\alpha$

$p_{2,17} : \lambda q_{2,14} > \alpha \rightarrow \lambda q_{2,15}\alpha$

$p_{2,18} : \lambda q_{2,14} = \alpha \rightarrow \lambda q_{2,15}\alpha$

$p_{2,19} : \lambda q_{2,14} < \alpha \rightarrow \lambda q_{1,15}\alpha$

$p_{2,20} : \lambda q_{2,15}\alpha \rightarrow \lambda(2,16)q_{3,1}\alpha$

$p_{2,21} : \lambda q_{2,16}\ \text{do}\ \alpha \rightarrow \lambda q_{2,17}\alpha$

$p_{2,22} : \lambda q_{2,17}\alpha \rightarrow \lambda(2,18)q_{2,1}\alpha$

$p_{2,23} : \lambda q_{2,1}\ \text{goto}\ \alpha \rightarrow \lambda q_{2,19}\alpha$

$p_{2,24} : \lambda q_{2,19}\ \text{id}\ \alpha \rightarrow \lambda q_{2,20}\alpha$

$p_{2,25} : \lambda q_{2,1}\alpha \rightarrow \lambda(2,21)q_{1,1}\alpha$

$p_{2,26} : \lambda(1,6)q_{2,4}\alpha \rightarrow \lambda q_{1,6}\alpha$

$p_{2,27} : \lambda(2,10)q_{2,4}\alpha \rightarrow \lambda q_{2,10}\alpha$

$p_{2,28} : \lambda(2,12)q_{2,4}\alpha \rightarrow \lambda q_{2,12}\alpha$

$p_{2,29} : \lambda(2,18)q_{2,4}\alpha \rightarrow \lambda q_{2,18}\alpha$

$p_{2,30} : \lambda(1,6)q_{2,10}\alpha \rightarrow \lambda q_{1,6}\alpha$

$p_{2,31} : \lambda(2,10)q_{2,10}\alpha \rightarrow \lambda q_{2,10}\alpha$

$p_{2,32} : \lambda(2,12)q_{2,10}\alpha \rightarrow \lambda q_{2,12}\alpha$

$p_{2,33} : \lambda(2,18)q_{2,10}\alpha \rightarrow \lambda q_{2,18}\alpha$

$p_{2,34} : \lambda(1,6)q_{2,12}\alpha \rightarrow \lambda q_{1,6}\alpha$

$p_{2,35} : \lambda(2,10)q_{2,12}\alpha \rightarrow \lambda q_{2,10}\alpha$

$p_{2,36} : \lambda(2,12)q_{2,12}\alpha \rightarrow \lambda q_{2,12}\alpha$

$p_{2,37} : \lambda(2,18)q_{2,12}\alpha \rightarrow \lambda q_{2,18}\alpha$

$p_{2,38} : \lambda(1,6)q_{2,18}\alpha \rightarrow \lambda q_{1,6}\alpha$

$p_{2,39} : \lambda(2,10)q_{2,18}\alpha \rightarrow \lambda q_{2,10}\alpha$

$p_{2,40} : \lambda(2,12)q_{2,18}\alpha \rightarrow \lambda q_{2,12}\alpha$

$p_{2,41} : \lambda(2,18)q_{2,18}\alpha \rightarrow \lambda q_{2,18}\alpha$

$p_{2,42} : \lambda(1,6)q_{2,21}\alpha \rightarrow \lambda q_{1,6}\alpha$

$p_{2,43} : \lambda(2,10)q_{2,21}\alpha \rightarrow \lambda q_{2,10}\alpha$

$p_{2,44} : \lambda(2,12)q_{2,21}\alpha \to \lambda q_{2,12}\alpha$
$p_{2,45} : \lambda(2,18)q_{2,21}\alpha \to \lambda q_{2,18}\alpha$
$p_{2,46} : \lambda(1,6)q_{2,20}\alpha \to \lambda q_{1,6}\alpha$
$p_{2,47} : \lambda(2,10)q_{2,20}\alpha \to \lambda q_{2,10}\alpha$
$p_{2,48} : \lambda(2,12)q_{2,20}\alpha \to \lambda q_{2,12}\alpha$
$p_{2,49} : \lambda(2,18)q_{2,20}\alpha \to \lambda q_{2,18}\alpha\}$

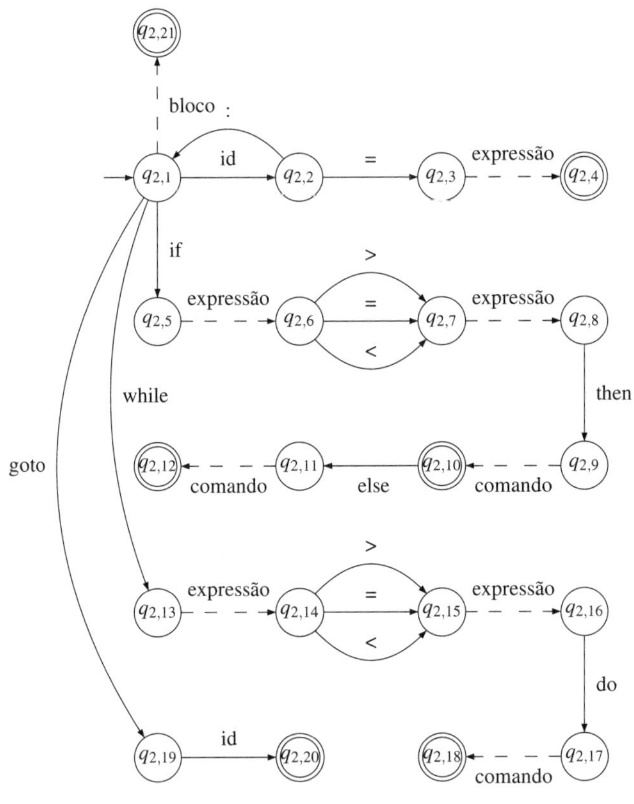

Figura 4.55 Autômato de pilha estruturado a_2.

$$P_3 = \{$$

$p_{3,1} : \lambda q_{3,1} \text{ id } \alpha \to \lambda q_{3,4}\alpha$
$p_{3,2} : \lambda q_{3,1} \text{ num } \alpha \to \lambda q_{3,4}\alpha$
$p_{3,3} : \lambda q_{3,1} \text{ (} \alpha \to \lambda q_{3,2}\alpha$
$p_{3,4} : \lambda q_{3,2}\alpha \to \lambda(3,3)q_{3,1}\alpha$
$p_{3,5} : \lambda q_{3,3} \text{) } \alpha \to \lambda q_{3,4}\alpha$
$p_{3,6} : \lambda q_{3,4} + \alpha \to \lambda q_{3,1}\alpha$
$p_{3,7} : \lambda q_{3,4} - \alpha \to \lambda q_{3,1}\alpha$
$p_{3,8} : \lambda q_{3,4} * \alpha \to \lambda q_{3,1}\alpha$
$p_{3,9} : \lambda q_{3,4} / \alpha \to \lambda q_{3,1}\alpha$

$$p_{3,10} : \lambda(2,6)q_{3,4}\alpha \rightarrow \lambda q_{2,6}\alpha$$
$$p_{3,11} : \lambda(2,8)q_{3,4}\alpha \rightarrow \lambda q_{2,8}\alpha$$
$$p_{3,12} : \lambda(2,10)q_{3,4}\alpha \rightarrow \lambda q_{2,10}\alpha$$
$$p_{3,13} : \lambda(2,15)q_{3,4}\alpha \rightarrow \lambda q_{2,15}\alpha$$
$$p_{3,14} : \lambda(2,18)q_{3,4}\alpha \rightarrow \lambda q_{2,18}\alpha$$
$$p_{3,15} : \lambda(3,3)q_{3,4}\alpha \rightarrow \lambda q_{3,3}\alpha\}$$

Simplificando a notação das regras de transição, para realçar a estrutura do autômato, pode-se reescre-

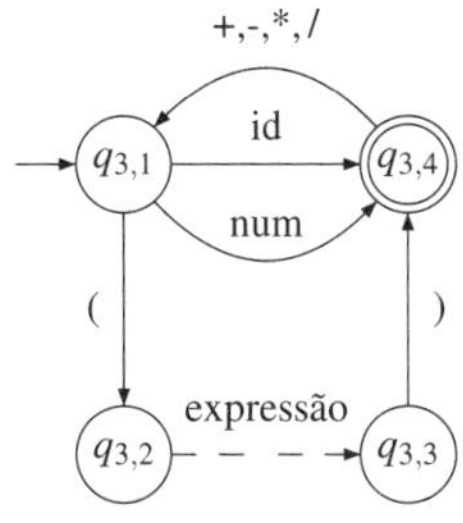

Figura 4.56 Autômato de pilha estruturado a_3.

ver o conjunto P_S da seguinte maneira:

$$\begin{aligned}
P_S &= P_1 \cup P_2 \cup P_3 \\
P_1 &= \{ \\
& p_{1,1} : q_{1,1} \text{ begin } \rightarrow q_{1,2} \\
& p_{1,2} : q_{1,1} \text{ decl } \rightarrow q_{1,3} \\
& p_{1,3} : q_{1,3} \text{ id } \rightarrow q_{1,4} \\
& p_{1,4} : q_{1,4} \text{ , } \rightarrow q_{1,3} \\
& p_{1,5} : q_{1,4} \text{ ; } \rightarrow q_{1,5} \\
& p_{1,6} : q_{1,5} \text{ decl } \rightarrow q_{1,3} \\
& p_{1,7} : q_{1,5} \quad a_2 \rightarrow EMPILHA \quad q_{1,6} \\
& p_{1,8} : q_{1,6} \text{ end } \rightarrow q_{1,8} \\
& p_{1,9} : q_{1,6} \text{ ; } \rightarrow q_{1,7} \\
& p_{1,10} : q_{1,7} \quad a_2 \rightarrow EMPILHA \quad q_{1,6} \\
& p_{1,11} : q_{1,8} \quad \varepsilon \rightarrow RETORNA\} \\
P_2 &= \{ \\
& p_{2,1} : q_{2,1} \text{ id } \rightarrow q_{2,2} \\
& p_{2,2} : q_{2,2} \text{ : } \rightarrow q_{2,1} \\
& p_{2,3} : q_{2,2} = \rightarrow q_{2,3} \\
& p_{2,4} : q_{2,3} \quad a_3 \rightarrow EMPILHA \quad q_{2,4} \\
& p_{2,5} : q_{2,1} \text{ if } \rightarrow q_{2,5} \\
& p_{2,6} : q_{2,5} \quad a_3 \rightarrow EMPILHA \quad q_{2,6} \\
& p_{2,7} : q_{2,6} > \rightarrow q_{2,7} \\
& p_{2,8} : q_{2,6} = \rightarrow q_{2,7} \\
& p_{2,9} : q_{2,6} < \rightarrow q_{2,7} \\
& p_{2,10} : q_{2,7} \quad a_3 \rightarrow EMPILHA \quad q_{2,8}
\end{aligned}$$

$$
\begin{aligned}
& p_{2,11} : q_{2,8} \text{ then } \to q_{2,9} \\
& p_{2,12} : q_{2,9} \quad a_2 \to q_{2,10} \\
& p_{2,13} : q_{2,10} \text{ else } \to q_{2,11} \\
& p_{2,14} : q_{2,11} \quad a_2 \to EMPILHA \quad q_{2,12} \\
& p_{2,15} : q_{2,1} \text{ while } \to q_{2,13} \\
& p_{2,16} : q_{2,13} \quad a_3 \to EMPILHA \quad q_{2,14} \\
& p_{2,17} : q_{2,14} > \to q_{2,15} \\
& p_{2,18} : q_{2,14} = \to q_{2,15} \\
& p_{2,19} : q_{2,14} < \to q_{2,15} \\
& p_{2,20} : q_{2,15} \quad a_3 \to q_{2,16} \\
& p_{2,21} : q_{2,16} \text{ do } \to q_{2,17} \\
& p_{2,22} : q_{2,17} \quad a_2 \to EMPILHA \quad q_{2,18} \\
& p_{2,23} : q_{2,1} \text{ goto } \to q_{2,19} \\
& p_{2,24} : q_{2,19} \text{ id } \to q_{2,20} \\
& p_{2,25} : q_{2,4} \quad \varepsilon \to RETORNA \\
& p_{2,26} : q_{2,10} \quad \varepsilon \to RETORNA \\
& p_{2,27} : q_{2,12} \quad \varepsilon \to RETORNA \\
& p_{2,28} : q_{2,18} \quad \varepsilon \to RETORNA \\
& p_{2,29} : q_{2,20} \quad \varepsilon \to RETORNA \\
& p_{2,30} : q_{2,21} \quad \varepsilon \to RETORNA\} \\
P_3 \;=\; & \{ \\
& p_{3,1} : q_{3,1} \text{ id } \to q_{3,4} \\
& p_{3,2} : q_{3,1} \text{ num } \to q_{3,4} \\
& p_{3,3} : q_{3,1} \text{ (} \to q_{3,2} \\
& p_{3,4} : q_{3,2} \quad a_3 \to EMPILHA \quad q_{3,3} \\
& p_{3,5} : q_{3,3} \text{) } \to q_{3,4} \\
& p_{3,6} : q_{3,4} + \to q_{3,1} \\
& p_{3,7} : q_{3,4} - \to q_{3,1} \\
& p_{3,8} : q_{3,4} * \to q_{3,1} \\
& p_{3,9} : q_{3,4} / \to q_{3,1} \\
& p_{3,10} : q_{3,4} \quad \varepsilon \to RETORNA\}
\end{aligned}
$$

⋆

Avaliação de desempenho

Nesta seção, será feito um breve estudo informal do desempenho do modelo de reconhecedor representado pelos autômatos de pilha estruturados, enfatizando-se o excelente desempenho potencial dos reconhecedores sintáticos neles baseados.

Para efeito de comparação, é inicialmente estudado o desempenho do autômato finito, cuja consagrada eficácia o torna alvo de interesse na resolução de inúmeros problemas computacionais, na área do processamento de linguagens.

Avaliação de desempenho, no tempo, do autômato finito

Como se sabe, os autômatos finitos sempre podem ser convertidos para um formato determinístico, no qual eles se apresentam sempre isentos de transições em vazio, nunca exibindo estados de onde parta mais de uma transição consumindo o mesmo átomo.

Sabe-se também que a teoria garante, para qualquer linguagem regular, a existência de tais autômatos finitos determinísticos que a reconheçam, bem como a existência e a unicidade de autômatos finitos determinísticos mínimos a eles equivalentes ([36], [13], [37]).

Assim sendo, dada uma cadeia de entrada $\omega = \sigma_1 ... \sigma_n$, de comprimento n, pelo simples fato de o autômato ser determinístico (ainda que não seja mínimo), seu reconhecimento será sempre efetuado através da execução de exatamente n transições, todas com consumo de átomo.

Sendo α o custo médio da execução de cada transição desse tipo, e admitindo-se que β seja o custo total médio das operações de ativação e de encerramento da operação do autômato, pode-se concluir que o reconhecimento da cadeia ω em questão será efetuado a um custo total médio expresso por $\alpha \cdot n + \beta$, proporcional, portanto, ao comprimento da cadeia de entrada.

Se qualquer autômato finito pode ser sempre reduzido a uma forma equivalente determinística, então será sempre possível obter esse desempenho ótimo dos reconhecedores para qualquer linguagem do tipo 3 da Hierarquia de Chomsky.

Avaliação de desempenho, no espaço, do autômato finito

Por outro lado, a eliminação de não determinismos dos autômatos finitos, obtida mediante a eliminação de transições em vazio e de transições múltiplas com origem em um mesmo estado, consumindo o mesmo símbolo de entrada, baseia-se fundamentalmente na criação de novos estados, formados pela combinação dos estados-destino das transições em vazio ou das múltiplas transições que consomem o mesmo símbolo. Em resumo, surgem novos estados, combinações dos estados originalmente existentes, em decorrência da aplicação da operação de eliminação de não determinismos nos autômatos.

Assim sendo, no pior caso, para um autômato original não determinístico com n estados, poderão surgir, no máximo, tantos estados novos quantas forem as possíveis combinações dos n estados originais, perfazendo o total de 2^n estados ao todo. Assim, embora se tenha, em todos os casos, a garantia de desempenho ótimo quanto ao tempo de resposta desses autômatos, suas exigências de espaço nem sempre se mostram favoráveis. Apesar desse resultado, nos casos práticos, de interesse, são raros os autômatos que exigem toda essa profusão de estados adicionais para a eliminação dos não determinismos, o que ainda mantém a atratividade dessa prática, apesar da potencial dificuldade apresentada nesses casos mais desfavoráveis.

Avaliação de desempenho, no tempo, do autômato de pilha estruturado

Para o caso dos autômatos de pilha, demonstra-se ([38]) ser possível elaborar, a partir de qualquer gramática livre de contexto, um autômato de pilha estruturado cujas submáquinas, correspondentes aos não terminais essenciais da gramática, operam essencialmente como se fossem autômatos finitos.

Na realidade, isso ocorre enquanto o autômato estiver executando apenas as transições internas às suas submáquinas. Quando da detecção da ocorrência de construções sintáticas sujeitas a aninhamentos, entretanto, são executadas algumas transições em vazio adicionais, responsáveis pelos movimentos de chamada e de retorno entre a submáquina corrente e aquela responsável pelo reconhecimento da construção sintática aninhada em questão.

Torna-se necessário, portanto, para avaliar o desempenho dos reconhecedores de linguagens livres de contexto gerais, estudar a influência da execução de tais transições adicionais sobre o custo total de reconhecimento da cadeia de entrada.

Seja uma cadeia de entrada ω, de comprimento n. Para o reconhecimento dessa cadeia por um autômato de pilha estruturado, cujas submáquinas sejam apenas as essenciais, e isentas de não determinismos e de transições em vazio:

- Ativa-se inicialmente a submáquina inicial do autômato.
- Enquanto for possível executar transições internas, cada uma delas deverá consumir um átomo da cadeia de entrada.
- Na ocasião em que for preciso reconhecer alguma construção sintática correspondente a uma das submáquinas do autômato, uma transição de chamada de submáquina é efetuada em vazio.
- Encerrado o reconhecimento por parte de uma submáquina chamada, executa-se em vazio uma transição de retorno para a submáquina chamadora.
- Repete-se esse procedimento até o consumo total da cadeia de entrada, considerando-se obtido sucesso no reconhecimento apenas se for atingido algum estado final do autômato.

Com base nessas considerações, podem-se levantar os custos correspondentes a cada um dos passos executados nessa atividade de reconhecimento:

- À ativação da submáquina inicial associa-se um custo τ_0;
- A cada consumo de átomo. associa-se um custo τ_1.
- A cada chamada de submáquina, associa-se um custo τ_2.
- A cada retorno de submáquina, associa-se um custo τ_3.
- Ao encerramento do reconhecimento, associa-se um custo τ_4.

Considerando-se que o autômato deve ao menos ser ativado e que o reconhecimento deve ser encerrado ao final da cadeia de entrada, o custo mínimo de um reconhecimento será (para uma cadeia de entrada de comprimento nulo) $\tau_0 + \tau_4$.

Para a cadeia ω, de comprimento n, haverá, adicionalmente, exatas n execuções de transições com consumo de átomos, correspondendo cada uma a um dos átomos de ω; logo, tem-se para essas transições um custo exato adicional total igual a $n \cdot \tau_1$.

No caso particular de linguagens regulares implementadas com esse tipo de reconhecedor com o auxílio de uma submáquina apenas, não haverá transições adicionais, e o custo total (também exato) do reconhecimento da cadeia de entrada nesse caso será dado por $\tau_0 + \tau_4 + n \cdot \tau_1$, proporcional, portanto, ao comprimento da cadeia de entrada, resultado compatível com o acima obtido para os autômatos finitos.

Havendo ativações de submáquinas, deve-se a esse custo acrescentar um custo adicional, devido às transições entre submáquinas. Não se conhecendo *a priori* a cadeia de entrada, não é possível calcular para essa parcela do custo de reconhecimento um valor exato, podendo-se, ao invés, obter limitantes superiores, com base em avaliações pessimistas.

Para tanto, é preciso estimar o maior número total possível de vezes que submáquinas podem ser chamadas durante o reconhecimento da cadeia de entrada ω.

Considerando-se a definição de aninhamento sintático, para que tal aninhamento exista é necessário que ocorra uma construção sintática, definida por um não terminal autorrecursivo central, envolvida à esquerda e à direita por cadeias não vazias de terminais.

Para maximizar o número de aninhamentos deve-se, portanto, minimizar o comprimento dessas cadeias envolventes. O mínimo comprimento possível para cada uma delas é de um símbolo; logo, a cada aninhamento encontrado, consomem-se obrigatoriamente, no mínimo, dois símbolos envolventes da cadeia de entrada.

Para uma cadeia ω de comprimento n, o maior número possível de aninhamentos presentes será, portanto, int $(n/2)$, não importando a ordem em que se encontrem na cadeia de entrada. Tal será, portanto, o número máximo de chamadas (e, portanto, de retornos) de submáquinas a serem executadas durante o reconhecimento da cadeia, provocadas pelo aparecimento de cadeias que envolvem os aninhamentos presentes.

No pior caso, considerado do ponto de vista do não terminal essencial em pauta, uma das possíveis formas sintáticas que implementam a base da autorrecursão central é a cadeia vazia.

Nesse caso é necessário considerar que cada um dos níveis mais profundos de aninhamento com símbolos envolventes pode exigir uma ativação suplementar da submáquina associada ao não terminal em questão.

Assim, é preciso avaliar a pior situação da cadeia de entrada em relação à presença de construções que possam dar origem a ativações de submáquinas em um mesmo nível de aninhamento sintático. O pior caso é, nesta situação, aquele em que construções aninhadas elementares (formadas apenas pelas cadeias envolventes, aninhando a cadeia vazia) formam uma sequência em um mesmo nível sintático.

Para uma cadeia ω, de comprimento n, o maior comprimento possível de uma sequência desse tipo ocorre quando se sucedem os pares formados apenas por duas cadeias unitárias envolventes, e, portanto, em uma cadeia de comprimento n, é possível comportar, no máximo, int $(n/2)$ pares desse tipo. Cada uma dessas ocorrências pode suscitar uma ativação (chamada e retorno) de submáquina.

Dessa forma, considerando que a cada chamada de submáquina deve corresponder o respectivo retorno, e levando em conta a pior configuração da cadeia de entrada e a estrutura mais desfavorável para o autômato, pode-se proceder ao cálculo da parcela do custo de reconhecimento devido às transições entre submáquinas.

O limitante superior do custo devido a transições não internas é a soma das duas parcelas, relativas ao número máximo possível de construções aninhadas, presentes na sentença, e ao maior número possível de aninhamentos sintáticos da cadeia vazia, presentes na sentença ω a ser reconhecida. Para cada um, é executada uma chamada e um retorno de submáquina, a um custo, portanto, de τ_2 e τ_3, respectivamente, contribuindo com um custo total das transições externas de:

$$2 \cdot \text{int}\,(n/2) \cdot (\tau_2 + \tau_3)$$

Como $(n-2)/2 \leqslant \text{int}\,(n/2) < n/2$, então $n/2$ pode ser utilizada como limitante superior para a função int $(n/2)$, e assim o custo total das transições externas terá, como limitante superior, $n \cdot (\tau_2 + \tau_3)$. O reconhecimento de uma cadeia ω de comprimento n por um autômato de pilha estruturado tem, portanto, no pior caso, um custo dado pela soma do custo de reconhecimento de uma linguagem regular com o custo de utilização de transições entre as submáquinas do autômato:

$$\tau_0 + \tau_4 + n \cdot \tau_1 + n \cdot (\tau_2 + \tau_3)$$

ou seja,

$$(\tau_0 + \tau_4) + n \cdot (\tau_1 + \tau_2 + \tau_3)$$

mais uma vez proporcional ao comprimento n da cadeia de entrada.

Esse resultado, bastante interessante do ponto de vista prático, vale, conforme estudado acima, para autômatos de pilha estruturados cujas submáquinas sejam apenas as essenciais, e que tenham sido construídas de forma tal que estejam isentas de não determinismos e de transições em vazio.

Da teoria da computação, sabe-se que, ao contrário dos autômatos finitos, para os autômatos de pilha nem sempre é possível construir uma forma determinística equivalente, razão pela qual no caso geral não se podem garantir os índices de desempenho calculados acima.

Considerando que a presença de não determinismos em um autômato qualquer implica que sua operação seja baseada em tentativas e erros, é fácil perceber que, para cada ocorrência de uma situação não determinística no autômato (compreendendo transições em vazio e transições como múltiplos destinos para o mesmo estímulo), existirá, para cada estado em que isso acontece, um número de trajetórias alternativas a percorrer igual ao número de transições válidas que possam ser executadas a partir do estado em questão.

Nos autômatos de pilha estruturados, cada submáquina pode ser grosseiramente comparada a uma máquina de estados finitos. Se se considerar cada submáquina como se fosse um autômato finito, a eliminação de não determinismos em cada uma delas levará a uma eliminação de operações de tentativa e erro, ao menos no que tange à execução das transições que consomem átomos, restando as transições em vazio correspondentes às chamadas e retornos de submáquina, desprezadas nessa eliminação simplificada de não determinismos, mas concretamente presentes nos autômatos em estudo.

Avaliação de desempenho, no espaço, do autômato de pilha estruturado

A minimização de estados dos autômatos finitos aos quais se podem assimilar as submáquinas do autômato de pilha estruturado tende a reduzir bastante a área de memória necessária para armazenar o dispositivo, valendo nesse caso todos os resultados do estudo anteriormente realizado para os autômatos finitos, não, porém, para o autômato como um todo, mas para cada uma das submáquinas individualmente.

Nesse caso, a obtenção de um autômato que seja mais compacto ou mais rápido depende de se considerar ou não o conjunto de submáquinas e a interação local entre elas como parte do critério de minimização: as chamadas de submáquinas ou podem ser consideradas como simples transições em vazio com empilhamento do estado de retorno (como que chamadas de sub-rotinas), ou então como expansões (como que chamadas de macros) da submáquina chamada no local da transição em que é especificada a sua ativação, na submáquina chamadora.

Assim, para obter autômatos mais compactos, costuma-se optar por evitar expansões das chamadas de submáquina, as quais acarretam a cópia de toda uma submáquina a cada ocorrência de uma chamada dela no autômato.

Por outro lado, para o caso de submáquinas que não são chamadas muitas vezes, em algumas situações pode ser mais vantajoso expandi-las como macros em vez de chamá-las como submáquinas.

Naturalmente, desejando-se a supressão total de chamadas e de retornos em vazio da operação de um autômato de pilha estruturado, torna-se necessário expandir todas as ocorrências de chamadas de submáquinas, o que não é possível para linguagens com aninhamentos sintáticos, exceto nas regiões do autômato que correspondam a sublinguagens regulares.

É possível que, em algumas situações, as expansões realizadas façam ressurgir outras instâncias de chamadas de alguma submáquina que se desejava eliminar. Caso se pretenda realmente operar de forma determinística o autômato, é possível continuar expandindo tais chamadas até que se atinja uma configuração julgada conveniente, interrompendo nesse ponto a expansão, que de outra forma se propagaria indefinidamente.

Não é difícil intuir que o espaço ocupado pelo autômato assim expandido dependerá do número de níveis de expansão realizado, e do número de ocorrências de chamadas de cada submáquina no interior da submáquina expandida.

O resultado dessa expansão é representável através de uma árvore de chamadas expandidas, sendo que cada nó da árvore contribui com o número de estados da submáquina a que se refere, e o tamanho total do autômato expandido corresponderá à somatória dessas contribuições individuais das diversas expansões.

No caso menos dispendioso em espaço, o total corresponde à soma das contribuições de cada uma das submáquinas no autômato, ou seja, sem expansão alguma, basta somar o número de estados e também o número das transições das várias submáquinas.

4.18 Exercícios

Gramáticas livres de contexto

1. Considere a gramática a seguir, definida sobre o alfabeto $\{a, b, c, \varepsilon, +, *, (,)\}$:

$$S \rightarrow SS \mid S+S \mid S^* \mid \text{“(”}S\text{“)”} \mid a \mid b \mid c \mid \text{“}\varepsilon\text{”}$$

   a) Explique, com suas próprias palavras, a linguagem definida por essa gramática.
   b) Verifique se as cadeias abaixo pertencem à linguagem gerada por essa gramática, mostrando as respectivas sequências de derivação em caso afirmativo:
      - ε
      - $a(b \mid cc)^*(de \mid \varepsilon)ea^*$
      - $a^*b(ca^* + bcc)^* + \varepsilon$
      - $(a^*)^*$

2. A Forma Normal de Backus (abreviada BNF, em inglês) é uma notação tradicionalmente utilizada para a representação sintática de linguagens do tipo 2, em especial de linguagens de programação, constituindo importante alternativa à utilização da notação algébrica na definição de tais linguagens. As poucas diferenças da BNF em relação à notação algébrica das gramáticas são as seguintes:
   - Símbolos não terminais são delimitados pelos metassímbolos "<" e ">".
   - O metassímbolo "::=" substitui o metassímbolo "→" nas produções.

   Exemplo, na notação algébrica:

$$
\begin{aligned}
S &\rightarrow 0S33 \\
S &\rightarrow XY \\
X &\rightarrow 1X \\
X &\rightarrow \varepsilon \\
Y &\rightarrow Y2 \\
Y &\rightarrow 2
\end{aligned}
$$

   Mesmo exemplo, na notação BNF:

   <S> ::= 0<S>33
   <S> ::= <X><Y>
   <X> ::= 1<X>
   <X> ::= ε
   <Y> ::= <Y>2
   <Y> ::= 2

   Defina uma gramática do tipo 2 (utilizando a notação algébrica) que represente conjuntos de produções em BNF. Em outras palavras, defina uma gramática tal que as sentenças por ela geradas sejam conjuntos de produções denotadas em BNF.

3. A Notação de Wirth, assim como a BNF, também é largamente utilizada na especificação da sintaxe livre de contexto de linguagens de programação. Suas principais características e diferenças em relação à notação algébrica são apresentadas a seguir. Sua maior vantagem reside na possibilidade de representação explícita da repetição de termos, sem necessidade de uso de recursões.

- Símbolos terminais são delimitados por aspas.
- O metassímbolo "=" substitui o metassímbolo "$\rightarrow$" nas produções.
- As alternativas de substituição de um mesmo não terminal são separadas uma da outra pelo metassímbolo "|".
- O fechamento reflexivo e transitivo de um termo é denotado delimitando-o pelo par de metassímbolos "{" e "}".
- Termos opcionais são delimitados pelo par de metassímbolos "[" e "]".
- O metassímbolo "." é usado para indicar o término de cada regra.

Exemplo, na notação algébrica:

$$
\begin{array}{lcl}
S & \rightarrow & 0S33 \\
S & \rightarrow & XY \\
X & \rightarrow & 1X \\
X & \rightarrow & \varepsilon \\
Y & \rightarrow & Y2 \\
Y & \rightarrow & 2
\end{array}
$$

Mesmo exemplo, na Notação de Wirth:

$$
\begin{array}{lcl}
S & = & \text{“0”}S\text{“3”“3”} \mid XY. \\
X & = & \text{“1”}X \mid \varepsilon. \\
Y & = & Y\text{“2”} \mid \text{“2”}.
\end{array}
$$

ou (utilizando-se "[" e "]" para os termos opcionais):

$$
\begin{array}{lcl}
S & = & \text{“0”}S\text{“3”“3”} \mid XY. \\
X & = & [\text{“1”}X]. \\
Y & = & Y\text{“2”} \mid \text{“2”}.
\end{array}
$$

ou (utilizando-se "{" e "}" para os termos que se repetem):

$$
\begin{array}{lcl}
S & = & \text{“0”}S\text{“3”“3”} \mid XY. \\
X & = & \{\text{“1”}\}. \\
Y & = & \text{“2”}\{\text{“2”}\}.
\end{array}
$$

ou simplesmente (fazendo-se as substituições dos não terminais X e Y):

$$S \;=\; \text{“0”}S\text{“3”“3”} \mid \{\text{“1”}\}\text{“2”}\{\text{“2”}\}.$$

Para a linguagem assim definida, construa uma gramática do tipo 2 (utilizando a notação algébrica) que represente conjuntos de produções na Notação de Wirth.

4. Construa gramáticas livres de contexto que gerem as seguintes linguagens. Guarde-as, pois serão utilizadas em exercícios mais adiante.
   a) $L_1 = \{a^i b^j c^* \mid i \neq j\}$;
   b) $L_2 = \{a^i b^j c^k \mid i = j + k\}$;
   c) $L_3 = \{a^i b^j c^k \mid j = i + k\}$;
   d) $L_4 = \{a^i b^j c^k \mid k = i + j\}$;
   e) $L_5 = \{a^{k+1} b c^{2k}, k \geqslant 1\}$;
   f) $L_6 = \{a^k (b \mid c)(d \mid e)^k, k \geqslant 0\}$;
   g) $L_7 = \{(a \mid b)^k c (d \mid e)^k f, k \geqslant 0\}$;
   h) $L_8 = \{a^i b^j \mid i \leqslant j \leqslant 2i\}$
   i) $L_9 = \{a^m b^m c^n d^n, m \geqslant 1, n \geqslant 1\}$;
   j) $L_{10} = \{a^m b^n c^{n+1} d^{2m}, m \geqslant 1, n \geqslant 1\}$;
   k) $L_{11} = \{a^i b^j c^k d^m e^n \mid i > j, j > 0, k \geqslant 1, m = 2n, n \geqslant 0\}$;
   l) $L_{12} = \{d^{2j+1} a^i b c^{i+2} e^j \mid i \geqslant 0, j \geqslant 1\}$;
   m) $L_{13} = \{d^{2j} a^i b c^{i+1} e^j \mid i \geqslant 0, j \geqslant 2\}$;
   n) $L_{14} = \{a^i b^j c^k a^{k+2} b^{j*3} c^{i-1} \mid i \geqslant 1, j \geqslant 0, k \geqslant 0\}$;
   o) $L_{15} = \{a^m b^n (c(d \mid \varepsilon)e)^{m+n}, m \geqslant 0, n \geqslant 0\}$.
5. Linguagens livres de contexto são geradas por gramáticas dos tipos 2 ou 3. No entanto, existem algumas linguagens livres de contexto que só podem ser geradas por gramáticas do tipo 2.
   a) Qual é o aspecto linguístico que diferencia esta classe de linguagens das demais que também podem ser geradas por gramáticas do tipo 3?
   b) De que forma esse aspecto se manifesta nas gramáticas utilizadas para definir tais linguagens?
6. Construa uma gramática livre de contexto que gere todas as gramáticas livres de contexto possíveis de serem definidas sobre os alfabetos $\Sigma = \{a, b, c\}$ (símbolos terminais) e $N = \{S, X, Y\}$ (símbolos não terminais).
7. Prove que as seguintes linguagens são livres de contexto:
   a) $\{a^i b^{2i} \mid i \geqslant 1\}$;
   b) $\{wcw^R \mid w \in \{a,b\}^*\}$;
   c) $\{ww^R \mid w \in \{a,b,c\}^*\}$;
   d) $\{w \in \{a,b\}^* \mid |w|_a = |w|_b\}$;
   e) $\{aa^* b^i c^j, i \geqslant 1, j \geqslant i\}$;
   f) $\{aa^* ab^i a^* c^j, i \geqslant 1, j \leqslant i\}$;
   g) $\{a^* b^i c^j, i > j\}$;
   h) $\{a^* b^i c^j, i < j\}$;
   i) $\{a^* b^i c^j, i \neq j\}$.
8. Mostre que as gramáticas G_1 e G_2 geram a mesma linguagem:

- $G_1 = (\{S,A,B,a,b,c\},\{a,b,c\},\{S \to A \mid B, A \to aAbA \mid c, B \to aS \mid aAbB\}, S)$;
- $G_2 = (\{S,A,a,b,c\},\{a,b,c\},\{S \to aS \mid aAbS \mid c, A \to aAbA \mid c\}, S)$.

9. Considere a linguagem $(a \mid bb)^i(c \mid dd)^i, i \geqslant 1$.
   a) Prove que ela não é regular.
   b) Prove que ela é livre de contexto.

BNF estendida

10. Considere δ um termo independente de A. Prove os seguintes resultados:
    a) Se $A \to aA \mid d$, então $A = a^*d$.
    b) Se $A \to Ab \mid d$, então $A = db^*$.
    c) Se $A \to aA \mid Ab \mid d$, então $A = a^*db^*$.
    d) Se $A \to AgA \mid d$, então $A = d(gd)^*$.
    e) Se $A \to aA \mid AgA \mid d$, então $A = a^*d(ga^*d)^*$.
    f) Se $A \to Ab \mid AgA \mid d$, então $A = db^*(gdb^*)^*$.
    g) Se $A \to aA \mid Ab \mid AgA \mid d$, então $A = a^*db^*(ga^*db^*)^*$.

Árvores de derivação

11. A partir de cada uma das gramáticas construídas no Exercício 4, derive uma cadeia que pertença à linguagem, e apresente:
    a) Uma sequência de derivações mais à esquerda que a gere.
    b) Uma sequência de derivações mais à direita que a gere.
    c) A árvore de derivação correspondente, em cada um desses dois casos.

Ambiguidade

12. Responda às perguntas:
    a) Em que casos se diz que uma gramática é ambígua?
    b) Em que casos se diz que uma linguagem é ambígua?
    c) Em que casos se diz que uma linguagem é inerentemente ambígua?
    d) Há interesse prático em se trabalhar com gramáticas ambíguas? E com linguagens inerentemente ambíguas? Por quê?
13. Considere a gramática que gera as expressões regulares sobre o alfabeto $\{a,b,c\}$, apresentada no Exercício 1.
    a) Prove que aquela gramática é ambígua.
    b) Construa uma gramática não ambígua que lhe seja equivalente.
14. Considere cada uma das gramáticas a seguir definidas:
    - $(\{S,a\},\{a\},\{S \to a, S \to X, X \to a, S \to SS\}, S)$
    - $(\{S,a\},\{a\},\{S \to a, S \to S, S \to SS\}, S)$

    e responda:
    a) A gramática em questão é ambígua? Justifique sua resposta.
    b) A linguagem definida pela gramática em questão é inerentemente ambígua? Justifique sua resposta.
15. Demonstre que a união de duas linguagens livres de contexto não ambíguas disjuntas é uma linguagem livre de contexto não ambígua.

Simplificação de gramáticas livres de contexto

16. Considere as gramáticas livres de contexto G_1 e G_2 apresentadas a seguir:

$$
\begin{aligned}
G_1 &= (V_1, \Sigma_1, P_1, S)\\
V_1 &= \{S,A,B,C,D,E,F,a,b,c,d,e,f\}\\
\Sigma_1 &= \{a,b,c,d,e,f\}\\
P_1 &= \{S \to aAa \mid A, A \to \varepsilon \mid B \mid cCDd,\\
&\quad B \to bSbb \mid b \mid \varepsilon, C \to aaAaa \mid \varepsilon,\\
&\quad D \to CDd \mid dD, E \to Ff,\\
&\quad F \to f \mid eEe\}
\end{aligned}
$$

$$
\begin{aligned}
G_2 &= (V_2, \Sigma_2, P_2, S)\\
V_2 &= \{S,K,Q,R,S,U,T,W,a,b,c,d\}\\
\Sigma_2 &= \{a,b,c,d\}\\
P_2 &= \{S \to aKbQ \mid cdR \mid U\\
&\quad K \to Qc \mid K\\
&\quad Q \to dK \mid cQdc\\
&\quad R \to abUTd \mid Uabc \mid acTb\\
&\quad T \to Tac \mid cTa \mid acd\\
&\quad U \to aQbKc \mid \varepsilon\\
&\quad W \to RRc\}
\end{aligned}
$$

Para cada uma dessas gramáticas, construa uma gramática equivalente, em que tenham sido eliminadas as produções em vazio, os símbolos inacessíveis, os símbolos inúteis e as produções unitárias.

17. Construa gramáticas equivalentes às fornecidas a seguir, porém isentas de produções vazias.

- $G_1 = (\{S,X,a,b\},\{a,b\},\{S \to aSa \mid bSb \mid aXb \mid bXa, X \to aX \mid bX \mid \varepsilon\},S)$
- $G_2 = (\{S,A,B,a,b,c,z\},\{a,b,c,z\},\{S \to ABz, A \to aAb \mid \varepsilon, B \to bBc \mid \varepsilon\},S)$

18. Construa gramáticas equivalentes às fornecidas a seguir, porém isentas de regras unitárias e regras vazias.
    - $G_1 = (\{S,A,B,a,b\},\{a,b\},\{S \to A \mid B, A \to aA \mid aAb \mid a, B \to Bb \mid aBb \mid b\},S)$
    - $G_2 = (\{S,A,B,a,b\},\{a,b\},\{S \to aBS \mid bAS \mid \varepsilon, A \to bAA \mid a, B \to aBB \mid b\},S)$

Formas normais para gramáticas livres de contexto

19. Para cada uma das linguagem definidas no Exercício 4, construa:
    a) Uma gramática livre de contexto na Forma Normal de Chomsky.
    b) Uma gramática livre de contexto na Forma Normal de Greibach.
20. Considere as linguagem definidas abaixo:
    - $S \to SS \mid a$;
    - $S \to aSa \mid bSb \mid c$;
    - $S \to aSb \mid aSc \mid d$;
    - $S \to aSbS \mid bSaS \mid ab \mid ba$.

    Para cada uma dessas linguagens, construa:
    a) Uma gramática livre de contexto na Forma Normal de Chomsky.
    b) Uma gramática livre de contexto na Forma Normal de Greibach.

Autômatos de pilha

21. Considere o autômato de pilha a seguir e responda às perguntas:

$$
\begin{aligned}
Q &= \{q_0,q_1,q_2\}\\
\Sigma &= \{a,b,c,d,e\}\\
V &= \{Z_0,B\}\\
F &= \{q_2\}\\
\delta &= \{(q_0,a,Z_0) \to (q_0,Z_0),\\
&\quad (q_0,a,B) \to (q_0,B),\\
&\quad (q_0,b,Z_0) \to (q_0,BZ_0),\\
&\quad (q_0,b,B) \to (q_0,BB),\\
&\quad (q_0,c,Z_0) \to (q_1,Z_0),\\
&\quad (q_0,c,B) \to (q_1,B)\},\\
&\quad (q_1,d,B) \to (q_1,\varepsilon),\\
&\quad (q_1,e,Z_0) \to (q_1,Z_0),\\
&\quad (q_1,e,B) \to (q_1,B),\\
&\quad (q_1,\varepsilon,Z_0) \to (q_2,\varepsilon)\}
\end{aligned}
$$

a) Desenhe um diagrama (grafo) de transições de estado para esse autômato.
b) Verifique se a cadeia *abaabceedd* é aceita, mostrando a sequência de movimentos executados pelo autômato.
c) Qual a linguagem aceita pelo autômato? Justifique sua resposta.

22. A estrutura de comandos aninhados apresentada pela maioria das linguagens modernas pode ser representada, de forma simplificada, pela gramática a seguir. Nela, o símbolo Ω denota uma sequência de comandos, Φ denota a escolha condicional de um entre dois comandos, Π denota a iteração de um comando e Ψ, um comando básico.

$$
\begin{aligned}
G &= (V,\Sigma,P,comando)\\
V &= \{comando, expressão, (,), ``,", \\
&\quad \Omega,\Phi,\Pi,\Psi\}\\
\Sigma &= V - \{comando\}\\
P &= \{comando \to \Omega(comando, comando)\\
&\quad comando \to \Phi(expressão, comando,\\
&\quad comando)\\
&\quad comando \to \Pi(expressão, comando)\\
&\quad comando \to \Psi\}
\end{aligned}
$$

Exemplo de sentença pertencente à linguagem gerada por essa gramática:
$\Omega(\Omega(\Psi,\Phi(expressão,\Psi,\Psi)),\Omega(\Pi(expressão, \Phi(expressão, \Psi,\Psi),\Psi))$

a) Qual o tipo da gramática G?
b) Qual o tipo de $L(G)$?
c) Obtenha uma derivação canônica mais à esquerda e outra mais à direita para a sentença fornecida como exemplo.
d) Construa uma árvore de derivação e um diagrama de blocos (fluxograma) para a sentença acima fornecida como exemplo.
e) Construa um autômato que reconheça $L(G)$.
f) Efetue a simulação do reconhecimento da sentença fornecida acima como exemplo, mostrando os movimentos realizados pelo seu autômato.

23. Considere o autômato de pilha $M = (Q, \Sigma, \Gamma, \delta, q_0, Z_0, \emptyset)$:

$$
\begin{aligned}
Q &= \{q_0,q_1,q_2\}\\
\Sigma &= \{a,b\}\\
\Gamma &= \{Z_0,A,B,C\}\\
\delta &= \{(q_0,a,Z_0) \to (q_0,AA),
\end{aligned}
$$

$$(q_0,a,A) \to (q_0,AAA),$$
$$(q_0,a,B) \to (q_0,AAB),$$
$$(q_0,b,Z_0) \to (q_0,BB),$$
$$(q_0,b,A) \to (q_0,BBA),$$
$$(q_0,b,B) \to (q_0,BBB),$$
$$(q_0,c,A) \to (q_1,A),$$
$$(q_0,c,B) \to (q_1,B),$$
$$(q_1,a,A) \to (q_1,A),$$
$$(q_1,a,B) \to (q_1,B),$$
$$(q_1,b,A) \to (q_1,A),$$
$$(q_1,b,B) \to (q_1,B),$$
$$(q_1,c,A) \to (q_0,A),$$
$$(q_1,c,B) \to (q_0,B),$$
$$(q_1,c,C) \to (q_2,\varepsilon),$$
$$(q_0,\varepsilon,A) \to (q_2,A),$$
$$(q_0,\varepsilon,B) \to (q_2,B),$$
$$(q_2,a,A) \to (q_2,\varepsilon),$$
$$(q_2,b,B) \to (q_2,\varepsilon),$$
$$(q_2,c,A) \to (q_1,CA),$$
$$(q_2,c,B) \to (q_1,CB)\}$$

a) Construa um diagrama de transições de estados para o autômato de pilha definido algebricamente acima.
b) Mostre a sequência de movimentações do autômato de pilha que conduz ao reconhecimento da cadeia *acbacbbbacca*.
c) Interprete, com suas próprias palavras e através de exemplos, a linguagem definida por M, adotando o critério de aceitação baseado em pilha vazia.
d) Construa uma gramática livre de contexto que gere a linguagem definida por M.
e) Construa um autômato equivalente a M, porém cujo critério de aceitação seja baseado no estado final ao invés de na condição de pilha vazia.

24. Considere o autômato de pilha $M = (Q,\Sigma,\Gamma,\delta,Z_0,\emptyset)$, adotando como critério de aceitação a condição de pilha vazia, onde:

$$
\begin{aligned}
Q &= \{q_0,q_1\}\\
\Sigma &= \{x,y\}\\
\Gamma &= \{Z_0,W\}\\
\delta &= \{(q_0,x,Z_0) \to (q_0,WW),\\
&\quad (q_0,x,W) \to (q_0,WW),\\
&\quad (q_0,y,W) \to (q_1,W),\\
&\quad (q_1,y,W) \to (q_1,\varepsilon)\}
\end{aligned}
$$

a) Mostre a sequência de movimentos que conduzem à aceitação da sentença *xxyyy*.
b) Qual a linguagem aceita por esse autômato?
c) A linguagem aceita por esse autômato de pilha poderia eventualmente ser reconhecida por um autômato finito? Por quê?

25. Refaça o Exercício 24, considerando o autômato abaixo e a cadeia *xyyxy*:

$$
\begin{aligned}
Q &= \{q_0\}\\
\Sigma &= \{x,y\}\\
\Gamma &= \{Z_0,W\}\\
\delta &= \{(q_0,x,Z_0) \to (q_0,W),\\
&\quad (q_0,y,Z_0) \to (q_0,W),\\
&\quad (q_0,x,W) \to (q_0,W),\\
&\quad (q_0,y,W) \to (q_0,W),\\
&\quad (q_0,x,W) \to (q_0,\varepsilon),\\
&\quad (q_0,y,W) \to (q_0,\varepsilon)\}
\end{aligned}
$$

26. Construa autômatos de pilha não determinísticos que reconheçam as linguagens geradas pelas gramáticas abaixo. Não se esqueça de especificar o critério de aceitação adotado em cada caso.
$G_1 = (\{S,a,b,c\}, \{a,b,c\}, \{S \to aSbSc, S \to ab, S \to bc\}, S)$
$G_2 = (\{S,X,a,b,c\}, \{a,b,c\}, \{S \to aSbXbb, S \to ab, X \to cX, X \to c\}, S)$
27. Construa autômatos de pilha que aceitem as seguintes linguagens:
a) $\{a^ib^jc^k \mid i \geqslant 1, j=2, 1 \leqslant k \leqslant 3\}$;
b) $\{a^ib^jc^k \mid i \geqslant 1, j=i+2, k \neq 2\}$;
c) $\{a^ib^jc^k \mid i \geqslant 3, j=i-1, k \geqslant 5\}$;
d) $\{a^ib^jc^k \mid i \leqslant 5, j=i*2, k \leqslant 4\}$.
28. Construa autômatos de pilha que reconheçam cada uma das linguagens do Exercício 7.
29. Construa um autômato de pilha determinístico que reconheça a linguagem gerada pela gramática $(\{P,L,I,K,X,(,),\$,$ "," $,a,b\},\{(,),\$,$ "," $,a,b\}, \{P \to L\$, L \to I$","$L \mid I, I \to K \mid$ "("L")", $K \to X(a \mid b)X, X \to Xa \mid Xb \mid \varepsilon\}, P)$.
30. Considere a linguagem $L = \{(aa)^i(bbb)^i, i \geqslant 1\}$. Obtenha:
a) Um autômato de pilha M determinístico que reconheça L;
b) A sequência de movimentações de M para a cadeia *aabbb*.

Equivalência das notações

31. Construa um autômato de pilha que reconheça a linguagem gerada pela gramática $(\{S,0,1,2\}, \{0,1,2\}, \{S \to 00S0, S \to 1S11, S \to 2, S \to 22\}, S)$
32. Construa um autômato de pilha que aceite a linguagem definida pela gramática:

$$\begin{aligned} G &= (\{E,a,+,*,-,/,(,)\},\{a,+,*,-,\\ &\quad /,(,)\},P,S) \\ S &= \{E \to a \mid E+E \mid E-E \mid E*E \mid \\ &\quad E/E \mid \text{“(”}E\text{“)”}\} \end{aligned}$$

33. Considere os autômatos de pilha abaixo relacionados (critério de aceitação baseado em pilha vazia):

$$\begin{aligned} M_1 &= (\{q_0,q_1,q_2\},\{a,b\},\\ &\quad \{A,B,X,Z_0\},\delta_1,q_0,Z_0,\emptyset) \\ \delta_1 &= \{(q_0,a,Z_0) \to (q_1,A),\\ &\quad (q_0,b,Z_0) \to (q1,B),\\ &\quad (q_1,a,A) \to (q_1,AX),\\ &\quad (q_1,a,B) \to (q_1,BX),\\ &\quad (q_1,b,A) \to (q_1,AX),\\ &\quad (q_1,b,B) \to (q_1,BX),\\ &\quad (q_1,a,A) \to (q_2,\varepsilon),\\ &\quad (q_1,b,B) \to (q_2,\varepsilon),\\ &\quad (q_2,a,X) \to (q_2,\varepsilon),\\ &\quad (q_2,b,X) \to (q_2,\varepsilon)\} \end{aligned}$$

$$\begin{aligned} M_2 &= (\{q_0,q_1\},\{a,b,c\},\\ &\quad \{Z_0,A,B\},\delta_2,q_0,\emptyset) \\ \delta_2 &= \{(q_0,a,Z_0) \to (q_0,AA),\\ &\quad (q_0,b,Z_0) \to (q_0,B),\\ &\quad (q_0,a,A) \to (q_0,AAA),\\ &\quad (q_0,a,B) \to (q_0,AAB),\\ &\quad (q_0,b,A) \to (q_0,BA),\\ &\quad (q_0,b,B) \to (q_0,BB),\\ &\quad (q_0,c,A) \to (q_1,A),\\ &\quad (q_0,c,B) \to (q_1,B),\\ &\quad (q_1,a,A) \to (q_1,\varepsilon),\\ &\quad (q_1,b,B) \to (q_1,\varepsilon)\} \end{aligned}$$

Para cada um dos autômatos acima:

a) Descreva informalmente, com suas próprias palavras e através de exemplos, a linguagem definida pelo autômato.

b) Construa uma gramática que defina a linguagem reconhecida pelo autômato.

34. Construa um autômato de pilha que reconheça a linguagem definida pela gramática a seguir (expressões aritméticas em notação polonesa reversa sobre o alfabeto $\{a,+,*\}$). A seguir, mostre a sequência de movimentações que conduzem ao reconhecimento da sentença $aaa*a++$.

$$\begin{aligned} E &\to EE+ \\ E &\to EE* \\ E &\to a \end{aligned}$$

35. Considere a gramática $G = (V,T,P,BLK)$:

$$\begin{aligned} V &= \{BLK,DCL,CMD\} \cup T \\ T &= \{blk,dcl,cmd,begin,end,id,;\} \\ P &= \{BLK \to blk\ id;DCL\ BLK\ begin \\ &\quad CMD\ end; \\ &\quad BLK \to \varepsilon \\ &\quad DCL \to dcl;DCL \\ &\quad DCL \to \varepsilon \\ &\quad CMD \to cmd;CMD \\ &\quad CMD \to \varepsilon\} \end{aligned}$$

a) Construa um autômato de pilha que reconheça $L(G)$. Não se esqueça de especificar o critério de aceitação de cadeias adotado. Defina o autômato formalmente, utilizando a notação que julgar mais conveniente.

b) Ilustre a operação do autômato, apresentando todas as configurações assumidas por ele durante o reconhecimento da sentença a seguir:
blk id;*dcl*;*blk id*;*begin cmd*;*end*;
begin cmd;*cmd*;*end*;

36. Para cada uma das linguagens definidas no Exercício 4, escolha uma sentença de comprimento mínimo 10 e:

a) Construa um autômato de pilha que aceite a respectiva linguagem.

b) Mostre os movimentos que tal autômato executa na aceitação da sentença escolhida.

37. Considere o autômato de pilha $(\{q_0,q_1\}, \{a,b\}, \{Z_0,A\}, \delta, q_0, Z_0, \emptyset)$, com critério de aceitação de pilha vazia, e:

$$\begin{aligned} \delta &= \{(q_0,a,Z_0) \to (q_0,A) \\ &\quad (q_0,a,A) \to (q_0,AAA) \end{aligned}$$

$$(q_0, b, A) \to (q_1, \varepsilon)$$
$$(q_0, b, Z_0) \to (q_1, \varepsilon)$$
$$(q_1, b, A) \to (q_1, \varepsilon)\}$$

a) Descreva informalmente a linguagem que esse autômato reconhece.
b) Escolha uma sentença de comprimento mínimo seis (6) e mostre a sequência de movimentos que ele executa para efetuar o seu reconhecimento.
c) Construa uma gramática que gere essa linguagem.

38. Repita o Exercício 37, substituindo a função de transição de estados do autômato pela seguinte:

$$\begin{aligned} \delta \quad = \quad & \{(q_0, a, Z_0) \to (q_0, A) \\ & (q_0, a, A) \to (q_0, AA) \\ & (q_0, b, A) \to (q_1, \varepsilon) \\ & (q_0, \varepsilon, A) \to (q_1, \varepsilon) \\ & (q_1, b, A) \to (q_1, \varepsilon) \\ & (q_1, \varepsilon, A) \to (q_1, \varepsilon)\} \end{aligned}$$

39. Diz-se que uma cadeia é **palíndromo** se, ao ser percorrida do final para o início, ela apresenta a mesma sequência de símbolos que quando percorrida do início para o final. Exemplos: *abbacabba* e *aca*. Pede-se:
a) Uma gramática livre de contexto que gere todos os palíndromos de comprimento ímpar sobre o alfabeto $\{a, b, c\}$, onde o símbolo c ocorra uma única vez e sempre no meio das cadeias, conforme os exemplos acima.
b) Essa gramática contém algum não terminal autorrecursivo central? Qual(is)?
c) Caso a resposta do item anterior seja afirmativa, eles são todos essenciais? Por quê?
d) Especifique um autômato de pilha que reconheça essa linguagem.

40. Considere a linguagem $\{d^{2j}a^ibc^{i+1}e^j \mid i \geqslant 0, j \geqslant 2\}$.
a) Existem inúmeras gramáticas que geram essa linguagem. É possível afirmar que todas elas, quaisquer que sejam, conterão sempre pelo menos um não terminal autorrecursivo central? Por quê?
b) Construa uma gramática que gere essa linguagem.
c) Construa um autômato de pilha determinístico que reconheça essa linguagem.

41. Considere as linguagens abaixo especificadas:
a) a^0;
b) a^3;
c) $a^i, i \leqslant 5$;
d) $a^i, i \geqslant 5$;
e) $a^i, 3 \leqslant i \leqslant 7$;
f) $a^{2i}, i \geqslant 0$;
g) $a^{2i}, i \geqslant 1$;
h) $a^{2i+1}, i \geqslant 0$;
i) $a^{3i}, i \geqslant 0$;
j) $a^{3i+3}, i \geqslant 0$.

Para cada uma dessas linguagens, obtenha:
i) Exemplos de cadeias que pertencem e que não pertencem à linguagem.
ii) Uma gramática livre de contexto que gere a linguagem.
iii) Sequências de derivações para as sentenças selecionadas na gramática construída.
iv) Árvores de derivação que representam as sentenças selecionadas.
v) Um autômato de pilha que reconheça a linguagem.
vi) Sequências de configurações para as sentenças selecionadas no autômato construído.

42. Repita o Exercício 41 com as linguagens $\{a^ib^j\}$ a seguir especificadas:
a) $i \geqslant 0, j \geqslant 0$;
b) $i \geqslant 0, j \geqslant 1$;
c) $i \geqslant 1, j \geqslant 0$;
d) $i \geqslant 1, j \geqslant 1$;
e) $i + j$ é ímpar;
f) $i + j$ é par;
g) i é ímpar e j é par;
h) i é ímpar e j é ímpar;
i) i é par e j é par;
j) i é par e j é ímpar.

43. Repita o Exercício 41 com as linguagens $\{a^ib^j\}$ a seguir especificadas:
a) $i \geqslant 0, j = 2i$;
b) $i \geqslant 0, j = i + 1$;
c) $i \geqslant 0, j = 2i + 1$;
d) $i \geqslant 0, j \geqslant i$;
e) $i \geqslant 0, j \leqslant i$;
f) $i \geqslant 0, j \neq i$;
g) $i \geqslant 0, j \geqslant 2i$;
h) $i \geqslant 0, j \geqslant i + 2$;
i) $i \geqslant 0, j \leqslant i + 2$;
j) $i \geqslant 0, j \neq i + 2$;
k) $i \geqslant 0, i \leqslant j \leqslant 2i$;
l) $i \geqslant 0, 2i \leqslant j \leqslant 3i$;

m) $i \geqslant 0, i+3 \leqslant j \leqslant i+6$;
n) $i \geqslant 0, (j \neq i) \wedge (j \neq 2i)$;
o) $i \geqslant 1, j = 2i+2$;
p) $i \geqslant 1, j = i+1$;
q) $i \geqslant 1, j = 2i$;
r) $i \geqslant 2, j = 2i$;
s) $i \geqslant 3, j = 2i$.

44. Repita o Exercício 41 com as linguagens $\{a^i b^j\}$ a seguir especificadas:
a) i é ímpar e $j = i$;
b) i é ímpar e $j = 2i$;
c) i é par e $j = 2i+1$;
d) j é ímpar e $i = 2j$;
e) j é par e $i = j+1$;
f) j é par e $i = 2j+1$;
g) $j \geqslant 0, i = j+1$;
h) $j \geqslant 1, i = 2j+2$;
i) $j \geqslant 1, i = 2j$;
j) $j \geqslant 2, i = 3j$;
k) $k \geqslant 1, i = 2k, j = 3k$;
l) $k \geqslant 1, i = 3k, j = k+1$.

45. Repita o Exercício 41 com as linguagens a seguir especificadas:
a) $a^i(b \mid c)^{2i}, i \geqslant 1$;
b) $a^i b c^i, i \geqslant 1$;
c) $a^i b^* c^i, i \geqslant 0$;
d) $a^i b^j c^{i+j}, i \geqslant 0, j \geqslant 0$;
e) $a^i b^j c^{i+j}, i \geqslant 1, j \geqslant 2$;
f) $a^{i+j} b^i c^j, i \geqslant 1, j \geqslant 1$;
g) $(a \mid b)^i c^{i+1}, i \geqslant 1$;
h) $a^i (b \mid c)^{2i}, i \geqslant 1$;
i) $(a \mid b \mid c)^i d^{2i}, i \geqslant 0$;
j) $a^i (b \mid c) d^{3i+2}, i \geqslant 1$;
k) $a(b^i c d^{2i})^*, i \geqslant 2$;
l) $a^i b^i c^j d^j, i \geqslant 0, j \geqslant 1$;
m) $a^i b^j c^j d^i, i \geqslant 1, j \geqslant 2$;
n) $a^i (bc)^j d^i, i \geqslant 1, j \geqslant 2$.

46. Repita o Exercício 41 com as linguagens a seguir especificadas (considerar $i \geqslant 0$):
a) $a^i b^* c^i$;
b) $a^i b^* (cd)^i$;
c) $(ab)^i c^* d^i$;
d) $(ab)^i c^* (de)^i$;
e) $a^{i+1} (bb)^* c^{i+2}$;
f) $(ab)^i (cd)^i e^* f$;
g) $(a^i b^i)^*$;
h) $(ab^*)^i (cd^*)^i$;
i) $(ab^*)^i c^* (de^*)^i$;
j) $a^i (b^* \mid b^i)$;
k) $a^i (b^* \mid c^i)$;
l) $a^i (a^i \mid c^i)$;
m) $a^i (a^i \mid c^*)$;
n) $a^i (a^* \mid c^i)$;
o) $a^i (b^* c^i \mid d^*)$.

47. Repita o Exercício 41 com as linguagens a seguir especificadas (considerar $i \geqslant 0$):
a) $a^i (b^* c^i \mid b^i c^*)$;
b) $a^i (b^* c^i \mid c^* b^i)$;
c) $a^i (b^* c^i \mid c^i b^*)$;
d) $a^i (b^i c^* \mid c^* b^i)$;
e) $a^i (b^i c^* \mid c^i b^*)$;
f) $a^i (c^* b^i \mid c^i b^*)$;
g) $a^i (a^* b^i \mid a^i b^*)$;
h) $a^i (a^* b^i \mid b^* a^i)$;
i) $a^i (a^* b^i \mid b^i a^*)$;
j) $a^i (a^i b^* \mid b^* a^i)$;
k) $a^i (a^i b^* \mid b^i a^*)$;
l) $a^i (b^* a^i \mid b^i a^*)$.

48. Repita o Exercício 41 com as linguagens a seguir especificadas:
a) $a^{i+1} b^* d^{i+2} ef, i \geqslant 1$;
b) $(g \mid hf) a^i b^* d^{4i} e, i \geqslant 1$;
c) $a^i b^{i+1} c^j d^{2j}, i \geqslant 1, j \geqslant 1$;
d) $a^{2i+1} e b^i f g c^j (h \mid \varepsilon) d^{2j}, i \geqslant 1, j \geqslant 1$;
e) $a(b^i c d^{2i})^* e^j f^{j+1}, i \geqslant 2, j \geqslant 3$;
f) $(b^i c d^{2i}) \mid (e^j f^{j+1}), i \geqslant 1, j \geqslant 1$;
g) $a^i b^i c d^j e^j f^k g^k, i \geqslant 1, j \geqslant 2, k \geqslant 3$;
h) $a^i b^j c d^j g^i, i \geqslant 1, j \geqslant 1$;
i) $a^i b^j c d^{2j+1} g^i h^*, i \geqslant 1, j \geqslant 1$;
j) $a^i b^j c d^k f^k g^j h^i, i \geqslant 1, j \geqslant 1, k \geqslant 1$;
k) $a^i b^j c d^k d^k e^j f^i g^m h^m$, $i \geqslant 1$, $j \geqslant 2$, $k \geqslant 3$, $m \geqslant 4$;
l) $a^i b^j c d^k d^k e^j g^m h^m f^i$, $i \geqslant 1$, $j \geqslant 2$, $k \geqslant 1$, $m \geqslant 3$;
m) $a^i b^j c d^k d^k e^{2j} p^* (g^m q h^m)^+ f^{i+1}, i \geqslant 1, j \geqslant 1, k \geqslant 1, m \geqslant 2$;
n) $(a \mid b)^i c^* d (e \mid f \mid g)^{3i}$, $i \geqslant 1$;
o) $a^i (bc)^j d^j (e \mid f)^i$, $i \geqslant 1$, $j \geqslant 2$.

49. Considere a linguagem $a^i (b^i c^* \mid b^* c^i \mid d^*), i \geqslant 1)$ e obtenha:
a) Uma gramática livre de contexto que gere essa linguagem.
b) Um autômato de pilha que reconheça essa linguagem.

"Pumping Lemma" para as linguagens livres de contexto

50. Considere uma certa linguagem L sobre um dado alfabeto Σ.
a) Qual a estratégia tipicamente adotada para demonstrar que L é livre de contexto?

b) Qual a estratégia tipicamente adotada para demonstrar que L não é livre de contexto?
c) Prove que toda linguagem regular é também livre de contexto.
d) Prove que nem toda linguagem livre de contexto é regular.

51. Prove que as linguagens:
    - $\{a^{i-1}b^{i+1}, \forall i \geqslant 2\}$;
    - $\{a^ib^ic^{2i+1}, \forall i \geqslant 1\}$;
    - $\{ab^ic^i, \forall i \geqslant 0\}$;
    - $\{aa^*b^ic^j \mid i \geqslant 1, j \geqslant i\}$;
    - $\{aa^*ab^ia^*c^j \mid i \geqslant 1, j \leqslant i\}$

    a) São livres de contexto.
    b) Não são regulares.

52. Prove que as seguintes linguagens não são livres de contexto:
    a) $\{ww \mid w \in \{a,b,c\}^*\}$;
    b) $\{a^ib^ia^i \mid i \geqslant 0\}$;
    c) $\{a^ib^ic^{2i}, i \geqslant 0\}$;
    d) $\{a^ib^jc^k, i < j, i < k\}$;
    e) $\{a^ib^jc^k \mid i < j < k\}$;
    f) $\{a^ib^jc^id^j \mid i \geqslant 1, j \geqslant 1\}$;
    g) $\{ww^Rw^R \mid w \in \{a,b,c\}^*\}$;
    h) $\{a^{i^2} \mid i \geqslant 1\}$;
    i) $\{a^{2^i} \mid i \geqslant 1\}$;
    j) $\{a^{i!} \mid i \geqslant 1\}$;
    k) $\{w \in \{a,b,c\}^* \mid |w|_a = |w|_b = |w|_c\}$;
    l) $\{a^ib^jc^k \mid i \neq j, i = k\}$;
    m) $\{a^ib^j \mid j = i^2\}$;
    n) $\{a^ib^ic^j \mid i \neq j\}$;
    o) $\{a^ib^jc^k \mid (i \neq j) \wedge (j \neq k)\}$;
    p) $\{a^ib^jc^k \mid (i \neq j) \wedge (j = k)\}$;
    q) $\{a^ib^jc^k \mid (i \neq j) \wedge (j \neq k) \wedge (i \neq k)\}$;
    r) $\{a^ib^jc^k \mid j = max(i,k)\}$.

53. Considere $G = (\{S, X, Y, Z, a, b\}, \{a, b\}, \{S \to XY \mid b, X \to ZS, Z \to a, Y \to a\}, S)$ e a cadeia $w = a^4ba^4 \in L(G)$.
    a) Construa uma árvore de derivação para a cadeia w.
    b) Mostre uma subdivisão da cadeia $w = uvwxy$ que satisfaça aos critérios do "Pumping Lemma" para as linguagens livres de contexto.
    c) Mostre como a árvore de derivação do item (53a) pode ser modificada para provar que as sentenças uv^0wx^0y e uv^2wx^2y também pertencem a $L(G)$.

Linguagens livres de contexto determinísticas

54. Responda às perguntas seguintes. Prove sua afirmação ou apresente um contraexemplo se sua resposta for negativa.
    a) Todas as linguagens livres de contexto podem ser reconhecidas deterministicamente?
    b) Todas as linguagens livres de contexto podem ser geradas por gramáticas não ambíguas?
    c) Se uma linguagem livre de contexto L é gerada por uma gramática não ambígua, então L é determinística?
    d) Se uma linguagem livre de contexto L é determinística, então L é gerada por alguma gramática não ambígua?
    e) Se uma linguagem livre de contexto L é inerentemente ambígua, então L é determinística?

55. Responda, justificando suas respostas:
    a) Se L é uma linguagem livre de contexto determinística, L pode ser reconhecida por um autômato finito não determinístico?
    b) Se L é uma linguagem livre de contexto não determinística, L pode ser reconhecida por algum autômato finito?
    c) Se L é uma linguagem regular, L pode ser reconhecida de forma não determinística por algum autômato finito?
    d) Se L é uma linguagem regular, existe algum autômato de pilha não determinístico que reconheça L?
    e) Toda linguagem livre de contexto pode ser reconhecida de forma não determinística?
    f) Existe alguma linguagem livre de contexto que possa ser reconhecida por algum autômato finito, e ao mesmo tempo não possa ser reconhecida por nenhum autômato de pilha determinístico?

Linguagens livres de contexto descendentes

56. Provar que as seguintes gramáticas não são $LL(1)$ mas são $LL(2)$. Em seguida, obter uma gramática $LL(1)$ equivalente a cada uma delas.

$$
\begin{aligned}
S &\to bS \mid bA \\
A &\to d \mid ccA
\end{aligned}
$$

$$\begin{aligned} S &\rightarrow aX \mid aY \\ X &\rightarrow bX \mid c \\ Y &\rightarrow dY \mid e \end{aligned}$$

57. Provar que a gramática abaixo não é $LL(1)$.

$$\begin{aligned} S' &\rightarrow S\# \\ S &\rightarrow aAa \mid \varepsilon \\ A &\rightarrow abS \mid c \end{aligned}$$

58. Provar que as seguintes gramáticas são $LL(1)$.

$$\begin{aligned} S &\rightarrow aXe \\ X &\rightarrow bXY \mid c \mid \varepsilon \\ Y &\rightarrow dY \mid f \end{aligned}$$

$$\begin{aligned} S &\rightarrow A\# \\ A &\rightarrow Bb \mid Cd \\ B &\rightarrow aB \mid \varepsilon \\ C &\rightarrow cC \mid \varepsilon \end{aligned}$$

$$\begin{aligned} S' &\rightarrow S\# \\ S &\rightarrow aABC \\ A &\rightarrow a \mid bbD \\ B &\rightarrow a \mid \varepsilon \\ C &\rightarrow b \mid \varepsilon \\ D &\rightarrow c \mid \varepsilon \end{aligned}$$

Propriedades de fechamento

59. Responda às questões:
    a) O que significa dizer que determinada classe de linguagens é fechada em relação a alguma operação?
    b) De que forma as propriedades de fechamento de uma determinada classe de linguagens podem ser usadas para determinar a classe a que uma certa linguagem pertence?
    c) Prove que as linguagens livres de contexto são fechadas em relação às operações de união, concatenação e fechamento reflexivo e transitivo.
60. Construa um autômato de pilha e um autômato finito que reconheçam, respectivamente, cada uma das linguagens L_1 e L_2 a seguir. Em seguida, para cada par de linguagens L_1 e L_2, apresente um autômato de pilha que reconheça a linguagem $L_3 = L_1 \cap L_2$.
    a) $L_1 = \{a^i b^i, i \geqslant 1\}$,
    $L_2 = \{w \in \{a,b\}^*, |w| \geqslant 5\}$;
    b) $L_1 = \{a^i b^i, i \geqslant 1\}$,
    $L_2 = \{w \in \{a,b\}^*, |w|$ é ímpar$\}$;
    c) $L_1 = \{a^* b^i c^* d^{2i+1}, i \geqslant 1\}$,
    $L_2 = \{w \in \{a,b,c,d\}^*, |w|_b$ é par$\}$;
    d) $L_1 = \{a^* b^i c^* d^{2i+1}, i \geqslant 1\}$,
    $L_2 = \{w \in \{a,b,c,d\}^*, |w|_a$ é par e $|w|_c$ é ímpar$\}$.
61. Prove que nem todo subconjunto de uma linguagem livre de contexto é também uma linguagem livre de contexto.
62. Prove que a linguagem $\{a^* b^i c^j d^* \mid i \neq j\}$ é livre de contexto, utilizando para isso apenas as propriedades de fechamento dessa classe de linguagens.
    Sugestão: considere $\{a^* b^i c^j d^* \mid i \neq j\} = \{a^* b^i c^j d^* \mid i > j\} \cup \{a^* b^i c^j d^* \mid i < j\}$.
63. Prove que a classe das linguagens livres de contexto é fechada em relação às operações de união, concatenação e fechamento reflexivo e transitivo, utilizando, para isso, apenas a notação dos autômatos de pilha.

Questões decidíveis

64. Suponha que uma certa linguagem L, definida sobre um alfabeto com dois símbolos, é gerada por uma gramática livre de contexto na Forma Normal de Chomsky que possui quatro símbolos não terminais. Digamos que se demore, em média, 10 ms para examinar se uma cadeia de comprimento máximo 100 pertence ou não a L. Pergunta-se:
    a) Qual o tempo máximo necessário para determinar se $L = \emptyset$?
    b) Caso $L \neq \emptyset$, qual o tempo máximo necessário para determinar se L é infinita?
65. Considere um programa de computador Π cuja função seja aceitar como entrada a especificação de uma gramática livre de contexto G na Forma Normal de Chomsky e decidir sobre a cardinalidade de $L(G)$.
    Seja $G = (V, \Sigma, P, S)$ uma gramática na Forma Normal de Chomsky, tal que $\Sigma = \{a,b,c\}$ e $V = \{S,X,Y,W,Z,a,b,c\}$. Pede-se:
    a) Qual a quantidade máxima de cadeias que o programa Π necessita examinar para decidir corretamente sobre a cardinalidade de $L(G)$ (ou seja, informar se ela é vazia, finita e não vazia ou infinita)?
    b) Qual a quantidade (mínima e máxima) de cadeias que o programa Π necessita exa-

minar para diagnosticar corretamente a cardinalidade de $L(G)$, nos casos em que $L(G)$ é uma linguagem:

- Vazia?
- Finita e não vazia?
- Infinita?

Autômatos de pilha estruturados

66. Construa autômatos finitos e também autômatos de pilha estruturados que reconheçam as linguagens regulares a seguir. Compare para cada linguagem os dois autômatos e destaque as semelhanças e diferenças.
    - $L_1 = \{x \in \{a,b,c\}^* \mid x = a^m bc^n, m,n \geqslant 0\}$
    - $L_2 = \{x \in \{a,b,c\}^* \mid x \in L_1$ ou então $x = a^m b^n c^p, m,n,p \geqslant 0\}$
67. Apresente os aspectos mais importantes que distinguem os autômatos de pilha estruturados das formulações tradicionais dos autômatos de pilha. Se esse novo formalismo não altera as capacidades de representação de linguagens, como se pode justificar o seu estudo e adoção?
68. Para as linguagens livres de contexto a seguir, construa autômatos de pilha estruturados. Para cada um deles, verifique qual é o menor número possível de submáquinas necessário à sua implementação. Identifique a correspondência entre as submáquinas necessárias e alguma característica da linguagem a ela associada. Compare-os à luz da discussão desenvolvida no Exercício 67.
    - $L_1 = \{x \in \{a,b,c\}^* \mid x = a^n bc^n, n \geqslant 0\}$;
    - $L_2 = \{x \in \{a,b,c\}^* \mid x = c^n ya^n, n \geqslant 0, y \in L_1\}$;
    - $L_3 = \{x \in \{a,b,c\}^* \mid x = zyt, z \in L_1, y \in \{a,c\}^*, t \in L_1\}$;
    - $L_4 = \{x \in \{a,b,c\}^* \mid x$ é das formas b^*czy ou yc^*az, $z \in L_1$, $y \in \{a,b\}^*$, $z \in L_1\}$.
69. Repita, para as linguagens do Exercício 68, a construção de um autômato de pilha tradicional. Compare a operação de cada autômato de pilha tradicional com o correspondente estruturado, e procure formar uma opinião sobre a conveniência do uso de cada um deles em cada situação considerada interessante.
70. Uma certa linguagem livre de contexto contém expressões aritméticas, formadas por elementos primitivos que podem ser representados, em sua forma geral, pela expressão regular $((a \mid b)(a \mid b \mid 0 \mid 1)^* \mid (0 \mid 1)(0 \mid 1)^*)$. Esses elementos primitivos podem formar expressões básicas se forem arbitrariamente concatenados, intercalando-se, entre dois elementos adjacentes, operadores aritméticos dados, em sua forma geral, pela expressão regular $(* \mid / \mid + \mid - \mid mod \mid div)$, sendo que o primeiro componente de cada expressão básica pode, opcionalmente, ser precedido por um operador unário, da forma $(+ \mid -)$. As expressões da linguagem definem-se como variantes dessas expressões básicas, em que, além dos elementos primitivos acima definidos, são também permitidas instâncias menores de expressões, denotadas entre parênteses. Pede-se construir um autômato de pilha estruturado que materialize a definição informalmente apresentada para as expressões dessa linguagem. Utilizar para isso uma única submáquina recursiva. Identificar as transições internas e as transições de chamada e de retorno de submáquina. Identificar os demais elementos da formalização teórica do autômato de pilha estruturado. Usando o autômato do exercício anterior, efetuar, passo a passo, o reconhecimento da expressão seguinte:

    $100+(a0bb01*b/1101-abab/(-baba/011)-(+1010/a))$

    Partindo do estado inicial e da cadeia de entrada completa, registrar cuidadosamente, em cada passo da evolução do autômato, o estado e a submáquina seguintes, o elemento consumido e o conteúdo da pilha. Caracterizar com precisão as atividades do autômato a cada chamada e a cada retorno de submáquina, e, em especial, ao término do reconhecimento da cadeia fornecida.
71. Construa um autômato finito que reconheça a linguagem representada pela expressão regular $(a \mid b)(a \mid b \mid 0 \mid 1)^*$. Denote-o na forma de um autômato de pilha estruturado composto de uma única submáquina não recursiva. Compare os dois formalismos. Identifique os elementos da formalização teórica dos autômatos de pilha estruturados. Exercite o autômato para reconhecer, passo a passo, a cadeia $b1baaa0bbab001$.
72. Defina, através de um autômato de pilha estruturado com uma única submáquina, a linguagem das expressões aritméticas sobre o alfabeto $\{id, num, opb, opu, \text{“(”}, \text{“)”}\}$. Essas ex-

pressões devem combinar identificadores (*id*) e números (*num*) com operadores binários (*opb*) ou unários (*opu*). Expressões completas podem figurar, entre parênteses, para efeito de delimitação, em todas as situações em que for possível aparecer um identificador ou um número. Não são aceitos dois operadores em sequência.

73. Formalize, através de um autômato de pilha estruturado, a sintaxe de um comando típico de uma linguagem imperativa de programação estruturada convencional. Como possíveis formas para os comandos, podem ser aceitos: comandos simples, representados simplesmente pelo símbolo *com*, comandos condicionais (ver Exercício 74) ou então comandos compostos, formados delimitando-se entre chaves e separando entre si, por ponto e vírgula, uma sequência de comandos quaisquer (simples, condicionais ou compostos).

74. Formalize, através de um autômato de pilha estruturado, a representação de comandos condicionais da forma a seguir, usualmente empregados em linguagens de programação:

    if *condição* then *comando* else *comando*

    Considere, nesse comando, que a *condição* possa ser representada apenas como uma comparação entre duas expressões aritméticas, e que os *comando*s mencionados atendam às especificações do Exercício 73.

75. Estude o problema do não determinismo que pode surgir quando, de algum estado de um autômato de pilha estruturado, além das várias transições de consumo de símbolos da cadeia de entrada, ou o estado em questão é um estado final de submáquina, ou então dele partem também uma ou mais chamadas de submáquinas (lembrar que, por convenção, todas as chamadas e retornos de submáquinas são efetuadas em vazio), ou ainda ambas as situações acontecem simultaneamente.

76. Usando o conceito de *l*ook-ahead, mostre como um autômato de pilha estruturado, nas condições do Exercício 75, pode contornar os efeitos dos não determinismos, ou até mesmo eliminá-los. Exemplifique, usando como base para ilustração algum dos autômatos de pilha estruturados construídos nas questões anteriores.

77. Demonstre rigorosamente que o formalismo tradicional do autômato de pilha é equivalente ao do autômato de pilha estruturado. Sugira um procedimento automático para converter autômatos de pilha estruturados em autômatos de pilha tradicionais (sugestão: usando cada um dos dois formalismos, simule cada possível movimento do outro, em sua maior generalidade).

78. Construa autômatos de pilha estruturados para as linguagens definidas a seguir. Sugestão: determinar, para cada linguagem, as suas construções sintáticas aninháveis, identificando as que são essenciais, e construir, para cada uma delas, uma submáquina correspondente para compor o autômato de pilha estruturado que se deseja obter.
    a) $\{a^n b^n c^m \mid m, n \geqslant 0\}$
    b) $\{a^n b^m c^m \mid m, n \geqslant 0\}$
    c) $\{a^n b^m c^n \mid m, n \geqslant 0\}$
    d) $\{a^n b^n c^m d^m \mid m, n \geqslant 0\}$
    e) $\{a^n b^m c^m d^n \mid m, n \geqslant 0\}$
    f) $\{a^n b^{m+n} c^m \mid m, n \geqslant 0\}$
    g) $\{a^n b^m c^p d^q \mid m, n \geqslant 0, p+q = m+n\}$
    h) $\{a^n b^m \mid m, n \geqslant 0\}$
    i) $\{a^n b^{m+n} c^m \mid m, n \geqslant 0, n \leqslant 2m\}$
    j) $\{a^n b^{3n} \mid n \geqslant 0\}$
    k) $\{a^m b^n c^p \mid m = n \vee n = p, n > 0\}$
    l) $\{a^m b^n c^p \mid m = n \vee m = p, m > 0\}$
    m) $\{a^m b^n c^p \mid m = p \vee n = p, p > 0\}$
    n) $\{a^n b^m \mid m \neq n, m, n \geqslant 0\}$
    o) $\{a^n b c^{2n} \mid n \geqslant 0\} \cup \{a^{2m} d c^m \mid m \geqslant 0\}$
    p) $\{a^n b^{m+n} c^m \mid m, n \geqslant 0\} \cup \{a^p b^q c^r \mid p = q \vee q = r, q > 0\}$

79. Tipicamente, programas escritos em linguagens de programação estruturadas em blocos apresentam-se na forma de blocos, ou seja, estruturas formadas por um par de delimitadores, aqui representados pelos símbolos { e }. Delimitados por esses símbolos, comparecem declarações $\mathscr{D}$, separadas e também terminadas por ponto e vírgula, seguidas de comandos $\mathscr{C}$ e/ou outros blocos, também separados uns dos outros por ponto e vírgula. Assim, por exemplo, as cadeias seguintes formam programas válidos:
    i) $\{\mathscr{D};\mathscr{C}\}$
    ii) $\{\mathscr{D};\mathscr{D};\mathscr{D};\mathscr{C};\mathscr{C};\mathscr{C}\}$
    iii) $\{\mathscr{D};\mathscr{D};\mathscr{D};\mathscr{C};\{\mathscr{D};\mathscr{C}\};\mathscr{C}\}$
    iv) $\{\mathscr{D};\ \mathscr{D};\ \mathscr{D};\ \mathscr{C};\ \{\mathscr{D};\ \{\mathscr{D};\ \mathscr{D};\ \mathscr{D};\ \mathscr{C};\ \mathscr{C};\ \mathscr{C}\}\};\mathscr{C}\}$

    Construa um autômato de pilha estruturado que seja capaz de reconhecer a linguagem com estrutura de blocos assim definida. Teste-o com os programas (i), (ii), (iii) e (iv), e invente outros para verificar possibilidades não consideradas nos casos acima.

80. Na linguagem do Exercício 79, além dos comandos simples e dos blocos, incorpore comandos condicionais, com duas possíveis estruturas sintáticas: $?\mathscr{B}\mathscr{B}$ e $?\mathscr{B}$, sendo que cada símbolo $\mathscr{B}$ ou representa um bloco completo, ou um comando simples $\mathscr{C}$, ou outro comando condicional, e correspondem, nesta ordem, às partes **then** e **else** do comando condicional. Lembre-se de que, sendo comandos, poderão figurar em qualquer ponto em que os comandos simples puderem comparecer, no programa. São comandos condicionais válidos, por exemplo:
    v) $?\mathscr{C}$
    vi) $?\mathscr{C}\mathscr{C}$
    vii) $?\{\mathscr{D};\mathscr{C}\}\mathscr{C}$
    viii) $?\{\mathscr{D};\mathscr{C}\}\{\mathscr{D};?\mathscr{C}\}$
    ix) $?\{\mathscr{D};\mathscr{C}\}\{\mathscr{D};?\mathscr{C}?\mathscr{C}\}$

    Dessa forma, um possível programa incorporando os comandos condicionais (vii) e (ix) poderia ser escrito assim:

    $\{\mathscr{D};\ \mathscr{D};\ \mathscr{D};\ ?\{\mathscr{D};\ \mathscr{C}\}\mathscr{C};\ \{\mathscr{D};\ \{\mathscr{D};\ \mathscr{D};\ \mathscr{D};\ \mathscr{C};\ ?\{\mathscr{D};\ \mathscr{C}\}\{\mathscr{D};\ ?\mathscr{C}?\mathscr{C}\};\ \mathscr{C}\}\};\ \mathscr{C}\}$

    Teste o autômato construído, fazendo-o reconhecer este programa. Crie outros testes, que sejam capazes de verificar também outras opções da linguagem, que não estejam sendo consideradas neste exemplo.

81. Adicione ainda à linguagem estendida do Exercício 80 comandos iterativos do tipo **while** com a estrutura sintática $@\mathscr{B}$, em que, como antes, cada símbolo $\mathscr{B}$ ou representa um bloco completo, ou um comando simples $\mathscr{C}$, ou um comando condicional, ou ainda, por força da extensão aqui introduzida, um outro comando iterativo. Assim, por exemplo, as seguintes cadeias formam comandos iterativos válidos dessa linguagem:
    x) $@\mathscr{C}$
    xi) $@?\mathscr{C}\mathscr{C}$
    xii) $@?@\mathscr{C}@\mathscr{C}$
    xiii) $@?@\mathscr{C}\{\mathscr{D};\mathscr{C}\}$
    xiv) $@\{\mathscr{D};\{\mathscr{D};@?\mathscr{C}\mathscr{C};@?@\mathscr{C}@\mathscr{C}\}\}$

    Um exemplo de programa completo envolvendo os casos (x) e (xii) acima poderia ser o seguinte, estendido do apresentado no exercício anterior:

    $\{\mathscr{D};\ \mathscr{D};\ \mathscr{D};\ ?\{\mathscr{D};\ \mathscr{C}\}\mathscr{C};\ \{\mathscr{D};\ \{\mathscr{D};\ \mathscr{D};\ \mathscr{D};\ \mathscr{C};\ ?\{\mathscr{D};\ @?@\mathscr{C}@\mathscr{C}\}\{\mathscr{D};\ ?\mathscr{C}?\mathscr{C}\};\ \mathscr{C}\}\};\ @\mathscr{C}\}$

    Teste o autômato construído usando esse programa. Como nos exercícios anteriores, estenda o programa incorporando outros casos e passando-os pelo autômato.

82. Construa, através de um autômato de pilha estruturado, um reconhecedor para expressões regulares sobre um alfabeto que compreende todas as letras e todos os dígitos decimais. Teste-o usando a expressão regular a seguir:

    $$a(b \mid c^*)(a5b(3^* \mid c^*c)^*ab^* \mid \varepsilon) \mid \varepsilon$$

83. Selecione algumas gramáticas lineares e algumas livres de contexto, e construa, para as linguagens por elas definidas, autômatos de pilha estruturados. Teste-os com sentenças obtidas a partir das gramáticas, por derivações que venham a utilizar, ao menos uma vez, cada uma das regras de substituição da gramática.

84. Selecione alguns autômatos de pilha tradicionais, e construa para as linguagens por eles reconhecidas autômatos de pilha estruturados equivalentes. Teste-os com sentenças que sejam também reconhecidas pelos autômatos originais e compare o comportamento das duas máquinas.

Exercícios de programação

85. Projete e implemente um programa de computador que aceite como entrada uma cadeia que represente uma gramática livre de contexto $G = (V, \Sigma, P, S)$ qualquer.

    Inicialmente, o programa deverá verificar a consistência da gramática representada na cadeia de entrada, e também detectar G, verificando se ambas estão corretamente construídas, e informando sobre a presença de eventuais erros nela contidos. Em seguida, o programa deverá oferecer ao usuário as seguintes opções de análise e manipulação gramatical:
    a) Eliminação de símbolos (terminais e/ou não terminais) inacessíveis.
    b) Eliminação de símbolos (não terminais) inúteis.
    c) Eliminação de produções vazias.
    d) Eliminação de produções unitárias.
    e) Detecção de ciclos.

    Nas quatro primeiras opções, o programa deverá gerar uma gramática equivalente, apresentando o resultado na mesma notação usada na entrada. Na quinta opção, o programa deverá apenar informar se existem ciclos na gramática de entrada.

A gramática de entrada deverá ser representada na forma de uma cadeia pertencente ao conjunto regular definido sobre o alfabeto $\{A, B, C, ...X, Y, Z, a, b, c, ...x, y, z, -, >, \$\}$:

<Regra>(−*<Regra>*)*\$

onde:

<Regra>	→	*<Lado-esquerdo>* > *<Lado-direito>*
<Lado-esquerdo>	→	*<Não-terminal>*
<Lado-direito>	→	*<Cadeia>*
<Cadeia>	→	*<Não-terminal>* *< Cadeia>*
		| *<Terminal>* *< Cadeia>*
		| ε
<Não-terminal>	→	$A \mid B \mid ... \mid Y \mid Z$
<Terminal>	→	$a \mid b \mid ... \mid y \mid z$

Portanto, letras maiúsculas representam símbolos não terminais e letras minúsculas representam símbolos terminais. O primeiro símbolo não terminal referenciado na cadeia de entrada será considerado, por convenção, a raiz da gramática.

Cada sequência da forma *<Lado-esquerdo>* > *<Lado-direito>* representa uma regra da gramática. As seguintes cadeias representam gramáticas livres de contexto codificadas dessa forma:

- $S > aSb - S > \$$,
  que gera a linguagem $a^ib^i, i \geqslant 0$;
- $S > aaSd - S > XY - X > bX - X > -Y > Yc - Y > c\$$,
  que gera a linguagem $a^{2i}b^*cc^*d^i, i \geqslant 0$.

86. Com base no programa desenvolvido no Exercício 85, projete e implemente um programa de computador que aceite como entrada uma gramática livre de contexto qualquer, e ofereça ao usuários as seguintes opções:
    a) Conversão para a Forma Normal de Chomsky.
    b) Eliminação de recursões à esquerda.
    c) Conversão para a Forma Normal de Greibach.

    Como saída, o programa deverá gerar uma gramática equivalente à original, manipulada conforme a opção escolhida, apresentando o resultado na mesma notação usada na entrada.

87. Projete e implemente um programa de computador que aceite como entrada a especificação de uma gramática livre de contexto na Forma Normal de Chomsky (conforme o Exercício 85) e que determine se a linguagem gerada por ela é:
    - Vazia;
    - Finita não vazia;
    - Infinita.

    Além disso, o programa deverá informar:
    a) A quantidade máxima de cadeias que devem testadas para verificar se a linguagem gerada pela gramática é finita.
    b) A quantidade de cadeias efetivamente utilizada para determinar se a linguagem gerada pela gramática é finita.
    c) Se finita, qual a cadeia que permitiu ao programa chegar a tal conclusão.
    d) A quantidade máxima de cadeias que devem testadas para verificar se a linguagem gerada pela gramática é infinita.
    e) A quantidade de cadeias efetivamente utilizada para determinar se a linguagem gerada pela gramática é infinita.
    f) Se infinita, qual a cadeia que permitiu ao programa chegar a tal conclusão.

88. Projete e implemente um programa de computador que simule um autômato de pilha determinístico com critério de aceitação baseado em pilha vazia. Ele deve aceitar como entrada:
    - Uma cadeia que descreva um autômato de pilha $M = (Q, \Sigma, \Gamma, \delta, q_0, Z_0, F)$, determinístico e sem transições em vazio.
    - Uma cadeia de entrada $w \in \Sigma^*$.

    Como resultado, o programa deve:
    a) Analisar a estrutura da cadeia de entrada, verificando se ela está corretamente construída.
    b) Analisar a consistência de M, verificando se ele está corretamente especificado.
    c) Caso os resultados das duas análises sejam afirmativos, determinar se $w \in L(M)$.

    O autômato de entrada deverá ser representado na forma de uma cadeia pertencente ao conjunto regular definido sobre o alfabeto $\{0, 1, 2, ..., 7, 8, 9, a, b, c, d, e, f, A, B, C, D, E, F, Z, -, \$\}$:

    <Transição>(−*<Transição>*)*\$

onde:

<Transição> → *<Estado>* *<Entrada>* *<Pilha-símbolo>* *<Estado>* *<Pilha-cadeia>*

<Estado> → $(0 \mid 1)(0 \mid 1 \mid \ldots \mid 8 \mid 9)$

<Entrada> → $a \mid b \mid c \mid d \mid e \mid f$

<Pilha-símbolo> → $A \mid B \mid C \mid D \mid E \mid F \mid Z$

<Pilha-cadeia> → *<Pilha-símbolo>* *<Pilha-cadeia>* $\mid \varepsilon$

Portanto, o autômato de entrada pode possuir no máximo 20 estados, todos eles não finais, numerados de 00 a 19. O primeiro estado referenciado na entrada será considerado o estado inicial do autômato. O símbolo do alfabeto de pilha Z será usado para representar o conteúdo inicial da pilha, Z_0. Supor $F = \emptyset$. Cada sequência da forma *<Estado>* *<Entrada>* *<Pilha-símbolo>* *<Estado>* *<Pilha-cadeia>* representa uma transição do autômato (respectivamente, estado corrente, símbolo de entrada, símbolo no topo da pilha, próximo estado, e cadeia que deverá substituir o topo da pilha). As seguintes cadeias representam autômatos codificados dessa forma:

- $0aZ0A - 0aA0AA - 0bA1 - 1bA1\$$,
  que aceita a linguagem $a^ib^i, i \geqslant 1$;
- $0aZ1A - 0bA1BB - 1bB1BBB - 1cB2 - 2cB2\$$,
  que aceita a linguagem $ab^ic^{2i}, i \geqslant 0$.

89. Com base nos programas desenvolvidos nos Exercícios 88 (desta seção) e 165 (da Seção 3.12), projete e implemente um programa de computador que aceite como entrada:
    - autômatos finitos determinísticos e sem transições em vazio M_1;
    - autômatos de pilha determinísticos e sem transições em vazio M_2

    e gere, na saída, um autômato de pilha M_3 tal que $L(M_3) = L(M_1) \cap L(M_2)$. O autômato gerado deverá ser representado na mesma notação utilizada para representar o autômato M_2.
90. Represente os autômatos de pilha estruturados, desenvolvidos em exerícios anteriores, através de tabelas de transições de estados. Para isso, monte uma tabela para cada submáquina, e dê às tabelas o mesmo nome utilizado para representar o não terminal a que se referem. Monte as células das tabelas da seguinte forma:
    a) Preencha as células da primeira linha de cada tabela (cabeçalho) com os símbolos terminais da linguagem, e com os não terminais que forem referenciados pela tabela (ou seja, os não terminais associados às submáquinas que são chamadas pela submáquina representada pela tabela).
    b) Associe a cada uma das linhas da tabela um correspondente estado da submáquina, convencionando, por exemplo, que a primeira linha da tabela seja associada ao estado inicial da submáquina.
    c) Preencha as transições internas correspondentes a cada par ordenado (estado corrente, símbolo terminal) associado à linha e à coluna em que está localizada a célula, com a indicação do estado seguinte.
    d) Para transições de chamadas de submáquinas, preencha com a indicação do estado de retorno a célula associada ao estado corrente e ao não terminal referente à submáquina chamada.

    Construa um programa, em alguma linguagem de programação à sua escolha, que seja capaz de interpretar essas tabelas. Exercite-o com sentenças da linguagem definida pelo correspondente autômato de pilha estruturado. Utilize-o também como ferramenta para testar os autômatos solicitados no Exercício 78.

Capítulo 5

Linguagens sensíveis ao contexto

Linguagens sensíveis ao contexto são aquelas cujas sentenças exibem características de dependência — ou vinculação — entre trechos distintos delas. Ou seja, determinadas partes de uma sentença só serão consideradas válidas se ocorrerem simultaneamente a trechos relacionados, presentes em outras regiões da mesma sentença. Daí a origem do nome "sensibilidade ao contexto".

Deve-se, no entanto, entender corretamente o significado do termo "sensibilidade ao contexto", também conhecido como "dependência de contexto", pois não é qualquer tipo de vinculação que caracteriza essa propriedade das linguagens.

Em particular, não se está interessado em quaisquer das dependências que possam ser representadas por gramáticas livres de contexto, como sequências simples de símbolos ou mesmo o balanceamento de símbolos, típico das linguagens livres de contexto.

Exemplo 5.1 Seja a linguagem das sentenças que representam expressões aritméticas com até quatro operações sobre o alfabeto $\{a, b\}$, gerada pela gramática:

$$
\begin{aligned}
E \;\rightarrow\;& E \text{ “}+\text{” } E \\
& \mid E \text{ “}*\text{” } E \\
& \mid E \text{ “}-\text{” } E \\
& \mid E \text{ “/” } E \\
& \mid \text{“(”} E \text{“)”} \\
& \mid \text{“}a\text{”} \\
& \mid \text{“}b\text{”}
\end{aligned}
$$

Um exemplo de sentença pertencente a essa linguagem é $a - (b + (a/b) * a)$. É claro que, neste caso, é possível verificar algumas dependências de contexto, no sentido literal da palavra. Por exemplo, as ocorrências dos parênteses. Não seria possível fechar o segundo parêntese se o primeiro não tivesse sido aberto. Outro exemplo é que, de cada lado do símbolo de divisão, deve existir uma letra "a" ou "b", representando cada um dos operandos dessa operação. $\star$

Tais tipos de "dependência de contexto" podem ser facilmente representados por gramáticas livres de contexto e, por isso, não serão considerados como tal neste estudo.

Aqui, por outro lado, o interesse é maior em outros tipos de dependências contextuais, que não possam ser representadas através das gramáticas livres de contexto. Tais dependências caracterizam linguagens mais complexas que as linguagens livres de contexto, e constituem o objeto deste capítulo.

É preciso, portanto, analisar esse tipo de dependências, referidas nesta introdução. Um bom exemplo para o seu entendimento são as dependências de contexto que são encontradas nas linguagens de programação de alto nível mais comuns.

Tais linguagens costumam oferecer declarações diversas, por exemplo, declarações de tipos, de constantes, de variáveis, de procedimentos, de funções etc. Tais declarações cumprem o propósito duplo de acrescentar novos nomes ao espaço de nomes criado pelo programador, e de associar-lhes atributos (por exemplo, no caso das variáveis, seus tipos; no caso das funções, a quantidade e o tipo de seus parâmetros, bem como o tipo do valor retornado).

Uma vez declarados, os novos nomes podem ser empregados no corpo do programa. Normalmente, tais linguagens exigem que apenas nomes declarados possam ser referenciados em comandos e expressões; além disso, que a utilização deles seja feita de forma coerente com os atributos que lhes foram associados.

É o caso, por exemplo, de se utilizar, no lado esquerdo de um comando de atribuição, apenas variáveis declaradas e visíveis no local da referência. É o caso também de se utilizar, na expressão do lado direito de um comando de atribuição, apenas os nomes e literais cujos atributos sejam compatíveis com as operações que estejam sendo empregadas.

Dessa forma, a correção sintática de uma sentença, no caso um programa escrito em uma linguagem de alto nível, só se completa se as condições anteriores forem verificadas. Está criada, portanto, uma dependência de contexto entre os atributos dos nomes constantes nas respectivas declarações e a forma como eles são manipulados ao longo do programa.

Exemplo 5.2 Considere-se, por exemplo, o seguinte trecho de programa escrito na linguagem C:

```
void main () { int x; scanf ("%d",&x); printf ("%d",x);}
```

Existe uma clara vinculação entre a declaração da variável "x" e a referência a ela nos comandos de leitura e impressão. Se ela não tivesse sido declarada, ou se os seus atributos não fossem compatíveis com a maneira como ela é utilizada nesses comandos, não seria possível considerar tal sentença como válida do ponto de vista sintático. ⋆

Dependências de contexto são, portanto, uma característica fundamental das linguagens de programação em geral. Do ponto de vista mais teórico, as linguagens formais com tais características constituem uma classe de linguagens sobre a qual recaem interesses e questões similares às estudadas nos capítulos anteriores, entre as quais maneiras de formalizá-las do ponto de vista gramatical, modelos de reconhecimento, propriedades mais importantes e seu relacionamento com as demais classes de linguagens.

5.1 Gramáticas sensíveis ao contexto

Cabe, neste ponto, justificar a incapacidade das gramáticas livres de contexto para representar linguagens sensíveis ao contexto. Rigorosamente, o "Pumping Lemma" para linguagens livres de contexto, apresentado no Capítulo 4 (Teorema 4.21), cumpre o papel de demonstrar a existência de linguagens que não sejam livres de contexto, ou seja, de linguagens que não podem ser representadas através de gramáticas livres de contexto. Uma análise um pouco mais detalhada da natureza das gramáticas livres de contexto revela a origem das suas limitações e serve como elemento motivador para a conceituação de uma nova classe de gramáticas — a das gramáticas sensíveis ao contexto.

Ao restringir o lado esquerdo das regras gramaticais a um único símbolo não terminal, as gramáticas livres de contexto estabelecem que todas as derivações sejam feitas considerando-se apenas o não terminal selecionado para a substituição, não importando os símbolos (terminais e não terminais) que o rodeiam à esquerda e à direita — ou seja, o seu contexto. Daí a origem do termo "livre de contexto", pois a estrutura sintática dos trechos já desenvolvidos da cadeia nunca é levada em consideração quando da substituição de um não terminal pelo lado direito da regra escolhida.

Isso torna impossível representar casos como o da declaração de variáveis, uma vez que a substituição dos símbolos não terminais que representam, por exemplo, a declaração de variável e o comando de atribuição não pode ser vinculada durante o processo de derivação da cadeia, para evitar, por exemplo, a geração de sentenças que contenham referências a nomes inválidos ou de tipos incompatíveis com a operação aplicada.

Para superar tal limitação, empregam-se as gramáticas sensíveis ao contexto. Formalmente, uma **gramática sensível ao contexto** $G = (V, \Sigma, P, S)$ é aquela cujas regras do conjunto P obedecem ao formato $\alpha \rightarrow \beta$, onde:

- $\alpha \in V^*NV^*$
- $\beta \in V^*$
- $|\beta| \geqslant |\alpha|$

Gramáticas sensíveis ao contexto eliminam a restrição de que o lado esquerdo das regras seja formado por um único símbolo, e de que este seja um símbolo não terminal. Tais gramáticas admitem qualquer quantidade de símbolos do lado esquerdo, sejam eles terminais ou não terminais. Exigem apenas que do lado esquerdo exista pelo menos um símbolo não terminal e, também, que o lado direito possua uma quantidade de símbolos não inferior àquela encontrada no lado esquerdo da mesma regra.

Define-se inicialmente **linguagem sensível ao contexto** como sendo aquela que possa ser definida através de uma gramática sensível ao contexto. Conforme convencionado na Seção 2.7, essa definição é estendida para qualquer linguagem L que contenha a cadeia vazia, desde que $L - \{\varepsilon\}$ possa ser gerada por uma gramática sensível ao contexto.

Define-se **linguagem estritamente sensível ao contexto** como sendo uma linguagem sensível ao contexto mas não livre de contexto.

Exemplo 5.3 Seja novamente a gramática $G_1 = (\{a,b,c,S,B,C\}, \{a,b,c\}, P, S)$, com

$$\begin{aligned} P \quad = \quad & \{S \rightarrow aSBC, \\ & S \rightarrow abC, \\ & CB \rightarrow BC, \\ & bB \rightarrow bb, \\ & bC \rightarrow bc, \\ & cC \rightarrow cc\} \end{aligned}$$

Todas as regras dessa gramática satisfazem à condição de possuir pelo menos um não terminal do lado esquerdo e uma sequência arbitrária de símbolos do lado direito, porém de comprimento nunca inferior ao comprimento verificado no lado esquerdo da mesma regra.

Algumas derivações possíveis são:

- $S \Rightarrow abC \Rightarrow abc$;
- $S \Rightarrow aSBC \Rightarrow aabCBC \Rightarrow aabBCC \Rightarrow aabbCC \Rightarrow aabbcC \Rightarrow aabbcc$;
- $S \Rightarrow aSBC \Rightarrow aaSBCBC \Rightarrow aaabCBCBC \Rightarrow aaabBCCBC \Rightarrow aaabBCBCC \Rightarrow aaabBBCCC \Rightarrow aaabbBCCC \Rightarrow aaabbbCCC \Rightarrow aaabbbcCC \Rightarrow aaabbbccC \Rightarrow aaabbbccc$.

É fácil demonstrar que $L(G_1) = \{a^n b^n c^n \mid n \geqslant 1\}$ (veja Exemplo 2.34). É também possível demonstrar, pela aplicação do "Pumping Lemma" para linguagens livres de contexto, que $L(G_1)$ não é uma linguagem livre de contexto (veja Exemplo 4.82). Logo, não existe qualquer gramática livre de contexto que seja capaz de gerar $L(G_1)$, e, portanto, L é uma linguagem estritamente sensível ao contexto.

Uma rápida análise das produções de G_1 possibilita a compreensão da lógica que existe em sua concepção: as duas regras iniciais geram formas sentenciais nas quais uma certa quantidade de símbolos "a" é seguida por pares "bC" (inicial) ou "BC" (seguintes), de tal forma que as quantidades de "a", "B" (ou "b") e "C" sejam idênticas — como em $aaabCBCBC$. A regra $CB \rightarrow BC$ permite que os "B"s e os "C"s sejam agrupados — gerando, neste exemplo, $aaabBBCCC$. As demais regras efetuam as substituições dos não terminais pelos terminais correspondentes, com o cuidado de evitar que tais substituições possam ser utilizadas para gerar sentenças distintas das que estão relacionadas acima. ⋆

As gramáticas sensíveis ao contexto são ditas **monotônicas**, pois o comprimento das formas sentenciais obtidas durante o processo de derivação de uma sentença nunca sofre redução. Essa característica será explorada na Seção 5.5, para fins de associação dessa classe de linguagens com o seu respectivo modelo de reconhecimento mais simples.

Exemplo 5.4 Considere-se a gramática $G_2 = (\{a,b,c,S,A,B,C\},\{a,b,c\},P,S)$, com

$$\begin{aligned} P = \{ & S \rightarrow ABC, \\ & S \rightarrow ABCS, \\ & AB \rightarrow BA, \\ & AC \rightarrow CA, \\ & BA \rightarrow AB, \\ & BC \rightarrow CB, \\ & CA \rightarrow AC, \\ & CB \rightarrow BC, \\ & A \rightarrow a, \\ & B \rightarrow b, \\ & C \rightarrow c\} \end{aligned}$$

Analise-se agora a derivação de algumas sentenças:

- $S \Rightarrow ABC \Rightarrow aBC \Rightarrow abC \Rightarrow abc$;
- $S \Rightarrow ABC \Rightarrow ACB \Rightarrow CAB \Rightarrow CBA \Rightarrow cBA \Rightarrow cbA \Rightarrow cba$;
- $S \Rightarrow ABCS \Rightarrow ABCABC \Rightarrow BACABC \Rightarrow BACBAC \Rightarrow BACBCA \Rightarrow bACBCA \Rightarrow baCBCA \Rightarrow bacBCA \Rightarrow bacbCA \Rightarrow bacbcA \Rightarrow bacbca$.

As duas regras iniciais inserem quantidades idênticas de símbolos A, B e C na forma sentencial. As regras seguintes são utilizadas para "embaralhar" esses símbolos de maneira arbitrária. As três últimas substituem cada símbolo não terminal pelo respectivo símbolo terminal.

A linguagem gerada por G_2 consiste em todas as sentenças sobre $\{a,b,c\}$ — com comprimento mínimo 3 —, de tal forma que as quantidades desses símbolos sejam sempre idênticas. Formalmente:

$$L(G_2) = \{w \in \Sigma^* \mid \text{as quantidades de "}a\text{","}b\text{" e "}c\text{" em } w \text{ são idênticas, e } |w| \geqslant 3\}$$

Como no Exemplo 5.3, pode-se demonstrar que essa linguagem é estritamente sensível ao contexto. Para isso é suficiente provar, através do "Pumping Lemma", que ela não é livre de contexto. ⋆

Gramáticas desse tipo geram linguagens denominadas sensíveis ao contexto, ou simplesmente do tipo 1. A inspeção rigorosa dos formatos admitidos para as produções das gramáticas do tipo 1 não permite a caracterização imediata de toda e qualquer gramática (e, consequentemente, das correspondentes linguagens) do tipo 2 como sendo também do tipo 1. Isso decorre do fato de que as gramáticas do tipo 2 admitem a cadeia vazia ε como alternativa de substituição para o lado esquerdo de qualquer produção, o que não é permitido em gramáticas do tipo 1 em função da restrição $|\alpha| \leqslant |\beta|$.

Rigorosamente, uma linguagem é dita **sensível ao contexto** se e somente se:

- $\varepsilon \notin L$ e $L = L(G)$, onde G é uma gramática sensível ao contexto, ou
- $\varepsilon \in L$ e $L - \{\varepsilon\}$ pode ser gerada por uma gramática sensível ao contexto.

Neste último caso, aceita-se que a regra $S \rightarrow \varepsilon$ seja incluída na gramática, porém desde que S (a raiz da gramática) não compareça do lado direito de nenhuma outra regra. Dessa forma evita-se a geração de formas sentenciais que possam sofrer contração durante o processo de derivação. A única possibilidade de isso ocorrer corresponde à derivação inicial, quando o símbolo a ser substituído é a própria raiz da gramática.

Cumpre, neste ponto, estabelecer uma importante relação entre linguagens livres de contexto e linguagens sensíveis ao contexto. Suponha-se, inicialmente, que $L = L(G)$, onde G é uma gramática livre de contexto, e, adicionalmente, que $\varepsilon \notin L$. É fácil perceber, neste caso, que G satisfaz a todas as especificações de uma gramática sensível ao contexto, pois não haverá nenhuma regra com ε à direita. Logo, $L(G)$ será também uma linguagem sensível ao contexto. Ou seja: linguagens livres de contexto que não contêm a cadeia vazia são também linguagens sensíveis ao contexto.

Caso $\varepsilon \in L(G)$, e G seja uma gramática livre de contexto, será necessário aplicar transformações em G obtendo-se G', de modo que:

- $S \rightarrow \varepsilon$ seja a única regra vazia em G';
- S não compareça no lado direito de nenhuma outra regra de G';
- $L(G) = L(G')$.

Como foi demonstrado no Teorema 4.7, tal transformação é sempre possível. Toda e qualquer gramática livre de contexto pode ser transformada, sem prejuízo da linguagem que estiver sendo definida, em uma outra gramática em que a cadeia vazia comparece apenas na produção $S \rightarrow \varepsilon$, sendo S a raiz da gramática. Além disso, S garantidamente não figura no lado direito de nenhuma outra produção. Isso significa que o único efeito prático da presença de produções do tipo $A \rightarrow \varepsilon, A \in N$, em gramáticas livres de contexto quaisquer, é na eventual incorporação da cadeia vazia como sentença na linguagem definida.

Portanto, com exceção da produção $S \rightarrow \varepsilon$, as gramáticas do tipo 2 podem ser sempre convertidas para um formato que as torne um caso particular das gramáticas do tipo 1. Em outras palavras, tem-se que qualquer gramática do tipo 2, desde que devidamente convertida para esse formato padronizado, e a menos da produção $S \rightarrow \varepsilon$, torna-se também uma gramática do tipo 1.

Assim, é fato que G', exceto pela regra vazia, é uma gramática sensível ao contexto e, consequentemente, $L(G') - \{\varepsilon\}$ é uma linguagem sensível ao contexto. Logo, $L(G) = L(G')$ é, de acordo com a definição, uma linguagem sensível ao contexto.

Como consequência, pode-se concluir que toda linguagem livre de contexto é também uma linguagem sensível ao contexto. Fica claro, também, que as linguagens livres de contexto constituem um subconjunto próprio das linguagens sensíveis ao contexto.

Para finalizar, algumas observações de ordem prática. É muito comum, quando se especificam linguagens de programação, fazer uso de gramáticas livres de contexto. Tal artifício mascara, no entanto, a existência das dependências de contexto, as quais acabam sendo excluídas da formalização gramatical. Essa estratégia possui pelo menos uma importante razão de ser e uma importante consequência:

- A razão de ser consiste no fato de que formalismos distintos, adequados para a representação de linguagens sensíveis ao contexto (por exemplo, as gramáticas sensíveis ao contexto), são relativamente complexos e difíceis de serem trabalhados quando se trata de especificar as dependências de contexto típicas das linguagens de programação. Opta-se, assim, por uma questão de praticidade, pelo uso de formalismos mais simples, em particular os livres de contexto.
- A consequência dessa prática é que a linguagem resultante será um superconjunto da linguagem pretendida. Além das sentenças que observam estritamente as regras de dependências de contexto da linguagem, outras cadeias, indesejadas, que não observam tais dependências, acabam sendo incorporadas à linguagem definida. E disso resulta a necessidade de se acrescentarem filtros para eliminá-las da linguagem, preservando-se apenas as cadeias efetivamente aderentes à especificação original.

Trata-se, portanto, de uma estratégia originada a partir de uma necessidade de simplificar a solução do problema, mas que resulta, em momento posterior, na necessidade de incorporação de filtros que descartem as cadeias inválidas.

Exemplo 5.5 Considere-se a gramática definida pelo conjunto de produções a seguir, representativa de uma linguagem de programação que possibilita declarações de variáveis seguidas de comandos de atribuição e expressões.

$$
\begin{aligned}
\{Programa &\rightarrow Declaracoes\ Comandos,\\
Declaracoes &\rightarrow Declaracoes\ Declaracao\\
&\quad\ \mid \varepsilon,\\
Declaracao &\rightarrow \text{“\%”}Identificador,\\
Comandos &\rightarrow Comandos\ Comando\\
&\quad\ \mid \varepsilon,\\
Comando &\rightarrow \text{“\#”}Identificador\text{“}=\text{”}Expressao,\\
Expressao &\rightarrow Expressao\text{“}+\text{”}Expressao\\
&\quad\ \mid Expressao\text{“}*\text{”}Expressao\\
&\quad\ \mid Identificador,\\
Identificador &\rightarrow \text{“}a\text{”}\\
&\quad\ \mid \text{“}b\text{”}\\
&\quad\ \mid \text{“}c\text{”}\}
\end{aligned}
$$

Um exemplo de sentença pertencente a essa linguagem é:

$$
\begin{aligned}
&\%a\\
&\%b\\
&\#a = a+b\\
&\#b = b*b
\end{aligned}
$$

Tal sentença pode ser entendida como um programa contendo a declaração de duas variáveis (“a” e “b”, nas duas linhas iniciais) e o uso de ambas em dois comandos de atribuição (nas duas linhas finais).

A única dependência de contexto exibida por essa linguagem é que os únicos identificadores que podem ser usados nos comandos (após o símbolo "#") são aqueles que tenham sido declarados anteriormente (após o símbolo "%").

Perceba-se, no entanto, que tal regra não está incorporada na gramática apresentada — uma gramática livre de contexto —, mas é bastante simples e fácil de ser interpretada.

Tal facilidade de representação, entretanto, é onerada pela possibilidade de derivação de sentenças como:

$$\%a$$
$$\%c$$
$$\#a = a + b$$
$$\#b = b * b$$

que viola a dependência de contexto que vincula referências às variáveis com as respectivas declarações (a variável "b" é referenciada indevidamente, uma vez que sua declaração foi substituída pela declaração da variável "c"). Daí a necessidade de se adicionar um filtro para excluir tais sentenças do conjunto gerado pela gramática apresentada. ⋆

5.2 Gramáticas com derivações controladas

Se, por um lado, as gramáticas livres de contexto não possuem poder suficiente para representar linguagens mais complexas, como é o caso das linguagens sensíveis ao contexto (conforme demonstrado na Seção 4.14), por outro é curioso perceber como o uso de alguns mecanismos simples de extensão as tornam capazes de lidar supreendentemente bem com essa complexidade, superando as limitações que lhe são intrínsecas.

Tais mecanismos, genericamente denominados "controladores de derivações", são extensões gramaticais que restringem — ou controlam —, de alguma forma, a escolha das regras de produção possíveis de serem aplicadas às formas sentenciais geradas por uma gramática subjacente.

Em gramáticas convencionais, de qualquer tipo, a escolha da regra de produção a ser aplicada em uma forma sentencial γ qualquer é resultado, única e exclusivamente, da identificação, em γ, de alguma subcadeia α que coincida com o lado esquerdo de alguma regra $p \in P$ (Seção 2.3). Eventualmente esse critério resulta num conjunto de regras que satisfazem tal condição, entre as quais a escolha de uma determinada regra é livre e válida, podendo o seu uso conduzir ou não à geração de alguma sentença.

Gramáticas com derivações controladas vão além dessa exigência básica, restringindo, de forma complementar e através de mecanismos diversos, o conjunto das regras que normalmente seriam aplicáveis a cada forma sentencial durante a geração de uma sentença. Como resultado consegue-se gerenciar melhor o uso das regras de produção e, assim, estender o poder de representação linguística da gramática subjacente.

Os formalismos estudados a seguir possuem gramáticas livres de contexto como dispositivo subjacente. Nos exemplos apresentados, eles são empregados para representar linguagens estritamente sensíveis ao contexto. Não obstante, dispositivos gramaticais subjacentes dos tipos 3, 2, 1 ou 0 podem ser usados livremente com qualquer um deles.

A demonstração da equipotência entre os formalismos a seguir apresentados, e destes com as gramáticas do tipo 0 (irrestritas), pode ser encontrada em [37], [39] ou [40]. Essa condição, no entanto, só é alcançada quando eles são estendidos por um mecanismo de derivação complementar, denominado "verificação de aparência", que não será discutido aqui e cuja definição pode ser encontrada nessas mesmas referências.

A seguir são apresentados os principais formalismos gramaticais que fazem uso de mecanismos controladores de derivações:

- Gramáticas controladas por linguagens regulares.
- Gramáticas matriciais.
- Gramáticas programadas.
- Gramáticas periodicamente variantes no tempo.

A diversidade de dispositivos gramaticais com tais características é grande, como pode ser verificado em [41], que apresenta 25 deles. Em [37], [39] e [40] são encontrados bons textos sobre gramáticas com derivações controladas, assim como uma vasta gama de resultados teóricos acerca das classes de linguagens por elas geradas. Os exemplos mostrados a seguir foram inspirados e/ou adaptados de exemplos extraídos dessas referências. Com o objetivo de facilitar a comparação entre os formalismos, especialmente no que se refere ao modelo de funcionamento deles, cada um deles é exemplificado com as correspondentes gramáticas para as mesmas duas linguagens estritamente sensíveis ao contexto:

- $\{a^n b^n c^n \mid n \geqslant 1\}$
- $\{ww \mid w \in \{a,b\}^+\}$

A notação apresentada a seguir difere da utilizada na literatura referenciada, e foi elaborada com o objetivo de (*i*) padronizar, tanto quanto possível, a representação algébrica dos formalismos considerados; (*ii*) evidenciar a gramática subjacente tradicional, presente em cada formalismo (nos casos apresentados, gramáticas livres de contexto); e (*iii*) permitir a análise comparativa dos mecanismos de extensão que caracterizam cada formalismo.

Gramáticas controladas por linguagens regulares

São aquelas em que uma gramática subjacente $G' = (V,\Sigma,P,S)$ é complementada por uma expressão regular R definida sobre o seu conjunto de produções P. Uma sequência de derivações é considerada válida se e apenas se a sequência das regras utilizadas nesse processo corresponder a algum elemento de R. A noção de uso de uma linguagem de controle foi apresentada pela primeira vez em [42]. Uma gramática livre de contexto controlada por linguagem regular G é definida formalmente como:

$$
\begin{aligned}
G &= (G',R)\\
G' &= (V,\Sigma,P,S) \text{ é uma gramática livre de contexto}\\
P &= \{p_1,p_2,...,p_n\}\\
R &= \text{é uma expressão regular sobre } P\\
L(G) &= \{w \in \Sigma^* \mid\\
&\qquad (S \Rightarrow_{p_{i_1}} w_1 \Rightarrow_{p_{i_2}} ... \Rightarrow_{p_{i_k}} w_k = w) \text{ e}\\
&\qquad (p_{i_1},p_{i_2},...,p_{i_k} \in R)\}
\end{aligned}
$$

Exemplo 5.6

$$
\begin{aligned}
G_1 &= (G'_1,R)\\
G'_1 &= (\{S,B,C,a,b,c\},\{a,b,c\},\{p_1,p_2,p_3,p_4,p_5\},S)\\
(p_1) &\quad S \to BC
\end{aligned}
$$

$$
\begin{array}{rcl}
(p_2) & & B \to aBb \\
(p_3) & & B \to ab \\
(p_4) & & C \to cC \\
(p_5) & & C \to c \\
R & = & p_1(p_2p_4)^*(p_3p_5) \\
L(G_1) & = & \{a^nb^nc^n \mid n \geqslant 1\}
\end{array}
$$

Considere-se a cadeia $p_1p_2p_4p_2p_4p_3p_5 \in R$. A aplicação do correspondente conjunto de produções gera a sentença *aaabbbccc*, conforme mostra a sequência de derivações:

$$
S \Rightarrow_{p_1} BC \Rightarrow_{p_2} aBbC \Rightarrow_{p_4} aBbcC \Rightarrow_{p_2}
$$
$$
aaBbbcC \Rightarrow_{p_4} aaBbbccC \Rightarrow_{p_3} aaabbbccC \Rightarrow_{p_4} aaabbbccc
$$

⋆

Exemplo 5.7

$$
\begin{array}{rcl}
G_2 & = & (G'_2, R) \\
G'_2 & = & (\{S,A,B,a,b\},\{a,b\},\{p_1,p_2,p_3,p_4,p_5,p_6,p_7,p_8,p_9\}) \\
(p_1) & & S \to AB \\
(p_2) & & A \to aA \\
(p_3) & & B \to aB \\
(p_4) & & A \to bA \\
(p_5) & & B \to bB \\
(p_6) & & A \to a \\
(p_7) & & B \to a \\
(p_8) & & A \to b \\
(p_9) & & B \to b \\
R & = & p_1(p_2p_3 \mid p_4p_5)^*(p_6p_7 \mid p_8p_9) \\
L(G_2) & = & \{ww \mid w \in \{a,b\}^+\}
\end{array}
$$

Considere-se a cadeia $p_1p_2p_3p_4p_5p_8p_9 \in R$. A aplicação do correspondente conjunto de produções gera a sentença *abbabb*, conforme mostra a sequência de derivações:

$$
S \Rightarrow_{p_1} AB \Rightarrow_{p_2} aAB \Rightarrow_{p_3} aAaB \Rightarrow_{p_4}
$$
$$
abAaB \Rightarrow_{p_5} abAabB \Rightarrow_{p_8} abbabB \Rightarrow_{p_9} abbabb
$$

⋆

Gramáticas matriciais

Correspondem a gramáticas $G = (V, \Sigma, P, S)$ que são complementadas por uma estrutura matricial M, na qual estão distribuídas as regras de produção de P. Uma sequência de derivações é considerada válida se e apenas se as regras forem sempre aplicadas em grupos, cada grupo sendo formado por todas as regras de uma mesma linha, da primeira à última coluna, nessa sequência. Gramáticas matriciais foram inicialmente divulgadas em [43]. Uma gramática livre de contexto matricial G é definida formalmente como:

$$
G = (G', M)
$$

$$
\begin{aligned}
G' &= (V,\Sigma,P,S) \text{ é uma gramática livre de contexto}\\
M &= \{m_1,m_2,...,m_n\}\\
m_i &= (p_{i_1},...,p_{i_k}) \mid k \geqslant 1, p_{i_j} \in P, i_1 \leqslant i_j \leqslant i_k\\
L(G) &= \{w \in \Sigma^* \mid\\
& \quad (S = w_0 \Rightarrow_{m_{i_1}} w_1 \Rightarrow_{m_{i_2}} w_2 \Rightarrow_{m_{i_3}} ... \Rightarrow_{m_{i_{q-1}}} w_{q-1} \Rightarrow_{m_{i_q}} w_q = w), \text{ com}\\
& \quad (m_{i_1}, m_{i_2}, m_{i_3}, ..., m_{i_{q-1}}, m_{i_q} \in M) \text{ e}\\
& \quad (w_j \Rightarrow_{m_i} w_{j+1} : w_j \Rightarrow_{p_{i_1}} w_{j1} \Rightarrow_{p_{i_2}} w_{j2} \Rightarrow_{p_{i_3}} ... \Rightarrow_{p_{i_k}} w_{j_k} = w_{j+1})\}
\end{aligned}
$$

Exemplo 5.8

$$
\begin{aligned}
G_3 &= (G_3', M\})\\
G_3' &= (\{S,A,B,C,a,b,c\},\{a,b,c\},P,S)\\
P &= \{S \to abc, S \to aAbBcC, A \to aA, B \to bB, C \to cC, A \to a, B \to b, C \to c\}\\
M &= \{m_1,m_2,m_3,m_4\}\\
m_1 &= (S \to abc)\\
m_2 &= (S \to aAbBcC)\\
m_3 &= (A \to aA, B \to bB, C \to cC)\\
m_4 &= (A \to a, B \to b, C \to c)\\
L(G_3) &= \{a^n b^n c^n \mid n \geqslant 1\}
\end{aligned}
$$

Considere-se a sequência $m_2 m_3 m_4$. A aplicação do correspondente conjunto de produções gera a sentença $aaabbbccc$, conforme mostra a sequência de derivações:

$$S \Rightarrow_{m_2} aAbBcC \Rightarrow_{m_3} aaAbbBccC \Rightarrow_{m_4} aaabbbccc$$

As derivações parciais, implícitas na sequência acima, são:

$$
\begin{aligned}
S \Rightarrow_{m_2} aAbBcC &: S \Rightarrow aAbBcC\\
aAbBcC \Rightarrow_{m_3} aaAbbBccC &: aAbBcC \Rightarrow aaAbBcC \Rightarrow aaAbbBcC \Rightarrow aaAbbBccC\\
aaAbbBccC \Rightarrow_{m_4} aaabbbccc &: aaAbbBccC \Rightarrow aaabbBccC \Rightarrow aaabbbccC \Rightarrow aaabbbccc
\end{aligned}
$$

⋆

Exemplo 5.9

$$
\begin{aligned}
G_4 &= (G_4', M\})\\
G_4' &= (\{S,A,B,a,b\},\{a,b\},P,S)\\
P &= \{S \to AB, A \to aA, B \to aB, A \to bA, B \to bB, A \to a, B \to a, A \to b, B \to b\}\\
M &= \{m_1,m_2,m_3,m_4,m_5\})\\
m_1 &= (S \to AB)\\
m_2 &= (A \to aA, B \to aB)\\
m_3 &= (A \to bA, B \to bB)\\
m_4 &= (A \to a, B \to a)\\
m_5 &= (A \to b, B \to b)\\
L(G_4) &= \{ww \mid w \in \{a,b\}^+\}
\end{aligned}
$$

Considere-se a sequência $m_1m_2m_3m_5$. A aplicação do correspondente conjunto de produções gera a sentença *aaabbbccc*, conforme mostra a sequência de derivações:

$$S \Rightarrow_{m_1} AB \Rightarrow_{m_2} aAaB \Rightarrow_{m_3} abAabB \Rightarrow_{m_5} abbabb$$

As derivações parciais, implícitas na sequência acima, são:

$$\begin{aligned}
S \Rightarrow_{m_1} AB &: S \Rightarrow AB \\
AB \Rightarrow_{m_2} aAaB &: AB \Rightarrow aAB \Rightarrow aAaB \\
aAaB \Rightarrow_{m_3} abAabB &: aAaB \Rightarrow abAaB \Rightarrow abAabB \\
abAabB \Rightarrow_{m_5} abbabb &: abAabB \Rightarrow abbabB \Rightarrow abbabb
\end{aligned}$$

⋆

Gramáticas programadas

Correspondem a gramáticas $G = (V, \Sigma, P, S)$ que são complementadas por uma estrutura T, na qual cada regra $p \in P$ é associada a um conjunto, eventualmente vazio, de regras de P. Uma sequência de derivações é considerada válida se e apenas se, para cada regra p aplicada, a regra seguinte, a ser usada na próxima derivação, for sempre obtida no conjunto de regras associadas a p. Gramáticas programadas foram originalmente reportadas em [44]. Uma gramática livre de contexto programada G é definida formalmente como:

$$\begin{aligned}
G &= (G', T) \\
G' &= (V, \Sigma, P, S) \text{ é uma gramática livre de contexto} \\
T &= \{t_1, t_2, ..., t_n\} \\
t_i &= (p_i, s_i) \mid 1 \leqslant i \leqslant n, p_i \in P, s_i \in 2^T \\
L(G) &= \{w \in \Sigma^* \mid \\
&\quad (S \Rightarrow_{p_{i_1}} w_1 \Rightarrow_{p_{i_2}} ... \Rightarrow_{p_{i_q}} w) \text{ e} \\
&\quad (p_{i_{j+1}} \in s_{i_j}, j \geqslant 1)\}
\end{aligned}$$

Exemplo 5.10

$$\begin{aligned}
G_5 &= (G_5', T\}) \\
G_5' &= (\{S, A, B, C, a, b, c\}, \{a, b, c\}, P, S) \\
P &= \{S \to AB, A \to aA, A \to bA, B \to aB, B \to bB, A \to a, A \to b, B \to a, B \to b\} \\
T &= \{t_1, t_2, t_3, t_4, t_5, t_6, t_7, t_8\} \\
t_1 &= (S \to abc, \{\}) \\
t_2 &= (S \to aAbBcC, \{t_3, t_6\}) \\
t_3 &= (A \to aA, \{t_4\}) \\
t_4 &= (B \to bB, \{t_5\}) \\
t_5 &= (B \to cC, \{t_3, t_6\}) \\
t_6 &= (A \to a, \{t_7\}) \\
t_7 &= (B \to b, \{t_8\}) \\
t_8 &= (C \to c, \{\}) \\
L(G_5) &= \{a^n b^n c^n \mid n \geqslant 1\}
\end{aligned}$$

A derivação abaixo é tal que $p_{i_{j+1}} \in s_{i_j}, j \geqslant 1$:

$$S \Rightarrow_{p_2} aAbBcC \Rightarrow_{p_3} aaAbBcC \Rightarrow_{p_4} aaAbbBcC \Rightarrow_{p_5}$$
$$aaAbbBccC \Rightarrow_{p_6} aaabbBccC \Rightarrow_{p_7} aaabbbccC \Rightarrow_{p_8} aaabbbccc$$

De fato, $t_3 \in s_2, t_4 \in s_3, t_5 \in s_4, t_6 \in s_5, t_7 \in s_6$ e $t_8 \in s_7$. ⋆

Exemplo 5.11

$$\begin{aligned}
G_6 &= (G_6', T\}) \\
G_6' &= (\{S,A,B,a,b\},\{a,b\},P,S) \\
P &= \{S \to AB, A \to aA, A \to bA, B \to aB, B \to bB, A \to a, A \to b, B \to a, B \to b\} \\
T &= \{t_1,t_2,t_3,t_4,t_5,t_6,t_7,t_8,t_9\} \\
t_1 &= (S \to AB, \{t_2,t_3,t_6,t_7\}) \\
t_2 &= (A \to aA, \{t_4\}) \\
t_3 &= (A \to bA, \{t_5\}) \\
t_4 &= (B \to aB, \{t_2,t_3,t_6,t_7\}) \\
t_5 &= (B \to bB, \{t_2,t_3,t_6,t_7\}) \\
t_6 &= (A \to a, \{t_8\}) \\
t_7 &= (A \to b, \{t_9\}) \\
t_8 &= (B \to a, \{\}) \\
t_9 &= (B \to b, \{\}) \\
L(G_6) &= \{ww \mid w \in \{a,b\}^+\}
\end{aligned}$$

A derivação abaixo é tal que $p_{i_{j+1}} \in s_{i_j}, j \geqslant 1$:

$$S \Rightarrow_{p_1} AB \Rightarrow_{p_2} aAB \Rightarrow_{p_4} aAaB \Rightarrow_{p_3}$$
$$abAaB \Rightarrow_{p_5} abAabB \Rightarrow_{p_7} abbabB \Rightarrow_{p_9} abbabb$$

De fato, $t_2 \in s_1, t_4 \in s_2, t_3 \in s_4, t_5 \in s_3, t_7 \in s_5$ e $t_9 \in s_7$. ⋆

Gramáticas periodicamente variantes no tempo

Correspondem a gramáticas $G = (V,\Sigma,P,S)$ que são complementadas por uma estrutura U, composta por subconjuntos $P_i \subseteq P, 1 \leqslant i \leqslant k$. Ao se associar cada passo de derivação a um número inteiro, iniciando em 1, a estrutura U determina quais regras de produção podem ser usadas em tal etapa de derivação. A periodicidade da variação no tempo é definida pelo valor de k, de tal forma que no passo de derivação i são consideradas apenas as regras de produção pertencentes ao subconjunto $P_{(i \ mod \ k)}$. Gramáticas variantes no tempo foram propostas pela primeira vez em [45]. Uma gramática livre de contexto periodicamente variante no tempo G é definida formalmente como:

$$\begin{aligned}
G &= (G',U) \\
G' &= (V,\Sigma,P,S) \text{ é uma gramática livre de contexto} \\
U &= \{P_1,P_2,...,P_k\}, k \geqslant 1, P_i \subseteq P, 1 \leqslant i \leqslant k \\
L(G) &= \{w \in \Sigma^* \mid \\
&\quad (S \Rightarrow_{p_{i_1}} w_1 \Rightarrow_{p_{i_2}} ... \Rightarrow_{p_{i_q}} w) \text{ e} \\
&\quad (p_{i_j} \in P_{(j \ mod \ k)}, 1 \leqslant j \leqslant q)\}
\end{aligned}$$

Exemplo 5.12

$$
\begin{aligned}
G_7 &= (G_7', U) \\
G_7' &= (\{S, A, B, C, X, a, b, c\}, \{a, b, c\}, P, S) \\
P &= \{S \to ABC, C \to cC, C \to c, \\
&\quad A \to aA, A \to a, X \to b, \\
&\quad B \to bB, B \to X\} \\
U &= \{P_1, P_2, P_3\} \\
P_1 &= \{S \to ABC, C \to cC, C \to c\} \\
P_2 &= \{A \to aA, A \to a, X \to b\} \\
P_3 &= \{B \to bB, B \to X\} \\
L(G_7) &= \{a^n b^n c^n \mid n \geqslant 1\}
\end{aligned}
$$

A derivação abaixo é tal que $p_{i_j} \in P_{(j \; mod \; 3)}$:

$$
\begin{aligned}
&S \Rightarrow ABC \Rightarrow aABC \Rightarrow aAbBC \Rightarrow \\
&aAbBcC \Rightarrow aabBcC \Rightarrow aaabXcC \Rightarrow aabXcc \Rightarrow aabbcc
\end{aligned}
$$

De fato, as regras de produção aplicadas nessa sequência de derivações pertencem, respectivamente, aos conjuntos $P_1, P_2, P_3, P_1, P_2, P_3, P_1$ e P_2. ⋆

Exemplo 5.13

$$
\begin{aligned}
G_8 &= (G_8', U) \\
G_8' &= (\{S, X_1, X_2, Y_1, Y_2, a, b\}, \{a, b\}, P, S) \\
P &= \{S \to X_1Y_1, X_1 \to X_1, Y_2 \to Y_2, \\
&\quad X_1 \to aX_1, X_1 \to bX_2, X_1 \to \varepsilon, X_2 \to aX_1, X_2 \to bX_2, X_2 \to \varepsilon, \\
&\quad Y_1 \to aY_1, Y_1 \to bY_2, Y_1 \to \varepsilon, Y_2 \to aY_1, Y_2 \to bY_2, Y_2 \to \varepsilon, \\
&\quad X_2 \to X_2, Y_1 \to Y_1\} \\
U &= \{P_1, P_2, P_3, P_4\} \\
P_1 &= \{S \to X_1Y_1, X_1 \to X_1, Y_2 \to Y_2\} \\
P_2 &= \{X_1 \to aX_1, X_1 \to bX_2, X_1 \to \varepsilon, X_2 \to aX_1, X_2 \to bX_2, X_2 \to \varepsilon\} \\
P_3 &= \{Y_1 \to aY_1, Y_1 \to bY_2, Y_1 \to \varepsilon, Y_2 \to aY_1, Y_2 \to bY_2, Y_2 \to \varepsilon\} \\
P_4 &= \{X_2 \to X_2, Y_1 \to Y_1\} \\
L(G_8) &= \{ww \mid w \in \{a, b\}^+\}
\end{aligned}
$$

A derivação abaixo é tal que $p_{i_j} \in P_{(j \; mod \; 4)}$:

$$
\begin{aligned}
&S \Rightarrow X_1Y_1 \Rightarrow aX_1Y_1 \Rightarrow aX_1aY_1 \Rightarrow aX_1aY_1 \Rightarrow aX_1aY_1 \Rightarrow \\
&abX_2aY_1 \Rightarrow abX_2abY_2 \Rightarrow abX_2abY_2 \Rightarrow abX_2abY_2 \Rightarrow abbX_2abY_2 \Rightarrow \\
&abbX_2abbY_2 \Rightarrow abbX_2abbY_2 \Rightarrow abbX_2abbY_2 \Rightarrow abbabbY_2 \Rightarrow abbabb
\end{aligned}
$$

De fato, as regras de produção aplicadas nessa sequência de derivações pertencem, respectivamente, aos conjuntos $P_1, P_2, P_3, P_4, P_1, P_2, P_3, P_4, P_1, P_2, P_3, P_4, P_1, P_2$ e P_3. ⋆

O interesse e a pesquisa sobre gramáticas com mecanismos controladores de derivações não é novo, tendo ocorrido principalmente entre meados da década de 1960 e o início da década de 1970. Apesar de se tratar de uma área pouco considerada nos dias de hoje, tanto do ponto de vista teórico quanto do ponto de vista tecnológico, não se pode negar que a elevada simplicidade dos seus formalismos, aliada à abrangência da classe de linguagens por eles representáveis, as torna dignas de referência e estudo na teoria clássica de linguagens formais. Não obstante, o formalismo gramatical tradicional ainda é mais adequado na demonstração dos resultados teóricos considerados nesse texto, e, por esse motivo, volta-se a adotá-lo nas seções seguintes do presente texto.

5.3 Formas normais para gramáticas sensíveis ao contexto

A representação formal das dependências de contexto de uma linguagem pode ser efetuada apenas, conforme discutido, por intermédio das gramáticas do tipo 1 ou, naturalmente, através das de tipo 0.

É conveniente, no entanto, considerar uma importante forma normal para a representação de gramáticas do tipo 1. Nessa forma, as regras são todas reescritas em conformidade com o seguinte padrão:

$$\alpha A \gamma \rightarrow \alpha \beta \gamma$$

com $A \in N, \beta \in V^+$ e $\alpha, \gamma \in V^*$.

Demonstra-se a seguir (Teorema 5.1) que toda e qualquer gramática do tipo 1 pode ser convertida para uma nova gramática em que todas as produções obedecem ao formato acima apresentado, exceto, naturalmente, a produção $S \rightarrow \varepsilon$, caso a cadeia vazia faça parte da linguagem.

Isso feito, pode-se reinterpretar as produções como especificações de substituições para um determinado não terminal A por β, apenas quando A estiver cercado das cadeias α e γ, ou seja, quando A estiver no **contexto** de α e γ.

Portanto, diz-se que a substituição de A por β **depende** da ocorrência de um contexto esquerdo α e de um contexto direito γ para o não terminal A, fato este que motiva o emprego do termo alternativo **dependente de contexto** para designar as gramáticas do tipo 1.

Deve-se, por outro lado, perceber que uma condição deste tipo nunca ocorre com as gramáticas do tipo 2, nas quais qualquer substituição de um símbolo não terminal ocorre sempre de forma independente do contexto em que tal não terminal é encontrado, motivando dessa maneira o emprego do nome "livre de contexto" para designar tais gramáticas.

Teorema 5.1 (Forma normal para gramáticas sensíveis ao contexo) "Se L é uma linguagem sensível ao contexto, então $L = L(G)$, sendo G uma gramática em que todas as regras são do tipo $uAv \rightarrow uwv, w \in (\Sigma \cup N)^+, u, v \in (\Sigma \cup N)^*, A \in N$."

Conforme o Algoritmo 5.1.

Algoritmo 5.1 (Forma normal para gramáticas sensíveis ao contexo) *"Obtenção de forma normal para gramáticas sensíveis ao contexto, em que as regras possuem todas o formato $uAv \rightarrow uwv$."*

- *Entrada: uma gramática que representa uma linguagem sensível ao contexto L.*
- *Saída: uma gramática sensível ao contexto G, tal que todas as suas regras satisfazem ao padrão $uAv \rightarrow uwv, w \in (\Sigma \cup N)^+, u, v \in (\Sigma \cup N)^*, A \in N$ e, além disso, $L = L(G)$.*

- *Método:*
  Considerem-se as regras de G numeradas de 1 a p. Cada regra tem o formato geral:

$$X_{i1}X_{i2}X_{i3}...X_{im} \rightarrow Y_{i1}Y_{i2}Y_{i3}...Y_{in}$$

onde $1 \leqslant i \leqslant p$ *é o índice da regra considerada e* $X_{ij}, Y_{ik} \in (\Sigma \cup N)$. *Como se trata de uma linguagem sensível ao contexto, L é gerada por uma gramática com regras monotônicas, ou seja, aquelas em que o comprimento do lado direito das regras nunca é menor do que o comprimento do respectivo lado esquerdo. No caso acima,* $n \geqslant m$.

1. *O primeiro passo da transformação envolve a substituição de todos os símbolos terminais* a_k *da gramática por novos símbolos não terminais* A_k *correspondentes, acrescentando-se à gramática a regra* $A_k \rightarrow a_k$ *para cada terminal assim substituído. Naturalmente, esse procedimento não invalida as considerações do parágrafo anterior.*
2. *A seguir, substitui-se cada uma das regras da gramática original por um conjunto equivalente de regras, também monotônicas, porém com a restrição de que o lado direito de cada nova regra possua comprimento máximo 2. Assim,*

   Para i variando de 1 *até p:*

   a) Considere-se a regra i no formato:

$$X_{i1}X_{i2}X_{i3}...X_{im} \rightarrow Y_{i1}Y_{i2}Y_{i3}...Y_{in}$$

   b) Prossiga-se com a regra i caso $(m \geqslant 3)$ *ou* $(m = 2$ *e* $n \geqslant 3)$*; caso contrário, desvie-se para o início do laço.*

   c) Crie-se um conjunto de $n-1$ *símbolos não terminais denotados por* Z_{i1} *até* $Z_{i(n-1)}$.

   d) Substitua-se a regra original pelo seguinte conjunto de regras:

$$\begin{array}{rcl}
X_{i1}X_{i2} & \rightarrow & Y_{i1}Z_{i1} \\
Z_{i1}X_{i3} & \rightarrow & Y_{i2}Z_{i2} \\
 & \cdots & \\
Z_{i(m-2)}X_{im} & \rightarrow & Y_{i(m-1)}Z_{i(m-1)} \\
Z_{i(m-1)} & \rightarrow & Y_{im}Z_{im} \\
Z_{im} & \rightarrow & Y_{i(m+1)}Z_{i(m+1)} \\
Z_{i(m+1)} & \rightarrow & Y_{i(m+2)}Z_{i(m+2)} \\
 & \cdots & \\
Z_{i(n-2)} & \rightarrow & Y_{i(n-1)}Z_{i(n-1)} \\
Z_{i(n-1)} & \rightarrow & Y_{in}
\end{array}$$

   Ao término desta etapa, todas as regras da gramática seguirão um dos seguintes formatos:

   (i) $PQ \rightarrow RS$

   (ii) $P \rightarrow R^+$

   com $P, Q \in N$ *e* $R, S \in (\Sigma \cup N)$.

   Note-se que o lado esquerdo dessas regras contém apenas símbolos não terminais. As regras do tipo (ii) já estarão no formato $uAv \rightarrow uwv$ *(basta* *considerar $u, v = \varepsilon$), e, portanto, não há mais nada a fazer com elas. As regras do tipo (i), no entanto, ainda precisam ser convertidas para o formato desejado.*

Considerem-se agora as regras numeradas de 1 a q. Considerem-se, dentre estas, as regras que obedecem ao formato (i) citado acima:

$$P_{j1}Q_{j2} \to R_{j1}S_{j2}$$

onde $1 \leqslant j \leqslant q$ é o índice da regra considerada, $P_{j1}, Q_{j2} \in N, R_{j1}, S_{j2} \in (\Sigma \cup N)$. Pode-se aplicar a seguinte transformação de modo a substituir a regra original por um conjunto de regras equivalentes que obedecem ao formato $uAv \to uwv$:

3. *Para j variando de 1 até q:*
   a) *Considere-se a regra j.*
   b) *Prossiga-se com a regra j caso ela esteja no formato $P_{j1}Q_{j2} \to R_{j1}S_{j2}$; caso contrário, retorne-se ao início do laço.*
   c) *Crie-se um novo símbolo não terminal, W_j.*
   d) *Substitua-se a regra original pelo seguinte conjunto de regras:*

$$\begin{aligned} P_{j1}Q_{j2} &\to P_{j1}W_j \\ P_{j1}W_j &\to R_{j1}W_j \\ R_{j1}W_j &\to R_{j1}S_{j2} \end{aligned}$$

○

Demonstra-se que a gramática resultante pela aplicação do Algoritmo 5.1 gera a mesma linguagem L e todas as suas regras obedecem ao formato $uAv \to uwv$. □

Exemplo 5.14 A gramática a seguir representa a linguagem $\{a^n b^n c^n \mid n \geqslant 1\}$.

$$S \to abc \tag{5.1}$$
$$S \to aSQ \tag{5.2}$$
$$bQc \to bbcc \tag{5.3}$$
$$cQ \to Qc \tag{5.4}$$

1. *Primeiro passo*: substituição dos símbolos terminais. O seguinte novo conjunto de regras é obtido:

$$S \to ABC \tag{5.5}$$
$$A \to a \tag{5.6}$$
$$B \to b \tag{5.7}$$
$$C \to c \tag{5.8}$$
$$S \to ASQ \tag{5.9}$$
$$BQC \to BBCC \tag{5.10}$$
$$CQ \to QC \tag{5.11}$$

2. *Segundo passo*: Todas essas regras satisfazem ao critério de seleção, exceto a Regra (5.10). Procede-se, então, à sua manipulação.

- Regra (5.10): criam-se os novos símbolos não terminais Z_{61}, Z_{62} e Z_{63}, substituindo a regra original pelo conjunto de regras:

$$BQ \to BZ_{61} \quad (5.12)$$
$$Z_{61}C \to BZ_{62} \quad (5.13)$$
$$Z_{62} \to CZ_{63} \quad (5.14)$$
$$Z_{63} \to C \quad (5.15)$$

Chega-se, portanto, à seguinte gramática modificada:

$$S \to ABC \quad (5.16)$$
$$A \to a \quad (5.17)$$
$$B \to b \quad (5.18)$$
$$C \to c \quad (5.19)$$
$$S \to ASQ \quad (5.20)$$
$$BQ \to BZ_{61} \quad (5.21)$$
$$Z_{61}C \to BZ_{62} \quad (5.22)$$
$$Z_{62} \to CZ_{63} \quad (5.23)$$
$$Z_{63} \to C \quad (5.24)$$
$$CQ \to QC \quad (5.25)$$

3. *Terceiro passo*: com exceção das Regras (5.22) e (5.25), todas as demais satisfazem ao critério de seleção.

   - Regra (5.22): $Z_{61}C \to BZ_{62}$ é substituída por:

$$Z_{61}C \to Z_{61}W_7 \quad (5.26)$$
$$Z_{61}W_7 \to BW_7 \quad (5.27)$$
$$BW_7 \to BZ_{62} \quad (5.28)$$

   - Regra (5.25): $CQ \to QC$ é substituída por:

$$CQ \to CW_{10} \quad (5.29)$$
$$CW_{10} \to QW_{10} \quad (5.30)$$
$$QW_{10} \to QC \quad (5.31)$$

A versão final da gramática desejada torna-se:

$$S \to ABC \quad (5.32)$$
$$A \to a \quad (5.33)$$
$$B \to b \quad (5.34)$$
$$C \to c \quad (5.35)$$
$$S \to ASQ \quad (5.36)$$
$$BQ \to BZ_{61} \quad (5.37)$$
$$Z_{61}C \to Z_{61}W_7 \quad (5.38)$$
$$Z_{61}W_7 \to BW_7 \quad (5.39)$$
$$BW_7 \to BZ_{62} \quad (5.40)$$
$$Z_{62} \to CZ_{63} \quad (5.41)$$

$$Z_{63} \rightarrow C \qquad (5.42)$$
$$CQ \rightarrow CW_{10} \qquad (5.43)$$
$$CW_{10} \rightarrow QW_{10} \qquad (5.44)$$
$$QW_{10} \rightarrow QC \qquad (5.45)$$

⋆

Uma outra importante forma normal para as gramáticas sensíveis ao contexto é a Forma Normal de Kuroda. Apesar de não evidenciar diretamente os contextos em que são feitas as substituições, como no caso da forma normal anterior, ela é utilizada em certas demonstrações teóricas. Formalmente, diz-se que uma gramática sensível ao contexto encontra-se na **Forma Normal de Kuroda** se todas as suas produções $\alpha \rightarrow \beta$ estiverem em conformidade com alguma das seguintes condições:

- $\alpha \in N$ e $\beta \in \Sigma$;
- $\alpha \in N$ e $\beta \in N$;
- $\alpha \in N$ e $\beta \in NN$;
- $\alpha \in NN$ e $\beta \in NN$;

O Teorema 5.2 estabelece a possibilidade de obtenção da Forma Normal de Kuroda para gramáticas sensíveis ao contexto. Naturalmente, ela se aplica apenas a linguagens sensíveis ao contexto que não contenham a cadeia vazia.

Teorema 5.2 (Forma Normal de Kuroda) "Obtenção de uma gramática na Forma Normal de Kuroda equivalente a uma gramática sensível ao contexto G qualquer, desde que $\varepsilon \notin L(G)$."

Pode ser encontrada em [46]. □

5.4 Máquinas de Turing com fita limitada

As Máquinas de Turing com fita limitada — também conhecidas como "Autômatos com Limitação Linear" (da fita de trabalho), "Autômatos Linearmente Limitados" ou como *"Linear Bounded Automata"*, em inglês — recebem essa denominação alternativa pelo fato de ser possível demonstrar (ver [13]) que linguagens sensíveis ao contexto podem ser reconhecidas por autômatos do tipo Máquina de Turing em que o tamanho da fita de trabalho é uma função linear do tamanho da cadeia a ser analisada. Se o comprimento da cadeia de entrada for n, existe algum k inteiro, maior ou igual a 1, tal que com uma fita de trabalho limitada a um máximo de $k * n$ posições, incluindo a cadeia de entrada, seja possível efetuar a sua análise.

Mais do que isso, pode-se demonstrar (também em [13]) que, com apenas $n+2$ posições na fita de trabalho, também é possível obter os mesmos resultados que se teria com uma fita limitada proporcionalmente ao tamanho da cadeia de entrada. As n posições intermediárias da fita sendo utilizadas para armazenar a cadeia de entrada e as duas adicionais referindo-se aos delimitadores da referida cadeia, um mais à esquerda e outro mais à direita dela.

Uma **Máquina de Turing com fita limitada** é um dispositivo **não determinístico** de reconhecimento de cadeias que possui algumas importantes extensões em relação aos autômatos finitos ou aos autômatos de pilha. As mais importantes são:

1. A fita de trabalho possui comprimento igual ao comprimento da cadeia de entrada, acrescido de dois (uma posição para indicar o início da cadeia e outra para indicar

seu término; tais indicações são feitas através de símbolos especiais, não pertencentes ao alfabeto de entrada).

2. O cursor de acesso aos símbolos da fita de trabalho pode se deslocar, sob o comando do controle finito, tanto para a direita quanto para a esquerda.
3. Através do cursor de acesso pode-se não apenas ler os símbolos contidos na posição corrente da fita de trabalho, como também gravar novos símbolos em substituição ao símbolos existentes.

Apesar de ser possível se considerar a definição de Máquinas de Turing com fita limitada **determinísticas**, a questão de uma eventual equivalência entre as Máquinas de Turing com fita limitada não determinísticas e uma correspondente versão determinística é um problema em aberto, de solução ainda desconhecida ([47]). Por esse motivo, consideramos aqui o caso mais geral das Máquinas de Turing com fita limitada **não determinísticas**. Vale lembrar que esse resultado (a equivalência entre as versões determinística e não determinística de um mesmo tipo de dispositivo) foi provado ser verdadeiro para o caso dos autômatos finitos e falso para o caso dos autômatos de pilha. Conforme discutido na Seção 6.3, ele é válido também para as Máquinas de Turing sem limitação de fita.

Note-se que, diferentemente do que acontece nas máquinas estudadas anteriormente, a fita contendo a cadeia a ser analisada é uma **fita de trabalho**, e não simplesmente de entrada, já que ela pode sofrer alterações durante a operação da Máquina de Turing.

Formalmente, uma Máquina de Turing com fita limitada M é definida como:

$$M = (Q, \Sigma, \Gamma, \delta, q_0, <, >, F)$$

onde:

- Q é o conjunto finito de estados;
- Σ é o alfabeto de entrada, composto por um conjunto finito de símbolos;
- Γ é o conjunto, também finito, de símbolos que podem ser lidos e/ou gravados na fita de trabalho. $\Sigma \subseteq \Gamma$;
- δ é a função parcial de transição, compreendendo os seguintes mapeamentos:
  - $Q \times \Gamma \to 2^{Q \times \Gamma \times \{E,D\}}$
  - $Q \times \{<\} \to 2^{Q \times \{<\} \times \{D\}}$
  - $Q \times \{>\} \to 2^{Q \times \{>\} \times \{E\}}$
- q_0 é o estado inicial, $q_0 \in Q$;
- $<, > \notin \Gamma$ são símbolos respectivamente situados imediatamente à esquerda e imediatamente à direita da cadeia de entrada na configuração inicial;
- $F \subseteq Q$ é o conjunto de estados finais.

Deve-se, inicialmente, perceber a caracterização de dois alfabetos distintos nesse formalismo. Σ representa o conjunto dos símbolos que compõem as cadeias de entrada. A linguagem de entrada deve ser, naturalmente, um subconjunto de Σ^*. Por outro lado, Γ representa o conjunto dos símbolos que podem ser lidos e/ou gravados na fita de trabalho. Esse conjunto incorpora, pela sua própria definição, o conjunto Σ, além de outros símbolos que serão utilizados durante a operação do dispositivo.

O conjunto Q e o estado q_0 representam, respectivamente, assim como no caso dos autômatos finitos e de pilha, o conjunto de estados que formam o controle finito do dispositivo e o estado inicial — único — que é utilizado para caracterizar a configuração inicial dele. F

representa um subconjunto de Q e contém os chamados estados finais, que são utilizados para caracterizar as configurações finais em um dispositivo deste tipo.

Os símbolos "$<$" e "$>$" são empregados como **delimitadores** da cadeia a ser analisada na fita de trabalho. Eles não pertencem ao alfabeto Γ, indicando com isso que não podem ser utilizados na composição das cadeias de entrada nem ser gravados na fita de trabalho em sobreposição a outros símbolos (exceto em sobreposição a si próprios).

A inspeção da função de transição δ revela que os símbolos especiais $<$ e $>$ só podem ser gravados na própria posição original em que se encontravam no início da operação da máquina. A função δ, da maneira como é formulada, impede ainda que outro símbolo seja gravado em qualquer uma dessas duas posições. Ela especifica, ainda, um único sentido de movimentação do cursor em cada caso: esquerda para "$>$" e direita para "$<$".

A representação da função de transição δ indica, a partir do estado corrente e do símbolo correntemente selecionado na fita de trabalho, o novo estado corrente, o novo símbolo que deverá substituir o correntemente selecionado e o sentido em que o cursor de acesso deverá se deslocar: para a esquerda (E) ou para a direita (D).

Considere-se a transição $\delta(q_i, \sigma_m) = \{(q_j, \sigma_n, E)\}$. As seguintes ações são tomadas, nesta sequência, após a seleção dessa transição:

- O estado corrente q_i é substituído pelo novo estado q_j.
- O símbolo correntemente apontado pelo cursor de acesso, σ_m, é substituído, na fita de trabalho, pelo novo símbolo σ_n.
- O cursor de acesso é deslocado de uma posição para a esquerda (E).

Ações similares são executadas quando a transição especifica uma movimentação para a direita (D). A única diferença, neste caso, é que o cursor se desloca no sentido oposto.

Como regra adicional, deve-se registrar que as Máquinas de Turing com fita limitada não permitem movimentos do cursor de acesso à esquerda da posição preenchida com "$<$", nem à direita da posição preenchida com "$>$". Sua movimentação fica, portanto, confinada ao trecho da fita de trabalho situado entre os delimitadores "$<$" e "$>$", o que justifica o uso do termo "fita limitada" para caracterizar esse tipo de dispositivo.

A definição da função δ remete ainda ao não determinismo inerente a esse tipo de dispositivo. Dada uma mesma combinação de estado corrente e de símbolo na fita de trabalho, é possível especificar múltiplas transições envolvendo o próximo estado, o novo símbolo a ser gravado na fita e o sentido de movimentação do cursor de acesso após a gravação.

A **configuração** de uma Máquina de Turing com fita limitada é denotada através da tripla

$$(\alpha, q_k, \beta) \in \{<\}\Gamma^* \times Q \times \Gamma^*\{>\}$$

em que q_k é o estado corrente, $\alpha \in \{<\}\Gamma^*$ é a porção da cadeia de entrada que se encontra à esquerda do cursor de acesso e $\beta \in \Gamma^*\{>\}$ é a porção da cadeia de entrada que se encontra à direita do cursor de acesso, incluindo a posição por ele correntemente selecionada. Note-se que "$<$" e "$>$" podem ocorrer, cada um, no máximo uma vez em $\alpha\beta$, e sempre nos respectivos extremos.

A **configuração inicial** é $(<, q_0, \gamma >)$, onde q_0 é o estado inicial e $\gamma \in \Sigma^*$ é a cadeia de entrada a ser analisada. O cursor de acesso refere-se, portanto, ao símbolo inicial (mais à esquerda) da cadeia γ. A porção α da representação (α, q_k, β) corresponde, neste caso, apenas ao símbolo "$<$", pois não existe fita à esquerda desse delimitador. A **configuração final** é definida como (λ, q_f, μ), com $q_f \in F, \lambda \in \{<\}\Gamma^*$ e $\mu \in \Gamma^*\{>\}$.

O símbolo "$\vdash$" denota uma relação sobre as configurações de uma Máquina de Turing com fita limitada:

$$\vdash: \{<\}\Gamma^* \times Q \times \Gamma^*\{>\} \rightarrow \{<\}\Gamma^* \times Q \times \Gamma^*\{>\}$$

Portanto, a movimentação de uma configuração (α, q_k, β) para a configuração seguinte $(\alpha'$, q_m, $\beta')$ é representada como:

$$(\alpha, q_k, \beta) \vdash (\alpha', q_m, \beta')$$

As transições contidas na função δ especificam possibilidades de movimentação, que conduzem o dispositivo de cada possível configuração para a correspondente configuração seguinte. Diz-se que o dispositivo **para** quando a função δ não estiver definida para o par (estado, símbolo de entrada) corrente.

A linguagem aceita por uma Máquina de Turing com fita limitada é o conjunto de todas as cadeias que são capazes de conduzir o dispositivo desde a sua configuração inicial (única para cada cadeia de entrada) até uma configuração final qualquer, sem possibilidade de movimentação adicional. Formalmente:

$$L(M) = \{\gamma \in \Sigma^* \mid (<, q_0, \gamma >) \vdash^* (\lambda, q_f, \mu), \text{ com } q_f \in F, \lambda \in \{<\}\Gamma^* \text{ e } \mu \in \Gamma^*\{>\}\}$$

Admite-se, como condição de parada, que $\mu = \sigma\pi$, com $\sigma \in (\Gamma \cup \{<, >\}), \pi \in (\Gamma^*\{>\} \cup \{\varepsilon\})$ e δ não seja definida para (q_f, σ).

Deve-se ainda notar que, diferentemente dos autômatos finitos e dos autômatos de pilha, as Máquinas de Turing com fita limitada não exigem, como pré-requisito para a caracterização de uma configuração final, que a cadeia de entrada tenha sido esgotada ou, ainda, que o cursor de acesso se encontre à direita do último símbolo da referida cadeia. Configurações finais são caracterizadas quando (i) não há transição possível de ser aplicada na configuração corrente e (ii) o estado corrente é final, não importando a posição do cursor de acesso.

Toda Máquina de Turing M (com fita limitada ou ilimitada) determinística particiona o conjunto Σ^*, onde Σ é o seu alfabeto de entrada, nos seguintes conjuntos:

- $ACEITA(M)$: cadeias que são aceitas por M, ou seja, cadeias que conduzem M à parada em alguma configuração final; diz-se também que é a linguagem aceita por M, ou $L(M)$.
- $REJEITA(M)$: cadeias que são rejeitadas por M, ou seja, cadeias que conduzem M à parada em alguma configuração não final.
- $LOOP(M)$: cadeias que fazem com que M não pare nunca, ou seja, que fazem com que M entre em processamento infinito.

Para o caso de Máquinas de Turing (com fita limitada ou ilimitada) não determinísticas, diz-se que a mesma aceita, rejeita ou entra em "loop" infinito de processamento conforme as regras a seguir:

- Se pelo menos uma sequência de movimentações conduzir a máquina à parada numa configuração final (independentemente do que possa acontecer nas demais sequências), diz-se que ela foi aceita pela máquina;
- Se todas as sequências de movimentações conduzirem a máquina à parada em configuração não final, então diz-se que ela foi rejeitada pela máquina.
- Se houver pelo menos uma sequência infinita de configurações e nenhuma de parada em configuração final, então diz-se que a cadeia provoca um "loop" na máquina.

Toda linguagem sensível ao contexto L é aceita por alguma Máquina de Turing com fita limitada M tal que $L(M) = ACEITA(M)$, com $REJEITA(M) = \Sigma^* - ACEITA(M)$ e $LOOP(M) = \emptyset$, conforme discutido na Seção 5.5. O mesmo é verdadeiro para linguagens recursivas e Máquinas de Turing (ver Seção 6.1). Linguagens recursivamente enumeráveis são aceitas apenas por Máquinas de Turing tais que $REJEITA(M) \cup LOOP(M) \neq \emptyset$. Linguagens recursivamente enumeráveis e não recursivas são aceitas apenas por Máquinas de Turing tais que $LOOP(M) \neq \emptyset$.

Exemplo 5.15 A Máquina de Turing com fita limitada $M = (Q, \Sigma, \Gamma, \delta, q_0, <, >, F)$ mostrada na Figura 5.1 aceita a linguagem a^*b^*.

$$
\begin{aligned}
Q &= \{q_0, q_1, q_2\} \\
\Sigma &= \{a, b\} \\
\Gamma &= \{a, b\} \\
\delta &= \{(q_0, a) \to (q_0, a, D), (q_0, b) \to (q_1, b, D), (q_0, >) \to (q_2, >, E), \\
&\quad (q_1, b) \to (q_1, b, D), (q_1, >) \to (q_2, >, E)\} \\
F &= \{q_2\}
\end{aligned}
$$

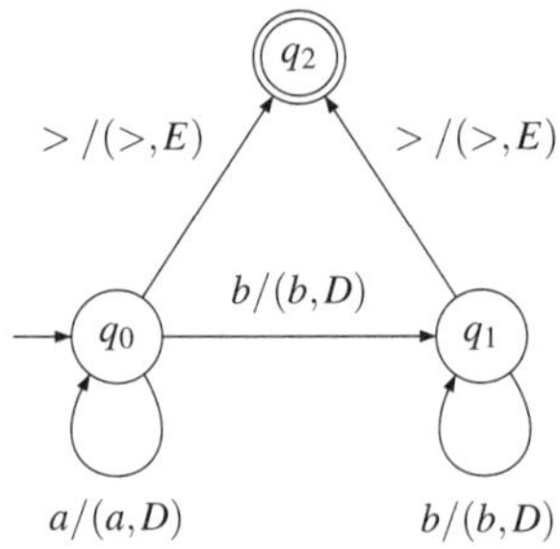

Figura 5.1 Máquina de Turing com fita limitada que aceita a^*b^*.

- Exemplo de cadeia reconhecida: *aabbb*
  $(<, q_0, aabbb >) \vdash (< a, q_0, abbb >) \vdash (< aa, q_0, bbb >) \vdash (< aab, q_1, bb >) \vdash (< aabb, q_1, b >) \vdash (< aabbb, q_1, >) \vdash (< aabb, q_2, b >)$
  Como não há movimentação possível a partir da configuração $(< aabb, q_2, b >)$, que é final, a máquina para e a cadeia *aabbb* é aceita.
- Exemplo de cadeia rejeitada: *aaba*
  $(<, q_0, aaba >) \vdash (< a, q_0, aba >) \vdash (< aa, q_0, ba >) \vdash (< aab, q_1, a >)$
  Como não há movimentação possível a partir da configuração $(< aab, q_1, a >)$, que não é final, a máquina para e a cadeia *aaba* é rejeitada.

A Máquina de Turing com fita limitada do Exemplo 5.15 comporta-se como um autômato finito: o cursor de acesso move-se em apenas um sentido (exceto quando o símbolo ">" é encontrado na fita de trabalho) e não há gravação de símbolos na fita, apenas leitura (na verdade, cada símbolo lido é substituído por ele mesmo). Este exemplo sugere que as Máquinas de Turing com fita limitada possam ser usadas em substituição aos autômatos finitos, ainda que com um custo maior de processamento (o custo de gravação de um símbolo na fita).

É fácil, também, perceber como as Máquinas de Turing com fita limitada podem ser empregadas em mecanismos de transdução, à maneira dos transdutores finitos estudados anteriormente.

Se, neste exemplo, as transições:

$$\begin{array}{lcl}(q_0,a) & \to & (q_0,a,D)\\ (q_0,b) & \to & (q_1,b,D)\\ (q_1,b) & \to & (q_1,b,D)\end{array}$$

forem, respectivamente, substituídas por:

$$\begin{array}{lcl}(q_0,a) & \to & (q_0,b,D)\\ (q_0,b) & \to & (q_1,a,D)\\ (q_1,b) & \to & (q_1,a,D)\end{array}$$

então o autômato resultante mapeará elementos do conjunto a^*b^* em elementos do conjunto b^*a^*, em que os símbolos "*a*" das cadeias do primeiro conjunto são substituídos por símbolos "*b*" nas cadeias do segundo conjunto e vice-versa. ⋆

Exemplo 5.16 A Máquina de Turing com fita limitada $M = (Q,\Sigma,\Gamma,\delta,q_0,<,>,F)$ da Figura 5.2 aceita a linguagem $\{a^nb^n \mid n \geqslant 1\}$.

$$\begin{array}{lcl}Q & = & \{q_0,q_1,q_2,q_3,q_4,q_5\}\\ \Sigma & = & \{a,b\}\\ \Gamma & = & \{a,b,X,Y\}\\ \delta & = & \{(q_0,a)\to(q_1,X,D),(q_0,b)\to(q_5,b,D),(q_0,Y)\to(q_3,Y,D),\\ & & (q_1,a)\to(q_1,a,D),(q_1,Y)\to(q_1,Y,D),(q_1,b)\to(q_2,Y,E),\\ & & (q_1,>)\to(q_5,>,E),(q_2,X)\to(q_0,X,D),(q_2,Y)\to(q_2,Y,E),\\ & & (q_2,a)\to(q_2,a,E),(q_3,Y)\to(q_3,Y,D),(q_3,b)\to(q_5,b,D),\\ & & (q_3,>)\to(q_4,>,E)\}\\ F & = & \{q_4\}\end{array}$$

Seu funcionamento é intuitivo e reflete a aplicação do seguinte algoritmo:

1. O símbolo "*a*" sob o cursor é substituído pelo símbolo "*X*". O cursor é deslocado de uma posição, para a direita.
2. O cursor continua se deslocando para a direta até encontrar um símbolo "*b*" ou o símbolo ">".
3. Se encontrar ">", a cadeia é rejeitada, pois existem mais símbolos "*a*" do que "*b*". Se encontrar "*b*", este será substituído por "*Y*" e o cursor será deslocado para a esquerda até encontrar o "*X*" mais à direita. Neste momento, o cursor é deslocado de uma posição para a direita e reinicia-se todo o processo no passo (1).
4. Se o símbolo corrente for "*Y*", isso indica que já foram considerados todos os símbolos "*a*". Se o restante da cadeia de entrada for formada apenas por símbolos "*Y*", ela será aceita. Caso contrário, será rejeitada. É o caso, por exemplo, de cadeias que contêm mais símbolos "*b*" do que símbolos "*a*".

A seguir, confere-se a operação de *M* com algumas cadeias:

- A cadeia *aabb* é aceita:
$(<,q_0,aabb>) \vdash (<X,q_1,abb>) \vdash (<Xa,q_1,bb>) \vdash (<X,q_2,aYb>) \vdash (<,q_2,XaYb>) \vdash (<X,q_0,aYb>) \vdash (<XX,q_1,Yb>) \vdash (<XXY,q_1,b>) \vdash (<XX,q_2,YY>) \vdash (<X,q_2,XYY>) \vdash (<XX,q_0,YY>) \vdash (<XXY,q_3,Y>) \vdash (<XXYY,q_3,>) \vdash (<XXY,q_4,Y>)$
- A cadeia *aab* é rejeitada:
$(<,q_0,aab>) \vdash (<X,q_1,ab>) \vdash (<Xa,q_1,b>) \vdash (<X,q_2,aY>) \vdash (<,q_2,XaY>) \vdash (<X,q_0,aY>) \vdash (<XX,q_1,Y>) \vdash (<XXY,q_1,>) \vdash (<XX,q_5,Y>)$

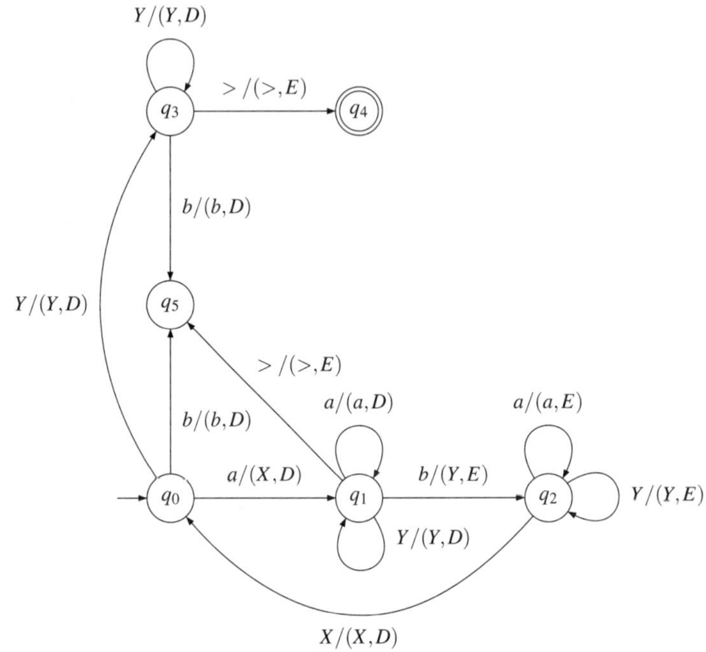

Figura 5.2 Máquina de Turing com fita limitada que aceita $\{a^n b^n \mid n \geqslant 1\}$.

- A cadeia *abb* é rejeitada:
$(<, q_0, abb >) \vdash (< X, q_1, bb >) \vdash (<, q_2, XYb >) \vdash (< X, q_0, Yb >) \vdash (< XY, q_3, b >) \vdash (< XYb, q_5, >)$

Neste exemplo, a Máquina de Turing com fita limitada está sendo utilizada para reconhecer uma linguagem livre de contexto, e tal fato sugere que esse tipo de dispositivo possa ser empregado também no reconhecimento desta categoria de linguagens, em substituição aos autômatos de pilha.

Além de necessitar da movimentação do cursor em ambos os sentidos, neste exemplo a substituição (gravação) de um símbolo do alfabeto de entrada por símbolos que não fazem parte desse alfabeto (no caso, "*a*" por "*X*" e "*b*" por "*Y*") é essencial para o seu correto funcionamento. ⋆

Exemplo 5.17 A Máquina de Turing com fita limitada da Figura 5.3 reconhece a linguagem $\{wcw \mid w \in \{a,b\}^*\}$ sobre o alfabeto $\{a,b,c\}$.

Este exemplo ilustra o reconhecimento de uma linguagem tipicamente sensível ao contexto, pois a subcadeia "*w*" deve ser a mesma em ambos os lados do símbolo "*c*". Tal característica remete à relação entre a declaração e o uso de nomes, encontrada na maioria das linguagens de programação algorítmicas tradicionais — um nome só pode ser usado se a sua declaração for visível no local do uso.

- Exemplo de cadeia reconhecida: *abbcabb*

$$
\begin{aligned}
&(<, q_0, abbcabb >) \vdash (< X, q_1, bbcabb >) \vdash (< Xb, q_1, bcabb >) \vdash \\
&(< Xbb, q_1, cabb >) \vdash (< Xbbc, q_2, abb >) \vdash (< Xbb, q_3, cXbb >) \vdash \\
&(< Xb, q_4, bcXbb >) \vdash (< X, q_4, bbcXbb >) \vdash (<, q_4, XbbcXbb >) \vdash \\
&(< X, q_0, bbcXbb >) \vdash (< XX, q_5, bcXbb >) \vdash (< XXb, q_5, cXbb >) \vdash \\
&(< XXbc, q_6, Xbb >) \vdash (< XXbcX, q_6, bb >) \vdash (< XXbc, q_3, XXb >) \vdash \\
&(< XXb, q_3, cXXb >) \vdash (< XX, q_4, bcXXb >) \vdash (< X, q_4, XbcXXb >) \vdash \\
&(< XX, q_0, bcXXb >) \vdash (< XXX, q_5, cXXb >) \vdash (< XXXc, q_6, XXb >) \vdash
\end{aligned}
$$

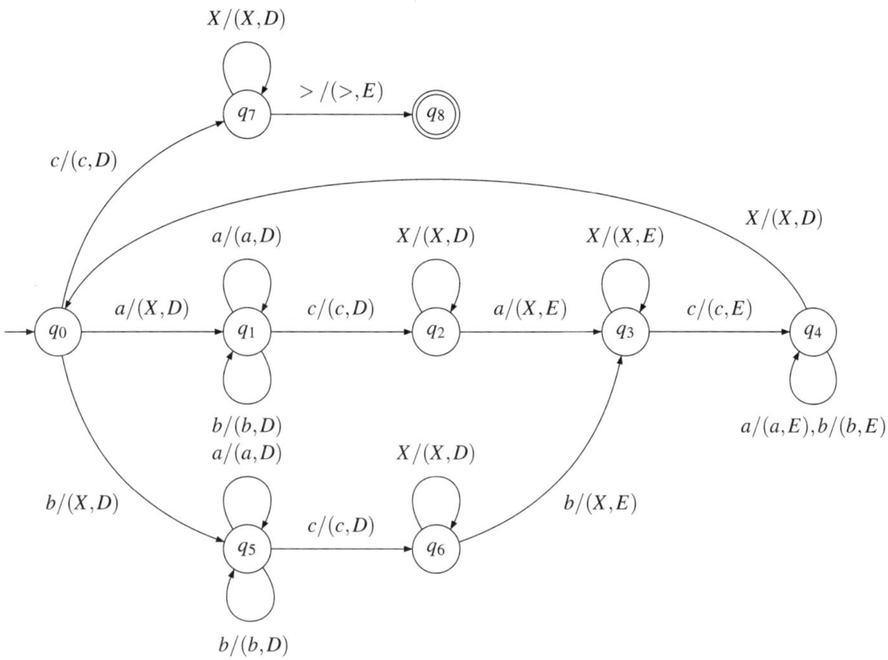

Figura 5.3 Máquina de Turing com fita limitada que aceita $\{wcw \mid w \in \{a,b\}^*\}$.

$$(<XXXcX,q_6,Xb>) \vdash (<XXXcXX,q_6,b>) \vdash (<XXXcX,q_3,XX>) \vdash$$
$$(<XXXc,q_3,XXX>) \vdash (<XXX,q_3,cXXX>) \vdash (<XX,q_4,XcXXX>) \vdash$$
$$(<XXX,q_0,cXXX>) \vdash (<XXXc,q_7,XXX>) \vdash (<XXXcX,q_7,XX>) \vdash$$
$$(<XXXcXX,q_7,X>) \vdash (<XXXcXXX,q_7,>) \vdash (<XXXcXX,q_8,X>)$$

Pode-se demonstrar, através do "Pumping Lemma" para linguagens livres de contexto, que a linguagem deste exemplo não é livre de contexto (a demonstração é semelhante à do Exemplo 4.83). Tal resultado sugere, como será mostrado mais adiante, que as Máquinas de Turing com fita limitada são dispositivos capazes de reconhecer uma classe de linguagens mais ampla do que as livres de contexto, reconhecidas pelos autômatos de pilha — trata-se, no caso, da classe das linguagens sensíveis ao contexto, caracterizadas neste capítulo (ver Teorema 5.3). ⋆

5.5 Gramáticas sensíveis ao contexto e Máquinas de Turing com fita limitada

Linguagens sensíveis ao contexto podem ser formalizadas através de gramáticas sensíveis ao contexto. As Máquinas de Turing com fita limitada **não determinísticas** (caso mais geral entre as determinísticas e as não determinísticas), por outro lado, correspondem aos dispositivos de reconhecimento associados às linguagens sensíveis ao contexto. As gramáticas sensíveis ao contexto e as Máquinas de Turing com fita limitada não determinísticas representam exatamente a mesma classe de linguagens — as linguagens sensíveis ao contexto. Essa equivalência, que foi inicialmente estabelecida por Kuroda em [48], poderá ser mais bem percebida através dos algoritmos descritos a seguir.

Teorema 5.3 (Máquina de Turing $\Rightarrow$ gramática) "Seja $L = L(M), M$ uma Máquina de Turing com fita limitada não determinística. Então $L - \{\varepsilon\} = L(G)$, com G sendo uma gramática sensível ao contexto."

A ideia geral desta demonstração consiste na obtenção de uma gramática sensível ao contexto que reproduz, na derivação de suas sentenças, os movimentos de uma Máquina de Turing com fita limitada que reconhece a mesma linguagem. Se a cadeia de entrada conduz o autômato a uma configuração final, sendo, portanto, aceita, essa mesma cadeia é gerada pela gramática. Cadeias rejeitadas pelo autômato não são geradas pela gramática.

O algoritmo descrito a seguir especifica os passos a serem seguidos na transformação sistemática de uma Máquina de Turing com fita limitada $M = (Q, \Sigma, \Gamma, \delta, <, >, F)$ em uma gramática sensível ao contexto $G = (V, \Sigma, P, S)$.

Como se trata de um procedimento canônico, é frequente que seja gerada uma grande quantidade de símbolos não terminais e de regras, vários dos quais eventualmente repetidos, mesmo que a Máquina de Turing com fita limitada correspondente possua poucos estados e poucas entradas. O procedimento descrito a seguir, no entanto, pode ser facilmente automatizado através de programas de computador.

Inicialmente são gerados os símbolos não terminais de G. Esses símbolos possuem o formato geral $[\sigma, \alpha]$, com $\sigma \in \Sigma$, e $\alpha \in \{<, \varepsilon\}\{\sigma, q\sigma, \sigma q\}\{>, \varepsilon\}$, com $\sigma \in \Sigma$ e $q \in Q$.

A primeira dessas duas componentes — $[\sigma, ...]$ — representa um certo símbolo terminal da cadeia de entrada. A segunda componente — $[..., \alpha]$ — representa parte da configuração assumida pela Máquina de Turing com fita limitada no reconhecimento da referida cadeia de entrada.

Os conjuntos P e S de G são inicialmente definidos como:

I. $P = \emptyset$

II. $P = P \cup \{S \rightarrow [\sigma_i, < q_0\sigma_i]A, S \rightarrow [\sigma_i, < q_0\sigma_i >], \forall \sigma_i \in \Sigma\}$
$N = \{S, A\}$
$N = N \cup \{[\sigma_i, < q_0\sigma_i], \forall \sigma_i \in \Sigma\}$
$N = N \cup \{[\sigma_i, < q_0\sigma_i >], \forall \sigma_i \in \Sigma\}$

III. $P = P \cup \{A \rightarrow [\sigma_i, \sigma_i]A, A \rightarrow [\sigma_i, \sigma_i >], \forall \sigma_i \in \Sigma\}$
$N = N \cup \{[\sigma_i, \sigma_i], \forall \sigma_i \in \Sigma\}$
$N = N \cup \{[\sigma_i, \sigma_i >], \forall \sigma_i \in \Sigma\}$

Eles permitem gerar formas sentenciais do tipo:

A) $[\sigma_i, < q_0\sigma_i >]$, ou
B) $[\sigma_i, < q_0\sigma_i][\sigma_j, \sigma_j][\sigma_k, \sigma_k]...[\sigma_u, \sigma_u >]$

formadas exclusivamente por símbolos não terminais de G.

A primeira forma sentencial refere-se ao caso de cadeias de entrada cujo comprimento é igual a 1, ao passo que a segunda se refere a casos em que a cadeia de entrada possui comprimento maior do que 1.

Considere-se o segundo caso. Apenas para efeito didático, pode-se construir duas novas cadeias a partir dessa forma sentencial. Tomando-se apenas o primeiro elemento de cada símbolo não terminal, obtém-se a cadeia:

$[\sigma_i, ...][\sigma_j, ...][\sigma_k, ...]...[\sigma_u, ...]$ ou, simplesmente, $\sigma_i\sigma_j\sigma_k...\sigma_u$

e tomando-se apenas o segundo elemento de cada símbolo não terminal:

$[..., < q_0\sigma_i][..., \sigma_j][..., \sigma_k]...[..., \sigma_u >]$ ou, simplesmente, $< q_0\sigma_i\sigma_j\sigma_k...\sigma_u >$

É fácil perceber que a primeira cadeia ($\sigma_i\sigma_j\sigma_k...\sigma_u$) corresponde à cadeia de entrada que é submetida ao reconhecedor e que será objeto de uma tentativa de síntese através da gramática que se pretende construir.

A segunda cadeia ($< q_0\sigma_i\sigma_j\sigma_k...\sigma_u >$) corresponde à configuração inicial da Máquina de Turing limitada, ou seja, àquela em que o estado inicial é q_0 e o cursor de acesso encontra-se posicionado sobre o símbolo σ_i, portanto com toda a cadeia de entrada à sua direita e apenas o símbolo "$<$" à sua esquerda. Conforme a notação previamente apresentada, a configuração inicial da máquina será:

$$(<, q_0, \sigma_i\sigma_j\sigma_k...\sigma_u >)$$

Dessa maneira, as formas sentenciais dos tipos A e B correspondem às duas configurações iniciais com as quais o autômato poderá se defrontar e representam, em termos gramaticais, uma versão adequada delas para a simulação dos movimentos do reconhecedor pela gramática. Em outras palavras, partindo-se da raiz S, e pela aplicação das regras dos itens II e III, chega-se a formas sentenciais compostas apenas por símbolos não terminais de G, conforme ilustrado em A e B.

Um conjunto adicional de regras de P deve ser especificado de forma que se possa garantir que, para toda movimentação possível da Máquina de Turing com fita limitada a partir de uma configuração qualquer, haja a possibilidade de uma derivação correspondente em G.

Genericamente, as regras de M enquadram-se em quatro casos (conforme a definição da função de transição δ):

- Caso i: $\delta(q_i, <) = (q_j, <, D)$
- Caso ii: $\delta(q_i, >) = (q_j, >, E)$
- Caso iii: $\delta(q_i, \sigma_m) = (q_j, \sigma_n, D)$
- Caso iv: $\delta(q_i, \sigma_m) = (q_j, \sigma_n, E)$

Suponha-se, a título de exemplo, que a cadeia de entrada de uma Máquina de Turing com fita limitada qualquer seja "$abca$". A sua configuração inicial é, portanto, $(<, q_0, abca >)$. Nos termos da forma sentencial gerada pelas regras iniciais de G, ela será composta pelos seguintes símbolos não terminais (quatro no total):

$$[a, < q_0a][b, b][c, c][a, a >]$$

Suponha-se que a regra $\delta(q_0, a) = (q_1, d, D)$ (caso iii) seja aplicada em M. Neste caso, G deve permitir a derivação:

$$[a, < q_0a][b, b][c, c][a, a >] \Rightarrow [a, < d][b, q_1b][c, c][a, a >]$$

Note-se que o movimento de M é reproduzido como uma nova forma sentencial em G, de modo que, através da posição de "q_i" — presente em apenas um símbolo não terminal de cada vez em cada forma sentencial distinta —, determina-se a posição do cursor de acesso sobre a fita de trabalho.

A indicação de estado "q_i" migra, assim, de um símbolo não terminal para o seguinte (aquele que está à sua direita), ou, ainda, para o anterior (aquele que está à sua esquerda), caso a cabeça de acesso se desloque para a esquerda.

Caso M aplique uma regra que desloque o cursor de acesso para a esquerda, a nova configuração também é representada como uma nova derivação em G. Por exemplo, suponha-se agora que a regra $\delta(q_1, b) = (q_2, e, E)$ (caso iv) seja aplicada na configuração anterior. Então, do ponto de vista de G, a seguinte nova forma sentencial deveria ser gerada:

$$[a, < d][b, q_1b][c, c][a, a >] \Rightarrow [a, < q_2d][b, e][c, c][a, a >]$$

Nessa forma sentencial, se $\delta(q_2, d) = (q_3, d, E)$ (caso iv, novamente), então a nova configuração de M é $(\varepsilon, q_3, < abca >)$. Para refletir essa nova condição, G deve possuir regras que permitam a derivação:

$$[a, < q_2d][b, e][c, c][a, a >] \Rightarrow [a, q_3 < d][b, e][c, c][a, a >]$$

Essa última forma sentencial mostra que M pode, eventualmente, deslocar o cursor de acesso para a esquerda, até fazer com que o símbolo corrente seja "$<$". Em situações como esta, o único movimento permitido é para a direita, sem modificação do símbolo lido (conforme a definição da função de transição). Supondo que $\delta(q_3, <) = (q_4, <, D)$ — na verdade, a única transição possível de ser aplicada neste ponto —, caracteriza-se o caso (i), e a nova forma sentencial obtida é:

$$[a, q_3 < d][b, e][c, c][a, a >] \Rightarrow [a, < q_4 d][b, e][c, c][a, a >]$$

O conjunto de regras de G que são capazes de promover tais derivações é, naturalmente, obtido a partir da especificação da função δ. Deve-se, portanto, considerar os casos individuais. A partir de cada um deles, novas produções são formuladas e, a partir destas, novos símbolos não terminais são acrescentados à gramática. Observe-se que nos casos (iii) e (iv) as transições são feitas com símbolos do alfabeto Γ, ou seja, $\sigma_m, \sigma_n \in \Gamma$.

- Caso i: $\delta(q_i, <) = (q_j, <, D)$
  A cadeia de entrada pode ser unitária (IV) ou não (V):

  IV. $P = P \cup \{[\sigma_m, q_i < \sigma_m >] \rightarrow [\sigma_m, < q_j \sigma_m >], \forall \sigma_m \in \Gamma\}$
  $N = N \cup \{[\sigma_m, q_i < \sigma_m >], \forall \sigma_m \in \Gamma\}$
  $N = N \cup \{[\sigma_m, < q_j \sigma_m >], \forall \sigma_m \in \Gamma\}$
  V. $P = P \cup \{[\sigma_m, q_i < \sigma_m] \rightarrow [\sigma_m, < q_j \sigma_m], \forall \sigma_m \in \Gamma\}$
  $N = N \cup \{[\sigma_m, q_i < \sigma_m], \forall \sigma_m \in \Gamma\}$
  $N = N \cup \{[\sigma_m, < q_j \sigma_m], \forall \sigma_m \in \Gamma\}$

- Caso ii: $\delta(q_i, >) = (q_j, >, E)$
  A cadeia de entrada pode ser unitária (VI) ou não (VII):

  VI. $P = P \cup \{[\sigma_m, < \sigma_n q_i >] \rightarrow [\sigma_m, < q_j \sigma_n >], \forall \sigma_m, \sigma_n \in \Gamma\}$
  $N = N \cup \{[\sigma_m, < \sigma_n q_i >], \forall \sigma_m, \sigma_n \in \Gamma\}$
  $N = N \cup \{[\sigma_m, < q_j \sigma_n >], \forall \sigma_m, \sigma_n \in \Gamma\}$
  VII. $P = P \cup \{[\sigma_m, \sigma_n q_i >] \rightarrow [\sigma_m, q_j \sigma_n >], \forall \sigma_m, \sigma_n \in \Gamma\}$
  $N = N \cup \{[\sigma_m, \sigma_n q_i >], \forall \sigma_m, \sigma_n \in \Gamma\}$
  $N = N \cup \{[\sigma_m, q_j \sigma_n >], \forall \sigma_m, \sigma_n \in \Gamma\}$

- Caso iii: $\delta(q_i, \sigma_m) = (q_j, \sigma_n, D)$
  O símbolo corrente (σ_m) pode:

  - ser o primeiro da cadeia de entrada:

    * cadeia unitária: VIII;
    * cadeia de comprimento 2: IX;
    * cadeia de comprimento maior que 2: X;

  - ser o último da cadeia de entrada:

    * cadeia unitária: coincide com VIII;
    * cadeia não unitária: IX;

  - ser o penúltimo da cadeia de entrada:

    * cadeia de comprimento 2: coincide com IX;
    * cadeia de comprimento maior que 2: XII;

  - estar em qualquer posição diferente destas:

    * XIII;

VIII. $P = P \cup \{[\sigma_p, < q_i\sigma_m >] \rightarrow [\sigma_p, < \sigma_n q_j >], \forall \sigma_p \in \Gamma\}$
$N = N \cup \{[\sigma_p, < q_i\sigma_m >], \sigma_p \in \Gamma\}$
$N = N \cup \{[\sigma_p, < \sigma_n q_j >], \sigma_p \in \Gamma\}$

IX. $P = P \cup \{[\sigma_p, < q_i\sigma_m][\sigma_q, \sigma_r >] \rightarrow [\sigma_p, < \sigma_n][\sigma_q, q_j\sigma_r >], \forall \sigma_p, \sigma_q, \sigma_r \in \Gamma\}$
$N = N \cup \{[\sigma_p, < q_i\sigma_m], \forall \sigma_p \in \Gamma\}$
$N = N \cup \{[\sigma_q, \sigma_r >], \forall \sigma_q, \sigma_r \in \Gamma\}$
$N = N \cup \{[\sigma_p, < \sigma_n], \forall \sigma_p \in \Gamma\}$
$N = N \cup \{[\sigma_q, q_j\sigma_r >], \forall \sigma_q, \sigma_r \in \Gamma\}$

X. $P = P \cup \{[\sigma_p, < q_i\sigma_m][\sigma_q, \sigma_r] \rightarrow [\sigma_p, < \sigma_n][\sigma_q, q_j\sigma_r], \forall \sigma_p, \sigma_q, \sigma_r \in \Gamma\}$
$N = N \cup \{[\sigma_p, < q_i\sigma_m], \forall \sigma_p \in \Gamma\}$
$N = N \cup \{[\sigma_q, \sigma_r], \forall \sigma_q, \sigma_r \in \Gamma\}$
$N = N \cup \{[\sigma_p, < \sigma_n], \forall \sigma_p \in \Gamma\}$
$N = N \cup \{[\sigma_q, q_j\sigma_r], \forall \sigma_q, \sigma_r \in \Gamma\}$

XI. $P = P \cup \{[\sigma_p, q_i\sigma_m >] \rightarrow [\sigma_p, \sigma_n q_j >], \forall \sigma_p \in \Gamma\}$
$N = N \cup \{[\sigma_p, q_i\sigma_m >], \forall \sigma_p \in \Gamma\}$
$N = N \cup \{[\sigma_p, \sigma_n q_j >], \sigma_p \in \Gamma\}$

XII. $P = P \cup \{[\sigma_p, q_i\sigma_m][\sigma_q, \sigma_r >] \rightarrow [\sigma_p, \sigma_n][\sigma_q, q_j\sigma_r >], \forall \sigma_p, \sigma_q, \sigma_r \in \Gamma\}$
$N = N \cup \{[\sigma_p, q_i\sigma_m], \forall \sigma_p \in \Gamma\}$
$N = N \cup \{[\sigma_q, \sigma_r >], \forall \sigma_q, \sigma_r \in \Gamma\}$
$N = N \cup \{[\sigma_p, \sigma_n], \forall \sigma_p \in \Gamma\}$
$N = N \cup \{[\sigma_q, q_j\sigma_r >], \forall \sigma_q, \sigma_r \in \Gamma\}$

XIII. $P = P \cup \{[\sigma_p, q_i\sigma_m][\sigma_q, \sigma_r] \rightarrow [\sigma_p, \sigma_n][\sigma_q, q_j\sigma_r], \forall \sigma_p, \sigma_q, \sigma_r \in \Gamma\}$
$N = N \cup \{[\sigma_p, q_i\sigma_m], \forall \sigma_p \in \Gamma\}$
$N = N \cup \{[\sigma_q, \sigma_r], \forall \sigma_q, \sigma_r \in \Gamma\}$
$N = N \cup \{[\sigma_p, \sigma_n], \forall \sigma_p \in \Gamma\}$
$N = N \cup \{[\sigma_q, q_j\sigma_r], \forall \sigma_q, \sigma_r \in \Gamma\}$

- Caso iv: $\delta(q_i, \sigma_m) = (q_j, \sigma_n, E)$
  O símbolo corrente (σ_m) pode:
  - ser o primeiro da cadeia de entrada:
    * cadeia unitária: XIV;
    * cadeia não unitária: XV;
  - ser o último da cadeia de entrada:
    * cadeia unitária: coincide com XIV;
    * cadeia de comprimento 2: XVI;
    * cadeia de comprimento maior que 2: XVII;
  - ser o segundo da cadeia de entrada:
    * cadeia de comprimento 2: coincide com XVI;
    * cadeia de comprimento maior que 2: XVIII;
  - estar em qualquer posição diferente destas:
    * XIX;

XIV. $P = P \cup \{[\sigma_p, < q_i\sigma_m >] \rightarrow [\sigma_p, q_j < \sigma_n >], \forall \sigma_p \in \Gamma\}$
$N = N \cup \{[\sigma_p, < q_i\sigma_m >], \forall \sigma_p \in \Gamma\}$
$N = N \cup \{[\sigma_p, q_j < \sigma_n >], \forall \sigma_p \in \Gamma\}$

XV. $P = P \cup \{[\sigma_p, < q_i\sigma_m] \rightarrow [\sigma_p, q_j < \sigma_n], \forall \sigma_p \in \Gamma\}$
$N = N \cup \{[\sigma_p, < q_i\sigma_m], \forall \sigma_p \in \Gamma\}$
$N = N \cup \{[\sigma_p, q_j < \sigma_n], \forall \sigma_p \in \Gamma\}$

XVI. $P = P \cup \{[\sigma_p, <\sigma_q][\sigma_r, q_i\sigma_m >] \rightarrow [\sigma_p, < q_j\sigma_q][\sigma_r, \sigma_n >], \forall \sigma_p, \sigma_q, \sigma_r \in \Gamma\}$
$N = N \cup \{[\sigma_p, <\sigma_q], \forall \sigma_p, \sigma_q \in \Gamma\}$
$N = N \cup \{[\sigma_r, q_i\sigma_m >], \forall \sigma_r \in \Gamma\}$
$N = N \cup \{[\sigma_p, < q_j\sigma_q], \forall \sigma_p, \sigma_q \in \Gamma\}$
$N = N \cup \{[\sigma_r, \sigma_n >], \forall \sigma_r \in \Gamma\}$

XVII. $P = P \cup \{[\sigma_p, \sigma_q][\sigma_r, q_i\sigma_m >] \rightarrow [\sigma_p, q_j\sigma_q][\sigma_r, \sigma_n >], \forall \sigma_p, \sigma_q, \sigma_r \in \Gamma\}$
$N = N \cup \{[\sigma_p, \sigma_q], \forall \sigma_p, \sigma_q \in \Gamma\}$
$N = N \cup \{[\sigma_r, q_i\sigma_m >], \forall \sigma_r \in \Gamma\}$
$N = N \cup \{[\sigma_p, q_j\sigma_q], \forall \sigma_p, \sigma_q \in \Gamma\}$
$N = N \cup \{[\sigma_r, \sigma_n >], \forall \sigma_r \in \Gamma\}$

XVIII. $P = P \cup \{[\sigma_p, <\sigma_q][\sigma_r, q_i\sigma_m] \rightarrow [\sigma_p, < q_j\sigma_q][\sigma_r, \sigma_n], \forall \sigma_p, \sigma_q, \sigma_r \in \Gamma\}$
$N = N \cup \{[\sigma_p, <\sigma_q], \forall \sigma_p, \sigma_q \in \Gamma\}$
$N = N \cup \{[\sigma_r, q_i\sigma_m], \forall \sigma_r \in \Gamma\}$
$N = N \cup \{[\sigma_p, < q_j\sigma_q], \forall \sigma_p, \sigma_q \in \Gamma\}$
$N = N \cup \{[\sigma_r, \sigma_n], \forall \sigma_r \in \Gamma\}$

XIX. $P = P \cup \{[\sigma_p, \sigma_q][\sigma_r, q_i\sigma_m] \rightarrow [\sigma_p, q_j\sigma_q][\sigma_r, \sigma_n], \forall \sigma_p, \sigma_q, \sigma_r \in \Gamma\}$
$N = N \cup \{[\sigma_p, \sigma_q], \forall \sigma_p, \sigma_q \in \Gamma\}$
$N = N \cup \{[\sigma_r, q_i\sigma_m], \forall \sigma_r \in \Gamma\}$
$N = N \cup \{[\sigma_p, q_j\sigma_q], \forall \sigma_p, \sigma_q \in \Gamma\}$
$N = N \cup \{[\sigma_r, \sigma_n], \forall \sigma_r \in \Gamma\}$

A operação do autômato cessa quando ele atinge uma configuração para a qual não exista movimentação possível, ou seja, quando $\delta(q_i, \sigma_m) = \emptyset$. Nessa situação, se $q_i \in F$, diz-se que o autômato aceita a cadeia de entrada. Caso contrário, diz-se que ele a rejeita.

Condição semelhante precisa ser alcançada através de G. Suponha-se que, quando o autômato para de se movimentar, a configuração seja $(\alpha, q_i\sigma_m\beta)$. A forma sentencial equivalente em G será $[...][...]...[\sigma_n, q_i\sigma_m][...]$.

Se, nessa situação, $q_i \in F$ e $\delta(q_i, \sigma_m) = \emptyset$, então as seguintes regras devem ser adicionadas à gramática G:

- Caso v: $q_i \in F$ e $\delta(q_i, <) = \emptyset$

XX. $P = P \cup \{[\sigma_p, q_i < \sigma_q] \rightarrow \sigma_p, \forall \sigma_p \in \Sigma, \sigma_q \in \Gamma\}$
$N = N \cup \{[\sigma_p, q_i < \sigma_q], \forall \sigma_p \in \Sigma, \sigma_q \in \Gamma\}$

XXI. $P = P \cup \{[\sigma_p, q_i < \sigma_q >] \rightarrow \sigma_p, \forall \sigma_p \in \Sigma, \sigma_q \in \Gamma\}$
$N = N \cup \{[\sigma_p, q_i < \sigma_q >], \forall \sigma_p \in \Sigma, \sigma_q \in \Gamma\}$

- Caso vi: $q_i \in F$ e $\delta(q_i, >) = \emptyset$

XXII. $P = P \cup \{[\sigma_p, \sigma_q q_i >] \rightarrow \sigma_p, \forall \sigma_p \in \Sigma, \sigma_q \in \Gamma\}$
$N = N \cup \{[\sigma_p, \sigma_q q_i >], \forall \sigma_p \in \Sigma, \sigma_q \in \Gamma\}$

XXIII. $P = P \cup \{[\sigma_p, <\sigma_q q_i >] \rightarrow \sigma_p, \forall \sigma_p \in \Sigma, \sigma_q \in \Gamma\}$
$N = N \cup \{[\sigma_p, <\sigma_q q_i >], \forall \sigma_p \in \Sigma, \sigma_q \in \Gamma\}$

- Caso vii: $q_i \in F$ e $\delta(q_i, \sigma_m) = \emptyset$

XXIV. $P = P \cup \{[\sigma_p, < q_i\sigma_m] \rightarrow \sigma_p, \forall \sigma_p \in \Sigma\}$
$N = N \cup \{[\sigma_p, < q_i\sigma_m], \forall \sigma_p \in \Sigma\}$

XXV. $P = P \cup \{[\sigma_p, q_i\sigma_m] \rightarrow \sigma_p, \forall \sigma_p \in \Sigma\}$
$N = N \cup \{[\sigma_p, q_i\sigma_m], \forall \sigma_p \in \Sigma\}$

XXVI. $P = P \cup \{[\sigma_p, q_i\sigma_m >] \rightarrow \sigma_p, \forall \sigma_p \in \Sigma\}$
$N = N \cup \{[\sigma_p, q_i\sigma_m >], \forall \sigma_p \in \Sigma\}$

XXVII. $P = P \cup \{[\sigma_p, < q_i\sigma_m >] \rightarrow \sigma_p, \forall \sigma_p \in \Sigma\}$
$N = N \cup \{[\sigma_p, < q_i\sigma_m >], \forall \sigma_p \in \Sigma\}$

Essas regras dão início ao processo de conversão da cadeia armazenada no lado esquerdo dos não terminais — e até então inalterada — em uma sentença a ser efetivamente gerada por G. A forma sentencial inicial será obtida através da derivação $[...][...]...[\sigma_n, q_i\sigma_m][...] \Rightarrow [...][...]...\sigma_n[...]$, se $q_i \in F$ e $\delta(q_i, \sigma_m) = \emptyset$.

Finalmente, devem ser acrescentadas mais algumas produções em P, as quais permitam que os não terminais remanescentes na forma sentencial sejam todos substituídos por símbolos terminais, conforme o valor armazenado no lado esquerdo, no interior dele:

- Caso viii: Substituição de símbolos não terminais por símbolos terminais.

XXVIII. $P = P \cup \{[\sigma_m, \alpha]\sigma_n \rightarrow \sigma_m\sigma_n, \forall \sigma_n \in \Sigma, [\sigma_m, \alpha] \in V\}$
XXIX. $P = P \cup \{\sigma_n[\sigma_m, \alpha] \rightarrow \sigma_n\sigma_m, \forall \sigma_n \in \Sigma, [\sigma_m, \alpha] \in V\}$

A simples inspeção do formato das regras geradas nos itens I a XXIX permite concluir que toda e qualquer gramática gerada por esse método é uma gramática sensível ao contexto. Será omitida a demonstração formal da equivalência das Máquinas de Turing com fita limitada com as gramáticas sensíveis ao contexto, que, no entanto, pode ser encontrada em [49]. □

Exemplo 5.18 Considere-se uma Máquina de Turing com fita limitada $M = (Q, \Sigma, \Gamma, \delta, q_0, <, >, F)$, conforme apresentado a seguir, e a cadeia de entrada "*ab*".

$$\begin{aligned}
Q &= \{q_0, q_1\} \\
\Sigma &= \{a, b\} \\
\Gamma &= \{a, b\} \\
\delta &= \{(q_0, a) \rightarrow (q_0, a, D), (q_0, b) \rightarrow (q_1, b, E)\} \\
F &= \{q_1\}
\end{aligned}$$

A Tabela 5.1 ilustra os movimentos que levam o reconhecedor desde a sua configuração inicial até uma configuração final. À direita, as respectivas formas sentenciais, que são geradas pela aplicação dos casos enumerados anteriormente. Note-se que, por uma questão de economia de espaço, estão mostradas aqui apenas as regras e os símbolos não terminais relevantes para a geração dessa cadeia. Uma geração exaustiva de todos os símbolos e de todas as regras da gramática G equivalente a M tornaria o exemplo exageradamente extenso, e por isso é deixada como exercício para o leitor. ⋆

Para dar sequência ao assunto, é necessário demonstrar que as Máquinas de Turing com fita limitada, cujas fitas sejam compostas por uma única trilha (o que corresponde ao caso visto até o momento), são equivalentes, quanto ao seu poder de reconhecimento, às Máquinas de Turing com múltiplas trilhas na fita de trabalho. Esse caso está ilustrado na Figura 5.4, em que a fita de trabalho compreende três trilhas distintas.

Nesse modelo, qualquer que seja a quantidade de trilhas na fita de trabalho, os cursores de acesso são sempre deslocados conjuntamente e estão, portanto, sempre na mesma posição da fita, porém cada qual apontando para a célula correspondente. As transições são efetuadas considerando-se o estado corrente e o conjunto dos símbolos referenciados simultaneamente na fita de trabalho.

Na Figura 5.4, tal conjunto corresponde à tripla $(\sigma_1, \sigma_2, \sigma_3)$, em que σ_1 está gravado na primeira posição da trilha 1, σ_2 na primeira posição da trilha 2 e σ_3 na primeira posição da trilha 3. Como resultado da aplicação de uma transição, o autômato muda de estado, a tripla $(\sigma_1, \sigma_2, \sigma_3)$ é substituída por (τ_1, τ_2, τ_3) e os três cursores de acesso deslocam-se

Tabela 5.1 Gramática sensível ao contexto simulando Máquina de Turing com fita limitada para o Exemplo 5.18

Reconhecedor		**Gramática**		
Configuração	Transição	Forma sentencial	Regra	Item
-	-	S	$S \rightarrow [a, <q_0a]\ A$	II
-	-	$[a, <q_0a]\ A$	$A \rightarrow [b, b>]$	III
$(<, q_0, ab>)$	$(q_0, a) \rightarrow$ (q_0, a, D)	$[a, <q_0a]\ [b, b>]$	$[a, <q_0a]\ [b, b>] \rightarrow$ $[a, <a]\ [b, q_0b>]$	IX
$(<a, q_0, b>)$	$(q_0, b) \rightarrow$ (q_1, b, E)	$[a, <a]\ [b, q_0b>]$	$[a, <a]\ [b, q_0b>] \rightarrow$ $[a, <q_1a]\ [b, b>]$	XVI
$(<, q_1, ab>)$	-	$[a, <q_1a]\ [b, b>]$	$[a, <q_1a] \rightarrow a$	XXIV
-	-	$a\ [b, b>]$	$a\ [b, b>] \rightarrow ab$	XXIX
-	-	ab	-	-

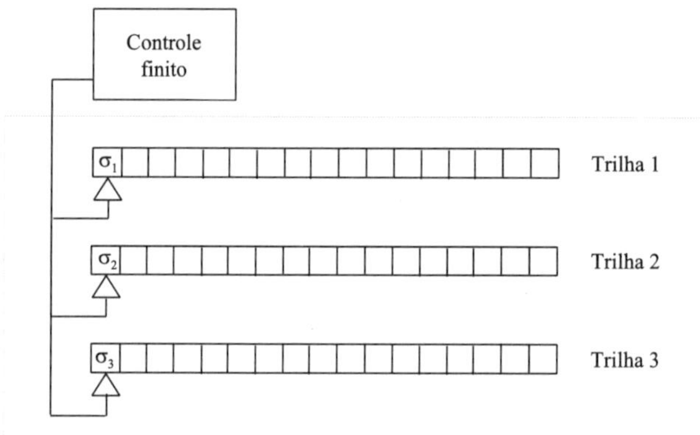

Figura 5.4 Máquina de Turing com múltiplas trilhas na fita de trabalho, situação inicial.

simultaneamente de uma posição, por exemplo, à direita (todos juntos). A nova situação pode ser visualizada na Figura 5.5.

Seja Σ_1 o alfabeto usado na trilha 1, Σ_2 o alfabeto da trilha 2 e Σ_3 o alfabeto da trilha 3. É fácil perceber que a função de transição de um autômato assim caracterizado pode ser expressa na forma:

$$\delta : Q \times (\Sigma_1 \times \Sigma_2 \times \Sigma_3) \rightarrow 2^{Q \times (\Sigma_1 \times \Sigma_2 \times \Sigma_3) \times \{E,D\}}$$

ou, generalizando para n trilhas:

$$\delta : Q \times (\Sigma_1 \times \Sigma_2 \times ... \times \Sigma_n) \rightarrow 2^{Q \times (\Sigma_1 \times \Sigma_2 \times ... \times \Sigma_n) \times \{E,D\}}$$

Convencionando-se que cada elemento do conjunto $\Sigma_1 \times \Sigma_2 \times ... \times \Sigma_n$ seja representado por um novo e único símbolo, pertencente a um novo alfabeto Σ, então a função δ torna-se:

$$\delta : Q \times \Sigma \rightarrow 2^{Q \times \Sigma \times \{E,D\}}$$

idêntica, portanto, à que foi definida originalmente para a Máquina de Turing com fita limitada. Em outras palavras, a possibilidade de se convencionar que a fita de trabalho seja

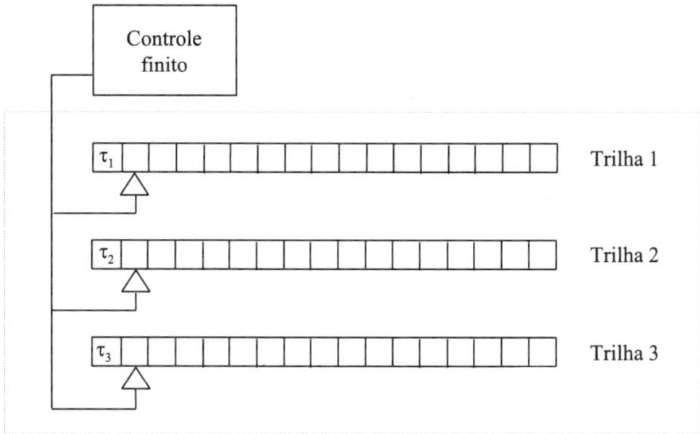

Figura 5.5 Máquina de Turing com múltiplas trilhas na fita de trabalho, situação final.

"repartida" em diversas trilhas não confere maior poder de reconhecimento ao dispositivo. Por outro lado, permite que o mesmo seja considerado de um outro ponto de vista, o que pode facilitar certas demonstrações, por exemplo, a do Teorema 5.4 apresentado a seguir.

Teorema 5.4 (Máquina de Turing $\Leftarrow$ gramática) "Seja $L = (G)$, com G uma gramática sensível ao contexto. Então $L = L(M)$, sendo M uma Máquina de Turing com fita limitada não determinística."

Assim como foi feito no Teorema 5.3, será apresentado como prova deste teorema um algoritmo que permite efetuar um mapeamento direto entre G e sua correspondente Máquina de Turing com fita limitada. Três propriedades das Máquinas de Turing com fita limitada são fundamentais para a apresentação e o entendimento do algoritmo:

i) O não determinismo inerente à sua definição.
ii) A característica monotônica das gramáticas sensíveis ao contexto (suas formas sentenciais nunca sofrem contração após a aplicação de uma regra).
iii) A possibilidade de se considerar a fita de trabalho como sendo composta por várias trilhas, sem perda de generalidade.

Algoritmo 5.2 (Máquina de Turing $\Leftarrow$ gramática) *"Obtenção de uma Máquina de Turing com fita limitada que aceita a linguagem gerada por uma gramática sensível ao contexto."*

- *Entrada: uma gramática sensível ao contexto G.*
- *Saída: uma Máquina de Turing com fita limitada M tal que $L(M) = L(G)$.*
- *Método:*
  A máquina M que reconhece $L(G)$ apresenta uma fita de trabalho formada por duas trilhas de mesmo comprimento:
  - *Na primeira trilha está inicialmente gravada a cadeia w que se deseja examinar para determinar se ela pertence ou não a L.*
  - *Na segunda trilha está inicialmente gravado, na primeira posição, o símbolo não terminal S, a raiz da gramática G. A cadeia gravada na segunda trilha será denotada por z, e, portanto, inicialmente $|z| = |S| = 1$.*

  A operação de M é não determinística e acontece da seguinte forma:
  1. *Determinar todos os pares (i, α) tais que, a partir da posição i da cadeia z, seja possível identificar uma subcadeia α, tal que $\alpha \rightarrow \beta_1 \mid \beta_2 \mid ... \mid \beta_n \in$ P, sendo P o conjunto das regras de G.*

2. *Para cada par (i, α) obtido no passo (1), criar um novo "thread" para M, e deslocar o respectivo cursor de acesso simultaneamente sobre as duas trilhas, até a posição i da fita de trabalho; encerrar o "thread" original na configuração de rejeição.*
3. *Para cada "thread" criado no passo (2):*
   a) *Criar n novos "threads" para M, sendo que cada "thread" j, $1 \leqslant j \leqslant n$, deve substituir, na cadeia z, a partir da posição i, a subcadeia α pela subcadeia β_j; encerrar o "thread" original na configuração de rejeição.*
   b) *Para cada "thread" criado no passo (3.a):*
      i. *Se $|z| > |w|$, encerrar o "thread" na configuração de rejeição.*
      ii. *Se $|z| < |w|$, desviar para o passo (1).*
      iii. *Se $|z| = |w|$ e $z \neq w$, desviar para o passo (1).*
      iv. *Se $|z| = |w|$ e $z = w$, encerrar o "thread" na configuração de aceitação.*

○

□

O Algoritmo 5.2 faz com que M reproduza, na segunda trilha, as formas sentenciais de G na síntese da cadeia fornecida (caso esta seja uma sentença de L). Cada uma das diferentes sequências de derivação possíveis de serem obtidas em G são simuladas por um "thread" distinto de M, que opera de forma não determinística.

Dessa forma, a cadeia de entrada será aceita se e apenas se existir pelo menos um "thread" que simule a sequência de derivações que gera w em G e, portanto, que conduza M desde a sua configuração inicial até uma configuração de aceitação. Se todas as sequências possíveis tiverem sido consideradas (através do não determinismo) e ainda assim nenhuma delas tiver conduzido M a uma configuração de aceitação, então certamente a cadeia de entrada não pertence a L. Do ponto de vista gramatical, isso corresponde ao fato de não existir derivação possível para a referida cadeia em G. Logo, M é capaz de aceitar apenas e tão somente as sentenças que são geradas por G.

É possível provar, em função do caráter monotônico das derivações obtidas através das gramáticas sensíveis ao contexto, que todos os "threads" criados pelo Algoritmo 5.2 se encerram após um tempo finito de execução, correspondente ao tempo necessário para a geração de uma forma sentencial de comprimento mínimo igual ao da cadeia de entrada. Assim, garante-se a existência de uma Máquina de Turing com fita limitada que sempre para, qualquer que seja a cadeia de entrada que lhe seja submetida. Portanto, $L(G)$ é uma linguagem recursiva.

O Algoritmo 5.2 presume que leitor saiba como realizar as seguintes operações fundamentais em uma Máquina de Turing com fita limitada — que, por serem extensas, embora não necessariamente complexas, serão deixadas apenas como exercício:

- Deslocar o cursor de acesso até uma posição arbitrária da fita de trabalho.
- Reconhecer um padrão (cadeia) na fita de trabalho, a partir da posição corrente do cursor de acesso.
- Deslocar parte da cadeia de entrada para a direita, com a finalidade de abrir espaço para a inserção dos símbolos indicados pela produção que estiver sendo aplicada.

- Substituir uma subcadeia localizada em uma das trilhas por uma subcadeia correspondente, conforme indicado em alguma das produções da gramática.
- Determinar se a cadeia a ser reescrita na segunda trilha eventualmente necessita de mais posições livres do que a fita de trabalho dispõe.
- Comparar as cadeias contidas nas duas trilhas da fita de trabalho para determinar se são ou não idênticas.

Exemplo 5.19 Seja $G = (\{a,b,c,Q,S\},\{a,b,c\},\{S \rightarrow abc \mid aSQ, bQc \rightarrow bbcc, cQ \rightarrow Qc\},S)$, $L(G) = \{a^n b^n c^n, n \geqslant 1\}$. A Tabela 5.2 reproduz uma sequência de movimentos de M que conduz à aceitação da cadeia "*aabbcc*". São mostrados os conteúdos das duas trilhas da fita de trabalho.

Assim como foi feito no Exemplo 5.18, por uma questão de economia de espaço, são mostrados aqui apenas os movimentos realizados por M que permitem o reconhecimento da cadeia de entrada, omitindo-se as múltiplas tentativas de reconhecimento através do não determinismo inerente ao dispositivo. Trata-se, portanto, de uma situação de melhor caso, deixando-se para o leitor, como exercício, a investigação dos demais caminhos que não levam ao reconhecimento da sentença.

Suponha-se, no entanto, que no passo 4 a regra escolhida tivesse sido $S \rightarrow abc$ (no lugar de $S \rightarrow aSQ$). Neste caso, a forma sentencial resultante seria "*abc*", portanto diferente da cadeia "*aabbcc*" gravada na primeira trilha, e no passo seguinte não seria possível identificar o lado esquerdo de nenhuma regra em "*abc*", disso resultando a parada de M em uma configuração não final.

Suponha-se, por outro lado, que no passo 5 a posição 2 tivesse sido selecionada (e não a posição 3). Nesse caso, M não seria capaz de reconhecer o lado esquerdo de nenhuma regra a partir da referida posição 2, pois não existem regras que possuam o lado esquerdo começando com o símbolo "*a*", e portanto M pararia em uma configuração não final.

Essas duas possibilidades, no entanto, não indicam que a cadeia de entrada possa ser arbitrariamente aceita ou rejeitada. É preciso lembrar que se trata de um dispositivo não determinístico, no qual todas as alternativas de movimentação devem ser consideradas, até que pelo menos uma resulte em aceitação (como é o caso mostrado na Figura 5.2 do Exemplo 5.19), ou então que todas tenham resultado em parada em configuração não final, caso em que a cadeia de entrada é rejeitada.

A rejeição, no entanto, não aconteceria no Exemplo 5.19, mesmo que as hipóteses consideradas nos parágrafos anteriores tivessem de fato acontecido durante a operação de M, pois a Figura 5.2 comprova que existe pelo menos uma sequência de movimentos que conduz M de sua configuração inicial até uma configuração final. ⋆

5.6 Linguagens sensíveis ao contexto e linguagens livres de contexto

Nesta seção será investigada a relação existente entre as linguagens livres de contexto, estudadas no Capítulo 4, e as linguagens sensíveis ao contexto, apresentadas no presente capítulo.

Teorema 5.5 (Livres de contexto $\subseteq$ sensíveis ao contexto) "Toda linguagem livre de contexto L é também uma linguagem sensível ao contexto."

Se L é livre de contexto, então existe pelo menos uma gramática livre de contexto G que gera L. Se $\varepsilon \notin L$, então, de acordo com os resultados da Seção 4.5, é possível obter uma gramática livre de contexto G', isenta de produções vazias, tal que $L'(G') = L$. Se $\varepsilon \in L$, então, conforme a Seção 4.5, é possível obter uma gramática livre de contexto G', isenta de produções vazias, tal que $L'(G') = L - \{\varepsilon\}$. Como, pela definição, toda gramática livre de contexto satisfaz aos critérios formulados para as gramáticas sensíveis ao contexto (exceto pelas regras vazias), pode-se concluir que toda linguagem livre de contexto é também uma linguagem sensível ao contexto. □

Tabela 5.2 Máquina de Turing com fita limitada simulando gramática sensível ao contexto

<table>
<tr><th>Passo</th><th>Configuração da fita de trabalho com suas duas trilhas e os respectivos cursores de acesso</th><th>Comentário</th></tr>
<tr><td>1</td><td>1 2 3 4 5 6 7 8</td><td>Os números indicam as posições da fita de entrada.</td></tr>
<tr><td>2</td><td>< a a b b c c >
|
< S >
|</td><td>Configuração inicial: cursor de acesso na posição 2.</td></tr>
<tr><td>3</td><td>< a a b b c c >
|
< S >
|</td><td>A própria posição 2 é selecionada arbitrariamente.</td></tr>
<tr><td>4</td><td>< a a b b c c >
|
< a S Q >
|</td><td>A subcadeia S é identificada na posição 2 da segunda trilha e a regra S → aSQ é aplicada, alterando o conteúdo dela.</td></tr>
<tr><td>5</td><td>< a a b b c c >
|
< a S Q >
|</td><td>A posição 3 é selecionada arbitrariamente e o cursor de acesso se desloca até ela.</td></tr>
<tr><td>6</td><td>< a a b b c c >
|
< a a b c Q >
|</td><td>A subcadeia S é identificada na posição 3 da segunda trilha e a regra S → abc é aplicada, alterando o conteúdo dela.</td></tr>
<tr><td>7</td><td>< a a b b c c >
|
< a a b c Q >
|</td><td>A posição 5 é selecionada arbitrariamente e o cursor de acesso se desloca até ela.</td></tr>
<tr><td>8</td><td>< a a b b c c >
|
< a a b Q c >
|</td><td>A subcadeia cQ é identificada na posição 5 da segunda trilha e a regra cQ → Qc é aplicada, alterando o conteúdo dela.</td></tr>
<tr><td>9</td><td>< a a b b c c >
|
< a a b Q c >
|</td><td>A posição 4 é selecionada arbitrariamente e o cursor de acesso se desloca até ela.</td></tr>
<tr><td>10</td><td>< a a b b c c >
|
< a a b b c c >
|</td><td>A subcadeia bQc é identificada na posição 4 da segunda trilha e a regra bQc → bbcc é aplicada, alterando o conteúdo dela.</td></tr>
<tr><td>11</td><td>–</td><td>As cadeias gravadas nas suas trilhas são idênticas e M para em configuração final, aceitando "aabbcc" como pertencente a L.</td></tr>
</table>

Exemplo 5.20 Seja $G_1 = (\{a,b,S\},\{S\},\{S \to aSb \mid ab\},S)$, com $L_1(G_1) = \{a^n b^n, n \geqslant 1\}$. Como $\varepsilon \notin L_1(G_1)$ e G_1 é uma gramática livre de contexto isenta de regras vazias, então G_1 é também uma gramática sensível ao contexto e L_1 é uma linguagem sensível ao contexto. $\star$

Exemplo 5.21 Seja $G_2 = (\{a,b,S\},\{S\},\{S \to aSb \mid \varepsilon\},S)$, com $L_2(G_2) = \{a^n b^n, n \geqslant 0\}$. Como G_2 contém a regra $S \to \varepsilon$, isso implica que G_2, apesar de ser uma gramática livre de contexto, não é uma gramática sensível ao contexto. Por outro lado, $L_2 - \{\varepsilon\}$ é gerada pela gramática $G_2' = (\{a,b,S\},\{S\},\{S \to aSb \mid ab\},S)$, que é livre de contexto e também sensível ao contexto. Logo, L_2 é uma linguagem sensível ao contexto. $\star$

Exemplo 5.22 Seja $G_3 = (\{a,b,S,X\},\{S,X\},\{S \to aSb \mid aXb, X \to ab \mid \varepsilon\},S)$, com $L_3(G_3) = \{a^n b^n, n \geqslant 1\}$. Como G_3 contém a regra $X \to \varepsilon$, isso implica que G_3, apesar de ser uma gramática livre de contexto, não é uma gramática sensível ao contexto. Não obstante, L_3 é gerada também pela gramática $G_3' = (\{a,b,S\},\{S\},\{S \to aSb \mid ab\},S)$, isenta de regras vazias, que é livre de contexto e também sensível ao contexto. Logo, L_3 é uma linguagem sensível ao contexto. $\star$

Exemplo 5.23 Seja $G_4 = (\{a,b,S,X\},\{S,X\},\{S \to aSb \mid X, X \to ab \mid \varepsilon\},S)$, com $L_4(G_4) = \{a^n b^n, n \geqslant 0\}$. Como G_4 contém a regra $X \to \varepsilon$, isso implica que G_4 não é uma gramática sensível ao contexto. Não obstante, a regra $X \to \varepsilon$ pode ser eliminada, dando origem à gramática $G_4' = (\{a,b,S,X\},\{S,X\},\{S \to aSb \mid X \mid \varepsilon, X \to ab\},S)$, em que a única regra vazia é $S \to \varepsilon$. Finalmente, $L_4 - \{\varepsilon\}$ é gerada pela gramática $G_4' = (\{a,b,S,X\},\{S,X\},\{S \to aSb \mid X, X \to ab\},S)$, que é simultaneamente livre de contexto e sensível ao contexto. Logo, L_4 é uma linguagem sensível ao contexto. $\star$

Teorema 5.6 (Livres de contexto $\neq$ sensíveis ao contexto) "A classe das linguagens livres de contexto constitui subconjunto próprio da classe das linguagens sensíveis ao contexto."

Através da aplicação do "Pumping Lemma" para linguagens livres de contexto é possível provar que diversas linguagens não são livres de contexto. Entre estas, pode-se citar a linguagem $\{a^n b^n c^n \mid n \geqslant 1\}$ (ver Exemplo 4.82), a qual, no entanto, pode ser representada através de uma gramática sensível ao contexto (ver Exemplo 5.3). Logo, trata-se de uma linguagem sensível ao contexto, não livre de contexto, e sua simples existência demonstra o teorema. □

Uma linguagem L é dita **estritamente sensível ao contexto** se existir alguma gramática sensível ao contexto que a gere e não existir nenhuma gramática livre de contexto que a gere. De maneira equivalente, se existir alguma Máquina de Turing com fita limitada que a aceite e não existir nenhum autômato de pilha que a aceite.

5.7 Linguagens que não são sensíveis ao contexto

É possível demonstrar que existem linguagens que não pertencem à classe das linguagens sensíveis ao contexto (Teorema 5.8). Tal demonstração, no entanto, depende da demonstração prévia de que o conjunto das gramáticas sensíveis ao contexto é enumerável (Teorema 5.7). O Capítulo 6 discutirá uma importante classe de linguagens que inclui as linguagens sensíveis ao contexto como subconjunto próprio.

Teorema 5.7 (Gramáticas sensíveis ao contexto $\Rightarrow$ enumerável) "O conjunto das gramáticas sensíveis ao contexto sobre um certo alfabeto Σ é enumerável."

Considere-se um alfabeto Σ qualquer e todas as gramáticas sensíveis ao contexto que podem ser criadas a partir dele. Seja $G = \{G_1, G_2, G_3, ...G_n, ...\}$ o conjunto infinito que reúne todas essas gramáticas.

Sem perda de generalidade, pode-se considerar que os símbolos não terminais de cada uma dessas gramáticas pertencem ao conjunto infinito $A = \{A_1, A_2, A_3, ...A_n, ...\}$ e, além disso, que a raiz de cada uma delas é A_1. Ou seja, todas elas têm a mesma raiz e compartilham o mesmo conjunto de símbolos não terminais.

Os elementos de G podem ser listados em uma ordem $G_1, G_2, G_3, ...$ (ou seja, enumerados) de acordo com o método descrito no Algoritmo 5.3.

Algoritmo 5.3 (Gramáticas sensíveis ao contexto $\Rightarrow$ enumerável) *"Enumera todas as gramáticas sensíveis ao contexto."*

- *Entrada: um alfabeto Σ.*
- *Saída: uma enumeração de todas as gramáticas sensíveis ao contexto sobre Σ.*
- *Método:*
    1. *Inicialmente, listam-se todas as gramáticas cujas regras tenham o formato $\alpha \rightarrow \beta, |\alpha| = 1, |\beta| = 1$, e tais que apenas o não terminal A_1 seja utilizado nelas. Claramente, existe apenas um número finito de gramáticas nessa condição.*
    2. *A seguir, listam-se todas as gramáticas cujas regras tenham o formato $\alpha \rightarrow \beta, |\alpha| \leqslant 2, |\beta| \leqslant 2$, e tais que apenas os não terminais A_1 e A_2 sejam utilizados nelas. Novamente, o conjunto de gramáticas que satisfaz a essa condição é finito.*
    3. *Repete-se o passo (2) considerando $|\alpha| \leqslant 3, |\beta| \leqslant 3$ e os não terminais A_1, A_2, A_3, e assim por diante.*

○

Todas as gramáticas pertencentes a G serão inevitavelmente listadas (enumeradas) por esse método, que gera uma sequência infinita de conjuntos finitos, sequência essa que pode ser ordenada na mesma sequência dos números naturais $(1,2,3...)$. O conjunto das gramáticas sensíveis ao contexto é, portanto, um conjunto enumerável. □

Exemplo 5.24 Considere-se $\Sigma = \{a, b\}$ e, inicialmente, apenas as regras em que $\alpha \rightarrow \beta, |\alpha| = 1, |\beta| = 1$ e tais que A_1 seja o único não-terminal empregado. Então, $N_1 = \{A_1\}, V_1 = \Sigma \cup N_1 = \{A_1, a, b\}$. Tem-se, portanto, $m = |V_1| = 3$ regras distintas nessa categoria:

1. $A_1 \rightarrow A_1$
2. $A_1 \rightarrow a$
3. $A_1 \rightarrow b$

Dessa forma, as diversas gramáticas que podem ser criadas a partir das regras acima conterão, respectivamente, apenas uma, apenas duas ou apenas três regras distintas.

Gramáticas com exatamente uma regra:

- G_1, com a regra (1)
- G_2, com a regra (2)
- G_3, com a regra (3)

Gramáticas com exatamente duas regras:

- G_4, com as regras (1) e (2)
- G_5, com as regras (2) e (3)
- G_6, com as regras (1) e (3)

Gramáticas com exatamente três regras:

- G_7, com as regras (1), (2) e (3)

Portanto, são sete as gramáticas sensíveis ao contexto distintas que podem ser criadas sobre o vocabulário $\{A_1, a, b\}$.

Para relacionar as regras em que $\alpha \to \beta, |\alpha| \leqslant 2, |\beta| \leqslant 2$, e tais que A_1, A_2 sejam empregados, deve-se considerar os seguintes casos:

a) $|\alpha| = |\beta| = 1$
b) $|\alpha| = 1, |\beta| = 2$
c) $|\alpha| = |\beta| = 2$

Sejam, portanto, $N_2 = \{A_1, A_2\}$ e $V_2 = \{A_1, A_2, a, b\}$. Então, as seguintes regras podem ser geradas em cada caso:

a) $\alpha \to \beta, |\alpha| = 1, |\beta| = 1$

$A_1 \to A_1$, $A_1 \to A_2$, $A_1 \to a$, $A_1 \to b$,
$A_2 \to A_1$, $A_2 \to A_2$, $A_2 \to a$, $A_2 \to b$

Tem-se, portanto, $m = |N_2| * |V_2| = 2 * 4 = 8$ produções distintas nessa categoria.

b) $\alpha \to \beta, |\alpha| = 1, |\beta| = 2$

$A_1 \to A_1A_1$, $A_1 \to A_1A_2$, $A_1 \to A_1a$, $A_1 \to A_1b$,
$A_1 \to A_2A_1$, $A_1 \to A_2A_2$, $A_1 \to A_2a$, $A_1 \to A_2b$,
$A_1 \to aA_1$, $A_1 \to aA_2$, $A_1 \to aa$, $A_1 \to ab$,
$A_1 \to bA_1$, $A_1 \to bA_2$, $A_1 \to ba$, $A_1 \to bb$,
$A_2 \to A_1A_1$, $A_2 \to A_1A_2$, $A_2 \to A_1a$, $A_2 \to A_1b$,
$A_2 \to A_2A_1$, $A_2 \to A_2A_2$, $A_2 \to A_2a$, $A_2 \to A_2b$,
$A_2 \to aA_1$, $A_2 \to aA_2$, $A_2 \to aa$, $A_2 \to ab$,
$A_2 \to bA_1$, $A_2 \to bA_2$, $A_2 \to ba$, $A_2 \to bb$

ou seja:

- $m = |N_2| = 2$ possibilidades distintas para cadeia α, e
- $n = |V_2|^{|\beta|} = 2^4 = 16$ possibilidades distintas para a cadeia β.

Portanto, existem $m * n = 32$ produções distintas nessa categoria.

c) $\alpha \to \beta, |\alpha| = 2, |\beta| = 2$

- $m = |V_2|^2 - |\Sigma|^2 = 4^2 - 2^2 = 12$
- $n = |V_2|^{|\beta|} = 4^2 = 16$

Consequentemente, existem $m * n = 12 * 16 = 192$ produções distintas nessa categoria.

Consideradas como um todo, são $8 + 32 + 192 = 232$ produções distintas que satisfazem à condição $\alpha \to \beta, |\alpha| \leqslant 2, |\beta| \leqslant 2$. Com essas produções, é possível criar $2^{232} - 1$ gramáticas distintas.

Cumpre notar que o cálculo de m é feito considerando-se o total de cadeias de comprimento 2 possíveis de serem construídas sobre $V - |V_2|^2$, descontando-se, destas, aquelas que sejam formadas exclusivamente por símbolos terminais — ou seja, $|\Sigma|^2$. Dessa forma, são contadas apenas as cadeias α que contenham pelo menos um símbolo não terminal.

A generalização desses casos pode ser resumida na questão: quantas gramáticas sensíveis ao contexto distintas podem ser geradas com n símbolos não terminais distintos e com as regras obedecendo ao formato $\alpha \to \beta, |\alpha| \leqslant n, |\beta| \leqslant n, |\alpha| \leqslant |\beta|$?

Para responder a essa pergunta, deve-se, inicialmente, considerar todos os formatos diferentes que as regras podem assumir, de acordo com tal especificação. Esses formatos são apresentados na Tabela 5.3.

Tabela 5.3 Cálculo do número de gramáticas sensíveis ao contexto

1::1					
1::2	2::2				
1::3	2::3	3::3			
...	...	...			
1::n-1	2::n-1	3::n-1	...	n-1::n-1	
1::n	2::n	3::n	...	n-1::n	n::n

Nesta tabela, $i :: j$ denota o conjunto das regras $\alpha \rightarrow \beta, |\alpha| = i, |\beta| = j$. A união de todos esses conjuntos resulta no conjunto de regras $\alpha \rightarrow \beta, |\alpha| \leqslant n, |\beta| \leqslant n, |\alpha| \leqslant |\beta|$. Como cada um dos conjuntos considerados é finito, o conjunto resultante também será finito.

A título de ilustração, é fácil deduzir que a quantidade total de elementos contidos no conjunto $i :: j$ pode ser obtida pelo produto $m * n$, onde:

- $m = |V_n|^i - |\Sigma|^i$
  (quantidade de cadeias α distintas com comprimento i)
- $n = |V_n|^j$
  (quantidade de cadeias β distintas com comprimento j)

Para se determinar a quantidade total de regras na tabela, basta calcular a função $regras(n)$ a seguir (V_n é o conjunto dos símbolos não terminais e Σ o conjunto dos símbolos terminais):

$regras(n)$:

1. regras $\leftarrow$ 0;
2. para $i \leftarrow 1$ até n

   para $j \leftarrow i$ até n

   faça regras $\leftarrow$ regras+$(|V_n|^i - |\Sigma|^i) * |V_n|^j$

Como $\Sigma = \{a, b\}$, então $|\Sigma| = 2$ e $|V_n| = n + 2$. Logo:

$regras(n)$:

1. regras $\leftarrow$ 0;
2. para $i \leftarrow 1$ até n

   para $j \leftarrow i$ até n

   faça regras $\leftarrow$ regras+$((n+2)^i - 2^i) * (n+2)^j$

Os casos anteriores podem ser considerados casos particulares da fórmula geral acima. Considere-se $n = 2, \alpha \rightarrow \beta, |\alpha| \leqslant 2, |\beta| \leqslant 2$:

$$regras = 0$$

$$i = 1, j = 1 \quad regras = regras + ((2+2)^1 - 2^1) * (2+2)^1 = regras + 8$$

$$i = 1, j = 2 \quad regras = regras + ((2+2)^1 - 2^1) * (2+2)^2 = regras + 32$$

$$i = 2, j = 2 \quad regras = regras + ((2+2)^2 - 2^2) * (2+2)^2 = regras + 192$$

Portanto, obtêm-se 8+32+192=232 regras distintas.

A quantidade total de gramáticas que podem ser criadas a partir de k regras distintas é dada pela função $gramaticas(k)$ a seguir:

$$gramaticas(k) = 2^k - 1$$

No presente exemplo, tem-se que $\alpha \rightarrow \beta, |\alpha| \leqslant 2, |\beta| \leqslant 2$ produz $2^{232} - 1$ gramáticas distintas, exatamente o mesmo resultado obtido anteriormente.

O processo todo pode, portanto, ser resumido nos seguintes passos:

1. $n \leftarrow 1$;
2. $k \leftarrow regras(n)$;
3. calcula $gramaticas(k)$;
4. $n \leftarrow n+1$;
5. Desviar para (1).

Naturalmente, esses passos servem apenas como ilustração da forma como se podem enumerar todas as gramáticas possíveis sobre $\{a,b\}$. A sua transcrição para a forma de um algoritmo só faz sentido caso se estabeleça um limite superior para n, caso contrário eles não se encerrariam nunca.

Cumpre notar que o método descrito gera toda e qualquer gramática sensível ao contexto sobre $\{a,b\}$, incluindo aquelas que geram linguagens vazias, contêm símbolos inúteis ou são equivalentes a outras gramáticas geradas anteriormente. Como exemplo desses casos, pode-se considerar as gramáticas:

- $G_1 = (\{A_1, a, b\}, \{a, b\}, \{A_1 \rightarrow A_1\}, A_1)$
- $G_2 = (\{A_1, A_2, a, b\}, \{a, b\}, \{A_1 \rightarrow A_2, A_3 \rightarrow A_3, A_2 \rightarrow a\}, A_1)$
- $G_3 = (\{A_1, A_2, a, b\}, \{a, b\}, \{A_1 \rightarrow A_2, A_2 \rightarrow A_2, A_2 \rightarrow a\}, A_1)$

$L(G_1) = \emptyset$, A_3 é inútil em G_2 e $L(G_3) = L(G_1)$. Tal aspecto não invalida, no entanto, o prosseguimento da demonstração. ⋆

Teorema 5.8 (Linguagens não sensíveis ao contexto) "Existem linguagens que não são sensíveis ao contexto."

Prova-se que existe pelo menos uma linguagem tal que não existe gramática sensível ao contexto que a gere.

Considere-se inicialmente o resultado do Teorema 5.7 (as gramáticas sensíveis ao contexto são enumeráveis) e um alfabeto Σ qualquer. Em seguida, pode-se considerar uma enumeração, em ordem lexicográfica crescente, das cadeias de Σ^+. Considere-se, em particular, $\Sigma = \{a,b\}$. Tal enumeração é correspondente à sequência:

$$a, b, aa, ab, ba, bb, aaa, aab, aba, abb, baa, bab, bba, bbb, ...$$

Tendo enumerado os elementos de $G = \{G_1, G_2, ..., G_n, ...\}$ e de $\Sigma^+ = \{\alpha_1, \alpha_2, ..., \alpha_n, ...\}$, passa-se agora a estabelecer uma função bijetora entre os dois conjuntos, de tal forma que os pares $(G_i, \alpha_i), i \geqslant 1$ sejam elementos dessa função (Tabela 5.4).

Tabela 5.4 Função bijetora entre gramáticas e cadeias sobre $\{a,b\}$

G_1	G_2	G_3	...	G_n	...
$\updownarrow$	$\updownarrow$	$\updownarrow$		$\updownarrow$	
α_1	α_2	α_3	...	α_n	...

Defina-se agora a linguagem $L_R = \{\alpha_i \mid \alpha_i \notin L(G_i), \forall i \geqslant 1\}$. Em outras palavras, pertencem a L_R as cadeias α_i que não pertençam a $L(G_i)$. Tal verificação pode sempre ser feita para gramáticas sensíveis ao contexto, conforme demonstrado em teorema anterior sobre a equivalência deste tipo de gramáticas com as Máquinas de Turing com fita limitada (Teorema 5.4).

Só existem duas hipóteses acerca de L_R: ou trata-se de uma linguagem que é sensível ao contexto, ou então trata-se de uma linguagem que não é sensível ao contexto.

Considere-se que L_R seja uma linguagem sensível ao contexto. Se essa hipótese for verdadeira, deverá existir pelo menos uma gramática sensível ao contexto que a gere. Naturalmente, tal gramática deverá pertencer ao conjunto G. Seja G_i essa gramática. Se $L_R = L(G_i)$, então só existem duas possibilidades: α_i pertence ou não pertence a L_R.

- *Primeira possibilidade*: se $\alpha_i \notin L(G_i)$, então $\alpha_i \in L_R$, por hipótese, o que é uma contradição.
- *Segunda possibilidade*: se $\alpha_i \in L(G_i)$, então $\alpha_i \notin L_R$, por construção, o que também é uma contradição.

Logo, L_R não pode ser uma linguagem sensível ao contexto, e isso completa a demonstração. □

5.8 Propriedades de fechamento

A classe das linguagens sensíveis ao contexto é fechada em relação às operações de:

- união;
- concatenação;
- fechamento reflexivo e transitivo;
- intersecção;
- complementação.

Todos os resultados, exceto a complementação, são apresentados nos teoremas seguintes. Além disso, todos eles, exceto o que trata do fechamento reflexivo e transitivo e da complementação, estão demonstrados em [13]. A questão do fechamento em relação à operação de fechamento reflexivo e transitivo é tratada em [13] apenas como o fechamento em relação à operação de fechamento transitivo (porque a definição usada neste texto para linguagem sensível ao contexto exclui a cadeia vazia). A questão do fechamento em relação à operação de complementação permaneceu sem resposta durante vários anos, até que apenas em 1988 esse resultado foi provado como sendo verdadeiro (ver [50]).

Como a classe das linguagens sensíveis ao contexto pode ser caracterizada de forma indistinta tanto por meio de gramáticas quando de reconhecedores, os dois tipos de dispositivo serão usados nas demonstrações que seguem.

Teorema 5.9 (Fecho na união) "A classe das linguagens sensíveis ao contexto é fechada em relação à operação de união."

Sejam L_1 e L_2 duas linguagens sensíveis ao contexto quaisquer. Então, $L_1 - \{\varepsilon\} = L(G_1)$ e $L_2 - \{\varepsilon\} = L(G_2)$, com G_1 e G_2 sendo duas gramáticas sensíveis ao contexto. O Algoritmo 5.4 possibilita a obtenção de $G_3 = (V_3, \Sigma_3, P_3, S_3)$, tal que $L(G_3) = L_1 \cup L_2$. Se $\varepsilon \notin L_1$ e $\varepsilon \notin L_2$, então $L(G_3) = L_1 \cup L_2$ e, como G_3 é uma gramática sensível ao contexto, segue que $L(G_3)$ é uma linguagem sensível ao contexto. Se $\varepsilon \notin L_1$ ou $\varepsilon \notin L_2$ (ou ambos), então basta construir uma gramática $G_4 = (V_3 \cup \{S_4\}, P_3 \cup \{S_4 \to \varepsilon \mid S_3\}, S_4)$. Dessa maneira, $L(G_4) = L_1 \cup L_2$ e, como $L(G_4) - \{\varepsilon\}$ é gerada por uma gramática sensível ao contexto (G_4), segue que $L(G_4)$ é uma linguagem sensível ao contexto da mesma forma.

Algoritmo 5.4 (Fecho na união) *"Obtenção de uma gramática sensível ao contexto que descreve a união de duas linguagens definidas por gramáticas sensíveis ao contexto."*

- *Entrada:* $G_1 = (V_1, \Sigma_1, P_1, S_1)$ *e* $G_2 = (V_2, \Sigma_2, P_2, S_2)$*, duas gramáticas sensíveis ao contexto;*
- *Saída: uma gramática sensível ao contexto* G_3*, tal que* $L(G_3) = L(G_1) \cup L(G_2)$*;*
- *Método:*
  1. *Renomear adequadamente os símbolos não terminais de* G_1 *e* G_2*, de tal modo que* $N_1 \cap N_2 = \emptyset$*.*
  2. $V_3 = V_1 \cup V_2$*.*
  3. $\Sigma_3 = \Sigma_1 \cup \Sigma_2$*.*
  4. $P_3 = P_1 \cup P_2 \cup \{S_3 \rightarrow S_2, S_3 \rightarrow S_1)\}$*.*

○

A gramática G_3 obtida pela aplicação do Algoritmo 5.4 é sensível ao contexto, logo $L_1 \cup L_2$ é uma linguagem sensível ao contexto. □

Teorema 5.10 (Fecho na concatenação) "As linguagens sensíveis ao contexto são fechadas em relação à operação de concatenação."

Sejam L_1 e L_2 duas linguagens sensíveis ao contexto quaisquer. Então, L_1 e L_2 são reconhecidas, respectivamente, por Máquinas de Turing com fita limitada M_1 e M_2. A linguagem $L_3 = L_1 L_2$ é aceita por M_3, uma Máquina de Turing com fita limitada, construída conforme o Algoritmo 5.5.

Algoritmo 5.5 (Fecho na concatenação) *"Obtenção de uma Máquina de Turing com fita limitada que reconhece a concatenação de duas linguagens sensíveis ao contexto definidas por Máquinas de Turing com fita limitada."*

- *Entrada:* M_1 *e* M_2*, duas Máquinas de Turing com fita limitada.*
- *Saída: uma Máquina de Turing com fita limitada* M_3*, tal que* $L(M_3) = L(M_1)\, L(M_2)$*.*
- *Método:*
  1. M_3 *inicialmente simula* M_1 *com uma cadeia de entrada* $w, w = \alpha\beta$*.*
  2. *Se* M_1 *aceita um prefixo* α *de* w*, então* M_3 *simula* M_2 *com o sufixo* β*.*
  3. *Se* M_2 *aceita* β*, então* M_3 *pára e aceita a cadeia* w*.*

○

No Algoritmo 5.5, M_3 aceita w se e somente se $\alpha \in L_1$ e $\beta \in L_2$. Caso contrário, M_3 rejeita w. Logo, L_3 é uma linguagem sensível ao contexto. □

Teorema 5.11 (Fecho na fecho) "A classe das linguagens sensíveis ao contexto é fechada em relação à operação de fechamento reflexivo e transitivo."

Suponha que L é uma linguagem sensível ao contexto. Então, $L - \{\varepsilon\}$ é gerada por uma gramática $G_1 = (V_1, \Sigma, P_1, S_1)$ na Forma Normal de Kuroda. O Algoritmo 5.6 mostra como obter uma gramática sensível ao contexto $G_3 = (V_3, \Sigma, P_3, S_3)$ que gera L^+. Em seguida, basta construir uma gramática $G_4 = (V_3 \cup \{S_4\}, P_3 \cup \{S_4 \rightarrow \varepsilon \mid S_3\}, S_4)$. Dessa maneira, $L(G_4) = L^*$ e $L(G_4) - \{\varepsilon\}$ é gerada por uma gramática sensível ao contexto. Logo, $L(G_4)$ é uma linguagem sensível ao contexto.

Algoritmo 5.6 (Fecho no fecho) *"Obtenção de uma gramática sensível ao contexto que gera o fechamento transitivo da linguagem gerada por uma gramática sensível ao contexto na Forma Normal de Kuroda."*

- *Entrada:* G_1, *uma gramática sensível ao contexto na Forma Normal de Kuroda que gera* L.
- *Saída:* G_3, *uma gramática sensível ao contexto que gera* L^+.
- *Método:*
  1. *Criar* $G_2 = (V_2, \Sigma, P_2, S_2)$ *tal que* $L(G_2) = L(G_1)$ *e* $N_1 \cap N_2 = \emptyset$;
  2. *Criar* $G_3 = (V_1 \cup V_2 \cup \{S_3, S_3'\}, P_1 \cup P_2 \cup \{S_3 \to S_1 S_3' \mid S_1, S_3' \to S_2 S_3 \mid S_2\}, S_3)$.

○

Apesar da simplicidade do Algoritmo 5.6, convém destacar alguns pontos importantes e possivelmente pouco claros. Primeiramente, cumpre notar que G_1 e G_2 geram exatamente a mesma linguagem L. A única diferença entre essas gramáticas é que os símbolos não terminais possuem nomes distintos, a fim de evitar que o mesmo símbolo compareça tanto em V_1 quanto em V_2 (o motivo para isso ficará aparente em seguida).

Depois, deve-se notar que o símbolo não terminal S_3 (raiz de G_3) gera formas sentenciais do tipo $S_1 S_2 S_1 S_2 S_1 ...$, ou seja, cadeias em que os símbolos S_1 e S_2 aparecem alternados em quantidade arbitrária e maior ou igual a um (no caso, o símbolo S_1). A partir disso, cada não símbolo não terminal desta forma sentencial (S_1 ou S_2) poderá gerar uma sentença diferente de L.

O uso da Forma Normal de Kuroda é justificado pelo fato de que as regras não usam símbolos terminais do lado esquerdo, o que elimina a possibilidade de usar, como lado esquerdo de alguma regra em G_3, uma cadeia cujo prefixo (não vazio) é gerado a partir de S_1 e o sufixo (também não vazio) é gerado a partir de S_2 (ou vice-versa). Além disso, como $\varepsilon \notin L$, jamais ocorrerão dois S_1 ou dois S_2 consecutivos, o que também poderia comprometer a presente estratégia.

A prova do presente teorema foi baseada na solução proposta em [13] para provar que a classe das linguagens sensíveis ao contexto é fechada em relação à operação de fechamento positivo (ou transitivo). □

Teorema 5.12 (Fecho na intersecção) "As linguagens sensíveis ao contexto são fechadas em relação à operação de intersecção."

Sejam L_1 e L_2 duas linguagens sensíveis ao contexto quaisquer. Então, L_1 e L_2 são reconhecidas, respectivamente, por Máquinas de Turing com fita limitada M_1 e M_2. A linguagem $L_3 = L_1 \cap L_2$ é aceita por M_3, uma Máquina de Turing com fita limitada, construída conforme o Algoritmo 5.7.

Algoritmo 5.7 (Fecho na intersecção) *"Obtenção de uma Máquina de Turing com fita limitada que reconhece a intersecção de duas linguagens sensíveis ao contexto definidas por Máquinas de Turing com fita limitada."*

- *Entrada:* M_1 *e* M_2, *duas Máquinas de Turing com fita limitada.*
- *Saída: uma Máquina de Turing com fita limitada* M_3, *tal que* $L(M_3) = L(M_1) \cap L(M_2)$.
- *Método:*
  1. M_3 *possui duas fitas de entrada.*
  2. *Uma cadeia* w *é gravada na primeira fita.*
  3. M_3 *copia* w *da primeira para a segunda fita.*
  4. M_3 *simula* M_1, *utilizando a primeira fita.*
  5. *Se* M_1 *aceita* w, *então* M_3 *simula* M_2 *com a segunda fita.*
  6. *Se* M_2 *aceita* w, *então* M_3 *para e aceita* w.

○

De acordo com o Algoritmo 5.7, M_3 aceita w se e somente se $w \in L_1 \cap L_2$. Caso contrário, M_3 rejeita w. Logo, L_3 é uma linguagem sensível ao contexto. □

5.9 Questões decidíveis e não decidíveis

Diversos problemas de decisão costumam ser considerados neste tipo de estudo. Em particular, dadas cadeias arbitrárias e linguagens sensíveis ao contexto quaisquer, os problemas mais comumente considerados são:

- $w \in L$?
- $L = \emptyset$?
- $L = \Sigma^*$?
- $L_1 = L_2$?
- $L_1 \subseteq L_2$?
- $L_1 \cap L_2 = \emptyset$?

De todos estes, apenas o primeiro é um problema que pode ser decidido no caso geral, quaisquer que sejam w e L. Os demais constituem problemas para os quais pode não haver solução geral. Isso significa que determinadas combinações de dados de entrada podem nunca gerar uma resposta, não importa se afirmativa ou negativa. Será apresentado aqui apenas o primeiro desses resultados, sendo que a demonstração de todos eles pode ser encontrada em [13].

Teorema 5.13 (A cadeia pertence?) "Dadas uma cadeia $w \in \Sigma^*$ e uma linguagem sensível ao contexto L, $L \subseteq \Sigma^*$, é sempre possível determinar se $w \in L$."

Se L é uma linguagem sensível ao contexto, então $L = L(G)$, sendo G uma gramática sensível ao contexto. Constrói-se uma Máquina de Turing com fita limitada M, composta por três trilhas:

- Na primeira trilha é gravada a cadeia de entrada w.
- Na segunda trilha é gravada uma representação de G.
- Na terceira trilha, é gravado inicialmente o símbolo inicial de G (a raiz S).

M opera de maneira muito semelhante ao modelo discutido na demonstração do Teorema 5.4. A diferença é que, naquele caso, a especificação da gramática G estava "gravada" na própria definição da Máquina de Turing com fita limitada. Agora, G está gravada em uma trilha adicional, reservada para essa finalidade.

Assim, M procura, de maneira não determinística, gerar a cadeia w usando as regras de G gravadas na segunda trilha e construindo formas sentenciais intermediárias na terceira trilha. Através da comparação dos conteúdos da primeira e da terceira trilha, conforme o método descrito no Teorema 5.4, é possível demonstrar que $w \in L(M)$ se e somente se $S \Rightarrow^* w$.

□

5.10 Dispositivos adaptativos dirigidos por regras

Um dispositivo formal é dito adaptativo sempre que seu comportamento puder alterar-se dinamicamente, como uma resposta espontânea aos estímulos de entrada que o alimentam.

Essa alteração deve se dar sem que haja qualquer interferência de agentes externos, inclusive o usuário.

Para que isso possa acontecer, os dispositivos adaptativos devem ser, portanto, automodificáveis.

Em outros termos, quaisquer possíveis alterações no comportamento do dispositivo devem ser plenamente conhecidas *a priori*, em quaisquer etapas de sua operação em que tais alterações de comportamento devam se efetivar.

Consequentemente, os dispositivos adaptativos devem ser capazes de detectar todas as situações causadoras de possíveis modificações, e de reagir adequadamente a elas, através da imposição de automodificações, correspondentes às alterações desejadas do comportamento do dispositivo.

Nesta seção, os dispositivos considerados são aqueles cujo comportamento seja baseado na operação de dispositivos subjacentes não adaptativos que sejam integralmente descritos por meio de algum conjunto finito de regras.

Um dispositivo adaptativo dirigido por regras pode ser obtido pela incorporação de ações adaptativas às regras da formulação subjacente, de tal modo que, sempre que alguma delas for aplicada, a ação adaptativa associada é acionada, causando as devidas alterações correspondentes no conjunto de regras do dispositivo não adaptativo subjacente.

Também será apresentada nesta seção uma formulação geral que unifica a representação e a manipulação de dispositivos adaptativos dirigidos por regras, a qual inclusive estabelecerá um cenário padronizado para a sua representação e manipulação.

A principal característica dessa formulação é que ela apresenta a desejável propriedade de preservar a natureza do formalismo não adaptativo, de tal forma que o dispositivo adaptativo resultante possa ser facilmente compreendido por todos os que tiverem familiaridade com o formalismo não adaptativo subjacente original.

Para ilustrar, será apresentado um estudo de caso com dupla finalidade, que descreverá de um lado o formalismo das tabelas de decisão adaptativas como dispositivo adaptativo dirigido por regras e, de outro, seu uso na emulação de um autômato finito adaptativo muito simples, o qual é também, por sua vez, um dispositivo adaptativo dirigido por regras.

Introdução

Mesmo com todos os inúmeros dispositivos adaptativos que foram criados e pesquisados principalmente na década de 1990, as então apenas emergentes notações utilizadas ainda não estavam devidamente adequadas para representar o formalismo adaptativo de uma forma simples e que fosse a mais próxima possível da utilizada para a representação dos mecanismos formais não adaptativos subjacentes originais.

Como decorrência, os formalismos automodificáveis então propostos não foram empregados de forma extensiva, e esse fato pode ser atribuído, entre outras razões, à complexidade apresentada por essas formulações, que dificultava o emprego prático dos formalismos adaptativos.

Neste texto será apresentada uma formulação geral de dispositivos adaptativos dirigidos por regras, que utiliza como base a própria formalização clássica empregada na descrição dos dispositivos não adaptativos subjacentes baseados em regras.

Procurar-se-á oferecer, através dessa formulação, uma notação clara, intuitiva e de fácil assimilação, sem reduzir significativamente a legibilidade da notação original ou dificultar substancialmente a descrição ou a interpretação dos modelos resultantes.

Essa formulação apresentará ainda uma generalidade bastante grande, pelo fato de ser relativamente independente do particular mecanismo formal subjacente, o que a torna insensível ao dispositivo não adaptativo em que se baseiam os modelos com ela construídos, de forma que todos os resultados e avanços técnicos obtidos ao se trabalhar com um dado formalismo subjacente permanecem válidos mesmo que seja utilizado em seu lugar outro formalismo dirigido por regras, ainda que de natureza diversa.

Dispositivos (não adaptativos) dirigidos por regras

Máquinas de estados constituem ferramentas matemáticas muito populares, frequentemente empregadas na descrição e modelagem de sistemas do mundo real.

Em cada estágio de sua operação, esses dispositivos assumem alguma configuração, a qual geralmente abrange o conjunto dos conteúdos de todos os elementos que armazenam informações no dispositivo, bem como o *status* corrente dele.

Em conjunto com a parte ainda não processada da cadeia de entrada, e a despeito da maneira como a configuração corrente do dispositivo foi atingida, tal configuração determina integralmente seu comportamento futuro.

Uma máquina formal opera movimentando-se sucessivamente de uma configuração para a seguinte, em resposta aos estímulos emanados da sua cadeia de entrada.

Sem perda de generalidade, pode-se afirmar que tais dispositivos iniciam sua operação em alguma configuração inicial que obedece a um conjunto fixo bem conhecido de restrições.

Após efetuar o processamento de toda a sequência de estímulos de entrada, o dispositivo atinge alguma configuração, a qual pode indicar se a cadeia de entrada foi aceita na íntegra, ou então se foi rejeitada pelo dispositivo.

Adicionalmente, podem-se criar duas partições a partir do conjunto de todas as possíveis configurações do dispositivo: uma incluindo apenas as configurações de aceitação e a outra, apenas as de rejeição.

Um dispositivo não adaptativo dirigido por regras é qualquer máquina formal cujo comportamento dependa exclusivamente de um conjunto finito de regras, as quais mapeiam cada possível configuração do dispositivo em uma correspondente configuração seguinte.

O dispositivo é dito determinístico se e somente se, para cada configuração inicial ou intermediária e para qualquer estímulo de entrada, o conjunto das regras que o definem determina uma e somente uma configuração seguinte. Caso contrário, o dispositivo é dito não determinístico.

Dispositivos não determinísticos podem permitir mais de um movimento válido em cada passo de sua movimentação. Assim, seu uso requer que, a partir de uma dada configuração, sejam testadas todas as possíveis próximas configurações, como passos intermediários em direção a alguma configuração final de aceitação.

Geralmente, as ineficiências inevitáveis decorrentes da execução de tais operações de tentativa e erro tornam inadequadas as implementações seuüenciais para os dispositivos não determinísticos.

Assim, para que possam obter implementações eficientes, é altamente recomendável que se busque obter, sempre que isso for possível, formulações determinísticas equivalentes para tais dispositivos.

Seja $ND = (C, NR, S, c_0, A, NA)$, onde:

- ND é um dispositivo dirigido por regras, cuja operação é determinada pelo conjunto de regras NR.

- C é o conjunto de todas as suas possíveis configurações, e $c_0 \in C$ é sua configuração inicial.
- S é o conjunto (finito) de todos os possíveis eventos que são estímulos de entrada válidos para ND, com $\varepsilon \in S$.
- $A \subseteq C$ (respectivamente, $F = C - A$) é o subconjunto de todas as suas configurações de aceitação (respectivamente, configurações de rejeição).
- ε denota "vazio", e representa o elemento nulo do conjunto ao qual ele pertence.
- $w = w_1 w_2 ... w_n$ é uma cadeia de estímulos de entrada, onde $w_k \in S - \{\varepsilon\}, k = 1, ..., n$, com $n \geqslant 0$.
- NA é um conjunto (finito), com $\varepsilon \in NA$, de todos os possíveis símbolos a serem emitidos como saídas por ND, à guisa de efeitos colaterais à aplicação das regras contidas em NR. Na prática, os símbolos de saída do conjunto NA podem ser mapeados em chamadas de procedimentos, de tal forma que a saída, gerada pela aplicação de alguma regra, possa também ser interpretada como sendo a ativação de algum procedimento correspondente.
- NR é o conjunto de regras que definem ND por meio da relação $NR \subseteq C \times S \times C \times NA$. As regras $r \in NR$ apresentam-se na forma $r = (c_i, s, c_j, z)$, indicando que, em resposta a um estímulo de entrada qualquer $s \in S$, r modifica a configuração corrente de c_i para a nova configuração c_j, consome s e, como efeito colateral, emite a saída $z \in NA$.

Uma regra $r = (c_i, s, c_j, z)$, com $r \in NR; c_i, c_j \in C; s \in S; z \in NA$, é dita compatível com a configuração corrente c se e apenas se $c_i = c$, desde que s seja vazio ou igual ao estímulo de entrada corrente do dispositivo.

Neste caso, a aplicação de uma regra compatível move o dispositivo para a configuração c_j (denotada por $c_i \Rightarrow^s c_j$) e acrescenta z à cadeia de saída. Note-se que s, z ou ambos podem ser vazios.

Uma sequência opcional de movimentos em vazio é denotada por:

$$c_i \Rightarrow^{\sim} c_m, m \geqslant 0$$

e abrevia

$$c_i \Rightarrow^{\varepsilon} c_1 \Rightarrow^{\varepsilon} c_2 \Rightarrow^{\varepsilon} ... \Rightarrow^{\varepsilon} c_m$$

Uma sequência opcional de movimentos em vazio, finalizada por um movimento que consuma o símbolo w_k, é denotada por:

$$c_i \Rightarrow^{\sim w_k} c_j$$

e representa

$$c_i \Rightarrow^{\sim} c_m \Rightarrow^{w_k} c_j$$

Diz-se que uma cadeia de entrada $w = w_1 w_2 ... w_n$ é aceita por ND quando:

$$c_0 \Rightarrow^{\sim w_1} c_1 \Rightarrow^{\sim w_2} ... \Rightarrow^{\sim w_n} c_n \Rightarrow^{\sim} c$$

(abreviadamente denotada como $c_0 \Rightarrow^{w} c$, com $c \in A$).

De forma complementar, diz-se que w é rejeitada por ND quando $c \in F$.

A linguagem definida por ND é o conjunto:

$$L(ND) = \{w \in S^* \mid c_0 \Rightarrow^{w} c, c \in A\}$$

de todas as cadeias $w \in S^*$ que são aceitas por ND.

Dispositivos adaptativos

Defina-se um contador T, que é iniciado com o valor zero, e automaticamente incrementado de uma unidade sempre que uma ação adaptativa não vazia for executada.

Cada valor k assumido por T pode ser usado para indexar os nomes de conjuntos variantes no tempo. Nesse caso, tal indexação seleciona o passo k de operação de AD.

Um dispositivo $AD = (ND_0, AM)$ é dito adaptativo sempre que, para qualquer passo de operação $k \geqslant 0$, AD seguir o comportamento de ND_k, até que a execução de alguma ação adaptativa não vazia inicie seu $(k+1)$-ésimo passo ao modificar seu próprio conjunto de regras.

Em qualquer passo $k \geqslant 0$ de operação de AD, sendo ND_k o correspondente dispositivo subjacente definido por NR_k, a execução de qualquer ação adaptativa não vazia provoca a evolução de ND_k para ND_{k+1}.

Assim, AD começa a executar seu $(k+1)$-ésimo passo de operação já com o conjunto NR_{k+1}, resultante das alterações impostas, no passo anterior, ao conjunto NR_k.

Daí em diante, AD seguirá o comportamento de ND_{k+1} até que alguma outra ação adaptativa não vazia provoque o início de um novo passo de operação.

Esse procedimento se repete até que a cadeia de entrada tenha sido integralmente processada ou que algum erro interrompa a operação de AD.

O dispositivo adaptativo AD inicia sua operação em c_0, em sua forma inicial $AD_0 = (C_0, AR_0, S, c_0, A, NA, BA, AA)$.

No passo $k \geqslant 0$, um estímulo de entrada (sempre) move AD para sua próxima configuração e então AD inicia seu $(k+1)$-ésimo passo de operação se e somente se uma nova ação adaptativa não vazia for executada.

Dessa forma, estando AD em seu passo k, e apresentando-se na forma AD_k=(C_k, AR_k, S, c_k, A, NA, BA, AA), a execução de uma ação adaptativa não vazia deve conduzi-lo a AD_{k+1}=(C_{k+1}, AR_{k+1}, S, c_{k+1}, A, NA, BA, AA).

Nessa formulação, tem-se:

- $AD = (ND_0, AM)$ representa algum dispositivo adaptativo, dado por um dispositivo subjacente inicial ND_0 e um mecanismo adaptativo AM.
- ND_k é o dispositivo não adaptativo subjacente de AD em algum passo de operação k. ND_0 é o dispositivo subjacente inicial de AD, definido pelo conjunto inicial de regras não adaptativas NR_0. Por definição, quaisquer regras não adaptativas, em qualquer NR_k, espelham as regras adaptativas correspondentes em AR_k.
- C_k é o conjunto de todas as possíveis configurações que ND pode assumir no seu k-ésimo passo de operação, e $c_k \in C_k$ é a configuração em que inicia tal passo de operação. Para $k = 0$, tem-se respectivamente C_0, o conjunto inicial de configurações válidas, e $c_0 \in C_0$, a configuração inicial, tanto para ND_0 como para ND.
- ε (vazio) denota, no contexto em que for empregado, a ausência de qualquer outro elemento válido do conjunto correspondente.
- S é o conjunto (finito, invariável) de todos os possíveis eventos que são possíveis estímulos de entrada para AD ($\varepsilon \in S$).
- $A \subseteq C$ (respectivamante $F = C - A$) é o subconjunto de suas configurações de aceitação (respectivamente, de rejeição).
- BA e AA são conjuntos de ações adaptativas, ambos contendo a ação adaptativa vazia ($\varepsilon \in BA \cap AA$).
- $w = w_1 w_2 ... w_n, k = 1, ..., n$ é uma cadeia de estímulos não vazios de entrada, ou seja, $w_k \in S - \{\varepsilon\}$.

- NA, com $\varepsilon \in NA$, é um conjunto (finito, invariável) de todos os possíveis símbolos passíveis de serem gerados por AD como efeitos colaterais da aplicação de regras adaptativas. Exatamente como no caso dos dispositivos não adaptativos, a cadeia de saída pode ser interpretada como uma sequência correspondente de chamadas de procedimentos.
- AR_k é um conjunto de regras adaptativas, dadas por uma relação $AR_k \subseteq BA \times C \times S \times C \times NA \times AA$. Em particular, AR_0 define o comportamento inicial de AD. Ações adaptativas mapeiam o conjunto corrente de regras adaptativas AR_k de AD em um novo conjunto AR_{k+1}, através da aplicação de um conjunto de operações de inclusão e/ou remoção de regras adaptativas em AR_k. Regras adaptativas $ar \in AR_k$ apresentam-se na forma $ar = (ba, c_i, s, c_j, z, aa)$, significando que, em resposta a algum estímulo de entrada $s \in S$, ar executa inicialmente a ação adaptativa $ba \in BA$; a execução de ba é descontinuada caso venha a eliminar ar de AR_k; caso contrário, aplica-se a regra não adaptativa subjacente $nr = (c_i, s, c_j, z) \in NR_k$, conforme descrito anteriormente para os dispositivos não adaptativos; finalmente, executa-se a ação adaptativa $aa \in AA$.
- Defina-se AR como o conjunto de todas as possíveis regras adaptativas para o dispositivo AD.
- Defina-se NR como o conjunto de todas as possíveis regras não adaptativas para ND, o dispositivo subjacente de AD.
- $AM \subseteq BA \times NR \times AA$, definido para um determinado dispositivo adaptativo AD, é o mecanismo adaptativo de AD que deve ser aplicado, em qualquer passo k de operação, a cada regra de $NR_k \subseteq NR$, e deve ser tal que opere como função, quando aplicado a qualquer subdomínio $NR_k \subseteq NR$. Isso determina um único par de ações adaptativas, a serem associadas a cada regra não adaptativa.

Note-se que a definição de AR_k como subconjunto do produto cartesiano $BA \times C \times \ldots \times AA$ pode ser refinada, à luz da definição do mecanismo adaptativo AM. Assim, pode-se reinterpretar AR_k como subconjunto do produto cartesiano $BA \times NR_k \times AA$.

O conjunto $AR_k \subseteq AR$ pode ser construído como a coleção de todas as regras adaptativas que possam ser obtidas pela associação de pares de ações adaptativas com as regras não adaptativas em NR_k. Equivalentemente, como as regras de NR_k espelham as de AR_k em cada momento, é possível construir NR_k simplesmente removendo-se, das regras de AR_k, todas as referências a ações adaptativas.

O Algoritmo 5.8, esboçado a seguir, descreve a operação completa de um dispositivo adaptativo qualquer, dirigido por regras.

Algoritmo 5.8 (Dispositivo adaptativo) *"Especifica a operação completa de um dispositivo adaptativo dirigido por regras."*

- *Entrada: um dispositivo adaptativo dirigido por regras AD e uma cadeia de estímulos de entrada γ.*
- *Saída: sequência de operações executadas por AD como resultado do processamento de γ.*
- *Método:*
  1. *Posiciona-se o dispositivo em sua configuração inicial.*
  2. *Posiciona-se a cadeia de entrada para que seja lido em primeiro lugar seu evento mais à esquerda.*

3. *Se não houver mais eventos a serem processados, então desvia-se para (8); caso contrário, alimenta-se o dispositivo com o próximo evento a ser processado, extraído da cadeia de entrada.*
4. *Escolhe-se a próxima regra adaptativa a ser aplicada: dada a configuração corrente* $c_T \in C_T$ *e o estímulo* $s_T \in S$*, extraído da parte ainda não processada da cadeia de entrada, localizam-se, no conjunto* NR_T*, as regras compatíveis, ou seja, todas as regras que possam ser aplicadas sob as circunstâncias correntes, coletando-as em um conjunto* $CR_T = \{ar \in AR_T \mid ar = (ba, c_T, s, c, z, aa), s \in \{s_T, \varepsilon\}; c, c_T \in C_T; ba \in BA; aa \in AA; z \in NA\}$*. Há três casos a serem considerados:*
   - *Se* CR_T *for vazio, não há movimentos possíveis para o dispositivo (uma vez que* AR_T *é incompletamente especificado), logo a cadeia de entrada deve ser automaticamente rejeitada.*
   - *Se* $CR_T = \{ar^k\}$ *para algum* $ar^k = (ba^k, c_T, s, c^k, z^k, aa^k) \in AR_T$*, então existe apenas uma única regra compatível disponível, e sua aplicação será determinística. Assim procedendo, o dispositivo deverá atingir uma bem definida próxima configuração* $c_{T+1} = c^k$*.*
   - *Se* $CR_T = \{ar^k = (ba^k, c_T, s, c^k, z^k, aa^k) \mid k = 1, 2, ..., m\}$*, então todas essas regras são igualmente aplicáveis, não deterministicamente, à configuração corrente. Assim, todas elas devem ser aplicadas em paralelo, como é usual na operação de dispositivos não determinísticos. Obviamente, em ambientes computacionais não paralelos, tal paralelismo conceitual deve ser exaustivamente simulado, por exemplo através da aplicação de alguma estratégia de "backtracking".*
5. *Se a ação adaptativa* ba^k *referenciada na regra que estiver sendo aplicada for a ação adaptativa vazia* ε*, prossegue-se em (6). Caso contrário, aplica-se a ação adaptativa* ba^k *ao conjunto corrente de regras, do que resulta uma nova configuração intermediária para o dispositivo AD. Note-se que, em alguns casos, mesmo a regra adaptativa* ar^k*, que está sendo correntemente aplicada, pode remover a si própria do conjunto de regras, ao executar* ba^k*. Nesses casos extremos, a aplicação de* ar^k *é descontinuada, retornando-se ao passo (4).*
6. *Aplica-se a regra* $nr^k = (c_T, s, c^k, z^k)$*, exatamente conforme foi especificado anteriormente para o dispositivo não adaptativo subjacente, à configuração (intermediária) corrente de AD, disso resultando uma nova configuração intermediária.*
7. *Se a ação adaptativa* aa^k*, especificada na regra adaptativa* ar^k *em execução, for a ação adaptativa vazia* ε*, então desviar para (3), caso contrário aplicar* aa^k *ao conjunto corrente de regras adaptativas, finalmente resultando a configuração seguinte do dispositivo. Como em (5), a execução da ação adaptativa também pode eventualmente eliminar a regra* ar^k*. Nesse caso, no entanto, nenhuma ação suplementar será necessária.*
8. *Se a configuração corrente for uma configuração de aceitação, então aceita-se a cadeia de entrada. Caso contrário, esta é rejeitada, e, em qualquer caso, o algoritmo termina.*

○

Autômatos adaptativos

Define-se autômato adaptativo como sendo o particular dispositivo adaptativo cujo formalismo subjacente é algum autômato.

Podem ser construídos autômatos adaptativos tendo como formalismo subjacente o autômato finito, ou, alternativamente, o autômato de pilha.

Um caso particularmente interessante de autômato adaptativo tem como formalismo subjacente o autômato de pilha estruturado. Por terem sido historicamente os primeiros dispositivos adaptativos baseados em autômato, os autômatos de pilha estruturados adaptativos são conhecidos simplesmente como autômatos adaptativos.

Prova-se que, em qualquer desses casos, o autômato adaptativo resultante terá o poder da Máquina de Turing, ou seja, o dispositivo adaptativo resultante será capaz de executar o reconhecimento de linguagens dependentes de contexto ou mesmo de conjuntos recursivamente enumeráveis.

A presença de uma pilha no formalismo subjacente não afeta a operação do autômato adaptativo nem lhe confere maior poder de expressão, visto ser possível (embora à custa de um maior número de regras, consequente da menor expressividade) simular, através dos mecanismos adaptativos, a operação de uma pilha, mesmo quando esta não estiver explicitamente presente no formalismo subjacente.

O uso do autômato de pilha estruturado como formalismo subjacente do autômato adaptativo tem vantagens práticas, já que permite, com um só modelo formal, representar de maneira unificada os diversos tipos de linguagens formais de interesse:

- Sem usar mecanismos adaptativos nem chamadas ou retornos de submáquinas, recai-se em um autômato de pilha estruturado com uma só submáquina não recursiva e, portanto, em um formalismo similar ao autômato finito, adequado para representar linguagens regulares.
- Ainda sem usar mecanismos adaptativos, mas empregando apenas chamadas e retornos de submáquinas, aproveitam-se integralmente as características do autômato de pilha estruturado, podendo-se com ele representar também aninhamentos sintáticos, permitindo assim que sejam representadas todas as linguagens livres de contexto, sejam elas regulares ou não.
- Com o uso dos mecanismos adaptativos, dependências de contexto podem ser representadas, permitindo-se incluí-las nas linguagens representadas. Como é possível simular a operação de uma pilha com o auxílio dos mecanismos adaptativos apenas, torna-se possível neste caso representar aninhamentos sintáticos com ou sem o uso de chamadas e retornos de submáquinas, mostrando-se esta a mais poderosa das combinações discutidas.

Aplicações de autômatos adaptativos foram apresentadas em [51]. Alguns exemplos de autômatos adaptativos, utilizando o autômato finito como dispositivo subjacente, serão apresentados e discutidos a seguir.

Exemplo 5.25 Considere-se a linguagem apresentada no Exemplo 5.5. Ela incorpora uma característica importante das linguagens usuais de programação, em que a utilização das variáveis e de outros elementos da linguagem deve ser precedida de sua declaração. O autômato adaptativo deste exemplo possui a topologia inicial mostrada na Figura 5.6 e reconhece as sentenças dessa linguagem, rejeitando todas as demais. Este autômato possui uma única função adaptativa $A(\sigma)$, cuja descrição informal é:

1. Esta ação adaptativa é executada após a execução da transição à qual está associada.

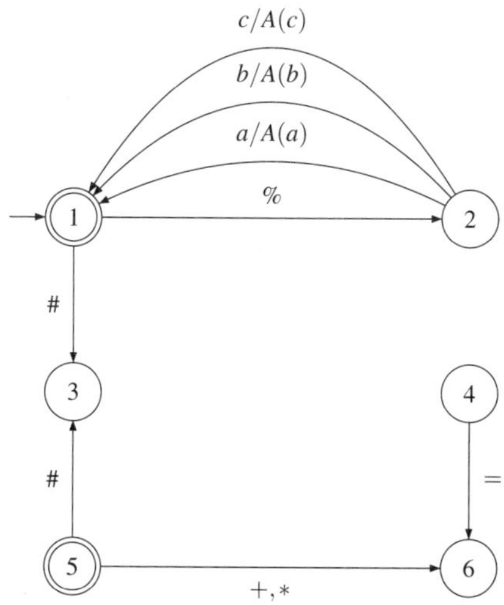

Figura 5.6 Topologia inicial do autômato adaptativo que reconhece a linguagem do Exemplo 5.5.

2. O parâmetro σ representa o símbolo de entrada associado à transição que invocou a função adaptativa A.
3. A transição associada ao símbolo de entrada σ, entre os estados 2 e 1, é removida do autômato pela execução da ação adaptativa A (ou seja, a transição adaptativa recém-executada elimina-se a si própria).
4. Uma nova transição, associada ao símbolo σ, é adicionada por A entre os estados 3 e 4.
5. Uma nova transição, associada ao símbolo σ, é adicionada por A entre os estados 5 e 6.

A operação desse autômato, com algumas cadeias de entrada distintas, é ilustrada a seguir.

- Cadeia de entrada $\%a\%c\#a = c\#c = a + c * c$
  Exceto pelas transições associadas às declarações dos nomes a e c, o autômato adaptativo se comporta como um autômato finito, realizando transições internas que apenas modificam o seu estado corrente.
  Note-se, após a declaração do primeiro nome (comando $\%a$, na transição que vai do estado 2 para o estado 1 consumindo o símbolo a), que a topologia do autômato é modificada conforme ilustra a Figura 5.7.

  - A transição que vai do estado 2 para o estado 1 consumindo o símbolo a é removida.
  - A transição que vai do estado 3 para o estado 4 consumindo o símbolo a é adicionada.
  - A transição que vai do estado 5 para o estado 6 consumindo o símbolo a é adicionada.

  Dessa forma, o autômato passa a aceitar o nome a no trecho de comandos da cadeia de entrada e, adicionalmente, deixa de aceitar novas declarações para esse mesmo nome. Comportamento semelhante ocorre quando o autômato processa a declaração do segundo nome (comando $\%c$, na transição que vai do estado 2 para o estado 1 consumindo o símbolo c). A topologia do autômato é igualmente modificada, conforme ilustra a Figura 5.8. Uma vez efetuadas todas as declarações, o autômato atinge a sua topologia definitiva (Figura 5.8) e efetua o reconhecimento do restante da cadeia de entrada ($\#a = c\#c = a + c * c$) sem novas adaptações. Ele termina a sua sequência de movimentações no estado 5, que é um estado final, e com a cadeia de entrada esgotada. Logo, a cadeia é aceita.
- Cadeia de entrada $\%a\%c\#b = c$

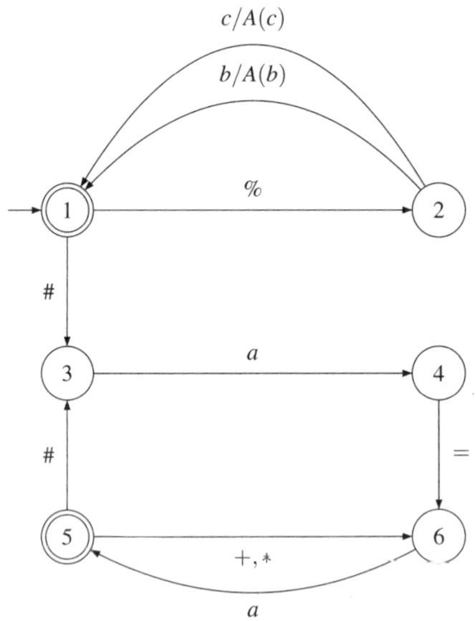

Figura 5.7 Topologia do autômato adaptativo após a declaração $\%a$.

Após as declarações dos nomes a e c, a topologia final do autômato é a mesma ilustrada na Figura 5.8. No entanto, a tentativa de se usar o nome b no lado esquerdo de um comando de atribuição faz com que o autômato pare no estado 3 (após a transição com o símbolo #) sem poder se movimentar, por falta de transição que consuma o nome b a partir do estado 3. Nessa configuração, como o estado 3 não é final e a cadeia de entrada não está esgotada, então a cadeia de entrada é rejeitada.

- Cadeia de entrada $\%a\%c\#a = a * b$
  Este caso é similar ao anterior, exceto pelo fato de que um símbolo não declarado previamente (b) é encontrado, no caso, no lado direito do comando de atribuição. Assim, o autômato adaptativo se movimenta como um autômato finito, no trecho entre o símbolo # e o símbolo $*$, parando no estado 6, sem novas possibilidades de movimentação, com o símbolo b na entrada. A cadeia de entrada é rejeitada, pois o estado 6 não é um estado final. A cadeia de entrada também não está esgotada, o que seria outro motivo suficiente para rejeitá-la.
- Cadeia de entrada $\%a\%c\%a\#a = c$
  Após as duas primeiras declarações (dos nomes a e c), a tentativa de se declarar novamente o nome a conduz o autômato mais uma vez do estado 1 para o estado 2 (na topologia da Figura 5.8), porém desta vez não existe mais a transição que consumiria esse símbolo no estado 2. Logo, o autômato para e a cadeia de entrada é rejeitada, uma vez que o estado 2 não é final e a cadeia de entrada não está esgotada.

$\star$

Exemplo 5.26 Considere-se a linguagem $L_3 = \{x^{2n}y^{2n}e \mid n \geqslant 0\} \cup \{x^{2n+1}y^{2n+1}o \mid n \geqslant 0\}$, apresentada no Exemplo 4.58 como exemplo de linguagem $LR(1)$ porém não $LL(k)$. O autômato adaptativo cuja topologia inicial é apresentada na Figura 5.9 reconhece essa linguagem. A função adaptativa A desse autômato pode ser representada, em notação algébrica, como:

$$A(m,n): \tag{5.46}$$

$$f,g*\{ \tag{5.47}$$

$$-[(f,m) \to 3] \tag{5.48}$$

$$+[(f,y) \to g] \tag{5.49}$$

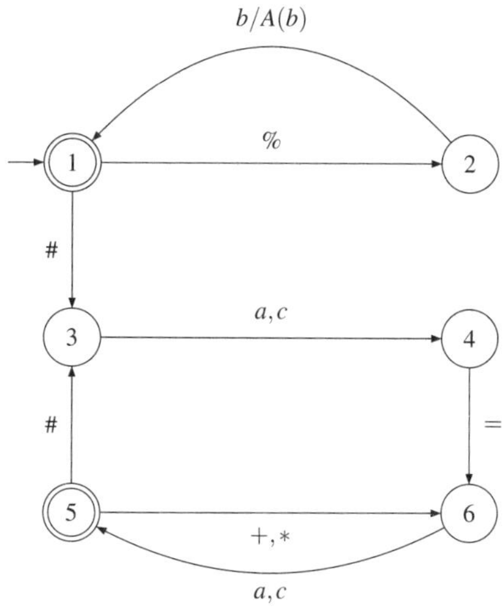

Figura 5.8 Topologia do autômato adaptativo após a declaração $\%c$.

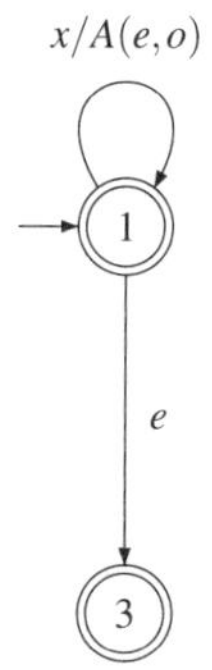

Figura 5.9 Topologia inicial do autômato adaptativo que reconhece a linguagem do Exemplo 4.58.

$$+[(g,n) \to 3] \tag{5.50}$$

$$-[(1,x) \to 1, A(m,n) \tag{5.51}$$

$$+[(1,x) \to 1, A(n,m)\} \tag{5.52}$$

Informalmente, a semântica dessa função adaptativa pode ser entendida da seguinte forma:

Linha (5.46): O cabeçalho especifica o nome da função (A) e os nomes dos seus dois parâmetros formais (m e n), cujos valores são definidos com os valores dos argumentos passados à função no instante de sua chamada.

Linha (5.47): f é uma variável local, cujo valor será definido durante a execução de A, e g é o nome de um gerador, que fornecerá, a cada vez que a função A for executada, diferentes nomes para um novo estado a ser criado; o símbolo "{" indica o início do corpo da função, que se estende até o símbolo "}".

Linha (5.48): Elimina-se a transição que chega ao estado 3 após consumir o símbolo m; o estado de origem dessa transição é armazenado na variável local f.

Linha (5.49): Adiciona-se uma transição consumindo o símbolo y, partindo do estado definido pelo conteúdo da variável f e tendo como destino o (novo) estado obtido pela referência ao gerador g.

Linha (5.50): Adiciona-se uma transição consumindo o símbolo definido pelo conteúdo do parâmetro n, partindo do estado definido pelo valor corrente do gerador g e tendo como destino o estado 3.

Linha (5.51): Elimina-se a transição que parte do estado 1 e chega ao estado 3, consumindo o símbolo x e associando-se à chamada da função adaptativa $A(m,n)$, onde m e n correspondem aos valores correntes dos parâmetros formais de A.

Linha (5.52): Adiciona-se uma transição consumindo o símbolo x, partindo do estado 1 e atingindo o estado 3, e que está associada à chamada da função adaptativa $A(n,m)$. Observe-se que o efeito conjunto de 5.51 e 5.52 é apenas alternar a ordem dos argumentos da chamada da função A na transição que vai do estado 1 ao estado 3 consumindo o símbolo x.

A operação deste autômato adaptativo, para algumas cadeias de entrada, é apresentada a seguir.

- Cadeia de entrada *xxyye*
  Partindo-se da topologia inicial (Figura 5.9), o consumo do primeiro símbolo x e a consequente chamada da função adaptativa $A(e,o)$ provocam as seguintes mudanças (não necessariamente na ordem apresentada) na topologia do autômato. Note-se que, nesse caso, $m = e$ e $n = o$:

  - Elimina-se a transição $(1,e) \rightarrow 3$ (a variável local f assume o valor 1).
  - Elimina-se a transição $(1,x) \rightarrow 1, A(e,o)$.
  - Adiciona-se a transição $(1,y) \rightarrow 4$, para o novo estado 4 (4 é o valor automaticamente gerado pela primeira referência ao gerador g).
  - Adiciona-se a transição $(4,o) \rightarrow 3$.
  - Adiciona-se a transição $(1,x) \rightarrow 1, A(o,e)$.

  A topologia resultante pode ser vista na Figura 5.10. De maneira análoga, o consumo do segundo símbolo x resulta na topologia mostrada na Figura 5.11.
  A partir dessa topologia, que também corresponde à sua topologia final, o autômato adaptativo passa a se movimentar como se fosse um autômato finito, sem novas adaptações:

  $$(1,yye) \vdash (4,ye) \vdash (5,e) \vdash (3,\varepsilon)$$

  Portanto, o autômato para em uma configuração final (pois o estado 3 é final e a cadeia de entrada está esgotada) e a cadeia *xxyye* é aceita.
- Cadeia de entrada *xxxyyyo*
  Os movimentos iniciais do autômato fazem com que ele atinja a topologia mostrada na Figura 5.11 após o consumo do segundo símbolo x. Quando o terceiro símbolo x é consumido, a topologia resultante corresponde àquela mostrada na Figura 5.12.

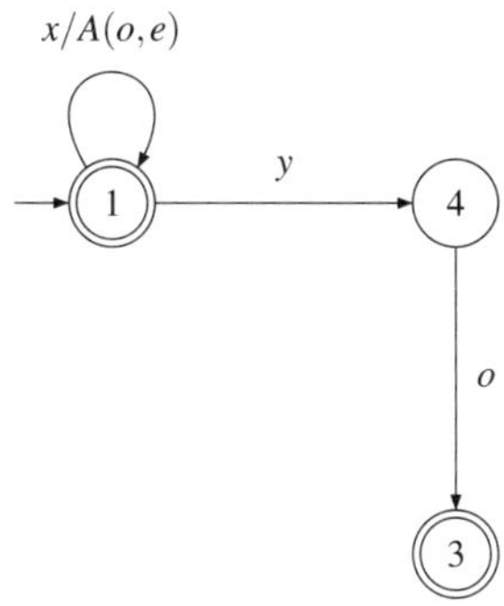

Figura 5.10 Topologia do autômato adaptativo após o primeiro símbolo x.

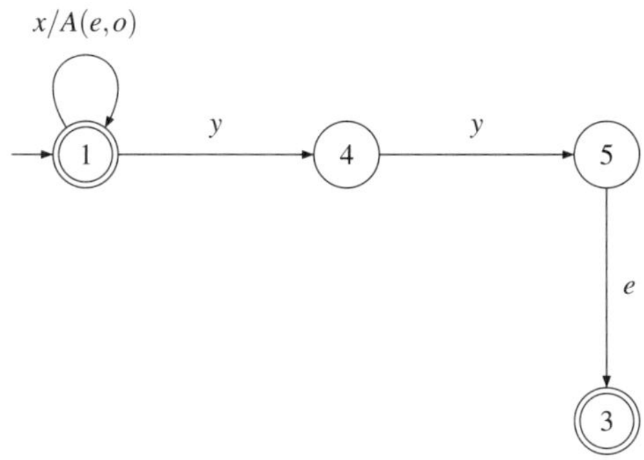

Figura 5.11 Topologia do autômato adaptativo após o segundo símbolo x.

A partir daí, os demais símbolos são processados, sem qualquer modificação adicional de topologia, e a cadeia é aceita quando o autômato para de se movimentar no estado final 3, esgotada a cadeia de entrada:

$$(1, yyyo) \vdash (4, yyo) \vdash (5, yo) \vdash (6, o) \vdash (3, \varepsilon)$$

- Cadeia de entrada *xxye*
  Se a quantidade de símbolos y for menor do que a quantidade de símbolos x, o autômato para em uma configuração na qual o estado corrente é não final e a cadeia de entrada não está esgotada, sendo, portanto, rejeitada. No caso da cadeia *xxye*, o autômato para no estado 4 (Figura 5.11), na configuração $(4, e)$, que admite apenas transição com o símbolo y.
- Cadeia de entrada *xxyyye*

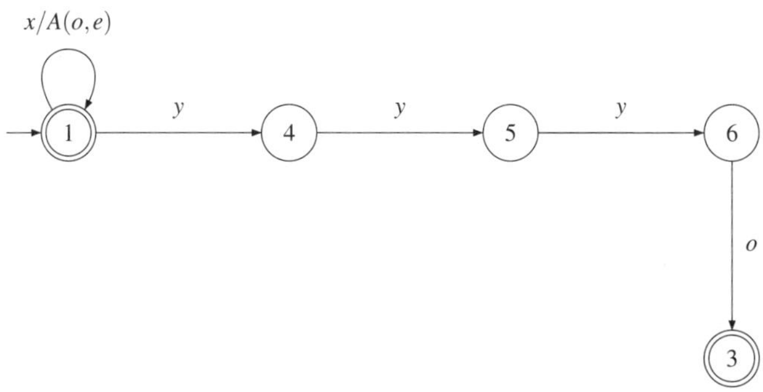

Figura 5.12 Topologia do autômato adaptativo após o terceiro símbolo x.

Quando a quantidade de símbolos y for maior do que a quantidade de símbolos x, a rejeição da cadeia de entrada decorre do fato de o autômato parar em uma configuração na qual o estado corrente é não final e também do fato de a cadeia de entrada não estar esgotada. No caso da cadeia *xxyyye*, o autômato para no estado 5 (Figura 5.11), na configuração $(5, y)$, que admite apenas transição com o símbolo e.

- Cadeia de entrada *xye*
  Se a letra do final da cadeia não corresponde à paridade do número de símbolos x (ou y) que o antecedem, o autômato mais uma vez para em uma configuração não final e a cadeia de entrada é rejeitada. A cadeia de entrada *xye*, por exemplo, conduz o autômato à configuração $(4, e)$ (Figura 5.10), que admite transição apenas com o símbolo o. Logo, ela é rejeitada.
- Cadeia de entrada *xxyyo*
  Similar ao caso anterior. Neste caso, porém, o autômato é conduzido à configuração não final $(5, o)$ (Figura 5.11), onde ocorre a rejeição, pois o único símbolo aceito nesse estado é o símbolo e.

$\star$

Exemplo 5.27 Neste exemplo, definem-se duas funções adaptativas: a primeira é denominada X, possui dois parâmetros formais, p_1 e p_2, e utiliza um gerador g_1, enquanto a segunda, denominada Y, possui um único parâmetro formal, q_1. O objetivo desse autômato é ler uma cadeia de entrada formada por letras e dígitos, terminada por um marcador especial de final de cadeia. Durante a análise, são

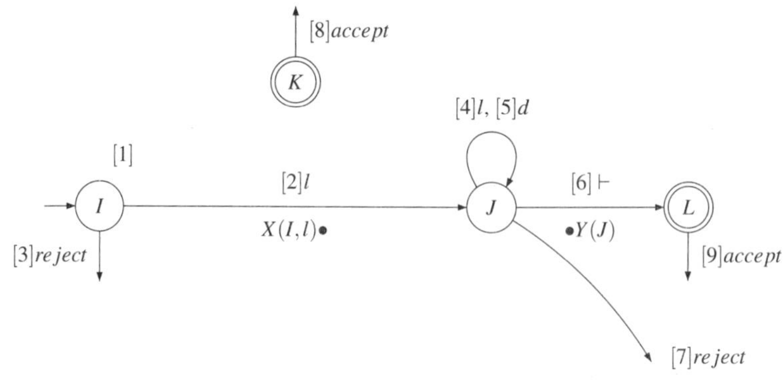

Figura 5.13 Topologia inicial do autômato adaptativo.

coletados identificadores denotados da forma usual, ou seja, uma sequência não vazia de letras e dígitos, iniciada por uma letra. Sempre que um novo identificador é encontrado, o autômato adaptativo é adequadamente modificado de tal forma que o identificador passe a ser reconhecido como sendo um identificador anteriormente encontrado, enquanto identificadores anteriormente marcados como já conhecidos são simplesmente aceitos pelo dispositivo, sem alterações na topologia do autômato. Assim, ele opera como um dispositivo de coleta de nomes puramente sintático, para o qual toda a informação disponível se mantém permanentemente codificada no autômato.

Descrições adicionais da operação de dispositivos adaptativos similares são encontradas em [52].

A topologia inicial do autômato está mostrada na Figura 5.13.

Após o consumo do primeiro símbolo da cadeia de entrada, uma das transições do autômato é substituída por cinco novas transições, conforme mostra a Figura 5.14.

Após consumir um símbolo adicional, a forma do autômato é alterada novamente, resultando a topologia mostrada na Figura 5.15.

Depois de aceitar todo o identificador representado na cadeia de entrada, o autômato resultante terá a forma mostrada na Figura 5.16.

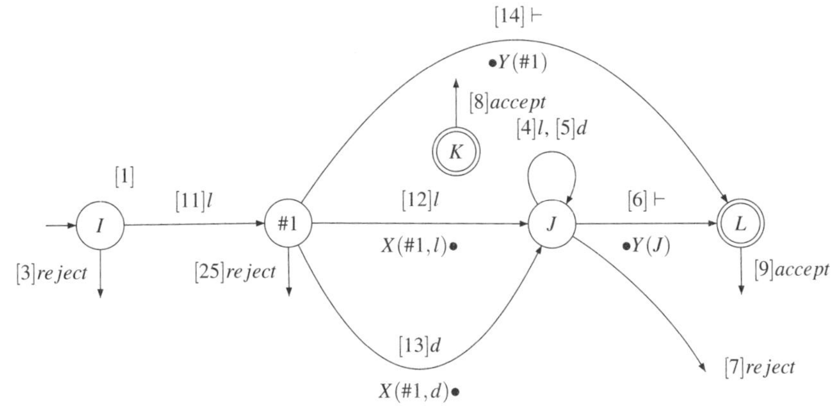

Figura 5.14 Autômato adaptativo após o consumo do primeiro símbolo da cadeia $ll\vdash$.

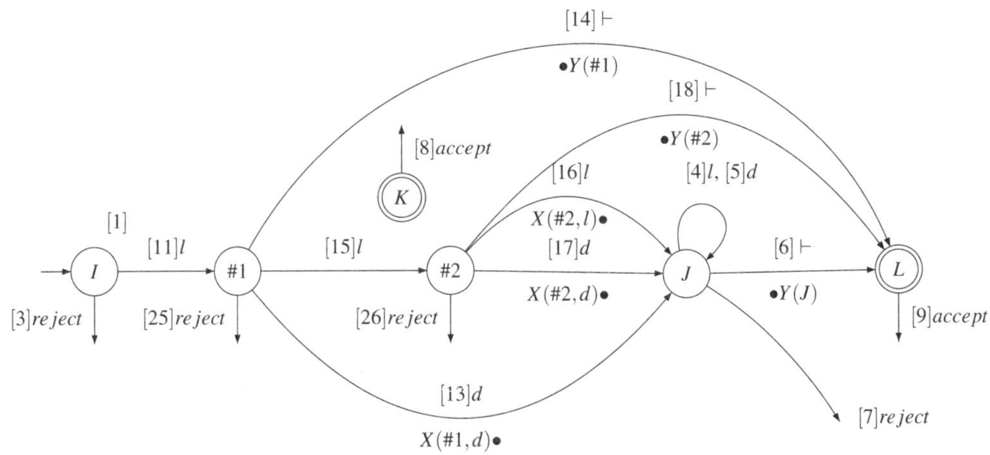

Figura 5.15 Autômato adaptativo após o consumo do segundo símbolo da cadeia $ll\vdash$.

Nessa situação, se um segundo identificador $ld\vdash$ for processado pelo nosso dispositivo adaptativo, resultará a topologia do autômato adaptativo mostrada na Figura 5.17.

Observar que, após o processamento completo de cada identificador, o grafo orientado compreendido entre o estado de partida e o estado K de destino terá o formato de uma árvore, cujas folhas (transições que apontam o estado K) representam os diferentes identificadores válidos, encontrados no texto de entrada.

Aplicações diretas de autômatos adaptativos como este podem ser identificadas na elaboração de coletores das palavras de um texto escrito em linguagem natural, ou de dispositivos que coletam os nomes das variáveis encontradas em textos escritos em linguagens de programação, em substituição às tradicionais tabelas de símbolos. ⋆

Tabelas de decisão adaptativas

Tabelas de decisão são ferramentas largamente disseminadas e profusamente utilizadas por engenheiros de *software* e programadores de sistemas de informação.

Elas constituem uma aplicação interessante do conceito de dispositivos adaptativos ao campo dos sistemas de informação.

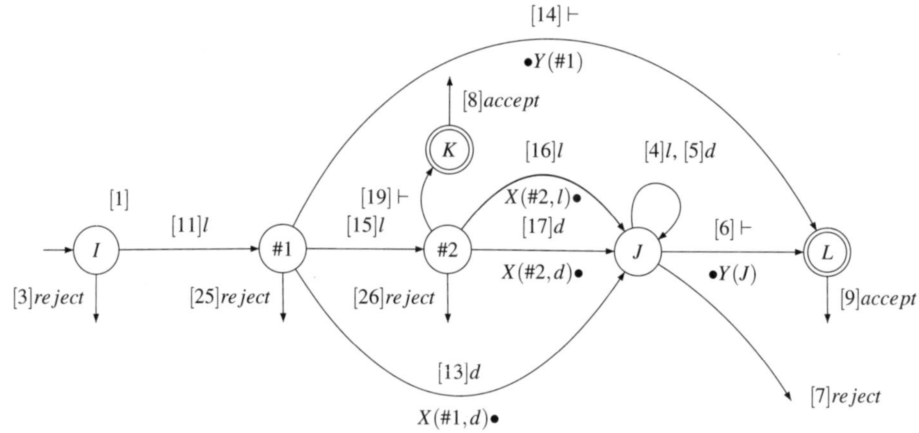

Figura 5.16 Autômato adaptativo após o consumo total da cadeia $ll \vdash$.

As tabelas de decisão adaptativas podem ser definidas como uma classe particular de dispositivos adaptativos que utilizam, como formalismo subjacente, as tabelas de decisão tradicionais (não adaptativas).

Tabelas de decisão não adaptativas: as tabelas de decisão podem ser vistas como artefatos tabulares que codificam um conjunto de regras representado por um conjunto de condições a serem atendidas, acompanhadas de um conjunto correspondente de ações, para serem executadas somente quando o conjunto correspondente de condições for satisfeito.

Em tabelas de decisão típicas (Tabela 5.5) as regras são representadas nas colunas, enquanto as linhas são usadas para codificar condições (linhas de condição) e ações (linhas de ação). Em cada regra, as células marcadas, correspondentes às diversas linhas de condição, referem-se às condições relevantes que devem ser testadas, bem como ao sentido (*t*rue ou *f*alse) do teste — condições não marcadas na tabela não são testadas —, enquanto as células marcadas das linhas de ação indicam que a ação correspondente deve ser executada somente quando o resultado de todos os testes indicados for positivo.

Tabela 5.5 Exemplo de estrutura de uma tabela de decisões não adaptativa típica

		Regras								
		1	2	3	4	5	6	7	8	9
Linhas de condição	c_1	T	T	F	-	-	F	T	T	-
	c_2	-	T	T	-	-	F	-	F	T
	...		-							
	c_n	-	-	-	-	T	-	F	F	-
Linhas de ação	r_1	F	T	T	T	F	F	F	F	T
	r_2	F	F	T	T	F	T	T	F	F
	...									
	r_m	F	F	F	F	T	F	F	T	T

As regras de uma tabela de decisões são codificadas conforme descrito a seguir:

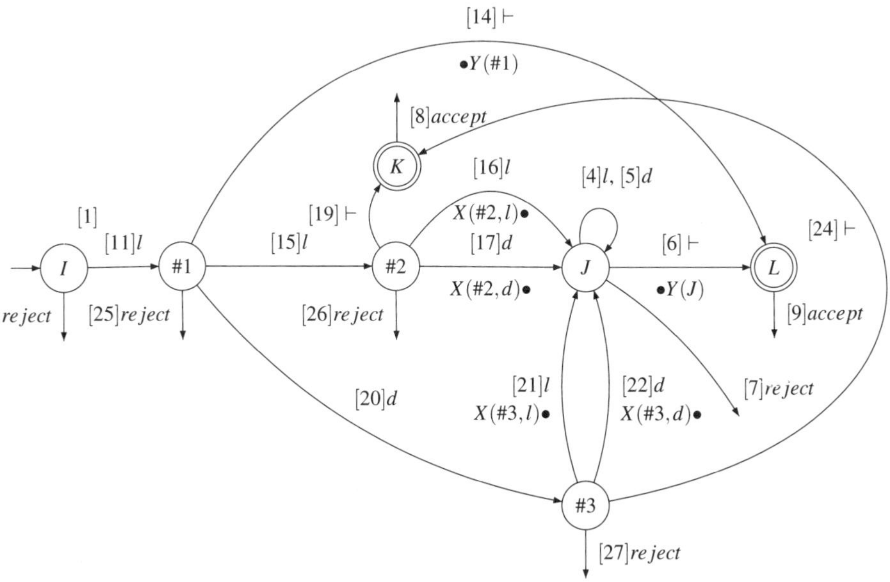

Figura 5.17 Autômato adaptativo após o consumo das cadeias $ll \vdash$ e $ld \vdash$.

- Linhas de condição: todas as células da regra correspondente às condições que devem ser testadas devem estar preenchidas com algum valor booleano ("T" — verdadeiro, ou "F" — falso), correspondente ao valor a ser testado para aquela condição. Um marcador especial nulo ("-") indica que a condição correspondente não deve ser testada (ou seja, é irrelevante).
- Linhas de ação: as células da regra correspondente às ações que devem ser executadas são preenchidas com o valor booleano verdadeiro ("T"). Para todas as ações restantes, as correspondentes células são preenchidas com o valor booleano falso ("F").

A operação de uma tabela de decisão não adaptativa é relativamente simples:

1. Primeiramente, o *status* do sistema é comparado com as combinações de condições estabelecidas em cada uma das regras codificadas na tabela.
2. Se nenhuma regra coincidir com o *status* corrente, então nenhuma ação será executada.
3. Se uma única regra coincidir com o *status* corrente, então haverá uma escolha determinística, pois a regra correspondente, que é a única regra aderente, deverá ser selecionada para aplicação.
4. Se mais de uma regra concorda com o *status* corrente, então fica constatada uma situação não determinística. Consequentemente, todas as regras assim determinadas devem ser aplicadas em paralelo. Na prática, o paralelismo pode ser simulado, por exemplo, através de alguma estratégia exaustiva de *backtracking*.
5. A regra selecionada é então aplicada executando-se o conjunto de todas as ações indicadas pelo valor booleano "T" nas células da regra associadas às correspondentes linhas de ação da tabela.
6. Uma vez que a regra selecionada foi aplicada, a tabela de decisões fica pronta para ser novamente utilizada.

Para ilustrar, suponhamos que a condição c_1 vale "F" e a condição c_2 vale "T".

Na nossa tabela de decisões, é evidente que somente a regra codificada na coluna 3 é compatível com esse *status*. Neste caso, a tabela de decisões irá ativar as ações para serem executadas, como se pode facilmente observar pela inspeção das linhas de ação especificadas na regra 3. Note-se que, se a regra número 1 tivesse sido selecionada no lugar desta, nenhuma ação teria sido executada, já que todas as linhas de ação da regra número 1 estão preenchidas com o valor "F". É óbvio perceber deste exemplo simples que as tabelas de decisão são dispositivos muito fáceis de projetar e de utilizar.

Infelizmente, esses dispositivos clássicos são estáticos, no sentido de que suas regras individuais são todas predefinidas e, portanto, jamais se alteram ao longo de toda a operação do dispositivo.

Além disso, não são permitidas alterações no conjunto de regras que definem as tabelas de decisão clássicas; logo, em tabelas de decisão tradicionais não há operações de inclusão nem de exclusão de regras.

Com a finalidade de dar maior flexibilidade a essa ferramenta tão útil e popular, é possível utilizá-la como mecanismo formal não adaptativo subjacente para a construção de um dispositivo adaptativo correspondente, muito mais poderoso.t

Tabelas de decisão adaptativas: tabelas de decisão adaptativas (5.6) podem ser facilmente obtidas a partir das tabelas convencionais não adaptativas correspondentes, através da inclusão de linhas adicionais, responsáveis pela codificação das ações adaptativas a serem executadas antes e depois da aplicação da regra (linhas de ações adaptativas anteriores e posteriores, respectivamente).

Tabela 5.6 Estrutura de uma tabela de decisões adaptativa baseada na versão não adaptativa da Tabela 5.5, que opera como dispositivo subjacente

		Regras								
		1	2	3	4	5	6	7	8	9
Linhas de condição	c_1	T	T	F	-	-	F	T	T	-
	c_2	-	T	T	-	-	F	-	F	T
	...		-							
	c_n	-	-	-	-	T	-	F	F	-
Linhas de ação	r_1	F	T	T	T	F	F	F	F	T
	r_2	F	F	T	T	F	T	T	F	F
	...									
	r_m	F	F	F	F	T	F	F	T	T
Linhas de ação adaptativa "before-"	ba_1	T	F	F	F	F	F	F	T	F
	ba_2	F	F	T	F	T	F	F	T	F
	...		-							
	ba_p	F	T	F	F	F	F	F	F	F
Linhas de ação adaptativa "after-"	aa_1	F	T	T	F	F	F	F	T	F
	aa_2	F	F	F	T	F	F	F	T	F
	...									
	aa_q	F	F	F	F	F	F	F	T	F

Ao serem executadas as ações adaptativas, a tabela adaptativa usualmente sofre alterações em seu conjunto de regras, o que acarreta a alteração dinâmica do número de colunas da tabela de decisões adaptativa.

Note-se que, no entanto, usando o arranjo físico que foi escolhido, o número de linhas da tabela de decisões adaptativa permanece inalterado, uma vez que as ações adaptativas não modificam nenhum dos itens codificados em suas linhas. Essa propriedade tem grande valor para fins de implementação.

Para se operar tal dispositivo adaptativo, a tabela de decisão não adaptativa subjacente é inicialmente usada para se determinar(em) a(s) regra(s) que coincide(m) com a situação corrente dos predicados de condição.

Então, a regra adaptativa selecionada é aplicada através da execução da ação adaptativa indicada como "anterior", seguida da aplicação da regra não adaptativa do dispositivo subjacente, e finalizada pela aplicação da ação adaptativa indicada como "posterior".

Em alguns casos, pode acontecer que, durante a execução de sua ação adaptativa "anterior", alguma regra adaptativa eventualmente venha a eliminar a si mesma. Sempre que isso acontecer, sua aplicação será descontinuada, escolhendo-se então, do conjunto remanescente de regras, uma nova regra a ser aplicada, compatível com a situação corrente.

O aspecto de uma tabela de decisão adaptativa é mostrado na Tabela 5.6. A metade superior da tabela refere-se à correspondente tabela de decisão não adaptativa subjacente, ao passo que sua metade inferior representa o mecanismo adaptativo adicionado.

Note-se que essa forma de associação de ações adaptativas à formulação clássica das tabelas de decisão não acarreta modificações substanciais no formalismo para o usuário, uma vez que, à primeira vista, as ações adaptativas poderiam ser simplesmente consideradas como ações convencionais adicionais, a serem executadas em resposta a alguma combinação particular de condições.

Do ponto de vista conceitual, entretanto, a execução de ações adaptativas tem implicações muito mais profundas, já que afeta a tabela de decisões ao permitir que ela imponha alterações ao seu próprio comportamento.

Aplicação: na Tabela 5.6, a regra adaptativa número 3 é ativada quando o valor da condição c_1 for "F" e o da condição c_2 for "T", independentemente do valor assumido pelas demais condições. Nessa situação, a aplicação dessa regra adaptativa transcorre da seguinte forma:

1. Executa-se a ação adaptativa b_2 (a qual irá, provavelmente, alterar o conjunto de regras do dispositivo) **antes** que a regra não adaptativa subjacente seja aplicada. Caso a regra corrente venha a ser eliminada pela ação adaptativa b_2, esse processo é descontinuado, devendo-se reiniciá-lo após a seleção de uma nova regra a ser aplicada, compatível com a situação corrente.
2. Aplica-se então a regra subjacente: executam-se normalmente as ações r_1 e r_2, exatamente como elas teriam sido executadas no caso do dispositivo não adaptativo clássico.
3. Executa-se a ação adaptativa a_1 (a qual irá, provavelmente, alterar mais uma vez o conjunto de regras do dispositivo) **depois** da aplicação da regra não adaptativa subjacente.

Funções adaptativas: as ações adaptativas podem ser definidas por meio de abstrações denominadas funções adaptativas, de uma forma similar à que se observa em uma linguagem usual de programação para as chamadas e declarações de função, respectivamente. As funções adaptativas definem abstrações genéricas, enquanto as ações adaptativas referem-se a chamadas específicas das correspondentes funções adaptativas. Portanto, uma ação adaptativa instancia e personaliza a abstração da função adaptativa correspondente, atribuindo argumentos particulares aos seus respectivos parâmetros formais, de acordo com as necessidades específicas de cada caso.

Especificação das funções adaptativas: para que se possa estabelecer de forma precisa a maneira como se espera que cada ação adaptativa deve operar, é preciso fornecer algumas informações suplementares, como: o nome da função adaptativa desejada, o conjunto de argumentos a serem empregados, as ações adaptativas elementares a serem aplicadas e a forma exata como os parâmetros, as variáveis e os geradores devem ser empregados.

Assim, a especificação de uma função adaptativa deve incluir os seguintes itens:

- Nome — Um nome simbólico, a ser usado para referenciar a função adaptativa que se está definindo. Na ocasião da chamada das ações adaptativas, o nome da correspondente função adaptativa é usado para selecionar uma entre as funções adaptativas disponíveis.
- Parâmetros (formais) — Um conjunto de nomes simbólicos, que são utilizados para referenciar valores, passados como argumentos para uma função adaptativa no momento de sua chamada. Todas as instâncias dos parâmetros formais simbólicos presentes no corpo de uma função adaptativa, uma vez substituídas pelos valores associados aos respectivos argumentos, não mais podem ser modificadas enquanto durar a execução da função adaptativa.
- Variáveis — São nomes simbólicos empregados para o armazenamento de valores resultantes da aplicação de alguma função adaptativa elementar de pesquisa de regras. As variáveis são preenchidas apenas uma vez e o valor que as preenche permanece inalterado daí em diante, ao longo de toda a execução da função adaptativa.
- Geradores — Esses elementos são nomes simbólicos que sempre designam automaticamente novos valores, toda vez que forem utilizados. Uma vez preenchidos com um dado valor, eles não mais se modificam enquanto a função adaptativa estiver sendo executada.
- Corpo — O corpo de uma função adaptativa codifica todas as operações de edição necessárias para efetuar as modificações desejadas no conjunto corrente de regras da tabela de decisões.

Ações adaptativas elementares são operações primitivas de edição que permitem ou pesquisar o conjunto de regras ou especificar modificações simples das regras que compõem uma tabela de decisões adaptativa. Há três tipos de ações adaptativas elementares que se podem combinar, no corpo de uma função adaptativa, para especificar sua operação:

- Ações adaptativas elementares de pesquisa de regras — Estas ações não modificam as regras, mas permitem inspecioná-las visando à localização de regras que satisfaçam a um determinado padrão.
- Ações adaptativas elementares de eliminação de regras — Estas ações removem da tabela de decisões adaptativa as regras que satisfaçam a um padrão fornecido.
- Ações adaptativas elementares de inserção de regras — Estas permitem acrescentar uma regra especificada ao conjunto das regras que compõem a tabela de decisões adaptativa.

O corpo de uma tabela de decisões adaptativa consiste essencialmente em um conjunto de ações adaptativas elementares.

Codificação das funções adaptativas: é preciso, para que se possa codificar funções adaptativas, escolher um formato para a representação de cada um de seus itens componentes listados anteriormente, e convém que o formato escolhido seja similar ao das tabelas de decisão adaptativas a que se referem. Com isso em mente, optou-se por incorporar a especificação das funções adaptativas como parte da própria tabela de decisões adaptativa, dado que as funções adaptativas nada significam quando consideradas separadamente das tabelas sobre as quais devem atuar.

O formato escolhido para a codificação das funções adaptativas, dentro do contexto das tabelas de decisão adaptativas a que se referem, está informalmente apresentado através do exemplo ilustrativo a seguir.

Formato geral para as tabelas de decisão adaptativas: as tabelas de decisão adaptativas, conforme foram aqui definidas, serão denotadas como uma extensão da notação já discutida para a representação das tabelas de decisão não adaptativas. Assim, a tabela de decisões subjacente é representada da forma usual, e o mecanismo adaptativo lhe é adicionado pela inserção dos seguintes elementos em suas linhas:

- Uma linha de cabeçalho, contendo uma marca indicativa que especifica o tipo de cada coluna ("H" — cabeçalho da especificação de uma função adaptativa; "+", "-", "?" — respectivamente, ações adaptativas elementares de inclusão, exclusão e inspeção; "S" — regra inicial; "R" — regra normal; "E" — regra de finalização).
- Uma linha adicional para o nome de cada função adaptativa utilizada.
- Uma linha adicional para o nome de cada parâmetro, variável ou gerador utilizados pelas funções adaptativas (não são permitidos homônimos).

No exemplo adiante, para melhor legibilidade da tabela, atribuições de valor e comparações envolvendo variáveis utilizadas pelas ações (não adaptativas) da tabela serão denotadas explicitamente, e não na forma de chamadas de função.

Analogamente, as seguintes adições foram feitas às colunas da tabela:

- Uma coluna de cabeçalho para cada função adaptativa (marca indicativa "H") deve marcar o início da especificação da função adaptativa. Esse cabeçalho deve incluir um marcador "B" ou "A" na célula correspondente ao nome da função adaptativa, para informar que se trata de função adaptativa anterior ou posterior, respectivamente; um marcador "P", "V" ou "G" em cada célula que corresponda, respectivamente, a algum parâmetro formal, variável ou gerador. Cada coluna de cabeçalho é seguida de um conjunto de colunas relacionadas às ações adaptativas elementares a serem executadas pela função adaptativa. Esse conjunto é finalizado ao ser encontrada a regra inicial da tabela de decisões adaptativa, ou então o cabeçalho de uma nova função adaptativa.
- Nas colunas que denotam ações adaptativas elementares (ou seja, naquelas cujos marcadores são "+", "-" ou "?") as células correspondentes às condições são preenchidas com o valor contra o qual se pretende testar a condição; células correspondentes às ações que devem ser executadas devem estar marcadas; células correspondentes às atribuições devem estar preenchidas com o valor a ser atribuído.

As funções adaptativas chamadas pela regra devem ser marcadas e as células correspondentes aos respectivos parâmetros, preenchidas com uma constante ou com o nome de alguma variável, parâmetro ou gerador, a ser passado como argumento. Para evitar ambiguidades, o uso de parâmetros homônimos não é permitido em duas funções adaptativas ativáveis por uma mesma regra adaptativa.

- Uma coluna para a regra inicial da tabela de decisões adaptativa (marcada com "S") refere-se a uma regra que deve ser aplicada antes de qualquer outra. Nessa coluna, as ações utilizadas devem estabelecer valores de partida para todas as condições que caracterizam o dispositivo no início de sua operação. Um conjunto de regras normais deve vir depois dessa coluna, encerradas por uma regra de finalização que completa a especificação da tabela.
- Colunas que denotam regras normais (marcadas com "R") especificam todas as regras que definem a tabela de decisão. Cada regra normal é especificada preenchendo-se com constantes, nomes de variáveis, geradores ou parâmetros formais as células de condição que devem ser testadas. As demais células da coluna são preenchidas conforme especificado anteriormente no caso das ações adaptativas elementares.
- Uma única regra de finalização (marcada com "E") serve como delimitador para o conjunto das regras correntes na tabela de decisões adaptativa, e representa apenas um marcador lógico.

Uma tabela de decisões adaptativa pode ser interpretada como uma instância de um dispositivo adaptativo genérico, no qual o dispositivo subjacente corresponde a uma tabela de decisões não adaptativa. Essa visão facilita a compreensão do dispositivo adaptativo como sendo uma formulação genérica e independente do dispositivo subjacente escolhido (no Exemplo 5.27 o dispositivo subjacente escolhido foi um autômato finito).

Uma outra interpretação possível decorre da possibilidade do uso da tabela de decisões adaptativas como notação para a representação de autômatos adaptativos, o que sugere, eventualmente, um modelo de implementação para tais autômatos, uma vez que, por sua natureza, as tabelas são estruturas de dados muito adequadas para serem manipuladas de forma eficiente por computadores, o que não acontece com muitos outros formalismos, como é o caso dos grafos, com os quais se representam os autômatos. O Exemplo 5.28 ilustra tal uso.

Exemplo 5.28 Este exemplo ilustra, simultaneamente, o uso de tabelas de decisões adaptativas como uma extensão de tabelas de decisões não adaptativas, à luz do dispositivo adaptativo genérico inicialmente discutido, e também o seu emprego na representação de autômatos adaptativos. Para essa segunda finalidade, é mostrada a implementação do autômato adaptativo apresentado no Exemplo 5.27.

A topologia inicial do autômato adaptativo é apresentada na Tabela 5.7. A situação do autômato adaptativo após o consumo total da cadeia $ll \vdash$, é apresentada na Tabela 5.8. Finalmente, a Tabela 5.9 representa o autômato adaptativo após o consumo das cadeias $ll \vdash$ e $ld \vdash$.

Note-se que, embora neste exemplo não tenham sido utilizadas variáveis nas ações, a inclusão delas poderia ser facilmente efetuada mediante a simples inserção, na tabela, de novas linhas a elas correspondentes, pois as variáveis são denotadas e utilizadas de forma idêntica à dos parâmetros e geradores.

Outros elementos, que usualmente fazem parte de um formalismo dessa natureza, também não foram empregados neste exemplo. É o caso das ações adaptativas anteriores e posteriores, presentes na especificação de algumas funções adaptativas. Caso estivessem presentes, para representá-las deveriam ter sido incluídas colunas adicionais, apropriadamente identificadas.

Nem todas as opções possíveis do formalismo foram exploradas, mas a ilustração apresentada é complexa o suficiente para ser usada como guia no desenvolvimento de outros projetos de acordo com essa técnica. ⋆

Outras experiências com dispositivos adaptativos

A tecnologia adaptativa refere-se às técnicas, métodos e disciplinas que estudam as aplicações práticas dos dispositivos adaptativos.

Historicamente, os dispositivos adaptativos surgiram no campo das linguagens formais e autômatos.

Em consequência, as aplicações mais antigas de tais dispositivos ocorreram na área da definição rigorosa de linguagens formais e de programação. Nesse campo, podem ser mencionados os trabalhos [53], [54], [55], [56], [57] e [58].

Por exemplo, os autômatos adaptativos foram propostos como formalismos práticos para a representação de linguagens que se mostram sensíveis ao contexto ([56], [57]).

Por outro lado, as gramáticas adaptativas foram também apresentadas como dispositivos generativos cuja operação também lhes permite o uso na definição rigorosa de linguagens dependentes de contexto ([56], [58]).

Um antigo metassistema baseado em autômatos adaptativos foi proposto e implementado, tendo permitido o desenvolvimento confortável de muitos ensaios ([59]). Esse trabalho constituiu uma prova material da utilidade de máquinas adaptativas e da relativamente baixa dificuldade necessária ao seu projeto e implementação.

Autores como [53], [54] e [60] propuseram dispositivos adaptativos gramaticais cuja operação lembra as gramáticas de dois níveis de Von Wijngaarden ([61]), suficientemente potentes para expressar as complexas linguagens das classes 1 e 0 da Hierarquia de Chomsky. Em particular, [62] apresenta uma ferramenta baseada em gramáticas §, as quais guardam forte proximidade dos dispositivos gramaticais adaptativos aqui mencionados.

Encontra-se também, destinado à especificação e análise de sistemas de tempo real reativos, um trabalho baseado na versão adaptativa dos *statecharts* clássicos ([63]).

Em prosseguimento, tal trabalho evoluiu com a incorporação, aos *statecharts* adaptativos, de mecanismos de sincronização baseados em redes de Petri, fornecendo assim a seus usuários a possibilidade de explicitar a análise de aspectos de sincronização de sistemas concorrentes adaptativos ([64]).

Outra manifestação muito interessante do poder e da praticidade dos dispositivos adaptativos para a especificação e implementação de sistemas complexos foi a formulação e o emprego de cadeias de Markov adaptativas, que foram usadas com muito sucesso no projeto e implementação física de um sistema computacional gerador de música ([65]).

Dispositivos adaptativos têm sido ultimamente utilizados e testados no campo dos sistemas de apoio à tomada de decisões.

Um protótipo de sistema baseado em autômatos adaptativos foi também ensaiado como ferramenta a ser utilizada na geração automática e na seleção de soluções para problemas de alta complexidade computacional.

A inteligência artificial é um campo que pode ser fortemente beneficiado pela tecnologia adaptativa, já que os dispositivos adaptativos dispõem inerentemente de um mecanismo muito adequado para a aquisição, representação e manipulação de conhecimento.

Embora não tenha sido implementada ainda, dispõe-se de uma proposta de aplicação de autômatos adaptativos em educação por computador, como um mecanismo de aprendizagem de um sistema de ensino auxiliado por computador, e como modelo do progresso do aluno usuário de tais sistemas.

Assim, a aprendizagem computacional pode ser vista como uma característica natural exibida por todos os dispositivos adaptativos.

Em particular, experimentos com linguagens regulares foram realizados, mostrando o potencial dos autômatos adaptativos como excelentes dispositivos para a construção de sistemas de inferência gramatical ([66], [67]).

Outro campo em que os dispositivos adaptativos mostraram sua potência foi o da especificação e processamento de linguagens naturais.

Um dos trabalhos desenvolvidos nessa área empregou autômatos adaptativos como mecanismo principal de um sistema de anotação automática de textos em língua portuguesa ([68]).

Trabalhos adicionais têm sido correntemente desenvolvidos nessa direção, com muitos excelentes resultados intermediários na representação de características sintáticas dependentes de contexto de linguagens naturais ([69]).

A simulação e a modelagem de sistemas inteligentes também constituem aplicações concretas dos formalismos adaptativos, como foi ilustrado na descrição de mecanismos de controle de um veículo autônomo inteligente, que coleta informações sobre o seu ambiente e a partir delas elabora um mapa da região, para facilitar sua própria navegação ([70]).

Inúmeras outras aplicações são possíveis para os dispositivos adaptativos em diversas áreas de atividade humana.

Tais áreas deverão ser exploradas extensivamente, através de uma busca bem-sucedida de métodos simples e eficientes que constituam alternativas de resolução de tarefas computacionais que se mostram bastante complexas quando efetuadas pelos métodos tradicionais.

Conclusões

Como um resultado deste trabalho, foi possível elaborar para os dispositivos adaptativos uma formulação na qual nada é introduzido além dos mecanismos formais adaptativos, emprestando à formulação proposta o caráter de uma simples extensão do dispositivo não adaptativo subjacente.

Assim, são preservadas a integridade e mesmo a intuição da formulação subjacente em que se baseia o dispositivo adaptativo, o mesmo ocorrendo com todas as suas propriedades.

Portanto, após uma necessária familiarização com os conceitos e notações dos dispositivos adaptativos, o seu usuário não terá necessidade de aprender novos conceitos e notações, mas fica livre para usar dispositivos não adaptativos, já projetados e testados, como base para construir, com facilidade, versões adaptativas deles.

Por outro lado, com a formulação proposta, os usuários podem, diretamente e em qualquer momento da operação do dispositivo adaptativo, identificar o dispositivo não adaptativo subjacente.

Isso simplifica muito o seu esforço de depuração e aumenta a compreensão do dispositivo adaptativo por parte de seus projetistas.

A proposta aqui apresentada tem uma formulação muito clara, permitindo ao usuário estar permanentemente atento a todos os fenômenos referentes ao mecanismo subjacente.

Nenhuma notação nova nem qualquer conceito desconhecido precisam ser introduzidos, exceto aqueles que envolvem os recursos adaptativos.

Assim, a proposta oferece uma formulação deveras intuitiva e de fácil aprendizado.

Essa formulação também se mostra muito geral, já que não depende da natureza do formalismo subjacente não adaptativo escolhido.

Espera-se que esta modesta contribuição encoraje não apenas a reutilização dos formalismos automodificáveis já existentes, como também a formulação de novos dispositivos

Tabela 5.7 Tabela de decisões adaptativa inicial, ilustrando a situação inicial do autômato adaptativo representado na Figura 5.13

													Regras									
													1	2	3	4	5	6	7	8	9	10
			H	+	+	+	+	+	-	H	-	+	S	R	R	R	R	R	R	R	R	E
Tabela de decisão subjacente	Condições	estado=		p_1	g_1	g_1	g_1	g_1	p_1		q_1	q_1		I	I	J	J	J	J	K	L	
		entrada=		p_2	l	d	$\vdash$		p_2		$\vdash$	$\vdash$		l		l	d	$\vdash$				
	Ações	estado :=		g_1	J	J	L		J		L	K	I	J		J	J	L				
		avança (entrada)		✓					✓				✓	✓		✓	✓					
		aceita :=						×							×				×	✓	✓	
Funções adaptativas	Nomes	X	B		✓	✓			✓					✓								
		Y					✓			A	✓							✓				
	Parâmetros	p_1	P		g_1	g_1			p_1					I								
		p_2	P		l	d			p_2					l								
		q_1					g_1			P	q_1							J				
	Geradores	g_1	G																			

Tabela 5.8 Tabela de decisões adaptativa que representa o mesmo autômato adaptativo, na situação correspondente à Figura 5.16

													Regras																	
													1	11	3	4	5	6	7	8	9	15	13	14	25	16	17	19	26	10
			H	+	+	+	+	+	-	H	-	+	S	R	R	R	R	R	R	R	R	R	R	R	R	R	R	R	R	E
Tabela de decisão subjacente	Condições	estado=		p_1	g_1	g_1	g_1	g_1	p_1		q_1	q_1		I	I	J	J	J	J	K	L	#1	#1	#1	#1	#2	#2	#2	#2	
		entrada=		p_2	l	d	⊢		p_2		⊢	⊢		l		l	d	⊢				l	d	⊢		l	d	⊢		
	Ações	estado :=		g_1	J	J	L		J		L	K	I	#1		J	J	L				#2	J	L		J	J	K		
		avança (entrada)		✓					✓				✓	✓		✓	✓					✓								
		aceita :=						×							×				×	✓	✓				×				×	
Funções adaptativas	Nomes	X	B		✓	✓			✓														✓			✓	✓			
		Y					✓			A	✓							✓						✓						
	Parâmetros	p_1	P		g_1	g_1			p_1														#1			#2	#2			
		p_2	P		l	d			p_2														d			l	d			
		q_1					g_1			P	q_1							J						#1						
	Geradores	g_1	G																											

Tabela 5.9 Tabela de decisões adaptativa, correspondente ao autômato adaptativo da Figura 5.17, obtido após o consumo das cadeias $ll \vdash$ e $ld \vdash$

			H	+	+	+	+	+	-	H	-	+
Tabela de decisão subjacente	Condições	estado=		p_1	g_1	g_1	g_1	g_1	p_1		q_1	q_1
		entrada=		p_2	l	d	$\vdash$		p_2		$\vdash$	$\vdash$
	Ações	estado :=		g_1	J	J	L		J		L	K
		avança (entrada)		✓					✓			
		aceita :=						×				
Funções adaptativas	Nomes	X	B		✓	✓			✓			
		Y					✓			A	✓	
	Parâmetros	p_1	P		g_1	g_1			p_1			
		p_2	P		l	d			p_2			
		q_1					g_1			P	q_1	
	Geradores	g_1	G									

			Regras																					
			1	11	3	4	5	6	7	8	9	15	20	14	25	16	17	19	26	21	22	24	27	10
			S	R	R	R	R	R	R	R	R	R	R	R	R	R	R	R	R	R	R	R	R	E
Tabela de decisão subjacente	Condições	estado=		I	I	J	J	J	J	K	L	#1	#1	#1	#1	#2	#2	#2	#2	#3	#3	#3	#3	
		entrada=		l		l	d	$\vdash$				l	d	$\vdash$		l	d	$\vdash$		l	d	$\vdash$		
	Ações	estado :=	I	#1		J	J	L				#2	#3	L		J	J	K		J	J	K		
		avança (entrada)	✓	✓		✓	✓					✓	✓											
		aceita :=			×				×	✓	✓				×				×				×	
Funções adaptativas	Nomes	X														✓	✓			✓	✓			
		Y						✓						✓										
	Parâmetros	p_1														#2	#2			#3	#3			
		p_2														l	d			l	d			
		q_1						J						#1										
	Geradores	g_1																						

adaptativos para simplificar a obtenção de soluções para problemas difíceis de resolver pelos métodos não adaptativos usuais.

5.11 Exercícios

Gramáticas sensíveis ao contexto

1. Construa gramáticas sensíveis ao contexto que gerem as seguintes linguagens:
   a) $\{wcw \mid w \in \{a,b,c\}^*\}$;
   b) $\{ww \mid w \in \{a,b,c\}^*\}$;
   c) $\{a^ib^ia^i \mid i \geqslant 0\}$;
   d) $\{a^ib^jc^k \mid i < j < k\}$;
   e) $\{a^ib^jc^id^j \mid i \geqslant 1, j \geqslant 1\}$;
   f) $\{a^ib^ic^id^i \mid i \geqslant 1\}$;
   g) $\{(a^ib^i)^j(c^kd^k)^j \mid i,j,k \geqslant 1\}$;
   h) $\{w \in \{a,b,c\}^* \mid |w|_a = |w|_b = |w|_c\}$.
2. Construa uma gramática sensível ao contexto que gere a linguagem do Exemplo 5.5.
3. Responda, justificando as suas respostas:
   a) A linguagem a^*b é livre de contexto?
   b) A linguagem $a^ib^{i+3}, i \geqslant 1$, é sensível ao contexto?
   c) A linguagem $a^ib^{i+1}c^{i+2}d^{i+3}, i \geqslant 1$, é regular?
   d) A linguagem a^ib^j tal que i não é múltiplo de 3 e j não é múltiplo de 5 é regular?

Formas normais para gramáticas sensíveis ao contexto

4. Construa formas normais para as gramáticas sensíveis ao contexto dos Exemplos 5.3 e 5.4.

Máquinas de Turing com fita limitada

5. Construa uma Máquina de Turing com fita limitada que reconheça a linguagem $a^{2n}bc^n, n \geqslant 1$. Ilustre a sua operação com o reconhecimento da sentença $aabc$.
6. Especifique formalmente uma Máquina de Turing com fita limitada que reconheça a linguagem $0^*1^+2^*$. Mostre os movimentos que conduzem à aceitação da cadeia 0012 e à rejeição da cadeia 022.
7. Construa Máquinas de Turing com fita limitada que reconheçam cada uma das linguagens definidas nos Exercícios 41 a 48 da Seção 4.18.
8. Construa Máquinas de Turing com fita limitada que reconheçam cada uma das linguagens definidas no Exercício 1.
9. Construa uma Máquina de Turing com fita limitada que reconheça a linguagem do Exemplo 5.5.
10. Construa Máquinas de Turing com fita limitada que reconheçam as seguintes linguagens:
    a) $a(bc)^*a^* \mid a^*(b^*c \mid bc^*)a$;
    b) O conjunto dos anagramas que podem ser obtidos a partir de uma palavra qualquer, construída sobre o alfabeto $\{a,b,c,...,z\}$, fornecida como entrada. Considere que a cadeia a ser analisada possui a forma $palavra_1 - palavra_2$. A cadeia deve ser aceita se $palavra_2$ for anagrama de $palavra_1$. Caso contrário, deverá ser rejeitada;
    c) O conjunto das expressões aritméticas que podem ser definidas sobre o alfabeto $\{a,b,c,+,*,-,/,(,)\}$;
    d) $a^mb^nc^md^n, m \geqslant 1, n \neq m$;
    e) $a^mb^nc^pd^q, m \geqslant 1, n > m, p > n, q > p$.
11. Construa, para cada uma das linguagens especificadas a seguir, uma Máquina de Turing que a reconheça.
    a) $\{\alpha_0\#\alpha_1\#...\#\alpha_n \mid (\alpha_i \in \{a,b,c\}^*) \wedge (|\alpha_i|_a = i), \forall n \geqslant 0\}$
    b) $\{\alpha_0\#\alpha_1\#...\#\alpha_n \mid (\alpha_i \in \{a,b,c\}^*) \wedge (|\alpha_i|_a \neq i), \forall n \geqslant 0\}$
    c) $\{\alpha_0\#\alpha_1\#...\#\alpha_n \mid (\alpha_i \in \{a,b,c\}^*) \wedge (|\alpha_i|_a = 2*i), \forall n \geqslant 0\}$
    d) $\{\alpha_0\#\alpha_1\#...\#\alpha_n \mid (\alpha_i \in \{a,b,c\}^*) \wedge (|\alpha_i|_a = |\alpha_{n-i}|_a), \forall n \geqslant 0\}$
    e) $\{\alpha_0\#\alpha_1\#...\#\alpha_n \mid (\alpha_i \in \{a,b,c\}^*) \wedge$ ($|\alpha_i|_a$ é par se i é par, ou $|\alpha_i|_a$ é ímpar se i é ímpar), $\forall n \geqslant 0\}$
    f) $\{\alpha_0\#\alpha_1\#...\#\alpha_n \mid (\alpha_i \in \{a,b,c\}^*) \wedge$ $(|\alpha_0|_a = 0) \wedge$ (se i é par, então $|\alpha_{i+1}|_b = |\alpha_i|_a + 1$, ou, se i é ímpar, $|\alpha_{i+1}|_a = |\alpha_i|_b + 2), \forall n \geqslant 0\}$

Autômatos adaptativos

12. Este é um exercício teórico-conceitual, destinado a fixar as bases da adaptatividade, e melhorar o entendimento conceitual desta técnica. Trata-se de instanciar formalmente uma série de dispositivos adaptativos a partir da

formulação geral apresentada para dispositivos adaptativos guiados por regras. Os formalismos subjacentes mais significativos do ponto de vista conceitual são os autômatos e as gramáticas, pois seus comportamentos são bastante diferentes um do outro. Diversos dos formalismos listados a seguir já foram estudados e para eles há descrições formais, ainda que usando alguma formulação específica, que não seja aderente à formulação geral mais recentemente proposta. Outros não foram ainda explorados nesse sentido, e outros deve haver que ainda não foram sequer sugeridos. Incentiva-se o leitor a vencer o desafio de desenvolver essas formulações e contribuir divulgando os resultados obtidos para que todos possam beneficiar-se desses progressos. Pede-se, portanto, que sejam apresentadas, para os formalismos subjacentes guiados por regras listados a seguir, formulações adaptativas aderentes ao modelo geral apresentado anteriormente para dispositivos adaptativos guiados por regras. Apresentar também um exemplo ilustrativo de aplicação dessa formulação, e exercitá-lo para alguma situação significativa, descrevendo com cuidado o seu funcionamento:

a) autômato finito;
b) autômato de pilha tradicional;
c) autômato de pilha estruturado;
d) transdutor finito (Máquina de Mealy, Máquina de Moore);
e) máquina de Turing;
f) rede de Petri;
g) *statechart*;
h) gramática linear (à direita ou à esquerda);
i) gramática livre de contexto;
j) gramática dependente de contexto;
k) tabela de decisão;
l) rede de Markov;
m) linguagem de programação de baixo nível (*Assembly*);
n) linguagem de programação de paradigma funcional (como Lisp);
o) linguagem de programação em lógica (como Prolog);
p) linguagem de programação imperativa simples (como Basic);
q) linguagem de programação do tipo *script*;
r) cálculo lambda;
s) cálculo de predicados de primeira ordem;
t) cálculo de objetos;
u) *constraint languages*;
v) linguagens de programação visuais;
w) *spider diagrams*;
x) *visual ocl*;
y) tabela de análise sintática descendente LL(k);
z) tabela de análise sintática ascendente LR(k).

13. Projetar autômatos finitos adaptativos determinísticos que sejam capazes de reconhecer as seguintes linguagens:

a) $\{a^n b^n \mid n \geqslant 0\}$;
b) $\{waw^R \mid w \in \{b,c\}^*\}$;
c) $\{waw \mid w \in \{b,c\}^*\}$;
d) $\{wa^n w \mid n \geqslant 0, w \in \{b,c\}^*\}$;
e) $\{wa^n w \mid n = |w|, w \in \{b,c\}^*\}$;
f) $\{ww \mid w \in \{b,c\}^*\}$;
g) $\{ww^R w \mid w \in \{b,c\}^*\}$;
h) $\{\{a^n b^n c^n \mid n \geqslant 0\}$;
i) $\{a^n b^{2n} c^{3n} \mid n \geqslant 0\}$;
j) $\{a^{2n} b^{2n} E \cup a^{2n+1} b^{2n+1} O \mid n \geqslant 0\}$;
k) $\{w \in \{a,b,c\}^* \mid (|w|_a \neq |w|_b) \wedge (|w|_b \neq |w|_c) \wedge (|w|_a \neq |w|_c)\}$;
l) $\{w \in \{a,b,c\}^* \mid |w|_a = |w|_b = |w|_c\}$;
m) $\{a^i b^j \mid j = i^2\}$;
n) $\{a^i b^i c^j \mid (i \neq j)\}$;
o) $\{a^i b^j c^k \mid (i \neq j) \wedge (j \neq k)\}$;
p) $\{a^i b^j c^k \mid (i \neq j) \wedge (j \neq k) \wedge (i \neq k)\}$;
q) $\{a^i b^j c^k \mid j = max(i,k)\}$;
r) $\{a^i b^j c^i d^j \mid i,j \geqslant 1\}$.

14. Repita o Exercício 13 usando autômatos (de pilha estruturados) adaptativos. Explore as facilidades de representação de construções sintáticas aninhadas que os autômatos de pilha estruturados proporcionam, simplificando dessa forma, quando for o caso, os dispositivos resultantes.

15. Projete um autômato finito adaptativo que reconheça a estrutura sintática das expressões aritméticas envolvendo como operandos apenas variáveis simples e constantes, como operadores, as quatro operações aritméticas usuais de soma, subtração, multiplicação e divisão, e o uso opcional de parênteses aninháveis. As variáveis são todas de duas letras.

16. Repita o Exercício 15 empregando autômatos de pilha estruturados não adaptativos. Observe que isso permite que se construa um dispositivo resultante mais compacto e legível, já que o autômato de pilha estruturado incorpora

uma expressividade implícita para a representação dos aninhamentos sintáticos.

17. Acrescente ao autômato obtido no Exercício 16 ações adaptativas que garantam que todas as variáveis utilizadas na mesma expressão tenham a mesma letra inicial. Neste exercício, estamos modelando simplificadamente as atividades de verificação da coerência de tipos. Isso também será explorado nos exercícios seguintes. Observe que é possível, com o uso de um autômato desta natureza, eliminar as tabelas de símbolos e de atributos dos compiladores construídos usando técnicas tradicionais.
18. Supondo que a letra inicial do nome de uma variável represente seu tipo (por exemplo, nomes iniciados por $a, b, ..., j, k$ representam variáveis inteiras, e as demais, variáveis reais), modifique o exercício anterior de forma tal que seja garantida a compatibilidade de tipos, ou seja, devem ser permitidas apenas as combinações de tipos consideradas válidas, nas operações representadas na expressão, e as demais devem ser rejeitadas.
19. Desenvolva um autômato adaptativo que colete em sua própria estrutura os nomes das variáveis encontradas nas declarações de variáveis, associando a cada nome assim coletado o tipo correspondente à declaração em que o nome foi encontrado. Acionado posteriormente, o mesmo autômato deve localizar o nome e obter o tipo a ele associado.
20. Modifique o projeto do Exercício 19 de forma que os nomes coletados sejam palavras de um texto em português, e que o resultado de sua execução seja a construção de uma coleção de todas as palavras encontradas em um arquivo de texto fornecido. Estenda esse projeto de forma que o usuário possa classificar cada palavra registrada segundo sua categoria gramatical. O resultado desse projeto é um etiquetador morfológico.
21. Projete um autômato adaptativo que reconheça deterministicamente a linguagem dos anagramas de uma palavra cujas letras não se repetem, por exemplo, PERNAMBUCO. Como seria um autômato finito equivalente? Supondo que essa palavra tivesse um comprimento de 256 letras, como cresceriam as duas versões do reconhecedor de seus anagramas? O que ocorre se a palavra inicial tiver um comprimento arbitrário, não fixado *a priori*? Qual é o impacto sobre esse projeto caso a palavra inicial tenha letras repetidas? Qual é o impacto no projeto caso não se conheça *a priori* o conjunto completo de símbolos do alfabeto da linguagem?
22. Chama-se **fusão** de duas cadeias a operação que consiste em construir, a partir delas, uma cadeia na qual seja preservada a ordem dos símbolos que formam cada uma das cadeias originais. Note-se que há muitas possíveis fusões para cada par de cadeias. Chama-se fusão de duas linguagens à operação que constrói o conjunto de todas as cadeias resultantes de todas as possíveis fusões dos pares que constituem o produto cartesiano das duas linguagens. Pede-se projetar um autômato adaptativo que reconheça deterministicamente a linguagem formada pela fusão das sentenças de duas linguagens regulares com alfabetos disjuntos. Como poderia ser construído um autômato finito equivalente? Qual é o impacto sobre esse projeto se as duas cadeias que sofrem fusão tiverem alfabetos não disjuntos? Qual deve ser a repercussão sobre esse projeto se o número de cadeias que sofrem a fusão inicial for maior que dois?

Exercícios de programação

23. Projete e implemente um programa de computador que aceite como entrada uma cadeia que representa uma gramática sensível ao contexto $G = (V, \Sigma, P, S)$ qualquer.
    Inicialmente, o programa deverá verificar a consistência da cadeia de entrada, e também da gramática G, para garantir que estejam corretamente construídas, e informar sobre a presença de eventuais erros. Em seguida, o programa deverá permitir que o usuário solicite que seja construída uma forma normal equivalente à gramática original.
    O programa deverá, então, gerar uma gramática equivalente, apresentando o resultado na mesma notação usada na entrada, conforme os Exercícios 57 e 55 da Seção 2.8. As seguintes cadeias representam gramáticas sensíveis ao contexto codificadas dessa forma:
    - $S > aSBC - S > aBC - CB > BC - aB > ab - bB > bb - bC > bc - cC > cc\$$, que gera a linguagem $a^i b^i c^i, i \geqslant 1$;
    - $S > ABC - S > ABCS - AB > BA - AC > CA - BA > AB - BC > CB - CA > AC - CB > BC - A > a - B > b - C > c\$$,

que gera a linguagem das cadeias com quantidades idênticas de *a*, *b* e *c*.

24. Projete e implemente um programa de computador que simule uma Máquina de Turing com fita limitada, determinística e sem transições em vazio. Ele deve aceitar como entrada:
    - Uma cadeia que descreva uma Máquina de Turing com fita limitada $M = (Q, \Sigma, \Gamma, \delta, q_0, <, >, F)$, determinística e sem transições em vazio.
    - Uma cadeia de entrada, para uso da Máquina de Turing, $w \in \Sigma^*$.

    Como resultado, o programa deve:

    a) Verificar a consistência da cadeia de entrada, para garantir que ela esteja corretamente construída.

    b) Verificar a consistência de *M*, para garantir que esteja corretamente especificado.

    c) Em caso afirmativo, determinar se $w \in L(M)$.

    O dispositivo de entrada deverá ser representado na forma de uma cadeia pertencente ao conjunto regular definido sobre o alfabeto {0, 1, 2, ..., 7, 8, 9, *a*, *b*, *c*, *d*, *e*, *f*, *A*, *B*, *C*, *D*, *E*, *F*, −, <, >, $}:

    <Transição>(−*<Transição>*)*$

    onde:

    <Transição> → *<Estado>* *<Fita>* *<Estado>* *<Fita>* *<Sentido>*
    <Estado> → *<Final>* | *<Não-final>*
    <Não-final> → 00 | 01 | 02 | 03 | 04 | 05 | 06 | 07 | 08 | 09
    <Final> → 10 | 11 | 12 | 13 | 14 | 15 | 16 | 17 | 18 | 19
    <Fita> → *a* | *b* | *c* | *d* | *e* | *f* | *A* | *B* | *C* | *D* | *E* | *F* | < | >
    <Sentido> → *E* | *D*

    O dispositivo pode, portanto, possuir no máximo 20 estados, sendo a metade deles não finais, numerados de 00 a 09, e a outra metade, finais, numerados de 10 a 19. O primeiro estado referenciado na entrada será adotado, por convenção, como estado inicial. O alfabeto de entrada Σ corresponde ao conjunto das letras minúsculas $\{a, b, c, d, e, f\}$ e o conjunto Γ ao conjunto das letras $\{a, b, c, d, e, f, A, B, C, D, E, F\}$.

    Cada sequência da forma:

    <Estado><Fita><Estado><Fita><Sentido>

    representa uma transição (respectivamente, estado corrente, símbolo de entrada, próximo estado, símbolo a ser gravado na fita de trabalho e sentido de movimentação do cursor de acesso à fita). As seguintes cadeias representam autômatos codificados dessa forma:

    - 00*a*00*aD* − 00*b*01*bD* − 01*b*01*bD* − 01 > 10 > *E* − 00 > 10 > *E*$,
      que aceita a linguagem a^*b^*;
    - 00*a*01*XD* − 00*b*05*bD* − 00*Y*03*YD* − 01*a*01*aD* − 01*Y*01*YD* − 01*b*02*YE* − 01 > 05 > *E* − 02*X*00*XD* − 02*Y*02*YE* − 02*a*02*aE* − 03*Y*03*YD* − 03*b*05*bD* − 03 > 10 > *E*$,
      que aceita a linguagem $a^ib^i, i \geqslant 1$.

Capítulo 6

Linguagens recursivas

Linguagens recursivas são aquelas que são aceitas por um tipo muito geral de reconhecedor: a Máquina de Turing sem limitação de memória, também conhecida como Máquina de Turing com fita infinita ou, simplesmente, Máquina de Turing.

Como o próprio nome sugere, as Máquinas de Turing com fita infinita diferem das apresentadas no capítulo anterior — as Máquinas de Turing com fita limitada — justamente pelo fato de não apresentarem restrições quanto ao comprimento da fita de trabalho. No que se refere aos demais aspectos, elas são definidas de forma muito similar.

Apesar de se tratar de uma diferença aparentemente pouco significativa, o fato de a fita de trabalho comportar infinitas posições possibilita, conforme está demonstrado no Teorema 6.4, o reconhecimento de uma categoria de linguagens mais abrangente do que as linguagens sensíveis ao contexto. Estas, por sua vez, conforme veremos mais adiante, constituem um subconjunto próprio das linguagens recursivas.

Diferentemente das linguagens sensíveis ao contexto, no entanto, não há caracterização conhecida para as linguagens recursivas em termos gramaticais. Ou seja, não é possível caracterizar essa classe de linguagens a partir da formulação de restrições ao formato das produções gramaticais gerais — procedimento adotado para definir as classes das linguagens regulares, das livres de contexto e também das sensíveis ao contexto.

Da mesma forma, não são conhecidas eventuais propriedades estruturais que possam ser consideradas para efeito de caracterização de uma linguagem como sendo recursiva. Se, por outro lado, as linguagens regulares, as livres de contexto e as sensíveis ao contexto podem ser facilmente identificadas a partir de tais propriedades — concatenação, união e fechamento de termos no caso das regulares, balanceamento de termos nas livres de contexto e vinculação de termos nas sensíveis ao contexto —, as linguagens recursivas não exibem características de natureza equivalente, que poderiam servir para identificar uma determinada linguagem como sendo estritamente dessa classe.

A única caracterização que resta, portanto, é baseada no modelo de reconhecimento. O restante deste capítulo será dedicado à formalização e à discussão das Máquinas de Turing e suas propriedades. Na sequência, as linguagens recursivas serão definidas como sendo uma classe particular de linguagens aceita por esse tipo de dispositivo (pois as linguagens recursivas não são a única classe de linguagens por ele aceita). Finalmente, será demonstrado que toda linguagem sensível ao contexto é também recursiva e, além disso, que existe pelo menos uma linguagem recursiva que não é sensível ao contexto. Em resumo, demonstrar-se-á que a classe das linguagens sensíveis ao contexto constitui um subconjunto próprio da classe das linguagens recursivas. Linguagens que são recursivas porém não são sensíveis ao contexto são denominadas linguagens **estritamente recursivas**.

6.1 Máquinas de Turing

Máquinas de Turing (com fita ilimitada ou infinita) são dispositivos de reconhecimento de cadeias que possuem as seguintes diferenças em relação às Máquinas de Turing com fita limitada, discutidas no Capítulo 5:

1. A fita de trabalho possui comprimento infinito, sendo limitada à esquerda e sem limitação à direita.[1]
2. A cadeia de entrada é delimitada apenas à esquerda, por meio de um símbolo especial, representado por "<", que não faz parte do alfabeto de entrada. Juntamente com esse símbolo, a cadeia a ser processada é posicionada de forma tal que fique ajustada à esquerda sobre a fita. O cursor de acesso inicialmente aponta o símbolo mais à esquerda da cadeia de entrada, ou seja, o símbolo imediatamente à direita do marcador "<".[2]
3. As posições da fita à direita do último símbolo da cadeia de entrada são inicialmente preenchidas com um símbolo especial — representado por B, que indica que aquelas posições estão vagas. O símbolo B também não faz parte do alfabeto de entrada.[3]
4. O cursor de acesso pode se deslocar livremente sobre a fita de trabalho, exceto para a esquerda da primeira posição da fita. Caso isso ocorra, a computação encerra-se anormalmente.

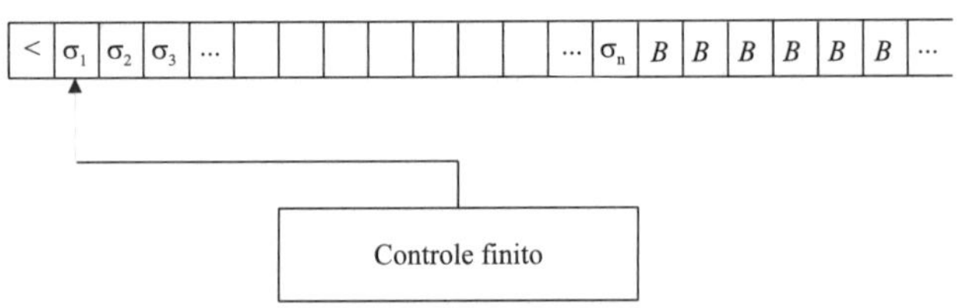

Figura 6.1 Máquina de Turing.

A Figura 6.1 ilustra a configuração inicial de uma Máquina de Turing com cadeia de entrada igual a $\sigma_1\sigma_2\sigma_3...\sigma_n$. Formalmente, uma Máquina de Turing é definida como:

$$M = (Q, \Sigma, \Gamma, \delta, q_0, <, B, F)$$

onde:

- Q é o conjunto finito não vazio de estados.
- Σ é o alfabeto de entrada, formado por um conjunto finito não vazio de símbolos.
- Γ é um conjunto, também finito e não vazio, de símbolos que podem ser lidos e/ou escritos na fita de trabalho. $\Gamma \supseteq \Sigma$.
- δ é a função parcial de transição, $\delta : Q \times \Gamma \rightarrow 2^{Q \times \Gamma \times \{E,D\}}$.
- q_0 é o estado inicial, $q_0 \in Q$.

[1] Dependendo do autor, não há limitação tampouco à esquerda.

[2] Alguns autores desconsideram o uso do marcador "<" e supõem que a primeira posição da fita de trabalho seja ocupada pelo primeiro símbolo da cadeia a ser analisada.

[3] Dependendo do autor, outros símbolos são usados para representar posições vagas da fita de trabalho.

- “$<$” $\in \Gamma$, “$<$” $\notin \Sigma$, é o símbolo que indica a primeira posição da fita de trabalho. Durante toda a operação da máquina, o símbolo “$<$” não pode ser gravado em nenhuma outra posição da fita.
- $B \in \Gamma, B \notin \Sigma$, é o símbolo utilizado para preencher inicialmente todas as posições à direta da cadeia de entrada na fita. Durante a operação da máquina, o símbolo B pode ser gravado em qualquer posição da fita.
- $F \subseteq Q$ é o conjunto de estados finais.

A **configuração** de uma Máquina de Turing é indicada por uma tripla

$$(\alpha, q_k, \beta) \in \Gamma^* \times Q \times \Gamma^*$$

onde q_k é o estado corrente, $\alpha \in \Gamma^*$ é a porção do conteúdo da fita de trabalho que se encontra à esquerda do cursor de acesso, e $\beta \in \Gamma^*$ é a porção do conteúdo da fita de trabalho que se encontra à direita do cursor de acesso, incluindo a posição correntemente apontada por ele.

A **configuração inicial** é $(<, q_0, \gamma)$, onde q_0 é o estado inicial e $\gamma \in \Sigma^*$ é a cadeia de entrada a ser analisada. O cursor de acesso aponta, portanto, exatamente o primeiro símbolo da cadeia de entrada γ. A porção α da representação (α, q_k, β) corresponde, neste caso, à cadeia unitária $<$. Uma **configuração final** é definida como (λ, q_f, μ), com $q_f \in F$ e $\lambda, \mu \in \Gamma^*$.

As transições contidas na função δ especificam possibilidades não determinísticas de movimentação, que conduzem o dispositivo de uma configuração para a configuração seguinte. Diz-se que o dispositivo **para** quando a função δ não for definida para o par *(estado, símbolo de entrada)* corrente.

O símbolo “$\vdash$” denota uma relação sobre as configurações de uma Máquina de Turing:

$$\vdash : \Gamma^* \times Q \times \Gamma^* \rightarrow \Gamma^* \times Q \times \Gamma^*$$

Portanto, a movimentação de uma configuração para a seguinte é representada por:

$$(\alpha, q_k, \beta) \vdash (\alpha', q_m, \beta')$$

Em caso de tentativa de deslocamento do cursor de acesso para a esquerda da primeira posição da fita, a computação encerra-se anormalmente. Neste caso, a cadeia de entrada é rejeitada, não importando se o estado em que a máquina se encontra é final ou não.

A rigor, o emprego do símbolo “$<$” para sinalizar o início da fita de trabalho é desnecessário. Diversos textos consideram que a primeira posição da fita seja ocupada pelo primeiro símbolo da cadeia de entrada, sem perda de generalidade. A incorporação dele ao modelo, no entanto, contribui para a construção de máquinas mais simples, na medida em que o controle dos deslocamentos do cursor de acesso, a fim de evitar o término anormal da computação, também pode ser simplificado.

A definição da função de transição δ deixa claro que se trata de um dispositivo **não determinístico**. No entanto, também é possível definir Máquinas de Turing com fita ilimitada **determinísticas**, bastando para isso modificar a função de transição para:

$$\delta : Q \times \Gamma \rightarrow Q \times \Gamma \times \{E, D\}$$

Conforme a Seção 6.3, Máquinas de Turing com fita ilimitada **não determinísticas** podem sempre ser transformadas em Máquinas de Turing com fita ilimitada equivalentes porém **determinísticas**, assim como ocorre no caso dos autômatos finitos. Portanto, pode-se trabalhar indistintamente com Máquinas de Turing com fita ilimitada não determinísticas ou determinísticas, sem que isso acarrete qualquer modificação na classe de linguagens que tais dispositivos são capazes de aceitar. Tal característica difere, por outro lado, daquela que é exibida pelos autômatos de pilha, que, em sua versão não determinística, são capazes de reconhecer uma classe mais ampla de linguagens do que as versões determinísticas. Difere, também, do caso das Máquinas de Turing com fita limitada, pois até o momento ainda não se sabe se existe ou não essa equivalência.

A linguagem aceita por uma Máquina de Turing com fita infinita é o conjunto das cadeias que são capazes de conduzir o dispositivo desde a sua configuração inicial (única para uma determinada cadeia de entrada) até uma configuração final qualquer na qual ele esteja parado — sem possibilidade de movimentação. Formalmente,

$$L(M) = \{\gamma \in \Sigma^* \mid (<, q_0, \gamma) \vdash^* (\lambda, q_f, \mu), q_f \in F, \lambda, \mu \in \Gamma^*\}$$

admitindo-se, como condição de parada, que $\mu = \sigma\pi, \sigma \in \Gamma, \pi \in \Gamma^*$ e δ não seja definida para (q_f, σ). Este critério de aceitação é denominado **estado final** para diferenciar de outros dois critérios alternativos (porém equivalentes) que são apresentados na Seção 6.2.

No caso das Máquinas de Turing determinísticas (com critério de aceitação "estado final"), basta analisar a configuração de parada (se houver) para saber se a cadeia foi aceita ou rejeitada. É claro que a cadeia pode provocar um "loop" infinito, mas o fato é que para cada cadeia de entrada há uma única sequência de movimentações.

No caso das Máquinas de Turing não determinísticas (com critério de aceitação "estado final"), é possível que existam várias sequências de movimentações para uma mesma cadeia de entrada. Para determinar se uma cadeia de entrada é aceita, rejeitada ou provoca "loop" de processamento infinito, deve-se considerar as regras apresentadas na Seção 5.4.

Uma Máquina de Turing M, determinística ou não determinística, particiona o conjunto Σ^* (onde Σ é o seu alfabeto de entrada), portanto, em três linguagens distintas: $ACEITA(M)$, $REJEITA(M)$ e $LOOP(M)$.

Seja L a linguagem aceita por uma Máquina de Turing M. Se $w_1 \in L$, então M para e aceita w_1. Considere-se, porém, a cadeia $w_2 \in \Sigma^* - L$. Neste caso, M pode tanto parar, rejeitando a entrada, quanto entrar em loop infinito, sem nunca atingir uma condição de parada.

Uma linguagem L é dita **recursiva** se existir pelo menos uma Máquina de Turing M tal que:

1. Para toda cadeia $w \in L$, M para e aceita w.
2. Para toda cadeia $z \in \Sigma^* - L$, M para e rejeita z.

Ou seja, M atinge a condição de parada para toda e qualquer cadeia que lhe é submetida, não importando se esta pertence ou não a L. Em outras palavras, L é recursiva se existir pelo menos uma Máquina de Turing tal que $L(M) = ACEITA(M)$, $REJEITA(M) = \Sigma^* - ACEITA(M)$ e $LOOP(M) = \emptyset$. Essa Máquina de Turing pode ter fita limitada (caso em que L, além de ser recursiva, é também sensível ao contexto) ou ilimitada (caso em que L é recursiva, porém não é sensível ao contexto).

Uma linguagem recursiva é também dita **linguagem decidível**. Esse termo denota o fato de que, para essa classe de linguagens, sempre existe pelo menos uma Máquina de Turing que aceita a referida linguagem, qualquer que seja a cadeia usada como entrada (não importa se ela pertence ou não à linguagem), e que sempre para. A parada pode ocorrer com aceitação ou rejeição da cadeia.

Conforme será discutido no Capítulo 7, as linguagens recursivas não são a única classe de linguagens aceitas pelas Máquinas de Turing. Na verdade, o relaxamento da condição de parada para cadeias não pertencentes à linguagem faz com que o modelo possa ser usado para definir uma classe mais ampla de linguagens, denominadas linguagens recursivamente enumeráveis.

Exemplo 6.1 A máquina M apresentada na Figura 6.2 é tal que $L(M) = abc(a \mid b \mid c)^*$.

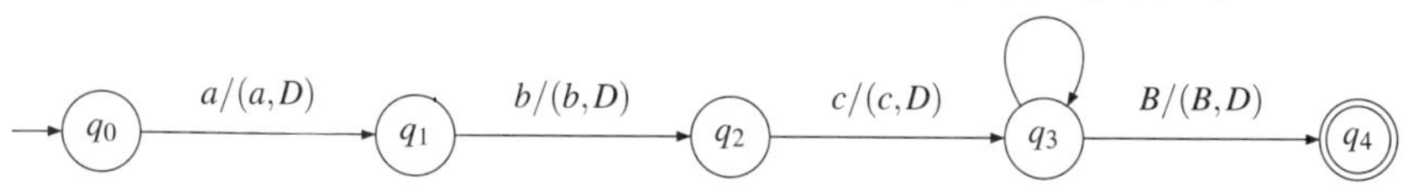

Figura 6.2 Máquina de Turing que aceita $abc(a \mid b \mid c)^*$ para o Exemplo 6.1.

Os movimentos que M executa na aceitação de algumas sentenças pertencentes a L, desde a configuração inicial até a configuração final, são mostrados a seguir:

- $(<, q_0, abcB) \vdash (< a, q_1, bcB) \vdash (< ab, q_2, cB) \vdash (< abc, q_3, B) \vdash (< abcB, q_4, \beta)$
- $(<, q_0, abcaB) \vdash (< a, q_1, bcaB) \vdash (< ab, q_2, caB) \vdash (< abc, q_3, aB) \vdash$ $(< abca, q_3, B) \vdash (< abcaB, q_4, \beta)$
- $(<, q_0, abccbaB) \vdash (< a, q_1, bccbaB) \vdash (< ab, q_2, ccbaB) \vdash (< abc, q_3, cbaB) \vdash$ $(< abcc, q_3, baB) \vdash (< abccbB, q_3, aB) \vdash (< abccbaB, q_3, B) \vdash (< abccbaB, q_4, \beta)$

O símbolo B é usado, nestes casos, para garantir que a cadeia de entrada não contenha símbolos estranhos ao alfabeto $\{a, b, c\}$. A cadeia β, usada na configuração final dos três casos, é formada por uma sequência infinita de símbolos B.

A rejeição de algumas cadeias pertencentes a Σ^*, porém não pertencentes a L, pode ser ilustrada através dos seguintes exemplos:

- $(<, q_0, b)$
- $(<, q_0, aB) \vdash (< a, q_1, B)$
- $(<, q_0, abb) \vdash (< a, q_1, bb) \vdash (< ab, q_2, b)$

Note-se que, nos casos acima, M para sempre em configurações não finais, uma vez que, respectivamente, q_0, q_1 e q_2 são estados não finais.

L é uma linguagem recursiva, uma vez que M sempre para, qualquer que seja a cadeia de entrada $w \in \Sigma^*$ que lhe seja apresentada. ⋆

Exemplo 6.2 A Máquina de Turing M ilustrada na Figura 6.3 aceita a linguagem $L = \{ww^R \mid w \in \{a, b\}^*\}$. São exemplos de cadeias aceitas por M:

- $(<, q_0, aaB) \vdash (< X, q_1, aB) \vdash (< Xa, q_1, B) \vdash (< X, q_2, aB) \vdash$ $(<, q_3, XXB) \vdash (< X, q_0, XB)$
- $(<, q_0, baabB) \vdash (< Y, q_4, aabB) \vdash (< Ya, q_4, abB) \vdash (< Yaa, q_4, bB) \vdash$ $(< Yaab, q_4, B) \vdash (< Yaa, q_5, bB) \vdash (< Ya, q_6, aYB) \vdash (< Y, q_6, aaYB) \vdash$ $(<, q_6, YaaYB) \vdash (< Y, q_0, aaYB) \vdash (< YX, q_1, aYB) \vdash (< YXa, q_1, YB) \vdash$ $(< YX, q_2, aYB) \vdash (< Y, q_3, XXYB) \vdash (< YX, q_0, XYB)$
- $(<, q_0, bbbbbbB) \vdash (< Y, q_4, bbbbbB) \vdash (< Yb, q_4, bbbbB) \vdash$ $(< Ybb, q_4, bbbB) \vdash (< Ybbb, q_4, bbB) \vdash (< Ybbbb, q_4, bB) \vdash$ $(< Ybbbbb, q_4, B) \vdash (< Ybbbb, q_5, bB) \vdash (< Ybbb, q_6, bYB) \vdash$ $(< Ybb, q_6, bbYB) \vdash (< Yb, q_6, bbbYB) \vdash (< Y, q_6, bbbbYB) \vdash$ $(<, q_6, YbbbbYB) \vdash (< Y, q_0, bbbbYB) \vdash (< YY, q_4, bbbYB) \vdash$ $(< YYb, q_4, bbYB) \vdash (< YYbb, q_4, bYB) \vdash (< YYbbb, q_4, YB) \vdash$

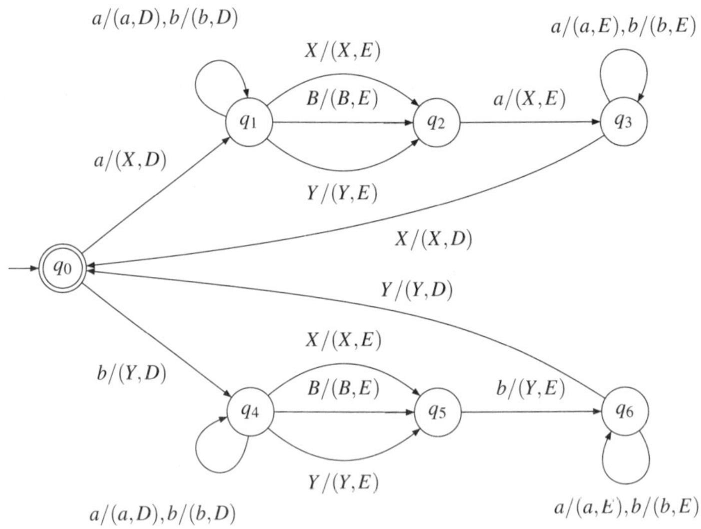

Figura 6.3 Máquina de Turing que aceita $\{ww^R \mid w \in \{a,b\}^*\}$ para o Exemplo 6.2.

$(<YYbb, q_5, bYB) \vdash (<YYb, q_6, bYYB) \vdash (<YY, q_6, bbYYB) \vdash$
$(<Y, q_6, YbbYYB) \vdash (<YY, q_0, bbYYB) \vdash (<YYY, q_4, bYYB) \vdash$
$(<YYYb, q_4, YYB) \vdash (<YYY, q_5, bYYB) \vdash (<YY, q_6, YYYYB) \vdash$
$(<YYY, q_0, YYYB)$

São exemplos de cadeias rejeitadas por M:

- $(<, q_0, bB) \vdash (<Y, q_4, B) \vdash (<, q_5, YB)$
- $(<, q_0, abB) \vdash (<X, q_1, bB) \vdash (<Xb, q_1, B) \vdash (<X, q_2, bB)$
- $(<, q_0, bbaaaaB) \vdash (<Y, q_4, baaaaB) \vdash (<Yb, q_4, aaaaB) \vdash (<Yba, q_4, aaaB) \vdash$
  $(<Ybaa, q_4, aaB) \vdash (<Ybaaa, q_4, aB) \vdash (<Ybaaaa, q_4, B) \vdash (<Ybaaa, q_5, aB)$

$\star$

Seja $L \subseteq \Sigma^*$ uma linguagem e M uma Máquina de Turing. Diz-se que M **aceita** (ou **define**) L se M é capaz de atingir uma configuração final para todas as cadeias que pertencem a L, não importando o que acontece quando uma cadeia pertencente a $\Sigma^* - L$ é submetida a M. Por outro lado, diz-se que M **decide** L se, para qualquer cadeia pertencente a Σ^*, M sempre para, aceitando as sentenças de L e rejeitando as demais. Finalmente, M **reconhece** L se M gera saídas distintas indicando, para cada cadeia pertencente a Σ^*, se ela pertence ou não a L. Naturalmente, se M reconhece L, então M decide L. Se M decide L, normalmente é simples fazer M reconhecer L. Finalmente, se M decide ou reconhece L, é claro que M aceita L. A mera aceitação, por outro lado, não implica que seja possível decidir ou reconhecer uma linguagem.

6.2 Critérios de aceitação

O critério de aceitação "estado final", definido na Seção 6.1 e utilizado nos Exemplos 6.1 e 6.2, pode ser substituído, sem prejuízo da linguagem definida por uma particular Máquina de Turing, pelo critério "parada", conforme explicado a seguir.

Seja L uma linguagem aceita por uma Máquina de Turing M_1 pelo critério de aceitação "estado final". Então, se $w \in L, M_1$ inevitavelmente para em algum estado final e aceita w. Se $w \notin L, M_1$ para em um estado não final e rejeita w, ou então entra em uma sequência infinita de movimentações sem que haja qualquer evolução.

Segundo o critério **parada**, se L é aceita por uma máquina M_2, então M_2 simplesmente para, qualquer que seja a cadeia pertencente a L que lhe for submetida. Caso lhe seja submetida uma cadeia não pertencente a L, então M_2 inicia uma sequência de movimentações que não termina. Máquinas de Turing com critério de aceitação definido segundo esse princípio não necessitam (e não costumam) apresentar estados finais.

Teorema 6.1 ("Estado final" $\Leftrightarrow$ "Parada") "Os critérios de aceitação 'estado final' e 'parada', para Máquinas de Turing, são equivalentes."

Conforme os Algoritmos 6.1 e 6.2 apresentados a seguir.

Algoritmo 6.1 ("Estado final" $\Rightarrow$ "Parada") *"Conversão de Máquina de Turing com aceitação por critério 'estado final' em Máquina de Turing com aceitação por critério 'parada'."*

- *Entrada:* $M = (Q, \Sigma, \Gamma, \delta, q_0, <, B, F)$ *uma Máquina de Turing com critério de aceitação "estado final".*
- *Saída: uma Máquina de Turing* M' *com critério de aceitação "parada", tal que* $L(M') = L(M)$.
- *Método:*
  $M' = (Q', \Sigma, \Gamma, \delta', q_0, <, B, F')$, *onde:*
  1. $Q' = Q \cup \{q_{loop}\}$
  2. $F' = \emptyset$
  3. $\delta' = \delta$ *e, além disso:*
     - $\forall q \in Q - F, x \in \Gamma$, *se* $\delta(q, x)$ *não é definido, então* $\delta' = \delta' \cup \{((q, x), \{(q_{loop}, x, D)\})\}$
     - $\forall x \in \Gamma, \delta' = \delta' \cup \{((q_{loop}, x), \{(q_{loop}, x, D)\})\}$

○

De acordo com o Algoritmo 6.1, M' possui os mesmos estados de M, acrescido de um novo estado denominado q_{loop}. Os estados de M' são todos não finais. As transições de M' são as mesmas de M, acrescidas das novas transições que têm o objetivo de fazer M' entrar em uma sequência infinita de movimentações ao processar cadeias que são rejeitadas por M através da parada em um estado não final qualquer. Cadeias que são aceitas por M provocam simplesmente a parada de M'.

Algoritmo 6.2 ("Estado final" $\Leftarrow$ "Parada") *"Conversão de Máquina de Turing com aceitação por critério 'parada' em Máquina de Turing com aceitação por critério 'estado final'."*

- *Entrada:* $M = (Q, \Sigma, \Gamma, \delta, q_0, <, B, \emptyset)$ *uma Máquina de Turing com critério de aceitação "parada".*
- *Saída: uma Máquina de Turing* M' *com critério de aceitação "estado final", tal que* $L(M') = L(M)$.
- *Método:*
  $M' = (Q, \Sigma, \Gamma, \delta, q_0, <, B, F')$, *onde:*
  1. $F' = Q$

○

De acordo com o Algoritmo 6.2, os estados de M' são os mesmos de M, porém todos convertidos em estados finais. Dessa forma, toda e qualquer cadeia capaz de conduzir M a uma condição de parada necessariamente provocará a parada de M' em um estado final. □

Exemplo 6.3 Seja a máquina M do Exemplo 6.1, cujo critério de aceitação é "estado final". A máquina M', equivalente a M, porém com critério "parada", é apresentada na Figura 6.4.

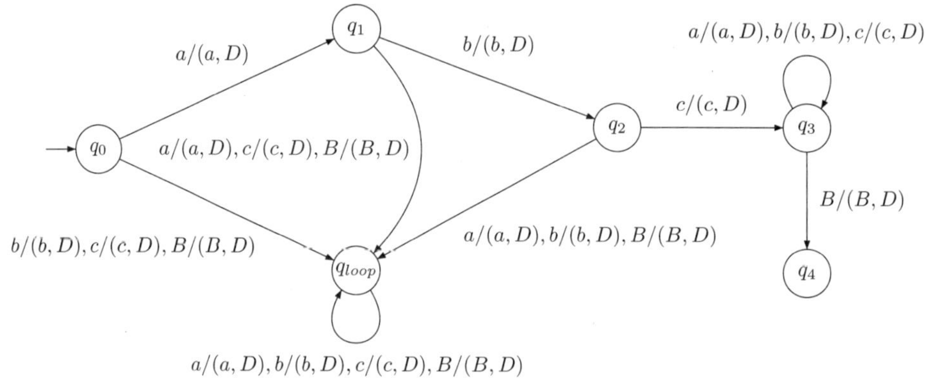

Figura 6.4 Máquina de Turing com critério de aceitação "parada" para o Exemplo 6.3.

É fácil notar, neste exemplo, que as cadeias a, b e abb, rejeitadas após parada em M, conduzem M' a uma sequência interminável de movimentos. Senão, vejamos:

$$\begin{array}{rl} (<, q_0, abbBB...) & \vdash \\ (< a, q_1, bbBB...) & \vdash \\ (< ab, q_2, bBB...) & \vdash \\ (< abb, q_{loop}, BB...) & \vdash \\ (< abbB, q_{loop}, B...) & \vdash \\ (< abbBB, q_{loop}, ...) & \vdash \ ... \end{array}$$

Já as cadeias aceitas por estado final em M — $abc, abca$ e $abccba$ — conduzem M' a uma situação de parada e, portanto, de aceitação, segundo este critério:

$$\begin{array}{rl} (<, q_0, abccbaB) & \vdash \\ (< a, q_1, bccbaB) & \vdash \\ (< ab, q_2, ccbaB) & \vdash \\ (< abc, q_3, cbaB) & \vdash \\ (< abcc, q_3, baB) & \vdash \\ (< abccbB, q_3, aB) & \vdash \\ (< abccbaB, q_3, B) & \vdash \quad (< abccbaB, q_4, \beta) \end{array}$$

O caso inverso (conversão do critério "parada" para o critério "estado final") é trivial e não será exemplificado. ⋆

Outro critério bastante usado é o critério denominado **entrada**. Por esse critério, uma cadeia de entrada é aceita assim que a Máquina de Turing entrar em um estado final, ainda que ela possa prosseguir com outras movimentações a partir dessa configuração. No entanto, é possível provar que os critérios "estado final" e "entrada" também são equivalentes.

Teorema 6.2 ("Estado final" $\Leftrightarrow$ "Entrada") "Os critérios de aceitação 'estado final' e 'entrada', para Máquinas de Turing, são equivalentes."

Conforme os Algoritmos 6.3 e 6.4 apresentados a seguir.

Algoritmo 6.3 ("Estado final" $\Rightarrow$ "Entrada") *"Conversão de Máquina de Turing com aceitação por critério 'estado final' em Máquina de Turing com aceitação por critério 'entrada'."*

- *Entrada:* $M = (Q,\Sigma,\Gamma,\delta,q_0,<,B,F)$ *uma Máquina de Turing com critério de aceitação "estado final".*
- *Saída: uma Máquina de Turing* M' *com critério de aceitação "entrada", tal que* $L(M') = L(M)$.
- *Método:*
  $M' = (Q',\Sigma,\Gamma,\delta',q_0,<,B,F')$, *onde:*
  1. $Q' = Q \cup \{q_{final}\}$
  2. $F' = \{q_{final}\}$
  3. $\delta' = \delta$ *e, além disso:*
     - $\forall q \in F, x \in \Gamma$, *se* $\delta(q,x)$ *não é definido, então* $\delta' = \delta' \cup \{((q,x),\{(q_{final},x,D)\})\}$

○

De acordo com o Algoritmo 6.3, M' possui os mesmos estados de M, acrescido de um novo estado denominado q_{final}. Os estados de M' são todos não finais, exceto q_{final}. As transições de M' são as mesmas de M, acrescidas das novas transições que têm o objetivo de fazer M' transitar para q_{final} sempre que M' estiver parada num estado final. Cadeias que são aceitas por parada em estado final em M provocam a entrada de M' em um estado final.

Algoritmo 6.4 ("Estado final" $\Leftarrow$ "Entrada") *"Conversão de Máquina de Turing com aceitação por critério 'entrada' em Máquina de Turing com aceitação por critério 'estado final'."*

- *Entrada:* $M = (Q,\Sigma,\Gamma,\delta,q_0,<,B,F)$ *uma Máquina de Turing com critério de aceitação "entrada".*
- *Saída: uma Máquina de Turing* M' *com critério de aceitação "estado final", tal que* $L(M') = L(M)$.
- *Método:*
  $M' = (Q,\Sigma,\Gamma,\delta',q_0,<,B,F)$, *onde:*
  1. $\delta' = \delta$ *e, além disso:*
     - $\forall q \in F, x \in \Gamma$, *se* $\delta(q,x)$ *é definido, então* $\delta' = \delta' - \delta(q,x)$

○

De acordo com o Algoritmo 6.4, os estados de M' são os mesmos de M, porém todas as transições que partem de estados finais são removidas. Dessa forma, toda e qualquer cadeia capaz de conduzir M a uma condição de parada pelo critério "entrada" necessariamente provocará a parada de M' em um estado final. □

Exemplo 6.4 Neste exemplo temos uma Máquina de Turing (Figura 6.5) que aceita a linguagem $a \mid ab(a \mid b)^*$ com critério de aceitação "estado final".

Na Figura 6.6 encontramos a Máquina de Turing, obtida pelo Algoritmo 6.3, que aceita a mesma linguagem, porém com critério "entrada".

★

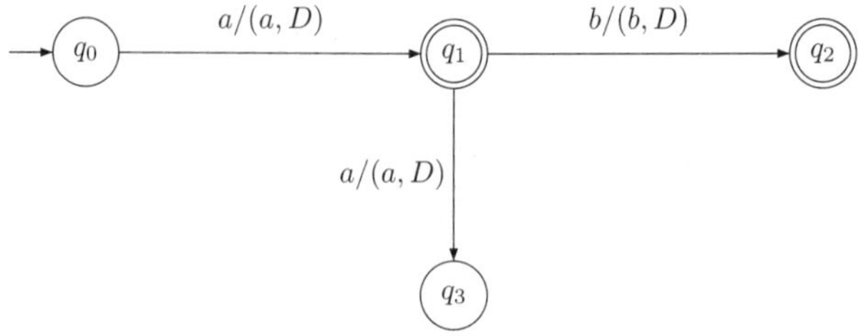

Figura 6.5 Máquina de Turing que aceita a linguagem $a \mid ab^*$ com critério de aceitação "estado final".

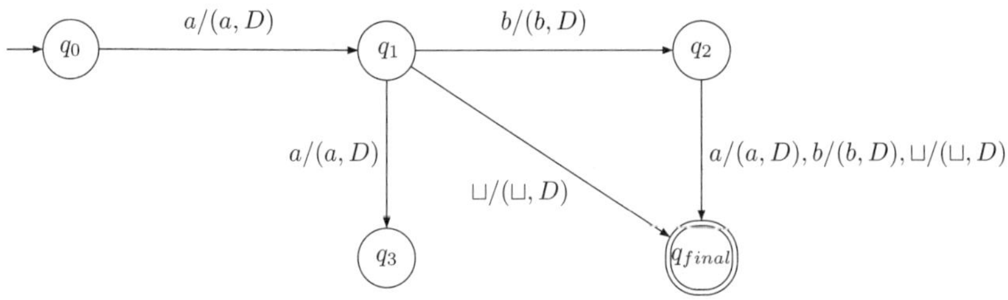

Figura 6.6 Máquina de Turing que aceita a mesma linguagem, porém com critério "entrada".

Exemplo 6.5 Neste exemplo temos uma Máquina de Turing (Figura 6.7) que aceita a linguagem $(a \mid bb)(a \mid b)^*$ com critério de aceitação "entrada".

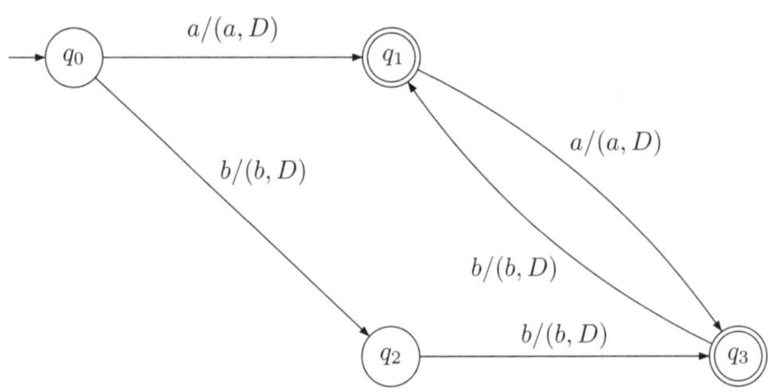

Figura 6.7 Máquina de Turing que aceita a linguagem $(a \mid bb)(a \mid b)^*$ com critério de aceitação "entrada".

Na Figura 6.8 encontramos a Máquina de Turing, obtida pelo Algoritmo 6.4, que aceita a mesma linguagem, porém com critério "estado final".

$\star$

Segue um resumo dos critérios de aceitação considerados (suponha que *w* seja uma cadeia e *M* uma Máquina de Turing):

1. "Estado final": *w* é aceita se, após a parada, *M* se encontra em um estado final; uma cadeia é rejeitada se, após a parada, *M* se encontra em um estado não final.
2. "Entrada": *w* é aceita imediatamente após a entrada de *M* em um estado final, mesmo que existam outras possibilidades de movimentação nesse estado; uma cadeia é rejeitada se, após a parada, *M* se encontra em estado não final.
3. "Parada": *w* é aceita se *M* para; uma cadeia é rejeitada se *M* entra em loop infinito.

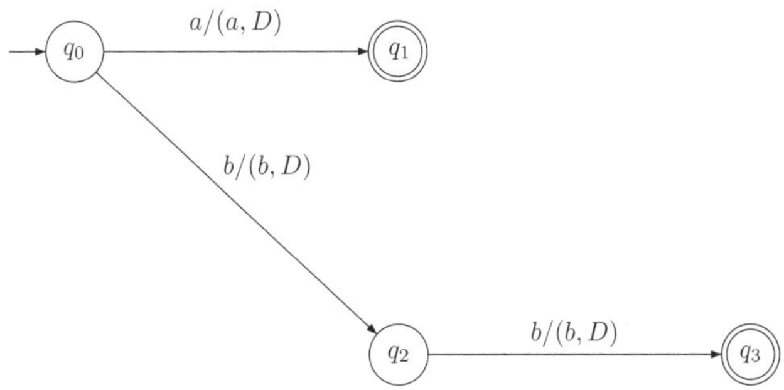

Figura 6.8 Máquina de Turing que aceita a mesma linguagem, porém com critério "estado final".

Os três critérios considerados para definir a aceitação de cadeias em Máquinas de Turing, a saber, "estado final" (critério original), "parada" e "entrada" (apresentados nesta seção), são equivalentes e por causa disso podem ser usados de forma indistinta.

Independentemente do critério de aceitação adotado e da natureza da Máquina de Turing (determinística ou não determinística), diz-se que a cadeia é aceita, rejeitada ou provoca um "loop" conforme a seguir:

- Se pelo menos uma sequência de movimentações conduzir a máquina a uma configuração final (independentemente do que possa acontecer nas demais sequências), diz-se que ela foi aceita pela máquina.
- Se todas as sequências de movimentações conduzirem a máquina à alguma configuração não final, diz-se que ela foi rejeitada pela máquina.
- Se houver pelo menos uma sequência infinita de configurações e nenhuma configuração final, diz-se que a cadeia provoca um "loop" na máquina.

Esses três casos se aplicam apenas para os critérios "estado final" e "entrada". Naturalmente, o segundo item não se aplica quando o critério de aceitação é "parada", uma vez que as condições de rejeição e "loop" se confundem.

6.3 Extensões mais comuns das Máquinas de Turing

O poder computacional das Máquinas de Turing já foi questionado diversas vezes, sendo que, em muitas delas, foram feitas propostas de extensões que seriam supostamente capazes de aumentar o seu poder — ou, traduzindo em termos de linguagens, de expandir a classe de linguagens que elas são capazes de reconhecer.

Provas formais, no entanto, demonstram que o dispositivo básico da Máquina de Turing com fita infinita, formulado na Seção 6.1, e complementado na Seção 6.2, possui exatamente o mesmo poder computacional de qualquer outra versão estendida. Entre as extensões mais populares, citamos as seguintes (nenhuma equivalência com o modelo básico será demonstrada neste texto):

- *Não determinismo*:
  É possível provar que toda linguagem aceita por qualquer Máquina de Turing com fita ilimitada não determinística também é aceita por alguma Máquina de Turing com fita ilimitada determinística. A prova consiste, essencialmente, em construir um dispositivo que pesquisa, de forma determinística e em largura primeiro, a árvore

de sequências de movimentações do dispositivo não determinístico correspondente. Dessa maneira, é possível provar que toda cadeia aceita pela versão não determinística e também aceita pela versão determinística e vice-versa. Apesar de a prova sugerir um algoritmo de mapeamento, ela não deve ser usada como tal, uma vez que o tempo de execução torna-se exponencial. A sua utilidade consiste apenas em provar que o não determinismo em nada aumenta o poder de aceitação de linguagens da Máquina de Turing com fita ilimitada. Assim, pode-se trabalhar de forma indistinta com qualquer uma das definições abaixo (apesar de que, em certos casos, o uso de uma versão ou outra pode se mostrar mais conveniente):

$$\delta : Q \times \Gamma \rightarrow 2^{Q \times \Gamma \times \{E,D\}} \text{ (não determinística)}$$

ou

$$\delta : Q \times \Gamma \rightarrow Q \times \Gamma \times \{E,D\} \text{ (determinística)}$$

- *Múltiplas trilhas*:
  Trata-se do caso discutido no texto da Seção 5.5, que precede o Teorema 5.4 (equivalência das gramáticas sensíveis ao contexto com as Máquinas de Turing com fita limitada). Tal extensão considera que a fita de trabalho seja substituída por uma coleção finita de fitas, as quais são acessadas por uma quantidade idêntica de cursores de acesso, cada qual dedicado à fita correspondente. Os cursores de acesso deslocam-se todos juntos e sempre no mesmo sentido (para a esquerda ou para a direita), sob o comando do controle finito. Os símbolos gravados em cada fita, no entanto, podem ser distintos. Exemplo: em um dispositivo com duas fitas, os dois cursores de acesso devem se movimentar simultaneamente para a esquerda ou para a direita, ainda que cada fita receba a gravação de símbolos de alfabetos distintos. Função de transição correspondente (para n trilhas, cada qual com o seu próprio alfabeto Σ_i):

$$\delta : Q \times (\Sigma_1 \times \Sigma_2 ... \times \Sigma_n) \rightarrow Q \times (\Sigma_1 \times \Sigma_2 ... \times \Sigma_n) \times \{E,D\}$$

- *Múltiplas fitas*:
  Esta extensão assemelha-se à que foi discutida para o caso de múltiplas trilhas, com a diferença de que os cursores de acesso podem ser movimentados de forma independente uns dos outros. Assim, o controle finito pode especificar, na movimentação de uma configuração para a configuração seguinte, o comportamento de cada cursor de acesso em sua respectiva fita de trabalho: sentido do deslocamento e símbolo a ser gravado na respectiva fita. Por exemplo: em um dispositivo com duas fitas, uma transição pode especificar que o cursor da primeira fita se desloque para a esquerda, ao mesmo tempo que o cursor da segunda fita se desloque para a direita. Função de transição correspondente (para n fitas, cada qual com seu próprio alfabeto Σ_i):

$$\delta : Q \times (\Sigma_1 \times \Sigma_2 ... \times \Sigma_n) \rightarrow Q \times (\Sigma_1 \times \{E,D\}) \times (\Sigma_2 \times \{E,D\}) ... \times (\Sigma_n \times \{E,D\})$$

- *Múltiplos cursores*:
  Neste caso, uma única fita de trabalho é equipada com dois ou mais cursores de acesso. O controle finito, por sua vez, especifica o sentido de movimentação de cada cursor e o símbolo a ser gravado na posição da fita correntemente referenciada por intermédio de cada cursor. Cuidado especial deve ser tomado com a possibilidade de dois ou mais cursores referenciarem uma mesma posição da fita de trabalho, para

que sejam evitados conflitos devidos à ordem em que forem gravados ou lidos os símbolos pelos respectivos cursores de acesso. Função de transição correspondente (para n cursores):

$$\delta : Q \times (\Sigma \times \Sigma ... \times \Sigma) \rightarrow Q \times (\Sigma \times \{E,D\}) \times (\Sigma \times \{E,D\}) ... \times (\Sigma \times \{E,D\})$$

- *Fita ilimitada em ambos os sentidos*:
  Originalmente concebida de forma limitada à esquerda e ilimitada à direita, esta extensão contempla que a fita de trabalho tenha um comprimento ilimitado em ambos os sentidos. Não há marcação de início de cadeia (símbolo "$<$") e o cursor pode se deslocar livremente tanto para a esquerda quanto para a direita, sem risco de encerrar a operação anormalmente, por tentativa de acesso a posições à esquerda do início da fita. A cadeia de entrada é gravada, neste caso, em qualquer posição da fita de trabalho, e o restante da mesma é preenchido com brancos (símbolo "B"). Convenciona-se, também, a posição do cursor de acesso no início da operação do dispositivo (por exemplo, apontando para o símbolo mais à esquerda da cadeia de entrada). A função de transição correspondente permanece inalterada em relação à definição original:
  $$\delta : Q \times \Sigma \rightarrow Q \times \Sigma \times \{E,D\}$$

- *Transições que deslocam o cursor um número variável de posições*:
  Corresponde ao caso em que o cursor de acesso, após a execução de uma transição, é instruído para se deslocar um número arbitrário de posições sobre a fita de trabalho, para a direita ou para a esquerda. Este número pode inclusive ser zero, caso em que o cursor permanece na posição em que se encontrava antes da aplicação da transição, sem se deslocar para esquerda nem para a direita. Função de transição correspondente:
  $$\delta : Q \times \Sigma \rightarrow Q \times \Sigma \times (\{E\}^* \cup \{D\}^*)$$

- *Transições sem leitura ou gravação de símbolos*:
  Corresponde ao caso em que o símbolo apontado pelo cursor de acesso é irrelevante para a escolha da movimentação a ser efetuada pelo dispositivo (transição sem leitura), ou, ainda, ao caso em que, após a execução da movimentação, o conteúdo da posição apontada pelo cursor não é modificado (transição sem gravação). Função de transição correspondente:
  $$\delta : Q \times (\Sigma \cup \{\varepsilon\}) \rightarrow Q \times (\Sigma \cup \{\varepsilon\}) \times \{E,D\}$$

- *Não escreve brancos na fita de entrada*:
  Máquinas de Turing que não escrevem branco na fita de entrada são úteis na demonstração de alguns teoremas, em particular quando se deseja evitar que a cadeia inicial sofra fragmentações. É possível provar que toda Máquina de Turing que escreve brancos na fita pode ser convertida numa equivalente que não escreve brancos na fita. Não escrever brancos na fita de entrada garante que ela é composta por uma sequência finita de símbolos não brancos seguida de uma sequência infinita de brancos (não há fragmentação). Se, adicionalmente, a fita de entrada for também limitada à esquerda, então a sequência de símbolos não brancos inicia na primeira posição da fita de entrada. Seja $M_1 = (Q_1, \Sigma, \Gamma_1, \delta_1, q_{01}, B, F_1)$. Então, basta:

  - Fazer $\Gamma_1 \leftarrow \Gamma_1 \cup \{B'\}$;
    (criar um novo símbolo B' para representar o branco B)

- Substituir toda regra do tipo $\delta_1(q,X) = (p,B,D), D \in \{L,R\}$, por $\delta_1(q,X) = (p,B',D)$;
  (escrever B' em vez de B)
- $\forall q \in Q_1$, fazer $\delta_1(q,B') = \delta_1(q,B)$.
  (ler B' em vez de B)

As demonstrações para os cinco casos iniciais podem ser encontradas em [13]. Todas essas extensões podem, eventualmente, ser combinadas umas com as outras, gerando diferentes versões da Máquina de Turing básica. Se, por um lado, elas nada conseguem acrescentar ao poder da Máquina de Turing original, elas podem, por outro lado, facilitar significativamente o projeto, a implementação e a análise de algoritmos representados através de Máquinas de Turing, assim como a demonstração de teoremas acerca desse tipo de dispositivos ou das linguagens por eles aceitas.

Trata-se, portanto, de uma conveniência que deve ser levada em conta e que pode ser usada sem qualquer perigo de introduzir "distorções" no modelo original que possam eventualmente descaracterizar as suas propriedades fundamentais ou mesmo inviabilizar a sua realização prática.

6.4 Linguagens recursivas e linguagens sensíveis ao contexto

A seguir, apresentam-se dois importantes resultados referentes à relação entre as linguagens recursivas e as linguagens sensíveis ao contexto. Inicialmente, é demonstrado que toda linguagem sensível ao contexto é também uma linguagem recursiva. Em seguida, mostra-se que a classe das linguagens sensíveis ao contexto constitui um subconjunto próprio da classe das linguagens recursivas.

Teorema 6.3 (Sensíveis ao contexto $\subseteq$ recursivas) "Toda linguagem sensível ao contexto é também recursiva."

Seja L uma linguagem sensível ao contexto. Então, existe uma Máquina de Turing com fita limitada M_1 que aceita L:

$$L = L(M_1), M_1 = (Q_1, \Sigma, \Gamma_1, \delta_1, <, >, q_0, F_1)$$

Constrói-se então uma Máquina de Turing M_2, sem limitação de tamanho para a fita de entrada, que simula M_1:

$$M_2 = (Q_2, \Sigma, \Gamma_2, \delta_2, <, B, q_0, F_2)$$

onde:

- $Q_2 = Q_1$
- $\Gamma_2 = \Gamma_1$
- $F_2 = F_1$
- $\delta_2 = \delta_1$, exceto pelo fato de que toda e qualquer transição de M_1 da forma $\delta_1(q_i, >) = (q_j, >, E)$ deve ser substituída por uma transição da forma $\delta_2(q_i, B) = (q_j, B, E)$.

A configuração inicial de M_2 será $(<, q_0, \gamma)$ quando a configuração inicial de M_1 for $(<, q_0, \gamma >)$. Como a função de transição δ é idêntica em ambas as máquinas, exceto pelas transições da forma:

$$\delta(q_i, >) = (q_j, >, E),$$

que serão simuladas por transições da forma:

$$\delta(q_i, B) = (q_j, B, E),$$

se $(<, q_0, \gamma>) \vdash^* (\lambda_1, q_f, \mu_1), q_f \in F$, em M_1, então $(<, q_0, \gamma) \vdash^* (\lambda_2, q_f, \mu_2), qf \in F$, em M_2. O símbolo B imediatamente à direita do último símbolo de γ em M_2 simula assim o símbolo de fim de cadeia "$>$" em M_1.

Logo, M_1 e M_2 aceitam a mesma linguagem e, portanto, L, além de ser uma linguagem sensível ao contexto, é também uma linguagem recursiva. □

Teorema 6.4 (Sensíveis ao contexto $\neq$ recursivas) "A classe das linguagens sensíveis ao contexto constitui subconjunto próprio da classe das linguagens recursivas."

Basta demonstrar que existe pelo menos uma linguagem recursiva que não é sensível ao contexto. Como instância desse fato, podem-se citar todas as linguagens que incluem a cadeia vazia, uma vez que, conforme foi discutido anteriormente na Seção 5.1, as linguagens sensíveis ao contexto não incluem tais cadeias.

Um exemplo não trivial, desta vez sem recorrer à cadeia vazia, é a linguagem L_R, apresentada no final da Seção 5.7, quando foi empregada para demonstrar a existência de linguagens que não são sensíveis ao contexto (Teorema 5.8).

Partindo-se (Teorema 5.7) de uma enumeração de todas as gramáticas sensíveis ao contexto $(G_1, G_2, ...)$, e também de uma enumeração de todas as cadeias possíveis de serem geradas sobre o alfabeto $\{a, b\}$ $(\alpha_1, \alpha_2, ...)$, o Teorema 5.8 mostra que a linguagem

$$L_R = \{\alpha_i \mid \alpha_i \notin L(G_i), \forall i \geqslant 1\}$$

não pode ser sensível ao contexto.

Por outro lado, qualquer que seja a cadeia $\beta \in \Sigma^*$, será sempre possível determinar mecanicamente se β pertence ou não a L_R, o que pode ser feito conforme o método descrito no Algoritmo 6.5.

Algoritmo 6.5 *($\beta \in L_R$?) "Determinação da pertinência de $\beta \in \Sigma^*$ a L_R, definida no Teorema 5.8."*

- *Entrada: uma cadeia $\beta \in \Sigma^*$.*
- *Saída: SIM, se $\beta \in L_R$; NÃO, se $\beta \notin L_R$.*
- *Método:*
    1. *Compara-se β com cada uma das cadeias α_i, até que haja coincidência entre ambas.*
    2. *Seleciona-se a gramática G_i correspondente à cadeia α_i (lembrar que foi estabelecida uma função bijetora entre o conjunto das gramáticas e o conjunto das cadeias).*
    3. *Determina-se se $\alpha_i \in L(G_i)$. Como se trata de linguagens sensíveis ao contexto, tal determinação pode sempre ser efetuada.*
    4. *Se o resultado for que $\alpha_i \in L(G_i)$, então, por construção, $\alpha_i \notin L_R$ e a resposta é NÃO. Caso o resultado seja que $\alpha_i \notin L(G_i)$, então, por construção, $\alpha_i \in L_R$ e a resposta é SIM.*

○

Logo, conforme o Algoritmo 6.5, é sempre possível determinar se uma cadeia β qualquer pertence a L_R. Em outras palavras, L_R é uma linguagem decidível e, portanto, recursiva, sem ser sensível ao contexto. □

Diz-se que uma linguagem L é **estritamente recursiva** se ela for recursiva e não for sensível ao contexto. Isso implica que L é aceita por alguma Máquina de Turing com fita ilimitada tal que $L(M) = ACEITA(M)$, com $REJEITA(M) = \Sigma^* - ACEITA(M)$ e $LOOP(M) = \emptyset$.

6.5 Máquinas de Turing Universais

Uma **Máquina de Turing Universal** é uma Máquina de Turing U capaz de simular uma outra Máquina de Turing M com a sua entrada w, produzindo os mesmos resultados que M produz com a entrada w. Ela recebe a denominação "universal" justamente pelo fato de se tratar de um dispositivo genérico, que é capaz de simular qualquer outra Máquina de Turing. Dessa maneira, a função representada por uma Máquina de Turing qualquer deixa de estar codificada na sua topologia (estados e transições), passando a ser representada por uma cadeia de símbolos que serve como entrada para uma Máquina de Turing Universal.

Considere-se a linguagem

$$L_U = \{C(M)w \in \Sigma^* \mid w \in L(M)\}$$

onde:

- $C(M)$ é a codificação de uma Máquina de Turing, cujo alfabeto de entrada é Σ, como cadeia sobre o próprio alfabeto Σ;
- $w \in \Sigma^*$ é uma cadeia de entrada qualquer para M.

A linguagem L_U é também conhecida como **Linguagem Universal**, uma vez que o problema de se determinar se uma certa cadeia $w \in L(M)$, para uma certa Máquina de Turing M, pode ser reduzido ao problema de se determinar se $C(M)w \in L_U$.

Na Seção 6.6 (Teorema 6.5) é apresentada uma prova de que L_U é uma linguagem não recursiva. Mais adiante, na Seção 7.5, é possível provar que L_U, apesar de não ser recursiva, é uma linguagem recursivamente enumerável (Teorema 7.7). Logo, existe uma Máquina de Turing que aceita L_U. Tal máquina, denotada M_U ou simplesmente U, é denominada Máquina de Turing Universal. Em outras palavras, $L_U = L(M_U)$.

Os detalhes de como se pode construir e operar uma Máquina de Turing Universal são discutidos na demonstração do Teorema 7.7. Na presente seção discute-se apenas a maneira como uma Máquina de Turing qualquer pode ser codificada na forma de uma cadeia para ser processada por uma Máquina de Turing Universal. Observe que a técnica apresentada é aplicável tanto para Máquinas de Turing com fita limitada (Seção 5.4) quanto para Máquinas de Turing com fita ilimitada (Seção 6.1).

L_U presume uma certa forma de codificação das Máquinas de Turing com fita limitada, codificação esta que, em princípio, pode ser feita sobre o mesmo alfabeto de entrada Σ de M. Em outras palavras: se M é uma Máquina de Turing sobre um alfabeto Σ, codifica-se M — denotada $C(M)$ — como uma cadeia sobre o próprio alfabeto Σ.

L_U deve ser entendida, portanto, como a linguagem formada pelo conjunto das cadeias $C(M)w$, sendo M uma Máquina de Turing qualquer, com alfabeto de entrada Σ, e w uma cadeia qualquer sobre Σ^*, desde que w pertença à linguagem definida por M.

A codificação $C(M)$ de uma máquina M pode ser feita de várias maneiras. É apenas necessário estabelecer uma convenção que permita a correspondência unívoca entre cada máquina distinta e a cadeia correspondente que a representa, e também garantir que $C(M)$ e w

sejam cadeias construídas sobre um mesmo alfabeto. Serão consideradas duas possibilidades de codificação:

1. Codificar a máquina M como uma cadeia sobre o próprio alfabeto de entrada Σ de M, deixando a cadeia de entrada w inalterada, resultando na cadeia combinada $C(M)w$.
2. Codificar não apenas M, mas também a própria cadeia de entrada w, como cadeias sobre um segundo alfabeto fixo Δ, resultando em cadeias do tipo $C(M)C(w)$.

Na prática, para a apresentação de uma forma de codificação que possa ser aplicada a qualquer Máquina de Turing, com qualquer alfabeto de entrada, será adotada a segunda alternativa.

Apresenta-se a seguir, portanto, um esquema genérico de codificação de máquinas e cadeias de entrada quaisquer sobre o alfabeto $\Delta = \{a, b, c\}$, escolhido arbitrariamente. Note-se, na codificação proposta, que, apesar de o alfabeto Δ possuir apenas três símbolos, ela permite a representação de Máquinas de Turing com qualquer quantidade de símbolos em seu alfabeto de entrada Σ, e também da própria cadeia $w \in \Sigma^*$ a ser processada por M.

- Cada estado não final do conjunto de estados $Q = \{q_0, q_1, q_2, ..., q_n\}$ será representado, respectivamente, pela cadeia $aa, aaaa, aaaaaa, ..., a^{2(n+1)}$ (ou seja, tais estados são codificados na forma de cadeias compostas de um número par de símbolos a);
  $C(q_i) = a^{2(i+1)}$, para $q_i \in Q - Q_F$;
- Cada estado final do conjunto de estados $Q = \{q_0, q_1, q_2, ..., q_n\}$ será representado, respectivamente, pela cadeia $a, aaa, aaaaa, ..., a^{2n+1}$ (ou seja, tais estados são codificados na forma de cadeias compostas de um número ímpar de símbolos a);
  $C(q_i) = a^{2i+1}$, para $q_i \in Q_F$;
- O símbolo especial “$<$” será representado pela cadeia ba;
  $C(B) = ba$;
- O símbolo especial “B” será representado pela cadeia bba;
  $C(B) = bba$;
- Os elementos σ_j do alfabeto $\Sigma = \{\sigma_0, \sigma_1, \sigma_2, ..., \sigma_m\}$ serão representados, respectivamente, pelas cadeias $bbba, bbbba, bbbbba, ..., b^{m+3}a$;
  $C(\sigma_j) = b^{j+3}a,\ \sigma_j \in \Sigma$;
- O sentido de movimentação do cursor de acesso será representado como c (esquerda) ou cc (direita).
  $C(E) = c$;
  $C(D) = cc$.

Assim, cada uma das transições $\delta(q_i, \sigma_m) = (q_j, \sigma_n, E)$ de M poderá ser representada como:

- Se $q_i \notin F, q_j \notin F$, então $a^{2(i+1)}b^{m+3}aa^{2(j+1)}b^{n+3}ac$
- Se $q_i \in F, q_j \notin F$, então $a^{2i+1}b^{m+3}aa^{2(j+1)}b^{n+3}ac$
- Se $q_i \notin F, q_j \in F$, então $a^{2(i+1)}b^{m+3}aa^{2j+1}b^{n+3}ac$
- Se $q_i \in F, q_j \in F$, então $a^{2i+1}b^{m+3}aa^{2j+1}b^{n+3}ac$

De maneira análoga, caso o sentido de movimentação do cursor de acesso seja D e não E, basta substituir a subcadeia c por cc nas formas gerais acima. Por exemplo:

$$\delta(q_i, \sigma_m) = (q_j, \sigma_n, D) \quad \text{e} \quad a^{2(i+1)}b^{m+3}aa^{2(j+1)}b^{n+3}acc, \quad \text{para } q_i \notin F, q_j \notin F$$

A representação de $M = (Q, \Sigma, \Gamma, \delta, q_0, <, B, F)$ será codificada da seguinte forma:

- Q e Σ podem ser inferidos a partir de δ.
- Se $\Sigma \neq \Gamma$, então codifica-se $\Sigma \cup \Gamma$.
- A função de transição δ será codificada como uma sequência de cadeias concatenadas conforme a convenção apresentada individualmente para a codificação de cada transição (acima).
- q_0 será convencionado como sendo o primeiro estado a ser referenciado na definição de δ.
- "$<$" e B possuem codificações fixas sobre $\{a, b, c\}$.
- F poderá ser inferido a partir dos estados presentes na definição da função de transição que estejam codificados com uma quantidade ímpar de símbolos a.

Codificações como essa são úteis para a demonstração do Teorema 6.5 e de diversos outros, uma vez que permitem que Máquinas de Turing sejam representadas como cadeias de entrada (ou parte de cadeias de entrada) para outras Máquinas de Turing.

Exemplo 6.6 Seja a máquina M definida na Figura 6.9. A codificação de seus componentes, de acordo

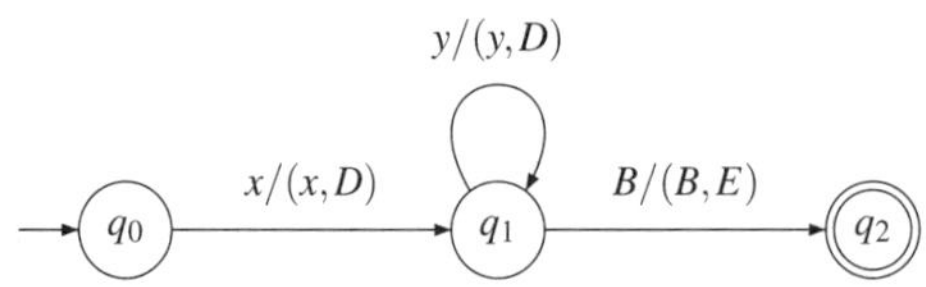

Figura 6.9 Máquina de Turing M que aceita xy^*.

com as convenções anteriormente apresentadas, ocorre conforme a Tabela 6.1.

Tabela 6.1 Codificação dos elementos de M sobre $\{a, b, c\}$

Q	q_0	aa
	q_1	$aaaa$
	q_2	$aaaaa$
-	$<$	ba
-	B	bba
Σ	x	$bbba$
	y	$bbbba$
δ	$\delta(q_0, x) = (q_1, x, D)$	$aabbbaaaaabbbacc$
	$\delta(q_1, y) = (q_1, y, D)$	$aaaabbbbaaaaabbbbacc$
	$\delta(q_1, B) = (q_2, B, E)$	$aaaabbaaaaaabbac$

A representação completa dessa máquina é obtida concatenando-se as cadeias que representam as suas transições, conforme mostrado na Figura 6.10.

A Figura 6.11 ilustra a codificação $C(w)$ para a cadeia de entrada $w = xyyB$.

A cadeia da Figura 6.12 representa a codificação de M seguida da codificação de uma cadeia w, ambas construídas sobre o mesmo alfabeto de codificação $\Delta = \{a, b, c\}$, ou seja, $C(M)C(w)$. O símbolo especial "#" é usado para separar a codificação da máquina da codificação da cadeia.

★

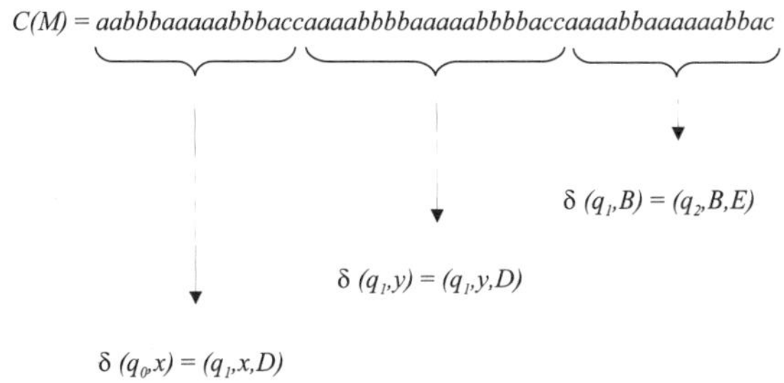

Figura 6.10 $C(M)$: Codificação de M na forma de uma cadeia sobre $\{a,b,c\}$.

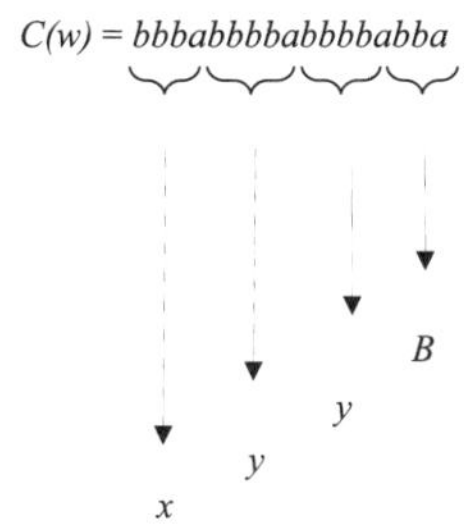

Figura 6.11 $C(w)$: Codificação de w na forma de uma cadeia sobre $\{a,b,c\}$.

A importância da Máquina de Turing Universal U decorre de dois fatores principais, um teórico e outro prático, a saber:

- A sua linguagem L_U é usada extensivamente na Teoria da Decidibilidade, especialmente para provar, por meio de redução, que outras linguagens também são não recursivas (ou indecidíveis).
- Ela serviu como modelo matemático para o projeto e construção dos computadores atuais, baseados em programa armazenado (também conhecido como Modelo de Von Neumann). Nesse modelo, os computadores são máquinas genéricas que aceitam como entrada uma codificação de algum algoritmo (na forma de um programa) e o executam com as suas respectivas entradas. Desde a década de 1940 os computadores como nós os conhecemos hoje deixaram de ser máquinas de propósito específico para se tornarem máquinas de propósito geral (assim como a Máquina de Turing Universal), com diversas vantagens práticas.

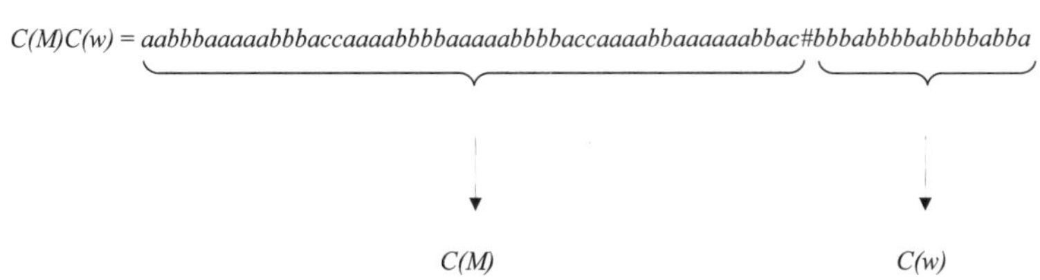

Figura 6.12 $C(M)C(w)$: Codificação de M e w na forma de cadeias sobre $\{a,b,c\}$.

6.6 Linguagens que não são recursivas

A classe das linguagens recursivas não é a mais abrangente que se conhece. Ao contrário, é possível demonstrar que existem linguagens não recursivas, como é o caso das linguagens L_U (a linguagem da Máquina de Turing Universal, conforme definida na Seção 6.5) e L_P e L_K definidas a seguir.

Teorema 6.5 (L_U é não recursiva) "A linguagem L_U é não recursiva."

A presente justificativa consiste na prova, por contradição, de que a linguagem L_U não pode pertencer à classe das linguagens recursivas. Em outras palavras, que essa linguagem não é decidível.

Por questão de simplicidade, será adotada a primeira forma de codificação sugerida, ou seja, aquela em que o alfabeto de codificação empregado é o próprio alfabeto de entrada da máquina M considerada. A segunda forma, exemplificada acima, também poderia ser usada, sem que isso traga quaisquer implicações nos resultados obtidos.

Suponha-se, portanto, que L_U seja uma linguagem recursiva e, portanto, decidível. Isso acarreta a existência de uma Máquina de Turing com fita limitada M que decide L_U. Seja $C(N)w$ a cadeia formada pela concatenação da codificação da máquina N (sobre o alfabeto Σ) com a cadeia de entrada $w \in \Sigma^*$. A análise de $C(N)w$ por M é ilustrada na Figura 6.13.[4]

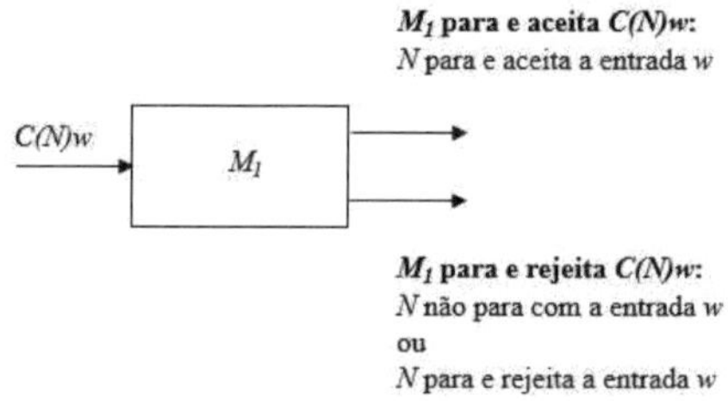

Figura 6.13 L_U não recursiva: passo 1.

Em seguida, constrói-se M_2 a partir de M_1, de modo que, para toda cadeia capaz de fazer M_1 parar, aceitando a entrada, M_2 deverá passar a executar uma sequência infinita de movimentações. Caso M_1 pare, rejeitando a entrada, M_2 deverá também parar, rejeitando a entrada (Figura 6.14).

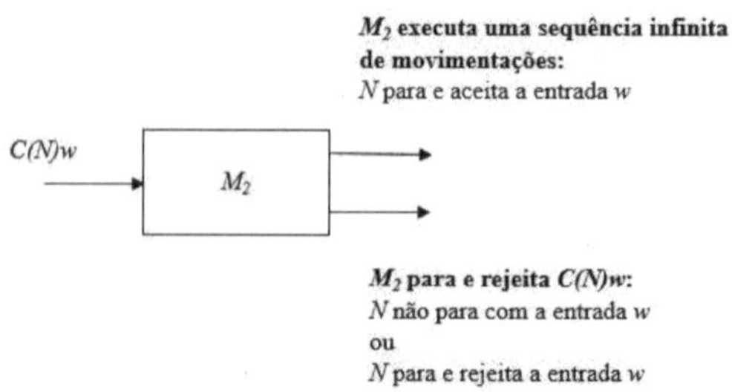

Figura 6.14 L_U não recursiva: passo 2.

[4]Nas figuras seguintes, os textos em negrito denotam os resultados das execuções das máquinas, enquanto os textos em itálico são uma interpretação de tais resultados.

Tal modificação é de fácil realização: basta fazer com que M_1, ao atingir uma configuração de aceitação, transite para um novo estado, criado especialmente para essa finalidade, em M_2, e lá permaneça indefinidamente lendo símbolos na fita de entrada e deslocando o cursor de acesso para a direita.

Seja M_3 uma Máquina de Turing com fita limitada que duplica a cadeia fornecida como entrada. Se a cadeia sobre a fita de entrada é γ, ao término do processamento a fita de trabalho conterá $\gamma\gamma$, conforme a Figura 6.15.

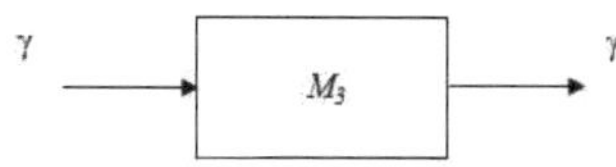

Figura 6.15 L_U não recursiva: passo 3.

Considere-se agora a máquina M_4, obtida pela combinação das máquinas M_3 e M_2, de tal forma que a saída de M_3 seja usada como entrada para M_2 (Figuras 6.16 e 6.17).

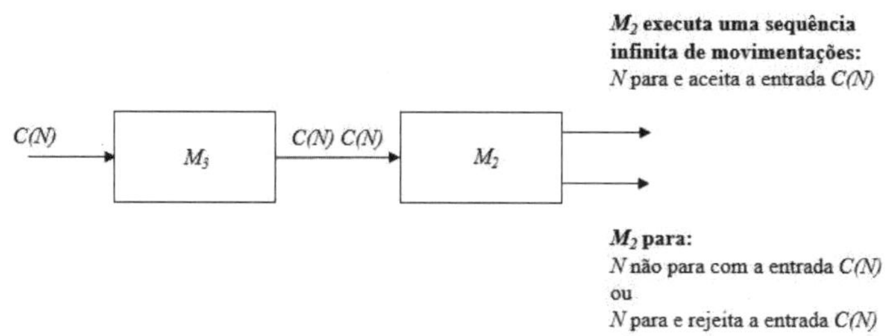

Figura 6.16 L_U não recursiva: passo 4.

Considerando-se M_4 como a composição de M_3 e M_2, o resultado pode ser visualizado na Figura 6.17.

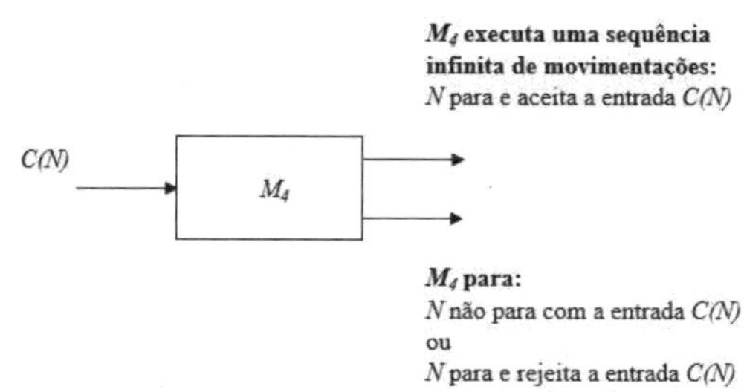

Figura 6.17 L_U não recursiva: passo 5.

Faça-se $N = M_4$, ou seja, submeta-se a M_4 uma codificação da própria máquina M_4. Isso é possível uma vez que M_4 aceita cadeias sobre um certo alfabeto Σ, e $C(M_4)$ será codificada também como uma cadeia sobre esse mesmo alfabeto Σ. No caso considerado, $\Sigma = \{a, b, c\}$, porém qualquer outro alfabeto produziria os mesmos resultados (ver Figura 6.18).

A Figura 6.18 remete a uma contradição: por um lado, temos a informação de que, observando o comportamento da máquina M_4, codificada como $C(M_4)$, se a máquina M_4

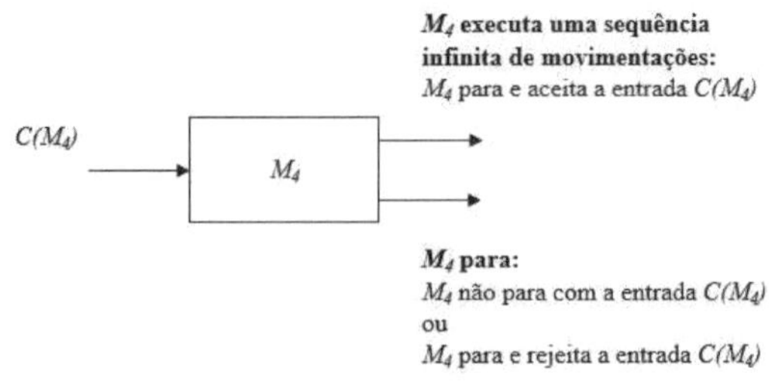

Figura 6.18 L_U não recursiva: passo 6.

parar, então M_4 executa uma sequência infinita de movimentações. Por outro, que, ao analisar a cadeia $C(M_4)$, se M_4 não parar, então M_4 para. Tem-se, portanto, uma contradição. Logo, a nossa hipótese inicial não é válida, ou seja, L_U não pode ser uma linguagem recursiva.

Cabe lembrar que esses resultados são válidos apenas para os casos de máquinas e entradas arbitrárias, não conhecidas *a priori*. Eventualmente, esses problemas podem ter solução para combinações de máquinas e/ou entradas predeterminadas. □

Uma outra importante linguagem não recursiva é a linguagem L_P, que representa um problema fundamental da computação, conhecido como o **Problema da Parada** da Máquina de Turing. Formalmente:

$$L_P = \{C(M)w \in \Sigma^* \mid M \text{ pára com a entrada } w\}$$

Se L_P fosse uma linguagem recursiva e, portanto, decidível, estaria demonstrada a existência de um algoritmo capaz de determinar, no caso geral, se uma máquina qualquer (ou programa), que venha a ser arbitrariamente escolhida, para ao processar uma entrada qualquer, também escolhida arbitrariamente. A prova de que L_P é não recursiva (e, portanto, indecidível) demonstra a inexistência de tal algoritmo.

Teorema 6.6 (L_P é não recursiva) "A linguagem L_P é não recursiva."

A mesma sequência de passos que foi usada para demonstrar que L_U não é recursiva também pode ser usada, com pequenas modificações, para demonstrar que L_P não é recursiva.

Admita-se, inicialmente, que L_P seja recursiva. Considere-se, também, a sequência das Figuras 6.13 até 6.18, modificadas de tal maneira que seja irrelevante se a cadeia de entrada w é aceita ou rejeitada pela Máquina de Turing correspondente, importando apenas se w leva ou não a Máquina de Turing a parar.

As Figuras 6.19 até 6.23 incorporam tais modificações.

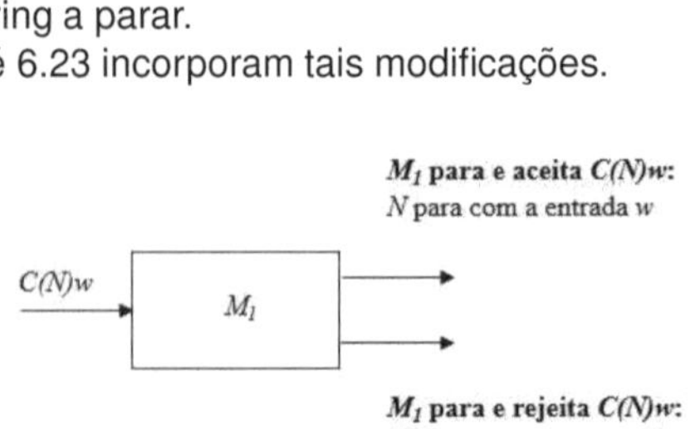

Figura 6.19 L_P não recursiva: passo 1.

O passo 3 da presente justificativa coincide com o passo 3 ilustrado para o caso da linguagem L_U (Figura 6.15), e não será repetido.

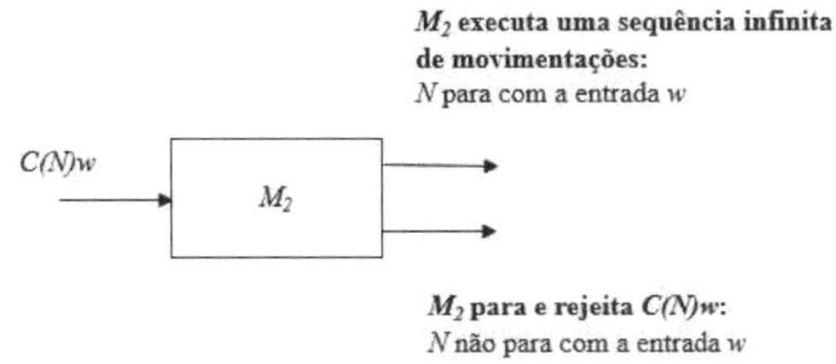

Figura 6.20 L_P não recursiva: passo 2.

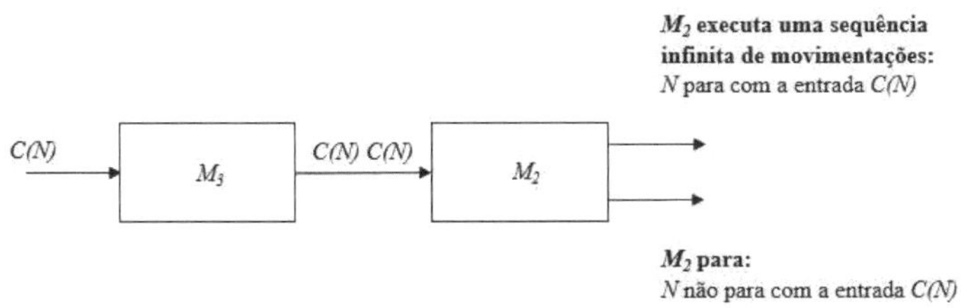

Figura 6.21 L_P não recursiva: passo 4.

Como conclusão, essa sequência de passos induz a uma contradição: M_4 para com a cadeia $C(M_4)$ se e apenas se M_4 não para com a cadeia $C(M_4)$. Logo, a hipótese inicial é falsa e L_P não é recursiva. □

A linguagem L_K a seguir apresentada é também um exemplo clássico de linguagem não recursiva:

$$L_K = \{w_i \mid w_i \in L(M_i)\}$$

Essa linguagem pressupõe uma certa ordenação (por exemplo, lexicográfica) das cadeias w_i sobre um certo alfabeto Σ, e também do conjunto das Máquinas de Turing sobre o mesmo alfabeto. Ela compreende as cadeias w_i que são aceitas pelas Máquinas de Turing M_i correspondentes, e pressupõe uma bijeção entre o conjunto das máquinas M_i e o conjunto das cadeias $w_i, i \geqslant 0$, conforme a Tabela 6.2.

Teorema 6.7 (L_K é não recursiva) "A linguagem L_K é não recursiva."

Conforme o Teorema 7.24 (apresentado mais adiante), uma linguagem L é recursiva se e somente L e seu complemento forem recursivamente enumeráveis. O Teorema 7.16 (também apresentado mais adiante), por sua vez, prova que a linguagem $L_D = \Sigma^* - L_K$ (o complemento de L_K) não é recursivamente enumerável. Logo, L_K não é recursiva. □

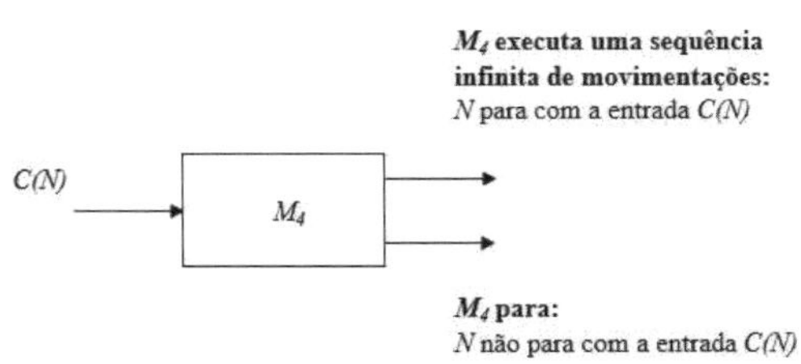

Figura 6.22 L_P não recursiva: passo 5.

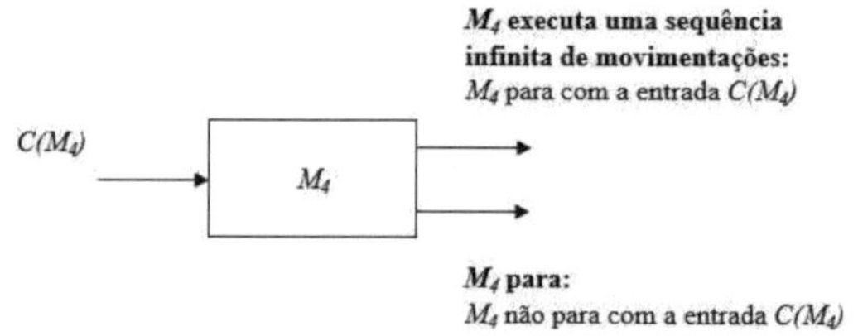

Figura 6.23 L_P não recursiva: passo 6.

Tabela 6.2 Bijeção entre cadeias e Máquinas de Turing

w_0	w_1	w_2	...	w_n	...
$\updownarrow$	$\updownarrow$	$\updownarrow$		$\updownarrow$	
M_0	M_1	M_2	...	M_n	...

6.7 Propriedades de fechamento

A seguir serão demonstradas algumas das propriedades de fechamento mais importantes das linguagens recursivas. Essa classe de linguagens é fechada em relação às operações de:

- união;
- concatenação;
- fechamento reflexivo e transitivo;
- intersecção;
- complementação.

As provas que são apresentadas a seguir são baseadas exclusivamente na existência de Máquinas de Turing que decidem as respectivas linguagens. Diferentemente da Seção 5.8, na qual gramáticas e reconhecedores foram usados de forma indistinta nas provas das propriedades de fechamento da classe das linguagens sensíveis ao contexto, aqui iremos nos ater apenas às Máquinas de Turing, uma vez que não existe caracterização gramatical para a classe das linguagens recursivas.

Teorema 6.8 (Fecho na união) "A classe das linguagens recursivas é fechada em relação à operação de união."

Sejam L_1 e L_2 duas linguagens recursivas quaisquer. Então, L_1 é decidida por uma Máquina de Turing M_1 e L_2 é decidida por uma Máquina de Turing M_2. A linguagem $L_3 = L_1 \cup L_2$ é decidida por M_3, construída de acordo com o Algoritmo 6.6.

Algoritmo 6.6 (Fecho na união) *"Obtenção de uma Máquina de Turing que decide a união de duas linguagens, a partir das Máquinas de Turing que decidem cada uma das linguagens."*

- *Entrada: M_1 e M_2, duas Máquinas de Turing que decidem, respectivamente, as linguagens L_1 e L_2.*
- *Saída: uma Máquina de Turing M_3 que decide a linguagem $L_1 \cup L_2$.*
- *Método:*
    1. *M_3 inicialmente simula M_1 com uma cadeia de entrada w.*

2. *Se M_1 aceita w, então M_3 para e aceita w.*
3. *Se M_1 rejeita w, então M_3 simula M_2 com a mesma cadeia w.*
4. *Se M_2 aceita w, então M_3 para e aceita w.*
5. *Se M_2 rejeita w, então M_3 para e rejeita w.*

○

Conforme o Algoritmo 6.6, M_3 aceita w se e somente se $w \in L_1$ ou $w \in L_2$. Caso contrário, M_3 rejeita w. Logo, L_3 é uma linguagem recursiva. □

Teorema 6.9 (Fecho na concatenação) "A classe das linguagens recursivas é fechada em relação à operação de concatenação."

Sejam L_1 e L_2 duas linguagens recursivas quaisquer. Então, L_1 é decidida por uma Máquina de Turing M_1 e L_2 é decidida por uma Máquina de Turing M_2. A linguagem $L_3 = L_1L_2$ é decidida por M_3, construída de acordo com o Algoritmo 6.7.

Algoritmo 6.7 (Fecho na concatenação) *"Obtenção de uma Máquina de Turing que decide a concatenação de duas linguagens, a partir das Máquinas de Turing que decidem cada uma das linguagens."*

- *Entrada: M_1 e M_2, duas Máquinas de Turing que decidem, respectivamente, as linguagens L_1 e L_2.*
- *Saída: uma Máquina de Turing M_3 que decide a linguagem L_1L_2.*
- *Método:*
    1. *M_3 inicialmente simula M_1 com uma cadeia de entrada $w, w = \alpha\beta$.*
    2. *Se M_1 aceita uma subcadeia α de w, então M_3 simula M_2 com a subcadeia β.*
    3. *Se M_2 rejeita β, então M_3 para e rejeita a cadeia w.*
    4. *Se M_1 não aceita nenhuma subcadeia α de w, então M_3 para e rejeita w.*

○

Conforme o Algoritmo 6.7, M_3 aceita w se e somente se $\alpha \in L_1$ e $\beta \in L_2$. Caso contrário, M_3 rejeita w. Logo, L_3 é uma linguagem recursiva. □

Teorema 6.10 (Fecho no fecho) "A classe das linguagens recursivas é fechada em relação à operação de fechamento reflexivo e transitivo."

Seja L uma linguagem recursiva. Portanto, existe uma Máquina de Turing com fita limitada M_1 que decide L. O presente teorema mostra como construir M_2 tal que $L(M_2) = L^*$, ou seja, M_2 decide L^*. A máquina M_2 é construída conforme o Algoritmo 6.8.

Algoritmo 6.8 (Fecho no fecho) *"Obtenção de uma Máquina de Turing que decide o fechamento reflexivo e transitivo de uma linguagem, a partir da Máquina de Turing que decide a linguagem inicial."*

- *Entrada: M_1, uma Máquina de Turing que decide L.*
- *Saída: M_2, uma Máquina de Turing que decide que decide L^*.*
- *Método:*
    1. *Se a cadeia de entrada for vazia, então M_2 para e aceita.*
    2. *Se a cadeia de entrada for não vazia, então M_2 escolhe um número inteiro k, maior ou igual a 1, de forma não determinística e em seguida:*

a) *M_2 particiona a sua cadeia de entrada, também de forma não determinística, em k segmentos consecutivos.*
b) *M_2 simula M_1 em cada um destes k segmentos.*
c) *Se, em alguma sequência de movimentações, todos os k segmentos forem aceitos por M_1, então M_2 para e aceita a sua entrada.*
d) *Se, em alguma sequência de movimentações, algum segmento não for aceito por M_1, então essa sequência para numa configuração não final.*

○

A operação não determinística garante que todas as possibilidades de segmentação da cadeia de entrada serão consideradas. Se alguma delas conduzir M_2 até uma configuração final, então a cadeia pertence a L^* e deverá ser aceita por M_2. Caso todas as sequências parem em configuração não final (porque M_1 rejeita um ou mais segmentos), então a cadeia não pertence a L^* e deverá ser rejeitada por M_2.

Esta prova pode ser usada em substituição à prova baseada em gramática que foi feita no Teorema 5.11 (sobre o fechamento da classe das linguagens sensíveis ao contexto em relação à operação de fechamento reflexivo e transitivo). Para isso, basta substituir a Máquina de Turing que decide L pela Máquina de Turing com fita limitada que decide L. □

Teorema 6.11 (Fecho na intersecção) "A classe das linguagens recursivas é fechada em relação à operação de intersecção."

Conforme demonstrado no Teorema 3.25, o fechamento de uma classe de linguagens em relação à operação de intersecção pode ser verificado a partir do fechamento em relação às operações de união e complementação. Como essas propriedades estão demonstradas nos Teoremas 6.8 e 6.12 (apresentados a seguir), fica demonstrado o fechamento da classe das linguagens recursivas em relação à operação de intersecção. □

Teorema 6.12 (Fecho na complementação) "A classe das linguagens recursivas é fechada em relação à operação de complementação."

Seja L_1 uma linguagem recursiva qualquer definida sobre um alfabeto Σ. Então, L_1 é aceita por uma Máquina de Turing M_1 que sempre para, qualquer que seja a entrada. A linguagem $L_2 = \Sigma^* - L_1$ é decidida por M_2 construída de acordo com o Algoritmo 6.9.

Algoritmo 6.9 (Fecho na complementação) *"Obtenção de uma Máquina de Turing que decide o complemento de uma linguagem, a partir da Máquina de Turing que decide a linguagem."*

- *Entrada: M_1, uma Máquina de Turing que decide a linguagem L_1.*
- *Saída: uma Máquina de Turing M_2 que decide a linguagem $\Sigma^* - L_1$.*
- *Método:*
  1. *M_2 simula M_1 com uma cadeia de entrada w.*
  2. *Se M_1 aceita w, então M_2 para e rejeita w.*
  3. *Se M_1 rejeita w, então M_1 para e aceita w.*

○

Conforme o Algoritmo 6.9, M_2 aceita w se e somente se $w \in \Sigma^* - L_1$. Caso contrário, ou seja, se $w \in L_1$, então M_2 rejeita w. Logo, L_2 é uma linguagem recursiva. □

6.8 Questões decidíveis e não decidíveis

A classe das linguagens recursivas não oferece, infelizmente, resposta para a maioria das questões mais comuns que se costuma formular a seu respeito. Tais questões encontram-se relacionadas a seguir.

Sejam L_1 e L_2 duas linguagens recursivas quaisquer. Então:

- $L_1 = \emptyset$?
- $L_1 = \Sigma^*$?
- $L_1 = L_2$?
- $L_1 \subseteq L_2$?
- $L_1 \cap L_2 = \emptyset$?

É possível demonstrar que as linguagens formadas por essas questões não são recursivas. Logo, nem sempre será possível determinar uma resposta, qualquer que seja ela, para questões dessa natureza envolvendo as próprias linguagens recursivas. As demonstrações não serão feitas neste texto, porém podem ser encontradas em [13].

Por outro lado, conforme mostra o Teorema 6.13, é sempre possível decidir a questão "$w \in L$?" para a classe das linguagens recursivas.

Teorema 6.13 (A cadeia pertence?) "Dadas uma cadeia $w \in \Sigma^*$ e uma linguagem recursiva L, $L \subseteq \Sigma^*$, é sempre possível determinar se $w \in L$."

Conforme a própria definição de linguagem recursiva, se L é uma linguagem dessa classe, então existe uma Máquina de Turing M que reconhece (decide) L. Para determinar se uma certa cadeia $w \in L(M)$, basta submeter w à análise de M. Após um número finito de movimentações, M irá parar, indicando se w pertence ou não a L. □

6.9 Exercícios

Linguagens e reconhecedores

1. Responda, justificando:
   a) ε é uma linguagem? E quanto a $\{\varepsilon\}, \emptyset, \{\}$ e $\{\emptyset\}$?
   b) $\{\}$ é uma linguagem livre de contexto?
   c) $\{\varepsilon\}$ é uma linguagem regular?
   d) Se L é uma linguagem livre de contexto, e $\varepsilon \in L$, pode-se dizer que L é também sensível ao contexto?
   e) Se L é uma linguagem sensível ao contexto, e $\varepsilon \in L$, pode-se dizer que L é também livre de contexto?
   f) Se L é uma linguagem livre de contexto, e $\varepsilon \notin L$, pode-se dizer que L é também sensível ao contexto?
   g) Se L é uma linguagem sensível ao contexto, e $\varepsilon \notin L$, pode-se dizer que L é também livre de contexto?
   h) Qual o tipo mais simples na Hierarquia de Chomsky, no qual se pode classificar a linguagem $\{\sigma, \sigma\sigma, \sigma\sigma\sigma\}, \forall \sigma \in \Sigma$, onde Σ é um alfabeto qualquer?
   i) Se L é aceita por uma Máquina de Turing determinística, L pode ser aceita por algum autômato finito não determinístico? E no caso oposto?
   j) Qual é a classe de gramáticas correspondente às Máquinas de Turing com fita limitada?
   k) Se L é definida por uma expressão regular, pode-se dizer que L é também recursiva? E no caso oposto?
   l) Se L é gerada por uma gramática sensível ao contexto, L pode ser reconhecida por um autômato de pilha? E no caso oposto?
   m) Se L é aceita por uma Máquina de Turing com fita ilimitada, existe alguma gramática sensível ao contexto que gere L? E no caso oposto?

n) Se L é aceita por um autômato de pilha não determinístico, existe alguma Máquina de Turing com fita limitada que aceite L? E no caso oposto?

o) Se L é uma linguagem aceita por uma Máquina de Turing com fita limitada, e G é uma gramática que gera L, qual é o tipo mais restrito, conforme a Hierarquia de Chomsky, em que se pode classificar G, no caso geral?

p) Se L não é aceita por nenhum autômato de pilha, existe alguma gramática sensível ao contexto que gera L?

Máquinas de Turing

2. Seja M uma Máquina de Turing. Conceitue e exemplifique:
   a) Linguagem *aceita* por M.
   b) Linguagem *decidida* por M.
   c) Linguagem *reconhecida* por M.
3. Proponha um método de codificação para Máquinas de Turing que utilize um alfabeto com apenas dois símbolos (por exemplo, $\{a,b\}$) em vez do alfabeto de três símbolos ($\{a,b,c\}$) utilizado na Seção 6.6.
4. De acordo com as definições de linguagem recursiva e linguagem sensível ao contexto, é possível definir a classe das linguagens estritamente recursivas como sendo composta pelas linguagens que são recursivas mas não são sensíveis ao contexto. Essa classe de linguagens é aceita por uma classe particular de Máquinas de Turing. Que classe é essa?

Exercícios de programação

5. Projete e implemente um programa de computador que aceite como entrada uma cadeia que descreve uma Máquina de Turing M determinística, codificada sobre um alfabeto de três símbolos ($\{a,b,c\}$), conforme explicado na Seção 6.6, e também uma cadeia de entrada w qualquer sobre esse mesmo alfabeto. O programa deverá simular a operação de M com a cadeia w e informar se $w \in L(M)$.

Capítulo 7

Linguagens recursivamente enumeráveis

Uma linguagem L é dita **recursivamente enumerável** (ou simplesmente **irrestrita**) se for aceita por pelo menos uma Máquina de Turing M. Ou seja:

1. Para toda cadeia $w \in L, M$ para e aceita w.
2. Para toda cadeia $z \in \Sigma^* - L, M$ para e rejeita z ou executa uma sequência infinita de movimentações.

Em outras palavras, L é recursivamente enumerável se existir alguma Máquina de Turing tal que $L(M) = ACEITA(M)$, com $REJEITA(M) \cup LOOP(M) = \Sigma^* - ACEITA(M)$.

Tal definição induz a uma partição da classe das linguagens recursivamente enumeráveis, composta pelas seguintes subclasses (Figura 7.1).

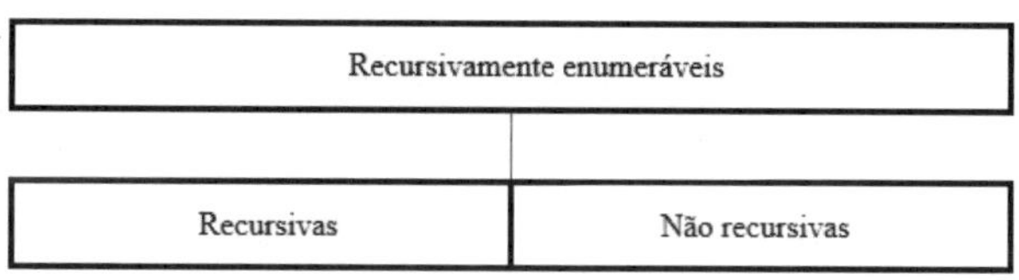

Figura 7.1 Subclasses da classe das linguagens recursivamente enumeráveis.

- A subclasse das linguagens L aceitas por Máquinas de Turing que param para todas as cadeias de entrada $z \in \Sigma^* - L$; tal subclasse corresponde à classe das linguagens recursivas, apresentada anteriormente na Seção 6.1.
- A subclasse das demais linguagens L, as quais são aceitas por Máquinas de Turing que iniciam uma sequência infinita de movimentações para pelo menos uma cadeia de entrada $z \in \Sigma^* - L$.

Da mesma forma que as linguagens recursivas, e diferentemente das linguagens regulares, livres de contexto e sensíveis ao contexto, não se conhece qualquer tipo de estrutura que permita identificar as linguagens recursivamente enumeráveis apenas pela inspeção das propriedades sintáticas de suas sentenças.

As linguagens recursivamente enumeráveis são, portanto, inicialmente caracterizadas a partir das Máquinas de Turing. Conforme será estudado adiante, elas também podem ser caracterizadas por meio do modelo mais geral de gramáticas, as chamadas gramáticas irrestritas (ver Seção 7.1).

A maior importância dessa classe de linguagens reside em sua aplicação ao desenvolvimento teórico da computação.

Conforme estudado no Capítulo 6, as linguagens recursivas são também conhecidas como linguagens decidíveis. Isso ocorre porque, para tal classe de linguagens, é sempre possível obter uma Máquina de Turing que sempre para em resposta a qualquer entrada que lhe seja submetida, não importa se aceitando ou rejeitando tal entrada. Cadeias que pertencem à linguagem são aceitas e cadeias que não lhe pertencem são rejeitadas. Essa característica é particularmente útil quando se deseja estudar a computabilidade de determinados tipos de problema, em particular dos chamados problemas de decisão.

Uma linguagem é dita **estritamente recursivamente enumerável** se ela for recursivamente enumerável e não for recursiva. Ou seja, se ela for aceita apenas por Máquinas de Turing que necessariamente entram em "loop" com alguma cadeia que não pertence à linguagem.

7.1 Gramáticas irrestritas

Uma gramática $G = (V, \Sigma, P, S)$ é dita **irrestrita** se nenhuma restrição adicional for aplicada às suas regras de produção, que devem seguir a forma geral $\alpha \rightarrow \beta, \alpha \in V^*NV^*, \beta \in V^*$. Observar que as gramáticas regulares, as livres de contexto e as sensíveis ao contexto são casos particulares das gramáticas irrestritas.

Note-se que, diferentemente do que ocorre com as gramáticas sensíveis ao contexto, as gramáticas irrestritas admitem que o lado direito das regras (β) possua um número de símbolos menor que o lado esquerdo correspondente (α). Isso faz com que possa haver redução no tamanho das formas sentenciais durante o processo de derivação de sentenças.

Alguns autores consideram um formato ainda mais geral para as regras das gramáticas irrestritas: $\alpha \in V^+, \beta \in V^*$. Esse formato permite que o lado esquerdo das regras seja formado por qualquer combinação de símbolos terminais e não terminais, incluindo cadeias formadas exclusivamente por símbolos terminais, o que não é permitido no formato aqui adotado.

Na verdade, ambas as definições são equivalentes, podendo ser usadas indistintamente. A conversão de regras do formato mais geral ($\alpha \in V^+, \beta \in V^*$) para o formato menos geral ($\alpha \in V^*NV^*, \beta \in V^*$) pode ser feita aplicando-se a técnica utilizada na demonstração do Teorema 5.1, em que novos símbolos não terminais são criados e substituem todas as ocorrências de símbolos terminais, e a gramática é acrescida de produções unitárias que convertem cada um desses novos símbolos não terminais nos símbolos terminais correspondentes.

Exemplo 7.1 A gramática $G_1 = (\{S, A, B, C, a, b, c\}, \{a, b, c\}, P_1, S)$, com P_1:

$$\begin{aligned} \{S &\rightarrow aAbcC \\ bc &\rightarrow B \\ ABC &\rightarrow b\} \end{aligned}$$

pode ser facilmente convertida para $G_2 = (\{S, A, B, C, X, Y, Z, a, b, c\}, \{a, b, c\}, P_2, S)$, com P_2:

$$\begin{aligned} \{S &\rightarrow XAYZC \\ YZ &\rightarrow B \\ ABC &\rightarrow Y \\ X &\rightarrow a \end{aligned}$$

$$
\begin{aligned}
Y &\rightarrow b \\
Z &\rightarrow c\}
\end{aligned}
$$

⋆

As convenções e a terminologia adotadas na apresentação e discussão dos demais tipos de gramática também são aplicáveis ao caso das gramáticas irrestritas. Derivações, formas sentenciais e a linguagem gerada pela gramática são denotadas de forma idêntica àqueles casos.

Exemplo 7.2 A gramática $G = (\{S,A,C,a,b,c\},\{a,b,c\},P,S)$, com P:

$$
\begin{aligned}
\{S &\rightarrow aAbc \\
A &\rightarrow aAbC \mid \varepsilon \\
Cb &\rightarrow bC \\
Cc &\rightarrow cc\}
\end{aligned}
$$

gera a linguagem $a^ib^ic^i, i \geqslant 1$. Essa mesma linguagem foi anteriormente formulada no Capítulo 5 através de uma gramática sensível ao contexto (ver Exemplo 5.14). No presente exemplo, ela é formalizada através de uma gramática irrestrita (por causa da produção $A \rightarrow \varepsilon$, em que $|A| > |\varepsilon|$). Exemplos de derivação:

- $S \Rightarrow aAbc \Rightarrow abc$
- $S \Rightarrow aAbc \Rightarrow aaAbCbc \Rightarrow aaaAbCbCbc \Rightarrow aaabCbCbc \Rightarrow aaabCbbCc \Rightarrow aaabbCbCc \Rightarrow aaabbbCCc \Rightarrow aaabbbCcc \Rightarrow aaabbbccc$

A aplicação da produção $S \rightarrow aAbc$, seguida de n aplicações da produção $A \rightarrow aAbC$ e, finalmente, da aplicação da produção $A \rightarrow \varepsilon$, gera uma forma sentencial do tipo $a^{n+1}(bC)^nbc$. A transposição dos símbolos "b" para o lado esquerdo, junto aos símbolos "a", é feita com o auxílio da produção $Cb \rightarrow bC$. Após a aplicação dessa produção $n+1$ vezes, chega-se à forma sentencial $a^{n+1}b^{n+1}C^nc$. Finalmente, a aplicação da produção $Cc \rightarrow cc$ por n vezes substitui os não terminais "C" pelos terminais "c" correspondentes, conduzindo à geração da sentença $a^{n+1}b^{n+1}c^{n+1}$. ⋆

Exemplo 7.3 A gramática $G = (\{S,B,X,a,b\},\{a,b\},P,S)$, com P:

$$
\begin{aligned}
\{S &\rightarrow aBSa \mid aBXa \\
Ba &\rightarrow aB \\
BX &\rightarrow Xb \\
aX &\rightarrow a\}
\end{aligned}
$$

gera a linguagem $a^ib^ia^i, i \geqslant 1$. A produção $aX \rightarrow a$ caracteriza esta gramática como sendo irrestrita, uma vez que $|aX| > |a|$.

As duas produções iniciais geram formas sentenciais do tipo $(aB)^nXa^n$. A partir desse ponto, a aplicação repetida da produção $Ba \rightarrow aB$ permite obter formas sentenciais do tipo $a^nB^nXa^n$. Resta, portanto, substituir os símbolos não terminais "B" por terminais "b" para gerar as sentenças pretendidas, tarefa esta que é cumprida pelas três últimas produções. O não terminal "X" serve como delimitador, separando as cadeias à sua esquerda e à sua direita. Ele é usado, inicialmente, como referência para substituir os símbolos "B" por "b" e, finalmente, para se autorremover da forma sentencial, gerando $a^nb^na^n$. Exemplos de derivação:

- $S \Rightarrow aBXa \Rightarrow aXba \Rightarrow aba$
- $S \Rightarrow aBSa \Rightarrow aBaBSaa \Rightarrow aBaBaBXaaa \Rightarrow aaBBaBXaaa \Rightarrow aaBaBBXaaa \Rightarrow aaaBBBXaaa \Rightarrow aaaBBXbaaa \Rightarrow aaaBXbbaaa \Rightarrow aaaXbbbaaa \Rightarrow aaabbbaaa$

⋆

7.2 Forma normal para gramáticas irrestritas

Devido ao fato de as gramáticas regulares, livres de contexto e sensíveis ao contexto constituírem casos particulares das gramáticas irrestritas, a forma normal que será apresentada a seguir pode ser aplicada indistintamente em qualquer tipo de gramática examinada até o momento.

A demonstração do teorema seguinte baseia-se na demonstração de [46], que, por sua vez, é uma generalização da forma conhecida como Forma Normal de Kuroda para gramáticas sensíveis ao contexto (ver Seção 5.3).

Teorema 7.1 (Forma normal para gramáticas irrestritas) "Toda gramática irrestrita $G_1 = (V_1, \Sigma, P_1, S)$ define uma linguagem L que também pode ser gerada por uma outra gramática $G_2 = (V_2, \Sigma, P_2, S)$, equivalente, cujas produções são todas das seguintes formas: (1) $S \to \varepsilon$; (2) $A \to \sigma$; (3) $A \to B$; (4) $A \to BC$; (5) $AB \to AC$; (6) $AB \to CB$; (7) $AB \to C$, onde $S, A, B, C \in N_2$ e $\sigma \in \Sigma$."

Conforme o Algoritmo 7.1, descrito a seguir, o qual incorpora as seguintes etapas:

i. Eliminação das produções vazias.
ii. Incorporação da produção (1), caso a cadeia vazia faça parte da linguagem.
iii. Substituição dos símbolos terminais por novos símbolos não terminais e incorporação de novas produções da forma (2), uma para cada símbolo terminal de G_1.
iv. Substituição das produções $\alpha \to \beta$, em que $|\alpha| \leqslant |\beta|$, por um novo conjunto de produções das formas (3), (4), (5), (6) e (7).
v. Substituição das produções $\alpha \to \beta$, em que $|\alpha| > |\beta|$, por um novo conjunto de produções das formas (3), (4), (5), (6) e (7).

Algoritmo 7.1 (Forma normal para gramáticas irrestritas) *"Obtenção de uma gramática irrestrita na forma normal."*

- *Entrada: uma gramática irrestrita $G_1 = (V_1, \Sigma, P_1, S)$.*
- *Saída: uma gramática irrestrita $G_2 = (V_2, \Sigma, P_2, S)$, na forma normal, e tal que $L(G_2) = L(G_1)$.*
- *Método:*
  1. *Início:*
     Sendo $N_1 = V_1 - \Sigma$ e $N_2 = V_2 - \Sigma$, faz-se:
     - $N_2 \leftarrow N_1$
     - $P_2 \leftarrow \emptyset$
  2. *Etapa (i):*
     Eliminam-se as produções da forma $A \to \varepsilon$ contidas em P_1:
     - $P_2 \leftarrow P_2 \cup \{XA \to X, AX \to X, \sigma A \to \sigma, A\sigma \to \sigma \mid A \to \varepsilon \in P_1, X \in N_1, \sigma \in \Sigma\}$
  3. *Etapa (ii):*
     Incorporação da cadeia vazia, se for o caso:
     - $P_2 \leftarrow P_2 \cup \{S \to \varepsilon$, *se* $\varepsilon \in L(G_1)\}$
  4. *Etapa (iii):*
     Eliminação dos terminais originais e sua substituição por não terminais correspondentes:
     - $N_2 \leftarrow N_2 \cup \{X_\sigma, \sigma \in \Sigma\}$
     - $P_2 \leftarrow P_2 \cup \{X_\sigma \to \sigma, \alpha_1 X_\sigma \alpha_2 \to \beta \mid \alpha_1 \sigma \alpha_2 \to \beta \in P_1, \sigma \in \Sigma, \alpha_1, \alpha_2 \in V_1^*\}$

- $P_2 \leftarrow P_2 \cup \{X_\sigma \to \sigma, \alpha \to \beta_1 \sigma \beta_2 \mid \alpha \to \beta_1 \sigma \beta_2 \in P_1, \sigma \in \Sigma, \beta_1, \beta_2 \in V_1^*\}$

5. *Etapa (iv):*
   Eliminação das produções $\alpha \to \beta, |\alpha| \leqslant |\beta|$*:*
   - *Para cada produção* $\alpha \to \beta$ *em* P_1*, com* $|\alpha| \leqslant |\beta|$*, tem-se:*
     $\alpha = A_1A_2...A_m$
     $\beta = B_1B_2...B_n = B_1B_2...B_mB_{m+1}...B_n$*, com* $A_i, B_j \in N_1, n \geqslant m \geqslant 1$.
   - *Fazer:*
     $N_2 \leftarrow N_2 \cup \{X_i, 1 \leqslant i \leqslant n-1\}$
     $P_2 \leftarrow P_2 \cup$

$$
\begin{aligned}
\{A_1 &\to B_1X_1 \\
X_1A_2 &\to B_2X_2 \\
X_2A_3 &\to B_3X_3 \\
&\dots \\
X_{m-2}A_{m-1} &\to B_{m-1}X_{m-1} \\
X_{m-1}A_m &\to B_mX_m \\
X_m &\to B_{m+1}X_{m+1} \\
X_{m+1} &\to B_{m+2}X_{m+2} \\
&\dots \\
X_{n-2} &\to B_{n-1}X_{n-1} \\
X_{n-1} &\to B_n\}
\end{aligned}
$$

6. *Etapa (v): Eliminação das produções* $\alpha \to \beta, |\alpha| > |\beta|$*:*
   - *Para cada produção* $\alpha \to \beta$*, com* $|\alpha| > |\beta|$*, tem-se:*
     $\alpha = A_1A_2...A_n = A_1A_2...A_mA_{m+1}...A_n$
     $\beta = B_1B_2...B_m$*, com* $A_i, B_j \in N, n > m \geqslant 1$.
   - *Fazer:*
     $N_2 \leftarrow N_2 \cup \{X_i, 1 \leqslant i \leqslant n-m-1\} \cup \{Y_j, 0 \leqslant j \leqslant n-2\}$
     $P_2 \leftarrow P_2 \cup$
     $\{A_{n-1}A_n \to X_0Y_0, X_0Y_0 \to Y_0,$
     $A_{n-2}Y_0 \to X_1Y_1, X_1Y_1 \to Y_1,$
     $A_{n-3}Y_1 \to X_2Y_2, X_2Y_2 \to Y_2,$
     $\dots$
     $A_mY_{n-m-2} \to X_{n-m-1}Y_{n-m-1},$
     $X_{n-m-1}Y_{n-m-1} \to Y_{n-m-1}B_m,$
     $A_{m-1}Y_{n-m-1} \to Y_{n-m}B_{m-1},$
     $A_{m-2}Y_{n-m} \to Y_{n-m+1}B_{m-2},$
     $\dots$
     $A_1Y_{n-2} \to Y_{n-2}B_1, Y_{n-2}B_1 \to B_1\}$

7. *Término:*
   As produções do tipo $AB \to CD$ *geradas nas etapas (iv) e (v) devem ainda ser substituídas por um conjunto de produções equivalente, porém em conformidade com as formas (3), (4), (5), (6) e (7):*

$$N_2 \leftarrow N_2 \cup \{X, Y\}$$
$$P_2 \leftarrow P_2 \cup \{AB \rightarrow AY, AY \rightarrow XY, XY \rightarrow XD, XD \rightarrow CD\}$$

○

Todas as produções de G_2 estão em algum dos formatos permitidos na forma normal desejada, completando a prova. □

Exemplo 7.4 De acordo com a etapa (*iv*), a produção $A_1A_2A_3 \rightarrow B_1B_2B_3B_4B_5B_6B_7$ deve ser substituída pelo conjunto de regras:

$$\{A_1 \rightarrow B_1X_1, \quad (7.1)$$
$$X_1A_2 \rightarrow B_2X_2, \quad (7.2)$$
$$X_2A_3 \rightarrow B_3X_3, \quad (7.3)$$
$$X_3 \rightarrow B_4X_4, \quad (7.4)$$
$$X_4 \rightarrow B_5X_5, \quad (7.5)$$
$$X_5 \rightarrow B_6X_6, \quad (7.6)$$
$$X_6 \rightarrow B_7\} \quad (7.7)$$

De fato, $A_1A_2A_3 \Rightarrow^+ B_1B_2B_3B_4B_5B_6B_7$, como se constata pela seguinte derivação:

$A_1A_2A_3 \Rightarrow B_1X_1A_2A_3 \Rightarrow B_1B_2X_2A_3 \Rightarrow B_1B_2B_3X_3 \Rightarrow$
$B_1B_2B_3B_4X_4 \Rightarrow B_1B_2B_3B_4B_5X_5 \Rightarrow B_1B_2B_3B_4B_5B_6X_6 \Rightarrow B_1B_2B_3B_4B_5B_6B_7$

Para completar, a produção (7.2) deve ainda ser substituída pelo conjunto:

$$\{X_1A_2 \rightarrow X_1N,$$
$$X_1N \rightarrow MN,$$
$$MN \rightarrow MX_2,$$
$$MX_2 \rightarrow B_2X_2\}$$

Transformação semelhante deve ser aplicada na produção (7.3), pois as demais já se encontram enquadradas nos formatos originalmente propostos. ⋆

Exemplo 7.5 De acordo com a etapa (*v*), a produção $A_1A_2A_3A_4A_5A_6A_7 \rightarrow B_1B_2B_3$ deve ser substituída pelo conjunto de produções:

$$\{A_6A_7 \rightarrow X_0Y_0, \quad (7.8)$$
$$X_0Y_0 \rightarrow Y_0, \quad (7.9)$$
$$A_5Y_0 \rightarrow X_1Y_1, \quad (7.10)$$
$$X_1Y_1 \rightarrow Y_1, \quad (7.11)$$
$$A_4Y_1 \rightarrow X_2Y_2, \quad (7.12)$$
$$X_2Y_2 \rightarrow Y_2, \quad (7.13)$$
$$A_3Y_2 \rightarrow X_3Y_3, \quad (7.14)$$
$$X_3Y_3 \rightarrow Y_3B_3, \quad (7.15)$$
$$A_2Y_3 \rightarrow X_4Y_4, \quad (7.16)$$
$$X_4Y_4 \rightarrow Y_4B_2, \quad (7.17)$$
$$A_1Y_4 \rightarrow Y_5B_1, \quad (7.18)$$
$$Y_5B_1 \rightarrow B_1\} \quad (7.19)$$

De fato, $A_1A_2A_3A_4A_5A_6A_7 \Rightarrow^+ B_1B_2B_3$, como se constata pela seguinte derivação:

$A_1A_2A_3A_4A_5A_6A_7 \Rightarrow A_1A_2A_3A_4A_5X_0Y_0 \Rightarrow A_1A_2A_3A_4A_5Y_0 \Rightarrow A_1A_2A_3A_4X_1Y_1 \Rightarrow$
$A_1A_2A_3A_4Y_1 \Rightarrow A_1A_2A_3X_2Y_2 \Rightarrow A_1A_2A_3Y_2 \Rightarrow A_1A_2X_3Y_3 \Rightarrow A_1A_2Y_3B_3 \Rightarrow$
$A_1X_4Y_4B_3 \Rightarrow A_1Y_4B_2B_3 \Rightarrow Y_5B_1B_2B_3 \Rightarrow B_1B_2B_3$

Para completar, a produção (7.8) deve ainda ser substituída pelo conjunto:

$$\begin{aligned} \{A_6A_7 &\rightarrow A_6N, \\ A_6N &\rightarrow MN, \\ MN &\rightarrow MY_0, \\ MY_0 &\rightarrow X_0Y_0\} \end{aligned}$$

Transformações semelhantes devem ser aplicadas às produções (7.10), (7.12), (7.14), (7.15), (7.16), (7.17) e (7.18). Assim, todas as produções resultantes se enquadram nas formas originalmente propostas. ⋆

7.3 Máquinas de Turing como enumeradoras de linguagens

Originalmente, o termo "recursivamente enumerável" refere-se ao fato de as sentenças de uma linguagem desse tipo poderem ser enumeradas (listadas ou contadas) através de um procedimento mecanizado — um algoritmo ou uma Máquina de Turing.

Diz-se que a Máquina de Turing $M = (Q, \Sigma, \Gamma, \delta, <, B, q_0, F)$ **enumera uma linguagem**, quando:

- M possui pelo menos duas fitas de entrada.
- Uma das fitas é usada apenas para a gravação de cadeias geradas sobre o alfabeto Σ. Nessa fita, o cursor de acesso desloca-se apenas para a direita, símbolos podem apenas ser gravados, e cadeias consecutivas são separadas pelo símbolo "#", não pertencente a Σ.

O conjunto das cadeias gravadas por M na fita de saída é denotado por $E(M)$, e representa a linguagem enumerada por M. $E(M) \subseteq \Sigma^*$ pode ser finita ou infinita. Nesse último caso, o processamento de M não para nunca e M está sempre gravando novas cadeias na fita de saída, uma após a outra.

Os Teoremas 7.2 e 7.3, a seguir apresentados, mostram que uma linguagem L é recursivamente enumerável se e somente se ela puder ser enumerada por uma Máquina de Turing M, ou seja, $L = E(M)$.

Teorema 7.2 (Enumeradas $\Rightarrow$ recursivamente enumeráveis) "Seja $L = E(M)$. Então L é recursivamente enumerável."

Para demonstrar que L é recursivamente enumerável, é suficiente demonstrar que existe uma Máquina de Turing N que aceita L. O Algoritmo 7.2 a seguir mostra como construir N a partir de M.

Algoritmo 7.2 (Enumeradas $\Rightarrow$ recursivamente enumeráveis) *"Obtenção de uma Máquina de Turing que aceita a linguagem gerada por uma Máquina de Turing que a enumera."*

- *Entrada: uma Máquina de Turing M que enumera uma linguagem L.*
- *Saída: uma Máquina de Turing N que aceita L.*
- *Método:*

1. *N possui duas fitas de entrada: na primeira serão gravadas as cadeias de L, uma a uma (através da simulação de M por N), e na segunda será gravada a cadeia w que se deseja verificar se pertence ou não a L.*
2. *N opera como M: gerando uma nova cadeia de L e gravando-a na fita de saída.*
3. *Antes, porém, de acrescentar o delimitador "#" à sua direita e proceder à geração de uma nova cadeia, N compara a cadeia w contida na segunda fita com a cadeia recém-gerada na primeira fita.*
4. *Se forem iguais, N para e aceita w. Caso contrário, desviar para (2).*

○

De acordo com o Algoritmo 7.2, é claro que, se $w \in L$, então w é aceita por N, pois w será inevitavelmente gerada e gravada por N na primeira fita, em um intervalo de tempo finito.

Se, por outro lado, $w \notin L$, N pode tanto parar rejeitando w (no caso em que L for finita), como entrar em um processamento interminável, dentro do qual novas cadeias são sucessivamente geradas e comparadas com w (no caso em que L é infinita). L é, portanto, uma linguagem recursivamente enumerável. □

Teorema 7.3 (Enumeradas $\Leftarrow$ recursivamente enumeráveis) "Seja L uma linguagem recursivamente enumerável. Então existe N, tal que $L = E(N)$."

Se L é recursivamente enumerável, então $L = L(M)$ para alguma Máquina de Turing M. Uma primeira tentativa de demonstração consiste em construir uma máquina N que simula M, conforme o Algoritmo 7.3.

Algoritmo 7.3 (Enumeradas $\Leftarrow$ recursivamente enumeráveis, versão 1) *"Obtenção de uma Máquina de Turing que enumera uma linguagem definida por outra Máquina de Turing."*

- *Entrada: uma Máquina de Turing M.*
- *Saída: uma Máquina de Turing N que enumera L(M).*
- *Método:*
  1. *N gera uma nova cadeia $w \in \Sigma^*$, onde Σ é o alfabeto de L (essas cadeias devem ser geradas em uma certa ordem e sucessivamente. Por exemplo, pode-se considerar a ordenação lexicográfica das cadeias de L na sequência de comprimento crescente).*
  2. *A cadeia gerada w é escrita em uma fita auxiliar de N (fita 1).*
  3. *A fita 2 de N contém uma codificação $C(M)$ da máquina M.*
  4. *N simula M com a cadeia w gravada na fita 1.*
  5. *Caso M aceite w, w# é escrito na fita 3.*
  6. *Desviar para (1).*

○

O procedimento do Algoritmo 7.3 consiste em gerar, de forma sistemática e exaustiva, todas as cadeias de Σ^*, testando cada uma delas em M para determinar se pertencem ou não a L. Em caso afirmativo, elas são individualmente copiadas para a fita de saída de N, que dessa forma enumera as cadeias de L, ou seja, $L = E(N)$.

Essa solução funcionaria perfeitamente, exceto por um detalhe: se L for uma linguagem estritamente recursivamente enumerável, isso significa que existe pelo menos uma cadeia $z \in \Sigma^* - L$, de modo que M inicia uma sequência infindável de movimentações em sua operação. Logo, N inicia essa sequência no passo (4) do procedimento, e as demais cadeias de L não são geradas, nem testadas ou gravadas por N em sua fita de saída.

Se, no entanto, L for uma linguagem decidível (recursiva), então o procedimento pode ser usado sem qualquer risco de induzir M e, consequentemente, N a um processamento que pare de gerar resultados.

Não obstante, é possível adotar um procedimento ligeiramente modificado que permita superar as limitações do procedimento analisado, servindo, indistintamente, tanto para linguagens recursivas quanto para linguagens recursivamente enumeráveis.

Seja L uma linguagem recursivamente enumerável, $L \subseteq \Sigma^*$ e $w \in L$. Então, se α_0, α_1, α_2, α_3, ..., α_n, ... é uma ordenação lexicográfica, de comprimento crescente, das cadeias de Σ^*, é fato que $w = \alpha_i$, para algum valor de i, e apenas um.

Exemplo 7.6 Considere $\Sigma = \{a,b\}$. A ordenação lexicográfica de comprimento crescente das cadeias de Σ^* é:

- Comprimento 0: ε
- Comprimento 1: a,b
- Comprimento 2: aa,ab,ba,bb
- Comprimento 3: $aaa,aab,aba,abb,baa,aba,bba,bbb$
- ...
- Comprimento n: $a^n,a^{n-1}b,...,b^{n-1}a,b^n$
- ...

⋆

Além disso, como $w \in L$, também é fato que w é aceita por uma Máquina de Turing M após um número limitado de movimentações que levam M desde a sua configuração inicial até uma configuração final qualquer. Supondo que M seja determinística, e sendo $|w| = k$, w é aceita apenas na k-ésima configuração assumida por M.

Defina-se a função parcial $\gamma : \mathbb{Z}_+ \times \mathbb{Z}_+ \to \Sigma^*$ da seguinte forma: se $\alpha_i \in L, |\alpha_i| = j$ e α_i é aceita por uma Máquina de Turing M determinística (neste caso, após j configurações), então γ associa o par (i,j) com a cadeia α_i. A função γ é injetora e sobrejetora, pois não existem dois pares que possam ser associados com a mesma sentença, e todas as sentenças de L estão associadas com exatamente um par.

Considere-se um certo par (p,q) escolhido ao acaso. Se $\alpha_p \in L$, é certo que α_p é aceita por M após um certo número de movimentações. Se esse número for q, a cadeia α_p será enumerada. Caso contrário, ela será descartada, até que o par correto seja sorteado (note-se que para cada valor de p existe uma quantidade infinita de pares com este valor no primeiro elemento da dupla: $...(p,q-2),(p,q-1),(p,q),(p,q+1),(p,q+2)...$ etc.).

O objetivo agora é o de construir uma Máquina de Turing N que, partindo de uma sequência de todos os pares ordenados $(i,j), i \geqslant 1, j \geqslant 1$, em que cada (i,j) ocorre uma única vez, testará sistematicamente se a cadeia α_i é aceita por M em j movimentos. Em caso afirmativo, α_i será enumerada. Em caso afirmativo ou negativo, um novo par é considerado e um novo teste é efetuado.

Dessa forma, evita-se testar α_i em M de forma contínua, até que M pare (conforme a proposta do Algoritmo 7.3), pois isso poderia causar problemas no caso de linguagens estritamente recursivamente enumeráveis. Nessa nova técnica, o teste de cada α_i é efetuado apenas durante uma sequência limitada de configurações (porém suficiente para a sua aceitação, caso a cadeia pertença à linguagem), evitando-se dessa maneira a ocorrência de eventuais sequências intermináveis de movimentações. Assim, a sentença α_i é enumerada apenas quando o par (i,j) correspondente tiver sido considerado.

A fim de garantir a enumeração sistemática de todas as sentenças de L, é necessário considerar a geração e o teste sistemático de todos os pares (i,j), sem repetição, um de cada vez. Conforme estudado no Capítulo 1 (ver Exemplo 1.72), o conjunto desses pares pode facilmente ser enumerado considerando-se a organização em que os pares cuja soma representa os mesmos valores são agrupados em ordem crescente do valor da soma e, dentro de cada um desses grupos, na ordem descrescente do primeiro termo e crescente do segundo:

- Soma 2: $(1,1)$
- Soma 3: $(2,1),(1,2)$
- Soma 4: $(3,1),(2,2),(1,3)$
- Soma 5: $(4,1),(3,2),(2,3),(1,4)$
- Soma 6: $(5,1),(4,2),(3,3),(2,4),(1,5)$
- ...
- Soma n: $(n-1,1),(n-2,2),(n-3,3)...(3,n-3),(2,n-2),(1,n-1)$
- ...

Por outro lado, dado um valor de i, será necessário gerar a cadeia α_i correspondente. É possível, sem grande dificuldade, demonstrar a existência de Máquinas de Turing que realizam essas duas tarefas, e que serão embutidas em N. O Algoritmo 7.4 corresponde à versão revisada do Algoritmo 7.3.

Algoritmo 7.4 (Enumeradas $\Leftarrow$ recursivamente enumeráveis, versão 2) *"Revisão do Algoritmo 7.3 que evita sequências infinitas de movimentações, sendo, portanto, adequada para linguagens estritamente recursivamente enumeráveis."*

- *Entrada: uma Máquina de Turing M.*
- *Saída: uma Máquina de Turing N que enumera $L(M)$.*
- *Método:*
  1. *N gera o próximo par (i,j) da sequência.*
  2. *N gera a cadeia $\alpha_i \in \Sigma^*$.*
  3. *A cadeia gerada α_i é gravada em uma fita auxiliar de N (fita 1).*
  4. *A fita 2 de N contém uma codificação $C(M)$ da máquina M.*
  5. *N simula M com a cadeia α_i gravada na fita 1, efetuando j movimentações.*
  6. *Caso M aceite α_i na j-ésima configuração, então a cadeia $\alpha_i\#$ é gravada na fita 3, imediatamente após o final da cadeia anteriormente gravada nessa mesma fita.*
  7. *Desviar para (1).*

$\circ$

Como o número de passos necessários para a geração de cada par (i,j) e de cada cadeia α_i é finito, o mesmo ocorrendo com o número de passos alocado para testar cada α_i em M, e como, além disso, todos os pares (i,j) são considerados (o que significa dizer que todas as cadeias de Σ^* são consideradas), pode-se afirmar que N enumera todas as sentenças de L, e apenas essas.

Se L for uma linguagem recursiva, e apenas neste caso, N enumera as sentenças de L em ordem lexicográfica, na sequência de comprimento crescente. □

7.4 Gramáticas irrestritas e linguagens recursivamente enumeráveis

As Máquinas de Turing com fita infinita definem a classe das linguagens recursivamente enumeráveis, que também podem ser geradas pelas gramáticas irrestritas. Tal resultado pode ser comprovado através dos dois teoremas seguintes, que demonstram a equivalência dos dois tipos de dispositivos, no que se refere à classe de linguagens que eles são capazes de representar. A demonstração original é devida a Chomsky em [10].

Teorema 7.4 (Irrestritas $\Rightarrow$ recursivamente enumeráveis) "Seja $L = L(G)$, sendo G uma gramática irrestrita. Então L é uma linguagem recursivamente enumerável."

A demonstração é feita a partir da construção de uma Máquina de Turing M não determinística que aceita L. M é construída de tal modo que seus movimentos simulam as derivações das sentenças geradas por G. O Algoritmo 7.5 descrito a seguir especifica os passos que devem ser executados na transformação sistemática de uma gramática irrestrita $G = (V, \Sigma, P, S)$ em uma Máquina de Turing $M = (Q, \Sigma, \Gamma, \delta, q_0, <, B, F)$.

Algoritmo 7.5 (Irrestritas $\Rightarrow$ recursivamente enumeráveis) *"Obtenção de uma Máquina de Turing a partir de uma gramática irrestrita."*

- *Entrada: uma gramática irrestrita $G = (V, \Sigma, P, S)$.*
- *Saída: uma Máquina de Turing $M = (Q, \Sigma, \Gamma, \delta, q_0, <, B, F)$ com fita infinita, tal que $L(M) = L(G)$.*
- *Método:*
  A máquina M que reconhece $L(G)$ apresenta três fitas de trabalho:
  - *Na primeira fita está inicialmente gravada a cadeia w que se deseja examinar para determinar se ela pertence ou não a L.*
  - *Na segunda fita fica gravada uma codificação $C(G)$ da gramática irrestrita G.*
  - *Na terceira fita está inicialmente gravado, na primeira posição, o símbolo não terminal S, a raiz da gramática G. A cadeia gravada na terceira fita será denotada por z e, portanto, inicialmente $|z| = |S| = 1$.*

  A operação de M é não determinística e acontece da seguinte forma:
  1. *Determinar todos os pares (i, α) tais que, a partir da posição i da cadeia z, seja possível identificar uma subcadeia α, tal que $\alpha \rightarrow \beta_1 \mid \beta_2 \mid ... \mid \beta_n \in P$, sendo P o conjunto das regras de G gravado na segunda fita de trabalho.*
  2. *Para cada par (i, α) obtido no passo (1), criar um novo "thread" para M, e deslocar o respectivo cursor de acesso da fita número 3 até a posição i; encerrar o "thread" original na configuração de rejeição.*
  3. *Para cada "thread" criado no passo (2):*
     a) *Criar n novos "threads" para M, sendo que cada "thread" j, $1 \leqslant j \leqslant n$, deve substituir, na cadeia z, a partir da posição i, a subcadeia α pela subcadeia β_j; encerrar o "thread" original na configuração de rejeição.*
     b) *Para cada "thread" criado no passo (3.a):*
        i. *Se $z \neq w$, desviar para o passo (1).*
        ii. *Se $z = w$, encerrar o "thread" na configuração de aceitação.*

$\circ$

Note-se que a geração de uma nova forma sentencial na fita número 3 pode provocar a manutenção, a redução ou o aumento de seu comprimento, em relação à forma sentencial imediatamente anterior. Dessa forma, M deve ser capaz de efetuar a contração ou a expansão da cadeia que representa cada forma sentencial, evitando sua fragmentação ou perda de informação.

A máquina M assim construída simula, na fita número 3, as derivações de G. A escolha da produção a ser aplicada em cada momento, no entanto, é não determinística. Se $w \in L$, é certo que existe pelo menos uma derivação que a gera. Logo, é fato que alguma instância de M inevitavelmente reproduzirá essa derivação, o que resultará na aceitação de w. Se, por outro lado, $w \notin L$, isso significa que não existe derivação possível de w em G. Logo, nenhuma das instâncias de M será capaz de atingir uma configuração final. A cadeia de entrada será rejeitada, ou então M iniciará uma sequência interminável de movimentações. Portanto, $L(M) = L(G)$, e L é uma linguagem recursivamente enumerável. □

Cumpre notar a semelhança entre a técnica descrita no Algoritmo 7.5 e o Algoritmo 5.2, que mostra como obter uma Máquina de Turing com fita limitada a partir de uma gramática sensível ao contexto. A diferença é que, naquele caso, as formas sentenciais geradas possuem comprimento não decrescente, e isso facilita a sua comparação sistemática com a cadeia de entrada. Além disso, não existem garantias, como no caso do Algoritmo 5.2, de que todos os “threads” se encerram após um tempo finito de execução — exceto, naturalmente, para o “thread” que gera a sequência de derivações que resulta na cadeia de entrada, caso essa seja uma sentença da linguagem gerada por G. Ao contrário, é possível que, para cadeias não pertencentes à linguagem, existam “threads” de M executando sequências intermináveis de movimentações, sem que outros “threads” atinjam uma configuração de aceitação. Por esse motivo, a técnica descrita no Teorema 7.4 não recebe a designação de “algoritmo”.

Teorema 7.5 (Irrestritas $\Leftarrow$ recursivamente enumeráveis) “Seja $L = L(M)$, sendo M uma Máquina de Turing com fita infinita. Então $L = L(G)$, sendo G uma gramática irrestrita.”

Segue a mesma linha adotada na demonstração do Teorema 5.3 e consiste na obtenção de uma gramática irrestrita que reproduz, na derivação de suas sentenças, os movimentos da Máquina de Turing M que aceita a mesma linguagem. Se a cadeia de entrada é aceita por M, ela também é gerada pela gramática. Cadeias não aceitas por M não são geradas pela gramática.

O Algoritmo 7.6 descrito a seguir especifica os passos que devem ser executados na transformação sistemática de uma Máquina de Turing $M = (Q, \Sigma, \Gamma, \delta, q_0, <, B, F)$ em uma gramática irrestrita $G = (V, \Sigma, P, S)$.

Algoritmo 7.6 (Irrestritas $\Leftarrow$ recursivamente enumeráveis) *“Obtenção de uma gramática irrestrita a partir de uma Máquina de Turing.”*

- *Entrada: uma Máquina de Turing $M = (Q, \Sigma, \Gamma, \delta, q_0, <, B, F)$ com fita infinita.*
- *Saída: uma gramática irrestrita $G = (V, \Sigma, P, S)$ tal que $L(G) = L(M)$.*
- *Método:*
  Inicialmente são gerados os símbolos não terminais de G. Esses símbolos possuem o formato geral $[\sigma, \alpha]$, onde $\sigma \in \Sigma, \alpha$ é uma cadeia sobre $\{\sigma, q, <, \#\}$ e $q \in Q$. A primeira destas duas componentes do símbolo — $[\sigma, ...]$ — representa um certo terminal da cadeia de entrada. Sua segunda componente — $[..., \alpha]$ — representa parte da configuração assumida pela Máquina de Turing no reconhecimento da referida cadeia de entrada.
  Os conjuntos P e S de G são inicialmente definidos como:
  I. $P \leftarrow \{S \rightarrow [\sigma_i, < q_0\sigma_i]A, \forall \sigma_i \in \Sigma\}$
  $N \leftarrow \{S, A, [\sigma_i, < q_0\sigma_i], \forall \sigma_i \in \Sigma\}$
  II. $P \leftarrow P \cup \{S \rightarrow [\sigma_i, < q_0\sigma_i\#], \forall \sigma_i \in (\Sigma \cup \{B\})\}$
  $N \leftarrow N \cup \{[\sigma_i, < q_0\sigma_i\#], \forall \sigma_i \in (\Sigma \cup \{B\})\}$

III. $P \leftarrow P \cup \{A \rightarrow [\sigma_i, \sigma_i]A, A \rightarrow [\sigma_i, \sigma_i\#], \forall \sigma_i \in \Sigma\}$
$N \leftarrow N \cup \{[\sigma_i, \sigma_i], [\sigma_i, \sigma_i\#], \forall \sigma_i \in \Sigma\}$

Eles permitem gerar formas sentenciais dos formatos seguintes:

(a) $[B, < q_0 B\#]$, *ou*

(b) $[\sigma_i, < q_0 \sigma_i \#]$, *ou*

(c) $[\sigma_i, < q_0 \sigma_i][\sigma_j, \sigma_j][\sigma_k, \sigma_k]...[\sigma_u, \sigma_u \#]$

Em todos os casos, o símbolo "#" é usado para delimitar, nas formas sentenciais geradas pela gramática, o término da cadeia gravada sobre a fita de trabalho de M. O símbolo "#" pode ser deslocado à direita, e neste caso símbolos "B" são adicionados ao final da cadeia de entrada. A cadeia de entrada vazia é representada pela forma sentencial do tipo (a). As cadeias de entrada não vazias são representadas pelas formas dos tipos (b) (cadeia unitária) e (c) (cadeia de comprimento maior ou igual a dois).

Assim como na demonstração do Teorema 5.3, essas formas sentenciais devem ser interpretadas como a representação de duas componentes:

- $[\sigma_i, ...][\sigma_j, ...][\sigma_k, ...]...[\sigma_u, ...] = \sigma_i \sigma_j \sigma_k ... \sigma_u$, *correspondente à cadeia de entrada que se pretende verificar em M;*

  e
- $[..., < q_0 \sigma_i][..., \sigma_j][..., \sigma_k]...[..., \sigma_u \#] = < q_0 \sigma_i \sigma_j \sigma_k ... \sigma_u \#$, *correspondente à configuração inicial de M com a cadeia de entrada acima.*

Um conjunto adicional de regras de P é especificado, com a finalidade de garantir que, qualquer que seja a movimentação efetuada por M, a partir de uma configuração qualquer, haja sempre uma possibilidade correspondente de derivação em G.

As transições de M enquadram-se em três casos:

- Caso (i): $\delta(q_i, <) = (q_j, <, D)$
- Caso (ii): $\delta(q_i, \sigma_m) = (q_j, \sigma_n, D)$
- Caso (iii): $\delta(q_i, \sigma_m) = (q_j, \sigma_n, E)$

O conjunto das produções de G que são capazes de promover tais derivações é, naturalmente, obtido a partir da especificação da função δ. Deve-se, portanto, considerar cada um dos três casos indicados. A partir de cada um deles, novas produções são formuladas e, a partir destas, novos símbolos não terminais são acrescentados à gramática. Observe-se que nos casos (ii) e (iii) as transições são feitas com símbolos do alfabeto Γ, ou seja, $\sigma_m, \sigma_n \in \Gamma$, *o que inclui não apenas os símbolos originalmente empregados na composição da cadeia de entrada, mas também símbolos gravados por M na fita de trabalho durante o seu próprio processamento.*

- Caso (i): $\delta(q_i, <) = (q_j, <, D)$

  IV. $P \leftarrow P \cup \{[\sigma_m, q_i < \sigma_m] \rightarrow [\sigma_m, < q_j \sigma_m], \forall \sigma_m \in \Gamma\}$
  $N \leftarrow N \cup \{[\sigma_m, q_i < \sigma_m], \forall \sigma_m \in \Gamma\}$
  $N \leftarrow N \cup \{[\sigma_m, < q_j \sigma_m], \forall \sigma_m \in \Gamma\}$
- Caso (ii): $\delta(q_i, \sigma_m) = (q_j, \sigma_n, D)$

  O símbolo corrente (σ_m) *pode ser:*

  * *o primeiro da cadeia de entrada:*
    - *cadeia unitária: VIII;*
    - *cadeia de comprimento dois: IX;*
    - *cadeia de comprimento maior que dois: X;*

* *o último da cadeia de entrada:*
  - *cadeia unitária: VIII;*
  - *cadeia não unitária: XI;*
* *o penúltimo da cadeia de entrada:*
  - *cadeia de comprimento dois: IX;*
  - *cadeia de comprimento maior que dois: XII;*
* *ou ainda estar em qualquer posição diferente destas:*
  - *XIII;*

VIII. $P \leftarrow P \cup \{[\sigma_p, < q_i\sigma_m\#] \rightarrow [\sigma_p, < \sigma_n][B, q_jB\#], \forall \sigma_p \in \Gamma\}$
$N \leftarrow N \cup \{[\sigma_p, < q_i\sigma_m\#], \forall \sigma_p \in \Gamma\}$
$N \leftarrow N \cup \{[\sigma_p, < \sigma_n], \forall \sigma_p \in \Gamma\}$
$N \leftarrow N \cup \{[B, q_jB\#]\}$

IX. $P \leftarrow P \cup \{[\sigma_p, < q_i\sigma_m][\sigma_q, \sigma_r\#] \rightarrow [\sigma_p, < \sigma_n][\sigma_q, q_j\sigma_r\#], \forall \sigma_p, \sigma_q, \sigma_r \in \Gamma\}$
$N \leftarrow N \cup \{[\sigma_p, < q_i\sigma_m], \forall \sigma_p \in \Gamma\}$
$N \leftarrow N \cup \{[\sigma_q, \sigma_r\#], \forall \sigma_q, \sigma_r \in \Gamma\}$
$N \leftarrow N \cup \{[\sigma_p, < \sigma_n], \forall \sigma_p \in \Gamma\}$
$N \leftarrow N \cup \{[\sigma_q, q_j\sigma_r\#], \forall \sigma_q, \sigma_r \in \Gamma\}$

X. $P \leftarrow P \cup \{[\sigma_p, < q_i\sigma_m][\sigma_q, \sigma_r] \rightarrow [\sigma_p, < \sigma_n][\sigma_q, q_j\sigma_r], \forall \sigma_p, \sigma_q, \sigma_r \in \Gamma\}$
$N \leftarrow N \cup \{[\sigma_p, < q_i\sigma_m], \forall \sigma_p \in \Gamma\}$
$N \leftarrow N \cup \{[\sigma_q, \sigma_r], \forall \sigma_q, \sigma_r \in \Gamma\}$
$N \leftarrow N \cup \{[\sigma_p, < \sigma_n], \forall \sigma_p \in \Gamma\}$
$N \leftarrow N \cup \{[\sigma_q, q_j\sigma_r], \forall \sigma_q, \sigma_r \in \Gamma\}$

XI. $P \leftarrow P \cup \{[\sigma_p, q_i\sigma_m\#] \rightarrow [\sigma_p, \sigma_n][B, q_jB\#], \forall \sigma_p \in \Gamma\}$
$N \leftarrow N \cup \{[\sigma_p, q_i\sigma_m\#], \forall \sigma_p \in \Gamma\}$
$N \leftarrow N \cup \{[\sigma_p, \sigma_n], \forall \sigma_p \in \Gamma\}$
$N \leftarrow N \cup \{[B, q_jB\#]\}$

XII. $P \leftarrow P \cup \{[\sigma_p, q_i\sigma_m][\sigma_q, \sigma_r\#] \rightarrow [\sigma_p, \sigma_n][\sigma_q, q_j\sigma_r\#], \forall \sigma_p, \sigma_q, \sigma_r \in \Gamma\}$
$N \leftarrow N \cup \{[\sigma_p, q_i\sigma_m], \forall \sigma_p \in \Gamma\}$
$N \leftarrow N \cup \{[\sigma_q, \sigma_r\#], \forall \sigma_q, \sigma_r \in \Gamma\}$
$N \leftarrow N \cup \{[\sigma_p, \sigma_n], \forall \sigma_p \in \Gamma\}$
$N \leftarrow N \cup \{[\sigma_q, q_j\sigma_r\#], \forall \sigma_q, \sigma_r \in \Gamma\}$

XIII. $P \leftarrow P \cup \{[\sigma_p, q_i\sigma_m][\sigma_q, \sigma_r] \rightarrow [\sigma_p, \sigma_n][\sigma_q, q_j\sigma_r], \forall \sigma_p, \sigma_q, \sigma_r \in \Gamma\}$
$N \leftarrow N \cup \{[\sigma_p, q_i\sigma_m], \forall \sigma_p \in \Gamma\}$
$N \leftarrow N \cup \{[\sigma_q, \sigma_r], \forall \sigma_q, \sigma_r \in \Gamma\}$
$N \leftarrow N \cup \{[\sigma_p, \sigma_n], \forall \sigma_p \in \Gamma\}$
$N \leftarrow N \cup \{[\sigma_q, q_j\sigma_r], \forall \sigma_q, \sigma_r \in \Gamma\}$

- Caso (iii): $\delta(q_i, \sigma_m) = (q_j, \sigma_n, E)$
  O símbolo corrente (σ_m) pode:
  * *ser o primeiro da cadeia de entrada:*
    - *cadeia unitária: XIV;*
    - *cadeia não unitária: XV;*
  * *ser o último da cadeia de entrada:*
    - *cadeia unitária: XIV;*
    - *cadeia de comprimento dois: XVI;*

- *cadeia de comprimento maior que dois: XVII;*

* *ser o segundo da cadeia de entrada:*
  - *cadeia de comprimento dois: XVI;*
  - *cadeia de comprimento maior que dois: XVIII;*
* *estar em qualquer posição diferente destas:*
  - *XIX;*

XIV. $P \leftarrow P \cup \{[\sigma_p, < q_i\sigma_m\#] \rightarrow [\sigma_p, q_j < \sigma_n\#], \forall \sigma_p \in \Gamma\}$
$N \leftarrow N \cup \{[\sigma_p, < q_i\sigma_m\#], \forall \sigma_p \in \Gamma\}$
$N \leftarrow N \cup \{[\sigma_p, q_j < \sigma_n\#], \forall \sigma_p \in \Gamma\}$

XV. $P \leftarrow P \cup \{[\sigma_p, < q_i\sigma_m] \rightarrow [\sigma_p, q_j < \sigma_n], \forall \sigma_p \in \Gamma\}$
$N \leftarrow N \cup \{[\sigma_p, < q_i\sigma_m], \forall \sigma_p \in \Gamma\}$
$N \leftarrow N \cup \{[\sigma_p, q_j < \sigma_n], \forall \sigma_p \in \Gamma\}$

XVI. $P \leftarrow P \cup \{[\sigma_p, < \sigma_q][\sigma_r, q_i\sigma_m\#] \rightarrow [\sigma_p, < q_j\sigma_q][\sigma_r, \sigma_n\#], \forall \sigma_p, \sigma_q, \sigma_r \in \Gamma\}$
$N \leftarrow N \cup \{[\sigma_p, < \sigma_q], \forall \sigma_p, \sigma_q \in \Gamma\}$
$N \leftarrow N \cup \{[\sigma_r, q_i\sigma_m\#], \forall \sigma_r \in \Gamma\}$
$N \leftarrow N \cup \{[\sigma_p, < q_j\sigma_q], \forall \sigma_p, \sigma_q \in \Gamma\}$
$N \leftarrow N \cup \{[\sigma_r, \sigma_n\#], \forall \sigma_r \in \Gamma\}$

XVII. $P \leftarrow P \cup \{[\sigma_p, \sigma_q][\sigma_r, q_i\sigma_m\#] \rightarrow [\sigma_p, q_j\sigma_q][\sigma_r, \sigma_n\#], \forall \sigma_p, \sigma_q, \sigma_r \in \Gamma\}$
$N \leftarrow N \cup \{[\sigma_p, \sigma_q], \forall \sigma_p, \sigma_q \in \Gamma\}$
$N \leftarrow N \cup \{[\sigma_r, q_i\sigma_m\#], \forall \sigma_r \in \Gamma\}$
$N \leftarrow N \cup \{[\sigma_p, q_j\sigma_q], \forall \sigma_p, \sigma_q \in \Gamma\}$
$N \leftarrow N \cup \{[\sigma_r, \sigma_n\#], \forall \sigma_r \in \Gamma\}$

XVIII. $P \leftarrow P \cup \{[\sigma_p, < \sigma_q][\sigma_r, q_i\sigma_m] \rightarrow [\sigma_p, < q_j\sigma_q][\sigma_r, \sigma_n], \forall \sigma_p, \sigma_q, \sigma_r \in \Gamma\}$
$N \leftarrow N \cup \{[\sigma_p, < \sigma_q], \forall \sigma_p, \sigma_q \in \Gamma\}$
$N \leftarrow N \cup \{[\sigma_r, q_i\sigma_m], \forall \sigma_r \in \Gamma\}$
$N \leftarrow N \cup \{[\sigma_p, < q_j\sigma_q], \forall \sigma_p, \sigma_q \in \Gamma\}$
$N \leftarrow N \cup \{[\sigma_r, \sigma_n], \forall \sigma_r \in \Gamma\}$

XIX. $P \leftarrow P \cup \{[\sigma_p, \sigma_q][\sigma_r, q_i\sigma_m] \rightarrow [\sigma_p, q_j\sigma_q][\sigma_r, \sigma_n], \forall \sigma_p, \sigma_q, \sigma_r \in \Gamma\}$
$N \leftarrow N \cup \{[\sigma_p, \sigma_q], \forall \sigma_p, \sigma_q \in \Gamma\}$
$N \leftarrow N \cup \{[\sigma_r, q_i\sigma_m], \forall \sigma_r \in \Gamma\}$
$N \leftarrow N \cup \{[\sigma_p, q_j\sigma_q], \forall \sigma_p, \sigma_q \in \Gamma\}$
$N \leftarrow N \cup \{[\sigma_r, \sigma_n], \forall \sigma_r \in \Gamma\}$

A operação de M cessa ao ser atingida uma configuração para a qual não exista movimentação possível, ou seja, quando $\delta(q_i, \sigma_m) = \emptyset$. Nessa situação, se $q_i \in F$, diz-se que M aceita a cadeia de entrada.

Condição semelhante deve ser alcançada através de G. Suponha-se que, quando o autômato para de se movimentar, a configuração seja $(\alpha, q_i\sigma_m\beta)$. A forma sentencial equivalente em G será $[...][...]...[\sigma_n, q_i\sigma_m][...]$.

Se, nessa situação, $q_i \in F$ e $\delta(q_i, \sigma_m) = \emptyset$, então as seguintes regras devem ser adicionadas à gramática G:

- Caso (iv)*: $q_i \in F$ e $\delta(q_i, <) = \emptyset$*

XX. $P \leftarrow P \cup \{[\sigma_p, q_i < \sigma_q] \rightarrow \sigma_p, \forall \sigma_p \in (\Sigma \cup \{B\}), \forall \sigma_q \in \Gamma\}$
$N \leftarrow N \cup \{[\sigma_p, q_i < \sigma_q], \forall \sigma_p \in (\Sigma \cup \{B\}), \forall \sigma_q \in \Gamma\}$

XXI. $P \leftarrow P \cup \{[\sigma_p, q_i < \sigma_q\#] \rightarrow \sigma_p\#, \forall \sigma_p \in (\Sigma \cup \{B\}), \forall \sigma_q \in \Gamma\}$
$N \leftarrow N \cup \{[\sigma_p, q_i < \sigma_q\#], \forall \sigma_p \in (\Sigma \cup \{B\}), \forall \sigma_q \in \Gamma\}$

- Caso (v)*: $q_i \in F$ e $\delta(q_i, \sigma_m) = \emptyset$*

XXII. $P \leftarrow P \cup \{[\sigma_p, < q_i\sigma_m] \rightarrow \sigma_p, \forall \sigma_p \in (\Sigma \cup \{B\})\}$
$N \leftarrow N \cup \{[\sigma_p, < q_i\sigma_m], \forall \sigma_p \in (\Sigma \cup \{B\})\}$

XXIII. $P \leftarrow P \cup \{[\sigma_p, < q_i\sigma_m\#] \rightarrow \sigma_p\#, \forall \sigma_p \in (\Sigma \cup \{B\})\}$
$N \leftarrow N \cup \{[\sigma_p, < q_i\sigma_m], \forall \sigma_p \in (\Sigma \cup \{B\})\}$
XXIV. $P \leftarrow P \cup \{[\sigma_p, q_i\sigma_m\#] \rightarrow \sigma_p\#, \forall \sigma_p \in (\Sigma \cup \{B\})\}$
$N \leftarrow N \cup \{[\sigma_p, q_i\sigma_m], \forall \sigma_p \in (\Sigma \cup \{B\})\}$
XXV. $P \leftarrow P \cup \{[\sigma_p, q_i\sigma_m] \rightarrow \sigma_p, \forall \sigma_p \in (\Sigma \cup \{B\})\}$
$N \leftarrow N \cup \{[\sigma_p, q_i\sigma_m], \forall \sigma_p \in (\Sigma \cup \{B\})\}$

Essas produções dão início ao processo de conversão da cadeia armazenada no lado esquerdo dos não terminais — e até então intocada — em uma sentença a ser efetivamente gerada por G. A forma sentencial inicial é obtida através da derivação $[...]\ [...]\ ...\ [\sigma_n, q_i\sigma_m]\ [...] \Rightarrow [...]\ [...]\ ...\ \sigma_n\ [...]$, *se* $q_i \in F$ *e* $\delta(q_i, \sigma_m) = \emptyset$.
Cumpre notar, caso a configuração final de M seja atingida em uma situação que corresponda, em G, à aplicação de alguma das produções geradas em XXI, XXIII e XXIV, que o símbolo "#", originalmente gravado "dentro" de algum não terminal de gramática (isto é, delimitado pelos símbolos "[" e "]"), é transposto para "fora" dele (sendo que, neste caso, os delimitadores "[" e "]" e, consequentemente, o próprio não terminal deixam de existir), passando a indicar o término da cadeia de entrada.
A partir deste ponto, devem ser acrescentadas produções em P de tal modo que os não terminais remanescentes na forma sentencial gerada por G sejam todos substituídos por símbolos terminais, conforme o valor armazenado no lado esquerdo, no interior dele $([\sigma, ...])$:

XXVI. $P \leftarrow P \cup \{[\sigma_m, \alpha]\sigma_n \rightarrow \sigma_m\sigma_n, \forall \sigma_n \in (\Sigma \cup \{B\}), \forall [\sigma_m, \alpha] \in V\}$
XXVII. $P \leftarrow P \cup \{\sigma_n[\sigma_m, w] \rightarrow \sigma_n\sigma_m, \forall \sigma_n \in (\Sigma \cup \{B\}), \forall [\sigma_m, w] \in V$, *desde que w não contenha o símbolo "#"*$\}$
XXVIII. $P \leftarrow P \cup \{\sigma_n[\sigma_m, w] \rightarrow \sigma_n\sigma_m\#, \forall \sigma_n \in (\Sigma \cup \{B\}), \forall [\sigma_m, w] \in V$, *desde que w contenha o símbolo "#"*$\}$

Nessa situação, a forma sentencial produzida por G é da forma $\alpha\beta\#$, *onde* $\alpha \in \Sigma^*$ *é cadeia de entrada originalmente submetida à Máquina de Turing, e* $\beta \in \{B\}^*$ *representa símbolos B que foram adicionados ao final da cadeia de entrada pelo deslocamento para a direita do cursor de acesso à fita de trabalho. A eliminação da subcadeia* $\beta\#$ *é feita por intermédio das produções:*

XXIX. $P \leftarrow P \cup \{B\# \rightarrow \#\}$
XXX. $P \leftarrow P \cup \{\sigma_i\# \rightarrow \sigma_i, \forall \sigma_i \in \Sigma\}$

○

A inspeção das produções geradas nos itens I a XXX (em particular nos itens XXIX e XXX) permite concluir que toda e qualquer gramática gerada por esse método é uma gramática irrestrita. Será omitida a demonstração formal da equivalência das Máquinas de Turing com as gramáticas irrestritas assim construídas. Tal demonstração pode, no entanto, ser encontrada em [49]. □

Exemplo 7.7 Seja M tal que:

$$\begin{array}{rcl} \Sigma & = & \{x, y, z\} \\ \Gamma & = & \{x, y, z, X, Y, Z, B\} \\ \delta & \supset & \{(q_0, x) \rightarrow (q_1, X, D), (q_1, y) \rightarrow (q_2, Y, D), (q_2, z) \rightarrow (q_3, Z, D), \\ & & (q_3, B) \rightarrow (q_4, x, D), (q_4, B) \rightarrow (q_5, B, D), (q_5, B) \rightarrow (q_6, y, D), \\ & & (q_6, B) \rightarrow (q_7, B, D), (q_7, B) \rightarrow (q_8, z, D), (q_8, B) \rightarrow (q_9, B, E), \\ & & (q_9, z) \rightarrow (q_{10}, z, E)\} \end{array}$$

$$
\begin{aligned}
\delta(q_{10}, B) &= \emptyset \\
\{q_{10}\} &\subset F
\end{aligned}
$$

A sequência de movimentos a seguir ilustra a aceitação da cadeia xyz por M:

$$
\begin{aligned}
&(<, q_0xyz) \vdash (< X, q_1yz) \vdash (< XY, q_2z) \vdash (< XYZ, q_3B) \vdash \\
&(< XYZx, q_4B) \vdash (< XYZxB, q_5B) \vdash (< XYZxBy, q_6B) \vdash (< XYZxByB, q_7B) \vdash \\
&(< XYZxByBz, q_8B) \vdash (< XYZxByB, q_9zB) \vdash (< XYZxBy, q_{10}BzB)
\end{aligned}
$$

A sequência de derivações a seguir mostra as formas sentenciais geradas por uma gramática irrestrita G, correspondentes aos movimentos de M acima. As produções e os símbolos não terminais utilizados foram derivados diretamente da especificação de M, conforme o Algoritmo 7.6. Note-se que $S \Rightarrow^* xyz$ e, portanto, $xyz \in L(G)$.

$$
\begin{aligned}
&S \Rightarrow \\
&[x, < q_0x]A \Rightarrow \\
&[x, < q_0x][y, y]A \Rightarrow \\
&[x, < q_0x][y, y][z, z\#] \Rightarrow \\
&[x, < X][y, q1y][z, z\#] \Rightarrow \\
&[x, < X][y, Y][z, q_2z\#] \Rightarrow \\
&[x, < X][y, Y][z, Z][B, q_3B\#] \Rightarrow \\
&[x, < X][y, Y][z, Z][B, x][B, q_4B\#] \Rightarrow \\
&[x, < X][y, Y][z, Z][B, x][B, B][B, q_5B\#] \Rightarrow \\
&[x, < X][y, Y][z, Z][B, x][B, B][B, y][B, q_6B\#] \Rightarrow \\
&[x, < X][y, Y][z, Z][B, x][B, B][B, y][B, B][B, q_7B\#] \Rightarrow \\
&[x, < X][y, Y][z, Z][B, x][B, B][B, y][B, B][B, z][B, q_8B\#] \Rightarrow \\
&[x, < X][y, Y][z, Z][B, x][B, B][B, y][B, B][B, q_9z][B, B\#] \Rightarrow \\
&[x, < X][y, Y][z, Z][B, x][B, B][B, y][B, q_{10}B][B, z][B, B\#] \Rightarrow \\
&[x, < X][y, Y][z, Z][B, x][B, B][B, y]B[B, z][B, B\#] \Rightarrow \\
&[x, < X][y, Y][z, Z][B, x][B, B]BB[B, z][B, B\#] \Rightarrow \\
&[x, < X][y, Y][z, Z][B, x][B, B]BBB[B, B\#] \Rightarrow \\
&[x, < X][y, Y][z, Z][B, x]BBBB[B, B\#] \Rightarrow \\
&[x, < X][y, Y][z, Z][B, x]BBBBB\# \Rightarrow \\
&[x, < X][y, Y][z, Z]BBBBBB\# \Rightarrow \\
&[x, < X][y, Y]zBBBBBB\# \Rightarrow \\
&[x, < X]yzBBBBBB\# \Rightarrow \\
&xyzBBBBBB\# \Rightarrow \\
&xyzBBBBB\# \Rightarrow \\
&xyzBBBB\# \Rightarrow \\
&xyzBBB\# \Rightarrow \\
&xyzBB\# \Rightarrow \\
&xyzB\# \Rightarrow \\
&xyz\# \Rightarrow \\
&xyz
\end{aligned}
$$

$\star$

7.5 Linguagens recursivamente enumeráveis e linguagens recursivas

Os dois teoremas seguintes estabelecem a relação de inclusão própria que existe entre as linguagens recursivas e as recursivamente enumeráveis.

Cumpre relemebrar que uma linguagem L é dita **estritamente recursivamente enumerável** se, para toda e qualquer Máquina de Turing M que aceita L, existir pelo menos uma cadeia $z \in \Sigma^* - L$, tal que M inicie uma sequência interminável de movimentações em seu processamento. Em outras palavras, uma linguagem é dita estritamente recursivamente enumerável se ela for simultaneamente recursivamente enumerável e não recursiva. Ainda, diz-se que uma linguagem é estritamente recursivamente enumerável se ela for aceita apenas por Máquinas de Turing com fita ilimitada tais que $L(M) = ACEITA(M)$, $REJEITA(M) = \Sigma^* - ACEITA(M) - LOOP(M)$ e $LOOP(M) \neq \emptyset$.

Teorema 7.6 (Recursivas $\subseteq$ recursivamente enumeráveis) "Toda linguagem recursiva é também uma linguagem recursivamente enumerável."

As classes de linguagens recursivas e recursivamente enumeráveis foram definidas como sendo aquelas cujas linguagens são aceitas por pelo menos uma Máquina de Turing. As linguagens recursivas, em particular, além de serem aceitas, são também decididas por pelo menos uma Máquina de Turing, o que não é sempre verdade para as linguagens estritamente recursivamente enumeráveis.

Portanto, toda Máquina de Turing que decide uma linguagem também aceita a mesma linguagem. No entanto, linguagens aceitas por uma Máquina de Turing podem não ser decidíveis por nenhuma Máquina de Turing. O critério de decisão é mais forte do que o de aceitação. Logo, toda linguagem recursiva é também recursivamente enumerável. □

Teorema 7.7 (Recursivas $\neq$ recursivamente enumeráveis) "A classe das linguagens recursivas constitui subconjunto próprio da classe das linguagens recursivamente enumeráveis."

Para provar este resultado, recorreremos a três linguagens que já foram provadas previamente como sendo não recursivas (L_U, L_P e L_K), mostrando que existem Máquinas de Turing que as aceitam e que, consequentemente, elas são recursivamente enumeráveis. □

Teorema 7.8 (L_U é estritamente recursivamente enumerável) "A linguagem L_U é estritamente recursivamente enumerável."

A linguagem L_U, conforme demonstrado anteriormente no Teorema 6.5, é uma linguagem não recursiva. A demonstração de que L_U é uma linguagem recursivamente enumerável, feita a seguir, basta para provar que a classe das linguagens recursivas constitui subconjunto próprio da classe das linguagens recursivamente enumeráveis.

$$L_U = \{C(M)w \in \Sigma^* \mid w \in L(M)\}$$

onde

- $C(M)$ é a codificação de uma Máquina de Turing com fita limitada, cujo alfabeto de entrada é Σ, como cadeia sobre o próprio alfabeto Σ;
- $w \in \Sigma^*$ é uma cadeia de entrada qualquer de M.

Para provar que L_U é recursivamente enumerável, basta mostrar que L_U é aceita por uma Máquina de Turing N, a qual pode ser obtida conforme o Algoritmo 7.7.

Algoritmo 7.7 (Máquina de Turing para** L_U**) *"Obtenção de uma Máquina de Turing que aceita a linguagem não recursiva L_U."*

- *Entrada: a linguagem L_U.*
- *Saída: uma Máquina de Turing N que aceita L_U.*
- *Método:*
  1. *Podemos supor, sem perda de generalidade, que M é determinística; caso não seja, é sempre possível obter uma Máquina de Turing equivalente que seja determinística (ver Seção 6.3).*
  2. *N simula a operação da Máquina M no processamento da cadeia de entrada w, onde $C(M)w$ é a cadeia de entrada de N. N possui duas fitas: na primeira é gravada a cadeia $\gamma = C(M)w$ que se pretende analisar; a segunda é usada como área de trabalho de N, e servirá para guardar, em cada instante, o estado corrente de M.*
  3. *Três possibilidades podem acontecer durante o processamento de N:*
     - *M aceita w. Neste caso, N deverá encerrar sua operação aceitando $C(M)w$.*
     - *M rejeita w. Neste caso, N deverá encerrar sua operação rejeitando $C(M)w$.*
     - *M inicia uma sequência infindável de movimentações com w. Neste caso, N inevitavelmente também iniciará, correspondentemente, com $C(M)w$, uma sequência interminável de movimentações.*

○

Assim, é fácil perceber que todas as cadeias que representam pares (M,w), em que $w \in L(M)$, serão também aceitas por N. Já as cadeias que representam pares (M,w), em que $w \notin L(M)$, farão com que N as rejeite ou inicie uma sequência infinita de movimentações. Portanto, L_U é uma linguagem recursivamente enumerável. □

Teorema 7.9 (L_P é estritamente recursivamente enumerável) "A linguagem L_P é estritamente recursivamente enumerável."

O Algoritmo 7.8, similar ao Algoritmo 7.7, pode ser usado para demonstrar que a linguagem $L_P = \{C(M)w \in \Sigma^* \mid M$ para com a entrada $w\}$ (demonstrada como sendo não recursiva no Teorema 6.6) é recursivamente enumerável.

Algoritmo 7.8 (Máquina de Turing para** L_P**) *"Obtenção de uma Máquina de Turing que aceita a linguagem não recursiva L_P."*

- *Entrada: a linguagem L_P.*
- *Saída: uma Máquina de Turing N que aceita L_P.*
- *Método:*
  1. *N simula a operação da Máquina M no processamento da cadeia de entrada w, onde $C(M)w$ é a cadeia de entrada de N. N possui duas fitas: na primeira é gravada a cadeia $\gamma = C(M)w$ que se pretende analisar; a segunda é usada como área de trabalho de N, e servirá para guardar, em cada instante, o estado corrente de M.*
  2. *Duas possibilidades podem acontecer durante o processamento de N:*
     - *M para com a entrada w. Neste caso, N deverá encerrar sua operação aceitando $C(M)w$.*

- *M inicia uma sequência infindável de movimentações com w. Neste caso, N inevitavelmente também iniciará, correspondentemente, com $C(M)w$, uma sequência interminável de movimentações.*

○

Ao simular M, a Máquina de Turing N gerada por esse algoritmo para se e somente se a Máquina de Turing M para. Portanto, N aceita L_P e L_P é uma linguagem recursivamente enumerável. □

Teorema 7.10 (L_K é estritamente recursivamente enumerável) "A linguagem L_K é estritamente recursivamente enumerável."

Também a linguagem $L_K = \{w_i \mid w_i \in L(M_i)\}$, definida e estudada no Teorema 6.7, constitui exemplo de linguagem recursivamente enumerável, porém não recursiva. Essa linguagem é aceita pela Máquina de Turing M, construída de acordo com o Algoritmo 7.9.

Algoritmo 7.9 (Máquina de Turing para** L_K**) *"Obtenção de uma Máquina de Turing que aceita a linguagem não recursiva L_K."*

- *Entrada: a linguagem L_K.*
- *Saída: uma Máquina de Turing N que aceita L_K.*
- *Método:*
    1. *A fita de entrada de N contém, originalmente, a cadeia $w \in \Sigma^*$ a ser analisada.*
    2. $i \leftarrow 0$.
    3. *N gera a cadeia α_i.*
    4. *Para cada cadeia α_i gerada, N compara α_i com w.*
    5. *Se α_i for igual a w, então:*
        a) *N constrói a Máquina de Turing M_i correspondente à cadeia α_i e armazena $C(M_i)$ na fita de trabalho.*
        b) *N simula M_i com a entrada α_i.*
        c) *Se M_i aceita α_i, então N aceita w.*
    6. $i \leftarrow i+1$.
    7. *Desviar para (3).*

○

N gera, uma por uma, porém uma de cada vez, todas as cadeias $\alpha_i \in \Sigma^*$, ordenadas lexicograficamente. Uma vez identificado o valor de "i" para a cadeia de entrada fornecida (o que acontece após um tempo finito de processamento), N gera M_i e verifica se M_i aceita α_i. N aceita a cadeia de entrada w se e apenas se $\alpha_i(w)$ for aceita por M_i. Logo, L_K é recursivamente enumerável. □

7.6 Linguagens que não são recursivamente enumeráveis

A classe das linguagens recursivamente enumeráveis não corresponde, como se poderia supor, ao conjunto mais abrangente de linguagens que pode ser construído sobre um alfabeto finito qualquer.

Conforme será demonstrado a seguir, existem inúmeras linguagens para as quais não é possível definir Máquinas de Turing que as aceitem ou gramáticas que as gerem. O conjunto das linguagens recursivamente enumeráveis é, na verdade, um subconjunto próprio e de cardinalidade inferior ao conjunto de todas as linguagens que podem ser definidas sobre um alfabeto finito, qualquer que seja ele. Pelos mesmos motivos, verifica-se que esta nova e mais abrangente classe de linguagens é constituída por linguagens que não possuem formalização gramatical ([71]).

O conjunto das linguagens formadas sobre alfabetos e que não possuem gramáticas (e, consequentemente, Máquinas Turing) correspondentes será denominado de classe das **linguagens não gramaticais** ou **não recursivamente enumeráveis** e, naturalmente, não inclui a classe das linguagens recursivamente enumeráveis. A Figura 7.2 ilustra essas relações.

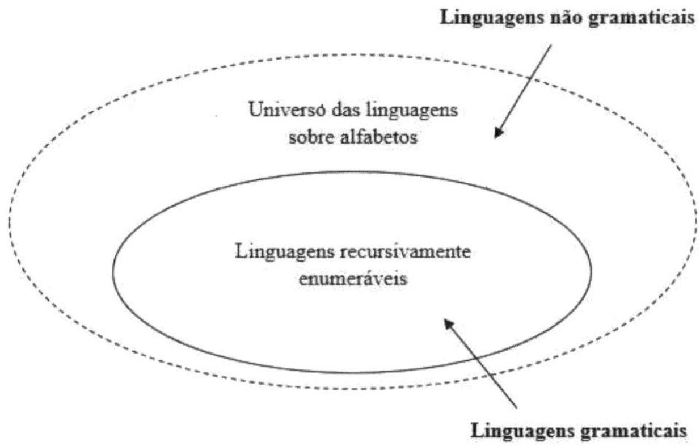

Figura 7.2 Linguagens gramaticais e não gramaticais.

Uma linguagem L não recursivamente enumerável é uma linguagem para a qual não existe nenhuma Máquina de Turing M tal que $L(M) = ACEITA(M)$, independentemente do que possa acontecer com as cadeias que não pertencem à linguagem (parar ou entrar em "loop").

Quando considerada sob a perspectiva dos problemas de decisão, a classe das linguagens não gramaticais compreende o conjunto dos problemas para os quais não existem Máquinas de Turing capazes de aceitar tais linguagens.

Na sequência é demonstrada a existência de linguagens não gramaticais. Antes, porém, é necessário demonstrar os Teoremas 7.11, 7.12 e 7.13.

Teorema 7.11 (Máquinas de Turing são enumeráveis) "O conjunto $C_1 = \{M \mid M$ é uma Máquina de Turing e $L(M) \subseteq \Sigma^*\}$ é enumerável. C_1 corresponde ao conjunto de todas as Máquinas de Turing definíveis sobre um certo alfabeto Σ."

Uma Máquina de Turing é representada através de uma cadeia de símbolos de comprimento finito. O alfabeto utilizado pode ser amplo, por exemplo:

$$\{a,b,c,...z,0,1,2...9,(,),\{,\},\rightarrow,...\}$$

utilizado na maioria das representações algébricas construídas até o momento, ou, ainda, um alfabeto restrito, por exemplo, o alfabeto:

$$\{a,b,c\}$$

empregado na demonstração do Teorema 6.5.

Qualquer que seja o alfabeto finito Σ utilizado, sabe-se que o conjunto Σ^* é enumerável. Uma maneira fácil de perceber isso é considerar a ordenação lexicográfica das cadeias geradas sobre Σ, conforme foi feito na demonstração do Teorema 7.3. Para gerar tal ordenação, é suficiente convencionar uma relação de ordem entre os elementos de Σ. O estabelecimento de uma bijeção entre o conjunto dos números naturais $\mathbb{N}$ e o conjunto Σ^* é imediato. Logo, Σ^* é enumerável.

Por outro lado, nem toda cadeia sobre Σ representa uma Máquina de Turing válida. O conjunto que interessa a este estudo é, portanto, um subconjunto de Σ^*. Conforme o Teorema 1.6, qualquer subconjunto de um conjunto enumerável é também enumerável. Logo, C_1 é um conjunto enumerável. □

Codificação de Máquinas de Turing

Considere $\Sigma = \{0,1\}$. Então, o conjunto Σ^* é enumerável:

- Basta considerar as cadeias $w \in \Sigma^*$ em ordem crescente de comprimento.
- Para cada comprimento, considerar as cadeias ordenadas lexicograficamente.
- $\varepsilon, 0, 1, 00, 01, 10, 11, 000, 001, 010, ...$
- A i-ésima cadeia será denotada w_i.
- $w_1 = \varepsilon, w_2 = 0, w_3 = 1, w_4 = 00, w_5 = 01, w_6 = 10, w_7 = 11, ...$

Seja M uma Máquina de Turing com alfabeto de entrada $\Sigma = \{0,1\}$. Uma possibilidade de codificação de M sobre o seu próprio alfabeto Σ é apresentada a seguir (conforme [13]):

- $Q = \{q_1, q_2, ..., q_r\}$.
- Suponha que o estado inicial é q_1.
- Suponha critério de aceitação "Entrada" (a máquina para quando entra num estado final).
- Suponha que há um único estado final, e ele é q_2.
- $\Gamma = \{X_1, X_2, ..., X_s\}$.
- Suponha $X_1 = 0, X_2 = 1, X_3 = B$. Os demais símbolos são auxiliares.
- Suponha que D_1 representa movimento para a esquerda, D_2 para a direita.

Considere $\delta(q_i, X_j) = (q_k, X_l, D_m)$. Uma codificação para essa transição é:

$$0^i 1 0^j 1 0^k 1 0^l 1 0^m$$

onde:

- 0^i representa o estado q_i;
- 0^j representa o símbolo X_j;
- 0^k representa o estado q_k;
- 0^l representa o símbolo X_l;
- 0^m representa o movimento D_m.

Como i, j, k, l, m são maiores que zero, a cadeia 11 não é subcadeia de $0^i 1 0^j 1 0^k 1 0^l 1 0^m$. 11 será usada para separar transições. Considere $|\delta| = n$. Uma codificação para δ (e consequentemente para a Máquina de Turing M) é:

$$C_1 11 C_2 11 ... C_{n-1} 11 C_n$$

onde C_i representa a codificação da transição i. Como cada C_i começa e termina com pelo menos um símbolo 0, a cadeia 111 não é subcadeia de $C_1 11 C_2 11 ... C_{n-1} 11 C_n$. 111 será usada para separar a MT de outros elementos, se for o caso.

Exemplo 7.8 (conforme [13]) Seja:

$$M = (\{q_1, q_2, q_3\}, \{0, 1\}, \{0, 1, B\}, \delta, q_1, B, \{q_2\})$$

com:

$$\begin{array}{ll}
\delta(q_1, 1) = (q_3, 0, R) & \underbrace{0}_{q_1}1\underbrace{00}_{1}1\underbrace{000}_{q_3}1\underbrace{0}_{0}1\underbrace{00}_{R} \\
\delta(q_3, 0) = (q_1, 1, R) & 0001010100100 \\
\delta(q_3, 1) = (q_2, 0, R) & 00010010010100 \\
\delta(q_3, B) = (q_3, 1, L) & 0001000100010010
\end{array}$$

Portanto, a cadeia que representa M é:

$$\underbrace{0100100010100}_{\delta(q_1,1)=(q_3,0,R)}11\underbrace{0001010100100}_{\delta(q_3,0)=(q_1,1,R)}11\underbrace{00010010010100}_{\delta(q_3,1)=(q_2,0,R)}11\underbrace{0001000100010010}_{\delta(q_3,B)=(q_3,1,L)}$$

★

Teorema 7.12 (Gramáticas são enumeráveis) "O conjunto $C_2 = \{G \mid G$ é uma gramática e $L(G) \subseteq \Sigma^*\}$ é enumerável. C_2 corresponde ao conjunto de todas as gramáticas definíveis sobre um certo alfabeto Σ."

A demonstração é feita de maneira análoga à do Teorema 7.11 □

Teorema 7.13 (O conjunto de todas as linguagens não é enumerável) "O conjunto $C_3 = 2^{\Sigma^*}$ não é enumerável. C_3 corresponde ao conjunto de todas as linguagens definíveis sobre um certo alfabeto Σ."

O Teorema 1.5 garante que, para qualquer conjunto A, finito ou infinito, a cardinalidade de A é sempre inferior à cardinalidade de 2^A. Logo, a cardinalidade de Σ^* é menor do que a cardinalidade de 2^{Σ^*}. □

A demonstração da existência de linguagens não gramaticais e, portanto, da relação de inclusão própria da classe das linguagens recursivamente enumeráveis com a classe das linguagens formadas sobre alfabetos é feita a seguir.

Teorema 7.14 (Linguagens não-recursivamente enumeráveis) "Existem linguagens que não são recursivamente enumeráveis."

Como a cardinalidade de C_3 é maior do que a cardinalidade de C_1 e de C_2, que, por sua vez, possuem a mesma cardinalidade, é fácil perceber que não existe relação um-para-um (função bijetora) entre os elementos desses conjuntos ($C_1 \leftrightarrow C_3$ ou $C_2 \leftrightarrow C_3$). Portanto, existem inúmeras linguagens para as quais não há Máquina de Turing nem gramática irrestrita correspondente, e, portanto, o conjunto das linguagens recursivamente enumeráveis constitui subconjunto próprio do conjunto de todas as linguagens que podem ser definidas sobre um dado alfabeto. A correspondência entre as gramáticas irrestritas e as Máquinas de Turing foi estabelecida nos Teoremas 7.4 e 7.5. □

Assim, o conjunto das linguagens definíveis sobre alfabetos possui cardinalidade maior (não enumerável) do que a cardinalidade do conjunto das linguagens recursivamente enumeráveis (que é enumerável). Como consequência, o conjunto das linguagens não gramaticais, que é um subconjunto próprio do conjunto das linguagens definíveis sobre alfabetos, também é não enumerável, como pode ser inferido a partir do que foi demonstrado no Teorema 1.9, que estabelece que a diferença entre um conjunto não enumerável e um conjunto enumerável resulta sempre em um conjunto não enumerável.

O Teorema 7.13 estabelece a existência de linguagens não gramaticais. Um exemplo importante de linguagem que não é recursivamente enumerável e, portanto, não gramatical é a linguagem:

$$L_N = \overline{L_U} = \{C(M)w \in \Sigma^* \mid w \notin L(M)\}$$

A linguagem L_N compreende o conjunto das cadeias $C(M)w$ tais que w representa uma cadeia que não é aceita pela Máquina de Turing M, e corresponde ao complemento da linguagem L_U introduzida no Teorema 6.5 e posteriormente discutida no Teorema 7.7. A demonstração dessa afirmação é feita no Teorema 7.15.

Teorema 7.15 (L_N não gramatical) "A linguagem L_N é não gramatical."

Suponha-se que L_N seja uma linguagem recursivamente enumerável. Então, deve necessariamente existir pelo menos uma Máquina de Turing M_N que aceite L_N. Portanto, $L(M_N) = L_N$.

Como certamente existe pelo menos uma Máquina de Turing que aceita pelo menos uma cadeia, então $L_N \neq \Sigma^*$ e, consequentemente, $L(M_N) \neq \Sigma^*$. Logo, é fato que existe pelo menos uma cadeia $w_N \notin L(M_N)$.

Por outro lado, a cadeia $C(M_N)w_N$ deve pertencer a L_N, por definição desta última.

Deve-se, agora, considerar as seguintes duas únicas possibilidades para a cadeia $C(M_N)w_N$, no que se refere a M_N:

1. $C(M_N)w_N \in L(M_N)$, ou
2. $C(M_N)w_N \notin L(M_N)$.

Se a condição (1) for verdadeira, então $C(M_N)w_N \notin L_N$, ou seja, $C(M_N)w_N \notin L(M_N)$, o que é uma contradição com (1). Se, por outro lado, a condição (2) for verdadeira, então $C(M_N)w_N \in L_N$, ou seja, $C(M_N)w_N \in L(M_N)$, o que também é uma contradição com (2).

Logo, a hipótese original não é válida e, portanto, L_N não pode ser recursivamente enumerável. □

Outra linguagem clássica, que não é recursivamente enumerável, é a linguagem:

$$L_D = \overline{L_K} = \{w_i \mid w_i \notin M_i\}$$

Assim como a linguagem L_K discutida no Teorema 6.7, ela supõe uma certa ordenação (por exemplo, lexicográfica) das cadeias w_i sobre um certo alfabeto Σ, e também do conjunto das Máquinas de Turing sobre o mesmo alfabeto. Diferentemente de L_K, no entanto, ela compreende as cadeias w_i que não são aceitas pelas Máquinas de Turing M_i correspondentes.

Teorema 7.16 (L_D não-gramatical) "A linguagem L_D é não-gramatical."

Suponha-se que L_D seja uma linguagem recursivamente enumerável. Então, deve existir necessariamente pelo menos uma Máquina de Turing M_D que aceite L_D, ou seja, $L(M_D) = L_D$.

Considere-se a cadeia w_D correspondente. Uma das duas seguintes situações deve necessariamente ser verdadeira:

1. $w_D \in L(M_D)$, ou
2. $w_D \notin L(M_D)$.

Se a condição (1) for verdadeira, isso significa que $w_D \notin L_D$. Mas, como $L_D = L(M_D)$, isso implica $w_D \notin L(M_D)$, uma contradição com (1). Se a condição (2) for verdadeira, por outro lado, então $w_D \in L_D$. Mas como $L_D = L(M_D)$, isso implica $w_D \in L(M_D)$, uma contradição com (2). Como a contradição acontece em ambos os casos, conclui-se que a hipótese inicial é falsa e, portanto, que L_D não pode ser gramatical.

Uma outra prova, utilizando a codificação binária das Máquinas de Turing mostrada anteriormente, é apresentada a seguir. Com a ressalva a seguir, é possível considerar a i-ésima cadeia binária w_i como sendo a representação de uma Máquina de Turing, denotada M_i.

- Se w_i não respeita as regras de formação enunciadas anteriormente, então considerar M_i como a Máquina de Turing formada por um único estado (não final), sem transições, e que para para qualquer entrada; portanto, $L(M_i) = \{\}$;
- Caso contrário, w_i denota a Máquina de Turing M_i codificada conforme as regras expostas.

Portanto, $L_D = \{w_i \in \{0,1\}^* \,|\, w_i \notin L(M_i)\}$.

- L_D contém as cadeias que, quando consideradas como codificações de Máquinas de Turing, são tais que não são aceitas pelas respectivas Máquinas de Turing que elas representam.
- Por isso, recebe o nome de "Linguagem da diagonalização" (L_D).

Para cada par linha/coluna (i, j), a Tabela 7.1 indica se M_i aceita w_j:

Tabela 7.1 L_D não é recursivamente enumerável

	w_0	w_1	w_2	w_3	...
$< M_0 >= w_0$	0	1	1	0	...
$< M_1 >= w_1$	1	1	0	0	...
$< M_2 >= w_2$	0	0	1	1	...
$< M_3 >= w_3$	0	1	0	1	...
...	...	...	...	...	...

Na Tabela 7.1, 1 indica aceitação, 0 indica rejeição ou "loop" (os valores apresentados são hipotéticos). Então:

- O vetor característico dessa matriz é: $0, 1, 1, 1, \ldots$.
- O complemento do vetor característico é: $1, 0, 0, 0, \ldots$.
- $w_0 \in L_D$, $w_1 \notin L_D$, $w_2 \notin L_D$, $w_3 \notin L_D$ etc.
- Portanto, $L_D = \{w_0, \ldots\}$.
- $L_D = \{w_i \,|\, w_i \notin L(M_i)\}$.

Logo, L_D não é aceita por nenhuma Máquina de Turing, pois o vetor característico dela difere em pelo menos uma posição do vetor característico de todas as linguagens aceitas por todas as Máquinas de Turing que existem. Em outras palavras, existe pelo menos uma cadeia que difere L_D de $L(M_i), \forall i \geqslant 1$. Portanto, L_D não é uma linguagem recursivamente enumerável e não existe nenhuma Máquina de Turing que aceite L_D. Uma outra possibilidade é considerar que L_D seja recursivamente enumerável e, portanto, aceita por alguma Máquina de Turing M_D, e em seguida considerar a cadeia w_D correspondente, derivando a partir daí uma contradição (como feito acima). □

7.7 Propriedades de fechamento

A seguir serão demonstradas algumas das propriedades de fechamento mais importantes das linguagens recursivamente enumeráveis. Essa classe de linguagens é fechada em relação às operações de:

- união;
- concatenação;
- fechamento reflexivo e transitivo;
- intersecção.

As correspondentes demonstrações serão apresentadas a seguir. As linguagens recursivamente enumeráveis, no entanto, não são fechadas em relação à operação de:

- complementação.

Resultado este que será demonstrado na sequência.

Teorema 7.17 (Fecho na união) "As linguagens recursivamente enumeráveis são fechadas em relação à operação de união."

Sejam L_1 e L_2 duas linguagens recursivamente enumeráveis quaisquer. Então, L_1 é aceita por uma Máquina de Turing M_1 e L_2 é aceita por uma Máquina de Turing M_2. A linguagem $L_3 = L_1 \cup L_2$ é aceita por M_3, construída conforme o Algoritmo 7.10.

Algoritmo 7.10 (Fecho na união) *"Construção de uma Máquina de Turing que aceita a união de duas linguagens recursivamente enumeráveis a partir das Máquinas de Turing que as aceitam."*

- *Entrada: duas Máquinas de Turing M_1 e M_2.*
- *Saída: uma Máquina de Turing M_3 que aceita $L(M_1) \cup L(M_2)$.*
- *Método:*
    1. *M_3 possui duas fitas de entrada.*
    2. *Uma cadeia w é gravada na primeira fita.*
    3. *M_3 copia w da primeira para a segunda fita.*
    4. *M_3 simula M_1 e M_2 simultaneamente, utilizando ambas as fitas de entrada e executando, alternadamente, movimentos de M_1 e de M_2.*
    5. *Se M_1 aceita w, então M_3 para e aceita w.*
    6. *Se M_2 aceita w, então M_3 para e aceita w.*

○

M_3 aceita w se e somente se $w \in L_1$ ou $w \in L_2$. Logo, L_3 é uma linguagem recursivamente enumerável. □

Teorema 7.18 (Fecho na concatenação) "As linguagens recursivamente enumeráveis são fechadas em relação à operação de concatenação."

Sejam L_1 e L_2 duas linguagens recursivamente enumeráveis quaisquer. Então, L_1 é aceita por uma Máquina de Turing M_1 e L_2 é aceita por uma Máquina de Turing M_2. A linguagem $L_3 = L_1 L_2$ é aceita por M_3, construída conforme o Algoritmo 7.11.

Algoritmo 7.11 (Fecho na concatenação) *"Construção de uma Máquina de Turing que aceita a concatenação de duas linguagens recursivamente enumeráveis a partir das Máquinas de Turing que as aceitam."*

- *Entrada: duas Máquinas de Turing M_1 e M_2.*
- *Saída: uma Máquina de Turing M_3 que aceita $L(M_1)L(M_2)$.*
- *Método:*
  1. *M_3 inicialmente simula M_1 com uma cadeia de entrada $w, w = \alpha\beta$.*
  2. *Se M_1 aceita um prefixo α de w, então M_3 simula M_2 com o sufixo β.*
  3. *Se M_2 aceita β, então M_3 para e aceita a cadeia w.*

○

M_3 aceita w se e somente se $\alpha \in L_1$ e $\beta \in L_2$. Logo, L_3 é uma linguagem recursivamente enumerável. □

Teorema 7.19 (Fecho no fecho) "As linguagens recursivamente enumeráveis são fechadas em relação à operação de fechamento reflexivo e transitivo."

Seja L_1 uma linguagem recursivamente enumerável qualquer. Então, L_1 é gerada por uma gramática irrestrita $G_1 = (V_1, \Sigma, P_1, S_1)$. A gramática $G_2 = (V_2, \Sigma, P_2, S_2)$, apresentada a seguir, e construída a partir de G_1 conforme o Algoritmo 7.12, gera a linguagem L_1^*.

Algoritmo 7.12 (Fecho no fecho) *"Construção de uma gramática irrestrita que gera o fechamento reflexivo e transitivo de uma linguagem definida através de uma gramática irrestrita."*

- *Entrada: uma gramática irrestrita G_1.*
- *Saída: uma gramática irrestrita G_2 tal que $L(G_2) = L(G_1)^*$.*
- *Método:*
  1. $V_2 \leftarrow V_1 \cup \{S_2\}$
  2. $P_2 \leftarrow P_1 \cup \{S_2 \rightarrow S_1 S_2, S_2 \rightarrow \varepsilon\}$

○

Como G_2 também é uma gramática irrestrita, então $L(G_2) = L_1^*$ é recursivamente enumerável. □

Teorema 7.20 (Fecho na intersecção) "As linguagens recursivamente enumeráveis são fechadas em relação à operação de intersecção."

Sejam L_1 e L_2 duas linguagens recursivamente enumeráveis quaisquer. Então, L_1 é aceita por uma Máquina de Turing M_1 e L_2 é aceita por uma Máquina de Turing M_2. A linguagem $L_3 = L_1 \cap L_2$ é aceita por M_3, construída conforme o Algoritmo 7.13.

Algoritmo 7.13 (Fecho na intersecção) *"Construção de uma Máquina de Turing que aceita a intersecção de duas linguagens recursivamente enumeráveis a partir das Máquinas de Turing que as aceitam."*

- *Entrada: duas Máquinas de Turing M_1 e M_2.*
- *Saída: uma Máquina de Turing M_3 que aceita $L(M_1) \cap L(M_2)$.*

- *Método:*
  1. *M_3 possui duas fitas de entrada.*
  2. *Uma cadeia w é gravada na primeira fita.*
  3. *M_3 copia w da primeira para a segunda fita.*
  4. *M_3 simula M_1, utilizando a primeira fita.*
  5. *Se M_1 aceita w, então M_3 simula M_2 com a segunda fita.*
  6. *Se M_2 aceita w, então M_3 para e aceita w.*

○

M_3 aceita w se e somente se $w \in L_1 \cap L_2$. Logo, L_3 é uma linguagem recursivamente enumerável. □

Teorema 7.21 (Fecho na complementação) "As linguagens recursivamente enumeráveis não são fechadas em relação à operação de complementação."

É suficiente mostrar que existe pelo menos uma linguagem recursivamente enumerável cujo complemento não é recursivamente enumerável.

A linguagem $L_U = \{C(M)w \in \Sigma^* \mid w \in L(M)\}$, conforme demonstrado nos Teoremas 6.5 e 7.7, é um exemplo de linguagem recursivamente enumerável, não recursiva. Seu complemento, no entanto (a linguagem $L_N = \{C(M)w \in \Sigma^* \mid w \notin L(M)\}$), conforme demonstrado no Teorema 7.14, é uma linguagem não gramatical.

Logo, a classe das linguagens recursivamente enumeráveis não é fechada em relação à operação de complementação. □

7.8 Questões decidíveis e não decidíveis

Nenhum dos principais problemas de decisão mais comuns é decidível para a classe das linguagens recursivamente enumeráveis:

- $w \in L$?
- $L = \emptyset$?
- $L = \Sigma^*$?
- $L_1 = L_2$?
- $L_1 \subseteq L_2$?
- $L_1 \cap L_2 = \emptyset$?

A demonstração é feita provando-se que, em todos os casos, as linguagens que representam os respectivos problemas não são recursivas. As demonstrações não serão apresentadas neste texto, mas podem ser encontradas em [13].

7.9 Decidibilidade

Um **problema de decisão** é um problema cuja formulação conduz a apenas duas respostas possíveis: SIM ou NÃO. Exemplo: dadas duas linguagens regulares L_1 e L_2 quaisquer, é sempre possível determinar se $L_1 = L_2$? Para cada par de linguagens considerado, este problema admite apenas uma resposta entre duas possíveis.

Uma **instância de um problema** é um caso particular de um problema geral, com seus argumentos completamente definidos. Exemplo: dadas a linguagem regular L_1 (segue a especificação de L_1) e a linguagem regular L_2 (segue a especificação de L_2), será que $L_1 = L_2$?

Se todas as instâncias de um certo problema, para as quais as respostas forem afirmativas (SIM), forem codificadas sobre um alfabeto Σ qualquer, tal conjunto de cadeias forma uma linguagem L sobre Σ. Note-se que as instâncias de problemas cuja resposta é negativa não pertencem a L.

Se a linguagem assim constituída for recursiva, é sabido que existe pelo menos uma Máquina de Turing que decide L. Ou seja, dada uma instância qualquer do problema, cuja resposta seja desconhecida, será sempre possível determinar se a resposta é afirmativa ou negativa, bastando para isso verificar se a referida Máquina de Turing aceita ou rejeita a cadeia que representa a instância.

A importância desse resultado está no fato de que linguagens que representam problemas gerais, uma vez identificadas como sendo recursivas, são tais que permitem a determinação mecânica da solução, qualquer que seja a instância considerada. A mecanização da solução, no caso, é implementada pela Máquina de Turing que aceita L.

As linguagens recursivamente enumeráveis, por outro lado, não gozam dessa propriedade. Conforme a sua definição, as cadeias não pertencentes à linguagem podem tanto ser rejeitadas após uma parada como provocar a execução de uma sequência interminável de movimentações na Máquina de Turing correspondente.

Esse fenômeno, característico e específico das linguagens estritamente recursivamente enumeráveis, não ocorre com as outras classes de linguagens anteriormente consideradas. De fato, é possível provar que, qualquer que seja a linguagem regular, livre de contexto ou recursiva em questão, é sempre possível obter um autômato finito, um autômato de pilha ou uma Máquina de Turing com fita limitada que sempre para, qualquer que seja a cadeia de entrada. Isso não significa, no entanto, que não existam autômatos desses tipos que eventualmente executem sequências infinitas de movimentações em resposta a alguma cadeia de entrada.

Considere-se agora um outro problema, cujas instâncias de resposta afirmativa também possam ser codificadas como cadeias sobre um certo alfabeto de entrada. Considere-se ainda que a linguagem formada por essa coleção de cadeias seja do tipo recursivamente enumerável. Isso acarreta a impossibilidade de se verificar, mecanicamente, se determinada cadeia pertence ou não à linguagem, pois cadeias não pertencentes à linguagem eventualmente poderão provocar uma movimentação interminável da Máquina de Turing correspondente.

Logo, torna-se impossível, no caso geral, determinar se um certo problema possui solução, qualquer que seja a instância considerada. Se determinada instância possui resposta SIM (caso em que a cadeia que a representa pertence à linguagem), é fato que a correspondente Máquina de Turing irá parar após um tempo finito de processamento. Se a resposta é NÃO, sabe-se apenas que o processamento poderá eventualmente parar, rejeitando a entrada, ou então iniciar uma sequência infindável de movimentações.

Para um observador externo, não há nenhuma garantia, para qualquer que seja a instância que venha a ser eventualmente considerada, de que o processamento irá parar em algum momento, produzindo algum resultado.

Devido a essa característica, as linguagens recursivamente enumeráveis são também denominadas **indecidíveis**. Problemas cujas representações na forma de linguagens sejam recursivamente enumeráveis são também chamados de problemas indecidíveis.

De uma forma geral, os termos "recursivo" e "recursivamente enumerável" são empregados quando se trata de linguagens genéricas, e os termos "decidível" (sinônimo de "recursiva") e "indecidível" ou "não decidível" (sinônimos de "recursivamente enumerável"), quando se trata de linguagens que representam problemas.

O termo **teoria da decidibilidade** refere-se ao estudo amplo das linguagens formais (e dos conjuntos) com vistas à determinação das classes a que estas pertencem (no caso, se elas são recursivas ou não recursivas).

Os termos (i) **solucionável**, (ii) **não solucionável** (ou **insolúvel**), (iii) **parcialmente solucionável** e (iv) **completamente insolúvel**, empregados quando se trata de problemas, significam, respectivamente, que as correspondentes linguagens são: (i) recursivas; (ii) não recursivas; (iii) recursivamente enumeráveis; e (iv) não recursivamente enumeráveis.

Aplicada ao estudo dos problemas de decisão, a decidibilidade indica se eles são solucionáveis, não solucionáveis, parcialmente solucionáveis ou completamente insolúveis.

Exemplo 7.9 Considere-se o problema P_V="Dada uma linguagem regular L qualquer, L é vazia?". Uma linguagem L_V para representar as instâncias desse problema que possuem resposta afirmativa pode ser construída conforme os passos a seguir.

Seja $M = (Q, \Sigma, \delta, q_0, F)$, com $Q = \{q_0, q_1, ...\}$ e $\Sigma = \{\sigma_0, \sigma_1, ...\}$, um autômato finito que define uma linguagem L. M pode, por exemplo, ser codificado de forma unívoca na forma de uma cadeia sobre o alfabeto $\{a, b, c, d\}$:

- $q_i \in (Q - F)$ é codificado como $\text{cod}(q_i) = a^{i+1}$;
- $q_i \in F$ é codificado como $\text{cod}(q_i) = a^{i+1}b$;
- $\sigma_i \in \Sigma$ é codificado como $\text{cod}(\sigma_i) = c^{i+1}$;
- $\delta(q_i, \sigma_j) = q_k$ é codificado como $\text{cod}(\delta(q_i, \sigma_j) = q_k) = \text{cod}(q_i)\text{cod}(\sigma_j)\text{cod}(q_k)d$;
- M é codificado como a concatenação das cadeias que representam a codificação das suas transições.

Seguem alguns exemplos de autômatos finitos codificados dessa forma:

- $M_1 = (\{q_0\}, \{x\}, \{(q_0, x) \to q_0\}, q_0, \emptyset)$:
  $\text{cod}(M_1) = acad$;
- $M_2 = (\{q_0, q_1\}, \{x, y\}, \{(q_0, x) \to q_1, (q_1, y) \to q_1\}, q_0, \{q_1\})$:
  $\text{cod}(M_2) = acaabdaabccaabd$;
- $M_3 = (\{q_0, q_1\}, \{x, y\}, \{(q_0, x) \to q_0, (q_1, y) \to q_1\}, q_0, \{q_1\})$:
  $\text{cod}(M_3) = acadaabccaabd$;
- $M_4 = (\{q_0, q_1\}, \{x, y\}, \{(q_0, x) \to q_1, (q_1, y) \to q_0\}, q_0, \{q_0\})$:
  $\text{cod}(M_4) = abcaadaaccabd$.

A cadeia que representa o autômato M_2 possui a estrutura abaixo. As demais cadeias podem ser analisadas da mesma forma.

$$\underbrace{\underbrace{a}_{q_0}\underbrace{c}_{x}\underbrace{aab}_{q_1}d}_{(q_0,x)\to q_1}\underbrace{\underbrace{aab}_{q_1}\underbrace{cc}_{y}\underbrace{aab}_{q_1}d}_{(q_1,y)\to q_1}$$

A linguagem L_V que se pretende construir é composta por todas as cadeias codificadas dessa forma, desde que elas representem autômatos finitos que definem a linguagem vazia. Portanto:

- $\text{cod}(M_1) \in L_V$, pois $L(M_1) = \emptyset$;
- $\text{cod}(M_2) \notin L_V$, pois $L(M_2) = xy^*$(e portanto $\neq \emptyset$);
- $\text{cod}(M_3) \in L_V$, pois $L(M_3) = \emptyset$;
- $\text{cod}(M_4) \notin L_V$, pois $L(M_4) = (xy)^*$(e portanto $\neq \emptyset$).

Logo,

$$L_V = \{\text{cod}(M_1), \text{cod}(M_3), ...\} = \{acad, acadaabccaabd, ...\}$$

É possível demonstrar que a linguagem L_V assim construída é recursiva e, portanto, que P_V é decidível. Tal fato pode ser inferido a partir do método (algoritmo) apresentado no Teorema 3.32 da

Seção 3.11 para determinar se uma linguagem regular é vazia ou não. Uma Máquina de Turing N que decide L_V, após analisar uma cadeia de entrada qualquer $w \in \{a,b,c,d\}^*$, pode ser projetada da seguinte forma:

i. N determina a quantidade de símbolos do alfabeto de entrada do autômato finito codificado ($|\Sigma|$).
ii. N determina a quantidade de estados do autômato finito codificado ($|Q|$).
iii. N gera todas as cadeias sobre Σ que possuem comprimento maior ou igual a zero e menor que $|Q|$ (cuja quantidade é $\sum_{i=0}^{|Q|-1} |\Sigma|^i$).
iv. N simula a operação do autômato M (supondo $w = \text{cod}(M)$) com cada uma das cadeias geradas acima.
v. Caso M não aceite nenhuma dessas cadeias, N para e aceita w; caso M aceite alguma dessas cadeias, ou caso w não represente um autômato finito válido, N para e rejeita w.

Outros sistemas de codificação, diferentes do apresentado neste exemplo, produzem o mesmo resultado, o que torna a escolha de um particular sistema de codificação irrelevante. ⋆

Exemplo 7.10 Estratégia semelhante à empregada no Exemplo 7.9 pode ser usada para construir linguagens que representam outros problemas de decisão. Por exemplo, pode-se construir uma linguagem L_A para representar o conjunto das cadeias que representam as gramáticas livres de contexto que são ambíguas. Tal linguagem representa, portanto, o problema P_A="Dada uma gramática livre de contexto G qualquer, G é ambígua?".

Diferentemente do Exemplo 7.9, é possível demonstrar ([13]) que toda e qualquer codificação que se adote para L_A faz com ela resulte estritamente recursivamente enumerável (portanto não recursiva). Logo, trata-se de um problema que não pode ser decidido no caso geral (conforme antecipado na Seção 4.16). ⋆

É fácil, portanto, justificar o grande interesse prático que existe por problemas para os quais se possa provar que a linguagem de representação é recursiva. Problemas cuja linguagem de representação seja comprovadamente estritamente recursivamente enumerável, por outro lado, servem sobretudo para demonstrar a inexistência de procedimentos mecânicos (algoritmos) que possam resolvê-los no caso geral. E isso é um resultado teórico excepcional, uma vez que evita o desperdício de recursos na busca de soluções gerais e mostra que determinados problemas não possuem solução, independentemente da tecnologia computacional — atual ou futura — que possa ser empregada na busca de pretensas soluções.

Note-se, finalmente, que o fato de um determinado problema poder ser resolvido no caso geral não significa que os algoritmos de resolução conhecidos sejam necessariamente eficientes. Em muitas situações, a busca de solução para o caso geral, cuja existência é conhecida através da teoria, pode ser inviabilizada na prática, em virtude do imenso custo associado à sua realização (custo esse refletido, usualmente, no volume de memória necessário ou no tempo de processamento requerido para se chegar às soluções).

Por outro lado, a inexistência de solução para um problema no caso geral não significa que ele não possa ser resolvido para instâncias específicas ou predeterminadas, ou, ainda, para conjuntos de instâncias predeterminadas do problema original.

7.10 Redutibilidade

Uma das principais aplicações da teoria de linguagens formais reside na possibilidade de se determinar a decidibilidade de problemas formulados como questões de decisão. Para isso, um problema é inicialmente representado na forma de uma linguagem, e a sua decidibilidade é inferida diretamente a partir da classe de linguagens mais restrita a que tal linguagem pertença. Se essa corresponder à classe das linguagens recursivas, então o problema é decidível. Se corresponder à classe das linguagens recursivamente enumeráveis, então o problema é indecidível.

No entanto, nem sempre a determinação direta da classe mais restrita a que uma linguagem pertence é uma tarefa simples de ser conduzida. Por isso, é comum adotar-se uma estratégia alternativa que permite chegar aos mesmos resultados, sem, porém, depender de demonstrações longas e tediosas.

Uma estratégia muito usada nesses casos consiste em recorrer a outras linguagens, previamente conhecidas como sendo decidíveis (ou indecidíveis) e, a partir de uma técnica denominada redução, inferir a decidibilidade da linguagem em questão.

Sejam $P \subseteq \Sigma_1^*$ e $Q \subseteq \Sigma_2^*$. Uma **redução** é uma função **total** $r : \Sigma_1^* \to \Sigma_2^*$ tal que $w \in P$ se e somente se $r(w) \in Q$. Ou seja, se $w \in P$, então $r(w) \in Q$ e vice-versa. Da mesma forma, se $w \notin P$, então $r(w) \notin Q$ e vice-versa. A Figura 7.3 ilustra a definição.

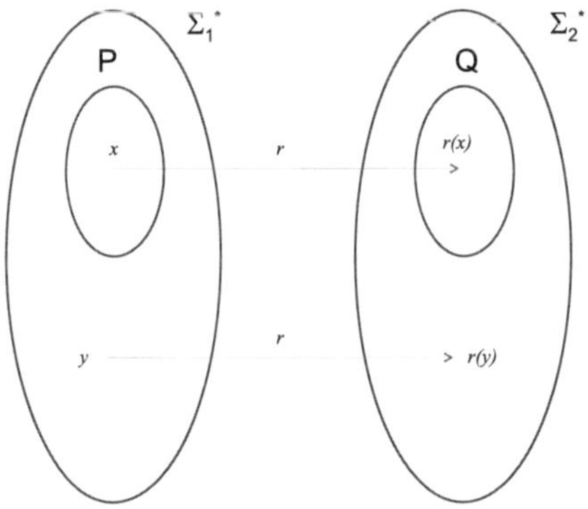

Figura 7.3 Redução r de P para Q.

Reduções mapeiam sentenças de uma linguagem em sentenças de outra linguagem, de tal forma que, sempre que uma sentença pertence a uma linguagem, a sentença correspondente pertence à outra linguagem. Reduções precisam ser funções totais, mas não precisam ser, necessariamente, injetoras ou sobrejetoras. Tal fato é mostrado nos exemplos seguintes: os Exemplos 7.11 a 7.14 ilustram funções que são reduções, apesar de serem diferentes no que se refere aos critérios injetora e sobrejetora; os Exemplos 7.15 e 7.16 ilustram funções que, apesar de serem totais, não são reduções; o Exemplo 7.17 ilustra uma função que não é total e, por conseguinte, não é uma redução.

Exemplo 7.11 Sejam $\Sigma = \{a,b\}, P = \{a^ib^i \mid i \geqslant 1\}, Q = \{b^ia^i \mid i \geqslant 1\}$ e $r : \Sigma^* \to \Sigma^*$ definida como:

$$r(w) = \begin{cases} \text{se } w \in a^ib^i, i \geq 1, & \text{então } r(w) = b^ia^i. \\ \text{se } w \in b^ia^i, i \geq 1, & \text{então } r(w) = a^ib^i. \\ \text{se } w \in \Sigma^* - a^ib^i - b^ia^i, i \geq 1, & \text{então } r(w) = w. \end{cases}$$

Como $w \in P \Leftrightarrow r(w) \in Q$, tem-se que r é uma redução de P para Q. Note-se, neste exemplo, que r é uma função total, injetora e sobrejetora. São exemplos de reduções:

$$\begin{aligned} ab \in P &\quad\to\quad ba \in Q \\ aabb \in P &\quad\to\quad bbaa \in Q \\ \varepsilon \notin P &\quad\to\quad \varepsilon \notin Q \end{aligned}$$

$$ba \notin P \rightarrow ab \notin Q$$
$$abb \notin P \rightarrow abb \notin Q$$

★

Exemplo 7.12 Sejam $\Sigma_1 = \{a,b\}$, $P = \{b\}$, $\Sigma_2 = \{a\}$, $Q = \{a\}$ e $r : \Sigma_1^* \rightarrow \Sigma_2^*$ definida como:

$$r(w) = \begin{cases} \text{se } w = b, & \text{então } r(w) = a. \\ \text{se } w = \varepsilon, & \text{então } r(w) = \varepsilon. \\ \text{se } w \in \Sigma^* - b - \varepsilon, & \text{então } r(w) = aa^i, \text{com } i = |w|. \end{cases}$$

Como $w \in P \Leftrightarrow r(w) \in Q$, tem-se que r é uma redução de P para Q. Note-se, neste exemplo, que r é uma função total e sobrejetora, mas não é injetora (pois $r(ab) = r(bb) = aaa$). São exemplos de reduções:

$$b \in P \rightarrow a \in Q$$
$$a \notin P \rightarrow aa \notin Q$$
$$aa \notin P \rightarrow aaa \notin Q$$
$$aabb \notin P \rightarrow aaaaa \notin Q$$
$$\varepsilon \notin P \rightarrow \varepsilon \notin Q$$

★

Exemplo 7.13 Sejam $\Sigma = \{a,b\}, P = \{a^ib^i \mid i \geqslant 1\}, Q = \{b^ia^i \mid i \geqslant 1\}$ e $r : \Sigma^* \rightarrow \Sigma^*$ definida como:

$$r(w) = \begin{cases} \text{se } w \in a^ib^i, i \geq 1, & \text{então } r(w) = b^ia^i. \\ \text{se } w \in b^ia^i, i \geq 1, & \text{então } r(w) = a^ib^i. \\ \text{se } w \in \Sigma^* - a^ib^i - b^ia^i, i \geq 1, & \text{então } r(w) = awa. \end{cases}$$

Como $w \in P \Leftrightarrow r(w) \in Q$, tem-se que r é uma redução de P para Q. Note-se, neste caso, que r é uma função total, injetora, mas não é sobrejetora (pois, por exemplo, a cadeia ε não é produzida por r). São exemplos de reduções:

$$ab \in P \rightarrow ba \in Q$$
$$aabb \in P \rightarrow bbaa \in Q$$
$$ba \notin P \rightarrow ab \notin Q$$
$$aba \notin P \rightarrow aabaa \notin Q$$
$$\varepsilon \notin P \rightarrow aa \notin Q$$

★

Exemplo 7.14 Sejam $\Sigma = \{a,b\}, P = \{a^ib^i \mid i \geqslant 1\}, Q = \{b^ia^i \mid i \geqslant 1\}$ e $r : \Sigma^* \rightarrow \Sigma^*$ definida como:

$$r(w) = \begin{cases} \text{se } w \in a^ib^i, i \geq 1, & \text{então } r(w) = ba. \\ \text{se } w \in \Sigma^* - a^ib^i, i \geq 1, & \text{então } r(w) = ab. \end{cases}$$

Como $w \in P \Leftrightarrow r(w) \in Q$, tem-se que r é uma redução de P para Q. Note-se, neste exemplo, que r é total, mas não é injetora (pois, por exemplo, $r(ab) = r(aabb) = ba$) nem sobrejetora (pois, por exemplo, a cadeia ε não é produzida por r). São exemplos de reduções:

$$ab \in P \rightarrow ba \in Q$$
$$aabb \in P \rightarrow ba \in Q$$
$$aba \notin P \rightarrow ab \notin Q$$
$$ba \notin P \rightarrow ab \notin Q$$
$$\varepsilon \notin P \rightarrow ab \notin Q$$

★

Exemplo 7.15 Sejam $\Sigma_1 = \{a,b\}$, $P = \{b\}$, $\Sigma_2 = \{a\}$, $Q = \{a\}$ e $r : \Sigma_1^* \rightarrow \Sigma_2^*$ definida como:

$$r(w) = \begin{cases} \text{se } w = b, & \text{então } r(w) = b. \\ \text{se } w = a, & \text{então } r(w) = a. \\ \text{se } w \in \Sigma^* - a - b, & \text{então } r(w) = w. \end{cases}$$

Neste caso, r não é uma redução de P para Q apesar de ser uma função total, injetora e sobrejetora. Note que a relação $w \in P \Leftrightarrow r(w) \in Q$ não é verificada.

$$\begin{array}{rcl} b \in P & \rightarrow & b \notin Q \\ a \notin P & \rightarrow & a \in Q \\ aa \notin P & \rightarrow & aa \notin Q \\ aabb \notin P & \rightarrow & aabb \notin Q \\ \varepsilon \notin P & \rightarrow & \varepsilon \notin Q \end{array}$$

⋆

Exemplo 7.16 Sejam $\Sigma = \{a,b\}, P = \{a^i b^i \mid i \geqslant 1\}, Q = \{b^i a^i \mid i \geqslant 1\}$ e $r : \Sigma^* \rightarrow \Sigma^*$ definida como:

$$r(w) = \begin{cases} \text{se } |w| \text{ é par}, & \text{então } r(w) = ba. \\ \text{se } |w| \text{ é ímpar}, & \text{então } r(w) = ab. \end{cases}$$

Assim como no Exemplo 7.15, aqui a função r também é total. Diferentemente daquele exemplo, no entanto, r não é injetora (pois, por exemplo, $r(ab) = r(aabb) = ba$) nem sobrejetora (pois, por exemplo, a cadeia ε não é produzida por r). Mesmo assim, neste caso r também não é uma redução pois existem cadeias que não pertencem a P, mas mesmo assim estão mapeadas em cadeias de Q. São exemplos de mapeamentos efetuados por r:

$$\begin{array}{rcl} ab \in P & \rightarrow & ba \in Q \\ aabb \in P & \rightarrow & ba \in Q \\ ba \notin P & \rightarrow & ba \in Q \\ aba \notin P & \rightarrow & ab \notin Q \\ a \notin P & \rightarrow & ab \notin Q \end{array}$$

⋆

Exemplo 7.17 Sejam $\Sigma = \{a,b\}, P = \{a^i b^i \mid i \geqslant 1\}, Q = \{b^i a^i \mid i \geqslant 1\}$ e $r : \Sigma^* \rightarrow \Sigma^*$ definida como:

$$r(w) = \begin{cases} \text{se } w = ab, & \text{então } r(w) = ba. \\ \text{se } w = ba, & \text{então } r(w) = ab. \end{cases}$$

Neste caso a função r não é total (pois ela não é definida, por exemplo, para a cadeia abb, entre outras). Logo, r não pode ser uma redução.

$$\begin{array}{rcl} ab \in P & \rightarrow & ba \in Q \\ aabb \in P & \rightarrow & ? \\ ba \notin P & \rightarrow & ab \notin Q \\ aba \notin P & \rightarrow & ? \\ a \notin P & \rightarrow & ? \end{array}$$

⋆

Os Teoremas 7.22 e 7.23 mostram duas aplicações importantes da técnica de redução.

Teorema 7.22 (Decidibilidade a partir de redução) "Seja Q um problema decidível e r uma redução de $P \subseteq \Sigma_1^*$ para $Q \subseteq \Sigma_2^*$. Então P é um problema decidível."

Seja $w \in \Sigma_1^*$. Para determinar se $w \in P$, é suficiente (ver Figura 7.4):

1. Calcular $r(w)$.
2. Determinar se $r(w) \in Q$.

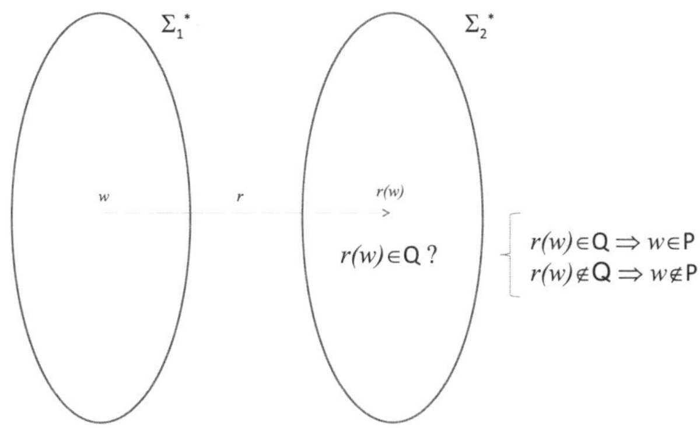

Figura 7.4 Decidibilidade a partir de redução.

Como r é uma redução de P para Q, então, por definição, se $r(w) \in Q$, isso implica que $w \in P$. Se $r(w) \notin Q$, então $w \notin P$. Logo, se Q é decidível e existe uma redução de P para Q, então Q é igualmente decidível. □

O Teorema 7.23 é a versão **contrapositiva**[1] do Teorema 7.22.

Teorema 7.23 (Indecidibilidade a partir de redução) "Seja P um problema indecidível e r uma redução de $P \subseteq \Sigma_1^*$ para $Q \subseteq \Sigma_2^*$. Então Q é um problema indecidível."

Existem apenas duas hipóteses: Q é decidível ou Q é indecidível. Admita-se, por hipótese, que Q seja decidível. Como r é uma redução de P para Q, então o seguinte método poderia ser usado para decidir se uma cadeia qualquer $w \in \Sigma_1^*$ pertence a P:

1. Calcular $r(w)$.
2. Determinar se $r(w) \in Q$.

Isso, no entanto, contradiz o fato de que P é indecidível. Logo, a hipótese é falsa e Q é indecidível. □

As reduções podem, portanto, ser úteis para se determinar a decidibilidade (ou indecidibilidade) de um novo problema a partir da decidibilidade (ou indecidibilidade) já conhecida de um outro problema, conforme resumido a seguir. Para alcançar esse resultado, é suficiente encontrar reduções apropriadas para a hipótese que se deseja demonstrar.

[1] Se "**se (A) então (B)**" é uma proposição, então a proposição "**se (não B) então (não A)**" é a proposição contrapositiva correspondente. Elas resultam valores idênticos para valores idênticos dos seus argumentos.

$$\text{Estratégias} \begin{cases} \text{Teorema 7.22 : } P \text{ desconhecido} \Rightarrow Q \underline{\text{ decidível}} \\ \text{(usado para validar a hipótese “}P\text{ é decidível”)} \\ \\ \text{Teorema 7.23 : } P \underline{\text{ indecidível}} \Rightarrow Q \text{ desconhecido} \\ \text{(usado para validar a hipótese “}Q\text{ é indecidível”)} \end{cases}$$

O Exemplos 7.18 e 7.19 ilustram, respectivamente, casos em que a decidibilidade de um novo problema (ou linguagem) pode ser determinada a partir de reduções apropriadas, conforme descrito nos Teoremas 7.22 e 7.23.

Exemplo 7.18 Considere-se a linguagem $P = \{a^{|\alpha|}\alpha b^{|\alpha|} \mid \alpha \in \{a,b\}^*\}$. A função $r: \{a,b\}^* \to \{a,b\}^*$ é uma redução da linguagem P para a linguagem $Q = \{a^i b^i \mid i \geqslant 0\}$:

$$r(w) = \begin{cases} \text{se } w = a^{|\alpha|}\alpha b^{|\alpha|}, & \text{então } r(w) = a^i b^i, \text{ com } i = |\alpha|. \\ \text{se } w \neq a^{|\alpha|}\alpha b^{|\alpha|}, & \text{então } r(w) = w. \end{cases}$$

Como Q é uma linguagem decidível (na verdade, além de recursiva, Q é uma linguagem livre de contexto), conclui-se que P também é uma linguagem decidível. ⋆

Exemplo 7.19 A linguagem $L_P = \{C(M)w \in \Sigma_P^* \mid \text{a Máquina de Turing } M \text{ para com a entrada } w\}$ (Problema da Parada) é estritamente recursivamente enumerável, e portanto indecidível (ver Seção 7.5). Por outro lado, deseja-se demonstrar que a linguagem $L_S = \{C(M) \in \Sigma_S^* \mid \text{a Máquina de Turing } M \text{ sempre para, qualquer que seja a entrada que lhe seja fornecida}\}$ também é indecidível. Para isso adota-se a seguinte redução r, que mapeia $\alpha \in \Sigma_P^*$ em $r(\alpha) \in \Sigma_S^*$:

- Se α possui o formato $C(M)w$, então $r(\alpha) = C(M')$, de tal forma que M', ao iniciar a operação com uma cadeia z qualquer, exibe o seguinte comportamento:

  i. M' apaga a cadeia z da sua fita de entrada.
  ii. M' escreve a cadeia w na sua fita de entrada.
  iii. M' passa a operar como M e processa a cadeia w.

- Se α não possui a forma pretendida $C(M)w$, então $r(\alpha) = \varepsilon$.

Os seguintes casos devem ser considerados:

1. Se M para com a entrada w, então M' também para, qualquer que seja a entrada z que lhe seja fornecida. Se M não para com a entrada w, então M' também não para, qualquer que seja a entrada z que lhe seja fornecida.
2. Se α não possui a forma $C(M)w$, ou seja, se $\alpha \notin L_P$, então $r(\alpha) \notin L_S$, pois ε não representa uma Máquina de Turing válida.

Portanto, $\alpha \in L_P \Leftrightarrow r(\alpha) \in L_S$ e r é de fato uma redução de L_P para L_S. Logo, de acordo com o Teorema 7.23, L_S também é um problema indecidível, ou seja, não é possível determinar, no caso geral, se uma Máquina de Turing qualquer sempre para, qualquer que seja a entrada fornecida. Se L_S fosse decidível, então o Problema da Parada (L_P) também o seria. ⋆

7.11 Linguagens, problemas e os seus complementos

Convém, neste ponto, relembrar alguns resultados anteriores acerca da natureza das linguagens produzidas pela operação de **complementação** sobre determinadas classes de linguagens. Em seguida, iremos provar um novo resultado e também relacionar esses resultados com os resultados da Seção 7.9.

Inicialmente, cabe lembrar dois resultados que foram provados anteriormente:

- A classe das linguagens recursivas é fechada em relação à operação de complementação (Seção 6.7, Teorema 6.12).
- A classe das linguagens recursivamente enumeráveis não é fechada em relação à operação de complementação (Seção 7.7, Teorema 7.21).

Apesar de a classe das linguagens recursivamente enumeráveis não ser fechada em relação à operação de complementação, um outro resultado interessante e bastante útil na demonstração de certos teoremas, envolvendo tanto a classe das linguagens recursivas quanto a própria classe das linguagens recursivamente enumeráveis, é demonstrado a seguir.

Teorema 7.24 (Recursivamente enumeráveis e seu complemento) "Se uma linguagem e também seu complemento forem recursivamente enumeráveis, então ambas as linguagens, além de serem recursivamente enumeráveis, são também recursivas."

Sejam L_1 e $L_2 = \Sigma^* - L_1$ duas linguagens recursivamente enumeráveis sobre o alfabeto Σ. Então, existem Máquinas de Turing M_1 e M_2 que aceitam, respectivamente, L_1 e L_2. Constrói-se uma Máquina de Turing M_3 que decide L_1, conforme o Algoritmo 7.14.

Algoritmo 7.14 (Recursivamente enumeráveis e seu complemento) *"Construção de uma Máquina de Turing que decide L_1 a partir das Máquinas de Turing que aceitam L_1 e seu complemento."*

- *Entrada: duas Máquinas de Turing M_1 e M_2, tais que $L(M_2) = \overline{L(M_1)}$.*
- *Saída: uma Máquina de Turing M_3 que decide $L(M_1)$.*
- *Método:*
  1. *M_3 possui duas fitas de trabalho.*
  2. *Uma cadeia w é gravada na primeira fita.*
  3. *M_3 copia w da primeira para a segunda fita.*
  4. *M_3 simula M_1 e M_2 simultaneamente, utilizando ambas as fitas de trabalho e executando, alternadamente, movimentos em M_1 e M_2.*
  5. *Se M_1 aceita w, então M_3 para e aceita w.*
  6. *Se M_2 aceita w, então M_3 para e rejeita w.*

○

Qualquer que seja a cadeia de entrada $w \in \Sigma^*$, é certo que, após um número finito de movimentações, ou M_1 ou M_2, de maneira exclusiva, aceitará w. Se w for aceita por M_1, então será aceita por M_3. Se w for aceita por M_2, então será rejeitada por M_3.

Logo, M_3 aceita w se e somente se $w \in L_1$, e rejeita w se e somente se $w \in L_2$, ou seja, se $w \notin L_1$. Logo, L_1 é uma linguagem recursiva. □

Combinados, os resultados até aqui apresentados podem ser resumidos na forma da Tabela 7.2.

De fato, os casos (1), (2), (3) e (4) não podem acontecer por consequência do Teorema 6.12. Já o caso (5) também não acontece e é consequência do Teorema 7.21. Em outras palavras:

- O complemento de uma linguagem recursiva é sempre uma linguagem recursiva.

Tabela 7.2 Linguagens e seus complementos

	Recursiva	RE não recursiva	Não RE
Recursiva	✓	(1)	(2)
RE não recursiva	(3)	(5)	✓
Não RE	(4)	✓	✓

- O complemento de uma linguagem estritamente recursivamente enumerável é sempre uma linguagem não recursivamente enumerável.
- O complemento de uma linguagem não recursivamente enumerável pode ser uma linguagem também não recursivamente enumerável ou então uma linguagem recursivamente enumerável.

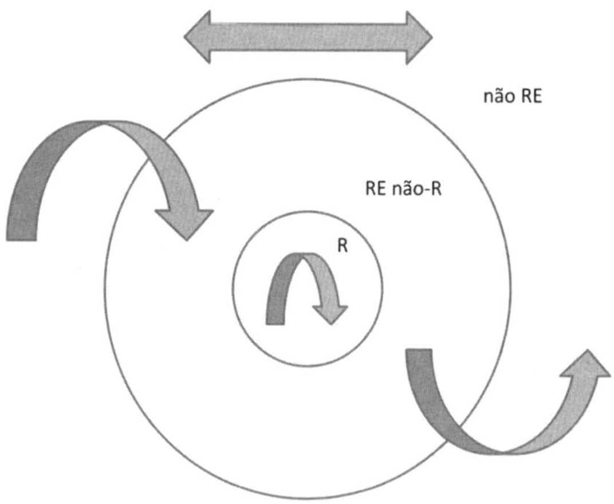

Figura 7.5 Linguagens e seus complementos.

A Figura 7.5 ilustra esses resultados. Para entendê-los melhor, vale lembrar o tipo de Máquina de Turing que aceita L e, a partir daí, entender o tipo de máquina que poderia aceitar $\overline{L}$:

- Se L é recursiva, então existe pelo menos uma Máquina de Turing M que sempre para e aceita L. Logo, existe M' que também sempre para e aceita $\overline{L}$; assim, $\overline{L}$ é recursiva.
- Se L é estritamente recursivamente enumerável, então existe pelo menos uma Máquina de Turing que aceita L e todas elas entram em "loop" com pelo menos uma cadeia que não pertence à linguagem. Logo, toda e qualquer máquina que possa ser construída para aceitar $\overline{L}$ irá entrar em "loop" com pelo menos uma cadeia da linguagem e $\overline{L}$ é não recursivamente enumerável.
- Se L é não recursivamente enumerável, então toda e qualquer Máquina de Turing que possa ser considerada para esta linguagem entra em "loop" com alguma cadeia dela. Além disso, duas outras possibilidades devem ser levadas em conta: (i) pode ser que não exista nenhuma cadeia não pertencente à linguagem que faça todas essas

máquinas entrarem em "loop"; ou (ii) pode ser que exista alguma cadeia não pertencente à linguagem que faça todas essas máquinas entrarem em "loop". No caso (i), ao considerarmos $\overline{L}$, a cadeia que provocava o "loop" em L deixa de pertencer à linguagem e assim é possível afirmar que existe uma Máquina de Turing que aceita $\overline{L}$ e $\overline{L}$ é recursivamente enumerável (ainda que ela entre em "loop" com uma cadeia não pertencente à linguagem. No caso (ii), por outro lado, $\overline{L}$ iria possui uma cadeia da linguagem que faz com que todas as máquinas entrem em "loop" e outra não pertencente à linguagem que produz o mesmo efeito; por isso, $\overline{L}$ é não recursivamente enumerável.

Traduzido para o domínio dos problemas de decisão, as afirmações acima correspondem às seguintes importantes conclusões:

- O complemento de um problema solucionável é sempre um problema solucionável.
- O complemento de um problema estritamente parcialmente solucionável é totalmente insolúvel.
- O complemento de um problema totalmente insolúvel pode ser estritamente parcialmente solucionável ou totalmente insolúvel.

Exemplo 7.20 Considere as linguagens:

- $L_1 = \{w \mid w \in \{0,1\}$ e w é par$\}$;
- $L_2 = \overline{L_1} = \{w \mid w \in \{0,1\}$ e w é ímpar$\}$.

A linguagem L_1 é claramente recursiva. Logo, L_2 também é recursiva, conforme o Teorema 6.12. ⋆

Exemplo 7.21 Considere as linguagens:

- $L_U = \{\langle M\rangle w \mid M$ é uma Máquina de Turing que aceita $w\}$;
- $\overline{L_U} = \{\langle M\rangle w \mid M$ é uma Máquina de Turing que não aceita $w\}$.

A linguagem L_U é estritamente recursivamente enumerável, conforme o Teorema 7.8. Logo, de acordo com os resultados anteriores, segue que $\overline{L_U}$ é não recursivamente enumerável. ⋆

Exemplo 7.22 Considere as linguagens:

- $L_D = \{w_i \mid w_i \notin L(M_i)\}$;
- $L_K = \overline{L_D} = \{w_i \mid w_i \in L(M_i)\}$.

A linguagem L_D é não recursivamente enumerável, conforme Teorema 7.16. Logo, conforme os resultados anteriores, $L_K = \overline{L_D}$ é estritamente recursivamente enumerável ou não recursivamente enumerável. No entanto, sabe-se que $L_K = \overline{L_D}$ é uma linguagem estritamente recursivamente enumerável, conforme o Teorema 7.10. ⋆

Exemplo 7.23 Apesar de a teoria afirmar a possibilidade de o complemento de uma linguagem não recursivamente enumerável ser também não recursivamente enumerável, as linguagens (e os seus complementos) que confirmam esse resultado são extremamente abstratas e de difícil compreensão. Assim, não iremos ilustrar este caso com exemplos. ⋆

7.12 Exercícios

Linguagens e reconhecedores

1. Conceitue:
   a) Linguagem livre de contexto e não regular (estritamente livre de contexto).
   b) Linguagem sensível ao contexto.
   c) Linguagem sensível ao contexto e não livre de contexto (estritamente sensível ao contexto).
   d) Linguagem recursiva.
   e) Linguagem recursiva e não sensível ao contexto (estritamente recursiva).
   f) Linguagem recursivamente enumerável e não recursiva (estritamente recursivamente enumerável).
   g) Linguagem não recursivamente enumerável.
2. Responda às perguntas:
   a) Para cada uma das classes de linguagens definidas pela Hierarquia de Chomsky, qual o tipo de reconhecedor mais simples conhecido?
   b) É possível reconhecer linguagens de uma certa classe utilizando reconhecedores pertencentes a classes de linguagens mais gerais? Isso se usa na prática? Por quê?
   c) Qual é a característica sintática que distingue as linguagens estritamente livres de contexto das linguagens regulares? Qual a característica do autômato de pilha estruturado que o torna especialmente adequado para o reconhecimento dessa classe de linguagens?
   d) Qual é a característica sintática que distingue as linguagens estritamente sensíveis ao contexto das linguagens livres de contexto? Qual a característica da Máquina de Turing que a torna especialmente adequada para o reconhecimento dessa classe de linguagens?
3. Explique de que forma é possível aplicar a teoria de linguagens formais e autômatos:
   a) Na representação de linguagens.
   b) Na construção de processadores de linguagens.
   c) No estudo das propriedades das linguagens.
   d) Na determinação da existência de solução geral para problemas de decisão.
4. Responda às questões:
   a) Por que motivo as linguagens recursivas são também denominadas decidíveis?
   b) De que forma a teoria de linguagens formais pode ser aplicada ao estudo da decidibilidade de problemas?
5. Determine, para cada uma das linguagens a seguir, o tipo na Hierarquia de Chomsky mais restrito de cada uma delas. Considerar $\Sigma = \{a,b,c\}$ (conjunto de símbolos terminais) e $N = \{S,X,Y\}$ (conjunto de símbolos não terminais). Justifique suas respostas.
   a) O conjunto de todas as expressões regulares que podem ser definidas sobre Σ.
   b) O conjunto de todas as gramáticas lineares à direita que podem ser definidas sobre $V = \Sigma \cup N$.
   c) O conjunto de todas as gramáticas livres de contexto que podem ser definidas sobre $V = \Sigma \cup N$.
   d) O conjunto de todas as gramáticas sensíveis ao contexto que podem ser definidas sobre $V = \Sigma \cup N$.
   e) O conjunto de todas as gramáticas irrestritas que podem ser definidas sobre $V = \Sigma \cup N$.

   Observação: para cada gramática, considerar a cadeia que a representa como sendo formada apenas pela sequência de regras de produção de P, separadas por "," (vírgula). Exemplo: $S \to aSb, S \to ab$.
6. Considere as gramáticas G_1 e G_2 abaixo, que definem a mesma linguagem L:
   - $G_1 = (\{S,a,b\},\{a,b\},\{S \to aSbS \mid bSaS \mid \varepsilon\},S)$;
   - $G_2 = (\{S,A,B,a,b\},\{a,b\},\{S \to ABS \mid \varepsilon, AB \to BA, BA \to AB, A \to a, B \to b\},S)$.

   a) Descreva L informalmente e com exemplos.
   b) Qual o tipo mais restrito de G_1?
   c) Qual o tipo mais restrito de G_2?
   d) Qual o tipo mais restrito de L?

   Justifique suas respostas.
7. Considere os casos abaixo e responda às perguntas, justificando as suas respostas:
   a) Se L é recursiva e $w \in L$, existe alguma Máquina de Turing M que sempre para com a entrada w?
   b) Se L é recursiva e $w \notin L$, existe alguma Máquina de Turing M que sempre para com a entrada w?

c) Se L é recursivamente enumerável e $w \in L$, existe alguma Máquina de Turing M que sempre para com a entrada w?
d) Se L é recursivamente enumerável e $w \notin L$, existe alguma Máquina de Turing M que sempre para com a entrada w?
e) Se L é recursivamente enumerável e não recursiva, existe alguma Máquina de Turing M que sempre para com a entrada w, independentemente de w pertencer ou não a L?

Máquinas de Turing

8. Responda, justificando:
   a) Se L é aceita por uma Máquina de Turing com fita limitada, L pode ser aceita por uma Máquina de Turing sem limitação da fita de entrada e vice-versa?
   b) Se L é gerada por uma gramática irrestrita, L pode ser aceita por uma Máquina de Turing com fita limitada e vice-versa?
   c) Se L é gerada por uma gramática irrestrita, L pode ser aceita por uma Máquina de Turing sem limitação da fita de entrada e vice-versa?
9. Obtenha uma Máquina de Turing que reconheça a linguagem definida no Exercício 6.
10. Responda às questões:
    a) Obtenha uma Máquina de Turing que aceite a linguagem $a^*bb^*(cc \mid d)$.
    b) Quais as classes de linguagens aceitas por Máquinas de Turing?
    c) Qual a classe da linguagem definida no item (a) deste exercício? Justifique sua resposta.
    d) Qual a relação entre as suas respostas para os itens (b) e (c) deste exercício?
11. Reconhecedores para linguagens recursivamente enumeráveis não recursivas e reconhecedores para linguagens recursivas exibem comportamentos diferentes, no caso geral, quando se lhes submetem cadeias não pertencentes às respectivas linguagens. Que diferença é esta?
12. Faça uma pesquisa em livros e/ou na internet e defina os seguintes termos, da forma mais clara, concisa e rigorosa possível:
    a) "Máquina de Turing Universal" ou simplesmente "Máquina Universal";
    b) "Algoritmo";
    c) "Hipótese de Turing-Church" ou simplesmente "Hipótese de Church", ou ainda "Tese de Church".
13. Considerando o resultado da pesquisa do Exercício 12, responda às perguntas:
    a) Qual a analogia que existe entre "Máquina Universal" e os computadores modernos, de propósito geral, programáveis por *software*?
    b) Qual a analogia que existe entre Máquinas de Turing e os computadores mais antigos, ou mesmo os modernos, porém dedicados a funções específicas, e programáveis por *hardware* (através da substituição e/ou reposicionamento de fios, chips, circuitos etc.)?
    c) Por que a Hipótese de Church não pode ser demonstrada?
    d) Quais os motivos que nos levam a crer que a Hipótese de Church seja verdadeira?
14. Responda às questões:
    a) Relacione e discuta as principais diferenças estruturais e operacionais existentes entre Máquinas de Turing, autômatos finitos e autômatos de pilha.
    b) Quais as classes de linguagens que podem ser definidas por cada um desses dispositivos?
    c) Como a introdução de não determinismo afeta as classes de linguagens aceitas por cada um desses dispositivos?
15. Obtenha, para cada uma das linguagens especificadas no Exercício 5, uma Máquina de Turing que a aceite.

Exercícios de programação

16. Projete e implemente um programa de computador que aceite como entrada uma gramática G_1 qualquer e gere, na saída, uma gramática G_2 equivalente, porém na forma normal para gramáticas irrestritas, apresentada na Seção 7.2. Adote, para a representação de G_1 e de G_2, a notação apresentada nos Exercícios 57 e 55 da Seção 2.8.

Capítulo 8

Conclusões

O estudo das classes de linguagens discutidas neste livro, apresentadas em ordem crescente de complexidade, e configuradas como conjuntos sucessivamente mais abrangentes, permite que se obtenha uma visão estruturada do assunto, com especial ênfase nos aspectos que diferenciam cada classe estudada da respectiva classe antecessora.

O presente capítulo apresenta um resumo dos principais resultados registrados nos capítulos anteriores, oferecendo, assim, uma visão panorâmica da essência contida em cada um desses capítulos, e também dos itens que fazem com que certas classes de linguagens se assemelhem ou se diferenciem.

Por outro lado, a aplicabilidade de linguagens formais e autômatos, nos campos prático e teórico, não se encerra em si mesma, apresentando grande relevância para áreas que serão destacadas mais adiante neste capítulo.

8.1 Uma hierarquia de classes de linguagens

Este texto apresentou os principais resultados da teoria de linguagens formais e autômatos, seguindo estritamente uma sequência que se iniciou com a classe de linguagens mais restrita conhecida (a das linguagens regulares), e se encerrou com a classe de linguagens mais ampla conhecida (a das linguagens recursivamente enumeráveis), passando gradativamente de uma classe mais restrita para a mais geral seguinte, dentro de uma escala de complexidade crescente, baseada na Hierarquia de Chomsky, e procurando sempre ampliar o horizonte do leitor, sem antecipar modelos, conceitos ou teorias relativos às classes de linguagens mais avançadas.

A resume alguns dos principais resultados colhidos ao longo deste estudo,[1] para cada classe de linguagens considerada, e que serão brevemente revistos na sequência.

A partir da Hierarquia de Chomsky original (definida em [9] e [10]), foram identificadas, caracterizadas e situadas importantes subclasses adicionais de linguagens: a das linguagens livres de contexto determinísticas, a das linguagens livres de contexto não ambíguas, a das linguagens recursivas e a das linguagens não gramaticais.

Excluindo, naturalmente, a classe das linguagens não gramaticais, todas as demais classes podem ser caracterizadas em termos gramaticais, exceto a classe das linguagens recursivas, cuja definição é baseada unicamente no conceito de uma Máquina de Turing que sempre para, e não em gramáticas.

Do ponto de vista do reconhecimento, três modelos distintos, com seis variantes importantes, foram apresentados: os autômatos finitos, os autômatos de pilha (nas versões determinística e não determinística) e as Máquinas de Turing (nas versões com fita limitada,

[1] Nesta seção, a indicação "N.A." significa "não se aplica", e "?" simboliza que o resultado não é do conhecimento dos autores até o momento da publicação deste livro.

Tabela 8.1 Classes de linguagens e suas características principais

Tipo (Hierarquia de Chomsky)	**Classe de linguagens**	**Gramática**	**Reconhecedor**	**Reconhecedor determinístico ≡ Não determinístico?**	**Estruturas sintáticas típicas da classe de linguagens**
3	Regular	Regular	Autômato finito	Sim	Repetição, união e concatenação de termos
2	Livre de contexto determinística descendente	LL(k)	Autômato de pilha determinístico	N.A.	Aninhamento de construções sintáticas
	Livre de contexto determinística ascendente	LR (k)	Autômato de pilha determinístico	N.A.	?
	Livre de contexto não ambígua	Livre de contexto não ambígua	Autômato de pilha	Não	?
	Livre de contexto	Livre de contexto	Autômato de pilha	Não	?
1	Sensível ao contexto	Sensível ao contexto	Máquina de Turing com fita limitada	?	Dependência entre termos
0	Recursiva	?	Máquina de Turing que sempre para	Sim	?
	Recursiva-mente enumerável	Irrestrita	Máquina de Turing	Sim	?
N.A	Não gramaticais	N.A.	?	N.A.	?

sem limitação de fita e que sempre param, e sem limitação de fita, que podem ou não parar). Cada um desses seis tipos de dispositivo está associado ao reconhecimento de uma subclasse específica de linguagens.

Quando a questão da equivalência entre as versões determinística e não determinística de um mesmo modelo de reconhecedor é considerada, sabe-se com certeza que apenas os autômatos de pilha possuem versões que aceitam subclasses diferentes de linguagens. Exceto a Máquina de Turing com fita limitada, para a qual os autores não têm conhecimento de que se tenha conseguido demonstrar até hoje se existe ou não equivalência entre as versões determinística e não determinística ([47]), todos as demais formulações e tipos de reconhecedor possuem versões que são comprovadamente equivalentes quanto a esse quesito.

De qualquer forma, os fatos com relação às versões determinística e não determinística de cada um dos modelos de reconhecedor considerados são os seguintes:

- Autômato finito: as versões são equivalentes, existe um algoritmo de conversão e ele é usado na prática (para aumentar a eficiência da análise).
- Autômato de pilha: as versões não são equivalentes.

- Máquina de Turing com fita limitada: não se sabe se as versões são equivalentes ou não.
- Máquina de Turing com fita ilimitada: as versões são equivalentes, existe um algoritmo de conversão, porém ele não é usado na prática (porque aumenta muito o tempo de execução).

Adicionalmente, é possível determinar a possibilidade de obtenção de um reconhecedor que nunca entra em "loop" infinito para cada uma das principais classes de linguagens consideradas:

- Linguagem regular: sim, é possível; existe um algoritmo que manipula o autômato finito correspondente diretamente (basta eliminar as transições em vazio dele).
- Linguagem livre de contexto: sim, é possível; porém, não existe um algoritmo que manipule o autômato de pilha correspondente diretamente (neste caso, é suficiente construir um autômato de pilha com base na Forma Normal de Chomsky ou Forma Normal de Greibach da gramática que gera a respectiva linguagem).
- Linguagem sensível ao contexto: sim, é possivel; porém, não existe um algoritmo que manipule a Máquina de Turing com fita limitada diretamente.
- Linguagem recursivamente enumerável: só é possível se a linguagem for também recursiva; neste caso, porém, não existe um algoritmo que consiga transformar a correspondente Máquina de Turing; se a linguagem não for recursiva, então não é possível.

Finalmente, é conveniente considerar as diferentes classes de linguagens do ponto de vista exclusivo das propriedades sintáticas que as distinguem umas das outras — independentemente do tipo de gramáticas ou reconhecedores empregados para a sua especificação. Dessa forma, pelo menos três classes de linguagens podem ser facilmente identificadas: a das linguagens regulares, a das linguagens livres de contexto determinísticas e a das linguagens sensíveis ao contexto. As demais classes de linguagens, no que seja do conhecimento dos autores deste livro, não exibem propriedades sintáticas conhecidas que se possa considerar como "típicas" de todas as linguagens da mesma classe.

Conforme resultados apresentados ao longo do texto, todas as classes de linguagens consideradas constituem uma hierarquia de inclusão própria, que inicia com a classe das linguagens regulares e termina com a classe das linguagens não gramaticais. A Figura 8.1 ilustra a referida hierarquia e inclui referências para exemplos de linguagens que tornam a relação de inclusão própria em cada nível. As linguagens (e respectivas classes) consideradas são:

- $L_1 = a^*b^*$
  (Regulares)
- $L_2 = \{a^n b^n \mid n \geqslant 1\}$
  (Livres de contexto descendentes)
- $L_3 = \{x^{2n} y^{2n} e \mid n \geqslant 0\} \cup \{x^{2n+1} y^{2n+1} o \mid n \geqslant 0\}$
  (Livres de contexto ascendentes)
- $L_4 = \{ww^R \mid w \in \{a,b\}^*\}$
  (Livres de contexto não ambíguas)
- $L_5 = \{a^n b^n c^m d^m \mid n \geqslant 1, m \geqslant 1\} \cup \{a^n b^m c^m d^n \mid n \geqslant 1, m \geqslant 1\}$
  (Livres de contexto)

- $L_6 = \{a^n b^n c^n \mid n \geqslant 1\}$
  (Sensíveis ao contexto)
- $L_7 = \{\alpha_i \mid \alpha_i \notin L(G_i), \forall i \geqslant 1\}$
  (Recursivas)
- $L_8 = \{C(M)w \in \Sigma^* \mid w \in L(M)\}$
  (Recursivamente enumeráveis)
- $L_9 = \{C(M)w \in \Sigma^* \mid w \notin L(M)\}$
  (Estruturadas em frases)

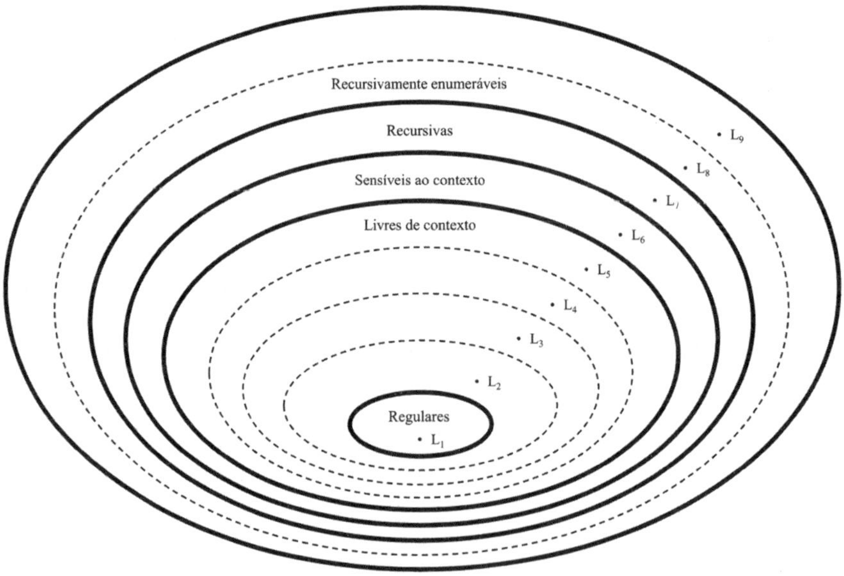

Figura 8.1 Hierarquia de inclusão própria das classes de linguagens.

As relações de inclusão e inclusão própria entre as principais classes de linguagens relacionadas na Figura 8.1 foram justificadas ao longo dos capítulos anteriores, de acordo com a estratégia descrita a seguir. As classes de linguagens são consideradas aos pares, com C_{int} denotando a classe mais interna e C_{ext}, a classe mais externa.

1. C_{ext}: Linguagens livres de contexto.
   C_{int}: Linguagens regulares.

   - Linguagem analisada: $\{a^n b^n \mid n \geqslant 1\}$.
   - $C_{int} \subset C_{ext}$: Linguagens regulares são geradas por gramáticas livres de contexto (Teorema 4.17).
   - $C_{int} \neq C_{ext}$:

     - $\{a^n b^n \mid n \geqslant 1\}$ não é livre de contexto, pelo "Pumping Lemma" para as linguagens regulares (Teorema 3.22);
     - $\{a^n b^n \mid n \geqslant 1\}$ é livre de contexto pois é gerada por uma gramática livre de contexto (Exemplo 5.20).

2. C_{ext}: Linguagens sensíveis ao contexto.
   C_{int}: Linguagens livres de contexto.

- Linguagem analisada: $\{a^n b^n c^n \mid n \geqslant 1\}$.
- $C_{int} \subset C_{ext}$: Linguagens livres de contexto são geradas por gramáticas sensíveis ao contexto (Teorema 5.5).
- $C_{int} \neq C_{ext}$:
  - $\{a^n b^n c^n \mid n \geqslant 1\}$ não é livre de contexto, pelo "Pumping Lemma" para as linguagens livres de contexto (Teorema 4.21);
  - $\{a^n b^n c^n \mid n \geqslant 1\}$ é sensível ao contexto pois é gerada por uma gramática sensível ao contexto (Exemplo 5.19).

3. C_{ext}: Linguagens recursivas.
   C_{int}: Linguagens sensíveis ao contexto.
   - Linguagem analisada: $L_R = \{\alpha_i \mid \alpha_i \notin L(G_i), \forall i \geqslant 1\}$.
   - $C_{int} \subset C_{ext}$: Linguagens sensíveis ao contexto são reconhecidas por Máquinas de Turing com fita limitada (Teorema 6.3).
   - $C_{int} \neq C_{ext}$:
     - $L_R = \{\alpha_i \mid \alpha_i \notin L(G_i), \forall i \geqslant 1\}$ não é sensível ao contexto, por contradição (Teorema 5.8);
     - $L_R = \{\alpha_i \mid \alpha_i \notin L(G_i), \forall i \geqslant 1\}$ é recursiva, por construção (Teorema 6.4).

4. C_{ext}: Linguagens recursivamente enumeráveis.
   C_{int}: Linguagens recursivas.
   - Linguagem analisada: $L_U = \{C(M)w \mid w \in L(M)\}$.
   - $C_{int} \subset C_{ext}$: Linguagens recursivas são reconhecidas por Máquinas de Turing (Teorema 7.6).
   - $C_{int} \neq C_{ext}$:
     - $L_U = \{C(M)w \mid w \in L(M)\}$ não é recursiva, por contradição (Teorema 6.5);
     - $L_U = \{C(M)w \mid w \in L(M)\}$ é recursivamente enumerável, por construção (Teorema 7.7).

As Tabelas 8.2 e 8.3 apresentam um resumo das principais propriedades de fechamento e das principais questões de decisão consideradas para cada classe de linguagens. Onde empregada, a letra "N" indica que a classe não é fechada em relação a uma determinada propriedade ou, ainda, que a questão não é decidível para aquela classe de linguagens.

8.2 Próximos passos

O estudo das linguagens formais e autômatos é fundamental para o entendimento e o domínio de várias outras áreas da computação, mas três se destacam perante as demais:

- Construção de processadores para linguagens de programação.
- Estudo da decidibilidade de linguagens (e conjuntos).
- Estudo da complexidade de algoritmos.

Tabela 8.2 Resumo das principais propriedades de fechamento

	Regulares	Livres de contexto	Sensíveis ao contexto	Recursivas	Recursivamente enumeráveis
União	✓	✓	✓	✓	✓
Concatenação	✓	✓	✓	✓	✓
Intersecção	✓	N	✓	✓	✓
Complementação	✓	N	✓	✓	N
Fechamento	✓	✓	✓	✓	✓

Tabela 8.3 Resumo das principais propriedades de decisão

	Regulares	Livres de contexto	Sensíveis ao contexto	Recursivas	Recursivamente enumeráveis
$w \in L$?	✓	✓	✓	✓	N
$L = \emptyset$?	✓	✓	N	N	N
$L = \Sigma^*$?	✓	N	N	N	N
$L_1 = L_2$?	✓	N	N	N	N
$L_1 \subseteq L_2$?	✓	N	N	N	N
$L_1 \cap L_2 = \emptyset$?	✓	N	N	N	N

As linguagens regulares e as linguagens livres de contexto são a base para a especificação de linguagens de programação de alto nível, e também para o projeto e a implementação de seus respectivos analisadores sintáticos. Estes, por sua vez, são a base para a estruturação de compiladores e interpretadores para as inúmeras linguagens usadas no dia a dia do profissional e do leigo em computação, que as empregam extensivamente, de forma direta ou indireta, consciente ou inconsciente. Pode-se dizer, portanto, que essa área constitui uma importante aplicação prática da teoria de linguagens formais e autômatos.

Outras áreas de aplicação incluem a especificação e a implementação de protocolos de comunicação e de linguagens de script, de descrição de dados, de projeto de circuitos digitais e de modelagem de sistemas biológicos. Ano após ano, as aplicações práticas da teoria das linguagens regulares e também das linguagens livres de contexto não para de aumentar, tanto dentro quanto fora da computação.

Por outro lado, no campo teórico, provavelmente a maior aplicação da teoria de linguagens e autômatos recai sobre o estudo da decidibilidade de linguagens e da complexidade de algoritmos. Conforme discutido nos Capítulos 6 e 7, a constatação da decibilidade de linguagens confere a certeza da existência de algoritmos que possam ser usados para resolver a classe de problemas representada por tais linguagens. A constatação da indecidibilidade de uma linguagem, por sua vez, garante a inexistência de uma solução geral para o problema, quando se consideram todas as suas possíveis instâncias.

A questão, no entanto, não se resume à mera existência ou inexistência de algoritmos para se resolver determinados problemas.

Além da **decidibilidade** de um problema (representado por meio de uma linguagem), deseja-se estabelecer os parâmetros que indiquem o grau de dificuldade na execução de soluções para um certo problema. Assim, não basta um problema ser decidível. É importante também que ele possa ser solucionado (ou decidido) através de algoritmos que apresentem parâmetros considerados aceitáveis de desempenho. Problemas decidíveis, porém cujas soluções extrapolam os limites do que se considera aceitável, definitivamente não apresentam interesse prático e costumam ser descartados como se fossem indecidíveis.

O estudo da **complexidade** de algoritmos se inicia onde o estudo da decidibilidade de problemas se encerra. Uma vez analisada a decidibilidade de um certo problema, há que se considerar os custos envolvidos na execução dessa solução. Em função dessa análise, é possível que se justifiquem os esforços de busca de novas soluções, ou, então, o seu abandono.

A Figura 8.2 representa a classe dos problemas tratáveis (para os quais os custos de execução das respectivas soluções são razoáveis), a classe dos problemas decidíveis (que corresponde à classe das linguagens recursivas) e a classe de todos os problemas. Como se pode perceber, existem problemas que são decidíveis porém intratáveis e problemas que são apenas indecidíveis.

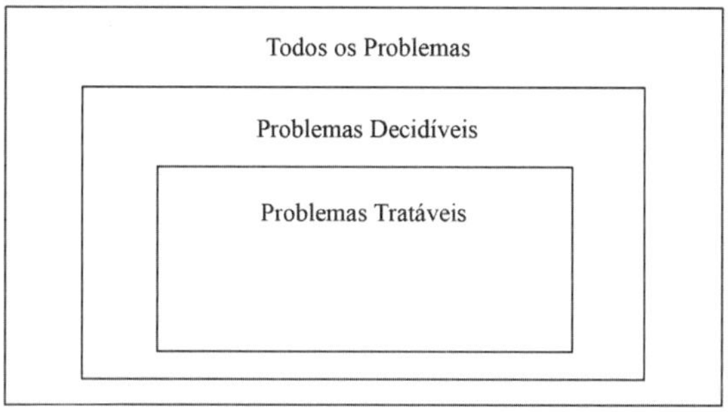

Figura 8.2 Problemas decidíveis e tratáveis.

Os custos envolvidos no estudo da complexidade de algoritmos normalmente se referem aos custos de execução deles, na busca das soluções pretendidas. Desses, sobressaem-se dois parâmetros objetivos, facilmente mensuráveis e com relação direta nas realizações mecanizadas efetuadas através de dispositivos computacionais. Trata-se do tempo total de execução e do volume total de memória necessários para se chegar à solução do problema através da execução do algoritmo em questão.

É comum que se estabeleçam limites máximos para esses parâmetros, que, vinculados ao tamanho do problema que se deseja resolver — normalmente representado pelo volume de dados a ser processado, ou, mais frequentemente, pelo tamanho da cadeia de entrada a ser processada —, configuram a fronteira daquilo que se entende como critérios de aceitação de desempenho na execução de algoritmos.

Dessa forma, considera-se o estudo da **complexidade no tempo** e o estudo da **complexidade no espaço** para, respectivamente, designar a forma como o tempo total de execução de um algoritmo e o volume total de memória exigido por esse algoritmo variam conforme o tamanho da entrada.

Reunidos sob a designação conjunta e genérica de **teoria da complexidade**, esses estudos são complementares e normalmente antecedem quaisquer decisões referentes à alocação de recursos para solucionar problemas considerados inicialmente apenas como decidíveis. O estudo da complexidade é, portanto, uma extensão natural do estudo da decidibilidade. Certas técnicas usadas para aferir a decidibilidade (ou não) de um problema, inclusive, são naturalmente estendidas para auxiliar na determinação da complexidade de um algoritmo (com a técnica de redução). Para o leitor interessado em aprofundar seus conhecimentos nessas teorias, recomenda-se [14], [13], [72] ou ainda [15].

Referências

[1] RAMOS, M. V. M.; NETO, J. J.; VEGA, I. S. *Liguagens Formais: Teoria, Modelagem e Implementação*. [S.l.]: Artmed Editora S.A., 2009. ISBN 978-85-7780-453-5.

[2] RAMOS, M. V. M. *Liguagens Formais: Exercícios e Soluções*. [S.l.]: Novatec Editora LTDA, 2021. ISBN 978-65-86057-59-1.

[3] DALEN, D. van. *Logic and Structure*. [S.l.]: Springer-Verlag, 2008. ISBN 978-3-540-20879-2.

[4] BECKMAN, F. S. *Mathematical foundations of programming*. [S.l.]: Addison-Wesley, 1980.

[5] CANTOR, G. *Contributions to the founding of the theory of transfinite numbers*. [S.l.]: Dover Publications, 1955. ISBN 0486600459.

[6] HRBACEK, K.; JECH, T. *Introduction to Set Theory, Third Edition, Revised and Expanded*. Taylor & Francis, 1999. (Chapman & Hall/CRC Pure and Applied Mathematics). ISBN 9780824779153. Disponível em: <https://books.google.com.br/books?id=Er1r0n7VoSEC>.

[7] LEEUWEN, J. van (Ed.). *Handbook of theoretical computer science*. [S.l.]: Elsevier Science Publishers, 1990. B: Formal models and semantics. ISBN 0-444-88074-7.

[8] GUNTER, C. A. *Semantics of programming languages: Structures and Techniques*. [S.l.]: The MIT Press, 1992. ISBN 978-0262071437.

[9] CHOMSKY, A. N. Three models for the description of language. *IEEE Transactions on Information Theory*, v. 2, n. 3, p. 113–124, 1956. ISSN 0018-9448.

[10] CHOMSKY, A. N. On certain formal properties of grammar. *Information and Control*, v. 2, p. 137–167, 1959.

[11] AHO, A. V.; ULLMAN, J. D. *The theory of parsing, translation, and compiling*. Upper Saddle River, NJ, USA: Prentice-Hall, Inc., 1972. ISBN 0-13-914556-7.

[12] KLEENE, S. C. Representation of events in nerve nets and finite automata. *Automata Studies*, Princeton University Press, 1956.

[13] HOPCROFT, J. E.; ULLMAN, J. D. *Introduction To Automata Theory, Languages, And Computation*. [S.l.]: Addison-Wesley Publishing Co., Inc., 1979. ISBN 0-201-02988-X.

[14] SIPSER, M. *Introduction to the Theory of Computation*. Second. [S.l.]: International Thomson Publishing, 2005. ISBN 978-0534950972.

[15] SUDKAMP, T. A. *Languages and machines*. Third. [S.l.]: Addison-Wesley, 2006. ISBN 978-0321322210.

[16] CARROLL, J.; LONG, D. *Theory of finite automata with an introduction to formal languages*. Upper Saddle River, NJ, USA: Prentice-Hall, Inc., 1989. ISBN 0-13-913708-4.

[17] BACKUS, J. W. The syntax and semantics of the proposed international algebraic language of the zurich acm-gamm conference. In: UNESCO. *Proceedings of the International Conference on Information Processing*. [S.l.], 1959.

[18] BACKUS, J. W. et al. Report on the algorithmic language algol 60. *Communications*, ACM, New York, NY, USA, v. 3, n. 5, p. 299–314, 1960. ISSN 0001-0782.

[19] BACKUS, J. W. et al. Revised report on the algorithmic language algol 60. In: ____. Cambridge, MA, USA: Birkhauser Boston Inc., 1997. v. 1, p. 19–49. ISBN 0-8176-3880-6.

[20] WIRTH, N. E. What can we do about the unnecessary diversity of notation for syntactic definitions? *Communications*, ACM, New York, NY, USA, v. 20, n. 11, p. 822–823, 1977. ISSN 0001-0782.

[21] ORGANIZATION International Standards. *Extended BNF, ISO/IEC 14977*. [S.l.], 1996.

[22] GREIBACH, S. A. A new normal-form theorem for context-free phrase structure grammars. *Journal of the ACM*, ACM, New York, NY, USA, v. 12, n. 1, p. 42–52, 1965. ISSN 0004-5411.

[23] HOPCROFT, J. E.; ULLMAN, J. D. *Formal languages and their relation to automata*. Boston, MA, USA: Addison-Wesley Publishing Co., Inc., 1969.

[24] AHO, A. V. et al. *Compilers: Principles, techniques and tools*. Second. [S.l.]: Addison-Wesley, 2007. ISBN 978-0321486813.

[25] NETO, J. J. *Introdução à compilação*. Rio de Janeiro, RJ: Elsevier Editora Ltda., 2016. ISBN 978-85-352-7810-1.

[26] TREMBLAY, J.-P.; SORENSON, P. G. *Theory and Practice of Compiler Writing*. New York, NY, USA: McGraw-Hill, Inc., 1985. ISBN 0070651612.

[27] FISCHER, C. N.; JUNIOR, R. J. L. *Crafting a compiler*. Redwood City, CA, USA: Benjamin-Cummings Publishing Co., Inc., 1988. ISBN 0-8053-3201-4.

[28] WATT, D. A.; BROWN, D. F. *Programming language processors in Java: Compilers and interpreters*. [S.l.]: Prentice-Hall, 2000. ISBN 978-0130257864.

[29] BAUER, F. L.; EICKEL, J. (Ed.). *Compiler Construction, An Advanced Course*. London, UK: Springer-Verlag, 1976. ISBN 3-540-07542-9.

[30] BAR-HILLEL, Y.; PERLES, M. A.; SHAMIR, E. On formal properties of simple phrase structure grammars. *Zeitschrift für Phonetik, Sprachwissenschaft und Kommunikationsforschung*, n. 14, p. 143–172, 1961.

[31] BAR-HILLEL, Y. *Language and information: selected essays on their theory and application*. [S.l.]: Addison-Wesley Pub. Co., 1964. (Addison-Wesley series in logic).

[32] TOMASZEWSKI, Z. A context-free grammar for a repeated string. *Journal of Information and Computer Science*, 2012.

[33] CONWAY, M. E. Design of a separable transition-diagram compiler. *Communications*, ACM, New York, NY, USA, v. 6, n. 7, p. 396–408, 1963. ISSN 0001-0782.

[34] BARNES, B. H. A programmer's view of automata. *Computing Surveys*, ACM, New York, NY, USA, v. 4, n. 4, p. 221–239, 1972. ISSN 0360-0300.

[35] LOMET, D. B. A formalization of transition diagram systems. *Journal of the ACM*, ACM, New York, NY, USA, v. 20, n. 2, p. 235–257, 1973. ISSN 0004-5411.

[36] HARRISON, M. A. *Introduction to Formal Language Theory*. Boston, MA, USA: Addison-Wesley Longman Publishing Co., Inc., 1978. ISBN 0201029553.

[37] SALOMAA, A. *Formal languages*. San Diego, CA, USA: Academic Press Professional, Inc., 1987. ISBN 0-12-615750-2.

[38] NETO, J. J.; MAGALHãES, M. E. S. Reconhecedores sintáticos — uma alternativa didática para uso em cursos de engenharia. In: *XIV Congresso Nacional de Informática*. São Paulo, SP: [s.n.], 1981. p. 171–181.

[39] DASSOW, J. Grammars with regulated rewriting. In: *Formal languages and applications*. Berlin: Springer-Verlag, 2004.

[40] PARIENTE, C. A. B. *Gramáticas livres de contexto adaptativas com verificação de aparência*. Tese (Tese de doutorado) — Escola Politécnica da Universidade de São Paulo, São Paulo, SP, 2004.

[41] DASSOW, J.; PAUN, G. *Regulated Rewriting in Formal Language Theory*. Secaucus, NJ, USA: Springer-Verlag New York, Inc., 1990. ISBN 0387514147.

[42] ALTMAN, E.; BANERJI, R. Some problems of finite representability. *Information and Control*, v. 8, 1965.

[43] ABRAHAM, S. Some questions of language theory. In: *Proceedings of the 1965 conference on Computational linguistics*. Morristown, NJ, USA: Association for Computational Linguistics, 1965. p. 1–11.

[44] ROSENKRANTZ, D. J. Programmed grammars and classes of formal languages. *Journal of the ACM*, ACM, New York, NY, USA, v. 16, n. 1, p. 107–131, 1969. ISSN 0004-5411.

[45] SALOMAA, A. Periodically time-variant context-free grammars. *Information and Control*, v. 17, p. 294–311, 1970.

[46] RéVéSZ, G. E. *Introduction to Formal Languages*. New York, NY, USA: McGraw-Hill, Inc., 1983. ISBN 0070519161.

[47] LINZ, P. *An Introduction to Formal Languages and Automata*. Fourth. USA: Jones and Bartlett Publishers, Inc., 2006.

[48] KURODA, S. Y. Classes of languages and linear bounded automata. *Information and Control*, v. 7, n. 2, 1964.

[49] MARTIN, J. C. *Introduction to Languages and the Theory of Computation*. New York, NY, USA: McGraw-Hill, Inc., 1990. ISBN 0070406596.

[50] IMMERMAN, N. Nondeterministic space is closed under complementation. *SIAM Journal on Computing*, Society for Industrial and Applied Mathematics, Philadelphia, PA, USA, v. 17, n. 5, p. 935–938, 1988. ISSN 0097-5397.

[51] NETO, J. J. *Contribuição à metodologia de construção de compiladores*. Tese (Tese de livre-docência) — Escola Politécnica da Universidade de São Paulo, São Paulo, SP, 1993.

[52] NETO, J. J. Solving complex problems efficiently with adaptative automata. In: *Fifth International Conference on Implementation and Application of Automata — CIAA*. London, Ontario, Canada: [s.n.], 2000.

[53] BURSHTEYN, B. Generation and recognition of formal languages by modifiable grammars. *SIGPLAN Notices*, ACM, New York, NY, USA, v. 25, n. 12, p. 45–53, 1990. ISSN 0362-1340.

[54] SHUTT, J. N. *Recursive adaptable grammars*. Dissertação (Master's thesis) — Worcester Polytecnic Institute, Worcester, Massachusetts, USA, 1993.

[55] CABASINO, S.; PAOLUCCI, P. S.; TODESCO, G. M. Dynamic parsers and evolving grammars. *SIGPLAN Notices*, ACM, New York, NY, USA, v. 27, n. 11, p. 39–48, 1992. ISSN 0362-1340.

[56] RUBINSTEIN, R. S.; SHUTT, J. N. Self-modifying finite automata: an introduction. *Information Processing Letters*, Elsevier North-Holland, Inc., Amsterdam, The Netherlands, v. 56, n. 4, p. 185–190, 1995. ISSN 0020-0190.

[57] NETO, J. J. Adaptive automata for context-dependent languages. *SIGPLAN Notices*, ACM, New York, NY, USA, v. 29, n. 9, p. 115–124, 1994. ISSN 0362-1340.

[58] IWAI, M. K. *Um formalismo gramatical adaptativo para linguagens dependentes de contexto*. Tese (Tese de doutorado) — Escola Politécnica da Universidade de São Paulo, São Paulo, SP, 2000.

[59] PEREIRA, J. C. D.; NETO, J. J. Um ambiente de desenvolvimento de reconhecedores sintáticos baseados em autômatos adaptativos. In: *II Simpósio Brasileiro de Linguagens de Programação — SBLP97*. Campinas, SP: [s.n.], 1997. p. 139–150.

[60] CHRISTIANSEN, H. A survey of adaptable grammars. *SIGPLAN Notices*, ACM, New York, NY, USA, v. 25, n. 11, p. 35–44, 1990. ISSN 0362-1340.

[61] WIJNGAARDEN, A. van. Revised report on the algorithmic language algol 68. *Acta Informatica*, v. 5, n. 1-3, 1975.

[62] JACKSON, Q. T. *Adapting to Babel: adaptivity and context-sensitivity in parsing*. Plymouth, Massachusetts, USA: Ibis Publications, 2006.

[63] JúNIOR, J. R. de A. *STAD — Uma ferramenta para representação e simulação de sistemas através de statecharts adaptativos*. Tese (Tese de doutorado) — Escola Politécnica da Universidade de São Paulo, São Paulo, SP, 1995.

[64] SANTOS, J. M. N. dos. *Um formalismo adaptativo com mecanismo de sincronização para aplicações concorrentes*. Dissertação (Dissertação de mestrado) — Escola Politécnica da Universidade de São Paulo, São Paulo, SP, 1997.

[65] BASSETO, B. A.; NETO, J. J. A stochastic musical composer based on adaptive algorithms. In: *Proceedings of the 6th Brazilian Symposium on Computer Music — SBC&M99*. Rio de Janeiro, RJ: [s.n.], 1999.

[66] NETO, J. J.; IWAI, M. K. Adaptive automata for syntax learning. In: CENTRO LATINOAMERICANO DE ESTUDIOS EN INFORMáTICA, PONTIFICIA UNIVERSIDAD CATóLICA DEL ECUADOR. *CLEI 98 — XXIV Conferencia Latinoamericana de Informatica*. Quito, Ecuador, 1998. p. 135–149.

[67] MATSUNO, I. P. *Um estudo do processo de inferência de gramáticas regulares e livres de contexto baseado em modelos adaptativos*. Dissertação (Dissertação de mestrado) — Escola Politécnica da Universidade de São Paulo, São Paulo, SP, 2006.

[68] MENEZES, C. E. D. de. *Um método para a construção de analisadores morfológicos, aplicado à língua portuguesa, baseado em autômatos adaptativos*. Dissertação (Dissertação de mestrado) — Escola Politécnica da Universidade de São Paulo, São Paulo, SP, 2000.

[69] MORAES, M. de. *Alguns aspectos de tratamento de dependências de contexto em linguagem natural empregando tecnologia adaptativa*. Tese (Tese de doutorado) — Escola Politécnica da Universidade de São Paulo, São Paulo, SP, 2006.

[70] SOUSA, M. A. de Abreu de. *Mapeamento de ambientes desconhecidos por robôs móveis utilizando autômatos adaptativos*. Dissertação (Dissertação de mestrado) — Escola Politécnica da Universidade de São Paulo, São Paulo, SP, 2006.

[71] HEIN, J. L. *Discrete Structures, Logic, and Computability*. Second. USA: Jones and Bartlett Publishers, Inc., 2002. ISBN 0763718432.

[72] LEWIS, H. R.; PAPADIMITRIOU, C. H. *Elements of the Theory of Computation*. Second. Upper Saddle River, NJ, USA: Prentice Hall PTR, 1998. ISBN 0132624788.

[73] DASSOW, J.; PAUN, G.; SALOMAA, A. Grammars with controlled derivations. In: ____. New York, NY, USA: Springer-Verlag New York, Inc., 1997. v. 2: linear modeling: background and application, p. 101–154. ISBN 3-540-60648-3.

[74] MEALY, G. H. A method for synthesizing sequential circuits. *Bell System Technical Journal*, v. 34, 1955.

[75] THOMAS, D.; FOWLER, C.; HUNT, A. *Programming Ruby: The Pragmatic Programmers' Guide*. Third. [S.l.]: Pragmatic Bookshelf, 2008. ISBN 978-1-9343560-8-1.

[76] CARLSON, L.; RICHARDSON, L. *Ruby Cookbook*. [S.l.]: O'Reilly, 2006. ISBN 9780596523695.

[77] BOOCH, G.; RUMBAUGH, J.; JACOBSON, I. *The Unified Modeling Language User Guide*. Second. [S.l.]: Addison Wesley, 2005. ISBN 978-0321267979.

[78] GAMMA, E. et al. *Design Patterns Elements of Reusable Object-Oriented Software*. [S.l.]: Addison Wesley, 1994. ISBN 978-0201633610.

[79] VEGA, I. S. Uma semântica operacional para os autômatos adaptativos. *Revista IEEE América Latina*, 2008.

Glossário

Aceitação Ocorre quando uma *cadeia* leva um *autômato determinístico* desde a sua *configuração inicial* até a parada em alguma *configuração final*. No caso de um *autômato não determinístico*, quando a *cadeia* o leva à parada em alguma *configuração final* em pelo menos uma sequência de movimentações.

Alfabeto Conjunto finito e não vazio de *símbolos*, que se usam para compor as sentenças de uma *linguagem*.

Algoritmo Descrição finita de um procedimento. Conjunto de ações bem definidas que produzem um resultado pretendido após um tempo finito de processamento. Deve produzir resposta para toda e qualquer entrada (ou seja, não entra em "loop" infinito nunca).

Ambiguidade Termo que denota multiplicidade de interpretações. Uma *gramática* é dita ambígua se a *linguagem* gerada por ela contiver pelo menos uma *sentença* que pode ser representada por duas ou mais *árvores de derivação* distintas. Uma *linguagem* é dita ambígua se ela puder ser representada por uma *gramática* ambígua. Uma *linguagem* é dita "inerentemente ambígua" se ele puder ser representada apenas por *gramáticas* ambíguas.

Análise sintática Processo que procura determinar se uma cadeia pertence (ou não) a uma linguagem. A análise pode ser determinística ou não determinística (tentativa e erro). Ela também pode ser descendente (com o uso de derivações e construção da árvore de sintaxe de cima para baixo) ou ascendente (com o uso de reduções e construção da árvore de sintaxe de baixo para cima).

Arco *(em um grafo)* Representação (normalmente por meio de uma linha) da relação direta entre dois *vértices*.

Argumento Elemento de um *conjunto domínio*, ao qual se aplica uma *função*.

Árvore Nome dado ao *grafo* que é, simultaneamente, *acíclico*, *orientado* e *ordenado*.

Árvore de derivação Tipo especial de *grafo*, com estrutura hierárquica. Utilizado para representar a estrutura sintática de sentenças em *linguagens livres de contexto*.

Árvore de sintaxe O mesmo que *árvore de derivação*.

Autômato Formalismo matemático baseado em *estados* e *transições*, utilizado no processamento de sequências de estímulos (entradas) discretos. É o dispositivo subjacente dos *reconhecedores* e também dos *transdutores*.

Autômato adaptativo *Autômato* que possui a capacidade de se automodificar, incluindo e/ou removendo estados e/ou transições e dessa forma aumenta o seu poder computacional.

Autômato determinístico *Autômato* que possui no máximo uma única próxima *configuração* para cada possível *configuração* corrente.

Autômato finito Especialização do modelo geral de *autômato*, correspondente à classe das *linguagens regulares*. Não possui memória auxiliar, a fita de entrada é finita e o cursor desloca-se apenas para a direita, fazendo apenas leitura de *símbolos*. As versões *não determinística* e *determinística* são equivalentes.

Autômato de pilha Especialização do modelo geral de *autômato*, correspondente à classe das *linguagens livres de contexto*. A memória auxiliar é uma pilha, a fita de entrada é finita e o cursor desloca-se apenas para a direita, fazendo apenas leitura de *símbolos*. As versões *não determinística* e *determinística* não são equivalentes.

Autômato de pilha estruturado *Autômato de pilha* que é organizado na forma de uma coleção de submáquinas que se invocam mutuamente para analisar uma cadeia de entrada.

Autômato linearmente limitado O mesmo que *Máquina de Turing com fita limitada*.

Autômato não determinístico *Autômato* que possui pelo menos uma *configuração* que pode evoluir para duas ou mais próximas *configurações* distintas.

Bi-implicação *Conectivo lógico* binário que retorna verdadeiro quando ambos os operando são verdadeiros ou quando ambos são falsos. Pode ser expresso em termos da *conjunção* e da *implicação* $((A \Leftrightarrow B) \equiv (A \Rightarrow B) \wedge (B \Rightarrow A))$.

Bijeção Diz-se da *função* que é simultaneamente *total*, *injetora* e *sobrejetora*. O mesmo que *função bijetora*.

BNF Sigla de "Backus-Normal-Form" ou "Backus-Naur-Form", é uma *metalinguagem* usada para representar *gramáticas livres de contexto* e bastante empregada na representação sintática de linguagens de programação.

BNF estendida É uma *BNF* em que o lado direito das regras é formado por *expressões regulares estendidas*.

Cabeça O mesmo que *cursor*.

Cadeia Sequência finita de *símbolos* de um *alfabeto*, sequencialmente justapostos. Não precisa necessariamente pertencer a uma *linguagem*. Se este for o caso, a cadeia recebe a denominação de *sentença*.

Cadeia unitária *Cadeia* composta por um único *símbolo*.

Cadeia vazia *Cadeia* composta por zero *símbolos*. Elemento neutro na operação de *concatenação* de *cadeias*.

Cardinalidade Dá uma noção da dimensão de um *conjunto*. É medida em números cardinais (0,1,2...) para conjuntos finitos, e em números *transfinitos* ($\aleph_0, \aleph_1, ..., \aleph_n$) para conjuntos infinitos. Dois conjuntos possuem a mesma cardinalidade se existir uma *bijeção* entre eles.

Ciclo *(em um grafo)* Sequência de *arcos* que inicia e termina no mesmo *vértice*.

Classe de linguagens *Conjunto* de todas as *linguagens* que exibem propriedades em comum.

Codomínio O mesmo que *contradomínio*.

Complementação *(de um conjunto em relação à outro conjunto)* Operação que retorna os elementos do segundo *conjunto* que não pertencem ao primeiro. É usual considerar a complementação de uma *linguagem* em relação ao *fechamento reflexivo e transitivo* do seu *alfabeto*. Neste caso, a complementação compreende todas as cadeias do fechamento que não fazem parte da linguagem.

Complexidade Estudo das propriedades exibidas pelos problemas com o objetivo de determinar o custo do processamento da sua solução, em termos do tempo e do espaço necessários para essa finalidade.

Comprimento de uma cadeia Quantidade de símbolos que compõem uma cadeia.

Computabilidade Teoria que estuda as funções computáveis. Uma função computável é uma função que pode ser representada matematicamente por meio de uma *Máquina de Turing* ou de modelos equivalentes (como o Cálculo Lambda).

Concatenação Operação binária entre *cadeias* ou entre *linguagens*. No primeiro caso, refere-se à cadeia resultante da justaposição dos símbolos das duas cadeias consideradas. No segundo caso, refere-se à linguagem obtida pela justaposição das cadeias da primeira linguagem com as cadeias da segunda linguagem.

Condição necessária *(em uma implicação)* Nome dado ao segundo operando B (em $A \Rightarrow B$).

Condição suficiente *(em uma implicação)* Nome dado ao pimeiro operando A (em $A \Rightarrow B$).

Conectivo lógico Nome genérico dado para os conectivos *conjunção*, *disjunção*, *implicação* e *negação*.

Configuração Representação algébrica do conjunto de todos os valores das variáveis internas de um *autômato* que caracterizam univocamente sua situação em um determinado momento da sua operação.

Configuração inicial Diz-se da *configuração* com a qual um *autômato* inicia a sua operação. É única para uma dada cadeia de entrada.

Configuração final Diz-se da *configuração* com a qual um *autômato* encerra a sua operação. Podem existir várias para uma mesma cadeia de entrada. Pode ser definida de várias formas, porém sempre equivalentes, conforme o tipo de *autômato* que estiver sendo considerado.

Conjunção *Conectivo lógico* binário que é verdadeiro quando ambos os operandos são também verdadeiros $(A \wedge B)$.

Conjunto Coleção não ordenada e sem repetição de elementos.

Conjunto contável O mesmo que *conjunto enumerável.*

Conjunto enumerável *(ou "contável")* Diz-se do *conjunto* que é finito ou, se infinito, quando ele possui a mesma cardinalidade que $\mathbb{N}$.

Conjunto domínio *Conjunto* de valores aos quais pode ser aplicada uma *função.* O mesmo que *domínio.*

Conjunto finito Conjunto cuja cardinalidade pode ser expressa por um número natural.

Conjunto imagem *Conjunto* formado pelos possíveis resultados da aplicação de uma *função* aos elementos do seu *domínio.*

Conjunto infinito Diz-se de qualquer *conjunto* que apresente um *subconjunto próprio* de mesma *cardinalidade.* Pode ser *contável* (ou *enumerável*) ou não.

Conjunto potência *(de um conjunto X) Conjunto* composto por todos os possíveis *subconjuntos* formados a partir dos elementos de X, incluindo o *conjunto vazio.*

Conjunto regular Fórmula que representa uma linguagem por meio das operações de fechamento reflexivo e transitivo, união e concatenação.

Conjunto vazio *Conjunto* que não contém elementos. Elemento neutro na operação de *união* de conjuntos.

Conjuntos disjuntos *Conjuntos* cuja *intersecção* é vazia.

Contradomínio *Conjunto* ao qual pertencem os possíveis resultados da aplicação de uma *função* aos elementos do seu *domínio.*

Contraposição Na *lógica clássica*, corresponde à expressão da implicação $A \Rightarrow B$ na forma equivalente $\neg B \Rightarrow \neg A$.

Controle finito O mesmo que *máquina de estados.*

Corolário Proposição que deve ser demonstrada para ser aceita como verdadeira, mas cuja prova geralmente é trival e consequência direta de um *lema* ou *teorema* provado anteriormente.

Cursor Componente de um *autômato* que serve para acessar os *símbolos* da *fita de entrada.* Pode ser de leitura apenas ou de leitura e escrita. Pode se deslocar apenas para a direita ou para a direita e para a esquerda. O mesmo que *cabeça.*

Decidibilidade Teoria que visa determinar a existência ou não de algum algoritmo capaz de estabelecer, em tempo e espaço finitos, se uma cadeia (ou elemento) qualquer apresentada para análise pertence ou não a uma linguagem (ou conjunto). Em caso afirmativo, a linguagem (ou conjunto) é dita "decidível". Caso contrário, ela é dita "indecidível".

Definição indutiva Também chamada de "definição recursiva", é toda definição construída a partir de um ou mais casos base e um ou mais casos indutivos (ou recursivos). Por exemplo, o conjunto dos números naturais pode ser definido de maneira indutiva: (i) 0 é por definição um número natural (caso base) (ii) se n é um número natural, então seu sucessor também é um número natural (caso indutivo). Desta maneira é possível definir conjuntos infinitos de forma finita.

Derivação Geração de uma nova *forma sentencial* pela aplicação de uma *regra* gramatical a uma *forma sentencial* já existente.

Derivação mais à direita Quando o *não terminal* a ser substituído é o mais à direita na *forma sentencial* corrente.

Derivação mais à esquerda Quando o *não terminal* a ser substituído é o mais à esquerda na *forma sentencial* corrente.

Determinismo Característica de um *autômato* que faz com que cada *configuração* seja sucedida por no máximo uma única outra *configuração.*

Diferença Operação aplicada sobre dois *conjuntos*, e que resulta no conjunto composto apenas pelos elementos do primeiro conjunto que não fazem parte do segundo conjunto.

Disjunção *Conectivo lógico* binário que é verdadeiro quando pelo menos um dos operandos é também verdadeiro $(A \vee B)$.

Domínio *Conjunto* ao qual pertencem os elementos sobre os quais se aplica uma *função.* O mesmo que *conjunto domínio.*

Eliminação de recursão Pode ser feita à esquerda ou à direita. No primeiro caso, as regras $X \to X\sigma_2 \mid \sigma_1$ são substituídas por $X \to \sigma_1\sigma_2^*$. No segundo caso, as regras $X \to \sigma_2 X \mid \sigma_1$ são substituídas por $X \to \sigma_2^*\sigma_1$.

Equivalência *(entre dispositvos de definição de linguagens)* Quando os dispositivos definem a mesma *linguagem*.

Estado Situação de um *autômato* que serve para memorizar uma história (ou parte dela), com vistas a uma tomada futura de decisões.

Estado corrente É o *estado* (único) assumido por um *autômato* em qualquer situação.

Estado final *Estado* que, quando atingido, serve para caracterizar a aceitação da cadeia de entrada. Dependendo do modelo de *autômato* considerado, outros critérios podem ser usados também.

Estado inicial *Estado* com o qual um *autômato* inicia a sua operação. É único para qualquer cadeia de entrada.

Expressão regular Notação usada para representar uma *linguagem regular*. É muito utilizada por causa da sua concisão e emprega apenas as operações de *união*, *concatenação* e *fechamento* sobre os *símbolos* de um *alfabeto*. Toda expressão regular representa um *conjunto regular*.

Expressão regular estendida É uma *expressão regular* que utiliza símbolos não terminais ao invés de apenas símbolos terminais.

Fatoração Pode ser feita à esquerda ou à direita. No primeiro caso, as regras $X \to \alpha\beta \mid \alpha\gamma$ são substituídas por $X \to \alpha(\beta \mid \gamma)$. No segundo caso, as regras $X \to \beta\alpha \mid \gamma\alpha$ são substituídas por $X \to (\beta \mid \gamma)\alpha$.

Fechamento reflexivo e transitivo (i) *(de um conjunto X) Conjunto* de todas as *cadeias*, de qualquer comprimento, que podem ser obtidas pela *concatenação* arbitrária de elementos de X. Inclui a *cadeia vazia*. (ii) *(de uma operação)* Aplicação repetitiva, um número arbitrário de vezes, sobre elementos de um *conjunto*, inclusive nenhuma vez.

Fechamento transitivo (i) *(de um conjunto ou uma linguagem X) Conjunto* de todas as *cadeias*, de qualquer comprimento, que podem ser obtidas pela *concatenação* arbitrária de elementos de X. Inclui a cadeia vazia apenas se esta fizer parte da linguagem X. (ii) *(de uma operação)* Aplicação repetitiva, uma ou mais vezes, de um operador aos elementos de um *conjunto*.

Fita de entrada Componente de um *autômato* onde é posicionada a cadeia de entrada a ser analisada. É dividida em células, em que cada célula é capaz de armazenar um símbolo dela. Os símbolos da cadeia de entrada são acessados por meio de um *cursor* ou *cabeça* de leitura e/ou escrita. Dependendo do modelo de autômato, pode ser usada também como memória auxiliar também.

Forma normal Forma padronizada usada na representação das regras de uma *gramática*.

Forma normal de Chomsky *Forma normal* para *gramáticas livres de contexto* em que o lado direito das regras é composto exclusivamente por um único *símbolo terminal* ou por dois *símbolos não terminais*.

Forma normal de Greibach *Formal normal* para *gramáticas livres de contexto* em que o lado direito das regras é composto exclusivamente por um *símbolo terminal* seguido por zero ou mais *símbolos não-terminais*.

Forma normal de Kuroda *Forma normal* para gramáticas sensíveis ao contexto.

Forma sentencial *Cadeia* de *símbolos terminais* e/ou *símbolos não terminais* gerada a partir da aplicação de *regras* gramaticais aplicadas ao símbolo inicial da gramática (que é a forma sentencial "inicial").

Função Caso particular de *relação*, no qual cada elemento de um *conjunto* (*domínio*) está associado a no máximo um elemento de um *conjunto* (*contradomínio*). *Domínio* e *contradomínio* podem eventualmente coincidir.

Função bijetora *Função* que é simultaneamente *injetora*, *sobrejetora* e *total*. O mesmo que *bijeção*.

Função de transição Em um *autômato*, é a função que especifica como ele pode evoluir de uma configuração corrente para a seguinte. É representada como um conjunto de *transições*.

Função injetora *Função* onde cada elemento do *conjunto contradomínio* está associado a no máximo um elemento do *conjunto domínio*.

Função parcial *Função* onde nem todos os elementos do *conjunto domínio* estão associados a elementos do *conjunto contradomínio.*

Função sobrejetora *Função* onde todos os elementos do *conjunto contradomínio* estão associados a elementos do *conjunto domínio.*

Função total *Função* onde todos os elementos do *conjunto domínio* estão associados a elementos do *conjunto contradomínio.*

Grafo *Conjunto* de *vértices* e de *arcos* que os interligam. Um caso particular importante de grafo é a *árvore.*

Grafo acíclico *Grafo orientado* que possui pelo menos um *ciclo.*

Grafo ordenado *Grafo orientado* no qual os *arcos* que emergem de um mesmo *vértice* possuem relação de ordem.

Grafo orientado *Grafo* no qual um sentido é atribuído para todos os *arcos.*

Grafo rotulado *Grafo* no qual os *arcos* e *vértices* estão associados a rótulos (ou identificadores).

Gramática Modelo matemático para definição de *linguagens* através da geração de *sentenças* por meio da aplicação sucessiva de *regras* de substituição. Também conhecidas como dispositivos de síntese de linguagens.

Gramática ambígua Diz-se da *gramática* que gera uma *linguagem* que possui pelo menos uma *sentença* para a qual é possível fazer duas ou mais derivações mais à esquerda.

Gramática irrestrita *Gramática* sem restrições no formato das suas *regras.*

Gramática linear à direita (GLD) Diz-se da *gramática* que é linear à direita não unitária ou linear à direita unitária.

Gramática linear à direita não unitária *Gramática* cujas regras possuem um único *símbolo não terminal* do lado esquerdo e, do lado direito, uma cadeia de zero ou mais *símbolos terminais* seguida de um único *símbolo não terminal.*

Gramática linear à direita unitária *Gramática* cujas regras possuem um único *símbolo não terminal* do lado esquerdo e, do lado direito, a *cadeia vazia,* um único *símbolo terminal* ou um único *símbolo terminal* seguido de um único *símbolo não terminal.*

Gramática linear à esquerda (GLE) Diz-se da *gramática* que é linear à esquerda não unitária ou linear à esquerda unitária.

Gramática linear à esquerda não unitária *Gramática* cujas regras possuem um único *símbolo não terminal* do lado esquerdo e, do lado direito, um único *símbolo não terminal* seguido de uma cadeia de zero ou mais *símbolos terminais.*

Gramática linear à esquerda unitária *Gramática* cujas regras possuem um único *símbolo não terminal* do lado esquerdo e, do lado direito, a *cadeia vazia,* um único *símbolo terminal* ou um único *símbolo não terminal* seguido de um único *símbolo terminal.*

Gramática livre de contexto *Gramática* cujas regras possuem um único *símbolo não terminal* do lado esquerdo e, do lado direito, uma cadeia qualquer (inclusive vazia) formada por *símbolos terminais* e *símbolos não terminais.*

Gramática não ambígua Diz-se da *gramática* que gera uma *linguagem* cujas *sentenças* possuem uma única seqüência de derivações mais à esquerda.

Gramática regular Uma *gramática linear à direita* ou uma *gramática linear à esquerda.*

Gramática sensível ao contexto Uma *gramática livre de contexto* onde o comprimento do lado direito das regras é sempre maior ou igual que o comprimento do lado esquerdo da mesma regra. Além disso, do lado esquerdo das regras admite-se uma cadeia qualquer formada por *símbolos terminais* e *símbolos não terminais,* desde que a mesma contenha pelo menos um *símbolo não terminal.*

Hierarquia de Chomsky Hierarquia de classes de linguagens, agrupadas conforme propriedades comuns. Engloba as linguagens do tipo 3 (regulares), 2 (livres de contexto), 1 (sensíveis ao contexto) e 0 (irrestritas). Com algumas ressalvas, é possível provar que cada classe de linguagens i ($2 \leqslant i \leqslant 0$) inclui, de forma própria, a classe $i+1$.

Imagem Valor obtido pela aplicação de uma *função* a um argumento. É um elemento do *conjunto imagem* (e também do *contradomínio*) da *função* em questão.

Implicação *Conectivo lógico* binário que, na *lógica clássica*, retorna verdadeiro quando o primeiro operando é verdadeiro ou quando o segundo é verdadeiro. Neste caso, pode ser expresso de forma equivalente em termos da *disjunção* e da *negação* $((A \Rightarrow B) \equiv (B \vee \neg A))$ ou ainda na forma *contrapositiva*.

Intersecção Operação binária sobre *conjuntos* (ou *linguagens*). Possui apenas os elementos que pertencem a ambos os operandos.

Lema Proposição que deve ser demonstrada para ser aceita como verdadeira (ver *teorema*), porém geralmente de complexidade menor do que a de um *teorema*.

Linguagem *Conjunto*, finito ou infinito, de *sentenças* de comprimento finito formadas pela *concatenação* de *símbolos* de um *alfabeto*.

Linguagem ambígua Diz-se da linguagem que é gerada por alguma *gramática ambígua*.

Linguagem decidível Diz-se da *linguagem* para a qual existe pelo menos um *autômato* que seja capaz de aceitar suas sentenças e rejeitar todas as demais.

Linguagem enumerável Diz-se da *linguagem* cujas sentenças podem todas ser geradas sequencialmente por uma *Máquina de Turing*.

Linguagem inerentemente ambígua Diz-se da linguagem que só pode ser gerada por *gramáticas ambíguas*.

Linguagem não ambígua Diz-se da linguagem que é gerada por alguma *gramática não ambígua*.

Linguagem regular *Linguagem* que pode ser representada por meio de uma *gramática regular*, uma *expressão regular* ou um *autômato finito*. Corresponde às linguagens do tipo 3 na *Hierarquia de Chomsky*.

Linguagem livre de contexto *Linguagem* que pode ser representada por meio de uma *gramática livre de contexto* ou um *autômato de pilha*. Corresponde às linguagens do tipo 2 na *Hierarquia de Chomsky*.

Linguagem sensível ao contexto *Linguagem* que pode ser representada por meio de uma *gramática sensível ao contexto* ou uma *Máquina de Turing* com fita limitada. Corresponde às linguagens do tipo 1 na *Hierarquia de Chomsky*.

Linguagem recursiva *Linguagem* que é aceita por uma *Máquina de Turing* que sempre para com qualquer entrada, não importando se ela pertence ou não pertence à linguagem.

Linguagem recursivamente enumerável *Linguagem* que é aceita por uma *Máquina de Turing* que pode parar e rejeitar ou entrar em *loop* com as cadeias que não pertencem à linguagem.

Linguagem irrestrita *Linguagem* que pode ser representada por meio de uma *gramática irrestrita* ou é aceita por uma *Máquina de Turing*. Corresponde às linguagens do tipo 0 na *Hierarquia de Chomsky*.

Linguagem universal Linguagem aceita pela *Máquina de Turing universal*.

Linguagem vazia Linguagem que não contém nenhuma sentença.

LL(k) (i) Gramática que gera uma linguagem que pode ser analisada de forma determinística descendente com um *lookahead* de no máximo k símbolos. (ii) Linguagem gerada por pelo menos uma gramática $LL(k)$. (iii) Conjunto de todas as linguagens $LL(k)$. (iv) Conjunto de todas as gramáticas $LL(k)$. (v) Símbolo não-terminal de uma gramática cuja escolha da regra a ser usada na derivação pode ser feita de forma determinística com um *lookahead* de no máximo k símbolos terminais.

Lógica clássica Lógica que faz uso do princípio do terceiro excluído $(A \vee \neg A)$ ou de alguma das suas variações (*contraposição*, representação por meio de *disjunção* e *negação* etc).

Lógica construtiva *(ou intuicionística)* Lógica que não faz uso do princípio do terceiro excluído nem de nenhuma das suas variações (*contraposição*, representação por meio de *disjunção* e *negação* etc.).

Lógica proposicional Lógica que utiliza os conectivos básicos apenas (*conjunção*, *disjunção*, *implicação* e *negação*).

Lógica de predicados Também conhecida como "lógica de primeira ordem", combina a *lógica proposicional* com os quantificadores universal, existencial e os predicados, funções que retornam valores lógicos.

Loop Ocorre quando uma *cadeia* leva um *autômato determinístico* a uma sequência infinita de *configurações*. No caso de um *autômato não-determinístico*, quando pelo menos uma seqüência de movimentações é infinita e não ocorre parada em *configuração final* nas demais.

LR(k) (i) Gramática que gera uma linguagem que pode ser analisada de forma determinística ascendente com um *lookahead* de no máximo k símbolos. (ii) Linguagem gerada por pelo menos uma gramática $LR(k)$. (iii) Conjunto de todas as linguagens $LR(k)$. (iv) Conjunto de todas as gramáticas $LR(k)$. (v) Símbolo não-terminal de uma gramática cuja escolha da regra a ser usada na redução pode ser feita de forma determinística com um *lookahead* de no máximo k símbolos terminais.

Máquina de estados Núcleo de controle de um *autômato* ou *transdutor*. É formado por um *conjunto* finito de *estados* e uma *função de transição*.

Máquina de Mealy Tipo de *transdutor* em que os símbolos da cadeia de saída são emitidos nas transições.

Máquina de Moore Tipo de *transdutor* em que os símbolos da cadeia de saída são emitidos nos estados.

Máquina de Turing Modelo matemático de computação idealizado por Alan Turing, cientista inglês, em 1936. Na versão com fita ilimitada e que sempre para, é usada para a representação de *linguagens recursivas*. Na versão geral, com fita ilimitada, é usada para a representação de *linguagens irrestritas* (tipo 0). A própria fita de entrada é usada como memória auxiliar. O cursor de acesso pode se deslocar em ambos os sentidos e é permitida a leitura e a escrita de símbolos na fita. As versões *determinística* e *não determinística* do modelo geral possuem o mesmo poder computacional.

Máquina de Turing com fita limitada Versão da *Máquina de Turing* cuja fita de entrada é limitada em ambos os sentidos (tanto para a esquerda quanto para a direita). Aceita as *linguagens sensíveis ao contexto* (tipo 1). É também conhecida como *autômato linearmnente limitado*, uma vez que a memória auxiliar fica restrita ao tamanho da fita de entrada.

Máquina de Turing universal *Máquina de Turing* que é capaz de simular outra *Máquina de Turing*, e serve como modelo matemático do computador moderno de propósito geral.

Máquina universal Máquina capaz de executar qualquer algoritmo na forma de um programa para ela.

Metalinguagem *Linguagem* empregada para definir uma outra *linguagem*.

Movimentação Passagem de um *autômato* de uma *configuração* para a seguinte, como resultado da aplicação da *função de transição*.

Não determinismo Característica de um *autômato* que faz com que uma certa *configuração* possa ser sucedida por duas ou mais *configurações* distintas.

Não terminal O mesmo que *símbolo não terminal*.

Negação *Conectivo lógico* unário que aplicado em verdadeiro retorna falso e vice-versa ($\neg A$).

Par ordenado Termo da forma (x,y). Considera-se que x antecede y no par ordenado (x,y). Diferentemente do *conjunto*, o par ordenado possui relação de ordem e permite a repetição de elementos.

Partição *(de um conjunto X)* Coleção de *subconjuntos disjuntos* de X que, reunidos, resultam em X.

Pilha Estrutura de dados do tipo LIFO (*last-in, first-out*), em que elementos são retirados na ordem inversa daquela em que foram inseridos.

Problema de decisão Problema cuja resposta é sempre verdadeiro ou falso (dependendo da instância considerada).

Problema decidível *Problema de decisão* para o qual é possível provar a existência de um algoritmo que o resolve.

Problema indecidível *Problema de decisão* para o qual é possível provar a inexistência de um algoritmo que o resolve.

Problema completamente insolúvel *Problema de decisão* que é representado por uma linguagem não recursivamente enumerável.

Problema insolúvel *Problema de decisão* que é representado por uma linguagem não recursiva. O mesmo que *problema indecidível* ou *problema não solucionável*.

Problema não-solucionável O mesmo que *problema insolúvel*.

Problema parcialmente solucionável *Problema de decisão* que é representado por uma linguagem recursivamente enumerável.

Problema solucionável *Problema de decisão* que é representado por uma linguagem recursiva. O mesmo que *problema decidível.*

Produção *(gramatical) Regra* utilizada para especificar a substituição simbólica em formas sentenciais. As produções especificam a substituição de uma *cadeia* (correspondente ao lado esquerdo de uma regra) por outra (correspondente ao lado direito da mesma regra) em uma *forma sentencial.*

Produto cartesiano *(de dois conjuntos X e Y)* Conjunto de todos os pares ordenados (x, y), tais que $x \in X$ e $y \in Y$.

Propriedade de fechamento Propriedade associada à uma operação que, quando aplicada a quaisquer elementos do seu *domínio*, produz como resultado sempre um elemento pertencente ao mesmo *conjunto*.

Proposição Fórmula da *lógica proposicional* ou de *predicados* e que representa um valor verdadeiro ou falso.

Prova Argumentação irrefutável sobre a validade de uma proposição. Pode ser formulada usando linguagem informal (natural) ou formal (matemática).

Prova envolvendo conjuntos Para provar que A é subconjunto de B deve-se provar que todo elemento de A é também elemento de B. Para provar que dois conjuntos A e B são iguais, deve-se provar essa condição e também o contrário. Para provar que A é subconjunto próprio de B, deve-se provar, além da condição inicial, que existe pelo menos um elemento de B que não é elemento de A.

Prova por análise de casos Quando se deseja provar que uma certa propriedade P é válida para todos os elementos de um conjunto finito. Neste caso, deve-se provar que P é verificada individualmente para cada um dos elementos do conjunto.

Prova por indução Usada quando se deseja provar que uma certa propriedade P é verificada por todos os elementos de um conjunto, normalmente infinito, para os quais é possível estabelecer uma relação de ordem. A prova é feita em duas partes: na primeira (caso base) prova-se que P é válida para algum elemento do conjunto (geralmente o elemento inicial); em seguida (caso indutivo) prova-se que, se P é válida para algum elemento do conjunto, então P é também válida para o elemento seguinte do mesmo conjunto.

Prova por construção *(ou prova direta)* Quando a conclusão pode ser obtida diretamente a partir da hipótese.

Prova por contradição *(ou prova por redução ao absurdo)* Quando a negação da hipótese conduz a uma contradição. Então, na *lógica clássica*, a negação da hipótese é verdadeira.

Prova por contraposição Quando, ao invés de provar $H \Rightarrow C$, prova-se, de forma equivalente, $\neg C \Rightarrow \neg H$ (válido apenas na *lógica clássica).*

Prova por exemplos Quando a apresentação de um exemplo é suficiente para provar a proposição em questão.

Pumping lemma Também conhecido como "lema do bombeamento", é um lema que é usado, principalmente, para provar que uma certa linguagem não pertence a uma determinada classe de linguagens. A versão para as linguagens regulares é um caso particular da versão mais geral, válida para as linguagens livres de contexto.

Quantificador existencial Usado na *lógica de predicados*, indica a existência de pelo menos um objeto de um *conjunto* que satisfaz uma certa propriedade $(\exists\, x.P)$.

Quantificador universal Usado na *lógica de predicados*, indica que todos os elementos de um certo *conjunto* satisfazem uma certa propriedade $(\forall\, x.P)$.

Questão decidível O mesmo que *problema decidível.*

Questão indecidível O mesmo que *problema indecidível.*

Raiz (i) Símbolo não terminal inicial de uma gramática, também conhecido como *símbolo inicial.* (ii) Vértice inicial de uma *árvore.*

Reconhecedor Modelo matemático de formalismo da categoria do *autômato*, empregado na definição de *linguagens* através da aceitação de suas *sentenças* e da rejeição das demais cadeias. Diz-se que um reconhecedor "decide" uma linguagem. Também conhecidos como dispositivos de análise ou cognitivos. Possui um *autômato* como dispositivo subjacente.

Recursão à direita Quando uma gramática livre de contexto contém pelo menos uma regra cujo lado direito termina com o mesmo símbolo que está sendo definido do lado esquerdo ($X \rightarrow \alpha X$, para algum α).

Recursão à esquerda Quando uma gramática livre de contexto contém pelo menos uma regra cujo lado direito inicia com o mesmo símbolo que está sendo definido do lado esquerdo ($X \rightarrow X\alpha$, para algum α).

Redução (i) Substituição do lado direito de uma regra gramatical pelo lado esquerdo correspondente (o inverso da *derivação*). (ii) Técnica usada para provar que um problema é decidível ou indecidível a partir de outro problema de natureza conhecida.

Regra Notação, utilizada na especificação de *linguagens*, que serve para definir formalmente um passo da operação de *reconhecedores* (*autômatos*) ou de geradores (*gramáticas*) de tais *linguagens*.

Rejeição Ocorre quando uma *cadeia* leva um *autômato determinístico* desde a sua *configuração inicial* até alguma *configuração não final*. No caso de um *autômato não determinístico*, quando a *cadeia* o leva à parada em *configurações finais* em todas as possíveis sequências de movimentações.

Relação *(binária)* Qualquer subconjunto do produto cartesiano de dois conjuntos.

Questão decidível Problema que pode ser solucionado para todas as instâncias de seus parâmetros, e cuja resposta é sempre binária ("sim" ou "não").

Relação de equivalência *Relação* que é simultaneamente *reflexiva*, *simétrica* e *transitiva*. Toda relação binária de equivalência sobre um mesmo *conjunto* induz a uma *partição* desse *conjunto*.

Relação reflexiva Diz-se da relação binária R sobre os elementos de um conjunto X se $\forall a \in X, aRa$.

Relação simétrica Diz-se da relação binária R sobre os elementos de um conjunto X se $\forall a, b \in X, aRb \Rightarrow bRa$.

Relação transitiva Diz-se da relação binária R sobre os elementos de um conjunto X se $\forall a, b, c \in X, (aRb \wedge bRc) \Rightarrow aRc$.

Reversão (i) Operação unária que, quando aplicada s uma *cadeia*, retorna o reverso dessa cadeia (o último símbolo torna-se o primeiro, o penúltimo torna-se o segundo e assim por diante). (ii) Operação unária que, quando aplicada a uma *linguagem*, retorna uma linguagem cujas cadeias são o reverso das cadeias originais.

Ruby Linguagem interpretada de alto-nível e de propósito geral desenvolvida no Japão na década de 1990. Possui tipos dinâmicos e coleta de lixo e suporta os paradigmas de programação imperativo, funcional e orientado à objetos.

Sentença *Cadeia* pertencente a uma *linguagem*, formada pela *concatenação* de *símbolos* de um *alfabeto* (*terminais*).

Símbolo Qualquer elemento atômico (indivisível) que seja membro do *alfabeto* de uma *linguagem*, de uma *gramática* ou de um *autômato*.

Símbolo inicial *(em uma gramática)* Mesmo que *raiz* da gramática.

Símbolo não terminal *Símbolo* pertencente ao vocabulário de uma *gramática*, e que serve como meio para o estabelecimento da estrutura das *sentenças* da *linguagem* por ela gerada, sem, no entanto, fazer parte de tais *sentenças*. Representa uma classe sintática.

Símbolo terminal *Símbolo* pertencente ao vocabulário de uma *gramática* ou *autômato*, utilizado na composição das sentenças geradas por ela ou aceitas por ele.

Subconjunto Coleção de elementos que fazem parte de um *conjunto*. Todo *conjunto* é subconjunto dele mesmo. Da mesma forma, o *conjunto vazio* é subconjunto de todo *conjunto*.

Subconjunto próprio Um *subconjunto* que é diferente do *conjunto* original. Ou seja, existe pelo menos um elemento do *conjunto* original que não faz parte do *subconjunto*.

Substituição Quando um símbolo *não terminal* é subsituído pela sua definição. Por exemplo, se $X \rightarrow Y$ e $Y \rightarrow Z$, então $X \rightarrow Z$.

Terminal O mesmo que *símbolo terminal*.

Teorema Proposição que deve ser demonstrada para ser aceita como verdadeira. A demonstração é conhecida como *prova*.

Transição *Regra* utilizada para especificar a *movimentação* de um *autômato* de uma *configuração* para a seguinte.

Transdutor *Máquina de estados* que, além de aceitar uma *linguagem* de entrada, gera uma *linguagem* de saída com base na cadeia aceita. Possui um *autômato* como dispositivo subjacente.

Transfinito Diz-se dos números que representam a *cardinalidade* de *conjuntos* infinitos. Os mais importantes são $\aleph_0$ e $\aleph_1$, que representam, respectivamente, a *cardinalidade* dos *conjuntos* $\mathbb{N}$ e $\mathbb{R}$.

UML Sigla de "Unified Modeling Language", é uma linguagem visual de modelagem utilizada na Engenharia de *S*oftware para especificar e visualizar sistemas de *s*oftware de forma padronizada.

União Operação binária sobre *conjuntos* que produz como resultado um novo *conjunto* com todos os elementos de ambos os operandos. Repetições são descartadas, preservando-se um único elemento.

Vértice *(em um grafo)* Representação de um nó (normalmente por meio de um círculo). A conexão entre vértices é feita por meio de *arcos*.

Índice remissivo

GRÁFICA PAYM
Tel. [11] 4392-3344
paym@graficapaym.com.br